KURT PAHLEN

# SINFONIE DER WELT

GONDROM

Sonderausgabe für Gondrom Verlag GmbH & Co. KG, Bindlach 1992

3., überarbeitete und ergänzte Auflage, 1987

ISBN 3-8112-0973-6

*Den unbekannten Musikern, den erfolglosen, den nichtverstandenen, den Vorläufern, den vergessenen, den mühsam ringenden sei dieses Buch gewidmet, jenen, die trotz allem niemals das Licht aus den Augen verloren, das des Menschen größtem Abenteuer voranleuchtet: dem Schaffen.*

*Kurt Pahlen*

*Wo die Wissenschaft haltmachen muß, wo ihr unübersteigliche Schranken gesetzt sind, dort beginnt das Reich der Kunst, welche das auszudrücken vermag, was allem Wissen verschlossen bleibt ...*

*Adolf Exner, Rektor der Universität Wien,*
*in seiner Ansprache an Bruckner*
*bei Verleihung des Ehrendoktorates*

*Daß Begriffe wie Ausdruck, Echtheit, Tiefe, Größe in der Musik unmeßbar sind, ändert nichts daran, daß diese Eigenschaften existieren ... Aber diese Dinge entziehen sich, wie gesagt, jedem Versuch einer technischen Analyse. Nicht einmal die unmittelbare Schönheit eines Einfalles läßt sich analytisch begreifen. Technische Mängel kann man nachweisen, wie dürftige Satztechnik, fehlerhafte Harmonie, Mangel des Aufbaus. Aber wenn es zu den positiven Dingen kommt, zu den höheren, entscheidenden Qualitäten des Meisterwerks, versagen alle Methoden. Das Skelett der schönen Helena hätte nichts vom Geheimnis ihrer Reize verraten. Und unter dem Seziermesser ist eine Sonate von Clementi so meisterhaft wie eine von Mozart, ein Spohrsches Streichquartett so groß wie ein Beethovensches.*

*Hans Gal, »Brahms«*

*Zum richtigen Musikhören gehört zweierlei: Musikalität (Anlage) und genügend organisch gebundene Vitalität, um die Ströme von Leidenschaften und Lebenswärme, die von den großen Werken ausgehen, überhaupt wahrzunehmen und aufzunehmen. Eines ohne das andere genügt nicht; beides zusammen aber ist selten.*

*Wilhelm Furtwängler, »Vermächtnis«*

*Jedes große Kunstwerk ist das Ergebnis einer großen Leidenschaft im Dienste einer großen Idee.*

*S. Ramon y Cajal*

# Inhaltsverzeichnis

## Vorwort zur neuen Auflage

Die Neuauflage eines älteren Werkes bedeutet für Verlag und Autor, so sollte man annehmen, eine durchaus angenehme Aufgabe. Denn sie drückt in sozusagen greifbaren Zahlen aus, daß ein Werk seine Aufgabe erfüllt: Verbreitung zu finden, vielleicht Kenntnisse zu vermitteln oder gar Freude zu bereiten. Handelt es sich um ein belletristisches Buch, einen Roman etwa, so kann die Genugtuung ungetrübt sein. Bei einem Sachbuch ist dies nicht mehr ganz so sicher; denn in unserer so schnellebigen Zeit veraltet ein solches Werk mit unheimlicher Geschwindigkeit. Und gar erst, wenn es sich um ein lexikalisches Buch handelt! Kurz und gut, ich spreche von diesem Buch, und damit natürlich vom ganzen Unternehmen, das mein Verleger (»zur Feier meines 80. Geburtstags«, so sagt er) sich freundlicherweise ausgedacht hat: meine Bände über »Sinfonie« und »Oper« in einer schönen Gesamtausgabe herauszubringen. An mich hat er dabei offenkundig am wenigsten gedacht. Ich werde versuchen, mich zu erklären.

An jedem Tag – jawohl, an jedem Tag – werden, sagen wir, hundert Musikwerke komponiert, von denen vielleicht ein Drittel in den Rahmen dieses Buches fällt. Wenn ich nun nach zwanzig Jahren darangehe, diese Neuauflage vorzubereiten, so müßte ich dabei 20mal 365mal 33 neue Werke in Betracht ziehen, was die Kleinigkeit von 42090 neuen Werken ausmacht, die eventuell zu berücksichtigen wären, die Schaltjahre gar nicht eingerechnet. Das aber kann kein Mensch. Wenn ich darüber nachdenke, frage ich mich, wie ich überhaupt das vorliegende Werk je schreiben konnte! Die Leser waren großmütig und haben es mir verziehen, wofür ich ihnen herzlich danken möchte. Ich habe die größtmögliche Zahl von Musikstücken angehört oder ihre Partituren studiert, der Leser möge es mir glauben. Aber damit war meine Aufgabe nur zum kleinen Teil erfüllt. Mancher in der früheren Ausgabe genannte Komponist ist inzwischen in den Olymp der Musiker eingerückt oder versetzt worden, wo er, so hoffe ich ehrlich, die Zahl der musizierenden Engel vermehren darf. Für mein Buch bedeutet es, daß Sätze wie: »Bisher hat der hoffnungsvolle Tonschöpfer drei Sinfonien geschrieben« oder »Man darf auf die weitere Entwicklung dieses Komponisten gespannt sein« nicht nur verbessert oder gestrichen werden müssen, sondern daß in vielen Fällen ein Resumee gezogen werden sollte, das Fazit eines produktiven Lebens: eine furchtbare Verantwortung, die nur bei alten Meistern relativ einfach wird, denn wer würde es heute wagen, etwa Mozart zu kritisieren? Ganz abgesehen davon, daß man beim schlechtesten Willen nichts finden könnte, was zu kritisieren auch nur denkbar wäre. Nein: Hier ist ein schöpferisches Leben zu Ende gegangen, und eine chaotische Zeit wie die unsere steht vor dem Ergebnis und soll versuchen, ihm Gerechtigkeit widerfahren zu lassen, sollte verhindern, daß Wertvolles in Vergessenheit gerate und ähnliches mehr, was über die Kraft eines einzelnen geht.

Es gibt schätzungsweise 1000 Sinfonieorchester und vielleicht 5000 (oder mehr) Kammerorchester auf der Welt. Wer vermag deren Spielpläne in Evidenz zu halten? Wer könnte sich die teilweise ungedruckten Partituren zur Durchsicht verschaffen? Und nehmen wir einmal an, man könnte es: Es würde nicht allzuviel nützen. Denn selbst diese geben, besonders bei »neuen« Werken, keine genaue Auskunft über den wirklichen Klang. Wer um 1890 in eine Partitur Debussys geblickt hätte, wäre vom Zauber, den sie beim Erklingen ausstrahlt, kaum überzeugt worden. »Das Skelett der schönen Helena hätte nichts vom Geheimnis ihrer Reize verraten«, schrieb Hans Gal, mein alter Lehrer, einmal. Wie recht er hat! Wer würde sich in eine Radiographie verlieben? Genauso offenbart nicht jede Orchesterpartitur den wahren Wert eines Werkes.

Ich stand also vor der Wahl, welche der neuen Komponisten aufzunehmen oder welche auszuscheiden seien von denen, die vor zwanzig Jahren noch bedeutungsvoll schienen. Das übersteigt meine Kräfte, und wahrscheinlich nicht nur die meinen, sondern auch die eines »objektiven« Beurteilers. Gibt es den überhaupt, kann es ihn geben? Ich bin es nicht, das ist klar. Ich habe Musik immer mit dem Herzen betrieben, und so schreibe ich auch darüber. Zwar hat jemand den wunderschönen Satz geschrieben: »Der Verstand irrt, das Herz nicht«, aber ob er stets richtig ist, weiß ich nicht genau. Ich möchte ihn nicht einmal für mich in Anspruch nehmen, denn ich bin mir zu sehr bewußt, wie sehr ich irren kann.

Immerhin: Als ich dieses Buch (zum ersten Male) schrieb, lebte ich in Südamerika, an den Ufern eines Meeres, das jenen Kontinent mit meiner alten Heimat verbindet. Nun steht mein Haus am ebenso schönen, etwas weniger großen, aber dafür von meinem Schreibtisch übersehbaren Zürichsee. Vielleicht gibt mir diese Sicht aus so verschiedenen Blickwinkeln eine gewisse Weite, auch der Auffassung, die meinen Büchern, meinen Lesern ein wenig zugute kommt. Jedenfalls scheint mein Verleger daran zu glauben, und damit bin ich wieder bei ihm. Ich habe ihm – bei allem Ärger, den Verleger einem Autor manchmal bereiten (oder ist es umgekehrt?) – herzlich zu danken. Meine Leser aber habe ich zu bitten: um Nachsicht, um Wohlwollen, um Verständnis. Auch dieses meiner Bücher soll, wie alle, ein Weg zur Musik sein, zur Freude an der Musik, die eine der reinsten Freuden ist, die ich kenne.

Männedorf am Zürichsee, 1987

*Kurt Pahlen*

# Die Welt der Sinfonie

Bevor wir uns in die »Sinfonie der Welt« vertiefen, in die »sinfonischen«, also Orchesterwerke vieler Länder, wäre es angezeigt, einen Blick auf die »Welt der Sinfonie« zu werfen, also auf Form, Geschichte, Umfeld, Möglichkeiten dieser Musikart.
Zuerst zur Schreibung: Sie kann auch »Symphonie« lauten, also die Ableitung dieses heute weltweit gebrauchten Wortes aus dem Griechischen vornehmen, wo es den Sinn von »Zusammenklang« besitzt. Wir ziehen es vor, die italienische Form, eben »Sinfonie« (von *sinfonia*) zu verwenden, da der Begriff vom Italienischen her, nicht vom Griechischen in unsere Musikwelt übernommen wurde, und weil das Italienische geradezu als »Muttersprache« unserer Musik betrachtet werden kann. Das Allermeiste, was wir darin benennen, stammt aus ihr: Oper und Oratorium, Konzert, Sonate, Kantate, piano, forte, Allegro, Presto und Adagio, Chor, Sopran, Alt, Tenor, Baß, Flöte, Klarinette, Fagott, Fermate, Unisono, a cappella, pizzicato und noch vieles andere. Darum haben wir uns im Wettstreit zwischen *Symphonie* und *Sinfonie* für die letztere Schreibweise entschieden, zumal er unserer eigenen Sprache angemessener sein, weniger fremdländisch klingen dürfte.
Um die Form der *Sinfonie* zu erläutern, müssen wir den Umweg über die der *Sonate* nehmen. Mit diesem Wort bezeichneten die Italiener im Übergang vom Mittelalter zur Neuzeit jedes »gespielte« Musikstück. Im Gegensatz zu *Kantate*, mit dem das Gesungene benannt wurde. *Sonate* kommt von *suonare, sonare*, was »klingen« bedeutet, *Kantate* von *cantare*, singen. Klangen mehrere, viele Instrumente zusammen, dann verwendete man nicht mehr nur das Wort *sonata*, sondern zog die Bezeichnung *sinfonia* vor, weil in ihr eben der Sinn von »Zusammenklang« enthalten ist. Die Entwicklung wird sehr klar, wenn man beobachtet, wie ältere Orchesterstücke oft noch *Sonata per orchestra* benannt sind, oder eventuell *sonata per archi*, Sonate für Streicher, Streichorchester. Lernen wir gleich hier daraus, daß eine *Sinfonie* grundsätzlich eine »Sonate für Orchester« ist. Es gibt keine eigene »Sinfonieform«, diese stellt eine Anwendung der »Sonatenform« auf das Orchester dar.
Die Sonatenform, die gibt es; und sie ist eine der wichtigsten Musikformen des 18. und 19. Jahrhunderts. Es würde zu weit führen, hier ihren ganzen Werdegang zu schildern. Auch sie, wie alle »großen« und komplizierten Formen, entstand aus einer recht einfachen Keimzelle. Noch beim Cembalo-Meister Domenico Scarlatti, einem Bach-Zeitgenossen, bezeichnet der Titel *Sonate* ein ziemlich kurzes Spielstück in einem, höchstens zwei Sätzen und mit einem, höchstens zwei Themen oder Melodien in jedem Satz, die keinen bedeutenden »Durchführungen« oder Verarbeitungen unterliegen. Erst um 1740 beginnen Versuche, dieser Gattung eine ausgedehntere, dramatischere Form zu geben. Wo das geschah, darüber gibt es heftige Diskussionen unter den Historikern. Es kann bei italienischen Meistern wie Sammartini in Mailand gewesen sein, in Mannheim, wo die berühmte »Schule« der Stamitz und Richter bahnbrechend auf dem Gebiet der Orchestertechnik wirkte, oder bei den »Vorklassikern« in Wien, die mit Monn und Wagenseil Haydn den Weg bereiten. Doch wie auch immer – die Sonate ersteht und wird bei den genannten »Kleinmeistern« (welch böses Wort für Meister, die zu ihrer Zeit recht groß und wichtig waren!) und mehr noch bei ihren Nachfolgern, Haydn und Mozart vor allem, hernach Beethoven, Schubert und den Romantikern, zur bedeutendsten Form der Instrumentalmusik. Nach ihren Maßen wird nicht nur die *Sonate* gebaut, das mehrsätzige Stück für ein einzelnes oder zwei miteinander musizierende Instrumente, sondern auch alle Arten der Kammermusik, das *Trio, das Quartett, Quintett, Sextett* usw., und schließlich genauso die *Sinfonie*, die eben eine »Sonate für Orchester« ist: ein »mehrsätziges«, mehrteiliges Werk, in dem vor allem der erste »Satz« oder Teil in Form des recht genau ausgeprägten *Sonatensatzes*, der Sonatenform gebaut sein soll. Darum sei hier, wenn auch möglichst kurz, diese Form der *Sonate* und des eigentlichen *Sonatensatzes* erklärt.
Auch in der Musik (wie auf vielen anderen Gebieten) spielt die Zahl Drei eine wesentliche Rolle. Der dreiteilige, dreizeitige Takt galt dem Mittelalter als der perfekte. Die frühen Tänze der Höfe, vielleicht auch des Volkes, waren dreiteilig angelegt: mit einem Teil, der nach Einschub eines anderen zum Abschluß wiederholt wurde. Die Beispiele ließen sich beliebig vermehren. Die neue

Orchestertechnik ermöglichte die Komposition längerer Stücke und stärkerer Abwechslung; so wurde die noch knappe und nicht formal definierte »Sonate« ausgebaut; es entstand ein dreisätziges Werk mit dem Aufbau Schnell-Langsam-Schnell, wie er schon in der (italienischen) Opern-Ouvertüre verwendet wurde, nun aber mit wesentlichem Ausbau zu einer längeren Form. Und innerhalb dieser Form wurde der erste Satz mit einem feststehenden, ebenfalls dreiteiligen Bau festgelegt: der »Exposition«, der »Durchführung«, der »Reprise«. Als wichtigstes Merkmal des »Sonatensatzes« wurde die Gegenüberstellung zweier kontrastierender Themen herausgearbeitet, wodurch diesem Satz Spannung, ja Dramatik gegeben war, da im mittleren Teil, der »Durchführung«, eine wahre Konfrontation der beiden Themen stattfinden sollte. Gegen Ende des 18. Jahrhunderts strebten die Sonatenkomponisten zu weiterer künstlerischer Abrundung ihrer Werke und setzten dem *Sonatensatz* ab und zu eine gemessene, gespannte *Einleitung* und einen beruhigenden Abgesang, genannt *Coda*, hinzu.
Die Sonate als Gesamtform erhielt ebenfalls ihre Normen. Wir sagten schon, daß sie ein dreiteiliges Grundschema aufweist. Der erste Satz, eben der *Sonatensatz*, stellt ein kompliziertes Gebilde nach obigem Bauprinzip dar; er ist meist von raschem, bewegtem Zeitmaß, weist dramatische Entwicklungen auf, ist erregend, abwechslungsreich, was schon durch den Kontrast zweier sehr verschiedener Themen gewährleistet wird. Im Gegensatz dazu ist der zweite Satz zumeist ruhig, innig, melodiös, zart, nachdenklich, manchmal traurig oder melancholisch, weltschmerzlich auch, langsam. Der dritte, der Abschluß-Satz, pflegt in raschem Zeitmaß dahinzueilen, froh, oft leicht und sorglos, ohne Komplikationen, einem *lieto fine* entgegen, einem fröhlichen, guten Ende, wie die Italiener es nennen, einem *happy end*, wie es Hollywood taufte. Das ganze war also »die Sonate« und, wenn sie von Orchester ausgeführt wurde, »die Sinfonie«.
Natürlich hält die Praxis sich nie an die Theorie, besonders wenn eine Form, eine Institution langsam alt wird. Die Sonatenform war noch gar nicht lange festgelegt, da erfuhr sie schon ihre erste wesentliche Veränderung. Da sie zumeist an Fürstenhöfen gespielt wurde, lag es nahe, dem illustren Publikum damit eine besondere Freude bereiten zu wollen (oder auch den minder Musikliebenden darunter einen Anreiz zu bieten): Ein Kapellmeister – was damals noch mit Komponist weitgehend identisch war – fügte einmal ein *Menuett*, den besonders beliebten Modetanz, in die Sinfonie (oder in die Sonate) ein: Er legte es zwischen den zweiten und den letzten Satz des Werkes. Das war die einzig mögliche Stelle: Vor dem langsamen Satz etwa hätte dieses Menuett dessen Wirkung untergraben, nach dem Menuett hätte das Publikum dem nachdenklichen langsamen Satz kaum die nötige Aufmerksamkeit geschenkt. An vorletzter Stelle hingegen tat das Menuett seine volle Wirkung und bereitete die Gemüter für den fröhlichen Kehraus des letzten Satzes gut vor, dessen Wirkung vor einer Schmälerung keine Angst zu haben brauchte. Schon bei Haydn, beim mittleren und späteren Mozart wird die Sinfonie also viersätzig:

I. Der dramatische, bewegte *Sonatensatz* mit 2 Themen
II. Der langsame, gefühlvolle Satz, oft in »Liedform«
III. Das Menuett
IV. Der frohe, freudig dahinstürmende Schlußsatz

Die nächste wichtige Veränderung war durch den Zeitgeist, war politisch bedingt. Mit der Französischen Revolution, dem Heraufkommen des neuen Bürgertums, verlor das Menuett seine allgemeine Bedeutung, die ihm in einer aristokratischen Welt zugesprochen worden war. Bei Beethoven wird aus dem Menuett ein Scherzo, das kaum noch Tanzcharakter besitzt, sondern manchmal bis ins Unheimliche, Spukvolle, Bizarre gehen kann – ganz dem Charakter der doppelgesichtigen Romantik gemäß. Da konnte der zweite Sonaten- oder Sinfoniesatz etwa melancholischen Weltschmerz ausdrücken, Sehnsucht und undefinierbares Heimweh, und sodann der dritte die fratzenartige Beschaffenheit der gleichen Welt zum Ausdruck bringen. Spätere Romantiker nahmen die alte Reihenfolge der Sätze nicht mehr so genau: Tschaikowsky setzt den langsamsten und traurigsten der Sätze in seiner letzten Sinfonie an die letzte Stelle, als wär's ein Abschied (der es dann auch wirklich wurde). Und Gustav Mahler schaltet völlig frei mit seinen Sinfoniesätzen, hält sich beinahe nie an deren Vierzahl und an den vor langen Zeiten festgelegten Charakter jedes einzelnen.

Unser Begriff des »Sinfonie-Konzerts« hängt natürlich eng mit dem Wort *Sinfonie* zusammen. Aber in solchen Konzerten werden auch viele andere Stücke gespielt, die keineswegs Sinfonie-Form aufweisen. Da gibt es zum Beispiel noch die alte Form der *Suite*, die in Renaissancezeiten ihre Konsolidierung, im Barock ihre Höhepunkte erlebte. Gegen Ende des Mittelalters dürften zum ersten Male die Hoftänze eine gewisse Ordnung erfahren haben. Zwar hatte es sich schon viel früher eingebürgert, jeweils auf einen langsamen Tanz einen schnellen folgen zu lassen, wie es dem natürlichsten Prinzip der Abwechslung entspricht. Dann begann man längere Reihen, Aufeinanderfolgen von Tänzen zu organisieren, und genau das besagen die Worte *Suite* oder auch (ebenfalls aus dem Französischen) *Ordre*, eventuell (italienischen Wortursprungs, aber zumeist in Deutschland gebraucht) *Partita*. Die geläufigste »Aufeinanderfolge« war einige Zeit hindurch Allemande – Courante – Sarabande – Gigue, Tänze, deren Ursprung in vielen Teilen der Erde zu suchen wäre (der Sarabande wird sogar ein recht »wilder« Geburtsort in der Karibik nachgesagt), die aber vor allem in Versailles, am französischen Hof der Ludwige zur Weltgeltung kamen und dann an allen Höfen, in allen Palästen heimisch wurden. Es gibt nicht wenige *Suiten*, die heute noch in unseren Konzertprogrammen auftauchen.

Sehr häufig treffen wir »Sinfonische Gedichte« oder »Sinfonische Dichtungen« an. Sie bilden in gewissem Sinne das Gegenstück, das Gegenteil der *Sinfonie*. Denn während diese Form – wie ihr Urbild, die Sonate – »absolute« Musik darstellt, ist die *Sinfonische Dichtung* geradezu das Symbol der schildernden oder »Programm-Musik«. Hier wird Musik zur Darstellung zumeist außermusikalischer Dinge verwendet, sie wird zur echten Tonmalerei, sie erweckt in unserem Geist Bilder und Vorstellungen – was eigentlich nicht zu ihren ursprünglichen Funktionen gehört, ja ihren Eigenwert sogar eher schmälert als vermehrt, wie leicht zu beweisen wäre. Nicht umsonst beklagt Strawinsky sich in einem Kommentar über die schwierige und auffallend geringe Akzeptanz »moderner« Musik im 20. Jahrhundert gerade darüber, daß der (durch die Romantik »verbildete«) Hörer in Musik etwas erleben wolle, was mit Musik gar nichts zu tun habe. Tatsächlich hat die Romantik des 19. Jahrhunderts dem Publikum das Hören besonders leicht gemacht, wenn sie an die Stelle rein musikalischer Werte wie Sonate, Sinfonie, Suite usw. etwa »Die Moldau«, »Hunnenschlacht«, »Till Eulenspiegels lustige Streiche«, »Der Nachmittag eines Fauns«, »Das Meer« anbietet. Aus dem Genannten geht bereits hervor, daß die *Sinfonische Dichtung* keine feste Form aufweisen kann, sondern sich aller Mittel bedient, um ihren »Gegenstand«, ihr Thema so plastisch wie möglich vor den Hörer hinzustellen.

Im Programm vieler Konzerte steht ein *Konzert*. Schon aus diesem an sich kuriosen Satz geht hervor, daß dieses Wort zwei Bedeutungen besitzen muß: einmal die Art der Veranstaltung selbst, die Zusammenkunft von Menschen zum Erleben von Musik, dann aber eine Musikform dieses Namens. Beide Bedeutungen stecken im Urwort, im lateinisch-italienischen *concertare*. Die eine Bedeutung des Wortes ist »übereinkommen«, »sich verabreden«. Zwei Staatsmänner »konzertieren« eine Zusammenkunft, wie es im Sprachgebrauch vieler Länder heißt, verschiedene Meinungsgruppen »konzertieren« eine Aktion, einigen sich über ein gemeinsames Vorgehen. Das hat also ursprünglich nichts mit Musik zu tun, kann es aber haben, wenn Ausführende und Zuhörende ein Treffen »konzertieren«, eben ein Konzert. Die zweite Bedeutung des Wortes ist: in Wettstreit miteinander treten, wetteifern. Und so ist die Musikform des *concerto*, des Konzerts, eine Art Wettkampf. Ihre Ursprünge liegen, wie bei so vielen Musikformen, im Barock. Da gab es sowohl das *concerto grosso* wie die Anfänge des *Solo-Konzerts*. Im *Concerto grosso* stehen einander eine kleine Instrumentalgruppe und der Gesamt-Klangkörper gegenüber, »wetteifern« miteinander, um zuletzt doch – auch das liegt ja in diesem Wort – zu einer Übereinstimmung zu finden. Die kleine Gruppe *(Soli)* kann ganz verschiedenartig zusammengesetzt sein, und auch für den großen Klangkörper (*Tutti*, alle) gibt es keine Regeln. Nehmen wir als Beispiel die berühmten »Brandenburgischen Konzerte« Bachs: im Ersten sind es 2 Hörner, 3 Oboen, eine Geige; im Zweiten eine Flöte, eine Oboe, eine Trompete, eine Geige; im Dritten je 3 Geigen, Bratschen und Celli usw. Das *Solo-Konzert*, italienisch einfach *concerto* genannt, begann wahrscheinlich mit den ersten Violinvirtuosen, die sich gerne einmal anstatt von einem Tasteninstrument (oder überhaupt nicht) von einem Orchester »begleiten« ließen, wodurch ihre persönliche Meisterschaft noch deutlicher zum

Ausdruck kommen konnte. Ihnen eiferten dann andere Instrumentalisten nach: die Cembalisten, die Flötisten usw. Sie komponierten »Konzerte« für sich selbst, in denen sie damals zugleich die Rolle des Dirigenten mitübernahmen. Als die Tasteninstrumente, zuerst mit dem Hammerklavier (zu Zeiten Beethovens) und schließlich mit den ersten »modernen« Flügeln neue Höhepunkte erklommen, brach (mit Liszt und Chopin) die Zeit der Klavierkonzerte an, die sich auch heute noch größter Beliebtheit erfreuen.
Das *Konzert*, vor allem jenes für einen (oder zwei) Solisten, ist ebenfalls in *Sonatenform* komponiert, hat also 3–4 Sätze und als ersten zumeist einen *Sonatensatz* mit 2 Themen und aus 3 Teilen bestehend, gerade wie die Sonate, das Trio, Quartett usw. und die Sinfonie. Den Solisten kann seit der Romantik und fast noch mehr im 20. Jahrhundert jedes Instrument stellen: es gibt *Konzerte* für Flöte, Oboe, Klarinette, Fagott, Horn, Trompete, sogar für Harfe und Posaune; es gibt sie für Geige, Bratsche, Cello wie auch für Kontrabaß und für Gitarre.
Das öffentliche Orchesterkonzert ist mehr als drei Jahrhunderte alt. 1672 soll der englische Geiger John Banister zum ersten Mal »Musikliebhaber« zu einem jedermann gegen Eintrittsgebühr offenstehenden Zyklus geladen haben. 1743 gründeten Leipziger Musikfreunde, die fast ausschließlich dem Kaufmannsstande angehörten, eine solche Reihe und verlegten sie bald in den Saal, der ihren Zusammenkünften gemäß war: in das Gewandhaus. Als Mozart 1778 nach Paris kam, wirkte er dort in den namhaften *Concerts spirituels* mit, die übrigens nicht die einzigen der Stadt waren. Der jüngste Bach-Sohn, Johann Christian, stand zu jener Zeit an der Spitze der »Abel–Bach-Konzerte« in London, die starken Zulauf hatten. Haydn wurde von den »Salomon-Konzerten« 1791 nach London berufen und fand hier ein Konzertwesen vor, wie er es sich für Wien nur wünschen konnte. In dieser Stadt gründete Otto Nicolai, damals Kapellmeister an der Hofoper, die Konzerte der »Wiener Philharmoniker«, die zwar die gleichen Musiker waren, die im Opernhaus spielten, als Konzertorchester aber von Anfang an einen freiwilligen Zusammenschluß und eine Art republikanischer Selbstverwaltung praktizierten, nicht anders als heute. Da war eine solche Institution eigentlich schon überfällig, denn sporadische Konzerte gab es längst, doch wurden sie nicht von einem festen Ensemble bestritten, sondern mußten, fast jedesmal von neuem, mit einem oft recht bunt aus Berufsmusikern und Amateuren gebildeten Klangkörper bestritten werden. So war es u.a. mit den berühmt gewordenen »großen Akademien«, die Beethovens Werke uraufführten und von ihm selbst dann noch geleitet wurden, als er schon praktisch taub war. So war es, als bei einem »Festkonzert« für den Wiener Kongreß des Meisters »Schlachtengemälde«, *Wellingtons Sieg*, gespielt wurde. Zur Feier des Ereignisses hatten sich viele der namhaftesten Wiener Komponisten erboten, als Schlagzeuger im Orchester tätig zu sein. Unter ihnen auch der gerade in Wien anwesende, später weltbekannte Meyerbeer, von dem Beethoven allerdings unzufrieden bemerkte, er traue sich nie zur rechten Zeit auf die Pauke zu schlagen – er hat es bald in jedem Sinne des Wortes gelernt...
Die frühesten *Orchester* stammen aus weit zurückliegenden Zeiten: Um 1400 entstand die Hofkapelle Krakau, die dann 1596 mit dem polnischen Hof nach Warschau übersiedelte; 1448 wurde die Königliche Kapelle in Kopenhagen, 1526 die in Stockholm ins Leben gerufen, 1548 die in Dresden, 1563 die mecklenburgische, etwa gleichzeitig die in Weimar. Sie alle waren »Privatorchester« des Monarchen, von öffentlichen Konzerten oder Opernaufführungen keine Rede. So war es auch beim Orchester der Pariser Oper, das 1669 seine Tätigkeit aufnahm. Aus ihm entstanden dann die 24 »Violons du roi«, die Geiger des Königs, die den Versailler Konzerten Pracht verliehen. Der Übergang von der reinen Palasttätigkeit zum öffentlichen Wirken vollzog sich überall schrittweise und zumeist im Zuge der »Demokratisierung« des Kunstlebens, teils mit, teils ohne Revolution.
Seitdem befinden die Orchester sich in stetem Aufstieg. Mit den komplizierter werdenden Werken des fortschreitenden 19. Jahrhunderts nimmt die Notwendigkeit ausgiebigen Probens zu, und damit verschwinden allmählich die mitwirkenden Amateure, denen zudem die künstlerischen und technischen Anforderungen häufig zu hoch werden. Zugleich erwacht in ihnen der Wunsch, auf das Orchesterspiel nicht einfach zu verzichten, sondern eigene Klangkörper zu bilden, denen oft erstaunliche Leistungen gelingen. Bis weit ins 20. Jahrhundert hinein besaß etwa Wien ein

glänzendes Ärzte-Orchester, in dem nicht wenige medizinische Berühmtheiten gern und effektvoll mitwirkten. Ähnliches wird auch aus anderen Städten überliefert, kein Wunder bei der auffallenden Verwandtschaft, die Medizin und Musik in zahlreichen Punkten aufweisen.
Die Orchester, von denen wir hier sprechen, sind als »Sinfonie-Orchester« zu betrachten, gleichgültig, ob sie aus »Profis« oder »Laien« bestehen, geradeso wie eine Mannschaft, die mit dem Fuß den Ball in ein gegnerisches »Tor« zu schießen sucht, eben eine Fußball-Mannschaft ist, ob sie für ihr Spiel bezahlt wird oder nicht und ob sie es besser oder weniger gut betreibt. Die Spielregeln sind die gleichen, und das ist auch beim Sinfonieorchester weltweit der Fall. Ein Sinfonieorchester in Wien, Zürich, München, Paris, London oder Moskau weist die gleiche Zusammensetzung auf wie eines in New York, Seattle, Dallas, Caracas, Teheran, Kapstadt oder Tokio. Gleichgültig auch, welchen Namen es führt; der kann einfach »Sinfonie-Orchester« oder »Sinfonisches Orchester« lauten, er kann »Philharmonisches Orchester«, »Konzertorchester«, »Staatskapelle«, »Stadtorchester« oder sonstwie sein. Damit wird also das, was ein Komponist solcher Werke, wie wir sie aufzuzählen begannen, in eine »Partitur« bannt, überall auf der Welt in gleicher Weise interpretiert. Das sinfonische Orchester besitzt eine feststehende Zusammensetzung, die seit den Zeiten des Barock ständig erweitert wurde, die aber in der Form, die sie zu Ende des 19. Jahrhunderts erhielt, immer noch auf der ganzen Welt Gültigkeit besitzt. Diese Zusammensetzung sieht wie folgt aus:

4 Flöten (von denen 1–2 »kleine Flöten«, sog. »Piccolo« spielen können
4 Oboen (von denen 1 auch Englischhorn spielen kann)
4 Klarinetten (davon 1 eventuell mit Baßklarinette, eine andere vielleicht im Bedarfsfall mit Saxophon)
4 Fagotte (davon im Bedarfsfall eines mit Kontrafagott)
6–8 Hörner (die in Brucknersinfonien Wagner-Tuben spielen können)
4–6 Trompeten
3 Posaunen
1 (Baß-)Tuba
1–2 Pauker, von denen jeder 2–3 Pauken bedienen kann
2–4 Schlagwerker für alle Instrumente dieser Gruppe
1–2 Harfen
1 Pianist oder Organist, nur in besonderen Fällen zugezogen
16 Erste Geigen
14–16 Zweite Geigen
12 Bratschen
8–10 Celli
6–8 Kontrabässe

Das ergibt eine 100 Musiker erreichende oder übersteigende Durchschnittszahl. Doch soll daraus nicht geschlossen werden, daß kleinere Ensembles einen geringeren künstlerischen Wert besäßen. Die Zahl der Musiker hängt von drei Hauptfaktoren ab: von der Größe des Konzertraumes, von der Art der Werke, die interpretiert werden, und... von den Finanzen. Es ist ein Unding, in einem kleineren, weniger als achthundertplätzigen Saal eine Haydn-Sinfonie aus dessen früheren Schaffensepochen mit mehr als 30–40 Musikern zu spielen; aber es ist genauso unsinnig, etwa die *Achte Sinfonie* Mahlers, die *Gurrelieder* Schönbergs, die *Alpensinfonie* von Richard Strauss in einem dreitausendplätzigen Saal mit 30–40 Musikern spielen zu wollen.
Was in seiner – vielleicht barocken – Entstehungszeit für kleine damalige Musikgruppen geschaffen wurde, kann auch heute noch vorteilhaft von sogenannten »Kammerorchestern« gespielt werden. Deren Zahl ist in unserem Jahrhundert ins nicht mehr Überschaubare gewachsen, und ein namhafter Teil des heutigen Konzertlebens liegt auf ihren Schultern. Das ist gut so, weil ihnen oft die Wiedergabe instrumental kleinerer Werke überzeugender gelingt als den riesigen sinfonischen Ensembles; dann aber auch, weil es anscheinend leichter ist, 20 gute und durch intensive Probenarbeit bald völlig miteinander vertraute Musiker zu versammeln als 100. Sie können die *Concerti grossi* des Barock, dessen *Suiten* und *Solokonzerte, Serenaden* und *Divertimenti* übernehmen und die »große Orchesterliteratur« den dafür zuständigen Klangkörpern überlassen.

*Serenaden, Divertimenti*: Das sind zwei Begriffe, die dem Leser auf den Seiten unseres Buches öfter begegnen werden. Beider Sinn liegt bereits im Namen erklärt: *Serenade* kommt vom italienischen Wort *sera*, der Abend. Eine Abendmusik also, ein Ständchen vielleicht zur Dämmerstunde, ein frohes Fest in Freundeskreisen; Mozart konnte ein solches Werk auch »Nachtmusik« nennen. *Divertimento*, ebenfalls aus dem Italienischen, ist einfach ein »Unterhaltungs«-Stück, mehrsätzig wie die *Serenade*, ohne festen oder gar strengen Konstruktionsplan und mit vorwiegend heiterer, manchmal höchstens ein wenig nachdenklicher Musik. Auch einer *Ouvertüre* begegnen wir eventuell im Programm eines Sinfoniekonzerts. Ihr ursprünglicher Sinn war, etwas einzuleiten, sei es ein Theaterstück, eine Oper, vielleicht ein Fest. Doch die *Ouvertüre* machte sich gelegentlich selbständig und wurde so zum Musikstück an sich, ohne feste Form, wenn auch manchmal dreiteilig in französischer Operntradition (Langsam-Schnell-Langsam) oder italienischer (Schnell-Langsam-Schnell). Vielleicht findet sich in dem einen oder anderen Konzertprogramm mit einer Fuge, einer Passacaglia, einer Toccata eine Reminiszenz aus Barockzeiten – oder aber eine neue Komposition, die an jene alten Formen anschließen will. Die Fuge ist von den »strengen« Formen die strengste: Ein Thema wandert durch alle »Stimmen«, bleibt immer hörbar, gleichgültig, ob in einer hohen, einer mittleren, einer tiefen »Stimme«, was hier soviel wie »Instrument« bedeutet. Der Leser möge an einen *Kanon* denken, wie er ihn wahrscheinlich in der Schule gesungen hat; die *Fuge* ist ein (wesentlich komplizierter gebauter) *Kanon*, der vor allem größere Entwicklungen zuläßt, ja vorschreibt, während im Kanon der Ablauf von vorneherein festgelegt ist, wenn das Thema erklingt. *Passacaglia* und *Chaconne* weisen insofern eine Ähnlichkeit oder Verwandtschaft auf, als beide auf einer immer wiederholten, kurzen und einprägsamen Baßfigur aufgebaut sind, dem sogenannten *basso ostinato* oder einfach *Ostinato*, über dessen wirklich »hartnäckigem« Ablauf die Oberstimmen Variationen ausführen. Auch eine *Toccata* kann im Programm stehen: Sie wurde ursprünglich, vor Jahrhunderten, für die Orgel erfunden, dann aber auch oft für Orchester »gesetzt«. Soweit überhaupt eine formelle Regel für diese Form gegeben werden kann, müßte man sagen, daß in ihr massive Akkordketten mit geläufigen Figuren und virtuosem Spiel abzuwechseln pflegen.
Weitere Stücke, die im Ablauf eines Sinfoniekonzerts vorkommen können, erklären sich zumeist selbst durch ihre Titel: die der »sinfonischen Dichtungen« verraten ihren Inhalt im Namen. Das ist auch der Fall bei »Menuett«, »Deutscher Tanz«, »Slawischer Tanz«, »Humoreske«, »Burleske« usw. *Variationen* sind Veränderungen, die an einem zu Anfang festgelegten Thema vorgenommen werden. Sie können recht einfach sein, wie es bei den »klassischen« Meistern der Fall ist, und das bedeutet, daß das Thema ohne Schwierigkeit erkennbar bleibt; sie können aber auch kompliziert werden (wie bei Brahms, Reger u.a.), und es kostet dann Mühe, den Faden des Themas nicht zu verlieren. Falls der Komponist diesen Faden nicht von vorneherein verwirrt hat, wie Edward Elgar, als er das Thema seiner »Enigma«-Variationen nie klarlegte, was den Namen (Enigma = Rätsel) erklärt...
Wenn wir für uns oder am Familientisch beschließen, am Abend »ins Konzert« zu gehen, so muß damit keineswegs ein Sinfonie-Konzert gemeint sein. Es kann etwa auch ein Chorkonzert sein, ein Liederabend, ein Solisten-Konzert (das in manchen Regionen den Namen »Rezital« – nach dem englischen oder französischen *récital* führt, auf jeden Fall eine merkwürdige Bezeichnung, da dieses Wort mit *recitare* zusammenhängt, was rezitieren, sprechen bedeutet, so daß hier der Musik eine sprachähnliche Wirkung zugeschrieben wird; die Verwendung dieses Wortes soll übrigens auf Liszt zurückgehen). Die Ausführenden eines Konzerts können die Mitglieder einer Blaskapelle sein, die es unter verschiedensten Namen gibt; man kann einer »Kammermusik« lauschen, hinter welchem Namen – der noch auf die fürstliche »Kammer« zurückgeht, die privaten Gemächer einer herrschenden Persönlichkeit – sich ein kleines, nur wenige Mitglieder umfassendes Instrumentalensemble verbirgt, ein Duo, ein Trio, ein Quartett bis hin zum Oktett, Nonett oder noch weiter bis an die Grenze des Kammerorchesters. Die Franzosen kennen z.B. den Begriff des »Dixtuor« für ein Ensemble von 10 Solisten, wofür es im Deutschen keinen Namen mehr gibt.
Unser »Konzertbetrieb«, wie er sich heute zumeist darstellt, geht auf das 19. Jahrhundert zurück. Da die Welt sich inzwischen gewaltig verändert hat, ist manches darin nicht mehr zeitgemäß. In steigendem Maße wird der einzige, zentrale Konzertraum durch viele kleinere in den einzelnen

Stadtteilen, in den Vororten und ländlichen Gemeinden zwar nicht verdrängt, wohl aber ergänzt. Der »moderne« Mensch ist immer weniger gewohnt, zur Kultur zu gehen, er verlangt, daß sie zu ihm komme, mit Ausnahme der wenigen ganz »großen« Ereignisse, bei denen das unmöglich erscheint. Über die Frage der Anfangszeiten wird diskutiert. Im 19. Jahrhundert hatte der Bürger Zeit und Ruhe, nach Büro- oder Ladenschluß heimzufahren, zu Abend zu essen, sich gut zu kleiden und abermals den Weg in die Innenstadt anzutreten, wo das Konzerthaus zumeist liegt. Heute fällt es wesentlich schwerer, so vorzugehen; in den Millionenstädten ist es sogar unmöglich geworden. Zu Anfang der siebziger Jahre begann ich infolgedessen, einen Zyklus in der Schweiz als Vorabend-, als »Feierabend-Konzerte« zu organisieren, dies mit stärkstem Erfolg und bald weltweiter Nachahmung. Die Anfangszeit um 18.30 Uhr ermöglichte einen direkten Anschluß an die Arbeitszeit, der Abend wurde frei, zumal sich gleichzeitig eine Verkürzung der Vortragsdauer aufdrängte. Der heutige Mensch kann seine Konzentration kaum länger als eine Stunde auf dem Maximum halten, Konzerte von drei, von vier, ja sogar von fünf Stunden Dauer, wie sie im 18. und 19. Jahrhundert an der Tagesordnung waren, überfordern ihn restlos, der doch auf seine Leistungsfähigkeit so stolz zu sein pflegt. Natürlich fallen bei diesen 65–80minütigen Konzerten gewisse Dinge fort, die nach alter (und sicherlich lieber) Gewohnheit mit dem Konzertbetrieb verknüpft waren: das Pausengeplauder samt Buffet – oder Buffet samt Pausengeplauder –, die elegante, von allen Seiten zu bewundernde Kleidung, kurz, der »soziale« Aspekt. Der aber sollte beim wahren Musikhören eigentlich ohnedies nur eine ganz untergeordnete Rolle spielen...
Sehr gute Erfahrungen hat man an vielen Orten mit Sonntagvormittags-Konzerten gemacht. Dies drängt sich auf, wo das gleiche Orchester (wie im erwähnten Falle Wiens) zugleich Opern- und Konzertorchester ist; hier sind Abendkonzerte unmöglich, da die Musiker bei den Vorstellungen des Musiktheaters zu spielen haben. Der Vormittag ist ohnedies für die Mehrzahl der Menschen der Zeitraum der besten Rezeption und Konzentration. Jedenfalls, und damit wollen wir dieses Kapitel abschließen, stehen den nächsten Generationen wesentliche Veränderungen im Konzertbetrieb bevor, zumal dieser von ungewöhnlich starker Konkurrenz bedrängt wird: der Schallplatte, dem Tonband, dem Rundfunk, dem Fernsehen. Hier wird ein Ausgleich gefunden werden müssen, eine Zusammenarbeit, die, richtig verstanden und in die Wege geleitet, der Musik ungeahnte, herrliche Möglichkeiten erschließen kann und wird.

In diesem Sinne...!

# Die Komponisten und ihre Werke

## Felice dall'Abaco

1675–1742, italienischer Komponist

In Verona geboren, seit 1704 in München tätig und dort gestorben, einer der Großmeister des italienischen Barock und sicherlich eine der Brücken zu den deutschen Kollegen dieser Richtung (Bach und Händel waren um 10 Jahre jünger), Schöpfer bedeutender Concerti grossi, von (24) Violinsonaten, (12) Kirchensonaten, (12) Triosonaten; wichtig in der Vorgeschichte von Sonate und Sinfonie.

## Walter Abendroth

1896–1973, deutscher Komponist

*Orchesterwerke*: 5 Sinfonien; *Bratschenkonzert* (1941); *Sinfonietta* (1942); *Variationen über »Schnitter Tod«* (1946); *Sinfonische Musik* (1954); *Konzert für Orchester.*

## Walter Aeschbacher

1901–1969, Schweizer Komponist

Bruder der Pianisten Adrian Aeschbacher und Rudolf am Bach sowie des Dirigenten und Komponisten Niklaus Aeschbacher. *Orchesterwerke: Chaconne, Variationen, Fuge und Coda über ein eigenes Thema* (1937); *Sinfonie No. 1* (1953); *Fantasie* (1956); *Kleines Konzert für Violine und Violoncello* (1944) sowie mehrere Werke für Streichorchester.

## Eugen d'Albert

1864–1932, deutscher Komponist und Pianist

Einer der berühmtesten Klaviervirtuosen seiner Zeit, Komponist durchschlagend erfolgreicher Opern (vor allem »Tiefland«), geboren in Glasgow, gestorben in Riga (auf einer Reise), letzter Wohnsitz Lugano. Unter seinen wirkungsvollen Orchesterwerken in spätromantischem Stil ragen 2 Klavierkonzerte heraus (op. 2 h-moll, 1884, und op. 12 E-dur, 1893), ein *Cellokonzert* (op. 20 C-dur, 1900), eine *Sinfonie*, die einer Renaissance durchaus fähig und weitgehend würdig wären.

## Tommaso Albinoni

1671–1750, italienischer Komponist

In Venedig geboren und gestorben, Großmeister des Barock, Mitbegründer des Solokonzerts, hochgeschätzt von Bach, der Themen von ihm verarbeitete, nach langer Vernachlässigung ins heutige Konzertleben zurückgeholt, bewundernswert in Können und Geschmack, Zeuge einer der bedeutendsten Musikstädte und -epochen. Von ihm gibt es u.a. ein *Adagio für Orgel mit Streichern*, ein *Oboenkonzert* (ebenfalls mit Streichorchester) sowie *Sonata* betitelte Stücke für Streicherensemble, durchwegs noble, schön klingende Barockmusik, bei deren Hören man sich in die hohen Paläste am Canale Grande zurückträumen kann (und soll), vor deren Fenstern festlich geschmückte Gondeln vorübergleiten: eine Epoche voll Lebensfreude, Stolz und Sinn für Schönheit.

## Hugo Alfvén

1872–1960, schwedischer Komponist

Die Werke dieses schwedischen Komponisten sind mehrmals über seine engere Heimat hinaus in andere Länder gedrungen. Er war Universitätsmusikdirektor in Uppsala. Von seinen Kompositionen seien erwähnt: 4 Sinfonien, die Sinfonischen Dichtungen *En Skargardssaga* (etwa: »Legende vom Inselmeer«) und *Drapa*, die Rhapsodien *Midsommervarka* (etwa: »Mittsommernacht«), *Uppsala* und *Dala*, die Suite *Gustav Adolf*. Außerdem schrieb er noch andere, nicht in dieses Buch gehörende Werke, wie Opern, Lieder, Kammermusik.

## Volkmar Andreae

1879–1962, Schweizer Komponist und Dirigent

Der bedeutende Schweizer Dirigent, der mit zunehmendem Alter zu einer selten erreichten Reife – besonders der Brucknerinterpretation – gelangte, war auch kompositorisch auf vielen Gebieten tätig. In unser Buch gehören folgende Werke: zwei Sinfonien (F-dur und C-dur); *Kleine Suite, Notturno und Scherzo; Musik für Orchester; Rhapsodie für Violine; Concertino für Oboe.*

## Pieter van Anrooy

1879–1954, niederländischer Komponist und Dirigent

*Orchesterwerk: Piet Hein Rhapsodie* (nach dem um 1850 entstandenen volkstümlichen Lied).

## George Antheil

1900–1959, US-Komponist und Pianist

Dieses in der Zwischenkriegszeit stark beachtete »Enfant terrible« der Musik (wie er sich selbst im Titel seiner Autobiographie nennt) gehört, ursprünglich auf den Spuren Strawinskys, zu den Bahnbrechern der damaligen »Moderne«, nahm Jazzelemente in seine

Kompositionen auf, schrieb für ungewöhnliche Besetzungen, führte das Spiel mit Fäusten und Ellbögen in die Pianistik ein usw. Zu seinen wichtigsten *Orchesterwerken* gehören: *Sinfonie I* (*Zingareska*, 1922), *A Jazz Symphony* (1925/55), *Sinfonie II* (1926), *Sinfonie III* (1938/46), *Sinfonie IV* (»*1942*«), *A Tragic Symphony* (1945/48), *Sinfonie V* (1948), *Sinfonie VI* (»*nach Delacroix*«, 1948/50); *Klavierkonzert* (1926), *Suite für Kammerorchester* (1926), *Capriccio* (1930), *The Golden Spike* (1939), *Over the plains* (1945), *Heroes of Today* (1945), *Violinkonzert* (1946), 2 Serenaden, *Nocturne in Skyrockets* (1951).

## Hans Erich Apostel

1901–1972, österreichischer Komponist

*Orchesterwerke: Variationen über ein Thema von Haydn*, op. 17; *Adagio; Ballade*, op. 21; *Intrada für Blasorchester*, op. 23; *Rondo ritmico*, op. 27; *Variationen über drei Volkslieder*; fünf *Österreichische Miniaturen; Konzert für Klavier*, op. 30. *Festliche Musik* (1962); *Kammersinfonie* (1968); *Epitaph* (für Streicher, 1969); *Paralipomena dodekaphonika* (1970); *Konzert* (1972).

## Blaz Arnic

1901–1970, jugoslawischer Komponist

*Orchesterwerke*: 9 Sinfonien; Sinfonische Rhapsodie; Sinfonische Dichtungen (u.a. *Hexentanz, Der Verführer, Das Lied der Berge, Die Wälder singen, Der Wassermann*), 3 Violin-, 1 Cello-, 1 Klarinettenkonzert.

## Juan de Arriaga

1806–1826, spanischer Komponist

Eines der tragischen Genies der Musikgeschichte, in Bilbao (Baskenland) geboren, zwanzigjährig in Paris gestorben, »ein spanischer Mozart« (wie von namhaften Chronisten genannt, und nicht zu Unrecht), frühreif, von überzeugender Vollendung im Formalen wie im Geistig-Musikalischen, schrieb eine Sinfonie und eine Ouvertüre (neben Opern, einer Messe, Kantaten und Instrumentalmusik), die in unserer Zeit wiederentdeckt und zur größten Verblüffung und Bewunderung von Publikum und Fachwelt aufgeführt wurden.

## Kurt Atterberg

1887–1974, schwedischer Komponist

Namhafter, auch im Ausland oft gespielter Spätromantiker von hohem Können. Zu seinen wichtigsten Werken gehören 9 Sinfonien, zum Teil mit programmatischen Titeln: die 3. heißt *Meeressinfonie*, die 5. *Sinfonie funèbre*, die 7. *Sinfonia romantica*, die 8. enthält Volksliedweisen. Klangschön sind auch die 9 Orchestersuiten, deren 5. *Barock-Suite*, deren 8. *Pastorale* heißt. Seine *Värmland-Rhapsodie* verdient ebenso Erwähnung wie die Ouvertüren, das *Konzert für Violine und Orchester* (1913), *das Cellokonzert* (1922), das *Klavierkonzert* (1935). Atterberg gewann den Schubert-Wettbewerb 1928 in Wien.

## Georges Auric

1899–1983, französischer Komponist

Mitglied der *Groupe des Six* in Paris (mit Milhaud, Honegger, Poulenc, Durey und Germaine Tailleferre), Direktor der beiden staatlichen Opernhäuser, Autor verschiedener Orchesterwerke, die zum Teil Suiten aus seinen Balletten sind (u.a. *Chemin de lumière*), Instrumental- und Vokalkompositionen, besonders erfolgreich als Filmkomponist (*Moulin rouge, La belle et la bête*).

## Grażyna Bacewicz

1909–1969, polnische Komponistin

Nach Studien bei Carl Flesch erfolgreiche Geigerin, doch bald als Schülerin Nadia Boulangers in Paris ganz der Komposition hingegeben. Schöpferin von 6 Sinfonien, unter denen besonders die *Sinfonie Nr. 3* (1952) als bedeutendes Werk gelten muß, von 5 Violinkonzerten, 2 Konzerten für Orchester, einem Klavierkonzert, 2 Cellokonzerten, einer Suite polnischer Tänze sowie höchst bemerkenswerter Kammermusik. Sie wurde sowohl national wie international mehrere Male ausgezeichnet: 1951 im Lüttich für das *vierte Streichquartett* (1. Preis), 1960 UNESCO-Preis für *Musik für Streicher*. Grażyna Bacewicz gehört zu den größten Komponistinnen der ganzen Musikgeschichte und zu den bedeutendsten Musikschöpfern ihres Jahrhunderts.

# Johann Sebastian Bach
1685–1750

Die führende Stellung, die Bach im heutigen Musikleben und in der Geschichte einnimmt, wäre zu seinen Lebzeiten schwer vorauszusehen gewesen. Bescheidene Posten, das Fehlen großer oder gar triumphaler Konzertreisen, eine zeitlebens materiell beengte Stellung, begrenzter Widerhall im zeitgenössischen Musikbetrieb: das sind einige der Merkmale, die beim Studium des Lebens Johann Sebastian Bachs zuerst auffallen. Gewiß, es fehlte nicht an Anerkennung einiger sachverständiger Männer, an Beweisen von Dankbarkeit in engen Kreisen wahrer Musikliebhaber. Aber zu Ruhm, zu wirklichem Ruhm hat es der Thomaskantor niemals bringen können. In einem anderen meiner Bücher habe ich als Beweis hierfür die Umfrage angeführt, die ein Leipziger Blatt im Jahre 1740 veranstaltete: Unter den deutschen Komponisten seiner Zeit (also auf einem relativ beschränkten Gebiet) wurde Bach der 7. Rang zuerkannt. An Weltgeltung – wenn man sie hätte messen können – wären zweifellos einige Dutzend Italiener und Franzosen vor ihm gestanden. In welch kleinem geographischem Umkreis bewegte sich sein Leben, sehr im Unterschied zu dem seines Zeitgenossen Händel, aber was für eine Welt von Musik ist in den sechzig dicken Bänden enthalten, die seine gesammelten Werke bringen!
Er kam am 21. März 1685 in Eisenach (Thüringen) zur Welt. Frühzeitig begann sein Berufsleben, wie es bei dem Sprößling einer Familie, in der es – ohne Übertreibung – fast nur Musiker gab, nicht anders sein konnte. Bach wurde zuerst Geiger in Weimar, dann Organist in Arnstadt, übernahm eine weitere Organistenstelle in Mühlhausen; danach kehrte er nach Weimar zurück – jung verheiratet mit seiner Cousine Maria Barbara – und blieb dort neun Jahre lang als Hofmusiker des Herzogs. Im Jahre 1717 erhielt er seinen ersten Kapellmeisterposten in dem winzigen Fürstentum Anhalt-Köthen. Hier starb seine Gattin; unter den vier überlebenden Söhnen befanden sich die künftigen großen Musiker Wilhelm Friedemann und Carl Philipp Emanuel, die bald eine Stiefmutter bekamen: Anna Magdalena Wülken, die Bach eine ideale Gefährtin wurde und von deren Hand ein ergreifendes Tagebuch über ihr Leben an seiner Seite erhalten blieb. In Hamburg wurde Bach bei einer Bewerbung schmählich übergangen, aber in Leipzig schien man seinen Wert besser zu erkennen. Von 1723 an – die letzten 27 Jahre seines Lebens – war Bach Organist und Kantor der Thomaskirche. Allerdings darf man sich diesen Posten und seine Leipziger Tätigkeit nicht durchwegs erfreulich vorstellen, ja man muß sogar sagen, sie seien kaum jemals seines Genies würdig gewesen. Er leitete einen kleinen Chor und ein noch kleineres Orchester (die Gesuche, die er um deren Vergrößerung an seine Vorgesetzten richtete, muten uns heute beinahe beschämend an, denn sie zeigen nicht nur die völlig unzulänglichen musikalischen Mittel, die ihm zur Verwirklichung seiner grandiosen kompositorischen Ideen zur Verfügung standen, sondern auch die widrigen bürokratischen Umstände, denen sein Genius untergeordnet war), spielte sein Lieblingsinstrument, die Orgel, und lehrte – nicht nur Musik – in der angegliederten Schule. In seinen letzten Jahren litt er unter rasch abnehmender Sehkraft und erblindete schließlich gänzlich, ohne – bis zum letzten Tage – auf das Komponieren zu verzichten. Er starb am 28. Juli 1750 in Leipzig.
Das vielleicht hervorstechendste Merkmal von Bachs Charakter war sein Glaube. Er war ein frommer Lutheraner und nach Religion und Charakter ein Mann, der mit gleicher Intensität »der Ehre Gottes und dem Wohle des Nächsten« zu leben trachtete. Trotzdem ginge man fehl, wenn man den geistlichen Werken ohne weiteres das Primat unter Bachs Kompositionen einräumen wollte. Gewiß, die Passionen – vor allem wohl jene nach dem Evangelisten Matthäus –, die h-moll-Messe, das Weihnachtsoratorium sind wahre Monumente, denen schwerlich etwas anderes an die Seite gestellt werden kann. Doch nehmen auch die Werke, die unser Buch ihrem orchestralen Charakter wegen verzeichnet, einen nicht wegzudenkenden Platz im Musikleben der heutigen Welt ein. Ebenso wie zwischen weltlicher und geistlicher Musik (die erstere stammt aus Bachs Weimarer und Köthener Epoche, das heißt der Zeit, in der er »höfisch« musizierte, sowie aus einem Auftrag – dem einzigen seiner würdigen während seines ganzen Lebens – des Preußenkönigs Friedrichs des Großen) ist Bachs Schaffen auch zwischen vokaler und instrumentaler Musik geteilt. Außer der Oper hat er alle Genres gepflegt, sie alle mit vollendeter Meisterschaft beherrscht: Ouvertüren (die

wir heute eher als Suiten bezeichnen), Konzerte, Präludien, Fugen, Kanons, Kantaten, Oratorien, Toccaten, Inventionen usw.
Bachs Gestalt steht gigantisch an der Grenzlinie zweier musikalischer Zeitalter: Mit gewaltigem Griff faßt er alle polyphon-kontrapunktischen Künste von Gotik und Barock zusammen, zugleich aber ist er ein Künder der heraufkommenden Harmonie. Es wäre eine unverzeihliche Ungerechtigkeit, nicht zu erwähnen, wieviel Bach seinen italienischen Vorläufern und Zeitgenossen schuldet – Vivaldi vielleicht in erster Linie –, mit welcher Verehrung und Anerkennung er deren Werke studierte und oft ihn interessierende Züge in das eigene Schaffen übernahm. Die Zeitenwende, an der Bach stand, ließ seine eigenen Söhne zu Revolutionären gegen den Stil des Vaters werden. Sie ahnten wohl nicht, daß der »alte Zopf« – wie sie ihn manchmal ein wenig respektlos nannten – in seinem Genie über allen Zeiten stand und zur Grundlage der Musik Europas für Jahrhunderte wurde.

*Die Brandenburgischen Konzerte*

*Konzert Nr. 1 F-dur*
Fünf Sätze: *Allegro; Adagio; Allegro; Menuett; Polacca.*
*Konzert Nr. 2 F-dur*
Drei Sätze: *Allegro; Andante; Allegro.*
*Konzert Nr. 3 G-dur*
Zwei Sätze: *Allegro; Allegro.*
*Konzert Nr. 4 G-dur*
Drei Sätze: *Allegro; Andante; Presto.*
*Konzert Nr. 5 D-dur*
Drei Sätze: *Allegro; Affetuoso; Allegro.*
*Konzert Nr. 6 B-dur*
Drei Sätze: *Ohne Angabe; Adagio ma non troppo; Allegro.*

*Geschichte:* Bach erhielt im Jahre 1721 eine Aufforderung des Markgrafen Christian Ludwig von Brandenburg, ihm einige Werke für das gute Ensemble zu senden, das er an seinem Hofe unterhielt. Bach, damals Kapellmeister in Anhalt-Köthen, kam dieser Einladung nach und schickte sechs recht verschiedenartige Konzerte, die er anscheinend in den unmittelbar vorangegangenen Monaten oder Jahren komponiert hatte. Die französisch gehaltene Widmung lautet: »Six Concerts avec plusieurs instruments, dediées (!) a son Altesse Royale (!) Monseigneur Chrétien Louis, Markgraf de Brandenbourg...« Wie man sieht, stammt der heute überall gebräuchliche Name »Brandenburgische Konzerte« nicht vom Komponisten selbst. Die Werke scheinen am brandenburgischen Hofe nicht sehr erfolgreich gewesen zu sein: Weder ist das Datum einer Aufführung überliefert, noch finden sie sich in den Inventaren. Vielleicht sind sie, wie Albert Schweitzer in seiner Bachbiographie meint, unter den »77 Konzerten verschiedener Meister«, die mit einem Gesamtwert von 12 Talern ausgewiesen sind, oder gar in den »Hundert Konzerten«, die insgesamt auf nur 16 Taler geschätzt wurden, was pro Werk eine niederschmetternde Summe ausmacht. Beim Tode des Markgrafen im Jahre 1734 kamen sie in die Hände der Schwester des Preußenkönigs Friedrich und gelangten hernach glücklicherweise in eine Bibliothek, so daß sie nicht verlorengingen.

*Verwendetes Ensemble: Konzert Nr. 1:* 2 Hörner, 3 Oboen, Violino piccolo als Solisten, Streichorchester, eventuell durch Fagott verstärkt. Dazu Cembalo (wie bei allen Werken jener Epoche). *Konzert Nr. 2:* Flöte, Oboe, Trompete, Geige als Solisten, Streicher und Cembalo im Orchester. *Konzert Nr. 3:* 3 Violinen, 3 Violen, 3 Violoncelli als Solisten, Streicher und Cembalo im Orchester. *Konzert Nr. 4:* 2 Flöten und Geige als Solisten, Streicher und Cembalo im Orchester. *Konzert Nr. 5:* Flöte, Violine und Cembalo als Solisten, Streicher und Cembalo im Orchester. *Konzert Nr. 6* verwendet keine Solisten; das Orchester enthält 2 Violinen, 2 »viole da gamba« (unserem Violoncello ähnliche alte Instrumente, auch »Kniegeigen« oder »Gamben« genannt), Violoncelli, Kontrabässe und Cembalo.

*Analyse:* Das *1. Brandenburgische Konzert F-dur* stellt formell eine Ausnahme dar: Anstelle der üblichen drei Sätze (des *Concerto grosso*, zu dem diese Werke unbestreitbar gehören) enthält es fünf. Und zwar hat der Komponist nach den herkömmlichen drei Sätzen noch zwei weitere angefügt, die beide Tanzcharakter tragen. Der erste Satz *(Allegro)* kann als für das Genre und die Epoche typisch angesehen werden:

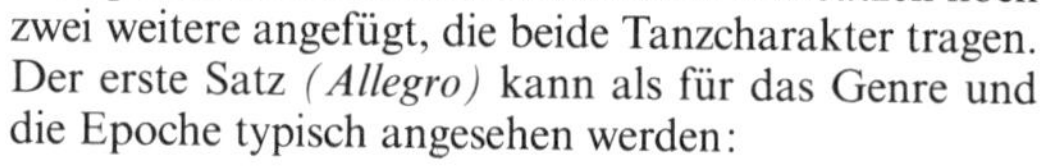

Der wohl schönste Teil der Komposition ist im zweiten Satz zu finden *(Adagio)*, der in einem zarten Dialog zwischen Oboe und Piccolo-Geige gipfelt. Heute wird dieses Werk mit einer gewöhnlichen Violine ausgeführt; es scheint aber, daß der Komponist selbst in bezug auf die Verwendung der von ihm vorgeschriebenen Instrumente nicht sehr streng war und wohl einen

»Ersatz« zuließ. (Was wäre ihm, der sein ganzes Leben lang keine Forderungen zu stellen berechtigt war, auch anderes übriggeblieben?) Immerhin glauben wir, daß die volle Wirkung sich erst bei Verwendung der von Bach vorgesehenen Instrumentation einstellt. Der dritte Satz, *Allegro*, weist den fröhlichen und spritzigen Charakter solcher Finales auf (der auch in den sich bald entwickelnden Sinfonien beibehalten werden wird). Das *Menuett*, das den vierten Satz bildet, kommt aus der Suite und rettet sich – als deren einziger überlebender Teil – in die neue Sinfonie. Bach läßt hier ein echt höfisches Menuett erklingen, würdevoll und aristokratisch; das als Mittelteil eingeschobene *Trio* wirkt durch das Wechselspiel von Oboen und Fagott überraschend graziös. (Bach verwendet das Fagott äußerst selten, hier aber sehr charakteristisch.) Die *Polacca*, ein Hoftanz polnischen Ursprungs, ist nur für Streicher instrumentiert. Nach ihr wiederholt sich das Menuett, dieses Mal aber mit neuem Trio, dem Hörner und Oboen einen fröhlichen Klang verleihen. Trotz ihres unleugbaren Reizes ist die Verwendung dieser beiden Tänze hier ein wenig diskutabel, da sie formell nicht eingebaut, sondern aufgepfropft wirken.

Das *2. Brandenburgische Konzert*, ebenfalls in F-dur geschrieben, bedarf kaum einer Erläuterung. Der erste Satz *(Allegro)* bringt ein einfallsreiches Spiel der Solistengruppe (Flöte, Oboe, Trompete und Geige) mit dem Orchester. Im *Andante* haben Flöte, Oboe und Geige Gelegenheit zu reichlicher Entfaltung. Der letzte Satz schließlich *(Allegro)* stellt eine Fuge dar, deren einprägsames Thema von der Trompete eingeführt wird.

Das *Brandenburgische Konzert Nr. 3 G-dur* hat einen frohen und bewegten Grundcharakter. Formell stellt es – wie das erste – eine Ausnahme dar: es besteht aus nur zwei Sätzen. (Im allgemeinen sei hier gesagt, daß es wohl kaum einen selbständigeren, ja revolutionäreren Künstler gegeben hat als Bach, der in nahezu allen seinen Werken experimentiert und alle Ideen seiner Vorgänger neu durchdenkt und oftmals neu gestaltet.) Der erste Satz beruht auf einem langen Thema, das Kraft, aber auch Schwung atmet:

Es durchläuft eine Zahl von Variationen, verdichtet sich zu bemerkenswerter Dramatik, ohne seinen fast heiteren Charakter aufzugeben. An der Stelle, an der sonst der langsame, gefühlsmäßiger gehaltene zweite Satz steht, setzt Bach hier nur zwei Akkorde in einem einzigen *Adagio*-Takt; es wirkt wie ein Augenblick des Innehaltens in einem frohen Fest. Das *Allegro*, das unmittelbar darauf einsetzt, ist fröhlich und graziös; sein 12/8-Takt und seine fließende, ununterbrochene Bewegung in Sechzehntelnoten verleihen ihm eine fast tänzerische Leichtigkeit. Das ganze Konzert entfernt sich vom Grundtyp des *Concerto grosso*, aber auch vom Solistenkonzert: keinen Augenblick lang kann man von Gegenüberstellung verschiedener Klanggruppen (dem wichtigsten Merkmal jedes Konzerts) sprechen.

Das *Brandenburgische Konzert Nr. 4*, das wie das vorhergehende in G-dur steht, betont hingegen den konzertanten Charakter. Fast könnte man es sogar als Violinkonzert bezeichnen; doch auch die beiden Soloflöten steuern virtuose Elemente bei. Der erste Satz ist ein typisches Einleitungs-*Allegro;* der zweite, *Andante*, enthält schöne Echo-Effekte und erinnert ein wenig an ein Menuett. Der dritte Satz, *Presto*, zeigt wieder Bachs lebenslange Vorliebe für die Fuge (die von den meisten anderen Konzertkomponisten jener Zeit, besonders den Italienern, kaum noch verwendet wurde); hier das in diesem glänzenden Stück verwendete Thema:

Auch das *5. Brandenburgische Konzert*, in D-dur geschrieben, nähert sich dem Solokonzert. Diese Rolle fällt dem Cembalo zu (das in modernen Aufführungen oft durch das Klavier ersetzt wird); begleitet von Flöte und Violine bekommt es prächtige Gelegenheiten zu Klang- und Geläufigkeitsentfaltung. Aber auch die anderen Instrumente müssen sich über virtuoses Können ausweisen. Hier das Hauptthema des ersten Satzes:

In schönem Kontrast zur pochenden Geschäftigkeit, zum ununterbrochenen rhythmischen Impuls des ersten Satzes steht der besinnliche, nachdenklichere zweite. Sein Hauptthema wird von den drei Soloinstrumenten kanonisch gebracht:

Das Finale *(Allegro)* kehrt zur Spielfreudigkeit des Anfangs zurück. Sorglos rollt ein Hofkonzert vor unseren Augen und Ohren ab; wer zu hören weiß, sieht förmlich die Gesellschaft, die gepuderten Perücken, die feinen Manieren, die liebevolle, wenn auch nicht leidenschaftliche Anteilnahme an dem kleinen Ensemble, das in einer Ecke des Saales gute Musik spielt...

Das *Brandenburgische Konzert Nr. 6 B-dur* ist ausschließlich für Streicher (und Cembalo, das in damaliger Zeit absolut unerläßliche Füll- und Begleitinstrument) geschrieben; aber es läßt die Geigen weg, so daß es nur mittlere und tiefere Stimmen verwendet, was ihm einen ernsteren Charakter verleiht. Bach komponierte es ursprünglich für »viole da braccio« und »viole da gamba«, von denen erstere ohne wesentlichen

Nachteil durch Bratschen, letztere aber nicht ganz so restlos durch Violoncelli ersetzt werden können, um moderne Aufführungen überhaupt möglich zu machen. Der erste Satz trägt keine originale Tempobezeichnung, aber alles deutet auf das an dieser Stelle übliche *Allegro* hin. Die in den meisten Konzerten selbstverständliche Gegenüberstellung von Solisten und Ensemble gibt es in diesem Werk nicht. Besonders schön ist wieder der zweite Satz, hier *Adagio ma non troppo* überschrieben. Er steht im 3/2-Takt und wird weitgehend von einer herrlichen Melodie der Viola beherrscht. Der letzte Satz, *Allegro*, ist eine frohe italienische »Giga«, ein wenig anders gebaut als die französische »Gigue«, mit der das 5. Konzert endet. Die Form ist dreiteilig, nach Art der (italienischen) Da-Capo-Arie (so genannt, weil nach einem Mittelteil der Anfang wiederholt, also »da capo« gebracht wird), die Durchführung virtuos, wie es dem ganzen Charakter dieser Konzerte entspricht.

*Interpretation:* Die *Brandenburgischen Konzerte* sind *Concerti grossi*, Werke, in denen verschiedene Klanggruppen – zumeist Solisten und Orchester – einander gegenübergestellt werden. Dieser Kontrast ist demnach das erste, was klar zum Ausdruck kommen muß. Der Stil Bachs steht hier zwischen Barock und Rokoko, also zwischen wuchtiger Größe und zierlicher Eleganz (wenn man die Dinge so vereinfachen kann); das soll in der Wiedergabe berücksichtigt werden. Jede Form von »Sentimentalität« aber, im Sinne der (viel späteren) Romantik, ist fehl am Platz. Die Aufführungspraxis der Werke Bachs – sowie seiner Vorläufer und Zeitgenossen – stellt einige wichtige Probleme: Dürfen wir die von den damaligen Komponisten verwendeten und geforderten Instrumente durch solche unserer Zeit ersetzen? In der alten Musik spielt die Klangfarbe keine so entscheidende Rolle wie im 19. und zu Beginn des 20. Jahrhunderts; Bach selbst war oft genötigt, in der Enge seiner Verhältnisse Instrumente auszutauschen und sich irgendwie zu behelfen. Das scheint uns einen gewissen Freibrief zu gewähren. Aber wir sollten doch trachten, diese Musik so originalgetreu wie möglich aufzuführen. Schon die maßlose Vergrößerung des Streicherapparates ist nicht zu rechtfertigen; denn das Wichtigste in dieser Art Musik ist ihre Durchsichtigkeit, und die ist bei 30 Spielern eben nicht mehr so zu erzielen wie bei 8 oder 12. Die »Viola da braccio« kann gut durch eine moderne Bratsche ersetzt werden, die »Viola da gamba« durch ein Violoncello. An die Stelle der in den *Brandenburgischen Konzerten* einmal verwendeten »Piccolo-Geige« muß wohl oder übel eine moderne Violine treten, denn jene existiert längst nur noch in Museen (oder in einigen wenigen auf alte Musik spezialisierten Ensembles). Daß auch unsere Flöten keineswegs mehr die gleichen sind wie zu Bachs Zeiten (die im Klange eher unseren Blockflöten glichen), sei nur nebenbei bemerkt. Und wie soll der so wichtige Cembalopart ausgeführt werden? In damaliger Zeit gibt es kein Werk ohne Cembalo, das die Rolle eines Bindegliedes, aber auch eines Rückgrats spielt, nach dem sich alle richten. Man sollte versuchen, auch bei modernen Aufführungen ein Cembalo zu benutzen, da dessen Klang doch wesentlich von dem unseres modernen Klaviers absticht. Aber das Cembalo dringt nicht durch eine größere Klangmasse, wie wir sie heute gerne verwenden! Nehmen wir also ein stärkeres Orchester, als Bach es gekannt und wohl auch gewollt hat – mit der Begründung etwa, unsere modernen, großen Konzertsäle erforderten es –, so müssen wir notgedrungen auch das Cembalo durch einen Flügel ersetzen, aber stilistisch ist diese Wiedergabe äußerst anfechtbar; es fragt sich, ob es in einem solchen Falle nicht besser wäre, auf das Tasteninstrument überhaupt zu verzichten. Bei einem größeren Ensemble ist es als klangliches Bindemittel ohnedies nicht nötig (daher ließ das 19. Jahrhundert es eben fort), und die Rolle des Kapellmeisters hat der Cembalospieler ebenfalls seit langem verloren. Wir könnten über dieses Thema noch viel mehr sagen, denn es steht sehr oft im Mittelpunkt interessanter Diskussionen. Unsere Epoche bemüht sich um die »Echtheit« und »Treue« der Interpretation, sucht also alle Werke so erklingen zu lassen, wie der Autor es gewollt und seine Zeit es verstanden hat, dabei darf allerdings nicht außer acht bleiben, daß diese Praxis ihre natürlichen Grenzen hat: die Beschaffenheit der heutigen Instrumente, die Größe der heutigen Säle und sicherlich auch innere Veränderungen im Menschen, die wir nicht merken. Die ideale Wiedergabe aller Bachschen Werke wäre zweifellos die auf alten Instrumenten, in historischen Sälen und mit genau dem vom Autor gewünschten Ensemble. Wo das nicht möglich ist – denn Bach wird heute selbstverständlich nicht als »historisch« empfunden, sondern als lebendig –, soll man versuchen, seinem Geist so gerecht als möglich zu werden.

### *Die Violinkonzerte*

*Konzert Nr. 1 für Violine und Orchester a-moll*
*Konzert Nr. 2 für Violine und Orchester E-dur*
*Konzert für zwei Violinen und Orchester d-moll*

*Geschichte:* Soweit wir wissen, wurden diese Werke in Köthen komponiert, also in den Jahren 1717 bis 1723, und für das kleine Orchester des Fürsten Leopold. Aber es gab ihrer bedeutend mehr als die drei erwähnten; die Forscher nehmen an, Bach habe wenigstens acht solcher Konzerte geschrieben, wobei allerdings jenes mitgezählt ist, das er in die Sendung an den Markgrafen von Brandenburg einschloß, also in die *Brandenburgischen Konzerte*. Drei gingen bei Wilhelm Friedemann verloren, der sie erbte. Aber wenn wir auch in ihrer Originalform nur zwei Solokonzerte und ein Doppelkonzert besitzen, so können wir uns doch von den verschollenen Werken dieses Genres einen Begriff machen, da Bach selbst sie zu Cembalokonzerten umarbeitete. (Hier scheint ihn vor allem der Wunsch geleitet zu haben, dieser noch gänzlich neuen und im Versuchsstadium befindlichen Kompositionsform

Material zu schaffen.) Wie bei so vielen Werken Bachs kennen wir auch bei den Violinkonzerten das Uraufführungsdatum nicht, und ebensowenig wissen wir über ihre Entstehung.

*Verwendetes Ensemble:* Streichorchester (Violinen, Violen, Violoncelli und Kontrabässe) mit obligatem »Basso continuo« (der stets vom Cembalo ausgeführt wurde)*, ferner die Solisten (1 bzw. 2 Geigen).

*Analyse*: Das *Konzert Nr. 1* steht in a-moll und beginnt mit einem Tutti, aus dem sich dann die Stimme der Sologeige loslöst. Hier das erste Thema:

Der zweite Satz ist ein langes Duett zwischen der Sologeige und den Bässen. Er ist *Andante* überschrieben (der erste war ein *Allegro*, wenn auch – wie üblich – nicht als solches bezeichnet), wird aber notgedrungen ein wenig langsamer gespielt, da sich im Baß eine Figur dauernd wiederholt, die zu einer gewissen ruhigen Entwicklung einlädt:

Diese Idee läßt uns an eine *Passacaglia* denken oder an eine andere damals übliche Form, in der der Baß durch gleichbleibende oder wenig variierte Figuren gebildet wurde und daher *ostinato* hieß, »hartnäckig, trotzig, obstinat«. Über diesem obstinaten Baß entwickelt Bach breite Melodien und verzierende Arabesken, ja im allgemeinen kann gesagt werden, daß er in seinen zweiten Sätzen (der zyklischen Werke) dem Solisten und Orchester gewisse Gefühlsmomente gestattet, die wir weder in den vordergründigen ersten noch den fröhlichen letzten Sätzen finden. Das Finale *(Allegro assai)* nähert sich in seinem 6/8-Takt dem Rhythmus der Giga oder Gigue, die Bach gerne verwendete. Außer der frohen Tanzstimmung bietet sie dem Soloinstrument Gelegenheit zu virtuosem Ausleben – zweifellos die Haupttriebkraft für die Komposition von Solistenkonzerten in damaliger und auch noch späterer Zeit.

Das *Konzert Nr. 2 für Violine und Orchester*, in E-dur, ist brillanter gehalten als das erste. Es gehört zu den bekanntesten und meistgespielten des Genres und ist festes Repertoirestück aller zeitgenössischen Geiger. Glänzend in seinen Ecksätzen, von ergreifender Schönheit im langsamen Mittelsatz, läßt es uns den Verlust der anderen Violinkonzerte schmerzlich empfinden. Das Werk beginnt mit einem klaren E-dur-Thema, in bewegtem Zeitmaß:

Das Anfangsmotiv, mehrmals transponiert und variiert, beherrscht den ganzen ersten Satz, mit Ausnahme einer längeren Passage in Moll, die nachdenklichere Töne anschlägt. Aber zuletzt geht es doch wieder nach Dur und in die freudige Bewegung zurück, in die gewisse »Motorik« Bachs, die unaufhaltsam vorwärtstreibt. Im zweiten Satz, den Bach in die Paralleltonart cis-moll legt, taucht – ähnlich wie im ersten Konzert – ein »obstinates« Baßmotiv auf, über dem das Soloinstrument innige Melodien entwickelt. Das Baßmotiv ist hier melodischer als im anderen Konzert, gefühlsgetränkter:

Der ganze Satz, sicher einer der schönsten der gesamten Literatur, gleicht einem ergreifenden Klagegesang. Obwohl Bachs Musik nur in wenigen Ausnahmefällen »schildert« und nahezu immer als Musterbeispiel des Absoluten in der Kunst gelten darf, so wäre es doch hochinteressant, hinter diesem Satz einen Anstoß zu suchen, eine außermusikalische Idee, die zu so tiefer Melancholie geführt hat. Der dritte Satz bringt entschlossen die Lebensfreude zurück; es ist ein bewegtes Rondo, echter »letzter« Sinfonie- oder Konzertsatz mit seiner guten Dosis Virtuosentum. In diesem *Allegro assai* bleibt das Orchester Begleitung, und der Solist hat Gelegenheit, sein Können zu beweisen.

Das *Doppelkonzert für zwei Violinen und Orchester* taucht oft in unseren Sälen auf. In erster Linie seiner musikalischen Werte wegen, aber sicherlich auch, weil es nur gezählte Gelegenheiten für das gleichzeitige Musizieren von zwei Solisten gibt. (Die anderen bekannten Werke vereinen verschiedene Instrumente: Mozart Geige und Bratsche in seiner »Konzertanten Sinfonie«, Brahms Geige und Violoncello in seinem Doppelkonzert.) Bach führt die beiden Geigen so meisterhaft, daß sie in idealster Weise miteinander verschmelzen. Ein dezidiertes, sehr männliches Thema, ein typisch Bachsches, leitet das Werk ein: weite Melodienbögen, Spannung von mehr als einer Oktave, fester Rhythmus, unaufhaltsame Bewegung:

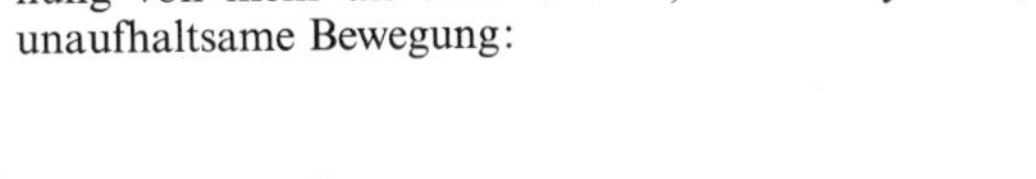

Besonders schön ist wiederum der zweite Satz. Hier begegnen wir dem Mystiker Bach, dem wir einige der herrlichsten Werke der religiösen und Oratorienmusik verdanken. Nach diesem *Largo ma non tanto* wirkt das

* Siehe »Kleines Wörterbuch musikalischer Ausdrücke« am Ende des Buches, unter »Basso continuo«.

*Allegro*-Finale wie eine Rückkehr auf die Erde. Mit seiner nie übertroffenen Meisterschaft – der das Wichtigste gelingt: die perfekte Technik hinter Inhalt und Gefühl unsichtbar zu machen – führt Bach das Konzert in virtuoser Weise zu Ende.

*Interpretation:* Die Bachschen Violinkonzerte unterscheiden sich grundsätzlich vom Virtuosenkonzert des 19. Jahrhunderts, das viel subjektiver, sentimentaler und effektvoller gespielt werden darf. Hier heißen die wichtigsten Tugenden des Solisten: absolute Genauigkeit, logische Phrasierung, Zusammenarbeit mit dem Orchester. Dieses sollte – gerade wie in den *Brandenburgischen Konzerten* – keineswegs zu stark besetzt sein, so daß die Passagen kleinster Notenwerte im Soloinstrument ohne Schwierigkeit »durchkommen« können. Weder Bach noch seine direkten Vorgänger auf diesem Gebiet (Torelli, Corelli, Vivaldi) pflegten solche Werke mit mehr als 20 Musikern wiederzugeben; und nur so kommt das ideale Gleichgewicht zwischen Solist und Ensemble wirklich zum Ausdruck, das hier unerläßlich ist.

*Die Cembalokonzerte (Klavierkonzerte)*

*Konzert Nr. 1 für Cembalo und Orchester d-moll*
*Konzert Nr. 2 für Cembalo und Orchester E-dur*
*Konzert Nr. 3 für Cembalo und Orchester D-dur*
*Konzert Nr. 4 für Cembalo und Orchester A-dur*
*Konzert Nr. 5 für Cembalo und Orchester f-moll*
*Konzert Nr. 6 für Cembalo und Orchester g-moll*
*Konzert Nr. 7 für Cembalo und Orchester g-moll*
*Konzert Nr. 1 für 2 Cembali und Orchester c-moll*
*Konzert Nr. 2 für 2 Cembali und Orchester C-dur*
*Konzert Nr. 3 für 2 Cembali und Orchester c-moll*
*Konzert Nr. 1 für 3 Cembali und Orchester d-moll*
*Konzert Nr. 2 für 3 Cembali und Orchester C-dur*
*Konzert für 4 Cembali und Orchester a-moll*

*Geschichte:* Die Cembalokonzerte Bachs – in unserer Zeit oftmals als Klavierkonzerte bezeichnet und aufgeführt – bieten zahlreiche Probleme der Identifikation und chronologischen Einordnung. Ihre Gesamtzahl dürfte etwa zwanzig betragen haben; erhalten sind die oben aufgezählten. Doch handelt es sich nicht durchwegs um Originalkompositionen des Thomaskantors. Während seiner Leipziger Jahre, und besonders im Zeitraum von 1729 bis 1736 – als Leiter von Telemanns »Collegium Musicum« – verfertigte Bach zahlreiche Transkriptionen fremder Werke; vor allem schrieb er italienische Violinkonzerte (besonders Vivaldis, den er hoch verehrte) zu Cembalokonzerten um, einem neuen Genre, zu dessen »Erfindern« er zweifellos gehörte. Bis dahin war das Cembalo Begleit- und Füllinstrument gewesen, unerläßlich im Barockorchester; ihm war der »Basso continuo«, der Generalbaß, anvertraut, der nur mit einer Linie Baßnoten geschrieben, aber mit vollgriffigen Akkorden je nach der Fertigkeit des Spielers ausgeführt wurde. Bach selbst sowie einige seiner Söhne waren glänzende Cembalisten. Johann Sebastian erlebte noch die Erfindung und Verbreitung des Klaviers; erstere war bekanntlich dem Italiener Cristofori zuzuschreiben, letztere aber dem Dresdner Fabrikanten Silbermann, der Bach um sein Urteil ersuchte. Jedenfalls hatte der Thomaskantor auch vom Cembalo ein »modernes« Konzept und wollte es als Melodie-Instrument mit Orchesterbegleitung verwendet wissen. So förderte er das Cembalokonzert und wurde dadurch gewissermaßen zum Vater des später so wichtigen Klavierkonzerts.

*Verwendetes Ensemble:* Im Orchester durchwegs nur Streicher sowie ein Cembalo als »Basso continuo«, das jedoch mit dem solistischen Instrument nicht identisch ist.

*Analyse:* Das *Konzert Nr. 1 für Cembalo* hat wohl seinen Ursprung in einer verlorengegangenen Komposition eines unbekannten Autors. Das Anfangsthema muß Bach gut gefallen haben, denn er verwendet es außer hier noch zwei weitere Male: in einem Orgelvorspiel und in der Kantate Nr. 146:

Der zweite Satz ist sehr melodiös und ausdrucksvoll; er entwickelt sich – wie wir es in den beiden Violinkonzerten sahen – über einem (hier sehr langen) Baßmotiv, das mehrmals wiederholt wird:

Vermerken wir, daß dieser Satz in g-moll steht; da das Gesamtwerk ebenfalls in Moll gesetzt ist – d-moll –, fällt diese Tatsache auf; zumeist finden wir Moll-Mittelsätze in Dur-Kompositionen und umgekehrt. Das *Allegro*-Finale führt das Werk beinahe fröhlich zu Ende, gibt dem Solisten Gelegenheit zu einer technischen Bravourleistung und zeigt die unglaubliche kontrapunktische Meisterschaft Bachs, der Melodie in Begleitung verwandelt und umgekehrt, ohne daß auch nur die kleinste Nahtstelle zu fühlen wäre oder der durchgehende Fluß der Bewegung jemals aufgehalten würde.

Das *Konzert Nr. 2 für Cembalo E-dur* scheint eine Originalkomposition Bachs zu sein, wenn auch sein thematisches Material vielleicht nicht durchwegs für ein Cembalokonzert bestimmt war; wir finden einige der Melodien in verschiedenen Kantaten wieder. Der Grundcharakter ließe sich als stille Heiterkeit, ruhige Freude bezeichnen. Wie alle anderen Konzerte hat auch dieses drei Sätze. Das erste *Allegro* arbeitet mit einem langen Thema, das ausschließlich aus kleinsten Notenwerten besteht, die sich um den Tonika-Akkord von E-dur ranken. Der zweite Satz ist *Siciliana* betitelt und könnte als ländliches Idyll verstanden werden, in dessen Ruhe sich einmal leichte Schatten mischen. Voll Energie ist der letzte Satz, *Allegro*, der, wie es Brauch ist, eine Reihe tänzerischer Rhythmen entwickelt.

Das *Konzert Nr. 3 für Cembalo* ist nichts anderes als die Transkription des 2. Violinkonzertes, wobei die ursprüngliche Tonart E-dur durch D-dur ersetzt wurde. Die Analyse befindet sich an der betreffenden Stelle auf S. 27.

Das *Konzert Nr. 4 für Cembalo A-dur* ist wahrscheinlich ebenfalls die Transkription eines (vermutlich verlorenen) Violinkonzerts. Es weist drei Sätze auf: *Allegro* (in dessen Hauptthema man eine Variante des As-Dur-Präludiums des »Wohltemperierten Klaviers« zu erkennen glaubte), ein *Larghetto* in fis-moll und ein fröhliches *Allegro ma non tanto*.

Das *Konzert Nr. 5 für Cembalo f-moll* gehört zu den meistgespielten der Serie. Wahrscheinlich entstammt es einem Violinkonzert Bachs, dessen Original nicht erhalten blieb. Es hat einen nachdenklicheren, intimeren Charakter als seine Geschwister; schon das erste Thema deutet darauf hin:

Der zweite Satz, *Largo*, bringt eine weitgeschwungene Melodie, die mit Verzierungen besät und von starkem Gefühlsinhalt belebt ist. Frank Howes, einer der englischen Schilderer dieses Werks, bemerkt, daß er hier einen der wenigen Augenblicke gefunden habe, in denen das Wort »Barock« wirklich zu Bachs Musik passe. Völlig anderen Charakter trägt der letzte Satz, ein *Presto*, das sich übermütig und spielerisch gebärdet, und in dem einige der in alter Musik so beliebten Echo-Effekte zu finden sind.

Das *Konzert Nr. 6 für Cembalo* ist mit dem 4. Brandenburgischen Konzert identisch. In jenem Zusammenhang haben wir es auf S. 25 besprochen.

Das *Konzert Nr. 7 für Cembalo* stellt eine Transkription des 1. Violinkonzerts dar. Wieder hat Bach – wie schon bei der Bearbeitung des 2. Violinkonzerts, das zum 3. Cembalokonzert wurde und dabei von E-dur nach D-dur transponiert erschien – eine Änderung der Tonart vorgenommen: aus a-moll ist g-moll geworden. Also die gleiche Transponierung um einen Ganzton abwärts, wie im anderen Beispiel. Man hat die verschiedenartigsten Gründe hierfür gesucht. Tatsache ist, daß Bach für das Cembalo weniger hohe Töne bevorzugt als für die Geige. Der naheliegendste Anlaß dürfte die natürliche Verschiedenheit im Klang sein, der Bach auf diese Art Rechnung tragen wollte.

Das *Konzert Nr. 1 für zwei Cembali c-moll* ist eine Transkription des Konzerts für zwei Violinen, das wir analysiert haben. Auch hier hat Bach wiederum genau um einen Ganzton abwärts transponiert: von d-moll nach c-moll.

Das *Konzert Nr. 2 für zwei Cembali C-dur* wird allgemein als Originalwerk aus der Leipziger Zeit angesehen. Es gibt dafür mehrere Argumente; nicht zuletzt jenes, daß Bach hier offenkundig stärkeres Interesse zeigt als in den Transkriptionen, die nicht selten mit sichtbarer Unlust – wahrscheinlich für nicht sehr wichtige Abende im *Collegium Musicum* – angefertigt zu sein scheinen. (So sehr, daß Albert Schweitzer meint, man könnte im Falle, daß ein anderer und nicht Bach sie hergestellt hätte, von einem Sakrileg sprechen!) Dieses C-dur-Konzert hat zwar die drei Sätze, die die (damals natürlich ungeschriebenen) Regeln verlangen, kann aber in manch anderer Hinsicht als bahnbrechend angesehen werden. Nicht nur, daß es das erste bekanntgewordene Konzert für 2 Cembali ist; es entwickelt diese Form sofort zu einem Höhepunkt, ohne die mindeste Schwäche, den geringsten Zweifel zu zeigen; und es führt die Kadenz ein, die bald darauf typisch für die Konzertform werden wird. Erwähnen wir noch eine Eigenart dieses Werks: der zweite Satz *(Adagio ovvero Largo)* läßt das Orchester völlig beiseite. Die beiden Solisten ergehen sich in einem langen, ausdrucksstarken Duo über dieses Thema:

Auch im dritten Satz spielt das Orchester keine bedeutende Rolle. Bach entwickelt eine seiner großartigen Fugen, wofür er folgendes Thema benutzt:

Die Fuge durchläuft eine Reihe von Tonarten (a-moll, F-dur, c-moll), durchwegs Verwandte der Grundtonart, und ist auch sonst äußerst abwechslungsreich gestaltet. So bildet der Satz eine glänzende Synthese von Kontrapunkt und Harmonie, die in der Hand des Thomaskantors zu einer Einheit verschmelzen, wie die Theoretiker es sich kaum je erträumt haben.

Das *Konzert Nr. 3 für 2 Cembali* ist ebenfalls eine Transkription; sein Original dürfte ein Konzert für Geige, Oboe und Orchester in d-moll sein, das heute auch in dieser seiner vielleicht ursprünglichen Form aufgeführt wird. Es entstand wohl noch in der Köthener Zeit des Meisters und wurde in Leipzig wegen des wachsenden Gebrauchs an Cembaloliteratur umgearbeitet.

Das *Konzert Nr. 1 für 3 Cembali* steht in d-moll und stammt aus der Leipziger Epoche. Bewundernswert ist hier, wie Bach den Klang der Solisten zu verschmelzen weiß, aber dem begleitenden Streichorchester ist keine wesentliche Rolle zugedacht. Der zweite Satz ist *Alla siciliana* betitelt, und der Hörer vermag ihn nur mit Mühe in das allgemeine Konzept von Bachs Musik einzureihen; er besitzt Grazie und Charme, wie man sie für gewöhnlich nur italienischen oder französischen Meistern zutraut. Tatsächlich haben Musikkritiker gelegentlich an Bachs Autorschaft gezweifelt. Wer das Musikleben der damaligen Zeit kennt, weiß um die Natürlichkeit, mit der die Musiker – große wie kleine – fremde Melodien verwendeten; das Wesentliche lag nicht im Einfall, sondern in der originellen persönlichen Bearbeitung. Durch diese wurde eine fremde Melodie gewissermaßen zur eigenen (ein Phänomen, das sich in ähnlicher Weise heute in der Welt des Jazz abspielt). Wie immer es sei: Bachs Fassung dieser Siciliana ist ein bezauberndes Stück und erinnert uns daran, daß der oft als »schwer« und »überernst« verrufene Thomaskantor Humor, Witz und Liebenswürdigkeit besaß – zumindest in seiner Musik.

Das *Konzert Nr. 2 für 3 Cembali C-dur* scheint eine Originalkomposition Bachs zu sein. Wie das vorherige dürfte es aus Leipzig stammen. Der erste Satz ist auf diesem Thema aufgebaut:

Besonders schön ist – wie auch in anderen Konzerten Bachs – der zweite Satz, *Adagio*. Haben wir im vorhergehenden Konzert von Bachs Humor und Liebenswürdigkeit gesprochen, so müßten wir hier besonders das tiefe Empfinden, die Resignation, die Melancholie, das Träumen, aber auch das leidenschaftliche Miterleben erwähnen, die hier in Tönen ausgedrückt werden und zeigen, daß der Thomaskantor einer der vollendetsten, aber auch einer der menschlichsten Musiker aller Zeiten war.

Das *Konzert für 4 Cembali a-moll* bietet ein weites Feld für die Diskussion. Nicht seines musikalischen Wertes wegen, versteht sich. Aber die erste Frage ist wohl die, inwieweit es als Werk Bachs gelten kann, hat er doch die Themen vollständig von Vivaldi übernommen, aus dessen Konzert für 4 Geigen er eines für 4 Cembali machte. Die zweite Frage wäre wohl die, ob er dem Werke damit einen Dienst tat oder nicht. Wahrscheinlich dachte er an gar keine »Komposition« und natürlich noch viel weniger an die Nachwelt (die überhaupt kaum je in den Kreis seiner Betrachtungen getreten sein dürfte); er brauchte ganz einfach ein Stück mit guten Gelegenheiten für vier Cembalisten. Dritte Frage: Wieweit stimmt Bachs Stil mit dem Vivaldis überein? Die deutsche mit der italienischen Musik jener Zeit? Fragen, deren ausführliche Beantwortung den Rahmen unseres Buches sprengen würde. Stellen wir fest: Das Konzert für 4 Cembali und Orchester ist ein interessantes Stück, in welchem die ursprünglich für Geige erfundenen Themen dem Tasteninstrument angepaßt sind; Stilbruch ist nirgends zu finden, was für das Fehlen jedes einengenden Nationalismus bei beiden Meistern und für die gestaltende Stärke des Zeitgeistes spricht. Wenn wir die besten Stücke Bachs aufzählen, wird dieses Konzert kaum zur Erwähnung kommen, aber es aus seinem Werke wegzudenken, wäre ungerecht.

*Interpretation:* Müssen diese Konzerte auf dem Cembalo gespielt werden, oder ist die Verwendung des Klaviers zulässig? Wenn wir Wert auf historische Treue legen, so kann die Antwort nicht zweifelhaft sein. Aber es gibt auch andere, durchaus vertretbare Standpunkte. Hat Bach nicht selbst viele Werke »modernisiert«, indem er sie z.B. von der Violine auf das Cembalo umschrieb? Hat er nicht gegen Ende seines Lebens mit großer Freude auf neuartigen Instrumenten gespielt? Würde er also etwas gegen eine Aufführung seiner Konzerte mit Klavier einzuwenden haben? Gewiß, vieles verschiebt sich durch die Verwendung des Klaviers: Dessen ungleich stärkerer Klang verlangt eine wesentliche Verstärkung des begleitenden Orchesters; läßt dieses sich aber verstärken, ohne daß die so wichtige Transparenz des polyphonen Geflechts darunter leidet? Wer diese Konzerte in erster Linie als Abbild einer historischen Epoche liebt, möge sie in stilgetreuer Form aufführen. Wer in ihnen überzeitliche Musikwerke sieht, darf sie, mit allem Respekt natürlich, auf die Mittel unserer Ära übertragen. Aber selbst der Solist, der sie auf einem modernen Konzertflügel spielt, wird sich einer möglichst großen Stiltreue befleißigen, wird nahezu ohne Pedal, ohne Rubati, ohne romantische Ausbrüche spielen, eben so, als spiele er Cembalo, nur ein viel stärkeres, als Bach es kannte.

*Das Tripelkonzert für Cembalo, Flöte und Violine*

Das schöne und heute wieder vielbeachtete Werk weist die gleiche Besetzung wie das 5. Brandenburgische Konzert auf: drei Solisten und den üblichen Streicherkörper zur Begleitung. Es steht in a-moll. Wieder einmal hat Bach musikalisches Material aus anderen Werken nochmals verarbeitet: die Themen des ersten und dritten Satzes stammen aus einem Klavierpräludium mit -fuge (in a-moll), die des Mittelsatzes aus einer Orgelsonate (in d-moll). Wie auch in anderen Kompositionen gehört der Mittelsatz nur den Solisten, das Orchester schweigt.

*Die Suiten (Ouvertüren)*

*Suite (Ouvertüre) Nr. 1 C-dur*
*Suite (Ouvertüre) Nr. 2 h-moll*
*Suite (Ouvertüre) Nr. 3 D-dur*
*Suite (Ouvertüre) Nr. 4 D-dur*

*Geschichte:* Eine der typischsten Musikformen des Barocks war die *Suite.* Wie schon ihr Name andeutet, stammt sie ursprünglich aus Frankreich, obwohl ihre einzelnen Bestandteile aus zahlreichen Ländern Europas kamen. In Deutschland fand die Suite weite Verbreitung, und nahezu alle bedeutenden Musiker befaßten sich mit ihr, so auch Bachs unmittelbare Vorgänger oder Zeitgenossen Krieger, Fischer, Muffat, Telemann usw. Wie es manchmal vorkam, nannte auch Bach seine vier Orchestersuiten »Ouvertüren«. Ihr Entstehungsjahr ist ungewiß, manches scheint darauf hinzudeuten, daß sie – wie so viele weltliche Orchester- und Instrumentalmusikwerke Bachs – während seiner Kapellmeistertätigkeit in Köthen geschrieben wurden. In Leipzig, mehrere Jahre später, scheint er sie wieder hervorgeholt zu haben, da er für die von Telemann ins Leben gerufene »Musikalische Gesellschaft« viel Orchesterliteratur benötigte. Albert Schweitzer nimmt an, daß nur die beiden ersten Suiten aus Köthen stammen, die beiden letzteren aber aus der Leipziger Zeit. Die Originalmanuskripte sind verlorengegangen; die Werke wurden aus Stimmen rekonstruiert, die Carl Philipp Emanuel in seinem Besitz hatte und in denen einige Korrekturen eingetragen sind; ob von der Hand des Vaters oder des Sohnes ist ungewiß. Die dritte Suite wurde erst 1838 wiederentdeckt, von Mendelssohn, der damals auch den gewaltigen Fund der *Matthäuspassion* machte; dieser retouchierte übrigens die Instrumentation ein wenig, da hundert Jahre nach Bachs Epoche einige Instrumente (die Trompeten in diesem Falle) in anderer Weise gespielt wurden, als der Autor sie verwendet hatte.

*Verwendetes Ensemble: 1. Suite*: Oboen, Fagotte und Streichorchester (Violinen, Violen, Violoncelli, eventuell Kontrabässe, mit Cembalo, *2. Suite*: Flöte, Streicher und Cembalo, *3. Suite*: Oboen, Trompeten, Pauken, Streicher und Cembalo. *4. Suite*: Oboen, Fagotte, Trompeten, Pauken, Streicher und Cembalo. (Das Cembalo ist in allen Suiten lediglich Ausführender des Basso continuo, kein Soloinstrument.)

*Analyse:* Die *Suite Nr. 1 C-dur* taucht nicht sehr oft in unseren Konzerten auf. Es ist ein reizendes Stück, »leichte« Musik im besten Sinne des Wortes, gehobene Unterhaltungsmusik des Jahres 1720 und... vom großen Bach. Die Suite beginnt, wie alle anderen auch, mit einer *Ouvertüre* in französischem Stil (langsam-schnell-langsam), die das längste Stück des Werkes ist; von dieser Gewichtsverteilung stammt auch die Bezeichnung »Ouvertüre« für die ganze Komposition. Auf die Einleitung folgen eine *Courante*, 2 *Gavotten*, eine *Furlana*, 2 *Menuette*, 2 *Bourrées* und 2 *Passepieds*, Tänze der damaligen Zeit, die der Leser am Ende des Buches erklärt findet. Bach behandelt sie mit leichter, völlig sachkundiger Hand, schafft wirkungsvolle Kontraste und erhebt die Modetänze in den Rang der Kunst. Die meisten dieser Tanzformen sind dreiteilig, mit einem »Trio« als Mittelstück; Bach nimmt sich sogar die Mühe, die Wiederholung des Hauptteils nach dem Trio zu figurieren und zu variieren.

Die *Suite Nr. 2 h-moll* (auch sie ist bei Bach »Ouvertüre« genannt) enthält folgende Teile: *Ouvertüre, Rondo* (das damals noch Tanzcharakter hatte), *Sarabande*, 2 *Bourrées, Polonaise, Menuett* und *Badinerie* (mit welchem Worte man damals einen scherzhaften, spielerischen Satz der Suite bezeichnete, beinahe einen Vorläufer des Scherzos). Auch in dieser Suite ist der Grundton leicht, unterhaltsam, froh; dies liegt völlig im Charakter des Genres, das zur Unterhaltung der Gäste bei einem höfischen Fest geschaffen war. Trotzdem finden wir in der Komposition sowohl in der Ouvertüre wie in der feierlichen Sarabande ernstere Augenblicke und sogar eine gewisse Tiefe, die uns plötzlich in Erinnerung ruft, wer diese »leichten« Stücke geschrieben hat. Als Kuriosum dieser Suite erwähnt der spanische Musikgelehrte Adolfo Salazar, daß die Flöte während der meisten Stücke keine einzige Pause verzeichnet hat, zudem Passagen von äußerster Virtuosität und Schwierigkeit spielen muß – ein technisches Kunststück, bei dem der Komponist vielleicht an einen bestimmten Flötisten gedacht haben mag. Natürlich muß jeder Flötist während des Spiels Atem holen, aber es so geschickt vertuschen, daß die Melodielinie wie ununterbrochen wirkt.

Die *Suite Nr. 3 D-dur* ist das meistgespielte dieser Werke. Sie enthält: *Ouvertüre, Arie*, 2 *Gavotten, Bourrée* und *Gigue*. Die Ouvertüre beginnt feierlich, mit einem langsamen Thema, bei dem wir uns sehr wohl den zeremoniösen Beginn eines Hofballs mit seinen Verbeugungen, seinem gemessenen Schreiten vorstellen können:

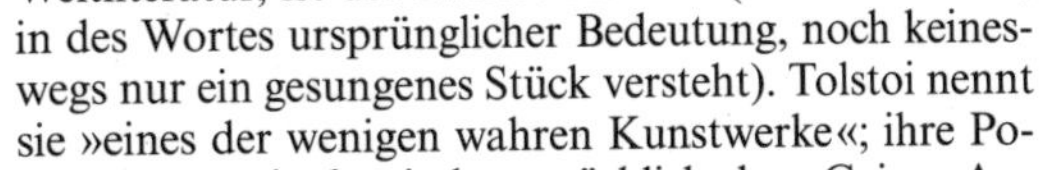

Darauf folgt – nach dem »französischen« Ouvertürenschema (das italienische ist genau umgekehrt: rasch-langsam-rasch) – eine schnelle Fuge und neuerlich das Einleitungsthema. Der berühmteste Satz des Werkes, und sicherlich eines der schönsten Stücke der gesamten Weltliteratur, ist der zweite: die Arie (worunter Bach, in des Wortes ursprünglicher Bedeutung, noch keineswegs nur ein gesungenes Stück versteht). Tolstoi nennt sie »eines der wenigen wahren Kunstwerke«; ihre Popularität verdankt sie hauptsächlich dem Geiger August Wilhelmij (1845–1908), der aus ihr seine »Arie auf der G-Saite« machte, die seitdem von nahezu allen Violinvirtuosen gespielt wird. Die Melodie, von edelster Bauart und Linienführung, und ihre Verarbeitung (ausschließlich in den Streichern) sind wie ein Gruß aus reinen, fernen Himmelshöhen:

Die weiteren Sätze verblassen begreiflicherweise ein wenig nach solcher Schönheit. Aber sie erfüllen meisterlich ihren Zweck: Festmusik für ein kultiviertes Publikum. Sehr wirkungsvoll der helle Trompeteneinsatz gleich zu Beginn der ersten Gavotte:

Der frohe Klang des kleinen, aber fein ausgewogenen Orchesters verleiht der Gavotte eine besondere Grazie. Und so geht es weiter, im Stil der Epoche. Als Finale verwendet Bach, der Norm entsprechend (die er allerdings bei den vorherigen Suiten außer acht ließ) eine Gigue; dieser Tanz lag ihm besonders, wie er in vielen Werken bewiesen hat, und hier gestaltet er ihn zum festlichen, sorglos strahlenden Abschluß.

Die *Suite Nr. 4 D-dur* beginnt mit einer *Ouvertüre*, die Bach später nochmals in einer Kantate verwendete. Das bedeutet in jener Zeit absolut keine Seltenheit; aber die Art, wie der Komponist hier vorgeht, verdient Erwähnung: Er fügt dem orchestralen Teil – ohne auch nur eine einzige Note zu verändern – einen vierstimmigen Chor hinzu und schließt das Stück in die Kantate Nr. 110 ein. Der *Ouvertüre* folgen die eigentlichen Suitensätze: 2 *Bourrées, Gavotte* und 2 *Menuette*; das Werk endet mit einem Satz, dem Bach den seltenen Namen *Réjouissance* gibt, zu deutsch »Erheiterung« etwa, Freude, Unterhaltung. Leider ist auch diese vierte Suite, wie die erste, ein ziemlich seltener Gast unserer Konzerte geblieben.

### *Die Kunst der Fuge*

Nicht immer sind Spätwerke Gipfel des Schaffens. Manchmal nimmt die Schöpferkraft mit hohem Alter ab. Nur sehr begnadeten Meistern ist die geistige und künstlerische Kraft bis in späteste Lebenszonen gegeben, ja sie können sich sogar noch steigern und Höhepunkte erreichen, welche von der Mitwelt oftmals eher bestaunt als verstanden werden: So verhält es sich etwa bei Beethovens letzten Quartetten, bei Verdis (heute allerdings restlos durchgesetztem) »Falstaff«, bei Richard Strauss' »Metamorphosen«, letzten »Vier Liedern«, »Capriccio«. Es gilt auch für Johann Sebastian Bach. Sein letztes Werk, *Die Kunst der Fuge*, ist ein Musterbeispiel höchster Eingebung und technischer Meisterschaft. Die einzige Frage, die sich im Rahmen unseres Buches in bezug auf dieses Werk stellt, ist die der »Zuständigkeit«: Ist *Die Kunst der Fuge* ein Orchesterwerk? Es gibt keine Partitur. Bedeutet das, daß Bach nicht an eine orchestrale Ausführung gedacht hat? Oder besagt es – wie lange Zeit hindurch überall geglaubt wurde –, daß es sich um ein »unvollendetes« Werk handelt? Auf der letzten Seite des Manuskripts steht von der Hand des Sohnes Carl Philipp Emanuel zu lesen: »Über dieser Fuge, wo der Name BACH im Contrasubjekt angebracht ist, ist der Verfasser gestorben.« Trotz dieses Vermerks tritt Albert Schweitzer, der große Bachkenner, dem Gedanken eines unvollendeten Werkes entschieden entgegen; der Irrtum beruht auf der wahren Odyssee, die das Manuskript nach des Komponisten Tode durchzumachen hatte. Sie gipfelte darin, daß die Kupferplatten, in die das Werk graviert war, von dem genannten Sohn veräußert wurden, als der Verkauf sechs Jahre nach Bachs Tode nur dreißig Stück betragen hatte. *Die Kunst der Fuge* – Lehrstück und Meisterkomposition in einem – besteht aus 15 Fugen und 4 Kanons. Die schon erwähnte Schlußfuge hat drei Themen (oder »Subjekte«, wie man damals sagte). Tatsächlich besteht das dritte von ihnen (oder »Contrasubjekt«, wie C.Ph.E. Bach es nennt) aus den vier Noten, die den Namen B-A-C-H ergeben. Diese Merkwürdigkeit seines Namens war Bach seit langem geläufig: Der Verfasser eines »Musikalischen Lexikons« aus dem Jahre 1732, Johann Gottfried Walther, zitiert sie als von Bach erwähnt (der – sicherlich scherzhaft – hinzusetzte, vielleicht sei dies der Grund, warum es in seiner Familie so viele gute Musiker gebe). Aber Bach selbst verwendet diese Noten B-A-C-H hier zum ersten Male als musikalisches Thema und wird damit zum Vorläufer zahlloser Komponisten, die in späteren Zeiten ihm auf diesem Wege huldigten: Schumann, Liszt, Reger unter ihnen. (Es gibt allerdings zwei Fugen, die in Bachs Jugendzeiten anonym herausgegeben wurden und dieses Thema enthalten; manche Forscher, vor allem der Biograph Bachs, Philipp Spitta, schreiben sie Bach zu.) *Die Kunst der Fuge* ist ein wahres Lehrbuch (allerdings für höchst fortgeschrittene Musiker) des Kontrapunkts und der Polyphonie. Aber es ist weit mehr – es ist lebendigste Musik. Die große Frage ist nur: wie sie in Bachschem Geiste zum Klingen bringen? Auf der Orgel, unter den Händen eines bedeutenden Organisten ist das möglich. Aber es liegen starke künstlerische Impulse dafür vor, das Werk durch Instrumentation für Orchester größeren Auditorien zugänglich zu machen. Die Vielstimmigkeit scheint es geradezu zu wünschen. Eine Reihe guter Musiker hat diesem Verlangen nachgegeben: Der jung verstorbene, früh vollendete Wolfgang Graeser sowie Hans Geffert in Deutschland, Wilhelm Graetzer in Argentinien stellten – neben vielen anderen – wertvolle Orchesterfassungen her, in denen Bachs Geist lebendig ist. Ein »Publikumsstück« wird *Die Kunst der Fuge* wohl nie werden; es ist der Abschiedsgruß eines fast unfaßbaren Meisters aus schwindelnder, längst dem Alltäglichen entrückter Höhe.

*Die Söhne J.S. Bachs*

Johann Sebastian Bach hatte aus zwei Ehen zwanzig Kinder: elf Söhne und neun Töchter. Sämtliche Söhne, bis auf einen, der geistesschwach war, erbten des Vaters musikalisches Talent – ein wahrhaft ungewöhnlicher Fall. Vier von ihnen wurden außerordentliche Musiker, ja zwei waren zu ihren Lebzeiten viel berühmter, als der große Vater es gewesen war: Carl Philipp Emanuel und Johann Christian. Mit vollem Recht konnte der Thomaskantor in einem Brief aus dem Jahre 1728 schreiben, seine Söhne seien »geborene Musiker«. Wirklich registriert die Musikgeschichte kaum einen zweiten Fall von vier kompositorisch so hervorragenden Brüdern. Aber so auffallend wie dies ist ein anderes Faktum – daß es nach dieser fruchtbaren zweiten Generation kaum noch eine dritte gibt: Bach hat nur wenige Enkel gehabt, fast durchwegs weiblichen Geschlechts, und nur einen einzigen Musiker darunter. Weniger als hundert Jahre nach dem Gipfelpunkt Johann Sebastian war die Familie ausgestorben.
Unsere Epoche geht darauf aus, Schätze aus früheren Musikzeiten zu heben. Besonders Barock und Renaissance finden ihr stärkstes Interesse. Und nach langem und weitgehendem Vergessen sind Bachs Söhne neuerlich in das Blickfeld der Aufmerksamkeit gerückt. Mit Recht, denn sie haben Bedeutendes geschaffen, und man fragt sich – wie so oft bei Söhnen bedeutender Männer –, ob der Name, den sie führten, ihnen Auftrieb verliehen oder sie bedrückt haben mag. In unserem Buch sollen die vier wichtigsten Bachsöhne Aufnahme finden, nicht weil sie solche sind, sondern weil ihr heute wieder lebendig gewordenes Schaffen es erfordert.

*Wilhelm Friedemann Bach*

Er kam am 22. November 1710 in Weimar zur Welt (sein Vater war 25 Jahre alt und herzoglicher Hoforganist, später Konzertmeister am Weimarer Hof). Wilhelm Friedemann studierte gleichzeitig Jurisprudenz und Orgel, Cembalo und Komposition, die musikalischen Fächer natürlich bei seinem Vater. Ein »Clavierbüchlein für Wilhelm Friedemann Bach« zeigt an, wie eifrig Vater und Sohn bei der Arbeit waren. Später studierte er auch noch Geige, wofür der Vater ihm in dem namhaften Komponisten Johann Gottlieb Graun einen ausgezeichneten Lehrer aussuchte. Im Jahre 1733 erwarb Friedemann durch offenen Wettbewerb seinen ersten Posten; er wurde Organist in Dresden. Schon mehrmals hatte er den Vater dorthin begleitet, und dieser war froh, seinen Sohn so nahe seiner eigenen Wirkungsstätte (der Thomaskirche in Leipzig) zu wissen. In Dresden, das durch Hasse ein reges Musikleben hatte und auf dem Operngebiet besonders dem italienischen Stil aufgeschlossen war, komponierte Wilhelm Friedemann viel geistliche Musik für seine Kirche, aber auch weltliche für den Hof, wo er in der Kurfürstin eine Förderin hatte. Doch bereits 1746 übersiedelte er nach Halle, der Geburtsstadt Händels und lebenslangen Wirkungsstätte Scheidts (des neben Schütz und Schein bedeutendsten deutschen Tonmeisters des 17. Jahrhunderts), und schrieb vor allem viele Kantaten. Im Laufe der Jahre vermehrten sich seine Zerwürfnisse mit den vorgesetzten Behörden – im Jahre 1750 überschritt er seinen Urlaub, den er am Totenbett seines Vaters verbrachte, auf die Regelung der Erbschaft verwendete und seinem kleinen Stiefbruder Johann Christian widmete, den er Carl Philipp Emanuel in Potsdam in Obhut übergab – und es sieht so aus, als zeigte sich hier bereits der eigenwillige, fast rebellische Charakter, den man später zu seinem hervorstechendsten Merkmal machte. Als er Halle 1764 verließ, suchte oder fand er kein ständiges Engagement mehr. Es ergab sich die paradoxe Situation, daß er berühmt, aber arm war. Verbitterte ihn das? War er ein mit der Umwelt Zerfallener? Fühlte er sich eingeengt, weil er immer als »der Sohn Johann Sebastians« bewertet wurde? Wir wissen es nicht. 1771 weilte er in Braunschweig, 1774 in Berlin. Seine materielle Situation wurde von Tag zu Tag schlechter. Freunde, die ihn verehrten, schenkten ihm Kleider, Lebensmittel, suchten ihn zu unterstützen, zu erhalten. Sein Orgelspiel erregte Aufsehen. Seine Kompositionen fanden weniger Verständnis, obwohl oder weil sie neue Wege gingen. Am 1. Juli 1784 starb er in Berlin in völligem Elend. Einige Musikschriftsteller des 19. Jahrhunderts – besonders A.E. Brachvogel, der einen Roman über ihn schrieb – verzerrten sein Bild, so daß es Züge eines schrankenlosen Vagabunden bekam, der sein großes Talent nicht zu nutzen verstand. Ein moderner Psychologe würde eher von schweren Komplexen sprechen, von Frustration, von Autoannullierung, die seinem Aufstieg unübersteigbare Hindernisse in den Weg legten. Nennen wir es ein bitteres Leben, das sich stets unverstanden fühlte oder glaubte. In seiner Musik liegt viel von dieser tiefen Traurigkeit, die die Frucht solcher innerlichen Einsamkeit sein könnte. Er schrieb einen Stil, der durch seine Fortschrittlichkeit überrascht, da er nicht nur die Klassik, sondern sogar die Romantik vorausahnte. Es gibt sehnsüchtige Chromatik in seinen Werken, eine starke Gefühlsbetonung, die zu der zeitgenössischen »galanten« Rokokomusik in schroffem Kontrast steht. Man fühlt eine starke Leidenschaft, wie sie kaum ein anderer Bach oder Komponist seiner Zeit so offen ausgesprochen hat. Unter seinen Orchesterwerken seien sechs Konzerte und neun Sinfonien genannt, und unter diesen letzteren die in unserer Zeit öfter gespielte *Sinfonie in d-moll.* In seiner Klaviermusik gibt es Passagen, die Vorläufer, ja fast Vorbilder Beethovens genannt werden müssen. Ein seltsames, sicherlich tragisches Leben; ein bedeutendes Werk.

*Carl Philipp Emanuel Bach*

Er wurde am 18. März 1714 (ebenfalls in der Weimarer Zeit seines Vaters) geboren. Sein Leben bildet einen völligen Gegensatz zu dem eben besprochenen seines älteren Bruders: eine bürgerliche, geordnete, ruhige

Existenz. Er studierte auch die Rechte, zuerst in Leipzig (wo sein Vater nun angestellt war), dann in Frankfurt a.d. Oder, wo er bereits ein Collegium Musicum gründete und leitete. 1738 ging er nach Berlin, wurde Cembalist bei Hof; Friedrich, der spätere »Große«, wußte sich mit glänzenden Musikern zu umgeben: Quantz, die Brüder Graun, die Brüder Benda. Auf dem Cembalo begleitete Carl Philipp Emanuel den flötenden König, in seinen freien Stunden gab er in Berlins besten Häusern Musikunterricht. Seiner Fürsprache war es zu danken, daß Vater Bach eine Einladung an den Hof des preußischen Königs erhielt, zu jener denkwürdigen Zusammenkunft zweier bedeutender Menschen. Drei Jahre später erbte er viele Manuskripte seines Vaters, darunter *Die Kunst der Fuge*, auf deren letzter Seite er vermerkte, daß über der Fuge, die den Namen Bach (B-A-C-H) als Kontrathema verarbeitete, der Autor gestorben sei. Aber – und hier stehen wir vor einem Rätsel – er verkaufte Manuskripte seines Vaters sowie die Kupferplatten des erwähnten Werkes; seine Stiefmutter, hingebungsvolle, ideale Gefährtin des großen Meisters, ließ er Not leiden, obwohl seine materielle Situation durchaus günstig war. Er verwendete sogar Themen und Bruchstücke aus Werken des Vaters für eigene Kompositionen. Als 1767 Telemann starb, war sein Weg in Deutschlands bedeutendste Musikstadt Hamburg frei. Schon im darauffolgenden Jahr organisierte er dort 20 Abonnementskonzerte. Schließlich beschränkte er sich gänzlich auf die Kirchenmusik, dirigierte Händels *Messias* und Haydns *Stabat mater* erstmalig in der Hansestadt. Seine Kompositionen entsprangen nun durchwegs Aufträgen. Vielleicht erklärt dies die Eigentümlichkeiten seines Stils: »Empfindsamkeit« (wie man damals sagte), manchmal bis zur Übertreibung, Tonmalerei, die wohl den Wünschen der Auftraggeber entsprang. Aber auf dem Gebiet der Sonate trug er Wesentliches zur historischen Entwicklung bei. Er hinterließ ungefähr 20 Sinfonien, 52 Konzerte, mehr als 60 Kammerwerke sowie eine gewaltige Zahl von Instrumentalkompositionen, weltlichen und geistlichen Liedern, Kantaten und Oratorien. Er starb am 14. Dezember 1788 in Hamburg, bis zuletzt noch voll tätig.

### *Johann Christoph Friedrich Bach*

Geboren am 21. Juni 1732 in Leipzig, wo er, wie seine vorhergenannten Brüder, Jurisprudenz und Musik – letztere bei seinem Vater – studierte, wurde dieser Bach-Sohn zum sogenannten »Bückeburger Bach«. Man hat Bachs Söhnen in manchen Büchern Beinamen gegeben, die sich auf ihr wichtigstes Tätigkeitsgebiet beziehen, die aber bei keinem von ihnen so treffend sind wie bei Johann Christoph Friedrich, der sein gesamtes Leben, vom 18. Jahre an, in Bückeburg verbrachte. Man muß bedenken, daß im damaligen, von Hunderten kleiner Fürsten regierten, hundertfach geteilten Deutschland manchmal an sich unwichtige Regionen und Städte kulturelle Bedeutung erlangen konnten, wenn Theater und Musik von kunstliebenden Oberhäuptern gepflegt wurden. Im Jahre 1771 ließ sich Johann Gottfried von Herder, einer der namhaften Dichter seiner Zeit, in Bückeburg nieder, und es kam zwischen ihm und Bach zu einer regen Zusammenarbeit auf dem Gebiet des Oratoriums und der Oper. 1778 reiste Johann Christoph Friedrich nach London, um seinen in dieser Stadt ansässigen Bruder, Johann Christian, den berühmtesten der Familie, zu besuchen. Dort kam er mit den modernen Strömungen der Musik in Berührung. In seinen letzten Lebensjahren scheint es in Bückeburg still geworden zu sein – der musikliebende Landesherr war tot, Herder weggezogen –, aber gerade aus jener Zeit stammen viele der besten Kompositionen dieses Bach, die uns erhalten geblieben sind. Es handelt sich um Klavierkonzerte und zehn Sinfonien, zumeist viersätzig und im Stil Haydn verwandt. Nach 45 Jahren ununterbrochenen Wirkens in der kleinen Residenz starb Johann Christoph Friedrich in Bückeburg am 26. Januar 1795.

### *Johann Christian Bach*

Johann Christian war erst 15 Jahre alt, als sein Vater starb (er wurde am 5. September 1735 in Leipzig geboren). Wilhelm Friedemann brachte ihn in das Haus seines Stiefbruders Carl Philipp Emanuel in Berlin, aber schon vier Jahre später ging er nach Italien – seltsame Reise für einen Bach-Sohn –, wo er durch Vermittlung eines Mäzens Schüler des berühmten Padre Martini wurde, einer der größten musikalischen Autoritäten seiner Zeit. So kam er mit der italienischen Oper in Berührung, die ihn faszinierte, sowie mit den bahnbrechenden Sinfonien von Giovanni Battista Sanmartini. Doch seine Laufbahn ging zuerst auf kirchenmusikalischem Gebiet weiter, wo er nicht nur ein großartiges *Requiem* komponierte, sondern auch ein *Te Deum* und eine 1758 aufgeführte große *Messe* – alles in der Linie der katholischen Lithurgie, was bei einem Sohn Bachs ebenfalls äußerst seltsam und bemerkenswert scheint. 1760 wurde er gar Organist des Mailänder Doms. Und doch schrieb er – und das bedeutete im damaligen Italien durchaus keinen Widerspruch – 1761 eine Oper für Turin und noch im gleichen Jahre eine andere für Neapel.

Schwer muß dem jungen, so rasch berühmt gewordenen Musiker der Entschluß gefallen sein, das Land seiner Erfolge zu verlassen. 1762 finden wir ihn in London, wo er allerdings teilweise auf dem Gebiet der italienischen Oper weiterarbeitet. Seine Stellung festigt sich äußerst schnell, er wird Musikmeister des Königs, ein gesuchter Lehrer und bald der Organisator der 20 Jahre lang bestehenden Abel-Bach-Konzerte. Zweimal begegnet ihm der junge Mozart (1764 und 1778), der tief beeindruckt ist und viel von seinem Kompositionsstil diesem Sohn Bachs verdankt. Johann Christian war es, der 1768 das erste Klavierkonzert in England gab. Er reiste viel, sicherlich am meisten von allen Bachs; aber langsam begann seine Stellung in England an Bedeutung zu verlieren, andere Künstler wurden ihm vorgezogen, und als er, 46jährig, am 1. Januar 1782 starb, hinterließ er seiner Frau, einer italienischen Sängerin, drückende Schulden. Johann Christian hat eine Fülle bedeutender Werke komponiert, in denen sich italienische und deutsche Stilelemente aufs glücklichste vermischen. Er schrieb – außer den angeführten Kirchen- und Opernwerken – Sinfonien, Ouvertüren, Klavierkonzerte, Kammermusik, Sonaten. Es ist ausdrucksstarke, technisch glänzende Musik voll schöner Eingebung. Manches seiner Werke ist in unseren Sinfoniekonzerten oder auf Platten zu hören und vermittelt uns einen Einblick in das wertvolle Schaffen des jüngsten und berühmtesten von Bachs Söhnen.

## Henk Badings

1907, holländischer Komponist

In Bandung auf Java geboren, von 1941–1945 Direktor des Konservatoriums im Haag, wendete sich nach spätromantischen Anfängen der serialistischen (Reihen-)Komposition zu und gehört zu den frühesten elektronischen Komponisten, ja war der Einführer dieser Neuerung 1952 in Holland. Er schrieb 7 Sinfonien, 4 Violin-, 2 Cellokonzerte, je 1 Konzert für Klavier, Orgel, Saxophon, 1 Tripelkonzert, eine Ouvertüre *(Vorspiel zu einer Tragödie)*, *Sinfonische Variationen*, *Sinfonischer Prolog* u.v.a.

## Tadeusz Baird

1928–1981, polnischer Komponist

Gegen Ende der fünfziger Jahre trat Polen mit einer ausnehmend starken mittleren und jüngeren Generation hervor (Lutoslawski, Penderecki, Grażyna Bacewicz, Serocki usw.), zu der an namhafter Stelle auch der in Grodzisk Mazowiecki geborene Baird zu rechnen ist. Er hatte 1951 für seine *Erste Sinfonie*, 1958 für *Quatre Essays*, 1962 für *Poèmes erotiques* einheimische Preise gewonnen, als er international sichtbar von der UNESCO und der Stadt Köln ausgezeichnet wurde. In seiner zu Anfang noch spätromantisch beeinflußten Musik verband sich später serielle Technik mit echter Emotion und lyrischem Empfinden. Aus seinem reichen Werk seien folgende Orchesterstücke genannt: 2 Sinfonien, Sinfonietta *(Variationen ohne Thema)*, Konzerte für Klavier, für Viola, für Harfe und Cello, *Stimmen aus der Ferne* (für Bariton), Suite im alten Stil für Flöte und Streicher *(Colas Breugnon)*, *Ouverture giocosa*, Kassationen, *Musique Epiphanique*, *Vier Dialoge für Oboe und Kammerorchester)* u.a.m.

## Mily Balakirew

1837–1910, russischer Komponist

Als Haupt der jungrussischen Schule, des »Mächtigen Häufleins«, das sich um ihn scharte, ist Balakirew ein gewaltiger Anreger gewesen: Mussorgskys Genietaten, Rimsky-Korssakows orientalistische Einstellung, Borodins und Cuis nationales Kolorit sind zweifellos stark von ihm beeinflußt, wenn auch er seine Orientierung wiederum vom »Gründer« Glinka erhalten hatte. Seine Einschätzung als Komponist ist heute längst nicht mehr so hoch wie damals. Das *Klavierkonzert* (Es-dur) ist ein klangvolles, aus üppiger Phantasie und gutem technischem Können geborenes romantisches Stück. Die Sinfonischen Dichtungen *Russia* und *Thamar* verdienen zum mindesten Erwähnung. Hie und da taucht noch die blendende *Orientalische Phantasie für Klavier und Orchester (Islamey)* auf, ein Virtuosenstück ersten Ranges (das auch in einer Fassung für Klavier allein, von Liszt bearbeitet, gespielt werden kann). Ferner kennt man zwei Sinfonien (C-dur und d-moll), eine *Overtüre zu Shakespeares »König Lear«* und einiges andere mehr.

## Samuel Barber

1910–1981, US-Komponist

1933 führte der junge Komponist (aus West Chester, Pennsylvania) seine Ouvertüre zu Sheridans *The School for Scandal* in Philadelphia auf, bald wurde Toscanini auf ihn aufmerksam und nahm sein *Adagio für Streicher* auf internationale Tourneen seines New Yorker Orchesters und eigene Dirigentengastspiele mit. In Rom erklang 1936 seine *Sinfonie Nr. 1*, 1938 in New York das *Erste Essay für Orchester*, mit dreißig Jahren galt Barber als repräsentativer Komponist der USA. 1942 dirigierte Bruno Walter mit den New Yorker Philharmonikern erstmals das *Zweite Essay*, 1944 Kussevitzky in Boston die *Sinfonie Nr. 2*, 1948 Ormandy in Philadelphia die Ballettsuite *Medea*. Barber wurde mit dem amerikanischen »Rompreis« sowie zweimal mit dem wichtigen Pulitzer-Preis ausgezeichnet. Er erreichte 1966 einen neuen Höhepunkt seiner Laufbahn mit der Betrauung einer Festoper *(Antonius and Cleopatra)* zur Eröffnung der neuen Metropolitan Opera. Von seinen weiteren Orchesterwerken seien noch genannt: *Cellokonzert* (1947), *Toccata festiva* (1960), *Die natali* (1960), *Klavierkonzert* (1962), *Andromaches Abschied* (für Sopran, 1963).

# Béla Bartók

1881–1945

Ohne Zweifel wird Bartók von der künftigen Musikwissenschaft als eine der wichtigsten Gestalten in der Kunst unseres Jahrhunderts betrachtet werden. Er wurde am 25. März 1881 in Nagyszentmiklos, einer kleinen ungarischen Stadt, geboren, besuchte das Konservatorium in Budapest, wo er von 1907 an selbst Lehrer war. In jener Zeit hatte er bereits seine erschöpfenden Studien über die Folklore seiner Heimat und deren balkanische Nachbarländer begonnen. Er war ein glänzender Pianist und unternahm Konzertreisen durch Europa und Amerika. Seinen ersten Kompositionserfolg größeren Ausmaßes errang er 1916 mit dem Ballett *Der holzgeschnitzte Prinz*, während die früher geschriebene Oper *Herzog Blaubarts Burg* erst später Anerkennung fand. Dreißig Jahre lang teilte Bartók seine Tätigkeit zwischen dem Unterricht, dem Studium der Volksmusik und der Komposition. Im Jahre 1940, der tragischen Wirren Europas müde, verließ er Ungarn; auf einer schweren, ihn tief niederdrückenden Flucht gelangte er – nicht ohne Hilfe guter Schweizer Freunde – endlich nach Nordamerika. Aber dort erwarteten ihn Augenblicke tiefer Depression, ja materieller Notlage, die bei seinem längst gefestigten Weltruhm unverständlich sind. In diesen letzten Jahren erreichte seine Schöpferkraft ihre größte Reife. Stets war er seinen eigenen Weg gegangen, unabhängig von Schönberg und Strawinsky, seinen beiden Zeitgenossen, die am stärksten »schulbildend« wirkten, unabhängig auch von den zahlreichen anderen Strömungen, die seiner Epoche ihren Stempel aufzudrücken schienen. Er selbst hat die wohl beste Erklärung seiner Entwicklung gegeben: »In der Kunst gibt es keine Revolutionen. Mein eigener Lebensweg ist eine stetig fortlaufende Entwicklung, die mit der Reife den Wunsch nach möglichst großer Einfachheit mit sich brachte.« Bartók starb in New York am 26. September 1945, als einer der zahllosen Emigranten und im tragischen Sinne Entwurzelten, die in der neuen »Völkerwanderung« des 20. Jahrhunderts von Osten nach Westen getrieben wurden.

*Frühe Orchesterwerke*

Die steigende Anerkennung Bartóks hat es mit sich gebracht, daß auch seine Jugendwerke Beachtung finden, in Konzerten auftauchen oder auf Schallplatten aufgenommen werden. Sie sind durchwegs interessant, vor allem, weil sie den Komponisten auf dem Weg zu seinem eigenen Stil zeigen. Seine Ausgangspunkte sind die naturgegebenen: Wagners Tristanharmonik, der sich kein Musiker entziehen konnte, aber auch – mindestens ebenso stark – Liszt, mit dem Bartók mehr als einen Zug gemeinsam hat. Von seinen Zeitgenossen beeindruckten ihn vor allem Debussys träumerischer Impressionismus und Richard Strauss' blendende Orchestertechnik. Nennen wir von seinen frühen Orchesterwerken:

*Kossuth, Sinfonische Dichtung* (1903). Bartóks erste Orchesterkomposition steht unter dem (nationalen) Einfluß Liszts und dem (musikalischen) von Richard Strauss. Sie verherrlicht den ungarischen Freiheitshelden Kossuth, mit dessen revolutionärer Rede 1848 der offene Aufstand seiner Landsleute gegen Österreich begann. Drei Dinge sind im Zusammenhang mit Bartóks Erstlingswerk bemerkenswert: einmal die Toleranz des damaligen Habsburgerregimes, das die Uraufführung der Sinfonischen Dichtung zu Ehren Kossuths in Budapest zuließ; zum anderen, daß der Trompeter des ausführenden Orchesters, ein Österreicher, sich weigerte, die verzerrte Nationalhymne, in der die Schlappe der Österreicher symbolisiert wird, zu blasen; und drittens, daß der berühmte Dirigent Hans Richter das Stück bald in England verbreitete.

*Rhapsodie für Klavier und Orchester* op. 1 (1904). Diese Komposition (laut dem Bartókschen Werkverzeichnis von Szöllösy die 27.) existiert in mehreren Fassungen. Die endgültige, zuerst »Konzertstück« betitelte, wurde im August 1905 mit dem Autor am Klavier in Paris uraufgeführt. Ihre drei Sätze *(Adagio mesto; Allegretto; Allegro vivo)* sind voll ungarischer Klänge, die noch in der Art der *Ungarischen Rhapsodien* Liszts verarbeitet sind.

*Zwei Porträts* op. 5 (1907). Zwei völlig verschiedene Bilder, das erste *ideal* und das zweite *grotesk* betitelt, die aber beide thematisch miteinander verwandt sind. Das *Ideale Porträt* war ursprünglich der erste Satz eines Violinkonzerts (1908), das erst lange nach Bartóks Tod veröffentlicht wurde.

Schließlich wären hier noch die *Konzertsuiten aus dem Holzgeschnitzten Prinz* und dem *Wunderbaren Mandarin* zu erwähnen (1916 bzw. 1919), die wichtige Teile der genannten Bühnenwerke enthalten.

*Rumänische Volkstänze*

Dieses 1915 entstandene Werk ist für den jüngeren Bartók außerordentlich charakteristisch. Einmal dokumentiert sich in ihm die restlose Kenntnis der balkanischen Folklore, die er in vielen Jahren des Reisens und Studierens erworben hatte; zum anderen wird hier die steigende Reife, ja schon Meisterschaft in der Verarbeitung gegebener Themen und in der Instrumentation klar. Die sieben Tänze (mit einer Gesamtdauer von nur 6 Minuten) sind für kleines Orchester gesetzt (2 Flöten, von denen eine – äußerst wirkungsvoll in einem Solo – mit Piccolo abwechselt, 2 Klarinetten, 2 Fagotte, 2 Hörner und Streicher) und stammen aus verschiedenen Regionen Rumäniens, die jeweils nach dem Titel angegeben sind. Ein Kabinettstück moderner und doch äußerst faßlicher Musik. In ähnlichem Geiste sind auch die *Ungarischen Bauernlieder* gehalten, die in den verschiedensten Instrumentationen gespielt werden.

*Tanzsuite*

Im Jahre 1923 beging Ungarn die Fünfzigjahrfeier der Vereinigung von Buda und Pest zur Stadt Budapest; die beiden bedeutendsten Komponisten des Landes schrieben hierzu Werke, mit denen sie ihre ersten internationalen Erfolge errangen. Zóltan Kodály schuf den prächtigen *Psalmus Hungaricus**, Bartók die *Tanzsuite für Orchester*. In dieser greift er in gewissem Sinne auf die Suiten der Barockzeit zurück; während jene aber Modetänze der damaligen Gesellschaft und nur ausnahmsweise »nationales« Musikgut verarbeiteten, besteht Bartóks Suite ausschließlich aus ungarischen Tänzen. Die Themen aber sind nicht folkloristisch, obwohl sie so klingen; keines von ihnen stimmt mit einer der Tausenden von Melodien überein, die Bartók gesammelt hat. Er hat daraus sozusagen die Quintessenz gezogen, hat im Sinne der Volksmusik Neues geschaffen, wie es gleichzeitig Manuel de Falla in Spanien tat und Villa-Lobos in Brasilien. Es handelt sich also um einen interessanten Schöpfungsprozeß, der von der zitatmäßigen Verwendung der Folklore – wie sie im letzten Jahrhundert etwa Smetana, Grieg, Liszt, Tschaikowsky usw. vornahmen – grundlegend abweicht. Bartóks Melodien atmen unverkennbar den Duft von Feldern und Wiesen, von der unendlichen Pußta, die Atmosphäre von Csárdásklängen und manchem Volksinstrument. Fünf Themen verwendet er; jedes von ihnen beherrscht einen der Sätze, und im letzten erklingen alle gemeinsam. Im übrigen sind die Sätze nach dem Prinzip des Kontrastes aneinandergereiht, stets durch ein gleichbleibendes Ritornell miteinander verbunden, wie es in alter Musik üblich war, aber wie es auch Mussorgsky sinngemäß in seinen »Bildern einer Ausstellung« getan hat.

* Siehe Besprechung im Band »Oratorien der Welt«.

*Musik für Saiteninstrumente, Schlagzeug und Celesta*

Dieses viersätzige Werk stellt die verschiedenen Klanggruppen, ein wenig in der Art der alten *Concerti grossi*, einander gegenüber. Paul Sacher, einer der wichtigsten Vorkämpfer der zeitgenössischen Musik, Gründer und Leiter des Basler Kammerorchesters (das für zahllose ähnliche Vereinigungen zum Vorbild wurde) sowie ergebenster und aufopfernder Freund Bartóks, bestellte dieses Stück bei ihm und führte es in Basel am 21. 1. 1937 erstmals auf. (Zwei Jahre später machte der Komponist auf seiner Flucht – man kann diese Reise kaum anders nennen – einen langen Halt im Hause des Dirigenten, wo das *Divertimento für Streichorchester* entstand.) In der *Musik für Saiteninstrumente, Schlagzeug und Celesta* vervollständigt Bartók die üblichen Streichinstrumente durch die charakteristisch verwendeten Harfe und Klavier. Groß ist die Zahl der Schlaginstrumente: zwei kleine und eine große Trommel, Becken, Gong, Xylophon und Pauken. Als dritten Klangfaktor benutzt der Komponist die Celesta, ein sonst sehr selten mit solistischen Aufgaben betrautes Instrument. Bläser kommen in dieser Partitur nicht vor. Die drei Gruppen sollen in der Aufstellung deutlich voneinander abgegrenzt sein. Bartók arbeitet mit einer Menge von Klangeffekten (Harfenglissandi, aber auch Klavier- und sogar Paukenglissandi, Tremoli und *col-legno*-Effekte in den Streichern usw.), aber eine gute Wiedergabe des Werkes soll aus ihnen keineswegs das Hauptelement machen, sondern sie dem – äußerst gewichtigen – musikalischen Inhalt unterordnen. Daß dieser nicht ganz leicht zu fassen ist und sich oft erst nach mehrmaligem Hören erschließt, sei nicht verschwiegen. Der erste Satz, *Andante tranquillo*, im $\frac{5}{8}$-Takt geschrieben, baut sich auf einem langen Thema auf, in dem Halbton- mit übermäßigen Sekundschritten gemischt sind. (Man hat hier Anklänge an die Zigeunerskala zu hören gemeint.) Geheimnisvoll, sehr zart beginnt der Satz, steigert sich zu einer wuchtigen Fuge und sinkt in die fast körperlosen Klänge des Anfangs zurück. (Ein interessantes Detail sei erwähnt: Das Thema kann fast als in Schönbergschem Sinne »zwölftönig« bezeichnet werden – was übrigens auch im Violinkonzert der Fall ist –, aber trotzdem wird man Bartók kaum zu den »Dodekaphonikern« rechnen; eher müßte man sagen, daß die dodekaphonische Idee außer im Geiste Schönbergs – und Hauers – auch in dem vieler anderer Musiker jener Zeit lebendig war und in verschiedener Art zum Ausdruck kam.) Der zweite Satz *(Allegro)* ist in freier Sonatenform geschrieben. Im Durchführungsteil taucht das Thema des ersten Satzes auf. Der typisch Bartóksche rhythmische Impuls herrscht vor, ein gewisses »motorisches« Element von stärkstem Temperament. Besonders eindrucksvoll ist das folgende *Adagio;* hier waltet eine geheimnisvolle, mystische Atmosphäre. Es scheinen oft quälende, ja teuflische Bilder zu sein, die der Komponist gestaltet, Urwelt- oder Alpträume; aber wir suchen vergeblich nach einer außermusikalischen Erklärung (die jeder Tonschöpfer uns ein halbes Jahrhundert früher gerne gegeben hätte). Der letzte Satz *(Allegro molto)* befreit uns von dem beklemmenden Eindruck, mit »folkloristischen« Melodien (die durchwegs von Bartók sind) kehrt die Spielfreudigkeit und Lebenslust wieder; das erste Thema ist wieder da, aber seine Intervallschritte haben sich verändert, und wie ein klassisches, ein Haydnsches Sinfoniefinale eilt das Werk dem Ende zu.

### *Die Klavierkonzerte*

*Klavierkonzert Nr. 1* (1926)
*Klavierkonzert Nr. 2* (1931)
*Konzert für zwei Klaviere, Schlagzeug und Orchester* (1938)
*Klavierkonzert Nr. 3* (1945)

Bartóks Klavierkonzerte haben sich in umgekehrter Reihenfolge durchgesetzt: Zuerst fand das letzte (dritte) Konzert Anerkennung, das auf dem Totenbett geschrieben wurde; als Bartók bald danach überraschend schnell zum »Klassiker« wurde, eroberte das zweite Konzert die Säle. Und schließlich »entdeckte« man das erste; seltener erklingt das Konzert für zwei Klaviere.

Das *Klavierkonzert Nr. 1* wurde von August bis November 1926 – in Budapest, dem Zentrum von Bartóks Leben und Tätigkeit bis zur Emigration – komponiert und in Frankfurt am Main am 1. Juli 1927 unter der Leitung Wilhelm Furtwänglers, mit dem Komponisten am Klavier, uraufgeführt. Es wurde selten gespielt, bis es, lange nach dem Zweiten Weltkrieg, zum Repertoirestück aufstieg. Es stammt aus der »motorischen« Epoche Bartóks, aus der Zeit der zwanziger Jahre, die als extrem revolutionär in die Geschichte der Künste eingegangen sind. Gewaltige rhythmische Kräfte wurden bloßgelegt (teilweise vielleicht durch den Einbruch des Jazz in Europa), eine vorher nie gekannte Aggressivität verband sich mit dem Hämmern schrillster Dissonanzen. Radikalismus auf der ganzen Linie war Trumpf. Doch bei Meistern wie Bartók sind diese Elemente nicht sinnlos angewendet; nicht Niederreißen, sondern Neugestalten lautet sein Wahlspruch. Nach den ersten überschäumenden Kraftausbrüchen, einer fast wilden Sturzwelle revolutionärer Klänge kündet sich die Besinnung an (bei Bartók wie bei Strawinsky und Hindemith). Das erste Konzert zeigt beides. Noch ist viel »Barbarisches« da – um das Wort zu verwenden, das Bartók selber in den Titel eines seiner bekanntesten, für jene Epoche typischsten Werke schrieb: *Allegro barbaro* –, aber es ist schon gepaart mit tiefer Geistigkeit, mit ungewöhnlicher Ausdrucksstärke und einem nie verleugneten klassischen Formgefühl. Das erste Klavierkonzert hat drei Sätze; die Ecksätze stehen in E, der Mittelsatz in G, aber Bartók gibt – der Gewohnheit jener Jahre folgend – keine Grundtonart an. Im übrigen erweitert er den tonalen Rahmen bis an die äußersten Grenzen, aber er löst ihn nie völlig auf.

Das erste *Allegro moderato* bringt folgendes sehr charakteristische Klavierthema:

Seine vorwärtstreibende Kraft stammt aus dem Rhythmus, aus dem vielfachen Taktwechsel, der Akzentverschiebung und ungestüme Impulse aufweist. Auch sein Hämmern ist bezeichnend. Es ist eine stahlharte, gewissermaßen unbeugsame Musik (»Pas d'acier« nennt Prokofiew etwa gleichzeitig ein Ballett, und das könnte als symbolisch für die Epoche gelten), es liegt oft Besessenheit in ihren Klängen, brutal und erbarmungslos. Aber Bartók hat noch andere Farben auf seiner Palette – im zweiten Satz *(Andante)* spürt man es klar. Hier herrscht eine unheimliche Atmosphäre vor, ein dämonisches Element, Gewaltige, mitreißende Steigerung erfüllt den Satz, der zum Teil auf einem Dialog zwischen Klavier und Schlagzeug aufgebaut ist. Der dritte Satz *(Allegro molto)* zeigt wieder einen anderen Bartók: den überschäumenden, von barockem Spieltrieb besessenen Komponisten, Bach geradeso verwandt wie Haydn. Beide – natürlich – ins 20. Jahrhundert transponiert.

Das *Klavierkonzert Nr. 2* ist fünf Jahre jünger, eine Zeitspanne, die die ursprüngliche Wildheit gemildert, den melodischen Reichtum gesteigert hat. Das beweist schon das Hauptthema des ersten *Allegro*, obwohl auch in ihm noch etwas von der fast besessenen Tonwiederholung zu spüren ist:

Das zweite Thema gibt sich liebenswürdiger, es ist durch helle Triangelschläge aufgelichtet (eine Idee, die vielleicht vom großen Landsmann Liszt herkommt, der sie in einem Klavierkonzert erstmalig verwendete). Der zweite Satz beginnt und endet mit einem träumerischen *Adagio*, das durch ein *Presto* unterbrochen wird. Das abschließende *Allegro molto* ist noch am ehesten im Stile der ersten Epoche gehalten: vehement, ursprünglich, wild, mit meisterhafter Technik und großer Originalität zu einem brillanten Schluß gesteigert.

Das *Klavierkonzert Nr. 3* wird heute oft gespielt; Bartók konnte es nicht vollenden, die letzten 17 Takte wurden von seinem Schüler Tibor Serly, nach Skizzen des Autors, hinzugefügt. Es ist von wunderbarer Reife und Abgeklärtheit, ohne den musikalischen Schwung und die Einfallskraft eingebüßt zu haben. Hier ist Bartók eine restlose Synthese zwischen ungarischen Elementen und einem universellen Stil gelungen. Das erste *Allegretto* bringt ein weites Klavierthema vor dem Hintergrund der Streicher. Besonders schön ist der zweite Satz, *Andante religioso* überschrieben und von tiefstem religiösem Gefühl erfüllt. Sein Hauptthema klingt nach Choral, voll Ruhe und Innigkeit:

Zuerst vom Solisten gespielt, dann von den Holzbläsern und nochmals vom Piano übernommen, erhebt es sich wie ein Gebet. Es erscheint auch variiert, in einer fast wörtlichen Umkehrung:

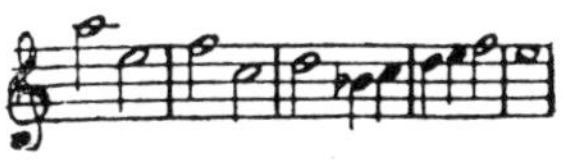

Die andächtige Feierlichkeit wird gestört, ein kurzes Zwischenspiel unterbricht den Choral. Sind es Lärm und Hast der Welt, die in die stillgewordene Seele des Komponisten gewaltsam eindringen? Ist es ein Bild des Grauens, das den Frieden bedroht? (Man vergesse nicht, daß das Werk 1945 entstand, am Ende des furchtbarsten Krieges aller Zeiten.) Vielfach wurde dieses Konzert interpretiert als Todesahnung des Komponisten, Verzweiflung des Emigranten, endgültige Resignation, tiefes Gottvertrauen. Besonders im zweiten Satz scheint von alledem etwas zu finden zu sein. Der letzte Satz hingegen *(Allegro vivace)* verbannt Zweifel und Nachdenklichkeit; das brillante Rondo verbindet virtuose Passagen mit lyrischen Partien. Man hat aus seinen Klängen Heimatsehnsucht zu vernehmen geglaubt, das Heimweh des Magyaren, der weiß, daß er die Pußta nie wiedersehen, nie wieder Csárdásklänge vernehmen, nie wieder einen Sonnenuntergang am Balaton erleben wird. Im unabsehbaren Steinmeer New York, wo er Ehrendoktor der Columbia-Universität geworden war, aber fremd unter Femden lebte, beschloß Bartók sein Lebenswerk.

*Die Konzerte für Violine und Bratsche*

*Konzert für Violine und Orchester* (1937/38)
*Konzert für Bratsche und Orchester* (1945)

Das *Violinkonzert* ist eines der letzten im Vaterland komponierten Werke; Bartók schrieb es nach Fertigstellung des *Mikrokosmos*, des didaktisch wie künstlerisch so wichtigen Klavierwerkes. Er widmete es dem ungarischen Geiger Zóltan Székely, der es in Amsterdam im Jahre 1939 uraufführte. Es hat drei Sätze: *Allegro non troppo; Andante tranquillo; Allegro molto.* Der erste ist im Schema eines Sonatensatzes gehalten und hat dieses Anfangsthema:

Die großen Melodiesprünge – außerordentlich geigerisch – gestatten vielerlei Wandlungen und Entwicklungen. Die Instrumentation ist farbig und fesselnd, nie überladen; ja man kann bei Bartók mit zunehmendem Alter von wachsender Ökonomie der Mittel sprechen, von weiser Orchesterbehandlung und großer Selbstzucht. Die Harmonien bewegen sich in einer Art freier Tonalität. Aber auch hier (wie in der *Musik für Saiteninstrumente, Schlagwerk und Celesta*) erscheint ein dodekaphonisches Thema: das zweite des ersten Satzes. Der Komponist selbst erkannte es als solches an, betonte aber – im Gegensatz zu Schönbergs Theorie – seinen tonalen Charakter, d.h. seine Zugehörigkeit oder Bezogenheit auf eine bestimmte Tonart. Der zweite Satz bringt ein ruhevolles Idyll *(Andante tranquillo)*, vielleicht ländlichen Charakters (es könnte sich um ein in der Pußta inspiriertes Musikstück handeln); eine lange Melodie von tiefem Ausdruck führt zu inhaltlich sehr verschiedenen Episoden, deren Stimmungsgehalt von Anmut bis zur Melancholie reicht. Ein impetuoses Thema beherrscht den dritten Satz *(Allegro molto)*:

Man kann in ihm unschwer eine Abwandlung des Themas aus dem ersten Satz erkennen. Der Solist hat – wie in Konzerten früherer Jahrhunderte – Gelegenheit zu virtuoser Entfaltung und sogar zu einer Kadenz. Voll Energie klingt das Werk aus.

Das *Konzert für Bratsche und Orchester* ist wesentlich verschieden davon, ja anders vielleicht als irgendein Werk Bartóks (am ehesten noch dem dritten Klavierkonzert vergleichbar, mit dem es die Entstehungsepoche – das letzte Lebensjahr des Komponisten – gemeinsam hat). Das Konzert ist dem hervorragenden englischen Bratschisten William Primrose gewidmet; in einem Brief Bartóks an diesen heißt es: »Ich freue mich, Ihnen mitteilen zu können, daß Ihr Violakonzert im Entwurf fertig ist und nur noch die Partitur geschrieben werden muß, was kaum mehr als eine mechanische Arbeit darstellt... Viele interessante Probleme entstanden bei der Komposition. Die Instrumentation wird sehr durchsichtig sein, durchsichtiger als beim Violinkonzert. Auch hat der männlichere, dunklere Charakter Ihres Instrumentes den Gesamtcharakter des Werkes mitbestimmt. Der höchste Ton, den ich benutze, ist A, aber ich mache viel von den tieferen Registern Gebrauch. Der Stil ist recht virtuos. Wahrscheinlich werden einige Stellen unbequem oder gar unspielbar sein...« Leider konnte Bartók dieses Konzert nicht mehr selbst instrumentieren; das mußte, neben anderen Ergänzungen, sein Schüler Tibor Serly besorgen. Hatte er schon bei der Vollendung des dritten Klavierkonzerts Einfühlungsgabe beweisen können, so ist seine Arbeit beim Bratschenkonzert kaum hoch genug zu werten, da die vorhandenen Skizzen nur für eigenen Gebrauch des Komponisten gedacht und schwer zu entziffern waren. Der erste Satz *(Moderato)* beginnt mit einem langen, konzentrierten Bratschenthema:

Ein zweiter Gedanke wird ihm gegenübergestellt, der ebenfalls lyrisch anfängt, aber vom Orchester gesteigert wird. Mit einer Kadenz und einer Art rezitativer Überleitung mündet der erste Satz in den zweiten, den Bartók in seltsamer Analogie zum dritten Klavierkonzert *Adagio religioso* betitelt hat und bei dem er – ein wahrscheinlich einmaliger Fall in der Literatur – »weinend« als Vortragsbezeichnung angab. Das Hauptthema ist tieftraurig, eine sehnsüchtige, vielleicht heimwehkranke Melodie:

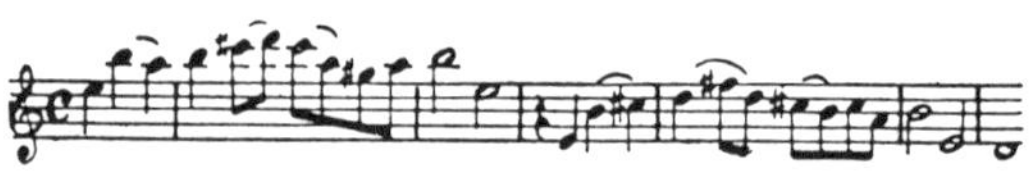

Ein *Allegretto* leitet in das *Allegro-vivace*-Finale über, in dem Tanzweisen aufklingen, aber auch ernstere Töne angeschlagen werden. Wie weit liegt die jugendliche Sturm-und-Drang-Epoche zurück, die Wildheit, die ungestüme Angriffslust! Weise, reif, überlegen ist alles geworden und im Zeichen des Todes von unendlicher Melancholie überschattet.

*Konzert für Orchester*

Zum Andenken an seine Gattin Nathalie bestellte der nordamerikanische Dirigent Sergej Kussewitzky, Leiter des Bostoner Sinfonieorchesters, ein Werk bei Bartók. Der Komponist schuf im Spätsommer 1943 und im Zeitraum von nur zwei Monaten dieses *Konzert für Orchester;* Kussewitzky dirigierte es erstmalig am 1. Dezember 1944. Es wurde Bartóks erster (und vielleicht einziger) durchschlagender Erfolg in Amerika. Obwohl es eher eine fünfsätzige Sinfonie ist, wählte der Komponist den Titel »Konzert«, um eine unleugbare Verwandtschaft mit dem *Concerto grosso* festzuhalten, die sich vor allem in der fast solistischen Verwendung einer Reihe von Instrumenten ausdrückt. Der Gesamtcharakter ist vorherrschend froh und heiter – abgesehen von einer düsteren, todeskündenden Elegie im dritten Satz. (Man hat ihn mit Bartóks Genesung von schwerer Krankheit in Zusammenhang gebracht; in dieser Hinsicht könnte auch die Elegie als Erinnerung an düstere Stunden am Rande des Daseins eine durchaus logische Erklärung finden, wenn wir solche Deutungen im allgemeinen als zulässig ansehen wollen.) Die Instrumentation umfaßt 3 Flöten, 3 Oboen, 3 Klarinetten, 3 Fagotte (mit Piccolo, Englischhorn, Baßklarinette, Kontrafagott), 4 Hörner, 3 Trompeten, 3 Posaunen, Tuba, 2 Harfen, viel Schlagwerk und kompletten Streicherkörper. Bemerkenswert ist, daß Bartók jedem Satz einen italienischen Untertitel gibt. Der erste heißt *Introduzione* und führt die Tempobezeichnung *Andante non troppo;* er beginnt düster, überaus ernst. Doch bald verwandelt das Zeitmaß sich in ein sehr lebhaftes *Allegro vivace* mit einem froh dahinspringenden Thema:

Der zweite Satz ist *Giuoco delle coppie* betitelt: Spiel der Paare. In einem *Allegretto scherzando* (das wirklich als Scherzo im Sinne dieses Wortes genommen werden kann: ein Scherz, ein musikalischer Spaß) führt Bartók die Instrumente paarweise in verschiedensten Intervallen. Vielleicht denkt er an die Terzen- und Sextenparallelen der romantischen Meister, vielleicht ist es ihm ein wenig um Parodie zu tun – nach den Sexten der beiden Fagotte und den Terzen der beiden Oboen folgen Klarinetten, Flöten und gestopfte Trompeten, stets zu zweien, und in so ungewöhnlichen Intervallparallelen wie Septimen, Quinten und Sekunden. Die Intensität nimmt zu, die Instrumente treten in Doppelpaaren ein. Manchmal klingt es wie Kichern im Orchester, als gelte es wahrhaft nur einem Spaß. Umso stärker wirkt darauf die einsame Traurigkeit der *Elegie (Elegia)* mit ihrem herzzerreißenden Gesang in der Oboe. Es gibt, ein wenig verschleiert, Anklänge an ungarische Volksmusik, an Csárdás und Zimbal. Der vierte Satz heißt *Intermezzo interrotto*, das unterbrochene Intermezzo. Ähnlich dem zweiten Satz ist es wohl wieder ein Scherzo – leicht dahinschwebend, bis eine fremde Melodie es unterbricht. Es scheint ein Zitat aus Lehárs »Lustiger Witwe« zu sein; Bartók bringt es auf vulgärste Art, mit Posaunenklang, wie eine Dorfkapelle. (Man hat auch andere Zitate darin zu sehen versucht, so aus Schostakowitschs »Leningrad«-Sinfonie, und es läßt sich wohl kaum ergründen, was Bartók hier gewollt haben kann.) Der letzte Satz betitelt sich einfach *Finale* und ist ein *Presto*, voll turbulenten Lebens, Optimismus, aber doch mit einigen Reminiszenzen an

Ungarn, die allerdings hier nicht schmerzlich klingen, sondern eher eine schöne Erinnerung an glückliche Tage bedeuten.

*Phantasie für Viola und Orchester, Winterlegende für Klavier und Orchester, Cellokonzert, Violinkonzert,* Filmmusik u. a. m.

## Julian Bautista

1901–1961, spanischer Komponist

Der in Madrid geborene Komponist gehört zu den zahlreichen Künstlern seiner Nationalität, die wegen des Bürgerkriegs auswanderten und sich zumeist in Lateinamerika niederließen. Bautista gliederte sich in das Musikleben von Buenos Aires ein, wo er seine wichtigsten Werke schrieb und im Jahre 1961 starb. Erwähnen wir aus seiner spanischen Zeit – in der er dreimal den Staatspreis für Komposition erhielt – mehrere Sinfonische Dichtungen, die *Suite all'antica* und die *Ouvertüre zu einer grotesken Oper*. In Argentinien schuf er vor allem die bedeutende *Sinfonia breve* (1957).

## Arnold Bax

1883–1953, englisch-irischer Komponist

*Orchesterwerke*: Sieben Sinfonien, *In the Faery Hills, Christmas Eve on the Mountains, Scherzo, The Garden of Fand, Tintagel, November Woods, The Happy Forest, Summer Music, Romantische Ouvertüre, Ouvertüre, Elegie und Rondo, Sinfonietta, A Northern Ballad, Work in Progress, Legende, Krönungsmarsch* (1953), *Sinfonische Variationen für Klavier und Orchester,*

## Conrad Beck

1901–1989, Schweizer Komponist

Viele Jahre hindurch Leiter der Basler Musikabteilung des schweizerischen Rundfunks, namhafter Musikschöpfer seiner Generation. Aus dem reichen Katalog seiner Orchesterwerke seien hervorgehoben: Sieben Sinfonien, von denen die zweite *Sinfonietta* (1926) betitelt, die dritte für Streicher (1927) komponiert ist, die vierte *Konzert für Orchester* (1928), die siebente *Aeneas-Silvius-Sinfonie* (1957) heißt; *Concertino für Klavier und Orchester* (1928); *Konzert für Streichquartett und Orchester* (1929); *Kleine Suite für Streicher* (1930); *Innominata für Orchester* (1931); *Konzertmusik für Oboe und Streichorchester* (1932); *Konzert für Klavier und Orchester* (1935); *Serenade für Flöte, Klarinette und Streicher* (1935); *Ostinato für Orchester* (1936); *Rhapsodie für Klavier und Kammerorchester* (1936); *Vorspiel für Orchester* (1940); *Konzert für Flöte und Orchester* (1941); *Konzert für Cembalo und Streicher* (1942); *Suite für Streicher* (1945); *Suite nach Volksliedern im Jahresablauf* (1947); *Konzert für Viola und Orchester* (1949); *Hymne* (1952); *Mouvement* (1953); *Concertino für Klarinette, Fagott und Orchester* (1954); *Sonatina* (1958); *Suite concertante für Bläser, Schlagwerk und Kontrabaß* (1961); *Concertino für Oboe und Streichorchester* (1962); *Hommages*, zwei Stücke (1966).

## Ludwig van Beethoven

1770–1827

Das Leben Beethovens hat stets ein so tiefes Interesse bei den Musikliebhabern der ganzen Welt gefunden, daß in Anbetracht der riesigen Literatur über dieses Thema hier nur das Wichtigste verzeichnet werden soll. Beethovens Weg aus einer bedrückenden Kindheit, einer unbefriedigten Jugend in eine glanzvolle Periode des Ruhms und eine kaum je erhoffte soziale Stellung in der damals ersten Musikstadt der Welt ist ebenso bekannt geworden wie der zweite Teil seines Lebenspfades, der immer tiefer in die Einsamkeit, die Krankheit, das Rebellentum führte, aber auch in die immer stärkeren künstlerischen Visionen, in die großartigen Bilder eines überreichen, oft quälenden Innenlebens, neben dem alles Äußerliche versinkt und unwichtig wird. Beethoven, der Sohn eines mittelmäßigen Sängers in Bonn – wo er am 16. Dezember 1770 geboren wurde –, der junge Musiker ohne Aussicht, aus der Enge seiner provinziellen Tätigkeit herauszukommen, der junge Revolutionär, der begeistert die Botschaft des französischen Umsturzes über den Rhein vernimmt, der Komponist, der dank der Vermittlung des österreichischen Botschafters dem weltberühmten Meister Haydn bei dessen Durchreise auf seiner Englandfahrt seine ersten Versuche vorlegen darf, der mit Hilfe des gleichen Diplomaten – Graf Waldstein, gepriesen sei sein Name! – nach Wien reisen kann, um hier sein Glück zu versuchen –, wer kennt diese Etappen nicht? Wer hat es sich nicht auszumalen versucht, wie der junge, immer ein wenig trotzige, fremde, von demokratischen und republikanischen Ideen besessene Musiker zum Liebling der Wiener aristokratischen Salons wird, wie Fürsten und Gräfinnen seinen Unterricht suchen, wie Verleger sich um seine Werke bewerben, wie hochgestellte Freunde Konzerte für ihn organisieren, wie schöne junge

Damen ihn umschwärmen und verehren, ohne wohl je in dieses abgekapselte Innenleben eindringen, diesem einsamsten aller Menschen wahre Gefährtin sein zu können? Wie den noch nicht Dreißigjährigen das Gehörleiden überfällt, das ihn zur Flucht aus der Gemeinschaft zwingt, wie es aber auch seine Kunst immer mehr verinnerlicht und ihn zum leuchtendsten Beispiel für den Sieg des Geistes über die Materie, des Willens über die Dumpfheit der Lebensumstände, des Humanismus über den Egoismus, des Genies über den Alltag macht? Beethovens Leben liegt – wie bei so intensiven Studien und einer so umfangreichen Literatur über ihn gar nicht anders denkbar ist – ziemlich offen vor dem Betrachter. Und doch gibt es zwei Punkte, über die letzte Klarheit nie erzielt werden konnte. Der erste betrifft des jungen Komponisten angebliche Reise nach Wien, um Mozart vorzuspielen. Trotz einer Reihe von Anekdoten, die sich um dieses Geschehnis ranken, kann niemand mit Sicherheit behaupten, daß Beethoven im Jahre 1787 tatsächlich bis Wien – und damit zu Mozart – gelangte. Er scheint durch die schwere Erkrankung seiner geliebten Mutter zur schleunigen Umkehr bewogen worden zu sein, ob aus Süddeutschland oder aus Wien, weiß niemand genau. Erst einige Jahre später trat er diese Reise mit Sicherheit an; Wien wurde seine zweite Heimat, er ihr Ehrenbürger und einer ihrer geachtetsten Söhne.
Ungeklärt ist auch die Identität der »unsterblichen Geliebten«, an die der einzige bekannte Liebesbrief von der Hand des Meisters gerichtet ist. Lange Zeit riet man auf Therese von Brunswick, aber neuere Forschungen (die buchstäblich kein noch so winziges Detail des berühmten Briefes unberücksichtigt ließen) denken weit eher an deren Schwester Josephine, die Beethoven während längerer Zeit sehr nahestand, aber durch äußere Lebensumstände – Unterschiede im sozialen Niveau vielleicht in erster Linie – an einer dauernden Verbindung mit ihm verhindert wurde.
Das Werk, das Beethoven bei seinem Tode am 26. März 1827 hinterließ, ist zahlenmäßig nicht groß (viel kleiner als das Bachs, Händels, Haydns, Mozarts, Schuberts, die seine Vorläufer oder Zeitgenossen waren); aber seine Gültigkeit in unserer heutigen Welt ist einzigartig. Es bedeutet für ungezählte Millionen auf der ganzen Welt eine Art Evangelium. Nahezu alle seine großen Kompositionen leben, sind lebendig im Konzertsaal, auf Schallplatten, bei Rundfunk und Fernsehen. »Die Musik muß Funken aus dem menschlichen Geist schlagen«, sagte Beethoven einmal, und die seine erfüllt dieses Gebot in höchstem Maße. Licht zu senden in die Tiefe des menschlichen Herzens, nannte Schumann die wahre Aufgabe der Musik; und auch diese Forderung ist bei Beethoven restlos erfüllt. Wer einmal die Wirkung seiner Werke nicht im europäischen Konzertbetrieb erlebt hat, sondern in fernen Erdteilen, unter einfachen Menschen mit dumpfem Drang zu Höherem, wer beobachtet hat, wie seine Musik Trost zu gewähren, Liebe zu entfachen, Edelmut zu erwecken, verborgene Gefühle aufzuwühlen vermag, wird erkennen, daß hier außer den rein musikalischen Werten noch moralische Kräfte im Spiel sind, die zu erfassen und mit Worten zu analysieren schwer, ja auch wohl kaum wünschenswert ist. Sieg des Geistes über die Materie, das ist Beethovens Botschaft.

*Die Klavierkonzerte*

*Konzert Nr. 1 für Klavier und Orchester C-dur*, op. 15
*Konzert Nr. 2 für Klavier und Orchester B-dur*, op. 19
*Konzert Nr. 3 für Klavier und Orchester c-moll*, op. 37
*Konzert Nr. 4 für Klavier und Orchester G-dur*, op. 58
*Konzert Nr. 5 für Klavier und Orchester Es-dur*, op. 73

*Geschichte:* Noch bevor Beethoven eine Sinfonie komponierte, schrieb er die ersten beiden Klavierkonzerte. Das heute »zweite« genannte Konzert ist seiner Entstehung nach das erste gewesen. Es stammt aus dem Jahr 1795, wurde aber drei Jahre später vom Autor revidiert und erst dann herausgegeben, was die chronologisch unrichtige Numerierung erklärt. Im Jahre 1800, dem Geburtsjahr der ersten Sinfonie, entstand das dritte Klavierkonzert; 1805 das vierte und schließlich 1809 das fünfte, letzte. Das bedeutet, daß Beethoven aufhörte, Klavierkonzerte zu schreiben, als er in seinen Sinfonien erst bei der sechsten angelangt war. So umspannen seine fünf Klavierkonzerte einen Zeitraum von insgesamt nur 14 Jahren, aber es sind wohl die entscheidenden im Leben des Komponisten gewesen: mit 25 Jahren der glänzende junge Künstler in den Palästen Wiens, der blendende Virtuose, dem eine Weltkarriere bevorzustehen scheint – und mit 40 Jahren der einsame Schöpfer, der seine gewaltigen inneren Bilder in Töne zu fassen sucht und dem der äußere Erfolg kaum noch etwas bedeutet. Er ist taub, und es bedarf einer unvorstellbaren Anstrengung für ihn, bis 1808 seine Klavierkonzerte selbst zu spielen. Bei so wichtigen Werken, wie es Beethovens Konzerte darstellen, mag das Datum der Uraufführung für manchen Musikfreund von Interesse sein.

Das erste Klavierkonzert (C-dur) erklang im Wiener Hoftheater am 2. April 1800 zum ersten Mal, an einem denkwürdigen Abend, an dem auch die erste Sinfonie uraufgeführt wurde (»... die interessanteste Akademie seit langer Zeit. Beethoven spielte ein neues Konzert von seiner Komposition, das sehr viel Schönheit hat, besonders die zwei ersten Sätze...«, berichtet die Leipziger »Allgemeine Musikalische Zeitung« ihren Lesern). Vorher aber schon war das B-dur-Konzert erklungen, das nachher den Namen eines »zweiten« Konzerts erhielt: Beethoven trug es am 29. März 1795 in einem Wohltätigkeitskonzert der Wiener Tonkünstlersozietät vor; es war dies zugleich sein erstes öffentliches Auftreten in der Kaiserstadt (»... hat der berühmte Herr Ludwig van Beethoven mit einem von ihm selbst verfaßten ganz neuen Konzerte auf dem Pianoforte den ungeteilten Beifall des Publikums geerntet...«, sagt die »Wiener Zeitung« darüber). Am 5. April 1803 ertönte das dritte, das c-moll-Konzert erstmalig; auf dem Programm standen außerdem die ersten beiden Sinfonien sowie das Oratorium *Christus am Ölberg*, was die für heutige Begriffe überlangen Konzertprogramme dokumentiert. Das wird noch klarer anläßlich der Uraufführung des vierten, des G-dur-Konzerts. Diese fand am 22. Dezember 1808 im Theater an der Wien statt und stand am Ende des ersten Teils, der mit der sechsten Sinfonie begonnen hatte und mit einer Arie sowie dem Gloria aus der *C-dur-Messe*, op. 86, fortgesetzt worden war. Die zweite Abteilung umschloß die fünfte Sinfonie, das Sanctus der gleichen Messe, eine freie Klavierimprovisation des Konzertgebers und die Uraufführung der soeben beendeten Chorphantasie! Erwähnen wir noch, daß es vor dieser »offiziellen Uraufführung« eine private gegeben hat: bei einem Konzert Beethovens im Palais des fürstlichen Freundes Lobkowitz. Das fünfte Klavierkonzert wurde zum ersten Mal am 28. November 1811 gespielt, aber nicht in Wien wie die anderen (obwohl es dem Erzherzog Rudolph von Österreich, einem der treuesten Anhänger und Freunde des Meisters gewidmet ist), sondern in Leipzig, das als Musik- und Beethovenstadt einen bedeutenden Rang einnahm; der Pianist Friedrich Schneider war der Solist. Interessehalber sei erwähnt, daß Beethoven schon in jungen Jahren Klavierkonzerte komponiert hat: eines in Es-dur (1784!) und eines in D-dur (um 1790); von ersterem ist nur der Klavierpart, vom zweiten nur der erste Satz erhalten.

*Analyse:* Das *Klavierkonzert Nr. 1* steht in C-dur und führt die Opusnummer 15. Bemerken wir, daß Beethoven der erste Komponist ist – zumindest unter den Großmeistern –, der seine Werke numeriert. Aber setzen wir hinzu, daß er es der Reihenfolge ihres Erscheinens und nicht der ihres Entstehens nach tut. Während mehr als einem Jahrhundert wird die Anordnung nach Opusnummern die Regel bilden, erst im 20. Jahrhundert ersetzen manche Komponisten diese durch das Schaffensjahr. Das Klavierkonzert Nr. 1 hat drei Sätze: *Allegro con brio – Largo – Allegro scherzando*, das alte Schema schnell-langsam-schnell also, das in keinem der Konzerte Beethovens variieren wird. Es stammt auf geradem Wege von Bach, Haydn und Mozart. Und um die Herkunft von den ersten »Wiener Klassikern« noch zu unterstreichen, verwendet Beethoven dieses Hauptthema für den ersten Satz:

Es könnte von Haydn oder Mozart sein. Und wie dieses Thema ist auch die Mehrzahl der andern und die Art der Durchführung unverkennbares 18. Jahrhundert. Nur wer sehr genau zuhört und Beethovens Werke eingehend studiert hat –, erkennt hie und da einen Zug, der auf des Meisters spätere Eigentümlichkeit hinweist. Hier herrscht natürlich noch das Rokoko, der »galante« Stil, die Eleganz und das Virtuosentum, wie das Cembalo es entwickelt hat. Doch der zweite Satz zeigt ein anderes Bild; die dort verwendete Tonart (As-dur) wird Beethovens Lieblingstonart für langsame, gefühlsgetränkte Sätze (erwähnen wir nur die fünfte Sinfonie und die Sonate op. 13, genannt *Pathétique*), und die Melodie zeigt jene fast gebetähnliche Innigkeit, die Beethoven oft zwischen die Stürme seiner sinfonischen, pianistischen oder kammermusikalischen Ecksätze einschiebt:

Der letzte Satz ist wiederum mozartisch: ein Rondo ohne Probleme, voll Lebensfreude, in heilstem C-dur. Eine Episode erregt unsere Aufmerksamkeit, eine kurze Passage mit starken rhythmischen Schlägen, die gegen den Takt gehen – ist es eine Ankündigung künftigen Rebellentums oder einfach überschäumende Jugendkraft?

Das *Klavierkonzert Nr. 2 B-dur* trägt die Opusnummer 19. Es entstand, wie wir sahen, vor dem sogenannten »ersten« und wird von den heutigen Pianisten eher selten gespielt. Beethoven war 25 Jahre alt, als er es schrieb, gerade in Wien heimisch geworden, und befand sich unter dem dominierenden Einfluß von Haydn und Mozart. Von den drei Sätzen, *Allegro con brio – Adagio – Molto allegro*, ist der zweite vielleicht der bemerkenswerteste. Der dritte weist wieder Rondoform auf und stürmt mit synkopierten Akzenten und Lebenslust zu einem strahlenden Ende. Hier die drei Hauptthemen der einzelnen Sätze:

1

2

3

Das *Klavierkonzert Nr. 3, c-moll*, op. 37, weist bedeutende Fortschritte auf. Es wurde im Jahre 1800 komponiert, das nicht nur das Entstehungsjahr der (noch recht von Mozart beeinflußten) ersten Sinfonie ist, sondern auch das zweier wichtiger Klavierwerke: der Sonaten *Pathétique* und *Mondschein* (welch letzterer Name ohne jedes Zutun des Autors und recht diskutabel gebraucht wird), zweier Werke also, die uns schon den »echten« Beethoven ahnen lassen. Die Themen des dritten Konzerts sind bedeutender, die sinfonische Entwicklung ausgeprägter und der Kontrast zwischen Solist und Orchester schon in dramatischer Weise herausgearbeitet. Wichtig ist, daß das rein Virtuose, das Spielerische, die perlenden Läufe, die Verzierungen, die einen guten Teil der clavecinistischen, der Cembalokunst ausmachten, an Terrain zu verlieren beginnen. Selbst dort, wo Beethoven noch »brillant« sein will, weil die Kunstform des Konzerts es eben so verlangt, untersteht der Effekt immer mehr dem Ausdruck. Drei Sätze *(Allegro con brio – Largo – Allegro)* und die üblichen Formen in ihnen (Sonatenform – Liedform – Rondoform) entsprechen durchaus der Tradition. Die verwendeten Tonarten bewegen sich in den Ecksätzen zwischen c-moll (als Grundtonart) und Es-dur (ihrer Parallele), aber das E-dur des Mittelsatzes läßt aufhorchen, denn zwischen ihm und der Grundtonart besteht keinerlei Verwandtschaft, wie sie die damaligen Komponisten in ihren zyklischen Werken aufrechtzuerhalten pflegten. Das Hauptthema des ersten Satzes ist nicht sehr originell, wohl aber »typischer« Beethoven:

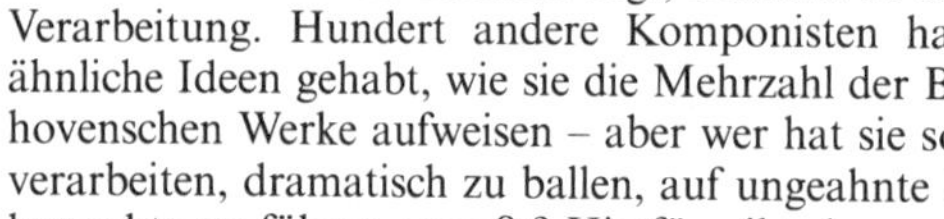

Dieser Satz erfordert eine Erklärung. Bald werden wir sehen, daß die Stärke von Beethovens Sinfonien nahezu niemals in den Themen liegt, sondern in deren Verarbeitung. Hundert andere Komponisten haben ähnliche Ideen gehabt, wie sie die Mehrzahl der Beethovenschen Werke aufweisen – aber wer hat sie so zu verarbeiten, dramatisch zu ballen, auf ungeahnte Höhepunkte zu führen gewußt? Hierfür gibt das vorstehende Thema ein gutes Beispiel. Es ist, wie wir sagten, nicht sehr originell (Verwandtes findet man zu Dutzenden in der Musik jener Zeit) und keineswegs außergewöhnlich.

Aber es bietet dem Komponisten, der seine Themen wahrhaft zu »verarbeiten« versteht, genügend Elemente dafür: den aufsteigenden Molldreiklang (C-Es-G), die absteigende Skala (G-F-Es-D-C) mit dem punktierten Rhythmus und schließlich den Endrhythmus, der Paukenschläge zu imitieren scheint (C-G-C-G-C). Drei Elemente also, die in den »Durchführungspartien« Eigenleben bekommen und Spannung erzielen können. Mit solchen (und oftmals noch viel kürzeren und einfacheren) Themen liebt Beethoven es, seine monumentalen Sinfonie- und Konzertsätze zu konstruieren.

Das zweite Thema ist, wie es die »Sonatenform« erfordert (die der Leser am Ende unseres Buches erklärt und analysiert findet), lyrischer als das erste. Und aus diesem Kontrast erwächst die dramatische Kraft des Satzes.

Der zweite Satz müßte in erster Linie »poetisch« genannt werden. Die Melodie enthält noch Ornamente, wie sie das 18. Jahrhundert verwendete, aber sie sind doch nicht mehr reine Verzierungen, sondern Steigerungen des Ausdrucks. Beethoven steht – ohne es auch nur zu ahnen – auf der Grenze zwischen zwei Epochen. Die Welt der Aristokratie versinkt langsam, und aus dem Nebel steigt allmählich die neue Welt »des Individuums« mit seinen Kämpfen und Qualen, der Ausdruck zu verleihen Beethoven berufen sein wird.

Der dritte Satz gehört noch der früheren Zeit an. Sein Thema könnte von Haydn stammen:

Auch seine Behandlung ist durchaus »klassisch«; ein frohes, unbeschwertes Rondo, bei dem uns zwar schon manche Charakteristik Beethovens auffallen mag – ein bestimmter Trotz, ja eine gewisse Derbheit, die den höfischeren Haydn und Mozart nicht unterlaufen wäre –, aber der Schluß mit seinem sich in fast italienischer Opernmanier in einer »stretta« steigernden Geschwindigkeit und seiner Rückung aus dem dunkleren Moll in strahlendes Dur bestätigt Beethovens feste Verwurzelung in der Tradition.

Das *Klavierkonzert Nr. 4 G-dur*, op. 56, wurde gleichzeitig mit der vierten Sinfonie uraufgeführt. Man mag es müßige Zahlenspielerei nennen, aber es unterliegt keinem Zweifel, daß Beethovens »ungerade« Sinfonien und Konzerte viel rascheren und durchschlagenderen Erfolg erzielten als die geraden. Erst unsere Zeit stellt da das Gleichgewicht ein wenig her: Heute gehören die vierte Sinfonie und das vierte Klavierkonzert zu den geschätztesten Werken. Ein Jahr nach der Uraufführung spielte Beethoven das Stück nochmals öffentlich; an einem Abend von großer historischer Bedeutung: Uraufführung der fünften und sechsten Sinfonie und letztes öffentliches Auftreten Beethovens als Pianist. Überraschend ist, daß dieses Konzert zu Lebzeiten des Autors nicht mehr aufgeführt wurde, also beinahe zwanzig Jahre lang. War es zu neuartig für seine Zeit? Es verläßt den Rahmen der Klassik, die Form tritt hinter dem Inhalt zurück, beinahe könnte man schon von romantischer Musik sprechen, ja wenn es ein Programm hätte, von Sinfonischem Gedicht. Viel Lyrik liegt in diesem Werk, viel Zärtlichkeit, der in großem Kontrast einige sehr männliche Themen gegenübergestellt werden. Schon das erste Thema des ersten Satzes *(Allegro moderato)* ist gesangvoller, süßer, als es gewöhnlich der Fall ist:

Das Orchester tritt erst ein, wenn der Solist das Thema vollendet hat und es in anderer Tonart zu variieren beginnt. Zweierlei fällt uns auf, und beides beweist, wie der Autor sich von den Regeln der Klassik zu entfernen beginnt: Das vorstehende Thema ist nicht mehr so einfach organisiert, wie es die Haydns und Mozarts zu sein pflegen, die aus Motiven von 2 und 2 Takten zusammengesetzt sind, hernach durch Wiederholung auf 8 ausgedehnt und durch einen komplementären Nachsatz von großer Ähnlichkeit stets auf 16 Takte gebracht werden. Hingegen mißt das vorliegende Thema 5 Takte, ein äußerst seltener Fall. Und die zweite Unregelmäßigkeit besteht darin, daß der Eintritt des Orchesters im sechsten Takt in einer recht fernen Tonart erfolgt: H-dur. Der gesamte Satz ist ungewöhnlich in seinem Widerstreit zwischen den weichen Melodien des Solisten und den eher rauhen, jedenfalls energischen Antworten des Orchesters. Viele Musikschriftsteller haben das mögliche Vorhandensein eines »Programms« angedeutet, eine Schilderung seelischer Zustände. Obwohl das in der romantischen Epoche, die um jene Zeit beginnt, durchaus möglich wäre, fehlt uns doch im vorliegenden Fall ein konkreter Anhaltspunkt für diese Vermutung.

Eher scheint für den zweiten Satz eine außermusikalische Erklärung vorzuliegen. Es heißt – laut Überlieferung –, Beethoven habe bei seiner Komposition an Orpheus gedacht, der die Mächte der Unterwelt anfleht. Dieses *Andante con moto* ist verhältnismäßig kurz, aber von starker innerer Spannung und Emotion erfüllt. Auch hier finden wir den thematischen Kontrast zwischen Solist und Orchester, einen wahren Dialog in unterschiedlichem Tonfall; dies stellt eine vorgeschrittenere Stufe des Konzerts gegenüber der früheren Epoche dar, in der die Themen fast immer gleichmäßig von beiden gebracht wurden.

Der letzte Satz, *Vivace*, ist traditionsgemäß ein Rondo, und in einem solchen geht es meist problemlos zu. Das Hauptthema und mehrere Nebenthemen sind fröhlich, voll Leben, Sonne, Optimismus und perlendem Virtuosentum, nur selten unterbrochen durch etwas nachdenklichere Augenblicke.

Das *Klavierkonzert Nr. 5 Es-dur*, op. 73, ist das verbreitetste und meistgespielte. Es wirkt grandios, heroisch (seine Tonart ist die der dritten Sinfonie, der »Heroischen«), majestätisch. Darum wohl hat irgend jemand den Beinamen »L'empereur« für dieses Konzert geprägt, den Beethoven sicher als erster abgelehnt hätte, der aber nicht wenig zur weltweiten Verbreitung beigetragen hat. Gebieterisches, ja Kriegerisches liegt zweifellos in dem Werk: eine Frucht wohl der napoleonischen Zeitläufe, in denen es geschrieben wurde.

Der erste Satz, *Allegro*, setzt mit einer gewaltigen, niederwerfenden Klavierkadenz ein; erst dann taucht das Hauptthema auf:

Ein sehr männliches, ja heldisches Thema. Doch schon das zweite, der sogenannte »Seitensatz«, klingt gänzlich anders: Es beginnt sogar in Moll, zögernd, wie schüchtern, ein wenig versponnen, ja geheimnisvoll:

Bald wechselt es nach Dur hinüber und gewinnt so Ruhe, Vertrauen; eine neue, warme Melodie befestigt diesen Eindruck. Insgesamt also ein reiches thematisches Material, das dem Komponisten die Konstruktion eines monumentalen, weit ausladenden Satzes gestattet, in dem Solist und Ensemble bewundernswert verschmolzen sind.

Große Feierlichkeit wohnt dem zweiten Satz *(Adagio un poco mosso)* inne. Beethoven wählt eine sehr entfernte Tonart: H-dur – eine Freiheit, von der Haydn und Mozart kaum träumten. Dieses freie Schweifen durch die Tonarten ist oft als echt romantischer Zug, als Vorbote Chopins beschrieben worden, dessen überraschende Modulationen, nachdenkliche Übergänge und tonartlich verankerte Melancholie tatsächlich in manchem Werk Beethovens vorausgeahnt erscheinen.

Ohne Unterbrechung geht es in den letzten Satz über. Ein in den Bläsern lang ausgehaltenes H (Grundton von H-dur) fällt um einen Halbton auf B (fünfter Grad der Grundtonart Es-dur), und nach zwei gleichsam tastenden Übergangstakten bricht das *Allegro* mit einem neuen Rhythmus los:

Das prägnante Thema beherrscht den Rest des Werkes, das brillant, dezidiert, impetuos, drängend und fast jubelnd zum Triumph geführt wird. Erwähnen wir hier, bevor wir Beethovens Klavierkonzerte verlassen, noch ein wichtiges Detail. In den »klassischen« Werken dieser Art wurden die Kadenzen – die Passagen, die der Solist bravourös auszuführen hat, während das Orchester nach einem starken Tuttiakkord schweigt – stets vom Konzertgeber improvisiert. Ein Vorgehen, das uns verwundern mag – da auf diese Art gewissermaßen eine fremde Hand in die Komposition eingreift –, das aber undurchbrochene Regel war. Beethoven ist der erste, dem das nicht mehr gefällt. Für das fünfte Konzert legt er selbst die Kadenz nieder und verbietet, daß das Werk mit einer anderen als der seinen gespielt werden dürfe. Wieder ein Zug, aus dem man den Übergang in ein neues musikalisches Zeitalter erkennen kann.

*Phantasie für Klavier, Chor und Orchester (Chorphantasie) c-moll*, op. 80

Dieses Werk beweist einmal mehr Beethovens formelle Experimentierlust. Oder vielleicht besser gesagt: seine Unabhängigkeit von der Tradition, besonders wenn es sich darum handelt, eine Idee auszudrücken. Der Rahmen eines Klavierkonzerts ist hier in doppelter Weise gesprengt, einmal durch die Einbeziehung der menschlichen Stimme (wodurch die Chorphantasie in gewissem Sinne eine Vorstudie zur neunten Sinfonie wird), anderseits durch das stark improvisatorische Element, das sich hier geltend macht. Beethoven beginnt mit einem großen Soloprälüdium des Klaviers. In der Uraufführung (am 22. Dezember 1808 in Wien, im gleichen Konzert, in dem auch die fünfte und sechste Sinfonie erstmalig erklangen) spielte der Komponist selbst den pianistischen Solopart; er scheint dabei in freier Form phantasiert zu haben, was damals im Konzertleben durchaus üblich, ja erwünscht und zur vollen Bewertung eines Künstlers unerläßlich war. Erst für die Drucklegung (1811) schrieb er diesen ersten Teil endgültig nieder. Gehart von Westerman nennt ihn mit Recht »eine große Träumerei am Klavier, in der die dunklen Farben überwiegen«. Im späteren Verlauf des Werkes hellt die Atmosphäre sich auf, es wechseln lyrische und dramatische Partien miteinander ab, auf ein zartes Adagio folgen triumphale Marschrhythmen. Der Chor nebst sechs Solisten (2 Soprane, Alt, 2 Tenöre und Baß) singt einen anmutigen Text, über dessen Herkunft die Fachwelt viel diskutiert hat. Sein Ursprung liegt in dem Bürgerschen Gedicht »Gegenliebe«. Der Beethovenforscher Thayer nimmt an, der Dichter Kuffner habe unter Einfluß und Mitarbeit Beethovens die Worte geschrieben: »Schmeichelnd, hold und lieblich klingen unseres Lebens Harmonien...« Eine seltene Stimmung im Leben des »titanischen« Beethoven!

*Zwei Romanzen für Violine und Orchester*

*Romanze Nr. 1 G-dur*, op. 40
*Romanze Nr. 2 F-dur*, op. 50

Vor seiner großen Auseinandersetzung mit dem Klangzauber und den (geradezu menschlichen) Ausdrucksmöglichkeiten der Geige – dem Violinkonzert – schuf Beethoven zwei kleinere Kompositionen, denen er den damals für Einzelstücke noch eher seltenen Titel »Romanze« gab. (Der Name war lediglich für langsame Sätze zyklischer Werke im Gebrauch.) Die G-dur-Romanze *(Andante)* entstand 1802, wurde 1803 gedruckt, scheint jedoch erst 1826 (von Beethovens Freund, dem Wiener Geiger Schuppanzigh) erstmals öffentlich gespielt worden zu sein. Die F-dur-Romanze *(Adagio cantabile)* komponierte Beethoven nur wenig später (1803, gedruckt 1805), aber über ihr erstes Erklingen ist nichts bekannt. In beiden Stücken läßt der Komponist seiner lyrischen Inspiration freien Lauf; sie sind äußerst melodisch – das erste noch mozartisch, das zweite romantischer –, geigerisch ausgezeichnet geschrieben, ohne »virtuos« sein zu wollen, kleinere, aber schöne und durchaus würdige Werke eines großen Meisters.

*Das Violinkonzert*

*Konzert für Violine und Orchester D-dur*, op. 61. *Drei Sätze: Allegro ma non troppo; Larghetto; Rondo-Allegro*

*Geschichte:* Dieses von den Geigern der Welt als höchster Ausdruck seines Genres (neben jenem von Brahms und denen von Bach) geschätzte Werk entstand im Jahre 1806, das zu den fruchtbarsten im Leben Beethovens gehörte. In ihm komponierte er drei Quartette (op. 59), die vierte Sinfonie, das vierte Klavierkonzert und das Violinkonzert. Der Meister übergab es dem Ersten Geiger des Theaters an der Wien, Franz Clement, der es in einem Konzert am 23. Dezember 1806 uraufführte. (Es ist das historisch so bemerkenswerte Theater, in dem Mozarts *Zauberflöte* und Beethovens *Fidelio* das Licht der Rampe erblickten, und das, in renovierter Form, noch heute einen besonderen künstlerischen Schatz der Stadt Wien darstellt.) Es überläuft uns kalt, wenn wir vernehmen, daß dieses schwierige und äußerst heikle Werk – das selbst heute, da alle Solisten, Dirigenten und Orchester es auswendig kennen, stets in allen Einzelheiten geprobt zu werden pflegt – Clement und dem Ensemble erst am Konzertmorgen im Manuskript übergeben wurde, also nahezu vom Blatt gespielt werden mußte! So können uns auch die Kritiken nicht verwundern, die das Werk streckenweise »unzusammenhängend« nannten und die »vielen ermüdenden Wiederholungen« bemängelten. Die gedruckte Ausgabe wude dem treuen Freunde Stephan von Breuning gewidmet. Wenige Jahrzehnte später hatte dieses Werk seinen festen Platz in der Musikwelt erobert.

*Verwendetes Orchester:* Die Geige als Solist. Im Orchester: 1 Flöte, 2 Oboen, 2 Klarinetten, 2 Fagotte, 2 Hörner, 2 Trompeten, Pauken und die üblichen Streichinstrumente (1. und 2. Violine, Bratschen, Violoncelli, Kontrabässe).

*Analyse:* Mit einer Überraschung, einer Ausnahme, beginnt das *Allegro ma non troppo*: vier Paukenschläge, die motivischen Charakter tragen und nach der ersten Phrase des Themas wiederkehren. Dieser Rhythmus der vier gleichmäßigen Schläge wird zu einem Grundstein des ganzen Satzes. Die Streichinstrumente übernehmen ihn, aber neuerdings mit einer Überraschung: Das viermal erklingende Dis ist ein »fremder« Ton in der Grundtonart D-dur. Länger als gewöhnlich währt die Orchesterexposition, die verschiedene Themen bringt, bis schließlich der Solist mit aufsteigenden, schwer rein zu intonierenden Oktavgängen einsetzt, um dann das erste Thema zu spielen. Es folgen dramatische Gegenüberstellungen der beiden Hauptthemen. Der Höhepunkt wird in einer Kadenz erreicht, die an den Solisten hohe Anforderungen stellt (sie stammt von Beethoven selbst); diese mündet in das zweite Thema, dessen vollkommene lyrische Schönheit uns noch einmal gefangennimmt:

Das Orchester ist nahezu unbemerkt eingetreten und geleitet den Solisten zu einem zart verhauchenden, sich in der Ferne verlierenden Schluß von erschütternder Innigkeit.
Der zweite Satz, *Larghetto*, setzt diese erdentrückte Stimmung fort. Die Streicher beginnen einen Gesang, der von Klarinetten und Hörnern übernommen und vom Solisten in weichen, gebrochenen Akkorden umspielt wird. Das zweite Thema, innig wie ein Gebet, ist ergreifender, als Worte auszudrücken vermögen; es erinnert an jene Melodie aus *Fidelio*, zu der Florestan, aufs tiefste bewegt durch die kleine menschliche Geste seines Kerkermeister Rocco, die Worte singt: »Euch werde Lohn in besseren Welten...«:

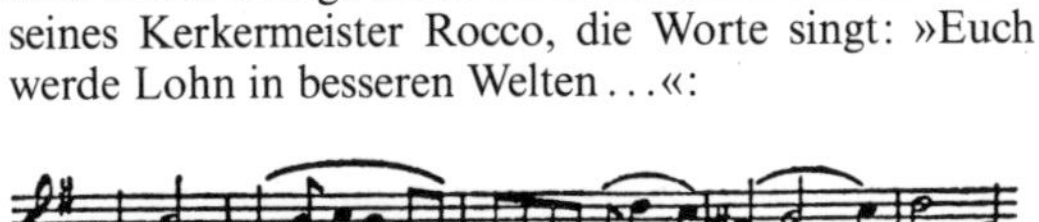


Auch dieser Satz wird von einer Kadenz gekrönt. Ohne Pause geht er in den dritten, letzten über, der *Rondo* und *Allegro* überschrieben ist. Schon sein Hauptthema bringt uns mit seiner spielerischen und fröhlichen Grazie auf die Erde zurück:

Die Seitensätze – wie stets in der Rondoform gibt es ihrer mehrere, zwischen die sich immer wieder das Hauptthema schiebt – sind verschiedenartigen Charakters. Einer mutet wie ein frohes Jagdmotiv an, während ein anderer eine fast wehmütige Mollmelodie bringt. Gegen Ende scheinen die Klänge sich zu verflüchtigen, sie werden leiser und leiser..., bis eine kurze Reminiszenz an das Hauptthema und zwei starke Schlußakkorde uns in die Realität zurückversetzen.

*Interpretation:* Dieses Werk stellt an den Solisten die höchsten Anforderungen. Sie beginnen bei der Technik und enden bei der künstlerischen Reife. Nur wer sich über beides in höchstem Grade ausweisen kann, darf sich an Beethovens Violinkonzert wagen. Auch die Rolle des Dirigenten ist keineswegs so einfach, wie es den Noten nach den Anschein hat; es handelt sich um weit mehr als eine »Begleitung«, denn Beethoven ist hier nicht nur der Sinfoniker, der Themen zu einem Kolossalbau aufzutürmen weiß, sondern sogar Musikdramatiker, der, ohne Worte zu verwenden, Schicksale zu gestalten scheint.

*Das Tripelkonzert*

*Konzert für Klavier, Geige, Violoncello mit Orchester C-dur*, op. 56.

Dieses vielleicht nicht in allen Teilen geglückte Werk sei hier nur der Vollständigkeit halber erwähnt. Beethoven schrieb es wohl 1804, doch werden von verschiedenen Chronisten auch andere Jahre angegeben. Der erste Satz, *Allegro*, erinnert an Händel: begreiflicherweise, denn die Idee eines Konzerts mit drei Solisten stammt aus dem barocken *Concerto grosso*, das in der *Sinfonia Concertante* einen Nachfolger im Rokoko gefunden hat. Der zweite Satz, *Largo* überschrieben, bringt, wie so oft in den zyklischen Werken seines Autors, die tiefsten und schönsten Augenblicke. Den Abschluß bildet eine Polonaise in Rondoform *(Rondo alla polacca)*; hier wird den Solisten Gelegenheit zu virtuosem Ausleben gegeben, der Rhythmus ist bewegt, stürmisch vorwärtsgetrieben, aber Beethoven bleibt – mit allem Respekt sei es gesagt – ein wenig äußerlich, als wäre seine wahre Anteilnahme nicht berührt.

*Die Ouvertüren*

1. *Ouvertüre zum Ballett »Die Geschöpfe des Prometheus«*, op. 43
2. *Ouvertüre zu Collins Trauerspiel »Coriolan«*, op. 62
3. *Erste Ouvertüre zur Oper »Fidelio« (Leonorenouvertüre Nr. 1)*

4. *Zweite Ouvertüre zur Oper »Fidelio« (Leonorenouvertüre Nr. 2)*
5. *Dritte Ouvertüre zur Oper »Fidelio« (Leonorenouvertüre Nr. 3)*
6. *Endgültige Ouvertüre zur Oper »Fidelio«*, op. 72
7. *Ouvertüre zu Goethes Trauerspiel »Egmont«*, op. 84
8. *Ouvertüre aus der Bühnenmusik zu Kotzebues Festspiel »Die Ruinen von Athen«*, op. 113
9. *Ouvertüre »Zur Namensfeier«*, op. 115
10. *Ouvertüre aus der Musik zu Kotzebues Festspiel »König Stephan«*, op. 117
11. *Ouvertüre »Die Weihe des Hauses«*, op. 124

*Geschichte:* Die Komposition der sogenannten »Ouvertüren« zieht sich über einen weiten Zeitraum im Leben Beethovens hin: von 1800 bis 1822. Weder ihr Anlaß noch ihre Form sind einheitlich; es gibt Ouvertüren, die wirklich das sind, was ihr Name besagt: Vorspiele, aber weder bei der »Namensfeier« noch der »Weihe des Hauses« kann man von Einleitungen im musikalischen Sinne sprechen, wenngleich diese Ouvertüren bei dem Anlaß, zu dem sie geschaffen wurden, an der Spitze eines Festaktes standen. Die bewegteste Geschichte von allen besitzen die Ouvertüren zu *Fidelio*, der einzigen Oper Beethovens: Der Meister schuf ihrer insgesamt vier, weil er jeweils die vorangegangene bei der Umarbeitung der Oper durch eine neue ersetzte. Da es sich bei den ersten dreien aber um wertvolle Stücke handelt, gerieten sie nicht in Vergessenheit; als *Leonorenouvertüren Nr. 1, 2 und 3* führen sie ein Eigenleben, die ersteren im Konzertsaal, die letztere, auch »große« genannt, oftmals in die Oper eingebaut als grandiose Überleitung zum Schlußbild. Auf diese Art hört man heute vielfach in der Oper *Fidelio* zwei Ouvertüren: die endgültige *Fidelio-Ouvertüre*, vom Komponisten für die letzte Fassung des Werkes bestimmte, und die *dritte Leonorenouvertüre*, die hier allerdings ihren Ouvertüren-, d.h. Vorspielcharakter aufgegeben hat. Die *Leonorenouvertüre Nr. 1* wurde für den ersten Entwurf der Oper geschaffen, aber schon vor der Premiere durch die zweite ersetzt. Diese erlebte den Mißerfolg der Uraufführung (1805); für das erste Erklingen der Neufassung (29. Mai 1806) stand die dritte *Leonorenouvertüre* zur Verfügung. In den acht Jahren, die die Oper dann auf ihren endgültigen Sieg warten mußte – er erfolgte am 22. Mai 1814 –, ersetzte Beethoven die »große«, *dritte Leonorenouvertüre* durch die *E-dur-Ouvertüre*, die heute überall das Werk einleitet. Wesentlich einfacher ist die Geschichte der übrigen Ouvertüren im Schaffen des Komponisten: Im Jahre 1800 forderte der Ballettmeister des Wiener Hostheaters, Salvatore Vigano, den Meister auf, eine Bühnenmusik zum Tanzpoem *Die Geschöpfe des Prometheus* zu schreiben; es entstanden eine Ouvertüre und weitere 16 Stücke. Die Uraufführung fand am 28. März 1801 statt und im gleichen Jahr noch fünfzehn erfolgreiche Wiederholungen. Die Ouvertüre zu Heinrich Joseph von Collins (heute vergessenem) Trauerspiel *Coriolan* schrieb Beethoven in den ersten Monaten des Jahres 1807; sie gehört geistig und inhaltlich in die Richtung der *Eroica* und des *Egmont*, denn auch sie setzt sich mit dem Kampf des »Helden« (im höchsten ethischen Sinne) gegen die Umwelt auseinander. Das Werk erklang erstmalig im März 1807 im Palais Lobkowitz in Wien. Die großartige *Egmont-Ouvertüre* – Teil der Bühnenmusik zu Goethes gleichnamigem Trauerspiel – wurde im Jahre 1810 komponiert und erlebte am 27. Mai gleichen Jahres ihre Uraufführung. Als »Gelegenheitsarbeit« wird oftmals die Ouvertüre *Die Ruinen von Athen* bezeichnet; sie entstand, etwa gleichzeitig mit jener *König Stephan* betitelten, im Sommer 1811, während des ersten Aufenthaltes im böhmischen Kurbad Teplitz. Beide gehören zu Festspielen des damals überaus geschätzten Dichters August Kotzebue. *König Stephan* wurde 1812 in Pest (das erst viel später mit Buda zu Budapest vereinigt wurde) anläßlich der Eröffnung des Ungarischen Nationaltheaters feierlich uraufgeführt. Zum Geburtstag des Kaisers Franz schrieb Beethoven (1814) die *Namensfeier-Ouvertüre*. Am 3. Oktober 1822 wurde das Wiener »Theater in der Josefstadt« eingeweiht, und dessen Direktor K.F. Hensler erbat hierfür ein Werk von Beethoven; so entstand, zum Teil unter Benützung des Themenmaterials aus den *Ruinen von Athen* die Ouvertüre *Die Weihe des Hauses*, auf die ein heute vergessenes Festspiel von Meisl folgte.

*Verwendetes Orchester:* Beethovens Ouvertüren sind im allgemeinen für das damals übliche Sinfonieorchester geschrieben: 2 Flöten (von denen eine mit Piccolo abwechseln kann), 2 Oboen, 2 Klarinetten, 2 Fagotte, 2–4 Hörner, 2 Trompeten, Pauken, Streicher, eventuell 3 Posaunen.

*Analyse:* Es gibt keine eigentliche Ouvertürenform (zum Unterschied von Sonaten-, Fugen-, Rondoform usw.). Die frühen Ouvertüren waren dreiteilig gebaut: schnell-langsam-schnell oder langsam-schnell-langsam, ohne thematische Zusammenhänge zwischen den Teilen oder mit Wiederholung des ersten Teils am Schluß. Als die Sonatenform sich entwickelte, wendeten viele Komponisten sie auch in der Ouvertüre an. Andere bevorzugten einfachere Formen, so wie etwa die des sogenannten »Potpourris«, in dem die wichtigsten oder eingängigsten Themen oder Melodien des Werkes in der Ouvertüre vorweggenommen werden. Wenn, wie mehrfach bei Beethoven, die Ouvertüre nicht ein musikalisches Stück einleitet, sondern Vorspiel zu einem Drama, Trauerspiel ist oder einfach zu einem Festakt, so kann die musikalische Form natürlich völlig frei sein. Beethoven zieht prinzipiell die Sonatenform vor, da sie dramatischen Ausdruck mit großer Varietät verbindet, aber es gibt auch Ausnahmen in seinen elf Ouvertüren.

*Die Geschöpfe des Prometheus* weisen Merkmale einer frühen Komposition auf: »klassische« Linien, klare Melodik; eines der Themen wird in der »Eroica« nochmals Verwendung finden. Wesentlich interessanter ist eine Analyse der verschiedenen *Fidelio-Ouvertüren. Leonorenouvertüre Nr. 1* und *3* zeigen den Wunsch des Komponisten, gewissermaßen sinfonisch den dramatischen Inhalt der Oper vorwegzunehmen und in Sonatenform zu bringen. Die *zweite Leonorenouvertüre* ist formal nicht so klar, im Angesicht späterer Entwicklungen möchte man beinahe an eine »Sinfonische Dichtung« denken; das heißt an ein Werk, dessen Form durch den Inhalt bestimmt wird. In allen dreien ist die Beziehung zur Oper thematisch sehr eng. Die meistgespielte, die *dritte Leonorenouvertüre*, ist in sich ein großartig aufgebautes und gesteigertes Drama. Florestans Erinnerungen an glücklichere Zeiten sind hier thematisch vorweggenommen, und den Höhepunkt bildet das Trompetensignal, das in der Oper den Umschwung in letzter Minute bringt und die Befreiung ankündigt. Das Hauptthema hingegen, das die Ouvertüre verwendet, kommt in der Oper nicht vor:

Mit seiner Hilfe gestaltet Beethoven den ungeheuren Jubel, der das leuchtende Opernfinale gewissermaßen sinfonisch vorwegnimmt. Nicht umsonst steht dieses Thema in C-dur, der Tonart, die für Beethoven stets Licht, Sieg über dunkle Mächte, Freiheit bedeutet. (Auch in der Oper ist der Schluß, wenn auch mit anderen Themen, in C-dur gestaltet.) Selten hat Beethoven eine so mitreißende Apotheose geschrieben, und man muß in der Weltliteratur lange suchen, bis man ähnliches findet. Hier hat sein Kampf gegen Tyrannei und Ungerechtigkeit strahlendsten musikalischen Ausdruck gefunden. Wenn es sich auch dabei noch nicht um »Programmusik«, um schildernde Musik in jeder Einzelheit handelt, so ist doch der seit Mozart und Haydn zurückgelegte Weg sehr klar: Die Musik hat einen »Inhalt« bekommen; einen Inhalt, der sich an das Gefühl wendet.

Die *Coriolan-Ouvertüre* stammt aus der gleichen Epoche wie einige der größten Werke des Meisters: der fünften Sinfonie, der Waldstein-Sonate, der »Appassionata« genannten Sonate und des Violinkonzerts. Sie wurde nicht – wie man leicht denken könnte – für Shakespeares gleichnamiges Drama geschrieben, sondern für ein längst vergessenes Trauerspiel des österreichischen Schriftstellers Heinrich Joseph von Collin. Der Inhalt ist natürlich der gleiche: der stolze römische Patrizier, der aus dem Exil die befreienden Truppen gegen die Diktatur seines Vaterlandes führen will, aber durch das Flehen seiner Mutter und seiner Gattin zurückgehalten wird. Sein Verzicht auf das Vorhaben ist gleichbedeutend mit seinem Tod.

Beethovens Themen sind äußerst plastisch und ausdrucksvoll. Das erste scheint ein Porträt des heldenhaften und stolzen Aristokraten zu sein; es ist in c-moll gesetzt, Beethovens »tragischer« Tonart (in ihr steht der Trauermarsch aus der »Eroica« sowie der schicksalhafte Beginn der fünften Sinfonie), und malt mit seinen wuchtigen Orchesterschlägen, seinen düsteren Harmonien den furchtbaren Kampf in Coriolans Seele, aber auch seine Größe und seinen heroischen Entschluß. Die unheilschwangere Atmosphäre lichtet sich, Beethoven moduliert nach Es-dur und bringt eine seiner schönsten Melodien:

Es erscheint müßig, zu diskutieren, ob diese wie vom Himmel gesandte Melodie die Liebe zum Vaterland oder das Heimweh »bedeute« oder die Bitten der Frauen, die an die Gefühle des Helden appellieren. Die stille Stimmung währt nicht lange, der Kampf muß durchgefochten werden. Die Musik wird wieder tragisch umdüstert. Das Ende verliert sich in ein Pianissimo des Verzichtes, der Einsamkeit, des Untergangs.

Umgekehrt ist der Weg, den die *Egmont-Ouvertüre* durchläuft; sie endet im Triumph, sie bringt die siegreiche Revolution des Volkes gegen seine Unterdrücker. Der Vorwurf, dem Beethoven hier folgt, ist das großartige Trauerspiel des von ihm hochverehrten Goethe (den er 1812, also zwei Jahre nach der Komposition, in Teplitz kennenlernte, ohne sich mit ihm menschlich verstehen zu können) über die Befreiung der Niederlande. Die Bühnenmusik, die Beethoven schuf, umfaßt außer der Ouvertüre noch die Klärchenlieder, die Melodien, die er der bürgerlichen, opferbereiten und edlen Geliebten des Grafen Egmont in den Mund legt. Die Ouvertüre stellt kein Sinfonisches Gedicht dar im Sinne des Wortes, wie Liszt es wenige Jahrzehnte später verstehen wird und in dem jeder Person und jedem Ereignis ein bestimmtes musikalisches Thema zugeordnet ist; Beethoven beschreibt die Atmosphäre und unterstreicht den Ablauf des Dramas: die Unterjochung durch die Spanier (die langsame, lastende, drückende Einleitung in f-moll), den Kampf (ein bewegtes *Allegro* mit scharfen Akzenten) und schließlich den Triumph, das jubelnde, von Trompeten erleuchtete Finale, der Sieg des Volkes über die Unterdrücker – wenn in der Schlacht auch der Anführer gefallen ist. »Aus Nacht zum Licht«, dieses so oft auf die fünfte Sinfonie angewendete Wort könnte als Leitmotiv auch über der Egmont-Ouvertüre stehen.

### *Wellingtons Sieg bei Vittoria*

Hätte jemand im Wien der Jahre des berühmten Kongresses (und auch später noch) einen Bewohner jener musikbegeisterten Stadt gefragt, wer der seltsame Mann sei, den man hin und wieder auf einsamen Spaziergängen durch die waldige Umgebung antreffen konnte, er hätte sicherlich zur Antwort erhalten, das sei der Komponist der großen Schlachtenmusik, genannt *Wellingtons Sieg bei Vittoria*. Beethoven hat, wie die meisten Komponisten, Gelegenheitsarbeiten keineswegs mißachtet. Aber eine Schöpfernatur wie die seine, die so gar nicht auf leichte Anpassung eingestellt war, sondern um jedes Werk innerlich und äußerlich schwer ringen mußte, konnte bei solchen kaum ein Meisterstück hervorbringen. Dieses unter op. 91 registrierte Werk ließe sich aus den Schöpfungen Beethovens ausscheiden, ohne daß dies einen Verlust bedeutete. Doppelte Ironie also: einmal daß diese Schlachtmusik des Komponisten ungewöhnliche Popularität in Wien und im gesamten Europa festigte, ja beinahe erst begründete; der andere Teil der Ironie liegt darin, daß er – ehrlich umgestimmt, wenn auch sichtlich unfroh – nun den Sieg über jenen Helden besingt, dessen aufgehender Stern er in einem wesentlich größeren Werk von ganzem Herzen geschildert hatte:...Napoleon. (Wie bei unserer Besprechung der *Eroica*, der dritten Sinfonie, nachzulesen steht.) Beethoven schrieb *Wellingtons Sieg bei Vittoria* zuerst für einen mechanischen Musikapparat, für das »Panharmonikon« seines Freundes Maelzel (der auch das Metronom erfunden hat). Dann instrumentierte er die Schlachtenmusik für großes Orchester und erlebte damit am 8. Dezember 1813 in Wien einen ungeheuren, unvorstellbaren Triumph. Bei der festlichen Aufführung saßen Wiens prominenteste Musiker im Orchester, zum Teil in untergeordneten Rollen – alles wollte bei dieser »Sensation« mitwirken. Heute ist das Stück kaum noch zu hören. Wäre es nicht von Beethoven, man fühlte sich versucht, mit Shakespeare auszurufen: Viel Lärm um nichts...

*Die Sinfonien*

*Sinfonie Nr. 1 C-dur*, op. 21. Vier Sätze:
*Adagio molto – Allegro con brio; Andante cantabile con moto; Menuett; Adagio – Allegro molto e vivace*

*Geschichte:* Ob Beethoven vor der ersten Sinfonie andere Versuche auf diesem Gebiet gemacht hat, ist von vielen Musikwissenschaftlern diskutiert worden. Man kennt die »Jenaer Sinfonie« oder »Sinfonie Nr. 0«, die, mehr als ein Jahrhundert nach ihrem vermeintlichen Entstehen aufgefunden, manchmal Beethoven zugeschrieben wird, ohne daß dies jemals bewiesen werden konnte. Mag es sein, wie es will, Beethoven hat der Sinfonie, die wir als erste behandeln, den Namen »erste Sinfonie« selbst gegeben, womit gezeigt wird, daß er eventuell vorhergegangenen Versuchen keine Bedeutung in seinem endgültigen Werke beimaß. Seine Arbeitsmethode war langsam, genau entgegengesetzt jener Mozarts oder Schuberts etwa; er entwarf Themen, notierte Melodien, oftmals noch ohne genau zu wissen, in welchem Werke er sie verwenden würde. Er feilte an ihnen, so daß ihre endgültige Gestalt mit dem ersten Entwurf manchmal kaum noch etwas gemein hatte. So ist auch nicht immer genau zu sagen, wann er die Arbeit an einem bestimmten Werke begann. Die Niederschrift der ersten Sinfonie setzte wohl 1799 ein, aber es ist möglich, daß ein Teil des Materials hierfür bereits seit einigen Jahren in seinem Kopf oder seinen Skizzenbüchern vorhanden war. Die Uraufführung fand am 2. April 1800 im Hofburgtheater in Wien statt, im Rahmen einer von Beethoven veranstalteten und geleiteten »Akademie«. Im darauffolgenden Jahre wurden die Stimmen gedruckt, im Jahre 1820 die Partitur, die dem Freiherrn Gottfried van Swieten gewidmet ist. Die Verbreitung des Werks ging ziemlich schnell vor sich – 1801 Leipzig, 1807 Paris, 1813 London –, wenn man bedenkt, daß es sich um eine Ära ohne Radio, ja ohne Eisenbahnen handelte und daß Beethoven mit knapp 30 Jahren noch keineswegs eine europäische Berühmtheit genannt werden konnte.

*Verwendetes Orchester:* 2 Flöten, 2 Oboen, 2 Klarinetten, 2 Fagotte, 2 Hörner, 2 Trompeten, Pauken und Streicher (erste und zweite Geigen, Bratschen, Violoncelli und Kontrabässe).

*Analyse:* Die langsame Einleitung zum ersten Satz *(Adagio molto)* bringt, obwohl schon andere Komponisten, Haydn vor allem, ihren ersten Sinfoniesätzen gerne eine langsame Einleitung vorausschickten, einige Züge, die spätere Zeiten als »echt« beethovenisch bezeichneten: Der erste Akkord ist dissonant, der Dominantseptakkord einer anderen als der Grundtonart; ein zweiter Akkord dieser Art wird nicht in die Tonika, sondern »trugschlüssig« aufgelöst – begreiflich, daß die Zeitgenossen diesen Beginn als sehr »modern« empfanden. Beethoven setzt die Akkordreihe folgerichtig fort und gelangt über G-dur nach C-dur, in die Haupttonart der Sinfonie. Hier beginnt der eigentliche erste Satz *(Allegro con brio)*. Sein Hauptthema ist froh, drängend, problemlos:

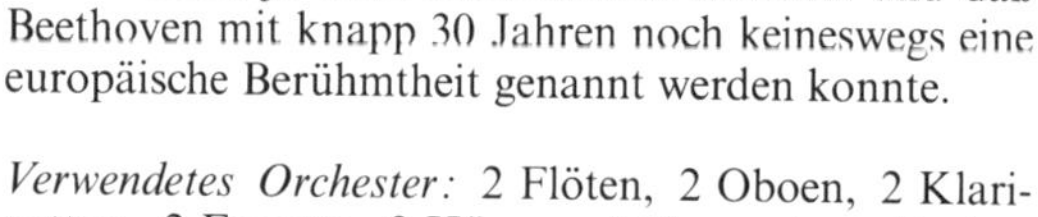


Auch dieses Thema Beethovens ist, wie die meisten, aus einer Reihe kleiner Motive zusammengesetzt, die im Laufe des Satzes – und besonders im Teil, den man »Durchführung« nennt – Eigenbedeutung erlangen werden: Da ist einmal der Quartsprung vom G zum C, der das H leicht berührt; die rhythmische Verdichtung, die nach zweimaligem längerem Halt auf dem C in eine motorische Achtelbewegung übergeht; der aufsteigende Dreiklang, der sich ebenfalls wieder kurz auf das H stützt, bevor er C erreicht. Das Thema wird sofort um eine Stufe höher, in d-moll, wiederholt, was ebenfalls nicht ganz »schulgemäß« gewesen sein mag. Aber im großen und ganzen leitet sich dieser Satz doch noch deutlich von Mozart und dem späteren Haydn her, er ist sehr »klassisch« und beweist einmal mehr, daß selbst der größte Umstürzler in den Bahnen der Tradition beginnt. Das zweite Thema (Seitensatz genannt) ist, wie die Regel es verlangt, lyrischer, gesanglicher. Der ganze Satz verläuft normal, im Rahmen des lebhaften, wolkenlosen Charakters, den Beethoven dafür gewählt hat. Bezaubernd ist der zweite Satz. Seine Melodie (hier ist es richtiger, von Melodien zu sprechen als von Themen, da in den langsamen Sätzen Beethovens Tonmaterial länger, ausdrucksvoller, symmetrischer und eben melodiöser zu sein pflegt) wird in Form eines Kanons eingeführt (oder besser: in fugierter Form, da der zweite Einsatz auf der Quinte erfolgt, in C-dur bei einer Grundtonart von F-dur):

Wieder gibt es einige bemerkenswerte Nuancen. Den ersten Einsatz spielen die zweiten Geigen, eine seltene Ehre für dieses damals sonst nur »begleitende« Instrument; es folgen Bratschen und Celli, hierauf Fagotte und Kontrabässe (die sich also hier schon gänzlich von den Celli emanzipiert haben, mit denen sie früher stets parallel geführt wurden) und schließlich erste Geigen und hohe Holzbläser. In der Fortsetzung wird das kleine *Fugato* aufgegeben, aber die zärtliche, liebenswürdige Stimmung des Satzes dauert bis zu seinem Ende unvermindert fort. (Die Zärtlichkeit ist in vielen Werken Beethovens anzutreffen, die Liebenswürdigkeit hingegen wird mit den Jahren immer seltener, je mehr der Komponist sich vom gesellschaftlichen Leben zurückzieht.) Der dritte Satz führt merkwürdigerweise den Namen »Menuett«, obwohl er musikalisch keines darstellt. Aber dieses Wort wird von den Sinfoniekomponisten als Synonym für »dritter Satz« genommen, weil es ein halbes Jahrhundert lang als solcher unentbehrlich war. Die Wandlung der dritten Sinfoniesätze wirft ein klares Licht auf die soziale Entwicklung jener Zeit: Das Menuett ist als Modetanz der Aristokratie geradeso tot wie die Allongeperücke; was für Haydn noch Huldigung an seinen fürstlichen Brotherrn ist, bedeutet für Beethoven nichts mehr. In seinem Werk wird er das alte Menuett durch das moderne, großteils von ihm geschaffene »Scherzo« ersetzen, das nichts Tanzartiges und schon gar nichts Aristokratisches an sich hat, sondern zu einem recht dramatischen, mit menschlichen Gefühlen aller Art geladenen Sinfoniesatz werden kann. Die Verwandlung des Menuetts ins Scherzo ist nicht nur eine musikalische, sondern vor allem eine soziologische Entwicklung, die mit der Französischen Revolution einsetzt. Wenn auch Wien, Beethovens Wohnsitz, noch gänzlich unter feudal-aristokratischer Herrschaft steht, so atmet die Verdrängung des Menuetts durch das Scherzo doch die Lüfte einer neuen Zeit. Hier in der ersten Sinfonie haben wir es eigentlich schon – trotz des Titels »Menuett« – mit einem Scherzo zu tun; die Tempobezeichnung *Allegro molto e vivace* beweist dies, denn es deutet auf eine viel höhere Geschwindigkeit hin, als das Menuett sie je aufweisen könnte. Das Thema ist ungeheuer einfach: eine aufsteigende Skala, die bis zur Quinte der Oktave geführt wird. Trotz dieser Einfachheit birgt es gewaltige rhythmische, sogar auch melodische Impulse, die meisterlich ausgenützt werden:

Der letzte Satz könnte von Haydn sein – wenn er nicht die seltsame langsame Einleitung hätte. Sie führt sein Hauptthema stufenweise ein: die drei ersten Noten, wie tastend, wie zögernd; nach kurzer Pause ein neuer Anlauf, vier Noten. Wieder ein Halt. Dann fünf aufsteigende Noten, dann sechs, dann sieben, stets anders rhythmisiert. Eine lange Pause – mit Fermate – auf dem F, dem siebenten Ton. Dann erst wird aus dieser langsam ansteigenden Tonleiter das Hauptthema des letzten Satzes:

Von da an geht es ganz »klassisch« zu; der Satz rollt geschäftig ab *(Allegro molto e vivace)*, überwindet Spannungsmomente und endet in überschäumender Lebensfreude.

*Interpretation:* Der Stil dieser Sinfonie ist noch jener, den Haydn in seinen letzten Sinfonien – wenige Jahre vorher – angewendet hatte; ein durchaus »klassisches« Werk, bei dem keine Gefühlsakzente gesetzt werden sollen. Die kleinen Charakteristika Beethovens, die wir in der Analyse hervorgehoben haben, sollen ein wenig unterstrichen werden, ohne daß dies die Einheit gefährden dürfte. Ein spielfreudiges, noch von Optimismus durchpulstes Stück, das Mozart und Haydn näher steht als der Romantik.

*Sinfonie Nr. 2 D-dur*, op. 36. Vier Sätze: *Adagio molto – Allegro con brio; Larghetto; Scherzo (Allegro); Finale (Allegro molto).*

*Geschichte:* Wer in der Geschichte der Genies nach äußerlichen Einflüssen in der Gestaltung der Meisterwerke sucht, wird viel öfter enttäuscht als angeregt werden. Um ein tiefinnerliches, tragisches Werk zu gestalten, bedarf der Genius keineswegs einer unmittelbaren persönlichen Erfahrung. Und umgekehrt: Wie viele heitere, lebensfrohe Werke entstehen in Epochen gedrückten Lebensgefühls und widriger äußerer Umstände! Dies ist auch bei Beethovens zweiter Sinfonie der Fall. Er schrieb sie in den letzten Monaten des Jahres 1802, die man als eine Zeit schwerster Depression in seinem Leben ansehen muß. Im Oktober dieses Jahres brachte er das »Heiligenstädter Testament« zu Papier, jenes erschütternde Dokument, das einen Abschied an das frohe, gesellige Dasein von früher darstellt, einen großen Verzicht, eine stille Resignation in die Taubheit und das nun immer reicher aufbrechende Innenleben. Trotzdem ist die zweite Sinfonie ein frohes, ein sonniges Werk. Nachdem Beethoven es in den ersten Monaten des Jahres 1803 vollendet hatte, fand die Uraufführung am 5. April desselben Jahres in Wien statt; auf dem Programm standen außerdem die erste Sinfonie, das c-moll-Klavierkonzert (Nr. 3) und das Oratorium *Christus am Ölberg*. Die zweite Sinfonie verbreitete sich nicht so schnell wie die erste. Immerhin zeigten sich einige Städte Deutschlands – Leipzig und Berlin vor allem – als entschiedene Anhänger des jungen Komponisten. Die Leipziger »Allgemeine Musikalische Zeitung« publizierte im Dezember 1804 eine ausführliche Kritik des Werkes, in der zwar von übermäßigen Längen und übertriebener Verwendung der Blasinstrumente die Rede ist, zudem der Schluß seltsam und wild genannt wird, aber doch von »wahrem Feueratem« gesprochen wird, der in der gewaltigen Partitur überall zu spüren sei, von neuartigen Ideen und größter Originalität. Außerdem sei einem solchen Werk zu prophezeien, daß es stets mit größtem Interesse gehört werden müsse, wenn tausend Dinge, die damals in Mode waren, längst vergessen sein würden. Das Originalautograph der Sinfonie ist leider verlorengegangen; es war einem der treuesten Freunde des Meisters gewidmet, dem Fürsten Lichnowsky. Erwähnen wir noch, daß die Londoner Erstaufführung im Jahre 1813 mit der Gründung der Philharmonischen Gesellschaft zusammenfiel, und daß man dem Publikum nach dieser Sinfonie eine halbe Stunde Pause gewährte, »um sich von so starkem Eindruck zu erholen«! In Paris flüchtete der berühmte Geiger Kreutzer (dem Beethoven die sogenannte Kreutzersonate widmete) während der Aufführung der Sinfonie aus dem Saal, wobei er sich die Ohren zuhielt, aber wenige Jahre später nannte Berlioz sie, anläßlich einer Pariser Aufführung, »ein Modell von Noblesse, Grazie, heroischem Geist, Zärtlichkeit, Geistreichtum und Lebhaftigkeit«.

*Verwendetes Orchester:* wie jenes der ersten Sinfonie.

*Analyse:* Der Anfang ist pathetisch. Beethoven hat hier eine der längsten Einleitungen seines Lebens geschrieben. Während einiger Augenblicke ahnt man spätere Werke des Meisters, ja die »Neunte« scheint sich, wenn auch in weiter Ferne noch, anzukündigen. Doch diese Spannung löst sich in einem Satz voll lächelndem Optimismus und gesunder Lebensfreude auf. Das erste Thema ist wiederum, echt beethovenisch, äußerst einfach – kaum mehr als ein D-dur-Dreiklang:

Ganz regelmäßig tritt das zweite Thema auf der Dominante, der fünften Stufe in A-dur also, ein. Aber es ist bedeutend »männlicher«, als zweite Themen oder »Seitensätze« zu sein pflegen, weniger lyrisch und weich. So drückt der gesamte Satz eine frohe Grundhaltung aus, ohne die sonst üblichen stimmungsmäßigen Kontraste, wie sie der Sonatenform zu eigen sind. Vielleicht ist gerade darum die Wirkung des zweiten Satzes, des *Larghetto*, besonders stark. Hier zeigt sich uns der »andere« Beethoven: der Träumer. Die erste Melodie ist von ergreifender Schönheit, zart, liebevoll, ein klein wenig melancholisch.

Zwischen dem zweiten und dritten Satz herrscht abermals ein starker Kontrast. Nach der träumerischen, lieblichen und ruhigen Musik folgt ein Scherzo. Zum ersten Mal wendet Beethoven diesen Namen an (obwohl, wie wir sahen, die Bezeichnung bereits dem dritten Satz der ersten Sinfonie gebührt hätte). Es ist ein bewegter Satz, voll Phantasie, aber vielleicht nicht der geglückteste. Das Thema besteht aus nur drei aufsteigenden Noten, die sich in verschiedenen Lagen wiederholen. Hingegen ist das Finale großartig und viel dramatischer als jenes der vorhergegangenen Sinfonie. Das erste Thema beweist dies mit seinem gewaltigen Melodiesprung zu Beginn und seinem rhythmischen Impuls:

Über die Form dieses Satzes kann man verschiedener Ansicht sein: Er bewegt sich zwischen Rondo und Sonate. Sein Ausdruck ist mitreißend, voll ungestümer Kraft (wir erinnern uns des Wortes »wild« in der Leipziger Chronik), voll Bejahung und Lebensfreude, voll tiefer Menschlichkeit. Beinahe unfaßbar, daß er unter dem dumpfen Druck der Taubheit und der damit unlösbar verbundenen schmerzlichen Einsamkeit geschaffen werden konnte.

*Interpretation:* Das Werk steht zwischen Klassik und dem noch vagen Beginn der Romantik, zwischen dem Rokoko und gefühlsgetränkten Melodien, die die neue Ära ankündigen. Für die heutigen Orchester stellt diese Sinfonie keine Probleme dar, wohl aber für die Dirigenten, die, innerhalb der Einfachheit und Schlichtheit, Gefühlsakzente setzen müssen, die lyrischer und subjektiver sein dürfen als bei Mozart und Haydn, ohne sie zu übertreiben.

*Sinfonie Nr. 3 Es-dur*, op. 55, genannt (vom Autor selbst) *Eroica*. Vier Sätze: *Allegro con brio; Trauermarsch (Adagio assai); Scherzo; Finale (Allegro molto).*

Geschichte: Frühe Skizzen zu dieser Sinfonie finden sich schon 1802, aber die eigentliche Komposition beginnt erst gegen Mitte des Jahres 1803. Fast 12 Monate lang arbeitete Beethoven an ihr, ein damals ungewöhnlicher Zeitraum, nicht nur mit der Schaffensweise

Haydns und Mozarts verglichen, sondern auch mit den früheren Kompositionen Beethovens selbst. In einigen Werken des Meisters sind bereits Themen der dritten Sinfonie vorweggenommen: in mehreren Klaviersonaten, einer Violinsonate sowie dem Ballett »Die Geschöpfe des Prometheus«. Interessanter aber als die technische Vorgeschichte dieser Sinfonie ist – zumindest für den Musikliebhaber – der Werdegang des Inhalts und des Titels. Denn diese Sinfonie besitzt einen Inhalt, ein außermusikalisches Thema, das der Komponist in Tönen auszudrücken, zu malen sucht. Wir wissen nicht genau, wann Beethoven sich entschloß, dem Helden der Französischen Revolution, Napoleon Bonaparte, ein tönendes Denkmal zu setzen. Keine andere Gestalt beherrschte in jenen Jahrzehnten so sehr das Denken und die Phantasie ganz Europas. Geliebt oder gehaßt, vergöttert oder verachtet, ersehnt oder gefürchtet: Der kleine Korse drückte seiner Zeit den Stempel auf. Einem Manne, der wie Beethoven so sehr wahre, antike Größe zu bewundern verstand, mußte Napoleon als Geschenk der Götter erscheinen; hatte er doch, trotz seines Lebens in der aristokratischsten Stadt Europas, die leuchtenden Ideale von »Freiheit, Gleichheit, Brüderlichkeit« zu den seinen gemacht. In Napoleon sah er sie verwirklicht – bis sein Held sich die Kaiserkrone aufs Haupt drückte. Da kannte seine Enttäuschung keine Grenzen, da nannte er den vorher Verehrten einen »gewöhnlichen Menschen«, einen »Tyrannen«, der »alle Menschenrechte mit Füßen treten, nur seinem Ehrgeiz frönen« werde. Leider scheint das Originalmanuskript der *Eroica* verlorengegangen zu sein, aber eine sicherlich getreue Kopie gelangte in das Wiener Museum der Gesellschaft der Musikfreunde, und in ihr kann man das berühmt gewordene Titelblatt sehen, auf dem etwas so wütend ausradiert wurde, daß das Papier an der Stelle ein Loch aufweist. Dort stand, soviel man weiß: »Sinfonia grande intitolata Bonaparte«. Doch Ferdinand Ries, Schüler Beethovens, überliefert, daß er die Originalpartitur auf dem Tisch des Meisters liegen sah und daß auf ihrem Titelblatt zu jenem Zeitpunkt nur zwei Worte standen: oben »Napoleon«, unten »Beethoven«. Er war es auch, der Beethoven von der Kaiserkrönung Napoleons berichtete (18. Mai 1804) und des Meisters Zornesausbruch erlebte, der in der Vernichtung des Titelblattes der Sinfonie gipfelte. Beethoven schrieb dann einen neuen Titel: »Sinfonia Eroica«. Als 1820 die Partitur gedruckt erschien, trug sie neben diesem Titel den Zusatz »per festeggiare il sovvenire di un grand'uomo« (um das Andenken eines großen Mannes zu feiern). Und als Napoleon in seinem letzten Exil auf St. Helena 1821 starb, rief Beethoven aus, er habe bereits vor 17 Jahren die geeignete Musik zu diesem Ereignis geschrieben. Die Sinfonia Eroica ist einem der liebsten Freunde des Meisters gewidmet, dem Fürsten Lobkowitz. (Eine seltsame Konstellation: Ein ursprünglich zum Ruhme Napoleons geschriebenes Musikwerk ist einem der echtesten Vertreter des »ancien régime« zugeeignet!) In dessen Palast wurde die Eroica auch zum ersten Male zum Erklingen gebracht. Die öffentliche Uraufführung fand am 7. April 1805 im Theater an der Wien statt. Der Eindruck war – sowohl auf Anhänger wie auf Gegner – ein ungeheurer; jedermann erkannte, daß hier etwas ganz Neues geschaffen worden war, unerhört (im wahrsten Sinne des Wortes) an Dauer und Kraftaufwand, aber noch mehr dank einem bis dahin unbekannten musikalisch-dichterischen Prinzip. Als zweite Stadt folgte, wie zumeist, Leipzig (1807), und bald darauf eine Reihe anderer deutscher Städte. 1814 hörte man die Eroica in London, in Paris hingegen erst im Todesjahre Beethovens, und in Italien gar erst 1866, wo sich Liszt unter den Zuhörern befand.

*Verwendetes Orchester:* Das gleiche wie in den ersten beiden Sinfonien, lediglich mit drei anstelle zweier Hörner.

*Analyse:* Dies ist die erste Sinfonie Beethovens, die ohne langsame Einleitung sofort mit dem ersten Satz beginnt. Lediglich zwei Tuttischläge, und schon erklingt das Hauptthema; es ist ein echtes Beethoventhema: nichts anderes als die Noten eines Durdreiklangs (und ein modulierendes Anhängsel von zwei Noten), also ein wahres Minimum an Elementen:

Wieder wird Beethovens Kompositionskunst hier großartig deutlich: wie er aus einem durchaus gewöhnlichen, ja fast primitiven Thema ein gewaltiges sinfonisches Gebäude auftürmt, lediglich durch die Kraft der Verwandlung, der Steigerung, der Ballung, dank dem »Feueratem«, den schon die Zeitgenossen fühlten und der Flammen aus alltäglichem Gestein schlagen kann. Das zweite Thema wirkt lyrisch, zart, beinahe werbend, in großartigem Kontrast zum ersten, dem Männlichkeit, Entschlußkraft, Entschiedenheit nicht abzusprechen sind. Bemerkenswert ist die Art, wie Beethoven dieses zweite Thema instrumentiert; während Haydn und Mozart ihre Themen nahezu immer einem einzigen Instrument anvertrauten (und zumeist den Streichern), verteilt er dieses auf verschiedene – Oboe, Klarinette, Flöte, Violinen – und unterstreicht so den schwebenden, weichen, ein wenig irrealen Charakter:

Natürlich hat es Kommentatoren gegeben, die für jedes Detail dieser Sinfonie »Erklärungen« suchten; sie glaubten »Schlachten«, »Charakterzüge«, »Liebeserlebnisse« des Helden zu sehen. Wir wollen nicht in diesen – durch nichts zu rechtfertigenden – Fehler verfallen, sondern klar betonen, daß Beethoven selbst sich gegen solche Interpretationen gewehrt hat (anläßlich

der sechsten, bedeutend »malerischeren« Sinfonie). Für Beethoven ist eine Sinfonie noch kein Sinfonisches Gedicht, in dem die Schilderung, die Erfüllung eines Programms das wichtigste zu sein pflegt; für ihn ist sie immer noch ein bloßes Musikstück nach rein musikalischen (oft neuartigen) Gesetzen, wenn auch das Werk einen bestimmten Charakter erhalten kann, in diesem Fall eben einen »heroischen«. Sicher hat er nicht danach getrachtet, Kleinigkeiten zu »malen« oder gar »realistisch« zu werden. Seine Idee ist in dieser Sinfonie klar: Ein »Held« steht der Umwelt gegenüber. Das ist alles. Hundert Jahre später wird es anders sein: Richard Strauss schreibt – übrigens (und keineswegs zufällig) in der gleichen »heroischen« Tonart Es-dur – sein »Heldenleben«, und es wird ein echtes Sinfonisches Gedicht daraus, in dem jede Melodie ihren außermusikalischen Bezug hat und ein wahres Verständnis nur noch über eine literarische Analyse möglich ist.
Der zweite Satz ist der Trauermarsch »sulla morte d'un eroe«, auf den Tod eines Helden. Wer hier von einem Gedicht sprechen wollte, hätte so unrecht nicht; es ist wie ein tiefsinniges, erschüttertes Gebet. Die Tonart c-moll wird nun für eine lange Zeitspanne zur tragischen schlechthin. (Noch Wagners toter Siegfried wird mit einem c-moll-Trauermarsch durch den nächtlichen, mondbeschienenen Wald getragen.) Beethoven setzt pianissimo ein, feierlich und doch unpathetisch, manchmal wie von leisem Schluchzen geschüttelt:

Eine zweite Melodie sendet ein klein wenig Licht in die düstere Trauer, aber auch sie singt von Verzicht und Entsagen. Die aufwühlende Tonfolge des Anfangs kehrt wieder, durch die melancholische Oboe noch tieferen Schmerz ausdrückend. Dann erhebt der Satz sich zu gewaltiger Kraft, schaurige Visionen von Totenreigen und Jüngstem Gericht scheinen den Komponisten oder seinen Helden zu quälen. Der Schluß sinkt unter genialen Paukenschlägen (zu welcher Wirkung hat Beethoven dieses vorher nur rhythmisch unterstreichende Instrument geführt!) in die Stille des Beginns zurück, in das verhaltene, aber ewigen Schmerz ausströmende Weinen.
Viel Zwiespalt hat seit jeher der dritte Satz, das *Scherzo*, hervorgerufen. Wir wollen, unserem früher dargelegten Standpunkt gemäß, keine »Interpretation« versuchen, denn dies liegt bestimmt nicht im Sinne des Komponisten. Hat Beethoven hier den »heroischen« Charakter seiner Sinfonie aufgegeben, wie mancher Erklärer meint? Wohl kaum; er hat vielleicht nur eine andere Facette der »heldischen« Seele beleuchtet, eine nicht so einfach zugängliche. Es ist ein »phantastischer« Satz, der nicht von dieser Welt zu sein scheint (außer den Hörnerklängen im *Trio*), von geheimnisvollem, ja gespenstischem Drängen erfüllt. Wie hat Beethoven in wenigen Jahren – wir schreiben 1804, und Haydns letzte, noch völlig »klassische« Sinfonie, Nr. 104, liegt noch kein Jahrzehnt zurück! – das »veraltete« Menuett zum Scherzo umgestaltet: zu einem ausdrucksstarken Satz für Sinfonie und Sonate, in dem Gedanken ausgesprochen, Stimmungen gemalt werden können! Mehr als einmal gibt er ihm einen skurrilen, dämonischen Charakter – ein bereits »romantischer« Zug, zu dem E.T.A. Hoffmann wesentlich beigetragen hat, der Dichter des Gespenstischen, Unheimlichen, Übersinnlichen.
Eine ungewöhnliche Form verleiht Beethoven dem vierten, letzten Satz, *Allegro molto*: Es ist ein Thema mit Variationen. (Mozart hat eine seiner schönsten Klaviersonaten so eingeleitet, aber als Sinfoniefinale dürfte es sich um eine Novität handeln.) Das Thema kommt bereits zweimal in anderen Beethovenwerken vor: in den »Geschöpfen des Prometheus« und in den Klaviervariationen, op. 35. Es wird auf denkbar einfachste Weise eingeführt: im Unisono der Saiteninstrumente und *pizzicato*:

Um zu zeigen, wie Beethoven bei der Gestaltung der Variationen vorgeht, setzen wir eine von ihnen im Notenbeispiel hierher. Das Thema steht – nun in langen Notenwerten – in der Unterstimme, und die Oboe singt einen melodiösen Kontrapunkt darüber, der zu einer der Hauptmelodien wird:

Insgesamt sind es sieben Variationen, jede von anderem Charakter. Sogar eine kleine Fuge verarbeitet der Komponist. Mit einer schwungvollen *Coda* schließt Beethoven sein Werk, eines der meistgespielten unserer Epoche.

*Interpretation:* Dies ist (neben Mozarts letzten Werken) vielleicht die erste Sinfonie, die dem Dirigenten wirkliche Probleme stellt. Sie beginnen schon beim rein Klanglichen: Dem »heldischen« Charakter entsprechend wünschen sich viele Dirigenten einen volleren, gewaltigeren, majestätischeren Orchesterklang und verdoppeln darum die Blasinstrumente (vier Flöten statt zwei, vier Oboen, sechs Hörner usw.), was auch eine Verstärkung der Streicher gestattet. Man kann über diese Maßnahme diskutieren, wie über alles, was mit Aufführungspraxis zusammenhängt; gegen Beethovens Geist scheint es nicht zu verstoßen. Wichtiger aber ist, daß der Dirigent eine starke Persönlichkeit ist, über genügend Intensität verfügt, denn nur so kann die Gesamtdauer von fast 50 Minuten spannungsreich gestaltet werden. Die Kraft des Ausdrucks, die das Werk verlangt, ist nur einem wirklich menschlich, künstlerisch und technisch reifen Dirigenten auszuschöpfen vergönnt.

*Sinfonie Nr. 4 B-dur*, op. 60. Vier Sätze: *Adagio – Allegro vivace; Adagio; Allegro vivace; Allegro ma non troppo*

*Geschichte:* Die Musikwissenschaftler haben eifrig nach einer Erklärung gesucht, wie Beethoven, nach der großteils tragischen dritten und vor der titanischen fünften Sinfonie, ein Werk von so himmlischer Heiterkeit schaffen konnte, wie es die vierte darstellt. Aber es gibt für diese – gar nicht seltenen – Erscheinungen keine oder nur höchst unzulängliche Begründungen. Das Genie trägt in seiner Seele, mehr noch als der gewöhnliche Mensch, alle erdenklichen Stimmungen latent mit sich; welchc in welchem Augenblick schöpferisch ans Licht drängt, hängt von einem geheimnisvollen, unerklärlichen Ausleseprozeß ab. Die Tatsache, daß ein heiteres, unbeschwertes Werk neben einem aufwühlenden, erschütternden geboren werden kann, könnte seine Erklärung in einem (unbewußten) Selbsterhaltungstrieb haben, der ein zu tiefes, vielleicht dauerndes und daher vernichtendes Versinken in die Tragik zu verhindern sucht. Auf die »Eroica« folgt in Beethovens Leben die Arbeit am *Fidelio*, die schwere Enttäuschungen aller Art bringt. Das Jahr 1806 ist, wie schon erwähnt, mit besonderer Schöpferkraft gesegnet: Drei der Quartette, op. 59, das Violinkonzert und die vierte Sinfonie erblicken das Licht der Welt, eine ungeheure Arbeitsleistung für einen Mann, dem Komponieren zumeist sehr, sehr harte Mühe bedeutet. Wir besitzen die Skizzen zur vierten Sinfonie nicht. Es gibt also zwei Möglichkeiten: daß Beethoven dieses Werk ohne vorherige Entwürfe, in einem Guß gewissermaßen, niedergeschrieben habe (wie unter anderen Romain Rolland meint) oder daß diese Aufzeichnungen verlorengegangen sind. Lassen wir die Frage offen (da sie endgültig ohnedies nicht beantwortet werden kann), fügen aber hinzu, daß wir uns eher für die zweite Möglichkeit entscheiden würden, da sie der Schaffensweise des Meisters besser zu entsprechen scheint. Im Sommer des Jahres 1806 weilte Beethoven auf dem ungarischen Landgut seiner Freunde Brunswick. Vielleicht hat die Stille der reifenden Felder einen wohltätigen Einfluß auf sein Gemüt ausgeübt, vielleicht hat der feine, hochkultivierte und liebenswürdige Umgang der Gastgeber die Stürme in seinem Gemüt vorübergehend besänftigt. War es die innige Freundschaft mit Therese oder die vielleicht schon aufkeimende Liebe zu ihrer Schwester Josephine, die andere Saiten seiner Seele zum Klingen brachten? Verfallen wir nicht in den sehr häufigen Fehler, äußerliche Erklärungen für die Entstehung von Meisterwerken zu suchen, wo solche nicht offenkundig, vom Autor selbst bestätigt, vorliegen? Die vierte Sinfonie wurde in Wien, im März 1807, in einem vom Fürsten Lobkowitz in seinem Palais organisierten Konzert uraufgeführt, in dessen Programm auch die *Coriolan-Ouvertüre* stand. Zwei Jahre später wurde sie gedruckt, aber dem Brauch der Zeit gemäß zunächst nur das Stimmenmaterial; die Partitur folgte erst 1821. Der Erfolg der vierten war unmittelbarer als der ihrer Vorläuferin (die als »revolutionärer« und schwieriger galt); nach einigen Jahren aber zeigte sich die merkwürdige Tendenz, die Sinfonien Beethovens mit ungeraden Nummern den anderen vorzuziehen. Lange Zeit hindurch wurden die Sinfonien Nr. 2, 4 und 8 (weniger allerdings die immer populäre Nr. 6) stark vernachlässigt. Erst um die Mitte unseres Jahrhunderts rückte gerade die vierte gewaltig vor und wird als eines der vollendetsten, makellosesten Meisterwerke anerkannt.

*Verwendetes Orchester:* Die »klassische« Besetzung (die Beethoven in seinen beiden ersten Sinfonien verwendete), aber nur mit einer einzige Flöte.

*Analyse:* Das Werk beginnt, wie die erste und zweite Sinfonie, mit einer langsamen Einleitung, deren düsterer oder wenigstens geheimnisvoller Charakter nicht recht zur frohen Fortsetzung zu passen scheint. In dieser Einleitung kommen mehrere harmonische Kühnheiten vor; Beethoven hat die unkomplizierten Akkorde seiner Vorgänger weit hinter sich gelassen. Wir verstehen hier, wieso die Zeitgenossen in seiner Musik etwas Umstürzlerisches und manchmal erschreckend Modernes vernahmen – nicht nur im Konzept, das die Musik in gänzlich neue Bahnen lenkte, sondern auch in den melodischen, harmonischen, rhythmischen, dynamischen, agogischen Kühnheiten, die in nahezu allen seinen Kompositionen auftauchen. Mit großem Schwung und meisterhaft vorbereitet löst sich dann das erste Thema des *Allegro vivace* los:

Wie unbedeutend erscheinen manche Themen Beethovens, wenn wir sie aus dem Zusammenhang gerissen betrachten! Hier: Dreiklang- und Septakkordnoten, eine Folge, die tausend andere Komponisten erfinden könnten. Aber welche Kraft erlangen sie im großen Gesamtkomplex des Werkes! Der frohe, optimistische Grundcharakter bleibt fast während des ganzen Satzes erhalten. Beethoven spielt mit dem Kontrast zwischen diesem ersten Thema, das leicht und unbeschwert dahinhüpft, und einem zweiten, das sanft und ausdrucksvoll über liegenden Akkorden erklingt. Temperamentvoll läuft der Satz, der einige Male rhythmische und dynamische Veränderungen durchmacht, bis zum jubelnden Ende.

Das folgende *Adagio* ist ein Stück von ergreifender Schönheit. Über einem klopfenden Rhythmus (vielleicht bedeutet er das Pochen des Herzens, das Beethoven so gerne in Tönen malt, oder das unerbittliche

Verrinnen der Zeit) erhebt sich eine jener Melodien, die genügen würden, ihrem Schöpfer die Pforten der Unsterblichkeit zu öffnen:

Ist es das Glück, das so singt? Sommerglück, Liebesglück? Wer genau zuhört, vernimmt trotzdem einen leisen Hauch von Wehmut. Es gibt kein Glück ohne Wehmut. Doch kehren wir zur musikalischen Analyse zurück. Es handelt sich um ein zweithematiges Stück in langsamem Dreivierteltakt und der Grundtonart Es-dur, die der Haupttonart der Sinfonie, B-dur, eng verwandt ist.
Der dritte Satz weist eine Veränderung auf, allerdings mehr äußerlicher als musikalischer Art: Beethoven verzichtet hier auf die üblichen Namen, die die dritten Sätze sonst zu führen pflegen, Menuett oder Scherzo. Dem Charakter nach haben wir es allerdings mit einem echten Scherzo zu tun, im Dreischlagrhythmus und stark bewegt. Aber auch in der Form gibt es eine Neuerung: das Trio – der Mittelteil jedes Menuetts oder Scherzos – wird zweimal gebracht, das Scherzo also insgesamt dreimal. Aus der dreiteiligen Form (Menuett – Trio – Menuett oder Scherzo – Trio – Scherzo) ist eine fünfteilige geworden: Scherzo – Trio – Scherzo – Trio – Scherzo, die Beethoven in Zukunft gerne verwendet und die sich dem Rondo nähert. Das Trio ist um ein weniges langsamer als das Scherzo geworden, und nahezu alle Romantiker werden sich in der so entstandenen Form erfolgreich versuchen. Der Grundcharakter dieses dritten Satzes ist Lustigkeit; phantastische Züge fehlen nicht, die bei Beethoven oftmals bis ins Unheimliche reichen. Die Triomelodie klingt volksliedartig, süß und innig – wir verstehen, daß es für Schubert nichts Höheres gab als den für ihn unerreichbaren, unnahbaren Zeitgenossen Beethoven, der sogar das konnte.
Der letzte Satz, *Allegro ma non troppo*, erinnert nicht nur an die sprudelnden, überquellenden Sinfoniefinales Haydns und Mozarts, sondern ein wenig auch an Bach, zumindest in seinem ersten Thema:

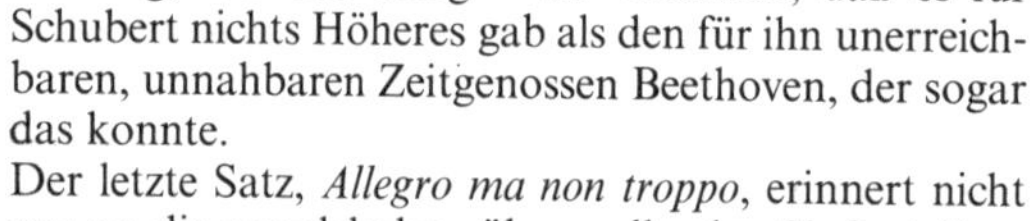


Es scheint ein fröhlicher Wettlauf, ein ländliches Spiel auf grünem Rasen zu sein. Manchmal halten die Spieler inne, um einen Augenblick zu ruhen, bevor sie in immer wachsendem Übermut zum glücklichen Höhepunkt des sorglosen Festes gelangen. Es gibt Gravüren aus jener Zeit (eine sehr bekannte zeigt Schuberts frohe Gruppe), die solche Tänze und Spiele darstellen, wie sie die »jungen Herren« aus der Stadt auf dem grünen Plan vor den Mauern an Sommertagen zu erleben liebten. Beethovens Vierte Sinfonie, besonders in ihrem Finale, gemahnt an einen solchen Sonnentag. Nur eines gibt zu denken: Seit Jahren erlebte der Komponist nichts Derartiges mehr. Wenn er es hier wirklich geschildert hat, so aus der Fülle glücklicher Erinnerungen …

*Interpretation*: In der vierten Sinfonie fließen »klassische« Elemente, die an Mozart und Haydn gemahnen (dieser lebte noch), mit Vorläufern der Romantik zusammen. Der Dirigent muß sich in diese Übergangsepoche einfühlen können, muß die kristallene Klarheit des Klangs, die zarte Luftigkeit des 18. Jahrhunderts geradeso beherrschen wie die schon gefühlsgeladene Kantilene, die weitgeschwungene Melodie, die Herzenstöne ausdrücken will. Und muß, durch Stilkenntnis und überlegene Technik, aus beidem eine große Einheit gestalten.

*Sinfonie Nr. 5 in c-moll*, op. 67. Vier Sätze: *Allegro con brio; Andante con moto; Allegro; Allegro*

*Geschichte:* Beethoven arbeitete während des Jahres 1807 an seiner fünften Sinfonie und beendete sie wahrscheinlich in den ersten Wochen des darauffolgenden Jahres. Aber die frühesten Skizzen gehen bis in das Jahr 1804 zurück. Die Uraufführung fand in einem denkwürdigen Konzert im Theater an der Wien statt, am 22. Dezember 1808. Neben der fünften Sinfonie erklangen, von ihrem Komponisten dirigiert, die sechste Sinfonie, das vierte Klavierkonzert, die Chorphantasie und mehrere Bruchstücke der C-dur-Messe, ohne eine Arie und Klavierimprovisationen – wie sie damals üblich waren – mitzurechnen. Das Programm, und was uns über seine Aufführung überliefert wurde, verleitet uns zu schon wiederholt erwähnten Gedanken, die hier noch einmal kurz aufgezählt seien: Die Orchester waren – am heutigen Stande gemessen – mittelmäßig, sie setzten sich zum großen Teil aus Amateuren zusammen, die zwar musikbegeistert, aber technisch den Ansprüchen einer Beethovensinfonie nur ungenügend gewachsen waren; eine richtige Probenarbeit, wie sie heute selbstverständlich ist, gab es nicht; oftmals wurde den Ausführenden das Notenblatt, mit noch nasser Tinte, wenige Stunden vor dem Konzert auf das Pult gelegt: Beethoven war bereits taub, und seine Leitung führte zu zahlreichen, oftmals schwerwiegenden Mißverständnissen, ja nicht selten zum (heute unvorstellbaren) Abbruch und Neubeginn eines Werkes oder Satzes. Wie mag seine fünfte Sinfonie an jenem Abend des 22. Dezember 1808 geklungen haben? Zudem herrschten eisige Kälte und Schneetreiben, die die Stimmung in den oftmals noch kaum heizbaren Sälen nicht wenig beeinträchtigt haben mögen. Um so erstaunlicher, ja bewundernswerter, daß nahezu alle Anwesenden sich der Größe und Bedeutung dieser Schöpfung bewußt wurden. Der Komponist hatte zwar den Eindruck eines Mißerfolges, und die äußerlichen Begleitumstände widersprachen ihm nicht. Aber das

Werk setzte sich durch, rascher und siegreicher als fast alle seine Geschwister. Illustre Geister betrachteten es sofort als Gipfelpunkt der Tonkunst; kaum ein anderes – bis zur neunten Sinfonie – erschütterte die Menschen so sehr bis ins Innerste, Berlioz sprach von einem »Donnerschlag«; Goethe meinte, als der junge Mendelssohn ihm diese Sinfonie vorspielte, das Haus unter der Gewalt und Wucht dieser Musik einstürzen zu fühlen; E.T.A. Hoffmann schwärmte in begeisterten, romantischen Worten vom »Reich des Ungeheuren und Unermeßlichen«, von »glühenden Strahlen«, die »durch dieses Reiches tiefe Nacht schießen« (im dritten Satz), und sagte: »Wie führt diese wundervolle Komposition in einer fort und fort steigenden Klimax den Zuhörer unwiderstehlich fort in das Geisterreich des Unendlichen.« Eine Musikzeitschrift in Leipzig, wo die Sinfonie schon 1809 aufgeführt wurde, spricht vom stürmischen Ausbruch einer so mächtigen Phantasie, wie es wohl kaum eine zweite gäbe. In London erklang das Werk 1816 zum ersten Male und mußte von da an mindestens einmal jährlich wiederholt werden – bis in unserer Epoche sich die Aufführungen der Beethovensinfonien vervielfachten und nun wahrhaft ungeahnte Ziffern erreichen. Der Beginn der Komposition mit seinen gewaltigen Schlägen – von denen Beethoven gesagt haben soll: »So klopft das Schicksal an die Pforten« – wurde während des Zweiten Weltkriegs zum Symbol der Freiheit aller unterdrückten Völker, zum über viele Sender verbreiteten Signal des Sieges über die Barbarei. Was diese Sinfonie für die Menschen unserer Zeit bedeutet, kann mit Worten kaum geschildert werden. Ihre Botschaft – die man oft mit »Aus Nacht zum Licht!« in Worte übersetzt hat – bildet den Hoffnungsstern (um mit Beethovens *Fidelio* zu sprechen) ungezählter Millionen. Menschen aller Erdteile, oftmals unendlich fern jeder europäischen Kultur und Tradition, fühlen in dieser Musik etwas, was sie aufrüttelt, ihnen Trost gewährt, ihnen Liebe und Hoffnung einflößt, wie kein gesprochenes oder geschriebenes Wort es je vermöchte. Man hat die Fünfte vielfach »Schicksalssinfonie« genannt; so sehr man sonst gegen Beinamen, die nicht vom Komponisten stammen (und die gerade bei Beethoven sehr häufig sind, siehe »Mondscheinsonate« usw.) Stellung nehmen soll, so verständlich ist diese Bezeichnung. Ob sie das Wesen oder den ganzen Gehalt dieser Musik trifft, kann niemand sagen. Beethoven widmete sie zweien seiner treuesten Freunde, dem Fürsten Joseph Franz Lobkowitz und dem Grafen Andrej Rasumowsky.

*Verwendetes Orchester:* Dies ist die erste Sinfonie in der Geschichte (zumindest unter den berühmten Werken), die Piccoloflöte, Kontrafagott und Posaunen verwendet; sie werden im Finale eingeführt, wo die Kraft des Ausdrucks eine instrumentale Steigerung erfordert. Heute ist es üblich geworden, die Holzbläser und Hörner zu verdoppeln, also vier zu verwenden, wo Beethoven zwei in der Originalpartitur vorschreibt. Das ist der größeren Säle wegen sowie als Gegengewicht zu den gewaltigen Stimmen der Posaunen zu rechtfertigen. Allerdings sollte dort, wo es sich um melodische Verwendung eines dieser Instrumente handelt, der Charakter des »Solos« gewahrt bleiben.

*Analyse*: Kein Sinfoniebeginn wurde so berühmt wie dieser, keiner ist so knapp, aufs höchste konzentriert und spannungsgeladen:

Vier Noten, sonst nichts. Dreimal G, dann Es. Ob es ein einfacheres Thema je gegeben hat? In der Hand eines anderen Komponisten hätte es wohl auch nie die Spannkraft erzielt, die wahre Explosionsfähigkeit, die Entwicklungsmöglichkeit, die Beethoven ihm zuweist. Ein ganzes gewaltiges sinfonisches Gebäude beruht auf diesen vier Noten. Ja eigentlich nicht einmal auf ihnen, sondern auf ihrem Rhythmus, auf den Schlägen, mit denen »das Schicksal an die Pforten klopft«: kurz-kurz-kurz-lang. Man dürfte kaum fehlgehen, wenn man feststellt, daß hier der großartigste sinfonische Ablauf aus kleinster Zelle gewonnen und gestaltet ist, und daß kaum ein zweites Werk von so straffer, absoluter Einheitlichkeit existiert wie dieses. Die Hörner nehmen den »Ruf des Schicksals« auf, verwandeln ihn in eine Fanfare, in der jede Note mit scharfem Akzent hervorsticht; auf ihrer letzten führt Beethoven ein neues Thema ein, welches Geigen und Klarinetten weich singen, das aber von den Schicksalsschlägen begleitet wird (die hier bereits zum rhythmischen Motiv umgestaltet sind):

Welch ein weites Feld für poetische Auslegungen! Aber hüten wir uns, jeder Phrase, jedem Motiv einen außermusikalischen Sinn zu unterlegen! Wir können nicht oft genug vor dieser Betrachtungsweise warnen, die einer viel späteren Zeit, einem romantischen Empfinden entspringt. Erklären wir die fünfte Sinfonie als reines Musikwerk, zeigen wir ihre rein musikalischen Schönheiten auf, erläutern wir ihre musikalischen Gesetze, und das Ergebnis wird nicht weniger großartig sein, als es das kühnste poetische Bild vermitteln könnte! Der gesamte erste Satz ist, wie wir sagten, auf dem Anfangsthema beziehungsweise seinem berühmten Rhythmus aufgebaut; er ist von bewundernswerter Einheit, die in der gesamten sinfonischen Geschichte nicht ihresgleichen hat. Auch das Gleichgewicht zwischen den drei Hauptteilen – Exposition, Durchführung, Reprise* – ist vollendet. Lediglich ein kurzer Einschub, eine melancholische Phrase der Oboe, ohne jede Beziehung zum Hauptthema und -rhythmus,

* Siehe Begriffserklärungen im Anhang unter *Sonate*.

taucht einmal auf und wirkt wie eine seltsame Vorausnahme romantischer Ideen. Aber Beethoven wäre nicht er selbst, wenn alles so ohne größere Unregelmäßigkeit zu Ende geführt würde: Auf die Reprise folgt eine Coda, die alle Regeln sprengt. Was sonst nur noch eine kurze Befestigung der Tonart, ein kleiner Abgesang zu sein pflegt, ist hier zu einem Hauptteil erweitert. Beethoven gestaltet die Coda beinahe wie eine zweite Durchführung, in der Motive und Rhythmen noch einmal in Kampf geraten. Die Vielfalt der Rekurse, die der Komponist bei der Abwandlung seines Themas spielen läßt, ist unglaublich groß. Er dreht die vier Noten um, so daß aus den wuchtigen Schicksalsschlägen eine angstvolle Frage zu werden scheint; er erfindet immer neue Kontrapunkte, er kompliziert die Harmonien, bis sie die Spannung aufs höchste getrieben haben. Der Tonschöpfer beweist hier gleichzeitig seine völlige Beherrschung der sinfonischen Regeln und Formen und seinen festen Willen, sie in ganz persönlicher Weise einzusetzen. Schien die Form im Rokoko ein Gewand, dem der Komponist sich ohne jede Schwierigkeit anpassen konnte, so beginnt bei Beethoven die neue Ära, in der das Gewand, die Form sich den künstlerischen Notwendigkeiten anzupassen haben wird. (Man vergleiche nur einmal – um bei unserem Bild zu bleiben – die Moden des 18. und 19. Jahrhunderts, und man wird genau das gleiche entdecken.)
Völlig anders ist der zweite Satz, *Andante con moto*. Hier – wie in allen langsamen Sätzen seiner zyklischen Werke – begegnen wir dem Lyriker Beethoven. In einer seiner Lieblingstonarten, As-dur (die ein halbes Jahrhundert später Wagner für die Liebesnacht in »Tristan und Isolde« ebenso unvergeßlich verwenden wird), breitet er eine weite, edle, gefühlsgetränkte Melodie aus, die von den Violoncelli intoniert wird:

Ihr stellt er als zweites Thema eine Fanfare gegenüber. Trompetenklang und helles C-dur scheinen schon den triumphalen Schluß vorauszuahnen:

Es ist schwierig, diesen Satz formmäßig einzureihen: Er ist weder nach dem Schema der Sonaten- noch nach der Rondo- oder der Liedform gebaut. Das Hauptthema wird – stets in As-dur – verschiedenen Variationen unterworfen, zwischen die sich Variationen des zweiten Themas (ebenfalls immer in C-dur) schieben. Aufmerksame Beobachter haben festgestellt, daß es zwischen beiden Themen Berührungspunkte gibt, ja es ist nicht ausgeschlossen, daß das zweite Thema im Grund ebenfalls eine Variation des ersten darstellt. Bei Beethovens thematischer Arbeit wäre das durchaus denkbar. Dessenungeachtet atmet der ganze Satz eine wundervolle Ruhe und – speziell in den As-dur-Teilen – eine überirdische Inspiration, die bis zu seinem Schluß ungebrochen anhält.
Besondere Bedeutung kommt dem dritten Satz zu; er ist einfach *Allegro* überschrieben. Seiner Stellung, seinen Dimensionen, seiner Form (die dreiteilig ist und ein »Trio« einschließt) nach ist er ein Scherzo; sein Charakter widerspricht zwar dem üblichen Sinn des Scherzos (dessen Namen aus dem Italienischen stammt, wo er mit »scherzare«, scherzen, zusammenhängt), keineswegs aber dem Gehalt, den Beethoven seinen dritten Sinfoniesätzen immer bestimmter gibt. Hier ist er düster, voll geheimnisvoller Impulse, die aus mystischen, aus okkulten Kräften zu stammen scheinen. Sein Hauptthema windet sich aus düsterer Tiefe in die Höhe:

Da brechen, *fortissimo* nach einem hauchzarten *pianissimo*, die »Schicksalsschläge« herein: roh, brutal, fast grausam. Sie passen sich dem Dreierrhythmus des Satzes an und wirken so beinahe noch unentrinnbarer. Das Trio bringt ein gänzlich anderes, neues Thema, das seltsam derb und bäurisch klingt, wozu die Kontrabässe das ihre beitragen. Läßt es an übernatürliche Geschöpfe denken?

Der gesamte Satz ist voll Spannung und erhebt sich darin weit über die üblichen Scherzi oder gar Rokokomenuette, die graziöse Hoftänze waren und sonst nichts. Und trotzdem fehlt das Großartigste noch: der Übergang von diesem Scherzo zum letzten Satz. Er erfolgt ohne Unterbrechung, und das Wort »atemberaubend« ist das einzige, das diese Stimmung charakterisieren könnte. Es ist – und man verzeihe uns hier, wenn wir ein wenig von unserem Prinzip abweichen, um diesem zweifellos poetischen Stück gerecht zu werden –, als bliebe die Nacht zurück, als erhellten die Nebel sich langsam, als öffneten Himmel und Erde sich dem Tag, dessen sieghaftes Licht einzuströmen beginnt, während das Schicksal seinen Rhythmus immer gewaltiger pocht und überall neue Stimmen zum Leben erwachen. Diese Übergangstakte sind fast schon ein Sinfonisches Gedicht, das die Überwindung von Nacht und Finsternis zum Thema hat und das in den strahlenden Jubel eines siegreichen Tages, des immer wiederkehrenden Lichts mündet. Es ist Beethovens tiefstes Glaubensbekenntnis.
Die Nebel liegen hinter uns. Ein Hymnus von unbesiegbarer Kraft leitet den letzten Satz ein:

Wieder müssen wir sagen: kaum mehr als ein paar Akkorde in C-dur, die jedes Kind auf dem Klavier spielen könnte – und welch ungeheure Wirkung! Die Instrumentation erreicht hier einen in der Sinfoniegeschichte bis dahin nicht gekannten Höhepunkt; mit heldischem Klang treten die Posaunen ein. Noch einmal tauchen Zweifel, Wirrnis, ja vielleicht Angst auf; das klopfende Schicksalsmotiv erklingt erneut – in einer Reminiszenz des Scherzorhythmus –, aber seine dunkle Kraft kann sich der triumphal durchbrechenden Sonne nicht mehr widersetzen. Gegen Ende nimmt das Licht immer noch zu, die Coda mündet in eine wahre Orgie von Freude und Befreiung. Beethoven besingt einen strahlenden Sieg (strahlender noch als in der dritten Sinfonie und in der Leonoren- und der Egmontouvertüre, einen Triumph, den er erst in der neunten Sinfonie noch einmal erringen wird). Das feindliche Schicksal ist bezwungen, und der Sieger ist der Mensch, die Menschlichkeit, die Menschheit, Sieger sind die Helden, nicht die Kriegs-, sondern die Friedenshelden, für deren Geist Erde und Weltraum keine Grenzen haben. Beethoven ist der Überwinder von Leid und Schmerz und Kleinlichkeit, und er hat diesem Sieg ein Denkmal gesetzt, das die Jahrhunderte nicht zerstören können.

*Interpretation:* Feuerprobe für jeden Dirigenten, aber auch Traum aller Dirigenten, diese Sinfonie so wiedergeben zu können, wie ihr Autor sie schuf. Daß nur die wahrhaft Großen dazu berufen sind, ist klar. Die innere Spannung darf keinen Augenblick nachlassen, jeder neue Höhepunkt muß vorbereitet und mit zwingender Wucht gestaltet sein; daneben dürfen die zarte Lyrik des zweiten Satzes und die Mystik der Überleitung zum Finale nicht zu kurz kommen.

*Sinfonie Nr. 6 F-dur*, op. 68, mit dem Beinamen *Pastoralsinfonie*. Fünf Sätze: *Allegro ma non troppo (Erwachen heiterer Empfindungen bei der Ankunft auf dem Lande); Andante molto mosso (Szene am Bach); Allegro (Lustiges Zusammensein der Landleute); Allegro (Gewitter, Sturm); Allegretto (Hirtengesang, frohe und dankbare Gefühle nach dem Sturm)*

*Geschichte:* Man weiß nicht mit Sicherheit, wann Beethoven den Gedanken faßte, ein tönendes Bild der Natur zu komponieren, die er so sehr liebte. Vielleicht schon in den Bonner Jugendtagen. Der Wunsch verstärkte sich dann in Wien, wo der Meister einen immer engeren Kontakt mit der Landschaft suchte. Lange Spaziergänge führten ihn aus der Stadt hinaus, in die Wälder, an die Donau, auf Kahlen- und Leopoldsberg, ins Helenental. Im Sommer suchte er ein Quartier im Grünen, um einsame Wege gehen, um dem Lauf kleiner Bäche folgen und dem Gesang der Vögel lauschen zu können. Aber bereits im Herbst 1802 stellte er in seinem erschütternden »Heiligenstädter Testament« fest, daß es mit dieser letzteren Freude zu Ende gehe und er nicht einmal mehr die Hirtenflöte vernehme, die ihm stets in Feld und Wiese so lieblich geklungen hatte. Nahe seiner Heiligenstädter Behausung (heute Museum) führt ein Pfad in den Wald hinein und folgt lange einem kristallklaren Bächlein. Es gibt ihn heute noch – er heißt »Beethovenweg« –, und der Bach ist noch da, der Wald und eine steinerne Bank darin, auf der der Meister oft ruhte und in der Einsamkeit Melodien und Themen skizzierte. Dort entstanden, wie Beethoven später einem Freunde mitteilte, Teile der Pastoralsinfonie, vor allem die »Szene am Bach«; die Goldammern, die Wachteln, Nachtigallen und Kukkucke »komponierten mit«, wie er hinzufügte. Vielleicht hat auch der glückliche Sommer 1806 mit seinem Aufenthalt auf dem Landgut der Freunde Brunswick zu den »pastoralen« Inspirationen beigetragen, die in dieser einmaligen Sinfonie gipfelten. Ihre Niederschrift begann im Jahre 1808, interessanterweise noch bevor die Arbeit an der fünften abgeschlossen war. Beethoven hat also gleichzeitig an diesen beiden riesigen und doch einander völlig entgegengesetzten Werken gearbeitet. Sie wurden auch miteinander uraufgeführt, in dem denkwürdigen Konzert des Meisters im Theater an der Wien am 22. Dezember 1808, von dem schon die Rede war. Die erste gedruckte Ausgabe, ein Jahr später erschienen, trägt die Widmung an die gleichen Freunde, denen auch die fünfte Sinfonie zugeeignet ist: Fürst Joseph Lobkowitz und Graf Andrej Rasumowsky. Das Werk erregte die Gemüter; nicht so sehr seiner musikalischen Faktur wegen (obwohl auch die recht neuartig war, wie aus unserer Analyse hervorgehen wird) als aus prinzipiellen Gründen. Denn hier war ein entscheidender Schritt von der »absoluten« Musik weg zur »schildernden«, zur Programmusik, getan. Beethoven verteidigte sich zwar gegen derartige Auslegung, erklärte, sein Werk sei »mehr Ausdruck von Empfindungen als Malerei«. Aber das außermusikalische Programm der Pastoralsinfonie ist nicht von späteren Erklärern ge- oder erfunden worden (wie es manchmal der Fall ist), sondern vom Autor selbst klar und eindeutig angegeben. Noch ist es eine klassische Sinfonie, denn selbst die Vögel singen genau im vorgeschriebenen Takt, und das Fließen des Bächleins geschieht in völlig stilisierter Form, Blitze und Donner fügen sich der vorgefaßten Form ein, und das musikalische Gesetz ist überall oberster Leitgedanke; aber die Nachfolger brauchten nur auf dem gleichen Wege weiterzuschreiten, um dann zum musikalischen »Realismus« zu gelangen, zur Unterwerfung der musikalischen Gesetze unter ein außermusikalisches Programm. Es ist verständlich, daß die Romantik mit ihrem Hang zur Schilderung diese Sinfonie besonders hoch einschätzte. Trotzdem hat sie es nicht ganz leicht gehabt, sich durchzusetzen: Nur einige deutsche Städte und London (1811) hörten sie noch zu Lebzeiten des Komponisten. Paris folgte 1829, St. Petersburg 1833. Unsere Epoche, im allgemeinen so antiromantisch, hat an die Popularität des Werkes nicht rühren können, ja hat sie durch Rundfunk und Schallplatte ins Ungeheure gesteigert; aber die »modernen« Musiker heben an ihr die rein musikalischen Werte hervor und schenken dem »schildernden« Faktor bedeutend weniger Beachtung. Vielleicht ist gerade dies das Wesen des Meisterwerkes: daß es jeder Epoche etwas ihr Nahestehendes bedeuten kann und genug Facetten besitzt, um immer zeitgemäß zu sein.

*Verwendetes Orchester:* Beethoven ändert die Instrumentation je nach dem Ausdruck jedes einzelnen Satzes. Die beiden ersten, bukolischen und lieblichen Sätze verwenden »doppeltes Holz« (unter welchem technischen Ausdruck man versteht: 2 Flöten, 2 Oboen, 2 Klarinetten, 2 Fagotte), 2 Hörner und Streicher. Im Tanz der Landleute treten 2 fröhliche Trompeten hinzu; bei der Schilderung von Gewitter und Sturm das Piccolo (für Blitze!), 2 Posaunen und die Pauke (für den Donner). Der letzte Satz läßt Piccolo und Pauke wieder fort, behält aber die Posaunen für die ernste Feierlichkeit der Stimmung bei.

*Analyse:* Es ist mehr als einmal festgestellt worden, daß es eine südslawische folkloristische Melodie gibt, mit der das Eingangsthema der Pastorale nahezu identisch ist. Nun, die südslawischen Gebiete, die Regionen der Serbokroaten wie der Slowenen, begannen – zumindest in ihren folkloristischen Ausstrahlungen – recht nahe der damaligen Kaiserstadt Wien (und noch näher den ungarischen Landgütern, auf denen Beethoven zu Gast war), und viel »Volk« wanderte täglich aus den slawischen Teilen des Reiches in die Hauptstadt, nahm Dienst in den Adelspalästen und sang seine alten Lieder weiter. Ob Beethoven von der Verwandtschaft seines Themas mit einem von ihnen geahnt hat, weiß man nicht – es ist auch unwichtig, denn (bei Beethoven mehr noch als bei jedem anderen) ist es nicht das Thema, das die Sinfonie ausmacht, sondern seine Verarbeitung. Übrigens ist die Verwendung slawischer Folklore bei großen Meistern des Donauraumes durchaus nichts Seltenes gewesen. Wie viele derartige Melodien hat Haydn verarbeitet (zuletzt im Finale seiner letzten Sinfonie, Nr. 104!), und sogar Richard Strauss nimmt eine solche als inniges Leitmotiv für die Liebe seiner »Arabella«. Beethoven selbst hat oftmals in seinem Œuvre Hang zum Volksgesang anderer Länder bewiesen (denken wir nur an die schottischen Melodien, die er bearbeitete), so daß ein solches Zitat durchaus möglich wäre. Mag es sein, wie es will: Die Melodie (oder das Thema – hier läßt sich diskutieren, welcher Begriff treffender ist), mit der die »Pastorale« beginnt, erfüllt ihre Aufgabe aufs beste. Sie atmet ländliche Heiterkeit, innere Ruhe, ja man wäre fast versucht zu sagen: einen blaßblauen Frühlingshimmel über grünenden Wiesen, leichte, würzige Luft, die dem der Großstadt und ihrem Menschengewimmel entfliehenden Wanderer das Glücksgefühl der freien Weite gibt. Sie entspricht genau dem Gefühlsgehalt, den Beethoven mit den Worten *Erwachen heiterer Empfindungen bei der Ankunft auf dem Lande*, die er dem ersten Satz mitgab, umschrieben hat:

Nicht nur der melodische Ablauf erweckt diesen Eindruck; die harmonische Stütze, die Beethoven hier verwendet, wird durch keinen kompletten Akkord gebildet, sondern nur durch zwei Töne: F-C, was dem Fragment den Eindruck des ländlichen, vom Dudelsack unterstrichenen Idylls gibt. Auch die folgenden Themen sind durchwegs melodiös, ja gesangvoll (recht zum Unterschied von Beethovens sonstiger Sinfonietechnik, die kurze und absolut instrumentale Motive im ersten Satz vorzieht); es ist, als sänge die den Stadtmauern entronnene Seele des Menschen in überquellendem Glück, aber nicht das jubelnde Gefühl eines Triumphes ist es, eher klingt es nach inniger Dankbarkeit, nach dem beglückten Staunen des Stadtmenschen vor den Wundern der frühlingserwachenden Natur. Musikalische Probleme gibt es hier nicht, die erläutert werden müßten; ruhig und meisterlich rollt alles ab, voll innerer Freude, einfach, schön. Und ist doch ein technischer Wunderbau der sinfonischen Kunst.

Der Wanderer ist zu einem Bächlein gelangt. Er schlendert an seinem klaren Wasser entlang (Beethoven malt sein Fließen noch recht primitiv, bald wird Schubert ihm hundert feinste Nuancen leihen), die Sonne steht hoch am Himmel, der Schatten einiger Bäume am Ufer lädt zur wohligen Rast. Auch dieser zweite Satz, die *Szene am Bach*, ist ein Idyll. Wie fern liegt die hastende, kämpfende Welt! Kein Echo dringt hierher, wo das Murmeln des Wassers den blauen Tag mit ewigem Sang erfüllt und die Seele sich von einer Fessel nach der anderen befreit. Dennoch kann man in dieser Szene nicht von Realismus sprechen; Beethoven schildert genaugenommen gar nicht – er erinnert sich nur, denn seit Jahren hört er das Rauschen eines Bächleins nicht mehr. Auch der Gesang von Wachtel, Nachtigall und Kuckuck steigt wohl nur noch im Gedenken glücklicherer Tage auf; er vernimmt sie in seinem Innern, nicht mehr mit dem längst taub gewordenen Ohr. Die Vögel musizieren, als wären sie genau gestimmte Instrumente eines Orchesters: Der Nachtigall Schlag ist der Flöte zugeteilt, die Oboe ahmt die Wachtel nach, und die Klarinette führt den Kuckucksruf aus. Alle drei musizieren in B-dur, in kontrastierenden, aber genau koordinierten Rhythmen. Also keine abgebildete Natur, eher eine sonnige Erinnerung, ja ein Traumbild unendlichen Glücks, bei dem wohl ein überirdisches Lächeln auf dem Antlitz des Schlafenden erscheint. (Über diesen Vogelsang in Beethovens Pastorale wäre noch viel zu sagen. Man könnte ihn mit dem aus Wagners »Siegfried« vergleichen und mit der Verwendung einer Schallplatte oder eines Tonbands mit der Stimme einer echten Nachtigall in Respighis »Pinien von Rom«. Man könnte erwähnen, daß Debussy diese Stelle »kindisch« fand, während Alfredo

Casella ihr die »Grazie eines primitiven Malers« zuschrieb.)
Der dritte Satz, *Lustiges Zusammensein der Landleute* betitelt, bedarf kaum einer Erklärung. Es ist ein bäuerlicher Tanz unter der Dorflinde. Die Rhythmen sind die von »Ländler« oder »Deutschen«, die überall auf dem Lande getanzt wurden und sich bald in der Stadt zum Walzer verfeinern werden. Beethoven kehrt damit zur alten Idee, daß der dritte Sinfoniesatz ein Tanz sein soll, zurück. Nur ist er hier im Gesamtbild der Pastoralsinfonie völlig logisch verankert. Seinem natürlich dreischlägigen Hauptthema stellt der Komponist ein Trio in zwei Zeiten gegenüber.
Als der Tanz auf seinem Höhepunkt anlangt, vernimmt man die ersten Anzeichen des nahenden Gewitters. Der Himmel verdüstert sich (die Tonart F-dur wird in f-moll umgedeutet), ferner Donner macht sich bemerkbar (im Tremolo der Kontrabässe). Die Violinen rasen auf und ab: die Landleute stieben auseinander und suchen Unterschlupf. Das Gewitter bricht los. Wieder müssen wir die Einfachheit von Beethovens Technik hervorheben: die Pauken imitieren die Donnerschläge, das Piccolo und höchste Geigennoten das Zucken der Blitze; die aufkommenden wilden Stöße des Sturms malt Beethoven mit Streichertremolo, mit chromatischen Läufen, mit dissonanten Harmonien. (Auch hier wäre es interessant, dieses »klassische« Gewitter – das übrigens zahlreiche Vorläufer, darunter Haydn, hat – mit einigen aus späteren Musikwerken zu vergleichen: mit Wagners Beginn der *Walküre*, mit Verdis großartiger Anfangsszene des *Othello*, mit Debussys *Meer* oder gar mit Richard Strauss' supernaturalistischem Einsatz einer Windmaschine in der *Alpensinfonie*.)
Langsam zieht das Gewitter ab, die Donner grollen ferner, der Himmel öffnet sich in einer lichten Abendstimmung. Und wie so oft scheint auch hier das Licht Beethoven (vielleicht ganz unbewußt) zur Verwendung der »hellen« C-dur-Tonart zu drängen:

Ein Hirtengesang steigt zum Himmel, eine Klarinette bläst ihn, in einfachster, nur den Dreiklang zerlegender Melodie, wieder über einer hohlen, einer »Dudelsackquinte« (C-G hier), wie zu Anfang der Sinfonie. Glauben wir nicht, die stillen Felder im Abendlicht vor uns liegen zu sehen und von ferne den Sang der dankbaren Landleute zu vernehmen? Ein Angelus, dessen bildhaftes Gegenstück Segantini gemalt haben könnte? (Die Musiksachverständigen wollen wir noch auf eine eigenartige Harmoniebildung im vorhergehenden Beispiel aufmerksam machen: Vom 5. Takt angefangen taucht ein unleugbarer Polytonalismus auf, der F-dur und C-dur gleichzeitig verwendet, zweifellos eine große Kühnheit im Jahre 1808.)
Der Schluß kehrt nach F-dur zurück, in die Haupttonart des Werkes (die vielleicht durch die Pastorale für immer einen bukolischen, ländlich-lieblichen, eben »pastoralen« Charakter erhalten hat, den der Komponist übrigens auch in seiner »Frühlingssonate« für Geige und Klavier anwendet). Aus dem früher zitierten Dreiklangmotiv der Klarinette gewinnt nun Beethoven das Thema des letzten Satzes, das »Dankgebet«, wie man es wohl nennen kann:

Die Landleute begeben sich zur Ruhe, der Tag erlischt, rot färbt sich der nun wieder klare Himmel dort, wo die Sonne untergegangen ist. Der Wanderer schlägt den Heimweg ein, auch er in tiefster Seele dankbar für das Erlebte. Leise verklingt die Sinfonie, während die ersten Sterne am Firmament aufleuchten und Friede sich über Felder und Herzen senkt.

*Interpretation:* Hier gilt, daß das anscheinend Einfache in Wahrheit oft das Schwierigste ist. Vielleicht überrascht es manchen Leser, zu vernehmen, daß kaum ein sinfonisches Werk schwerer vollendet zu gestalten ist als die Pastorale, die jeder nach nur mehrmaligem Anhören auswendig zu kennen glaubt. Soll man vom Dirigenten weitgehende Affinität verlangen, echte Naturliebe, tiefe Gläubigkeit in die Wunder des Kosmos, einfaches, aber reines Gefühl, innigen Idealismus? Wer die Pastoralsinfonie restlos ausschöpfen will, muß sie nachfühlen können. Darüber hinaus aber bedarf es eines technisch vollendeten Musikers, denn sonst kann aus einem Meistergemälde leicht ein Mosaik bunter Ansichtskarten werden, mit großer Gefahr eines Absinkens in die Gewöhnlichkeit.

*Sinfonie Nr. 7 A-dur*, op. 92. Vier Sätze: *Poco sostenuto – Vivace; Allegretto; Presto; Allegro con brio*

*Geschichte:* Die Entstehung dieser Sinfonie zeigt Beethovens Arbeitsweise deutlich. Er notiert alle Einfälle – seien es Melodien, Themen, kurze Motive oder auch Gedanken für neue Werke – in seinen Skizzenbüchern und entwickelt sie gelegentlich und oftmals ohne noch zu wissen, in welcher Komposition er sie verwenden wird. Bis eines Tages die Idee eines bestimmten Werkes ihn mit unwiderstehlichem Zwange überfällt und einige der früher notierten Skizzen nun zum Leben erwachen, sich einordnen lassen, wo sie hinzugehören scheinen, in Beziehung zueinander gesetzt werden. Die ersten Aufzeichnungen von Themen, die in der siebenten Sinfonie Platz finden sollten, erfolgten bereits im Jahre 1806, zur Zeit der vierten also. Aber die eigentliche Komposition begann erst in den letzten Tagen des Jahres 1811 oder gar zu Beginn von 1812. Den Schlußpunkt – bei Musikwerken sollte man sinngemäßer sagen: den letzten Doppelstrich – setzte Beethoven am 13. Mai 1812. Bis zum ersten Erklingen vergingen noch anderthalb Jahre. Und dann war der Anlaß ein reichlich ungewöhnlicher: Am 8. Dezember 1813 fand in der Aula der Universität Wien ein Konzert zugunsten der Invaliden aus der Napoleonischen Kriegen statt (besonders der Schlacht bei Hanau), ein Anlaß, der nun, nach Wellingtons Sieg bei Vittoria über den Korsen, besondere Bedeutung erlangte. Das Ende der Napoleonischen Ära lag in der Luft, Europa – und besonders Wien – atmete auf. Beethoven ließ sich herbei, eine »Schlachtmusik« zu komponieren (*Wellingtons Sieg* oder *Die Schlacht bei Vittoria*), die seinem Werk kaum zur Ehre gereicht. Aber laut war sie – mit kleinen und großen Trommeln, mit Ratschen (die Gewehrfeuer imitierten), massenhaft Pauken und Trompeten – und tat an jenem 8. Dezember 1813 mehr für Beethovens Popularität, ja Weltbekanntheit, als die gleichzeitig uraufgeführte siebente Sinfonie (und alle sechs vorhergegangenen). Immerhin: Der Erfolg der siebenten überstieg bei weitem jenen der fünften und sechsten an ihrem (allerdings unglücklichen) Uraufführungstag. Der zweite Satz mußte sogar wiederholt werden. Im Orchester wirkten bei diesem patriotischen, ja europäischen Anlaß eine Reihe berühmter Musiker mit: Salieri und Weigl (beide »Hofkapellmeister« in Wien, ersterer auch Lehrer Beethovens und besonders Schuberts, zudem vieldiskutierter Rivale Mozarts) leiteten die Instrumentengruppen, die die Schlacht recht realistisch zu imitieren hatten, Hummel, Spohr, Moscheles, Schuppanzigh, Romberg spielten. Meyerbeer (zwanzig Jahre später der weltberühmte Begründer der französischen »grande opéra«) schlug die Trommel. Wenn auch nicht verbürgt ist, daß sie auch in der siebenten Sinfonie mitwirkten, so brachte es ihre Anwesenheit doch mit sich, daß sie das neue Werk hörten. Beethoven war wohl damals schon der namhafteste Komponist Wiens und wahrscheinlich Europas. (Bald sollte Rossini, der Beethoven sehr bewunderte, ihm mit weltweiten Triumphen diesen Platz streitig machen.) Ein Jahr später ist Wien vorübergehend Zentrum der Welt: Der Kongreß, der die Napoleonische Ära zu liquidieren trachtet, tagt glanzvoll in seinen Mauern und hört zweimal (am 29. November und 2. Dezember 1814) die siebente Sinfonie Beethovens, der wenig später »Ehrenbürger« von Wien wird und den von Angesicht zu Angesicht zu schauen sich alle ausländischen hohen und höchsten Gäste wünschen. 1816 erklingt die Siebente in Leipzig, 1817 in London. In Paris erst im Jahre 1829, mit Ausnahme des Allegrettos ... das bei einer früheren Aufführung der Zweiten in diese (anstelle des *Larghetto*) eingeschmuggelt worden war! Besonders begeistert von der siebenten Sinfonie zeigte sich Richard Wagner, der den oft zitierten Beinamen einer »Apotheose des Tanzes« erfand. Tatsächlich: die Urtriebkraft des Tanzes, der Rhythmus, ist hier Hauptelement. Nach dem titanischen Kampf gegen das Schicksal in der Fünften, nach der ländlichen Heiterkeit der Sechsten folgt nun hier eine wahre Orgie erdhafter und kosmischer Rhythmen. Mit Recht zitiert Charles F. Dumont in seinem schönen Beethovenbuch Goethes Forderung: »Ein jeder sei auf seine Art ein Grieche«, und nennt Beethovens Siebente in diesem Sinne griechisch, da sie Apollinisches und Dionysisches ineinander verschmelze. Die im Jahre 1816 erstmalig gedruckte Partitur zeigt eine Widmung an den »Hochgeborenen Herrn Moritz Reichsgraf von Fries, Seiner k.k. apost. Majestät wirklichen Kämmerer usw.«.

*Verwendetes Orchester:* Hier kehrt Beethoven zur Besetzung seiner ersten beiden Sinfonien zurück, doppeltes Holz (2 Flöten, 2 Oboen, 2 Klarinetten, 2 Fagotte), 2 Hörner, 2 Trompeten, Pauken und die üblichen Streicher.

*Analyse:* Diese Sinfonie ist die letzte, in der Beethoven eine langsame Einleitung dem Beginn des eigentlichen Satzes voraussteIlt. Sie ist sogar recht lang – 62 Takte! –, bringt verschiedene Themen, durchläuft die gesamte dynamische Skala und bereitet zuletzt das Hauptthema vor, indem sie dessen Rhythmus allmählich einführt. Der Übergang von der langsamen Einleitung zum *Vivace* geht so nahezu unbemerkt vor sich, ein kleines kompositorisches Meisterstück. Das Hauptthema ist eine vollständige, achttaktige Melodie von mitreißendem Schwung und beflügeltem Rhythmus:

Der Sechsachteltakt mit seinen Punktierungen gibt diesem Thema etwas Schwebendes, von der Erde Losgelöstes (was seine häufige Verwendung als Ballettmusik erklärlich macht). Wie in der fünften Sinfonie baut der Komponist auch hier den ganzen ersten Satz mit Hilfe eines einzigen Rhythmus. Es gibt ruhigere Einschübe, Augenblicke der Besinnung, aber immer wieder erklingt der Hauptrhythmus und reißt das Orchester in einem wahren Wirbelsturm mit.

Selten wurden die Kontrastmöglichkeiten der Sinfonie so bis ins Äußerste ausgenützt wie hier im Gegensatz des ersten Satzes – ein Taumel, eine Orgie des Tanzes – zum zweiten – in sich verschlossen, melancholisch, träumerisch – der siebenten Sinfonie. Die sonnenfreudige Tonart A-dur (Mendelssohn wird sie in diesem Sinne seiner »Italienischen Sinfonie« zugrunde legen, Wagner im Geiste einer ferne-mystischen Verklärung im »Lohengrin«-Vorspiel verwenden) weicht hier dem schmerzlichen a-moll, der Tanzrhythmus wird zu einem kleinen Trauermarsch oder einem einsamen nächtlichen Spaziergang in tiefen Gedanken, die weiten Melodiensprünge verengen sich zu einem Thema auf schmalstem Raum (was sogar im Notenbild plastisch zum Ausdruck kommt):

Eine beinahe Schubertsche Schwermut liegt in dem Satz (und tatsächlich werden wir in dieses Wiener Meisters »großer« C-dur-Sinfonie einen langsamen Satz finden, der mit diesem seines Idols starke Verwandtschaft aufweist). Es ist wie eine Elegie, die sich langsam zu schmerzlichem Ausdruck steigert, um dann wieder in stille Trauer zurückzusinken. Zwei Themen sind hier aufs engste miteinander verschlungen (man erkennt sie an der Schreibweise – die Notenhälse des oberen ragen aufwärts, während die des unteren, ihm kontrapunktisch verbunden, abwärts geschrieben sind); sie werden zweimal von einer lieblichen Melodie in A-dur unterbrochen, die sich wie ein Trost aus Himmelshöhen niedersenkt. Aber die Melancholie läßt sich nicht für lange beschwichtigen, gegen Ende des Satzes ist sie in ihrer ganzen Schwere wieder da. Ja der seltsame Schluß unterstreicht sie sogar wie mit einem Schluchzen, mit einem Seufzer: Schon hat die Mehrzahl der Instrumente den letzten a-moll-Akkord erreicht, da steigen die Violinen erst aufwärts, über die dissonierenden Noten Fis und Gis, um in das A zu münden. So endet dieser Satz gewissermaßen in einem Schweben, in einem Sichlösen von der Erde, auf die ein gewöhnlicher Akkord- und Kadenzschluß die Stimmung unweigerlich herabgezogen hätte.
Doch schon ist die Freude wieder da, der rasende Schwung, den der zweite Satz nur kurz unterbrach. An dritter Stelle steht ein phantastisches Scherzo in F-dur (ohne daß Beethoven die Bezeichnung Scherzo verwendete, die er seit der Eroica nicht mehr benützt):

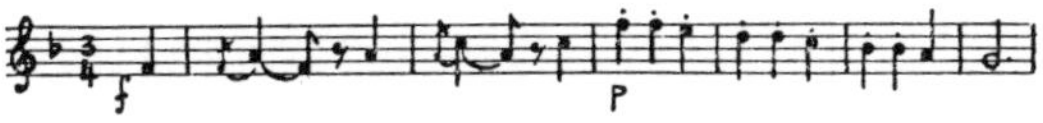

In höchster Geschwindigkeit jagt dieser Satz *(Presto)* wie ein gespenstischer Reigen dahin. Plötzlich aber wird er von einem eigenartig gefühlsbetonten Thema unterbrochen:

Forscher haben die Urzelle dieses Themas in einem sehr alten österreichischen Wallfahrerlied entdeckt (das Beethoven gekannt haben kann, wobei nicht feststeht, ob er es unbewußt verwendet oder wissentlich zitiert hat); ihm wohnt tatsächlich ein Hauch von Andacht, eine gewisse Feierlichkeit inne, die manche Dirigenten unterstreichen, während andere, ganz im Gegenteil, darüber hinwegzugehen trachten. Immerhin ist der Unterschied im Charakter und auch in der Tonart (D-dur) so auffallend, daß man an eine sehr bestimmte Absicht des Komponisten glauben muß. Plötzlich ist das F-dur wieder da und das jagende Scherzo, der rasende Tanz. Dann neuerlich Unterbrechung durch das Pilgerthema und wieder das Scherzo, wodurch sich eine fünfteilige Form ergibt (in der Kompositionsanalyse mit A-B-A-B-A bezeichnet). Doch es steht noch eine Überraschung bevor: In der Coda dieses Satzes erscheint das anscheinend geistliche Thema nochmals, aber es kommt hier über eine kurze Andeutung nicht hinaus. Nach wenigen Takten und mit einem bemerkenswerten Wechsel der Tonart schließt der Satz unter starken Orchesterschlägen. (Ob Beethoven hier so etwas wie ein Kontrast zwischen irdischem Tanz und überirdischer Meditation vorgeschwebt haben mag, wollen wir nicht untersuchen, denn der Komponist hat uns nicht die mindeste Handhabe dafür geboten.)
Der letzte Satz *(Allegro con brio)* entfesselt alle Impulse der Leidenschaft. Eine wahre Orgie an Rhythmus tobt dahin. Schon das Hauptthema, mit seinen *Sforzati* auf ursprünglich schwachem Taktteil, verlockt zu außermusikalischer Interpretation, denn es bohrt sich wie mit einer unabweisbaren Besessenheit in das Gefühl des Hörers. Es ist, als werde man mitgerissen in einen immer wilder kreisenden Reigen, der alle Deutungen zuläßt, himmlische wie teuflische – aber wohl nur menschlich ist.

Eine Siegesfanfare verwendet Beethoven als zweites Thema, doch sie paßt sich dem Wirbelsturm des mitreißenden Rhythmus an. Ein Lebensgefühl, das in des Komponisten Werk kein Vorbild hat (und auch vor ihm kaum je so plastisch in Noten dargestellt wurde), erfüllt den Satz bis zum Schluß, die Ekstase steigert sich unaufhörlich, unaufhaltsam, unbändig, wie ein alles mitschwemmendes Meer, das Deiche und Land überspült und von Menschen nicht mehr zu dämmen ist.

*Interpretation*: Höchste Leidenschaftlichkeit wird hier vom Dirigenten gefordert. Aber sie darf sowenig unkontrolliert sein, wie es die des Komponisten beim Schaffen des Werkes war. Ein Problem für sich stellt der zweite Satz dar: Beethoven hat ihn *Allegretto* überschrieben, was ein keineswegs langsames Zeitmaß bedeutet (wodurch alle vier Sätze – mit Ausnahme der Einleitung – bewegten, mehr oder weniger raschen Charakter tragen!), aber es hieße ihm viel von seiner möglichen (und schönsten) Wirkung nehmen, beließe man ihm nicht genügend Ruhe, um eine unleugbare Schmerzlichkeit auszusingen. Im ganzen ein Werk, das vielerlei Wiedergabe offenläßt – nur eine nicht: die kühle, distanzierte, »verfremdete« (um einen modernen Theaterausdruck zu verwenden).

*Sinfonie Nr. 8 F-dur*, op. 93. Vier Sätze: *Allegro vivace e con brio; Allegretto scherzando; Menuetto; Allegro vivace.*

*Geschichte:* Die achte Sinfonie ist eines der am schnellsten geschriebenen Werke Beethovens und auch – neben der ersten – seine kürzeste Sinfonie; ihre Aufführungsdauer beträgt nur etwa 26 Minuten. Wie die fünfte und sechste Sinfonie annähernd gleichzeitig entstanden, so war es auch bei der siebenten und achten. Als hätte der Schwung, mit dem der Komponist die »Apotheose des Tanzes« zu Papier brachte, weitergewirkt, beendete er kaum fünf Monate später, im Oktober 1812, die achte Sinfonie. Dabei waren diese fünf Monate alles eher als ruhig verlaufen (ganz zu schweigen von den weltpolitischen Ereignissen): Beethoven war in Teplitz gewesen, wo er sich mit Goethe traf, und hierauf nach Linz gereist. Dort kam es zu äußerst unliebsamen Auftritten mit dem Bruder und dessen zukünftiger Frau – eine Vorahnung dessen, was den alternden Meister bald von seiten seines Neffen erwarten sollte. Von diesen Fahrten (über deren Unbequemlichkeiten für den nicht sonderlich praktischen und zudem tauben Musiker wir uns einen rechten Begriff machen sollten) brachte Beethoven, neben anderem, die in Linz vollendete achte Sinfonie mit. Dem Publikum gefiel sie bei der Uraufführung anläßlich einer Beethovenschen Akademie im Redoutensaal der Wiener Hofburg am 27. Februar 1814 nicht sehr. Vielleicht, weil der Meister immer wieder durch wahre Metamorphosen überraschte, weil er, den man tragisch oder bukolisch oder orgiastisch wild erwartete, diesmal fein, exquisit, mit überlegenem Humor kam? Oder weil gerade dieses Werk eine untadelige Wiedergabe erfordert, die es damals kaum gefunden haben dürfte? Die im Jahre 1816 publizierte Partitur trägt keine Widmung. Leipzig war, wie fast immer, die zweite Stadt, die Beethovens Werk brachte, aber dieses Mal kam sie um ganze vier Jahre später als Wien. In London fiel die Komposition 1826 durch, und nicht besser erging es ihr in Paris, wo 1832 nur Berlioz sie verteidigte (ohne dadurch etwas ändern zu können, war er selbst doch damals ein völlig mißachteter Musiker in seinem Vaterland). Gäbe es eine Statistik aller Aufführungen Beethovenscher Sinfonien, so ginge möglicherweise aus ihr hervor, daß die Achte weit hinter ihren Schwestern liegt. Das hat Gründe, die noch zu besprechen sein werden; erst der wesentlich verfeinerte Geschmack unserer Zeit (oder das allzu häufige Abspielen der anderen, besonders der Dritten, Fünften, Siebten) hat der so ganz anders gearteten Achten den verdienten Platz im Repertoire gesichert.

*Verwendetes Orchester:* Das gleiche wie in der vorhergegangenen Sinfonie, doppeltes Holz, 2 Hörner, 2 Trompeten, Pauken und Streicher.

*Analyse:* Eine geradezu »klassische« Melodie mit zwei einander ergänzenden Perioden und einer Gesamtlänge von acht Takten führt uns in eine Welt ein, die stimmungsmäßig nicht weit von der Pastorale entfernt zu liegen scheint. (Auch die Grundtonart F-dur ist die gleiche.) Hier herrschen Heiterkeit und Frohsinn vor:



Die Freude steigert sich sogar noch, je weiter der Satz abrollt, liebenswürdige Melodien wechseln mit tanzartigen Rhythmen ab. Hin und wieder hat man beinahe das Gefühl, als hätte Beethoven einmal Lust verspürt, zu spielen, zu beweisen (mehr sich selbst als der Welt), bis zu welchem Grade der Vollendung er Formen und Instrumente beherrschte: Plötzlich moduliert er in ferne Tonarten, kehrt ohne Schwierigkeiten oder Spannungen zurück, mischt Rhythmen, versucht ungewohnte Timbres im Orchester und schafft doch einen Sinfoniesatz von vollendeter Einheitlichkeit. Der zweite Satz stellt innerhalb von Beethovens Werk einen absolut einmaligen Fall dar. Man möchte ihn als »musikalischen Spaß« bezeichnen (worauf auch der Titel *Allegretto scherzando* hindeuten könnte); er ist ein Kabinettstück von höchster Genialität, äußerst kurz und von jenem feinen Humor, der uns schmunzeln, höchstens lächeln, nie lachen macht. Die Scherzhaftigkeit geht schon aus dem Thema hervor, das ursprünglich gar nicht für eine Sinfonie gedacht war: ein Kanon, mit dem der Komponist sich einmal über seinen Freund Maelzel lustig gemacht hatte. Der Erfinder des Metronoms (eines bahnbrechenden Apparates, der es zum ersten Male erlaubte, musikalische Geschwindigkeiten genau zu messen und anzugeben) stand in regen Beziehungen zu Beethoven. Einmal, in einer seiner übermütigen Launen, erfand der Musiker ein Thema, das mit seinen Sechzehntelnoten den gleichmäßig tickenden Schlag des Metronoms zu verspotten schien. Darunter schrieb Beethoven: »Ta, ta, ta, ta, ta, ta ...« und zuletzt »Lieber, lieber Maelzel ...« Nun, beim Komponieren der Achten verwandelte er diesen unbedeutenden Scherz in das Hauptthema des zweiten Satzes. Er läßt die Holzbläser im Stakkato die gleichbleibenden rhythmischen kurzen Schläge wiedergeben und die Streicher darüber eine (im Kanon vorgeahnte) Melodie singen:

Berlioz hat darüber das schöne Wort gesagt: »... Das ist unschuldig, bestrickend und von graziöser Sorglosigkeit wie das Liedchen zweier Kinder, die an einem schönen Frühlingsmorgen auf einer Wiese Blumen pflücken.« Hie und da wird das Spiel durch einen Fortissimoschlag des Orchesters unterbrochen, um alsbald wieder anzuheben. Sehr, sehr selten hat Beethoven so unbeschwerte, bezaubernde Musik geschrieben; wie graziös konnte der Titan sein!

Eigenartig mutet uns Beethovens Rückkehr zum Menuett an, das als dritter Satz verwendet ist. Hatte er selbst doch wesentlich zur Aufgabe dieser alten Tanzform in der Instrumentalmusik beigetragen! Im Jahre 1812 spielte das Menuett weder eine musikalische noch eine gesellschaftliche Rolle in Europa. Vielleicht erin-

nerte sich der Meister seiner Jugendtage, während er dieses beinahe klassische – wenn auch im Zeitmaß etwas beschleunigte – Menuett komponierte, das melodisch fast noch von Mozart sein könnte. Das eingeschobene Trio gemahnt an ein ländliches Fest, wie das Rokoko es geliebt und Watteau es gemalt hat.
Der letzte Satz *(Allegro vivace)* unterstreicht den Charakter der Lebensfreude, den das ganze Werk ausstrahlt. Das Hauptthema ist frisch, schwungvoll, daseinsfroh:

Zärtlicher ist das zweite Thema (es wird durch die warme Tonart As-dur noch unterstrichen). Viel Humor liegt auch in diesem Satz, ja er geht manchmal sogar bis fast an die Grenze des Derben (was wir in Beethovens Leben, laut Zeugnis seiner nächsten Freunde, oft bestätigt finden). Ein glänzender Sinfoniesatz, fast zu groß angelegt gegenüber den Gesamtdimensionen des Werkes, das der Komponist selbst einmal als »kleine« Sinfonie bezeichnete. Sicherlich nicht aufwühlend, wie andere Finales Beethovens, nicht ergreifend, wie der Dankgesang am Ende der Pastorale, und schon gar nicht nach den Sternen greifend, wie es der Schluß seiner Neunten sein wird; der Meister wollte Musik machen, nicht mehr und nicht weniger, Musik, wie es die ungeheure Mehrzahl der Sinfonien waren und sind, darunter die illustren Mozarts, Haydns, Schuberts und Brahms'...

*Interpretation:* Es ist sehr schwierig, den richtigen Ton zu treffen; jedes geistvolle Detail herauszuarbeiten, die große Linie nicht zu verlieren, humorvoll zu sein, ohne zu dick aufzutragen! Einen Beethoven zu zeigen, den die Welt – die ihn immer »kolossal«, titanisch, heroisch, umstürzend wünscht – kaum kennt! Es ist begreiflich, daß eine wirklich gültige Wiedergabe der Achten nur wenigen Dirigenten und gezählten Orchestern gegönnt ist. Diese allerdings könnten das Stiefkind des Publikums, das die Achte seit jeher war, in ein befreiende Freude auslösendes Glanzstück verwandeln.

*Sinfonie Nr. 9 d-moll,* op. 125, *für vier Solisten (Sopran, Alt, Tenor und Baßbariton), gemischten Chor zu vier Stimmen und Orchester.* Vier Sätze: *Allegro ma non troppo; Molto vivace; Adagio molto cantabile; Finale*

*Geschichte:* Beinahe zehn Jahre lang arbeitete Beethoven an dem Werk, das Krönung, aber auch Ende seines sinfonischen Schaffens bedeuten sollte. Einige in der neunten Sinfonie verarbeiteten Ideen stammen sogar aus Notizen, die Jahrzehnte zurückliegen und in seinen Skizzenbüchern schlummerten. So lautete bereits eine Eintragung aus dem Jahre 1793: »Laßt uns die Worte des unsterblichen Schiller singen!«, und sie bezieht sich wahrscheinlich auf das »Lied an die Freude« (ursprünglich »Hymne an die Freiheit«) des großen deutschen Dichters, der von 1759 bis 1805 lebte. Es gibt ferner einen Brief des Universitätsprofessors B.L. Fischenich an Charlotte Schiller, die Witwe des Dichters: »Er (Beethoven) will auch Schillers ›Freude‹, und zwar jede Strophe bearbeiten.« Das bedeutet allerdings nicht, daß der Komponist schon damals an eine Sinfonie mit Einschluß menschlicher Stimmen gedacht habe; wir sahen, daß er sich bis zur Achten, wenn auch mit gewissen Freiheiten, an das klassische Sinfonieschema hielt, das eine solche Kombination nicht kannte. Erst viel später muß ihm dieser Gedanke gekommen sein, der die Ausdrucksmöglichkeiten der Sinfonie gewaltig zu steigern berufen schien; aber niemand kann mit Gewißheit angeben wann. Immerhin besitzen wir weitere Anhaltspunkte: 1815 und 1818 finden sich Aufzeichnungen, die klar auf die künftige Neunte deuten; 1822 aber erst lesen wir folgendes: »Finale. Freude, schöner Götterfunken, Tochter aus Elysium...« So ungeheuer die Wirkung eines machtvollen Chors mit dem sinfonischen Orchester auch sein sollte, es fehlte nicht an kritischen Stimmen, die sich gegen die Vermischung der Genres aussprachen. Selbst ein so glühender Anhänger Beethovens, wie Richard Wagner es war, sprach von einem »Bankrott der Sinfonie«. Aber für das, was Beethoven der Menschheit als Vermächtnis hinterlassen wollte, gab es keine andere Lösung. Sein Leben verlief, als er begann, es zu Papier zu bringen, in nahezu völliger Einsamkeit und durch sein Gehörleiden aufgezwungener Stille. Sein leidenschaftliches Herz, das durch so viele Jahre hindurch sehnsüchtig nach einer Gefährtin gesucht hatte, resignierte. Der Freunde wurden weniger und weniger; manchen hatte der Tod von hinnen genommen, manchen aber auch die oftmals brüske Art des Meisters vor den Kopf gestoßen. Die Familie war zu einem immer unerfreulicheren Quell der Bitterkeit geworden. Nahezu jeder andere hätte den Glauben an die Menschheit, ja vielleicht an Gott verloren. Nicht so Beethoven. Je einsamer er ist, desto mehr sehnt er sich nach brüderlicher Umarmung; je weniger Zärtlichkeit er erfährt, desto mehr wünscht er zu geben. Er bedarf des Sonnenscheins in seinem Leben nicht, um mit seinem Werk die Welt zu erleuchten. Es gibt keine großartigere Hymne an die Liebe, die Gemeinschaft, die unsterbliche Hoffnung und die höchsten Ideale als diese Sinfonie eines kranken, einsamen Mannes. Sie ist der strahlende Triumph des Geistes über die Materie, der ewige Beweis, daß der Flug der Gedanken und der Phantasie nie und nimmer durch irdische Schranken aufgehalten werden kann.
Im Februar 1824 war das große Werk beendet. Anderthalb Jahre früher hatte die Londoner Philharmonie Beethoven 50 Pfund überwiesen als Anzahlung für eine ihr zu widmende Sinfonie. Beethoven führte die Bestellung nie aus, aber er veranlaßte, daß eine Kopie der neunten Sinfonie möglichst rasch nach England geschickt wurde, womit er den Auftrag wohl als erfüllt ansah. Trotzdem kam es nicht zur Uraufführung an

der Themse: die Neunte wurde, wie alle Beethovensinfonien, an der Donau zum ersten Erklingen gebracht, und – wie so oft – durch die aufopfernde persönliche Anteilnahme hochgestellter und einflußreicher, aber auch arbeitswilliger und rührend ergebener Freunde. Die »Akademie« vom 7. Mai 1824 – bei der nach der Ouvertüre *Die Weihe des Hauses* und einigen Fragmenten aus der *Missa Solemnis* die *neunte Sinfonie* uraufgeführt wurde – war in erster Linie das Verdienst der Freunde Schuppanzigh, Schindler und des Grafen Moritz Lichnowsky. Laut Programm »nahm« Beethoven »an der Leitung teil« – eine pietätvolle Lüge, die dem tauben, kranken und vor der Zeit gealterten Meister gestattete, im Mittelpunkt des großen Ereignisses zu stehen. Es ist jede Einzelheit dieses Tages überliefert worden, die Leitung durch den tüchtigen Wiener Musiker Ignaz Umlauf, die Gesten Beethovens, der fanatisch dirigierte, der tobende Applaus, der nach jedem Satz losbrach und von dem der Komponist nichts vernahm; schließlich die sanft-liebevolle Bewegung Caroline Ungers, die Beethoven beim Arm nahm und ihn zum Publikum drehte, das aufgesprungen war und mit einem Meer von Hüten und Taschentüchern winkend dem Komponisten eine ergreifende Huldigung bereitete – aber auch die finanzielle Enttäuschung, die das Konzert brachte, die Niedergeschlagenheit, die den erschöpften Beethoven in langes Schweigen bannte und ihn schließlich, noch in voller Konzertkleidung, einschlafen ließ, nachdem seine Freunde ihn endlich heimbringen konnten. Neben der Altistin sei die Solistin des Sopranparts erwähnt, die ganz junge und später weltberühmte Henriette Sontag. Beide seufzten nicht wenig unter den gewaltigen Anforderungen des Werkes, unter der beinahe »unvokalen« Schreibweise Beethovens, aber sie fühlten doch klar und mit Ehrfurcht, daß sie einem Ereignis von höchster Tragweite ihre Kräfte leihen durften. Wenige Tage später kam es zu einer neuerlichen Aufführung, aber sie konnte am materiellen Ergebnis nichts mehr ändern. In anderen Städten – in Deutschland von 1825 an, in London am 21. März 1826, in Paris 1831 – wurde das Werk zuerst nicht verstanden. Auch bei der geschilderten Wiener Premiere fragt es sich daher, ob die Ovationen vielleicht nur dem Komponisten galten und eine Huldigung an dessen »gloriose« Zeit waren; einige Pressestimmen schrieben mehr oder weniger offen von einem »Niedergang« seiner Schöpferkraft, von einem Erlahmen, einem Auslöschen, wofür in erster Linie das Gehörleiden verantwortlich gemacht wird. Tatsächlich drängt sich hier das äußerst interessante Problem auf, ob das Phänomen eines tauben Komponisten überhaupt denkbar sei. Kann man es mit dem eines blinden Malers vergleichen? Sind viele der Eigentümlichkeiten in Beethovens späten Werken nicht vielleicht lediglich die Folge des Gehörmangels? Kann ein Musiker, dem der Kontakt mit der tönenden Umwelt entzogen wird, unbegrenzt weiterkomponieren, da ihm doch jede Kontrollmöglichkeit seiner eigenen Gedanken entzogen ist und das Gedächtnis Eindrücke wohl nicht unbegrenzt lange aufbewahren kann?

Unter den Zeitgenossen gab es nur wenige, die die *neunte Sinfonie* wirklich verstanden (einer von diesen war Berlioz). Vergessen wir nicht, daß die Aufführungen eines so schwierigen Werkes notgedrungen mangelhaft sein mußten. Es überstieg die technische Kapazität nahezu aller Orchester, die geistige Reife beinahe aller Dirigenten, und seine vokalen Teile – sowohl die der Solisten wie des Chors – stellen selbst noch an moderne Sänger gewaltige Anforderungen. Beethoven verwirklichte auf dem Notenpapier sein Ideal, unbekümmert um technische Möglichkeiten. Diese mußten sich der idealen Forderung anpassen, nicht umgekehrt. Hätte er so geschrieben, wenn er nicht taub gewesen wäre?

Die erste gedruckte Ausgabe der neunten Sinfonie – op. 125 – erschien 1826 und ist dem König Friedrich Wilhelm III. von Preußen gewidmet. Ihr Titelblatt lautet: »Sinfonie mit Schluß-Chor über Schillers Ode ›An die Freude‹, für großes Orchester, 4 Solo- und 4 Chor-Stimmen.« Vielleicht war Mendelssohn der erste Dirigent, der sich volle Rechenschft über die Bedeutung des Werkes ablegte. Otto Nicolai, der Begründer der Wiener Philharmonischen Konzerte, eröffnet diese 1842 mit der Neunten, 15 Jahre nach Beethovens Tod, mit einem Orchester von 450 Musikern und mit 750 Chorsängern. Spohr vermittelte eine würdige Wiedergabe im Jahre 1845 bei der Einweihung des Beethovendenkmals in dessen Vaterstadt Bonn. Aber der bedeutendste Dirigent im romantischen Zeitalter dürfte Richard Wagner gewesen sein, dem ein großer Teil der Popularität dieser Sinfonie in Deutschland zu danken ist. In Rußland erklang sie 1836 zum ersten Mal, in Italien hingegen erst 1878 (in Mailand). Nordamerika lernte sie 1846 kennen, Südamerika (Buenos Aires) 1902. Wo immer sie außerhalb des deutschen Sprachgebietes auftaucht, wirft sie die grundlegende Frage nach der Übersetzung auf. Eine deutsche Aufführung mag musikalisch getreuer sein, aber kann ein Publikum erschüttert werden, das den Sinn des Schlußchors nur aus dem Programmheft entnimmt? Dies ist die Frage, die im heutigen Musikleben bekanntlich eine große und polemische Rolle spielt. Sie ist auch für Beethovens letzte Sinfonie ein problematisches Kapitel, das allerdings ihre Größe nicht beeinträchtigen kann.

*Verwendetes Orchester*: Beethoven verstärkt das traditionelle Orchester; zu den üblichen doppelten Holzbläsern (Flöten, Oboen, Klarinetten, Fagotten) und Streichern (fünfgeteilt in 1. und 2. Violinen, Bratschen, Celli und Kontrabässe), zu den zwei Trompeten und den Pauken, wie die spätklassischen Sinfonien – etwa Haydns – sie durchwegs aufweisen, nimmt er 4 Hörner, 3 Posaunen, Piccolo-Flöte und Kontrafagott hinzu. Auffallend ist besonders die Verstärkung des Schlagzeugs: Der vierte (letzte) Satz weist im Teil des Tenorsolos eine damals »türkische Musik« genannte Vermehrung der Perkussionsinstrumente auf – Becken, kleine Trommel und Triangel treten hinzu und erzeugen einen bis dahin in der Sinfonik völlig neuartigen, ungewohnten Effekt (den in der Oper unter anderen Mozart in *Die Entführung aus dem Serail*, also einer »Türkenoper«, verwendet hatte). Doch die meisten heutigen Aufführungen der Neunten richten sich weder genau nach Beethovens Instrumentenangaben noch der Art, wie er sie anwendete. Es besteht die Überzeugung, daß Beethoven mächtigere Klangeffekte benutzt haben würde, falls sie seinerzeit zur Verfügung gestanden wären. So z.B. hätte er sicherlich von den Blechbläsern (Hörner und Trompeten) chromatische Läufe verlangt, wenn das in der damaligen Technik möglich gewesen wäre. Man erkennt dies an mehreren Stellen der Partitur, wo höchste Klangentfaltung angestrebt wird, aber die genannten Instrumente den Gang der Melodie nicht begleiten konnten. So kam es zu den vielumstrittenen »Retouchen« (deretwegen Mahler in Wien eine heftige Polemik auszufechten hatte), die aber heute nahezu immer angewendet werden und die Wirkung des Werkes zweifellos – in Beethovens Sinne – steigern. Oft auch wird der gesamte Orchesterapparat verstärkt, man verwendet vierfaches Holz (Flöten, Oboen, Klarinetten, Fagotte), acht Hörner, 4 oder 6 Trompeten, und so muß auch der Streicherkörper auf sonst in klassischen Sinfonien unbekannte Ausmaße gebracht werden. Jeder Eingriff in ein Meisterwerk ist eine Frage höchster Gewissenhaftigkeit; hier nimmt man in bestem Glauben an, den Autor in seinen kühnsten Klangträumen wirkungsvoll zu unterstützen.

*Analyse:* Der Beginn des ersten Satzes – *Allegro ma non troppo, un poco maestoso* – beginnt in merkwürdiger Stimmung; in völligem *Pianissimo* ein Streichertremolo, ohne das Tongeschlecht – Dur oder Moll – festzulegen. Es ist, als wallten Nebel über einer noch unsichtbaren Landschaft. Abfallende Melodiesprünge, wie Lichtreflexe, die von irgendwoher einfallen. Langsam verstärkt sich der Glanz, durchdringt die Nebel, die sich teilen. Das erste Thema, auf den abfallenden Melodiesprüngen aufgebaut, aber nun klar nach d-moll orientiert, bricht wuchtig herein:

Das Thema, das sich über zwei Oktaven abwärtsstürzt, ist voll dramatischer Spannungen, die Beethoven in melodischer, harmonischer und rhythmischer Beziehung verwertet. Man hat in diesem Satz die verschiedenartigsten außermusikalischen Sinngebungen gesucht. Bedeutet er einen neuerlichen Kampf mit dem Schicksal? Ist es die Darstellung des Menschen inmitten kosmischer Mächte? Müßig, Erklärungen zu suchen, wo der Autor sie verweigert. Ein Sinfoniesatz von geballter Wucht, in dem lediglich kleinere Episoden den Eindruck von Stille, Frieden, idyllischer Ruhe vermitteln, der Grundton aber dramatischer Kampf bleibt. Angriff feindlicher Gewalten. Es ist wie eine verzweifelte Suche, wie ein heroischer Aufstand gegen das Unabwendbare. Noch überwiegen Dunkelheit und Chaos, der sieghafte Schluß ist weit, so weit, daß er nicht einmal geahnt werden kann. Der zweite Satz – *Molto vivace* überschrieben – ist ein dämonisches Scherzo, als wehrten sich die Mächte der Unterwelt gegen die Gestaltung des Universums. Das Thema allein kann uns keinen Eindruck von der unheimlichen Kraft dieses Stückes vermitteln:

Man muß es ganz hören, um seine rhythmischen Triebkräfte zu spüren, seine dröhnenden Paukenschläge, seinen vorwärtsjagenden heißen Atem. Das Grundmotiv besteht eigentlich aus nichts weiter als den ersten drei Noten unseres Beispiels: ein Oktavsprung abwärts, ein punktierter Dreierrhythmus. Wieder muß man die Kunst des Sinfonikers Beethoven bewundern, aus so wenig so Gewaltiges gestalten zu können. Im Trio hellt die Atmosphäre sich auf, d-moll wird zu D-dur, die rasende Bewegung hält inne, eine weite Kantilene tritt an ihre Stelle. Aber die freundliche Vision erlischt, wenn der besessene Rhythmus mit dröhnendem Schlag von neuem hereinbricht. Es bleibt bei der Betrachtung dieses zweiten Satzes noch die wichtige Frage zu beantworten, wie das Scherzo an diesen Platz kommt, der doch bis dahin stets einem mehr oder weniger langsamen Satz vorbehalten war. Beethoven nahm diese Verschiebung, diesen Tausch zweifellos im Sinne eines höheren Gleichgewichts vor: Er brauchte den langsamen, von überströmendem Gefühl diktierten Satz, bevor er zum gigantischen Finale ansetzte, als Ruhepunkt vor der höchsten Anspannung gewissermaßen. Darum mußte das Scherzo an die zweite Stelle rücken.

Um diesen langsamen, gefühlsgetränkten Satz – *Adagio molto e cantabile* – schildern zu können, reichen alle Superlative unserer Sprache nicht aus. Wir haben schon mehrmals der Meinung Ausdruck gegeben, daß Beethoven seine tiefsten, seine menschlichsten Gedanken in den langsamen Sätzen seiner zyklischen Werke ausspricht. Hier erreicht er einen ergreifenden Höhepunkt, der vom Überwinden der Welt und vom Abschied zu singen scheint. Der Satz beruht auf zwei Themen, die verschiedene Variationen durchlaufen. Das erste steht in B-dur, dem sechsten Grad der Grundtonart d-moll also; es klingt nach tiefer Andacht, nach innigem Gebet (und wird durch zwei vorbereitende Takte eingeführt):

Das zweite Thema beschleunigt das sehr langsame Grundtempo ein wenig; es ist in D-dur gesetzt, und der bisher vierzeitige Takt wird in einen dreiteiligen variiert. Aber auch dieses Thema behält die andächtige Grundstimmung bei.

Der gesamte lange Satz drückt Frieden und inniges Vertrauen aus, malt das tiefe Glück, das der Mensch in sich selbst finden kann, verströmt Glauben, Liebe und Hoffnung.
Jedoch zweimal, schon gegen Schluß des Satzes, trübt sich dieses Bild ein wenig. Rufe der Außenwelt scheinen den ganz in seine Andacht versunkenen Komponisten mahnen, aufrütteln zu wollen. Aber sie verklingen wieder, ohne den Frieden gestört zu haben. Hat der Künstler sie vernommen? Nichts deutet darauf hin. Ruhig fließt der Satz zu Ende, ein Juwel inneren Gleichgewichts.
Plötzlich aber zerstört der wild hereinbrechende vierte Satz dieses idyllische Bild. Einer wahren Explosion gleich krachen dissonierende Orchesterschläge. Ein merkwürdiges Rezitativ in den tiefen Streichern folgt, das seine Erklärung erst finden wird, wenn Beethoven den kühnsten Schritt in dieser Sinfonie tut: die Einführung der menschlichen Stimme. Wieder ertönen die erschreckenden Akkorde, dissonant und drohend; eine Passage von geballter Dramatik folgt. Dann tauchen, eine nach der anderen, die wichtigsten Melodien der ersten drei Sätze auf, wie in Erinnerung. Jede von ihnen wird brüsk unterbrochen, zertrümmert durch die wütenden Orchesterschläge. Hier liegt natürlich ein tieferer Sinn: Der Komponist läßt die Themen, mit denen er die Sinfonie bis zu diesem Punkte führte, an sich vorüberziehen, aber keines genügt seinen Absichten, keines vermag wiederzugeben, was ihm nun vorschwebt, was er als seine Aufgabe erkannt hat. Eine neue Melodie taucht leise auf, wie aus weiter Ferne. Die Holzbläser bringen sie zuerst, aber noch einmal brechen die wilden Orchesterakkorde herein, als wollten sie auch diesen Gedanken zerschmettern. Doch Violoncelli und Bässe nehmen ihn auf, sanft, tröstlich, aber mit großer innerer Festigkeit; so lassen sie ihn in seiner ganzen Ausdehnung ertönen, sechzehn Takte lang, in zwei symmetrische Perioden von je acht gegliedert, wie eine »klassische« Melodie, mit der sie auch das Gleichmaß und die Schönheit gemeinsam hat:

Beethoven fügt neue Orchesterfarben hinzu, webt Kontrapunkte hinein, aber läßt die Melodie sich geruhsam und vertrauensvoll ausbreiten. Bald wird sie ihre ganze Bedeutung offenbaren, wenn sie, von menschlichen Stimmen getragen, sich zur Hymne der Brüderlichkeit entfaltet. Noch einmal erklingen die harten Akkorde: schärfer, dissonierender als vorher zerreißen sie die liebliche Stimmung, schaffen Schrekken, Atemlosigkeit, Angst rund um sich. (Der Komponist kombiniert hier einen d-moll-Akkord mit den Noten B, Cis, E und G, wofür die Musiktheorie erst hundert Jahre später, im Zeitalter von Polytonalismus und wachsender Atonalität eine Erklärung finden wird.) Und aus diesem Zusammenstoß – der sicher einen übermusikalischen Sinn hat – erhebt sich die menschliche Stimme, und es ist ein erschütternder, unvergeßlicher Augenblick. Die ersten Worte sind nicht von Schiller, sondern von Beethoven. Er hat sie ganz ähnlich (wir sahen es) vor vielen Jahren in sein Skizzenbuch eingetragen; nun gestaltet er sie so: »O Freunde! Nicht diese Töne! Sondern laßt uns angenehmere anstimmen und freudenvollere!« Die Stimme des Baßbaritons singt dieses melodische Rezitativ, das in der ganzen sinfonischen Literatur kein Gegenbeispiel hat, in ihrer ausdrucksvollsten Lage und mit großer, wenn auch freudiger Feierlichkeit:

Und schon stimmt das Orchester das Thema der Freude an, die lange, schöne Melodie der Brüderlichkeit. Der Solist ruft das Zauberwort »Freude!«, und die Bässe des Chores wiederholen es wie eine Parole, die Tür und Tor öffnet: »Freude!« Dann singt der Solist – leise noch, verglichen mit dem späteren Jubel, aber schon in ekstatischem Hymnus – den ersten Vers von Schillers herrlichem Gedicht:

Freude, schöner Götterfunken,
Tochter aus Elysium,
wir betreten feuertrunken,
Himmlische, dein Heiligtum!
Deine Zauber binden wieder,
was die Mode streng geteilt;
alle Menschen werden Brüder,
wo dein sanfter Flügel weilt.

Das Gedicht bedarf, glauben wir, weniger Erläuterungen. Das Wort »Mode« steht hier wohl eher im Sinne von »Gesellschaft«; was diese im täglichen Leben teilt – also reich und arm, hoch und niedrig –, das soll im großen Ideal der »Freude«, wie Schiller und Beethoven es verstehen und besingen, brüderlich geeint werden. »Freude« wird so zu einem Begriff, der weit über unsere gewöhnliche Anwendung dieses Wortes hinausgeht; sie wird zu einem geistigen, seelischen Band, das die Menschheit in hohen Idealen vereint. Der Chor greift Text und Melodie auf. Beethoven hat hier eine ungeheuer eingängige und damit vielleicht im besten Sinne volkstümliche Melodie geschaffen. Die Solisten wiederholen sie nochmals, nun mit der zweiten Strophe:

Wem der große Wurf gelungen,
eines Freundes Freund zu sein,
wer ein holdes Weib errungen,
mische seinen Jubel ein!
Ja, wer auch nur eine Seele
sein nennt auf dem Erdenrund!
Und wer's nie gekonnt, der stehle
weinend sich aus diesem Bund.

Wieder fällt der Chor, nun immer jubelnder, ein. Nur die beiden letzten Zeilen werden sinngemäß zurückgenommen: der Einsame schließt sich selbst aus der Gemeinschaft aus. Ein plötzliches Pianissimo zeigt Beethovens tiefe Anteilnahme an einem solchen Schicksal, dem anheimzufallen er selbst wohl mehr als einmal in Gefahr stand. Die beiden männlichen Solisten, Tenor und Baßbariton, setzen – in einer koloraturreichen Variation des Themas – fort:

Freude trinken alle Wesen
an den Brüsten der Natur,
alle Guten, alle Bösen
folgen ihrer Rosenspur.
Küsse gab sie uns und Reben,
einen Freund, geprüft im Tod;
Wollust ward dem Wurm gegeben,
und der Cherub steht vor Gott.

Auch diese Strophe wird teilweise vom Chor nachgesungen, bis Beethoven auf den beiden letzten Worten innehält. Es ist, als werde er sich selbst über ihre Größe klar: Er wiederholt sie mehrmals, immer großartiger und feierlicher, bis er beim letzten Mal und in strahlendstem Fortissimo auf dem Worte »Gott« eine plötzliche harmonische Rückung vollzieht (von D- nach F-dur), die uns im Innersten packt. Es ist, als würden mit einem einzigen Ruck alle Himmel aufgerissen, und unendliches Licht stürze aus ihnen hervor.
Darauf folgt ein kleiner Marsch, *Allegro assai*, in B-dur, im Sechsachtelatakt und mit Begleitung von Schlaginstrumenten, die bis dahin in der Sinfonie noch nicht vorkamen: Triangel, Becken, Trommel – die sogenannte »türkische Musik«, die in jenen Jahren gerne in Opern (Mozarts »Entführung aus dem Serail« z. B.) verwendet wurde. Die Melodie ist dem Piccolo anvertraut, der Charakter dieses Bruchstücks ist ein seltsam spielerischer, der den Interpreten nicht wenig zu deuten gegeben hat. Nach dem unvergeßlichen Augenblick des »vor Gott« wirkt es begreiflicherweise schwach, außer es gelingt, ihm eine unwirkliche, ferne, mystische Tongebung zu verleihen, die es in eine unirdische, sphärenhafte Stimmung taucht, zu der auch der Beginn des Textes passen würde, den der Tenorsolist nun übernimmt:

Froh, wie seine Sonnen fliegen
durch des Himmels prächt'gen Plan,
laufet, Brüder, eure Bahn
freudig wie ein Held zum Siegen!

Vielleicht hat das Bild des siegreichen Helden Beethoven zu dieser Marschmusik angeregt, die – besonders in dieser Instrumentierung – zumeist ein wenig zu irdisch klingt neben der erhabenen Größe des Ganzen. Der Chor wiederholt die Aufforderung »laufet, Brüder...«, worauf ein längeres orchestrales Zwischenspiel folgt. Beethoven steigert es mit wachsender thematischer Arbeit und bereitet in immer stärkerer Spannung den neuen Choreintritt vor. Das Thema des Freudenchorals erklingt, nun aber wie eine Hymne, in längeren Notenwerten und dadurch größerer Feierlichkeit. Die Bläser unterstreichen die Melodie, die Streicher spielen einen Gegenrhythmus, der noch aus dem früheren Marschthema gewonnen ist – ein kompositorisches Meisterstück, das zudem stimmungsmäßig von gewaltigem Eindruck ist. Beethoven hält inne: *Andante maestoso* setzt er nun zu einem Choral an, der fast religiöse Innigkeit erreicht. Man fühlt, wie ihn die Frage nach der Unendlichkeit, nach Gott im tiefsten berührt:

Seid umschlungen, Millionen!
Diesen Kuß der ganzen Welt!
Brüder, überm Sternenzelt
muß ein lieber Vater wohnen.
Ihr stürzt nieder, Millionen?
Ahnest du den Schöpfer, Welt?
Such ihn überm Sternenzelt,
über Sternen muß er wohnen!

Höhepunkt des Werkes, atemberaubender Gipfel. Und Höhepunkt eines schöpferischen Lebens. Welche Gnade, in einer Stunde der Inspiration den Sinn des Daseins so restlos in ein Werk gießen, in Tönen gestalten zu können, allen Träumen, allen Idealen, allen Gedanken und allem Glauben Ausdruck zu verleihen! Dieser Choral scheint von tiefer Mystik erfüllt, es ist, als sänge eine unabsehbare Menschenmenge kniend in einem Heiligtum. In einer wahren Klangorgie geht es hernach dem Ende entgegen. Die beiden Themen des »Freude, schöner Götterfunken«, und des »Seid umschlungen, Millionen« ertönen gleichzeitig, ein musikalisch glänzend realisierter Effekt, aber weit darüber hinaus ein tiefes Symbol. Das Orchester spinnt den Gedanken, wenn der Doppelchor beendet ist, weiter. Durch die Liebe zur Freude! Durch die Freude zur Brüderschaft aller Menschen! Wieder schiebt Beethoven eine mystische Stelle ein, im gehauchtesten Pianissimo erklingen die Worte: »Ihr stürzt nieder, Millionen? Ahnest du den Schöpfer, Welt? Such ihn überm Sternenzelt...« Und plötzlich mit ganzer Kraft, ganzem Glauben: »Brüder! Brüder!«, um zart und liebevoll fortzufahren: »Überm Sternenzelt muß ein lieber Vater wohnen!«

Die vier Solostimmen treten ein (Sopran, Alt, Tenor und Baßbariton) und führen Variationen über das Freudenthema aus. Der Klang nimmt an Intensität zu, die Chöre setzen ein. Der Komponist verweilt bei einem Satz, der ihm ebenfalls besonders nahegegangen sein muß: »Alle Menschen werden Brüder.« Er wiederholt sogar mehrfach: »Alle Menschen, alle Menschen, alle Menschen, alle Menschen!«, um es recht eindringlich in jedermanns Gewissen zu rufen. Er dämpft den Jubel plötzlich bei den Worten »werden Brüder« und verleiht der Musik innigste Zärtlichkeit. Hier legt er ein Glaubensbekenntnis ab, offener als je in einem Brief oder vielleicht sogar in persönlichem Umgang.
Dann der Schlußjubel, auf die Worte von der Freude, die mit allen sinfonischen Künsten gesteigert werden. Der Chor, wie in Ekstase, ruft sein »Seid umschlungen, Millionen! Diesen Kuß der ganzen Welt, der ganzen Welt, der ganzen Welt!« Noch ein Einhalten: *Maestoso*, in vier knappen Takten. Und das gigantische Werk wird gekrönt, *fortissimo, prestissimo*, alle Schranken mit sich fortreißend, in einem einzigen überirdischen Hymnus der Freude.
Ließ Beethoven die musikalischen Gesetze außer acht, als er mit der *neunten Sinfonie* alle Grenzen sprengte? Mancher Musiker hat es behauptet, und viele Jahrzehnte lang sind ihm die Komponisten nur selten und zögernd auf diesem Wege gefolgt. Aber die Massen der heutigen Welt fühlen sich durch diesen Anruf des Genius im Innersten getroffen und aufgewühlt; sie ahnen in dieser Musik das Echo ihrer Leiden, ihrer Hoffnungen, ihres Triumphes. Was Beethoven hier schuf, ist die Vision einer Umgestaltung, einer Erlösung der Menschheit durch den Sieg der Menschlichkeit.

## Paul Ben Haim (Ben Chaim)

1897, israelischer Komponist

Der in München (als Paul Frankenburger) Geborene wanderte 1933 in das damalige Palästina aus und gehört zu den frühesten und bekanntesten Komponisten des Staates Israel. Er schuf 2 Sinfonien, 1 Klavier-, 1 Violin-, 1 Cellokonzert, die *Sinfonischen Metamorphosen eines Bach-Chorals, Musik für Streicher, Divertimento für Flöte und Kammerorchester* u.a.

## Richard Rodney Bennett

1936, englischer Komponist

Der in Broadstairs (Kent) geborene Komponist machte sich mit einigen auch international gespielten Opern einen Namen. Von seinen Orchesterwerken seien erwähnt: *Hornkonzert* (1956), *Fünf Stücke* (1956), *Journal* (1960), *Suite française* (1961), *Nocturnes* (1963), *Farnham Festival Ouverture* (1964), *Aubade* (1964), *Sinfonie Nr. 1* (1965), *Suite* (1966), *Sinfonie Nr. 2* (1967), *2 Klavierkonzerte* (1968/1976), *Konzerte für Oboe* (1970), *Viola* (1973), *Orchester* (1973), *Violine* (1975), *Kontrabaß* (1978), *Zodiac* (1976), *Musik für Streicher* (1978) u.a.

## Alban Berg

1885–1935, österreichischer Komponist

Der in Wien am 9. Februar 1885 geborene Alban Berg gehört als einer der drei Grundpfeiler zur »Wiener Schule«, deren geistiges Oberhaupt Arnold Schönberg und deren Visionär Anton von Webern war. Berg dürfte ihr schöpferisch stärkstes Mitglied gewesen sein; die Zahl seiner Werke blieb zwar relativ gering, aber jedes ist bis ins letzte durchdacht, ausgearbeitet und lückenlos gestaltet. Von 1904 bis 1910 war Berg Schüler Schönbergs, es war die Zeit, in der die »Schule« sich schrittweise, aber entschieden von der Tonalität lossagte, die Spätromantik – in der Schönberg wie Berg begonnen hatten und deren letzter Großmeister Gustav Mahler noch lebte, glühend bewundert gerade von den Mitgliedern dieses Kreises – hinter sich ließ und die ersten Konzertskandale in Wien heraufbeschwor. Bergs Weg führte gleich dem Schönbergs über die Freitonalität und »Atonalität« zur Zwölfton-Theorie und -Technik, der Dodekaphonik, die, stark umstritten wie die »Atonalität«, aus der sie herausführen will, einen großen Teil der Komponisten des Jahrhunderts mehr oder weniger stark beeinflußte. Doch ist Bergs Hinwendung zu den strengen Denkweisen des Lehrers stets ein wenig »musikantisch« gemildert und gilt voll erst für die letzten seiner Werke. Er lebte stets in Wien, sein Ruf überstieg erst von der Premiere seines »Wozzeck« in Berlin (1925) an die Grenzen seines Landes. »Eine innere Schau, wie sie nur wenigen Künstlern in diesem Umfang gegönnt sein mag... ungewöhnliches Format, das alle Dimensionen der Höhe, Weite und Tiefe bis an die Grenzen menschlicher Erträglichkeit umschließt, dem elementare Urkräfte zur Verfügung stehen, die bis zur feinsten geistigen Differenziertheit verarbeitet werden... Nirgends eine Lücke; mit wahrhaft genialem Kombinationsvermögen werden alle Extreme in konzentrierter Fassung zusammengefügt... nie entgleist dieser schöpferische Geist ins Konstruierte, Manierierte, jede Wesensäußerung ist zutiefst erlebt, erlitten...« steht in keiner musikalischen Besprechung seiner Werke, sondern in einem graphologischen Gutachten (von Margarete Weimann), das zu Lebzeiten des Komponisten abgefaßt wurde und heute allgemein als richtig erfaßt gelten dürfte. Zum 40. Geburtstag seines Lehrers schuf Berg *Drei Orchesterstücke*, zum 50. das *Kammerkonzert*, zum 60. die *Suite* aus der Oper *Lulu*. Dessen 70. erlebte er nicht mehr, denn er selbst starb an einer Blutvergiftung am 24. Dezember 1935.

*Orchesterstücke op. 6*. Dieser erste Vorstoß Bergs auf rein orchestrales Gebiet (ihm waren fünf Orchesterlieder »nach Ansichtskartentexten« von Peter Altenberg sowie der – unvollendet gebliebene – Versuch einer

Sinfonie vorausgegangen) ist Schönberg gewidmet und von dessen spätromantischen Werken sowie denen Mahlers beeinflußt. Er besteht aus drei Stücken: Präludium, Reigen und Marsch. Die Entstehung fiel mit den ersten Kriegsmonaten zusammen: Ende 1914. Am 5. Juni 1921 dirigierte Webern die ersten beiden in Berlin.

*Kammerkonzert.* Diese 1923 begonnene Komposition für Klavier, Geige und 13 Bläser wurde am 23. Juli 1925 abgeschlossen, Schönberg gewidmet und Ende März 1927 dreimal (durch Hermann Scherchen und Webern) in Berlin und Zürich aufgeführt. Sie besteht aus drei Sätzen: *Thema scherzoso con Variazioni, Adagio* und *Rondo ritmico con Introduzione.* Berg hat hier versucht, die drei Namen Arnold Schönberg, Anton von Webern und seinen eigenen, soweit möglich, in Notenwerte umzusetzen: ein tönendes Denkmal also der »zweiten Wiener Schule«.

*Lyrische Suite.* Aus dem ursprünglich (1927) für Streichquartett komponierten Werk wählte Berg drei Sätze aus – *Andante amoroso, Allegro misterioso/Trio estatico, Adagio appassionato* –, um sie für Streichorchester zu bearbeiten. Trotz strenger Dodekaphonik liegt hier ein äußerst gefühlvolles Stück vor, in dem vor allem der Schluß weltschmerzlich, ergreifend (im Sinne Mahlers) wirkt. Die Uraufführung fand am 31. Januar 1929 in Wien unter Jascha Horenstein statt.

*Volinkonzert.* Manon Gropius war die Tochter Alma Mahlers (der Witwe Gustav Mahlers) und des bedeutenden Architekten Gropius. Sie starb achtzehnjährig an Kinderlähmung und hinterließ bei allen, die sie kannten, einen unauslöschlichen Eindruck. Bruno Walter erwähnte sie in seinen Memoiren, und Alban Berg widmete ihr – »Dem Andenken eines Engels« – sein letztes und reifstes Werk. Ahnte er, daß er sein eigenes Requiem mit diesem Violinkonzert schrieb? Die Anregung stammte von dem nordamerikanischen Geiger Louis Krasner. Berg lebte um diese Zeit sehr zurückgezogen in Wien. Europas politischer Horizont verdüsterte sich zusehends, in Wien scharte sich um die »Neutöner« nur eine kleine Gruppe von Anhängern, offizielle Förderung blieb aus. Berg unterbrach die Arbeit an der Oper *Lulu* (die er hernach nicht mehr vollendete) und konnte knapp vor seiner Todeskrankheit das Violinkonzert beenden. Gehört hat er es nicht mehr: Krasner spielte es erst am 19. April 1937 auf dem Fest der Internationalen Gesellschaft für Neue Musik in Barcelona. Das verwendete Orchester ist sehr groß. Für die beiden Teile, in die das Werk gegliedert ist, hat der Komponist selbst eine Inhaltserklärung gegeben: Der erste ist das Porträt des jungen Mädchens (eine volkstümliche Melodie aus Kärnten ist hier verwoben); der zweite bringt den Kampf gegen den Tod, dessen grausamen Sieg, aber zuletzt die Verklärung, für die Berg den von Bach bearbeiteten Choral »Es ist genug« verwendet. Das gesamte Konzert ist aus einer Zwölftonreihe entwickelt, mit der es eine besondere Bewandtnis hat:

Diese »Reihe« stellt eine merkwürdige Zwischenform von harmonisch fundierter Melodie und dodekaphonischer Serie dar (und zeigt dadurch, wie diese beiden scheinbaren Gegensätze sich einander stark annähern können). Die ersten drei Noten (G-B-D) bilden einen Molldreiklang, die Noten 3, 4, 5 einen Durdreiklang (D-Fis-A), die Noten 5, 6, 7 einen Molldreiklang (A-C-E), die Noten 7, 8, 9 einen Durdreiklang (E-Gis-H); die restlichen vier Töne komplettieren lediglich die Reihe, die – nach den Regeln des Dodekaphonismus – sämtliche zwölf Töne unseres Systems umfassen muß. So hat Berg hier »tonale« Elemente an der Hand (Dur- und Molldreiklänge, wie in der »traditionellen« Musik), erfüllt aber gleichzeitig die Gesetze der Zwölftonmusik. Ein inspiriertes, imposantes Werk.

## Theodor Berger

1905, österreichischer Komponist

Der in Traismauer a.d. Donau geborene Schüler von Franz Schmidt gehört zu den besten und interessantesten Komponisten seines Landes, dessen relativ geringe Verbreitung in der übrigen Welt zu bedauern ist. Er begann mit zwei glänzenden Stücken für Streichorchester, *Malinconia* und *Rondino giocoso*, die vor allem klanglich äußerst reizvoll sind. Als op. 8 erschienen *Impressionen*, als op. 11 die *Legende vom Prinzen Eugen* für Orchester. 1941 kam es zur Widerspruch erregenden, aber fesselnden Uraufführung seiner *Ballade für großes Orchester*, hörbar aus apokalyptischer Kriegsstimmung geboren. Die *Chronique symphonique* der dreißiger Jahre wurde einer völligen Revision unterzogen und zählt zu Bergers besten Werken, ja zu den gültigen Orchesterwerken unserer Zeit. Zu erwähnen wäre noch das *Concerto manuale*, wobei dieses Wort sich darauf bezieht, daß hier nur mit der Hand gespielte Instrumente verwendet werden: zwei Klaviere, Pauken, Marimba, Metallophon, Tamburin und Streicher. Auch das *Rondo ostinato* nach einem spanischen Motiv ist ein bemerkenswertes Stück. 1965 kam ein *Violinkonzert* in Wien zur erfolgreichen Uraufführung.

## Wilhelm Berger

1929, rumänischer Komponist

Wichtigste Orchesterwerke: 8 Sinfonien (*Lirica* 1960, *Epica* 1963, *Dramatica* 1964, *Tragica* 1965, *Musica solemnis* 1968, *Harmonia* 1969, *Energia* 1970, *Luceafărul* mit Chor 1971), *Konzert für Streicher* (1960), 2 *Violin-*

*konzerte* (1965/1969), *Cellokonzert* (1967), *Méditations-Variations* (1968), *Variationen für Bläser* (1968) u.a.m.

## Luciano Berio

1925, italienischer Komponist

Berio, in Oneglia (Ligurien) geboren, Gründer und Leiter eines elektronischen Studios in Mailand, seit 1965 als Professor an der New Yorker Juilliard School of Musik, gehört zu den aktivsten Verfechtern einer völlig unorthodoxen, revolutionären Musik, die auf Tagungen, Kongressen, seltener bei traditionellen Veranstaltungen starke Beachtung findet. Genannt seien: verschiedene Werke für elektronische Musik (Tonband), wie *Tempi concertati, Quaderni I, II, III, Thema* (James Joyce gewidmet), *Differences* (für 5 Instrumente und Stereoband), *Momenti, Visage*; für (wenigstens teilweise) traditionelle Klangquellen: *Concertino* (1949), *Due pezzi* (1951), Variationen (1954), *Nones* (1954), *Mozart-Variationen* (über ein Lied Papagenos aus der »Zauberflöte«, 1956), *Divertimento* (gemeinsam mit Bruno Maderna, 1958), *Chemins I, IIb, III, IV* (1965–1975) usw.

## Hector Berlioz

1803–1869

Der Vater, Arzt in Côte-Saint-André (Frankreich), gab seinen Kindern – unter anderem – diesen Leitsatz auf den Weg: »Hütet euch vor den blinden Leidenschaften. Kaltes Blut und ein klarer Kopf sind in allen Lebensumständen die wertvollsten Eigenschaften.« Sein Sohn Hector aber konnte das väterliche Rezept nicht befolgen. Er steckte dauernd in blinden Leidenschaften, hatte nie kaltes Blut und noch weniger einen klaren Kopf. Doch der Vater hatte recht: Es erging ihm auf dieser Welt keineswegs gut. Sein Leben wurde zu einer Kette von Irrtümern, die zum Teil tragisch, zum Teil beinahe lächerlich sind; aber er wurde zum Begründer der französischen musikalischen Romantik, zu einem Propheten der modernen Instrumentation, zu einem Meister der frühen Programmusik, ja zu einem Genie, das in seinen Leistungen recht ungleich war, jedoch aus der Musikgeschichte kaum weggedacht werden könnte.

Der am 11. Dezember 1803 Geborene führte gleichzeitig zwei völlig verschiedene Leben: Das überaus bescheidene eines kleinen Beamten, der nie weiterkam, und das phantastische seiner Schöpfungen. Ein Dilemma, das in der Welt der Künste nicht so selten vorkommt, wie man glaubt, und das Reibungen, Kämpfe, Bitternis, Feindschaften, Verschrobenheiten, Enttäuschungen, ja Krankhaftigkeiten aller Art hervorbringen kann, Ventile des Gefühlslebens in bedrückenden Situationen. Während in Österreich, Ungarn, Deutschland und Rußland Gestalt und Werke Berlioz' zu glühender Verehrung, ja zum Ruhm gelangten, blieben sie in seinem Vaterland zeitlebens gering geachtet, ja manchmal belächelt oder gar verschmäht. Er lebte in dauerndem Konflikt mit nahezu allen seinen Kollegen. Es genügte, daß er sich einer Sache annahm, um heftige Kämpfe rund um sie zu entfachen, ob es sich nun um Beethovens Sinfonien, Wagners Musikdramen oder das eben erfundene Saxophon handelte. Immerhin gewann er 1830 den heißumkämpften Rompreis des Konservatoriums von Paris, jedoch nicht mit seinem Hauptwerk, der *Phantastischen Sinfonie,* die – ein jugendlicher Geniestreich – bereits fertig vorlag. Dann führte er ein äußerst bewegtes Dasein, in dauernden Gemütserregungen (teils echt, teils eingebildet oder vielleicht sogar vorgetäuscht), taumelte von Triumph zu Niederlage, von Liebe zu Haß, von bejubelter Konzertreise zu dunklem Bürowinkel in Paris. Er starb in Paris am 8. März 1869 und hinterließ ein reiches Werk. Auf dem Theater konnte er, trotz immer erneuter Belebungsversuche und unleugbarer Werte, nie ganz heimisch werden; unter seinen geistlichen Werken seien das (großartige, alle üblichen Maße sprengende) *Requiem* sowie das *Te Deum* hervorgehoben. Im Konzertsaal begegnen wir vor allem seiner *Phantastischen Sinfonie* (einem Standardwerk des Repertoires) und auch gelegentlich anderen Orchesterwerken, deren wichtigste im folgenden besprochen seien.

*Orchesterwerke Berlioz':*

1827: *Waverley* (Ouvertüre)
*Les Francs-Juges* (Ouvertüre)
1830: *Symphonie Fantastique*
*La Tempête* (Fantasie)
1831: *Le Corsaire* (Ouvertüre)
*Roi Lear* (Ouvertüre)
*Lélio ou le retour à la vie* (Sinfonie)
1834: *Harold en Italie* (Sinfonie)
1839: *Roméo et Juliette* (Sinfonie)
1840: *Symphonie funèbre et triomphale*
1843: *Carnaval romain* (Ouvertüre)

*Phantastische Sinfonie*

*Symphonie Fantastique, op. 14.* Fünf Sätze: *I. Träume, Leidenschaften. II. Ein Ball. III. Szene auf dem Lande. IV. Der Gang zum Richtplatz. V. Traum eines Hexensabbats*

*Geschichte:* Die *Phantastische Sinfonie* ist ein autobiographisches Werk. Es entstand in der wirren Zeit, in der Berlioz sich in die berühmte englische Schauspielerin Harriet Smithson verliebt hatte, die damals Paris mit ihren Shakespeare-Interpretationen eroberte. Im Jahre 1829 faßte er den Plan zu dieser Sinfonie: Sie sollte ein Monument dieser Leidenschaft werden. Aber als er sie 1830 ausführte, wurde sie zu einem seelisch äußerst zwiespältigen Dokument; die moderne Psychologie entdeckt in ihr deutliche »Rachegedanken«, ein »Abreagieren« seiner ohnmächtigen Wut auf die inzwischen abgereiste Angebetete, die seine Existenz nicht einmal zur Kenntnis genommen hatte. Berlioz gab der Sinfonie ein »Programm« mit, aber er änderte es mehrmals um, so daß seine außermusikalischen Absichten nicht klar erkenntlich sind. Auf jeden Fall gelang ihm in diesen »Episoden aus dem Leben eines Künstlers« (wie der Untertitel lautet) ein revolutionäres Werk, dessen Neuartigkeit doppelt verblüffend wirkt, wenn man bedenkt, daß erst zwei Jahre seit Beethovens, eines seit Schuberts Tod vergangen waren, daß die »idée fixe«, die sich durch alle Sätze wie ein roter Faden zieht, hier wohl zum ersten Mal ganz klar herausgearbeitet ist und sich erst beinahe ein Vierteljahrhundert später in Liszts und Wagners »Leitmotiv« verwandeln wird, und daß der Gedanke, jedem Instrument eine spezifische Bedeutung zu geben, seinerzeit noch recht ungewohnt war. Die Uraufführung fand am 5. Dezember 1830 in Paris statt. Heinrich Heine hat uns – in seinen so glänzenden wie bissigen Pariser Chroniken – köstliche Schilderungen gegeben. Er erzählt uns von einer späteren Aufführung, daß der Komponist abermals in einem Winkel des Orchesters die Pauke schlug, aber nicht mehr so »wütend« wie früher. Zudem hatte er seine »vorsintflutliche« Frisur schneiden lassen. Die »dicke Engländerin« (nun Madame Berlioz geworden, was allerdings nicht lange dauern sollte) saß wieder in der Avantszene. Der Erfolg des Werkes war geteilt, aber die Sinfonie wurde doch in den folgenden Jahren mehrere Male aufgeführt, mit und ohne Berlioz als Paukenschläger. Viel stärker war das Echo in anderen Ländern, es gab zwar heftige Diskussionen (was einem Werk nie schadet), aber teilweise begeisterte Zustimmung. Als Berlioz viele Jahre später in Rußland dirigierte, mußte er es auf allgemeinen Wunsch in nahezu alle Konzerte aufnehmen. Schumanns Urteil ist sehr interessant. Er lehnt das »Programm« ab (das Berlioz übrigens 1846 nochmals abgeändert hatte. Stellte die Musik vorher durchwegs Traumgebilde dar, so will er dies nun nur noch für die beiden letzten Sätze wahrhaben) und meint – nun mit dem Autor einig – die Sinfonie enthielte genügend absolute, rein musikalische Werte, um von jeder dramatischen Absicht unabhängig zu sein. Schumann schreibt: »Ob ihm Geist innewohnt – das kann wohl niemand leugnen, auch nicht einmal da, wo Berlioz offenbar fehlt.« Des großen deutschen Romantikers Wunsch war, »Berlioz vor allem in der Art anzufeuern, daß er das Exzentrische seiner Richtung immer mehr mäßige«. Er meint, daß »seine Sinfonie nicht als Kunstwerk eines Meisters, sondern als eines, das sich durch seine Originalität von allem Daseienden unterscheidet«, bekannt zu werden verdiene. Erwähnen wir noch, daß Heine (hier musikalisch überraschend hellsichtig) feststellt: »Liszt ist der nächste Wahlverwandte von Berlioz und weiß dessen Musik am besten zu exekutieren.« Tatsächlich gibt es nicht zu übersehende Affinitäten im Charakter dieser beiden – nach Äußerem und Lebenslauf so verschiedenen – Männer.

*Verwendetes Orchester:* Berlioz verwendet 2 Flöten (und Piccolo), 2 Oboen (mit Englischhorn), 2 Klarinetten (in B und Es), 4 Fagotte, 4 Hörner, 2 Cornets à piston, 2 Trompeten, 3 Posaunen, 2 Tuben, 4 Pauken, 2 Harfen, Schlagzeug (reich besetzt), Streicher. Ein bereits »romantischer« Klangkörper, der weit über Beethoven hinausgeht und neue Klangfarben in die Musik einführt.

*Analyse:* Der erste Satz ist *Träume, Leidenschaften* überschrieben. Ein junger Musiker hat die Frau erblickt, die in allem seinem Ideal zu entsprechen scheint. In seiner Seele leuchtet das lang erträumte Bild auf und findet musikalischen Ausdruck in einem Thema, das als *idée fixe*, als Leitmotiv, durch das ganze Werk gehen wird:

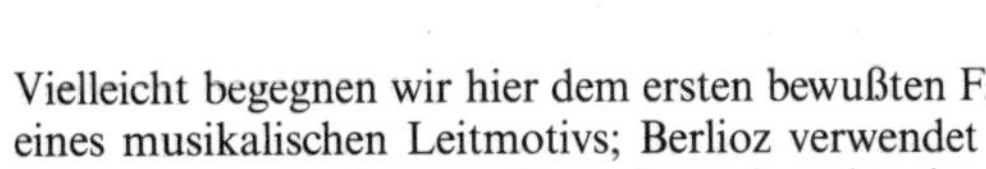

Vielleicht begegnen wir hier dem ersten bewußten Fall eines musikalischen Leitmotivs; Berlioz verwendet es aber keineswegs als starre Formel, sondern dem jeweiligen Stimmungsgehalt der Szene genau angepaßt.

Hier nimmt die »idée fixe« leidenschaftlichen Ausdruck an: Der Künstler zermartert sich in nichterwiderter Liebe, erlebt alle Höllen der Eifersucht und des zurückgewiesenen Begehrens. (In einer seiner programmatischen Erläuterungen läßt Berlioz seinen »Helden« aus verzweifelter Liebe Opium nehmen – das damals in weiten Kreisen dank eines Buches von De Quincey Tagesgespräch war –, und so wandelt die Sinfonie sich in eine Serie von Bildern, wie sie Rauschgiftsüchtige zu erleben pflegen.)
Ein *Ball* betitelt sich der zweite Satz. In weichem Walzerrhythmus zieht eine Festszene an uns vorüber, aber sie bleibt ein wenig irreal, wie geträumt. Von Licht und Duft umgeben naht sich die angebetete Frau dem Künstler:

Ein bukolisches Idyll malt der dritte Satz: *Szene auf dem Lande.* Man denkt unwillkürlich an Beethovens »Pastorale«. Der Künstler scheint sich ferne der Stadt in Wiesen und Wälder geflüchtet zu haben. Zwei Hirten (von Englischhorn und Oboe dargestellt) singen elegische Melodien. Die wohltuende Stille senkt sich in die Seele des Gequälten, aber eine neue Vision der Geliebten schreckt ihn wieder auf. Das Orchester zeichnet grausame Bilder, die ihn in Eifersucht verzweifeln lassen. Die Hirtenmelodie sucht ihn zu beruhigen. In der Ferne hört man Donnerrollen, ein Gewitter zieht vorüber. Im Abendsonnenschein erglänzt das Land, unendliche Stille senkt sich auf die Natur. Echtester Berlioz ist der vierte Satz. Hier feiert die oftmals abstruse, selbstquälerische, perverse Phantasie des Komponisten wahre Orgien. In der Gewißheit, von der Geliebten verschmäht zu sein, greift der Künstler zum Gift, um zu sterben. Aber die Dosis ist zu schwach, sie versenkt ihn nur in quälende Dämmerzustände. Er glaubt, die Geliebte ermordet zu haben und sich auf dem Wege zum Galgen zu befinden. So wohnt er seiner eigenen Hinrichtung bei. Ein Marsch, bald düster und wild, bald glänzend und feierlich, begleitet den Zug. Man vernimmt Schritte, Schreie; im letzten Augenblick ertönt die *idée fixe* wie ein zarter Liebesgedanke, aber der unbarmherzige Hieb des Beils schneidet ihn ab. Hier gelingt Berlioz ein Bild von unheimlicher Plastik; er malt mit Hilfe von Klängen, eine neue Ära in der Musik hat begonnen.
*Traum eines Hexensabbats* oder *Walpurgisnacht* ist das Thema des letzten, fünften Satzes. Hier erreicht die gespenstische Phantasie des Komponisten ihren Höhepunkt. In dämonischen Schilderungen nimmt er Mussorgskys »Nacht auf dem Kahlen Berge« vorweg. Die langsame Einleitung beschreibt »seltsames Getöse, Seufzer, Gelächter, ferne Schreie«, in die sich geisterhafte Laute mischen. Ein Hahnenruf läßt den Teufelsspuk beginnen, zu dem sich Hexen und Dämonen an scheußlichem Ort zusammengefunden haben. Die Liebesmelodie klingt auf, aber sie ist nur noch ein Zerrbild ihrer selbst. Die Geliebte ist nun eine der Hexen und hat schamlos an deren Orgien teil. Glocken ertönen, man vernimmt einen Choral mit der Melodie des *Dies Irae*, des furchtbaren Jüngsten Gerichts. Aber auch dieser Augenblick höherer Ahnung wird sofort zur gemeinen Parodie. Die Posaunen, die den Totengesang verkündet haben, mischen ihn nun als Kontrapunkt unter den Hexentanz. Es grenzt ans Unfaßbare, was der 23jährige Berlioz an Effekten und Schilderungen aus dem Orchester zu holen versteht; es sind großenteils gänzlich neue Klänge, ungeahnte Möglichkeiten, die er dem sinfonischen Orchester weist. Das Finale ist niederwerfend in seiner unheimlichen Großartigkeit. Nie wieder entwickelte er ähnliche Kraft. Und nur wenigen Komponisten ist es vergönnt, eine neue musikalische Epoche mit einem derart prophetischen Werk einzuleiten.

*Interpretation:* Für heutige Begriffe bietet diese Sinfonie keine besonderen Schwierigkeiten. Trotz des großen und äußerst differenzierten Orchesters klingt alles nahezu von selbst. Der Dirigent muß diese Art von Musik »fühlen«, muß ihrem romantischen Überschwang nahestehen, ja darf sich nicht scheuen, grelle Farben aufzutragen, ohne die das Werk viel von seinem Sinn verliert. Das Orchester muß blendend, berauschend klingen.

*Harold in Italien*

*Sinfonie mit obligater Bratsche,* eventuell auch als Bratschenkonzert oder Sinfonie-Suite zu bezeichnen, op. 16. Vier Sätze: *I. Harold in den Bergen. II. Pilgermarsch. III. Serenade in den Abruzzen. IV. Das Lied der Banditen*

*Geschichte:* Der Ursprung dieser Komposition scheint auf Paganini zurückzugehen, der eine herrliche Stradivari-Bratsche besaß und auf ihr gerne ein modernes Konzert spielen wollte. Berlioz erzählt in seinen Memoiren: »Der Triumph (der *Phantastischen Sinfonie*) war vollständig ... Zuletzt, um mein Glück zu krönen, näherte sich mir, als das Publikum bereits gegangen war, ein Mann mit langem Haar, durchdringendem Blick, eigenartigem und leidendem Antlitz, ein zweifellos vom Genie Besessener, ein Riese unter den Größten, den ich nicht kannte und dessen erster Eindruck mich tief verwirrte. Er erwartete mich, um meine Hand zu drücken und mich mit glühendem Lob zu überschütten. Mein Hirn und Herz entzündeten sich: es war Paganini!!« Ob die Begebenheit sich wirklich so abgespielt hat, ist längst nicht mehr festzustellen; einige Forscher haben sehr daran gezweifelt und alles auf Berlioz' krankhaftes (oder: nie befriedigtes) Geltungsbedürfnis geschoben. Der Komponist entwarf ein Violinkonzert, in dem das Soloinstrument, nach seinen eigenen Worten, »pausenlos« spielen sollte. Ob Paganini den Entwurf zurückwies, wie manchmal zu lesen steht, oder ob er abreiste, schwer erkrankt, ohne ihn gesehen zu haben, entzieht sich unserer Kenntnis. Jedenfalls hat Berlioz wohl erst dann das Werk so geplant, wie es nachher vollendet wurde: als eine Art programmatische Sinfonie mit obligater Viola. Als Vorwurf wählte er »Child Harold« von Byron; er erinnerte sich seiner eigenen Reise in die Abruzzen und schrieb abermals ein autobiographisches Werk. »Harold in Italien« wurde am 23. November 1834 im Konservatoriumssaal zu Paris uraufgeführt, wobei der bedeutende Geiger und Bratschist Chrétien Urhan den Solopart spielte. Die meisten Musiker seiner Zeit nahmen die Komposition begeistert auf; Liszt – der den Klavierauszug der *Phantastischen Sinfonie* gemacht und auf eigene Kosten hatte drucken lassen – widmete ihr eine wichtige Studie, Hans von Bülow nannte sie »ein erhabenes Werk, das die Nachwelt zu den klassischen Meisterwerken zählen wird«, Peter Cornelius wollte in Berlioz den direkten Nachfolger Beethovens erkennen. Unsere heutige Zeit ist dieser Art Romantik, wie *Harold in Italien* sie darstellt, nicht günstig gesinnt, so daß dieses Werk selten in den Konzerten auftaucht.

*Analyse:* Der erste Satz – *Allegro* nach langsamer Einleitung – betitelt sich *Harold aux montagnes* und schildert, laut Komponist, »Szenen der Melancholie, des Glücks und der Freude«. Aus seiner Traurigkeit erwacht der Held, dank dem Naturerleben, zu einem freudig empfundenen Dasein. Sein Thema, fast immer der Bratsche anvertraut, zieht sich wieder als *idée fixe*, als Leitmotiv, durch das ganze Werk:

Der zweite Satz, *Marche des Pélerins, chantant la prière du soir* im Original überschrieben, entspricht dem langsamen, gefühlvollen Satz einer Sinfonie; er ist sehr stimmungsvoll und erreichte im letzten Jahrhundert nicht geringe Popularität. Der dritte Satz stellt eine Art Scherzo dar (wenn wir an die Form einer Sinfonie denken): *Sérénade d'un montagnard des Abruzzes à sa maîtresse*. Er beginnt mit einer frohen volkstümlichen Melodie, auf die ein Liebeslied folgt, vom Englischhorn zu Streicherpizzicati geblasen, die Gitarrenklang nachahmen. Harold ist anwesend – wie in allen Bildern – und spielt zuerst sein eigenes Thema, hernach begleitet er die Serenade. Der letzte Satz, *Chanson des brigands*, bringt den tragischen Tod des Helden. Dieser sitzt bei einem lärmenden Festmahl der Banditen; er sucht, sich an Episoden seines Lebens zu erinnern, wobei er auf seiner Viola Melodien aus den vorangegangenen Sätzen spielt. Doch die wilden Rufe der Banditen lassen ihn zu keiner Sammlung kommen. Schließlich versucht er es mit seinem eigenen Thema, als wolle er sich auf sich selbst besinnen; aber er findet die richtigen Intervalle nicht mehr, seine Finger zittern, der Klang verliert sich. Inmitten des tollen Lärms stirbt er.

*Romeo und Julia*

*Dramatische Sinfonie mit Chören und Soli, nach Shakespeares gleichnamiger Tragödie. In acht vokalen und instrumentalen Sätzen,* op. 17

*Geschichte:* Die erste Idee, Shakespeares unsterbliches Liebesdrama in Verbindung mit seiner Musik zu bringen, kam Berlioz wahrscheinlich schon um 1828, als die Liebe zu Harriet ihn gerade *Romeo und Julia* besonders verstehen ließ. Als er aber endlich – zehn Jahre später – dazu kam, an dieses Werk zu gehen, war von der einstigen Leidenschaft nichts mehr übrig. Das eigenartige Werk, das stilistisch schwer einzuordnen ist (handelt es sich um ein Bühnen- oder Konzertstück, um eine dramatische Sinfonie in der Art von Beethovens Neunter, um ein Oratorium?), wird als Ganzes nur noch sehr selten gespielt; es konnte weder auf der Bühne noch im Konzert wirklich heimisch werden. Wohl aber führt man drei seiner Bruchstücke auf, die zum Vollendetsten von Berlioz (und dem romantischen Schaffen allgemein) gehören und hier näher besprochen seien. Zur Entstehungsgeschichte ist noch zu vermerken, daß den unmittelbaren Anstoß wiederum Paganini gegeben haben soll; er hatte endlich Gelegenheit gefunden, den »Harold« zu hören, und war von diesem Werk sowie im allgemeinen von Berlioz' Musik so hingerissen, daß er drei Dinge tat, die nicht nur zum leidenschaftlich diskutierten Pariser Gesprächsthema wurden, sondern in die Musikgeschichte eingingen, wo es an Deutungen aller Art nicht gefehlt hat: Er kniete vor Berlioz nieder, küßte ihm die Hände und sandte ihm einen Scheck auf 20000 Francs. So war der stets in großer Bedrängnis lebende Komponist auf einige Zeit seine Sorgen los und stürzte sich in die Arbeit an *Romeo und Julia.* Am 24. November 1839 fand im Konservatoriumssaal zu Paris die Uraufführung statt. Ob die geschilderte Szene sich tatsächlich ereignet hat, ließ sich nie einwandfrei feststellen. Ihre Erfindung könnte genauso im Interesse Berlioz' wie Paganinis, den viele Kenner als Geizhals bezeichneten, gelegen haben.

*Analyse:* Die drei Instrumentalsätze der Sinfonie heißen *Fest bei Capulet, Liebesszene* und *Scherzo der Feenkönigin Mab*. Der erste bringt die folgenschwere Begegnung der beiden jungen Menschen, deren Leben von diesem Augenblick an tragisch miteinander verkettet sind. Die »Liebesszene« ist von Berlioz selbst bis an sein Ende für sein gelungenstes, schönstes Werk gehalten worden. Wohl mit Recht; eine so zauberhafte Stimmung, eine so tiefe Innigkeit sind selten erreicht worden. Berlioz hat einige programmatische Anweisungen zu jedem Satz gegeben; hier lauten sie: »Nuit sereine; le jardin de Capulet silencieux et désert; les jeunes Capulets sortent de la fête, passent en chantant des réminiscences de la musique du bal.« Alles das ist musikalisch nachgezeichnet, aber am herrrlichsten wird die Musik dort, wo sich ein fast überirdischer

Gesang der beiden Seelen zum sternklaren Himmel aufwärts schwingt, das Liebeslied Romeos und Julias, der beiden unsterblichen, unseligen »Liebenden von Verona«. Blendend ist der dritte Satz, das Feenscherzo, das völlig unirdisch, entmaterialisiert, in einem Zauberreich dahinschwebend klingt, kaum ein Vorbild hat, aber in der Romantik – besonders der deutschen – unzählige Male nachgeahmt werden sollte, am schönsten wohl von Mendelssohn in seiner Sommernachtstraummusik. Berlioz entdeckt eine neue Klangwelt. Sein Feenreigen rund um die in der Sternennacht in Liebe Versunkenen glitzert, leuchtet, huscht dahin, ist zärtlich, sinnlich, geheimnisvoll und von unendlicher Poesie.
Selten sind die anderen Sätze zu hören, der *Prolog*, der *Convoi funèbre, Roméo au tombeau*, das *Finale*. Das gesamte Werk stellt riesige, selbst heute nur selten zu bewältigende Ansprüche an Ausführende und Publikum. Berlioz hat es gewußt und mehrmals ausgesprochen. Théophile Gautier schrieb im Jahre 1839: »Berlioz hat jedem Instrument im Orchester eine Seele verliehen, jeder Note eigenen Ausdruck gegeben. Jede Phrase sollte nach seiner Auffassung einen bestimmten Sinn haben. Diese von so manchem Meister ersehnte, von Beethoven versuchte Idee hat Berlioz entfaltet.« Hier ist seine schildernde Kunst auf ihrem Höhepunkt angelangt: *Romeo und Julia* ist die dritte und die beste der programmatischen Sinfonien.

*Römischer Karneval*

*Ouvertüre zu »Benvenuto Cellini«, op. 9.*

Im Jahre 1838 erlitt Berlioz eine seiner schwersten künstlerischen Niederlagen: Sein *Benvenuto Cellini* erlebte in der Pariser Großen Oper einen völligen Durchfall. Fünf Jahre waren seitdem verflossen; da ging der Komponist daran, die Hauptthemen der Oper zu einem Orchesterstück zu verarbeiten. So entstand der *Carnaval romain*. Er erlebte seine Uraufführung am 3. Februar 1844 unter Berlioz' Leitung und wurde so stürmisch bejubelt, daß es sofort wiederholt werden mußte. Nachher wurde das Stück der Oper *Benvenuto Cellini* als Ouvertüre vorangestellt, ohne allerdings das Schicksal dieses Dramas ändern zu können. Die Ouvertüre beginnt mit einem reichen, bunten Bild des turbulenten römischen Karnevals, bringt dann eine große Liebesmelodie (die aus dem wichtigsten Duett der Oper genommen ist) und schließt mit einem wahrhaftigen Bacchanal entfesselter Leidenschaften. Eine blendende, von überquellender sinnlicher Phantasie diktierte, unerhört virtuos instrumentierte Musik.

# Leonard Bernstein

1918–1990, US-Komponist und Dirigent

Bernstein, in Lawrence (Massachussetts) geboren, von Walter Piston und Fritz Reiner ausgebildet, Assistent Kussewitzkys, führender amerikanischer Dirigent, von 1958 bis 1969 Chef der New Yorker Philharmoniker, Gastdirigent in allen wichtigen Musikzentren, hat stets einen bedeutenden Teil seiner Aktivitäten der Verbreitung des Musikverständnisses, besonders unter der Jugend, gewidmet. Als Komponist repräsentiert er sein Land wie kaum ein anderer, verbindet »Klassik« mit Jazz und (gehobener) Unterhaltungsmusik, schreibt Sinfonisches so gut wie Musicals. Die Ballettmusik zu »Fancy Free« machte ihn frühzeitig bekannt. Seine 3 Sinfonien stammen aus den Jahren 1942, 1949 und 1963: die erste ist *Jeremiah* betitelt und setzt eine Altstimme zu großem Orchester ein, die zweite heißt *The Age of Anxiety*, die dritte, *Kaddish*, wurde 1977 in eine neue Form gebracht. Zu erwähnen sind ferner *3 Tänze* aus *»On the town«* (1944), *Facsimile* (Tanz, 1946), *Serenade* (nach Plato, 1949), *Symposium* (1954), *On the Waterfront* (Suite, 1955) sowie Zwischenformen wie die *Chichester Psalms* mit Chor, 1965, die *Mass* (Messe) für Sänger, Tänzer, Tonband und Orchester, 1971, usw. Bernsteins besondere Vorliebe gilt jüdischen Themen, denen er verschiedene Werke gewidmet hat, wie die *Sinfonie Nr. 3*, *Kaddish* für Sprecherin, Chor, Kinderchor, Orchester, *Halil* für Flöte (1981) u.a.

# Franz Berwald

1796–1868, schwedischer Komponist

Der lange fast vergessene, heute aber mit Recht wieder beachtete, in Stockholm geborene und dort gestorbene Komponist (deutscher Abstammung) wird oft als der »Vater der schwedischen Sinfonie« bezeichnet. Er war in Berlin Freund Mendelssohns, seine Neigung zur Romantik ist verständlich, er lebte auch in Wien und Paris, bevor er nach Schweden zurückkehrte und Direktor des Königlichen Konservatoriums wurde. Er schrieb 5 Sinfonien, deren erste (1820) Fragment blieb und deren weitere die Beinamen *Sérieuse* (1842), *Capricieuse* (1842?), *Singulière* (1845) führen. Zu seinen Jugendwerken zählen *Thema und Variationen für Violine mit Orchester* (1816), *Konzert für 2 Violinen* (1817), *Violinkonzert* (1820); seine *Erinnerungen an die norwegischen Berge* (1842) sind Vorläufer Griegs, sein späteres Klavierkonzert (1855) ist bemerkenswert.

# Günther Bialas

1907, deutscher Komponist

Der aus Oberschlesien stammende Komponist und Lehrer – Professor in Weimar, Detmold und München – gehört zu den wichtigsten deutschen Tonschöpfern seiner Generation; sein Werk, von bedeutender geistiger Spannweite und starker Inspiration, umfaßt auch zahlreiche Orchesterkompositionen wie die Konzerte für Viola (1940), Flöte (1947), Cello (1961), Klarinette (1962), die *Musik in zwei Sätzen für Harfe und Streicher* (1966), das *Concerto lirico* für Klavier (1967). Viele Werke wurden durch bedeutende Dichtungen angeregt (Rilke, García Lorca, Li-Tai-Pe) und zeigen mitunter einen Zug ins Mystische. Sein vielleicht tiefstes Werk stellt die Kantate *Im Anfang* dar, zu der Martin Buber die Schöpfungsgeschichte textlich einrichtete (1961). Weitere erwähnenswerte Werke sind: *Romanzero, Invokationen, Sinfonia piccola* (1960), *Kammerkonzert* (1973), *Introitus-Exodus* (1976), *»Waldmusik«* (1976), *Trois Moments Musicaux für Klarinette, Cello und Orchester* (1976).

## Julius Bittner

1874–1939, österreichischer Komponist

*Orchesterwerke: Sinfonie f-moll; Tänze aus Österreich; Szenenmusik zu dem wienerischen Spiel »Der liebe Augustin«.*

## Georges Bizet

1838–1875, französischer Komponist

Dem in Paris geborenen und in Bougival bei Paris jung verstorbenen Schöpfer der genialsten französischen Oper *(Carmen)* gebührt auch ein Platz unter den sinfonischen Komponisten. Zwar ist die »Souvenirs de Rome« genannte *Sinfonische Suite* (die auch unter dem Namen *Rom-Suite* vorkommt) fast vergessen, noch seltener tauchen die Ouvertüren *La chasse d'Ossian* und *Patrie*, das *Scherzo und Andante für Orchester*, die *sinfonische Ode mit Chören »Vasco da Gama«* und die aus Klavierstücken umgearbeitete Folge *Jeux d'enfants* im Konzertleben auf, doch muß die jugendliche *Sinfonie in C-dur* ein echtes Meisterwerk genannt und den beiden äußerst populären *Suiten* zu Daudets *L'Arlésienne* ein gebührender Platz eingeräumt werden.

### *Sinfonie in C-dur*

Nach einer Anmerkung im Manuskript wurde diese Komposition am 28. Oktober 1855 begonnen und in weniger als einem Monat beendet. Bizet scheint an eine Art Schularbeit gedacht zu haben – er studierte am Pariser Konservatorium und sollte zwei Jahre später den Rompreis bekommen –, aber es wurde ein kleines Meisterwerk daraus. Zu seinen Lebzeiten ist die Sinfonie wohl niemals erklungen. Sie galt als verschollen, bis sie in Basel am 26. Februar 1935 unter der Leitung Felix Weingartners sensationelle Auferstehung feierte, achtzig Jahre, nachdem ein 17jähriger Musikschüler sie komponiert hatte. Seit damals hält sie sich im internationalen Repertoire; mit vollem Recht, denn sie steckt voll Melodie, Grazie und glänzendem Können. Die Instrumentation ist ganz »klassisch« (nicht romantisch, wie man 1855 eigentlich erwarten sollte): doppeltes Holz, 4 Hörner, 2 Trompeten, Pauken und die üblichen Streicher. Und der Stil rückt das kleine Werk in die Nähe Haydns, Mozarts und Rossinis, aber auch ein bißchen in die Schuberts und Mendelssohns. Doch ist von Kopie keine Rede. Bizet ist bereits ein »Eigener«; schon mit siebzehn besitzt er die mediterrane »Clairté«, das musikalische Spiegelbild des italienischen Himmels (den er erst zwei Jahre später, als Träger des »Prix de Rome« erblicken wird, mit dem seine Seele aber von Anbeginn verwachsen zu sein schien), die angeborene Anmut der schwerelosen Melodie. Der erste Satz ist in klassischer Sonatenform geschrieben. Zwei gegensätzliche Themen – ein lebhaftes und ein lyrischeres – sorgen für Spannung und werden »durchgeführt«, wie die Regel es verlangt. Ein kleines Wunder ist der zweite Satz. Das erste Thema dieses *Adagios* hat einen stark spanischen Einschlag, klingt nach Andalusien, nach »cante jondo« (dem uralten, aus dem Orient stammenden Volksgesang), nach fernem Echo zigeunerischer Klänge, wie sie rund um die Alhambra ertönen. Zwanzig Jahre später sollte Bizet im Geiste nach Spanien zurückkehren (er hat es in Wirklichkeit nie betreten!) und *Carmen* schreiben. Der dritte Satz stellt ein rechtes Scherzo dar, dreiteilig, mit melodiösem Trio in der Mitte, ein wenig an den naturschildernden Beethoven oder an Mendelssohns Frühlingsstimmungen gemahnend. Der letzte Satz ist überschäumend; die Geigen bringen ein zündendes Thema, in das – mit großer Meisterschaft – andere, teils lyrische, teils zarte Themen verwoben werden. Voll Licht und Glück endet das bezaubernde Werk.

### *Suiten* aus *L'Arlésienne*

Alphons Daudet stammte aus der Provence, deren Landschaft und Menschen in seinem Werk leben. Es ist nicht nur die romantischste Region Frankreichs, sondern vielleicht auch die an Talenten reichste: Mistral, Zola, Milhaud – um nur ein paar auf gut Glück und aus verschiedenen Epochen herauszugreifen –, dazu Daudet selbst; van Gogh malte dort viele seiner unvergeßlichen Bilder. Daudet läßt hier die Handlung seiner »Arlesianerin« spielen, die er nach seinen »Briefen aus meiner Mühle« bearbeitet hat; er wandte sich an Bizet und bat ihn um seine musikalische Mitarbeit, wozu er ihm einige Volksmelodien aus jener Region übermittelte. Bizet reiste in die Provence, um sich von Land und Leuten inspirieren zu lassen. Dann schuf er insgesamt 27 Stücke für das Drama, das 1872 sehr erfolgreich in Paris uraufgeführt wurde. Aus ihnen wählte er hernach vier aus und verband sie zu einer Orchestersuite. Nach seinem Tode gab sein Freund Ernest Guiraud – der die Rezitative zu den ursprünglich gesprochenen Zwischentexten der »Carmen« komponiert hatte – eine zweite Suite heraus, in die er weitere vier Stücke aus der Bühnenmusik zur »Arlesianerin« zusammenfaßte. Beide sind häufig zu hören, sogar in sogenannten »Unterhaltungskonzerten«, was oft zu

einer Verkennung ihres wahren musikalischen Wertes führt. Daß Bizet hier authentische Volkslieder verwertet und mit seiner eigenen Musik restlos verschmolzen hat, bildet – besonders bei den Komponisten der romantischen Epoche – keinen Anlaß zu geringschätzigerer Bewertung.
Die *erste Suite* beginnt mit einem *Prélude* (der Ouvertüre zum Drama), in dem der Komponist starkes Lokalkolorit mit Hilfe einer provenzalischen Melodie – »La marche de Turenne« – erzielt. Auf die Variationen, die Bizet hier in ständig anders klingender Orchestrierung durchführt, folgt ein klagendes Andante, dessen Musik zur Charakterisierung der tragischen männlichen Hauptgestalt des Dramas verwendet ist. Der Komponist vertraut die ausdrucksvolle Melodie einem damals sehr selten verwendeten Instrument an, dem Saxophon. Der zweite Satz ist ein nahezu klassisches *Menuett* mit einem gedankenvolleren Mittelteil und einem eigenartigen Schluß, in dem die einzelnen Instrumente – ein wenig wie in Haydns *Abschiedssinfonie* – der Reihe nach zu spielen aufhören. Der dritte Satz ist ein inniges *Adagietto* (das im Drama eine Szene zwischen zwei alten Leuten begleitet, die einander vor Jahrzehnten geliebt haben, aber vom Schicksal auseinandergerissen wurden) voll träumerischer Stimmung. Am volkstümlichsten ist der vierte Satz geworden, *Carillon* überschrieben. (Im Drama umrahmt diese Musik die Verlobungsszene, ein bäuerliches Idyll voll Farbe und Lebensfreude.) Während im vorhergehenden Satz die innige Zartheit allein den Streichinstrumenten anvertraut ist, lebt sich hier Bizets volles Orchester in berauschenden Klängen aus.
Die *zweite Suite* (deren Stücke durchwegs Originale Bizets darstellen, die aber von Guiraud zusammengestellt wurde) besteht allenfalls aus vier Sätzen: einer schwermütigen *Pastorale*, einem *Intermezzo*, einem *Menuett*, das aus Bizets Oper »La jolie fille de Perth« entnommen ist, und der mitreißenden *Farandole*, einem wahrhaft blendenden und temperamentvollen Orchesterstück.

## Boris Blacher

1903–1975, deutscher Komponist

Der von baltisch-deutschen Eltern in der Mandschurei geborene Blacher gehörte zu den namhaftesten Musikern, Theoretikern und Lehrern seiner Generation. Er studierte in Berlin und kehrte 1948 dorthin als Professor an der Musikhochschule zurück, deren Direktor er 1953 wurde und bis 1970 blieb. Er verfolgte konsequent seine Idee der »variablen Metren«, die eine einförmig gewordene abendländische Rhythmik auflokkern sollten. An die Stelle einer starren Taktvorzeichnung (z. B. $\frac{4}{4}$ oder $\frac{6}{8}$) setzt Blacher etwa die Reihe 1, 2, 3, 4, 5, 5, 4, 3, 2, 1 (Zeiten pro Takt) oder 2, 3, 4, 7, 8, 9, 9, 8, 7, 4, 3, 2. In gewissem Sinne entspricht eine solche rhythmische Normierung der melodisch-harmonischen des Schönbergischen Zwölftonsystems. Neben solchen Theorien hat Blacher aber auch auf allen musikalischen Gebieten Werke geschaffen, die zum Teil in das Repertoire der großen Orchester eingegangen sind:
*Kleine Marschmusik*, op. 2; *Capriccio für kleines Orchester*, op. 4; *Suite aus »Fest im Süden«*, op. 6a; *Konzertante Musik für Orchester*, op. 10 (1936); *Sinfonie*, op. 12; *Suite aus »Harlekinade«*, op. 13a; *Hamlet* (Sinfonische Dichtung nach Shakespeare), op. 19; *Fürstin Tarakanowa* (Ouvertüre und Suite), op. 19; *Konzert für Streichorchester*, op. 20; *Orchestervariationen über ein Thema von Paganini*, op. 26; *Klavierkonzert Nr. 1*, op. 28 (1947); *Violinkonzert*, op. 29; *Preußisches Märchen* (Ballettmusik), op. 30a; *Chiarina* (Suite), op. 33a; *Lysistrata* (Suite), op. 34a; *Konzert für vier Bläser, Harfe und Streicher*, op. 36; *Klavierkonzert Nr. 2*, op. 42 (1952); *Orchester-Ornament*, op. 44 (1953); *Studie im Pianissimo*, op. 45 (1954); *Zwei Inventionen*, op. 46 (1954); *Dialog für Flöte, Violine, Klavier und Orchester* (1954); *Konzert für Bratsche*, op. 48; *Orchesterphantasie* (1956); *Konzert für Violoncello und Orchester* (1964).

## Arthur Bliss

1891–1975, englischer Komponist

*Orchesterwerke: Mêlée Fantasque* (1924); *Introduktion und Allegro* (1926); *Farbensinfonie* (1932); *Prolog und 5 Tänze aus dem Ballett »Schachmatt«* (1937); *Himmelsstürmer* (aus dem Film »The Conquest of the Air«, 1938); *Adam Zero* (Ballettsuite, 1946); *Miracle in the Gorbals* (Ballettsuite, 1947); *Processional* (1954), *Konzert für Violine und Orchester* (1955); *Discourse* (1957); *Meditation über ein Thema von John Blow* (1958); *Konzert für Klavier und Orchester*, *Konzert für 2 Klaviere und Orchester* u.a.

## Ernest Bloch

1880–1959, Schweizer Komponist

Die Zugehörigkeit dieses bedeutenden Musikers ist diskutabel: in Genf geboren, seit 1920 in hohen Stellungen des US-Musiklebens tätig (u.a. Cleveland, San Francisco) und während seines ganzen Lebens auf der Suche nach einer jüdischen Musik, als deren Prophet er gelten muß. Er widmete dem Land seiner Geburt das sinfonische Gedicht *Helvetia*, seinem Gastland die Orchesterrhapsodie *America*. Nach seiner *Sinfonie Nr. 1* (1910), die von Romain Rolland als Meisterwerk begrüßt wurde, schuf er 1913 *Trois poèmes juifs*, 1917 die *Sinfonie Nr. 2* (»Israel«) und im gleichen Jahr die viel gespielte *Rhapsodie für Cello* (»Schelomo«), die ostjüdische Themen verarbeitet und fast als Konzert anzusprechen ist. Weitere wichtige Werke Blochs sind: *Suite für Viola und Orchester* (1920), *Baal Schem* (Suite für Violine und Orchester, 1923/1939), *Poems of the Sea* (1922), 2 *Concerti grossi* (1925, 1952), *Voice in the wilderness* (1936), *Evocations* (1937), *Concertino* (für Flöte, Viola oder Klarinette mit Streichern, 1948), *Sinfonisches Konzert* (für Klavier und Orchester, 1948), *Phantastisches Scherzo* (für Klavier und Orchester, 1948), *Proclamation* (für Trompete und Orchester, 1955), *Sinfonie in E-dur* (1955), *Suite modale* (für Flöte und Streicher, 1956), *Two last poems* (für Flöte und Orchester, 1958).

## Karl-Birger Blomdahl

1916–1968, schwedischer Komponist

*Orchesterwerke:* Drei Sinfonien (die dritte führt den Beinamen *Facetten*); mehrere choreographische Studien *(Sisyphos, Minotauros)*, die Orchesterstücke *Fioriture* und *Forma Ferritonans*; *Kammerkonzert für Klavier, Holzbläser und Schlagzeug*; *Pastoral-Suite für Streicher* u.a.m.

## Robert Blum

1910, Schweizer Komponist

Der in Zürich geborene, von seiner Vaterstadt oft geehrte, als Dirigent und tatkräftiger Förderer der Laienmusik verdiente, auch als Anreger (so von Frank Martins *Le vin herbé)* erwähnenswerte vielseitige Musiker hat ein reiches Lebenswerk geschaffen, aus dem auf Orchestergebiet hervorgehoben seien: 10 Sinfonien (die Nr. 5 für Blasorchester und Männerchor auf Texte Goethes), 3 Partiten, *Drei kleine Orchesterstücke*, Ballettmusik aus *Amarapura, Rondo, Ouvertüre über schweizerische Volkslieder, Ouvertüre zu einer barocken Komödie, Kleine Suite in drei Sätzen, Variationen über »Christ ist erstanden«,* Orchestersuiten aus Filmmusiken u.a.

## Luigi Boccherini

1743–1805, italienischer Komponist

Mit- und Nachwelt erwiesen sich diesem höchst talentierten und zweifellos genialen Musiker aus Lucca gegenüber als schnöde und ungerecht. Er starb, zwar mit dem Hofkapellmeistertitel ausgezeichnet, trotzdem in Elend, Vergessenheit und von Heimweh gequält, in Madrid. Bei wenigen Meistern – Haydn, Mozart und höchstens noch bei einem Mitglied der Mannheimer oder Wiener Schule in glücklichen Augenblicken – ist der Rokokostil so vollendet ausgebildet wie bei Boccherini. Suchte man ein musikalisches Pendant zu den Lustschlößchen jener Fürstenhöfe, zu den »galanten« Gemälden Watteaus und Fragonards: hier ist es. Von den zahlreichen, ja fast zahllosen Werken des unermüdlich Schaffenden seien genannt: Vier Violoncello-Konzerte (C-dur, D-dur, G-dur und vor allem B-dur, op. 34) sowie mindestens 20 Sinfonien, von denen sicherlich manche einer Renaissance würdig wären. Boccherini verließ seine italienische Heimat als junger Cellovirtuose, publizierte in Paris (1768) seine ersten Stücke und ließ sich ein Jahr später in Spanien nieder, wo ihn ein wechselvolles Schicksal erwartete. Einen Teil seiner besten Werke schrieb er im Auftrag des Preußenkönigs Friedrich Wilhelm II.

## Pavel Bořkovec

1894–1972, tschechischer Komponist

In Prag geborener und gestorbener, sehr angesehener und oft ausgezeichneter Komponist, aus dessen Lebenswerk hier aufgeführt seien: 3 Sinfonien (1927, 1955, 1959), *Dämmerung* (1920), 2 Klavierkonzerte (1931, 1950), *Violinkonzert* (1933), *Partita* (1936), *Concerto grosso* (1942), *Symphonietta I* (1947) und *II* (1969), *Cellokonzert* (1951).

## Alexander Borodin

1834–1887, russischer Komponist

Das »mächtige Häuflein« – natürlich alles eher als mächtig, wenn man seine Stellung im damaligen russischen Musikleben betrachtet, wohl aber, wenn wir an seine Auswirkungen auf die russische und Weltmusik denken – revolutionierte nicht nur die Oper, sondern auch das Konzert. Gemeinsam mit dem ein wenig abseits stehenden, eher westlich orientierten, aber in vielem ganz ähnlich denkenden Tschaikowsky schufen sie eine vollgültige russische Kunstmusik. Als ihren Stammvater erkannten Balakirew, Cui, Borodin, Mussorgsky und Rimsky-Korssakow den von ihnen hochverehrten Glinka an. Als Borodin der »Gruppe der Fünf«, dem »Mächtigen Häuflein«, beitrat, war er 29 Jahre alt. Er war keineswegs Musiker von Beruf (mit Ausnahme Rimsky-Korssakows, der es aber auch erst gegen Ende seines Lebens wurde, war es übrigens keiner der fünf), sondern Chemiker und Professor an der Medizinischen Fakultät von St. Petersburg. Nicht ohne melancholische Ironie nannte er sich selbst einen »Sonntagsmusikanten«. Er hinterließ neben zwei vollendeten eine unvollendete Sinfonie, die recht bekannt gewordene *Steppenskizze aus Mittelasien* und die oft in Konzerten wiedergegebenen, aus der Oper *Fürst Igor* stammenden *Polowetzer Tänze*. Sein Leben währte vom 12. November 1834 bis zum 27. Februar 1887. St. Petersburg war seine Wiege und sein Grab.

*Sinfonie Nr. 1 Es-dur.* Sätze: *Adagio-Allegro; Scherzo (Prestissimo); Andante; Allegro molto vivo.* Komponiert 1867, aber erst 1885 gedruckt. Uraufführung: St. Petersburg, 16. 1. 1869 unter Leitung von Rimsky-Korssakow.

*Sinfonie Nr. 2 h-moll.* Vier Sätze: *Allegro; Scherzo; Andante; Allegro.*

*Geschichte:* Borodin arbeitete 5 Jahre lang – von 1862 bis 1867 – an seiner ersten Sinfonie (in Es-dur); sie hat sich über die Grenzen ihres Heimatlandes hinaus nur wenig verbreitet. Und hernach etwa ebenso lange (von 1871 bis 1876) an der zweiten, deren Entstehung zeitlich also ungefähr mit der Komposition des *Fürst Igor* zusammenfällt, was einige Ähnlichkeiten in beiden Werken erklärt. Die Uraufführung fand, unter Leitung des prominenten Dirigenten Naprawnik, der viele russische Werke seiner Zeit aus der Taufe hob, am 10. März 1877 in St. Petersburg statt. Rimsky-Korssakow erzählt in seinen Memoiren einiges darüber. Nachdem er erwähnt hat, daß er selbst die erste Sinfonie dirigierte (am 25. Januar 1877, und »sehr schlecht«), berichtet er von dem langen Entstehungsprozeß der zweiten, die von ihrem Autor oftmals umgearbeitet wurde, da Borodin und Rimsky-Korssakow während dreier Jahre intensive Gespräche über Instrumentation geführt hatten und besonders in der Behandlung der Blechbläser neue Wege gehen wollten. Aber, so sagt Rimsky-Korssakow weiter, bei der Uraufführung habe sich die Unmöglichkeit einer perfekten Ausführung gezeigt, besonders in den raschen Passagen des Scherzos, das aus diesem Grunde vom Dirigenten bedeutend langsamer genommen werden mußte und seine Wirkung verlor. Borodin änderte also nachher nochmals Verschiedenes an der Orchestrierung, und so erklang das Werk, zwei Jahre später, in endgültiger Form unter Leitung Rimsky-Korssakows. Die Aufnahme in Rußland blieb ziemlich kühl, aber im übrigen Europa setzte diese Sinfonie sich überzeugend durch, vor allem wohl durch das resolute Eintreten Felix Weingartners (in dessen Lebenserinnerungen folgender Bericht über sein erstes Gastspiel in Rußland zu lesen ist: »Ich war bereits in Mannheim und nachher in Berlin für die sehr wertvolle h-moll-Symphonie von Alexander Borodin mit Tat und Schrift eingetreten und glaubte, dem russischen Publikum eine Freude zu bereiten, wenn ich gerade dieses Stück aufführte, war aber entrüstet über die beinahe abweisende Art, mit der es aufgenommen wurde...«). In Westeuropa hat Weingartners schöner Satz, man brauche das russische Leben gar nicht zu kennen, man erhalte aus dieser Sinfonie ein völlig klares Bild davon, viel zur Verbreitung des Werkes beigetragen. Borodins erster und wohl wichtigster Förderer im Ausland war Liszt gewesen, dessen begeisterter Einsatz für junge Talente im Falle Borodins einen wahren Fund gemacht hatte.

*Verwendetes Orchester:* 2 Flöten plus Piccolo, 2 Oboen, 2 Klarinetten, 2 Fagotte, 4 Hörner, 2 Trompeten, 3 Posaunen, Tuba, 3 Pauken, Streicher.

*Analyse:* Die Sinfonie gilt als große Hymne an Rußlands Landschaft, an die Sonne, die seine unendlichen Felder bescheint, an das Leben seiner einfachen Menschen, an ihre Träume und an die glanzvoll-heroische Vergangenheit. (Stassow, der bedeutende Kritiker, der dem »Mächtigen Häuflein« so nahestand, nannte sie – nach Rimsky-Korssakows Meinung mit Recht – »Sinfonie der Helden«.) Im ersten Thema hat man die oft zitierte russische Seele zu erkennen gemeint, ihre Mystik, ihre Melancholie:

Ganz anders geartet ist das zweite Thema, das aus einem Volkslied hergeleitet scheint, dem Grundelement der russischen, nationalistisch eingestellten Musiker jener Tage:

Die Durchführung dieses Satzes führt das Anfangsthema zu gewaltiger Höhe und imposanter Klangwirkung. Der zweite Satz ist ein liebenswürdiges, unterhaltsames *Scherzo*; das als Mittelteil eingeschobene Trio hat ein wenig orientalischen Charakter (was ebenfalls einer Grundtendenz der Schule entspricht, die ihre Augen und Ohren gerne auf die unermeßlichen, bis ans Ende Asiens reichenden Gefilde Rußlands richtet). Das wird im dritten Satz, *Andante*, noch klarer. Seine weitgeschwungene Hornmelodie, die mit der Klarinette in der Thematik abwechselt, gemahnt an den langsamen Satz in Tschaikowskys fünfter Sinfonie, ist aber russischer und asiatischer. Blendend ist der Schlußsatz gestaltet, ein *Allegro* fröhlichster, ausgelassenster Stimmung, Bild eines wirbelnden Volksfestes, das nicht weit von den »Polowetzer Tänzen« entfernt ist.

*Polowetzer Tänze*

Diese mitreißende Partitur, von elementarster Wucht und doch stellenweise zarter Innigkeit, stammt zwar aus der Oper *(Fürst Igor)*, das Auftauchen der Tänze in unserem Konzertleben rechtfertigt aber auch einige Zeilen in diesem Buch. Das Original ist eine meisterliche Kopplung von Tanz, Chor und Orchester. Wer es in dieser Form einmal erlebt hat – wenn möglich von einem der akrobatisch hervorragenden russischen Ensembles, bei denen die Wildheit nicht vorgetäuscht, sondern angeboren ist –, wird es nicht wieder vergessen können. Die Konzertfassung ist immerhin so wirkungssicher gemacht, daß das Fehlen von Ballett und Singstimmen als nicht störend empfunden wird. Die Melodien sind teilweise authentische Folklore, teils so restlos in ihrem Geiste erfunden, daß man sie – wie bei Falla und Bartók – als echtes tönendes Abbild der Landschaft, des Volkslebens empfindet.

*Steppenskizze aus Mittelasien*

Dieses (manchmal auch *In den Steppen Mittelasiens* genannte) Orchesterstück – das wir ohne weiteres als »Sinfonische Dichtung« ansprechen können – entstand im Jahre 1880, als Borodin eingeladen wurde, zu den »lebenden Bildern« eines Festakts zur 25jährigen Herrschaft des Zaren Alexander II. Musik zu schreiben. So erklärt sich auch die überaus leichte Verständlichkeit des Werkes, sein fast primitiver Aufbau, der genau (und für unsere heutigen Begriffe ein wenig naiv) dem selbstgestellten Programm folgt: Durch die unendliche Stille der Sandsteppen Mittelasiens klingen die friedlichen Töne eines russischen Liedes. Aus der Ferne vernimmt man eine schwermütige orientalische Weise. Pferde- und Kamelgetrampel werden stärker, eine Karawane nähert sich. Ruhig zieht sie ihren Weg unter dem sicheren Schutz russischer Waffen durch die weite Wüste. Langsam entfernt sie sich. Das Lied der Russen und die Weite Asiens verbinden sich zu gemeinsamer klangvoller Harmonie, deren Echo sich allmählich in der Ferne verliert.

## Pierre Boulez

1925, französischer Komponist und Dirigent

Einer der meistgenannten Anreger, Organisatoren und Schöpfer der radikalen Neutöner nach dem Zweiten Weltkrieg, der der »konkreten« wie der elektronischen Musik nahestand, von Weberns kühnsten Klanggebilden ausging, bei Messiaen lernte und am ehesten in die »serielle«, oft mathematisch berechnete Musik eingereiht werden müßte. Er kann auf vielen Gebieten neuer Musik zu den Bahnbrechern gezählt werden, so auch in der »Spaltung des Halbtons«, die am deutlichsten am traditionellen Tonsystem rüttelt. Infolgedessen fällt es auch schwer, seine zahlreichen und wahrscheinlich eines Tages für die Entwicklungen der Musik im 20. Jahrhundert wichtigen Werke in »Gebiete« einzuteilen, die den früher üblichen entsprechen. Am ehesten gehören in dieses Buch: eine 1947 komponierte, aber verlorengegangene *Sinfonie, Polyphonie* X (1951), *Orestie* (Bühnenmusik zum Drama Paul Claudels, 1955), *Doubles* (1958), *Tambeau* (mit Sopran, 1959), *Pli selon pli* (Portrait de Mallarmé, 1962), *Eclats* (1965, in Fortsetzungen), *Domaines* (1968), *Livres pour cordes* (1968, in Fortsetzungen), *Cummings ist der Dichter* (1970), *Rituel* (zum Andenken an Bruno Maderna, 1975), *Notations* (1978), *Réponse* (1981). Boulez war Dirigent des Rundfunkorchesters Baden-Baden, der New Yorker Philharmonie und der Festspiele in Bayreuth.

## William Boyce

1711–1779, englischer Komponist und Organist

Leiter eines der frühesten Musikfeste (des Three Choirs Festival, das in Gloucester, Worcester und Hereford regelmäßig veranstaltet wurde), Komponist der Königlichen Kapelle, schrieb im barocken Stil seiner Zeit neben Bühnen- und oratorienhaften Werken 8 Sinfonien (dieses Wort ist noch im Sinne von »Orchesterkonzert« zu verstehen), die zu den klangschönsten ihrer Art gehören, Ouvertüren u.a.m.

## Johannes Brahms

1833–1897

Mit nahezu völliger Einstimmigkeit gilt Brahms in der Musikwelt als einer der bedeutendsten Sinfoniker seit Beethoven. Viele Sachverständige erkannten es bereits zu seinen Lebzeiten, und sein Ruhm stieg ohne Unterbrechung. Sein Prophet, Robert Schumann, der ihm seinen letzten Artikel gewidmet hatte, bevor er in die Nacht des Wahnsinns stürzte, kündigte ihn als »den, der kommen mußte« und die größte Hoffnung der romantischen Schule an. Welch ungeheure Verantwortung legte er damit auf das – von langem Jünglingshaar geschmückte – Haupt des knapp Zwanzigjährigen! Allein die nie erlahmende Arbeit, der achtungsgebietende Ernst und ein eiserner Wille ließen sein Genie zu jener Blüte reifen, von der der unglückliche Schumann geträumt hatte. Am 7. Mai 1833 in einem der ärmeren Viertel Hamburgs geboren, Sohn eines Musikers und frühzeitig zur Musik erzogen, entfloh Brahms bald der häuslichen Enge; ein ausgezeichneter ungarischer Geiger nahm ihn mit sich in die Welt. Er lernte den großen Virtuosen Joseph Joachim kennen, der tief von ihm beeindruckt wurde; er kam zu Liszt, der so viele Talente entdeckte, aber Brahms gegenüber überraschend kühl blieb; und schließlich – am 30. September 1853 – zu Schumann nach Düsseldorf, der beim ersten Anhören der Kompositionen des jungen Fremden aufsprang, seine Gattin, die herrliche Pianistin Clara Wieck, rief und ihr sagte: »Hier, liebe Clara, sollst du Musik hören, wie du sie noch nie gehört hast!« Es folgten Lehr- und Wanderjahre, Aufenthalte in kleineren Residenzen, und immer wieder die »Heimkehr« in das Haus Schumann, wo er wie ein Sohn aufgenommen worden war, und wo sich, nach Schumanns Internierung und

Tod, innige Freundschaftsbande zwischen Clara und ihm knüpften, Bande, aus denen – hätte Brahms seine übergroße Scheu abgelegt – eine tiefe Liebe hätte werden können und müssen. Doch Brahms blieb einsam, einsam wie Beethoven und menschenscheu wie er. Seit 1862 lebte er in Wien, wo er – gleich Beethoven – seine zweite, seine wahre Heimat fand. Rasch bildete sich hier – wie um Beethoven – ein verehrender Kreis. Der bedeutende Kritiker Hanslick, Todfeind Wagners, erblickte in ihm den würdigen Gegenpapst, mit dessen Hilfe er seine Theorien beweisen konnte, nach denen Wagners Weg unrettbar ins Verderben und nur ein formbewußtes Hinwenden zu einer neuen Klassik die Musik auf neue Höhen führen müsse. Und Brahms wurde, trotz seiner unleugbar romantischen Einstellung, ein Neuklassiker. Er bändigte seine Gedanken in eine herbe, strenge Form, bevorzugte die »absolute« Musik vor der schildernden und blieb trotz innigen Überschwanges in den Gefühlen, trotz gewaltig hereinbrechender Dramatik ein an klassische Schönheitsideale glaubender Künstler. Brahms muß als Frühreifer, ja Frühvollendeter gelten. Wer mit 37 Jahren imstande ist, das *Deutsche Requiem* zu schreiben – eines der Gipfelwerke der Musik –, hat seiner Schaffenssubstanz nichts mehr hinzuzufügen, nicht an Tiefe, nicht an Technik. Nur noch ausweiten konnte Brahms die Gebiete seines Genies. Spät wagte er sich, und voll der Größe seiner Aufgabe bewußt, an seine erste Sinfonie; galt es doch, an Beethoven anzuknüpfen, ohne rückschrittlich zu sein, und ein Werk zu schaffen, das der Hoffnung aller Musikfreunde gerecht würde, die in ihm den berufensten Nachfahren Beethovens sahen. Brahms' Ruhm als Komponist war bereits zu seinen Lebzeiten ein derartiger, daß die Verleger sich um seine Werke rissen und er bald alle Stellungen aufgeben konnte, die er im Wiener Musikleben bekleidete. Gelegentliche Konzertreisen als Pianist und Dirigent – aber lediglich eigener Werke – gestalteten sich zu wahren Triumphfahrten. Als im Jahre 1896 Clara Schumann in Frankfurt am Main, wo sie nunmehr als Lehrerin tätig war, schwer erkrankte, eilte Brahms, sie zu sehen. Aber er kam zu spät. Erschüttert stand er am einsamen Grab. Nach Wien zurückgekehrt, brach auch seine Gesundheit zusammen. Er starb, zum tiefen Schmerz der gesamten Musikwelt, am 3. April 1897, wenige Tage, nachdem Wien ihm, dem bereits vom Tode Gezeichneten, im Konzertsaal noch einmal zugejubelt hatte. Es bettete ihn in einem Ehrengrabe zur ewigen Ruhe.

*Die Orchesterwerke Brahms':*

1. *(Unvollendete) Sinfonie d-moll* (1854)
2. *Klavierkonzert Nr. 1 d-moll* (1857)
3. *Serenade Nr. 1 D-dur* (1858)
4. *Serenade Nr. 2 A-dur* (1859)
5. *Variationen über ein Thema von Haydn* (1873)
6. *Ungarische Tänze* (Nr. 1, 3, 10; 1873)
7. *Sinfonie Nr. 1 c-moll* (1876)
8. *Sinfonie Nr. 2 D-dur* (1877)
9. *Violinkonzert D-dur* (1878)
10. *Akademische Festouvertüre* (1880)
11. *Tragische Ouvertüre* (1880)
12. *Klavierkonzert Nr. 2 B-dur* (1881)
13. *Sinfonie Nr. 3 F-dur* (1883)
14. *Sinfonie Nr. 4 e-moll* (1885)
15. *Konzert für Violine und Violoncello a-moll* (1887)

(Die angegebenen Jahreszahlen beziehen sich auf das Datum der Fertigstellung des Werkes.)

Die Klavierkonzerte

*Konzert Nr. 1 für Klavier und Orchester d-moll,* op. 15.
Drei Sätze: *Maestoso; Adagio; Allegro non troppo*

*Geschichte:* Im Jahre 1854 arbeitete Brahms – der damals 21 Jahre alt war – an einer Sonate für zwei Klaviere. Er wollte aus ihrem Themenmaterial eine Sinfonie gestalten; im Juni jenes Jahres gelangte er sogar zur Instrumentierung des 1. Satzes. Aber dann fühlte er sich der gewaltigen Aufgabe einer Sinfonie nicht gewachsen und gab das Werk auf. Zwei Jahre später – im Todesjahre Schumanns – faßte er einen neuen Plan: aus den vorhandenen Skizzen ein Klavierkonzert zu komponieren. Es war ihm von Anfang an klar, daß sein Konzert ziemlich weit vom damals üblichen Virtuosenstück abweichen werde, ja in gewissem Sinne als Sinfonie mit obligatem Klavier betrachtet werden könne; gewiß sollte der Solopart so brillant als möglich gehalten sein, aber über dem rein pianistischen Effekt mußte der musikalische Wert stehen. Brahms hat um die Entstehung seines sinfonischen Erstlings viel gerungen und gelitten. Als er ihn 1857 beendete – in Detmold, wo er nach der Trennung von Clara Schumann Hofpianist, Dirigent des Hofchors und Klavierlehrer der Prinzessin geworden war –, mußte die Partitur noch oft zwischen dem Komponisten und dem beratenden Freunde Joachim hin und her gehen. Noch im November jenes Jahres steht in einem von Brahms' Briefen: »Du glaubst nicht, was mir der erste Satz für Kummer macht. Er ist eben durch und durch verpfuscht, das ist der Stempel des Dilettantismus; wer kommt jetzt darüber hinaus? Ich reiße ihn jetzt ordentlich herum, und was nicht will, das lasse ich. Aber es soll endlich zu Ende sein...« Im Frühjahr 1858 riet Joachim zu einer Probe, um den Klang des Werkes im Orchester kennenzulernen; darauf folgten neuerliche Verbesserungen. Es verging fast noch ein Jahr bis zur Uraufführung, die am 22. Januar 1859 in Hannover stattfand. Am Klavier saß der Komponist, am Dirigentenpult stand der treue Freund Joachim. Es wurde – wie man heute sagen würde – ein »succès d'estime«, ein Achtungserfolg. »Unverständlich, sogar trocken und in hohem Grade ermüdend«, meinte ein Teil der Presse. Viel schlimmer erging es fünf Tage später in Leipzig. Brahms schilderte es: »Ohne irgendeine Regung wurde der erste Satz und der zweite angehört. Zum Schluß versuchten drei Hände langsam ineinander zu fallen, worauf von allen Seiten ein klares Zischen solche Demonstrationen verbot...« Brahms war nicht der Mann, die Schuld einfach dem »unverständigen« Publikum oder der »böswilligen« Presse zuzuschreiben. (»Ein Stück von wahrhaft trostloser Öde und Dürre«, hatten die wichtigen »Signale für die musikalische Welt« ihre Besprechung begonnen und im gleichen Ton fortgesetzt.) Er arbeitete das Konzert nochmals durch, um vor allem seine komplizierte innere Struktur möglichst zu vereinfachen. »Trotz alledem wird das Konzert noch einmal gefallen, wenn ich seinen Körperbau gebessert habe, und ein zweites soll schon anders lauten.« Mit beidem hat Brahms recht behalten. Doch vergingen bis zu seinem nächsten Versuch auf diesem Gebiet weit mehr als zwanzig Jahre.

*Verwendetes Orchester:* Dem Klavier als Solisten steht ein sinfonisches Orchester durchaus »klassischer« Besetzung gegenüber: 2 Flöten, 2 Oboen, 2 Klarinetten, 2 Fagotte, 4 Hörner, 2 Trompeten, Pauken und Streicher.

*Analyse:* Schon das Eingangsthema des ersten Satzes, Maestoso, ist für die Brahmsschen Melodiebildungen ungemein charakteristisch, mit seinen weiten Sprüngen, seiner verhaltenen Kraft, seinen abrupten, pausendurchsetzten Phrasen:

Es ist ein an Beethoven erinnerndes Klima, das hier geschaffen wird. Die dröhnenden Paukenwirbel, die trotzigen Geigentriller tun das ihre dazu. Brahms' Themen sind länger als die Beethovens, weiten sich oftmals zu ausgedehnten Melodien, sind auch zumeist von komplizierter Struktur. Auf den verzweifelten Aufschrei des ersten Themas folgt ein zweites, ruhig, gesanglich nobel und vertrauensvoll, vom Klavier angestimmt:

Nach dem leidenschaftlichen ersten Satz schiebt Brahms ein *Adagio* ein, in dem andächtige, beinahe religiöse Klänge zu vernehmen sind. Es sei vermerkt, daß bei den ersten Skizzen zu diesem Satz die Bemerkung Brahms' steht: »Benedictus qui venit in nomine Domini« (Gesegnet, wer im Namen des Herrn kommt).
Der dritte Satz, den der Komponist ursprünglich für dieses Konzert geschrieben hatte, wurde noch vor der Uraufführung durch ein Rondo *Allegro non troppo* ersetzt, das sich um ein starkes, fast trotziges Thema rankt. Bei aller Meisterschaft, die auch dieser Satz aufweist, kann er sich kaum mit dem ersten, geschweige denn mit dem zweiten messen.

*Konzert Nr. 2 für Klavier und Orchester B-dur,* op. 83. Vier Sätze: *Allegro non troppo; Allegro appassionato; Andante; Allegretto grazioso.*

*Geschichte:* Im Jahre 1878 war Brahms zum ersten Male nach Italien gefahren, in das Traumland aller deutschen Dichter und Musiker. Seine Eindrücke im Lande des blauen Himmels, der frohen, lebhaften Menschen, der alten Kulturen hatten in einigen Skizzen zu einem neuen Klavierkonzert Niederschlag gefunden. Im Frühling 1881 reiste er abermals nach Süden und genoß, wie er selbst es ausdrückte, dreimal diese herrlichste Jahreszeit: in Sizilien ein erstes, in Rom ein zweites und schließlich in Wien ein drittes Mal. Im Sommer ging er nach Preßbaum, einem idyllisch im Wienerwald gelegenen Ort, und beendete dort das zweite Klavierkonzert. Die Lebensfreude jener Wochen und das Gefühl menschlicher und künstlerischer Reife ist in ihm in Töne gebannt. Zwischen der zweiten und der dritten Sinfonie angesiedelt, bildet es einen stolzen Höhepunkt der Erntezeit, die jetzt in wahrem Übermaß in diesem tätigen und begnadeten Leben angebrochen war. Er teilt sein Dasein nun in das konzentrierte, aber von glücklichem Überschwang erfüllte Schaffen – teils in seinem stillen Wiener Heim, teils in den sorglosen Sommern Kärntens, der Schweiz, des Salzkammerguts oder Wienerwalds – und in die glänzenden Konzertreisen, die ihn, den schon Hochberühmten, mit dem Publikum zahlreicher Städte Europas in Berührung bringen. Am 9. November 1881 spielt er in Budapest sein zweites Klavierkonzert zum ersten Male öffentlich, wenige Monate später erscheint es im Druck, wie alle Werke Brahms', die sich unmittelbar hoher, bei »modernen« Werken sonst sehr seltener Verkaufsziffern erfreuen. In unserem Jahrhundert ist das komplizierte, überaus sinfonische Werk (nur er selbst nannte es »simpel« und »einfach«) zum Standard- und Repertoirestück aller Pianisten und Orchester geworden.

*Verwendetes Orchester:* Doppeltes Holz (2 Flöten, 2 Oboen, 2 Klarinetten, 2 Fagotte), 4 Hörner, 2 Trompeten, Pauken und Streicher, also wiederum durchaus »klassisch« wie das erste.

*Analyse:* Der erste Satz zeigt einen imposanten sinfonischen Aufbau. Die Atmosphäre, die uns von Beginn an einhüllt, ist romantisch. Das bewirkt schon das erste Thema, nicht nur seiner Struktur wegen, sondern auch durch die Instrumentation: Brahms vertraut es einem weichklingenden Horn an und gibt dem Klavier eine Echowirkung in echt romantischen (und echt Brahmsschen) Terzen und Sexten:

Auffallend lyrisch ist auch das zweite Thema, voll innigen Wohlklangs:

Der Länge des Satzes wegen führt der Komponist noch ein drittes Thema ein. (Die klassische Sonatenform kannte ihrer nur zwei, fügte aber schon manchmal eine Art Schlußpassus hinzu, aus dem sich im Laufe der Zeit, beim Wachsen der Form, ein drittes Thema entwickelte, das nicht obligatorisch ist.) Hier ist es ein wenig chromatisch gehalten – was ebenfalls eine romantische Charakteristik darstellt, die vor allem Wagner, Brahms' großer Gegenpart, zur höchsten Höhe entwickelte –, aber trotzdem verbleibt es in der lyrischen Grundstimmung des Satzes. Vielleicht könnte man als Merkmal des gesamten Werkes angeben, daß alle seine Themen auffallend lyrisch und gesangvoll gehalten sind, als wären es tatsächlich Lieder. Ob es der Einfluß Italiens war, der Brahms so stark zum Vokalen hinleitete? In den Sinfonien ist die Entwicklung ebenfalls klar erkennbar.
Und doch: Der alte Trotz ist noch immer da, der oft leidenschaftliche Kampfwille (der Brahms in kaum minderem Maße auszeichnet als Beethoven). Das kommt im zweiten Satz deutlich zum Ausdruck, in einem Beethoven verwandten Scherzo, das *Allegro appassionato* überschrieben ist. Und um es noch dramatischer zu machen, wendet der Komponist hier nicht die sonst in Scherzo, Menuett usw. übliche dreiteilige Liedform an, sondern die ungleich dichtere Sonatenform; so finden sich in diesem Scherzo eine Fülle von Visionen, gewaltige, gespenstische, träumerische.
Wieder einmal müssen wir unsere Vorliebe für einen langsamen Satz aussprechen. Der dritte dieses Konzerts ist ein einziges großes Lied, herrlich melodisch und von tiefstem Gefühl durchströmt. Brahms setzt es aus den Melodien zweier seiner Lieder zusammen. Das Violoncello zitiert mit dunklem, aber innigem Gesang die tieftraurige Melodie des »Immer leiser wird mein Schlummer« (in leicht variierter Form); die erregte Stimmung des vorausgegangenen Scherzos geht zur Ruhe, es ist, als breite sich ein weiter Nachthimmel mit unendlichem Frieden über ein einsames Herz, das im Anblick der Sterne Trost und Frieden sucht. Dann läßt Brahms eine Melodie aus dem Liede »Todessehnen« aufklingen, und wer sie kennt, ergänzt in Gedanken die Worte »Hör es, Vater in der Höhe, aus der Fremde fleht dein Kind«. Es ist öfter vorgekommen, daß Komponisten eigene Lieder in größeren Werken zitierten (Gustav Mahler wird ein wenig später mehrere schöne Beispiele dafür liefern), aber es wundert uns doch, daß Brahms in diesem überwiegend frohen, von hellen Visionen erfüllten Stück zwei seiner melancholischsten und am stärksten von Todesahnungen erfüllten Weisen verwendet. Allerdings ist das Bild des Todes, das uns hier begegnet, keineswegs schrecklich; es gleicht einer schönen und stillen Gottheit, die brüderlich die Arme öffnet, uns zu empfangen. Hier ist Brahms Bach verwandt, wenn jener singt: »Komm, süßer Tod...«
Der vierte Satz zeigt eine entscheidende Wendung zum Leben hin, zu seinen Freuden, seinen gesunden Impulsen, seinem Zauber. Es ist ein Rondo *(Allegretto grazioso)* mit ungarischen Anklängen – die Brahms sein Leben lang, seit der jugendlichen Begegnung mit Remenyi und späteren Ungarnfahrten, in der Phantasie rumorten – und einem fast an Haydn gemahnenden frohen, ja freudigen Schluß.

### *Das Violinkonzert*

*Konzert für Violine und Orchester D-dur,* op. 77. Drei Sätze: *Allegro non troppo; Adagio; Allegro giocoso ma non troppo vivace*

*Geschichte:* Die »glücklichen Sommer« könnte man jene nennen, die Brahms (1877, 1878, 1879) an den Ufern des Wörther Sees in Kärnten verbrachte; Pörtschach – damals noch weit davon entfernt, der international besuchte Ferienort zu sein – empfing ihn mit der Bläue seines fast italienischen Himmels, mit dem Frohsinn seiner Bewohner, mit dem idyllischen Berg- und Seepanorama. Nach der ersten Italienfahrt (er machte ihrer insgesamt acht) stieg er hier aus »mit der Absicht, den nächsten Tag nach Wien zu fahren. Der erste Tag war so schön, daß ich den zweiten durchaus bleiben mußte – der zweite aber so schön, daß ich fürs erste weiter bleibe«, wie er schrieb. Er ließ sich den in seiner Wiener Wohnung aufgestapelten Berg Notenpapier (»teils beschrieben, teils leer«) schicken und ging mit Freude und überquellender Inspiration an die Arbeit. Im ersten Sommer entstand die zweite Sinfonie, im Sommer 1878 das Violinkonzert. Während er an diesem Werk arbeitete, beriet er sich schriftlich mit dem Freunde Joseph Joachim, dem Meistergeiger und eine der gewichtigsten Gestalten des damaligen deutschen Musiklebens. War es doch sehr lange her, seit Brahms das letzte Mal etwas für Violine komponiert hatte! Dem Konzert waren ursprünglich vier Sätze zugedacht, aber er ersetzte die beiden mittleren durch ein *Adagio*. Die endgültige Fertigstellung erforderte viele Monate. Die Uraufführung fand zum traditionellen Neujahrskonzert in Leipzig am 1. Januar 1879 statt, wobei Joachim den Solopart spielte und der Komponist dirigierte. Der Erfolg war »freundlich« (wie man in solchen Fällen zu sagen pflegt, ohne eigentlich zu merken, welche Ironie dieses Wort enthält), aber nicht mehr. Er war auch vierzehn Tage später in Wien keineswegs durchschlagend. Sogar der unermüdliche Wegbereiter Eduard Hanslick schrieb dieses Mal weniger begeistert. Kaum jemand gab sich Rechenschaft darüber, daß hier das seit Beethoven wichtigste Violinkonzert komponiert worden war (mit jenem hat es die Grundtonart D-dur gemein, in der übrigens auch Tschaikowskys Violinkonzert, nahezu gleichzeitig mit dem Brahms', entstanden ist).

*Verwendetes Orchester:* Brahms schreibt für das gleiche Ensemble, das er in den Klavierkonzerten verwendet: doppeltes Holz (2 Flöten, 2 Oboen, 2 Klarinetten, 2 Fagotte), 4 Hörner, 2 Trompeten, Pauken und Streicher.

*Analyse:* Das Hauptthema des ersten Satzes überrascht uns in seiner Einfachheit. Es besteht – mit Ausnahme einer einzigen Nebennote – lediglich aus Tönen des D-dur-Dreiklangs, aber Brahms weiß ihm einen edlen und gefühlsgeladenen Ausdruck zu verleihen:

Wir werden unwillkürlich an Beethoven erinnert, wenn wir die simple Struktur dieses Themas betrachten und hierauf verfolgen, welche großartigen Entwicklungen Brahms aus ihm zu gewinnen versteht. (Im allgemeinen muß aber gesagt werden, daß die Themen bei Brahms länger sind als die Beethovens, ja zumeist Melodiecharakter tragen.) Hier wird das erste Thema lange und geruhsam ausgebreitet, bevor Brahms es mit einem stark rhythmisierten zweiten Thema unterbricht; dieses ist kurz und besteht aus kaum mehr als einer Zelle, die Impulse austeilt. Viel ausdrucksvoller hingegen ist eine Melodie, die der Komponist – fast als drittes Thema – dem Soloinstrument anvertraut und die uns sofort in die romantische, schwärmerische Atmosphäre versetzt, die Brahms so liebte und wohl von seinem großen Vorbild Schumann geerbt hatte:

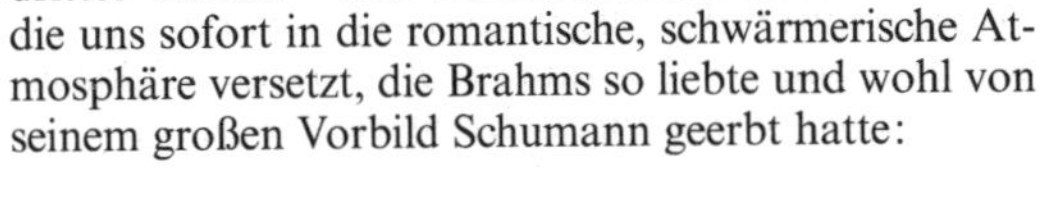

Herrlich ist der zweite Satz, *Adagio*. Traum einer Sommernacht vielleicht, kein Sommernachtstraum. Mondnacht auf dem Wörther See. Befreit von allen irdischen Banden singt die Seele zum dunkelblauen Firmament empor:

Das Finale wird durch ein Rondo gebildet, in dem manchmal feurige Wendungen aufklingen, die an Ungarn denken lassen (dessen Musik Brahms so liebte). Hier das Hauptthema, von mitreißendem geigerischem Schwung getragen:

»Die Erde hat mich wieder«, ruft Faust, und bei manchem Brahmsschen Finale hat man, nach den erdentrückten langsamen Sätzen, das gleiche Gefühl. Orchester und Solist führen das Werk, in irdischer Fröhlichkeit (die gerade so »Brahmsisch« ist wie die tiefe Melancholie, die schmerzliche Einsamkeit, die innige Andacht) und großer Bravour, zu strahlendem Höhepunkt und Ende.

### *Das Doppelkonzert*

*Konzert für Violine und Violoncello mit Orchester, in a-moll,* op. 102. Drei Sätze: *Allegro; Andante; Vivace non troppo*

*Geschichte:* Wie zweite Sinfonie und Violinkonzert die Früchte glücklicher Sommer an den Ufern des Wörther Sees in Österreich waren, so ist das Doppelkonzert der Niederschlag eines beseligten Schweizer Sommers. Lange schon war Brahms mit der Schweiz eng verbunden, er liebte dieses Land und seine Bewohner und hatte dort zahllose Beweise von Verständnis und Verehrung erfahren. Im Sommer 1887 weilte er an den Ufern des herrlichen Thunersees. Er war erst 54 Jahre alt, aber eine tiefe menschliche Reife verklärte seit langem sein Wesen und Schaffen, eine Reife, die andere Musiker – wenn überhaupt – erst im hohen Alter erreichen. Nahe bei Thun, in der Landeshauptstadt Bern, lebte ein lieber Freund, der Journalist Josef Viktor Widmann, mit dem Brahms sehr gerne beisammen war und der wertvolle Erinnerungen an den Meister zu Papier brachte. In diesem Sommer 1887 faßte Brahms den Gedanken, ein Doppelkonzert zu schreiben. Reizte ihn das Genre, dem Mozart (und auch Haydn) ein so meisterhaftes Werk gewidmet hatte? Dachte er an eine Wiederbelebung des »Concerto grosso« mit seiner Gegenüberstellung verschiedener Klänge in konzertantem Stil? Oder ist den Gerüchten zu glauben, nach denen Brahms auf eine originelle Weise versuchen wollte, sich dem alten Freunde Joseph Joachim wieder zu nähern, von dem er sich ein wenig distanziert hatte? Wählte er darum dessen Instrument, die Geige, und fügte in enger Vereinigung ein anderes, das Cello, hinzu, das ganz gut ihn selbst charakterisieren könnte (ohne daß man dabei an eine gewisse körperliche Ähnlichkeit denken müßte, wenn man das Violoncello als klein und gedrungen ansieht)? Wir wissen es nicht. Vielleicht war auch nichts anderes ausschlaggebend als Brahms' Wunsch, ein technisch so schweres Problem, wie es ein Doppelkonzert darstellt, mit seiner nun von der ganzen Welt anerkannten Meisterschaft zu lösen. Als das Werk vollendet war, fand es nur ein sehr beschränktes Verständnis und kaum mehr als höfliches Echo beim Publikum. Selbst die lebenslang treue Freundin erhob Einwände: »Mir scheint die Idee, Cello und Violine als Soloinstrumente zusammen, keine ganz glückliche, und da es für die Instrumente auch nicht brillant ist, so glaube ich nicht, daß das Konzert eine Zukunft hat. Als Komposition ist es höchst interessant, geistvoll; es ist aber nirgends ein so frischer warmer Zug als in vielen anderen seiner Sachen«, meinte Clara Schumann. Und ganz so unrecht hat sie nicht: Das Doppelkonzert kann es in Zahl der Aufführungen nicht mit den anderen Hauptwerken Brahms' aufnehmen; und der »frische« Zug, den sie vermißt, ist mit zunehmendem Alter zu Ernst und Schwere umgestaltet worden. Die Uraufführung, von Joachim und dem Cellisten Robert Hausmann unter Brahms' Leitung am 18. Oktober 1887 in Köln gespielt (und unmittelbar darauf in Frankfurt, Wiesbaden und Basel wiederholt), wurde nur zum »Achtungserfolg« für so illustre Namen.

*Analyse:* Von den drei Sätzen ist der erste der weitestgeschwungene, komplizierteste; seine Themen sind vielleicht eher bewundernswert als mitteilsam, und erst ziemlich spät kommt er in den musikantischen, romantischen Fluß, den wir an Brahms' Werken so lieben. Der zweite Satz ist sehr schön, nachdenklich, träumerisch. Der dritte ein wenig auf Wirkung gestellt, ein Rondo mit einfachen Themen, die mit unfehlbarer Technik, aber anscheinend ein wenig äußerlich miteinander verknüpft sind. Der Fachmann staunt, der Amateur bleibt viel weniger berührt als bei den anderen Konzerten des Meisters.

## *Die Serenaden*

*Serenade für Orchester Nr. 1 D-dur*, op. 11
*Serenade für Orchester Nr. 2 A-dur*, op. 16

*Geschichte:* Die Detmolder Zeit bedeutete für den jungen Brahms menschlich und künstlerisch sehr viel, mehr als man für gewöhnlich dieser »Übergangsepoche« in seinem Leben zubilligen will: Übergang zwischen der Jugend in Hamburg und Düsseldorf und der Reifezeit in Wien. Als nach Schumanns Tod sein Heim in Düsseldorf, zu dem auch Brahms gehörte, aufgelöst wurde, konnte das zwischen dem jungen Musiker und der genialen Witwe des betrauerten Meisters entstandene – vielleicht nie ganz eingestandene – Liebesproblem nur durch eine räumliche Trennung gelöst werden. Brahms ging in die kleine Residenzstadt Detmold, wo er von 1857 bis 1859 verblieb. 24 Jahre alt war er bei seinem Kommen, aber er scheint schon damals den Eindruck größerer Reife gemacht zu haben, die sich sowohl in seinem Wesen wie in seinen Kompositionen äußerte. Detmold gab seinem Charakter einen neuen Zug: ein unbeschwertes, sorgloses, lebensfrohes Gefühl, eine gewisse Leichtigkeit, die sich menschlich und künstlerisch auswirkte. Seine beiden Orchesterserenaden legen hierfür beredtes Zeugnis ab. In ihnen versucht er, in die Fußstapfen der Hofmusik des vergangenen Jahrhunderts zu treten, vielleicht ein wenig Rokoko zu spielen, galante Palaststimmung heraufzubeschwören. Und obwohl er in seinem Stil völlig zeitgemäß bleibt, gelingen ihm zwei einheitliche, entzückende Stücke. Die erste Serenade entstand während des Jahres 1858 und erlebte ihre Uraufführung unter Brahms' Leitung in Hamburg am 28. März 1859, die zweite, ebenfalls unter Brahms' Stabführung, am 10. Februar 1860 in Hamburg, nachdem er den Detmolder Hofdienst quittiert und sich vorübergehend in seiner Vaterstadt niedergelassen hatte.

*Verwendetes Orchester:* Die erste Serenade wurde ursprünglich als Kammermusikwerk, für Oktett, geschrieben und nachher vom Komponisten für ein »klassisches« Orchester umgearbeitet (doppeltes Holz, 4 Hörner, 2 Trompeten, Pauken und Streicher); die zweite Serenade verzichtet auf Geigen und verwendet Violen, Violoncelli, Kontrabässe, 2 Flöten, 2 Oboen, 2 Klarinetten und 2 Hörner.

*Analyse:* Die erste Serenade besteht aus *Allegro molto* (voll liebenswürdiger Herzlichkeit), *Allegro non molto* (einem Scherzo, das etwas düster beginnt, aber sich bald zu helleren Tönen aufklärt), einem poesiegetränkten, wunderschönen *Adagio non troppo*, zwei Menuetten, die miteinander verbunden und mit romantischem Inhalt gefüllt den vierten Satz bilden, und einem abermaligen Scherzo *(Allegro)*, in dem es Beethovensche Reminiszenzen (oder gar Zitate?) gibt, worauf ein entzückendes, fröhliches, spielerisches Finale folgt. Die zweite Serenade hat fünf Sätze; sie ist auffallend ernster, weniger musikantisch – wenn wir darunter einen froh dahinfließenden Charakter verstehen wollen – und hat sogar einige in sich versponnene, recht nachdenkliche Stellen (die man zwanzig Jahre später als »typisch Brahmsisch« bezeichnen wird). Auch ein wenig Melancholie gibt es und viel verhaltene Zärtlichkeit (die ebenfalls als echtes Kennzeichen Brahms' zu nennen ist).

*Haydn-Variationen*

*Acht Variationen über ein Thema von Joseph Haydn B-dur,* op. 56

*Geschichte:* Seit seiner Jugend träumte Brahms vom Klang des sinfonischen Orchesters, aber seine fast übertriebene künstlerische Gewissenhaftigkeit ließ ihn lange zögern und sich aufs genaueste vorbereiten, bevor er ihn zum ersten Male in einer eigenen Partitur beschwor. Die beiden Orchesterserenaden und das erste Klavierkonzert waren Schritte in dieser Richtung. Den Sommer 1873 verbrachte Brahms in Tutzing. Am Starnberger See fühlte er sich – besonders nach einem nicht durchwegs erfreulichen Konzertwinter in Wien – wohl, fast so wie später an anderen europäischen Seen (dem Thuner- und dem Wörther See vor allem). Er schrieb zwei Streichquartette (op. 51) und die Variationen über ein Haydnthema, wieder eine Art Vorstudie zur Sinfonie, die »eines Tages kommen muß«, und doch schon ein eigenständiges, prachtvolles Meisterwerk. Brahms komponierte sie zuerst für zwei Klaviere (wie sie oftmals aufgeführt werden und ein Schmuckstück dieser Literatur bilden) und instrumentierte sie hernach. Er selbst dirigierte die Variationen zum ersten Male am 2. November 1873 in Wien. Es wurde ein voller Erfolg, der sich wenige Monate später in Leipzig, München, Bremen und Kassel bestätigte.

*Verwendetes Orchester:* 2 Flöten, 2 Oboen, 2 Klarinetten, 2 Fagotte plus Kontrafagott, 4 Hörner, 2 Trompeten, Pauken und Streicher.

*Analyse:* Das schöne Thema, das Brahms hier seinen Variationen zugrunde legt, ist gar nicht von Haydn. Der hatte es lediglich in einem seiner *Divertimenti* verwendet. Es dürfte sich um eine wesentlich ältere, wohl mittelalterliche Melodie handeln, wie sie von Pilgern gesungen wurde und unter dem Namen Choral St. Antoni bekannt war. Brahms entdeckte sie in Pohls Haydnbiographie und war so begeistert von ihr, daß er sie für sein Variationenwerk verwendete. Das Thema ist von religiöser Andacht, innig, feierlich und von lauterster Reinheit. Der Komponist bringt es zuerst in seiner Originalgestalt und in einer Instrumentation, die ihm etwas Altertümelndes, fast Holzschnittartiges verleiht. Dann beginnen die acht völlig voneinander verschiedenen Variationen. Vielleicht ist das höchste Lob, das man diesem Werk spenden kann, die Behauptung, man fühle die (großartige) Technik Brahms' überhaupt nicht, da der ununterbrochene Strom herrlicher Musik sie vergessen mache. Jede Variation hat ihren eigenen Charakter; es gibt melancholische und freudige, nachdenkliche und mitreißende. Bis zur vierten Variation fließt die Musik ruhig dahin, dem Grundcharakter des Themas angepaßt; aber die fünfte klingt nach Scherzo, die sechste nach Festesklängen, die siebente nach einem innigen Idyll (im Siciliana-Rhythmus), die achte beinahe gespenstisch. Die Krönung des Werkes bildet eine großartige Passacaglia, mit der sich die Musik zu einer wahren Apotheose erhebt.

*Konzertouvertüren*

*Akademische Festouvertüre (c-moll),* op. 80; *Tragische Ouvertüre (d-moll),* op. 81

*Geschichte:* Am 11. März 1879 hatte die Philosophische Fakultät der Universität Breslau Brahms den Titel eines Ehrendoktors verliehen, eine Auszeichnung, die dem Meister viel bedeutete (er führte das »Dr.« auf allen seinen Visitenkarten bis zum Lebensende und unterzeichnete auch oft Briefe so) und für die er sich gebührend revanchieren wollte. Aber in seinen Skizzen suchte er umsonst nach einem geeigneten Einfall. Als er schließlich doch einen davon verwendete – es war der Entwurf eines Sinfoniesatzes aus dem Jahre 1868 –, wurde ein viel zu ernstes Stück daraus, um bei einem so freudigen Anlaß seinen Dienst zu tun. Brahms dachte weiter nach, während er das erste Stück beendete und ihm den Namen *Tragische Ouvertüre* verlieh; ein Musiker mußte und wollte sich doch mit einem Musikwerk für den »Dr. h.c.« bedanken. Schließlich beschloß er, einige Studentenlieder zu einer »Akademischen Festouvertüre« zusammenzufassen. Er selbst sprach von einem »lustigen Potpourri à la Suppé« (wohl in Anspielung auf dessen »Flotte-Burschen-Ouvertüre« und nicht aus Geringschätzung für die »leichte« Musik, die Brahms – besonders in ihrer wienerischen Art – seit jeher außerordentlich liebte), aber es wurde viel mehr als ein bloßes Potpourri. Während die *Tragische Ouvertüre* in Wien unter der Leitung von Hans Richter am 26. Dezember 1880 keinen sonderlichen Erfolg zu verzeichnen hatte, schlug die von Brahms dirigierte »Akademische Festouvertüre« in Breslau am 4. Januar 1881 zündend ein, und der Erfolg ist ihr bis heute treu geblieben, während ihre düstere Zwillingsschwester – sie entstanden fast gleichzeitig im Jahre 1880 – ein Stück für Kenner geblieben ist. Beide erschienen 1881 im Druck, wobei die um eine Kleinigkeit ältere *Tragische Ouvertüre* die Opusnummer 81, die jüngere *Akademische Festouvertüre* aber die Nummer 80 erhielt.

*Verwendetes Orchester:* Die *Tragische Ouvertüre* verzeichnet doppeltes Holz plus Piccolo, 4 Hörner, 2 Trompeten, 3 Posaunen, Tuba, Pauken, Streicher. Die *Akademische Festouvertüre*: 2 Flöten plus Piccolo, 2 Oboen, 2 Klarinetten, 2 Fagotte plus Kontrafagott, 4 Hörner, 3 Trompeten, 3 Posaunen, Tuba, Pauken, Triangel, große Trommel, Becken und Streicher.

*Analyse:* Die *Akademische Festouvertüre* bedarf kaum einer Erklärung. In ihr hat Brahms mehrere Studentenlieder verarbeitet: »Wir hatten gebauet ein stattliches Haus«, »Was kommt dort von der Höh'?« und »Gaudeamus igitur«, das als feierlicher Abschluß in voller Pracht des großen Orchesters ersteht. Die Be-

handlung der einzelnen Melodien ist durchaus sinfonisch, selbst die Überleitungen von einer zur anderen (wobei noch weitere studentische Lieder zitiert werden) zeigen die Hand eines Meisters.
Die *Tragische Ouvertüre* ist in düsterste Farben gehüllt. Eine Art »Schicksalsthema« steht im Mittelpunkt, an dessen Unerbittlichkeit weichere, tröstliche Episoden zu zerschellen scheinen. Man denkt unwillkürlich an den klassischen, den griechischen Begriff von Tragik, wenn man diese Musik hört, an das Unausweichliche, dem Menschen Übergeordnete.

### *Die Sinfonien*

*Sinfonie Nr. 1 c-moll,* op. 68. Vier Sätze: Un poco sostenuto – Allegro; Andante sostenuto; Un poco allegretto e grazioso; Adagio – Allegro

*Geschichte:* Wir haben bei der Besprechung der anderen Orchesterwerke Brahms' mehrfach seine Scheu vor einer Sinfonie angedeutet. Seit seiner Jugend – wohl seit er 1854 Beethovens Neunte zum ersten Male vernimmt – sehnt er sich nach ihr, aber seine sprichwörtliche Schüchternheit (die sich im Musikalischen geradeso ausdrückt wie im Menschlichen) läßt ihn zahlreiche »Vorstudien« und Versuche machen: Sinfoniesätze (darunter einen in c-moll, den er 1862 Clara Schumann zeigte), das erste Klavierkonzert, das aus einem sinfonischen Entwurf entstand, die Haydn-Variationen. Er zögerte lange, bevor er sich auf das »große Abenteuer« einließ; er sagte, daß eine Sinfonie zu schreiben eine »sehr ernste Angelegenheit«, ja eine »Sache von Leben und Tod sei«, und hinter dieser ein wenig ironischen Übertreibung steckt zweifellos viel aufrichtiges Empfinden. Ahnte er, daß er mit Beethovens Maßstab gemessen werden würde? Jedenfalls wollte er völlig reif sein, bevor er an das große Wagnis ging.
So kam das Jahr 1876 heran, sein 43. Lebensjahr. Wer seine bis dahin geschriebenen Werke kannte, mußte ihn für älter halten, so reif und von tiefer Weisheit durchzogen waren sie; auch wer ihn sah, hätte ihn wohl für betagter gehalten, denn sein wallender, in Grau übergehender Bart war das hervorstechendste Merkmal seiner Erscheinung, hinter dem die oft lustig blitzenden, schelmischen hellen Augen zuerst zurücktraten. Im Sommer 1876 reiste Brahms in heimatliche Gefilde: Auf Rügen legte er letzte Hand an die erste Sinfonie. Im Oktober konnte er sie der Freundin Clara Schumann vollendet vorspielen, aber die berühmte Pianistin erkannte ihre Größe nicht und zog die Kammermusik Brahms' wesentlich vor. Der Komponist selbst war nicht restlos von seinem Werk überzeugt. So bat er den befreundeten Kapellmeister Otto Dessoff, ihm die Sinfonie »vorzuspielen«; das geschah in einem Konzert zu Karlsruhe am 4. November 1876. Drei Tage später dirigierte Brahms sie in Mannheim und kurz darauf in München und (am 17. Dezember) in seiner Wahlheimat Wien, wo sie entscheidend einschlug. Hans von Bülow prägte das – anfechtbare, aber plastische – Wort von der »Zehnten Sinfonie«, womit er sagen wollte, daß von diesem Augenblick an Beethoven einen würdigen Nachfolger erhalten habe. Die Musikschriftsteller führten diesen Vergleich hernach bis in alle erdenklichen Einzelheiten aus, zogen eine Parallele zwischen dieser Sinfonie und Beethovens Fünfter (die ebenfalls in c-moll steht, in strahlendem C-dur endet und wie das Werk Brahms' den – siegreichen – Kampf gegen das Schicksal darzustellen scheint). Aber viel mehr als ein »Fortsetzer« ist Brahms ein Eigener, ein Romantiker im Inhalt, ein Klassiker in der Form (wenn man vereinfachen will, was stets gefährlich ist). Auf jeden Fall ein Sinfoniker höchsten Könnens, ein Meister der Form und ein tiefer Geist, ein leidenschaftliches Herz, gebändigt durch Tradition und Zivilisation, einer der letzten Gipfel in der Endphase einer Kultur.

*Verwendetes Orchester:* Doppeltes Holz (Flöten, Oboen, Klarinetten, Fagotte in Paaren), 4 Hörner, 2 Trompeten, 3 Posaunen, Pauken und Streicher.

*Analyse:* Der erste Satz hat eine langsame Einleitung *(Un poco sostenuto)*; zwei Bewegungen finden gleichzeitig Ausdruck wie in einem heftigen inneren Kampfe. Während die Geigen langsam, chromatisch aufwärts steigen – gleichsam gegen einen Widerstand, der sie in tiefen, irdischen Regionen zurückhalten will –, erklingt ein kompakter Kontrapunkt, der sich in entgegengesetzter Richtung bewegt:

Dann beginnt das *Allegro.* Es schnellt gewissermaßen wie von der Sehne geschleudert los. Sein erstes Thema ist ein gutes Beispiel für Brahms' sinfonischen Stil: Es entwickelt sich aus einem Dreiklang, aber gleichzeitig ertönt ein Kontrapunkt, eine chromatische Gegenstimme, die ihm die Einfachheit nimmt, die ein Dreiklangthema fast immer in sich trägt:

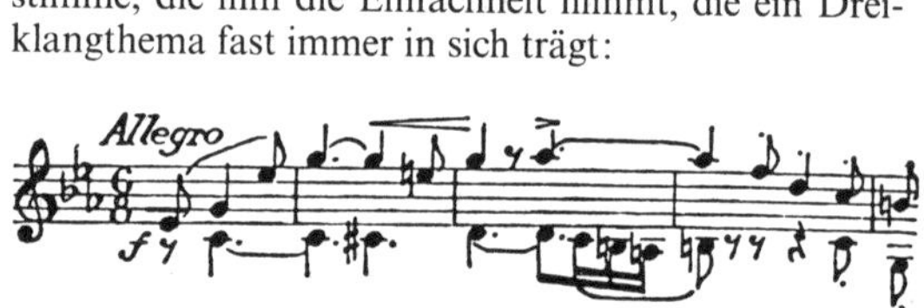


Immer dramatischer wird der Satz, man bekommt – gewollt oder nicht – den Eindruck eines Kampfes. Nicht wenige Biographen haben infolgedessen an eine Fortsetzung von Beethovens »Kampf mit dem Schicksal« gedacht, wie es sich in der Fünften ausdrückt. Aber Brahms gibt niemals außermusikalische Erklärungen; eine Sinfonie ist eine Sinfonie und kein Sinfonisches Gedicht, das ein Programm haben muß. Und so haben auch wir kein Recht, hinter seiner Musik andere als rein musikalische Erklärungen zu suchen. Der erste Satz ist großartig gesteigert, und ebenso

großartig wird er nach dem Höhepunkt zum Absinken gebracht; er endet, wie er begann, mit einer Klage, einem Schluchzen vielleicht, in tiefer Traurigkeit.
Der zweite Satz *(Andante sostenuto)* bringt ein Bild des Friedens:

Aber die »echte Brahmssche« Melancholie fehlt keineswegs in seinem Verlauf. Die Stimmung wird gegen den Schluß immer freundlicher, immer heller; die Traurigkeit wird getröstet, eine Oboenmelodie scheint vom Himmel herabzuklingen und gewährt wundervolle Ruhe.
Der dritte Satz *(Un poco allegretto e grazioso)* hat kaum noch etwas mit dem an dieser Stelle früher üblichen Menuett, aber auch nur sehr wenig mit einem Beethovenschen Scherzo zu tun. Am ehesten gleicht es ihm noch in der Form, die Brahms ebenfalls dreiteilig wählt; aber der Inhalt ist völlig verändert. Hier erhalten wir das Bild eines Idylls, lieblich wie eine besonnte Landschaft und von graziösen Melodien im Mittelteil durchzogen. Eine rührende Naivität (die geradeso »echt Brahmsisch« ist wie die Melancholie und die Sextenparallelen) geleitet uns zu bezaubernden Stimmungen – fast wie im Märchen – und läßt volksliedhafte Melodien aufklingen.
Doppelt großartig wirkt danach der letzte Satz. Da erreicht der Komponist höchste sinfonische Höhen, gewaltige Dramatik, Weite und Tiefe des Ausdrucks. Hier gelingt es ihm, seine Erste neben die Fünfte seines Idols Beethoven zu stellen. In ihm haben die Musikschriftsteller den Triumph des Menschen über das feindselige Schicksal zu erkennen geglaubt. Schon die Einleitung ist atemberaubend: Über weichen Streicherakkorden erhebt das Horn seine metallene Stimme mit einer Melodie, die Brahms am 12. September 1868 in sein Skizzenbuch verzeichnet (und Clara mitteilt) mit den Worten »So blus das Alphorn«:

Wieder ein Zug, der den Komponisten trefflich charakterisiert. In der Bergeinsamkeit erschüttert ihn der Klang des Alphorns, das eine schlichte Melodie weit durch die Täler trägt. Er verbirgt seine starke innere Erregung hinter dem absichtlich komischen »blus«. Aber sie zittert hier nach, rein und ergriffen, in den Einleitungstakten des letzten Satzes. Und so unvergeßlich wie dieser erdferne Hornruf ist das darauffolgende Hauptthema, in breitem, fast stolzem Gesang dahinströmend, titanisch, feierlich, unbesieglich:

Hymnisch schließt der Satz und damit die Sinfonie (auch hierin Beethovens Fünfter verwandt und wie jene in strahlendem C-dur). Auf dem Höhepunkt kehrt der Alphornruf wieder, als riefe ein Hohepriester die Gaue zu feierlichem Ritus zusammen. Und eine drängende, in froher Hast zitternde Stretta führt die Musik zu einem jubelnden Ende, wie es gezählte Male in der gesamten Literatur existiert.

*Interpretation:* Vom Dirigenten dieser Partitur wird viel verlangt; musikalisches Können höchsten Grades, menschliche Reife, Sinn für echte Großartigkeit, die nicht in hohles Pathos ausarten darf, tiefes Gefühl, die reine Naivität des echten Künstlers sind vonnöten, um diese – wie alle Sinfonien Brahms' – im Sinne des Komponisten zum Erklingen zu bringen. Der Aberglaube von Brahms' »spröder« Instrumentation ist längst widerlegt: Sein Orchester strahlt, wo es strahlen soll, darf aber in den Augenblicken der Schwermut, des Nachinnenblickens ruhig zurückgenommen, zu gedämpftem Spiel angehalten werden.

*Sinfonie Nr. 2 D-dur,* op. 73. Vier Sätze: *Allegro non troppo; Adagio non troppo; Allegretto grazioso; Allegretto con spirito*

*Geschichte:* Während Brahms zehn, ja zwanzig Jahre benötigte, um die erste Sinfonie reifen zu lassen, genügte ein einziger glücklicher Sommer für die zweite. Die Sommermonate des Jahres 1877 verbrachte der Meister in Pörtschach am Wörther See in Kärnten. Dort, wo die Luft südlich wird, wo eine mächtige Bergwand sich im kristallklaren Wasser spiegelt, wurde Brahms' Seele weit und frei wie die Landschaft. Es ist nicht zu verwundern, daß er in dieser Umgebung seine »Pastorale« schrieb, wie schon die Zeitgenossen meinten und alle Biographen seitdem wiederholten. Aber Brahms erleichtert uns das Verständnis nicht, wie Beethoven es getan hatte, mit Untertiteln, die auf eine Szene am Bach, auf ein bäuerliches Fest, auf ein Gewitter anspielen. Seine Musik ist immer »absolut«, und mag sie uns noch so viele schöne Bilder vor die Phantasie zaubern, sie gehorcht stets strengen musikalischen Gesetzen. Auch eine »Wiener Sinfonie« hat man dieses Werk genannt; vielleicht, weil Grazie, Leichtigkeit, Frohsinn, lebenslustige Melodien die nun ganz vollzogene Akklimatisierung an seine zweite Heimatstadt beweisen. Die erste Sinfonie zeigt den düsteren Ernst der Nordlandstimmung, in der Brahms sie vollendete; die zweite trägt den sonnigen Charakter des Südens. So wahr und auffallend dies auch sein mag, Regeln lassen sich aus diesem Zusammentreffen nicht ableiten. Der Erfolg der zweiten Sinfonie war stark und unmittelbar. Er zeigte sich schon bei der Wiener Uraufführung, unter der Leitung Hans Richters, am 30. Dezember 1877; und er blieb dem Werk treu, als der Komponist es bald darauf in vielen Städten Deutschlands und Hollands dirigierte – und bis zum heutigen Tage.

*Verwendetes Orchester:* Die Partitur hat fast die gleiche Besetzung wie die erste Sinfonie, mit doppeltem Holz, 4 Hörnern, 2 Trompeten, 3 Posaunen, Pauken und Streichern, zu denen sich hier eine Baßtuba gesellt.

*Analyse:* Eine sommerliche Stille scheint über den Eingangsnoten des *Allegro non troppo* zu liegen – sind es weiße Wölkchen, die sich im hellblauen Wasser spiegeln? Wie fern liegen Winter, Schmerz, Tod! Die Welt blüht und grünt, drei sonnige Themen besingen das Glück des Lebens:

1.

2.

3.

Und doch ist es nicht das sorglose, gedankenlose Genießen der Jugend, das hier erklingt, sondern ein reiferes, tieferes Erleben, fern dem Lärm und dem eitlen Spiel der Welt. Mitte des Lebens, aber auch Zenit, Höhepunkt des Daseins, Beginn der Ernte nach langem, langem Säen und Behüten. Glück, das nur erkennt, wer viel erlebt hat, weit wanderte und nun das Ziel vor sich ahnt.

Recht anders klingt der zweite Satz. Ruft der Komponist sich selbst zum Verzicht auf? Resigniert steigt das Hauptthema in den Celli abwärts, nur ein Seitenthema schlägt lichtere Töne an. Zwischen Entsagen und Zufriedenheit schwankt dieses *Adagio non troppo*, durchläuft eine weite Gefühlsskala, aber seine Grundstimmung verbleibt in der leisen Melancholie, die wir an Brahms so lieben und die der »Fin-de-siècle«-Stimmung Gustav Mahlers, Debussys und vieler anderer den Weg bereitet.

Und wieder ein völliger Gegensatz: der dritte Satz steckt voller Freude, ja voll Schelmerei und voll der Naivität, die wir schon in der ersten Sinfonie hervorhoben. Das Hauptthema gemahnt noch von ferne an ein Menuett, wenn es auch wesentlich schneller ist:

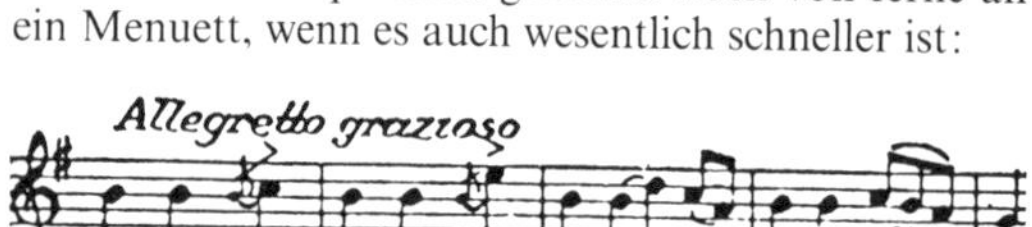


Aus dem *Allegretto grazioso* wird im Trio ein *Presto*, wobei das Hauptthema aus dem drei- in den zweizeitigen Takt unter Beibehaltung seiner synkopierten Akzente umgestaltet und so beschleunigt wird, daß es richtig übermütig wirkt.

Was kann Brahms nicht alles mit den einfachsten Themen anstellen! Hier zeigt sich der echte Sinfoniker, dessen Stärke nicht immer im Erfinden der Themen, wohl aber stets in ihrer Ausarbeitung und Verwertung liegt.

Der letzte Satz – *Allegro con spirito* – soll, dem ersten Brahmsbiographen Kalbeck zufolge, eine ländliche Festlichkeit schildern, wie der Komponist sie in einem Dörfchen am Wörther See erlebt habe. Jedenfalls ist es ein beschwingtes Finale geworden, in dem Brahms' typische Sexten- und Terzengänge (die so volkstümlich klingen) stark vertreten sind, das aber zeitweise auch feierlich werden kann (wobei mancher Erklärer an eine »Hymne an die Natur« gedacht hat) und dem Werk einen so frohen Abschluß gibt, wie es einen heiteren Beginn zeigte.

*Interpretation:* Dies ist die am wenigsten problematische, die zugänglichste aller Brahms-Sinfonien. Die Tiefe ihrer Gedanken liegt ein wenig hinter den hellen Melodien verborgen, das Grüblerische hinter dem anscheinend »Leichten«. Der Dirigent soll trotz des lichten Grundcharakters die Melancholie durchblicken lassen, die Brahms nie ganz verläßt, aber er soll hier in erster Linie das Bild eines glücklichen Sommers zeichnen, einer Reifezeit in Jahr und Leben.

*Sinfonie Nr. 3 F-dur*, op. 90. Vier Sätze: *Allegro con brio; Andante; Poco allegretto; Allegro*

*Geschichte:* Mag Brahms sich vielleicht auch mit einzelnen Gedanken der dritten Sinfonie schon früher getragen haben, ihre vollständige Niederschrift erfolgte im Sommer 1883. Der Komponist, nun fünfzigjährig, war beim Rheinischen Musikfest in Köln gewesen, wo er mit dem zweiten Klavierkonzert und der zweiten Sinfonie bedeutende Triumphe gefeiert hatte. Anschließend wählte er die Stadt Wiesbaden als Sommersitz, die so zur Geburtsstätte seiner neuen Sinfonie wurde. Die Arbeit ging ihm flott von der Hand, seine technische Meisterschaft war nun so vollendet, daß er mit seinen Themen buchstäblich machen konnte, was ihm beliebte. Schon am 2. Dezember des gleichen Jahres führte Hans Richter die dritte Sinfonie in Wien zum ersten Male auf. Wenige Wochen später begab sich Brahms mit ihr auf die jetzt schon gewohnte Reise durch Deutschland und Holland, wo man ihm als größtem lebendem Sinfoniker huldigte – ein Ehrentitel, der um so schwerer wiegt, als keine geringeren Meister als Dvořák, Tschaikowsky, César Franck, der damals hochberühmte Saint-Saëns und der allerdings noch fast unbekannte Bruckner seine Zeitgenossen waren.

*Verwendetes Orchester:* Doppeltes Holz (je 2 Flöten, Oboen, Klarinetten, Fagotte, zu denen ein Kontrafagott tritt), 4 Hörner, 2 Trompeten, 3 Posaunen, Pauken und Streicher.

*Analyse:* Zwei spannungsgeladene Akkorde – die im Verlauf der Sinfonie oftmals wiederkehren, also fast leitmotivisch verwendet sind – gehen dem Hauptthema voraus, das im 6/4-Takt notiert ist und in leidenschaftlichem Pathos aus der Höhe herabstürzt, großräumige Intervalle umschließt und von stolzer, männlicher Kraft getragen wird:

Bald tritt das zweite Thema auf, welches in einem wiegenden 9/4-Takt und einer recht entfernten Tonart, A-dur, steht:

Es bringt eine Beruhigung der bis dahin aufgewühlten Stimmung, ist weich, liebevoll, zärtlich und nähert sich – nicht zuletzt durch die echt Brahmsschen Terzen- und Sextengänge – dem Volkslied. Der weitere Verlauf des ersten Satzes zieht starke Kontrastwirkungen aus den so verschieden gearteten Themen, ballt dunkle Klangmassen rund um das erste, um sie mit Hilfe des zweiten wieder aufzuhellen. Es gibt sinfonische Steigerungen und Durchführungen von großartiger Abwechslung. Ein schmerzlicher Grundton macht sich beinahe immer bemerkbar und führt zu einem stillen, fast melancholischen Ausklang.
Versonnen könnte man den zweiten Satz nennen, ein volksliedhaftes *Andante* von innigem und doch schlichtem Ausdruck. Ein wenig pastorale Stimmung liegt über ihm, eine Erinnerung vielleicht an stilles, ländliches Glück. Doch bei Brahms sind Schwermut und Seligkeit stets eng beisammen; er weiß, daß es kein Glück geben kann, das nicht durch einen Schmerz erkauft wäre. Manchmal quillt ein leidenschaftlicher Gesang auf, manchmal kommt es zu dramatischen, wenn auch kurzen Höhepunkten. Zuletzt dominiert das aus der Volksseele geschöpfte Hauptthema:

Der dritte Satz läßt mehr als eine Interpretationsmöglichkeit offen. Sein von den Celli breit hingesungenes Eingangsthema (das hernach durch viele andere Instrumente läuft)

kann je nach der persönlichen Einstellung des Interpreten oder Hörers als schmerzlich oder als leicht spielerisch empfunden werden. Der Tempobezeichnung *(Poco allegretto)* und dem Takt (3/8) nach sollte es eher das Gerüst eines »echten« dritten Sinfoniesatzes im klassischen Sinne bilden, eines Scherzo also; aber ein schwermütiger Unterton ist unmöglich zu überhören. Wer fühlt bei diesem scheinbar nur anmutigen Thema nicht den dunklen Grund, auf dem Brahms' Heiterkeit letzten Endes immer ruht? Die Stimmung hellt sich durch ein eingeschobenes Thema – im Sinne des alten »Trios« – auf, aber die Sehnsucht wird immer drängender, romantische Schwärmerei bricht durch; doch bleibt alles verhalten, in nächtliche, in einsame Stimmung getaucht, die manchmal fast unwirklich, schwebend, unirdisch anmutet.
Von starker dramatischer Wucht ist dann der letzte Satz. Er beginnt mit einem unisono von allen Streichern (und den Fagotten) gespielten – fast möchte man sagen gemurmelten –, chromatisch durchsetzten Thema, dessen Grundcharakter beinahe unheimlich ist:

Ein Bläserchoral folgt, geheimnisvoll, feierlich, geht aber bald mit mitreißendem Aufschwung in dramatischen Ablauf über. Zahlreiche, einander wirkungsvoll entgegengesetzte Stimmungen bilden den weiteren Inhalt. Als der Höhepunkt erreicht ist, bringt Brahms das Stück aber nicht zum Abschluß (wie Beethoven es so oft getan hat). Ein langer Abgesang von Verzicht und Entsagen führt zu einem besinnlichen, wehmütigen Abschied. Die siegreichen Heere des Lebens sind mit fliegenden Fahnen weitermarschiert, doch der Held verweilt auf der Walstatt und blickt lange in die untergehende Sonne ...

*Interpretation:* Man hat dieses Werk oftmals Brahms' »Eroica«, heroische Sinfonie, genannt. Uns scheint – wenn wir schon eine solche Anlehnung suchen wollen – die Idee einer »tragischen« Sinfonie näherzuliegen. Jedenfalls bildet das Heldische hier nur eine der hundert Facetten, mit denen das Stück überreich ausgestattet ist. Es ist vor allem ein leidenschaftliches Werk, das einen ebensolchen Dirigenten erfordert. Er sollte ein tief veranlagter Musiker sein, dem nichts Menschliches fremd ist (und alles Technische des Dirigierens Selbstverständlichkeit bedeutet). Glück und Leid, Einsamkeit und Überwindung, Verzicht und unendliche

Zärtlichkeit müssen aus Brahms' dritter Sinfonie klingen.

*Sinfonie Nr. 4 e-moll,* op. 98. Vier Sätze: *Allegro non troppo; Andante moderato; Allegro giocoso; Allegro energico e passionato.*

*Geschichte:* Zwei Sommer lang (1884 und 1885) arbeitet Brahms an seiner vierten, letzten Sinfonie. Er hat sich, um ruhig schaffen zu können, in die Steiermark, nach Mürzzuschlag, zurückgezogen, am Fuß der Berge in einem grünen Tal gelegen; aber der Ort besitzt weder die Lieblichkeit des Wörther Sees noch die Schönheit des Thunersees und auch nicht die weite Meeresperspektive Rügens. Hier »werden die Kirschen nicht süß und eßbar«, wie Brahms selbst sagt, und er setzt hinzu, er fürchte, die Sinfonie »schmecke nach diesem Klima«. Warum mag er Mürzzuschlag gewählt haben? War er doch in seinen Entscheidungen gänzlich frei, seine glänzende materielle Situation hätte ihm einen Aufenthalt an den schönsten Plätzen der Welt erlaubt. Sein Biograph Alfred Orel meint, vielleicht habe er – bewußt oder nicht – einen Ort gesucht, der mit der Sinfonie, die in ihm zu keimen begonnen hatte, in Einklang stehe. Die süße Atmosphäre eines südlichen Sees, die ihm die liebliche zweite Sinfonie eingegeben hatte, schien ihm wohl nicht das rechte Klima für die herben Gedanken, die er zur vierten verarbeiten wollte. Und so entstand das vielleicht bewundernswerteste Werk des Komponisten, nicht aber sein eingängigstes. Der berühmte Dirigent Hans von Bülow, einer der glühendsten Anhänger Wagners, aber trotzdem ein begeisterter Verehrer Brahms', war 1880 nach Meiningen gegangen, wo er aus der herzoglichen Kapelle eines der führenden Orchester Europas machte. Ihm vertraute Brahms – nachdem bereits das zweite Klavierkonzert dort geprobt und auf einer langen Tournee zwanzigmal aufgeführt worden war (darunter war die Uraufführung in Budapest) – nunmehr die vierte Sinfonie an. Aber Bülow bereitete sie nur vor, dann überließ er den Dirigentenstab dem Autor, der als Interpret eigener Musik längst eine europäische Berühmtheit geworden war. Das Werk erklang am 25. Oktober 1885 in Meiningen zum ersten Mal; dann gingen der Komponist und das Orchester mit ihm auf Reisen. Vierzehnmal spielten sie es innerhalb eines einzigen Monats in verschiedenen Städten. Beinahe wäre es nicht zu diesen Aufführungen gekommen: Ein Brand im Wiener Hause des Komponisten brachte das (einzige) Manuskript in höchste Gefahr, aus der es glücklicherweise ein Freund im letzten Augenblick retten konnte. Wien, Brahms' »zweite Heimat«, nahm mit dieser Sinfonie Abschied von ihm: Ein Konzert der Philharmoniker, in dem die vierte Sinfonie auf dem Programm stand, war das letzte, dem der Meister beiwohnen konnte; an jenem 7. März 1897 huldigte das Publikum noch einmal dem todkranken Komponisten, der bleich und fast unkenntlich, auf die Arme von Freunden gestützt, in die Direktionsloge der Gesellschaft der Musikfreunde hinaufstieg. Alle fühlten, daß es ein Abschied war; die Ovationen nahmen kein Ende. Wenige Wochen später, am 3. April, starb Brahms.

*Verwendetes Orchester:* Während Beethovens Sinfonien eine starke Entwicklung von der einfachen ersten zur höchst komplizierten neunten aufweisen – eine Entwicklung, die sich sowohl im Inhalt wie, dadurch bedingt, in der Form und der Instrumentation ausdrückt –, zeigen die Brahmsschen Sinfonien (viel geringer an Zahl und zeitlich in ein einziges Jahrzehnt zusammengedrängt) keine wesentlichen Unterschiede im technischen Rüstzeug. Wir sahen, wie der Meister zu einer von ihnen eine Tuba hinzuzieht, zu einer anderen ein Kontrafagott, aber der Grundstock des Orchesters ist stets, auch bei seinen anderen sinfonischen Werken, der gleiche. So auch in der Vierten: Zum doppelten Holz (2 Flöten, 2 Oboen, 2 Klarinetten, 2 Fagotte), zu den 4 Hörnern, 2 Trompeten, 3 Posaunen, den Pauken und dem üblichen Streichquintett (zweigeteilte Geigen, Bratschen, Violoncelli, Kontrabässe) tritt hier nur noch ein Triangel hinzu. In dieser Bescheidung auf relativ kleine Mittel liegt eines der wichtigsten Argumente für die »Klassizistik« Brahms'; gleichzeitig mit ihm und unmittelbar nachher verwenden Bruckner, Mahler, Richard Strauss viel differenziertere Orchester.

*Analyse:* Ein weitgespanntes Hauptthema beherrscht den ersten Satz *(Allegro non troppo):*

Wer sähe diesem prachtvollen sinfonischen Thema auf den ersten Blick an, daß es aus einer winzigen Zelle – einem fallenden Terzschritt – entwickelt ist (H-G-E-C-Fis-Dis-H, sechs Schritte, die, würden sie durchwegs nach abwärts ausgeführt, fallende Terzen bedeuteten)? Es folgen weitere Themen verschiedenen Charakters, teils heroisch, teils innig. Man hat von einer »Ballade« gesprochen, der dieser epische Satz gleiche, von einem »Herbstpoem«, das von Reife, aber auch von Verzicht singe. Vielerlei Stimmungen liegen in ihm (wie in nahezu jedem Brahmschen Sinfoniesatz), ohne daß wir nach einem »Inhalt« suchen dürften; wenn es hier einen gibt, dann hätte er einen einzigen Namen: das Leben. Das bunte, vielfältige Dasein, das jeder von uns lebt, das aber nur wenigen in seiner Mannigfaltigkeit und seinem unermeßlichen Reichtum bewußt wird, ist das »Programm« dieser Sinfonie. Zu Ende des ersten Satzes blüht das Eingangsthema zu gewaltiger Größe auf.

Ganz anders ist der zweite Satz, *Andante moderato.* Sein enggebautes, sich rund um eine Note bewegendes Thema klingt altertümlich (wozu die Harmonisierung stark beiträgt). Man denkt an ein mittelalterliches Schloß, in dessen weiter Halle ein Troubadour sein Lied angestimmt hat.

Wenn nach langen, herben Bläserweisen die Streicher einsetzen, erscheint das ferne Bild weicher, gewinnt Farbe und Innigkeit. Das erste Thema kehrt wieder, wird dramatisch von den Geigen umspielt; ein neues Motiv klingt wie ein inbrünstiges Gebet. Versöhnlich und doch verzichtend geht die alte Weise in leuchtendem Kolorit zur Ruhe.

Ein turbulenter, stürmisch bewegter Satz ist der dritte, *Allegro giocoso*, ein Scherzo, über das viel zu sagen wäre. Brahms – giocoso? Gewiß, auch die Farbe der ausgelassenen Fröhlichkeit ist auf seiner Palette, aber es mutet manchmal an, als müsse er sich zu ihr zwingen wie ein Schwermütiger, der sich einem Karnevalszug anschließt, um für Stunden sein Leid zu vergessen. Und doch ist dieser Satz echt, kommt aus dem Innersten. Eigenartig, wie bei seinem kritischen Hören Reminiszenzen aufsteigen: ein Schuß »Meistersinger«-Fröhlichkeit scheint darin zu liegen und ein klein wenig »Till-Eulenspiegel«-Schelmerei (die von Richard Strauss erst zehn Jahre später zum Leben erweckt werden wird). Trotzdem: echtester Brahms, der hier lustig sein will und es auch ist. Eine mehrfach auftauchende ernste Akkordkette enthüllt sich später – im letzten Satz – als Vorahnung eines gewichtigen Themas.
*Allegro energico e passionato* steht über dem letzten Satz, dem großartigsten des Werks, dem großartigsten Brahms' und einem der großartigsten der gesamten sinfonischen Literatur. Schon die Struktur ist meisterhaft: Der Komponist greift auf eine alte, seit bald zweihundert Jahren nicht mehr gebräuchliche Form, die Chaconne, zurück. Diese besteht aus einem kurzen, achttaktigen, äußerst markanten Thema, das als *Cantus firmus*, als Fundament, als gewaltiger Baustein das Gerüst des Satzes trägt.

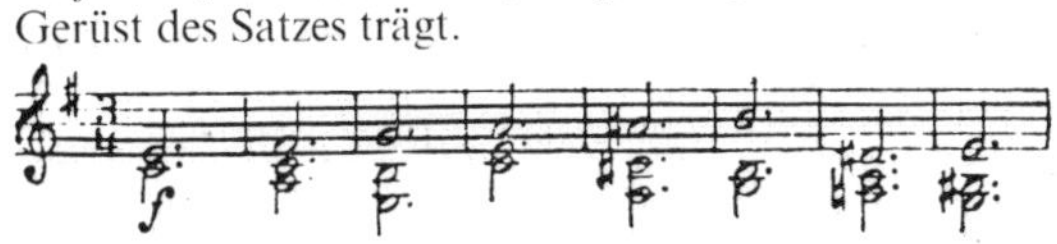

Auf seinem Grund errichtet Brahms Variationen. Nicht weniger als 31mal erklingt das Thema, das gleichzeitig aus melodischen und harmonischen Elementen besteht. Der Komponist verbindet, in beinahe unfaßbarer technischer Meisterschaft, völlig unterschiedliche, ja entgegengesetzte Formen, wie Chaconne oder Passacaglia mit Sonate. Unerschöpflich in den Variationen gelingt ihm zudem eine echt sinfonische Steigerung bis zu einem apotheosischen Schluß. Er beweist, daß er nicht nur ein Meister der Harmonie ist, sondern auch die seinerzeit ein wenig vernachlässigte Kunst des Kontrapunkts restlos und souverän beherrscht; er zeigt, daß seine überströmende Phantasie – die gut als »romantisch« bezeichnet werden kann – mit einem klassizistischen Formgefühl Hand in Hand geht, mit einer eisernen Disziplin, die nirgends ein Sprengen des selbstgewählten Rahmens gestattet. Ein Romantiker und ein Klassiker zugleich: Vielleicht liegt hierin Brahms' letzte, höchste Bedeutung.

*Interpretation:* Dies ist nicht nur orchestertechnisch die schwierigste Brahmssinfonie. Der letzte Satz stellt ein äußerst kompliziertes, polyphones Geflecht dar, das nur ein hervorragendes Orchester und ein geistig und musikalisch souveräner Dirigent klar darlegen kann. Im übrigen darf auch diese Sinfonie nur mit großer menschlicher Reife, überlegener Persönlichkeit, höchster Kultur dirigiert werden. Sie ist ein wahrer Prüfstein für jeden Dirigenten und jedes Orchester.

## Jan Brandts-Buys

1868–1933, niederländischer Komponist

Der in Zutphen geborene, in Wien niedergelassene und in Salzburg verstorbene Opernkomponist schuf auf orchestralem Gebiet die Suite *Poetischer Spaziergang* (mit den Sätzen »Das Bächlein«, »Hirten in der Einsamkeit«, »Begegnung«, »Grammophon in der Schenke«, »Was die Schloßruine erzählt«, »Ein wunderlicher Passant«, »Vorüberziehendes Gewitter«) sowie die *Salzburger Serenade*, die 1930 in dieser Stadt unter Bernhard Paumgartner erklang.

## Walter Braunfels

1882–1954, deutscher Komponist

Schöne sinfonische, spätromantisch empfundene Musik hat der als Opernschöpfer bekannter gewordene deutsche Komponist hinterlassen. Erwähnen wir:

*Konzert für Klavier und Orchester; Konzertstück für Klavier und Orchester; Hebridentänze für Klavier und Orchester; Phantastische Erscheinungen*, op. 25; *Don Juan*, klassisch-romantische Phantasmagorie, op. 34; *Präludium und Fuge*, op. 36; *Der gläserne Berg*, op. 39b; *Taubenhochzeit*, Ballettmusik; *Divertimento*, op. 42; *Vorspiel und Suite aus »Don Gil von den grünen Hosen«*.

## Cesar Bresgen

1913–1988, österreichischer Komponist

In Florenz geboren und seit Jahrzehnten bei Salzburg wohnend, nimmt Cesar Bresgen eine ganz besondere Stellung im Musikleben ein. Einige seiner äußerst melodischen Gesänge sind in den Rang echter Volkslieder aufgestiegen, Kinderoper und Jugendspielmusiken stehen ihm so nah wie große historische Themen; ein echter Musikant im schönsten Sinn des Wortes, unbelastet von Theorien und Spekulationen, stets aus dem vollen einer echten Inspiration schöpfend und doch keineswegs unzeitgemäß, ein glänzender Könner und ein stetiger Anreger. Von seinen Orchesterwerken seien genannt: *Choralsinfonie* (1936), *Sinfonische Tänze* (1936), *Sinfonisches Konzert* (für Klavier, 1937), *Mayenkonzert* (für Klavier, 1938), *Jagdkonzert* (für Geige und 10 Bläser, 1938), *Klavierkonzert in C* (1952), *Tänze vom Schwarzen Meer* (1956), *Totentanz nach Holbein* (für Klavier, 1958), *Das verlorene Gewissen* (Ballettsuite, 1962), *Hornkonzert* (1964), *Intrada* (1964), *Konzert für Gitarre* (1965), *Konzert für Orchester* (1965), *Zortzikos* (1966), *Visionen* (für Flöte, Cello und Streicher, 1972), *Concertino* (für Flöte, Fagott und Streicher, 1977), *Samiotissa* (Griechische Tänze, 1978), *Elenka* (Konzert für Balalaika, Harfe und Orchester, 1979), *Konzert für Klarinette* (1979), *Doppelkonzert für 2 Celli* (1979), *Concert spirituel* (1980), *Konzert für Altposaune* (1981), *Sinfonietta* (1982), *Impressioni nella notte* (1982), *Magnalia Dei* (Sinfonische Metamorphosen über Texte des Paracelsus für großes Orchester und Sprecher, 1987).

## Frank Bridge

1879–1941, englischer Komponist

*Orchesterwerke: Das Meer (The Sea),* sinfonische Suite; *Sommer (Summer),* Sinfonische Dichtung; *Rebus-Ouvertüre* (Uraufführung: London, 23. 2. 1941, unter Sir Henry Wood, dem Lehrer Benjamin Brittens).

## Benjamin Britten

1913–1976, englischer Komponist

Ein Sohn der Meeresküste – am 22. November 1913 in Lowestoft, Essex, geboren –, mit einer Oper über das Meer *(Peter Grimes)* weltberühmt geworden und am Meer gestorben – am 4. Dezember 1976 in Aldeburgh, Suffolk, wo er ein Festival gegründet hatte: Benjamin Britten, einer der unbestritten Großen in der Musik des 20. Jahrhunderts. Hier seien einige der wichtigsten seiner Orchesterkompositionen genannt und teilweise näher besprochen: *Sinfonietta* (für Kammerorchester, op. 1, 1932, uraufgeführt in London am 31. 1. 1933); *Simple Symphony* (für Streicher, op. 4, 1925); *Soirées musicales* (über Themen von Rossini, op. 9, 1936, uraufgeführt in London am 12. 12. 1938); *Variationen* (über ein Thema seines Lehrers Frank Bridge); *Matinées musicales* (2. Suite über Themen von Rossini, 1941); *Präludium und Fuge* (1943), *Orchestersuite (Four Sea Interludes)* und *Passacaglia* (aus der Oper »Peter Grimes«, 1945); *Klavierkonzert* (op. 13, 1938, uraufgeführt in London am 18. 8. 1938); *Violinkonzert* (op. 15, 1939, uraufgeführt in New York am 27. 3. 1940); *Diversions on a Theme* (Variationen für Klavier, linkshändig); *Schottische Ballade* (für 2 Klaviere); *Katalanische Tanzsuite (Mont Juic); Kanadischer Karneval; Occasional Ouvertüre* (1946); *Suite und Tänze* (aus der Krönungsoper *Gloriana); Pas de six* (aus dem Ballett *The Prince of the Pagodes*, 1957); *The Building of the House* (Psalm 127, 1967); *Suite on English Folk Tunes (A Time There Was*, 1975).

Besonders erwähnt seien die *Variationen und Fuge über ein Thema von Purcell*, die unter dem Titel *The Young Person's Guide to the Orchestra* (1946) bekannt wurden und einen besonders wichtigen Beitrag zur musikalischen Jugenderziehung darstellen. Britten erläutert in diesem Werk launig und unvergeßlich die Aufgabe und den Wirkungskreis jedes einzelnen Orchesterinstruments. (Das Werk wurde auf Schallplatten ebenso weltweit verbreitet wie in der hervorragenden Filmfassung, in der das Orchester von Sir Malcolm Sargent dirigiert wird.) Nicht nur darin hat Britten bewiesen, daß er sich der sozialen Aufgabe der Musik in unserer Epoche wohl bewußt ist. Beziehungsvoll hierfür sind seine Worte: »Ich bin in erster Linie Künstler, und als Künstler will ich der Gemeinschaft dienen, nicht ins Leere schreiben. Ich finde es als Komponist unerläßlich, zu wissen, wie die Zuhörer auf die Musik reagieren.« Der Stil Brittens ist schwer zu definieren. Am auffallendsten ist vielleicht seine Liebe zum Klang, dem er tausend – oftmals nie gehörte – Nuancen abzugewinnen weiß. Er bedient sich selbstverständlich modernster Techniken – freie Tonalität, Polytonalismus, Zwölfton, komplizierte Rhythmik usw. –, die er zu einem persönlichen Stil stärkster Eindringlichkeit verbindet.

*Variationen über ein Thema von Frank Bridge.* Diesem als op. 10 im Jahre 1937 komponierten und 1938 veröffentlichten Werk liegt ein Thema von Brittens langjährigem Lehrer Frank Bridge (1879–1941) zugrunde, einem der ernstesten Musiker seiner Generation. Das Thema entstammt dessen *Three Idylls*; die Variationen zeigen nicht nur eine überraschende technische Geschicklichkeit (der Komponist war eben 24 Jahre alt), sondern auch eine Vielfalt von Stimmungen, die eine Rossini-Parodie, einen Marsch, einen Walzer, eine barocke Bourrée, ein virtuoses Moto Perpetuo und noch anderes einschließt. Die Uraufführung fand im Sommer 1937 bei den Salzburger Festspielen statt, ein weithin sichtbarer Erfolg des jung zu europäischer Geltung gelangten Komponisten.

*Sinfonia da Requiem* nennt Britten das Werk, das eine Art Totenmesse in Sinfonieform darstellt. Es entstand im Jahre 1940, ursprünglich zum Gedenken an seinen Vater, wurde aber darüber hinaus zur Ehrung der Toten des eben in sein zweites Jahr tretenden Weltkriegs. Die Sätze sind *Lacrymosa, Dies irae* und *Requiem aeternam* überschrieben und schildern dementsprechend den *schmerzensreichen Tag*, den *furchtbaren Tag des Jüngsten Gerichts* und die *ewige Ruhe der Toten.* Obwohl der Komponist zu dieser Zeit erst 27 Jahre alt ist, steht er bereits bei op. 20, und in dieser Zahl sind nur seine gedruckten Werke inbegriffen, die von der Fachwelt schon mit größter Aufmerksamkeit verfolgt werden. Die Sinfonia da Requiem wurde auf Long Island (USA) vollendet. Die Uraufführung fand in der New Yorker Philharmonic-Symphony Society unter Leitung von Sir John Barbirolli am 29. März 1941 statt.

*Serenade für Tenor, Horn und Streichorchester,* op. 31, ist eigentlich ein Liederzyklus auf Texte verschiedener Autoren (Cotton, Tennyson, Blake, Ben Jonson, Keats), die sich hier in einem einzigen Thema treffen: der Nacht. Ein großes Nocturne also, das mit einer Pastorale über den scheidenden Tag beginnt und in einem schönen »Gebet an den Schlaf« für Streichorchester endet. Interessant ist die Verwendung des Horns, das in einem Vor- und Nachspiel solistisch eingesetzt wird und ausschließlich in sogenannten Naturtönen bläst, wodurch der Klang eines romantischen Waldhorns heraufbeschworen wird. Der große Schweizer Musikschriftsteller Dr. Willi Schuh hat von diesem Werk treffend gesagt, es verleihe »englischem Wesen und Naturstimmungen unvergleichlichen musikalischen Ausdruck« (1943).

*Sinfonie für Violoncello und Orchester*, op. 68, ist ein – nicht restlos geglückter – Versuch Brittens, dem Meistercellisten Mstislav Rostropowitsch und seinem unheimlich virtuosen Bogen, der aber auch zartester Töne fähig ist, ein modernes Bravourstück zu schreiben. Wie stets, gibt es auch hier faszinierende Klangepisoden. Besonders reichhaltig ist das Schlagwerk bedacht, zu dem neben üblicheren Instrumenten noch Tamtam, Ratsche und Vibraphon treten. Die Form ist traditionell angelegt (so bildet eine Passacaglia den Abschluß), aber der Stil wirkt manchmal ein wenig konstruiert. Und dem Soloinstrument wird nur selten Gelegenheit geboten, aus dem klangstarken Orchester melodisch hervorzutreten.

## Max Bruch

1838–1920, deutscher Komponist

Hochberühmt zu seiner Zeit, heute fast vergessen: Das ist das Los dieses romantischen Komponisten, der am 6. Januar 1838 in Köln geboren wurde. Er wurde geehrt, hatte hohe Posten inne, seine Werke fanden starken Anklang. Manches von ihnen hielt sich lange auf den Konzertprogrammen; heute lebt nur noch ein einziges von ihnen: das *erste Violinkonzert.* Seine Opern sind verschwunden, seine Chorkompositionen werden kaum noch gesungen, seine *Schottische Fantasie für Violine und Orchester*, die dem großen Geiger Sarasate gewidmet ist und eine Art folkloristisches Violinkonzert darstellt, ist kaum noch jemandem bekannt. Seine starke Neigung zum Lied aller Völker ließ ihn unter anderem auch das hebräische *Kol Nidrei* bearbeiten. »Obwohl ich Protestant bin, habe ich doch als Künstler die außerordentliche Schönheit dieser Gesänge tief empfunden und sie deshalb durch meine Bearbeitungen gerne verbreitet«, sagt Bruch in einem Brief. Er begann seine Laufbahn als Musikdirektor in verschiedenen deutschen Städten, war von 1880 an drei Jahre lang in Liverpool tätig und kehrte dann in sein Vaterland zurück, wo er in Berlin Direktor der königlichen Musikschule wurde. Die letzten Jahre verbrachte er in völliger Zurückgezogenheit, bis er am 2. Oktober 1920 in Berlin starb.

*Violinkonzert Nr. 1 in g-moll,* op. 26. Von den drei Violinkonzerten, die Bruch komponierte, hält sich das erste immer noch im Repertoire der großen und kleineren Geiger und in hoher Gunst des Publikums. Die frühesten Skizzen für dieses Werk stammen aus dem Jahre 1857, aber erst sieben Jahre später wurde es vollendet. Im April des Jahres 1866 erlebte es seine Uraufführung. Es hat drei Sätze: *Allegro moderato; Adagio; Allegro energico.* Besonders schön ist der zweite Satz. Darin erweist Bruch sich als überzeitlicher, tief veranlagter und technisch hervorragender Komponist, der hier die tiefe Wehmut, den Weltschmerz, die Sehnsucht der Romantik so ausdrucksvoll zu singen versteht, wie es nur wenigen gelang:

Sehr effektvoll wirkt der letzte Satz, ein Virtuosenstück, wie es als Schlußteil eines romantischen Konzerts an der Tagesordnung war (der sich in nicht geringerem Maße Mendelssohn und Tschaikowsky verschrieben hatten, ja selbst der so ernste und herbe Brahms).

*Vorspiel zur Oper »Die Loreley«.* Komponiert 1863, uraufgeführt in Mannheim 14. 6. 1863;

*Sinfonie Nr. 1, Es-dur,* op. 28. Vier Sätze. Komponiert 1868, uraufgeführt in Sondershausen 26. 7. 1868.

*Konzert Nr. 2 für Violine, d-moll,* op. 44. Drei Sätze. Komponiert 1877, uraufgeführt in London (mit Sarasate als Solist und Bruch als Dirigent) am 4. 11. 1877.

*Konzert Nr. 3 für Violine, d-moll,* op. 58.

*Kol Nidrei,* hebräische Melodie, für Violoncello und Orchester, op. 47 (uraufgeführt am 20. Oktober 1881 im Leipziger Gewandhaus).

# Anton Bruckner
1824–1896

Außerordentliche Bewertungsunterschiede finden wir heute in bezug auf diesen österreichischen Komponisten. In seinem Heimatland, in Deutschland, der Schweiz, Holland und Nordamerika gibt es eine große Zahl von Musikliebhabern, für die seine Werke eine wahre Offenbarung bedeuten und die ihn in der vordersten Reihe aller Komponisten wissen wollen. Hingegen steht die lateinische Welt ihm nahezu fremd gegenüber; eine überraschende Feststellung sicherlich für manchen, der – nicht mit Unrecht – denkt, eine pompöse, in überreichen Wohlklang gekleidete, auf die grandiose Sonorität katholischer Dome und Kathedralen angelegte Musik müsse gerade dem lateinischen Menschen etwas zu sagen vermögen, zumal sie obendrein noch herzensnaiv, ursprünglich, unintellektuell ist. Vielleicht liegt es an einer gewissen germanischen Mystik, an der hochbarocken, ein wenig überladenen Form, an einer nördlichen Neigung zu komplizierten Kontrapunkten? Wir stellen nur die Frage, ohne sie beantworten zu können oder zu wollen. Und wir konstatieren, daß das allgemeine Verständnis für Bruckner in den letzten Jahren stark gestiegen ist. Einen Musikanten Gottes hat man ihn genannt, und selten ist dieses große Wort so gut angewendet worden wie im Falle Bruckners. Beide Worte haben Bedeutung in diesem Porträt: Ein Musikant war er – was etwas wesentlich anderes ist als ein Musiker, obwohl sich der Unterschied nicht leicht in Worte fassen läßt –, und für Gott musizierte er, mehr als er es für die Menschen tat. Er stammte aus dem winzigen Örtchen Ansfelden in Oberösterreich, wo er am 4. September 1824 geboren wurde. Schullehrer in Windhaag, das war sein Beruf, bevor die Musik ihn ganz in ihren Bann schlug. (Jahrzehnte später sollte der Rektor der Wiener Universität, der ihm die Würde eines Ehrendoktors verlieh, sich tief verneigen vor dem einstigen Unterlehrer im Dörfchen Windhaag.) Im Jahre 1840 zog er nach Linz; in dem nahen prachtvollen Kloster von St. Florian bildete er sich zu einem der besten Organisten seiner Zeit aus. Er war bald vierzig Jahre alt, als er seine monatlichen Fahrten nach Wien aufnahm, um bei Simon Sechter zu studieren, einer Autorität im Kontrapunkt. Mit einundvierzig begann er seine erste Sinfonie – obwohl Sechter ihn längst einen »geborenen Meister« genannt hatte. Doch Bruckner litt an dem, was spätere Zeiten einen Minderwertigkeitskomplex genannt hätten. Der hinderte ihn auch daran, sich jemals in der großen Kaiserstadt wahrhaft einzugewöhnen oder gar wohlzufühlen, obwohl es an Anerkennung nicht fehlte und der ein wenig linkische, scheue Mann mit der Zeit höhere Posten einzunehmen berufen wurde: Orgel- und Kontrapunktprofessor, Hofkapellorganist, Kompositionslehrer. Er hatte Richard Wagner zum Leitstern seines Schaffens auserkoren. Das bedeutete in dem wagnerfeindlichen Wien einen schweren Stand, viele boshafte Angriffe und die natürliche Feindschaft der Brahms-Hanslick-Gruppe. Doch sei erwähnt, daß es zwischen Brahms und Bruckner keinerlei persönlichen Haß gab. Und Hanslick war nicht irgendein Musikrezensent, der aus Bosheit »verriß«; was er Bruckner vorzuwerfen hatte, war musikalisch fundiert: »Wagnersche Orchestereffekte, wie das Tremolo der geteilten Violinen in höchster Lage, Harfen-Arpeggien über dumpfen Posaunenakkorden, dazu noch die neueste Errungenschaft der Siegfried-Tuben...« Bruckner hatte diese Mittel gewählt, um sich ausdrücken zu können, um die Überfülle der Bilder, die in seiner Seele lebten, in Musik zu verwandeln. So gerieten ihm seine Werke romantischer als etwa die seines Zeitgenossen Brahms, und vielleicht weniger formstreng. Hanslick meinte auch, in Bruckners Sinfonien bestünde ein »unvermitteltes Nebeneinander von trockener kontrapunktischer Schulweisheit und maßloser Exaltation«. Die »maßlose Exaltation« ist vorhanden, wenn auch vielleicht nicht in dem von Hanslick gemeinten negativen Sinne; es ist die Exaltation eines Gottgläubigen, eines Mystikers, eines Menschen mit überreichem Innenleben, der sich nie im Alltag, sondern immer nur in seinen Werken auszusprechen verstand. Ernst Decsey, Wiener Musikschriftsteller der auf Bruckner folgenden Generation, hat ihm diese echt romantischen Worte gewidmet: »Bruckner ist das Lied vom hohen Berge, in ihm spiegelt sich die Sonnenaufgangspracht, der Schauer der Weiten und Tiefen und die abendliche Verklärung, über die der ausgestirnte Nachthimmel wächst...« Bruckner ist ein österreichischer Musikant gewesen, Schubert verwandt und – ein wenig entfernter – Haydn sowie – jenseits der Grenze – Dvořák. Repräsentant einer Zeit, eines Glaubens, einer Landschaft.

Man muß an hochbarocke Klöster inmitten blühender Felder denken, weit von der Welt und nahe bei Gott, wenn man Bruckner recht verstehen will. Am 11. Oktober 1896 starb er in Wien (wenige Monate vor Brahms); aber beerdigt wurde er nicht in der großen, ihm immer ein wenig fremden Stadt, sondern zu Füßen seiner geliebten Orgel von St. Florian, in einem barocken Kloster inmitten blühender Landschaft, fern der Welt und nahe bei Gott.

*Die neun Sinfonien*

*Sinfonie Nr. 1 c-moll.* Vier Sätze: *Allegro molto moderato; Adagio; Scherzo; Allegro*

Vor und gleichzeitig mit dem von Bruckner als erste Sinfonie anerkannten Werk schuf er zwei andere Sinfonien: eine in f-moll, die er in die Liste seiner Kompositionen niemals aufnahm, und eine in d-moll, die viel später publiziert wurde und manchmal als »Sinfonie Nr. 0« bezeichnet wird. An seiner endgültigen ersten Sinfonie arbeitete er in Linz während der Jahre 1865 und 1866, also mit mehr als 40 Jahren. Er revidierte sie im Jahre 1891, ein Vierteljahrhundert später, völlig, so daß bereits bei diesem Werk das Problem der »Urfassung« auftritt, das bei Bruckner (ähnlich wie bei Mussorgsky) zeitweise hohe Wellen schlug. Beide Fassungen haben ihre Anhänger und Gegner. In der ersten Sinfonie sind schon viele Kennzeichen Bruckners gut ausgebildet: das Formschema, das er von Beethoven übernimmt und nicht wesentlich ändert von der ersten bis zur letzten Sinfonie, die Weite der Melodien, die langen (barocken, würden wir sagen) Themen, die Innigkeit der langsamen Sätze, in die alle Zärtlichkeit der nie gelebten Liebe zu fließen scheint, die Großartigkeit – vielleicht manchmal Überladenheit – der Durchführungsteile, eine gewisse Maßlosigkeit des Klangs, der Höhepunkt auf Höhepunkt türmt. Deutliche Entwicklung hingegen zeigt das Orchester, das im Laufe der Jahre immer größer wird. Der erste Satz der Ersten *(Allegro moderato)* weist Sonatenform auf, die Bruckner allerdings regelmäßig – der Ausdehnung seiner Kompositionen gemäß – auf drei anstatt der früheren zwei Themen aufbaut; er besitzt bereits die echt Brucknerische Feierlichkeit, das Pompöse seiner Musik, das immer an Kathedralen erinnert, aber auch starke Rhythmen, die seinen Sinfonien den in der Form begründeten und unerläßlichen Kampfcharakter gewähren. Das *Adagio* gemahnt an Schubert, Schmerz und Melancholie gehen zuletzt in milder Verklärung zur Ruhe. Besonders charakteristisch ist der dritte Satz, das Scherzo: bäuerliche, oberösterreichische Klänge, wie der Komponist sie jahrzehntelang rund um sich vernahm und bis an sein Lebensende im Herzen bewahrte. In vielen seiner Sinfonien werden wir Ländlerrhythmen finden; sie stehen an Stelle des einstigen Menuetts, das Haydn und Mozart als dritten Sinfoniesatz einbauten. Aus dem höfischen Menuett ist der bäuerliche Ländler geworden (den Schubert in seinen »Deutschen« so gerne verwendete, zu denen auch Beethoven eine lebendige Beziehung hatte), während sein Zeitgenosse Tschaikowsky an dieser Stelle den Walzer vorzieht und die meisten anderen Sinfoniker ganz vom Tanzrhythmus abgehen und freigestaltete Scherzi schreiben (siehe Brahms). Das Finale ist von großartiger Klangwirkung, feurig und energisch. Die Uraufführung fand in Linz am 9. Mai 1868 statt. Die zweite Version erklang erstmals in Wien, am 13. Dezember 1891, unter der Leitung Hans Richters; sie ist der Universität gewidmet, die dem Komponisten im gleichen Jahre den Ehrendoktor verliehen hatte.

*Sinfonie Nr. 2, c-moll.* Vier Sätze: *Allegro; Andante; Scherzo; Finale*

Bruckner begann dieses Werk auf einer Konzertreise nach London, im Jahre 1871, wo er der Welt zeigte, daß es zu seiner Zeit wenige Organisten seines Ranges gab. Er beendete es ein Jahr später in Wien und dirigierte persönlich die Uraufführung in der gleichen Stadt, am 26. Oktober 1873. Auch diese Sinfonie wurde vom Komponisten umgearbeitet: er revidierte sie zuerst 1876 und dann nochmals 1877. Wenn auch der »Fall Bruckner« grundlegend von jenem Mussorgskys verschieden ist, dessen wichtigste Stücke nicht von ihm selbst, sondern von seinem Gefährten Rimsky-Korssakow instrumentiert und stark bearbeitet wurden, so sind doch auch in bezug auf die Brucknerschen Revisionen seiner Sinfonien starke Zweifel aufgetaucht: Die mit dem Autor eng befreundeten Dirigenten Löwe und Schalk rieten ihm, aus bestem Wissen und Gewissen, zu nicht unwesentlichen Änderungen, zur »Milderung« einiger Kühnheiten. Dies erschien ihnen um so notwendiger, als die ersten Aufführungen von Bruckners Sinfonien offenkundige Mißerfolge waren. Erst im Jahre 1930, und vor allem dank der Bemühungen der »Bruckner-Gesellschaft«, wurden die »Urfassungen« wiederhergestellt und setzten sich schrittweise durch. Die zweite Sinfonie hält sich an das gleiche Formschema wie die vorangegangenen. Man hat sie manchmal als »oberösterreichische« Sinfonie bezeichnet – aufgrund einiger Themen und Melodien, die an die Folklore anklingen –, während die Orchestermusiker, die auf der ganzen Welt als boshaft bekannt sind, sie gerne »Pausensinfonie« nennen, da in ihr einige lange Generalpausen vorkommen. Sie ist im allgemeinen straffer gehalten als die erste, dazu lyrischer; die Themen sind allerdings auch hier wieder lang, wie es Bruckners Eigenart ist, besonders im ersten Satz (der in einer Fassung *Allegro* überschrieben ist, in einer anderen *Ziemlich schnell*). Der zweite Satz *(Andante* bzw. *Feierlich, etwas bewegt)* drückt, nach Bruckners eigenen Worten, »zarte Sehnsucht« und »süßes Hoffen« aus; er beginnt in zauberhafter Stimmung und nimmt hernach eine Stelle aus dem *Benedictus* von Bruckners f-moll-Messe auf. Das *Scherzo* (in der anderen Fassung *Schnell* überschrieben) schildert wiederum, ähnlich wie in der Ersten, einen Dorftanz, einen oberösterreichischen »Kirtag«; in die derbe bäuerliche Atmosphäre bringt das zarte Trio einen idyllischen Charakter. Der letzte Satz *(Ziemlich schnell)* vereinigt Sonaten- und Rondoelemente und stellt einen recht frohen, teilweise dramatischen Abgesang dar. Die Instrumentation des gesamten Werkes ist eher einfach, die Form hingegen recht kompliziert. Die dynamischen Schattierungen weitet Bruckner hier erstmalig bis zum dreifachen Forte (fff) in der einen, dem dreifachen Piano (ppp) in der anderen Richtung aus, über die erst die nächste Generation – der Brucknerschüler Mahler vor allem – hinausgehen wird.

*Sinfonie Nr. 3 d-moll.* Vier Sätze: *Mäßig bewegt; Adagio quasi andante; Scherzo (Ziemlich schnell); Allegro.*

Bruckners »Wagnersinfonie« entstand im Jahre 1873; der erste Satz wurde am 23. Februar beendet, der zweite am nächsten Tage begonnen, das Scherzo scheint am 11. März komponiert worden zu sein, das Finale stammt in der Skizze aus den Marienbader Sommertagen, den Schlußpunkt unter das gesamte Werk setzte der Autor in der Nacht des 31. Dezembers. Er stand von Anbeginn dieser Komposition unter dem Banne Richard Wagners, verwendete in ihr einige Motive aus dessen Musikdramen und widmete schließlich dem Bayreuther Meister – in einem oft beschriebenen Besuch – die Sinfonie »in tiefster Ehrfurcht«. (Auf einem anderen Exemplar des Originals steht sogar zu lesen: »Symfonie in d-moll Sr. Hochwohlgeboren Herrn Richard Wagner, dem unerreichbaren, weltberühmten und erhabenen Meister der Dicht- und Tonkunst in tiefster Ehrfurcht gewidmet.«) Bruckner gehörte gefühlsmäßig seit langem in die »neudeutsche« Richtung, in die romantische Strömung, deren Oberhaupt Liszt war (der zu den tatkräftigsten Anwälten der Brucknerschen Musik gehörte); seine Begeisterung für Wagner war in erster Linie dem Studium eines Klavierauszugs von »Tristan und Isolde« zuzuschreiben, in dem der Text nicht verzeichnet stand, so daß Bruckners Verehrung für Wagner vor allem eine rein musikalische war, während er seinen Problemen, seinen Stoffen, seiner Philosophie wohl eher naiv und ohne tiefere Kenntnis gegenüberstand. Das Jahr 1876 wurde zu einem wichtigen Datum in Bruckners Leben: im Sommer wohnte er, auf Wagners spezielle Einladung, der Eröffnung des Bayreuther Festspielhauses bei, und noch im selben Jahr begann er die »Wagnersinfonie« zu revidieren. Er brachte sie am 16. Dezember 1877 in Wien zur Uraufführung. In der gleichen Fassung erklang sie am 6. Dezember 1885 unter Leitung Anton Seidls in New York. Aber vier Jahre später arbeitete Bruckner das Werk nochmals um; am 21. Dezember 1890 erklang die endgültige Version unter Leitung Hans Richters in Wien. Der erste Satz beginnt mit einem Trompetenthema, das – nicht nur der gleichen Tonart, d-moll, wegen – an den Beginn von Beethovens Neunte gemahnt: In beiden herrscht die leere Quinte D-A vor. Der zweite Satz ist wieder, wie so oft bei Bruckner und anderen Sinfonikern, besonders schön; hier zeigt er Schubertsche Innigkeit:

Er vereint idyllische Naturbilder mit religiösen Gefühlen, will uns scheinen, aber derartige Interpretationen fußen auf subjektivem Gefühl; Bruckner war, trotz seiner Romantik, ein »absoluter« Musiker, der nie außermusikalische Erklärungen programmatischer Art gab. Stark gefühlsgeladen dürfen wir seine Musik nennen, leidenschaftlich, mystisch, erregt, gläubig; aber allzu erklärende Deutungen bleiben zweifelhaft. Neben dem träumerischen, in höhere Regionen führenden langsamen Satz steht das sehr irdische Scherzo. Es gemahnt wieder an ein ländliches Fest, aber auch an Waldesrauschen und Vogelsingen, obwohl es von jedem Realismus weit entfernt ist. Im letzten Satz mischen sich verschiedenartigste Stimmungen, ein Bläserchoral und eine leichte, lebenslustige Geigenmelodie ertönen gleichzeitig. Ob es wahr ist, daß Bruckner dies damit erklärte, »die Polka« (die Geigenmelodie) bedeute Lustigkeit und Lebensfreude unseres Daseins, der Bläserchoral hingegen den gleichzeitig vorhandenen Schmerz und die Trauer? Ein strahlender Dur-Schluß führt das zu Beginn erklungene Trompetenthema zum Sieg.

*Sinfonie Nr. 4 Es-dur (Romantische).* Vier Sätze: *Ruhig bewegt; Andante quasi allegretto; Scherzo; Finale (Bewegt, doch nicht zu schnell)*

Bruckner begann die Arbeit an seiner vierten noch vor der Fertigstellung der vorangegangenen Sinfonie; er vollendete die Skizze des ersten Satzes am 2. Januar 1874, knappe zwei Tage also nach Beendigung der dritten. Am zweiten Satz komponierte er vom 10. April bis 7. Juli, am Scherzo (das allerdings später durch ein anderes ersetzt wurde) vom 13. Juni bis 25. Juli. Wenige Tage darauf begann er mit dem Finale und beendete es in St. Florian am 31. August. Die Partitur trägt den Vermerk, daß sie »am 22. November 1874 in Wien, halb neun abends« abgeschlossen wurde. Sowohl bei der dritten wie bei der vierten Sinfonie haben wir es mit gewaltigen, zeitlich überraschend konzentrierten Arbeitsleistungen zu tun; Bruckner lebte in materiell sehr bedrängten Verhältnissen und sah sich deshalb gezwungen, viele Stunden täglich seinem Lehrberuf nachzugehen. Aber mit der Fertigstellung der Partitur war für ihn noch lange nicht die Arbeit an dem Werk beendet. Der beschämende Durchfall der dritten Sinfonie in Wien veranlaßte ihn, auch die vierte nochmals gründlich zu revidieren. Der Dirigent Herbeck, einer der wenigen treuen Freunde aus früherer Zeit, hatte ihm oftmals zu Änderungen seiner Partituren geraten und darüber harte Kämpfe mit dem Komponisten ausfechten müssen. Nun aber erkannte er selbst (wie er nach Berlin schrieb, wo die Uraufführung hätte vor sich gehen sollen), daß die »vierte, romantische Sinfonie einer gründlichen Umarbeitung dringend bedarf«. Er unternahm sie in den Jahren 1878 bis 1880. Der Beiname »romantische« war von Bruckner schon im Jahre 1874 erfunden oder gutgeheißen worden. Die Bezeichnung öffnete wohl »Erklärungen« Tür und Tor, die an diesen »romantischen« Charakter anknüpften. So wollen einige Interpreten von den Lippen des Komponisten die Erläuterung vernommen haben, der Beginn des ersten Satzes bedeute »Mittelalterliche Stadt – Morgengrauen – Ritter reiten zum Tore hinaus – der Schatten des Waldes umfängt sie – Vogelgesang« usw., während andere sich ebenfalls auf ihn stützen, wenn sie erklären, es handle sich um die Fanfaren der Stadtpfarrkirche von Linz, die traditionsgemäß das neue Jahr »einblasen« oder »anblasen«. Bruckners Biograph Max Auer stellt demgegenüber fest – und das entspricht unserer früher geäußerten Ansicht –, daß es sich dabei um Phantasiegebilde handelt, in einer Zeit erfunden, »welche Musik... nur noch intellektuell infiziert verstehen zu können glaubte«. Sicher sind es keine Schilderungen im einzelnen; aber eine Schöpfung im Geist der Naturromantik ist das Werk doch wohl. Eine der vielen Kompositionen der romantischen Epoche also, in denen das Naturerlebnis des Autors stark nachklingt. Ob der heutige Hörer sich dabei konkrete Erscheinungen vorstellen soll – Morgendämmerung, Bergwanderung, Waldeseinsamkeit, durchwegs beliebte romantische Themen –, ist seine Sache; die Musik verträgt romantische Deutungen, aber sie verlangt sie nicht. Und wer Musik hören kann, ohne außermusikalische Erklärungen anzuwenden, erlebt ihre Schönheiten nicht minder tief, wenn auch anders.

Das Horn bläst das erste Thema, das bukolische Heiterkeit und inneren Frieden ausdrückt:

Ruhig fließt der Satz dahin, die ländlichen, beinahe glücklichen, manchmal ein wenig geheimnisvollen Motive überwiegen; seinen Abschluß bildet der bei Bruckner so oft anzutreffende Bläserchoral, der festlich und religiös zugleich wirkt – Erinnerung an St. Florian mit seinem von gewaltigen Säulen getragenen Kuppelgewölbe, seinem in unirdisches Licht getauchten, von Orgelklang mächtig durchströmten hoheitsvollen Mittelschiff. Der zweite Satz gemahnt neuerdings an Schubert, er ist stimmungsmäßig auch nicht weit von Brahms entfernt. Seine verhaltene Innigkeit, die dem Klang des Violoncellos anvertraut ist, könnte auch des nordischen Meisters Einsamkeit und Sehnsucht ausdrücken:

Die Violinen übernehmen das Thema und führen es in eine Art Trauermarsch über, der, von schmerzlichen und starken Akzenten geprägt, wie von erschüttertem Schluchzen geschüttelt erscheint.

Im Scherzo ist es schwer, keine Jagdszenen zu erblikken: Die Hörner blasen lustig zum Ausritt wie auf den Bildern der englischen Jagdmaler, und mit ein wenig Phantasie ist auch Getrappel von Pferden zu vernehmen und sonnige Waldstimmung zu verspüren. Daß das Trio typisch österreichisch ist und einen (hier liebenswürdigen) Ländler darstellt, wird niemanden verwundern, der Bruckners Vorliebe für diese Art Musik kennt.

Unheimlich hingegen und äußerst dramatisch ist das Finale. Die Thematik ist hier wieder sehr weiträumig, mit großen Intervallsprüngen kraftvoll gestaltet. Man mag an gewaltige Felsblöcke denken, die weit in die brandende See hineinragen, oder an Übersinnliches. Der Eindruck von tiefem Erleben, das nach Gestaltung ringt, ist nicht von der Hand zu weisen. Trotzdem klingt der Satz ruhig aus, mit einem stillen Leuchten, wie zu Beginn des gesamten Werkes. (Bruckner soll alle Deutungen des letzten Satzes, die von irdischen Gewittern bis zu seelischen Stürmen gingen, mit den Worten abgetan haben: »Im letzten Satz, da weiß i selber nimmer mehr, was i dabei denkt hab.«)

Die Uraufführung der vierten Sinfonie mußte viele Jahre auf sich warten lassen. Sie erfolgte am 20. Februar 1881 durch Hans Richter in Wien und gestaltete sich zu einem durchschlagenden, ja sensationellen Erfolg, einem der sehr wenigen im Leben des Komponisten. Lesen wir einige der damaligen Kritiken: »Ungewöhnlicher Erfolg... Applaus in Hülle und Fülle«, konstatiert das Anti-Bruckner-Blatt »Neue Freie Presse«, deren Rezensent Hanslick dem Komponisten das Leben gewaltig sauer machte (so sehr, daß dieser bei der ihm gewährten Audienz Kaiser Franz Josephs I., auf dessen freundliche Frage, ob er etwas für den Tonsetzer zu tun vermöge, fragte, ob der Monarch nicht dem bösen Kritiker das Handwerk legen könne); »Das Publikum, und zwar das ganze, nahm die Sinfonie mit ungeteiltem Enthusiasmus auf, der sich in stürmischem, jubelndem Beifall äußerte. Vier- bis fünfmal mußte Bruckner nach jedem Satz erscheinen...«, stellte die »Wiener Abendpost« fest. Eduard Kremser – ein heute nur noch in Männerchorkreisen Mitteleuropas genannter, feinsinniger Musiker – fand eine glänzende Definition, indem er feststellte, Bruckner sei nicht mehr Wagnerianer als Wagner Beethovenianer und Beethoven Mozartianer gewesen sei. Die vierte Sinfonie ist von allen Brucknersinfonien die meistverbreitetste geworden, der Schlüssel gewissermaßen, mit dem das Publikum anderer, oft ferner Länder am leichtesten »aufgeschlossen« und zum Verständnis dieses Komponisten gebracht werden konnte.

*Sinfonie Nr. 5 B-dur.* Vier Sätze: *Adagio – Allegro; Adagio; Scherzo; Adagio – Allegro moderato*

Diese von vielen Brucknerverehrern für des Meisters bestes und schönstes Werk gehaltene, ja als eine der vollendetsten Sinfonien der Weltliteratur gepriesene Komposition entstand in vierjähriger Arbeit; dritte und vierte Sinfonie lagen unaufgeführt in Bruckners Schublade, und allein das Kopieren so riesiger Partituren erforderte oftmals bedeutend mehr Geld, als der Autor zur Verfügung hatte. Aber es trieb ihn zu immer neuen Sinfonien, in denen er seine wahre Berufung erkannte, nachdem er zuerst lange Zeit hindurch geistliche Werke geschaffen hatte. Von der Fünften scheint der zweite Satz zuerst entstanden zu sein: Wir finden hierfür die Zeitangabe des 11. Februar 1875. Laut Auer, Präsident der Brucknergesellschaft, wurde der erste Satz in den Skizzen am 3. März, das Scherzo am 1. April und das Finale am 10. Mai abgeschlossen; am 10. November war die Partitur geschrieben – abermals eine gigantische Leistung. Während der folgenden drei Jahre griff Bruckner immer wieder auf diese Sinfonie zurück, feilte, verbesserte, veränderte, fügte zu dem vollen Orchester (das sogar erstmalig eine dritte Flöte in Anspruch nahm) eine Baßtuba hinzu. 1878 war das Werk endgültig aufführungsreif, aber auch dieses Mal mußte eine lange Zeitspanne vergehen, bis es erklang: ganze sechzehn Jahre! Am 8. April 1894 setzte endgültig der junge Dirigent Franz Schalk – der bald zu Ruhm gelangen sollte und während seines ganzen Lebens ein begeisterter Verfechter für Bruckners Werke blieb – die Uraufführung am Stadttheater Graz, an dem er engagiert war, durch. Bruckner aber, seit längerem leidend und nach einer letzten Reise nach St. Florian, wo er entgegen dem Verbot der Ärzte noch einmal auf seiner geliebten Orgel spielte, völlig zusammengebrochen, konnte die Fahrt nach Graz nicht antreten. Er hat das Werk (wie auch seine Neunte) niemals gehört. Schalk berichtete ihm überglücklich nach Wien von dem ehrlichen, starken Erfolg, den sogar die Presse einmütig bestätigte. Bruckner war damals – man muß es sich vor Augen halten – beinahe 70 Jahre alt.
Er soll von der fünften als von seiner »phantastischen« Sinfonie gesprochen, sie sein »kontrapunktisches Meisterstück« genannt haben. Auch Bezeichnungen wie »tragische« oder »faustische« Sinfonie sind aufgetaucht, aber keine einzige von ihnen wird der Überfülle von Stimmungen gerecht, die in dem riesigen Werk schlummern. Daß eine solche Vielfalt eine äußerst komplizierte Form bedingt, versteht sich von selbst; und diese erleichtert das Verständnis keineswegs. Der Komponist schickt dem Stück (wie Haydn und Beethoven es oft taten) eine langsame Einleitung voraus: Pizzicatogänge der tiefen Streicher, über denen nach und nach die Violinen eine Akkordfolge errichten, bis die von Bruckner bevorzugten Blechbläser zum Hauptthema überleiten, das im Allegrozeitmaß erscheint und eines seiner bekanntesten Motive geworden ist:

Der Satz bringt gegen Ende eine gewaltige Steigerung, einen langen Höhepunkt im dreifachen Forte, Orchesterballungen von höchster, damals noch ungewohnter Intensität (zu der Bruckner wohl durch seine an der Orgel geschulten Klangphantasien gekommen sein mag).
Ergreifend ist der zweite Satz *(Adagio)* mit dem klagenden Oboenthema über dem anders rhythmisierten Pizzicatountergrund der Streicher:

Bemerkenswert bleibt Bruckners Kunst, aus Gegenstimmen Hauptthemen zu machen, aus Begleitfiguren Melodien und umgekehrt. Beim Anhören seiner Werke werden die meisten dieser technischen Kunstgriffe natürlich dem Ohr nicht bewußt; jedoch wer die Partituren zu analysieren imstande ist, entdeckt eine ungeahnte Fülle motivischer Beziehungen und Querverbindungen, die eindeutig auf eine gewaltige Anteilnahme des Verstandes an der kompositorischen Arbeit schließen läßt. Trotzdem ist Bruckner kein »intellektueller« Musiker geworden (wie das 20. Jahrhundert sie hervorbrachte), sondern ein Musikant geblieben, der der Fülle seiner Einfälle mit überlegener Technik Herr wurde.
Was mag Bruckner sich beim *Scherzo* gedacht haben, als er hier eine Themenverwandtschaft mit dem vorausgegangenen Adagio herstellte? Wollte er zeigen, daß gleiche Tonfolgen völlig verschiedene Stimmungen auslösen können, je nachdem, wie der Komponist sie verarbeitet? Wieder fehlt, im weiteren Verlauf, der Anklang an den volkstümlichen Ländler nicht, aber er wirkt hier nicht realistisch, sondern eher wie eine Erinnerung, wie ein fernes Bild; und er klingt sehr innig, gar nicht derb, wie in früheren, fast brueghelhaften Dorfszenen.
Aus der Dämmerung erwächst, wie der erste, nun der letzte Satz. Das langsame Anfangstempo geht in ein dezidiertes *Allegro moderato* über, ein markantes Thema mit abwärts gerichtetem Oktavsprung, der sich sofort darauf um einen Halbton höher richtungsmäßig umkehrt, leitet einen monumentalen Satz ein, in dem Sonatenform und Fuge miteinander verbunden sind. Die Fuge wird durch kunstvolle Kopplung mit einem anderen Thema zur Doppelfuge, die lange Steigerung

endet in einem gewaltigen Bläserchoral. Aber Bruckner rastet nicht; immer wieder türmt er Klangmassen, setzt er zu neuen Steigerungen an, wie sie vorher kaum ein anderer Sinfoniker versuchte, wie gleichzeitig Tschaikowsky sie immer wieder aufzutürmen weiß und wie sie erst Mahler übertreffen wird, wenn auch unter anderen geistigen Vorzeichen. Alles scheint ein mitreißender, unendlicher Hymnus zu Ehren Gottes zu sein, dem das Höchste, Gewaltigste, Reinste zu bieten der Meister als vornehmste Lebensaufgabe empfindet.

*Sinfonie Nr. 6 A-dur.* Vier Sätze: *Maestoso; Adagio; Scherzo; Finale*

Gerade über zwei Jahre erstreckte sich Bruckners Arbeit an der sechsten Sinfonie (die er scherzhaft einmal »die Keckste« nannte, nicht nur als Reim auf »sechste«). Ein Jahr arbeitete er am ersten Satz, vom 24. September 1879 bis zum 27. September 1880. Am 22. November dieses Jahres setzte er den Schlußpunkt unter das Adagio. Das Scherzo entstand vom 17. Dezember bis zum 17. Januar 1881, und die Partitur wurde, nachdem das Finale am 28. Juni zu Ende skizziert war, am 3. September 1881 in St. Florian, der wahren Heimat, abgeschlossen. Am 11. Februar 1883 brachte Wilhelm Jahn in Wien die beiden Mittelsätze zum ersten Erklingen; eine komplette Aufführung war in Budapest geplant, aber Bruckner wollte sich vom einzigen Exemplar der Partitur nicht trennen; sie abzuschreiben hätte 100 Gulden gekostet, einen Betrag, den der Meister nicht besaß. Für seine Werke waren auch keine Verleger zu finden, während Brahms die kaum vollendeten Kompositionen für hohe Geldsummen abgekauft wurden. Eine vollständige, also wahre Uraufführung der sechsten Sinfonie hat Bruckner nicht mehr erlebt. Sein Schüler und Vorkämpfer Gustav Mahler dirigierte sie erst am 26. Februar 1899, etwa zweieinhalb Jahre nach dem Tod des Komponisten. Die sechste nimmt inhaltlich eine eigene Stellung unter den Brucknerschen Sinfonien ein. Es fehlen ihr die großen, geballten Kraftausbrüche, die riesig dimensionierten Steigerungen; sie ist irgendwie »leichter«, wohl auch »heller« (wozu ihre Grundtonart A-dur sicherlich beiträgt). Es liegt eher friedliche als kämpferische Stimmung in ihr. Im ersten Satz *(Maestoso)* hat man ein altösterreichisches Militärsignal zu hören vermeint; tatsächlich klingt ein Thema an die »Retraite« an, das Feierabendsignal gewissermaßen. Bruckner soll es absichtlich verwendet haben, wie einige Jahre später sein Jünger Gustav Mahler aus den Trompetenrufen der altösterreichischen Armee (die angeblich großteils von Michael Haydn, Josephs Bruder, stammen) zahlreiche seiner Sinfoniethemen gewann.
*Sehr feierlich* setzt Bruckner neben *Adagio* über den zweiten Satz. Ein ruhig dahinschreitendes Streicherthema gibt die Grundstimmung. Eine Trauermarschweise klingt später hinein, als ziehe irgendwo in der Nacht ein Totenzug vorbei. Innigere Gedanken dringen vor, verhaltene Zärtlichkeit, vielleicht Hoffnung auf ein Liebesglück (wie der Komponist sie in jenem späten Augenblick seines Lebens noch einmal, und wieder ohne Erfüllung, hegte).
Eine Sonderstellung in Bruckners Schaffen nimmt das Scherzo ein. Während alle bisherigen dritten Sätze seiner Sinfonien völlig erdgebunden, ja landschaftsgebunden waren, in Ländlerrhythmen stampften und Dorffeste schilderten, begegnen wir hier einem geisterhaften Scherzo, das an Elfenreigen, an Weber und Mendelssohn gemahnt; nicht mit Unrecht hat man darin (zeitbedingte) Verwandtschaft mit Böcklins Malerei gesehen, aber in gewissen Pastellfarben seines Orchesters scheint der Komponist sogar dem eben entstehenden, ihm sicher unbekannten Impressionismus nahezustehen.
*Bewegt, doch nicht zu schnell* steht über dem letzten Satz. Wer genau analysiert, erkennt, daß starke thematische Zusammenhänge mit den vorausgegangenen Sätzen bestehen, doch werden diese dem unbefangenen Hörer kaum klar. Wieder finden wir choralartige Bildungen, wie Bruckner sie liebte, auch Fanfaren, unter deren majestätischen Klängen das Werk auf seinen letzten Höhepunkt geführt wird.

*Sinfonie Nr. 7 E-dur.* Vier Sätze: *Allegro moderato; Sehr feierlich und langsam; Scherzo (Sehr schnell); Finale (Bewegt, doch nicht zu schnell)*

Neben der vierten, der »Romantischen«, hat die siebente Sinfonie unter allen Werken Bruckners die weiteste Verbreitung und die höchsten Aufführungsziffern aufzuweisen. Er schrieb sie von 1881 bis 1883. Den ersten Satz begann der Komponist zwanzig Tage nach Abschluß der Sechsten; am 23. September. Bis Ende des Jahres 1882 waren der erste und dritte Satz fertig; das Adagio entstand vom 22. Januar bis 21. April, und das Finale wurde (wie schon manches frühere Werk) am 10. August 1883 in St. Florian vollendet. Am 27. Februar 1884 erfolgte eine Art »Voraufführung« in der Zweiklavierfassung von Joseph Schalk und Ferdinand Löwe, im alten Wiener Bösendorfersaal, der so vielen musikalischen Ereignissen seinen schönen, intimen, nun längst der Spitzhacke zum Opfer gefallenen Rahmen gewährt hat. Am 30. Dezember 1884 erklang die Siebente zum ersten Mal, unter der Leitung des später weltberühmten Arthur Nikisch im Leipziger Gewandhaus. Der Erfolg war, wenn man die Schwierigkeit des Werkes beim ersten Hören in Betracht zieht, erfreulich. Die »Kölnische Zeitung« läßt sich berichten: »Anfangs Befremden, dann Fesselung, dann Bewunderung, schließlich Begeisterung, das war die Stufenleiter.« Wenig später, am 10. März 1885, erzielte die siebente Sinfonie unter Leitung von Hermann Levi, dem großen Wagnerdirigenten, in München einen triumphalen Erfolg, der Bruckners Stellung in Wien wesentlich stützte und weitere Kreise der musikalischen Welt Europas auf seine Existenz und sein Schaffen – die bis dahin ziemlich im Dunkel lagen – aufmerksam machte. Zwei Jahre später

bestätigte eine glänzende Londoner Aufführung unter Hans Richter die steigende Geltung des nun über sechzigjährigen Meisters. Die Partitur ist dem Bayernkönig Ludwig II. gewidmet, dem Wagnerfreund und -mäzen; und vielleicht ist keine andere von Bruckners Kompositionen so sehr durch Wagner beeinflußt wie diese. Der zweite Satz scheint eine große Totenklage zu sein: Während Bruckner an ihm arbeitete, erreichte ihn die Nachricht von Wagners Tod in Venedig. Und in der Instrumentation des Werks finden wir zum ersten Male vier Wagnertuben, die vom Bayreuther Meister in sein Ring-Orchester eingeführte Horn-Abart, die hier dem sinfonischen Ensemble einverleibt werden.
Der erste Satz *(Allegro moderato)* beginnt nach zwei Tremolotakten der Geige (wie Bruckner sie so oft als Untergrund einer Melodie verwendet) mit einem aufsteigenden Dreiklangthema, dessen heldisch-stolzer Charakter von manchem Erklärer als Vorläufer von Richard Strauss' »Heldenleben« gewertet wurde. Ein majestätischer Satz, dessen drei weitgeschwungene, äußerst klangvolle Themen großartig verarbeitet sind.

Ergreifend ist der Gesang, den die tiefen Streicher über dem weihevollen Fundament der Wagnertuben anstimmen, mag man bei diesem langsamen zweiten Satz an einen Trauermarsch für Wagner denken oder nicht.

Lichte Geigenklänge hellen die Schmerzensstimmung auf, wie ein Gruß aus dem Jenseits breitet Bruckner zarteste Melodien aus, um immer wieder in den Rhythmus des Totenzuges zu verfallen. Doch auch über diesem Tod liegt – wie bald darauf bei Richard Strauss – die Verklärung, das Eingehen der Seele in unendliche, unirdische Gefilde.
Ganz anders ist das *Scherzo* (*Sehr schnell* überschrieben). Gespenstisch jagt es dahin, eine Trompete bläst das markante Hauptmotiv, zu dem ein Hahnenschrei Pate gestanden haben soll. Gefühlvoller ist das Trio, in langsamerem Zeitmaß spielen die Streicher eine weite, ein wenig österreichische Melodie, die aber bald wieder vom huschenden Scherzo verjagt wird.
Ein einprägsames Hauptthema, auf E-dur- und dem parallelen cis-moll-Akkord aufgebaut, leitet den wuchtigen letzten Satz ein, in unschwer erkennbarer Anlehnung an den ersten. Ein choralartiges Motiv erklingt darauf, aber nicht im strahlenden Brucknerschen Blech, sondern eher weihevoll, ja demütig in den Streichern. Dann entfesselt der Komponist alle Kämpfe und Künste, über die er in Sinfoniefinales gebietet. Bis zum strahlenden, sieghaften, einer Apotheose des Lichts und des Glaubens gleichenden Ende.

*Sinfonie Nr. 8, c-moll.* Vier Sätze: *Allegro moderato; Scherzo (Allegro moderato); Adagio (Feierlich langsam, doch nicht schleppend); Finale (Feierlich, nicht schnell)*

Man darf kein Abnehmen von Bruckners Schöpferkraft für die lange Entstehungszeit der achten Sinfonie und ihre mehrmalige Umarbeitung verantwortlich machen. Zwar war es um seine körperlichen Kräfte nicht mehr so wohl bestellt wie einige Jahre früher, aber seine künstlerische Phantasie schien eher noch im Zunehmen begriffen. Viel Arbeitslast zum Gelderwerb, auch manche Widerwärtigkeit im Wiener Musikleben, das ihm großteils feindlich gesinnt war, verzögerte oftmals sein Schaffen, das sich trotzdem immer wieder siegreich über alle Hindernisse behauptete. Im Spätsommer des Jahres 1884 zeigte Bruckner seinen Angehörigen in Vöcklabruck einige Skizzen mit dem Bemerken, aus ihnen eine neue Sinfonie machen zu wollen. Tatsächlich stammt der Entwurf zum ersten Satz von seinem 60. Geburtstag, dem 4. September 1884. Das Adagio war in der Skizze am 16. Februar 1885 beendet. Am Finale schrieb er vom 9. Juli bis 16. August desselben Jahres, und das Scherzo entstand am 23. Juli, das Trio am 25. August. Eine neue Überarbeitung des gesamten Werks wurde zwei Jahre später am 3. Juli 1887 abgeschlossen. Aber es sollte nicht die letzte sein. Der Anstoß zu einer völligen Neufassung kam allerdings von außen und war für den Komponisten äußerst schmerzlich. Er hatte die Partitur an Levi geschickt, der mit der Uraufführung der Siebenten nicht nur eine Huldigung Wagners durchgeführt, sondern den Beweis seines tiefen Verständnisses und seiner aufrichtigen Verehrung Bruckners gegeben hatte; doch Levi konnte sich in diese Partitur nicht hineinfinden. Durch den gemeinsamen Freund Joseph Schalk – den Bruder Franz' – ließ er Bruckner wissen, eine Neufassung der Sinfonie sei unumgänglich nötig. Diese nahm weitere drei Jahre in Anspruch, die Bruckner zur Vollendung der Neunten fehlten. In der ersten Fassung verwendete Bruckner ein normal großes Sinfonieorchester; in der endgültigen umfaßt es: 3 Flöten, 3 Oboen, 3 Klarinetten, 3 Fagotte (mit Kontrafagott), 8 Hörner (von denen vier mit Wagnertuben abwechseln), 3 Trompeten, 3 Posaunen, Baßtuba, Pauken,

Triangel, Becken, 3 Harfen und dementsprechend verstärktes Streichorchester. Bemerkenswert in dieser Sinfonie erscheint, daß der Komponist hier zum ersten Male die Sätze miteinander vertauscht, wie Beethoven es in seiner Neunten getan hatte: zuerst das Scherzo, hernach der langsame Satz. Noch in einem anderen Punkt läßt Bruckners achte sich mit Beethovens letzter Sinfonie in Beziehung setzen: Ihre Dauer von 75 Minuten überschreitet alle üblichen Sinfoniemaße. Es ist interessant, daß nach Beethovens Neunter während sechzig Jahren keine wichtige Sinfonie dieses zeitlichen Ausmaßes mehr komponiert wurde. (Wie in vielem, wird Mahler auch in dieser Hinsicht seinem Meister Bruckner nachfolgen.)

Wenn die Achte ein Programm hätte, würde es vielleicht einen gigantischen Kampf gegen das Schicksal zum Inhalt haben. In diesem Ringen gibt es nicht nur die verschiedenartigsten Phasen und Stimmungen, sondern auch Ruhepausen. Eine solche stellt der wundervolle langsame Satz (hier der dritte) dar, der ganz in eine träumerische, innige Atmosphäre getaucht ist, jener des großen Tristanduetts im zweiten Akt der Wagneroper nicht unähnlich. Darin verwendet Bruckner übrigens zum ersten Male im Leben die bei ihm ungewohnten Klänge des Triangels, des Beckens und nicht weniger als die dreier Harfen. Das Scherzo beinhaltet, nach Meinung einiger Kommentatoren, ein Porträt des »deutschen Michels«; so soll Bruckner selbst geäußert haben, ohne das Gleichnis weiter auszuführen. Der Satz ist irgendwie trotzig, starrköpfig – oder erscheint er nur so, wenn man dieses »Programm« kennt? Im Trio löst sich dieser Eigensinn zu weicheren Melodiebildungen. Das Finale – das letzte, das Bruckner zu vollenden vergönnt war – ist aus vielerlei Themen zusammengesetzt (worüber sich Levi wohl beklagte, als er es unübersichtlich fand). Es fehlt weder das breit gesungene Streicherthema noch der Bläserchoral, die Bruckner so liebte. Das Ende ist ein Triumphgesang. Haben wir bei Beethoven gesagt, der Mensch habe gesiegt, müßten wir bei Bruckner sinngemäßer von einem Triumph Gottes sprechen.

*Sinfonie Nr. 9 d-moll.* Drei vollendete Sätze: *Feierlich, misterioso; Scherzo (Bewegt, lebhaft); Adagio. Finale nur in Skizzen vorhanden.*

»Ich habe auf Erden meine Schuldigkeit getan; ich tat, was ich konnte, und nur eines möchte ich noch wünschen: Wäre mir doch vergönnt, meine neunte Sinfonie zu vollenden... Der Tod wird mir hoffentlich die Feder nicht früher aus der Hand nehmen.« So sprach Bruckner im Spätherbst 1894. Aber Krankheit und Tod warteten die Vollendung der Neunten nicht mehr ab. Kurz vorher hatte er im Stadtpfarrhof von Steyr seinen 70. Geburtstag gefeiert, still und zurückgezogen. Es gab trotzdem eine Fülle von Ehrungen, die bewiesen, daß – spät, aber doch – seine Geltung in der Welt im Steigen war.

Die ersten Entwürfe der neunten Sinfonie gehen bis in den Sommer 1887 zurück; aber erst Ende April 1891 begann Bruckner die Partitur des ersten Satzes niederzuschreiben, und anderthalb Jahre später – am 14. Oktober 1892 – vollendete er sie. Die Abfassung des Scherzos nahm die Zeit bis 27. Februar 1893 in Anspruch. Das Adagio entstand in den folgenden anderthalb Jahren und wurde am 30. November 1894 abgeschlossen. Den Rest seines Lebens quälte der Komponist sich mit Skizzen zum Finale ab, aber sie nahmen keine endgültige Gestalt mehr an. So kann das Adagio als sein Schwanengesang angesehen werden; und es klingt nach Abschied von der Erde, der zugleich ein Schritt zu Gott hin ist.

»Dem lieben Gott« ist die neunte Sinfonie zugeeignet. Nach weltlichen Persönlichkeiten – Franz Joseph I. und Ludwig II., Richard Wagner – widmete Bruckner sein letztes Werk dem lieben Gott, dem wohl sein ganzes Schaffen immer zugedacht war. Denn es gibt keines, nicht einmal das Bachsche Gesamtwerk, das so von tiefer Gläubigkeit, von religiöser Inbrunst, von seelischer Reinheit und nahezu kindlicher Naivität erfüllt ist, wie das Bruckners.

Es sind verschiedene Anekdoten darüber im Umlauf, wie Bruckner der Grundtonart dieser Komposition gegenüber im Zweifel war. Stand nicht Beethovens Neunte in d-moll? Gerade hatte er sie wieder einmal gehört und sich »unendlich winzig« gedünkt daneben. Aber nun fiel ihm das erste Hauptthema in dieser Tonart ein. Gewiß, man könnte es transponieren – aber war dies nicht vielleicht ein Wink, auf diese Art dem Meister zu huldigen, den er – nach Wagner – am tiefsten verehrte? Doch er konnte die Huldigung nicht vollenden; die neunte Sinfonie ist Fragment geblieben. Bruckner soll kurz vor seinem Tode den Wunsch geäußert haben, man möge sein *Te Deum* (für Solisten und Chor mit Orchester) gleichsam als Finale der neunten Sinfonie singen.

Aus dem düsteren, geheimnisvollen Streichertremolo ersteht – wie so oft bei Bruckner – durch langsame Ballung ein erstes, mit gewaltiger Kraft aufwärtsstrebendes Thema (das von acht Hörnern geblasen wird), bis im Unisono des ganzen Orchesters, im dreifachen Forte das Hauptthema aufklingt, dessen Oktavsprünge kraftgeladen sind wie selten ein Thema:

Ist es eine Anrufung Gottes, wie viele Deuter gemeint haben? Der Augenblick, in dem die Massen zu Boden stürzen, wenn ein überwältigender Strahl ewigen Lichts sie blendet? Ist es Beethovens Botschaft des »Ihr

stürzt nieder, Millionen, ahnest du den Schöpfer, Welt?« Hernach gibt es wechselnde Stimmungen, wie ein Sinfoniesatz dieses Ausmaßes sie verlangt. Immer wieder die berühmten Brucknerschen Steigerungen, die zu stets neuen Höhepunkten führen, als besänge er Gott, »das Reich und die Macht und die Herrlichkeit«, den überirdischen Glanz, den Jubel der himmlischen Heerscharen, die Majestät des Unaussprechlichen.
Schwer zu deuten ist das *Scherzo*, ein geniales, aber nicht leicht zu fassendes Stück, dessen Hauptthema aus den Noten eines einzigen Akkordes entsteht und das gleichsam in freundlicher Erinnerung einen echt österreichischen Ländler ertönen läßt.
Für den letzten vollendeten Satz sind kaum erklärende Worte zu finden; sie sind angesichts dieses aus tiefstem Innern kommenden Gefühlsausbruchs auch unnötig. Rückblick auf ein erfülltes Künstlerleben, letzte und tiefste Weisheit, innigstes Erleben, Sehnsucht. Töne, die nicht mehr aus dieser Welt zu kommen scheinen. Heimweh nach Gott und versöhnter Abschied von den Menschen...
Bruckners neunte Sinfonie erklang zum ersten Male, als der Komponist längst nicht mehr unter den Lebenden weilte. Ferdinand Löwe dirigierte sie am 11. Februar 1903 im Wiener Musikvereinssaal mit dem Konzertvereinsorchester. Aber er hatte sie vorher völlig neu instrumentiert, mit größtem Respekt, jedoch in der Meinung, Bruckner hätte bei dieser Komposition nicht mehr seine vollen Fähigkeiten zur Verfügung gehabt. Die Neunte gehört seitdem zu Bruckners meistverbreiteten Werken – neben der Vierten und der Siebenten – und bedeutet besonders den »Brucknerianern« einen weithin leuchtenden Höhepunkt. In der Konzertsaison 1911/12 veranstaltete Löwe, ein wahrer Brucknerapostel, die ersten Zyklen aller neun Sinfonien in Wien und München. Erst 1927, durch die Gründung der Internationalen Bruckner-Gesellschaft, wurde allmählich der Ruf nach den Originalfassungen wach, dem dann Schritt für Schritt Rechnung getragen wurde.

## Fritz Brun

1878–1959, Schweizer Komponist und Dirigent

Schweizer Komponist und Dirigent, geboren am 18. August 1878 in Luzern, gestorben in Großhöchstetten am 28. November 1959. *Orchesterwerke*: 10 Sinfonien; *Aus dem Buche Hiob; Sinfonischer Prolog; Ouvertüre für eine Jubiläumsfeier; Rhapsodie; Variationen über ein eigenes Thema für Klavier und Streicher; Klavierkonzert; Cellokonzert.*

## Norbert Burgmüller

1810–1836, deutscher Komponist

Zwei ungewöhnlich bedeutende Sinfonien und ein Klavierkonzert hinterließ der in Düsseldorf geborene und in Aachen jung verstorbene Komponist, bei dessen Tod Robert Schumann schrieb, es habe seit Schuberts Tod in der Musikwelt kein so bedauerliches Ereignis mehr gegeben. Mit allem Nachdruck sei auf Burgmüllers Werke hingewiesen, um ihn dem ungerechten Vergessen zu entreißen.

## Willy Burkhard

1900–1955, Schweizer Komponist

Seit seinem frühen Tod ist das Werk des in Biel geborenen, in Zürich verstorbenen Willy Burkhard ständig in der Beachtung des nationalen und teilweise auch internationalen Musiklebens gewachsen. Viele von seinen Orchesterkompositionen dürfen zu den bleibenden Werten gerechnet werden: *Orchesterwerke: Konzert für Violine und Orchester*, op. 7 (1925); *Sinfonie*, op. 21 (1927); *Ulenspiegel-Variationen*, op. 37 (1932); *Phantasie für Streichorchester*, op. 40 (1934); *Kleine Serenade für Streichorchester*, op. 42 (1935); *Konzert für Streichorchester*, op. 50 (1937); *Toccata für Streichorchester*, op. 55 (1939); *Hymnus*, op. 57 (1939); *Concertino für Violoncello und Streichorchester*, op. 60 (1940); *Konzert für Violine und Orchester*, op. 69 (1943); *Sinfonie in einem Satz*, op. 73 (1944); *Konzert für Orgel*, op. 74 (1945); *Hymne für Orgel*, op. 75 (1945); *Kaleidoskop* (kleine konzertante Suite), op. 79 (1946); *Piccola sinfonia giocosa*, op. 81 (1949); *Fantasia Matutina*, op. 83 (1950); *Toccata für vier Bläser, Schlagzeug und Streicher*, op. 86 (1951); *Sonata da camera für Streichorchester und Schlagzeug*, op. 89 (1952); *Konzert für Viola und Orchester*, op. 93 (1953); *Concertino für zwei Flöten, Cembalo und Streichorchester*, op. 94 (1954).

## Ferruccio Busoni

1866–1924, italienisch-deutscher Komponist

Busoni war eine der faszinierendsten Musikerpersönlichkeiten seiner Epoche. Geistreich, universell, vorausblickend, unternehmend, in der Wiedergabe – als Pianist höchsten Formats – so hervorstechend wie als schöpferische Natur, dazu ein Kämpfer für alles wertvolle Neue, an Inspiration fast so reich wie an Intellekt: Busonis Name wird noch lange in der Musikgeschichte genannt werden, wenn auch das Publikumsinteresse an seinen Werken von Zeit zu Zeit schwanken mag. Als Fünfzehnjähriger wurde er Mitglied der Philharmonischen Gesellschaft von Bologna, 1888 war er Professor am Konservatorium Helsingfors (heute Helsinki), 1890 gewann er den Rubinstein-Preis und wurde Professor in Moskau, 1891 ging er nach Nordamerika, 1894 schlug er seinen dauernden Wohnsitz in Berlin auf; aber er reiste weiterhin durch die ganze Welt, lebte auch vorübergehend in Wien und in Bologna, während des Ersten Weltkriegs in Zürich. Seine Abstammung – ein italienischer Klarinettist und eine deutsche Pianistin waren seine Eltern – machte ihn zum Vermittler zwischen zwei Musiksphären, zwischen zwei Kultur-

völkern. Empoli bei Florenz war seine Geburtsstadt (1. 4. 1866), er starb in Berlin (27. 7. 1924).
Von den Werken, die in dieses Buch gehören, seien genannt: *Klavierkonzert*, op. 39, ein überdimensionales Werk (72 Minuten Spieldauer!), in dessen Schlußsatz ein unsichtbarer Männerchor mitwirkt; *Violinkonzert*, op. 35a; *Concertino für Klarinette und kleines Orchester*, op. 48; *Phantasie für Klavier und Orchester*, op. 44; *Divertimento für Flöte und Orchester*, op. 52; *zwei Konzertstücke für Klavier und Orchester, D-dur und f-moll*, op. 31a und 54; *Lustspielouvertüre* (op. 38, 1897), *Suite »Die Brautwahl«* (op. 45, 1915), *Tanzwalzer für Orchester* (dem Andenken Johann Strauß' gewidmet, op. 53, 1921); *Orchestersuite »Turandot«*, op. 41, die der gleichnamigen Oper nach Gozzis Märchentext vorausging und deren einzelne Teile *Die Hinrichtung, das Stadttor, der Abschied, Truffaldino, Altoum, Turandot, Das Frauengemach, Tanz und Gesang, Nächtlicher Walzer* und *Trauermarsch und türkisches Finale* heißen: schließlich die *Indianische Phantasie*, op. 44 (1915), Busonis meistaufgeführtes Orchesterwerk (von etwa einer halben Stunde Dauer). Nordamerikanische Indianer und deren Melodien hatten ihn zu der Komposition angeregt, in welcher ein Klavier konzertierend verwendet wird.

## Max Butting

1888–1976, deutscher Komponist

*Orchesterwerke:* 10 Sinfonien, *Kammersinfonie* (1923); *Sinfonietta mit Banjo* (1930), *Trauermusik* (1916); *Heitere Musik* (1929), *Totentanz* (*Passacaglia*, 1946); *5 Orchesterstücke* (1947); *Konzertstück* (1948); *Sonatine* (für Streicher, 1949); *Ouvertüre* (1949); *Flötenkonzert* (1950); *Sinfonische Variationen* (1953); *Orchesterballade* (1954); *5 Ernste Stücke nach Dürer* (1955); *Sinfonietta für die Jugend* (1960); *Burleske* (1961); *Wochenendkonzert* (1962); *Sinfonische Rhapsodie* (1962); *Serenade* (1963); *Triptychon* (1968); *Klavierkonzert* (1967).

## John Cage

1912, US-Komponist

Einer der revolutionärsten Anreger seiner Epoche, aber im herkömmlichen Sinne kaum als Komponist zu verstehen (der er auch nicht sein will). Für ihn bedeutet jedes »Werk« ein Experiment, das neue Wege freilegen will, neue Ideen zur Diskussion stellt. Wenn er für Klavier schreibt, so will er dieses Instrument nicht in gewöhnlicher, traditioneller Form verwendet wissen, sondern er »präpariert« es, indem er radikal Klang und Stimmung durch alle erdenklichen Mittel verfremdet. In der *4'33* betitelten »Komposition« gibt es keinen einzigen Ton oder Klang –, also die absolute Stille, aber genau »getimt«: Ist es noch Musik? Zu den hier zu erwähnenden Werken gehören: *Konzert für (präpariertes) Klavier und Kammerorchester* (1951), *Klavierkonzert* (1958) sowie Stücke für verschiedene Arten von Schlagzeug-Ensembles.

## John Alden Carpenter

1876–1951, US-Komponist

Carpenter war einer der ersten nordamerikanischen Komponisten, der Jazzelemente in die »klassische« Musik einzubauen suchte. So verwendete er bereits im *Concertino für Klavier und Orchester* Ragtime-Rhythmen (1915). 1921 schuf er die *Jazzpantomine* mit dem volkstümlichen Titel *Crazy Cat*, worauf Diaghilew – Anreger zahlloser Kompositionen in der Alten wie der Neuen Welt – ihn zur Ballettmusik zu *Skyscrapers* veranlaßte. Er schrieb ferner Sinfonien, *Adventures in a Perambulator* (Suite), *The Birthday of the Infanta, Sea Drift* usw.

## Alfredo Casella

1883–1947, italienischer Komponist

Bedeutend als Klaviervirtuose wie als Komponist, zudem auch hervorragend als Musikschriftsteller und -wissenschaftler tätig, zählt Casella zu den wichtigsten Persönlichkeiten im Kunstleben Italiens im 20. Jahrhundert. Er war ein Schüler Faurés am Pariser Konservatorium und wurde so zum Impressionismus hin orientiert, den er allerdings später zugunsten einer Art Neoklassik aufgab. Er machte sich jung einen guten Namen, trat in seinem Vaterland an die Spitze einer Gruppe moderner Musiker, gründete 1917 die »Società Nazionale di Musica« und später, gemeinsam mit D'Annunzio und Malipiero, die »Corporazione delle Nuove Musiche«. Von seinen im Bereich dieses Buches liegenden Werken seien genannt: die *Rhapsodie »Italia«* (ein frühes, noch stark impressionistisches Stück für sehr großes Orchester), drei Sinfonien, die *Partita für Klavier und Orchester*, ein *Concertino für Orchester*, das *Violinkonzert in a-moll*, ein *Konzert für Klavier, Pauken, Schlagwerk und Streicher*, op. 69, *Pagine di guerra* sowie zwei reizende Kompositionen, zu denen italienische Meister vergangener Jahrhunderte das thematische Material geliefert haben: *Scarlattiana (Divertimento nach Themen von Domenico Scarlatti)* für Klavier und Orchester und *Paganiniana (Divertimento für Orchester nach Themen von N. Paganini)*, op. 63 den Wiener Philharmonikern zu ihrem 100-Jahr-Jubiläum (1941) gewidmet. Für Kammerorchester gibt es noch die Marionettenstücke *Pupazetti*. Casella wurde in Turin am 25.7.1883 geboren und starb in Rom am 5.3.1947.

## Mario Castelnuovo-Tedesco

1895–1968, italienischer Komponist

*Orchesterwerke: Ouvertüren zu Dramen von Shakespeare* (u.a. zu *»Der Widerspenstigen Zähmung«*, 1931, zu *»Der Kaufmann von Venedig«*, 1935); 2 Violinkonzerte; 2 Klavierkonzerte; 2 Suiten.

## José Maria Castro

1892–1964, argentinischer Komponist und Dirigent

Namhafter Komponist, zuerst Orchester- und Kammermusiker, dann Dirigent, Mitgründer der modernen Kompositionsgruppe »Renovación«. Orchesterwerke: *Concerto grosso* (1932); *Klavierkonzert* (1941–1956); *Konzert für Orchester* (1944); *Cellokonzert* (1946); *Preludio y Toccata* (1949); *Tema coral con variaciones* (1952); *Violinkonzert* (1953); mehrere von ihnen preisgekrönt.

## Juan José Castro

1895–1968, argentinischer Komponist und Dirigent

Eine der bedeutendsten argentinischen und südamerikanischen Musikerpersönlichkeiten (Bruder des obengenannten José Maria sowie des ebenfalls bekannten Dirigenten, Cellisten und Komponisten Washington Castro), Dirigent von internationalem Ruf, Gewinner des Verdi-Wettbewerbs der Stadt Mailand (1951), Leiter der Staatsorchester in Buenos Aires (Argentinien) und während seines politischen Asyls in Montevideo (Uruguay). Auf sinfonischem Gebiet wären von seinen Werken zu nennen: *Dans le jardin des morts; La Chellah; Suite breve; Sinfonía argentina; Sinfonía de los campos; Sinfonía biblica; Klavierkonzert; Corales criollos* (1. Preis im interamerikanischen Wettbewerb, Caracas 1956). Ein Schlaganfall im Jahre 1964 machte ihm jede weitere Tätigkeit unmöglich.

## Friedrich Cerha

1926, österreichischer Komponist

Der in Wien geborene, an der Spitze des Ensembles »die reihe« im Musikleben seiner Vaterstadt als Pionier neuester Musik tätige Komponist erlebte seinen internationalen Durchbruch, als seine sachkundige Vervollständigung des dritten Akts der Oper *Lulu* von Alban Berg 1979 in Paris und hernach an vielen weiteren Theatern Aufsehen erregte. Aus seinem Orchesterwerk nennen wir: *Divertimento* (1948), *Intersecazioni* (für Geige, 1959/73), *Mouvements I–III* (1960), *Spiegel I–VII* (1960/61), *Fasce* (1960/72), *Symphonie* (für Bläser und Pauken, 1964), *Langegger Nachtmusik I und II* (1969/70), *Curriculum* (1973), *Sinfonie* (1975), *Doppelkonzert für Violine und Cello* (1976), *Doppelkonzert für Flöte und Fagott* (1982) sowie Werke für Singstimme mit Orchester.

## Alexis Emmanuel Chabrier

1841–1894, französischer Komponist

Nur wenig aus seinem Schaffen hat Chabrier überlebt: vor allem die sinfonische Rhapsodie *España*, die als glänzendes Virtuosenstück in manchem Konzert auftaucht. Sie entstand auf einer Spanienreise des Komponisten, auf der er von den vielfältigen Eindrücken berauscht war. Er wurde am 18. Januar 1841 in Ambert (Puy de Dôme) geboren. Bis nach seinem vierzigsten Lebensjahr mußte er seinen Unterhalt als Ministerialbeamter verdienen, erst dann konnte er sich ganz der Musik widmen. Er stand in freundschaftlichem Kontakt zu César Franck, Saint-Saëns, Massenet, d'Indy. Seine Begeisterung aber gehörte Wagner, von dessen Musik er in Bayreuth erschüttert wurde; in Paris half er hernach dem berühmten Dirigenten Lamoureux bei der Einstudierung von »Tristan und Isolde«. Trotzdem hielt seine Musik sich weitgehend von Wagnerischen Einflüssen frei. Er bevorzugte heitere, ja humoristische Themen, war geistreich und ein wenig spitzbübisch (ein Vorläufer Poulencs also). Oftmals hat man ihn als »Unterhaltungskomponisten« eingestuft, wozu manche seiner leichten Melodien die Handhabe zu bieten scheinen. Aber es steckt mehr in ihm: Der blendende Glanz seiner Werke, die meisterhafte Instrumentation, die immer neuen Klangfarben verraten einen wahren Schöpfer. Dazu ist er spontan, von echtem Temperament beseelt, das sich mit seltenem technischem Können paart. Trotz seines frühen Todes – Paris, 13. 9. 1894 – finden sich schon Spuren des eben beginnenden Impressionismus in Chabriers Musik.

*España* (Uraufführung: Paris 20. November 1883)

Im Jahre 1882 gab Chabrier seinen Staatsbeamtenposten auf, um ganz der Musik zu leben. Eine Spanienreise weckte nicht nur seine Begeisterung (»Trop des merveilles ... et les Espagnoles – je ne dis que ça! ... Je n'ai pas besoin de te dire que j'ai noté une masse de choses ...«), sondern auch seine musikalische Inspiration. Die Ideen reiften schnell, und 1883 war die Orchesterrhapsodie zu Papier gebracht, die den Originalnamen des Landes führt und Chabrier zu seinem dauerhaftesten Erfolg verhelfen sollte. Sie ist von einer »malerischen« Bildhaftigkeit, wie sie damals in Mode stand (und heute verpönt ist), aber sie enthält eine solche Fülle mitreißender Rhythmen, harmonischer Instrumentation, daß ihr Erfolg noch jetzt und wohl auch in Zukunft verbürgt ist. Man versteht, daß Chabrier selbst von seinen anspruchsvollsten Kollegen außerordentlich geschätzt wurde. Sein Einfluß ist sogar auf spätere Generationen fühlbar gewesen. Jemand bezeichnete seine Kunst einmal als »le rire musical«. Wer weiß, wie schwer es ist, mit Hilfe guter Musik lächeln und lachen zu machen, wird Chabrier, dem fast Vergessenen, seinen Beifall nicht verweigern.

*Zwei Orchesterstücke aus »Le roi malgré lui«:* komponiert 1877, uraufgeführt in Paris 18. 5. 1887.
*Ouvertüre »Gwendoline«:* komponiert 1885, uraufgeführt in Paris 22. 11. 1885.
*Marche joyeuse:* komponiert 1888, uraufgeführt in Paris 16. 2. 1890.
*Suite Pastorale:* Vier Sätze *(Idylle, Danse Villageoise, Sous bois, Scherzo valse)*, komponiert 1894, uraufgeführt in Paris 27. 4. 1897.

## Aram Chatschaturjan

1903–1978, sowjetischer Komponist

Die Musik dieses zweifellos genialen, aber oft unkontrollierten Armeniers ist schwer zu beurteilen. In der Zeit nach dem Zweiten Weltkrieg brachen einige seiner Werke wie Elementarereignisse in das westliche Musikleben ein, erregten Aufsehen und Begeisterung. Er verstand es glänzend, die Volksmusik seiner Heimat zur Kunstmusik zu stilisieren. Sein *Klavier-*, wie sein *Violinkonzert*, vor allem aber der »Säbeltanz« aus dem Ballett *Gajaneh* machten ihn schnell populär. Doch mit Ausnahme dieser Werke kam es zu keiner entscheidenden Ausbreitung seiner Kompositionen, obwohl noch viele andere von der markanten Rhythmik und der mitreißenden Instrumentation belebt sind, die ihn auszeichnen und die in besonderem Maße dem »sozialistischen Realismus« des Sowjetstaates entsprachen. Chatschaturjan wurde am 6. 6. 1903 in Tiflis geboren und starb in Moskau am 2. 5. 1978. Die *Sinfonie Nr. 1* enstand 1934/35 und erregte bei den sowjetischen Kritikern Aufsehen (»ein Markstein der Entwicklung der sinfonischen Musik unseres Landes«), gelangte aber noch nicht ins Ausland. Die *Sinfonie Nr. 2* entstand 1943 und wurde ein Jahr später überarbeitet, also mitten im Kriege, wodurch sie in die Nähe von Schostakowitschs *Sinfonie Nr. 7* rückt, der sie in manchem Detail sowie in der Apotheose des kommenden Sieges ähnelt, aber künstlerisch doch kaum gleichwertig ist. Das *Klavierkonzert* aus dem Jahre 1937 kommt deutlich von Tschaikowskys Erstem her, auch Rachmaninow ist zu spüren, aber es ist keine Kopie, sondern in seiner kraftstrotzenden Ursprünglichkeit ein wahres Original. Das *»Allegro maestoso«* (1. Satz) zeigt weite Melodiebögen und warm strömende volkstümliche Melodik, das *»Andante con anima«* (2. Satz) wechselnde Stimmungen, von der melancholischen Heimatweise bis zum Hymnus des Lebensgefühls. Das *»Allegro brillante«* (3. Satz) macht seinem Namen alle Ehre, es ist temperamentvoll mitreißend wie wenige Werke der Zeit. Das *Violinkonzert* wurde 1940 beendet und ist dem bedeutenden russischen Geiger David Oistrach gewidmet. Seine Themen sind stets klar, einfach, von echten Gefühlen getragen; das *Allegro con fermezza* (1. Satz) baut sich auf einer fast motorisch intensiven Melodie auf und besitzt folkloristische Züge, das *Andante sostenuto* singt einen atmosphärisch faszinierenden Walzer (der auch an Tschaikowsky erinnert), das *Allegro vivace* (3. Satz) ist ein fast klassisches Rondo mit klaren Proportionen und glänzenden Entfaltungsmöglichkeiten für den Solisten. Im Jahre 1939 schuf Chatschaturjan die Bühnenmusik zu Lermontows Schauspiel *Maskerade*, das in der dekadenten Aristokratie der Zarenzeit spielt; er faßte dann fünf Stücke zu einer gleichnamigen *Suite* zusammen. Berühmt wurde sein Ballett *Gajaneh*, das 1942 entstand und zweimal umgearbeitet wurde; der darin vorkommende »Säbeltanz« gehört zu den vielgespielten und immer wieder erregenden Musikstücken des Jahrhunderts. 1956 entstand das Ballett *Spartakus*, das von Tanzgruppen der ganzen Welt gern interpretiert wird und sehr schöne Musik enthält. Weitere wichtige Werke sind: das *Cellokonzert* (1946), *Die Schlacht an der Wolga* (1950), eine Konzertsuite nach dem Film *Die russische Frage* (1951), die *Konzert-Rhapsodien für Violine* (1961), *Cello* (1963), *Klavier* (1965), die *Ode an die Freude* (für Mezzosopran, Chor, Violinen unisono, 10 Harfen, 1957), eine *Ballade* (für Bass, 1961).

## Ernest Chausson

1855–1899, französischer Komponist

Klangvoll, feinfühlig, romantisch im Inhalt und mit impressionistischen Andeutungen in der Form präsentiert sich das reiche Werk des jung verstorbenen Franzosen Ernest Chausson. Am stärksten wurde er von seinem Lehrer César Franck beeinflußt. Seine wichtigsten Orchesterwerke sind: die *Sinfonie B-dur* (op. 20, 3 Sätze, komponiert 1890, uraufgeführt in Paris 18. 4. 1891), die *Sinfonische Dichtung »Viviane«* (op. 5, komponiert 1882, uraufgeführt in Paris 1883), die *Bühnenmusik zu Shakespeares »Sturm«, das Konzert für Klavier und Streichquartett* sowie das besonders schöne *Konzert für Violine in Es-dur*, dem er den Namen *Poème* gab. Es entstand 1896 und ist ein wahrhaft tiefpoetisches Stück; Eugène Ysaye, dem es gewidmet ist, spielte es ein Jahr später erstmalig in den Pariser Colonne-Konzerten. Chausson, am 21. 1. 1855 in Paris geboren, starb in Luriay (Nantes) am 10. 6. 1899.

## Carlos Chávez

1899–1978, mexikanischer Komponist

Dieser – neben Revueltas – wohl bedeutendste mexikanische Komponist, der zugleich jahrzehntelang die zentrale Gestalt eines aufstrebenden Musiklebens war, kam in der Landeshauptstadt Mexiko zur Welt. Das indianische Blut seiner Mutter führte ihn frühzeitig in die Gruppe »indianistischer« Künstler, die auf allen Gebieten die Schaffung eines selbständigen kulturellen Ausdrucks Indo-Amerikas anstrebte. 1921 schrieb er sein erstes »nationales« Werk, ein Ballett (*El fuego nuevo,* Das neue Feuer) mit zahlreichen indianischen Instrumenten. Eine zweite Schaffensperiode, mit Einflüssen zeitgenössischer Strömungen anderer Länder, gipfelte 1931 im Ballett *H. P.* (Pferdestärken), einer Apotheose der Maschine, in dessen Inszenierung Chávez aufs engste mit dem berühmten Freskenmaler Diego Rivera zusammenarbeitete. Schon 1928 war Chávez Direktor des Nationalkonservatoriums und des Nationalorchesters geworden; auf beiden Posten hat er Bahnbrechendes geleistet. Aus einer Reihe von Sinfonien, die er schuf, ragen zwei besonders heraus: die *Antigone-Sinfonie* und die *Indianische Sinfonie.* Kommen in letzterer schon zahlreiche einheimische Instrumente vor, so verstärkt sich diese Tendenz noch bedeutend in *Xochipili-Macuilxochitl* (wie der Name des aztekischen Musikgottes lautet). Erwähnenswert ist auch die *Proletarische Sinfonie* sowie ein *Klavierkonzert.* Chávez dirigierte seine Werke auch oft in den USA und mehrmals in Europa.

## Luigi Cherubini

1760–1842, italienisch-französischer Komponist

Der einst hochgeehrte, in Florenz am 14. 9. 1760 geborene, in Paris am 13. 3. 1842 verstorbene Großmeister der Oper spielte viele Jahrzehnte eine führende Rolle im französischen Musikleben. Viele seiner glänzenden Opernouvertüren (*Medée, Les deux journées, Anacréon, Lodoiska, Faniska, Les Abencérages* usw.) waren seinerzeit auch im Konzertsaal beliebt. 1815 schrieb Cherubini eine Sinfonie für die Philharmonische Gesellschaft (London); einige Instrumentalkonzerte (etwa für Horn) sind dankbare Musik.

## Frédéric Chopin

1810–1849

Ein illustrer Name, der trotzdem in einem sinfonischen Nachschlagewerk kein Hauptkapitel einnimmt! Denn sein Leben gehörte, mit nahezu einmaliger Ausschließlichkeit (der höchstens die Paganinis auf dem Gebiet der Geige zur Seite gestellt werden könnte), dem Klavier. Er spielte es wie selten jemand, er komponierte dafür, und selbst wo er das Orchester hinzunahm, blieb das Klavier doch stets der Mittelpunkt, der Hauptdarsteller gewissermaßen, gegen den alles andere abfiel und verblaßte.

Wenige Künstler haben soviel Neugier und Interesse in der breiten Öffentlichkeit erweckt wie dieser blasse, kranke Pole, in dessen Musik die Verbundenheit mit der polnischen Erde, die Sehnsucht nach der Heimat und der Klang der Revolution sich zu einem völlig eigenen Stil verbunden haben. Er kam am 22. Februar 1810 auf dem Landsitz Zelazowa Wola bei Warschau auf die Welt. Seine Laufbahn ist beschrieben, besungen, verfilmt worden. Mit zwanzig Jahren zog er in die Welt, um die Karriere eines Klaviervirtuosen einzuschlagen, seine Kompositionen zu verbreiten und für sein unterdrücktes – damals von Rußland besetztes – Vaterland zu werben. Nach einem Aufenthalt in Wien ließ er sich 1831 in Paris nieder, wo er es zu Ruhm und Reichtum brachte, aber vom Heimweh, der Melancholie und der Tuberkulose langsam, jedoch schmerzvoll und unrettbar zerstört wurde. Als er Erleichterung auf Mallorca suchte, standen ein ungewöhnlich kalter und regenreicher Winter und die wohl nicht (für seine überzarte Natur) ideale Gefährtin, die berühmte Romanschriftstellerin George Sand, einer wirklichen Besserung im Wege; kränker als vorher kehrte er nach Paris zurück, unternahm noch eine Reise nach England und Schottland und starb (auf der Place Vendôme, wo eine Gedenktafel dem Parisreisenden davon kündet) am 17. Oktober 1849. Bis heute bilden seine Werke das Rückgrat zahlloser Klavierabende. Seltener hört man die Stücke, die auch in den Rahmen unseres Buches fallen:

*Variationen über »Là ci darem la mano« aus Mozarts Don Giovanni,* op. 2 (1827); *Fantasie über polnische Arien,* op. 13 (1828); *Krakowiak,* Konzertrondo, op. 14 (1828); *Große Polonaise für Klavier und Orchester* (Grande Polonaise brillante), op. 22; hingegen öfter die beiden *Klavierkonzerte,* die wir ausführlicher besprechen wollen.

*Klavierkonzert Nr. 1 e-moll,* op. 11. Drei Sätze: *Allegro maestoso risoluto; Romanza (Larghetto); Rondo (Vivace)*

Von den beiden Konzerten für Klavier und Orchester, die Chopin komponierte, ist das heute als Nr. 1 bekannte (e-moll) das spätere. Beide stammen aus den jugendlichen Tagen von Warschau, da Chopins Herz für die reizende Konstanze Gladkowska entbrannt war und noch niemand etwas von dem düsteren Weg in Einsamkeit, Exil und Krankheit ahnen konnte, den der Komponist bald einschlagen sollte. Als er das e-moll-Konzert erstmalig spielte – am 11. Oktober 1830 – und stürmischen Erfolg damit erntete, lagen Welt und Zukunft sonnig vor ihm; der Triumph bestärkte ihn und seinen treuen Lehrer Elsner in der Überzeugung, daß der blendende Virtuose nunmehr seine Hand nach europäischen Lorbeeren ausstrecken könne und solle. – Das e-moll-Konzert ist des öfteren bearbeitet worden; nicht wenige Musiker meinten, der Anteil des Orchesters in ihm sei zu »blaß«. (Schon Berlioz sprach von einer »kalten und beinahe überflüssigen Begleitung«.) Die bekannteste Bearbeitung stammt von Carl Tausig, einem bedeutenden Pianisten, Lisztschüler und heute vergessenen, jung verstorbenen Komponisten (1841–1871); aber auch sie kann die unleugbare Diskrepanz zwischen dem überreichen Part des Solisten und dem stiefmütterlich behandelten Orchester nicht beheben. Es bleibt die Frage, ob der knapp Zwanzigjährige die sinfonische Technik zu wenig beherrschte oder ihm die absolute Vorherrschaft seines geliebten Klaviers (das er bei der Uraufführung natürlich selbst spielte) am Herzen lag. Immerhin erzielen Dirigenten mit guter Technik und feinem Klangsinn beim heutigen Höchststand des Orchesterspiels durchaus befriedigende Wirkungen, so daß der Eindruck eines einheitlichen Werkes entsteht.

Der erste Satz *(Allegro maestoso risoluto)* beginnt mit einer längeren Orchestereinleitung, die die drei Hauptthemen vorwegnimmt, eine Ausnahme von den Regeln der Sonatenform, in der dieser Satz geschrieben ist. Zudem sind noch alle drei in E gehalten: zwei in e-moll, eines in E-dur. Das erste Thema ist energisch (*risoluto*, wie im Zeitmaß angegeben):

Inniger das zweite, von jener verträumten Romantik, die zur Charakteristik Chopins wurde und ihn wohl mehr als alles andere in die Herzen von Millionen Liebhabern hat dringen lassen:

Die Zärtlichkeit, die in dieser Melodie liegt, ihre Sehnsucht, ihre Schwermut: Im zweiten Satz treten sie nun hervor und gestalten eine berühmt gewordene Romanze, eines der Musterbeispiele für die Romantik um 1830. In diesem *Larghetto* zeigt sich das Herz des Zwanzigjährigen überraschend traurig, weltschmerzlich. Oder ist es nicht Trauer, ist es nur Sehnsucht? Bei Chopin wie bei Schubert gehen sie Hand in Hand. Selbst das Glück ist wehmütig, denn es währt nur einen Augenblick. Und die Liebe findet nie eine wahre Erfüllung. Chopin selbst soll geäußert haben, diese Romanze solle »den Eindruck eines liebevollen Blicks auf eine Stätte machen, die eine Fülle von Erinnerungen wachruft. Sie ist der Traum einer schönen, mondbeglänzten Frühlingsnacht.« Das ist Chopins Welt: Erinnerungen, Nacht, Mond und Träume. Sie ist es schon, als er zwanzig Jahre alt ist, und sie wird es bis an sein frühes Ende bleiben.

Ein graziöses Thema beherrscht das Schlußrondo. Hier ist alles »klassisch«: die Symmetrie, die schwebende Leichtigkeit und Eleganz. Es fehlt nicht an virtuosen Möglichkeiten, nicht an neuartigen Ideen und sogar Überraschungen, die diesem Finale einen jugendlichen, eroberischen, fesselnden Schwung geben. Welches mag der wahre Chopin sein: der träumerische der Romanze oder der spielerische des Finales? Glücklicherweise beide. Wie viele Stimmungen durchläuft der gewöhnliche Mensch im Laufe eines Tages! Ob man sie vervielfachen muß im Falle eines Genies?

*Klavierkonzert Nr. 2 f-moll,* op. 21. Drei Sätze: *Maestoso; Larghetto; Allegro vivace*

Das sogenannte Erste Konzert erschien 1833 im Druck und ist dem damals gefeierten Klaviervirtuosen und Komponisten Friedrich Kalkbrenner gewidmet, der im Pariser Musikleben eine führende Rolle spielte. Das sogenannte Zweite Konzert wurde drei Jahre später gedruckt und der Gräfin Delfina Potocka zugeeignet. Damals war dieses Werk bereits sieben Jahre alt; als Chopin es schrieb, liebte er Konstanze Gladkowska: »... vielleicht zu meinem Unglück habe ich mein Ideal gefunden, das ich treu verehre. Es sind schon sechs Monate her, daß ich jede Nacht von ihr träume, ihr aber noch kein einziges Wort verraten habe. In Gedanken an dieses schöne Geschöpf habe ich das Larghetto meines neuen Konzerts komponiert...«, schrieb er an den treuen Freund Titus Woyciechowski. Das war 1829, nach der Rückkehr von seinen frühen Auslandsfahrten. Er spielte das Konzert in Warschau am 17. März 1830 zum ersten Male, ein halbes Jahr vor dem e-moll-Konzert. Aber da jenes zuerst im Druck erschien, erhielt es den Namen eines »Ersten Klavierkonzerts«, und sein älterer Bruder, das f-moll-Konzert, wurde zum »Zweiten«. Auch dieses wurde »revidiert«, besonders von Karl Klindworth (1830–1916), Lisztschüler und Wagnerapostel (der Klavierauszüge seiner Musikdramen herstellte), Pianist und Pädagoge. Aber der Orchesterteil ist matt geblieben, und nur außergewöhnlichen Dirigenten gelingt es, ihm Leben einzuflößen.

Von den drei Sätzen möchten wir an Schönheit dem zweiten, an geistvoller Lebendigkeit dem letzten den Vorzug geben. Der erste beginnt (beinahe mehr lyrisch als *Maestoso*, wie die Überschrift lautet) mit diesem Thema:

Kein sehr bedeutendes, will uns scheinen; auch das zweite dürfte kaum Anspruch darauf erheben, aber es öffnet die Möglichkeiten zum Virtuosentum durch perlende Läufe und verzierende Figuren:

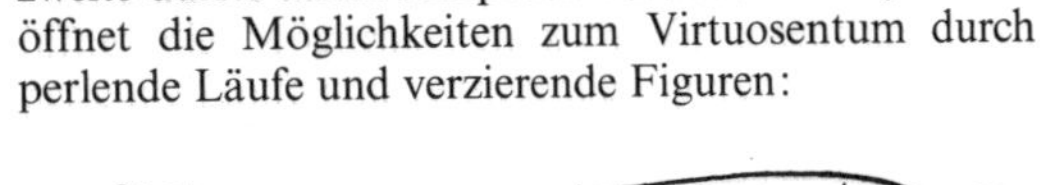


Unvergeßlich ist das *Larghetto*. In ihm liegt schon der Keim der berühmten Chopinschen *Nocturnes*, deren Name genügt, um eine Atmosphäre heraufzubeschwören, wie kaum je ein anderer Komponist sie zu schaffen imstande war. Die Themen sind keineswegs markant; schon hier – der Komponist ist 19 Jahre – zeigt sich der einmalige Zauber von Chopins Musik nicht im Thema, sondern in der poetischen Stimmung, in die er es taucht, in dem Silberglanz des Mondes, der über

allem liegt, in der Liebessehnsucht, die in ihr atmet. Diese Musik legt nie geahnte Wege frei, die die Zeitgenossen tief gepackt haben müssen, und in denen die gesamte Entwicklung bis zu Debussy vorausgeahnt scheint.
Das *Allegro vivace* bildet einen glänzenden Schlußsatz, eine Mittelform zwischen Walzer und Rondo, in dauerndem Fluß (fast wie ein *Moto perpetuo*) und mit faszinierenden Effekten für einen großen Virtuosen:

## Tichon Chrennikow

1913, sowjetischer Komponist

Der in der alten Stadt Yelets oder Jelez/Gouvernement Orel geborene Komponist kam 1929 nach Moskau, wo er schon während seiner Studienzeit ein *Klavierkonzert Nr. 1* schrieb. Es folgte 1935 die *Sinfonie Nr. 1*, die bei der Uraufführung von Georg Sebastian, dann von Stokowski, Ormandy und anderen bedeutenden Dirigenten geleitet wurde. Nach mehreren Suiten (aus Bühnenmusiken) entstanden im Zweiten Weltkrieg (1943) die *Sinfonie Nr. 2*, 1980 die *Sinfonie Nr. 3*; 1959 ein *Violin-*, 1964 ein *Cello-* und 1980 das *Klavierkonzert Nr. 2*.

## Jan Cikker

1911–1989, slowakischer Komponist

Der in Banska Bystrica zur Welt gekommene Komponist, Schüler von Novák und Weingartner, hat unter allen seinen Landsleuten den größten internationalen Ruhm errungen. Dazu trugen in erster Linie seine Opern bei, doch verdienen auch seine Orchesterwerke viel stärkere Aufmerksamkeit, als ihnen außerhalb der Heimat zuteil wird. 2 Sinfonien (1945, 1974) sind ebenso wertvoll wie das *Concertino für Klavier*, der Zyklus der *Sinfonischen Dichtungen* bestehend aus »Sommer«, »Der Soldat und die Mutter« und »Morgen«. Erwähnen wir die *Slowakische Suite* (1943), die Suite *Erinnerungen* (1947), 2 Zyklen sinfonischer Tänze, die *Sinfonietta* (1957).

## Domenico Cimarosa

1749–1801, italienischer Komponist

Der bei Neapel geborene und in Venedig verstorbene Komponist gehörte zu den gefeiertsten der Operngeschichte. Konzertwerke spielten bei ihm und den meisten seiner Zeitgenossen eine höchst untergeordnete Rolle. Es gibt von ihm ein schönes *Konzert für Oboe* sowie eine *Sinfonie concertante* (für 2 Flöten); doch muß einiges verlorengegangen sein, denn in unserem Jahrhundert konnte Francesco Malipiero eine Reihe sinfonischer Fragmente, die vorhanden waren, herausgeben.

## Frederick Shepherd Converse

1871–1940, US-Komponist

*Orchesterwerke:* 5 Sinfonien; *Youth* (Ouvertüre); *Festival March; The Festival of Pan; Endymions Narrative; Euphrosyne* (Ouvertüre); *The Mystic Trumpeter, Ormazd, Ave atque vale; Song of the Sea; Flivver Ten Million; Elegiac Poem; California* (Suite); *American Sketches; Night und Day* (für Klavier und Orchester); *Violinkonzert; Phantasie für Klavier und Orchester; Concertino für Klavier und Orchester; Rhapsodie für Klarinette und Orchester.*

## Aaron Copland

1900–1990, US-Komponist

Der international neben Gershwin und Bernstein meistgespielte US-Komponist kam am 14.11.1900 in Brooklyn (NY) als Einwandererkind zur Welt. Er schuf sich früh eine bedeutende Stellung, so als Leiter der Musikabteilung an der Harvard-Universität und im Berkshire Music Centre von Tanglewood, einer der positivsten musikalischen Einrichtungen der westlichen Hemisphäre. Es war von Anfang an sein Wunsch, »ein Werk zu schreiben, das unmittelbar als ›echt amerikanisch‹ erkannt würde«. Seine Musik ist aus vielen Elementen zusammengesetzt, kennt volkstümliche Melodie geradeso wie Jazz und geistvolle Spekulation, Stimmungsmalerei und technische Finessen; immer ist sie irgendwie »aktuell«, leicht verständlich, sehr gut und wirkungssicher gemacht, glänzend instrumentiert. Sein *Salon Mexico* (1936, uraufgeführt unter Carlos Chávez in Mexiko am 27.8.1936), seine Ballettmusik *Billy the Kid* (1938, erstes Erklingen unter Leitung Coplands in New York am 4.10.1945), sein *Appalachian Spring* (1944 als Ballett, am 17.2.1946 in Konzertform in Baltimore), aber auch *Quiet City* (für Englischhorn und Streicher, 1940) sind Erfolgsstücke in allen Musikstädten der Welt. Weitere Orchesterwerke sind:
*Cortège Macabre* (aus dem Ballett *Grogh* 1923); *Sinfonie für Orgel* (1924); *Music for the Theatre* (für kleines Orchester, 1925); *Tanzsinfonie* (1925); *Klavierkonzert* (1926); *Sinfonie Nr. 1* (1928); *Konzert für Violoncello* (1929); *Sinfonische Ode* (1929), zweite Fassung (1955); *Sinfonie Nr. 2 (Short Symphony,* 1933); *Statements* (1934); *Music for Radio, Saga of the Prairie* (1937); *An Outdoor Ouverture* (1938); *Our Town* (Filmmusik, 1940); *John Henry* (für kleines Orchester, 1940), zweite

Fassung (1952); *Rodeo* (Ballettsuite, 1942); *Danzón Cubano* (1942); *Fanfare for the Common Man* (für Blechbläser und Schlagzeug, 1942); *Lincoln Portrait* (für Streicher und Orchester 1942); *Music for Movies* (für kleines Orchester, 1944); *Letter from Home* (1944); *Sinfonie Nr. 3* (1946); *The Red Pony* (Filmmusik, 1948); *Klarinettenkonzert* (1948); *Preamble* (über die Charta der UNO, 1949); *Orchester-Variationen* (1957); *Suite aus der Oper »The Tender Land«* (1957).

## Roque Cordero

1917, panamaischer Komponist

Cordero, einer der namhaftesten Musiker Lateinamerikas, studierte in den USA, trug Wesentliches zur kulturellen Entwicklung seines Landes bei, zog später abermals in die USA, wo er Preisträger und Kompositionsbeauftragter wichtiger Institutionen war. Zu seinen besten Orchesterwerken zählen 3 Sinfonien (1945, 1956, 1965), *Acht Miniaturen, Introducción y Allegro burlesco, Rapsodia campesina, Panamaische Ouvertüre, Klavierkonzert* (1944), *Violinkonzert* (1962), Stücke für Streichorchester u.a.

## Arcangelo Corelli

1653–1713, italienischer Komponist

Dieser großartige italienische Musiker, von dessen Leben wir so wenig wissen, wurde am 12. oder 13. Februar 1653 in dem Dorfe Fusignano bei Ravenna geboren. Somit ist er einer der frühesten Komponisten, deren Werke im heutigen Konzertrepertoire vertreten sind. Er gehört der Generation an, die Bach, Händel, Vivaldi, Albinoni, Bononcini vorausging und die besonders für die Entwicklung der Instrumentalformen äußerst wichtig wurde. Corelli ist nicht nur (gemeinsam mit anderen Musikern seiner Zeit) der Schöpfer des *Concerto grosso*, er ist auch der Vater der Violinsonate und der Inspirator einer Gruppe, die sich der Komposition für Geige widmete, in welcher Veracini, Geminiani und Viotti die bedeutendsten wurden. Wieviel haben Bach und Händel dem genialen Italiener zu verdanken! Und wie wenig Einzelheiten sind über ihn und sein Schaffen bekanntgeworden, wie liegt überhaupt jene Epoche mit ihrem äußerst glanzvollen Musikleben im Dunkel, verglichen mit späteren Zeiten! Corelli wirkte hauptsächlich in Rom – mit Ausnahme zweier Jahre, während deren er durch Deutschland gereist zu sein scheint –, wo er Musikdirektor und Hauskomponist des Kardinals Ottoboni (des späteren Papstes Alexander VIII.) war. Er fand Anerkennung und wurde mit Ehren überhäuft. Außer in prachtvoller Instrumental- und Kammermusik (die wir in diesem Buche nicht berücksichtigen können) dürften seine Hauptwerke in den *Concerti grossi* zu suchen sein. Unter diesen findet sich das *Concerto grosso fatto per la notte di Natale*, das Weihnachtskonzert, über das wir anschließend sprechen wollen. Corelli, der mit den höchsten Persönlichkeiten seiner Zeit Umgang pflegte – so arbeitete er eine Zeitlang für die in Italien weilende Königin Christine von Schweden –, scheint während seines Lebensabends in Melancholie verfallen zu sein. Er starb in Rom am 10. Januar 1713.

### *Das Weihnachtskonzert*

Die letzte Sammlung von *Concerti grossi* Corellis, als op. 6 herausgegeben, bringt als achtes Stück dieses sogenannte Weihnachtskonzert, dessen italienischer Originaltitel *Concerto grosso fatto per la notte di Natale* lautet. Es ist, dem Brauch der Zeit und der Gepflogenheit in den Palästen gemäß, nur für Streichorchester geschrieben – aber welch prächtige Klangfülle entfalten die Instrumente, die damals auf dem Höhepunkt ihrer Entwicklung angelangt waren! Das Konzert ist feierlich und pastoral zugleich; wir glauben in seinen reinen Melodien die Geburtsszene Jesu beschrieben zu hören, die Engel, die um den Stall von Bethlehem fliegen, die demütige Huldigung der Hirten. Musik, die in ihrer schlichten Einfachheit und tiefen Andacht ergreift. Technisch ist sie in die Form des *Concerto grosso* gegossen, in der eine kleine Gruppe von Solisten dem Ensemble gegenübersteht und schnelle mit langsamen Teilen abwechseln. Ein Werk reinster Kunst, das, ohne etwas von seiner Schönheit zu verlieren, die Jahrhunderte überdauert.

## Paul Creston

1906–1986, US-Komponist

*Orchesterwerke: Sinfonie Nr. 1* (1940), *Nr. 2* (1944), *Nr. 3* (1951); *Saxophon-Konzert; Concertino für Xylophon; Phantasie für Klavier; Pastorale und Tarantella; Präludium und Tanz; Threnody, Sinfonisches Gedicht.*

## Luigi Dallapicolla

1904–1975, italienischer Komponist

Der in Istrien Geborene und in Florenz Verstorbene begann als Spätromantiker, empfing Einflüsse von Busoni und wurde schließlich Anhänger Schönbergs, dessen Dodekaphonik er auflockerte und mit südlicher Melodik und sinnlichem Klang zu verschmelzen wußte. Sein Beitrag zur Oper des 20. Jahrhunderts ist fundamental, aber er hat auch das Konzertleben mit wertvollen Werken bereichert, deren meiste allerdings die menschliche Stimme so entscheidend einschließen, daß sie kaum in dieses Buch gehören. Genannt seien jedoch *Kleines Konzert* (für Klavier und Kammerorchester), *Zwei Stücke* für Orchester; *Variationen; Bal-*

*lettsuite aus »Marsyas«; Partita; Kleine Nachtmusik; Konzert für die Weihnacht 1956; Three Questions with Two Answers* (1962).

## Johann Nepomuk David

1895–1977, österreichisch-deutscher Komponist

Im Leben dieses stillen Oberösterreichers gibt es viele und überraschende Ähnlichkeiten mit Bruckners Schicksal: nicht nur die seelische Formung im Stift St. Florian, nicht nur die Organistenlaufbahn, nicht nur die bis in die Mitte des Lebens reichende Tätigkeit an kleinerer Wirkungsstätte, an weit vom »sichtbaren« Musikleben entferntem Ort (in Wels). Dann Berufung in die Großstadt, Lehrberuf, Anerkennung, Förderung, hohe Staatspreise, Ehrenmitgliedschaften, Aufführungen. Aber trotzdem kein Zurschaustehen im Blickpunkt, keine Polemiken, keine Führerschaft in »modernen Richtungen«, sondern eher ein ruhiges, festes und sicheres Ausreifen, ein In-sich-Ruhen; keine äußerliche Geschäftigkeit, sondern innere Zuversicht, kein Experiment, sondern Glaube – auch hier wieder brucknerisch (und wenn wir wollen: bachisch). Wie jene beiden: vor allem Kirchenmusiker, oder, viel besser gesagt, Gottesmusiker – auch da, wo er weltlich schreibt.

David, am 30. 11. 1895 in Eferding (Oberösterreich) geboren, nahm 1934 die deutsche Staatsbürgerschaft an, als er nach Leipzig berufen wurde, lehrte nach Kriegsende vorübergehend am Salzburger Mozarteum, bevor er nach Stuttgart berufen wurde, wo er am 22. 12. 1977 starb. Von seinen Orchesterwerken seien genannt:

8 Sinfonien (*Nr. 1*, 1937; *Nr. 2*, 1938; *Nr. 3*, 1942; *Nr. 4*, 1949; *Nr. 5*, 1952; *Nr. 6*, 1955; *Nr. 7*, 1957; *Nr. 8*, 1965); 2 Partiten (1936; 1940); *Kume, kum, geselle mîn* (Divertimento nach alten Volksliedern, 1940); *Variationen über ein Thema von J.S. Bach* (1943); *Sinfonische Variationen über ein Thema von H. Schütz* (1943); *Konzert für Streichorchester Nr. 1* (1950); *Konzert für Streichorchester Nr. 2* (1951); *Deutsche Tänze für Streichorchester* (1953); *Konzert für Violine und Kammerorchester* (1954); *Sinfonia preclassica für Kammerorchester* (1954); *Sinfonia breve* (1956).

## Claude Debussy

1862–1918

Der Entdecker (oder Erfinder?) einer neuen, im wahrsten Sinne des Wortes »wundervollen« Klangwelt, Claude Debussy, nach seinem Berühmtwerden von den Zeitgenossen und manchmal von der Nachwelt stolz »Claude de France« genannt, wurde am 22. August 1862 in Saint-Germain-en-Laye, nahe von Paris, geboren. Schon während seines Besuchs des Konservatoriums der Hauptstadt, in die seine Eltern gezogen waren, stand er häufig in ziemlich offener Opposition gegen die Tradition. (»Die Harmonie, wie sie am Konservatorium gelehrt wird, ist wohl die großartig lächerlichste Art, Töne zusammenzusetzen«, sagte er einmal.) Er hatte schon damals den Hang zum Ungewöhnlichen, zum Neuen, wahrhaft »Unerhörten« und zur Einsamkeit. »Dieses arme Kind, das aus höchst gewöhnlichem Milieu stammte, hatte in allem einen aristokratischen Geschmack... Er legte eine eigenartige Vorliebe für das Zierliche, die feinen und zarten Dinge an den Tag... Zwischen ihm und seinen Kameraden kam es nie zu einer wahren Vertrautheit. Er war und blieb ein Einzelgänger, der jede Gesellschaft floh...«, so charakterisiert ihn treffend Gabriel Pierné, selber Komponist von Bedeutung und Jugendkamerad Debussys. Er gewann den Rompreis, kürzte aber den dortigen Aufenthalt, der ihm als sinnloses Exil erschien, eigenmächtig ab, um nach Paris zurückzukehren, die einzige Stadt, in deren Luft er atmen und die zur geistigen Heimat seiner Werke werden konnte. Er feilte, retouchierte lange an jedem von ihnen (zehn Jahre an seiner Oper *Pelléas und Mélisande*!). Mit Recht nennt man ihn einen Impressionisten, ja den Begründer des musikalischen Impressionismus. Verwandt also den impressionistischen Dichtern und vor allem den impressionistischen Malern, Renoir, Manet, Monet, Pissarro, Sisley, Turner. Tatsächlich besteht eine sehr enge Verbindung zwischen der damals völlig neuen Weise, Natur und Landschaft zu erleben und zu malen, und der Art Debussys, sie in Töne zu fassen. Zitieren wir ihn selbst: »Einen Sonnenaufgang zu sehen ist für einen Komponisten nützlicher als Beethovens ›Pastorale‹ zu hören. Ein Musiker sollte klugerweise keinerlei Ratschläge außer denjenigen des vorüberstreichenden Windes anhören, der die Geschichte der Welt erzählt...« Und: »Die Musik ist eine geheimnisvolle Mathematik, deren Elemente an das Unendliche grenzen und die verantwortlich für die Bewegung der Wasser und das Spiel der Kurven sind, die die wechselnden Winde beschreiben. Nichts ist musikalischer als ein Sonnenuntergang... Die Musik ist die Kunst, die der

Natur am nächsten steht... Allein die Musiker sind dazu berufen, die ganze Poesie der Nacht und des Tages, der Erde und des Himmels einzufangen, die Atmosphäre und deren unermeßliche Schwingungen rhythmisch auszudrücken...« So schuf Debussy ein Zauberreich nie geahnter Klänge, er malte in tausend tönenden Farben die subtilsten, die unaussprechlichsten Stimmungen der Natur und des in ihr schlagenden Menschenherzens. Keine andere Musik ist so irreal, so weltfern, so alltagsentrückt wie die Debussys. Er ist ein Tondichter in des Wortes vollster Bedeutung gewesen, ein Poet der Klänge. Es war klar, daß seine musikalische Zauberwelt zur Nachahmung verlocken mußte; Ravel, de Falla, Delius, Elgar, Fauré, Duparc, Respighi, Szymanowski gehören, wenigstens zeitweise, zu seinen Gefährten, aber er ist trotzdem ein einzelner, ein einziger geblieben. Fern allem »Betrieb«, fern allen Ehren, Ämtern und Stellungen, schuf er; reiste später hier und da, um Eigenes zu dirigieren, errang viel Ruhm – und blieb ein Einsamer, der Welt Ferner. Sein überreiches Innenleben verbarg er scheu, wie es oft der Fall ist, hinter Ironie und Spott, hinter geistreichen Formulierungen und bewußtem Abstandhalten. Er starb, in den letzten Jahren zutiefst unter dem Krieg und seiner immer schwereren Krankheit leidend, die das Entstehen weiterer Werke hinderte, in Paris am 26. März 1918. Seiner Musik gegenüber ist »Verstehen« schwer, ja unnütz: man liebt sie – oder man bleibt unempfänglich gegenüber ihrem Zauber.

*Debussys Orchesterwerke:*

*Intermezzo* (unveröffentlicht, 1882)
*Zwei kurze Stücke für Klavier und Orchester* (unveröffentlicht, 1884)
*Printemps* (sinfonische Suite, 1887)
*Phantasie für Klavier und Orchester* (1890)
*Prélude à l'Après-midi d'un faune* (1892–1894)
*Nocturnes (Nuages, Fêtes, Sirènes)*, Sinfonische Dichtungen (1893–1899)
*La mer (De l'aube à midi sur la mer; Jeux des vagues; Dialogue du vent et de la mer)*, sinfonische Impressionen (1903–1905)
*Zwei Tänze für Harfe und Orchester* (1904)
*Bühnenmusik zu Shakespeares »König Lear«* (1904)
*Images (Gigues; Ibéria; Rondes des Printemps,* 1906–1912)

Ferner gibt es eine *Rhapsodie für Saxophon* und eine *Rhapsodie für Klarinette*, beide ursprünglich mit Begleitung des Klaviers, später aber vom Komponisten für Orchester bearbeitet. Weiter eine unvollendete *Sinfonie* aus der Jugendzeit sowie einen *Marche écossaise über ein volkstümliches Thema*, zuerst für Klavier zu vier Händen, später als Orchesterstück bearbeitet.

*Der Nachmittag eines Fauns*

*Sinfonische Dichtung für großes Orchester*

*Originaltitel: Prélude à l'Après-midi d'un faune* (»l'Après-midi« ist hier nicht ganz der »Nachmittag« im deutschen Sinne, sondern eher die schwüle Stunde unmittelbar nach dem Mittag, die Italiener und Spanier »siesta« nennen).

*Verwendetes Orchester:* 3 Flöten, 3 Oboen (eine abwechselnd mit Englischhorn), 3 Klarinetten, 3 Fagotte, 4 Hörner, 2 Harfen, vielerlei Schlagwerk, stark besetzte Streicher aller fünf Gruppen (1. und 2. Violinen, Bratschen, Violoncelli, Kontrabässe).

*Geschichte:* Debussy war aus Rom – vorfristig – heimgekehrt und nahm sein freies (und schweres) Künstlerleben auf sich. In Paris traf er mit den jungen, revolutionären Künstlern zusammen, mit Paul Verlaine, Pierre Louys, Stéphane Mallarmé, den Dichtern, in deren Versen ein neuer Stil lebte, und mit den noch verlachten Freilichtmalern, die man nach dem Titel eines ihrer Bilder recht vage als »Impressionisten« zu bezeichnen begann. Das Jahr 1892 wurde für Debussy besonders bedeutungsvoll: Er sah Maeterlincks Drama »Pelléas und Mélisande« auf der Bühne und beschloß, es zu vertonen. Zugleich verlangte es ihn, Mallarmés Gedicht »L'après-midi d'un faune« in Musik zu setzen, dessen seltsame, aus Naturerlebnis und Erotik gemischte Stimmung ihn bezauberte. Er plante drei Stücke: ein Vorspiel, ein Zwischenspiel und eine Schlußparaphrase. Aber er führte nur das erste aus und gestaltete es zu einem Sinfonischen Gedicht. Ihm blieb der – nun nicht mehr begründete – Name eines Vorspiels, eines »Prélude«. (Das gesamte dreiteilige Werk wurde übrigens kurioserweise in einem Brüsseler Konzert für den 1. Mai 1894 angekündigt, aber selbstverständlich nicht gespielt, da es nicht existierte.) Das heute so berühmte *Prélude* erklang erstmalig am 22. Dezember 1894 unter der Stabführung von Gustave Doret in der Pariser »Société Nationale de Musique«. Während einige Chronisten von kühlem, ja unverständigem und ablehnendem Publikum berichten, verzeichnet Debussys Freund und liebevoller Biograph Emile Vuillermoz: »Die Uraufführung des *Prélude à l'Après-midi d'un faune* unter der Leitung von Gustave

Doret hatte einen solchen Erfolg, daß sie wiederholt werden mußte.«

*Analyse:* Dieses wahre »Manifest des musikalischen Impressionismus« (wie jemand es sehr treffend genannt hat) will keineswegs Wort für Wort Mallarmés Gedicht nachzeichnen. Debussy sagte dazu: »Die Musik dieses Prélude ist eine sehr freie Illustration von Mallarmés schöner Dichtung. Sie will kein Resümee des Werkes geben. Es handelt sich vielmehr um die Schilderung der Stimmungen, in denen sich die Wünsche und Träume des Fauns in der Mittagshitze bewegen. Müde von der Jagd auf verängstigte Nymphen und Najaden verfällt er in einen betäubenden Schlaf, in dem sich alle seine Begierden verwirklichen und er die ganze Natur vollkommen besitzt...« Vom ersten Takt an breitet sich schwüle Stimmung aus. Die Sonne brennt mit sengender Wollust auf die Abhänge eines südlichen Berges (des Ätna, wie man oftmals angenommen hat). Eine ungeheuer eindrucksvolle Flötenmelodie verzaubert uns sofort. Sie ist rhythmisch so raffiniert geschrieben, daß sie keinen Rhythmus mehr – im üblichen Sinne – besitzt:

Eine Traumwelt tut sich auf, ein leises Harfenarpeggio mutet wie ein sanfter Lufthauch an, der des schlafenden Fauns Stirne streichelt. Und dann malt Debussy Träume, wie kaum jemand vor ihm sie in Tönen gezeichnet hat (und nur sehr, sehr wenige nachher, auf seinen Spuren). Melodien, die nicht mehr in sich gerundet oder geschlossen, auch nicht symmetrisch aufgebaut sind, sondern vage dahinziehen, gleich Sommerwölkchen verschweben, ineinander verfließen. Die Harmonien bilden keine »logisch entwickelte« Kette mehr, wie Klassik und auch noch Romantik es verlangten, sondern sind nur noch Farbeffekte, Lichtreflexe, Stimmungen. Sie sind reich und für die damalige Zeit geradezu unfaßbar kühn, sind gewissermaßen »hingetupft« nach Art impressionistischer Farbflecke auf der Leinwand. Im volltönenden Orchester wogen zahlreiche gleichzeitige Bewegungen durcheinander, wie in einem Traum. Der Rhythmus hat nichts mehr mit dem klargegliederten Takt früherer Zeiten gemein, kennt keine regelmäßigen Betonungen mehr. Jede Phrase gewinnt Eigenleben. Schließlich eine Instrumentation von höchstem Raffinement, unerhört differenziert, als suche Debussy für jede Regung der im Schlafe wachen Vorstellungen und Lüste eine andere Klangfarbe, die an Sinnlichkeit die vorige übersteigert. Liebesspiele, Begierden, wohliges Ausstrecken nach glühenden Umarmungen – so realistisch ist diese Partitur und doch so ins Unwirkliche verklärt. Eine unerschöpfliche Skala von Gefühlen wird in dieser Komposition lebendig. Bedeutet sie einen letzten Ausläufer der Romantik? Kommt sie ein klein wenig von Wagner (*Tristan und Isolde*), von Mussorgsky her? Schwer zu beantwortende und im Grunde keineswegs entscheidende Fragen. Ein eigener Glanz liegt über ihr, ein Fin-de-siècle-Schimmer, eine unbewußt müde gewordene Weltabkehr, eine unendlich gesteigerte Stimmungsvielfalt. Musik, die uns einhüllt in einen purpurnen Zaubermantel und uns hinwegträgt ins Traumreich. Vielleicht war Debussy – gerade hier – einer der letzten Magier der Musik...

## *Nocturnes*

Drei sinfonische Dichtungen, die letzte mit Frauenchor.

*Originaltitel: Nuages* (Wolken); *Fêtes* (Feste); *Sirènes* (Sirenen).

*Geschichte:* Ganze sechs Jahre scheint Debussy an diesen drei Nocturnes gearbeitet zu haben. Die ersten Skizzen gehen bis auf das Jahr 1893 zurück, als er daran dachte, dem großen Geiger Ysaye drei Stücke mit Klavierbegleitung zu widmen. Aber kaum waren sie entstanden, fühlte er den Wunsch, sie für Orchester zu setzen; sie wurden so zu echt impressionistischen Tongemälden. Im Jahre 1899 vollendete er diese Fassung, die beiden ersten Stücke (*Nuages* und *Fêtes*) wurden in Paris am 9. Dezember 1900 unter Leitung von Camille Chevillard uraufgeführt. In der gleichen Konzertreihe des Lamoureux-Orchesters erklang hernach, am 27. Oktober 1901, der komplette Zyklus erstmalig. Das Manuskript der Partitur schenkte der Komponist seiner damaligen Gattin Lily Texier; sie war ein bildhübsches Mannequin mit langen blonden Haaren (wie Mélisande in Debussys Oper, aber auch wie Gaby, ihre Vorgängerin in Debussys Leben), ein einfaches Mädchen aus dem Volke, das der Komponist am 19. Oktober 1899 geheiratet hatte. Als Debussy sie – trotz der glücklichen und zärtlichen Widmung auf den *Nocturnes* – vier Jahre später um einer anderen willen verließ, schoß sie sich eine Kugel ins Herz und konnte nur durch ein Wunder gerettet werden.

*Verwendete Klangmittel:* Der ursprüngliche Plan sah ein Streicherensemble für *Nuages*, ein Bläserorchester für *Fêtes* vor; in *Sirènes* sollten beide miteinander vereinigt werden. Aber die endgültige Ausführung änderte alles: Die beiden ersten Stücke arbeiten mit einem großen sinfonischen Orchester, zu dem in *Sirènes* ein Frauenchor tritt, der ohne Text vokalisiert.

*Analyse:* Stünde der Titel *Nocturnes* nicht über dem Gesamtwerk, man müßte bei *Nuages* an leichte weiße Sommerwölkchen im unendlichen Blau denken. Sind es Nachtwolken, die unter dem Mond vorbeiziehen, aufleuchten und wieder verlöschen? Wohl nie ist eine so einfache Naturstimmung so zauberhaft in Töne gebracht worden; und doch ist es mehr als ein Schauspiel, das unser Auge aufnimmt. Es ist der Reflex dieses Schauspiels in unserer Seele. Es gibt kaum Worte – außer dichterischen –, die dieser Stimmung gerecht zu werden vermöchten. Es ist wahrhaftig eine Tondichtung, unendlich zart, unendlich liebevoll, unendlich verträumt: ziehende, langsam dahingleitende Wolken, die unausgesetzt ihre Form ändern. Viel realistischer wird die Musik in *Fêtes*. Das bunte Bild eines bewegten, ja feurigen Festes wird heraufbeschworen; doch erkennen wir, wie bei einem impressionistischen Gemälde, kaum Einzelheiten. Nur die Stimmung ist eingefangen mit tänzerischen Klängen und sinnlichen Harmonien. Debussy soll selbst Erklärungen zu diesen Stücken gegeben haben. Hier spricht er von grellen Lichtreflexen, die – wie der Scheinwerfer eines Leuchtturms vielleicht – über den Festplatz wandern und plötzlich verschiedene Szenen aus der Dunkelheit reißen; von einer seltsamen Prozession, die sich mit der Orgie mischt, bevor sie weiterzieht und in der Nacht verschwindet. Von besonderem Zauber ist das *Sirènes* betitelte dritte Stück. »Das Meer und seine unzähligen Rhythmen« hat Debussy – laut eigenen Worten – geschildert, das Meer, dem er bald ein eigenes, großangelegtes Werk widmen wird. Im Mondlicht erklingt der Gesang der Sirenen, süß, lockend, gefährlich. Eine unirdisch schöne, nicht an Textworte gebundene, sondern frei vokalisierend dahinschwebende Melodie entrückt den Hörer jeder Wirklichkeit – wie der Gesang der Sirenen den Schiffer, der ihnen verfällt, um nie wieder heimzukehren in den Hafen, in die Sicherheit, in das Leben.

## *Das Meer*

Sinfonische Dichtung. Drei Teile oder Sätze: *De l'aube à midi sur la mer* (Von der Morgendämmerung bis zum Mittag auf dem Meer); *Jeux des vagues* (Spiel der Wellen); *Dialogue du vent et de la mer* (Zwiesprache des Windes mit dem Meer).

*Originaltitel: La mer.*

*Geschichte:* Es wäre fesselnd, einmal dem Einfluß nachzugehen, den das Wasser auf das Schaffen Debussys ausgeübt hat (wie es auch im Leben Schuberts eine beinahe mystische Bedeutung hatte). Es erscheint in vielen seiner Werke, in allen Formen hat er es in Tönen einzufangen gesucht: als Regen *(Jardins sous la pluie)*, als stilles Gewässer *(Reflets dans l'eau)*, als leisen Wellenschlag an einem fernen Eiland *(L'isle joyeuse)*, als Quelle *(Pelléas et Mélisande)*, als Heimat geheimnisvoller Wesen *(Sirènes; Ondine; Le tombeau des Najades)*, als Grab eines versunkenen Domes, aus dessen Glockenspiel die Wellen noch geheimnisvolle Töne locken *(La cathédrale engloutie)*. Im Jahre 1903 beschloß Debussy, dem Meer eine große sinfonische Dichtung zu widmen. In einem Brief aus jener Zeit lesen wir von seinem Plan, in dem er die Namen der Sätze angibt, die das Werk haben sollte: *Mer belle aux îles sanguinaires* (Purpurne Insel im blauen Meer), *Jeux des vagues* (Spiel der Wellen) und *Le vent fait danser la mer* (Der Wind läßt das Meer tanzen). Wie man sieht, ist in der endgültigen Fassung der zweite Satz gleichgeblieben, der dritte in der Idee nur wenig verändert worden, der erste hingegen hat einen ganz anderen Charakter angenommen. An André Messager, den damals hochberühmten Dirigenten und Komponisten, schrieb Debussy im gleichen Jahr: »... Vielleicht wissen Sie nicht, daß ich für das schöne Leben eines Seemannes bestimmt war und nur durch Zufall einen anderen Weg nahm. Aber immer noch fühle ich eine starke Leidenschaft für das Meer. Sie werden sicherlich sagen, daß das Meer nicht die burgundischen Hügel umspült (wo Debussy sich eben zur Fertigstellung des Werkes befand) und daß ich das gleiche tue wie ein Maler, der eine Landschaft im Atelier malt. Aber ich bewahre unendlich viele Erinnerungen, und das erscheint mir wichtiger als die Wirklichkeit, die im allgemeinen zu stark auf unsere Gedanken drückt...« Die Wirklichkeit sah allerdings in jenen Entstehungsjahren des »Meers« alles eher als freundlich oder gar inspirierend für den Komponisten aus: der Selbstmordversuch seiner verlassenen Frau, der Gesellschaftsklatsch rund um seine neue Liaison (mit einer verheirateten Frau, die seine letzte Gattin werden sollte), Prozesse, materielle Schwierigkeiten, Unannehmlichkeiten aller Art. Aber die »Erinnerungen« an sein geliebtes Meer waren so stark, daß er ihm, in fast dreijähriger Arbeit, ein tönendes Denkmal errichten konnte, das fernab jeder bedrückenden Realität lebt. *La mer* wurde in den Concerts Lamoureux (Paris) am 15. Oktober 1905 unter Leitung von Camille Chevillard uraufgeführt. Die Meinungen waren geteilt (soweit überhaupt vorhanden); Pierre Lalo, Kritiker von »Le Temps«, sagte, er habe das Meer weder gesehen noch gehört noch gefühlt. Aber es gab immerhin schon eine Gruppe treuer Anhänger, die das Neue in dieser Musik spürten. Debussy schrieb einmal, als eine Zeitung ihn über den deutschen Einfluß in der französischen Musik befragte, Wagner sei ein schöner Sonnenuntergang gewesen, den man irrtümlicherweise für eine Morgenröte gehalten habe. Er und seine Freunde ahnten nicht, daß Debussys Musik noch viel abendlicher war als die Wagners, ein letzter, allerdings herrlicher Schimmer auf einem sich schon verdunkelnden Horizont...

*Verwendetes Orchester:* Für diese »Meeressinfonie« verwendet Debussy 2 Flöten plus 1 Piccolo, 2 Oboen (von denen eine mit Englischhorn alterniert) plus Englischhorn, 2 Klarinetten, 3 Fagotte plus Kontrafagott, 4 Hörner, 3 Trompeten plus 2 Cornette, 3 Posaunen, Kontrabaß-Tuba, 2 Harfen, Pauken, viel Schlagwerk, Streicher.

*Analyse:* Debussy gab dem Werk den Untertitel *Drei sinfonische Skizzen*; heute, nachdem jene Epoche längst Geschichte geworden ist, könnten wir von »Impressionen« sprechen, um uns über die Form zu verständigen – oder besser: über die (anscheinende) Formlosigkeit. Drei Impressionen, von denen jede einen Sinfoniesatz darstellen könnte, ihre Gesamtheit aber doch keine Sinfonie ergibt (auch nicht ergeben soll), vor allem, weil die Stimmungen einander zu ähnlich sind. Weder scharfe thematische Kontraste noch Durchführungen finden wir in diesen *Skizzen* (die diese Bezeichnung gar nicht verdienen, weil sie keineswegs schnell hingeworfen sind, sondern bis ins einzelne ausgefeilt). Wie wir es schon bei *L'Après-midi d'un faune* zu erklären suchten, haben alle Begriffe wie Melodie, Harmonie, Kontrapunkt, ja selbst Rhythmus und Instrumentation ihren früheren, in Klassik und Romantik gültigen Sinn verloren; sie befinden sich in einem Stadium der Auflösung, sind verschwommen, vage, zerstückelt. Doch wie ein zerbrochenes Glas die Lichtbrechung hundertmal vervielfältigt wiedergeben kann, so enthält auch diese gleichsam zerstückelte (und doch so bewundernswert einheitliche) Musik hundertmal mehr feinste Nuancen als je eine andere zuvor. Doch die Analyse dieser Werke ist schwer geworden; es gibt, wie gesagt, kein »Hauptthema« in bestimmter Tonart mehr, kein Seitenthema in jener anderen und mit anderem Charakter, keine abgegrenzten, formal bedingten Teile. Alles ist ein ununterbrochenes Wogen und Flimmern, ein Ziehen und Zurückfließen, ein Spiel der Lichter, ein Kräuseln und Aufbäumen und Beruhigen unter dem Einfluß des Windes, ein Zerstäuben in Millionen Tropfen, ein Widerspiegeln des weiten Himmels, dessen Farben und Wolken unaufhörlich wechseln. Die Technik ist nur Dienerin an der Stimmung, am Einfangen von »Impressionen«. Im ersten Stück, dessen Bogen vom einfallenden Grau der Morgendämmerung bis zum Mittag reicht, erleben wir in großer Steigerung den Aufstieg der Sonne, im *Spiel der Wellen* eine Art Scherzo, während das dritte, der Dialog zwischen Meer und Wind, von einem fast liebesspielartig raunenden Zwiegespräch bis zur dramatischen Sturmszene reicht, bevor es als Hymnus auf die Ewigkeit des Meeres ausklingt.

### *Ibéria*

Orchestersuite in drei Sätzen: *Par les rues et par les chemins* (Auf Straßen und Wegen), *Parfums de la nuit* (Düfte der Nacht), *Au matin d'un jour de fête* (Am Morgen eines Festtages).

*Originaltitel: Ibéria,* Teilstück aus *Images* (Iberia ist der alte Name für die Pyrenäenhalbinsel; er wird heute im Sinne von Spanien gebraucht.)

*Geschichte:* Als *La mer* beendet war, ging Debussy an die Komposition einer Serie von *Images* (Bildern); insgesamt schuf er drei Gruppen von ihnen, zwei für Klavier (in den Jahren 1905 und 1907) und eine für Orchester, die ursprünglich für zwei Klaviere gedacht war. An ihr arbeitete er von 1906 bis 1912. Sie besteht aus *Ibéria, Ronde de printemps* und *Gigues* (zuerst *Gigues tristes*). Dem Plan der Kompositionen nach gehörten diese drei Stücke zusammen, aber sie fielen hernach von selbst auseinander; *Ibéria* – das in sich wieder dreiteilig ist – wurde zu einem oft gespielten Konzertstück, während *Ronde de printemps* (Frühlingsreigen) und *Gigues* (Name eines Tanzes aus der Barockzeit) nahezu vergessen sind. An *Ibéria* arbeitete Debussy vor allem im Jahre 1909; es war eine Epoche vieler Konzertreisen im Leben des Komponisten, der – vor allem, um seine materielle Situation zu verbessern und unter gewaltsamer Überwindung seiner Schüchternheit – als Dirigent seiner Werke zahlreiche Länder Europas besuchte. Es war aber auch das Jahr, in dem seine Krebserkrankung zum ersten Male offenbar wurde; zeitweise waren seine Schmerzen so stark, daß er zu Morphium und Kokain Zuflucht nehmen mußte. Das überraschendste an *Ibéria* ist vielleicht die Tatsache, daß Debussy Spanien nicht kannte, denn er war nicht mehr als einen Nachmittag lang in San Sebastian gewesen. (Bizet, der Schöpfer der *Carmen,* hatte es nicht einmal betreten!) Trotzdem beschäftigte Spanien ihn musikalisch sehr stark. Die Uraufführung von *Ibéria* erfolgte in Paris in den Concerts Colonne am 29. Februar 1910.

*Verwendetes Orchester:* Großes sinfonisches Ensemble zuzüglich einiger typisch spanischer Volksinstrumente wie Kastagnetten und Tamburin.

*Analyse:* Das Stück atmet spanischen Geist. Ein so unbestechlicher Zeuge, wie Manuel de Falla es war – der während seines Pariser Aufenthaltes 1907 bis 1914 mit Debussy in freundschaftlichem Kontakt stand –, bestätigt es mit diesen Worten: »In einer Art Sevillana – dem Kernthema des Werkes – fühlen wir den Widerhall des Volkslebens, der zum klaren Sternenhimmel emporsteigt; der betörende Zauber andalusischer Nächte, die Fröhlichkeit der zu Lauten- und Gitarrenklang tanzenden festlichen Menge, alles das wirbelt durch die Luft, kommt näher und entfernt sich wieder, und die Spannung dieser reichnuancierten Musik läßt keinen Augenblick lang nach.« Debussy richtet sich genau nach den von ihm selbst gewählten Titeln. *Auf Straßen und Wegen* begegnen wir Dörfern und Menschen, Hirten, Wanderern oder frohen Gruppen. *Düfte der Nacht* ist ein Nocturne von jener Zartheit und Erdenferne, wie (nach Chopin) es nur Debussy schreiben konnte. Lebendiger, realistischer geht es *Am Morgen eines Festtages* zu; hier ist das bunte, ja oft grelle Spanien zu finden, seine mitreißenden, sinnlichen Tänze, seine stolzen, schönen Menschen, seine Gläubigkeit. Glocken klingen auf, mischen sich mit Choral und Gitarre zu einem von Festesfreude durchpulsten Bild.

## Helmut Degen

1911, deutscher Komponist

Aus der großen Fülle deutscher Komponisten, die zwischen Jahrhundertwende und Erstem Weltkrieg geboren wurden – und so ihre wichtigste Entfaltungszeit in unruhigster Epoche durchmachen mußten, was auf ihr Schaffen und ihre Ausstrahlung nicht ohne Wirkung bleiben konnte –, sei der Heidelberger Helmut Degen genannt, der in Trossingens Hochschul-Musikinstitut wertvolle Arbeit leistete und eine Fülle von Werken vorgelegt hat, u.a. Konzerte für Klavier, Cembalo, Violine, Bratsche, Violoncello (mit Streich- und Kammerorchester), *Concertino für zwei Klaviere und Orchester, Orgelkonzert, Konzert für Streichorchester, Serenade für Streicher, Sinfonisches Konzert, Capriccio für Orchester, Variationen über ein Geusenlied, Hymnische Feiermusik, Heitere Suite in 4 Sätzen, Kammersinfonie, Concertino sinfonico.*

## Frederick Delius

1863–1934, englischer Komponist

Dieser als Mensch und Künstler eigenartige englische Komponist – deutscher und holländischer Abstammung – hat nie den Beifall der großen Menge gefunden (und wohl auch nicht gesucht). Seine feine, zarte, dem Impressionismus verwandte Musik wird von Kennern hochgeschätzt – Sir Thomas Beecham, der große Dirigent, war einer seiner Wegbereiter – und erscheint hie und da auf Konzertprogrammen. Er steht (nicht nur im Alphabet) Debussy nahe, dessen Werke er liebte. Doch gibt es auch noch eine andere Komponente in seinem Schaffen: einen Hang zur Volksmusik, der ihn manchmal in die Nähe Griegs bringt. Der Weg zur Musik wurde dem am 29. Januar 1863 in Bradford (England) Geborenen nicht leicht gemacht; sein Vater wollte ihn in der Familientradition halten, d.h. Kaufmann werden lassen. Er schickte ihn zur Verwaltung einer Orangenplantage nach Florida (USA). Aber Delius erreichte es, schließlich in Leipzig zu studieren und sich, endlich ganz der Komposition lebend, in dem malerischen französischen Orte Grez-sur-Loing niederzulassen. Dort entstanden, in weitgehender Einsamkeit, seine schönsten Stücke, bevor Blindheit und Lähmung ihm einen bitteren Lebensabend bereiteten. Er starb in seinem französischen Heim am 10. Juni 1934, dem Unglücksjahr für Englands Musik, die in kurzem Abstand Elgar, Holst und ihn verlor. Er hinterließ Opern, die *Messe des Lebens* (ein öfter gespieltes Oratorium), Chor-, Instrumentalmusik, Lieder und die Orchesterstücke, die wir aufzählen wollen.

*Over the Hills and Far Away* (Über den Hügeln in weiter Ferne) ist eines der frühen Orchesterstücke Delius' (1895). Sicher inspirierte ihn die Landschaft Yorkshires dazu. Die Uraufführung fand 1897 in Elberfeld statt und endete mit einem Skandal. Zwei Jahre später war es das erste Werk des Komponisten, das in London gespielt wurde.

*Brigg Fair*, eine »englische Rhapsodie«, die Delius im Jahre 1907 in seinem Hause in Grez-sur-Loing schrieb. Percy Grainger, ein in Australien geborener, nachher Amerikaner gewordener Pianist und Komponist von Bedeutung, in dem Grieg das Interesse für Folklore zu wecken verstand, entdeckte die alte englische Melodie »Brigg Fair«, die, von der Oboe geblasen, Delius diesem Werk zugrunde legt, das er Percy Grainger widmete. Ein sehr feines Stück pastoraler Klänge, das ländlichen Frieden ausstrahlt. Es wurde in Liverpool am 18. Januar 1908 uraufgeführt.

*In a Summer Garden* (Im sommerlichen Garten). Ein idyllisches Tongemälde des alten Gartens, der Delius' Haus in Grez umgab und bis zum Flußufer ging (das er in einem anderen Sinfonischen Gedicht besang). Dieses im Jahr 1908 entstandene Werk versah der Komponist mit einem poetischen Vorwort, in dem er zuerst ein Gedicht von Dante Gabriel Rossetti (englisch) zitiert:

»All are my blooms; and all sweet blooms of love
To thee I gave while Spring and Summer sang.«
(Mein sind alle Blumen; und alle süßen Liebesblumen gab ich dir, während Frühling und Sommer ihr Lied sangen.)

Dann zitiert er eine Prosastelle unbekannter Herkunft, in der von »Rosen, Lilien und tausend Blumen« gesprochen wird, von »Schmetterlingen, die von Blüte zu Blüte fliegen«, von einem stillen Fluß mit Wasserlilien darauf, einem Boot, in dem zwei Verliebte den Frieden des Sommertags genießen (Uraufführung 1908).

*On Hearing the First Cuckoo in Spring* (Beim ersten Kuckucksruf im Frühling) betitelt sich eine andere – und vielleicht die lieblichste – sinfonische Dichtung Delius'. Er scheint zu ihr in norwegischer Landschaft, die ihn stark beeindruckte, inspiriert worden zu sein; eines der verwendeten Themen ist ein norwegisches Volkslied. Delius komponierte dieses Stück im Jahre 1912; es erklang zum ersten Male in der Londoner Philharmonie unter Leitung des großen holländischen Dirigenten Willem Mengelberg am 15. Januar 1914.

*Summer Night on the River* (Sommernacht auf dem Fluß) stammt ebenfalls aus dem Jahr 1912 und ist eine in zartesten Farben gehaltene Schilderung der nächtlichen, aber mit hundert Lichtern glänzenden Natur.

*Doppelkonzert für Violine, Violoncello und Orchester.* Im Jahre 1915 ging Delius daran, ein Doppelkonzert zu schreiben; er widmete es den Schwestern May und Beatrice Harrison, die seiner Musik sehr zugetan waren und sich ein Werk wünschten, in dem sie miteinander konzertieren könnten. Die Komposition ist klangschön, sehnsüchtig romantisch und in die drei üblichen Konzertsätze geteilt, von denen der zweite wohl der stimmungsvollste ist.

*Konzert für Violine und Orchester.* Bald nach dem Doppelkonzert, noch im Jahre 1916 (in dem er übrigens sein Haus vor den immer weiter vorrückenden Deutschen verlassen mußte), schrieb Delius ein Violinkonzert, das sich unter allen seinen Kompositionen als einziges im internationalen Repertoire gehalten hat. Hier ist er nicht so impressionistisch verträumt wie in vielen seiner sinfonischen Dichtungen, sondern steht auf dem Boden der späten Romantik, die ihm schöne Melodien und gefühlvolle Harmonien eingibt; in diesem Werk nähert sich sein Stil am meisten dem Griegs, Francks, Rachmaninows und dem seines Landsmanns und Zeitgenossen Elgar, der seinerseits wieder dem Stil von Sibelius' Konzerten nicht ferne steht. »Letzte Romantiker«, das wäre – wenn es sich auf eine einfache Formel bringen ließe – die beste Charakterisierung zahlreicher Komponisten beim Übergang vom 19. zum 20. Jahrhundert, der zugleich eine Zeitenwende darstellt. In Delius' Musik träumt noch eine verblassende, zu Ende gehende, vielleicht schon gestorbene Epoche, deren Widerschein und Widerklang noch wundervolle Eindrücke birgt. Delius' Violinkonzert enthält wunderschöne, manchmal rhapsodisch gefärbte Musik, ein dankbares Stück für Solist wie für Orchester.

*Konzert für Violoncello und Orchester.* Weniger bekannt ist dieses letzte Konzert Delius' geworden, das aus dem Jahre 1922 stammt, dem Soloinstrument prächtige Entfaltungsmöglichkeiten gibt, virtuos für das Orchester geschrieben ist, aber durch seinen spätromantischen Stil ein wenig unzeitgemäß war, als es erschien.

*Weitere Orchesterwerke Delius':*

Suite *Florida* (1886), *2 Stücke* (1888), *Hiawatha* (1888), *Kleine Suite* (1889), *Legenden für Klavier und Orchester* (1890), *Summer Evening* (1890), *Legende für Violine und Orchester* (1893), *Norwegische Suite* (1897), *Paris, the Song of a Great City* (1899), *Klavierkonzert* (1906), *Tanzrhapsodie I* (1908), *Life's Dance* (1911), *North Country Sketches* (1913/14), *Short Piece* (1915), *Tanzrhapsodie II* (1916), *Eventyr* (1917), *A Song Before Sunrise* (1918), *A Poem of Life and Love* (1919), *Air and Dance* (1925), *Caprice and Elegy* (für Cello und Orchester, 1925), *A Song of Summer* (1930), *Phantastischer Tanz* (1932).

## Norman dello Joio

1913, US-Komponist

*Orchesterwerke: Sinfonietta für Klavier* (1941); *Magnificat* (1942); *Ricercare für Klavier* (1946); *Serenade* (1948); *Epigraph* (1951); *Der Triumph der hl. Johanna* (Sinfonie in 3 Sätzen: 1. *Das Mädchen*, 2. *Die Kriegerin*, 3. *Die Heilige*, bei der Uraufführung in Louisville 1951 tänzerisch dargestellt durch Martha Graham).

## Edison Denissow

1929, sowjetischer Komponist

In Tomsk geboren, Professor in Moskau, auch Folkloreforscher, als Komponist Anhänger neutönerischer Richtungen mit feinem Klangsinn. Zu seinen Werken gehören: *Sinfonie in C-dur* (1955), *Sinfonie für 2 Streichorchester und Schlagzeug* (1962), *Gemälde* (1970), *Cellokonzert* (1972), *Klavierkonzert* (1975).

## Paul Dessau

1894–1979, deutscher Komponist

Der in Hamburg geborene, 1933 nach Frankreich und in die USA emigrierte Komponist, der eine Verbindung zwischen Zwölftonmusik und volkstümlich wirksamem Stil anstrebte, spielte nach seiner Rückkehr aus den USA im Musikleben der DDR eine führende Rolle, hinterließ ein reiches, zum Teil sozialkritisches Werk und starb in Ost-Berlin. Zu seinen wichtigsten Orchesterwerken gehören 2 Sinfonien (1926, 1962), *Trauermarsch für Bläser* (1953), *Sozialistische Festouvertüre* (1953), 4 Orchestermusiken (1955, 1967, *Meer der Stürme*, 1970, *Lenin*, 1973), *In memoriam Bertolt Brecht* (1957), *Bach-Variationen* (1963), *Divertimento für Kammerorchester* (1964).

## Alphons Diepenbrock

1862–1921, holländischer Komponist

Dieser am 2. September 1862 in Amsterdam geborene Komponist wäre stärkerer internationaler Beachtung würdig. Mit ihm kehrt Holland, nach langer musikalischer Unfruchtbarkeit, wieder in den Kreis der wertvolle Musik schaffenden Nationen zurück. Diepenbrock stand Mahler sehr nahe (der ihn für einen bedeutenden Tonschöpfer hielt), und auch die Zeitgenossenschaft Richard Strauss' ist in Diepenbrocks Werk zu spüren. Er lebte als Privatlehrer in seiner Geburtsstadt und erwarb sich sein musikalisches Rüstzeug durch unermüdliches Selbststudium. Als er am 5. April 1921 (ebenfalls in Amsterdam) starb, erfüllte sich ein äußerst merkwürdiges Zahlenspiel, das manchem mystisch Veranlagten Gelegenheit zum Nachdenken gibt: genau drei Jahrhunderte vor ihm – 1562 bis 1621 – hatte der gewaltige niederländische Meister Jan Pieterszoon Sweelinck gelebt. Diepenbrock hinterließ mehr als hundert Stücke, von denen allerdings nur ein kleiner Teil in unser Buch gehört: die *Bühnenmusik* (samt *Ouvertüre*) *zu Aristophanes' »Vögel«, Szenenmusiken zu »Marsyas«* (B. Verhagen), *»Gijsbrecht van Aemstel«* (Vondel), *»Faust«* (Goethe), *»Elektra«* (Sophokles), *Hymne für Violine und Orchester* (ursprünglich Violine und Klavier), sechs *»Symphonische Gesänge«*, zahlreiche weitere Lieder mit Orchesterbegleitung, Chor-Orchesterstücke u.a. Diepenbrocks Musik hat »zwei Pole: das Hymnische und das Nächtliche, die Begeisterung und die Abgeklärtheit« (Eduard Reeser).

## Hugo Distler

1908–1942, deutscher Komponist

Im Jahre 1942 nahm sich der erst 34jährige Komponist das Leben, da er in der Atmosphäre von Krieg, Haß und Diktatur nicht länger existieren zu können glaubte. Zu jenem Zeitpunkt war er nach der Kantorentätigkeit in Lübeck und Lehrämtern in Stuttgart und Berlin Leiter des Domchores der deutschen Hauptstadt; auch hatte er schon eine Reihe wertvoller Stücke geschrieben, von denen *Orchestersuiten* und ein *Konzert für Cembalo und Streichorchester* in unser Buch gehören. Der vom Nationalsozialismus als »entartet« erklärte Komponist, dessen Werke unvergessen bleiben, wurde zehn Jahre nach seinem Freitod von seiner Vaterstadt Nürnberg mit dem Kulturpreis ausgezeichnet.

## Karl Ditters von Dittersdorf

1739–1799, österreichischer Komponist

Wie ungerecht ist eigentlich die Musikgeschichte. Zwischen den Größten einer Epoche und den ihnen in oft gar nicht so weitem Abstand folgenden »Zweitgrößten« klafft ein wahrer Abgrund; Haydn und Mozart füllen unzählbare Bücher und Artikel, werden auf der ganzen Welt gespielt, und Dittersdorf, ihr Zeitgenosse, ist nur noch Kennern ein Genuß. Und trotzdem hat er glänzende Musik geschrieben, hat sein Metier beherrscht wie nur wenige, hat Einfälle gehabt, die auf stärkstes Talent, ja manchmal auf Genie schließen lassen. Die Geschichte wies ihm einen zweiten Platz an, weit von den Ersten entfernt. Er hinterließ über 100 Sinfonien (darunter ein Dutzend, denen Ovids »Metamorphosen« zugrunde gelegt sind), Konzerte für Violine, Bratsche, Oboe, Cembalo u.a., Partiten und viel anderes mehr. Wenn man ihn heute zumeist »liebenswürdig« nennt, so klingt das wie ein nettes Beiwort, ist aber viel mehr. Er ist wahrhaft »würdig unserer Liebe«, denn die Musik quillt ihm aus übervollem Herzen, aus reinster Gesinnung und aus echter Begabung.

## Ernst (Ernö) von Dohnányi

1877–1960, ungarischer Komponist und Pianist

In Pressburg (Bratislava) geboren, bedeutender Klaviervirtuose, Lehrer in vielen Städten der Welt – so in Argentinien und den USA –, Dirigent und Professor, dann Akademiedirektor in Budapest, war Dohnányi ein inspirierter, feinsinniger, technisch vollendeter Komponist in spätromantischem Geist. Er hinterließ drei Sinfonien, zwei Klavier-, zwei Violin-, ein Cellokonzert, mehrere Suiten, *Sinfonische Minuten, Amerikanische Rhapsodie, Suite aus der Pantomime »Der Schleier der Pierette«, Variationen über das Kinderlied »Morgen kommt der Weihnachtsmann«* (mit Klavier).

## Cornelis Dopper

1870–1939, holländischer Komponist

Dieser Komponist, Schüler Reineckes in Leipzig, komponierte in bewußt nationalem Stil. Zu seinen wichtigsten Werken gehören: *Ciaconna Gotica* (Gotische Chaconne), die *Amsterdamer-*, die *Zuidersee-* und die *Rembrandt-Sinfonie.* Er liebte es, alte niederländische Volkslieder in seine Werke einzubauen, so wie sie 1926 in »Nederlandse Gedenckklanck« von Valerins herausgegeben wurden.

## Felix Draeseke

1835–1913, deutscher Komponist

Aus der deutschen romantischen Schule stammt der heute nur noch selten gespielte Draeseke, der vier Sinfonien (wovon die *Tragische* die bekannteste wurde), Serenaden und ein Klavierkonzert hinterließ; er betätigte sich auf allen musikalischen Gebieten und trat auch als Schriftsteller hervor.

## Sem Dresden

1881–1957, holländischer Komponist

Nachdem Dresden, Kaufmannssohn aus Amsterdam, bei Pfitzner in Berlin studiert hatte, wandte er sich mehr dem französischen Musikleben zu. Er dirigierte zuerst Chöre in kleineren Städten, wurde aber bald Direktor des Amsterdamer Konservatoriums, dann des Königlichen Konservatoriums in Den Haag. Von seinen wichtigsten Orchesterwerken seien aufgezählt: zwei Violinkonzerte, *Oboenkonzert, Sinfonietta für Klarinette, Vokalisen für Sopran und 7 Instrumente, Dansflitsen* (*Tanzsuite*, bestehend aus Polonaise, Siciliana, Walzer, Passamezzo, Menuett, Trauermarsch und Tarantella), *Chorsinfonie.* Zu seinen zahlreichen Schülern gehören mehrere führende Gestalten des holländischen Musiklebens.

# Paul Dukas

1865–1935, französischer Komponist

Eine außerordentlich strenge, ja fast selbstquälerisch grausame Kritik an seinen eigenen Werken trägt die Schuld daran, daß der Katalog der Kompositionen von Dukas nur klein ist. So hat er z.B. eine große Sinfonie nach Shakespeares »Sturm« verbrannt und auch andere Werke vernichtet, wenn sie seinem Grundsatz, in jedem Stück etwas absolut Neues zu versuchen, nicht zu entsprechen schienen. Bekannt wurden seine *C-dur-Sinfonie* (1896), die *Ouvertüren »Le roi Lear«, »Goetz von Berlichingen«, »Polyeucte«*, sein prachtvolles *Sinfonisches Gedicht »La Peri«* (das auch als Grundlage für tänzerische Ausdeutung genommen werden kann) und vor allem sein *Zauberlehrling*, der ihm den Weg zum Ruhm öffnete. Außerdem komponierte er die wertvolle Oper *Ariane et Barbe-bleu*. Dukas wurde am 1. Oktober 1865 in Paris geboren, wo er auch am 18. Mai 1935 starb. Er war Mitschüler Debussys und von 1909 an Professor am Konservatorium seiner Vaterstadt. Sein Talent und seine virtuose Orchesterhandhabung lassen den Platz, den er im internationalen Musikleben einnimmt, als wesentlich unterbewertet erscheinen.

## *Der Zauberlehrling*

Orchesterscherzo oder sinfonische Dichtung nach dem Gedicht Johann Wolfgang von Goethes.

*Originaltitel: L'apprenti sorcier.*

*Geschichte:* Lange Zeit hindurch war das sinfonische Gedicht Ausdruck von Tragik, gefühlvoller Poesie, Naturschilderung, historischem Erlebnis. Aber im Jahre 1895 bewies der mit großem Erfolg aufgeführte »Till Eulenspiegel« Richard Strauss', daß auch der Humor musikalischen Ausdruck finden könne und die Schilderung komischer Szenen mit den Mitteln des modernen Orchesters sehr wohl möglich sei. Es ist nicht erwiesen, ob dieses Werk Dukas direkt inspirierte, aber die Vorstellung, daß es ihm einen Anreiz zu ähnlichem bot, ist nicht von der Hand zu weisen. Er fand in der berühmten Goetheschen Ballade ein ideales Thema. Im Jahre 1897 komponierte er sein gleichnamiges Orchesterscherzo, das vom Tage seiner Pariser Uraufführung an (18. Mai 1897) erfolgreich von wohl allen sinfonischen Ensembles der Welt gespielt wurde. Walt Disney, Magier des Films, schloß das Werk in seine (geniale, wenn auch im einzelnen anfechtbare) »Fantasia« ein, wodurch es zu höchster Popularität gelangte.

*Analyse:* Goethes geistvolle Ballade vom Lehrling, der seinem ihn in die Zauberkunst einführenden Meister schon manche Formel abgelauscht hat und nun ungeduldig bei einem zufälligen Alleinbleiben seine »Macht« erproben will, enthält – weit über die anscheinend komische Erzählung in Versform hinaus – eine tiefe Lehre: daß es Kräfte gibt, die, einmal leichtfertig geweckt, nur noch von weiser Erfahrung unter Kontrolle gehalten werden können. Die weihevolle Stille des Zauberstudios ist von Dukas mit wenigen meisterhaften Strichen gemalt. Dann beginnt der Lehrling sein Spiel: »Hat der alte Hexenmeister sich doch einmal wegbegeben! Und nun sollen seine Geister auch nach meinem Willen leben ...« Die Überheblichkeit des Lehrlings (der seinen Meister, einen Magier zweifellos, sehr despektierlich »Hexenmeister« nennt) kommt glänzend in der Musik zum Ausdruck. Rasch ist der Befehl an den »alten Besen« gegeben, die »schlechten Lumpenhüllen« zu nehmen, auf zwei Beinen zu stehen und mit dem Topf Wasser aus dem Flusse zu holen. Dukas gibt dem Besen den Klang eines Fagotts; man sieht förmlich, wie zu den Tönen einer einprägsamen, äußerst plastischen Melodie der zum Leben erwachte Gegenstand den Befehl erfüllt. Plump und doch behende geht, hüpft, läuft er, schöpft Wasser, kehrt zurück und gießt den Inhalt des Eimers im Saale aus. Groß sind Stolz und Freude des Lehrlings! Ist er nicht bereits selbst ein gewaltiger Zauberer? Aber seine Stimmung ändert sich rasch, denn das befohlene Bad ist bereits voll, und der Besen holt immer weitere Mengen Wasser. Schon ist das Studio überschwemmt: »Oh, du Ausgeburt der Hölle! Soll das ganze Haus ersaufen?«, ruft er verzweifelt seinem Werkzeug zu, das er nicht mehr meistern kann. »Willst's am Ende gar nicht lassen? Will dich fassen, will dich halten, und das alte Holz behende mit dem scharfen Beile spalten ...« Gesagt, getan. »Krachend trifft die glatte Schärfe. Wahrlich! Brav getroffen! Seht, er ist entzwei! Und nun kann ich hoffen, und ich atme frei!« Aber der Lehrling hat die Kraft des Zaubers unterschätzt: »Wehe! wehe! Beide Teile stehn in Eile schon als Knechte völlig fertig in die Höhe!« Nun laufen zwei Besen zum Fluß und schütten in immer schnellerem Rhythmus zwei Eimer Wasser im Saale aus. Schon kann der Lehrling sich kaum noch retten, verzweifelt sucht er einen Ausweg aus der schrecklichen Situation. In höchster Not ruft er nach dem Meister (mit dem zum Zitat gewordenen Satz: »Die ich rief, die Geister, werd' ich nun nicht los!«); der kommt ruhig dahergeschritten, und mit wenigen Worten bannt er den Spuk: »In die Ecke, Besen! Besen! Seid's gewesen. Denn als Geister ruft euch nur zu seinem Zwecke erst hervor der alte Meister.« Stille breitet sich wieder über die Zauberstätte, der Spuk ist vorbei, ein Lehrling hat erfahren, daß man nicht ungestraft einen Meister nachahmen kann.

Was Dukas hier geschaffen hat, darf als Goethe ebenbürtig bezeichnet werden. Ohne je die künstlerischen Gesetze zu verletzen, erfindet er plastische, realistische Themen: die groteske Fagottmelodie für den Besen, die irisierenden Zauberklänge für den Meister und sein Studio, die steigende Verwirrung und Angst des Lehrlings, die Feierlichkeit der Lösungsformel, mit der der Magier den Besen wieder zum Besen macht (wogegen das Fagott noch einen Augenblick lang komisch aufbegehrt). Ein sinfonisches Gedicht, das als einer der Höhepunkte seines Genres bezeichnet werden muß, gleich gelungen im rein Musikalischen wie in der Schilderung.

## Henri Dutilleux

1916, französischer Komponist

Der im Geiste Ravels und Roussels herangebildete Komponist gelangte zu einem sehr persönlichen Stil, der sich in erfolgreichen Balletten, aber auch in Orchesterwerken äußerte: *Sarabande* (1941), *Sinfonie Nr. 1* (1950), *Serenade* (1956), *Sinfonie Nr. 2* (*Le double*, uraufgeführt 1959 in den USA), *Métaboles* (1964), *Tout un monde lointain* (für Cello, 1970) u.a.

## Antonin Dvořák

1841–1904

Eine fast unübersehbare Fülle von Orchesterwerken entsprang der Feder Dvořáks, des großen tschechischen Komponisten, der das reiche Erbe des »Gründers« Smetana übernahm und auf den Höhepunkt führte. Er wurde am 8. September 1841 im Dörfchen Nelahozeves bei Kralup geboren, erklomm schnell die Leiter des Erfolgs, wurde Mitglied des Prager Opernorchesters, Autor zahlreicher freundlichst, oft begeistert aufgenommener Werke, zuerst Professor, später Direktor des Prager Konservatoriums; dazwischen liegt sein dreijähriger Aufenthalt in New York, dem sein bekanntestes Orchesterwerk *Aus der Neuen Welt* zu verdanken ist. Da Dvořák seine Jugendsinfonien überhaupt nicht und seine späteren nur nach einigen Revisionen bekanntgab, herrscht bei der Numerierung dieser Werke starke Verwirrung. So wird die genannte »Neue-Welt«-Sinfonie noch oftmals als »Nr. 5« aufgeführt, anstatt sie »Neunte«zu nennen, wie es ihr gebührt. Mit nachstehender chronologischer Liste hoffen wir, zur Aufklärung des Mißverständnisses beizutragen, nähere Erklärungen findet der Leser jeweils bei dem betreffenden Stück. Dvořák, heute zweifellos als einer der genialsten Musiker aller Zeiten anerkannt, starb in Prag am 1. Mai 1904.

*Dvořáks Orchesterwerke:*

*I. Die Sinfonien:*
*Sinfonie Nr. 1 c-moll (Die Glocken von Zlonitz)*
*Sinfonie Nr. 2 B-dur*, op. 4
*Sinfonie Nr. 3 Es-dur*, op. 10
*Sinfonie Nr. 4 d-moll*, op. 13
*Sinfonie Nr. 5 F-dur*, op. 76
*Sinfonie Nr. 6 D-dur*, op. 60
*Sinfonie Nr. 7 d-moll*, op. 70
*Sinfonie Nr. 8 G-dur*, op. 88
*Sinfonie Nr. 9 e-moll (Aus der Neuen Welt)*, op. 95

*II. Konzertante Werke:*
*Romanze für Violine*, op. 11
*Klavierkonzert g-moll*, op. 33
*Violinkonzert a-moll*, op.53
*Violoncellokonzert h-moll*, op. 104

*III. Serenaden* und *Suiten:*
*Serenade E-dur*, op. 22
*Serenade d-moll*, op. 44
*Tschechische Suite*, op. 39
*Suite in A-dur*, op. 98b

*IV. Die Rhapsodien:*
*Rhapsodie a-moll* (ursprünglich op. 15)
*Drei slawische Rhapsodien*, op. 45

*V. Slawische Tänze:*
*Erste Reihe*, op. 46, acht Tänze
*Zweite Reihe*, op.72, acht Tänze

*VI. Legenden:*
*Zehn Legenden*, op. 59

*VII. Variationen und Scherzo:*
*Sinfonische Variationen*, op. 78
*Scherzo Capriccioso*, op. 66

*VIII. Ouvertüren*
*Dramatische Ouvertüre;*
*Dimitri*
*Mein Heim*, op. 62
*Husitská*, op. 67
*In der Natur*, op. 91
*Karneval*, op. 92
*Othello*, op. 93

*IX. Sinfonische Dichtungen:*
*Der Wassermann*, op. 107
*Die Mittagshexe*, op. 108
*Das goldene Spinnrad*, op. 109
*Die Waldtaube*, op. 110
*Heldenlied*, op. 111

*Die Sinfonien*

*Sinfonie Nr. 1.* Im Jahre 1865 schrieb Dvořák, 24jährig, eine c-moll-Sinfonie, der er die Opusnummer 3 zuteilte, die aber niemals veröffentlicht wurde. Drei Jahre später verbrannte der Komponist nahezu alle seine Jugendwerke; doch die erste Sinfonie entging, vielleicht durch Zufall, diesem Schicksal. Dvořák scheint ihr jedenfalls kein Eigenleben zugetraut zu haben, denn er verwertete einen guten Teil ihres thematischen Materials in einem Klavierwerk, *Silhouetten*, im Jahre 1879. Die verloren geglaubte Partitur konnte 1923 aufgefunden werden. Sie trägt den Untertitel *Die Glocken von Zlonitz*. Zu hören ist sie praktisch nie. (Uraufführung: 4. Oktober 1936, in Brno [Brünn])

*Sinfonie Nr. 2.* Im Herbst desselben Jahres 1865 – das gleichzeitig auch das Geburtsjahr eines frühen, nicht unter den endgültigen Werken figurierenden Violoncellokonzerts ist – arbeitete Dvořák von August bis Oktober an der zweiten Sinfonie in B-dur, die die Opusnummer 4 erhielt. Im Prinzip war auch sie zur Vernichtung bestimmt, aber der Komponist instrumentierte sie später völlig neu. So wurde sie am 11. März 1888 in Prag uraufgeführt, doch ist sie nie veröffentlicht worden.

*Sinfonie Nr. 3.* Die Partitur wurde am 4. Juli 1873 vollendet. Die acht Jahre, die zwischen der vorhergehenden und dieser Sinfonie liegen, sind mit anderen Kompositionen angefüllt, aber auch voll von intensiver Beschäftigung mit dem Werke Wagners und Liszts, deren Einfluß sich nun in Dvořáks Schaffen deutlich bemerkbar macht. Diese Sinfonie, chronologisch die dritte, war die erste unter den veröffentlichten, aber sie erhielt – außer der Opusziffer 10 – keine Numerierung, da Dvořák damit erst bei der fünften begann. Sie verwendet ein großes romantisches Orchester: 2 Flöten plus Piccolo, 2 Oboen plus Englischhorn, 2 Klarinetten, 2 Fagotte, 4 Hörner, 2 Trompeten, 3 Posaunen, Tuba, Harfe, Pauken, Triangel und Streicher. Die Uraufführung fand am 30. März 1874 unter der Leitung Smetanas in der Prager Philharmonie statt.

*Sinfonie Nr. 4.* Vom 1. Januar bis 26. März 1874 arbeitete der Komponist an dieser Sinfonie, die beweist, wie er sich von den Einflüssen der »neudeutschen« Schule freizumachen suchte. Gewiß, vieles von dem, was Liszt und vor allem Wagner einführten, behielt von da an seinen festen Platz in der Musik, und Dvořák verstand es meisterhaft, eine Synthese zwischen dieser Richtung und seinem echt böhmischen Musikantengeist zu schaffen. Das Werk steht in d-moll, führt die Opusnummer 13, befindet sich nicht unter den vom Komponisten als endgültig anerkannten Sinfonien, verwendet ein ähnliches Orchester wie die vorige (mit 2 Piccoloflöten, ohne Englischhorn, ohne Tuba, dafür mit großer Trommel und Becken) und hat vier Sätze: *Allegro; Andante e molto cantabile; Scherzo (Allegro feroce); Allegro con brio.* Die Instrumentation ist hier schon prächtig, der Melodienreichtum überwältigend; aber er verleitet Dvořák manchmal zu einer lässigeren Handhabung der sinfonischen Form (ein Zug, den er mit Schubert gemeinsam hat, dem er überhaupt in mancher Beziehung erstaunlich ähnlich ist). Nachdem unter Leitung Smetanas der dritte Satz allein in einem Prager Konzert am 25. Mai 1874 gespielt wurde, ruhte das Werk noch fast achtzehn Jahre lang in der Schublade des Autors. Dann dirigierte er selbst es, ebenfalls in Prag, am 6. April 1892.

*Sinfonie Nr. 5.* Hier beginnt die große Verwirrung von Namen und Zahlen der Dvořáksinfonien. Diese F-dur-Sinfonie ist chronologisch die fünfte, wenn wir die Entstehung im Auge haben; sie war die erste, die ihr Schöpfer für Publikum und Nachwelt bestimmte. Aber sie ist die dritte, die im Druck erschien, und so erhielt sie nicht nur eine Opusnummer (76), die höher ist als die der beiden chronologisch späteren Sinfonien, sondern auch den Namen »Dritte Sinfonie«, unter dem sie auf Konzertprogrammen auftaucht. Zur eindeutigen Unterscheidung ist es am besten, die Tonart anzugeben. Die F-dur-Sinfonie verwendet in ihrem Orchester: 2 Flöten, 2 Oboen, 2 Klarinetten plus Baßklarinette, 2 Fagotte, 4 Hörner, 2 Trompeten, 3 Posaunen, Pauken, Triangel und Streicher; sie hat vier Sätze: *Allegro ma non troppo; Andante con moto; Allegro scherzando; Allegro molto.* Die in der unglaublich kurzen Zeit vom 15. Juni bis 23. Juli 1875 vollendete Partitur ist dem großen Dirigenten Hans von Bülow gewidmet, der sie mit diesem Briefe annahm: »Höchstgeehrter Meister! Eine Widmung von Ihnen – dem nächst Brahms gottbegnadetsten Tondichter der Gegenwart –, das ist eine höhere Auszeichnung, als irgend welches Großkreuz irgend welches Fürsten. Mit meinem herzlichsten Danke nehme ich diese Ehre an. Ihr in aufrichtigster Hochachtung ergebener Bewunderer Hans Bülow« (Hamburg, 25. November 1887). Aus diesen Zeilen spricht die ganz ungewöhnliche Wertschätzung, deren sich der noch junge böhmische Musiker in europäischen Musikkreisen erfreute und die mit zahlreichen Schreiben anderer prominenter Persönlichkeiten unterstrichen werden könnte. Die F-dur-Sinfonie ist manchmal als Dvořáks »Pastorale« bezeichnet worden, einmal wegen der Tonart, die die gleiche wie in jener Beethovensinfonie ist, dann aber wohl vor allem, weil hier des Komponisten ländlich-liebliche Melodienbildung, seine naive Natürlichkeit einen Höhepunkt erreichen. Trotzdem kann von einer näheren Verwandtschaft dieser beiden Werke nicht gesprochen werden; Dvořák gibt niemals ein Programm zur Auslegung seiner Sinfonien, so daß wir sie als völlig »absolute« Tongebilde auffassen müssen. Der erste Satz dieser Sinfonie strömt bukolische – allerdings leicht umflorte – Heiterkeit aus, der zweite singt Melancholie in geradezu Schubertscher Weise, der dritte ist wiederum sehr munter (wenn auch ein wenig gedämpft), der vierte bringt einen fast heftigen Aufschwung zu sinfonischem Pathos, das im Sinne Beethovens und Brahms' dem Werk einen hymnischen, triumphalen Abschluß gibt. Die Uraufführung fand in Prag am 25. März 1879 unter Leitung von Adolf Čech statt, dem schon mehrere wichtige Dvořákpremieren zu danken waren.

*Sinfonie Nr. 6.* Diese in D-dur stehende Komposition ist chronologisch das sechste Werk dieses Genres im Œuvre Dvořáks. Aber da es die erste im Druck erschienene Sinfonie war, läuft sie manchmal unter dieser irreführenden Bezeichnung; ja ihr Erscheinungsdatum verursachte auch, daß sie die Opusnummer 60 erhielt, während die vorher komponierte F-dur-Sinfonie die Bezeichnung op. 76 führt. (Man nehme nicht an, daß es sich bei diesen Einwänden um Kleinlichkeiten handelt. Im Leben jedes Komponisten – ja jedes Künstlers – gibt es eine natürliche Entwicklung, einen Fortschritt von Werk zu Werk, der nur unter besonderen, seltenen Umständen unterbrochen wird. Wer von den hier angeführten Daten nichts weiß, nimmt Dvořáks als op. 60 und 70 publizierte Sinfonien für Stücke, die vor der F-dur-Sinfonie op. 76 liegen, und wundert sich möglicherweise über die anscheinend nicht geradlinig verlaufende Entwicklungslinie.) Die Entstehung der D-dur-Sinfonie erfolgte unglaublich schnell und beweist das stets unter starkem Druck der Inspiration erfolgende Schaffen des Meisters. Die Skizze entstand vom 27. August bis 20. September, also in drei Wochen, die Partitur anschließend vom 27. September bis 15. Oktober 1880, also in 19 Tagen. Die Uraufführung des in großen Dimensionen angelegten Werkes – Gesamtdauer 40 Minuten – besorgte der schon genannte Adolf Čech in Prag am 25. März 1881. Dvořák widmete die Partitur Hans Richter, einem der treuesten Vorkämpfer, der wie folgt antwortete: »Mein lieber edler Freund! Von London zurückgekehrt finde ich Ihr herrliches Werk, dessen Widmung mich wahrhaft stolz macht. Mit Worten kann ich meinen Dank nicht genügend ausdrücken: eine Aufführung, wie sie dieses edlen Werkes würdig ist, soll Ihnen beweisen, daß ich den Wert desselben und die Ehre der Widmung zu schätzen weiß...« (Wien, 26. Januar 1882). Richter dirigierte die Komposition bald darauf (15. Mai 1882) in London mit starkem Echo. Die Sinfonie hat vier Sätze: *Allegro non tanto; Adagio; Scherzo; Allegro con spirito.* Otakar Šourek, der liebevolle Biograph Dvořáks, setzt diese Sinfonie in enge Beziehung zu dem beginnenden internationalen Ruhm ihres Schöpfers: »Ja, die Sinfonie in D-dur ist in diesem Sinne unmittelbare, ihn besonders kennzeichnende Aussage. Satz für Satz ist sie genial stilisierte Daseinseinheit, Lebensmut, Freude und Frohsinn. Dabei ist das Werk seinem Geist und Ausdruck nach urtschechisch. Mit seinen Wurzeln haftet es im Grund und Boden der tschechischen Provinz, und die Liebe des Tondichters zu diesem Boden, der ihn hervorgebracht hat, seine Liebe zur heimatlichen Natur und zum tschechischen Volk durchwärmt und leitet jeden Gedanken des Werkes, jeden einzelnen Takt. In dieser Sinfonie leben Humor und Hochgefühl, Frohsinn und Leidenschaft des tschechischen Volkes, atmet der Duft und jauchzt der Gesang der böhmischen Fluren und Wälder.« Besonders schön ist das *Adagio,* »ein in gelöster Sehnsucht schwelgendes Nokturno«, zu dem manchmal aus der Ferne gedämpfte Tanzrhythmen erklingen. Das *Scherzo* steht im Takt eines Furiant, eines ausgelassenen tschechischen Tanzes von wirbelnder Fröhlichkeit.

*Sinfonie Nr. 7* (im Druck fälschlich als zweite bezeichnet und mit der Opusnummer 70 versehen). 1884 ernannte die Londoner Philharmonic Society Dvořák zu ihrem Ehrenmitglied und ersuchte ihn um ein größeres Werk. Vom 13. Dezember dieses Jahres bis zum 17. März 1885 arbeitete der Meister an der d-moll-Sinfonie; am 22. April des gleichen Jahres dirigierte er sie erstmalig in London. Hernach führten Richter, Bülow und der junge, aber bereits hervorragende Nikisch das Werk zu großen internationalen Triumphen. Nur in Wien, wo Richter die Sinfonie mit den Philharmonikern dirigierte, war der Erfolg nicht befriedigend: »Unser philharmonisches Publikum ist manchmal recht... sonderbar, wollen wir sagen«, schreibt der Dirigent an den Komponisten. Auch diese Sinfonie hat vier Sätze (ähnlich wie Schubert ist auch Dvořák kein Umstürzler oder Neuerer; seinem musikalischen Temperament kommt jede Form gelegen, in der er sich recht von Herzen aussingen kann), nämlich: *Allegro maestoso; Poco Adagio; Scherzo, Allegro.* Auch in der Aufführungszeit gibt es keine so starken Abweichungen wie bei Beethovens Sinfonien: die d-moll-Sinfonie dauert knappe Dreiviertelstunden. In der Instrumentation folgt Dvořák nun ebenfalls stets der Norm, das romantische Orchester – das auch dasjenige Brahms' ist, zu dem Dvořák steigende Freundschaft und geistige Affinität zeigt – ist sein Apparat, mit dem er alles ausdrücken kann: 2 Flöten plus Piccoloflöte, je 2 Oboen, Klarinetten und Fagotte, 4 Hörner, 2 Trompeten, 3 Posaunen, Pauken und Streicher. Die d-moll-Sinfonie ist viel leidenschaftlicher als die vorhergehenden, viele Themen erscheinen trotziger, entschlossener als frühere, aber das lyrische Element, das weite Aussingen einer überquellenden Seele ist auch hier zu finden, besonders im zweiten Satz. Bei dessen Abschluß lesen wir in einem Brief des Autors: »... ich bin bei der Arbeit wieder so glücklich und selig, wie es bisher stets der Fall war und, so Gott gebe, auch weiterhin der Fall sein wird, denn mein Wahlspruch ist und bleibt: Gott, Liebe, Vaterland!« Merkwürdig erregt und rhythmisch aufgewühlt klingt der dritte Satz, der nur im Mittelteil (der sich von d-moll zu G-dur aufhellt) Trost verbreitet. Der letzte Satz nimmt den Kampf auf, der sich durch diese ganze Sinfonie, manchmal offen, manchmal verdeckter, zu ziehen scheint; der Schluß, nach D-dur gewendet, singt von Sieg und Freude.

*Sinfonie Nr. 8.* Die jahrzehntelang als »vierte Sinfonie« bezeichnete G-dur-Sinfonie ist chronologisch die achte. Im Druck erhielt sie die falsche Bezeichnung und die Opusnummer 88. Die Kürze ihrer Entstehungszeit grenzt ans Unglaubliche: die Skizze vom 6. zum 23. September, die endgültige Partitur am 8. November 1889 vollendet! Dvořák weilte in jenem Herbst im Dörfchen Vysoka und kehrte mit der fast beendeten Partitur in sein Prager Heim zurück. Die Uraufführung leitete der Komponist in Prag am 2. Februar 1890; im gleichen Jahr führte er das Werk auch noch in London und Frankfurt zum Siege. Später wurde die G-dur-Sinfonie von der darauffolgenden, letzten, überstrahlt; doch eroberte sie sich, besonders seit dem Zweiten Weltkrieg, einen festen Platz im internationalen Repertoire. Das verwendete Orchester unterscheidet sich nur durch Hinzuziehung eines Englischhorns und einer Tuba von dem der Siebenten. Die Struktur ist wieder viersätzig, nach »klassischem« Sinfonievorbild, wobei Dvořák sich sogar genau an die noch von Mozart und Haydn stammende Stimmungsfolge hält: *Bewegt; langsam; Tanz; sehr bewegt.* Seine Musik ist stets so lebensvoll, so gefühlsgetränkt, daß zahlreiche Interpreten an außermusikalische Erklärungen gedacht haben. Hier hat man Bilder aus einem tschechischen Dorf zu erblicken gemeint, Eindrücke aus böhmischer Landschaft, wo Natur und Geschichte zusammenfließen wie selten irgendwo. So scheint der zweite Satz eine mittelalterliche Ballade zu sein: Am Fuße eines ruinengekrönten Hügels ruht der Komponist und träumt von sagenhafter Vergangenheit:

Der dritte Satz hingegen strömt Grazie und Lebensfreude aus; er ist wie eine Aufforderung zum Tanz auf grüner Wiese:

Mit Fanfaren beginnt froh, ja festlich der letzte Satz, bevor er zum energischen Hauptthema ansetzt, das später in immer erneuerten Variationen lebhaft abgewandelt wird. Jubelnd endet das Werk, in dem tschechische Anklänge keineswegs fehlen.

*Sinfonie Nr. 9 (Aus der Neuen Welt).* Diese Komposition hat, wie nur ganz wenige, vielstellige Aufführungsziffern erreicht und einen Vorzugsplatz im Herzen aller Liebhaber sinfonischer Musik erobert. Es ist Dvořáks neunte und letzte Sinfonie (also nicht die »fünfte Sinfonie«, als die sie zumeist gespielt wurde und wird, da sie beim Druck diese Nummer erhielt). Sie ist fern der böhmischen Heimat entstanden, während des Aufenthaltes in den USA. Dvořák schuf sie vom 10. Januar bis 24. Mai 1893 in New York, wo er Direktor des Konservatoriums war. Auch die Uraufführung fand in New York statt, in der Carnegie Hall, unter Leitung des namhaften Dirigenten Anton Seidl; die Ovationen, die dem Autor zuteil wurden, stellen einen der glänzendsten Höhepunkte seiner Laufbahn dar. Am 20. Juli 1894 erklang die e-moll-Sinfonie erstmalig in Dvořáks Vaterland (und damit in Europa): Dem Kurorchester von Karlsbad unter der Leitung von August Labitzky wurde diese Ehre zuteil. Am 13. Oktober 1894 dirigierte der heimgekehrte Komponist seine letzte Sinfonie in Prag. Sie eroberte in kürzester Frist die Welt.

Hat ihr Titel – *Aus der Neuen Welt* – Bezug auf ihren Stil oder ihren Inhalt? Oder drückt er einfach die Tatsache aus, daß das Werk in der »Neuen Welt« entstanden ist? Man hat verschiedentlich behauptet, der Komponist habe indianische Melodien verwendet und sich von Negrospirituals beeinflussen lassen. Dvořák meint in einem Brief, daß die Sinfonie ohne seine Amerikareise nicht »so« ausgefallen wäre; aber zwischen dieser vagen Aussage und dem Suchen nach folkloristischen Anklängen besteht ein zu großer Abstand. Indianische Melodien sind in Nordamerika schon lange vor Dvořáks Zeit ausgestorben gewesen oder in so ferne Regionen verbannt, daß sie nicht mit Weißen in Berührung kommen konnten. Bleibt nur die Möglichkeit eines Kontakts des böhmischen Komponisten mit der einen oder anderen Negermelodie (die um jene Zeit auch kaum in New York, sondern nur in Städten und Feldern des Südens zu hören gewesen sein mögen). Dvořák selbst verwahrt sich gegen die Annahme, er habe Volksmelodien benutzt: »Ich habe keine einzige dieser Melodien verwendet. Ich habe einfach eigenwüchsige Themen geschrieben, denen ich Eigentümlichkeiten der Indianermusik einverleibt habe; dabei habe ich sie höchstens zum Vorbild genommen und mit allen Errungenschaften moderner Rhythmik, Harmonisierung, kontrapunktischer Führung und orchestraler Färbung zur Entwicklung gebracht«, erklärt er am 12. Dezember 1893 dem »New York Herald«. Stimmt das wirklich? Meinte Dvořák tatsächlich Indianermusik? Es wäre interessant zu erfahren, welche Indianermelodie er kennengelernt und in welchem Zustand – original? bearbeitet? – er sie aufgenommen hat. Vergessen wir nicht, daß die Folkloreforschung damals noch völlig in den Anfangsstadien steckte. Dvořák ist in dieser Sinfonie Tscheche, wie er es immer war, ein »Böhm' in Amerika« (um den Titel eines alten Lustspiels zu gebrauchen). In ihr rauscht der Böhmerwald, singt die Moldau ihr romantisches Lied. Und doch gibt es eine Melodie, die der Melancholie der Neger verwandt sein, die das Echo der weiten amerikanischen Steppen sein könnte: das Englischhornsolo des zweiten Satzes. Wer wagt zu entscheiden, welches Bild letzten Endes diese wundervolle Melodie im Herzen des Komponisten erweckte? Böhmen oder Amerika? Wenn sie ihr Herz öffnen, wenn sie ihren Schmerz in Musik verströmen, dann sind alle Völker der Erde nur eine einzige große Familie. Immerhin hat es amerikanische Einflüsse auf Dvořáks Schaffen gegeben: Das »Hiawatha«-Poem Longfellows hatte er bereits in tschechischer Übersetzung bewundert, bevor er in die »Neue Welt« abreiste. Verschiedene seiner Erklärungen in Zeitungsinterviews in New York beweisen, daß die Negrospirituals ihn tief beeindruckt haben. (Ja er prophezeite sogar, daß sie eines Tages »die Grundlage für eine große und edle nationale Tonkunst bilden« würden!) Schließlich überwältigten ihn das vorwärtsdrängende Leben des jungen Landes, sein felsenfester Zukunftsglaube, seine ungestüme Kraft. Hier liegt die Rechtfertigung des Titels dieser Sinfonie, aber nicht in mehr oder weniger gesuchten Anklängen, die einen aus dem eigenen, vollen schöpfenden Musikanten wie Dvořák kaum interessieren konnten. Die e-moll-Sinfonie ist wiederum in vier Sätzen gebaut: *Adagio – Allegro molto; Largo; Scherzo (Molto vivace); Allegro con fuoco.* Das verwendete Orchester umfaßt 2 Flöten plus Piccolo, 2 Oboen plus dem hier besonders stark hervortretenden Englischhorn, 2 Klarinetten, 2 Fagotte, 4 Hörner, 2 Trompeten, 3 Posaunen, Tuba, Pauken, Triangel, Becken und Streicher. Der erste Satz beginnt mit einigen Takten langsamer Einleitung. Eine verhaltene, sehnsüchtige Melodie konzentriert sich plötzlich in einem Hornsignal und Paukenschlag, und nach kurzem Übergang erklingt *(Allegro molto)* das Hauptthema:

Das Horn bläst dessen erste Takte (deren charakteristische Synkopen man mit einem bekannten Negrospiritual in Verbindung bringen wollte), doch die unmittelbare Fortsetzung in den echt böhmischen Klarinettenterzen läßt eher an die Moldau als an den Mississippi denken. Und wie ein sanftes Rauschen des Böhmerwaldes klingt auch das zweite Thema (trotz seines Tones F in g-moll):

Ein drittes Thema, von der Flöte vorgetragen, bringt die Synkope abermals, die im ersten Thema vorkam. (Sollte sie doch einen »exotischen« Ursprung andeuten?)

In buntem Wechsel verarbeitet dann der Durchführungsteil die äußerst plastischen Themen, führt sie zu Höhepunkten, läßt sie abklingen. Der ganze Satz – mit Ausnahme der langsamen Einleitung – verströmt Lebenskraft, bringt helle Bilder, sonnige Landschaft, grüne Fluren, über denen die Vögel zwitschern in der Alten wie in der Neuen Welt.

Eine Sonderstellung nimmt der zweite Satz ein. Seine Hauptmelodie ist weltbekannt geworden:

Dvořák vertraut sie der dunklen Melancholie des Englischhorns an. Es gibt wenige so schlichte und doch so von tiefstem Gefühl durchdrungene Weisen wie diese. (Der Dirigent sollte vor diesem Gefühlsgehalt keine Scheu haben und das Tempo so langsam nehmen, wie der Komponist es gewollt und mit *Largo* deutlich bezeichnet hat.) Singt hier die unendliche Prärie? Liegen die Urwälder am Fluß im Abendschein? Singen Neger vor ihren Bambushütten ein Nachtgebet über die Baumwollplantagen hin? Oder hat Dvořák Tod und Bestattung der Indianerin Minnehaha gemalt, wie Longfellow sie im »Begräbnis im Walde« seines »Songs von Hiawatha« vorzeichnete? Dann löst der Satz sich in kürzere Themen auf: vorerst ein bewegteres (in cis-moll, nach dem dunklen Des-dur des Hauptthemas), das nach sehnsüchtigem Liebeslied aus der Ferne klingt, dann ein langsames Schreiten, zu dem die Klarinette eine traurige Weise bläst. Plötzlich ein Aufhellen nach Dur, und wie Vogelstimmen zwitschern die Holzbläser wieder stärker, bis mit gewaltigem Einsatz das Hauptthema des ersten Satzes im schweren Blech erschallt. Ein Mahnruf? (Tschaikowsky, Dvořáks Freund und in manchem verwandte Seele, hat in seiner fünften Sinfonie ein solches »Leitmotiv« durch alle Sätze gehen lassen.) Dann fällt der Satz wieder in die Melancholie des Beginns zurück: Das Englischhorn singt nochmals seine wundervolle Melodie, ohne sie allerdings zu Ende führen zu können. In verhaltenem Schluchzen der Streicher, von Pausen unterbrochen, klingt das *Largo* aus, von Abschiedsstimmung getränkt, von tiefem Leid, das keinen Trost kennt.

Auch vom dritten Satz, dem *Scherzo*, soll Dvořák gesagt haben, er sei durch Longfellow angeregt worden; mit Recht meint Šourek, es könne sich nur um die Szene der »Waldfeier und der tanzenden Indianer« handeln. Wer dies aber nicht weiß, könnte kaum je auf solche Inspiration schließen, denn alle Themen sind durchaus europäisch, ja großteils tschechisch. Ein echtes Orchesterscherzo, froh dahinhüpfend im Hauptteil, langsamer im Trio, das sehr wohl ein Volksfest auf Böhmens Fluren malen könnte, mit einer naiven, innigen Melodie im gemessenen Tanzschritt. Plötzlich ist das Hauptthema des ersten Satzes wieder da, in glänzender Steigerung eingeführt; man denkt nun doch an eine Warnung des Schicksals, an dunkle, unsichtbare Mächte, die auch in den lichtesten Augenblicken unseres Lebens geisterhaft gegenwärtig sind. Der Schatten fliegt vorbei, froh und mit unverkennbar böhmischen Reminiszenzen eilt der Satz seinem Ende zu.

Majestätisch klingt das Hauptthema des letzten Satzes, und doch voll Feuer und Wucht:

Es ist stolz, kühn, siegesbewußt wie selten eines. Ein sehnsüchtiges zweites Thema, von der Klarinette geblasen, bringt Ruhe in das nun gewaltig aufgewühlte Meer des Orchesters. Ein drittes, von den *fortissimo* drauflos streichenden Geigern fast zigeunerisch hinmusiziert, löst sich mit Sforzatoschlägen ins beinahe Folkloristische auf. Es grenzt ans Unglaubliche, was Dvořák an verschiedenen Stimmungen in einem einzigen Thema, ja manchmal auf dem engsten Raum eines oder zweier Takte unterbringen kann. Daß er einen ungeheuer wirkungsvollen Schlußsatz zu bauen weiß, versteht sich von selbst. Die Höhepunkte reißen den Hörer unwiderstehlich mit. Kraftvolles und Zartes gepaart, Amerika und Europa in genialem Kontrapunkt, eine Fülle von Bildern zieht vor der Seele vorbei. Wollte man eine Befragung vornehmen, die Antworten lauteten wohl durchwegs verschieden, aber vielleicht hat gerade die Tatsache, daß diese Musik in jedem Hörer verschiedene Träume hervorzurufen vermag, zu ihrer grenzenlosen Popularität beigetragen.

*Die Konzerte*

*Konzert für Klavier und Orchester g-moll*, op. 33. Da bei einem frühen Violoncellokonzert der Orchesterpart nicht ausgeführt wurde, kann das Klavierkonzert als Dvořáks erstes gültiges Werk auf diesem Gebiet gelten. Es entstand aus äußerlichem Anlaß: dem Wunsche, einem befreundeten Virtuosen ein »dankbares« Stück zu schreiben. (Auch das Violin- und das Violoncellokonzert entsprangen dem gleichen Motiv.) Um so erstaunlicher ist es, daß jedes der drei Konzerte ein wahres Meisterstück seines Genres wurde, so, als sei es Dvořák in innerster Nötigung aus der Feder geflossen. Die Komposition des Klavierkonzerts fiel in den Sommer 1876 und wurde am 14. September abgeschlossen. Der Pianist Karl Slavkovsky, dem es gewidmet ist, spielte es erstmalig am 24. März 1878 unter der Leitung von Adolf Čech in Prag. Dvořák war ein glänzender Geiger, aber kein ebensoguter Pianist; und so bot der Klavierpart dem Solisten keine so virtuosen Möglichkeiten, wie man es von einem damaligen Klavierkonzert erwartete. Erst eine Revision durch den tschechischen Pianisten Vilem Kurz steigerte die Wirkung im gewünschten Sinne, ohne an der musikalisch wertvollen Struktur das mindeste zu ändern. Das verwendete Orchester ist auffallend klein: doppeltes Holz, 2 Hörner, 2 Trompeten, Pauken und Streicher. Das Werk weist drei Sätze auf: *Allegro agitato; Andante sostenuto; Allegro con fuoco*. Der erste setzt mit einem ernsten, fast schmerzlichen Hauptthema ein:

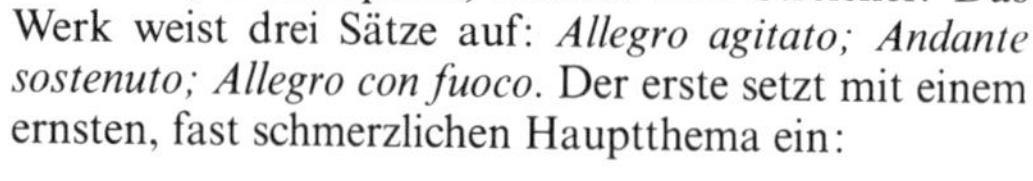

Das Seitenthema ist nahezu mozartisch, wie überhaupt dieses Konzert starke Anklänge an die Klassik zeigt. Romantisch allerdings ist der zweite Satz mit seinem sehnsuchtsvollen Hornthema und seiner innigen Atmosphäre:

Der dritte Satz hingegen ist fröhlich, von sonnigem Humor durchglänzt, aber selbst hier fehlen (wie stets bei Dvořák – und bei Schubert, möchte man hinzusetzen) keineswegs die stilleren, wehmütigeren Augenblicke.

*Konzert für Violine und Orchester a-moll*, op. 53. Dieses Werk schrieb Dvořák für den großen deutschen Geiger Joseph Joachim, seinen und Brahms' Freund. Bei der Uraufführung in Prag am 14. Oktober 1883 aber spielte der tschechische Geiger František Ondříček unter der Leitung von Mořic Anger. Die erste Fassung dieses Konzerts stammt aus dem Sommer 1879, eine zweite aus dem Jahr 1880, die endgültige wurde im Sommer 1882 abgeschlossen. Die Orchesterbesetzung ist wiederum »klassisch«, nur anstelle der zwei Hörner des Klavierkonzerts sind hier vier verwendet. Der Grundcharakter könnte lyrisch genannt werden, auf effektvolle Äußerlichkeiten sowie auf virtuose Kadenzen hat der Komponist bewußt verzichtet. Die beiden ersten Sätze *(Allegro ma non troppo* und *Adagio ma non troppo)* gehen nahtlos ineinander über. Den dritten nennt Šourek »eine von Dvořáks entzückendsten und künstlerisch geistvollsten Stilisierungen des tschechischen Volkstanzes«. Furiant und Dumka klingen hier auf und beschließen fröhlich und mitreißend das schöne Werk, das längst einen festen Platz unter den ersten seines Genres im Repertoire aller großen Geiger erobert hat. Daß auch der Liedcharakter mit seinen echt böhmischen Weisen nicht zu kurz kommt, versteht sich bei Dvořák von selbst. – Hier folgen drei der wichtigsten Themen aus dem Stück. Zuerst der Einsatz des Solisten aus dem ersten, dann die Hauptthemen aus dem zweiten und dem dritten Satz:

*Konzert für Violoncello und Orchester h-moll*, op. 104. Unter Dvořáks Konzerten hat dieses die weitaus größte Verbreitung gefunden; es ist – neben einem von Haydn und dem Boccherinis – sicherlich das meistgespielte Cellokonzert im internationalen Repertoire.

Es nimmt also unter seinesgleichen einen ähnlichen Rang ein wie die letzte Sinfonie des Komponisten; und es wurde wie diese in der »Neuen Welt« geschaffen. Vom 8. November 1894 bis zum 9. Februar des darauffolgenden Jahres arbeitete der Meister an diesem Werk, aber er revidierte es nochmals nach seiner Heimkehr, in Pisek, wo er es am 11. Juni 1895 endgültig abschloß. Dabei war ihm der ausgezeichnete tschechische Cellist Hans Wihan behilflich, dem das Konzert gewidmet ist. Aber – wie beim Violinkonzert – hob es ein anderer Solist aus der Taufe: Am 19. März 1896 dirigierte Dvořák die Komposition in London, wo er seit langem zu den gefeiertsten Gestalten des Musiklebens gehörte, mit dem Cellisten Leo Stern. Drei Wochen später gab es, in gleicher Besetzung, eine triumphale Erstaufführung in Prag. Das in diesem Konzert verwendete Orchester umfaßt 2 Flöten plus Piccolo, je 2 Oboen, Klarinetten und Fagotte, 3 Hörner, 2 Trompeten, 3 Posaunen, Tuba, Pauken, Triangel und Streicher.

Anläßlich dieser Komposition gab es keine Diskussion über nordamerikanische »Einwirkungen«: Es ist ein eindeutig von der Liebe zur Heimat und der Sehnsucht nach ihr diktiertes Stück, ein echt romantisches Konzert mit einer wahren Fülle überquellender, prachtvoller Melodien. Das Hauptthema des ersten Satzes *(Allegro)* ist energisch, unkompliziert in der ersten (a), ausdrucksvoller, gesteigerter in der zweiten Fassung (b):

So einfach und doch so wirkungsvoll ist Dvořáks thematische Arbeit. Nach diesem innerlich bewegten, drängenden Thema läßt das Tempo nach *(Un poco sostenuto)*, und der Komponist stimmt eine seiner herrlichsten Melodien an (von der er selber in einem Brief an einen Freund in der Heimat gesteht, sie rühre ihn jedesmal tief, sooft er sie spiele):

Der Satz durchläuft noch viele Stimmungen, an denen Soloinstrument und Orchester gleichen Anteil haben, bevor er zu einem strahlenden Abschluß gebracht wird.

Wieder muß von einem zweiten Satz (hier *Adagio ma non troppo*) gesagt werden, er gehöre zu den schönsten Schöpfungen seines Komponisten. Welcher erschütternden Innigkeit Dvořák fähig war, welcher tiefen Empfindsamkeit, das zeigt sich hier in wundervollen Melodien einfachster Art, in Modulationen, die nichts Gekünsteltes an sich haben. Auf das erste, von der Klarinette angestimmte Thema folgt ein anderes, das unschwer als eine Variation des Dvořákschen Liedes »Laßt mich allein« (aus den *Vier Liedern*, op. 82) zu erkennen ist. Ein frühes, nie zur Reife gebrachtes Liebesgefühl zu seiner späteren Schwägerin, der Gräfin Kaunitz, hat ihm die Melodie eingegeben; ihr Ableben veranlaßte ihn, ihrer nun auf diese Art zu gedenken:

Den letzten Satz hat man mit der Freude auf eine baldige Heimkehr zu erklären versucht. Wenn auch das Hauptthema in Moll steht (das bei den slawischen Völkern ja unvergleichlich öfter anzutreffen ist als im Okzident), so besitzt es doch einen drängenden, wie in ungeduldiger Hoffnung erregten Charakter:

Aber selbst dieser so ungestüm dahineilende Satz erlebt einen gefühlvollen Augenblick. Ja eigentlich ihrer mehrere, denn Dvořák gießt, wie Schubert, eine Fülle von Melodien aus, so spontan wie sie ihm in die Feder strömen und ohne sich zu sehr durch formelle Rücksichten beeinflussen zu lassen. Über den Schluß hat der Komponist, nachdem er den Gedanken einer virtuosen Solistenkadenz, die ihm sein Freund Wihan vorschlug, energisch zurückgewiesen hatte, in einem Brief geschrieben: »... Das Finale schließt allmählich diminuendo wie ein Hauch, mit Reminiszenzen an den ersten und den zweiten Satz, das Solo klingt bis zum pp aus... dann ein Anschwellen, die letzten Takte übernimmt das Orchester und schließt in stürmischem Tone. Das war so meine Idee, und von ihr kann ich nicht ablassen...«

*Andere Orchesterwerke*

*Die Serenaden*: Die *erste Serenade* ist für Streichorchester komponiert, steht in E-dur, führt die Opusnummer 22 und wurde im Mai 1875 geschrieben (Uraufführung: Prag, 10. Dezember 1876). Sie ist fünfsätzig gehalten: *Moderato; Tempo di Valse; Vivace, Larghetto; Allegro vivace.* Die *zweite Serenade* ist für Blasinstrumente (2 Oboen, 2 Klarinetten, 2 Fagotte, Kontrafagott [das eventuell weggelassen werden kann], 3 Hörner), Violoncello und Kontrabaß komponiert, führt die Opusnummer 44, steht in d-moll und stammt aus den ersten Tagen des Jahres 1878. (Uraufführung unter Dvořáks Leitung am 17. November 1878 in Prag.)

*Die Suiten:* Die *Tschechische Suite,* op. 39, entstanden 1879 und uraufgeführt am 16. Mai 1879 in Prag, hat folgende Besetzung: 2 Flöten, 2 Oboen, Englischhorn, 2 Klarinetten, 2 Fagotte, 2 Hörner, 1 Trompete, Pauken, Streicher. Fünf Sätze: *Allegro moderato; Alle-*

*gretto grazioso; Allegro giusto; Andante con moto; Presto.* Dvořák verwendet mehrfach tschechische Tänze, wie Polka (2. Satz), Sousedska (3. Satz) und Furiant (5. Satz). Die *Suite in A-dur* stammt aus der amerikanischen Zeit. Die erste Fassung, für Klavier, war am 1. März 1894 beendet, die Instrumentation erfolgte fast ein Jahr später. In dieser Form hat der Schöpfer sein Werk nicht gehört: Es erklang erstmalig mit Orchester am 1. März 1910. In einzelnen Sätzen *(Moderato; Molto vivace; Allegretto; Allegro)* wurden ebenfalls Tanzrhythmen verwendet, aber nicht solche aus Dvořáks Heimat – wie in der ersten Suite –, sondern internationale, wie Polonaise und Gavotte (op. 98b).

*Die Rhapsodien:* Die *Rhapsodie Nr. 1 a-moll*, op. 15, ist für großes Orchester komponiert, wurde im September 1874 abgeschlossen und am 3. November 1904 in einem Konzert uraufgeführt, das dem eben verstorbenen Meister zu Ehren veranstaltet wurde. Die drei anderen Werke dieser Art sind unter dem Titel *Slawische Rhapsodien*, op. 45, zusammengefaßt; die erste davon (op. 45, Nr. 1) steht in *D-dur*, die zweite in *g-moll*, die dritte in *As-dur*. Sie stammen in ihrer Gesamtheit aus dem Jahre 1878. Die beiden früheren wurden am 17. November 1878 unter Leitung Dvořáks in Prag zur ersten Aufführung gebracht, die dritte durch die Königliche Kapelle Berlin am 24. September 1879.

*Die Slawischen Tänze: Erste Reihe*, op. 46, entstanden als vierhändiges Klavierstück (auf Aufforderung des Verlegers Fritz Simrock, der etwas den Brahmsschen »Ungarischen Tänzen« Ähnliches wünschte) vom 18. März bis 7. Mai 1878, die Orchesterpartitur wurde am 22. August 1878 beendet. Der erste Tanz steht in *C-dur*, der zweite in *e-moll*, der dritte in *As-dur*, der vierte in *F-dur*, der fünfte in *A-dur*, der sechste in *D-dur*, der siebente in *c-moll*, der achte in *g-moll*. Zahlreiche Melodien aus diesem Werk sind sehr populär geworden, doch muß betont werden, daß Dvořák keine Volksmelodien übernommen, sondern im Charakter der tschechischen Musik Eigenes erfunden hat. Die *zweite Reihe* umfaßt ebenfalls acht Tänze: der erste (neunte) in *H-dur*, der zweite (zehnte) in *e-moll*, der dritte (elfte) in *F-dur*, der vierte (zwölfte) in *Des-dur*, der fünfte (dreizehnte) in *b-moll*, der sechste (vierzehnte) in *B-dur*, der siebente (fünfzehnte) in *C-dur*, der achte (sechzehnte) in *As-dur*. Diese Reihe ist acht Jahre nach den ersten geschrieben, die Klavierfassung vom 4. Juni bis 9. Juli 1886, die Orchesterpartitur vom November 1886 bis Januar 1887. Weder der erste noch der zweite Zyklus wurde als solcher in seiner Gesamtheit uraufgeführt.

*Die Legenden.* Auch dieses Werk – wie die *Slawischen Tänze* – wurde zuerst für Klavier zu vier Händen komponiert (12. Februar bis 22. März 1881) und hernach instrumentiert (13. November bis 9. Dezember 1881). Bei den Legenden handelt es sich um kleinere Stücke (nur wenige erreichen eine Aufführungsdauer von fünf Minuten) von sehr wechselndem Stimmungsgehalt; es gibt ihrer zarte und innige wie auch scherzoähnliche, humorvolle. Die insgesamt zehn *Legenden* stehen in folgenden Tonarten: *d-moll, G-dur, g-moll, C-dur, As-dur, cis-moll, A-dur, F-dur, D-dur, b-moll* und tragen die Opuszahl 59.

*Sinfonische Variationen über ein Originalthema.* Die als op. 78 bezeichnete Orchesterkomposition stammt aus dem Jahr 1877. (Sie sollte eigentlich die Werknummer 38 tragen, die ihrer Reihenfolge in Dvořáks Schaffen entspräche; die Uraufführung – in Prag am 2. Dezember 1877 – bezeichnete sie als op. 40, erst der Druck gab ihr die endgültige Opusnummer 78.) Der Komponist verwendet ein eigenes Thema, das er kurz vorher für einen Männerchor erfunden hatte (»Já jsem huslar« – »Ich bin ein Fiedler«). Die Orchesterbesetzung ist die des großen romantischen Ensembles.

*Scherzo capriccioso.* Ebenfalls für ein großes romantisches Orchester schrieb Dvořák im April 1883 dieses Scherzo capriccioso, op. 66, das am 16. Mai des gleichen Jahres bereits in Prag erklang. Es ist, trotz vieler Schönheiten, eines seiner seltener gespielten Werke geblieben.

*Die Ouvertüren.* Am 19. Oktober 1870 beendete der Komponist ein Orchesterwerk, dem er zuerst den Namen *Tragische Ouvertüre* gab; später wurde sie in *Dramatische Ouvertüre* umgetauft. Es handelt sich um das Vorspiel zu einer von Dvořák nie veröffentlichten frühen Oper, *Alfred der Große* (auf einen Text Karl Theodor Körners). Die Ouvertüre *Dimitri* entstand im September 1882; sie war für die *Demetrius*-Oper des Komponisten bestimmt, wurde aber später durch eine andere ersetzt und erklingt nur noch im Konzertsaal. Die Ouvertüre *Mein Heim* wurde zu dem Volksschauspiel *Josef Kajetan Tyl* des tschechischen Dichters F. F. Šamberk geschaffen. Dvořák schrieb die Partitur in drei Tagen, vom 21. bis 23. Januar 1882, nieder. Das Leben Tyls ist für das tschechische Volk von besonderer Bedeutung gewesen, sein Gedicht »Kde domov muj« wurde, von Škroup vertont, zuerst zum Volkslied und später zur Nationalhymne. In seiner Ouvertüre verwendet es Dvořák und stellt ihm ein anderes tschechisches Volkslied zur Seite (das mit dem Text »Auf unserem Hof daheim hört man die Gänse schrei'n« zu einem Hauptthema von Weinbergers Oper *Schwanda, der Dudelsackpfeifer* wurde). Die dramatische Ouvertüre *Husitská* (op. 67) wurde vom 9. August bis 9. September 1883 komponiert, zuerst ebenfalls als Einleitung zu einem Bühnenstück. (Husitská bedeutet »Hussitenlied«.) Dem Thema entsprechend, das die Entstehung und die Kämpfe der Hussitenbewegung schildern sollte, benutzt der Komponist zwei hussitische Choralmotive. Unter dem Namen *Příroda, Život a Láska (Natur, Leben und Liebe)* schrieb Dvořák in rascher Aufeinanderfolge (31. März 1891 bis 14. Januar 1892) drei Ouvertüren für großes Orchester, die die Opusnummern 91, 92 und 93 tragen, aber als zusammengehörig in einem Zyklus vereinigt waren. Später wurden sie getrennt, die zweite hat den Namen *Karneval*, die dritte den Namen *Othello* erhalten.

*Die sinfonischen Dichtungen.* Es mag interessant sein, festzustellen, daß Dvořáks programmatische Kompositionen durchwegs aus seiner letzten Lebensepoche stammen. Bis dahin war er, trotz aller Farbigkeit seiner Musik und den zahlreichen Ideenassoziationen, die sie in uns erweckt, ein »absoluter« Musiker.

*Der Wassermann (Vodník)* wurde in wenigen Tagen zu Beginn des Jahres 1896 komponiert. Dvořák stützt sich auf die Ballade von Karel Jaromir Erben, der die Geschichte des grauenhaften Seeungeheuers erzählt, das zuerst ein junges Mädchen zu sich in die Tiefe reißt und hernach ihrer beider Kind ermordet, als das Mädchen, von Heimweh getrieben, für einen Tag zu seiner Mutter zurückkehren will, von dieser aber festgehalten wird, so daß der Wassermann sie für untreu hält. (Uraufführung des als op. 107 bezeichneten Werkes am 6. Juni 1896 im Prager Konservatorium; erstmals öffentlich durch die Wiener Philharmoniker unter Hans Richter am 22. November 1896.)

*Die Mittagshexe (Polednice)* entstand gleichzeitig mit der vorhergehenden sinfonischen Dichtung (11. Januar bis 27. Februar 1896). Auch sie folgt einer Ballade Erbens: Die Mutter weiß gegen das trotzige Kind kein anderes Mittel als die Drohung mit der gefürchteten Mittagshexe; kaum hat sie diesen Namen ausgesprochen, steht das sagenhafte Weib leibhaftig in der Hütte. Als der Vater von der Arbeit heimkommt, findet er das erstickte Kind in den Armen der ohnmächtigen Mutter. (Erste Aufführung gemeinsam mit dem *Wassermann* im Konservatorium Prag; Konzert-Uraufführung durch die Wiener Philharmoniker unter Hans Richter am 20. Dezember 1896.)

*Das goldene Spinnrad (Zlatý Kolovrat)*, das dritte nach Erbens Balladen komponierte Tongedicht (op. 109), schrieb Dvořák ebenfalls in den ersten vier Monaten des Jahres 1896. Hier bildet ein Märchen den Inhalt: Ein junger König hat sich im Walde in ein schönes Mädchen verliebt und will sie zu seiner Gemahlin machen. Doch deren Stiefmutter und Stiefschwester, die sie auf das Schloß bringen sollen, töten und zerstükkeln sie. Der König heiratet, verblendet, die Stiefschwester, muß aber bald in den Krieg ziehen. Ein geheimnisvoller Greis entlockt den Mörderinnen die Stücke der Leiche, die er mit einem goldenen Spinnrad bezahlt; er erweckt das Mädchen wieder zum Leben und enthüllt dem heimgekehrten König die Untat. Wie in allen Märchen werden auch hier der König und das Mädchen ein glückliches Paar, die Bösen hingegen ereilt die Strafe, sie werden ein Fraß der Wölfe. Die Uraufführung fand gemeinsam mit »Wassermann« und »Mittagshexe« im Prager Konservatorium am 6. Juni 1896 statt; in öffentlichem Konzert wurde das Werk erstmalig in Brünn am 8. Mai 1897 unter Leitung des Komponisten gespielt.

*Die Waldtaube (Holoubek)* ist das letzte der Tongemälde auf Gedichte Erbens. (Op. 110, komponiert im Oktober und November 1896, uraufgeführt am 20. März 1898 in Brünn unter Stabführung von Leoš Janáček.) Wie die beiden ersten (und in gewissem Sinne auch das dritte) hat dieses Stück ebenfalls einen düsteren, tragischen Inhalt: Eine junge schöne Frau ermordet ihren Gatten. Scheinheilig begleitet sie den Leichenzug; bald reicht sie einem anderen Manne die Hand, aber sie findet keine Ruhe, wird von ihrem Gewissen zum Grab getrieben, wo sie im Gesang der Waldtaube fürchterliche Anklagen zu hören meint, bis sie ihrem Leben ein Ende macht.

*Heldenlied (Píseň Bohatýrská).* Fast ein Jahr verging nach der Komposition der *Waldtaube*, bis Dvořák neuerlich eine sinfonische Dichtung schuf (4. August bis 25. Oktober 1897). Es wurde sein letztes Orchesterwerk. Dieses Mal gibt es kein offenkundiges »Programm«, wie in den Balladen Erbens. Der Komponist hat den Inhalt des *Heldenlieds* niemals ganz klarwerden lassen; man geht aber kaum fehl, wenn man – geradeso wie übrigens in Richard Strauss' *Heldenleben* – hier eine starke autobiographische Komponente vermutet: Leben und Kampf des Künstlers, Niederlagen und Hoffnungen, Enttäuschungen und Siege. (Uraufführung unter Gustav Mahler in Wien am 4. Dezember 1898.)

# Helmut Eder

1916, österreichischer Komponist

Der in Linz Geborene gelangte in unermüdlichem Schaffen auf allen musikalischen Gebieten zur Professur am Salzburger Mozarteum und zu einer angesehenen Position im österreichischen Musikleben der Gegenwart. Eine lange Reihe von Orchesterwerken gehört in dieses Buch: 5 Sinfonien, 3 Violinkonzerte, *Syntagma, Konzert für Fagott, Metamorphosen über ein Fragment von Mozart, Pastorale für Streicher, Divertimento für Sopran und Orchestergruppen, Jubilatio, Serenade* (für 6 Hörner und 46 Streicher), *Doppelkonzert für Cello und Kontrabaß, L'homme armé* (Konzert für Orgel), *Variationen über ein altes Adventlied* (für Flöte, Oboe und Streicher), *Memento* (für Orgelpositiv und 2 Streichergruppen), *Cadunt umbrae* (für Altstimme, Tonband und Orchester), *Präludium und Choral über ein altes Adventlied* (»Nun komm, der Heiden Heiland« für Oboe und Streicher), u.a.m.

## Werner Egk

1901–1983, deutscher Komponist

Der in Auchsesheim/Bayern am 17. 5. 1901 geborene und am 10. Juli 1983 am Ammersee verstorbene Werner Egk gehörte zu den interessantesten und erfolgreichsten deutschen Komponisten seiner Generation, war Kapellmeister an der Berliner Staatsoper, Gründer des Deutschen Komponistenverbands, Präsident des Deutschen Musikrates u.v.m. Er lieh seine Kräfte dem jungen Rundfunk, der ebenfalls jungen Filmoper, schrieb für Kindertheater. Dann wurde das Musiktheater sein wichtigstes Gebiet, doch schuf er auch Oratorien, sinfonische, Gesangs- und Chormusik in bunter Fülle. Sein Stil – modern, ohne experimentell zu wirken – darf als übernational bezeichnet werden; er vereint bayerischen Humor, französischen Esprit, italienische Melodik, ein wenig von der mitreißenden Rhythmik seines Lehrers und Freundes Carl Orff und echte Innigkeit, die manches seiner Werke volksnah machte. Er lebte die letzten 20 Jahre nur dem Schaffen, teils bei München, teils in der Schweiz.

*Georgica* betitelt sich das erste größere Orchesterwerk; es sind »vier Bauernstücke«, die 1934 komponiert und 1936 in New York uraufgeführt wurden.

*Orchester-Sonate* (1948 in Darmstadt unter des Komponisten Leitung uraufgeführt) beweist Egks Vertrautheit mit den traditionellen Formen: Hier ist der sinfonische Aufbau aus der klassischen Sonate entwickelt.

*Französische Suite* heißt die auf Rameau aufgebaute Partitur, in der das parodistische Element – wie in alten Zeiten – wieder zu Ehren kommt. Die Uraufführung in Berlin (RIAS-Orchester) leitete Ferenc Fricsay am 27. Januar 1950.

*Allegria*, mit dem Untertitel *Godimento in quatro tempi* (Spaß in vier Sätzen) entstand 1952 und wurde am 25. April jenes Jahres unter Leitung des Komponisten durch das Orchester des Südwestfunks Baden-Baden uraufgeführt.

*Variationen über ein karibisches Thema für Orchester* ist der Niederschlag der tiefen Eindrücke, die eine Reise nach Mittelamerika und auf die grünen Inseln Westindiens dem Komponisten vermittelte. (Ihnen ist auch die Vertonung der Oper *Die Verlobung in San Domingo* zu verdanken.) Hier sind die fesselnden Rhythmen der karibischen Neger und Mischlinge mit kunstvollem europäischem Satz verbunden. (Erstes Erklingen: 18. Januar 1960 unter der Stabführung des Komponisten durch das Südwestfunk-Orchester in Freiburg im Breisgau.)

Zu den sinfonischen Werken müßten auch noch konzertmäßige Bearbeitungen aus Bühnenstücken gezählt werden: die *Ouvertüre zur Oper »Die Zaubergeige«*, der *Tango aus der Oper »Peer Gynt«*, die *Suiten aus den Balletten »Joan de Zarissa«* und *»Abraxas«* sowie ein *Triptychon* aus ersterem. Ferner hat Egk neben anderem ein Divertimento für Streicher *Die Nachtigall; La tentation de St-Antoine* (für Altstimme, Streichquartett und Streichorchester) sowie eine *Geigenmusik mit Orchester* komponiert, die – eine Art Violinkonzert – am 3. April 1936 in Baden-Baden erstmalig gehört wurde, mit Elisabeth Bischoff als Solistin und dem Autor am Pult.

## Gottfried von Einem

1918, österreichischer Komponist

Mit seinen erfolgreichen Opern hat sich der am 24. 1. 1918 in Bern Geborene zum führenden österreichischen Komponisten seiner Generation emporgearbeitet. Er hat bei aller »Modernität« nie die Grenzen der Tonalität gesprengt: »Ich möchte mit meiner Musik zum Denken, zum Empfinden anregen. Ich suche in der Schönheit Wahrheit und wäre froh, wenn meine Musik heilend wirkte«, erklärte er selbst 1980. Zu seinen wichtigsten Orchesterwerken gehören: *Turandot* (4 Episoden für Orchester), *Capriccio, Concerto, Suite aus Dantons Tod, Orchestermusik, Serenade für doppeltes Streichorchester, Hymnus* (für Altsolo, Chor und Orchester), *Meditation, Klavierkonzert* (1955), *Wandlungen, Symphonische Szenen* (1956), *Ballade* (1957), *Das Stundenlied* (nach Bertolt Brecht, mit Chor), *Tanz-Rondo* (1959), *Philadelphia Symphony* (1960/61), *Nachtstück* (1960), *Medusa* (1965), *Von der Liebe* (mit Gesang), *Kammergesänge* (mit Gesang, Texte von Hans Carossa, chinesischen und japanischen Lyrikern), *Violinkonzert* (1967), *Hexameron, Bruckner-Dialog, Rosa Mystica* (mit Gesang, Texte von H.C. Artmann, 1972), *An die Nachgeborenen* (mit Solo- und Chorgesang, Texte von Brecht, Hölderlin, Sophokles und Psalmen, 1972/73), *Wiener Symphonie* (1976), *Arietten für Klavier* (2. Klavierkonzert 1977), *Ludi Leopoldini* (Konzertante Abwandlungen eines Themas Kaiser Leopolds I.), *Hunyady Lázsló* (1980/81).

## Edward Elgar

1857–1934, englischer Komponist

Einen »echt englischen Musiker« könnte man Sir Edward Elgar nennen, in seinem Leben wie in seinem Werk (von dem Mitteleuropa überraschend und ungerechtfertigt wenig kennt). Er wurde am 2. Juni 1857 in Broadheath bei Worcester geboren und starb in Marl Bank (Worcester) am 23. Februar 1934, dem tragischen Jahr der englischen modernen Musikgeschichte, da es außer Elgars auch noch Delius' und Holsts Tod brachte. Seine ersten Erfolge waren die *Enigma-Variationen* und das Oratorium *Dream of Gerontius*. Sein Ruhm wuchs schnell, bald war er Englands führender Komponist und der Schöpfer eines nationalen neuzeitlichen Sinfonismus. Im Jahre 1904 wurde er geadelt;

ein dreitägiges Festival mit seinen Werken fand in Covent Garden statt. Er lebte zumeist auf dem Lande und widmete sich ausschließlich dem musikalischen Schaffen. In den Rahmen unseres Buches gehören noch folgende Werke: 2 Sinfonien, 2 Suiten, mehrere Stücke für kleines Orchester, einige Konzertouvertüren, verschiedene Märsche (unter denen *Pomp and Circumstance* sehr bekannt wurde), ein *Violin-* und ein *Violoncellokonzert*, sinfonische Studien und Präludien, *Introduction and Allegro* (für Streichquartett und Streichorchester).

*Die Enigma-Variationen*

Enigma bedeutet Rätsel. Der Autor setzte dieses Wort über die Partitur, deren Originaltitel lautet: *Variations on an Original Theme* (Variationen über ein eigenes Thema). Die Komposition stammt aus dem Jahre 1899 und wurde mit der Opusnummer 36 veröffentlicht. Die Uraufführung fand unter der Leitung Hans Richters in London am 19. Juni 1899 statt, aber Elgar unterwarf das Werk nachträglich noch bedeutenden Änderungen. Die Enigma-Variationen, wie man sie allgemein nennt, umfassen 14 Abwandlungen eines Themas, das nirgends klar hervortritt; das Stück ist also ein doppeltes Rätsel: einmal durch das »geheimnisvolle« Thema, das – zum Unterschied von allen ähnlichen Werken – nicht an den Beginn der Komposition gestellt, ja nicht einmal in ihrem Verlauf klar als solches gekennzeichnet wird; zum zweiten, weil jede der vierzehn Variationen mit einem Monogramm überschrieben ist, dessen Bedeutung der Atuor nicht enthüllen wollte. Es handelt sich durchwegs um Personen, die Elgar nahestanden; die erste Variation trägt die Initialen seiner Gattin, die auf sein künstlerisches Schaffen einen großen und segensreichen Einfluß ausübte, die letzte Variation gehört dem Autor selbst. Über alle anderen hat man sich lange und wohl erfolglos den Kopf zerbrochen; da es sich um eine Privatangelegenheit des Komponisten handelt, dürfte ihre Kenntnis auch dem Verständnis des Werkes nicht förderlich sein. Interessanter ist die Suche nach dem Thema; man glaubt, es mit einem Zitat aus Wagners *Parsifal* zu tun zu haben. Ob nun beide »Enigmas« enträtselt werden können oder nicht – dieses Variationenwerk ist geistvoll, glänzend gearbeitet und instrumentiert und immer wieder erfreulich zu hören.

*Das Violinkonzert*

Das *Konzert für Violine und Orchester h-moll*, op. 61 wurde 1910 geschrieben (20 Jahre vorher hatte Elgar ein solches begonnen, aber nach langer Arbeit vernichtet), dem berühmten Geiger Fritz Kreisler gewidmet und durch diesen am 10. November 1910 unter Leitung des Komponisten uraufgeführt. Es ist ein tief romantisches, außerordentlich klangschönes und für alle Ausführenden dankbares Werk. Seine drei Sätze sind *Allegro, Andante, Allegro molto*. Jeder von ihnen ist ungewöhnlich lang, der zweite macht den Eindruck eines innigen Liedes, dessen Melodie anstatt einer menschlichen Stimme der Violine anvertraut ist.

## Georges Enesco

1881–1955, rumänischer Komponist

Was Chopin für Polen war – ein erster Verwerter der Folklore in der Kunstmusik –, aber auch, was Smetana für die Tschechen bedeutete – den entscheidenden Förderer des Musiklebens –, das stellte Enesco (in seinem Vaterland Enescu genannt) für Rumänien dar. Darüber hinaus war er ein international berühmter Geigenvirtuose, ein hervorragender Dirigent, ein glänzender Organisator, ein gesuchter Lehrer, ein viel gespielter Komponist. Seine Orchesterwerke sind: *Konzertante Sinfonie für Cello* (1901); *Orchestersuite* (1903); *2 Rumänische Rhapsodien* (1901 und 1902) – seine auch heute noch erfolgreich gespielten brillanten Stücke auf der Basis von Volksmelodien –, 3 Sinfonien (1905, 1914, 1919 mit Chor, Klavier und Orgel) und 1 *Kammersinfonie* (1954) – nebst einer jugendlichen Sinfonie, die er mit 14 Jahren begann; *Orchestersuite Nr. 2* (1915); *Orchestersuite Nr. 3* (Suite villageoise, 1938); *Konzertouvertüre* (über volkstümliche Themen, 1948) *Vox maris* (1950, unvollendet) u.a. Im heute reich entwickelten rumänischen Musikleben finden wir Gedenkstätten, Wettbewerbe, Monumente usw., die das Andenken Enescos hochhalten.

## Peter Escher

1915, Schweizer Komponist

*Orchesterwerke: Drei Skizzen* (Flüchtlinge – Der Irrsinnige – Marseille), *Musik für Bläser, Fantasmagorie, Concertino für Klavier und Orchester, Konzert für Saxophon und Orchester, Konzert für Klavier und Streichorchester.*

## Andrej Eschpai

1925, sowjetischer Komponist

Der in Kozmodemyansk an der Wolga geborene sowjetische Komponist studierte in Moskau und begann sich nach dem Vorbild seines Vaters für Folklore zu interessieren. In deren sinfonischer Verarbeitung bestärkte ihn noch Chatschaturjan, bei dem er sich zuletzt vervollkommnete. Seine erste größere Komposition waren die *Sinfonischen Tänze* (1952), auf die im gleichen Jahre die *Ungarischen Weisen für Geige und Orchester*, 1954 ein *Klavierkonzert*, 1956 ein *Violinkonzert* und 1959 die *Erste Sinfonie* folgten. Sie ist zweisätzig – ein tragischer und ein froher Satz in gedrängter Ballung – und wurde vom Staatsorchester auf einer

Tournee auch in Wien erfolgreich gespielt. Im Jahre 1962 erschien die *zweite*, 1965 die *dritte Sinfonie*, dazwischen eine *Zirkus-Suite für Blasorchester*.

## Anthiochos Evangelatos

1903–1982, griechischer Komponist

Der in Lixouri-Cephalonia geborene griechische Komponist studierte zuerst in Leipzig und dann bei Weingartner in Wien. Von 1932 bis zu seinem Tod bekleidete er bedeutende Posten im Musikleben seiner Heimat. Sein wichtigstes Orchesterwerk dürfte *Variationen und Fuge über ein griechisches Volkslied* sein; zu nennen sind ferner: *Sinfonie*, *Sinfonietta*, *Larghetto und Scherzo*, *Suite d-moll*, *Klavierkonzert* usw.

## Eduardo Fabini

1883–1951, uruguayischer Komponist

Zu Beginn des 20. Jahrhunderts erwacht in Uruguay, wie in ganz Lateinamerika, eine nationale Kunstströmung, die ihre Identifikation auf der Basis von volkstümlichen, folkloristischen Äußerungen sucht. In der Komponistengeneration, die damals erste nationale Werke hervorbringt – und der Tomás Giribaldi, Luís Sambucetti, Luís Cluzeau Mortet, Alfonso Broqua, der sehr jung verstorbene César Cortinas u.a. angehören –, ist Fabini zweifellos der Bedeutendste. Er schuf in *Campo* eines der schönsten sinfonischen Gedichte des Erdteils, in *La Isla de los Ceibos* (Die Insel des grellrot blühenden Ceibo-Baumes) ein impressionistisches Gemälde von starkem Zauber, im Poem (mit Rezitation und Gesang) *La Patria Vieja* ein Bild aus den Gaucho-Kämpfen um das Vaterland von starker Eindringlichkeit, dessen Text von Yamandú Rodriguez stammt, einem genialen Volksdichter.

## Manuel de Falla

1876–1946, spanischer Komponist

Dieser bedeutendste Komponist Spaniens in der neueren Zeit führte ein eher stilles, zurückgezogen gelebtes, von wenig äußerlichen Ereignissen aufwühlender Art durchbrochenes Dasein. Einiges Wesentliche daraus sei genannt: Jugend in Spanien (geboren am 23. November 1876 in Cadix), Preise in pianistischem und kompositorischem Wettbewerb, dann Pariser Studienjahre von 1907 bis 1914, Freundschaft mit Dukas, Debussy, Ravel, Strawinsky; Heimkehr, baldige internationale Erfolge mit Orchester-, Opern- und Ballettwerken. Im Jahre 1939 Emigration, Niederlassung in den malerischen Bergen des mittelargentinischen Córdoba, wo ihn während der Arbeit an *Atlantida* am 14. November 1946, wenige Tage vor dem siebzigsten Geburtstag, der Tod überraschte. Seine sterblichen Reste wurden feierlich in das heimatliche Cadix überführt.

*Nächte in Spaniens Gärten*

Diese *Sinfonischen Impressionen für Klavier und Orchester* in drei Sätzen (die im Originaltitel *Noches en los jardines de España* heißen) waren ursprünglich als Suite dreier Nocturnes für Klavier gedacht; es scheint Albéniz gewesen zu sein, der zu einer Instrumentation riet. Die erste Idee faßte Falla im Jahre 1909 – vielleicht unter dem Einfluß Debussys und der damaligen »impressionistischen« Welle in Paris; vollendet hat er das Werk erst 1915. Die Orchesterbesetzung besteht aus 2 Flöten plus Piccolo, 2 Oboen plus Englischhorn, 2 Klarinetten, 2 Fagotten, 4 Hörnern, 2 Trompeten, 3 Posaunen, Tuba, Harfe, 3 Pauken, Schlagzeug, Celesta, Streichern und dem Soloklavier, dem hier zwar die Hauptrolle zugeteilt ist, dessen Part sich aber, trotz brillanter Passagen und nicht zu unterschätzender technischer Anforderungen, durchaus in den Rahmen eines Orchesterwerkes fügt, ohne zum Klavierkonzert zu werden. Man kann diese »Nächte« als sinfonisches Gedicht bezeichnen, obwohl kein detailliertes Programm vorliegt. Es besteht aus drei Sätzen: *Im Generalife (En el Generalife)*, *Ferner Tanz (Danza lejana)*, *In den Gärten des Berglands von Córdoba (En los jardines de la Sierra de Córdoba)*. Der Generalife ist der alte Palast der maurischen Könige in Granada; der Satz bringt andalusische Themen, die auf arabisches Musikgut zurückgehen, aber längst echt spanisch geworden sind. Der zweite und dritte Satz gehen ohne Unterbrechung ineinander über und tragen – ohne realistisch zu werden – Tanzcharakter. Es ist, als wehe ein lauer Nachtwind ferne Klänge an unser Ohr und mische sie mit anderen, die plötzlich näher aufrauschen. Und wie alles Ferne haben auch diese Melodien etwas Melancholisches an sich. Oder ist es das Andalusische, was sie so undefinierbar traurig macht? Vielleicht ist es der unbewußte, tief eingegrabene Schmerz, wie ihn die Musik aller alten Völker aufweist, als bewahrten sich in ihr die Tränen langer Generationenreihen ... Der dritte Satz belebt sich zeitweise, wird zu einem wirbelnden Polo oder einer zigeunerischen Sambra. Die Uraufführung fand am 9. April 1916 in Madrid unter Leitung von Enrique Fernández Arbós statt; den Klavierpart spielte José Cubiles. Erst in der zweiten Aufführung übernahm ihn der Freund des Komponisten, der hervorragende spanische Klaviervirtuose Ricardo Viñes, dem das Werk gewidmet ist. Hier zwei Themen aus dieser Komposition:

*Homenajes*

Im Jahre 1920 gab die Pariser »Revue Musicale« eine dem Andenken Debussys gewidmete Festnummer heraus, für die sie Strawinsky, Bartók, Dukas, Goossens, Malipiero, Ravel, Roussel, Schmitt und Satie sowie Manuel de Falla um Mitarbeit ersuchte. Falla komponierte hierfür seine *Homenaje a Debussy*, mit dem Untertitel *Elegía de la guitarra*, und schloß gegen Ende eine Melodie aus Debussys »Soirée en Granade« ein, als wolle er auf diese Art den Gruß des französischen Meisters an sein Heimatland erwidern. Am 24. Dezember 1933 feierte der spanische Dirigent Fernández Arbós seinen 70. Geburtstag. Vierzehn spanische Komponisten bereiteten ihm eine klingende Huldigung in Form eigens geschriebener Werke, unter ihnen Falla, der die Form der »Fanfare« wählte, eine Festmusik für Blechbläser und Schlagwerk. (Der also Gefeierte dirigierte das Stück am 28. März 1934 in Madrid zum ersten Male.) Im Jahre 1935 starb Paul Dukas, Fallas bewunderter Freund aus den Pariser Jahren; wieder rief die »Revue musicale« zu tönenden Beiträgen auf. Falla schrieb für Klavier »Tombeau de Paul Dukas« und zitiert darin eine Melodie aus des Verstorbenen Sonate. Im Jahre 1938 komponierte Falla ein Orchesterwerk zum Andenken des unvergessenen Propheten der spanischen Musik, Felipe Pedrells, der Fallas (sowie Granados' und Albeniz') Lehrer gewesen war. Er verarbeitete darin mehrere Bruchstücke aus Pedrells Oper *La Celestina*. Vor der Abreise nach Südamerika faßte er diese in verschiedenen Lebensabschnitten entstandenen Stücke zu dem Zyklus *Homenajes*, der genau dem französischen »Hommages« und unserer nicht so eindeutig auszudrückenden »ehrenden Widmung« entspricht, zusammen und brachte sie in dieser Form am 18. November 1939 im Teatro Colón in Buenos Aires zur Uraufführung. Zwei Jahre später fügte er zwischen zwei langsame Sätze noch ein kurzes bewegtes Zwischenstück ein, das im Grunde nur eine Wiederholung der »Fanfare« bedeutet. Und so verblieb das Werk in endgültiger Fassung dergestalt: I. *Fanfare (Arbós)*, II. *An C. Debussy*, III. *Rappel de la Fanfare*, IV. *An P. Dukas* (nun mit dem Untertitel *Spes vitae* versehen und orchestriert), V. *Pedrelliana*.

*Zwischenspiel und spanischer Tanz aus der Oper »La vida breve«.* Entstanden 1904/05, erstes Erklingen in Nizza am 1. 4. 1913.

*Ballettsuite aus »El amor brujo«.* Komponiert 1915, uraufgeführt in Madrid am 28. 3. 1916.

*Ballettsuite aus »El sombrero de tres picos«* (Der Dreispitz). Komponiert 1919, uraufgeführt in London 22. 6. 1919.

Das *Konzert für Cembalo, Flöte, Oboe, Klarinette, Violine und Violoncello* (meist Cembalokonzert genannt) gehört nicht in unser Buch, da es ein Kammermusikwerk (für 6 Musiker) darstellt.

## Johann Friedrich Fasch

1688–1758, deutscher Komponist

Einer jener Barockmeister, die, nach langer Vergessenheit, in unserer Epoche – dank Rundfunk und Schallplatte vor allem – zu (völlig verdienter) Wiederbelebung gelangen. Er komponierte in großer Anzahl Konzerte für Violine, Flöte, Oboe, Fagott usw. sowie Suiten, auch Ouvertürensuiten genannt, von denen nicht weniger als 69 erhalten sind. Bach schätzte Fasch besonders – sie waren Zeitgenossen – und kopierte viele seiner Stücke zu Studien- und Aufführungszwekken. Als Kapellmeister des Grafen Morzin in Böhmen war Fasch der Vorgänger Joseph Haydns.

## Gabriel Fauré

1845–1924, französischer Komponist

Dieser spätromantische französische Komponist verdiente im Ausland viel stärkere Beachtung; er war einer der feinsinnigsten, zartesten und nobelsten Musiker seiner Zeit. Die wenigen Melodien, die sich in anderen Ländern von ihm durchgesetzt haben – das Lied *Après un rêve*, eine *Elegie* (für Violoncello und Klavier), ein *Wiegenlied* (für Geige und Klavier) –, legen dafür Zeugnis ab. Als großen Meister weist ihn sein *Requiem* aus. Fauré bekleidete manchen Posten: Organist an der Madelaine, 1896 Nachfolger Massenets als Kompositionslehrer des Pariser Konservatoriums und 1905 Direktor dieses Instituts. Er war ein Schüler Saint-Saëns' und wurde zum Lehrer vieler ausgezeichneter Musiker, darunter Ravels. Die Liste seiner Orchesterwerke umfaßt:

*Bühnenmusiken zu »Caligula«* (Dumas, 1888), *»Der Kaufmann von Venedig«* (Shakespeare, 1889), *»Le voile du Bonheur«* (Clemenceau, 1901); *Allegro symphonique* (1875); *Violinkonzert* (unveröffentlicht, 1878); *Ballade für Klavier* (1881); *Romanze für Violine* (1882); *Sinfonie d-moll* (unveröffentlicht, 1884); *Pavane* (auch mit Chor, 1887); *Pelléas et Mélisande* (Suite nach dem Drama von Maeterlinck, 1898); *Phantasie für Klavier* (1919); *Masques et Bergamasques* (Suite, 1920).

## Zdenek Fibich

1850–1900, tschechischer Komponist

Der sehr bedeutende Böhme wird in den slawischen Ländern noch häufig aufgeführt, seltener in der übrigen Welt, die ihn neben seinen großen Landsleuten und Zeitgenossen Smetana und Dvořák nie voll würdigte. Seine Musik ist mit der Romantik aufs engste verbunden. Er schuf drei Sinfonien sowie die sinfonischen Dichtungen *Zwielicht* und *Toman und die Waldfee*.

## Luboš Fišer

1935, tschechischer Komponist

*Orchesterwerke: Sinfonie Nr. 1* (1956), *Nr. 2* (1960), *15 Bilder nach Dürers »Apokalypse«* (1965), *Kammerkonzert mit Klavier* (1965), *Double* (1970), *Report* (für Bläser, 1971), *Lamento* (1972).

## Urs Joseph Flury

1941, Schweizer Komponist

Nachdem sein Vater Richard Flury (1896–1967), Schöpfer von sechs Sinfonien und vielen anderen Orchesterwerken, das Musikleben seines heimatlichen Solothurn wesentlich bereichert, setzt sein Sohn dessen Aufbauarbeit bedeutsam fort. Aus seinem Schaffen, das nicht zuletzt reizvolles Lokalkolorit aufweist, seien genannt: *Lyrische Suite, Concerto di Carnavale, Sinfonietta, Die kleine Meerjungfrau* (Musikalisches Märchen nach Andersen), Konzerte für Violine und Cello, *Concertino veneziano* (für Violine) u.a.

## Josef Bohuslav Foerster

1859–1951, tschechischer Komponist

Der böhmische Spätromantiker hat eine Zahl schön klingender, stimmungsvoller Orchesterwerke geschrieben, von denen erwähnt seien: *In den Bergen,* op. 7 (1884), *Meine Jugend,* op. 44 (1900), *Cyrano de Bergerac,* op. 55, *Shakespeare-Suite,* op. 76, *Ballata,* op. 92 (1914), ferner vier Sinfonien und das *Violinkonzert c-moll,* op. 88 (1911).

## Wolfgang Fortner

1907, deutscher Komponist

Prominenter Lehrer an verschiedenen Musikhochschulen (Heidelberg, Detmold, Freiburg), viel gespielter Opernkomponist mit eigenständiger Technik, die sich oft der Dodekaphonik annähert. Unter seinen Orchesterwerken finden sich: *Sweelinck-Suite* (nach Themen des großen flämischen Komponisten), *Capriccio und Finale* (1939), *Schwäbische Volkstänze* (1936), *Ernste Musik* (1940), *Violinkonzert* (1946), *Sinfonie* (1947), *Phantasie über die Tonfolge B-A-C-H (1950), Konzertsuite aus dem Ballett »Die weiße Rose«* (1950), *Cellokonzert* (1951), *Impromptus* (1957), *Mouvements* (mit Klavier, 1954), *Prélude und Elegie, Prélude* (1958), *Zwischenspiele aus der Oper »Bluthochzeit«* (1963), *Konzert für Streicher, Aulodie für Oboe, Triplum* (mit 3 obligaten Klavieren, 1966), *Marginalien* (1969), *Triptychon* (1977), *Variationen* (1979), *Klangvariation* (1982).

## Lukas Foss

1922, US-Komponist und Dirigent

Foss kam in Berlin zur Welt und lebte von 1933 bis 1972 in den USA. Hier war er auch Schüler von Hindemith. 1972 wurde er als Dirigent nach Israel berufen. *Orchesterwerke: Sinfonie in G-dur, Song of Anguish, Sinfonische Dichtungen, Ode to Those Who Will not Return, Klavierkonzert, Oboenkonzert, Suite für Kammerorchester* (aus der Bühnenmusik zu »The Tempest« von Shakespeare). *Violoncellokonzert* (Uraufführung: Berlin 11.10.1966).

## Jean-René Françaix

1912, französischer Komponist

*Musique pour faire plaisir* ist einer seiner Werktitel, aber er könnte als Motto seines gesamten Schaffens stehen. Hier wirken Geist, Witz, ein phänomenales Handwerk, Grazie und Humor – die tiefe Gedanken keineswegs ausschließen – einträchtig zusammen in einem großartigen Lebenswerk, das alle Theorien von der »Erschöpfung der Tonalität« Lügen straft und ohne Wichtigkeitsanspruch Meisterwerke in die Welt setzt. Aus der Fülle seines Orchesterschaffens seien nur einige Titel genannt: *Konzert für Klavier und Orchester*, ein *Concertino für Klavier und Orchester*, ein *Musique de cour* (Hofmusik) betiteltes konzertantes Duo für Flöte und Violine mit Orchester, eine *Sinfonie für Orchester*, eine *Sinfonie für Streicher*, eine *Sinfonietta*, ein *Konzert für Bläser mit Orchester*, eine *Phantasie für Violoncello und Orchester*, eine *Rhapsodie für Viola und Orchester*, eine *Suite für Violine mit Orchester*, eine *Serenade für kleines Orchester*, ein *Divertissement für Violine, Viola, Violoncello und Bläser*, die Suiten *La douce France, L'heure du berger* u.a.

# César Franck

1822–1890, belgischer Komponist

Der am 10. Dezember 1822 in Lüttich (Belgien) geborene César Franck ging, nachdem er bereits früh musikalischen Unterricht erhalten hatte, dreizehnjährig nach Paris, das zum wahren Mittelpunkt seines Lebens wurde. Nicht, daß er dort zu hohen Stellungen oder einer günstigen materiellen Position gelangt wäre – ganz im Gegenteil. Er blieb fast während seines ganzen Lebens im Dunkel; eine Handvoll Menschen ahnte die Größe dieses Mannes, der sich sein Brot als Organist verschiedener Kirchen – darunter dreißig Jahre lang von St-Clothilde –, als geplagter Privatlehrer und seit 1872 als einer der vielen Konservatoriumsprofessoren mühsam verdiente. Um in Ruhe komponieren zu können, mußten vor allem die Morgenstunden von 5 bis 7 Uhr herhalten. Erst gegen Schluß seines Lebens – das durch die Folgen eines Verkehrsunfalls sein Ende fand – erlebte er einige künstlerische Anerkennung und Genugtuung, als das Publikum sich für sein Streichquartett und seine wundervolle Violinsonate zu erwärmen begann (die der hervorragende Geiger Ysaÿe um die Welt trug). Doch seine großen Werke – die imposanten Oratorien *(Ruth, Les Béatitudes, Redemption, Rebecca)* –, die geistlichen Kompositionen, einige (allerdings weniger bedeutende) Opern verbreiteten sich erst nach seinem Tode (Paris, am 9. November 1890). Bezeichnenderweise war bei seiner Beerdigung kein einziger Vertreter des Konservatoriums oder des Ministeriums anwesend.

*Die d-moll-Sinfonie*

*Geschichte:* Die letzten Lebensjahre Francks waren seine fruchtbarsten. In unermüdlicher Arbeit wuchs Werk um Werk; so auch die Sinfonie, die einzige Francks und die einzige eines französischen Romantikers, die sich (neben Berlioz' »Phantastischer«) im internationalen Repertoire hält. Er vollendete sie 1888, und am 17. Februar 1889 wurde sie durch Jules Garcin mit dem Pariser Konservatoriumsorchester uraufgeführt; die Musiker zeigten sich nicht nur uninteressiert, sondern schienen bewußt Sabotage zu treiben, das Publikum verstand nichts, und Presse wie Kollegen (unter ihnen Gounod) machten sich offen über das Stück lustig.

*Verwendetes Orchester:* 2 Flöten, 2 Oboen plus Englischhorn, 2 Klarinetten plus Baßklarinette, 2 Fagotte, 4 Hörner, 2 Trompeten plus 2 Kornette, 3 Posaunen, Harfe, Pauken, Streicher.

*Analyse:* Das Werk hat nur drei Sätze. Der erste wechselt mehrere Male das Tempo *(Lento – Allegro non troppo – Lento – Allegro non troppo – Lento – Allegro – Lento)*, doch ist keinerlei Bruch in der Stimmung zu finden. Wie eine leidenschaftliche Frage an das Schicksal erhebt sich das erste Thema mit seinem charakteristischen, immer wiederkehrenden Quartintervall:

Ein zweites Thema antwortet, will wohl Trost bringen inmitten der düsteren, bedrückten Atmosphäre. Aber das festgehaltene d-Moll (das hier einen tief melancholischen oder resignierten Charakter in sich zu bergen scheint) weicht erst spät einer milderen Dur-Stimmung, als Franck ein neues (und für ihn sehr kennzeichnendes) Thema einführt, das sich um einen einzigen Ton rankt und voll innerer Spannung ist:

So verläuft der erste Satz voll Sehnsucht und Wünschen, die nicht zur Ruhe kommen, mit kurzen lichtvolleren Ausbrüchen; ein Kampf, dessen Ende noch nicht abzusehen ist und in dem es äußerst dramatische Augenblicke neben anderen, zarten, innigen, gibt.

Der zweite Satz, *Allegretto*, bietet eine seltene, ja unter den wichtigen Sinfonien wohl einmalige Formkombination: Franck sucht hier einen zweiten und dritten Sinfoniesatz miteinander zu verbinden, ein langsames Stück und ein Scherzo also. Er beginnt mit einem Solo des Englischhorns (was bei der Premiere die Indignation Gounods verursacht haben soll, der anscheinend Berlioz' *Sinfonie phantasique* vergessen hatte oder, was wahrscheinlicher ist, keine hohe Meinung von ihr besaß. Als Dvořák fünf Jahre später den langsamen Satz seiner Sinfonie *Aus der neuen Welt* ebenfalls so anfangen ließ, war die Begeisterung allgemein; vielleicht hielt man diesen Effekt für »typisch amerikanisch«...). Der Satz hat – trotz des Dreivierteltakts – etwas Trauermarschähnliches an sich, und die Instrumentation unterstreicht diesen Charakter noch:

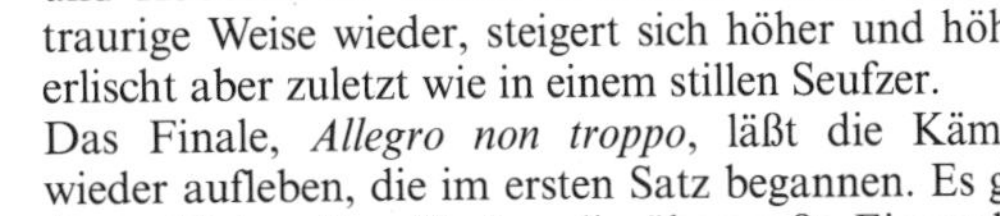


Die breite Kantilene wird von einem bewegteren Mittelteil abgelöst, der Scherzocharakter – im Sinne Berlioz' und Mendelssohns – besitzt. Im von Sonnenflekken durchleuchteten dunklen Walde scheinen Gnome und Kobolde ihr Wesen zu treiben. Dann kehrt die traurige Weise wieder, steigert sich höher und höher, erlischt aber zuletzt wie in einem stillen Seufzer.

Das Finale, *Allegro non troppo*, läßt die Kämpfe wieder aufleben, die im ersten Satz begannen. Es gibt Augenblicke, die offenbar die übergroße Einsamkeit des Künstlers schildern. Doch zuletzt erlebt er einen inneren Triumph, die Schlußakkorde sind feierlich, majestätisch, stolz. Er weiß sich eins mit Gott und vertraut auf die Mission, die Er ihm auf Erden gegeben hat. Ein prachtvolles Werk, eine der großen Sinfonien der Welt.

*Die Sinfonischen Variationen*

Unter dem Titel *Variations symphoniques* komponierte Franck im Jahre 1885 ein formell seltsames, aber fesselndes Werk, das man fast als Klavierkonzert bezeichnen könnte. Das Klavier spielt eine führende Rolle, ist aber mit dem Orchester zu restloser Einheit verschmolzen. Einflüsse der deutschen Romantik sind unverkennbar: Schumanns Art, für Klavier zu schreiben, einige »wagnerische« Harmonien, aber auch Brahms' Konzept der völligen Durchdringung von Orchester und Soloinstrument. Trotzdem wäre nichts falscher, als in derartigen »Ähnlichkeiten« etwas anderes als den Zeitgeist zu sehen; er wirkt auf alle, groß und klein ist ihm unterworfen, und so entsteht der »Stil« einer Epoche: hier der Spätromantik. Die *Sinfonischen Variationen* für Klavier und Orchester bilden ein wahres Meisterwerk: sechs Variationen über zwei Themen ergeben ihren Inhalt. Die Themen stehen nicht, wie in klassischen Variationenwerken, am Beginn fertig vor uns; sie werden gewissermaßen vor unseren Augen (oder Ohren) geboren, wachsen, bilden sich aus, bis sie in endgültiger Gestalt erklingen:

1.

2.

In einem Mittelteil vereinigt der Komponist beide Themen, und gegen Ende führt er sie in brillantem Aufschwung und immer neuen rhythmischen und klanglichen Steigerungen zu außergewöhnlichem und bei ihm sonst kaum anzutreffenden Effekt. (Uraufführung: 1. Mai 1886 in Paris unter der Leitung von Jules-Etienne Pasdeloups.)

*Sinfonische Dichtungen*

Von den sinfonischen Gedichten Francks *(Ce qu'on entend sur la montagne, Les Eolides, Le chasseur maudit* [Der wilde Jäger], *Les Djinns* und *Psyche)* hat sich leider keines im ständigen Repertoire gehalten. Die beiden wertvollsten wollen wir wenigstens knapp besprechen:

*Der wilde Jäger* (1882) schildert nach der gleichnamigen Ballade von Bürger den frevelnden Grafen, der den Sonntagsfrieden mit seiner wilden Jagd stört und dafür vom Himmel mit ewiger Ruhelosigkeit gestraft wird. *Psyche* behandelt – mit Orchester und Chor – den griechischen Mythos von Eros und Psyche. Das äußerst stimmungsvolle Stück hat sechs Abschnitte: I. *Schlaf der Psyche,* II. *Psyche, von den Winden entführt,* III. *Die Gärten des Eros,* IV. *Psyche und Eros,* V. *Psyche wird aus Eros' Garten verbannt,* VI. *Apotheose* (Eros verzeiht Psyche und holt sie, gerührt von ihrer Treue, in seinen Garten zurück).

## Peter Racine Fricker

1920, englischer Komponist

Dieser englische Komponist hat einen eigenen Stil entwickelt, der am ehesten dem Neoklassizismus nahesteht. Mit seiner *Sinfonie Nr. 1* war er weit über die Grenzen seines Landes erfolgreich (1949). Hernach komponierte er noch zwei Sinfonien, ein *Concertante für Englischhorn und Streicher*, ein *Concertante für drei Klaviere, Streicher und Schlagzeug*, ein *Präludium, Elegie und Finale für Streicher* sowie je ein *Konzert für Klavier, Violine und Viola*, eine *Komödien-Ouvertüre*, eine *Tanzszene*, ein *Rondo scherzoso*, eine *Fantasie für Orchester* u.a.

## Walter Furrer

1902–1978, schweizerisch-deutscher Komponist

Neben Bühnenwerken hat der in Bern ansässige Komponist, der in Plauen (Vogtland) geboren wurde, auch auf orchestralem Gebiet wertvolle Musik geschaffen, wobei langjährige Radiopraxis ihn zur Auffindung stets neuer, oftmals faszinierender Klänge führte. Erwähnen wir die Konzertfassung des Balletts *Weg ins Leben*, das *Scherzo drôlatique* (das thematisch der Oper *Zwerg Nase* entstammt), die Liedfolge *Sources du vent* auf Texte des französischen Surrealisten Paul Reverdy, und schließlich die Konzertfassung der packenden Radioballade *Der Schimmelreiter* (Text nach Storm von Walter Beutter).

## Wilhelm Furtwängler

1886–1954, deutscher Dirigent und Komponist

Diesem vielleicht bedeutendsten unter den vielen hochbedeutsamen Dirigenten seiner Generation lag die Komposition beinahe mehr am Herzen als der Taktstock, mit dem er die Welt eroberte. Seine in bester deutscher Tradition – Brahms, Bruckner, Pfitzner – geschaffene Sinfonik vereinigt echte Einfälle mit tiefem Ethos und stärkstem Klangempfinden, sie steht bewußt gegen die Atonalität ihrer Zeit und ist gleichermaßen aus echtem Empfinden und meisterlichem Können geboren. Wenn auch heute kaum im praktischen Musikleben anzutreffen, wäre doch an eine Auferstehung in der Zukunft zu denken, besonders der *Sinfonie Nr. 2 e-moll* (von insgesamt dreien, deren letzte gerade noch vom Todkranken vollendet werden konnte) sowie des *Sinfonischen Konzerts für Klavier und Orchester e-moll* (in welcher Tonart übrigens auch die erwähnte Sinfonie steht). Beide Werke konnten noch vom Komponisten eingespielt werden, das Konzert 1939 mit den Berliner Philharmonikern und Edwin Fischer, die *Sinfonie Nr. 3* 1951 vom gleichen Orchester.

## Niels W. Gade

1817–1890, dänischer Komponist

Mit Gade erlebte die nordische, skandinavische Musik den Übergang von den bis dahin völlig klassisch-romantisch-mitteleuropäisch schreibenden Komponisten (J.P. Hartmann, Gades Schwiegervater, vor allem) zu einem Nationalstil, der in Grieg dann seinen ersten Vollender fand. Gade begann als Geiger und studierte in Leipzig. Er wurde dort Mendelssohns Vertreter und Nachfolger in der Leitung der Gewandhauskonzerte. 1848 kehrte er in seine dänische Heimat zurück, wo er die Konzerte in Kopenhagen dirigierte und am Konservatorium lehrte. Er hinterließ acht Sinfonien, sieben Ouvertüren, ein Violinkonzert sowie Orchestersuiten, die sich durchwegs durch starke Stimmungsmalerei auszeichnen.

## Hans Gal

1890–1987, österreichisch-englischer Komponist

Der aus der Brahms-Tradition stammende Guido-Adler-Schüler aus Wien hat auf vielen Gebieten technisch vollendete, inspirierte und einfallsreiche Werke geschrieben, hat sich auch als Musikschriftsteller betätigt (u.a. mit einer Brahms-Biographie) und ließ sich 1938 in England nieder, wo er 1945 Professor der Universität Edinburgh wurde. In unser Buch gehören folgende Werke: 4 Sinfonien (Nr. 1 1928 in Wien preisgekrönt), 3 Konzerte (für Violine, Klavier, Cello), *Improvisationen über das irische Lied »Lilliburlero«*, *Mäander* (1955), *Idyllikon* (1959), die *Ouvertüren zu einem Puppenspiel, zu den »Pickwickiern«*, die *Zauberspiegel-Suite*, weitere Suiten, *(Ballettsuite, Kaledonische Suite)*, *Concertino für Orgel*, *Serenade*, Stücke für Mandolinenorchester usw.

## German Galynin

1922–1966, sowjetischer Komponist

Der in Tula geborene und frühzeitig an intensivem Schaffen durch eine Krankheit verhinderte sowjetische Komponist schrieb 1946 ein schönes *Klavierkonzert* von besonderer Ausdruckskraft, 1949 ein *Episches Poem*, im gleichen Jahr eine *Suite für Streicher* und zuletzt die *Ouvertüre »Jugend«*. Er mußte seine Moskauer Studien durch den Krieg unterbrechen, vollendete sie aber 1950 mit dem Kompositionsunterricht bei Miaskowsky und Schostakowitsch.

## Roberto García Morillo

1911, argentinischer Komponist

Auch Musikschriftsteller (mit Biographien u.a. von Mussorgski und Rimsky-Korssakow) sowie namhafter Musikkritiker in Buenos Aires; erzielte mehrere lateinamerikanische Preise und internationale Aufführungen mit Orchesterwerken, von denen genannt seien: *Poem, Klavierkonzert, Musik nach drei Bildern von Paul Klee, Movimiento Sinfónico*, 2 Sinfonien (1948, 1955), *Ouvertüre zu einem romantischen Drama, Olympische Variationen, Elegie* (zum Andenken an Tschaikowsky), *Drei Bilder von Piet Mondrian.*

## Francesco Geminiani

1679–1762, italienischer Komponist

Dieser in Lucca geborene und in Dublin verstorbene Italiener war einer der großen und in die Zukunft weisenden Barockmeister. Er gab in London Konzerte mit Händel, publizierte dort die erste jemals erschienene Violinschule (1740) und lebte auch zeitweise in Paris. Seine geigerische Kunst war so groß wie sein pädagogisches und schöpferisches Talent. Letzterem verdanken wir Violinkonzerte und Concerti grossi, von denen manches zur Freude der heutigen Liebhaber wieder zum Klingen gebracht wird. Er war, gemeinsam mit Tartini, Locatelli, Boccherini und vielen anderen, ein Stilbildner im Übergang von Hochbarock zu Rokoko, von Vivaldi und Corelli zu Haydn und Mozart.

## Harald Genzmer

1909, deutscher Komponist

Der auch als Musikerzieher und -lehrer bedeutende, bei Bremen geborene und in Hindemiths Berliner Jahren zu einem hervorragenden Musiker ausgebildete Genzmer ist, ohne einer bestimmten »Richtung« anzugehören, einer der meistgespielten Komponisten seiner Generation. Seine Musik ist stets formsicher und inhaltsreich. Zu seinen Hauptwerken zählen: 2 Sinfonien (*Nr. 1* 1957, *Nr. 2* 1958), *Konzerte für: Flöte* (1946, 1954), *Großes Orchester* (1948), *Trautonium* (1939), *Mixtur-Trautonium* (1952), *Klavier* (1949), Cello (1950), *Violine* (1959), *2 Holzbläser* (*Divertimento giocoso*, 1960), *Harfe* (1965), *Viola* (1967), *Trompete* (1968), *Orgel* (1971), *Konzertsuite* (1939), *Musik für Streichorchester* (1943), *Bremer Sinfonie* (1943), *Pachelbel-Suite* (1945), *Concertino* (für Klavier, Flöte und Streicher, 1945), *Sinfonietta* (für Streicher,

1955), *Prolog* (1959), *2. Orchesterkonzert* (1962), *Introduktion und Adagio* (1965), *Capriccio* (1968), *Sonatine* (1968) u.v.a.

## Roberto Gerhard

1896–1970, spanisch-englischer Komponist

In Tarragona/Katalonien geboren, schweizerischer Abstammung, Schüler Felipe Pedrells in Barcelona und Schönbergs in Wien und Berlin, dann bis 1939 in Barcelona tätig, nach 1939 in Cambridge.

*Orchesterwerke:* 5 Sinfonien (*Nr. 1* 1953, *Nr. 2* 1959, *Nr. 3* 1960, *Nr. 4* 1967, *Nr. 5* 1969), *Homenaje a Pedrell* (1941), *Violinkonzert* (1943), *Klavierkonzert* (1951), *Cembalokonzert* (1956), *Konzert für Orchester* (1965), daneben schöne Lieder und Instrumentalstücke.

## George Gershwin

1898–1937, US-Komponist

Aus einem »Schlagerfabrikanten« mit guten Einfällen wurde ein großer -Komponist – ein sehr seltener Fall. Drei Orchesterwerke sind Stationen auf diesem Weg: die für Paul Whiteman und sein sinfonisches Jazzorchester geschriebene *Rhapsody in Blue*, das *Concerto in F* und die *Ouvertüre »Ein Amerikaner in Paris«*. Über Gershwins Stil wäre viel Prinzipielles zu sagen, über die Verbindung von Jazz und Kunstmusik, über »Amerikanismus« in der Kunst, ja über Möglichkeit oder Unmöglichkeit der Umformung echter Negerfolklore in »weiße Musik«. Es erscheint bezeichnend, daß zwei führende Leitfäden zu »neuer« Musik oder »Musik der Gegenwart« Gershwin nicht einmal erwähnen und daß zwei der meistkonsultierten Konzertführer ihn nur am Rande mit knappen Worten abtun, die mehrheitlich negativ lauten. Trotzdem ist Gershwin der einzige nordamerikanische Komponist, der auf der ganzen Welt gespielt wird, der von Toscanini, Klemperer und anderen höchstrangigen Künstlern interpretiert wurde und wird, dessen Oper *Porgy and Bess* echte Begeisterung hervorruft und dessen *Rhapsodie in Blue* einen Markstein in der Musikgeschichte darstellt. Das kurze Leben Gershwins begann in Brooklyn (New York) am 26. September 1898 und endete am 11. Juli 1937 in Hollywood.

### *Rhapsody in Blue*

Gershwin war im Jahr 1923 ein junger, aber schon erfolgreicher Komponist am New Yorker Broadway, dem Unterhaltungszentrum der Weltstadt, Paul Whiteman ein Jazzspezialist mit einer »fixen Idee«: ein großes sinfonisches Orchester zu bilden, um Jazz konzertfähig zu machen. Merkwürdige Idee, denn Jazz und Sinfonik scheinen einander auszuschließen: Liegt ein Großteil des Reizes echter Jazzmusik in der Improvisation, im unerfaßbaren Impuls des Augenblicks, so bedeutet die Genauigkeit, das minuziös festgelegte Ineinandergreifen des komplizierten Räderwerks die Grundstütze der sinfonischen Interpretation. Eines Tages bat Whiteman Gershwin um ein »sinfonisches Jazzstück«; Gershwin sagte vage zu. Aber die Arbeit an Revuen und Schlagern ließ ihn nicht zur Ausführung kommen. Da las er zu Beginn des Jahres 1924 zu seiner größten Überraschung in den Zeitungen, Whiteman werde ein Werk von ihm am 12. Februar uraufführen. Zuerst wollte er sich weigern, aber dann packte ihn die Aufgabe. Auf einer Eisenbahnfahrt nach Boston vernimmt er aus dem Klirren der Räder, aus dem rasenden Dahinsausen über Schwellen und Weichen, aus dem Vorüberfliegen der Telegraphenmasten Melodien und Rhythmen, die er schnell notiert. Aber er weiß nichts von musikalischer Form, geschweige denn von Instrumentation für Sinfonieorchester. Ein Techniker muß das übernehmen: Ferdinand Grofé ist bereit dazu und vollbringt ein wahres Kunststück, indem er täglich die Skizzen, die Gershwin soeben niederlegt, zu einem einheitlichen Werk gestaltet, in dem Jazzrhythmen aufklingen, aber alles präzis sinfonisch abläuft. Gershwin hat sich für eine Form entschieden, die keine strenge Themenverarbeitung erfordert: eine Rhapsodie. Er gibt dem Klavier – das er selbst glänzend spielt – den Hauptanteil und schafft, ein wenig nach Konzertform, drei Sätze *(schnell, langsam, schnell)*. Kurz vor dem Uraufführungstermin ist die Komposition beendet, es fehlt nur noch der Titel. »Amerikanische Rhapsodie« schlägt Gershwin vor, aber sein Bruder Ira, Mitarbeiter während nahezu seines ganzen Lebens in allen literarischen Fragen, denkt an etwas Exzentrisches und weniger Anmaßendes. Er hat eine Ausstellung der Gemälde James Whistlers gesehen, wo es ein »Nocturne in Blue and Green« gibt. Warum soll das neue Stück nicht *Rhapsody in Blue* heißen, zumal das Wort »blue« eine Doppelbedeutung hat und Gershwin den Blues der Neger nahesteht (die er in *Porgy and Bess* später so ergreifend verarbeiten wird). So kommt das Stück am 12. Februar 1924 unter Whitemans Leitung in der New Yorker Carnegie Hall zur ersten Aufführung und wird zu einem epochalen Erfolg, der sich nicht nur in Publikumsjubel und Zeitungszustimmung, sondern viel mehr noch in zahlreichen Nachahmungen zeigt. Die Zeit der Synthese zwischen Jazz und Kunstmusik schien nun angebrochen, in der Alten wie der Neuen Welt bemühten sich namhafte Komponisten (Strawinsky, Milhaud, Honegger, Copland, Antheil, Weill, Křenek) um endgültige Verschmelzung. Es wurde – außer einigen interessanten, ja wichtigen Werken – nichts daraus, aber die Kunstmusik war durch neue Elemente bereichert, die nicht mehr wegzudenken sind. Gershwins Schaffen ist als Symbol in die Geschichte eingegangen: Symbol für eine Epoche und eine Nation, für die »roaring twenties« (die viel mehr »roaring« waren als »golden«, wie man die zwanziger Jahre manchmal nennt) und für die USA im ersten Hochgefühl ihrer Weltmacht.

*Concerto in F*

Der Auftrag zu diesem Werk kam von musikalisch wesentlich »höherer« Stelle als der zur *Rhapsodie:* Walter Damrosch war eine der wichtigsten Gestalten des reichen Musiklebens von New York. Er hatte die Absicht, ein sinfonisches Werk des jungen Komponisten uraufzuführen. Daß es darin Jazzelemente geben würde, verstand sich von selbst. Man einigte sich auf ein Klavierkonzert, dessen Solopart wieder der Komponist spielen sollte. Dieses Mal wollte Gershwin keine fremde Hilfe mehr in Anspruch nehmen. Er mußte also Sparten der Musik studieren, von denen er als Schlagerkomponist keine Ahnung zu haben brauchte; er tat es mit Eifer und Talent. So entstand das *Concerto in F* (dem ursprünglich ebenfalls andere Titel zugedacht waren, wie »New-York-Concerto«); Damrosch dirigierte es am 3. Dezember 1925 mit dem New Yorker Sinfonieorchester, und Gershwin spielte den Klavierpart. Vorher hatte der Komponist unter Ausschluß der Öffentlichkeit ein Orchester und einen Saal gemietet, um dieses Stück durchzuprobieren, das etwas gänzlich Neues – nicht nur für ihn – darstellte. Das Concerto basiert auf Jazzrhythmen, vor allem auf Blues; es verarbeitet Modetänze der damaligen Zeit (ein Charleston steht an der Spitze), aber es bringt vor allem eigene Themen Gershwins, und denen können selbst die größten Gegner Frische, Natürlichkeit, Erfindungsgabe nicht absprechen (obwohl manche versuchen, »Plagiate« zu konstruieren). Damrosch war begeistert: »Allein der zweite Satz mit seiner träumerischen Stimmung, der an eine Sommernacht in unseren Südstaaten denken läßt, ist ein Beweis für Gershwins großes Talent.« – »Gershwin erfindet die Melodien unserer Zeit mit all ihren frechen Hemmungslosigkeiten, ihrem fiebrigen Vorwärtsdrängen, aber auch mit der tiefen Melancholie, der wir so oft ausgeliefert sind«, schreibt ein namhafter Kritiker und trifft wahrscheinlich den Nagel auf den Kopf. Das Klavierkonzert in F-dur, zumeist mit seinem Originaltitel (der zwischen italienisch und englisch schwankt) *Concerto in F* genannt, taucht immer wieder auf internationalen Konzertpodien auf.

*Ein Amerikaner in Paris*

Eine sinfonische Dichtung mit autobiographischem Hintergrund könnte man dieses höchst vergnügliche Stück nennen, das Gershwin auf seiner Europareise im Jahre 1928 in Wien und Paris komponierte. Walter Damrosch besorgte wieder die Uraufführung; sie fand in New York mit dem Philharmonischen Orchester am 13. Dezember 1928 statt. Viele Jahre später wurde das Werk zur Grundlage eines der bezauberndsten Filme, die je gedreht wurden; Gershwins musikalische Gedanken wurden ins Optische zurückübersetzt und ergaben ein überschäumendes, mitreißendes Bild. Vorher hatte Deems Taylor, Komponist und Kritiker in New York, eine Art Programm zu Gershwins Stück aufgestellt, das dem Autor glänzend gefiel: »Man stelle sich einen Amerikaner vor, der Paris besucht. Er schlendert an einem milden, sonnigen Morgen im Mai oder Juni die Champs-Elysées hinunter, und im Takt des ersten musikalischen Motivs, das voll unbeschwerter gallischer Fröhlichkeit ist, kommt er schnell in Schwung. Er geht mit offenen Augen und Ohren durch die große Stadt. Besonders scheinen ihn die Taxis zu amüsieren, vom Orchester mit vier echten französischen Autohupen angedeutet. Als er an der offenen Tür eines Cafés vorbeikommt, hört man ›La Maxixe‹, die dort noch immer beliebt ist, wenn man den Posaunen glauben darf...« In Gershwins tönender Schilderung seines Pariser Aufenthaltes fehlen weder die Zeugnisse großer Vergangenheit noch das Nachtleben; sie gesteht sogar das Heimweh ein, das durch einen echt amerikanischen Blues ausgedrückt wird...

## Ottmar Gerster

1897–1969, deutscher Komponist

Namhafter Lehrer (in Essen, Weimar und Leipzig), Tondichter mit starker melodisch-volkstümlicher Begabung.

*Orchesterwerke:* 3 Sinfonien (darunter *Thüringer Sinfonie* 1963, *Leipziger Sinfonie* mit Schlußchor 1965), *Konzerte für Violine, für Cello* (1946), *Klavier* (1956), *Horn* (1962), *Concertino für Viola, Capriccietto für 4 Pauken, Festliche Toccata, Festliche Musik, Ernste Musik, 4 Oberhessische Bauerntänze* u.v.a.

## Alberto Ginastera

1916–1983, argentinischer Komponist

Der am 11. April 1916 in Buenos Aires geborene und am 25. Juni 1983 in Genf verstorbene Ginastera galt nach dem Tode von Villa-Lobos (1959) als der wichtigste und bekannteste Komponist Lateinamerikas. Zwei völlig verschiedene Etappen kennzeichnen sein Schaffen: die folkloristisch bestimmte Epoche, die bis in die späten fünfziger Jahre reicht und von stärksten Erfolgen gekennzeichnet war, sowie die späten Jahre, die Ginastera als Avantgardisten zeigen und ihm zwar noch eine Mehrung seines Rufes in der Fachwelt, aber bedeutend weniger Aufführungen einbrachte. Mit 21 Jahren verzeichnete sein Ballett *Panambi* eine durchschlagende Wirkung durch die glänzend verwendeten autochtonen Rhythmen. 1941 erhielt der Komponist den Auftrag aus den USA zum Ballett *Estancia*, das in choreographischer wie in Form einer brillanten Konzertsuite rund um die Welt ging. Seine Stellung in Argentinien war die höchster Positionen und zahlreicher Auszeichnungen; hernach verließ der Komponist seine Heimat und lebte viele Jahre in Genf.

*Impresiones de la puna.* Ein Jugendwerk, das der Autor später aus dem Katalog seiner Kompositionen entfernte; schön klingende Musik für Streicher und Soloflöte, in die indianische Melodien aus dem nordargentinischen Hochland (der »Puna«) verwoben sind.

*Suite aus dem Ballett »Panambí«* (1937). Sinfonische Auswahl aus einem Ballett, das die Hochzeit der schönen Panambí, Tochter des Häuptlings, mit Girahú, dem tapfersten Jäger und Krieger des Indianerstammes, schildert. Ginastera verwendet Motive indianischer Herkunft; besonders schön ist der erste Satz: *Mondnacht am Ufer des Paraná.*

*Tänze aus dem Ballett »Estancia«* (1941). Kirstein und Balanchine, Leiter eines prominenten nordamerikanischen Balletts, beauftragten drei südamerikanische Komponisten – den Brasilianer Francisco Mignone, den Chilenen Domingo Santa Cruz und Ginastera –, Musik für ein Festival zu schaffen. Aber die Gruppe löste sich auf, bevor es zur geplanten Aufführung kam. Ginasteras Ballett wurde erst 1952 in Buenos Aires uraufgeführt, die Orchestersuite aber bereits 1943. Sie besteht aus vier Tänzen, von denen besonders der zweite, lyrische (*Danza del trigo*, etwa »Erntetanz«) und der entfesselte, großartig instrumentierte »Malambo« (ein Gauchotanz Argentiniens von akrobatischem Schwung), der den Abschluß bildet, hervorgehoben seien, Prunkstücke südamerikanischer Musik.

*Ouvertüre zu »Fausto criollo«* (1943). Ein Heimatdichter Argentiniens, Estanislao del Campo, hat ein vergnügliches Verspoem verfaßt: Ein Gaucho kommt nach Buenos Aires und hört zufällig im Teatro Colón eine Vorstellung von Gounods »Faust«. Seine Eindrücke schildert er einem Freunde, der ebenfalls von Goethe und Oper keine Ahnung besitzt. Zu diesem »Fausto criollo« (*criollo*, kreolisch, nennen sich alle im Lande geborenen Bewohner Lateinamerikas) schrieb Ginastera eine witzige Ouvertüre, in der Zitate aus Gounods Oper sich mit solchen aus der argentinischen Folklore mischen.

*Elegische Sinfonie* (1944). Ein unter dem Eindruck des Krieges geschriebenes, »den Männern, die für die Freiheit sterben« gewidmetes Werk, das vier Sätze in ungewohnter Anordnung *(Adagio, Presto e con fuoco, Fúnebre, Largo)* pausenlos zusammenfaßt. Erich Kleiber dirigierte diese Sinfonie in zahlreichen Städten Lateinamerikas.

*Ollantay* (1947). Sinfonisches Triptychon über ein legendäres Inka-Thema, das oft in Theaterstücken, Romanen usw. verarbeitet wurde. Es schildert den Kampf zwischen dem Inka, Sohn der Sonne, und dem Krieger Ollantay, der den Tempel der gottgeweihten Jungfrauen schändete und Coyllur, die Tochter des Inkas, entführte; in der eindrucksvollen Sterbeszene prophezeit der Held den Fall des Inkareichs. Die drei musikalischen Teile heißen: *Paisaje de Ollantaytambo* (Die Landschaft von Ollantaytambo), *Los guerreros* (Die Krieger) und *La muerte de Ollantay* (Ollantays Tod).
*Konzertante Variationen* (1953). Auftragswerk der Gesellschaft der Musikfreunde, Buenos Aires, und in deren Konzerten unter Leitung von Igor Markewitch uraufgeführt. Das Stück besteht aus einem Thema mit elf Variationen, von denen jede einem anderen Soloinstrument anvertraut ist.

*Pampeana Nr. 3* (1956). Vielleicht inspiriert von Villa-Lobos und seinen in der Instrumentation völlig verschiedenen »Choros« schuf Ginastera eine Reihe von *Pampeanas* (was etwa soviel wie »Stücke aus der Pampa« bedeutet); die erste, 1947 geschriebene, ist für Geige und Klavier gefaßt, die zweite, 1950, führt den Untertitel *Rhapsodie für Violoncello und Klavier*. Die dritte ist für Orchester und schildert, nach den Worten des Autors, die vielfachen Eindrücke, die er jedesmal empfängt, wenn er durch die unendlichen Flächen der Pampa reist, und die manchmal überströmend freudig, bisweilen melancholisch, dann wieder beängstigend sind. Die Landschaft ist hier nicht Hintergrund, sondern wird Hauptperson.

*Klavierkonzert* (1961). Brillantes, modernes, jenseits aller regionalen Einflüsse stehendes Werk, das im Auftrag der Kussewitzky-Stiftung geschrieben und beim zweiten Festival amerikanischer Musik in Washington unter Leitung von Howard Mitchell und mit dem brasilianischen Pianisten Joao Carlos Martins als Solisten uraufgeführt wurde. Seine vier Sätze sind überschrieben: *Cadenza e varianti, Scherzo allucinante, Adagissimo, Toccata concertata.*

*Cantata para la América Mágica.* Eine aus mehreren Gründen ungewöhnliche Komposition (mit schwer übersetzbarem Titel, der sich auf das geheimnisvolle vorkolumbianische Amerika bezieht), die aber ihres Kantatencharakters wegen nur bedingt in unser Buch gehört. Sie besteht aus sechs Teilen, von denen nur einer sinfonisch, die anderen fünf hingegen mit solistischem Gesang einer Sopranstimme gearbeitet sind. Die Texte stammen aus vorkolumbianischen Quellen, wie sie von den ersten Spaniern registriert wurden, als Entdeckung und Eroberung durch die Weißen begannen. Ginastera verwendet hier eine noch nie vereinigte Fülle von Schlaginstrumenten, bekannte und noch viel mehr exotische (indianische), dazu Klaviere, Glokkenspiel, Celesta. Die Wirkung ist tatsächlich von »magischer« Gewalt – wie der Titel es andeutet –, Strawinskys »Sacre« nicht unähnlich. (Uraufführung: Washington, 30. April 1961.)
Weitere Orchesterwerke: *Violinkonzert; Harfenkonzert; Sinfonie »Don Rodrigo«* (aus Themen der gleichnamigen Oper, 1965); *Konzert für Streicher.*

## Philip Glass

1937, US-Komponist

Mit Glass ist der Ausdruck *minimal music* in die Welt getreten und hat in überraschend publikumswirksamen Werken des Musiktheaters (siehe unseren Band »Oper der Welt«) Niederschlag gefunden. Ist diese Aneinanderreihung und Wiederholung kürzester Tonfolgen auch auf dem Gebiet der Konzertmusik, der Orchesterklänge denkbar? Die nächsten Jahre werden darüber interessante Aufschlüsse geben.

## Alexej Glasunow

1865–1936, russischer Komponist

Der am 10. August 1865 in St. Petersburg geborene, viel durch die ganze Welt gereiste und am 21. März 1936 in Paris verstorbene Glasunow (auch Glazunow geschrieben) war ein musikalisches Wunderkind, das mit 11 Jahren beachtenswert komponierte und mit 15 Jahren seine *Sinfonie Nr. 1* beendete, die Balakirew dirigierte und die Liszts Aufmerksamkeit erregte. Mit 24 Jahren war er Interpret eigene Werke auf der Pariser Weltausstellung, galt bald als »russischer Brahms«, wurde Professor, 1905 bis zu seinem Tode Direktor des Petersburger (Leningrader) Konservatoriums, Ehrenmitglied vieler Musikgesellschaften Europas und der USA. Sein imposantes Gesamtwerk – von dem 8 Sinfonien, sinfonische Dichtungen, Konzerte für Klavier, Violine, Cello, Saxophon, Suiten, Ouvertüren, Bühnenmusiken in den Rahmen dieses Buches fallen – ist von höchster technischer Meisterschaft und starker Inspiration geprägt, schlägt vielfach eine Brücke zwischen Orient und Okzident, verbindet russische Inhalte mit klassischen Formen, weist Virtuosität und glänzende Instrumentationen auf. Glasunow kann als Bindeglied der »Gruppe der Fünf« und der Generation Strawinsky–Prokofiew gelten. Die bewundernswerte Musikalität dieses Meisters bezeugt die Anekdote, nach welcher Glasunow Borodins Ouvertüre zu *Fürst Igor*, die dieser aus dem Kopf spielte, aber nicht aufgezeichnet hatte, nach dessen Tod aus dem Gedächtnis niederschreiben konnte; er vollendet dann gemeinsam mit Rimsky-Korssakow diese heute viel gespielte Oper. Von den sinfonischen Dichtungen *(Dem Andenken eines Helden, Lyrisches Poem, Idylle und orientalische Träumerei, Der Wald, Das Meer, Orientalische Rhapsodie, Der Kreml, Frühling, Phantasie, Durch Nacht zum Licht, Romantisches Intermezzo, Sinfonischer Prolog, Festouvertüre)* überlebt vor allem *Stenka Rasin* (op. 13). Hier beschreibt Glasunow Leben, Abenteuer und Ende des berüchtigten Kosaken dieses Namens, der im 17. Jahrhundert die Städte an der Wolga überfiel, brandschatzte, die Bewohner ermordete und Panik säte. Das erste der drei Themen, aus denen er das Werk aufbaut, ist das berühmte Wolgalied, das hier zum prachtvollen Symbol des großen Stromes wird; das zweite, wild und leidenschaftlich, schildert den Charakter Stenka Rasins, und das dritte, süß und exotisch, malt die persische Prinzessin, Gefangene Rasins und von ihm den Fluten der Wolga preisgegeben. Glasunow komponierte das Werk als Zwanzigjähriger (1885) und brachte es 1889 bei den russischen Konzerten der Pariser Weltausstellung zur Uraufführung.

*Konzert für Violine und Orchester a-moll*, op. 82. Das glänzend und virtuos geschriebene Stück hat eine eigenartige Form, da nicht nur alle drei Sätze ohne Pausen ineinander übergehen (was nicht so selten wäre), sondern auch der zweite Satz in den ersten gewissermaßen eingeschoben erscheint. Die Themen sind slawisch, von großer Schönheit, zum Teil äußerst leidenschaftlich und dramatisch. Lyrisches wechselt mit Virtuosem ab, die Instrumentation ist sehr effektvoll, der Solopart dankbar und geigerisch glänzend geschrieben – kein Wunder bei einem Komponisten, der fünf Instrumente hervorragend spielte. Das Werk wurde 1904/05 komponiert, dem großen Geiger Leopold Auer gewidmet und durch diesen in der Kaiserlichen Musikgesellschaft St. Petersburg uraufgeführt, etwa gleichzeitig mit dem ersten Erklingen im Westen, in London am 17. 10. 1905, wo der junge Mischa Elman der Solist war.

*Sinfonie Nr. 1 E-dur* (komponiert 1880, also mit 15 Jahren!)
*Sinfonie Nr. 2 fis-moll* (dem Andenken Franz Liszts gewidmet)
*Sinfonie Nr. 3 D-dur* (Tschaikowsky gewidmet)
*Sinfonie Nr. 4 Es-dur*
*Sinfonie Nr. 5 B-dur*, op. 55 (4 Sätze, komponiert 1895, uraufgeführt im gleichen Jahre in St. Petersburg)
*Sinfonie Nr. 6 C-dur*
*Sinfonie Nr. 7 F-dur*
*Sinfonie Nr. 8 Es-dur*
*Ouvertüre »Karneval«* (1894)
*Konzertwalzer* (1894)
*Konzert für Klavier und Orchester, f-moll*, op. 92 (1911)

## Reinhold Glière

1875–1956, sowjetischer Komponist

Dieser vor allem in der Heimat hochgeschätzte Komponist, in Kiew geboren, dort und in Moskau ausgebildet, wo er lebte und starb, schuf 3 Sinfonien (*Nr. 1* 1900, *Nr. 2* 1907, *Nr. 3* 1911), *Konzerte für Harfe* (1938), *Koloratursopran* (1943), *Cello* (1946), *Horn* (1951), sinfonische Dichtungen mit teilweise starkem ukrainischem Einschlag *(Die Sirenen, Die Kosaken aus Saporoschje, Das Testament)*. Ihn fesselte auch die Folklore umliegender und fernerer Völker, so daß er Melodien aus Aserbeidschan, Usbekistan, der Mongolei und China verarbeitete. Glière erhielt hohe Auszeichnungen und bekleidete wichtige Ämter im Musikleben der Sowjetunion.

## Michael Glinka

1804–1857, russischer Komponist

Der Begründer der nationalrussischen Oper, ja der eigentlich russischen Musik überhaupt, hat auch einige Beiträge zum Konzertrepertoire geleistet. Manchmal erklingen die Ouvertüren zu *Das Leben für den Zaren* und *Ruslan und Ljudmilla,* manchmal die (in Spanien komponierten und ganz von der dortigen Folklore beherrschten) beiden *Spanischen Ouvertüren*, besonders die erste, betitelt *Jota Aragonesa* (auch als *Caprice brillant* bekannt); die Orchesterphantasie *Kamarinskaja*, die einen echt russischen Hochzeitsgesang sowie ein nicht minder folkloristisches Tanzlied enthält und 1848 erschien, wurde zu einem wichtigen Meilenstein auf dem Wege zur russischen sinfonischen Kunst.

## Hermann Goetz

1840–1876, deutscher Komponist

Der jung verstorbene, hauptsächlich in der Schweiz tätige deutsche Komponist war einer der zartesten und innigsten Romantiker. Bedeutend ist seine Oper *Der Widerspenstigen Zähmung* nach Shakespeares gleichnamiger Komödie; für den Konzertsaal schuf er eine *Sinfonie in F-dur*, op. 9, die *Frühlings-Ouvertüre*, op. 15, das *Klavierkonzert in B-dur*, op. 18, sowie das *Violinkonzert in G-dur*, op. 22, durchwegs Musik, die mehr innerliche Werte aufweist als äußerliche Brillanz. Sie ist stets echt und liebevoll geschrieben.

## Karl Goldmark

1830–1915, ungarisch-österreichischer Komponist

Der in Ungarn geborene, aber in Wien zu Ruhm und Popularität gelangte Tonschöpfer errang nicht nur in der Oper *(Die Königin von Saba)* einen weithin ausstrahlenden Erfolg, sondern war auch im Konzertsaal heimisch. Seine zwei Sinfonien (vor allem die *Ländliche Hochzeit* betitelte), zahlreiche Ouvertüren (darunter *Sakuntala, Penthesilea, Sappho, Im Frühling)* und zwei Violinkonzerte wurden oft gespielt und waren wegen ihres hochromantischen Inhalts und glanzvollen Orchesterklangs beliebt.

## Henryk Górecki

1933, polnischer Komponist

In Czernica (Oberschlesien) geboren und in Kattowitz bei dem prominenten B. Szabelski ausgebildet, gehört Górecki zu den führenden heutigen Komponisten Polens. Er ist ein Avantgardist, dessen Werke oft heftige Diskussionen hervorrufen, aber auch stark wirken. Ein deutscher Kritiker (Franz Willnauer) glaubt, in ihm einen Nachfolger Vareses erblicken zu können. Im Jahre 1959 – in dem er seine *Sinfonie für Streicher und Schlagwerk* schrieb – wurde er in Paris ausgezeichnet, und seine Kompositionen werden seitdem oft in verschiedenen Ländern gespielt. Nennen wir: *Zusammenstöße* (für großes Orchester mit 2 Klavieren und 2 Harfen), ein *Konzert für 5 Instrumente und Streichquartett, Instrumentale Gesänge für 15 Instrumente, Lieder der Freude und des Rhythmus* sowie das aus verschiedensten Stücken aller Besetzungsarten zusammengesetzte Werk *Genesis.*

## Jakov Gotovac

1895–1982, jugoslawischer Komponist

Der in Split (damals Spalato, Dalmatien) geborene und in Wien Ausgebildete war jahrzehntelang Dirigent am Nationaltheater in Zagreb, wo er auch starb. Neben erfolgreichen Opern schuf er viele Konzertwerke mit stark folkloristischem, sehr wirkungsvollem, malerischem Einschlag: *Sinfonischer Kolo* (kroatischer Volkstanz), *Oratschi* (Die Pflüger), *Sinfonische Meditationen, Guslar* (Der Barde).

## Paul Graener

1872–1944, deutscher Komponist

*Orchesterwerke: Comedietta für Orchester; Die Flöte von Sanssouci, Suite für Orchester; Sinfonia breve; Feierliche Stunde, Vorspiel für großes Orchester; Turmwächterlied, Orchestervariationen über ein Gedicht von Goethe; Musik am Abend; Prinz Eugen, der edle Ritter, Variationen für großes Orchester; Wiener Sinfonie; Salzburger Serenade für Orchester* usw.

# Edward Grieg
1843–1907

Niels Gade (1817–1890) war der erste skandinavische Komponist, von dem die europäische Musikwelt Notiz nahm. Aber in ihm waren die nationalen Züge noch kaum erkennbar, die ihn über persönliche Wertschätzung hinaus zum Herold seines Landes gemacht hätten, im Gegensatz zu Chopin, seinem Zeitgenossen, der es für Polen wurde. Erst eine Generation später kam der Tonschöpfer, der Skandinavien in das Konzert der Nationen einreihte, wie Smetana es für die Tschechen, Glinka für die Russen, Liszt in gewissem Sinne für die Ungarn tat. Es war Edward Grieg, geboren im norwegischen Bergen am 15. Juni 1843. Fast wäre der Prophet der nordischen Musik allerdings nicht Grieg, sondern Richard Nordraak geworden; ein unergründliches Schicksal nahm diesen 24jährigen Komponisten von der Erde, nicht ohne daß er vorher noch die Begeisterung seines Gefährten Edward Grieg für die heimischen Gesänge und Tänze weckte. Der hatte in Leipzig studiert und stand dadurch der deutschen Romantik sehr nahe. Nun aber verschwor er sich mit Nordraak gegen den blassen Skandinavismus à la Gade und schlug entschieden den neuen Weg ein, wie er selbst später erklärte. Grieg leitete eine musikalische Gesellschaft in Christiania (Oslo), aber schon 1880 zog er sich in seine Vaterstadt zurück, um nur noch der Komposition zu leben. Er unternahm einige wichtige Reisen und machte seine Werke so in vielen europäischen Städten bekannt. In den Rahmen unseres Buches gehören: *Musik zu »Peer Gynt«* und *»Olaf Trygvason«, Lyrische Suite* (op. 54, 1891), *Aus Holbergs Zeit, Suite im alten Stil, Elegische Melodien für Streichorchester* (»Herzwunden«, »Frühling«), *Norwegische Tänze* (komponiert 1881, uraufgeführt 1890), *Sigurd Jorsalfar* (Suite für Orchester, op. 56, komponiert 1870, uraufgeführt in Oslo 17. 5. 1870), *Sinfonische Tänze* (op. 64, komponiert und uraufgeführt in Bergen 1898), *Zwei nordische Weisen,* Konzertouvertüre *Im Herbst* (op. 11, uraufgeführt Oslo 1867), *Romanze und Variationen für Orchester* sowie das *Klavierkonzert.* Grieg äußerte über seine Musik: »In Stil und Formgebung bin ich ein deutscher Romantiker der Schumann-Schule geblieben. Aber zugleich habe ich den reichen Schatz der Volkslieder meines Landes ausgeschöpft und aus dieser noch unerforschten Quelle der nordischen Seele eine nationale Kunst zu schaffen versucht... Meister wie Bach und Beethoven haben auf den Höhen Kirchen und Tempel errichtet; ich wollte in den Tälern Wohnstätten für Menschen bauen, in denen sie sich heimisch und glücklich fühlen.« Grieg starb in Bergen am 15. Juni 1907.

### *Das Klavierkonzert*

*Konzert für Klavier und Orchester a-moll,* op. 16.

*Geschichte:* Dieses Konzert ist ein Jugendwerk. Damals ermunterte Gade den Komponisten, seine Kräfte an klassischen Musikformen in romantischem Gewande zu erproben; Grieg schrieb die *Klaviersonate,* op. 7, die beiden ersten *Violinsonaten* (op. 8 und 13), die Ouvertüre *Im Herbst* (op. 11). Im Sommer 1868 ging er an die Komposition des Klavierkonzerts; es war eine harmonische Epoche im Leben Griegs, seit einem Jahr war er mit einer ausgezeichneten Sängerin sehr glücklich verheiratet, die soeben eine Tochter bekommen hatte. Er lebte mit seiner Familie damals in Kopenhagen, und dort erfolgte auch die Uraufführung des Klavierkonzerts durch den Pianisten Edmund Neupert im Jahre 1870. Wenig später spielte es Neupert, dem das Werk gewidmet ist, in Christiania (Oslo). Änderungen, die Liszt dem Autor kurz vorher in Rom vorgeschlagen hatte, entfernte er später wieder. Das Konzert verbreitete sich sehr schnell: 1872 Leipzig, 1874 Brüssel; die größten Pianisten der damaligen Zeit – Raul Pugno, Teresa Carreño, Eugen d'Albert – hatten es stets im Repertoire. Der einzige nicht völlig von dem Werk Befriedigte war der Komponist selbst. Er revidierte es mehrmals, und die endgültige Fassung entstand erst kurz vor seinem Tod; in ihr strich er die Tuba, verdoppelte die Hörner und vertraute das zweite Thema des ersten Satzes dem Violoncello an (vorher hatten es die Trompeten gehabt).

*Analyse:* Der erste Satz *(Allegro molto moderato)* beginnt – wie das Konzert Schumanns, wahres Modell romantischer Klavierkonzerte – mit einer Kadenz des Solisten. Dann ersteht das erste Thema:

Romantisch, sehnsüchtig klingt sein Nachsatz mit dem aufsteigenden Tritonusintervall (F-H, B-E) und dem abfallenden D-Gis:

Das zweite Thema könnte fast ein kleines Nocturne darstellen, so intim, so innig singt das Klavier die Melodie:

Der Satz gipfelt in einer brillanten Kadenz, in die die wichtigsten Themen aufgenommen sind.

Der zweite Satz scheint uns nach Norwegen zu versetzen (obwohl das Werk vor Griegs Freundschaft mit Nordraak geschrieben ist, also noch keine bewußt nationale Tendenz aufweist). Auch ohne folkloristische Anklänge glauben wir nordische Landschaft zu spüren und den Sang uralter, legendenumwobener Barden zu hören. Dieses *Adagio* ist ein kleines Kabinettstück, voll zauberhafter Stimmung, die Natur- und Seelenmalerei gleichzeitig ist. Man hat Grieg oftmals vorgeworfen, er habe keine »großen Formen« schreiben können (das Klavierkonzert wäre, im ganzen genommen, die einzige Ausnahme); aber um so liebevoller ist sein Ausmalen der kleinen Melodien, seine Suche nach immer neuen, aparten, gefühlsgeladenen Harmonien.

Pausenlos geht es in den letzten Satz über, der *(Allegro moderato molto e marcato)* Volkstanzrhythmen bringt und sehr originell rhythmisiert ist. Dem rustikalen Hauptmotiv steht ein idyllisches, zarteres Thema gegenüber, das gegen Ende aber ungeahnte Leuchtkraft bekommt und mit glanzvoller Instrumentation das Werk äußerst effektvoll abschließt.

### *Peer-Gynt-Suiten*

Die Musik, die Grieg zum prachtvollen Drama seines großen Landsmanns Henrik Ibsen komponierte, trug nicht wenig zum internationalen Erfolg des »Peer Gynt« bei. Und die Suiten, die der Komponist hernach aus seiner Bühnenmusik zusammenstellte, gingen durch die ganze Welt und erzielten, besonders im Zeitalter des Rundfunks eine ungewöhnliche Popularität. Die erste Begegnung zwischen dem Dramatiker und dem jungen Komponisten fand wohl 1865 in Rom statt; es heißt, zwischen dem schwermütigen, menschenscheuen und ganz in seine Pläne vertieften Dichter und dem frohen Musiker habe sich kein wirklicher Kontakt angebahnt. Trotzdem forderte Ibsen neun Jahre später Grieg auf, Musik zu »Peer Gynt« zu schreiben, dem einzigen Bühnenwerk wohl, das unter allen Dramen des revolutionären Dichters Musik nicht nur vertrug, sondern geradezu verlangte. Grieg schuf 23 Musiknummern zu Ibsens Schauspiel. Seine Gattin schilderte Jahre später deren Komposition wie folgt: »Tagelang ging er in rastlosem, nervösem Zustand auf und ab, in größten Zweifeln und wahrer Angst vor solcher Aufgabe. Je mehr er in den gewaltigen Text eindrang, desto klarer fühlte er, daß er der rechte Mann war, ein solches Werk voll wildem Zauberspuk und tiefem norwegischem Geist mit Musik zu erfüllen. Im Vorort Sandviken, außerhalb Bergens, fand er ein Landhaus, mit Fenstern nach allen Himmelsrichtungen, hoch oben auf einem Hügel, und mit einem prächtigen Blick auf das Meer und auf die Berge. ›Solveigs Lied‹ war das erste Musikstück, das entstand. Dann ›Ases Tod‹...« Die Uraufführung fand am 24. Februar 1876 in Christiania statt, ein in der Literatur- und Musikgeschichte wichtiges Datum. Gemeinsam triumphierten Ibsen und Grieg; aber ihr Verhältnis scheint ein merkwürdig kühles, ja gespanntes geblieben zu sein, wie Griegs Biograph Richard Stein schildert: »Diese beiden großen Künstler, die gemeinsame Ideale verfolgten, gemeinsam ein großes Werk schufen, gemeinsame Freunde und (was noch mehr verbindet) gemeinsame Feinde hatten, zogen tief den Hut, wenn sie einander begegneten, aber sie gaben einander nicht die Hand; steif, mit zugeknöpften Röcken sind sie ein Stück nebeneinander hergegangen und haben sich dann ohne Abschied getrennt.« Im Jahre 1888 vereinigte der Komponist vier Stücke seiner Partitur zu einer *Orchestersuite*, die in seinem Gesamtwerk die Opusnummer 46 trägt. Drei Jahre später, 1891, schuf er aus vier anderen die *zweite Suite*, op. 55. Die *erste* umfaßt *Morgenstimmung* (eine schöne Naturschilderung, die den werdenden Tag mit aufgehender Sonne und Vogelgezwitscher malt), *Ases Tod* (ein ergreifendes Stück für Streichorchester, die die Atmosphäre der Krankenstube wiedergibt, in der Peers Mutter im Sterben liegt und von ihrem phantasiereichen Sohn mit einer eingebildeten Kutsche in himmlische Gefilde entrückt wird), *Anitras Tanz* (die ein wenig äußerliche pseudoorientalische Weise, die des Arabermädchens sinnlichen Tanz begleitet) und *In der Halle des Bergkönigs* (in dem Zauberspuk und orgiastische Entrückung Peers in atemberaubendem Orchestercrescendo wiedergegeben werden). Seltener ist die *zweite Suite* zu hören, die sich aus *Brautraub, Ingrids Klage, Arabischer Tanz, Peer Gynts Heimkehr* und *Solveigs Lied* zusammensetzt; mit Ausnahme des letztgenannten Stückes allerdings, das zu höchster Volkstümlichkeit gelangt ist – mit Recht, denn des norwegischen Bauernmädchens keusche und rührende Treue, ihr lebenslanges Ausharren in ungebrochener Zuversicht ist von Griegs Melodien in eine Sphäre ergreifender Poesie gehoben worden.

*Holberg-Suite*

Ludwig Holberg (1684–1754) war ein großer nordischer Dichter (der gelegentlich »norwegischer Molière« genannt wurde). Er stammte aus Bergen, lebte aber vor allem in Kopenhagen. Seine Heimatstadt beging seinen 200. Geburtstag festlich und erbat von Grieg eine Kantate. Aber der Komponist war von seinem Werk so enttäuscht, daß er es nicht bekanntgab; hingegen schrieb er bald eine andere, dem Andenken Holbergs gewidmete Musik, in der er Tänze aus dessen Zeit mit neuem Leben zu erfüllen trachtete. Die *Holberg-Suite* (deren genauer Titel *Aus Holbergs Zeit* lautete) umfaßt *Präludium, Sarabande, Gavotte, Musette, Air* und *Rigaudon*. Die erste Fassung ist für Klavier komponiert. Erst später instrumentierte Grieg sie für Streichorchester.

## Charles Griffes

1884–1920, US-Komponist

Der früh verstorbene nordamerikanische Komponist zeigte einen starken Hang zur Exotik. Sein bekanntestes Orchesterwerk (ursprünglich Klavierstück) ist *The Pleasure-Dome of Kublai Khan* (Tonpoem über das Gedicht von Coleridge, uraufgeführt in Boston am 28. 11. 1919). Nennen wir noch das Tanzdrama *The Kairn of Koridwen* (1916), das japanische mimische Spiel *Schojo*, die Ballettmusik *The White Peacock* sowie ein *Poem für Flöte und Orchester*. Er liebte den Orient und stand im Stil eher dem Impressionismus nahe.

## Ferdinand Grofé

1892–1972, US-Komponist

Die *Grand-Canyon-Suite* machte Grofé in der ganzen Welt bekannt, ein sehr gut geschriebenes, illustratives Orchesterstück, das aus fünf Teilen besteht: »Sunrise«, »Painted Desert«, »On the trail«, »Sunset«, »Cloud Burst«. 1931 komponiert, erlebte das Werk am 22. 11. jenes Jahres seine Premiere unter der Leitung Paul Whitemans. Für diesen Musiker und für seinen Freund Gershwin instrumentierte Grofé die *Rhapsody in Blue*. Weitere Werke: *Mississippi-Suite. Tabloid-Suite, Hollywood-Suite, Transatlantic-Suite.*

## Joseph Haas

1879–1960, deutscher Komponist

Ein bedeutender Komponist, ein Musikant oder, wie man ihn oft nannte: ein »Spitzweg der Musik«. Haas erhielt 50jährig 1929 den Beethovenpreis und war Professor in vielen Städten, ein echter Musikerzieher, sein Leben lang ein vielseitiger Anreger. Zu seinen besten Orchesterwerken zählen: *Heitere Serenade, Variationen und Rondo über ein altes deutsches Lied, Variationensuite über ein altes Rokokothema für kleines Orchester, Ouvertüre zu einem frohen Spiel, Tag und Nacht* (Sinfonische Suite für hohen Sopran und Orchester).

## Alois Hába

1893–1973, tschechischer Komponist und Theoretiker

In Mähren geborener, in Prag verstorbener Musiker, der in den zwanziger Jahren durch seine Theorie der Unterteilung des Halbtons (in Viertel- und Sechsteltöne) Aufsehen erregte – die vor ihm schon der weitgehend unbekannt gebliebene Mexikaner Julián Carrillo propagiert hatte – und die er selbst in die Tat umsetzte. Dabei stützte er sich weitgehend auf die Folklore balkanischer Völker, die er genau studierte. Von seinen Werken seien genannt: *Sinfonisches Konzert* (für Klavier, 1921), die Sinfonie *Der Weg des Lebens* (1933), die *Wallachische Suite* (1952), ein *Violinkonzert* (1955) und ein *Violakonzert* (1957).

## Henry Hadley

1871–1937, US-Komponist

*Orchesterwerke:* 4 Sinfonien (*Youth and Life*, 1897; *Four Seasons*, 1901; *North, East, South, West*, 1906; *Connecticut Trecentenary*, 1911), Ouvertüren (*Hector und Andromache, Alma mater, Aurora Borealis, In Bohemia, Othello*), Suiten (*San Francisco, Streets of Peking, Orientalische*), 3 Ballettsuiten, *Scherzo diabolique, Concertino, Konzertstück für Cello, Rhapsodie (The Culprit Fay)* u.a.

## Cristóbal Halffter

1930, spanischer Komponist und Dirigent

Ein wichtiger Anreger des aufstrebenden spanischen Musiklebens und dessen stärkster Komponist in seiner Generation, Neffe der beiden (folgenden) Komponisten Ernesto und Rodolfo Halffter, trat Cristóbal Halffter vor allem auf dem Gebiet der Orchesterkomposition in avantgardistischem Stil hervor: *Klavierkonzert* (1953), *Concertino* (1956), *Dos movimientos* (für Pauke und Streicher, 1956), *Partita für Cello* (1958), *5 Microformas* (1960), *Sinfonie für 3 Instrumentengruppen* (1963), *Secuencias* (1964), *Anillos* (Ringe, 1968), *Fibonacciana* (für Flöte, 1969), *Cellokonzert* (1974), *Elegien auf den Tod dreier spanischer Dichter* (1975), *Variationen über den Widerhall eines Schreies* (1977), *Violinkonzert* (1979), *Tiento* (Form aus der spanischen Renaissance- und Barockmusik, 1981).

## Ernesto Halffter

1905, spanischer Komponist

Bruder des (älteren) Rodolfo, in Madrid geboren, wurde durch die mit 20 Jahren geschriebene *Sinfonietta* weitum bekannt, studierte bei Manuel de Falla, dessen nachgelassenes Bühnenoratorium *Atlántida* ihm zur Vervollständigung anvertraut wurde. Weitere sinfonische Werke aus seiner Feder: zwei sinfonische Skizzen, *Suite, Violinkonzert, Portugiesische Rhapsodie, Sonatina* u.a.

## Rodolfo Halffter

1900, spanisch-mexikanischer Komponist

In Madrid geboren, während des Bürgerkriegs nach Mexiko ausgewandert, wo er sich bald heimisch fühlte, im Musikleben und als Lehrer eine bedeutende Rolle spielte und in einem persönlichen Stil, in dem dodekaphonische Elemente eine wichtige Rolle spielen, zu einem führenden Komponisten wurde. Für Orchester schrieb er: *Obertura concertante* (für Klavier, 1932), *Don Lindo de Almería* (1935), *La madrugada del panadero* (Der frühe Morgen des Bäckers, 1940), *Violinkonzert* (1940), *Oberture festiva* (Festliche Ouvertüre, 1952), *Tripartita* (Dreiteilige Partita, 1959), *Diferencias* (Unterschiede, 1970), *Alborada* (Morgenröte, 1975) u.v.a.

## Georg Friedrich Händel

1685–1759

Im gleichen Jahre wie Bach (und Domenico Scarlatti) geboren – am 23. Februar 1685 in Halle –, im gleichen Jahre wie Bach in das Musikleben eingeführt (1703 in Hamburg), verlief Händels Leben doch gänzlich anders als das seines Zeitgenossen und Landsmanns. Waren in der Familie Bach sämtliche männlichen Mitglieder Musiker, so gab es in Händels direkter Verwandtschaft keinen einzigen Vertreter dieses »extravaganten« Berufs. Doch er besiegte den väterlichen Widerstand, studierte Musik, kam an die Hamburger Oper, ging 1706 für drei Jahre nach Italien, wo er nicht nur mit der Oper, sondern auch mit neuen Instrumentalformen, so vor allem dem *Concerto grosso*, Kontakt fand. Nach kurzem Zwischenspiel in Hannover reiste er 1712 nach England, das sein zweites Vaterland werden sollte. Seine dortige Tätigkeit richtete sich zuerst vor allem auf die Oper und hernach auf das Oratorium, zu dem Händel fundamentale Werke beitrug. Seine Cembalo- und Orgelmusik sind von kaum geringerer Bedeutung. Im vorliegenden Buch gedenken wir Händels Beiträgen zu *Concerto grosso* und *Festmusik*. In ihnen gipfelt (gemeinsam mit jenen der zeitgenössischen Italiener, Purcells und teilweise Bachs) die großartige, weitlinige, klangüppige Barockmusik, Echo eines auf dem Höhepunkt angelangten Feudalismus und Absolutismus. Händel starb hochberühmt am 14. April 1759 in London.

*Concerti grossi*

Händel übernahm die Form des *Concerto grosso* wohl von Corelli. In ihr steht eine kleine Gruppe von Instrumenten (genannt *Concertino* oder *Solisten*) dem Orchester (*Tutti* oder *Concerto grosso*, großes Ensemble) gegenüber. Bei Händel wird das *Concertino* fast immer aus zwei Soloviolinen und einem Solovioloncello gebildet. Das *Tutti*, das Orchester, besteht aus Streichinstrumenten (Geigen, Bratschen, Violoncelli und Kontrabässen), zu denen er stets ein Cembalo hinzuzieht, das gewissermaßen als klangliches Bindemittel verwendet wird, aber auch Funktionen besitzt, die heute dem Dirigenten übertragen sind. Händels *Concerti grossi* – von denen es insgesamt 29 zu geben scheint – wurden in verschiedenen Epochen seines Lebens komponiert. Sechs, deren Entstehungszeit sich auf viele Jahre verteilt, erschienen im Druck als op. 3. Dagegen stammen die zwölf Konzerte, die in op. 6 zusammengefaßt sind, aus einem einzigen Monat. Wie leicht es Händel fiel, solche Konzerte zu schreiben, geht aus der verbürgten Tatsache hervor, daß er zu vielen von ihnen nicht mehr als einen Tag benötigte. In der Form sind sie einander durchwegs sehr ähnlich: auf eine langsame Einleitung (zumeist feierlichen Charakters) folgt ein *Allegro*, hierauf ein *Adagio, Largo oder Andante;* den Abschluß bildet stets ein schneller Satz in Form einer Fuge (wobei diese nicht immer streng durchgeführt sein muß). Von diesem Schema weicht der Komponist nur selten ab.

*Concerto grosso Nr. 1 B-dur* (aus op. 3). Zu den im Concertino üblichen Instrumenten treten hier zwei Oboen. Die Musik weist schon die typischen Merkmale der Händelschen Kunst und besonders seiner Concerti grossi auf: starke Kontrastwirkungen sowohl zwischen den einzelnen Sätzen (hier drei) als auch zwischen *Tutti* und *Solo*; breitangelegte Musik voll Zierwerk, das die großen Linien durchbricht, von vollem, majestätischem Klange.

*Concerto grosso Nr. 2 B-dur* (aus op. 3). Ein fünfsätziges Stück, das mit einem sehr energischen, durch Oktavsprünge gekennzeichneten Thema eingeleitet wird:

Der zweite Satz *(Largo)* bringt eine schöne Oboenmelodie über dem weichen Grund der Streicher. Das folgende *Allegro* ist eine Doppelfuge zu vier Stimmen. Der vierte Satz *(Andante)* könnte am ehesten als eine Art Menuett bezeichnet werden, wobei den Holzbläsern hübsche Aufgaben gestellt werden. Der letzte Satz hat Gavottenrhythmus, und sein Thema wird variationenhaft abgewandelt.

*Concerto grosso Nr. 3 G-dur* (aus op. 3). Es besitzt die übliche Form: langsame Einleitung vor den drei Sätzen *(Allegro; Adagio; Allegro)*. Das *Fugato* des Abschlusses erhebt sich, mit Concertino aus Flöte, Oboe und Geige, zu außergewöhnlicher Höhe.

*Concerto grosso Nr. 4 F-dur* (aus op. 3). Das vierteilige Werk scheint von Händel auch als Ouvertüre zu seiner Oper »Amadigi« verwendet worden zu sein. Feierlich *(Grave)* beginnt es,

geht in ein *Allegro* über, kehrt aber zum Anfangstempo zurück. Es folgen ein *Andante* mit Oboenmelodie und schließlich zwei *Allegri*, deren zweites die Menuette der Wiener klassische Schule vorausahnen läßt.

*Concerto grosso Nr. 5 d-moll* (aus op. 3). Fünf Sätze: *Andante, Allegro, Adagio, Allegro ma non troppo, Allegro.* Es enthält mehrere fugierte Teile (d.h. nacheinander einsetzende Stimmen wie in einer Fuge, aber mit weniger strenger Durchführung), eine ausdrucksvolle Oboenmelodie und scharfe Kontraste.

*Concerto grosso Nr. 6 D-dur* (aus op. 3). Obschon es nur zwei Sätze beinhaltet *(Allegro moderato, Allegro)*, gehört dieses Werk zu den bedeutendsten der Serie. Im Schlußsatz gibt es Cembalosoli, was möglicherweise auf einen Ursprung in einem Cembalowerk schließen läßt, das nachträglich instrumentiert wurde.

*Concerto grosso Nr. 7 C-dur.* Dieses Stück steht in einer Sammlung, die keine Opusnummer enthält, und wurde in das Oratorium *Das Alexanderfest* eingelegt. Es hat vier Sätze, deren letzter eine Gavotte ist.

*Concerto grosso Nr. 12 G-dur* (aus op. 6). Die Partitur weist nur Streicher auf (mit Ausnahme des unerläßlichen Cembalos, dessen Mitwirkung in der Musik jener Zeit selbstverständlich ist); das Concertino besteht aus zwei Geigen und einem Violoncello. Unter den vier Sätzen (der erste mit langsamer Einleitung) gibt es drei *Allegri* und ein *Adagio.*

*Concerto grosso Nr. 13 F-dur* (aus op. 6). Dieses Werk trägt den Charakter eines ländlichen Idylls. Romain Rolland nennt es sogar einen Vorläufer von Beethovens Pastoralsinfonie. Seine Sätze sind: *Andante larghetto, Allegro, Largo, Allegro ma non troppo.*

*Concerto grosso Nr. 14 e-moll* (aus op. 6). Die Komposition beginnt mit einem ausdrucksvollen *Larghetto*, das ohne Pause in ein *Andante* übergeht; ein *Allegro*, eine *Polonaise* und ein kurzes *Allegro ma non troppo* vervollständigen das Werk.

*Concerto grosso Nr. 15 a-moll* (aus op. 6). Vielleicht eines der schönsten Stücke Händels, dank seiner liebeerfüllten Einleitung *(Larghetto affetuoso)*, seiner großartigen Fuge, vor allem aber seinem *Largo*, das voll Mystik ist und so an manches Stück Bachs gemahnt (mit dessen Art Händels Musik im allgemeinen weniger gemein hat, als man zuerst glauben mag – mit Ausnahme des Zeitstils natürlich, der für beide Meister der gleiche ist).

*Concerto grosso Nr. 16 D-dur* (aus op. 6). Von echt barockem Pomp und großzügigem Stil. Seine (ungewöhnlich vielen) Sätze lauten: *Larghetto e staccato, Allegro, Presto, Largo, Allegro, Menuett.*

*Concerto grosso Nr. 17 g-moll* (aus op. 6). Eines der öfter aufgeführten Konzertwerke. Sein Anfangsthema ist edel und – soweit es in damaliger Zeit schon in Musik umgesetzte Gefühlswerte gibt – fast ein wenig schmerzlich:

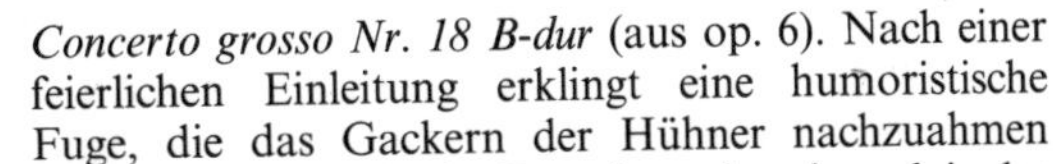

Hierauf folgt eine Fuge *(Allegro ma non troppo)*, eine Musette (deren Charakteristik stets in der hohlen Quint des Basses besteht, die eine dudelsackähnliche Wirkung hervorruft) und zwei *Allegro* überschriebene Sätze.

*Concerto grosso Nr. 18 B-dur* (aus op. 6). Nach einer feierlichen Einleitung erklingt eine humoristische Fuge, die das Gackern der Hühner nachzuahmen scheint (was einen in der Barock- und auch noch in der klassischen Periode oftmals vorkommenden Scherz darstellt). Hierauf ein schönes *Largo e piano*, ein breites *Andante* und ein Finale mit leicht schottischem Einschlag.

*Concerto grosso Nr. 19 c-moll* (aus op. 6). Die sechs Sätze sind betitelt: *Allemande – Andante, Grave, Adagio, Adagio, Siciliana – Andante, Allegro.* Hier der feierliche Beginn der *Allemande.*

*Concerto grosso Nr. 20 F-dur* (aus op. 6). Die Satzfolge ist: Introduktion (*Andante larghetto, Allegro* (in Form einer Doppelfuge), *Largo, Andante, Allegro.*

*Concerto grosso Nr. 21 d-moll* (aus op. 6). Die Sätze lauten: *Maestoso, Allegro, Air lento, Allegro moderato.*

*Concerto grosso Nr. 22 A-dur* (aus op. 6). Sätze: *Andante larghetto e staccato, Allegro, Largo e staccato, Andante, Allegro.*

*Concerto grosso Nr. 23 h-moll* (aus op. 6). Das letzte Werk dieser Serie beginnt mit einem *Largo*, auf das ein imposantes *Allegro* folgt; hierauf ein *Larghetto* mit weicher Melodie, sechs Takte eines *Largos* und ein vergnügtes *Allegro* im Gigue-Rhythmus.

*Die Wassermusik*
(Concerto grosso, F-dur)

Als Händel aus Italien nach Deutschland zurückkehrte und sich in Hannover niederzulassen gedachte, regierte dort der Landesfürst Georg, der es dem Komponisten übelnahm, als dieser die Stadt verließ und in England weitere Horizonte für seine gewaltige Schaffens- und Arbeitskraft suchte. Beide ahnten noch nicht, daß der Fürst dem Musiker bald nachkommen würde – als König von England. Die Legende hat rund um diese historischen Tatsachen eine Geschichte konstruiert, laut der Händel die Gunst seines Herrschers durch die Komposition und Aufführung der *Wassermusik* bei einer Spazierfahrt auf der Themse wiedererobert haben soll. Der Ausflug hat tatsächlich stattgefunden, und die Aufführung der von Händel dafür geschaffenen *Wassermusik* ebenfalls; aber nicht im Jahre 1714, wie zumeist angenommen wurde, sondern am 15. Juli 1717 – und ob da die beiden Männer nicht längst versöhnt waren, bleibe dahingestellt. Es gibt über diese musikalische Themsefahrt ein Dokument: Der brandenburgische Gesandte am Londoner Hof schickte es als Bericht nach Berlin. Wir lesen auszugsweise darin: »... der König beschloß, das Flußkonzert auf eigene Kosten zu geben. Es fand vorgestern statt. Der König bestieg seine Barke gegen acht Uhr, begleitet von... Neben der Barke des Königs war die der Musiker, fünfzig an der Zahl, die alle Arten von Instrumenten spielten, zum Beispiel Trompeten, Jagdhörner, Oboen, Fagotte, deutsche Flöten, französische Flöten, Geigen und Baßgeigen, aber es gab keine Sänger. Dieses Konzert war eigens für das Fest vom berühmten Händel, in Halle gebürtig, komponiert worden, dem Ersten Komponisten der Königlichen Musik. Die Majestät war so stark davon eingenommen, daß sie befahl, es möge wiederholt werden, einmal vor und einmal nach dem Souper, obwohl jede Aufführung eine Stunde dauerte...« Wenn durch diesen Bericht auch die Legende unhaltbar zu sein scheint, so rüttelt es doch nicht an der großartigen Schönheit dieser Musik, am tiefen Eindruck auf den König und an ihrer Bestimmung für ein Sommerabendfest auf dem Fluß. Das Werk ist »Unterhaltungsmusik« höchsten Ranges, von echt Händelschem (d.h. barockem) Pomp, von blendender Instrumentation und überquellendem Melodienreichtum. Es handelt sich um eine Suite von Tänzen, mit einer Einleitung und langsameren, gefühlsgeladenen Stücken – unter denen auch solche in fugiertem Stil nicht fehlen – zwischen den einzelnen Tänzen. Die *Water Music* hält sich, in verschiedenen Bearbeitungen, die sie vor allem in der Länge auf gegenwärtigen Konzertgebrauch zuzuschneiden trachten, bis zum heutigen Tag im Repertoire großer, vor allem angelsächsischer Orchester.

*Die Feuerwerksmusik*
(Concerto grosso, D-dur)

Dieses Werk (dessen Originaltitel *The Royal Fireworks Music* lautet) ist gewissermaßen ein (viel späteres) Gegenstück zur *Water Music*: Festmusik zu einem bestimmten Anlaß. Der Londoner Hof wünschte den Aachener Frieden (1749) würdig zu feiern, der den englisch-französischen Feindseligkeiten endlich ein Ende setzte. Händel schuf eine Suite für Blas- und Schlaginstrumente, wobei er nicht weniger als 9 Hörner, 9 Trompeten, 24 Oboen, 12 Fagotte, 3 Paar Pauken verwendete. (Unsere heutigen Aufführungen beruhen zumeist auf Bearbeitungen mit anderer Orchesterbesetzung.) Es ist aus zeitgenössischen Chroniken zu ersehen, daß das Stück mit großer Neugier erwartet wurde. Bei einer Probe, die wenige Tage vor dem Fest in den Gärten von Vauxhall stattfand, soll eine riesige Menschenmenge (Beobachter schätzten sie auf zwölftausend Personen) alle Zugänge bis zur London Bridge verstopft haben. Die Uraufführung begann mit einem Salut von 101 Kanonenschüssen. Auch während einzelner Stücke des Werks wurden Schüsse abgegeben, teils als Kriegserinnerung, teils um den festlichen Jubel plastischer auszudrücken. Die Komposition beginnt mit einer Ouvertüre, auf die ein *Largo alla siciliana* folgt, ein andächtiges, langsames Stück, das den Anbruch des Friedens feiert. Ein bewegtes *Allegro* malt die Freude des Volkes, eine *Bourré* und zwei *Menuette* schließen, als Huldigung an den Hof gewissermaßen, das monumentale Werk ab, das wenige Tage nach seiner Uraufführung auf Befehl des Königs bei einer Wohlfahrtsveranstaltung wiederholt wurde und durch seinen gewaltigen Eindruck die Anwesenden zu großen Spenden veranlaßte, so den König zu zweitausend Pfund Sterling.

*Weitere Konzerte*

*Oboenkonzerte.* Es gibt insgesamt sechs dieser Stücke (*Nr. 1 B-dur, Nr. 2 F-dur, Nr. 3 G-dur, Nr. 4 F-dur, Nr. 5 d-moll, Nr. 6 D-dur*) aus verschiedenen Jahren: Die Veröffentlichung erfolgte in London 1734, aber nach Ansicht einiger Forscher gehen einige bis ins Jahr 1710 zurück. Es handelt sich jedoch keineswegs um das, was von der Klassik an unter einem Oboenkonzert zu verstehen ist, also nicht um das Konzertieren einer Solo-Oboe mit Orchesterbegleitung, sondern vielmehr um regelrechte Concerti grossi mit Verwendung von Bläsern, wobei im Concertino (d.h. im Solopart) zumeist zwei Oboen und ein Fagott stehen, während im Tutti (dem begleitenden Orchester) zu den üblichen Streichern auch Flöten kommen können. Eventuell sind gelegentlich auch Flöten, Violinen und Violoncelli die Solisten.

*Orgelkonzerte.* Auch von diesen Werken haben sich einige noch in unseren Konzerten gehalten. Insgesamt kennt man 16, aber 9 sind Bearbeitungen anderer Kompositionen. Sie erschienen in drei Sammlungen und sind wohl zu Händels Zeiten nicht nur auf der Orgel, sondern auch auf den Vorläufern der modernen Klaviere gespielt worden. Einige von ihnen wurden wahrhaft großartig, pompös im Zeitgeschmack, teilweise sehr virtuos für die Orgel geschrieben (wenn auch durchwegs ohne Orgelpedal). Am bekanntesten sind heute das *B-dur-Konzert* und das *g-moll-Konzert* aus der ersten sowie das in *B-dur* aus der dritten Sammlung.

## Howard Hanson

1896–1981, US-Komponist

Ein reiches Werk hat dieser nordamerikanische Komponist aufzuweisen, der lange Jahre an der Spitze einer der bedeutendsten Musikhochschulen (Eastman) stand. Sein Stil ist spätromantisch, und in manchem seiner Stücke wird seine skandinavische Abstammung fühlbar. Seine *Sinfonie Nr. 1* (1923) ist *Nordic Symphony* betitelt, die *Nr. 2* (1930) *Romantic*, die *Nr. 3* (1938) erinnert an den 300. Jahrestag der ersten schwedischen Niederlassung in der Neuen Welt, die *Nr. 4* (1943) könnte als Requiem für den verstorbenen Vater gelten, die *Nr. 5* (1955) führt den Beinamen *Sacra*. *Weitere Orchesterwerke: Symphonic Prelude* (1916), *Symphonic Legend* (1917), *Symphonic Rhapsody* (1919), *Before the Dawn* (1920), *Exultation* (mit Klavier, 1920), *Konzert für Orgel, Streicher, Harfe und Orchester* (1921), *Lux aeterna* (mit Soloviola, 1923), *Pan and the Priest* (mit Klavier, 1926), *Klavierkonzert* (1948), *Elegie auf den Tod Kussewitzkys* (1956), *Mosaics* (1958), *Summer Seascapes* (1959), *Bold Island Suite* (1961).

## Roy Harris

1898–1979, US-Komponist

Dieser bedeutende Tonschöpfer der USA (in einem Blockhaus in Lincoln County, Oklahoma, geboren, und dazu am Jahrestag von Lincolns Geburtstag, 12. Februar, was zusammen die »Harris-Legende« begründete, mit der sein musikalischer Ruhm begann), widmete sich vom 24. Lebensjahr an völlig der Musik. 1926 wurde sein *Andante für Orchester* uraufgeführt, und vom Erfolg angespornt ging er nach Paris, um sich bei Nadia Boulanger zu vervollkommnen (wie so viele Amerikaner). 1934 erschien seine *Sinfonie Nr. 1*, von Kussewitzky in Boston dirigiert, der sie als »die erste wirklich tragische Sinfonie eines Amerikaners« bezeichnete. Der gleiche Dirigent gab auch die *Sinfonie Nr. 2* bekannt (1936) und verhalf der *Sinfonie Nr. 3* am 24. Februar 1939 zum Triumph. Bald stand diese auf dem Repertoire von mehr als dreißig großen amerikanischen Orchestern. Die *Sinfonie Nr. 4* (1941) ist *Folk Song Symphony* betitelt und zieht einen Chor zur Mitwirkung heran. (»Diese Musik ist wirklich 100% USA«, schrieb ein führender Kritiker.) 1943 folgte die *Sinfonie Nr. 5*, zu der Harris bemerkt: »Unser Volk ist nicht nur vergnügungssüchtig. Wir besitzen auch Kraft, Entschlossenheit, Kampfwillen und Vertrauen in unser Schicksal. In uns liegt eine stürmische, vorwärtsdrängende Kraft, wir sind optimistisch, jung, gestählt und zu allem bereit, und ich bin überzeugt, daß unser technisches Zeitalter den Sinn für schönere Dinge nicht zerstört hat...« 1944 erklang die *Sinfonie Nr. 6*, die auf Lincolns berühmter Ansprache in Gettysburg beruht; aus dem Jahre 1952 stammt die *Sinfonie Nr. 7*, während die *Nr. 8* und die *Nr. 9* ein Dezennium später erschienen. Ferner schrieb Harris, der wohl als der führende Sinfoniker Nordamerikas gelten kann: *Andante* (aus einer unvollendeten Sinfonie *Our Heritage*, 1926), *American Portraits* (1929), *Toccata* (1931), *When Johnny Comes Marching Home* (1935), *Präludium und Fuge für Streicher* (1936), *Farewell to Pioneers* (1936), *Time Suite* (1937), *Evening Piece* (1941), *Ode to Truth* (1941), *Acceleration* (1941), *Ode to Friendship* (1944), *Akkordeon-Konzert* (1946), *Konzert für zwei Klaviere* (1947), *Quest* (1948), *Elegy and Paean* (für Viola, 1948), *Kentucky Spring* (1949), *Cumberland Concerto* (1951), *Klavierkonzert* (1953), *Ode to Consonance* (1957) u.a.m.

## Karl Amadeus Hartmann

1905–1964, deutscher Komponist

Eine starke Musikerpersönlichkeit, Gründer und Leiter der »Musica viva«-Konzerte in seiner Heimatstadt München, ein Komponist, dem das Zeitgeschehen überaus naheging, so daß es sich zu Klang verdichtete und zum Zeugnis einer wirren Epoche wurde, das war Karl Hartmann, mit dem verpflichtenden zweiten Vornamen Amadeus. Er hat es sich und den Hörern nie leichtgemacht; es war ihm immer um Aussage zu tun, nicht um Eingängigkeit. Als Schüler Weberns stand er dem Wiener Schönbergkreis nahe, wurde aber nie zum orthodoxen Zwölftöner. Sein Leben brachte ihm Ehren und Erfolge, aber echte Popularität konnte seiner Musik begreiflicherweise nicht beschieden sein. Und doch war es seine Sehnsucht, unmittelbar zu den Massen zu sprechen, sie an seinem Erleben der tragischen Weltereignisse in Tönen Anteil nehmen zu lassen. Man fühlt seine Leidenschaft, sein Aufgewühltsein, seine Erschütterung, aber sie teilen sich nicht immer dem Hörer mit. Trotzdem ist seinem Werk Bedeutung nicht abzusprechen. Die Zukunft wird lehren, wie kommende Generationen es aufnehmen werden. Von seinen Orchesterstücken seien erwähnt:

*Concerto funebre für Violine und Streichorchester* (Musik der Trauer, 1939); *Konzert für Klarinette, Streichquartett und Streichorchester*; *Sinfonie Nr. 1, Versuch eines Requiems nach Worten von W. Whitman für Altstimme mit Orchester* (1948); *Sinfonie Nr. 2* (*Adagio*, 1950); *Sinfonie Nr. 3* (1950); *Sinfonie Nr. 4 für Streichorchester* (1946 entstanden); *Sinfonie Nr. 5* (*Sinfonie concertante*, 1951); *Sinfonie Nr. 6* (1953); *Konzert für Klavier, Bläser und Schlagzeug* (1953); *Konzert für Bratsche mit Klavier, begleitet von Bläsern und Schlagzeug* (1956); *Sinfonie Nr. 7* (1959); *Sinfonie Nr. 8* (1963).

## Josef Matthias Hauer
1883–1959, österreichischer Komponist

Hauer, in Wiener-Neustadt geboren, in Wien gestorben, fand etwa gleichzeitig mit Schönberg, aber völlig unabhängig von ihm, ein »Zwölfton-System« als Kompositionsgrundlage. Es gab ein Zusammentreffen beider Musiker, aber es kam zu keiner Zusammenarbeit, da ihre Persönlichkeiten menschlich wie künstlerisch zu weit voneinander entfernt waren. Hauers Kompositionen fanden stets nur eine kleine Gemeinde und auch nie die Unterstützung der Medien, wie Schönberg sie genoß. Für Orchester schrieb er: *acht Suiten, die Romantische Fantasie, eine Sinfonietta, Divertimento, Konzertstück, sieben Tanzfantasien, vier Tanzsuiten, Kammerstücke sowie zwei Konzerte:* eines *für Klavier* und eines *für Violine*. Die Quintessenz seines von lebenslangem Forschen erfüllten Schaffens ist in den zahlreichen *Zwölftonmusiken* zu finden.

## Hans Haug
1900–1967, Schweizer Komponist

Der in Basel geborene, in Lausanne niedergelassene und verstorbene, auf vielen Gebieten des Musiklebens sehr erfolgreich tätige Haug schrieb für Orchester: *Charlie Chaplin* (Ein Tonfilm ohne Leinwand); die Suite *L'indifférent*, Ouvertüren zu den Opern *Don Juan in der Fremde, Madrisa; Passacaglia; Präludium; Scherzo; Suite enfantine; Symphonie en Ré* (*Romantique*, 1948); *Variationen über ein Thema von Offenbach* u. v. a.

## Siegmund von Hausegger
1872–1948, österreichischer Komponist

Der vor allem in München tätige Dirigent, dessen Kompositionen oft gespielt wurden, ist heute nahezu vergessen. Erwähnen wir, daß es unter seinen Konzertwerken eine *Natursinfonie* gibt, ferner *Sinfonische Variationen über ein Kinderlied Aufklänge*, unter zahlreichen farbenprächtigen sinfonischen Dichtungen die *Barbarossa* betitelte. Er war ein Spätromantiker, von Liszt und vom jungen Richard Strauss beeinflußt.

## Joseph Haydn
1732–1809

»Der Vater der Sinfonie«, wie man Haydn oft (wenn auch historisch nicht hundertprozentig richtig) genannt hat, füllt begreiflicherweise eines der grundlegenden Kapitel unseres Buches. Und dies keineswegs aus geschichtlicher Rücksichtnahme. Sein Werk lebt heute mit solcher Frische und unglaublicher Kraft in sämtlichen Konzertsälen der Welt, als seien nicht an die zweihundert Jahre seit seiner Entstehung vorübergegangen. Unter seinen 104 *Sinfonien* (ohne Einschluß von Divertimenti, Cassazioni usw., die ebenfalls sinfonieähnliche Kompositionen darstellen) erfreuen sich natürlich einige größerer Beliebtheit als andere, aber lebensfähig sind alle, ohne Ausnahme. 104 Sinfonien – wenn wir nur die erhaltenen zählen, ohne ahnen zu können, wie viele verlorengingen – bedeuten, daß Haydn so viele Stücke dieser Gattung schrieb wie alle übrigen großen Sinfoniker zusammen (Mozart 41, Beethoven 9, Schubert 9, Schumann 4, Mendelssohn 5, Tschaikowsky 6, Brahms 4, Bruckner 9, Dvořák 9, Mahler 9). Allerdings sind Haydns Sinfonien zum Teil außerordentlich knapp gehalten, von wenigen Minuten Dauer; sie zeigen die Gattung in Entwicklung begriffen. Tatsächlich ist die Form der Sinfonie damals noch sehr neu und jung.

Soeben hatten Bachs Söhne, der in Mannheim tätige Böhme Karl Stamitz, der Wiener Georg Matthias Monn, vor allem aber der Italiener Giovanni Battista Sanmartini (1701–1775) die ersten Versuche in dieser Richtung unternommen. Aber bei Haydn ist nicht nur die Zahl der geschaffenen Sinfonien imposant und wichtig; mehr noch ist es ihr Inhalt, die unerschöpfliche Erfindungsgabe und die technischen Fortschritte, welche aus ihm, wenn vielleicht auch nicht den Vater, so doch den Propheten der Sinfonie machten.
Haydn kam am 31. März 1732 im Dörfchen Rohrau im österreichischen Burgenland, nahe der ungarischen Grenze (und dem slowakischen Sprachgebiet), zur Welt. Armes Landkind, früh Sängerknabe im Wiener Stephansdom, hernach im bitteren Kampf um die bloße Existenz beinahe aufgerieben, aber doch innerlich gefestigt, schließlich vom Grafen Morzin als Musiker auf dessen böhmisches Schloß geholt: Das sind die frühen Etappen dieser Persönlichkeit, die in ununterbrochener Aufwärtsbewegung zu den höchsten Positionen des internationalen Musiklebens vorstoßen sollte. Daran kann nicht einmal die denkbar unglückliche Heirat mit der Wiener Friseurstochter Maria Anna Keller etwas ändern, die ihm vierzig Jahre lang das Leben – wenn auch nicht das Schaffen – verbitterte. Vom zweiten Kapellmeister bei Morzin stieg er zum gleichen Posten beim Fürsten Esterházy auf, der in seinem Eisenstädter Palais eines der besten Ensembles jener Zeit unterhielt. Bald wurde Haydn erster Kapellmeister, und dreißig Jahre lang blieb sein Name mit dem des immer berühmter werdenden Orchesters unlöslich verbunden. Während der Wintermonate in Eisenstadt, während der langen, schönen Sommer im neuerbauten Lustschloß des Fürsten wickelte Haydns Leben sich völlig im Dienste der Musik ab. Er komponierte Sinfonien, Opern, Kammermusik, Lieder, Instrumentalstücke und brachte sie gleich im eigenen Wirkungskreis zur Aufführung. Manchmal gab es hohe Gäste dabei, so die Kaiserin aus Wien, kunstsachverständige Aristokraten aus allen Ländern Europas. Haydns Ruhm wuchs, ohne daß er es merkte, und ebenso wuchs das Werk, das von begeisterten Besuchern abgeschrieben und mit in die Welt hinausgenommen wurde. Als man beim Tode des alten Fürsten die Kapelle vorübergehend auflöste, erbat Haydn seinen Abschied. Mit einer im wahren Sinne fürstlichen Rente setzte er sich in Wien zur vermeintlichen Ruhe, aber er sah sich bald im Mittelpunkt des Musiklebens, geehrt, bewundert, mit in- und ausländischen Einladungen überhäuft. Er nahm, nunmehr sechzigjährig, eine Konzertreise nach England an, die ihm überwältigende Triumphe brachte. Und auch die meisten seiner großen Werke entstanden erst jetzt, nahe der Jahrhundertwende: die bedeutendsten Sinfonien, die beiden abendfüllenden Oratorien *Die Jahreszeiten* und *Die Schöpfung*. Napoleon rückte als Sieger in Wien ein, ein schwerer Schlag für den glühenden Patrioten Haydn, der das unübertrefflich schöne und erhabene »Kaiserlied« geschaffen hatte. Während die Franzosen noch Wien besetzt hielten, starb er, Patrizier geworden, im eigenen Hause am 31. Mai 1809.

*Haydns Orchesterwerke:*

104 *Sinfonien* (1759–1795)
*Kindersinfonie* (1788)
16 *Ouvertüren*
*Die sieben Worte des Erlösers am Kreuz* (1785)
6 *Märsche*
44 *Menuette*
18 *Deutsche Tänze*
1 *Orgelkonzert*
4 (?) *Cembalokonzerte*
*Konzert für Violine und Cembalo*
3 (?) *Violinkonzerte*
2 (?) *Violoncellokonzerte*
2 (?) *Hornkonzerte*
1 *Trompetenkonzert*
5 *Konzerte für Lire*
*Sinfonia concertante für Violine, Violoncello, Oboe, Fagott*
40 *Divertimenti*
*Stücke für verschiedene Besetzungen*
Dies sind nur die erhaltenen Werke; eine Anzahl anderer – besonders Konzerte – sind zwar festgestellt, aber verloren.

*Frühe Sinfonien*

Die erste Sinfonie Haydns stammt aus dem Jahre 1759, in dem er zum Kapellmeister beim Grafen Morzin ernannt wurde. Um 1760, in Böhmen, müssen wohl jene Sinfonien entstanden sein, die die Nummern 2–5 erhielten. Im Jahre 1761 dürfte Haydn den sinfonischen Zyklus der Tageszeiten komponiert haben, aus dem drei Stücke erhalten blieben *(Le Matin, Le Midi, Le Soir)* und aus dem vermutlich ein viertes Werk *(La Nuit?)* verlorenging. Sie führen heute die Nummern 6, 7 und 8, sind äußerst kurz und noch sehr weit von dem entfernt, was etwa Beethoven unter einer Sinfonie verstehen wird. Sie haben drei Sätze (nach dem alten Schema schnell–langsam–schnell), im ersten, nach Sonatenform geschriebenen Satz zwei kurze Themen, die noch kaum »durchgeführt«, d.h. verarbeitet werden. Es sind also Zwischenformen auf dem Wege von der alten Suite zu neuen Gebilden, die durch die rasche Entwicklung der Orchester und ihrer Technik möglich gemacht werden. In der erwähnten »Morgen«-Sinfonie gibt es einen Sonnenaufgang und eine Parodie auf eine Gesangsstunde; in der »Abend«-Sinfonie ein Gewitter, wie es das Rokoko liebte und in seine Schäferkomödien einzubauen pflegte, einen Miniaturvorläufer von Beethovens Pastoral-Unwetter (gar nicht zu reden von Wagners oder Richard Strauss' Naturmalereien). Knapp nach seiner Übersiedlung nach Eisenstadt komponiert Haydn (1762/63) die Sinfonien Nr. 9, 10 und 11. Und so geht es fort, genau wie der Anstellungsvertrag es vorschreibt und die Stellung es erfordert, die vom Dirigenten die »Beistellung« der für alle Konzerte und Festlichkeiten nötigen Musik verlangt, geradeso wie der Gärtner für die Blumen, der Jäger für das Wildbret, der Schneider für die Toiletten zu sorgen hat. Vor 1764 hatte Haydn schon zwanzig Sinfonien geschrieben; vielleicht schon manche oder viele mehr – wer sollte sie damals registrieren oder zählen? Sie kamen nach zumeist einer einzigen Aufführung ins Archiv, und da sie nur in Ausnahmefällen den Namen des Autors trugen (»Urheberrecht«, »Tantiemen«, »Autorenschutz« sind durchwegs Begriffe späterer Jahrhunderte), war ihre Identifizierung nachher schwer, oftmals unmöglich. Das Jahr 1764 selbst erhöht die Zahl um mindestens vier neue (mit den Nummern 21, 22, 23, 24 in der späteren Gesamtausgabe), von denen eine – Nr. 22 – den kuriosen Titel *Der Philosoph* führt. Warum, das wissen wir nicht, wie überhaupt mancher Haydnsche Sinfonietitel auf irgendein lokales Ereignis angespielt haben mag, das wir nicht mehr kennen. Aus dem Inhalt lassen sich nur wenige dieser Titel erklären; manchmal beruhen sie auf einer winzigen Kleinigkeit in der Partitur. Es waren andere Zeiten; kein Autor des 19. Jahrhunderts hätte einem solchen Detail zuliebe ein Werk benannt. Um 1765 entstanden mindestens sechs, vielleicht aber zehn Sinfonien. Unter ihnen Nr. 26 mit dem Titel *Lamentatione*, in der eine Gregorianische Melodie zitiert ist. Nr. 31 hat Jagdcharakter (ein beliebtes Thema in Lyrik, Malerei und Musik der Rokokozeit), nicht nur in den Melodien, sondern auch in der Instrumentation mit vier Hörnern, ohne Trompeten und Pauken. Kurz danach entstehen die Sinfonien, die (sämtliche Numerierungen stammen aus viel späterer Zeit) als Nr. 34, 37 und 72 eingereiht wurden. Die erste von ihnen zeigt den Komponisten in damals recht ungewohnten Tönen: düster, fast tragisch, voll schwerer Probleme. Worauf dieser ungewöhnliche Charakter des Stückes zurückzuführen sein mag, kann nicht ergründet werden. Er ist in der höfischen Musik jener Zeit, in der Rokokokunst im allgemeinen kaum anzutreffen. Auch bei Haydn zogen die Schatten vorüber: Die Mehrzahl der Werke jener Epoche zeigt ihn froh, unbekümmert, eifrig der Unterhaltung des Fürsten und seiner Gäste hingegeben. Sinfonie folgt auf Sinfonie; bei einzelnen – der Nr. 35 zum Beispiel – wissen wir, daß sie in einem einzigen Tag geschrieben wurden. Aus dem Herbst 1772 stammt die bezaubernde *Abschiedssinfonie* (Nr. 45, in der damals seltenen Tonart fis-moll), deren Entstehungsgeschichte hundertmal erzählt wurde: Der Fürst gewährte seinen Musikern keinen Urlaub, und um ihn auf so diskrete wie deutliche Weise auf diesen Wunsch seines Personals aufmerksam zu machen, schuf Haydn ein Werk, in dessen letztem Satz die Musiker, einer nach dem anderen, ihre Instrumente einpacken, die Lichter ausblasen und leise davongehen. Im Jahre 1773 kam die Kaiserin Maria Theresia zu Gast; ihr zu Ehren schrieb Haydn die *Sinfonie Nr. 48*, genannt *Maria Theresia*, feierlich, schön und des großen Anlasses würdig. Eine andere Sinfonie jener Tage, die Nr. 49, hat den Titel *La passione* bekommen, doch wissen wir nicht von wem. Denn es ist kaum anzunehmen, daß alle diese Überschriften vom Komponisten selbst stammen, manche dürfte er zu seinen Lebzeiten kaum gekannt haben. Die *Sinfonie Nr. 55* heißt *Der Schulmeister*; ob das eine Anspielung auf die gewisse komische Pedanterie ist, mit der das *Adagio* variiert wird? Leichter erklärlich ist der Titel *La chasse* für Nr. 73; lustige Jagdhörner kennzeichnen den letzten Satz, der ursprünglich die Einleitung zum dritten Akt der Oper *La fedeltà premiata* (Die belohnte Treue) bildete und vom Komponisten, dem er zweifellos gefiel, in ein Sinfoniefinale umgewandelt wurde. Die *Sinfonie Nr. 59* bekam den Namen *Feuersinfonie, Nr. 60 Il Distratto* (Der Zerstreute), *Nr. 63 La Roxolane, Nr. 69 Laudon*, wobei die verschiedenartigsten Faktoren, mehr äußerlicher als innerlicher Natur, mitgespielt haben dürften. Ein besonderes Wort muß der sogenannten *Kindersinfonie* gewidmet werden, die nicht in den Katalog der 104 Haydnschen Sinfonien aufgenommen ist und daher keine Nummer aufweist. Vielleicht, weil es sich um einen Scherz handelte? Oder weil die Besetzung so gar nicht sinfonisch ist? Haydn hatte es immer schon geliebt, für »ungewöhnliche« Instrumente zu komponieren, wie sein hervorragender Biograph, der Wiener Musikwissenschaftler Leopold Nowak hervorhebt: für Baryton – ein damals gebräuchliches und dem Fürsten Esterházy besonders liebes Streichinstrument –, für Flötenuhren, für Leiern (Lire organizzate). Nun schrieb er im Jahre 1788 ein Stück, in dem er Kuckucksuhren, Wachtelschläge, Ratschen mit Kindertrompeten, Trommeln, Pfeifen und Triangeln kombinierte. Dazu zwei Geigen und ein Kontrabaß, kindertümliche Melodien, einfachste Harmonien, lustige Wirkungen aller Art. Haydn nannte das fröhliche Werk auch »Sinfonia Berchtoldsgadensis« in Anspielung auf Berchtesgaden, das damals das

Zentrum der Spielwarenindustrie war. Erwähnen wir, daß große Dirigenten (wie Felix Weingartner) das reizende Stück keineswegs verschmähten. Es muß allerdings hinzugefügt werden, daß Haydns Urheberschaft an diesem Werk keineswegs feststeht – es wird sehr oft Leopold Mozart zugeschrieben, und Argumente fehlen auch für diese Annahme nicht.

*Die Pariser Sinfonien*

In den Jahren 1785 und 1786 schrieb Haydn sechs Sinfonien, die unter dem Titel *Pariser Sinfonien* bekannt wurden, da sie für eine Konzertvereinigung in der französischen Hauptstadt bestimmt waren (Les Concerts de la Loge Olympique). Sie führen die Nummern 82 bis 87; einige erhielten beim Druck von ihrem Pariser Verleger Beinamen, die recht wenig mit ihrem musikalischen Inhalt zu tun haben. Die *Sinfonie Nr. 82* in C-dur heißt *L'ours*, der Bär, wohl aufgrund eines »Brummens« in den tiefen Instrumenten im letzten Satz. Haydn ist zur Viersätzigkeit und zum »klassischen« Ausbau der Sinfonieform gelangt. Mag er auch manches Prinzipielle von Vorgängern übernommen haben, die volle Ausgestaltung des sinfonischen Baus ist sein ureigenstes Werk. *L'ours* hat vier Sätze: *Vivace assai, Allegretto, Menuett, Vivace assai.* Im Trio des Menuetts glauben wir uns zeitweilig nach Ungarn versetzt, und im Finale gibt es eine Melodie, die man für slowakisch oder slowenisch halten könnte; mehr als einmal hat Haydn auf die Folklore zurückgegriffen, auf die slawische, die seinem Geburtsort so nahe ist, und auf die magyarische, die ihn zeitlebens begleitete. Die *Sinfonie Nr. 83* erhielt den Untertitel *La poule* (Die Henne), *Nr. 84* steht in Es-dur, *Nr. 85* in B-dur und hat den Beinamen *La reine* (Die Königin), da sie Marie Antoinettes Lieblingsstück gewesen sein soll. Der zweite Satz, eine Romanze über die französische Volksmelodie »La gentille et belle Lisette«, mit Variationen, ist eine der entzückendsten Kompositionen des Meisters:

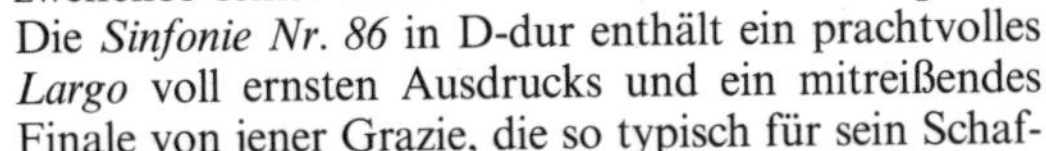

(Haydn hat die gleiche Melodie übrigens noch in zwei anderen Werken verwendet: in einem *Leierkonzert* und in der *Militärsinfonie.*) Auch das Menuett mit dem Trio ist besonders hübsch, und glänzend wirkt das Schlußrondo *(Presto)*. Der Komponist nähert sich zweifellos seiner reifsten und meisterlichsten Epoche. Die *Sinfonie Nr. 86* in D-dur enthält ein prachtvolles *Largo* voll ernsten Ausdrucks und ein mitreißendes Finale von jener Grazie, die so typisch für sein Schaffen ist, wenn auch vielleicht ein wenig derber und weniger zärtlich als die seines Freundes Mozart (den er eben, in einem Gespräch mit dessen Vater, den »größten lebenden Musiker« genannt hat). Die *Sinfonie Nr. 87* stammt aus dem Jahre 1785 und gehört zu den selten gespielten des Zyklus.

*Die Sinfonien Nr. 88–92*

Zwischen den *Pariser* und den *Londoner Sinfonien* liegen fünf Werke dieses Genres. Die beiden ersten entstanden 1787. Die *Sinfonie Nr. 88* ist in G-dur geschrieben; sie beginnt mit einer langsamen Einleitung, die von starken Gefühlsspannungen durchpulst ist. Hernach jagt ein *Allegro* dahin, das mit seinem sorglosen Thema alle Schwere fortspült:

Der zweite Satz *(Largo)* bringt das wahre Musterbeispiel einer »klassischen« Melodie: achttaktig, in vier Motive zerlegbar, mit symmetrischem An- und Abstieg und von wundervoller innerer Ausgewogenheit:

Haydn zitiert sie nicht weniger als siebenmal, wobei er lediglich die Begleitung wechselt und trotzdem den Zauber, ja die Erregung der Melodie beizubehalten weiß. Ein *Menuett* füllt – man könnte nun schon sagen: selbstverständlich – den dritten Satz aus. Haydns Menuette sind ein wenig rustikaler, ein wenig derber als die höfischeren Mozarts, und dies, obwohl er jahrzehntelang Palastdienst tat. Ist das Blut doch stärker als die Umwelt? Der letzte Satz gibt sich richtig volkstümlich. Haydn liebte die Themen, die wir heute folkloristisch nennen würden oder die in diesem Geiste von ihm selbst erfunden sind. Er war ein »Sohn des Volkes« und vergaß das nie. Aber welche Grazie haben seine Sinfoniefinales! Wieviel Geist, welche melodischen, harmonischen, rhythmischen und orchestralen Überraschungen! Es ist schwer, nach einer Haydnsinfonie nicht froh und sorgenfrei aus dem Konzert heimzugehen ... In den Monaten September und Oktober 1788 komponierte er nicht weniger als drei Sinfonien, und nun sind es nicht mehr die kleinen, suitenähnlichen Gebilde der sechziger Jahre, sondern »richtige« Sinfonien, mit thematischen Durchführungen, kunstvollen Modulationen, anspruchsvoller Instrumentation. Jetzt dauert ein einziger Satz solange wie früher alle zusammen. Das Menuett hat seinen festen Platz erobert, es ist aristokratischer Tanz, fein stilisiert und mit einem kontrastierenden Trio in der Mitte. Der langsame Satz – an zweiter Stelle – wird immer ausdrucksvoller, immer gefühlsgeladener; zwar ist es noch zu früh, um an erste romantische Vorahnungen zu denken, aber es ist doch unverkennbar, wie die Komponisten jener Jahre – nicht nur Haydn – zu immer empfindungsvollerer Aussage gelangen. Die Sinfonien des Jahres 1788 führen die Nummern 90, 91 und 92. Die erste von ihnen, Nr. 90, in C-dur, ist einer jener Schätze, die man kaum kennt. Ihre Sätze lauten: *Allegro assai* (mit vorausgehender langsamer Einleitung), *Andante* (in Form von Variationen über eine einfache

Melodie), *Menuett*, und ein frohes *Finale*. Auch Nr. 91 ist wenig verbreitet, und wieder muß man hinzufügen: leider.
Hingegen erfreut sich Nr. 92, die sogenannte *Oxfordsinfonie*, größter Volkstümlichkeit. Sie gehört sicherlich zu den vollendetsten; aber trotzdem gibt es kaum eine Erklärung dafür, daß die vorhergehende Sinfonie praktisch unbekannt und diese so populär ist. Es liegt wahrscheinlich an der Routine unseres Musiklebens, die solche übertriebenen Wertverschiebungen hervorruft, und es wäre an der Zeit, sie zu überwinden.
Obwohl die Sinfonie Nr. 92 in G-dur bereits im Jahre 1788 komponiert wurde, scheint sie ihre Bekanntgabe der Tatsache zu verdanken, daß Haydn 1791 von der Universität Oxford zum Ehrendoktor ernannt wurde, eine außergewöhnliche Ehrung, wenn man an des Komponisten bescheidene Herkunft denkt, an sein weitgehendes Autodidaktentum, an den harten, langen Kampf, den er um Aufstieg und Anerkennung führte. Nun war er zum angesehensten Komponisten seiner Zeit geworden: Mozart war tot, im Elend gestorben, Beethoven erst auf dem Wege nach Wien, das zum Ausgangspunkt seines Weltruhms werden sollte. Als Haydn nach England fuhr, um persönlich Titel und Dokument in Empfang zu nehmen, dirigierte er dieses drei Jahre vorher entstandene Werk am 7. Juli 1791 in Oxford während des dreitägigen Festes, in dessen Mittelpunkt er stand. Die Orchestrierung umfaßt zu den bei Haydn damals üblichen Instrumenten (doppeltes Holz, 2 Hörner, Streicher vierstimmig: erste und zweite Violinen, Bratschen, Violoncelli und Kontrabässe gemeinsam) noch zwei Trompeten und Pauken, die dem Klang erhöhten Glanz verleihen. Die formelle Struktur ist die gewöhnliche: schnell–langsam–Menuett–sehr schnell, die nun die Regel für die »klassische« Sinfonie ist und erst bei Beethoven Veränderungen erfährt. Haydn liebte es – auch hier –, seine Sinfonien mit einer langsamen Einleitung zu versehen, wenige Takte oftmals, aber von betonter Bedeutung. Die »Sonatenform« hat nun ebenfalls – vor allem durch die Praxis der Werke Haydns und Mozarts – ihre festen Regeln gefunden: zwei Themen, die miteinander kontrastieren, werden »exponiert«, »durchgeführt« und zuletzt wiederholt. Nach diesem Schema wird nahezu ausnahmslos der erste, manchmal auch der letzte Satz gebaut. Der zweite folgt zumeist der einfachen Liedform, der dritte ist ein Menuett mit eingeschobenem Trio. Die beiden Themen, die den ersten Satz der Oxfordsinfonie beherrschen, sind diese:

1.

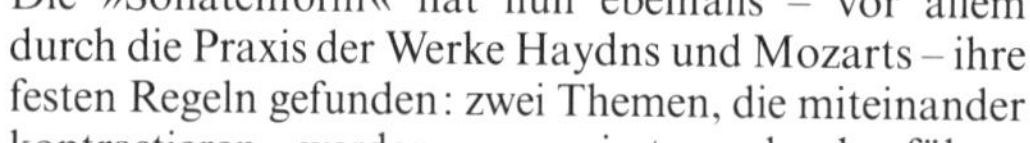

2.

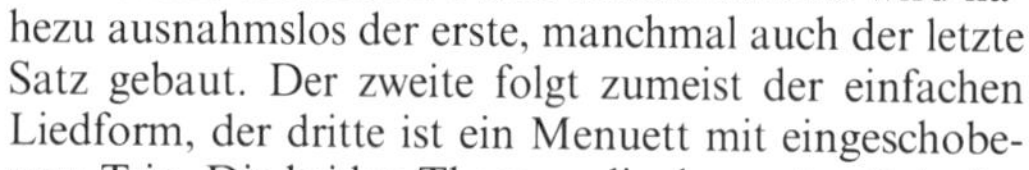

Eine seltsame Atmosphäre dominiert im *Adagio*. Unter seiner scheinbaren Ruhe herrscht wohl eine starke Erregung. Nicht zu Beginn freilich, wo die kantable und »klassische« Melodie sich in weitem Bogen wölbt:

Aber nach und nach glauben wir eine steigende Gefühlsbewegung mitzuerleben, als habe etwas Schweres, Entscheidung Heischendes den Meister auf der Schwelle seines sechsten Lebensjahrzehnts beunruhigt. Ob es die Liebe war, die ihm – zum letzten Mal – in Gestalt der schönen, aber egoistischen Luigia Polzelli entgegentrat? Es hätte keinen Sinn, Erklärungen zu suchen, denn es handelt sich durchwegs um »absolute« Werke, die keine außermusikalische Deutung zulassen. Und muß die Melancholie der Künstler stets einen greifbaren Grund besitzen? Ein wenig ernster als gewöhnlich gibt sich das Menuett; und das Trio mutet fast romantisch an. 1788! Aber vergessen wir nicht, daß auch in Mozarts *Don Giovanni* – der fast gleichzeitig entstand – ein Hauch der kommenden Epoche zu spüren ist, die man »die romantische« nennen wird. Das *Presto*-Finale hingegen bekräftigt fröhlich den Geist der Klassik, mit klaren und hellen Lichtern. Ein von Humor überschäumendes Thema beherrscht den ganzen Satz:

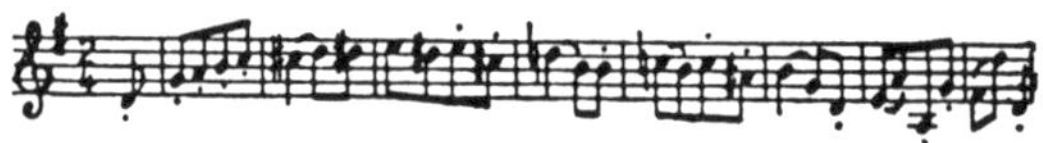

Doch vernimmt, wer sehr genau zuhört, gelegentlich und rasch vorüberziehende Schatten, Echos der im zweiten Satz liedgewordenen Melancholie, des Schmerzes und der Einsamkeit. Sie kommen kaum zur Geltung, die Lebensfreude besiegt sie, das Lächeln und die kluge Heiterkeit des alternden Meisters.

### *Die letzten zwölf (Londoner) Sinfonien*

Am 15. Dezember 1790 reiste Haydn von Wien ab, nach England, wo sein Schaffen höchste Anerkennung erntete. Am 2. Januar 1791 kam er in der englischen Hauptstadt an und stand dem entwickeltsten Musikleben gegenüber, das es in der damaligen Welt gab. Am 11. März begann seine Konzertserie, die von dem Unternehmer John Peter Salomon organisiert wurde; alle zwölf fanden vor völlig ausverkauften Sälen statt, und die Sinfonien, die Haydn für die Programme komponiert hatte, wurden mit solchem Jubel aufgenommen, daß er oftmals Sätze daraus – interessanterweise zumeist die langsamen – wiederholen mußte. Diese Sinfonien, die teils für den ersten, teils für den zweiten Aufenthalt Haydns in England geschrieben wurden, waren also »Auftragswerke«, eine auf den ersten Blick beinahe unglaubliche Tatsache. In späteren Epochen hielt man solche für eine leidige Pflicht, die kaum je so spontan, einfallsreich und frisch gelingen konnten wie die aus freiem künstlerischem Antrieb entstandenen. Aber nicht nur diese zwölf, sondern alle Haydnschen Sinfonien sind ja im Grunde Pflichtstücke, Auftragswerke. Das 18. Jahrhundert kannte kaum eine andere Art des Schaffens, mochte es sich um Musiker, Maler, Bildhauer oder Dramatiker handeln. Die ersten vier *Londoner Sinfonien* (Nr. 93, 94, 95, 96) stammen aus dem Jahre 1791; Nr. 97 vielleicht aus dessen letzten Wochen oder von Anfang 1792. Im folgenden Jahre, 1793, komponierte Haydn in Wien für die nächste Englandreise die Sinfonie Nr. 99. Er trat diese Fahrt am 19. Januar 1794 an. In London schrieb er bald darauf Nr. 100 und 101, gegen Ende jenes Jahres Nr. 102 zu Beginn von 1795 die beiden letzten, 103 und 104. Einige der *Londoner Sinfonien* führen Beinamen, aber diese besitzen nicht die Wichtigkeit, die etwa Beethovens Bezeichnungen »Eroica« und »Pastorale« zukommen; bei Haydn leiten sich die Namen, wie schon erwähnt, fast immer aus einer an sich unbedeutenden Einzelheit der Partitur her. Aber sie helfen bei der Identifizierung inmitten einer so ungeheuren Zahl sinfonischer Werke.

*Sinfonie Nr. 93 D-dur.* Uraufgeführt am 11. März 1791 in London, mit solchem Erfolg, daß der langsame Satz wiederholt werden mußte. Heute erscheint das Werk selten auf dem Spielplan. Es hat vier Sätze: *Allegro, Largo, Menuett, Presto.*

*Sinfonie Nr. 94 G-dur*, genannt *Paukenschlag- oder Überraschungssinfonie.* Der Beiname stammt von einem überraschenden Paukenschlag, der im langsamen Satz mehrmals den Lauf der Melodie unterbricht. Die Anekdote, die sich um diesen Paukenschlag rankt, will wissen, daß Haydn ihn anbrachte, um gewisse Leute im Publikum, die die langsamen und zumeist leisen Sätze zum Schlummern ausnützten, so unsanft als möglich zu wecken. Die Komposition beginnt mit einer getragenen Einleitung *(Adagio cantabile)*, die meisterhaft zu dem *Vivace-assai*-Thema überleitet:

Haydn verzichtet hier auf scharfe Kontraste zwischen den beiden Sonatenthemen; er wendet ab und zu das gegenteilige Verfahren an, das das zweite Thema aus dem ersten entwickelt (also keine so dramatischen Spannungen erzielt, wie Beethoven in seinen Sinfonien suchen wird). Das *Andante*, der zweite Satz, verwendet eine der einfachsten Melodien, die Haydn oder irgendein anderer Tonschöpfer wohl je in einer Sinfonie gebrauchte:

Man denkt an ein Kinderlied folkloristischen Ursprungs, einen unschuldigen Reigen. Der Komponist variiert die Weise äußerst fein, weitet sie liebevoll aus, spielt mit ihr – und läßt plötzlich im unerwartetsten Augenblick den Paukenschlag niedersausen, von dem die Sinfonie ihren Namen (oder ihre beiden Namen) erhielt. Froh und überaus lebenslustig ist das *Menuett* und nicht weniger das Finale, *Allegro molto*, das dieses Hauptthema zum Rondo gestaltet:

*Sinfonie Nr. 95 c-moll.* Eine andersgeartete Komposition als die Mehrzahl der Haydnsinfonien: etwas fast Beethovensches liegt in ihrem Pathos, in der Dramatik ihres ersten Themas:

Hier kann, ja muß man von einer deutlichen Vorahnung der Romantik sprechen. Das zweite Thema ist weicher, lyrischer geartet, die »Seufzer«, die bei Mozart, aber auch bei Beethoven eine große Rolle spielen werden, passen durchaus in das stark subjektive Klangbild dieser Sinfonie, die von tiefer Erregung, ja Erschütterung Zeugnis abzulegen scheint:

Der zweite Satz verstärkt diesen Eindruck womöglich noch. Das *Andante cantabile* ist von innigster Zartheit (die man zumeist mit Mozart identifiziert, ohne daran zu denken, daß auch Haydn sie durchaus besitzt). Bei dem folgenden *Menuett* kann man verschiedener Meinung sein: Ist es noch ein völlig höfischer Tanz auf seiner äußersten Entwicklungsstufe, oder sind auch hier schon Beethovensche, das heißt revolutionäre Töne zu hören, die diesen letzten musikalischen Zeugen des Rokokos zu einem romantischen Scherzo umgestalten werden? Das *Finale* hingegen ist eindeutig klassisch und eindeutig Haydn: hinreißend, in (immer noch) überschäumender Lebenslust, voll Schwung und Freude.

*Sinfonie Nr. 96 D-dur.* Eine der seltener gespielten, aber kaum weniger schönen Sinfonien. Ihr *Allegro* ist sehr temperamentvoll; ihr *Andante* ein Variationensatz, der fast zum Konzert für zwei Violinen wird; ihr *Menuett* liebenswürdig und erfüllt von Süße; das *Finale*, spritzig und geistvoll, entläßt den Hörer mit einem Lächeln des Wohlbefindens.

*Sinfonie Nr. 97 C-dur.* Ebenfalls weniger bekannt und von ähnlicher Struktur: *Vivace, Adagio ma non troppo* (Variationen über ein schönes Thema), *Menuett* und *Presto assai* (mit einigen äußerst angenehmen und geistreichen Überraschungen).

*Sinfonie Nr. 98 B-dur.* Dieses Werk schließt eine Huldigung für England ein, da im langsamen Satz die Hymne »God save the king« zitiert wird. Die vier Sätze betiteln sich *Allegro, Adagio cantabile, Menuett, Finale.* Die Themen sind sehr schön und abwechslungsreich, ihre Behandlung meisterhaft – es ist unverständlich, warum diese Sinfonie so selten zu hören ist.

*Sinfonie Nr. 99 Es-dur.* Obwohl auch dieses Stück alle Qualitäten der »großen« Sinfonie besitzt, gehört es zu den Raritäten unseres Konzertbetriebs. Das Thema des ersten *Vivace* kann sogar als ganz außergewöhnlich bezeichnet werden; die übrigen Sätze sind *Adagio, Menuett* und *Finale* überschrieben.

*Sinfonie Nr. 100 G-dur*, genannt *Militärsinfonie.* Der Beiname stammt sowohl aus der allgemeinen Thematik, die Haydn hier verwendet und die Marschrhythmen bevorzugt, als auch von der Instrumentation her, in der der Komponist Triangel, Becken und große oder Militärtrommel zum üblichen Orchester hinzufügt. Die militärischen Anspielungen scheinen damals geradeso Mode gewesen zu sein wie die »türkische Musik« (in der die eben genannten Instrumente vorzukommen pflegen). Mozart verwendet sie in der *Entführung aus dem Serail* (zu einem türkischen Thema) und abermals in *Figaros Hochzeit*, als Cherubin in den Krieg geschickt werden soll; auch in *Così fan tutte* gibt es solche Klänge, als von Soldatentum die Rede ist. Bei Beethoven finden wir sie in der *neunten Sinfonie*, wenn der Tenorsolist eine Art Triumphgesang anstimmt.
Doch Haydns *Militärsinfonie* hat kaum mehr als einige wenige »militärische« Züge; sie ist weit davon entfernt, eine Programmsinfonie in diesem (oder einem anderen) Sinne zu sein. Sie wurde unter des Komponisten Leitung in einem der Londoner Konzerte, am 12. Mai 1794, uraufgeführt, also bei der zweiten Englandreise des Meisters, und beginnt mit einer langsamen, äußerst ernsten und nachdenklichen Einleitung; sie geht in ein *Allegro* mit diesem Kopfthema über:

Kann man diese Melodie noch als lyrisch bezeichnen, so mutet das zweite Thema dieses Satzes wesentlich marschmäßiger, ja kriegerischer an. Vielleicht ist an diesem Eindruck eine Ideenassoziation schuld: Das Thema ähnelt einem der berühmtesten Militärmärsche des alten Österreich, dem von Johann Strauß (Vater) komponierten Radetzkymarsch. Fügen wir gleich hinzu, daß Strauß noch nicht geboren war, als Haydn die Militärsinfonie schrieb. Es ist also möglich, daß beide Themen – jenes von Haydn wie das von Strauß – auf eine altösterreichische Quelle zurückgehen.
Der »militärische« Charakter des Stückes wird im zweiten Satz noch klarer. Der Komponist verwendet hier nochmals die hübsche Melodie der »La gentille et belle Lisette«, die schon in der Sinfonie *La reine* aufgetaucht war. Aber hier fügt er den Hörnern, Trompeten und Pauken noch die Instrumente der »türkischen Musik« bei, die wir erwähnten. Ob das eine rein musikalische Idee Haydns ist oder der Wunsch, ein kriegerisches Bild zu malen, wozu Trompetensignale und drohende Paukenwirbel noch das ihre beitragen?
Weder das Menuett – ein wenig gedämpfter, ja beinahe melancholischer als gewöhnlich – noch das Finale *(Presto)* können mit dem Titel in Verbindung gebracht werden. Doch sahen wir bereits früher, daß bei Haydnsinfonien manchmal ein Detail genügt, um dem Werk einen Beinamen zu geben. Mit der Militärsinfonie ist der Meister bei der Zahl 100 angelangt; die Ziffern stammen allerdings ebensowenig von ihm wie die meisten Titel. Sie wurden anläßlich der ersten Gesamtausgabe, Jahrzehnte später, festgesetzt. Wie viele mögen verlorengegangen sein, besonders in den frühen Jahren, als Haydn noch nicht der berühmte Komponist war, als seine Arbeiten als Gelegenheitskompositionen betrachtet wurden und auch seine Gattin ungestraft Manuskripte ihres Mannes vernichten konnte, wenn sie ihn für eine vermeintliche oder wirkliche Untreue strafen wollte, oder, wie überliefert wird, einfach Papier zum Wickeln ihrer (wahrscheinlich nicht sehr verführerischen) Locken benötigte?

*Sinfonie Nr. 101 D-dur*, genannt *Die Uhr.* Sie kam am 4. Mai 1795 im Londoner Haymarket-Theater zur Uraufführung, unter Leitung des Autors, wie alle ihre Geschwister. Wieder stammt der Beiname von einer an sich unbedeutenden Kleinigkeit: dem unaufhörlichen und gleichmäßigen Rhythmus des zweiten Satzes, der dem Gang der Uhr abgelauscht zu sein scheint. Die langsame Einleitung *(Adagio)* geht in ein *Presto* über, wobei Haydn eine thematische Verbindung zwischen beiden herstellt, was bei ihm sonst durchaus ungebräuchlich ist.

Das *Andante*, ein Variationensatz, ist nur im geklopften Rhythmus monoton (und es sieht sehr nach Absicht des Komponisten aus, obwohl schwer zu sagen wäre, ob er wirklich dabei an eine Uhr gedacht habe), aber über dieser Begleitung erblühen prächtige Melodien von reicher Abwechslung. Das Menuett weist auf Beethoven hin (der noch keine Sinfonie geschrieben hatte); das bestätigt nur wiederum, daß der Stil zutiefst in der Zeit begründet liegt. Prachtvoll ist das Finale *(Vivace)* mit seiner reichen Vielfalt in melodischer und harmonischer Beziehung und seiner dabei glänzend festgehaltenen Einheit.

Die *Sinfonie Nr. 102 B-dur* stammt, wie die vorhergehende, aus dem Jahre 1794, aber sie ist weniger bekannt geworden und führt keinen Beinamen. (Es ist psychologisch durchaus möglich, daß die Untertitel, sowenig sie auch mit dem wahren musikalischen Inhalt zu tun haben mögen, die Verbreitung gefördert haben.) Die *B-dur-Sinfonie* beginnt mit einem *Largo*, das mehr ist als eine »Einleitung«. Es geht in ein *Allegro vivace* mit diesem Thema über:

Das zweite Thema zeigt Beethovensche Züge: dramatischen Ausdruck, große Melodiensprünge, spannungsgeladene Pausen. Der zweite Satz, *Adagio*, verwendet für seine seltsam schmerzliche Melodie ein Violoncellosolo. Das Menuett ist reich an Stimmungswechseln, und sein Trio könnte man fast romantisch nennen, so innig und süß ergreift uns seine Melodie. Das Finale, *Presto*, ist fröhlich, ohne Probleme, reinste Klassik, ein »happy end«, zu dem alle Komponisten des 18. Jahrhunderts neigen oder sich verpflichtet fühlen – selbst Beethoven noch bis in die Mitte seines Lebens, als er daranging, die Sinfonie zu einem Ideenwerk umzugestalten.

*Sinfonie Nr. 103 Es-dur*, genannt *Sinfonie mit dem Paukenwirbel.* In diesem Werk wird Haydns Entwicklung klar: Welcher Weg von den frühen spielerischen, noch ganz im Banne des höfischen Rokokos stehenden Sinfonien zu diesen letzten Kompositionen, in denen sich tieferer Gefühlsausdruck abzuzeichnen beginnt! Unleugbar ist es der Einfluß der Epoche, der sich hier auswirkt, Vorahnungen des romantischen Subjektivismus, der Stimmungsmalerei, die sehr bald von der Musik Besitz ergreifen wird. Und die Stimmungen sind nicht nur die lichtvollen, problemlosen, die sich in der höfischen Kunst, im »galanten« Stil – mit geringen Ausnahmen – zeigten. Die Nachtseiten des Lebens werden in die Kunst einbezogen, aus dem Kontrast ihrer Kämpfe mit dem hellen Tag entstehen die Spannungen, ohne die weder Malerei noch Dichtung, noch Musik des 19. Jahrhunderts auskommen werden. Die *Es-dur-Sinfonie* beginnt mit einem langen Paukenwirbel (von dem sie den Namen bekommen hat), bevor sich in den tiefsten Instrumenten und den düsteren Tonbereichen eine langsame, aufsteigende Melodie losringt.

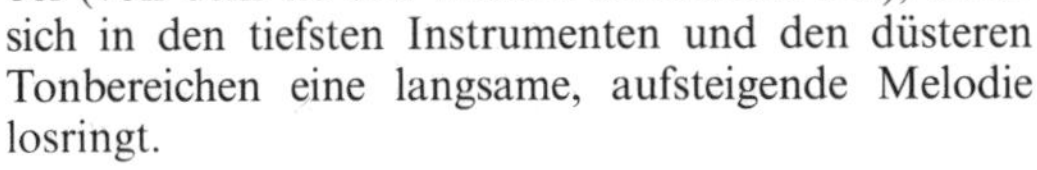

Dann erst erklingt der eigentliche erste Satz *(Allegro con spirito)*, liebenswürdig, sorglos, moussierend wie Champagner; aber er wird nicht mehr einfach so fortgeführt wie in früheren Zeiten: Haydn unterbricht die frohe Stimmung mehrmals, als drängten sich ihm schwerere Gedanken in Kopf und Herz. Es kommt zu starken Spannungen, zu großen Steigerungen, bevor der Satz in eine freundliche Coda mündet.
Und wieder müßten wir ein Haydnsches Thema »fast beethovenartig« nennen: jenes des zweiten Satzes der »Paukenwirbel«-Sinfonie. Es steht in c-moll und weist als Charakteristik einen übermäßigen Sekundschritt (Es-Fis) auf:

Über dieses Thema entwickelt der Komponist Variationen von großer Schönheit, wechselndem Ausdruck und technischer Vollendung. Wie die Sonatenform (und mit ihr die Sinfonie) gewichtigsten Veränderungen im Übergang von der Klassik zur Romantik unterworfen ist, so entfaltet sich auch die Variationenform von einer technischen »Spielerei« zu einer Ausdruckskunst. Der zweite Satz der *Es-dur-Sinfonie* bildet eine wichtige, charakteristische Etappe auf diesem weiten Weg, der bei Bach, beim frühen Haydn, bei Mozart beginnt und bei Brahms und Reger zwar nicht endet, aber seinen anderen Pol erreicht hat. Das Menuett zeigt Haydns Vorliebe für volkstümliche Melodien (von der besonders in der folgenden letzten Sinfonie noch die Rede sein wird), die er ausbreitet und orchestriert, als wären es sinfonische Themen. Das Finale, *Allegro con spirito*, besteht aus einem äußerst einfachen Thema, das sich über typischen Horngängen entfaltet:

Die »Paukenwirbel«-Sinfonie wurde in London, wahrscheinlich zu Beginn des Jahres 1795, komponiert und am 16. Februar dieses Jahres uraufgeführt. Näheres darüber in den folgenden Zeilen, die für alle drei letzten Sinfonien Haydns gelten.

*Sinfonie Nr. 104 D-dur (Londoner Sinfonie).* Dieses Werk, eines der meistgespielten nicht nur Haydns, sondern der gesamten Orchesterliteratur, entstand gemeinsam mit den heute als Nr. 102 und 103 bezeichneten Sinfonien wahrscheinlich Anfang 1795 in London. Die »Salomonkonzerte« (so genannt nach ihrem Organisator) hatten im Vorjahr Haydn ungewöhnliche künstlerische und materielle Erfolge gebracht. Am 16. Januar 1795 wurde die Londoner Musikwelt mit der Nachricht überrascht, daß diese Konzerte eingestellt werden müßten. Aber sowohl Salomon wie Haydn beteiligten sich nun an einem anderen Unternehmen, den sogenannten Opernkonzerten im King's Theatre; diese wurden vierzehntägig vom 2. Februar 1795 an durchgeführt, und in ihnen erklangen unter der Leitung des Komponisten die letzten drei seiner Sinfonien erstmalig. »Leitung« will nicht sagen, daß Haydn tatsächlich dirigierte; es ist eher wahrscheinlich, daß er am Cembalo saß, während als Dirigent der damals fünfzigjährige deutsche, in London ansässige Geiger Wilhelm Cramer fungierte, der Leiter des Königlichen Orchesters und anderer wichtiger musikalischer Institutionen. Vergessen wir nicht, daß die damaligen Orchester vom Cembalo aus und noch nicht vom Dirigentenpult zusammengehalten und künstlerisch inspiriert wurden. Immerhin dürfte bei diesen Konzerten doch ein Dirigent nötig gewesen sein, denn die Zahl der Musiker überstieg die auf dem Festland übliche wesentlich. Sicherlich hat dieser Faktor auch bei Haydns Kompositionen eine bedeutende Rolle gespielt. Während er für »sein« Esterházysches Orchester im Rahmen von kaum mehr als 30 Musikern bleiben mußte, hatte er nun in London ungefähr die doppelte Zahl zur Verfügung, ein stattliches Ensemble mit eindrucksvollem Klang und glänzenden Solisten. Bei diesen letzten Londoner Konzerten stiegen des Meisters Ansehen und Ruhm auf ihren Höhepunkt.

Die letzte Sinfonie Haydns, manchmal als *Londoner Sinfonie* bezeichnet (obwohl dieser Titel allen zwölf letzten des Meisters zukommt), ist sonnig, heiter, hell, lebensfreudig. Ihre technische Meisterschaft ist nicht zu überbieten. Hier und in Mozarts letzten drei Sinfonien liegen wahre Musterbeispiele klassischer Sinfonien vor, die den Typus voll repräsentieren und von denen für alle Zeiten die Regeln der klassischen Sinfonie abgeleitet werden können. Die langsame Einleitung *(Adagio)* ist majestätisch; starke Unisonoschläge wechseln mit nachdenklichen Passagen (die Mollcharakter tragen). Dann klärt der Himmel sich auf, ein entzückendes, liebenswürdiges *Allegro*-Thema leitet den überaus freundlichen Satz ein:

Reinste Lebensfreude ist hier in Töne gefaßt, ein von der Schönheit der Welt naiv berührtes, ja übervolles Herz singt sein Glück. Der zweite Satz hält die lichte Stimmung aufrecht. Vielleicht ist das Menuett ein wenig unbedeutender. Aber das Finale *(Spirituoso)*, Haydns sinfonischer Abschied, ist ein einziges Fest – ein ländliches Fest vielleicht, wie er es als Knabe oft erlebt hat; Frohsinn und Tanz, wobei slawische Musiker aufspielen und slowenisches, slowakisches, kroatisches Musikgut sich mit solchem aus Deutschland und Ungarn mischt. Zeit seines langen Lebens hat Haydn die slawischen Volksmelodien geliebt. Nun, 1795, weit von der Heimat entfernt, entsinnt er sich einer von ihnen und verwendet sie als glänzendes Finalthema einer festlichen Sinfonie:

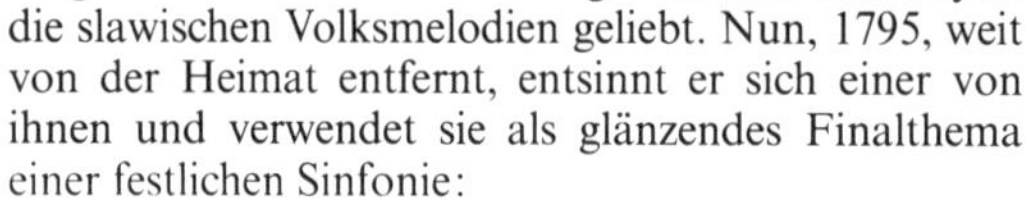


Er unterlegt ihr einen langen Orgelpunkt, der nach Dudelsäcken klingt. Wieviel echter Frohsinn entspringt diesem Satz, ja Haydns Musik überhaupt! »Trinkt, o Augen, was die Wimper hält, von dem goldnen Überfluß der Welt!«, wird bald darauf ein deutscher romantischer Dichter singen. Haydn hat nach diesem Spruch gelebt, und sein naiver, gesunder Lebensgenuß ist in sein Schaffen eingeflossen. Ein glückliches Werk schließt hier ab, weit über hundert Sinfonien, die ihrem Schöpfer den zwar manchmal bestrittenen, aber zutiefst doch verdienten Namen eines »Vaters der Sinfonie« eingetragen haben. Von ihm haben Mozart und Beethoven gelernt, auf ihn greift Schubert zurück, und ihn gestalten die Romantiker auf ihre Weise um. Für alle, die nach ihm kamen, bildete er die reine und unerschöpfliche Quelle, aus der Generationen trinken konnten.

### *Die Konzerte*

Haydn, der wie kaum ein anderer Musiker (Mozart allerdings ausgenommen) in allen Schaffensgebieten gleichmäßig zu Hause und bewandert war, leistete auch Wertvolles für Soloinstrumente in Verbindung mit dem Orchester. Wir haben seine Konzerte zu Beginn dieses Kapitels aufgezählt, soweit dies möglich ist; denn dieser Genre bedeutete damals, viel mehr noch als die Sinfonie, Gelegenheitsarbeit, und so ist es nicht verwunderlich, daß einerseits viel verlorenging, da es nach einer einmaligen Aufführung kaum aufbewahrt wurde, andererseits aber eine Anzahl von Manuskripten, die sich in Archiven fanden und die keinen Namen aufweisen, aufgrund stilkritischer Untersuchungen Haydn zugeschrieben werden könnten. Leider tauchen auch die Werke, deren Authentizität feststeht, nur selten in unserem Konzertleben auf.

Die *Violinkonzerte* werden kaum gespielt. Drei sind beglaubigt, aber es gibt weitere fünf, die möglicherweise von Haydn stammen.

Von den *Klavier- oder Cembalokonzerten* (vier beglaubigte, weitere fragliche) begegnete man lange Zeit hindurch nur einem, das näher besprochen sei:

*Konzert für Cembalo (Klavier) und Orchester D-dur.* Haydns Konzerte für Tasteninstrumente verteilen sich über eine lange Zeit seines Lebens. Das D-dur-Konzert wurde, ebenso wie jenes in G-dur, das kaum zu hören ist, in den Jahren 1782 bis 1784 geschrieben, ist also für die Palastkonzerte in Esterháza und Eisenstadt komponiert und sicherlich dort zum ersten Erklingen gebracht worden. Ein echtes Rokoko-Konzert, das seinen ganzen Reiz wohl nur auf dem Cembalo und mit kleiner Orchesterbegleitung entfalten kann (obwohl es zumeist Klavierkonzert genannt und auf diesem Instrument gespielt wird, was eine größere Orchesterbesetzung erfordert). Der erste Satz, *Vivace*, setzt mit diesem Thema ein:

Der zweite Satz, *Un poco adagio*, ist klangschön, ohne besondere Bedeutung zu erlangen. Hingegen weist der letzte Satz, *Rondo all'Ungherese* – also Rondo in ungarischem Stil, fesselnde Züge auf, Anspielungen auf magyarische Volksmelodien und -rhythmen und das dementsprechende Temperament. Eine eigenartige Trillerkette

könnte möglicherweise als Imitation der Zimbalklänge aufgefaßt werden, dieses von den Ungarn und den in ihrer Mitte lebenden Zigeunern so meisterhaft gespielten folkloristischen Instruments.

Neuerdings gesellt sich diesem ein weiteres Werk bei, das *Klavierkonzert F-dur*, ein reizendes Rokokostück von großem Klangzauber.

Unter den Cellokonzerten war lange Zeit nur jenes in D-dur bekannt. Es wurde oft und gerne gespielt, einmal, weil die Literatur für dieses Instrument nicht sehr reich gesät ist, andererseits aber vor allem, weil es prächtige musikalische Werte besitzt. Dieses *Konzert für Violoncello und Orchester in D-dur* stammt aus dem Jahre 1783 und wurde für den Solocellisten des Esterházischen Palastorchesters Anton Kraft komponiert, der dort von 1778 bis 1790 eines der hervorragenden Kapellmitglieder war. Der erste Satz, *Allegro moderato*, hat ein vom Soloinstrument gespieltes und von den ersten Geigen in Terzen begleitetes Hauptthema:

Der zweite Satz, *Adagio*, kann fast schon als frühromantisch angesehen werden, so sehr spricht Empfindung aus jeder seiner Phrasen. Der dritte, *Allegro*, in Rondoform, bildet den brillanten Abschluß, wie er der Konzertform – und besonders der klassischen Epoche – gemäß ist. Insgesamt kann gesagt werden, daß die Form des Konzerts, in Haydns Händen, aus dem reinen Virtuosenstück (das in der Oper der Bravourarie entspricht) in den musikalisch wertvolleren Typus übergeht, den Mozart und Beethoven bald eindrücklichst und für lange Zeit verankern werden. Das Nur-Virtuose wird überwunden, die Fingerfertigkeit tritt zurück, der Dienst am musikalisch Schönen und bald auch am seelischen Ausdruck wird das oberste Anliegen.

Eines der frühesten Beispiele hierfür bildet ein Haydnsches Violoncellokonzert, das lange verschollen war. Erst im Jahre 1961, nach fast zweihundertjährigem Schlummer, wurde das 1765 komponierte *Konzert für Violoncello in C-dur* wiederentdeckt, ein prachtvolles Werk, das seinem späteren Pendant in nichts nachsteht. Das *Adagio* (der zweite Satz) ist eine wahre Perle, ein Stück tiefster Innerlichkeit, wie es kein anderer Meister schöner geschrieben haben könnte.

Aus der Fülle der weiteren Konzerte Haydns mögen nur noch jene herausgegriffen werden, die in jüngerer Zeit – oftmals dank Rundfunk und Schallplatte – aufs neue Verbreitung fanden.

Die *Sinfonia Concertante B-dur* vereinigt Violine, Violoncello, Oboe und Fagott als Solisten, die dem Orchester einen amüsanten Wettstreit liefern. Das entzückende Werk entstand in London, als der Wiener Meister, um mit einem Konkurrenzunternehmen den Wettkampf zu bestehen (der zu den Eigentümlichkeiten des Musiklebens gehörte), buchstäblich über Nacht Komposition auf Komposition aus seiner unerschöpflichen Phantasie aufs Papier bannen mußte. Obschon es sich bei dieser *Sinfonia Concertante* (so wie ja auch bei jeder der Londoner Sinfonien aus seiner Feder) um ein echtes Auftragswerk handelte, muß sie doch seinen gelungensten und schönsten Schöpfungen zugezählt werden. Hier mögen der herrliche zweite Satz *(Andante)* und das witzige, spritzige *Finale* besonders hervorgehoben sein.

Unter den *Flötenkonzerten* ist jenes in *D-dur* manchmal zu hören; es dürfte eines der frühesten Werke Haydns für ein solistisches Blasinstrument gewesen sein. Neu herausgegeben wurde das *Oboenkonzert C-dur* (durch Alexander Wunderer, jahrzehntelang erster Oboist und Obmann der Wiener Philharmoniker). Für das Horn, in jener Zeit eines der beliebtesten Instrumente (als Waldhorn, Posthorn, Jagdhorn) schuf Haydn Verschiedenes. Wir wissen von einem *Hornkonzert D-dur* sowie einem *Konzert für zwei Hörner Es-dur*. Ganz besonders reizvoll ist auch das *Trompetenkonzert Es-dur*; sicherlich ein Gelegenheitsstück – wie beneidenswert der Meister, der selbst bei solchen im Augenblick hingeworfenen und keineswegs für die »Nachwelt« bestimmten Stücken so sein Genie leuchten lassen kann! Erwähnen wir zuletzt noch, daß es ein *Orgelkonzert C-dur* gibt, das wieder zum Leben erweckt wurde. Und wer weiß, welche Überraschungen in den nächsten Jahren und Jahrzehnten dem Liebhaber noch bevorstehen, wenn eifrige Suche oder Entdeckerfreude im schon Vorhandenen, wenn auch in Archiven Schlummerndem, immer neue Werke Haydns auf das Konzertpodium, auf die Platte oder in den Lautsprecher zaubern!

### *Ouvertüren und andere Orchesterwerke*

Von den übrigen beinahe unzähligen Kompositionen Haydns für verschiedenartigste Anlässe und Orchesterbesetzungen sind heute nur wenige zu hören. Eine reizende *Konzertouvertüre in D-dur* taucht manchmal zur Freude der Hörer in Konzerten auf. Die *Divertimenti* können mit Aussicht auf Erfolg für Sommerfestivals oder Kammerkonzerte dem Vergessen entrissen werden.

*Die sieben Worte des Erlösers am Kreuz* stellen ein eigenartiges Werk zu einem seltsamen Anlaß dar. Zitieren wir den Komponisten, der uns folgendes überliefert hat: »Es sind ungefähr fünfzehn Jahre (so schreibt Haydn 1785), daß ich von einem Domherrn aus Cadix ersucht wurde, eine Instrumentalmusik auf die sieben Worte Jesu am Kreuz zu verfertigen. Man pflegte damals alle Jahre während der Fastenzeit in der Hauptkirche zu Cadix ein Oratorium aufzuführen... Nach einem zweckmäßigen Vorspiele bestieg der Bischof die Kanzel, sprach eines der sieben Worte aus und stellte eine Betrachtung darüber an. Sowie sie geendigt war, stieg er von der Kanzel herab und fiel kniend vor dem Altare nieder. Diese Pause wurde von der Musik ausgefüllt... Die Aufgabe, sieben Adagios, wovon jedes gegen zehn Minuten dauern sollte, aufeinander folgen zu lassen, ohne die Zuhörer zu ermüden, war keine von den leichtesten...« Haydn bewältigte sie; er bettete die Adagios in eine feierliche *Introduktion* und in ein *Terremoto* betiteltes Schlußstück, das das Erdbeben nach dem Tode Christi in Tönen schildert. Die Originalbesetzung besteht aus je zwei Flöten, Oboen, Fagotten, Hörnern, Trompeten und Pauken sowie einem Streicherkörper. Aber es gibt von diesem Werk noch zwei andere Fassungen: eine von Haydn selbst, für Streichquartett, und eine von Joseph Friebert, Kapellmeister im Dom zu Passau, der noch zu Lebzeiten des Komponisten dem instrumentalen Teil Singstimmen hinzufügte, Soli und Chor. (Haydn hatte für seine Urfassung eine Baßstimme verfaßt, die in einem kurzen Rezitativ das betreffende Wort Christi vortrug.) Ein Jahrhundert nach der Uraufführung in der Kathedrale von Cadix hörte dort Manuel de Falla die in jeder Osterwoche zu Gehör gebrachte Komposition und wurde, laut seinen eigenen Worten, als Knabe so tief von dieser Musik erschüttert, daß er zeit seines Lebens nicht mehr von dem in ihr verkörperten klassischen Schönheitsideal lassen konnte. (Eine ausführliche Besprechung dieses Werkes findet sich im Band »Oratorien der Welt«.)

## Friedrich Hegar

1841–1927, Schweizer Komponist

Hegar kommt vor allem auf dem Gebiet des Männerchorwesens große Bedeutung zu; neben dem vorübergehend sehr erfolgreichen Oratorium *Manasse* erwähnen wir an Orchesterwerken aus seiner Feder: die *Festouvertüre* (zur Einweihung der Zürcher Tonhalle 1895), das *Konzert für Violine und Orchester* (in D-dur), das *Konzert für Violoncello und Orchester* (in c-moll), die *Ballade für Violine und Orchester* sowie die Bühnenmusik zu Th. Meyer-Merians Schauspiel »Arnold von Winkelried«.

## Robert Heger

1886–1978, deutscher Komponist und Dirigent

Der namhafte Musiker, in Straßburg geboren und mehrfach mit Opern hervorgetreten, hat auch auf sinfonischem Gebiet Wertvolles geschaffen, das gemäßigt modern klingt und von echtem Gefühl beseelt ist: drei Sinfonien, *Verdi-Variationen, Scherzo furioso, Dramatische Ouvertüre, Kaleidoskop (5 sinfonische Tänze), Variationen und Fuge über ein barockes Thema, Chaconne und Fuge über eine Zwölftonreihe*, ein *Violin-* und ein *Violoncellokonzert*.

## Hans Werner Henze

1926, deutscher Komponist

Der aus Gütersloh stammende Komponist hat die Stufenleiter zum Welterfolg in unglaublich kurzer Zeit erklommen. Seit etwa der Mitte der fünfziger Jahre steht er an vorderster Stelle unter seinen Landsleuten. Sein Schaffen – dem er sich unter italienischem Himmel restlos und mit üppigstem Einfallsreichtum hingibt – umfaßt alle Formen und stellt seinen eigenen, im besten Sinne internationalen Stil auf. Neben Opern und Balletten sind die Konzertwerke verschiedenster Art bedeutend, von denen die wichtigsten aufgezählt seien:

*Kranichsteiner Schloßmusik*, 1946; *Sinfonie Nr. 1*, 1947; *Ballett-Variationen*, 1949; *Jack Pudding (Ballettsuite)*, 1949; *Sinfonie Nr. 2*, 1949; *Labyrinth (Choreographische Phantasie)*, 1950; *Sinfonische Variationen*, 1950; *Das Vokaltuch der Sängerin Rosa Silber (Ballettszenen für Orchester)*, 1950; *Boulevard Solitude (Sinfonische Zwischenspiele aus der Oper)*, 1951; *Sinfonie Nr. 3*, 1951; *Tancred und Cantylene (Ballettsuite)*, 1952; *Quattro poemi*, 1955; *Sinfonische Etüden*, 1955; *Sinfonie Nr. 4* (Neufassung 1963), 1955; *Maratona di Danza (Ballettsuite für Orchester und Jazzorchester)*, 1956; *Undine (Drei Ballettsuiten)*, 1958; *Drei Dithyramben für Kammerorchester*, 1958; *Des Kaisers Nachtigall (Musik zu einer Pantomime)*, 1959; *Antifone*, 1960; *Sinfonie Nr. 5*, 1962; *Los caprichos (Orchesterphantasie)*, 1963; *Klavierkonzert Nr. 1, Violinkonzert Nr. 1, Kammerkonzert* (für Flöte, Klavier und Streicher); *Concertino* (für Klavier, Bläser und Schlagzeug); *Ariosi* (für Sopran, Violine und Orchester); *Trois pas des Tritons, Being Beauteous, Musen Siziliens* (für Chor, 2 Klaviere, Bläser, Pauken, nach Texten Vergils; (Uraufführung: 20. 9. 1966, Berlin); *Doppio Concerto* (für Oboe, Harfe und Streicher, Uraufführung 2. 12. 1966, Basel). *Moralities* (3 szenische Kantaten, 1967), *Telemanniana* (1967), *Klavierkonzert Nr. 2* (1967), *Sinfonie Nr. 6* (1969), *Violinkonzert Nr. 1* (1971), *Heliogabalus Imperator* (1972), *Tristan* (Préludes für Klavier, Orchester und elektronische Klänge, gleichsam Klavierkonzert Nr. 3, 1974), *Barcarola* (1980) u.v.a.

## Kurt Hessenberg

1908, deutscher Komponist

*Orchesterwerke: Concerto grosso, Kleine Suite, Konzert für zwei Klaviere mit Orchester, Konzertante Musik für zwei Streichorchester, Intrada und Variationen über ein Thema von Jakob Regnart,* drei Sinfonien, *Musikantenhochzeit (Scherzo), Der Sturm, Suite zu Shakespeares Zauberlustspiel* (für Orchester).

## Paul Hindemith

1895–1963

Unter den zahlreichen zur Polemik herausfordernden Musikern des 20. Jahrhunderts ist Hindemith zweifellos eine der stärksten und eigenwilligsten Persönlichkeiten gewesen. In Hanau (Main) kam er am 16. November 1895 zur Welt. Er war Orchestermusiker – Bratschist –, später Dirigent des Frankfurter Opernorchesters. Das Amar-Hindemith-Quartett wurde von ihm gegründet. Von 1927 bis 1934 lehrte er Komposition an der Berliner Musikhochschule – dem damals vielleicht wichtigsten und fortschrittlichsten Institut seiner Art in Mitteleuropa – und emigrierte, als das Dritte Reich seine Musik als »dekadent« ansah, ja ihn der »gemeinsten Perversion der deutschen Musik« beschuldigte, in die USA, wo er am Berkshire Music Center sowie an den Universitäten Yale und Harvard unterrichtete. Nach dem Kriege teilte er seine Tätigkeit zwischen Zürich und den USA, bis er sich endgültig in der alten Heimat niederließ. Hindemith starb am 28. Dezember 1963 in Frankfurt am Main.

Nicht so einfach wie sein äußerer Lebensweg ist sein innerer Werdegang nachzuzeichnen. Vom jungen »Stürmer und Dränger«, vom Verächter der Romantik, Revolutionär im Sinne einer motorischen, sachlichen Epoche bis zum tiefen Nachempfinden der Gotik, der mittelalterlichen Mystik, der neuen Schönheitssuche – welcher Bogen! Welche Fülle auch der Themen: von der großen Oper, dem Ballett, bis zum Kinder- und Lehrstück, zu Motetten, Liedern, Instrumentalkompositionen, Sonaten, Kammermusik, Kanons, geistlichen Werken, Walzen für mechanische Instrumente. Im Jahre 1937 schrieb Hindemith folgende Worte nieder: »Ich habe den Übergang aus konservativer Schulung in eine neue Freiheit vielleicht gründlicher erlebt als irgendein anderer. Das Neue mußte durchschritten werden, sollte seine Erforschung gelingen. Daß diese weder harmlos noch ungefährlich war, weiß jeder, der an der Eroberung beteiligt war. Weder wurde die Erkenntnis auf geradem Wege errungen, noch ging es ohne Störungen ab. Heute scheint es mir, als sei das Gebiet übersichtlich geworden, als sei die geheime Ordnung der Töne erlauscht.« Vielleicht die schönsten Worte über Hindemith stammen von Heinrich Strobel: »In Wahrheit nimmt Paul Hindemith gerade jene große Tradition der deutschen Musik wieder auf, die das 19. Jahrhundert trotz seines äußerlich glanzvollen Aufschwungs zu verlieren drohte – die Tradition der klassischen Kunst Bachs, dessen Werk das entscheidende Stilerlebnis in Hindemiths Entwicklung hervorruft. In der Vereinigung von höchster schöpferischer Kraft und höchster geistiger Bändigung ist Bach die vollkommene Inkarnation jenes Musikertyps, dem Hindemith zustrebt.« Wohl selten ist das Werk eines Mannes von so verschiedenartiger Warte aus betrachtet worden. Haß und Liebe haben sich in überreichem Ausmaß über ihn und seine Musik ausgegossen. Einiges aus seinem Schaffen wurde »klassisch«, anderes – aus seinen ersten Zeiten besonders – von ihm selbst nicht als vollgültig anerkannt, es war wohl eher Manifest als Kunst. Eine zweifellos starke Persönlichkeit, ein Musikant von altem Schlag – der imstande war, sämtliche Instrumente zu spielen, Kanons im Augenblick zu erfinden und zu singen, Laien und Kinder zum Musizieren mitzureißen –, ein Könner von höchstem Rang. Doch kaum war er anerkannt, als einer der Führer der Musik unseres Jahrhunderts gepriesen, da stellte sich eine neue Jugend gegen ihn, empfand ihn als »abseitig« und unzeitgemäß. Wie wird das Jahr 2000 über ihn urteilen?

*Konzert op. 36.* Über den Charakter dieses frühen Werks (es stammt aus den Jahren 1924 bis 1927) gibt der Untertitel Auskunft: *Kammermusiken mit Soloinstrumenten.* Hinneigung zu barockem Stil, aber mit völlig freier Behandlung der Tonalität, das wäre eine mögliche Definition. Man hat Anlehnung an Bach zu spüren gemeint, aber die Annäherung scheint ein wenig äußerlich. Vier Konzerte setzen diesen Zyklus zusammen; das erste ist für Klavier, das zweite für Violoncello, das dritte für Violine, das vierte für Bratsche geschrieben.

*Konzert für Orchester op. 38.* Im Jahre 1925 entstanden, bildet dieses Stück in mancher Hinsicht den Höhepunkt der ersten Schaffensperiode Hindemiths und gleichzeitig einen Markstein im musikalischen Bild der ersten Nachkriegsepoche. Hier finden wir vieles von dem, was der Komponist mit den eingangs erwähnten Worten gemeint haben mag, wenn er vom Zwang, »das Neue zu durchschreiten«, von den »Störungen« spricht, die auf dem Wege in die »neue Freiheit« auftauchten. Maschinelle, hämmernde, bohrende Rhythmen, schärfste Dissonanzen, entfesselter Klang sind hier anzutreffen: Eine chaotische, in Auflösung begriffene Zeit hatte ihr musikalisches Echo gefunden.

*Philharmonisches Konzert.* 1931 hatte Hindemith eine *Konzertmusik für Streichorchester und Blechbläser* zum Jubiläum des von Sergej Kussewitzky geleiteten weltberühmten Bostoner Sinfonieorchesters geschrieben. Ein Jahr danach leistete er mit den *Philharmonischen Konzert-Variationen für Orchester* einen Beitrag zum 50. Geburtstag des nicht weniger berühmten Berliner Philharmonischen Orchesters. Die Uraufführung aus diesem Anlaß war in mehrfacher Hinsicht eine Sensation. Wilhelm Furtwängler, den schrankenlosen »Neutönern« keineswegs geneigt, dirigierte das Werk nach liebevoller Vorbereitung. (Zwei Jahre später antwortete er zum »Fall Hindemith«, den ersten »offiziellen« Angriffen des Nationalsozialismus auf Hindemith, mit einem warmen Verteidigungsartikel und legte alle seine Ämter ab.) Hindemiths Musik zeigt deutliche Merkmale einer wachsenden Innerlichkeit, eines (vielleicht unbewußten) Abrückens von einer Revolution »um jeden Preis« und um ihrer selbst willen. Der Dreiklang gewinnt neuerdings Bedeutung, ja der Komponist nennt ihn ein wenig später »eine für den geschulten wie für den einfältigen Geist gleicherweise großartigste Naturerscheinung, einfach und überwältigend wie der Regen, das Eis, der Wind«, und urteilt, »der Musiker ist an ihn gebunden wie der Maler an die primären Farben, der Architekt an die drei Dimensionen«. Etwa gleichzeitig hatte ein anderer Revolutionär jener Epoche, Arnold Schönberg, die letzten Konsequenzen aus der Auflösung der Tonalität gezogen und war im Zuge einer ihm dringend nötig erscheinenden Neuordnung nicht wie Hindemith zum Dreiklang zurückgekommen, sondern im Gegenteil, zu dessen völliger Verneinung, dem Zwölftonsystem...

*Sinfonie »Mathis der Maler«.* Hier sind drei Szenen aus der gleichnamigen Oper zu einer Konzertsuite oder Sinfonie vereinigt. Mit *Mathis der Maler* erzielte Hindemith den durchschlagenden Erfolg seines Lebens; es ist das Werk, das ihn auf der Höhe reifegewordener Inspiration und technischer Meisterschaft zeigt. Er war zu einer Art »Neoklassik« gelangt, die allerdings zugleich auch völlig polyphon und – im Geistigen – mystisch war. Der herrliche Isenheimer Altar hatte ihm die Idee, das Leben des großen Malers musikalisch-dramatisch nachzuerzählen, eingegeben, jenes fast legendären Mathis oder Matthias Grünewald, der in einer politisch bewegten, weltanschaulich umstürzlerischen Zeit lebte und in den Strudel des Geschehens gerissen wurde. Drei große musikalisch geschlossene Szenen der Oper wurden vom Komponisten zu dem Konzertwerk zusammengefaßt: *Das Engelkonzert* ist in der Oper als Vorspiel angebracht; der Autor gebraucht hier eine mittelalterliche Melodie, einfach, volksliedartig (Es sungen drei Engel ein' süßen Gesang), die sich wie ein Leitmotiv durch das gesamte Werk zieht und rund um die sich zart instrumentale Kontrapunkte ranken. Es ist, als sängen wahrhaftig die Engel, die Grünewald auf sein Altarbild gebannt hat, in hellen, überirdischen, durchsichtigen Klängen voll Glauben und Liebe. Langsam, düster, von innerer Dramatik bewegt ist das zweite Stück: *Grablegung*, eine Trauermusik von höchster Konzentration und Schlichtheit. *Die Versuchung des heiligen Antonius* schließlich gilt für manchen Musikfreund als eine der schönsten Kompositionen, die zwischen 1920 und 1940 geschrieben wurden. Die Musik schildert eine phantastische Vision, eine grauenerregende Szene – wie so viele mittelalterliche Maler sie auf die Leinwand gebannt haben –, eine grausame Halluzination. Programmusik also? Ja und nein. Sogar Bach hat in seinen Passionen gelegentlich in Tönen »gemalt«, ohne daß man ihn für einen schildernden Musiker halten müßte. Auch Hindemith bleibt »absolut«, aber die Stimmung ist mit äußerster Plastik wiedergegeben. Schon im einleitenden Rezitativ ist die geballte Spannung spürbar, die sich bald in einem dämonischen Thema entlädt:

Der Heilige wird von Teufeln, von Ungeheuern, von Bestien verfolgt und gemartert, bis die rettende Gregorianische Sequenz »Lauda Sion Salvatorem« erklingt und ein Halleluja das Werk krönt.

*Der Schwanendreher* (Konzert nach alten Volksliedern für Bratsche und kleines Orchester). Im Jahre 1935 schuf Hindemith dieses gemüt- und humorvolle Werk (in dem er oft die Solobratsche spielte), dessen einfachen Inhalt er selbst folgendermaßen erläutert hat: »Ein Spielmann kommt in frohe Gesellschaft und breitet aus, was er aus der Ferne mitgebracht hat: ernste und heitere Lieder, zum Schluß ein Tanzstück. Nach Einfall und Vermögen erweitert und verziert er als rechter Musiker die Weisen, präludiert und phantasiert.« Dieses mittelalterliche Bild war die Vorlage des Komponisten. Der Name des Werkes stammt aus einem alten darin verwendeten Volkslied: »Seid ihr nicht der Schwanendreher?« Hier hat Hindemith zur völligen Vereinfachung des Stils gefunden, zu echter, gesunder Volkstümlichkeit. Und dies gerade in jenem Augenblick (1935), in dem politische Hetze in seinem Lande ihn den »Bannerträger des Verfalls« nannte und seine Ächtung verlangte.

*Nobilissima visione.* Ein klanglich prachtvolles Stück, eine Konzertsuite, in der Musiknummern aus dem Ballett zusammengefaßt sind, das Hindemith in Positano im Jahre 1937 gemeinsam mit dem bedeutenden Tänzer und Choreographen Leonide Massine schuf. Die »Tanzlegende« rund um das Leben des heiligen Franz von Assisi wurde 1938 in London durch das Monte-Carlo-Ballett uraufgeführt, wobei Massine die Hauptgestalt darstellte. Ein Jahr später – und nun weilte Hindemith in Sion im malerischen Wallis – entstand die Konzertsuite aus drei Sätzen. Den ersten bildet das *Einleitung, Rondo* überschriebene, auch manchmal *Meditation* genannte Stück; es entspricht in der Tanzlegende der Szene, in der Franziskus das Vaterhaus und damit den Reichtum verlassen und sich in das Hügelland um Assisi begeben hat, um zu beten und zu innerer Klarheit zu gelangen. Wir erleben dann die symbolische Vermählung des Heiligen mit der Armut und den Besuch der Gäste, die mit Wasser und Brot gespeist und getränkt werden. *Marsch und Pastorale*, der zweite Satz, schildert die Grausamkeit der Soldateska, die die Wege unsicher macht, aber auch die Erscheinung der verkörperten Keuschheit, Demut und Jugend. Der dritte Satz, *Passacaglia*, gipfelt in einem Hymnus zu Ehren der himmlischen und irdischen Kräfte, in einer auf den »Sonnengesang« Franz von Assisis aufgebauten Apotheose.

*Sinfonie in Es.* Dieses 1940 entstandene Werk bildet Hindemiths wichtigsten Beitrag zur »absoluten« Sinfonie. (Es gibt ferner die *Sinfonia serena*, die *Sinfonietta in E* sowie die *Suiten aus »Mathis der Maler«* und *»Die Harmonie der Welt«*, die sich in ihrer Form der Sinfonie nähern.) Aber selbst diese *Sinfonie in Es* entspricht kaum den klassischen oder romantischen Vorstellungen, die sich an diesen Begriff knüpfen. Fast eher könnte man von einem Orchesterwerk sprechen – wie Bartók es etwa gleichzeitig schrieb – oder gar von einem Concerto grosso im Barockstil. Die Themen sind nicht kontrastierend, sie werden nicht kämpferisch gegeneinander gestellt, sie erleben keine dramatische »Durchführung«. Die einzelnen Sätze tragen deutsche Überschriften: *Sehr lebhaft – Sehr langsam – Lebhaft* (Scherzo) – *Mäßig schnell.*

*Die Vier Temperamente* (Thema mit Variationen für Klavier und Streichorchester, 1940). Hindemith schildert den Melancholiker, den Sanguiniker, den Phlegmatiker und den Choleriker in Form von Variationen über einen Themenkomplex, ursprünglich zur tänzerischen Wiedergabe in einem Ballett, hernach in einem Konzertstück.

*Sinfonische Metamorphosen über Themen von Carl Maria von Weber* (1943). Dieses, wie schon die beiden vorher besprochenen Kompositionen, sowie das erwähnte Cellokonzert stammen aus Hindemiths amerikanischer Epoche (die von 1940 bis 1953 währte). Sie bedeutet keinen Stilbruch in seinem Schaffen, sondern die regelmäßige Fortsetzung seines Weges. Daß er, der einstige Antiromantiker, nun einem der Begründer der deutschen Romantik ein tönendes Denkmal setzt, ist kaum noch verwunderlich; übrigens hat ein anderer Antiromantiker und Revolutionär, Igor Strawinsky, genau das gleiche getan. Hindemith verwendet Themen aus vierhändigen Klavierstücken und aus der Turandotmusik Webers und gestaltet ein glänzendes Orchesterwerk, dessen Idee nicht die alter Variationstechnik ist, sondern die einer wahren Umgestaltung, so daß der Titel »Metamorphosen« angebracht erscheint. Die Form nähert sich zudem der sinfonischen; die Teile betiteln sich *Allegro, Scherzo, Andantino, Marsch.*

*Konzert für Klavier und Orchester* (1950). Wie in manchem seiner früheren Stücke greift der Komponist hier auf ein mittelalterliches Lied zurück – »Tre fontane« betitelt, Tanzmelodie aus dem 14. Jahrhundert –, das er in drei verschiedenen Fassungen als Schlußsatz gestaltet: als Canzonetta, als Marsch und als Walzer. Die beiden ersten Sätze (die englische Tempobezeichnungen führen, wie überhaupt viele Titel Hindemiths aus der amerikanischen Epoche in dieser Sprache gehalten sind) entsprechen der Idee des klassischen Konzerts: *Moderately fast* und *Slow*.

*Sinfonia Serena* (1946). Eine ganz aus musikalischem Spieltrieb geborene Komposition, die eine »Paraphrase über den Geschwindmarsch von Beethoven« (für Bläser), einen »Colloqui« (Zwiegespräche) betitelten langsamen Satz für zwei Streichergruppen und zwei Ecksätze von frühklassischer Sonatenform aufweist.

*Sinfonie »Die Harmonie der Welt«.* Im Jahre 1951 verband Hindemith drei große Fragmente der Oper, an der er gerade arbeitete (und die sieben Jahre später unter dem gleichen Titel das Rampenlicht erblickte), zu einer Art Suite oder Sinfonie – ähnlich wie er es bei »Mathis« getan hatte –, um Paul Sacher und seinem Basler Kammerorchester, das das erste Vierteljahrhundert seines glanzvollen und für die zeitgenössische Musik lebenswichtigen Daseins feierte, ein Geschenk zu machen. Die Namen der drei Sätze lauten: *Musica Instrumentalis – Musica Humana – Musica Mundana.*

Von Hindemith sind ferner zu erwähnen: *Konzert für Violine und Orchester* (1939); *Konzert für Violoncello und Orchester* (1940); *Konzerte für Klarinette und Orchester, für Horn, für Bläser, Harfe und Orchester, für Trompete und Fagott mit Streichorchester* u.a.m.

## Paul Höffer

1895–1949, deutscher Komponist

*Orchesterwerke: Sinfonie der großen Stadt, Altdeutsche Suite, Konzert für Violoncello und Orchester, Konzert für Klavier und Orchester,* Rundfunkmusiken zu Hörspielen.

## Karl Höller

1907–1987, deutscher Komponist

Der aus dem Fränkischen stammende Musiker war als Komponist anerkannt und Präsident der Münchner Akademie der Tonkunst, als er erst wenig über vierzig war. In ihm strömen zwei Einflüsse zusammen: der Regers – der ihm über seinen Lehrer Haas vermittelt wurde – und der Bruckners. Er liebt Barock und Mystik, die Orgelkunst spätmittelalterlicher Meister, sein Stil ist aus Kontrapunkt und Ekstase seltsam gemischt. Wenn auch seine Musik vor allem das deutsche Wesen anspricht und über die Grenzen hinaus noch wenig Echo gefunden hat, so darf man in Höller doch einen universellen Musikschöpfer sehen. Von seinen Orchesterwerken nennen wir:

*Concertino für Klavier, Violine, Bratsche und Kammerorchester*, op. 9 (1932); *Hymnen: Vier symphonische Sätze über Gregorianische Choralmelodien*, op. 18 (1933); *Sinfonische Phantasie für Orchester, über ein Thema von Frescobaldi*, op. 20 (1936); *Passacaglia und Fuge für Orchester*, op. 25 (1938), ebenfalls unter Verarbeitung einer Komposition des großen barocken Orgelmeisters Girolamo Frescobaldi (1583–1643); *Konzert für Violine und Orchester* (1938); *Konzert Nr. 1 für Violoncello und Orchester* (1941); *Sinfonisches Konzert für Violine und Orchester*, op. 47; *Konzert Nr. 2 für Violoncello d-moll*, op. 50 (1949); *Sweelinck-Variationen »Mein junges Leben hat ein End'«, für Orchester*, op. 56 (über ein Thema des Flamen Jan Pieterszoon Sweelinck, 1562 bis 1621); *Fuge für Streichorchester* (1948).

*Sinfonie Nr. 1* (1951). Über diese Komposition schreibt der Autor u.a.: »Der Entschluß, das Werk visionär mit dem langsamen Satz ausklingen zu lassen, entspringt einer Regung, die man getrost als ›romantisch‹ bezeichnen mag. Die Romantik im üblen Sinne wird man mit Recht verdammen, jener Romantik aber, die zu allen Zeiten den schöpferischen Akt (im Gegensatz zur Arbeit des Konstrukteurs) mit dem Nimbus des Geheimnisvollen, Göttlichen umwoben hat – jener Romantik wird auch in Zukunft kein Kunstwerk entraten können, wenn das Herz dabei nicht leer ausgehen soll...«

## Gustav Holst

1874–1934, englischer Komponist

Während Englands Musikleben in den letzten Jahrhunderten einen ununterbrochenen Hochstand aufweist, der es zeitweise an die Spitze der internationalen Kunstpflege stellte, kann von der musikalischen Schaffenskraft nicht das gleiche gesagt werden. Von der frühen Barockepoche, dem Tode Purcells, bis in den Beginn unseres Jahrhunderts, das den neuen Aufschwung englischer Kompositionskunst brachte, also durch beinahe zweihundert Jahre hindurch, sind die Namen angelsächsischer Musiker nicht auf den Programmen europäischer Konzerte zu finden. Dann erstand mit Vaughan Williams, Elgar, Delius und Holst die erste Generation einer neuen englischen Musik, auf die Britten, Tippet, Walton usw. folgten. Gustav Holst kam am 21. September 1874 in Cheltenham zur Welt, studierte in London, wurde Pianist und Organist, und – nach der Lähmung einer Hand – Posaunist, schließlich Professor und endlich nur noch Komponist, seine wohl wahre Berufung. Von seinen vielen Werken erwähnen wir unter jenen für Orchester die *Ouvertüre »Walt Whitman«*, eine *Sinfonie*, mehrere Ballett-Suiten, die sinfonische Dichtung *Indra*, das *Konzert für zwei Violinen, Lieder ohne Worte* (für kleines Orchester), *Songs of the West, Somerset Rhapsody, Marching Song and Country Song*, die *Orientalische Suite (Beni Mora), Phantastische Suite, Japanische Suite*, ein *Fugenkonzert für Flöte, Oboe und Streicher*, das sinfonische Gedicht *Edgon Heath*, ein postumes *Scherzo*. Zwei seiner Kompositionen sind in das ständige Repertoire vieler Orchester eingegangen: die »mystische« Sinfonie *Die Planeten* und die *St. Paul's Suite* für Streich-, eventuell Laienorchester. Holst, den der Okkultismus fesselte, ja anregte, und der sich (ein wenig wie Debussy und später Messiaen) dem Orient verwandt fühlte, starb am 25. Mai 1934 in London.

*Die Planeten* (Originaltitel: *The Planets*). Das Stück, das unter den Kompositionen Holsts die Opusnummer 32 führt und während des Ersten Weltkriegs geschrieben wurde, müßte eher sinfonische Dichtung denn Sinfonie benannt werden. Es wurde privat im Jahre 1918 bekanntgegeben, die öffentliche Uraufführung durch das Royal Philharmonic Orchestra in London fand am 27. Februar 1919 statt. Sieben Sätze, von denen jeder einem Planeten zugeeignet ist und musikalisch dessen Wesen auszudrücken sucht, bilden das hochinteressante Werk: *1. Mars, der Kriegsbringer. 2. Venus, die Friedensbringerin. 3. Merkur, der geflügelte Bote. 4. Jupiter, der Freudenträger. 5. Saturn, Planet des Alters (Bringer of Old Age). 6. Uranus, der Zauberer. 7. Neptun, der Mystiker.* Jeder Satz schildert mit großer Plastik das Kennzeichen des Planeten, so daß eine Fülle von Stimmungen hier in teilweise herrliche Töne gehüllt ist, die, von der Grausamkeit des Kriegsgottes bis zum Idyll und zur feinsten poetischen Zartheit reichend, gewaltige Höhepunkte erzielen und stets fesseln. Vielleicht erschließt sich der wahre Inhalt nur den »Eingeweihten«, den Astrologen, deren Wissenschaft unleugbar die Basis dieser Komposition bildet. Aber sie enthält genügend rein musikalische Werte, um auch ohne dieses tiefste Eindringen in mystische Zusammenhänge genossen zu werden.

*St. Paul's Suite.* Dieses bezaubernde Werk für Streichorchester entstand im Jahre 1913; Holst schuf es für die St. Paul's-Mädchenschule, deren Musikabteilung er leitete. So ist es ganz einfach gehalten – ein ideales Werk für Amateurorchester –, ohne musikalisch anspruchslos zu sein. Seine Verwendung folkloristischer Melodien ist sehr ansprechend, so das Zitat der altenglischen Volkslieder »The Dargason« und »Greensleeves« im Finale.

# Arthur Honegger
1892–1955

Aus alter deutschschweizerischer Familie stammte Arthur Honegger, der am 10. März 1892 in Le Havre geboren wurde und den größten Teil seines Lebens in Paris zubrachte, wo er am 27. November 1955 starb. Honegger bildete gemeinsam mit fünf jungen französischen Musikern eine avantgardistische Gruppe, »Les Six«, die in der damals neuen Musik starke Bedeutung erlangte. Seinen ersten Erfolg errang er an den Ufern des Genfersees mit einem Oratorium *König David*, und den Höhepunkt seiner Karriere bildete wohl das szenische Spiel um die Jungfrau von Orléans, *Johanna auf dem Scheiterhaufen*, zu dem Paul Claudel den Text verfaßt hatte. Aber wer aus diesen beiden Eckpfeilern seiner musikalischen Schöpfungen etwa auf den allgemeinen Charakter seiner Musik schließen wollte, ginge völlig fehl; denn die religiöse Mystik ist nur ein einziger Aspekt in der außerordentlichen Vielseitigkeit Honeggers. Jean Cocteau hat ihn glänzend charakterisiert, wenn er im Jahre 1953 sagte: »Arthurs Genie fühlt sich zu einer Musik hingezogen, die dem Handwerkertum der Kathedralen wie der Fabriken nahesteht. In seinem Schaffen wechselt die Welt der Maschinen ab mit einer der Altarwände, Strebepfeiler und Kirchenfenster.« Und der deutsche Musiker und Musikschriftsteller Manfred Gräter empfindet Honegger so: »Elementares, kraftvolles Musikantentum und vollendete Beherrschung des kompositorischen Handwerks im Dienste eines tiefgründigen und gläubigen Künstlers von universalistischer Geistigkeit – dies sind die Gegebenheiten der Kunst Arthur Honeggers, die deutsche und französische Tradition fruchtbar vereint. Bei aller geistigen Konzentration und imponierenden Architektonik ist die Musik Honeggers stets von höchster Symbolkraft, bezwingender Unmittelbarkeit und brennender Gegenwartsnähe ...« Das entspricht des Komponisten eigenem Ideal und Ziel: »Es war immer mein Wunsch und mein Bestreben, eine Musik zu schreiben, welche für die große Masse der Hörer verständlich und doch vom Banalen soweit frei wäre, daß sie auch noch die wirklich Musikverständigen zu fesseln vermöchte.« Ein echter Musiker unserer Zeit also, der als Impressionist begann, Freitöner und Realist wurde, ohne je ins Abstrakte oder in die sterile Suche um des Neuen willen zu verfallen. Seine Sinfonien, zu denen er erst spät gelangte – die erste erklang 1931 in Boston – gehören zu den wichtigsten des 20. Jahrhunderts.

*Le chant de Nigamon* zählt zu den frühesten Stücken Honeggers (1917). Das Orchester schildert den Todesgesang des Irokesenhäuptlings Nigamon, so wie er im Roman »Souriquet« von Gustave Aimard dargestellt wird.

*Horace victorieux* ist die Musik zu einer nie ausgeführten Pantomime, die Honegger mit dem früh verstorbenen Maler Fauconnet schaffen wollte. Der Komponist gestaltete sie zu einer Art sinfonischem Gedicht in acht Episoden, die dem ursprünglich vorgesehenen Ablauf der Handlung folgen. Diese sollte den berühmten Kampf der drei Horatier gegen die drei Kuratier auf die Bühne bringen, der den Krieg zwischen Rom und Alba Longa zugunsten der ersteren Stadt entschied. Honegger schrieb das Werk im Jahre 1921.

*Pastorale d'été*. Aus dem gleichen Jahr (1921) stammt die zarte, in wundervollen Pastellfarben gehaltene sinfonische Dichtung, die in stärkstem musikalischem Kontrast zu *Horace victorieux* steht. War jene die »dissonanzenreichste, expressionistisch-aufwühlendste Partitur jener Zeit« (Stuckenschmidt), so ist dieses Sommeridyll ein an Debussys zärtlichstem Impressionismus geschultes Stück. Wie immer man sich die Natur vorstellen will, die Honegger hier in ihrem reifsten, sonnig verklärten Augenblick überrascht (Willy Tappolet vermeint den »idyllischen Zauber der Alpenlandschaft, grünender Wiesen, Wälder und Bäche« zu spüren), die Atmosphäre dieses Werkes ist von berükkender Innigkeit. Honegger setzt der Partitur eine Zeile Rimbauds voran: »Ich habe des Sommers Morgenröte umschlungen...« Die Uraufführung erfolgte in Paris am 17. 2. 1921.

*Chant de joie*, eine wenig bekannte Orchesterkomposition Honeggers, im Jahre 1923 entstanden und durch Kussewitzky am 3. Mai 1923 in Paris zum ersten Erklingen gebracht.

*Pacific 231. Mouvement symphonique no 1.* Dieses sinfonische Gedicht aus dem Jahre 1923 hatte einen geradezu sensationellen Erfolg zu verzeichnen: Das Maschinenzeitalter war nun auch in der Musik angebrochen. Ein italienischer Musiker, Luigi Russolo mit Namen, schrieb in einem etwa gleichzeitig bekanntgegebenen Brief: »Wir werden viel größeren Genuß aus der idealen Kombination der Geräusche von Straßenbahnen, Verbrennungsmotoren, Automobilen und geschäftigen Menschenmassen erleben als aus dem Wiederhören etwa der Eroica oder der Pastorale... Wir werden uns damit unterhalten, die Geräusche von Metallrolläden, zuschlagenden Türen, das Hasten der Menge, die Unruhe der Bahnhöfe, Stahlwerke, Fabriken, Druckpressen, Kraftwerke und Untergrundbahnen zu orchestrieren...« Dies schien tatsächlich eine der Aufgaben der künstlerisch so bewegten zwanziger Jahre zu sein. Das Schlagwerk feierte seine ersten Orgien (die erst in der Zeit nach dem Zweiten Weltkrieg überboten wurden), der Unterschied zwischen Musik und Geräusch verschwand. Honegger schrieb *Pacific 231*, Prokofiew *Le pas d'acier*, Mossolow *Eisengießerei*, der Ungar Zador eine *Technische Sinfonie*, der Wiener H.E. Heller einen Hymnus auf die kühnsten Brückenkonstruktionen New Yorks, Max Brand eine Oper *Maschinist Hopkins* usw. So wie Beethoven über ein Jahrhundert vorher die rein schildernde Absicht seiner Pastoralsinfonie leugnete, so betonte nun Honegger, keine Programmusik zu schreiben, sondern einer sehr abstrakten, reinen Idee zu folgen: das Gefühl einer mathematischen Beschleunigung des Rhythmus zu geben, während die Bewegung selbst sich verlangsamt. Er setzte sogar hinzu: »Musikalisch habe ich einen großen figurierten Choral komponiert, der sich in der Form an Johann Sebastian Bach anlehnt.« Nun, *Pacific 231* ist trotz aller »Erklärungen« das plastische Bild, das Hohelied auf eine Schnellzuglokomotive, auf das Singen der vorüberbrausenden Telegraphenmasten und ihrer unendlichen Drähte, die die Kontinente umspannen. »Lokomotiven habe ich immer leidenschaftlich geliebt«, erklärt Honegger. »Was ich in diesem Stück zu schildern versucht habe, ist nicht die Nachahmung der Geräusche der Lokomotive, sondern die Wiedergabe eines visuellen Eindrucks und eines physischen Wohlbefindens durch eine musikalische Form. Diese geht von der sachlichen Beobachtung aus: das ruhige Atmen der stillstehenden Maschine, die Anstrengung beim Anfahren, die allmähliche Steigerung der Geschwindigkeit bis zum ›lyrischen Zustand‹, zum Gewaltig-Pathetischen eines Eisenbahnzuges, der mit seinen 300 Tonnen Gewicht bei einer Stundengeschwindigkeit von 120 Kilometern durch die tiefe Nacht rast. Als Vorwurf wählte ich eine Lokomotive vom Typ ›Pacific‹, Modell 231, für schwere Schnellzüge.« Das Werk bietet viel Interessantes, (damals) Neues, Prinzipielles; darum haben wir ihm einen vielleicht unverhältnismäßig großen Raum gewidmet. (Auf ihm basierend wurde übrigens ein Kurzfilm gedreht, der alles hier musikalisch Angedeutete ins Bildhafte zurückübersetzt.) Uraufführung: Paris, 8. Mai 1924, unter der Leitung Kussewitzkys.

*Concertino für Klavier und Orchester*. Auch diesem Stück (1924) kommt, über das rein Musikalische hinaus, prinzipielle Bedeutung zu, denn es ist einer der ersten und wichtigsten Versuche, Europas Kunstmusik mit Jazzelementen aufzulockern, rhythmisch zu beleben und klanglich zu bereichern. Hier sei an Milhaud, Kurt Weill, Strawinsky erinnert – um nur drei aus einer großen Zahl zu nennen –, die sich ebenfalls vom Jazz einen Weg zu »neuer Musik« versprachen. (Uraufführung: Paris, 23. 5. 1925.)

*Rugby* ist der interessante (und vielleicht erstmals von einem namhaften Komponisten unternommene) Versuch, Sport und Musik zu verbinden. Rugby ist bekanntlich die in einigen Ländern gepflegte Abart des

Fußballes, bei der eine wesentlich härtere Spielweise üblich ist als bei diesem. Honeggers sinfonische Dichtung (aus dem Jahre 1928) stellt in gewissem Sinne ein Pendant zu »Pacific 231« dar: ein tönendes Abbild des Zeitgeistes in einer seiner vielen Erscheinungsformen.

*Sinfonie Nr. 2 für Streicher und Trompete.* Während die erste Sinfonie Honeggers aus dem Jahre 1932 selten oder nie gespielt wird, haben die weiteren Werke dieses Genres eine außerordentliche Bedeutung erlangt, die ihnen einen ständigen Platz im Repertoire und in der Musikgeschichte sichern dürfte. Die zweite Sinfonie entstand im Jahre 1941, zweifellos unter dem schmerzlichen Eindruck des Krieges. Honegger fühlt den Abgrund, das Chaos, das sich auftut, die unlösbar gewordenen Probleme des Menschen. Er sucht in der Religion eine Stütze, ein Refugium inmitten einer zusammenstürzenden Welt. (So wie er es in *Jeanne d'Arc au bûcher* und im *Totentanz* tut.) Die Sinfonie ist nur für Streichorchester gesetzt, erzielt aber trotz dieser reduzierten Instrumentation großartige klangliche Wirkungen. Der erste Satz, *Allegro*, hat eine langsame Einleitung; alles klingt düster, oftmals verzweifelt. Der zweite, *Adagio*, baut sich auf einem »Seufzermotiv« auf, das wie eine sehnsüchtige Suche nach einem Ausweg klingt:

In seltsamem Kontrast zu diesen beiden ersten Teilen steht der dritte, letzte *(Vivace non troppo)*, der sich mit Hilfe einer beinahe volkstümlichen Melodie aufhellt und das Werk in tröstlicherer und versöhnlicherer Stimmung abschließt. Die Komposition ist Paul Sacher, dem bedeutenden Schweizer Dirigenten und Mäzen gewidmet, der sie mit seinem Kammerorchester des Collegium Musicum Zürich dort am 18. Mai 1942 uraufführte.

*Sinfonie Nr. 3*, genannt *Liturgische Sinfonie*. Auch sie ist ein Echo des großen Krieges, der Honegger nicht nur seelisch aufs tiefste bedrückte, sondern auch in seinem Pariser Wohnsitz persönlich in Mitleidenschaft zog. Der Komponist arbeitete an diesem Werk während der Jahre 1945 und 1946. Er widmete die Partitur dem Dirigenten Charles Munch, der glaubt, daß »in ihr das Problem der Stellung des Menschen gegenüber Gott, seiner Auflehnung, Unterwerfung und Anerkennung des göttlichen Willens aufgeworfen wird«. Jeder der Sätze der Sinfonie trägt einen »liturgischen« Titel, daher der Name des Gesamtwerkes. In der Einführung hat der Komponist folgendes zur Erläuterung beigetragen: »Jeder Satz stellt eine durchaus persönliche Auseinandersetzung mit den betreffenden geistlichen Texten dar. Die in der Liturgie gebräuchlichen musikalischen Themen sind nicht verwendet worden. Der erste Satz, *Dies irae (Allegro marcato)*, schildert die Gewalt und Verwüstung, die der Welt widerfahren sind. Der zweite, *De profundis clamavi (Adagio)*, ist Ausdruck der Verzweiflung, aber auch der Hoffnung, die trotz alledem immer noch im Herzen der Menschheit lebendig bleibt. Im dritten Satz *(Andante con moto)* tobt der Kampf gegen die Verbohrtheit der Welt, gegen alle ihre Plagen, die den Menschen quälen und zur Verzweiflung bringen. Auf seinen Aufschrei ›Dona nobis pacem‹ erhält der Mensch die Antwort: Es ist die innere Ruhe, die der Glaube verleiht, der Friede des Herzens, die Natur, das Leben, wie es sein könnte, wenn die Menschheit guten Willens wäre.« Das Stück besitzt viele ausdrucksvolle, wertvolle Themen, die zudem äußerst eingängig und klar sind. Besonders schön ist vielleicht das Oboenthema des zweiten Satzes:

Der letzte Satz entwickelt sich aus düsteren Marschrhythmen, die immer drängender gesteigert werden bis zum dreimaligen Aufschrei, dem man sehr wohl die Worte »Dona nobis pacem« unterlegt denken könnte. Friedlich und mit wahrer Ruhe des Herzens klingt das Werk schließlich aus. (Uraufführung: 17. 8. 1946 in Zürich, unter Leitung von Ch. Munch.)

*Sinfonie Nr. 4*, genannt *Deliciae Basilienses*. Wie im Leben vieler Komponisten (besonders deutlich bei Beethoven) folgt auch bei Honegger auf ein tragisches Werk ein im besten Sinne »leichtes«, helles, frohes und jeder quälenden Dramatik entbehrendes Stück: nach der *Liturgischen Sinfonie* die *Deliciae Basilienses*, die »Basler Freuden«, wobei das lateinische Wort »delicia« leider im Deutschen keine genaue Übersetzung besitzt; »Entzücken« läge vielleicht am nächsten. Im Juni 1946 schrieb Honegger an seinen Freund Paul Sacher, dem er ein neues Werk zur Uraufführung in Basel versprochen hatte, folgendes: »Ich fange an, ernsthaft an Dein Stück zu denken – ich möchte vor allem etwas schaffen, was Dir gefiele. Nach der ›Liturgischen Sinfonie‹ möchte ich etwas Einfaches und Klares schreiben, so wie es das Leben in Schönenberg ist (dem Wohnsitz Sachers), aber ich habe Angst, banal oder oberflächlich zu werden ...« Als die Komposition durch Sacher und sein glänzendes Basler Kammerorchester am 21. Januar 1947 uraufgeführt wurde, verfaßte Honegger einige französische Zeilen für das Programmheft (Mitteilungen des BKO), die hier übersetzt wiedergegeben seien: »Das erste Stück stammt aus dem Juni 1946 und drückt recht genau einen Gemütszustand aus. Es schildert, inmitten der dummen und widerwärtigen Lebensbedingungen, die uns auferlegt sind, die Hoffnung, die die Aussicht erweckt, eine Zeitlang dieser Stimmung entfliehen zu können und in der Schweiz zu sein, umgeben von der Zuneigung teurer Freunde, für die Musik noch etwas bedeutet. Diese Erwartung erweckte im Autor den Wunsch nach erneutem Schaffen. Der zweite Satz stützt sich auf ein altes Basler Lied: ›Z'Basel an mim Rhi‹, das gegen Schluß des Stückes in seiner ursprünglichen und naiven Form zitiert wird. Das Finale ist eine polyphone Konstruktion von vielleicht etwas komplizierter Art (worüber sich der Hörer keine Sorgen machen möge), wobei die verschiedenen Elemente sich immer mehr überschneiden. Die Form liegt zwischen Rondo, Passacaglia und Fuge. Aus diesen Überschneidungen fällt das Motiv des ›Basler Morgenstraich‹ auf, das fröhlich die Stretta des Hauptthemas umflattert, sowie – nach einer Erinnerung an ein langsames Thema, das im Mittelsatz vorkam – ein kurzes Schlußmotiv, das einer Staubwolke gleicht, die sich verflüchtigt. Aufgrund der hier zitierten Merkmale, aber mehr noch aus persönlichen Ursachen habe ich den Untertitel ›Deliciae basilienses‹ verwendet. Ich hoffe, seinen Sinn getroffen zu haben«. Wenig ist diesen Worten hinzuzufügen. Immerhin sei vermerkt, daß trotz froher Grundstimmung, trotz fast hörbaren Aufatmens des Komponisten, der den Schrecken des Zweiten Weltkrieges entronnen ist, diese »deliziöse« Sinfonie keineswegs nur Freude und Entzücken darstellt. Honegger ist ein zu tief empfindender Mensch, als daß die Vorahnung der Apokalypse so spurlos an ihm hätte vorübergehen können. Es gibt sehr ernste, sehr tiefe, ja selbst erschütternde Stellen in dieser Sinfonie. Und auch der Schluß ist – eher als eine herzhafte Bejahung – eine Frage an das Leben. Dazwischen stehen helle, fröhliche Augenblicke, so das Zitat der weitumher berühmten Fastnachtsmelodie; innig-frohe Momente, wie die zum Volkslied gewordene Melodie Franz Abts »Z'Basel an mim Rhi«, die hier gleichzeitig wohl ein Bekenntnis Honeggers zum Land seiner Väter darstellt. Willi Schuh, einer der bedeutendsten Musikkritiker der Schweiz, rühmt dieser Sinfonie »bezaubernde Feinheit, Originalität und Lebendigkeit« nach; er setzt hinzu: »Seit den weit zurückliegenden Zeiten des *Pastorale d'été* hat Honegger nichts Feineres, keine stimmungsvollere und atmosphärisch gelöstere Musik mehr geschrieben.«

*Concerto da camera für Flöte, Englischhorn und Streichorchester* ist ein 1948 in der Villa Medici in Rom komponiertes Stück, das von Mrs. Coolidge, der bekannten nordamerikanischen Mäzenin, bestellt wurde. Die Uraufführung, die in den USA vorgesehen war, verzögerte sich, so daß das Werk erstmalig in Zürich, vom Collegium Musicum unter Paul Sacher gespielt, am 18. Mai 1949 erklang.

*Sinfonie Nr. 5*, genannt *Di tre re*. Der italienische Beiname spielt nicht etwa geheimnisvoll auf drei Könige an, die vielleicht in irgendeiner Form mit diesem letzten sinfonischen Werk Honeggers zu tun hätten, sondern hat seine sehr einfache musikalische Erklärung in der Tatsache, daß jeder der drei Sätze mit Paukenschlägen auf D = re abschließt. Honeggers Gesundheit ließ zu Beginn des Jahres 1950 zu wünschen übrig, und auf die Anfrage nach neuen Plänen antwortete er, resigniert und mit jener Bitterkeit, die auch in seinem Buch »Je suis compositeur« zum Ausdruck kommt (dessen soziologische und allgemein kulturelle Folgerungen viel zuwenig beachtet wurden), er habe keine und werde wohl auch nie mehr komponieren, da weder Anlaß noch Notwendigkeit dazu vorlägen. Aber der innere Zwang war stärker. Zu Ende jenes Jahres lag nicht nur eine *Suite archaique*, sondern auch die *Sinfonie Nr. 5* vollendet vor. Sie ist dem Andenken Natalie Kussewitzkys gewidmet, zu deren Erinnerung ihr Gatte einen reichdotierten Fonds stiftete. So wurde das Ehepaar Kussewitzky zum Anreger einer Reihe bedeutender Werke in unserem Jahrhundert, und Sergej Kussewitzky zu ihrem ersten Dirigenten, an der Spitze seines hervorragenden Bostoner Orchesters. Auch Honeggers letzte Sinfonie wurde in Boston aus der Taufe gehoben: am 9. 3. 1951 unter Ch. Munch. Das Werk beginnt mit einem *Grave*, dessen harmonisch interessantes Thema in Form eines feierlichen Chorals erscheint:

Der zweite Satz zeigt eine seltsame Kombination von langsamem Sinfoniesatz und Scherzo, die meisterlich ineinander verwoben sind. Das Finale, *Allegro marcato*, ist dramatisch, entfesselt Klangmassen, führt sie in harten Rhythmen gegeneinander. Nach Erreichung eines Höhepunkts von äußerstem Kraftaufwand zerstiebt alles – wie nach einer vernichtenden Explosion –, und mit einem gehauchten D (re) erlöschen Satz und Sinfonie.

*Monopartita*. Honeggers sinfonischen Abschied stellt ein gedrängtes Werk dar, das 1951 für die Tonhalle-Gesellschaft in Zürich geschrieben wurde und mehrere gegensätzliche Stücke in einem einzigen Satz vereinigt. (Es ist also eine *Partita*, deren Einsätzigkeit ihr den ungewöhnlichen Namen »Monopartita« eingetragen hat.) Ein stimmungsvolles, ja an Gemütszuständen überreiches Werk – wollte Honegger seiner tiefen

Menschlichkeit noch einmal tönenden Ausdruck verleihen? (Uraufführung: 1951.)

Weitere Orchesterwerke Honeggers:
*Prélude pour Aglavaine et Sélysette* (1917); *Le dit des jeux du monde* (1918); *Sinfonie Nr. 1 C-dur* (1932); *Nocturne* (1936); *Jour de fête suisse* (1943); *Suite archaique* (1950) sowie zahlreiche Schauspiel- und Filmmusiken.

## Alan Hovhaness

1911–1964, US-Komponist

*Orchesterwerke: Lousadzak (The Coming of Light*, ein Klavierkonzert mit Imitation armenischer Instrumente); *Prayer of St. Gregory für Trompete und Streicher; Tzaizerk (Evening Song)* für Violine, Flöte, Schlagwerk und Streicher (unter Verwendung armenischer Motive); *Anahid* (sinfonische Dichtung), *Pe-El-Amarna* (sinfonische Dichtung unter Benutzung armenischer Themen), *Klavierkonzerte*.

## Heinz Holliger

1939, Schweizer Oboist und Komponist

Der in Langenthal/Bern geborene weltberühmte Oboist gehört als Komponist zur Avantgarde. Auf das Gebiet dieses Buches gehören vor allem *Elis* (nach Gedichten von Georg Trakl), *Drei Nachtstücke* (1973) und *Atembogen* (1975).

## Hans Huber

1852–1921, Schweizer Komponist

Der als Tonschöpfer, Pädagoge – Direktor des Basler Konservatoriums – und Pianist namhafte Schweizer Musiker hinterließ acht Sinfonien (dazu eine unnumerierte), die sinfonische Ode *An das Vaterland*, die sinfonischen Dichtungen *Sommernächte* und *Winternächte*, eine Lustspielouvertüre, ein *Klavierkonzert* (auch in Bearbeitung für zwei Klaviere), ein *Violinkonzert*, eine *Suite für Violoncello und Orchester* u.a.

## Klaus Huber

1924, Schweizer Komponist

Der in Bern Geborene gehört zu den Vertretern einer sich auf Webern berufenden Gruppe von Musikschöpfern, deren »Reihentechnik« in starker Verbindung zur Mathematik steht. Zu seinen Orchesterwerken gehören: *Inventionen und Choral* (1956), *Litania instrumentalis* (1957), *Alveare vernat* (für Flöte und 12 Solostreicher, 1965), *James Joyce Chamber Music* (für Harfe, Horn und Kammerorchester, 1967), *Tenebrae* (1967), *Tempora* (Violinkonzert, 1970), *Turnus* (1974).

## Jacques Ibert

1890–1962, französischer Komponist

Dem äußerst witzigen, geistreichen und technisch glänzend beschlagenen Komponisten gelangen einige Stücke, die in das ständige Konzert- und Instrumentalistenrepertoire eingegangen sind, so das *Flötenkonzert* (1943). Ibert gewann den Rom-Preis des Pariser Konservatoriums im Jahre 1919 und wurde hernach Direktor der Villa Medici, des Sitzes der Preisträger in Rom. Ibert schrieb ein *Oboenkonzert*, ein *Concertino da camara* (für Altsaxophon und elf Instrumente), die Phantasie *Persée et Andromède* (uraufgeführt in Paris am 15. 5. 1929), das sinfonische Scherzo *Féerique* (Paris, 12. 12. 1925), ein *Divertissement* (6 Sätze, Paris, 30. 11. 1930), die sinfonische Suite *Le chevalier errant* (1936 komponiert, 1950 uraufgeführt), die Suite *Escales* (uraufgeführt in Paris 6. 1. 1924), die eine Mittelmeerreise mit den Anlegehäfen *(escales)* schildert.

## Vincent d'Indy

1851–1931, französischer Komponist

Dieser – in Mitteleuropa selten gespielte, aber für das französische Musikleben außerordentlich wichtige – Musiker wurde am 27. März 1851 in Paris geboren, war zuerst Schüler von Lavignac und Marmontel, schließlich aber von César Franck, der großen Einfluß auf ihn gewann. So lagen auch die Besuche bei Liszt (1873) und in Bayreuth (1876, Einweihung der Festspiele) ganz in seiner romantischen, stark wagnerischen Linie. Er spielte im Colonne-Orchester, gründete 1871, gemeinsam mit Franck, Duparc, Chausson und anderen, die »Société Nationale de Musique«, deren Präsidentschaft er ab 1890 ausübte. Wichtiger aber wurde seine Gründung der *Schola Cantorum* (1896) in Paris, die sich zu einem der bedeutendsten Musikinstitute Europas entwickelte. D'Indy machte zudem eine glänzende Dirigentenkarriere und war ein viel gespielter Komponist. Neben seinen Opern, seiner Vokal-, Instrumental- und Kammermusik seien hier die Orchesterwerke hervorgehoben, von denen er eine große Zahl schrieb: Eine *Wallenstein-Trilogie* (deren einzelne Stücke, wie bei Schiller, *Piccolomini, Wallensteins Lager* und *Wallensteins Tod* heißen), die Ouvertüre *Antoine et Cléopatre*, die sinfonischen Dichtungen *La forêt enchantée* (Uraufführung: Paris, 24. März 1887), *Saugefleurie, Jour d'été à la montagne, Souvenir, Poème des rivages, Diptyque méditerranée*, 3 Sinfonien (wovon die erste *Symphonie sur un chant montagnard français* betitelt ist und in der Folge analysiert wird und die dritte den Namen *Sinfonia brevis de bello gallico*, also *Kurze Sinfonie über den Gallischen Krieg* führt), die Suite *»Tableau de voyage«* (Uraufführung Le Havre, 17. Januar 1892), die *Istar-Variationen*, eine *Phantasie für Oboe*, ein *Konzert für Flöte, Violoncello und Klavier* und weitere *kleinere Stücke*. Vincent d'Indy starb am 2. Dezember 1931 in Paris.

*Sinfonie über ein Lied aus den Bergen*, op. 25. (Originaltitel: *Symphonie sur un chant montagnard français*.) D'Indy schrieb mit 35 Jahren diese erste Sinfonie, aber auch sie müßte – wie alle seine anderen Werke auf diesem Gebiet – eher zu den sinfonischen Dichtungen gerechnet werden. Er verwendet ein großes romantisches Orchester, dem er ein Klavier hinzufügt, das aber nicht im Sinne eines »Konzertes« behandelt wird. Das Hauptthema der Sinfonie ist eine schöne Melodie aus den französischen Bergen, aus der Region von Vivarais, wo der Komponist gerne seine Ferien verbrachte. Die Weise ist dem Englischhorn anvertraut, das sich für ihre Melancholie besonders gut eignet. Ein zweites Thema erscheint, ebenfalls echt romantisch, in Harfe und Flöte. Das ganze *Allegro* erreicht starke Klangeffekte und meisterhafte kontrapunktische Gegenüberstellungen. Der zweite Satz, *Andante*, gehört vor allem dem Klavier, das die Melodie wie aus ferner Erinnerung träumerisch ausbreitet. Im dritten Satz erreicht sie größten Glanz in einer schönen Apotheose (Uraufführung: Paris, 20. März 1887).

*Istar, sinfonische Variationen*, op. 42. Es gibt ein altes babylonisches Poem von Istar, die den Tod nicht scheut, um ihren Geliebten zu retten. Sie muß durch sieben geheimnisvolle Türen gehen, bis sie zuletzt, nachdem bei jeder Prüfung ein Kleidungsstück von ihr abgefallen ist, in blendender Nacktheit die Wasser des Lebens findet. An dieses Gedicht hält sich d'Indy in seinem Variationenwerk. Das Thema, das Istar zugeordnet ist, erklingt nicht zu Beginn: Es ist, als erstehe die wahre Istar erst am Schluß ihrer gefährlichen Wanderschaft – und dann tönt ihr Thema siegreich und mächtig. Vorher wird es immer nur stückweise angedeutet und mit Variationen umspielt.

*Sommertag in den Bergen*, op. 61. *Rhapsodie* für Klavier und Orchester ist dieses Stück im Untertitel benannt (*Jour d'été à la montagne* heißt es im Original). Es besteht aus drei Teilen: *Tagesanbruch, Tag* und *Abend*. Der Komponist ließ sich durch ein Gedicht von Roger de Pampelone inspirieren und legte seine ganze Naturliebe in die hier stark impressionistisch gefärbten Töne. Jeder Satz hat seine eigene Stimmung und entfaltet seinen eigenen starken und durchwegs poetischen Zauber.

## John Ireland

1879–1962, englischer Komponist

*Orchesterwerke: The Forgotten Rite* (Prelude, 1915); *Mai-Dun* (Rhapsodie, 1921); *London Ouverture* (1934); *Epic March* (1942); *Satyricon, Ouvertüre* (1949), u.a.

## Janis Ivanovs

1906, lettisch-sowjetischer Komponist

Der in Babri geborene lettische Musiker – er lebt als Professor am Konservatorium in Riga – ist einer der fruchtbarsten sinfonischen Komponisten unserer Zeit: Von 1931 bis 1963 hat er zehn Sinfonien geschrieben und bekanntgegeben, zudem ein *Violoncellokonzert* (1938–1945), ein *Violinkonzert* (1951) und ein *Klavierkonzert* (1959). Von den Sinfonien steht die fünfte unter dem düsteren Eindruck des Kriegserlebnisses (1945), die sechste (*Lettische*) erhielt 1950 den sowjetischen Staatspreis, die letzten sind philosophischeren, nachdenklicheren Inhalts. Erwähnen wir noch seine *Sinfonischen Bilder*, deren Material aus einer Filmmusik stammt.

## Charles Ives

1874–1954, US-Komponist

Dieser seltsame Tondichter, der im Hauptberuf Geschäftsmann war, aber in seinen Kompositionen allen Berufsmusikern seiner Zeit um Jahre oder gar Jahrzehnte voraus, erlebte den Ruhm nicht, den die Nachwelt ihm in immer größerem Maße zollt. Er gilt heute weltweit als kühner Vorläufer vieler Neuerungen, man findet bei ihm Polyrhythmik und Polytonalität, lange bevor Debussy und Milhaud, Strawinsky und andere Revolutionäre sie verwendeten. Dabei befaßte er sich keineswegs theoretisch mit solchen Fragen, er fand alles in der Praxis seines stillen Schaffens, das nie an eine breite Öffentlichkeit dachte. Er kam am 20. Oktober 1874 in Danbury/Connecticut zur Welt, sein Vater war Regimentskapellmeister; er studierte bei Horatio Parker an der Yale-Universität, war dann einige Jahre Organist, wurde Versicherungsbeamter, dann Inhaber eines eigenen Büros, erlitt 1918 einen Herzinfarkt und vollendete nach 1930 kein Werk mehr. 1947 erhielt er, der nichts von Auszeichnungen hielt, den höchst angesehenen Pulitzer-Preis; er starb am 19. Mai 1954 in New York. Sehr bald danach begann überall die Musikwelt auf ihn aufmerksam zu werden, die Zahl der mit Aufführungen verbundenen Feiern zu seinem 100. Geburtstag war gewaltig. »Der typische Yankee«, »Genie zwischen Folksong und Utopie« (R.U. Ringger), »Originalgenie« sind nur wenige der unzähligen Namen, die ihm postum gegeben wurden, nachdem er zu Lebzeiten, wenn überhaupt jemand von seinem Schaffen Notiz nahm, vor allem in seinem Heimatland als närrischer Eigenbrötler galt. Wer hätte vor 1900 Vierteltöne, Cluster, Aleatorik ernstnehmen sollen, besonders wenn sie in den Partituren eines Versicherungsfachmanns standen? Es wird erzählt, daß er bereits mit der *Sinfonie Nr. 1* seinen Lehrer erschreckt habe, da er sie mit einer schrillen Dissonanz aufhören ließ. Er schrieb insgesamt vier Sinfonien (1895/98, 1896/1902, 1904/1911, 1909/1916) sowie mehrere weitere Orchesterwerke: *Holydays Symphony, Central Park in the Dark, Browning Ouverture, Orchestral Set, Tone Roads, The unanswered Question, Three places in New England, Fourth of July, Washington's Birthday* u.a. Unvollendet hinterließ er sein größtes Werk, die vorläufig utopische *Universe Symphony*; in ihr sollen ein Dutzend Orchester mitwirken, die auf verschiedenen Punkten einer hügeligen Landschaft zu postieren sind. Alle Gruppen sollen mehrmals den Standort wechseln und eine von ihnen auf einem Schiff den die Landschaft durchquerenden Strom hinabgleiten, so daß ihre Klänge sich immer wieder mit denen der anderen Orchester frei mischen... Wie immer die »Musik der Zukunft« (von der heute so viele träumen) klingen wird, sie wird wohl einige von Ives' Ideen aufgreifen, über die seine eigene Zeit lächelte – wenn sie überhaupt von ihnen erfuhr.

## Leos Janáček

1854–1928, slowakischer Komponist

Dieser große Meister (geboren am 3. Juni 1854 in Hukvaldy, damals Hochwald) hat eine vielseitige Bühnenproduktion zu verzeichnen. Aber er schuf auch eine Reihe von sinfonischen Werken, die in das vorliegende Buch gehören: die *Mährischen Tänze*, die *Lachischen Tänze*, die Orchesterballade *Das Kind des Musikanten*, die sinfonischen Dichtungen *Donau, Taras Bulba, Rhapsodie für Orchester, Sinfonietta*, die *Blanik-Ballade*, drei Suiten (eine davon *Idylle* genannt), einen *Serbischen Tanz*. In seiner Kompositionskunst kommt Janáček von Mussorgskys Realismus her; in seinem Wesen und Schicksal – besonders der Liebe zum Landleben und dem außerordentlich späten Ruhm – gleicht er ein wenig Bruckner. Er war ein Neutöner im besten Sinne des Wortes, nicht als Anhänger einer »Richtung«, sondern aus eigener innerer Notwendigkeit. Erst nach der Prager und Wiener Aufführung von *Jenufa*, zu Ende des Ersten Weltkriegs, erwuchs dem über Sechzigjährigen der Beginn einer Anerkennung. Sein Tod, der am 12. August 1928 in Moravska Ostrava (Mährisch-Ostrau) eintrat, beraubte die Musik einer echten Schöpfernatur.

*Taras Bulba*. Sinfonische Dichtung (später Rhapsodie genannt) aus dem Jahre 1918, die in drei großen Gemälden Gogols Schilderung der altrussischen Sage nachgeht. Das erste *(Der Tod Andreis)* schildert, wie der Kosakenhetman Taras Bulba seinen eigenen Sohn tötet, als dieser, in eine schöne Polin verliebt, im Kampfe schwankt und sein Volk im Stiche zu lassen droht. Das zweite Bild *(Der Tod Ostapows)* ist von größtem Realismus: Es beschreibt die grausame Szene, in der des Hetmans zweiter Sohn von den Feinden gemartert wird, und sein Vater unerkannt in der Menge dem furchtbaren Schauspiel zusieht: Im Augenblick der schlimmsten Schmerzen entringt sich der Kehle des Jungen ein Schrei: »Väterchen, bist du da? Siehst du mich?« worauf Taras Bulba zum Entsetzen der Umstehenden, die eine Stimme aus dem Grabe zu vernehmen meinen, antwortet: »Ich sehe dich! Ich sehe dich!« Im dritten Bild *(Prophezeiung und Tod des Taras Bulba)* erhebt Janáček den Kosakenhauptmann in den Rang eines wahren Helden, der in seiner letzten Stunde zudem zum Visionär wird. Großartige Klänge begleiten seinen (im Jahre 1628 im Kampf gegen die Polen erfolgten) Tod. »In der Welt gibt es keine solchen Feuer und Martern, die die Kraft des russischen Volkes vernichten könnten«, hat der Komponist zur Erläuterung dieses Werkes gesagt, und dieser fanatische Glauben an das Slawentum hat ihm hier und in anderen Werken die schönsten, leidenschaftlichsten und tiefsten Gedanken eingegeben.

*Sinfonietta*. Die erste Idee zu diesem Stück entstand im Pisek, während eines Militärkonzerts (was seinen Charakter ziemlich weitgehend erklärt.) Janáček war damals (1925) einundsiebzig Jahre alt, fühlte sich aber durch die in sein Leben getretene Frau Kamilla Stößl glücklich und verjüngt. So gelang ihm in der *Sinfonietta* – die mehr Suite als Sinfonie ist – ein heiteres, alterskluges, fast klassisch ausgewogenes Werk, das viel aufgeführt wird. Die Sätze sind: *Allegretto* (für Blech und Pauken, von großer Feierlichkeit), *Andante* (in dem zwei Melodien, davon eine folkloristische, verarbeitet sind), *Moderato-Allegretto* (in tschechischen Tanzrhythmus) und *Allegro* (mit seinem frohen, trompetenschmetternden Finale).

## Emile Jaques-Dalcroze

1865–1950, Schweizer Komponist

Der in Wien Geborene war einer der bedeutendsten Musikpädagogen der Neuzeit, Schöpfer eines rhythmisch-gymnastischen Erziehungssystems, das lange Zeit in Hellerau bei Dresden seinen Mittelpunkt hatte und von dort über die ganze Welt hin ausstrahlte.

*Orchesterwerke: Six danses romandes, Cinq pièces pittoresques, La Suisse est belle* (Variationen über ein Volksliedthema), *Ballettsuite, Tableaux romands, Tanzsuite A-dur, Ronde de mai, Tragédie, Kermesse*, zwei Violinkonzerte usw.

## Philipp Jarnach

1892–1982, deutscher Komponist

In der Zeit zwischen den beiden Weltkriegen ist das Schaffen Jarnachs – den man trotz seiner teilweise spanischen Abstammung und seiner Geburt in Frankreich doch als rein deutschen Komponisten betrachten kann – stark beachtet worden. Von seinem Lehrer Busoni erhielt er das klassisch-romantische Erbe, das er zeitgemäß fortführte, aber niemals verleugnete. Unter seinen Orchesterstücken fallen auf: *Sinfonia brevis,* das Variationenwerk *Musik mit Mozart*, Sinfonische Ballade, Morgenklangspiel, Concertino nach alten Vorlagen des G. Platti für Streichorchester mit zwei obligaten Sologeigen.

## Hanns Jelinek

1901–1969, österreichischer Komponist

Jelinek hat sich früh der Dodekaphonik angeschlossen, sie aber in eigener Weise weiterentwickelt. Seine in Wien öfter, andernorts wenig zu hörende Orchesterproduktion umfaßt: *Parergon*, op. 15; *Symphonia brevis*, op. 16; *Phantasie für Klarinette, Klavier und Orchester*, op. 18; *Vorspiel zu einer Komödie; Suite und Concertino für Streichorchester; Präludium, Passacaglia und Fuge* usw.

## André Jolivet

1905–1974, französischer Komponist

Aus dem orchestralen Werk des bedeutenden Pariser Musikers seien folgende Kompositionen genannt: 3 Sinfonien (1953, 1959, 1964), *Cosmogonie* (1938), *5 Rituelle Tänze* (1939), *Symphonie des danses* (1940), *Konzert für Ondes Martenot* (1947), *Concertino* (1948), Konzerte für Flöte (1949), Klarinette (1950), Harfe (1952), Fagott, Harfe, Klavier und Streicher (1954), Schlagzeug (1958), zwei Konzerte für Cello (1962, 1966); *Sinfonie für Streicher* (1961); *Les amants magnifiques* (1961), *Konzert für Violine* (1972).

## Paul Juon

1872–1940, russischer Komponist

In Moskau geboren, seit 1897 in Berlin niedergelassen und in Vevey am Genfer See/Schweiz gestorben, verband Juon bestehende Traditionen mit neuen Strömungen. Er schrieb mehrere Orchesterwerke, von denen die *Kammersinfonie* (1907), die *Kleine Sinfonie* (1930), die *Rhapsodische Sinfonie* (1939), die *Sinfonietta capricciosa* (1940) erwähnt seien; ferner drei Violinkonzerte, eines für Cello, sowie die *Phantasie über dänische Volksweisen (Vaegtervise)* u. a. m.

## Dmitrij Kabelewski

1904–1987, sowjetischer Komponist

Der in St. Petersburg (Leningrad) geborene sowjetische Tonschöpfer gehört zu den erfolgreichsten seines Landes und hat auch internationalen Ruhm geerntet. 1929 schrieb er sein erstes *Klavierkonzert Nr. 1*, 1932 die (der Oktoberrevolution gewidmete) *Sinfonie Nr. 1*, zwei Jahre später die *Nr. 2*, 1933 die (dem Andenken Lenins geweihte) *Sinfonie Nr. 3*, der 1956 die *Sinfonie Nr. 4* folgte. 1936 vollendete er das *Klavierkonzert Nr. 2*. Ein Jahr darauf erwuchs ihm der erste internationale Ruhm, als er Romain Rollands *Colas Breugnon* (Der Meister von Clamecy) zur Oper gestaltete, des Autors höchste Anerkennung erntete und mit der *Ouvertüre* und den *Sinfonischen Zwischenspielen* dieses Bühnenwerks Interpreten wie Toscanini, Sir Henry Wood, Sir John Barbirolli u.a. fand. In den Jahren 1948–1952 entstanden drei Instrumentalkonzerte, die man beinahe als Zyklus ansehen kann: je eines für Violine (1948), Violoncello (1949) und Klavier (1952, dieses das dritte seines Genres); in ihnen stammt das thematische Material zum Teil aus Jugendliedern, die Kabelewski – im Volkston – geschrieben hatte. 1960 erschien eine *Pathetische Ouvertüre* sowie das sinfonische Gedicht *Frühling*, 1962 eine *Phantasie für Klavier mit Orchester über Themen Schuberts,* 1963 eine *Rhapsodie für Klavier und Orchester* (über das Lied »Schuljahre«).

## Pál Kadosa

1903–1983, ungarischer Komponist

Namhafter Komponist, aus dessen reichem sinfonischem Schaffen hier genannt seien: 8 Sinfonien (1942, 1948, 1955, 1959, 1961, 1966, 1967, 1968), 4 Klavierkonzerte (1931, 1938, 1953, 1966), 2 Violinkonzerte, 1 Violakonzert.

## Wassily Kalinnikow

1866–1901, russischer Komponist

Ein genialer, frühverstorbener Tondichter, dessen wahre Bedeutung erst Jahrzehnte nach seinem Tod weiteren Kreisen bewußt zu werden scheint. Mit ein wenig längerem Leben stünde er heute wohl in der Nähe Tschaikowskys, an dessen blendende Orchestertechnik manches in seinem Werk gemahnt. Seine beiden *Sinfonien*, die *Nr. 1 in g-moll* (1895), die *Nr. 2 A-dur* (1897), seien allen Dirigenten dringend empfohlen; nicht weniger die sinfonischen Dichtungen *Die Nymphen* und *Die Zeder und die Palme* (nach Heinrich Heines Gedicht, 1898), 2 *Intermezzi* (1896, 1897), die *Serenade*, eine glänzende Jugendarbeit aus dem Jahre 1891, und die *Suite* von 1892.

## Manolis Kalomiris

1883–1962, griechischer Komponist

Dieser Begründer einer nationalgriechischen Musik – geboren in Smyrna – studierte in seiner Heimatstadt und in Wien; er wurde Professor in Charkow (Rußland), wo er sein erstes bedeutenderes Orchesterwerk schuf: *Griechische Suite*. 1910 wurde er nach Athen berufen und spielte dort im Musikleben eine führende

Rolle. Unter seinen zahlreichen sinfonischen Werken seien ferner erwähnt: 3 Sinfonien, *Tanzsuite, Inselbilder, Sinfonisches Triptychon, Klavierkonzert, Concertino für Violine und Orchester.* Ebenso wichtig sind auch seine Opern, seine Kammer-, Instrumental- und Vokalmusik.

## Heinrich Kaminski

1886–1946, deutscher Komponist

Ein stilles, ganz in sich gekehrtes Leben voll tiefster Gläubigkeit und eine Musik, die daraus quillt, Elemente aller großen Epochen in sich aufnimmt, sie meisterlich verarbeitet: Das ist es, was in Kürze über Kaminski zu sagen wäre. Aber man dürfte eigentlich über solche Menschen gar nicht »in Kürze« aussagen, weil man ihrem Leben und Schaffen nicht gerecht werden kann. Ein anderer Ausweg ist aber in einem praktischen Konzertführer nicht möglich. Leider taucht Kaminskis Werk nur selten auf. Seine größte Wirkung erzielt es auf dem Gebiet der geistlichen Musik, auf dem es auch zum Überdauernden unseres Jahrhunderts gehören wird. Für Orchester schrieb dieser im Schwarzwald geborene und fast immer in Bayern lebende Komponist vor allem ein *Concerto grosso*, eine *Dorische Musik*, ein *Klavierkonzert* sowie das ergreifende *In memoriam*, an dessen Schluß – zum Gedenken an seine verstorbene Tochter Gabriele – eine Altstimme versöhnliche Worte singt.

## Kara Karajew

1918–1982, sowjetischer Komponist

Die Werke dieses sowjetischen Musikers zeigen einen starken Anklang an seine aserbeidschanische Heimat; er wurde 1918 in Baku geboren. 1944 schuf er seine *erste Sinfonie* (1939 war sein erstes Orchesterwerk, eine *Aserbeidschanische Suite*, erschienen), 1946 die *zweite*, 1965 die *dritte*. Daneben seien die sinfonische Dichtung *»Leili und Mejnun«* (1947), die *Ballettsuite aus »Die sieben Schönheiten«* (1952), die *Albanische Rhapsodie* (1952), die *Choreographischen Bilder* (1953), die Sinfonische Suite *»Vietnam«* (1955), *drei Nocturnes für Jazzorchester* (auf Worte des US-Negerdichters Langston Hughes) sowie die *Sinfonischen Skizzen zu »Don Quijote«* (Film, 1960) erwähnt.

## Dezider Kardoš

1914, slowakischer Komponist

Erst in den tragischen Jahren des Zweiten Weltkriegs fand der Novák-Schüler aus Nadlice (Ost-Slowakei) seinen persönlichen Stil, der eng mit der heimatlichen Landschaft, Geschichte und Folklore verbunden ist, so wie es auch bei den anderen bedeutenden Komponisten der Region (Cikker, Moyzes, Suchoň) der Fall ist. 1942 entstand die Nr. 1 seiner (bis jetzt 7) Sinfonien, 1955 die Nr. 2, die *Heimatland* betitelt ist, 1961 die Nr. 3, 1962 die als *Piccola* bezeichnete Nr. 4, 1965 die Nr. 5 (op. 37), die Nr. 7 trägt den Titel *Ballade vom Traum*. Als weitere wichtige Werke seien das *Konzert für Orchester* (op. 30), die Ouvertüren *Heimat* und *Ostslowakische*, das *Sinfonische Finale*, die *Heldenballade*, die *Sinfonietta domestica*, die *Slovakofónia*, ein *Violinkonzert* genannt.

## Theodoros Karyotakis

1903–1978, griechischer Komponist

Der in Argos geborene griechische Komponist war Schüler von Mitropoulos, bevor dieser nach Amerika ging und zu Weltruhm kam. Seine vielleicht besten Werke sind Lieder, aber auch mehrere sinfonische Kompositionen haben im In- und Ausland berechtigte Verbreitung erfahren: *Sinfonische Studie über zwei volkstümliche Themen, Ballade* (mit Klavier); *Rhapsodie* (mit Sologeige), *Sinfonie* (1943), *Kleine Suite, Divertimento, Serenade, Drei Stücke* u.a.

## Leo Justinus Kauffmann

1901–1944, deutscher Komponist

Ein hochbegabter, dem Bombenhagel des Zweiten Weltkrieges zum Opfer gefallener Tonschöpfer, der im Elsaß beheimatet war und so Deutsches mit Romantischem wirkungsvoll zu verbinden wußte, wobei meist Deutsch die Sprache seiner Kompositionen war.

*Orchesterwerke: Sinfonie, Konzertsuite in einem Satz (*nach der Oper *Die Geschichte vom schönen Annerl*), Elsässisches Tanzspiel, Concertino (für Kontrabaß und Orchester).

## Rudolf Kelterborn

1931, Schweizer Komponist

Der in Basel geborene, im deutschen wie im schweizerischen Musikleben an hervorragenden Stellen tätige Tonschöpfer ist in erster Linie auf dem Gebiet des Musiktheaters aktiv, doch gelangten auch zahlreiche Orchesterwerke zur Aufführung:

*Introitus* (für Streicher und Pauken, 1952); *Suite* (für Blechbläser, Schlagzeug und Streicher, 1954), *Concertino für Violine*, 1954), *Sonata für 16 Streicher* (1955), *Mouvements* (1957), *Concertino für Klavier, Schlagzeug und Streicher* (1959), *Canto appassionato* (1959), *Metamorphosen* (1960), *Lamentationes* (für Streicher, 1961), *Variationen* (für Oboe und Streicher, 1961), *Scènes fugitives* (für Blockflöte und Orchester, 1961), *Violoncellokonzert* (1962), drei Sinfonien *(Nr. 1* 1968,

*Nr. 2* 1970, *Nr. 3* 1975), *Erinnerungen an Orpheus* (1979), *Chiaroscuro* (Canzoni per orchestra, 1980).

## Khatschaturjan siehe unter Chatschaturjan

## Wojciech Kilar

1932, polnischer Komponist

Ein junger, in Lwow (Lemberg) geborener Komponist, der sich nach Ausbildung in der Heimat bei Nadia Boulanger in Paris vervollkommnete und 1960 den Preis der Lili-Boulanger-Stiftung in Boston erhielt. Er schrieb 1955 eine *Sinfonie für Streicher,* 1956 eine *Konzertante Sinfonie für Klavier und Orchester,* 1957 eine *Ode für Orchester zur Erinnerung an Bela Bartók.* Anfang der sechziger Jahre errang er mit *Riff 62* und *Générique* internationale Beachtung.

## Wilhelm Killmayer

1927, deutscher Komponist

Der einen sehr persönlichen, ausdrucksvollen Stil schreibende Komponist hat neben seinem Opernwerk auch wichtige Beiträge zur Kammer- und Konzertmusik geleistet. Zu seinen meistgespielten Orchesterwerken gehören: *Sinfonie Nr. 1 (Fogli), Sinfonie Nr. 2 (Ricordanze), Sinfonie Nr. 3 (Menschen-Los,* 1974/1987), *The Broken Farewell* (für Trompete), *Grande Sarabande* (für Streicher, 1980), 2 Zyklen Hölderlin-Lieder für Tenor, *Capriccio für Klavier* u. a.

## Giselher Klebe

1925, deutscher Komponist

Der vor allem auf dem Gebiet des Musiktheaters äußerst tätige und vielgespielte Tondichter gelangte auch in der Orchesterkomposition über die Dodekaphonie und Annäherungen an die elektronische Musik zu einem persönlichen Stil: *Die Zwitschermaschine* (Metamorphosen über das gleichnamige Bild von Paul Klee); *Deux Nocturnes; Sinfonie* (für Streicher); *Doppelkonzert für Violine und Cello* (»Con moto«); Ballettsuite *Fleurenville; Interferenzen.*

## Friedrich Klose

1862–1942, Schweizer Komponist

*Orchesterwerke: Das Leben ein Traum* (sinfonische Dichtung); *Elfenreigen,* sinfonische Dichtung); *Loreley,* (sinfonische Dichtung); *Festzug; Andante religioso* (aus einer Messe); *Elegie für Violine und Orchester* u.a.

## Zoltán Kodály

1882–1967, ungarischer Komponist

Kodály begann seinen musikalischen Werdegang an der Seite Bela Bartóks. Vieles hat sie verbunden, vor allem das Studium der vielfältigen ungarischen wie der balkanischen Folklore und deren Anwendung in der Kunstmusik. Doch als der um ein Jahr ältere Bartók freiwillig die Heimat verließ, weil ihm der sich rasch verdüsternde politische Horizont keine Freiheit mehr zu belassen schien, blieb Kodály in Ungarn, erlebte Krieg, Umsturz, Revolution, neue Gesellschaftsordnung, Aufruhr. Der in Kecskemét am 16. Dezember 1882 geborene Komponist stieg zu den höchsten musikalischen Ämtern auf: Viele seiner Werke haben sich international Bahn gebrochen, so der großartige *Psalmus Hungaricus,* die bezaubernden Bühnenwerke *Spinnstube* und *Hary Janos,* die schwungvollen, meisterlichen *Tänze aus Galanta* und *Tänze aus Maroszék,* ein *Konzert für Orchester,* mehrere *Instrumentalkonzerte, Variationen über das ungarische Volkslied »Der Pfau«* (1939), die sinfonische Dichtung *»Sommerabend« (Nyári este),* eine *Theaterouvertüre,* einige schöne Lieder und Chöre sowie Klavier- und Kammermusik. Seine (frühe) *Sinfonie* erklang hingegen erst zu seinem 80. Geburtstag.

*Hary-Janos-Suite.* Der Erfolg der gleichnamigen Lustspieloper (bei ihrer Budapester Uraufführung vom 16. Oktober 1926) war so stark, daß nicht nur eine Reihe von Theatern sich um das Werk rissen, sondern auch Sinfonieorchester anfragten, ob der Komponist nicht aus verschiedenen Bruchstücken ein Konzertwerk zusammenstellen könne. So schrieb Kodály also die sehr bekannt gewordene Suite, in der Witz und Humor des Bühnenwerkes glänzend erhalten blieben. Man glaubt bei ihrem Hören den aufschneiderischen »Helden« vor sich zu sehen, seine »großartigen« Taten zu erleben, die er am heimatlichen Stammtisch nach der »glorreichen« Rückkehr aus den Napoleonischen Kriegen zum besten gibt. Die Konzertsuite, ein Stück von größter Stimmungsvielfalt, sehr viel Geist, witziger Parodie, sinnvoller Verwendung der Folklore und höchster technischer Meisterschaft, besteht aus folgenden Teilen: *Vorspiel, Wiener Spieluhr, Lied, Schlacht und Niederlage Napoleons, Intermezzo, Einzug des Kaisers und seines Hofes.*

*Maroszéker Tänze.* Eine Sammlung echter alter ungarischer Volkstänze (wobei das Wort »echt« besonders wichtig erscheint, da sehr vieles, was unter dem Namen »ungarischer Tanz« in die Weltliteratur kam, entweder zigeunerischen Ursprungs oder weitgehend verfälscht ist), wie sie sich vor allem in Transsilvanien erhalten haben. Ungeheuer farbige Musik – sie erinnert an die Trachten der Tänzer –, von stärkstem Temperament getragen, abwechslungsreich wie kaum eine andere Volksmusik. Ein Paradestück für jedes Orchester (1930).

*Tänze aus Galanta.* Womöglich noch mitreißender als die Maroszéker Tänze, bilden diese fünf Tanzweisen ein beliebtes Orchesterstück, bei dem der folkloristische und der künstlerische Wert einander die Waage halten (1934).

*Variationen über ein ungarisches Volkslied.* Ein stimmungsvolles und, wie immer bei Kodály, äußerst klangvolles Werk, das als Variationsreihe über das »Lied vom Pfau« geschrieben ist.

## Charles Koechlin

1867–1950, französischer Komponist

Aus dem Lebenswerk dieses seinerzeit hochgeachteten Komponisten erhielten sich 2 Sinfonien, verschiedene Suiten sowie vor allem *La loi de la jungle*, eine sinfonische Dichtung nach Rudyard Kiplings *Dschungelbuch.*

## Algyris Kounadis

1924, griechischer Komponist

Dieser Tonschöpfer lebt in engem Kontakt mit dem deutschen Musikleben, da er sich nach Studien in Athen bei Fortner vervollkommnete und als Dozent und Leiter des Ensembles für zeitgenössische Musik in Freiburg im Breisgau tätig ist. Für Orchester schrieb er: *Sinfonietta, fünf Kompositionen, Chorikon, Choreia I und II, Triptychon* u.a.

## Egon Kornauth

1891–1959, österreichischer Komponist

Der in Olmütz (Mähren) geborene Komponist hat ein reiches Lebenswerk aufzuweisen. Seine bewegte Musikerexistenz führte ihn in viele Länder und auf verschiedenartigste Posten. Den größten Teil seines Lebens verbrachte er in Wien, seit 1945 wirkt er als Professor am Mozarteum in Salzburg. Zu seinen wichtigsten Orchesterstücken gehören: 5 Suiten, *Variationen über ein Thema von Grieg für Bratsche* (eventuell auch Violoncello oder Violine) *und Streichorchester, Notturno für Bratsche* (eventuell Violoncello) *und Kammerorchester, Burleske für Flöte, Notturno für Violoncello, Konzertstück für Violine, Dumka für Violoncello und Kammerorchester.*

## Erich Wolfgang Korngold

1897–1957, österreichischer Komponist

Meteorhaft in den bewegten Wiener zwanziger Jahren und nach wunderkindmäßig frühen Kompositionen (Pantomime *Der Schneemann*, Oper *Violantha*) erlebte Korngold den sensationellen Durchbruch mit der Oper *Die tote Stadt.* Vom Anschluß Österreichs vertrieben, ließ Korngold sich in Hollywood nieder, wo er Filmmusiken schrieb und 1957 starb. Einige seiner Orchesterwerke sollten erhalten bleiben: seine *Sinfonie Fis-dur*, op. 40, ein sehr schönes romantisches *Violinkonzert*, eine frühe *Sinfonietta*, die Kammerorchester-Suite *Viel Lärm um nichts*, die sinfonische Ouvertüre *Sursum Corda.*

## Marjan Kozina

1907–1966, jugoslawischer Komponist

Die besten Orchesterwerke Kozinas sind vom Freiheitskampf seines Volkes im Zweiten Weltkrieg inspiriert, so auch sein Zyklus sinfonischer Dichtungen, bestehend aus *Ilora gora, Bela Kranja, Den Gefallenen, Dem Meer entgegen.*

## Ernst Krenek

1900, österreichischer Komponist

Krenek, der sich bis zu seiner Emigration in die USA Křenek schrieb, blickt auf ein überaus schaffensreiches Leben zurück, das ihn in die verschiedensten Stilexperimente trieb, ihm mit der Oper *Jonny spielt auf* einen verhältnismäßig leichten, vielleicht zu leichten Erfolg bescherte, ihn schließlich den vom Lehrer Schreker übernommenen Klangrausch des großen Orchesters aufgeben ließ und ihn zu Schönberg führte: »Nach langer Überlegung und gründlicher Gewissensforschung beschloß ich, mich der Zwölftontechnik zu verschreiben. Ich wußte, daß diese Entscheidung für meine Zukunft als Komponist wie auch als Mensch von größter Bedeutung sein würde«, sagt er selbst. Im Jahre 1937, nachdem Deutschland seine Werke auf den Index gesetzt hatte, ließ er sich in den USA nieder, wo er auch als Lehrer zweier Generationen eine Rolle spielte. Man kann ihn kaum als orthodoxen Dodekaphonisten bezeichnen, sein scharfer Intellekt läßt ihn unermüdlich nach Neuem suchen. Mag auch vieles, was er schrieb, experimentell zu werten, dem »gewöhnlichen Publikum« unverständlich sein, so ist Krenek doch aus dem chaotischen Panorama der Musik des 20. Jahrhunderts als oft kühner Avantgardist, als wortgewandter Debattierer, als »Letzter« der Schönberg-Gruppe nicht fortzudenken. In das Gebiet unseres Buches gehören folgende seiner Titel:

*Sinfonie Nr. 1*, op. 7 (1921); *Sinfonische Musik für neun Soloinstrumente*, op. 11 (1922); *Sinfonie Nr. 2*, op. 12 (1922); *Sinfonie Nr. 3*, op. 16 (1922); *Klavierkonzert Fis-dur*, op. 18 (1923); *Concerto grosso Nr. 1*, op. 25 (1924); *Concertino*, op. 27 (1924); *Violinkonzert Nr. 1*, op. 29 (1924); *Sieben Orchesterstücke*, op. 31 (1924); *Sinfonie für Blasinstrumente und Schlagwerk*, op. 34 (1925); *Drei lustige Märsche*, op. 44 (1926); *Ouvertüre und Suite »Triumph der Empfindsamkeit«*, op. 43a (1927); *Potpourri*, op. 54 (1927, Neufassung 1954); *Kleine Sinfonie*, op. 58 (1928); *Thema und 13 Variationen*, op. 69 (1931); *Kleine Blasmusik*,

op. 70a (1931); *Adagio und Fuge für Streichorchester*, op. 78a (1936); *Campo Marzio*, op. 80 (1937); *Klavierkonzert Nr. 2*, op. 81 (1937); *Sinfonisches Stück für Streichorchester*, op. 86 (1939); *Kleines Konzert für Orgel, Cembalo und Kammerorchester*, op. 88 (1940); *I Wonder as I Wander* (Variationen über ein Volkslied aus North Carolina), op. 94 (1942); *Tricks and Trifles* (Variationen über ein Motiv von Virginia Seay), 101* (1945); *Sinfonische Elegie*, 105 (1946); *Klavierkonzert Nr. 3*, 107 (1946); *Sinfonie Nr. 4*, 113 (1947); *Fünf Stücke für Streichorchester*, 116 (1948); *Sinfonie Nr. 5*, 119 (1949); *Klavierkonzert Nr. 4*, 123 (1950); *Doppelkonzert für Violine, Klavier und Kammerorchester*, 124 (1950); *Konzert für Harfe und Kammerorchester*, 126 (1951); *Konzert für zwei Klaviere und Orchester*, 127 (1951); *Brasilianische Sinfonietta (La Brasileira)*, 131 (1952); *Konzert für Violoncello und Orchester*, 133 (1953); *Scenes from the West (Vier Orchesterimpressionen)*, 134 (1953); *Sinfonie »Pallas Athene«*, 137 (1954); *Violinkonzert Nr. 2*, 140 (1954), *Elf Transparente für Orchester*, 142 (1954); *Capriccio für Violoncello und Kammerorchester*, 145 (1955); *Sieben leichte Stücke für Streichorchester*, 146 (1955); *Suite für Flöte und Streichorchester*, 147a (1954); *Suite für Klarinette und Streichorchester*, 148a (1955); *Kette, Kreis und Spiegel (Sinfonische Zeichnung)*, 160 (1957); *Marginal Sounds (Grenzklänge)*, 162 (1957); *Hexaeder (Sechs Stücke für Kammerensemble*, 167 (1958); *Quaestio temporis (Eine Frage der Zeit)*, 170 (1959); *From Three Make Seven (Aus drei mach sieben)*, 177 (1961); *Nach wie vor der Reihe nach*, 182 (1962); *Exercises of a late hour* (1967); *Horizon Circled* (1967); *Perspectives* (1967); *6 Profiles* (1968); *Kitharaulos* (1972); *Statisch und ekstatisch* (1972); *Von vorn herein* (1974); *Dream Sequence* (1975); *The Dissembler* (1978); *Konzert für Orgel und Streicher* (1979).
(Elektronische Werke sind hier nicht aufgeführt.)

## Ernst Kunz

1891–1980, Schweizer Komponist

*Orchesterwerke:* Drei Sinfonien (*Nr. 1* 1917, *Nr. 2* 1921, *Nr. 3* 1942), *»Cashel«* (sinfonisches Scherzo), *Legendensuite, Spanische Intrada, Variationes inversae* (über ein Thema von Händel), *Ouvertüren, Klavierkonzert, Concertino bucolico für Oboe und Streicher, Konzert für Viola und Orchester* usw.

## Edouard Lalo

1823–1892, französischer Komponist

Es gibt Komponisten, die mehr gelobt als aufgeführt werden, und solche, die zwar keine besonderen Noten bei den Historikern erhalten, dafür aber spontan und freudig gespielt werden. Zu den letzteren gehört der Franzose (spanischer Abstammung) Edouard Lalo. Er schrieb brillante Musik, voll Einfällen und Oresterglanz; der Ruhm kam spät zu ihm, er datiert von seinem *Violinkonzert*, op. 20, her, das 1874 erstmalig erklang. Dieses wird heute von seiner *Symphonie espagnole* in den Schatten gestellt, op. 21 (uraufgeführt durch Pablo Sarasate in Paris am 7. 2. 1875), einem schwungvollen und virtuosen, aber auch gehaltvollen Werk für Solovioline und Orchester. Es bedarf keiner Einführung, da seine spanischen Melodien und Rhythmen jedermann verständlich sind. Seltener, viel seltener ist das *Konzert für Violoncello und Orchester* zu hören, obwohl es ebenfalls glänzende und dabei keineswegs »leichte« oder oberflächliche Musik enthält (1877). Im Jahre 1878 schrieb Lalo abermals ein Stück für Violine mit Orchester, die *Norwegische Phantasie für Violine*, aus der er ein Jahr später Themen in die *Norwegische Rhapsodie* übernahm. Manchmal hört man auch die *Ouvertüre zur Oper »Le Roi d'Ys«*, zehn Jahre vor dieser komponiert (1876), sowie die *Orchestersuite »Namouna«* (1882).

* Von diesem Werk an läßt Krenek die Bezeichnung »Opus« aus und setzt nur eine Nummer.

## Georgios Lambelet

1875–1945, griechischer Komponist

Auf Korfu geboren und in Athen gestorben, war Lambelet vor allem ein Prophet der modernen griechischen Nationalmusik, der er in zahllosen Artikeln und Schriften den Weg wies. Unter seinen sinfonischen Werken seien *Griechisches Fest* sowie eine *Fuge für Streichquartett und Orchester* genannt.

## Walter Lang

1896–1966, Schweizer Komponist

*Orchesterwerke: Sinfonie* (1946), *Intermezzo über ein Tessiner Volkslied, Concertino, Präludium, Jour de fête* (Ouvertüre), *Bulgarische Volksweisen für Kammerorchester, Klavierkonzert* (1940), *Violoncellokonzert* (1951) usw.

## Dionyssios Lavrangas

1864–1941, griechischer Komponist

Der in Argostoli geborene und in Rasata verstorbene griechische Komponist studierte in Neapel und Paris, hier hauptsächlich bei Massenet. 1894 ins Vaterland zurückgekehrt, nahm er starken Anteil am Aufbau des Musiklebens, war Chorgründer und Initiant beim Aufbau der Nationaloper. Unter seinen sinfonischen Werken sei vor allem die *Hellenische Suite* genannt, die 1903 den Beginn einer nationalen Schule darstellte.

## Jean Marie Leclair

1697–1764, französischer Komponist

Ein französischer Ballettmeister, Geiger und Komponist, dessen Werke nach langer Vergessenheit von unserer heutigen Renaissancebewegung der Barockmusik erfaßt werden und sich – in der Nähe Couperins etwa – als wertvoll erweisen. Sie sind zumeist für Violine und Kammerbesetzungen geschrieben, aber auch orchestral aufführbar, so vor allem seine 12 Violinkonzerte.

## Sergej Liapunow

1859–1924, russischer Komponist

*Orchesterwerke: Ballade für Orchester* (1898); *Haschisch* (sinfonische Dichtung, 1914); *Rhapsodie über ukrainische Themen für Klavier und Orchester* (1908) u.a.

## Rolf Liebermann

1910, Schweizer Komponist

Eine schnelle und glänzende Karriere war dem Zürcher Musiker beschieden, der als Opernleiter (in Hamburg und Paris) weltweites Aufsehen erregte, aber auch als Komponist mit durchaus ungewöhnlichen Werken hervortrat. Außer den im folgenden besprochenen Kompositionen seien noch die Kantate »Streitlied zwischen Leben und Tod« und ein *Konzert für Sopran, Violine und Orchester* hervorgehoben.

*Furioso für Orchester.* Für das Festival zeitgenössischer Musik in Darmstadt (1947) komponiertes, von höchster Dynamik durchpulstes, geradezu »spannendes« Orchesterstück in drei Sätzen: *Allegro vivace; Andante; Allegro.* Lebhafte Kontraste, virtuose Steigerungen, raffinierte Instrumentation tun das ihre, um aus dem *Furioso* einen der durchschlagendsten Erfolge neuer Musik zu machen.

*Sinfonie.* Zu dieser 1949 entstandenen Komposition hat der Autor Erklärungen abgegeben, die sich auf ihre formale Struktur und die in ihr enthaltenen Zwölftonregeln sowie deren Handhabung beziehen; sie sind nur dem Berufsmusiker verständlich, für diesen aber von großem Interesse. Liebermann erläutert, daß die »Reihe« (die – wie Themen oder Melodien in Werken früherer Zeit – in der Dodekaphonik das Gerüst bildet) erst ganz zuletzt auftaucht und daß sie (tonal betrachtet, was eigentlich der Theorie widerspricht) aus zwei Dur- (E und B) und zwei Molldreiklängen (Fis und C) zusammengesetzt ist. »Es ist mir durchaus bewußt, daß diese tonalen Beziehungen und die Einführung weiterer Reihen erhebliche Abweichungen von der orthodoxen (dodekaphonischen) Theorie darstellen. Die Technik jedoch diente dem Werk lediglich als Ausgangspunkt und Basis; ihre individuelle Anwendung war Konsequenz künstlerischen Zwangs.«

*Concerto for Jazzband and Symphony Orchestra.* Lassen wir wieder den Autor sprechen: »Dieses Werk soll ein Versuch sein, einen Teil der heute effektiv gebräuchlichen Tänze in die Kunstmusik einzubeziehen. Dabei ergab sich folgendes Problem: Die beiden musikalischen Ebenen sind im Laufe der historischen Entwicklung so weit auseinandergestrebt, daß ihre Realisation nur noch Spezialisten möglich ist. Schon die Besetzung der Orchester ist völlig verschieden. Während eine normale ›Big Band‹ aus vier Trompeten, vier Posaunen, fünf Saxophonen und einer Rhythm-Section besteht, ruht das Schwergewicht des Sinfonieorchesters auf einer großen Streicherbesetzung und zwölf Holzbläsern. Aber auch die Interpretationsaufgaben der beiden Orchester sind andere. Während die absolut notengetreue Wiedergabe einer Partitur die Hauptaufgabe eines Sinfonieorchesters ist, pflegt das Jazzorchester einen sehr weitgehenden Improvisationsstil, zu dem die Noten lediglich harmonisches und rhythmisches Gerüst sind. Diese Überlegungen zwangen mich zur Verwendung von zwei ›Spezialorchestern‹, und daraus ergab sich zwingend die Form des Konzertes. Das Jazzorchester wird in Anlehnung an vorklassische Formen als ›Concertino‹ eingesetzt, während das Sinfonieorchester begleitende Aufgaben sowie Zwischenspiele ausführt. Das ganze Stück ist auf eine zu Beginn exponierte Zwölftonreihe aufgebaut und in strengster Zwölftontechnik komponiert. Diese konsequent durchgehaltene Einheit des Materials soll die Bindung der beiden Ebenen sichern. Folgende drei klassische Jazzformen wurden verwendet: der ›Jump‹, der ›Blues‹ und der ›Boogie Woogie‹. Da diese drei Tanztypen metrisch alle auf dem 4/4-Takt beruhen, wurden die Zwischenspiele des Sinfonieorchesters hauptsächlich auf unregelmäßige Metren (3, 5, 7, 9) aufgebaut. Am Schluß finden sich die beiden Orchester in einem südamerikanischen Tanzrhythmus, dem ›Mambo‹. Das Stück wurde im Auftrag des Südwestfunks Baden-Baden für das Donaueschinger Musikfest 1954 komponiert.«

*Konzert für 156 Büromaschinen (Concert des Echanges).* Für die Schweizer Landesausstellung (Lausanne 1964) schrieb Liebermann ein knappe drei Minuten dauerndes Stück, dessen »Besetzung« so aussieht: 16 Schreibmaschinen, 18 Rechenmaschinen, 8 Buchhaltungsmaschinen, 10 Registrierkassen usw. Also: »einen Jux will er sich machen« (um mit Nestroy zu sprechen)? Wer die äußerst komplizierte, polyrhythmische »Partitur« ansieht, wundert sich über soviel Ernst bei einem – noch dazu gelegenheitsbedingten – Spiel. Hinter ihm steht ein Experiment, bei dem natürlich von Musik keine Rede mehr sein kann, das aber für unser Maschinenzeitalter bezeichnend ist.

## György Ligeti

1923, ungarisch-österreichischer Komponist

Der im damals ungarischen (heute rumänischen) Tirnaveni/Siebenbürgen geborene, 1956 nach Wien ausgewanderte Musiker hat sich, nach elektronischen Arbeiten, mit völlig neuartigen, oft faszinierenden Klängen traditioneller Musik – wenn auch in sehr ungewohnter Verwendung – in die vorderste Reihe des heutigen internationalen Musikschaffens gestellt. Er schuf in den sechziger Jahren eine von ihm selbst »Klangflächenmusik« genannte Tonwelt, die entfernt bei Debussy anknüpft: Ein sehr großes Orchester vollführt so gut wie keine äußeren Bewegungen, sondern verschiebt nur die Gewichte innerhalb der einzelnen Instrumente und Gruppen. Man könnte sie mit dem an der Oberfläche ruhigen Meer vergleichen, das doch durch innere Strömungen ununterbrochen in Bewegung gehalten wird. Hierher gehört vor allem das bahnbrechende *Lontano* (1967), ebenso *Apparitions* und *Athmosphères*. Interessant ist auch sein *Poème sinfonique für 100 Metronome*. Mit *Ramifications* und dem Kammerkonzert schritt Ligeti dann auf avantgardistischen Wegen.

## Marjan Lipovšek

1910, slowenischer Komponist

Unter den Musikern, die das stark angestiegene Niveau der slowenischen Musik dokumentieren, sei der in Ljubljana geborene Lipovšek genannt, der – neben Kantaten, Kammer- und Instrumentalmusik – eine *Sinfonie* sowie zwei *Suiten für Streichorchester* schrieb.

## Franz Liszt

1811–1886

Den Grandseigneur der romantischen Musik möchte man ihn nennen. Ein bedeutender Schöpfer, dem nicht nur wesentliche Fortschritte auf dem Gebiet des Orchesters zu danken sind, sondern auch beim Übergang von der absoluten zur schildernden, zur Programmatik. Bei ihm bekommt jede Phrase, jedes Motiv, jedes Thema eine außermusikalische Bedeutung. Liszt wurde im Dörfchen Raiding, an der ungarisch-österreichischen Grenze im Burgenland, am 22. Oktober 1811 geboren. (Zwei Jahre nach Chopin, dem er brüderlich die Hand zum Aufstieg reichte, ein Jahr nach Schumann, mit dem ihn romantisches Denken und Fühlen sowie eine persönliche Hochachtung verbanden, und zwei Jahre vor Richard Wagner, der sein Schwiegersohn und in manchem sein musikalischer Erbe werden sollte.) Er durchlief die Etappen des Erfolges und Ruhmes mit fast unglaublicher Geschwindigkeit: bereits sein zweites Lebensjahrzehnt machte ihn in allen wichtigen Städten Europas bekannt und umjubelt. Allerdings müssen wir sofort feststellen, daß die täglich wachsende Berühmtheit nur dem Klaviervirtuosen galt, der die gesamte damalige Pianistengeneration aus dem Felde schlug, nicht aber dem Komponisten, dessen Werke sehr lange unerkannt blieben. Als Liszt sich 1848, nach zahllosen durchwegs triumphalen Reisen, in Weimar niederließ (an der Seite der russischen Prinzessin Karoline Sayn-Wittgenstein, nachdem er sich von der französischen Gräfin Marie d'Agoult, Mutter seiner drei Kinder, getrennt hatte), begann in dieser Stadt eine bedeutende musikalische Blütezeit. Liszt dirigierte (u.a. Wagners »Lohengrin« zum ersten Male), spielte, unterrichtete und komponierte. Er hatte sich nun eindeutig für Berlioz' Ideen entschieden und wurde zum entschiedensten Vertreter der »Programmusik«, womit er weit über seine romantischen Zeitgenossen und in gewissem Sinne Mitstreiter Mendelssohn und Schumann hinausging. Er malte in Tönen Seelenregungen und Natureindrücke, Geschichtsbilder und alle erdenklichen Gefühle, nicht selten in echt romantischem Überschwang, aber stets ergreifend. So entstand eine Reihe von Orchesterstücken, deren Schicksal recht ungleich war. Während die beiden *Klavierkonzerte* sowie die *Ungarische Phantasie* im ständigen Repertoire stehen, gibt es unter den programmatischen Sinfonien und den zahlreichen sinfonischen Dichtungen bekanntere und recht vergessene, die zum größten Teil in seiner Weimarer Zeit entstanden. Als diese nach unerfreulichen Ereignissen zu Ende ging, wurde Liszts stets unruhiges Leben noch unsteter. Oft zog es ihn nun nach Rom, wo er (vergeblich) erhoffte, vom Papst die Erlaubnis zur Eheschließung mit Karoline zu erhalten. Im Alter – und nach der Aussöhnung mit Wagner, von dem er sich lange distanziert hatte – übersiedelte Liszt nach Bayreuth, wo er am 31. Juli 1886 starb.

*Die Sinfonischen Dichtungen*

*Bergsinfonie.* (Zumeist mit dem französischen Originaltitel zitiert: *Ce qu'on entend sur la montagne.*) Liszt schrieb nach dem Gedicht Victor Hugos »Les feuilles d'automne« eine Partitur (der er die Worte des französischen romantischen Dichters voransetzte), die den Kontrast zwischen den großartigen Lauten der Natur und dem armseligen Stammeln der Menschen zum Vorwurf hat. Die Musik schildert Naturszenen, für die Liszt teilweise ganz neue Orchesterklänge findet (1849).

*Mazeppa.* Im gleichen Jahr wie die Bergsinfonie komponierte Liszt – in Weimar, in der vielleicht fruchtbarsten und konzentriertesten Epoche seines sonst unsteten und an äußeren Ereignissen übervollen Lebens – eine Reihe anderer Sinfonischer Dichtungen, unter denen besonders *Mazeppa* lange Zeit viel aufgeführt und beliebt war. Der Komponist geht auch hier auf ein Gedicht Victor Hugos zurück, in dem das Schicksal des Kosakenhetmans Mazeppa geschildert wird. In großartigen, wenn auch äußerst pathetischen und uns darum ein wenig fernstehenden Versen wird das Schicksal dieses seltsamen Mannes besungen, der von seinen Feinden auf ein wildes Pferd gebunden wird, das in die unbewohnte Steppe hinausjagt. Das Bewußtsein schwindet dem Helden, wunderbare Bilder durchziehen seinen am Rande von Tod und Wahnsinn dahingleitenden Sinn. Endlich wird er durch Bauern gerettet, die ihn ehrfürchtig aufnehmen und zu ihrem Führer machen. »Il tombe enfin et se relève roi«, schreibt Hugo. (»Er stürzt zuletzt und erhebt sich als König«), und Liszt fügt diesen Satz in den letzten Teil seiner Partitur ein. (Mazeppa verbündete sich später mit Karl XII., bekriegte mit diesem Peter den Großen und verübte nach der verlorenen Schlacht von Poltawa Selbstmord.) Liszts sinfonische Dichtung hat großartige Momente – niemals ist er größer, als wenn er die Größe besingt. Der rasende Galopp des wilden Pferdes, die Rettung und Krönung sind unvergeßliche Augenblicke der romantischen Musik. Das Thema Mazeppas gehört zu Liszts glänzendsten Einfällen (1849).

*Trauergesang für einen Helden* (Originaltitel französisch: *Héroïde funèbre*). Dieses in feierlich-heroischem Ton gehaltene Werk ist die Umarbeitung einer nie veröffentlichten jugendlichen Sinfonie. In den Jahren 1849/50 fertiggestellt, erklang die *Héroïde funèbre* bei des Komponisten Beerdigung in Bayreuth 1886.

*Tasso* (Originaltitel italienisch: *Tasso, lamento e trionfo*). Liszt schrieb für den in Weimar festlich begangenen hundertsten Geburtstag Goethes ein sinfonisches Vorspiel, das der Aufführung von »Torquato Tasso« vorausging. Fünf Jahre später (1854) gab er der Komposition endgültige Form als sinfonische Dichtung. Der Untertitel »lamento e trionfo« verrät uns den Inhalt. Liszt fühlte sich zu dem großen Dichter der Renaissance (1544–1595) stark hingezogen, wie ihn überhaupt die alte italienische Literatur faszinierte und zu mehreren bedeutenden Werken anregte. In dem *Lamento*, also »Klage« betitelten Teil schildert er den Kampf des Poeten, im *Trionfo* seinen Sieg. Wir erleben eine Fülle von Stimmungen, die vom tiefen Schmerz bis zum überströmenden Jubel reichen und in deren Mittelpunkt das Tasso symbolisierende Thema steht:

Zudem malt Liszt das Leben und Treiben am Hofe von Ferrara; er tut es aber ohne jede historisierende Absicht (die damals den Künstlern noch fernlag), und so kann es kommen, daß wir als aristokratischen Tanz jener Zeit ein... Menuett vernehmen. Es kam dem Komponisten nicht darauf an, geschichtliche Treue, sondern menschliche und künstlerische Größe zu schildern. Und das ist ihm in diesem sinfonischen Gedicht prächtig gelungen. (Uraufführung: Weimar, 28. August 1849.)

*Prometheus.* Das selten gehörte Werk macht ein Stück Mythologie lebendig: die Sage von Prometheus, dem trotzigen Titanen, der den Menschen das Feuer brachte und von den Göttern an die Felsen des Kaukasus geschmiedet wurde, wo ein Adler ihm die Eingeweide zerfraß – die Gestalt, die seit jeher Dichter, Maler und Bildhauer angezogen hat. Liszt fügt hier dem sinfonischen Orchester Chöre hinzu. Das Stück wurde als Prolog zum Drama »Der entfesselte Prometheus« des deutschen Dichters und Philosophen Johann Gottfried Herder uraufgeführt (Weimar, 24. August 1850).

*Les Préludes.* »Was ist das Leben anderes als eine Reihe von Vorspielen zu jenem unbekannten Gesang, dessen ernste und feierliche Melodie der Tod anstimmt«, schrieb Liszt, als er jugendliche Skizzen (1834) fast zwanzig Jahre später in Weimar zu einem großartigen sinfonischen Gedicht ausgestaltete. Über die Partitur setzte er einen Vers aus Lamartines »Poetischen Meditationen« (wobei nicht feststeht, ob Liszt seine Musik in Kenntnis dieses Gedichts komponierte oder seine Zeilen erst nach deren Fertigstellung las):

»Tout naît, tout passe, tout arrive
au terme ignoré de son sort:
L'aurore au soir, l'homme à la mort...«
(Alles entsteht, geht vorüber und gelangt
zum unbekannten Ziel seines Schicksals:
Die Morgenröte zum Abend, der Mensch zum
Tode...)

Der Komponist schildert Seelenzustände, Kämpfe, Leiden, er zaubert uns ein inniges Liebesbild vor Augen, er läßt uns in der Natur Trost finden; aber immer von neuem erleben wir Schmerz und Enttäuschung, bis zum letzten Augenblick. Die musikalischen Themen, die Liszt mit äußerster Plastik erfindet, erhalten den Sinn von Leitmotiven (ein Wort, das es damals noch nicht gab). Er entwickelt Berlioz' Gedanken von der »idée fixe« weiter und wird so zum Bindeglied zwischen dem Franzosen und dem Vollender dieser Technik, Richard Wagner.

Es ist nicht wichtig, ob Liszt sich hier an ein genaues poetisches Programm hält oder nicht, ob er also bewußt »Programmusik« macht oder die musikalischen Gesetze dominieren läßt; auf jeden Fall sind *Les Préludes* ein echt romantisches Musikstück, da hier die Musik zum Ausdruck von Stimmungen, Ideen und Gedanken verwendet wird. Berlioz, ja Beethoven haben den Weg eingeschlagen, auf dem Liszt nun zu einem ersten Höhepunkt gelangt. Smetana, Tschaikowsky, Mussorgsky, Dvořák, Richard Strauss, Debussy werden folgen, bevor das Jahrhundert zu Ende geht, und sie werden immer weiter in der Richtung auf die Programmmusik fortschreiten, in der jede Phrase, jedes Motiv, jede Melodie, jeder Akkord eine außermusikalische Bedeutung bekommt, stimmungsmäßig geladen ist. (Uraufführung: Weimar, 23. Februar 1854, unter Leitung des Autors.)

*Festklänge.* Das Fest, zu dem Liszt diese Klänge geschrieben zu haben scheint, hat nie stattgefunden: seine eigene Hochzeit mit der russischen Prinzessin Sayn-Wittgenstein. Unüberwindliche kirchliche Hindernisse machten den lange Jahre gehegten Traum zunichte. Und so wurde dieses sinfonische Gedicht, das 1853 entstand, erst viel später bei weniger persönlichem Anlaß aufgeführt. Und nicht mehr viele Hörer dürften den Sinn der feierlichen Polonaise, mit der das Werk schließt, erfaßt haben: Es war eine Huldigung an die slawische Welt der Geliebten.

*Orpheus.* Dem legendären Sänger und damit der unermeßlichen Macht der Musik widmete Liszt dieses sinfonische Gedicht. Es heißt, daß er sich durch Glucks Oper »Orpheus und Eurydike« zu diesem Werk inspirieren ließ, aber es gibt kein »Programm«, dem er gefolgt wäre. Das ganze ist eine einzige, gewaltige Hymne an die Musik. An gewissen Stellen werden »Lohengrin«-Klänge vernehmlich, aber man hüte sich vor dem Trugschluß, daß Liszt einfach den Spuren Wagners folgte, denn mindestens ebensoviel lernte der spätere »Meister von Bayreuth« vom »König der Pianisten«, wie dieser von ihm. (Uraufführung: 16. Februar 1854.)

*Hungaria.* Von Zeit zu Zeit während seines langen Lebens kehrte Liszt musikalisch – und manchmal auch leiblich – in die ungarische Heimat zurück. Die melancholischen und gleich darauf fast wild aufschreienden Klänge, die prachtvollen, stolzen, hoheitsvollen Tänze, die in entfesselten Rhythmen, in gewaltigen Sprüngen und wirbelnden Drehungen enden, alles das blieb in seiner von Geburt an der Musik geweihten Seele haften und formte sich zu Werken, die ihn zum Herold der magyarischen Musik in der Welt werden ließen. Auch in *Hungaria*, wie in den berühmten Ungarischen Rhapsodien und der brillanten Ungarischen Phantasie, lebt die Pußta, verströmen die Menschen ihre heiße Leidenschaft, ihre heroischen Gefühle. (Uraufführung: Budapest, 8. September 1856.)

*Hunnenschlacht.* Wilhelm Kaulbach, deutscher Maler der Romantik (1805–1874), schuf ein Bild »Hunnenschlacht«, das den Entscheidungskampf vor den Toren Roms zum Thema hat, in der durch die Niederlage der asiatischen Invasoren die Christenheit gerettet wurde. Im letzten Teil des sinfonischen Gedichts, zu dem Liszt von diesem Gemälde angeregt wurde, erklingt der Choral »Crux Fidelis«. Mag uns heute vieles an der Musik äußerlich und nur auf Effekt bedacht erscheinen, zu des Komponisten Zeiten fand sie begeisterte Zustimmung und weckte starke Erregung (1857).

*Die Ideale.* Hier ist Schiller Liszts Vorbild. Sein gleichnamiges Gedicht inspirierte diese Musik; setzen wir als Erläuterung die beiden ersten Strophen hierher:

So willst du treulos von mir scheiden
mit deinen holden Phantasien,
mit deinen Schmerzen, deinen Freuden,
mit allen unerbittlich fliehn?
Kann nichts dich, Fliehende, verweilen,
o meines Lebens goldne Zeit?
Vergebens, deine Wellen eilen
hinab ins Meer der Ewigkeit.

Erloschen sind die heitern Sonnen,
die meiner Jugend Pfad erhellt',
die Ideale sind zerronnen,
die einst das trunkne Herz geschwellt,
er ist dahin, der süße Glaube
an Wesen, die mein Traum gebar,
der rauhen Wirklichkeit zum Raube,
was einst so schön, so göttlich war.

Diese wehe Grundstimmung, dieses Verflüchtigen der Ideale malt Liszt in Tönen. Den strahlenden Lebensbezwinger, wie man den jungen Liszt mit vollem Recht nennen muß, ergreift nun mit zunehmenden Jahren die Erkenntnis der Nichtigkeit aller Träume, die Enttäuschung. Liszts Freunde, Wagner vor allem, schätzten dieses Stück besonders hoch, in dessen Originalfassung Chöre vorkommen (1857).

*Zwei Episoden aus Lenaus »Faust«*. Dieses Werk darf nicht mit Liszts großer – und bedeutend späterer – Faustsinfonie verwechselt werden. Es zeigt, daß der Komponist sich stets stark für das Thema interessierte, daß der »suchende Mensch«, der die »ewigen Wahrheiten« ergründen will, ihm besonders nahestand und dadurch die Gestalt Mephistos (des großen Gegenspielers Gottes und doch ein unlösbarer Teil von ihm), der eine der beiden polaren Kräfte der Welt symbolisiert, ihn faszinierte. (Liszt hat ihm nicht weniger als vier sogenannte »Mephistowalzer« sowie Hauptrollen sowohl in dem hier zur Besprechung stehenden Stück wie in der Faustsinfonie zugedacht.) Für die beiden »Episoden«, die er im Jahre 1860 komponierte, wählte er nicht Goethes Dichtung als Grundlage (und auch nicht die damals weniger beachtete Volkssage oder andere Fassungen), sondern das Gedicht des deutschen Romantikers (ungarischer Abstammung) Nikolaus Lenau (1802–1850), aus dem er zwei Szenen herausnahm: *Der nächtliche Zug* schildert eine düstere Nacht mit Frühlingsahnen und Nachtigallengesang. In der Ferne zieht eine Prozession vorüber, bei deren heiligem Gesange sich die Augen des Wanderers mit Tränen füllen, zum dämonischen *Tanz in der Dorfschenke* spielt Mephisto auf. Diese zweite Episode ist – während man die erste sehr selten hört – auch unter dem Namen *Mephistowalzer* bekannt: Es ist das erste der vier Stücke, die diesen Namen tragen und zugleich das einzige, das für Orchester komponiert ist (1860).

*Hamlet*. Die Romantiker trieben einen wahren Kult mit Shakespeare. Besonders Hamlets schwieriger, vielseitiger Charakter fesselte ihr allem Abwegigen nachspürendes Interesse. So schuf auch Liszt ein sinfonisches Gedicht über den unseligen Prinzen von Dänemark – aber es hat an Lebensdauer das dramatische Vorbild nicht erreicht. (Uraufführung: 2. Juli 1876, in Sondershausen.)

*Von der Wiege bis zum Grabe*. Jahrzehnte nach dem Hauptstrom seiner sinfonischen Gedichte kommt Liszt noch einmal zu dieser Form zurück. Er greift nach einer Zeichnung des ungarischen Malers Michel von Zichy und entwirft ein (selten gespieltes) Tongemälde, das man vielleicht als Zusammenfassung seines Lebens, als Rückblick, als philosophische Erkenntnis deuten könnte (1881/82).

### *Zwei Programmsinfonien*

*Faustsinfonie* (nach Goethe) in 3 Charakterbildern für großes Orchester, Tenorsolo und Männerchor. Von manchem Kenner für Liszts bedeutendstes Werk gehalten, stellt diese Sinfonie gleichzeitig einen Höhepunkt des Genres dar. Hier ist die sinfonische Form äußerlich noch beibehalten, aber mit völlig programmatischem, schilderndem Inhalt erfüllt. Bezeichnenderweise ist sie Berlioz gewidmet, dessen *Phantastische Sinfonie* den Ausgangspunkt (und zugleich einen ersten Gipfel) der Art darstellt. Liszt folgt den Gedankengängen des Goetheschen Schauspiels, dessen Hauptpersonen er durch je einen Satz dieser Sinfonie musikalisch zu charakterisieren weiß. So heißt der erste *Faust*, der zweite *Gretchen* und der dritte *Mephisto*. Der erste Satz zeigt den suchenden, den ringenden Menschen. Das Anfangsthema scheint voll Zweifel, voll Wissensdrang, voll Sehnsucht nach Erkenntnis:

Interessant ist hier die starke Verwendung des (damals noch kaum gebrauchten) übermäßigen Dreiklangs: G-H-Es und Fis-B-D, der einige Jahrzehnte später (bei Debussy und vor allem bei Puccini) in ganz ähnlicher, wenn auch zumeist ins Räumliche übertragener Bedeutung – als »Sehnsuchtsakkord«, als Symbol der Ferne, der exotischen Länder – verwendet werden wird. Hernach erscheint der liebende Faust, der Zärtlichkeitssuchende. Und schließlich beschreibt ein heldisches, glänzendes Thema (wie strahlend sind diese Themen bei Liszt stets!) den kämpferischen, zuletzt siegenden Faust, der über die irdischen Zweifel triumphiert:

Der zweite Satz ist dem lieblichen, zarten, mit allen weiblichen Tugenden ausgestatteten Gretchen gewidmet. Auch das ist ein Gebiet, das Liszt meisterhaft – im Leben wie in der Musik – beherrscht. Das erste Thema malt des Mädchens Unschuld, ihre reine Welt:

Dann tritt Faust auf, Themen aus dem ersten Satz schildern das Liebesverlangen, schließlich die zärtliche Hingabe, die über dem Paar zusammenschlagende Leidenschaft. Der dritte Satz ist psychologisch und musikalisch besonders interessant: Er enthält kein eigenes Thema, sondern nur Veränderungen, Verzerrungen der Themen Fausts (aus dem ersten Satz). Es ist, als wolle Liszt zeigen, wie der »Teufel« innerlich sein Opfer verspottet, oder aber, wie die gleichen äußeren Erscheinungen sich verschieden in der Seele Fausts und Mephistos spiegeln. Nur Gretchen gegenüber versagt Mephistos Spott: Ihr Thema erstrahlt in voller Reinheit und Süße – auch das ein psychologisch äußerst feiner Zug des Komponisten. Gretchens Erscheinen leitet zum Schluß über, zum »Chorus mysticus« (der bei Aufführungen gesungen oder weggelassen werden kann) auf die berühmten Goetheworte:

»Alles Vergängliche ist nur ein Gleichnis,
das Unzulängliche, hier wird's Ereignis;
das Unbeschreibliche, hier ist's getan;
das Ewig-Weibliche zieht uns hinan.«

(Gustav Mahler wird auf diese Verse zurückgreifen.) Die Orgel setzt weich und doch majestätisch ein: Die Erlösung ist vollzogen. Vor der Reinheit des »Ewig-Weiblichen« versagt das Böse. Verklärt scheint die Musik himmelwärts zu schweben. (Komponiert 1854; Uraufführung: Weimar, 5. September 1857.)

*Dante*, eine Sinfonie zu Dantes »Divina Commedia« für großes Orchester und Frauenchor. Nach Goethes tiefstem und schwierigstem Werk bildet nun Dantes Meisterschöpfung die Grundlage für eine Sinfonie Liszts. Hier fügt er, während die Faustsinfonie Männerchor verwendete, die Frauenstimmen dem Sinfonieorchester hinzu. Er dachte ursprünglich auch bei diesem Stück an drei Sätze, aber nur die beiden ersten (*Hölle* und *Fegefeuer*) wurden geschrieben; vielleicht war es Wagner, der dem Komponisten von der Vollendung des dritten Teiles, der das »Paradies« darstellen sollte, abriet. An seiner Stelle schloß Liszt das Werk mit einem »Magnificat« ab, das an den zweiten Teil angeschlossen ist. Die Worte, die über Dantes Hölle stehen, setzte auch Liszt über die Partitur des ersten Satzes: »Per me si va nella città dolente... Lasciate ogni speranza voi ch'entrate« (Durch diese Pforte geht es zum Ort der Leiden... laßt jede Hoffnung fahren, die ihr hier eintretet). Nach feierlichem Beginn entfesselt Liszt alle Schrecken der Hölle. Er findet ergreifende Töne und packt uns mit Klangkombinationen, die für die damalige Zeit (im wahrsten Sinne) »unerhört« genannt werden müssen. Vieles von dem, was man Wagner an Fortschritten in der sinfonischen Instrumentation zuschreibt, ist hier gleichzeitig oder sogar früher vorhanden. Ja selbst die Tristan-Chromatik scheint vorausgeahnt:

Eine Episode schildert Paolo und Francesca da Rimini, das Liebespaar, das zu Höllenqualen verdammt wurde. Welche Innigkeit erreicht hier die Musik! Liszt verurteilt Paolo und Francesca nicht, sein Herz weilt bei ihnen; er schenkt ihnen seine zärtlichsten Melodien, Englischhorn und Violoncello begleiten sie, bis die Panik der ewigen Qualen wieder über sie hereinbricht. Das Purgatorium, das »Fegefeuer«, stellt ein weites Idyll dar. Hier herrschen Ruhe und Frieden, denn die Erlösung steht bevor. Die Themen haben teils bittenden, betenden Charakter,

teils malen sie den letzten Rest irdischer Zweifel, von Reue oder inneren Kämpfen:

Mit einer himmlischen Vision schließt das Werk. Wie Sphärenmusik senkt sich der Gesang der Frauenstimmen verklärt herab (1856).

*Werke für Klavier und Orchester*

*Klavierkonzert Nr. 1 Es-dur.* Im Jahre 1848 schrieb Liszt sein erstes Klavierkonzert, das ihn bereits auf voller Höhe sowohl der pianistischen wie der sinfonischen Komposition zeigt (während sein Freund Chopin sich nur in ersterer Beziehung als Meister erwies und so seine [ebenfalls zwei] Klavierkonzerte nicht zur vollen Wirkung bringen konnte). Liszt benutzt ein großes romantisches Orchester mit Einschluß von Bekken und Triangel. Das Werk hat vier Sätze, die nur noch lose an die Sinfonieform gemahnen. Der erste, *Allegro maestoso*, bringt ein konzises, kraftvolles, überaus energisches Hauptthema, das den ganzen Satz beherrscht:

Der zweite Satz ist musikgewordene Poesie *(Quasi adagio)*. Vielleicht nicht von letzter Tiefe, aber von größtem atmosphärischem Zauber. Das Klavier übernimmt das weitgeschwungene, zärtlich weiche Thema,

spinnt den Gedanken fort, aber gestaltet ihn nicht aus, wie es noch bei Beethovens Konzerten der Fall war. Das »Malen« ersetzt in der Musik immer mehr die thematische Durchführung. Ohne Unterbrechung geht es in den dritten Satz, *Allegretto vivace*, über, den man als echtes Scherzo bezeichnen kann. Flöte und Triangel geben ihm einen einmaligen Klang (den der Kritiker Hanslick »sehr gewöhnlich« gefunden hat); es ist etwas Zündendes, Schwebendes, Leichtes an ihm, das sicher seinen eigenen Reiz bietet. Der letzte Satz *(Allegro marziale animato)* ist »echter Liszt«: königlich, stolz, Mann von Welt (und dessen sehr bewußt), spektakulär, brillant, mit großer Geste und seiner Wirkung sicher. Es ist unmöglich, mit diesem Finale keinen stürmischen Erfolg zu haben. Liszt komponierte das Erste Klavierkonzert während seiner Weimarer Epoche, im Jahre 1848; aber seltsamerweise spielte er es erst viel später öffentlich: am 17. Februar 1855, unter der Leitung Hans von Bülows, ebenfalls in Weimar. Was beweist, daß der gefeierte Pianist und Musiker, von größter Machtfülle auf dem Gebiet der damaligen Kunst, seine Stellung keineswegs zur Propagierung eigener Werke ausnützte.

*Klavierkonzert Nr. 2 A-dur.* Die erste Fassung stammt wohl – wie das erste Konzert – aus dem Jahre 1848; aber Liszt unterwarf die Partitur (die zuerst »Sinfonisches Konzert« betitelt war, was den Charakter gut trifft) mehrfachen Revisionen. Sowohl die Publikation wie die Uraufführung ließen auf sich warten. Letztere erfolgte am 7. 1. 1857 in Weimar, wobei Liszt dieses Mal nicht den Klavierpart spielte, sondern dirigierte. Als Pianist wirkte Hans von Bronsart. Mancher Musikwissenschaftler vermeinte hier ein sinfonisches Gedicht mit obligatem Klavier zu erkennen; aber der Autor hat uns keinerlei »Programm« bekanntgegeben. Die Musik erweckt romantische Träume, ohne daß man versuchen soll, sie irgendwie festzulegen. Dieses Konzert ist weniger »großartig« als das erste, seine Gesten kleiner, seine Ausstrahlung intimer, inniger. Vielleicht geht es darum mehr zu Herzen, ergreift mehr. In der Instrumentation hat Liszt Becken und Triangel weggelassen, verwendet im übrigen aber das große romantische Orchester, das Posaunen einschließt. Die Sätze gehen pausenlos ineinander über. Das Werk beginnt mit einer träumerischen Melodie, die im weiteren Verlauf eine bedeutende Rolle zu spielen berufen ist:

Es gibt in diesem Stück viele Augenblicke starken Gefühlsausdrucks. Ein Duett zwischen Klavier und Violoncello, Hornmelodien, Oboenphrasen: Liszt als Stimmungszauberer ist unübertrefflich, in einem einzigen Satz bringt er alle Emotionen unter, die sonst auf drei oder vier Sätze verteilt sind. Die heroischen Klänge fehlen keineswegs ganz. Es gibt schmetternde Trompeten, gewaltige Klangballungen. Aber das letzte Wort, die Schlußstimmung gehört dem lyrischen Thema, in dem eine romantische Seele ihre Träume besingt.

*Totentanz (Danse macabre)*, Paraphrase über *Dies irae* für Klavier und Orchester. Ein damals »beliebtes« Thema (Saint-Saëns behandelte es unter vielen anderen auch, wie an entsprechender Stelle nachzulesen ist); Liszt ließ sich vom »Jüngsten Gericht« Orcagnas, das in Pisa aufbewahrt ist, inspirieren. Er verwendete die mittelalterliche Sequenz des *Dies irae* und schrieb ein wirkungsvolles, wenn auch kaum dem gewaltigen Thema ebenbürtiges Stück für Klavier und Orchester, das sehr selten zu hören ist. (Komponiert 1849; uraufgeführt in Den Haag, am 15. März 1865, mit Hans von Bülow am Klavier, unter Leitung von J.J.H. Verhulst.)

*Ungarische Phantasie.* Liszt instrumentierte für Klavier und Orchester vierzehn seiner teilweise überaus populär gewordenen Ungarischen Rhapsodien. Und aus der 14. machte er die »Ungarische Phantasie«, blendendes Bravourstück, in dem Klavier und Orchester eine ideale Fusion rund um folkloristische Themen eingehen. (Orchesterfassung: 1860.)

## Anatol Ljadow

1855–1914, russischer Komponist

Seine *Acht russischen Volkslieder*, op. 58, aus dem Jahre 1906, gehörten lange Zeit zu den beliebten Konzertstücken, sie zeigten des Komponisten Neigung zu romantischen Stimmungsbildern und feinen Genrestücken in überzeugender Art. Von seinen weiteren Orchesterkompositionen wären zu nennen:

*Mazurka*, op. 19 (1888); *Polonaise* (zum Andenken an Puschkin), op. 49 (1900); *Polonaise* (zur Einweihung einer Statue Nikolaus Rubinsteins), op. 55 (1903); *Baba Yaga* (Tongemälde nach einem russischen Volksmärchen), op. 56 (komponiert 1904, uraufgeführt in St. Petersburg am 18. 3. 1904); *Der verzauberte See* (ein Märchenbild), op. 62 (komponiert 1909, uraufgeführt in St. Petersburg am 21. 2. 1909); *Kikimora* (Legende), op. 63 (komponiert 1909, uraufgeführt in St. Petersburg am 12. 12. 1909); *Fragment aus »Die Apokalypse«* (sinfonisches Bild), op. 66 (1913); *Naenie* (Trauermusik), op. 67 (1914).

## Boris Ljatoschinsky

1895–1968, sowjetischer Komponist

In Schitomir/Ukraine geboren, beweist dieser Tonschöpfer in nahezu allen seinen Werken eine profunde Kenntnis und liebevolle Behandlung nicht nur seiner heimischen Folklore, sondern der slawischen Volksmusik im allgemeinen. Die Themen seines *Slawischen Konzerts* für Klavier sind russischen und ukrainischen, aber auch tschechischen, slowakischen und polnischen Ursprungs. Er schrieb 1919 seine *Sinfonie Nr. 1*, 1940 seine *Sinfonie Nr. 2*, 1954 seine *Sinfonie Nr. 3*, 1963 seine *Sinfonie Nr. 4*. Bedeutend sind einige seiner sinfonischen Dichtungen, die Ballade *Grazyna*, eine *Slawische Ouvertüre* und eine *Polnische Suite* (1961).

## Pietro Locatelli

1695–1764, italienischer Komponist

Zu den lange vernachlässigten und in unserer Zeit neu entdeckten Barockkomponisten gehört auch dieser bedeutende Sohn der Stadt Bergamo, Schüler Corellis, Meistergeiger und inspirierter Tondichter, der hier weniger als Schöpfer einzelner Werke verzeichnet sei (die es in beträchtlicher Menge und höchster Qualität gibt), sondern als Großmeister des *Violinkonzerts* wie des

*Concerto grosso*, zweier der wichtigsten Formen aus dem reichen Musikleben einer wahrhaft »klingenden« Epoche.

## Mark Lothar

1902–1985, deutscher Komponist

Dieser in Berlin geborene deutsche Komponist hat nicht nur das Musiktheater um einige liebenswerte Stücke bereichert, sondern sich auch im sinfonischen Repertoire dank Einfallsreichtum und meisterlicher Technik einen guten Namen gemacht. Hierher gehören: *Die Hirtenflöte* (Tänzerisches Divertimento für Soloflöte, Soloklarinette und kleines Orchester), *Verwandlungen eines Barockthemas, Kleine Theatersuite, Eichendorff-Suite, Mittelalterliche Tanzsuite, Concertino* (für 4 Soloklarinetten, Streichorchester, Harfe und Schlagzeug) u.a. Nicht unerwähnt darf – neben vielen Bühnenmusiken glänzender Faktur – seine *Musik zu Gründgens Faust-Film* bleiben (ursprünglich für eine Theateraufführung am Hamburger Schauspielhaus geschrieben).

## Jean Baptiste Lully

1632–1687, italienisch-französischer Komponist

Ob die (beinahe romanhafte) Gestalt des kleinen italienischen Küchenjungen Giovanni Battista Lulli, der es zum Hofdirigenten und -komponisten des Sonnenkönigs und zu einem der berühmtesten Musiker seiner Zeit brachte, in dieses Buch gehört, darüber ließe sich streiten. Denn kaum eines seiner Werke lebt im Konzertsaal, und erst der Aufschwung der Schallplatte gab uns die Möglichkeit, etwas von ihm zu vernehmen. Aber er hat eine führende Rolle gespielt: im Werden unseres Konzertlebens (als er die »Violons du roi« leitete, eines der frühesten Orchester des Abendlands) und bei der Entstehung einer musikalischen Form, der sogenannten »französischen Ouvertüre«, die, wie schon früher erwähnt, im Gegensatz zur »italienischen« (die schnell–langsam–schnell abläuft) zu Anfang und Ende einen langsamen und in der Mitte einen schnellen Teil hat. Die Opern Lullys enthalten viele Instrumentalstücke von hohem Wert, sei es als Ouvertüren oder als Ballettmusiken. Es gibt auch Schauspielmusiken von ihm. Er lebte von 1646 an in Paris.

## Witold Lutosławski

1913, polnischer Komponist

Der in Warschau geborene und in seiner Heimat lebende Tonschöpfer zählt heute nicht nur zu den bedeutendsten Musikerpersönlichkeiten seines Landes, sondern Europas und der Welt. In seinem Werk drückt sich, neben dem mehrerer seiner wichtigsten Landsleute, der künstlerische Aufschwung Polens auf musikalischem Gebiet sehr deutlich aus. Er errang zahlreiche Preise: Warschau 1948, Polnisches Musikfest 1952, Polnischer Nationalpreis für 10 Jahre Schaffen 1945/55, UNESCO 1959, Wiener Gesellschaft der Musikfreunde 1963, Kussewitzky-Stiftung, Königlich Schwedische Musikakademie usw. Seine wichtigsten Werke sind in nahezu allen Musikstädten der Welt gespielt worden und haben zum Teil starkes Publikumsecho gefunden, obwohl Lutosławskis Stil keineswegs als eingänglich bezeichnet werden kann. Er zeigt eine steigende Synthese zwischen Tradition und Moderne, zwischen Inhalt und Form. Mit seiner *Trauermusik für Streicher*, dem Andenken Béla Bartóks (zu dessen Werk der Pole stets eine starke Affinität zeigte) erregte er erstmals internationales Aufsehen. In vorderster Reihe sind seine drei Sinfonien zu nennen, doch auch die *10 Polnischen Tänze*, die *Sinfonischen Variationen*, die *Kleine Suite*, das *Konzert für Orchester* (1954), das *Postludium*, die *Ouvertüre für Streicher*, die *Cinq Préludes de Danse* (für Klarinette, Harfe, Klavier, Streicher und Schlagzeug). Die *Jeux Vénitiens* (1961) erhielten ihren Namen wegen der Bestellung durch die venezianische Biennale; die Besetzung umfaßt 7 Holz-, 3 Blechbläser, 4 Schlagzeuger, Klavier, Celesta, 12 Streicher. Das Werk enthält aleatorische Elemente, doch werden sie vor Ausuferung begrenzt. Zum *Livre pour Orchestre*, das im Auftrag der Stadt Münster geschrieben wurde, wo 1968 die Uraufführung stattfand, gibt der Komponist eine Erklärung: »Die ersten drei Sätze sind spannungsgeladen, und nach jedem ist ein kurzer Entspannungsmoment erforderlich; dazu dienen die Interludien, die aus weniger wichtiger, ad libitum zu spielender Musik bestehen. Inzwischen sollte der Dirigent sich wie in einer Pause benehmen: Er soll klar zum Ausdruck bringen, daß dies ein Augenblick der Entspannung ist, sich bewegen, husten usw. Nach etwa 20 Sekunden erhebt er den Taktstock von neuem, unterbricht das aleatorische Spiel und beginnt nach einer kurzen Unterbrechung von 5 Sekunden den nächsten Satz...« Erwähnenswert noch das *Cellokonzert* (1971), das eine wertvolle Bereicherung dieser Gattung darstellt.

## Gerhard Maasz

1906–1984, deutscher Komponist

Der in Hamburg geborene und nach Bekleidung hoher Stellungen im deutschen Musikleben in die Schweiz zurückgezogene und in Locarno verstorbene Komponist stand der Jugend- und Spielmusikbewegung nahe, der er mit einer Fülle von erfreulichen und überaus verwendbaren Werken wertvolles Material geliefert hat. Auf sinfonischem Gebiet konnte er sein eminentes Können voll ausleben: *Suite in A-dur* (1929), *Handwerker-Tänze nach alten Zunftrufen und -weisen* (1936), *Pastorale und Fuge* (1937), *Alt-Hamburg* (1937), *Feiermusik* (1938), *Von der edlen Musik* (Variationen über ein Thema aus dem »Augsburger Tafelkonfekt«, 1946), *Finnische Rhapsodie* (1948), *Ein kleiner Instrumentengarten* (1950), *Capriccio* (1955), *Portugie-*

*sische Suite* (1957), *Lob des Handwerks* (Festliche Ouvertüre, 1958), ferner Werke für Kammer- und Streichorchester sowie konzertante Werke für Klavier, Orgel, Viola, Cello, Flöte, Oboe.

## Eduard MacDowell

1861–1908, US-Komponist

Dieser frühe nordamerikanische Tonschöpfer war in Paris ein Studiengefährte Debussys, dann in Deutschland ein Schüler Raffs. Und so steht sein Schaffen zwischen Romantik und beginnendem Impressionismus. Er war ein brillanter Pianist, leitete eine Meisterklasse in Darmstadt, später an der Universität seiner Vaterstadt New York. Von seinen poetischen und klangschönen Orchesterwerken wollen wir erwähnen: Zwei Klavierkonzerte, Three Poems für zwei Klaviere, die sinfonischen Dichtungen *Lancelot und Elaine*, *Lamia und Roland*, die Orchestersuite *In October* und vor allem sein bekanntestes und heute noch gespieltes Stück *Indianische Suite*, in der das eine oder andere indianische Thema verarbeitet ist; die einzelnen Sätze sind *Legende, Liebeslied, Zur Kriegszeit, Trauergesang, Ländliches Fest* betitelt. (Uraufführung: Boston, 31. 1. 1895, unter der Leitung des Komponisten.)

## Gustav Mahler

1860–1911

Der große Sänger der Sehnsucht, die auf dieser Erde keine Erfüllung finden kann, der Kämpfer um eine künstlerische Vollkommenheit, die nur in »Sternstunden« (wie es der ihm irgendwie wesensverwandte Stefan Zweig ausdrückte) zu erreichen, der Tiefgläubige, der die Dogmen verwarf und die Göttlichkeit im Unendlichen, im All und in der menschlichen Seele suchte: Gustav Mahler, Komponist von neun Sinfonien, die zum Teil alle früheren Maße sprengen und Klangmassen von unerhörtem Ausmaße erfordern, um »Unerhörtes« zu sagen, ist heute wie zu seinen Lebzeiten eine umstrittene Gestalt. Er ist einer jener Künstler, denen gegenüber es keine Gleichgültigkeit geben kann. Man ist ihm entweder verfallen – man leidet seine Leiden, kämpft seinen Kampf, versteht seine Einsamkeit, liebt seine unstillbare Melancholie, die im Irdischen Erlösung suchen will, aber immer wieder zurückgeworfen wird –, oder man lehnt ihn ab, findet ihn »verstiegen«, maßlos, übertrieben, hysterisch. Er wurde am 7. Juli 1860 in einem mährischen Dorfe geboren, das Kalischt heißt. In einer glänzenden Kapellmeisterkarriere erstieg er schnell die Positionen, die zum Sprungbrett auf den begehrtesten Posten wurden: von 1897 bis 1907 war er dann am Ziel, Direktor der Wiener Hofoper. Und das Institut erlebte unter seiner fanatischen Leitung eine nie gekannte Blütezeit. Wenn von Operngeschichte die Rede ist, muß die Ära Mahler als leuchtender Gipfel dargestellt sein: höchste Ensemblekunst, weites Repertoire, Heranziehung bedeutender Maler, um dem Bühnenbild den ihm im Gesamtkunstwerk Oper gebührenden Raum zu sichern, geistig hochstehende Regisseure, hervorragende Stimmen. Daß er neben dieser erschöpfenden Aufgabe Zeit und Ruhe zu eigenem Schaffen fand, daß er von triumphalen Dirigentengastspielen zu seinem Schreibtisch zurückfand, ist bewundernswert. Oder nein: Es war wie eine Zwangshandlung. Denn um sein Innerstes auszudrücken, genügte der Dienst am fremden Werk – und mochte es ihm so nahestehen wie »Don Giovanni« oder »Tristan und Isolde« – nicht. Sein Arbeitsplatz war zumeist an einem der lieblichen oberösterreichischen Alpenseen, wo Mahler den Sommer verbrachte; dort entstand, was ihn an Klängen überlebte. Die Winter eigneten sich weniger gut zum Schaffen: Bitternis und Enttäuschung mischten sich in immer stärkerer Weise in seine Wiener Tätigkeit. 1907 gab er Stellung und sogar Wohnsitz auf, Bürokratentum und Intrigen hatten einen Künstler besiegt, einen Menschen schwer verletzt. Nordamerikanischen Konzertreisen gehörten seine letzten Jahre. Die Kompositionen dieser Epoche klingen immer schmerzlicher, immer mehr nach Abschied. Ein untröstlicher Weltschmerz singt in ihnen, ein Heimweh, das keine geographische Ortung mehr besitzt. Als er den Tod nahen fühlte, kehrte er mit letzten Kräften nach Wien zurück. Dort ist er am 18. Mai 1911 gestorben. Sein Werk breitete sich aus, erklang in nahezu allen Ländern der Erde. Nicht immer und überall wurde er, einer der letzten Romantiker, verstanden. Er hatte seine »Gemeinde«, aber die Sachlichkeit der Zwischenkriegszeit, das Überwiegen des Verstandes über das Gefühl, die Abkehr von jeder Sentimentalität riß oft einen Graben auf zwischen der neuen Jugend und seinem verzweifelten, in Tönen ausgedrückten Ringen um Gott, um letzte Erkenntnis, seinem faustischen Kampf gegen die Dämonen in der eigenen Brust. Die geistige Wende nach dem 2. Weltkrieg führte zu breiterem Verständnis, und heute steht der Sieg seines Werkes unwidersprochen fest.

*Die Sinfonien*

*Sinfonie Nr. 1 D-dur.* Mahler arbeitete von 1884 bis 1888 an seiner ersten Sinfonie. Er scheint zu ihr durch Jean Pauls Roman »Der Titan« inspiriert worden zu sein; sie führte zuerst auch diesen Untertitel, den der Komponist später wieder strich. Die Uraufführung fand in Budapest am 20. November 1889 statt. Für die drei Jahre später in Hamburg veranstaltete Aufführung verfaßte er selbst ein »Programm«, in dem zu lesen steht: »I. Teil. Aus den Tagen der Jugend, 1. Frühling und kein Ende. Die Einleitung schildert das Erwachen der Natur am frühesten Morgen. 2. Blumenkapitel *(Andante)*. 3. Mit vollen Segeln *(Scherzo)*. II. Teil. Commedia humana. 4. Gestrandet. Ein Totenmarsch in Callots Manier. Zur Erklärung diene folgendes: Die äußere Anregung erhielt der Autor durch das in Süddeutschland allen Kindern wohlbekannte parodistische Bild ›Des Jägers Leichenbegängnis‹ aus einem alten Kindermärchenbuch. Die Tiere des Waldes geleiten den Sarg des verstorbenen Försters zu Grabe; Hasen tragen das Fähnlein, woran eine Kapelle von böhmischen Musikanten, begleitet von musizierenden Katzen, Unken, Krähen usw., und Hirsche, Rehe, Füchse und andere vierbeinige und gefiederte Tiere des Waldes geleiten in possierlichen Stellungen den Zug. An dieser Stelle ist das Stück als Ausdruck einer bald ironisch-lustigen, bald unheimlich brütenden Stimmung gedacht, auf welche dann sogleich 5. Dall' inferno al Paradiso *(Allegro furioso)* folgt, als plötzlicher Ausdruck ›eines im Tiefsten verwundeten Herzens‹.« Mahler hat später dieses Programm wieder gestrichen und es nicht in die gedruckte Ausgabe aufgenommen; es mag aus dem Hang jener Zeit entstanden sein, jede Musik durch außermusikalische Impressionen zu »erklären«. Daß es aber mit Mahlers Gedanken bei der Komposition dieser Sinfonie eng zusammenhängt, ist offensichtlich, und darum haben wir es zitiert, ohne im einzelnen nachprüfen zu wollen, wie weit die Übereinstimmung der Musik mit ihm geht. Wichtiger vielleicht ist es, zu wissen, daß das Werk einige aus Mahlers kurz vorher komponierten »Liedern eines fahrenden Gesellen« enthält; dies sind Melodien im Volkston, von tiefer Empfindung, aber einfachster Formulierung. Der Komponist lebt in einer Epoche inniger Naturverbundenheit und erster Liebesempfindung glücklicher wie melancholischer Art. Schon scheint in seiner Seele das Gefühl erwacht zu sein, daß das Leben ein einziges langes Abschiednehmen bedeute. Eine gewisse Traurigkeit ist von hier an bis zu seiner letzten Komposition immer fühlbar, ein wenig wie bei Schubert vielleicht.

Der erste Satz (»blühend, jugendlich feurig« nennt ihn Bruno Walter) bringt eines der »Lieder eines fahrenden Gesellen« – das froheste des Zyklus –, das mit den Worten beginnt: »Ging heut morgen übers Feld, Tau noch auf den Gräsern hing...«:

Man glaubt den Tau zu fühlen, und man vernimmt den jubelnden Gesang der Vögel: Die Welt ersteht wieder aus der Nacht, Licht und Freude verbreiten sich überall, und der Mensch erlebt den Morgen als ein sich täglich erneuerndes Wunder der Schöpfung. Der zweite Satz ist ein bäuerliches Scherzo, das seinen Impuls vielleicht aus Kindheitserinnerungen an die mährischen Tänze bezieht (wenn auch kein Nationalkolorit vorhanden ist); das Trio ist lieblich und anmutig. Kein Schatten trübt diese beiden ersten Sätze – um so düsterer, ja tragischer wirken nun die beiden folgenden. Der dritte – mit der seltsamen Andeutung Mahlers: Trauermarsch in Callots Manier – verwendet ein Kinderlied, einen leicht veränderten Kanon, wie er von den Kleinsten in allen Ländern gesungen wird (»Frère Jacques« oder »Bruder Martin«), aber er ist nach Moll umgebogen und zum Trauermarsch gestaltet, zu einem grotesken Leichenbegängnis, wie jenes, auf das der Autor in seinem »Programm« anspielt: die Beerdigung des Försters, bei der die Tiere des Waldes das Geleit stellen...

Zudem gibt es in diesem Satz noch weitere karikierende Züge, die aber nichts Komisches oder gar Lustiges an sich haben, sondern eher gespenstisch wirken, seltsam unwirklich, nach Art eines bedrückenden Traums. Wie eine Vision zieht dann eine der herrlichsten Melodien Mahlers vorüber: Sie stammt ebenfalls aus den »Liedern eines fahrenden Gesellen«, wo sie auf die Worte »Die zwei blauen Augen von meinem Schatz, die haben mich in die weite Welt geschickt« erklingt, um dann bei dem Vers »Auf der Straße steht ein Lindenbaum, da hab ich zum ersten Mal im Schlaf geruht« in eine wehmütig ergreifende Stimmung von Traum und Tod, unseliger Liebe und traurigem Abschied überzugehen. Hier, zwischen dem gespenstischen Kinderlied und einigen fern an böhmische Weisen erinnernden Themen wirkt diese Melodie ohne Worte zutiefst weh und einsam. Dann bricht der letzte Satz – *Mit großer Wildheit* überschrieben – los, der Kampf gegen übermächtige, vielleicht übermenschliche Mächte tobt lange. Fanfaren ertönen zum Ende: Sieg oder Jüngstes Gericht? Im Jahre 1909, mehr als zwanzig Jahre später und nahe dem Tode, schrieb Mahler an Bruno Walter, seinen treuen Interpreten, aus Amerika, wo er die Sinfonie wieder einmal dirigiert hatte: »Mit diesem Jugendwurf war ich recht zufrieden. Sonderbar ergeht es mir mit allen diesen Werken, wenn ich sie dirigiere. Es kristallisiert sich eine brennend schmerzliche Empfindung. Was ist das für eine Welt, welche solche Klänge und Gestalten als Widerbild auswirft! So was wie der Trauermarsch und der darauf ausbrechende Sturm erscheint mir wie eine brennende Anklage gegen den Schöpfer ...«

*Sinfonie Nr. 2 c-moll.* Fast sieben Jahre lang arbeitete Mahler an diesem Werk! 1894 schloß er es ab; die ersten drei – rein instrumentalen – Sätze erklangen unter der Stabführung Richard Strauss' in Berlin am 4. März 1895, die ganze Sinfonie, von Mahler selbst dirigiert, in der gleichen Stadt am 13. Dezember 1895. Die Kritiken, fast durchwegs vernichtend, zeigen ein ungewöhnliches Maß an Unverstand, aber auch zum Teil brennende Sorge um die Zukunft der Musik. (Sie hätten sie um die Zukunft der Welt hegen sollen, wie Mahler in seinem früher zitierten Brief sehr richtig erkennt.) Die Komposition hat fünf Sätze, drei sinfonische *(Allegro maestoso, Andante moderato, Con moto comodo)* und zwei mit Gesang, wobei der vierte einer Solostimme (Alt oder Mezzosopran) anvertraut ist und im fünften gewaltige Chöre eingesetzt werden. Sowohl das Orchester wie die Ausmaße der Sinfonie sind außergewöhnlich. Mit zwei Stunden Dauer ist es die längste Komposition ihres Genres, die bis dahin geschrieben worden war und die erst durch Mahlers Achte übertroffen werden sollte, durch die sogenannte »Sinfonie der Tausend«. Die Instrumentation faßt alle Fortschritte der Orchestrierung zusammen, die Wagner und Richard Strauss in die Wege geleitet hatten; nicht nur ziffernmäßig durch Ausdehnung des Klangkörpers bis auf 110 Musiker, sondern vor allem durch immer neue Kombinationsmöglichkeiten, Nuancen und Effekte, von denen vorhergehende Generationen nichts geahnt hatten (und die manche Komponisten dazu verleiteten, den Orchesterklang als Selbstzweck anzusehen, anstatt ihn in den Dienst der musikalischen Werte eines Werkes zu stellen).

Die zweite Sinfonie Mahlers wird manchmal *Auferstehungssinfonie* genannt. Der Name stammt vom letzten Satz, der Klopstocks Auferstehungshymnus in Musik setzt. Mag dies auch vielleicht der Grundgedanke des gesamten Werkes sein, so ist es doch schwer, eine so vielschichtige, von zahllosen Stimmungen belebte Komposition mit einem einzigen Wort zu benennen. Alle Merkmale Mahlerscher Sinfonik, die in der ersten Sinfonie auftauchten oder im Keim vorhanden waren, sind hier – mit überraschender Schnelligkeit – zur Blüte gelangt. Der Komponist hat einen ganz persönlichen Stil gefunden, in dem sich seine vielfältige Persönlichkeit ausdrückt: schmerzliche Melancholie, blendender Klang, schneidende Ironie, Größe, aber vielleicht Überdimensioniertheit der Konzepte, Volkstümlichkeit und höchste Schlichtheit einiger Themen, titanisches Ringen mit den Schicksalsmächten. Man hat Mahlers Musik manchmal »äußerlich« gescholten, aufgebläht, effektsuchend – sicherlich zu Unrecht. Seine Musik entspricht genau seiner Zeit, die uns heute in manchem hohl und bombastisch erscheint, die aber ebenso fest (ja viel fester, könnte man meinen) an ihre Wahrheit glaubte als die unsere an die gegenwärtige. Mahler ist der echte Repräsentant eines »späten« Zeitalters, in dem Kulturströmungen von Jahrhunderten – Gotik, Mystik, Renaissance, Aufklärung, Biedermeier, Naturalismus, Dekadenz, Jugendstil und noch viel mehr – nebeneinander leben und dem Schaffenden zur Verfügung stehen.

Das Hauptthema des ersten Satzes ist ein echtes Sinfoniethema, weit ausholend, großartig, spannungsgeladen, kampfbereit, fast beethovenisch:

Der ganze Satz trägt düsteren, beinahe tragischen, zumindest aber äußerst dramatischen Charakter. Mahler soll von einer »Trauerfeier« gesprochen haben, aber es ist klar, daß ein einziges Wort den gewaltigen Inhalt nicht erfassen kann. Heroisch-Erhabenes wechselt mit milderen Lichtern, Fackelschein fällt in ein zyklopisches Mausoleum, unsichtbare Chöre singen Trost, aber die Seele bleibt zerwühlt, die Wunden aufgerissen. Zwischen dem ersten und dem zweiten Satz verlangt der Komponist »mindestens fünf Minuten Pause«, eine seltsame und doch tief begründete Forderung. Wir treten in eine völlig andere Welt ein: eine liebliche Szene breitet sich nun vor uns aus, ein ländliches Idyll mit Tänzen oder ihrem fernen, aber glücklichen (wenn auch immer ein wenig wehmütigen) Echo. Die Musik hat schlichten Volkston angenommen, wie Dvořák und Bruckner ihn manchmal finden, und vor allem ... Schubert:

Auf diesen Ländler, voll Unschuld und Lieblichkeit, folgt ein Stück bissigen Humors, ein Scherzo, in dem Mahler sein ironisches Lied »Des Antonius' von Padua Fischpredigt« nochmals parodiert. Eine hoffnungslose Stimmung breitet sich aus, das Leben scheint gespenstisch. Doch dann geht die Komposition pausenlos in den vierten Satz über, der von tiefstem, reinstem, fast kindlichem Glauben erfüllt ist. Eine weiche Frauenstimme singt das Lied vom »Urlicht«: »O Röschen rot! Der Mensch liegt in höchster Not, der Mensch liegt in höchster Pein! Je lieber möcht' ich im

Himmel sein!« sagen die mittelalterlichen Worte, denen Mahler in seinen »Wunderhorn-Liedern« Ausdruck verliehen hat. Das Lied wird drängender, inniger: »Ich bin von Gott und will wieder zu Gott! Der liebe Gott wird mir ein Lichtchen geben, wird leuchten mir bis in das ewig selig Leben!« Himmlischer Trost spricht aus jeder Note dieses Satzes; man staunt, wie der gleiche Komponist die »Fischpredigt« und das »Urlicht« schreiben, ja eng nebeneinander stellen konnte. Was hat alles gleichzeitig in der menschlichen Seele Platz! (»Der Mensch ist ein Abgrund«, heißt es im »Wozzeck«.) Dann tauchen noch einmal Bilder des Grauens, des Chaos, des Kampfes auf. Im letzten Satz ertönt »Der große Appell«, wie Mahler es genannt hat. Und er kommentiert die Szenen des Jüngsten Gerichts, die er hier malt: »Die Gräber springen auf, alle Kreatur ringt sich heulend und zähneklappernd von der Erde empor. Nun kommen sie alle aufmarschiert in gewaltigem Zuge, Bettler und Reiche, Volk und Könige, die Ecclesia militans, die Päpste. Bei allen die gleiche Angst und Schreien und Beben; denn vor Gott ist keiner gerecht. Dazwischen immer wieder, wie aus einer anderen Welt, vom Jenseits her der große Appell. Zuletzt, nachdem alle im ärgsten Chaos durcheinander aufgeschrien haben, ertönt nur noch die langhin hallende Stimme des Totenvogels vom letzten Grabe her, die endlich auch erstirbt.«

Dann setzt der Chor ein; der Augenblick ist von überwältigender Wirkung. Mahler beginnt mit den Versen des deutschen Dichters Friedrich Klopstock (1724–1803): »Auferstehn, ja auferstehn wirst du, mein Staub, nach kurzer Ruh...« Aber bald genügen dem Komponisten diese Verse nicht mehr, und er spinnt sie selbst fort, in einem wunderbaren dichterischen Bild: »O glaube, mein Herz, es geht dir nichts verloren! Dein ist, was du gesehnt! Dein, was du gelebt, was du gestritten!« Die musikalischen Mittel werden immer mehr gesteigert, zum gewaltigen Chor tritt Orgel- und Glockenklang: »O glaube, du wirst nicht umsonst geboren, hast nicht umsonst gelebt, gelitten!« Dann verkündet Mahler seinen tiefsten Leitsatz: »Sterben werd' ich, um zu leben!« Und mit der Gewißheit »Auferstehn, ja auferstehn wirst du, mein Herz, nach kurzer Ruh'; was du geschlagen, zu Gott wird es dich tragen!« klingt der monumentale Satz, das riesige Werk aus.

*Sinfonie Nr. 3 d-moll.* Zu dieser hat der Komponist ein »Programm« aufgestellt, es allerdings nach Beendigung wieder entfernt (wie man ein Gerüst entfernt, wenn das Haus fertig ist, meint Bruno Walter). Er gibt Titel für die sechs Sätze an, die die Sinfonie bilden: »1. Pan erwacht, der Sommer marschiert ein. 2. Was mir die Blumen auf der Wiese erzählen. 3. Was mir die Tiere im Walde erzählen. 4. Was mir der Mensch erzählt. 5. Was mir die Engel erzählen. 6. Was mir die Liebe erzählt.« Das Gesamtwerk hat Mahler einmal mit dem Ausdruck »Meine fröhliche Wissenschaft« bezeichnet; auch einen Vergleich mit dem »Sommernachtstraum« soll er gebraucht und an einen solchen Titel gedacht haben. »Das Unbekümmertste, was ich je geschrieben habe«, ist nach seinen Worten die dritte Sinfonie geworden. Das Orchester ist noch größer als das der zweiten, eine tiefe Frauenstimme erhält wieder eine Solostelle zugeteilt, ein Kinder- und Frauenchor übernimmt den Engelsgesang.

Über die Entstehung der dritten Sinfonie erfahren wir durch Bruno Walter, daß die Sätze 2 bis 6 bereits im Jahre 1895 skizziert vorlagen, der erste aber, der weitaus längste, vor allem dem glücklichen Sommeraufenthalt 1896 in Steinbach am (oberösterreichischen) Attersee zu danken ist. Aus jenen Tagen stammt dieser Brief Mahlers an Walter: »... ich hoffe, daß ich in wenigen Wochen schon die ganze Dritte zu einem fröhlichen Ende gebracht haben werde. Ich bin schon an der Partitur... Ich glaube, die Herren Rezensenten engagierter und nicht engagierter Art werden wieder einige Anwandlungen von Drehkrankheit bekommen, dagegen werden Freunde eines gesunden Spaßes die Spaziergänge, die ich ihnen da bereite, sehr amüsant finden. Das Ganze ist leider wieder von dem schon so übel beleumdeten Geiste meines Humors angekränkelt und findet sich auch oft Gelegenheit, meiner Neigung zu wüstem Lärm nachzugeben. Manchmal spielen die Musikanten auch, ohne einer auf den anderen die geringste Rücksicht zu nehmen, und es zeigt sich da meine ganze wüste und brutale Natur in ihrer nackten Gestalt. Daß es bei mir nicht ohne Trivialitäten abgehen kann, ist zur Genüge bekannt. Dieses Mal übersteigt es allerdings alle erlaubten Grenzen. Man glaubt manchmal, sich in einer Schenke oder einem Stall zu befinden...« Ein aufschlußreicher Brief, der, wenn er auch Einwürfe erfindet oder vorwegnimmt, doch an manche schwache Stelle des oftmals unausgeglichenen Werkes rührt. Die Sinfonie Nr. 3 wurde 1896 beendet und einzelne Sätze daraus noch im gleichen Jahre gespielt; die komplette Uraufführung brachte Mahler beim Krefelder Musikfest 1902 seinen vielleicht ersten völlig eindeutigen Komponistenerfolg.

Die ersten drei Sätze sind rein instrumental gehalten. Der Anfangssatz schildert das Aufleben der Natur, das »Erwachen des Pan«, den einziehenden Sommer, das jubelnde Singen und Klingen in Flur und Feld. Aber wie stets bei diesem Komponisten mischen sich plötzlich äußerst dramatische, ja verzweifelte Klänge in das Naturidyll. Vielerlei Deutungen wären möglich, aber das hieße, die Suche nach dem »Programm« zu weit treiben; bei Mahler ist ja sehr oft unklar, ob er tatsächlich einem vorgefaßten Programm folgte oder umgekehrt der zuerst intuitiv geschaffenen Musik nachher einen außermusikalischen Sinn unterzulegen versuchte, um dem Verständnis in seiner Zeit entgegenzukommen. Der zweite Satz ist ein Menuett; sein Schöpfer hat dazu gesagt: »Das schwankt und wogt alles in der Höhe aufs leichteste und beweglichste, ohne Schwere nach unten in die Tiefe, so wie die Blumen im Winde auch biegsam und spielend sich wiegen. Freilich bleibt es nicht bei der harmlosen Blumenheiterkeit, sondern plötzlich wird alles furchtbar ernst und schwer: Wie ein Sturmwind fährt es über die Wiesen

und schüttelt Blätter und Blüten, die auf ihren Stengeln ächzen und wimmern, als flehten sie um Erlösung in ein höheres Reich.« Nach der »Blumenerzählung« folgt die »Tiererzählung« des dritten Satzes, wobei Mahler, wie schon früher, eigenes Liedgut melodisch verwendet: diesmal die Weise »Kuckuck hat sich zu Tod gefallen«. Lieblich und romantisch geht es hier zu, ein fernes Posthorn beschwört längst vergangene Zeiten herauf, mit dem frohen Hang zum Volkstümlichen, der Mahler stets auszeichnet, aber auch mit seiner stets vorhandenen Melancholie, seiner Sehnsucht.
Im vierten Satz »erzählt der Mensch«. Und ihm sind – nach den Pflanzen und Tieren, die die Sprache in unserem Sinne nicht kennen – Worte und Gesang zugeteilt worden. Dazu wurden Nietzsches Verse aus »Also sprach Zarathustra« verwendet: »O Mensch! Gib acht! Was spricht die tiefe Mitternacht? Ich schlief! Aus tiefem Traum bin ich erwacht! Die Welt ist tief! und tiefer als der Tag gedacht! Tief ist ihr Weh! Lust tiefer noch als Herzeleid! Weh spricht: Vergeh! Doch alle Lust will Ewigkeit, will tiefe, tiefe Ewigkeit!« Wie nahe stehen einander hier Nietzsche und Mahler!
Im fünften Satz antworten die Engel mit froher Kunde dem nächtlichen einsamen Lied. Den Text entnimmt der Komponist seiner Lieblingsquelle: »Des Knaben Wunderhorn«, wo er die (oft vertonten) Worte findet: »Es sungen drei Engel einen süßen Gesang«. Kinder- und Frauenstimmen singen zu hellem Glockenklang: »Hast du denn übertreten die zehn Gebot' – so fall auf die Knie und bete zu Gott. – Bete zu Gott nur alle Zeit – so wirst du erlangen die himmlische Freud'!«
Ein langsamer, rein instrumentaler Satz *(Adagio)* schließt das Werk ab, das sich in jeder Beziehung weit von klassischer Sinfonieform entfernt hat. »Die Liebe erzählt«, und sie spricht von Trost und inniger Erfüllung, auch von Wehmut und dem bei Mahler immer vorhandenen Heimweh nach dem Unbekannten. Es ist schon ein wenig von der Stimmung seiner letzten Werke zu fühlen, eine Vorahnung des unvergeßlichen »Ewig, ewig« aus dem »Lied von der Erde«.

*Sinfonie Nr. 4 G-dur.* Mahlers sonnigste, glücklichste und wohl auch beglückendste Komposition. »Nach den Werken des Pathos war eine Sehnsucht nach Heiterkeit, oder besser gesagt, nach Serenität in Mahler entstanden, und er schuf das Idyll der vierten Symphonie, in welchem eine innige Frömmigkeit ihren Himmelstraum träumt. Denn traumhaft und irreal ist die Atmosphäre des Werkes – ein geheimnisvolles Lächeln, ein absonderlicher Humor verbirgt die Feierlichkeit, die sich in der Dritten offen ausgesprochen hatte. Im Märchen der Vierten ist alles schwebend und gewichtlos, was in früheren Werken gewaltig und pathetisch war – eines Engels zarte Stimme bestätigt, was in der Zweiten und Dritten ein Prophet geschaut und aus voller Brust verkündet hatte«, schreibt Bruno Walter über dieses Werk. Es entstand im Sommer 1899 und wurde 1900 vollendet. Die Uraufführung fand unter des Komponisten Leitung am 25. 11. 1901 in München statt, wobei es zu heftigen Gegenkundgebungen kam, die übrigens auch zwei Jahre später bei der Wiener Erstaufführung beinahe zu einer Saalschlacht geführt hätten. Dann aber setzte sich gerade diese Sinfonie schnell durch und wurde Mahlers meistaufgeführtes, ja wenn man so sagen kann, populärstes Werk. Hier ist alles reduzierter als in den beiden vorangegangenen Sinfonien. Das Orchester umfaßt »nur«: 4faches Holz (mit Piccolo, Englischhorn, Baßklarinette und Kontrafagott), 4 Hörner, 3 Trompeten, großes Schlagwerk (Pauken, Trommel, Triangel, Schellen, Glockenspiel, Becken, Tam-Tam), Harfe und Streicher. Die Form (die in den vorangegangenen Sinfonien stark erweitert war) ist auf die üblichen vier Sätze beschränkt, die Dauer auf die auch bei seinen Zeitgenossen Brahms, Dvořák, Tschaikowsky gebräuchliche. Nur im letzten Satz verwendet Mahler eine menschliche Stimme: einen hohen Sopran, der das Lied von den himmlischen Freuden anstimmt (das übrigens schon früher komponiert und für die dritte Sinfonie gedacht war).
Wie entzückend ist das erste Thema des Einleitungssatzes mit seiner geradezu wienerischen Grazie, seiner Haydnschen Liebenswürdigkeit und seiner »klassischen« Symmetrie!

Auf dieses in »recht gemächlichem« Zeitmaß lieblich intonierte Thema folgt ein zweites, »breit gesungen«, äußerst melodiös und irgendwie »österreichisch«, als erinnere sich der Komponist seiner Lehrzeit bei Bruckner, der im heimatlichen Tonfall Schuberts Erbe war. Das Tempo wechselt mehrmals – wie es bei Mahler oft der Fall ist – aber die heitere, still-innige Grundstimmung bleibt erhalten.
In *gemächlicher Bewegung, ohne Hast* ist der zweite Satz überschrieben, der eine Art Scherzo darstellt und dessen Hauptmerkmal eine »verstimmte« Geige ist, auf der alle vier Saiten um einen Ganzton höher klingen (A, E, H, Fis also). Man hat zeitweise den Eindruck eines ländlichen Tanzes, dem aber der Charakter der höhergestimmten Violine etwas leicht Unwirkliches gibt. Mahler soll erklärt haben, es handle sich bei dem Geiger, der hier zum Tanz aufspielt, um niemand anderen als den Tod – aber die Musik widerspricht dieser Idee weitgehend, denn sie erregt keine Furcht und keine Gedanken an Jenseits und Gericht; wenn es der Tod ist, der hier geigt, dann ist er ein gütiger Freund, ein »süßer Tod«, ein wahrer Erlöser, wie der gläubige Bach ihn besang.
Besonders schön ist der dritte Satz, das »ruhevolle«, von wechselnden, aber durchwegs innigen Stimmungen getragene *Poco Adagio.* Ob es die Ruhe der Natur ist, die Stille eines Sommertags inmitten blühender Felder, einer Mondnacht am Meer oder gar, nach Mahlers eigenen Worten, die »Vision eines der Kirchengrabmäler, wo das liegende Steinbild des Verstorbenen mit gekreuzten Armen im ewigen Schlaf dargestellt ist«, erscheint im Grund nicht wichtig. Vielleicht ist gerade die Vieldeutigkeit dieser unprogrammatischen

und doch so stark malenden Musik einer ihrer größten Reize.
Die paradiesische Stimmung, die schon im vorigen Satz erzielt war, wird nun im letzten von einem Sopran besungen. Wieder greift der Komponist auf »Des Knaben Wunderhorn« zurück, aus dem er so viele mittelalterliche Texte für seine Melodien gefunden hat. Die Stimme singt: »Wir genießen die himmlischen Freuden, drum tun wir das Irdische meiden. Kein weltlich' Getümmel hört man nicht im Himmel! Lebt alles in sanftester Ruh'!« In vier Strophen wird das Leben der Engel humorvoll beschrieben, jede von ihnen mit einer an mittelalterliche Musik gemahnenden Kadenz abgeschlossen. Und das Ganze klingt idyllisch aus, still, lächelnd, paradiesisch.

*Sinfonie Nr. 5 cis-moll.* Mit diesem – im Jahre 1902 beendeten – Werk beginnt in Mahlers Schaffen eine neue Ära, vielleicht die am wenigsten zugängliche. Wie verschieden sie beurteilt werden kann, möge (unter hundert) durch zwei Zeugnisse erhellt werden. Bruno Walter sagt in seiner Mahlerbiographie: »Nun ist es ihm genug vom Kampf um die Weltanschauung mit den Mitteln der Musik. Er fühlt sich stark, dem Leben gewachsen, jetzt will er nur Musik als Musiker schreiben. Und so entsteht die fünfte Sinfonie, ein Werk der Kraft, des gesunden Selbstgefühls, dem Leben zugewendet, in der Grundstimmung optimistisch... Musik, leidenschaftlich, wild, pathetisch, schwungvoll, feierlich, zart, voll aller Empfindungen des menschlichen Herzens... ein Meisterwerk, das seinen Schöpfer auf der Höhe des Lebens, der Kraft, des Könnens zeigt.« In einem »Das Konzert« betitelten Werk von Rudolf Bauer steht zu lesen: »Diese Sinfonie, seit je mit Vorbehalten aufgenommen, hat einen Hang zum Gigantischen. Es ist das krampfhafte Über-sich-selbst-Hinauswollen... Heute steht man vor diesem Werk wie vor einem Kolossalgemälde Makarts, ist betreten vor so viel sehr ernstgemeintem Pathos, hört wie bei weitverbreiteter ›Kapellmeistermusik‹ Bekanntes und längst Abgetan-Geglaubtes – und kann sich letztlich nicht der Einsicht entziehen, wie echt diese Musik für Mahlers Epoche zeugt, wie erschütternd sie zudem für das Ringen ihres Schöpfers spricht...«
Fünfte, sechste und siebente Sinfonie sind rein instrumentale Kompositionen, allerdings von ungewöhnlichem Ausmaß. Sie sind auch Mahlers »absoluteste« Werke; weder außermusikalische Programme noch metaphysische Gedankengänge haben ihren Ablauf bestimmt. Trotzdem liegt, wie immer bei diesem Komponisten (und den Romantikern, denen er hier unbedingt zuzurechnen ist), ein von tausend Gefühlen widerstrebendster Art erfülltes Herz offen zutage. Auf einen einleitenden *Trauermarsch* (Mahler hat einen starken Hang zu dieser Form) folgt ein wildbewegter, stürmischer Satz, hierauf ein *Scherzo* mit zwei Trios. Dann ein *Adagietto* (in dem nur Streicher und Harfe wirken, voll zauberhafter Stimmung und oftmals als einzelnes Konzertstück zu hören), zuletzt ein Schlußsatz, der formell Rondo und Fuge verbindet. Jeder Hörer dieses Werkes wird sich seine eigenen Gedanken darüber machen müssen, wird zu entscheiden haben, ob sein Urteil eher dem Walters oder dem Bauers ähnelt. Letzteres ist um mehrere Jahrzehnte jünger – ob das den Unterschied erklärt oder ob es sich um rein Gefühlsmäßiges handelt?
Die Uraufführung fand in Köln am 18. 10. 1904 statt, doch war Mahler vom Klang seines Werkes so wenig befriedigt, daß er es nachträglich einer gründlichen Revision im Orchestralen unterzog.

*Sinfonie Nr. 6 a-moll.* Die 1904 beendete Komposition – neben der siebenten die am unbekanntesten gebliebene Sinfonie ihres Schöpfers – wurde von ihm manchmal als »tragische Sinfonie« bezeichnet: Schubert betitelte so eine seiner Sinfonien, und die »Pathetische« Tschaikowskys sollte ursprünglich diesen Namen führen. Mahlers Sechste hat vier Sätze: *Allegro energico; Andante; Scherzo; Finale.* Das Orchester, das er verwendet, ist gewaltig; zu den um die Jahrhundertwende gebräuchlichen Instrumenten fügt er noch zwei, die für die damaligen Klangvorstellungen charakteristisch sind: Kuhglocken oder Herdenglocken (wie übrigens auch Richard Strauss sie wenige Jahre später in seine »Alpensinfonie« einschließen wird) und einen Hammer, der wohl die unabwendbaren Schicksalsschläge symbolisieren soll. Der Inhalt der Sinfonie (soweit man von einem solchen sprechen kann, da der Autor uns keinerlei Anhaltspunkte eines Programms gegeben hat und es auch sehr fraglich ist, ob ein solches jemals klar vor seiner Seele stand) wirkt düster, ist ein »emphatisches Nein« (Walter), bedeutet erbarmungslosen Kampf bis zur Vernichtung. (Uraufführung: 27. 5. 1906 in Essen.)

*Sinfonie Nr. 7 e-moll.* Fünf Sätze enthält dieses 1905 fertiggestellte Werk. Zwei von ihnen – der zweite und der vierte – tragen die Überschrift *Nachtmusik*, und auch der dritte (ein eigenartig unwirkliches, traumhaftes Scherzo) würde ihn verdienen. Hier ist Mahler, stärker als im ersten Satz und im siegestrunkenen, glockenumklungenen Finale, ein Romantiker. Im vierten Satz verwendet er Gitarre und Mandoline, als male er eine Serenade aus alten Tagen. (Uraufführung: Prag, 19. September 1908.)

*Sinfonie Nr. 8 Es-dur.* Die Jahre 1908 und 1909 haben im Leben Mahlers einen schweren, tragischen Klang. Er hat seine Tochter verloren, von der geliebten Arbeitsstätte der Wiener Oper unter bitteren Umständen Abschied genommen und aus dem Munde seines Arztes vernommen, daß sein in fanatischer Energie stets überanstrengtes Herz ihm nur noch eine kurze Lebensfrist gönne. Von nun an klingt es aus seinen Werken immer deutlicher nach Abschied. Die Achte türmt eine bis dahin nie gekannte Klangmasse auf (Skrjabin und Schönberg werden sie bald nachahmen): ein Riesenorchester – von wenigstens 150 Musikern –, zu dem acht Gesangssolisten, ein gemischter Doppelchor und ein Kinderchor kommen. Kein Wunder, daß ein reklametüchtiger Unternehmer die Uraufführung (in München, am 12. September 1910), ohne des Autors Zutun, als »Sinfonie der Tausend« bezeichnete, ein Name, der ihr geblieben ist. Der gigantische Apparat überfällt den Hörer mit überwältigender Klangfülle: sie steht mit den metaphysischen, philosophischen, dichterischen Absichten des Autors im Einklang, doch es ließe sich darüber diskutieren, ob der rein musikalische Wert einen so unerhörten Aufwand an Mitteln rechtfertigt. Aber diese Disproportion wäre nicht Mahler zur Last zu legen, sondern der Vorkriegsepoche, in der alles »großartig«, apotheosisch, bombastisch sein mußte – bis einige Jahre später vieles davon in nichts zerfiel...

Die achte Sinfonie besteht aus zwei Teilen. Beide schließen gesungene Partien ein. Haben wir es noch mit einer Sinfonie zu tun, oder ist dies eine gewaltige Kantate? Ein aus zwei Kantaten zusammengesetztes Oratorium? Der erste Teil ist auf dem alten lateinischen Pfingstgesang »Veni creator spiritus« aufgebaut, in der Gott als Quell der Liebe besungen wird. Der zweite Teil vertont Goethes Schlußworte aus »Faust« (denen ein halbes Jahrhundert vorher Liszt Töne verliehen hatte):

»Alles Vergängliche ist nur ein Gleichnis;
Das Unzulängliche, hier wird's Ereignis;
das Unbeschreibliche, hier ist's getan;
Das Ewig-Weibliche zieht uns hinan.«

Doch sind diese beiden Texte nur Angelpunkte, um die sich das gewaltige Musikstück dreht. Um alle seine Gedanken, seine geheimsten Regungen aufzuzählen, würde ein Buch kaum genügen. Es gibt wundervolle Melodien hier, von großer Noblesse der Empfindung, von ungewöhnlicher Ausdruckskraft – wie etwa diese, die in einer wahrhaft himmlischen Klangatmosphäre die Erscheinung der *Mater gloriosa* begleitet:

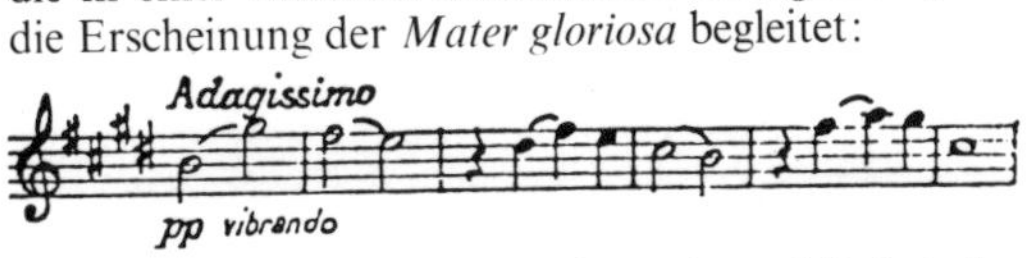


Majestätisch wird die Anrufung des schöpferischen Geistes gesteigert, verklärt ertönen Goethes tiefe Worte vom Ewig-Weiblichen als Erlöser des Menschen. Dithyrambische Chöre, schmetternde Fanfaren, brausend die Lüfte erfüllender Orgelton, in begeisterte Schwingung versetzte Glocken – so endet Mahlers Achte. Die kommenden Finale werden stiller sein, viel stiller. Wehmütiger und herzzerreißender.

*Sinfonie Nr. 9 d-moll.* War es Zufall, Absicht oder schicksalhafter Zwang, der Bruckners und Mahlers Neunte (und letzte) Sinfonien in die gleiche Tonart – d-moll – bannte, in der Beethoven sein sinfonisches Werk besiegelt hatte? Mahler fühlte eine fast heilige Scheu vor der Bezeichnung »neunte Sinfonie«: Durfte jemand nach Beethoven eine solche schreiben? Er versuchte ihr aus dem Wege zu gehen, schuf »Das Lied von der Erde«, das doch eine verkappte Sinfonie wurde. Aber dann blieb ihm nichts anderes übrig: Er komponierte seine neunte Sinfonie. Drei Jahre lang, von 1906 bis 1909, arbeitete er an ihr, ohne eine letzte Feile anlegen zu können. (Bruno Walter mußte das tun, der auch die Uraufführung in München besorgte, am 26. Juni 1912, ein Jahr nach Mahlers Tod.)

Das Werk umfaßt vier Sätze. *Andante comodo* steht über dem ersten, aber das »comodo« bezieht sich nur auf das Zeitmaß, ansonsten ist er höchst unbequem. Gewiß, er türmt die in ersten Sinfoniesätzen verwendeten Themen im dramatischen Durchführungsteil übereinander, zerstückelt Melodien, läßt Zusammensinken auf Aufschwung folgen und umgekehrt; aber über allem liegt eine wehe, trostlose Stimmung. »Es stirbt eine Welt«, sagt Paul Becker, ein kluger Mahlerbiograph, »ohne Bitterkeit, ohne Haß, doch nicht ohne Kampf.« – »Eine tragisch erschütternde, edle Paraphrase des Abschiedsgefühls«, so empfindet es Bruno Walter, »ein einzigartiges Schweben zwischen Abschiedswehmut und Ahnung des himmlischen Lichts... hebt den Satz in eine Atmosphäre höchster Verklärtheit.« Der zweite Satz ist ein *Ländler*, »etwas täppisch und sehr derb«, wie Mahler vorschreibt, aber er wächst über das Rustikale weit hinaus, wird manchmal parodistisch, oftmals ernst. Der dritte Satz trägt die Überschriften *Rondo. Burleske.* Über wen macht er sich lustig? Schneidender Hohn liegt in dieser Musik, er verletzt, kränkt, tut weh – doch man weiß nicht, gegen wen er sich richtet. Eine Selbstverhöhnung des Künstlers, wie Bekker gemeint hat? Mit einem *Adagio* schließt das Werk ab. »Ein ruhevolles Lebewohl« (Bruno Walter). »Etwas von der Süße des Sterbens klingt in den inbrünstigen Melodien des Schluß-Adagios auf« (Bauer). – Einer der drei ergreifenden Abschiedsgesänge, die Gustav Mahler der Welt hinterlassen hat. Die beiden anderen werden wir im folgenden besprechen.

*Sinfonie Nr. 10.* Bei diesem letzten seiner Werke hat Mahler keinen einzigen Satz vollenden können. Der erste, *Adagio*, war wenigstens in einer soweit bereinigten Partiturskizze vorhanden, daß an die Aufführung gegangen werden konnte, obwohl es nicht feststeht, ob Mahler auch hier nicht noch – wie es seine Art war – manches geändert hätte. Andeutungen sind über einen weiteren Satz vorhanden, der *Scherzo* überschrieben ist. Allem Anschein nach hat der Komponist an ein fünfsätziges Werk gedacht; dem dritten Satz war der Name *Purgatorio* zugewiesen, was auf eine Art Programmusik schließen läßt. Mahler arbeitete an dieser zehnten Sinfonie vom Sommer 1910 an bis in die Nähe seines Todes. Aufführungen der vorhandenen Skizzen – besonders des *Adagios* – zeigen ein Werk höchster, reinster und schönster Reife, wie es nur sehr wenigen Schöpfern vergönnt ist. Wer den echten, tiefen Gustav Mahler erleben will, den, der über jeden musikalischen Zweifel erhaben ist, höre das *Adagio* aus der zehnten Sinfonie und das *Lied von der Erde*. Er wird, wenn er sich in unserer merklich gefühlloser werdenden Welt noch einen Rest Empfindsamkeit bewahrt hat, ergriffen vor der Größe dieser Seele stehen, die mit Gott und dem Teufel gerungen und im tiefsten einsam geblieben ist, wie es die Auserlesenen unserer Welt im Grund immer sind ... (Herausgabe durch Ernst Krenek 1942, Uraufführung Oktober 1924, Wien.)

*Das Lied von der Erde*

*Geschichte:* Im Jahre 1907 war Mahler von der Leitung der Wiener Hofoper zurückgetreten. Wenige Monate später reiste er zum ersten Male nach Amerika. Im Jahre 1908 entstand sein *Lied von der Erde.* Die achte Sinfonie wurde unter seinem Stab uraufgeführt. Es war das letzte Mal, daß er ein eigenes Werk dirigierte. Die Premiere der Neunten hat er ebensowenig erlebt wie *Das Lied von der Erde* – ganz zu schweigen von der nur in Skizzen vorhandenen Zehnten – die aus der Taufe zu heben Bruno Walter, dem treuen Freund und Jünger, vorbehalten war. Als Mahler ihm die Partitur zum *Lied von der Erde* zeigte, fragte er, während er den *Abschied* aufschlug: »Was glauben Sie? Ist das überhaupt zum Aushalten? Werden sich die Menschen danach nicht umbringen?« Er liebte die großen Worte nicht, und wenn er einmal eines ausgesprochen hatte, suchte er es durch einen Scherz abzuschwächen; so wies er sofort auf eine der rhythmisch schwierigen Stellen hin und meinte: »Haben Sie eine Ahnung, wie man das dirigieren soll? Ich nicht!« Die Uraufführung des *Liedes von der Erde* erfolgte beim Mahlerfest, das am 19. und 20. November 1911 in München stattfand, gerade ein halbes Jahr nach dem Tode des Komponisten.

*Verwendetes Orchester:* Drei Flöten plus Piccolo, drei Oboen (davon eine alternierend mit Englischhorn), fünf Klarinetten, drei Fagotte (eines alternierend mit Kontrafagott), vier Hörner, drei Trompeten, drei Posaunen, zwei Harfen, Mandoline, Celesta, Glokkenspiel, zahlreiche Schlaginstrumente, Streicher in starker Besetzung.

*Analyse:* Mahler hat das Werk eine »Sinfonie in Gesängen« genannt; auf dem Titelblatt seines Manuskripts steht: »Eine Sinfonie für Tenor, Alt (oder Bariton) und Orchester, nach Hans Bethges ›Chinesischer Flöte‹«. Die Namen der Originaldichter lauten: Li T'ai Po, Tschang Tsi, Mong Kao Yen und Wang Wei. Sie lebten im 8. Jahrhundert in China; der deutsche Dichter Hans Bethge hatte eine liebevolle und feinfühlige Übersetzung verfertigt, die Gustav Mahler sofort nach Erscheinen fesselte. Aber wie gewöhnlich ging der Musiker recht frei mit den Texten um, er ergänzte, fügte Getrenntes zusammen, ließ weg. Ein Liederzyklus also, wie es schon »Die Lieder eines fahrenden Gesellen« und die »Kindertotenlieder« waren; aber *Das Lied von der Erde* ist bedeutend sinfonischer gehalten als jene Zyklen. Und die abwechselnde Verwendung einer hohen und einer tiefen Stimme gibt ihm ein eigenes Kolorit.

Das erste Stück ist dem Tenor anvertraut und heißt *Trinklied vom Jammer der Erde.* Seine Worte lauten:

Schon blinkt der Wein im goldnen Pokale,
doch trinkt noch nicht, erst sing' ich euch ein Lied!
Das Lied vom Kummer
soll auflachend in die Seele euch klingen.
Wenn der Kummer naht,
liegen wüst die Gärten der Seele,
welkt hin und stirbt die Freude, der Gesang.
Dunkel ist das Leben, ist der Tod ...

Herr dieses Hauses!
Dein Keller birgt die Fülle des goldenen Weins!
Hier diese Laute nenn' ich mein!
Die Laute schlagen und die Gläser leeren,
das sind die Dinge, die zusammenpassen.
Ein voller Becher Wein zur rechten Zeit
ist mehr wert als alle Reiche dieser Erde!
Dunkel ist das Leben, ist der Tod ...

Das Firmament blaut ewig, und die Erde
wird lange feststehn und aufblühn im Lenz.
Du aber, Mensch, wie lange lebst denn du?
Nicht hundert Jahre darfst du dich ergötzen
an all dem morschen Tande dieser Erde!
Seht dort hinab! Im Mondschein auf den Gräbern
hockt eine wild-gespenstische Gestalt!
Ein Aff' ist's! Hört ihr, wie sein Heulen
hinausgellt in den süßen Duft des Lebens?
Jetzt nehmt den Wein, jetzt ist es Zeit, Genossen!
Leert eure goldnen Becher zu Grund!
Dunkel ist das Leben, ist der Tod ...

Das Lied durchläuft eine Fülle von Stimmungen: lyrische wie dramatische, die mystische des Refrains vom »dunklen Leben und dunklen Tod«,

die gespenstische des Affen, der in die Mondnacht hinausheult, die gläubige des Aufblühns der Erde im Lenz (die im letzten Gesang zu apotheosischer Schönheit gesteigert werden wird). Zwischen jeder der Strophen liegt ein sinfonisches Zwischenspiel von beträchtlichem Ausmaß.
Eine echt »Mahlersche Stimmung« fand der Komponist – wenn man so sagen kann – im Text Tschang Tsis *»Der Einsame im Herbst«*, den er zum zweiten Lied des Zyklus gestaltete:

Herbstnebel wallen bläulich überm See;
Vom Reif bezogen stehen alle Gräser.
Man meint, ein Künstler habe Staub von Jade
über die feinen Blüten ausgestreut.
Der süße Duft der Blumen ist verflogen,
ein kalter Wind beugt ihre Stengel nieder.
Bald werden die verwelkten, goldnen Blätter

der Lotosblüten auf dem Wasser ziehn.
Mein Herz ist müde. Meine kleine Lampe
erlosch mit Knistern. Es gemahnt mich an den Schlaf.
Ich komm zu dir, traute Ruhestätte!
Ja, gib mir Ruh', ich hab' Erquickung not!
Ich weine viel in meinen Einsamkeiten;
der Herbst in meinem Herzen währt zu lange.
Sonne der Liebe, willst du nie mehr scheinen,
um meine bittern Tränen milde aufzutrocknen?

Hier ist der Abschied besungen, der in weiten Teilen des Werks den Grundton angibt, die Müdigkeit, die die Natur nach langem, herrlichem Sommerblühen im Herbst befällt, wenn die Nebel »bläulich überm See« wallen, und die sich in der Seele des Einsamen festsetzt, dessen Herz sich nach Ruhe sehnt. War es im ersten Lied eine Fülle von Stimmungen, die Mahler ausdrückte, so liegt der Reiz dieses zweiten vielleicht gerade in der Einheitlichkeit, in dem leisen, zarten Abschiednehmen, in dem Fallen der Lotosblüten, die auf das stille Wasser gleiten und in der nie erlöschenden Hoffnung auf die »Sonne der Liebe«...
Ein Genrebild köstlichster Art vermittelt das dritte Lied, *Von der Jugend* (Li T'ai Po):

Mitten in dem kleinen Teiche
steht ein Pavillon aus grünem
und aus weißem Porzellan.
Wie der Rücken eines Tigers
wölbt die Brücke sich aus Jade
zu dem Pavillon hinüber.
In dem Häuschen sitzen Freunde,
schön gekleidet, trinken, plaudern;
manche schreiben Verse nieder.
Ihre seidnen Ärmel gleiten
rückwärts, ihre seidnen Mützen
hocken lustig tief im Nacken.
Auf des kleinen Teiches stiller
Wasserfläche zeigt sich alles
wunderlich im Spiegelbilde.
Alles auf dem Kopfe stehend
in dem Pavillon aus grünem
und aus weißem Porzellan.
Wie ein Halbmond steht die Brücke,
umgekehrt der Bogen. Freunde,
schön gekleidet, trinken, plaudern.

Mahlers Musik ist hier wie eine chinesische Porzellanmalerei. Leicht, luftig, mit zierlichen Strichen hingepinselt: die Sommerstimmung in dem kleinen Pavillon, die jungen Menschen, die trinken, plaudern, dichten. Und das Spiegelbild – das auch musikalisch ausgedrückt ist in einer »Umkehrung« der Melodie –, die auf dem Kopfe stehende Brücke. Es wird dem Hörer anmutig und froh ums Herz bei so viel schwebendem Wohlklang. Wie klar ist die Luft, wie voller Grazie das Leben an einem Sommertag in der Jugend!

*Von der Schönheit* ist gewissermaßen ein Gegenstück dazu, aber es rührt tiefer an menschliche Gefühle. Auch hier – wie im vorangehenden Gedicht – hat Li T'ai Po meisterlich die Verse gesetzt:

Junge Mädchen pflücken Blumen,
pflücken Lotosblumen an dem Uferrande.
Zwischen Büschen und Blättern sitzen sie,
sammeln Blüten in den Schoß und rufen
sich einander Neckereien zu.
Goldne Sonne webt um die Gestalten
spiegelt sie im blanken Wasser wider.
Sonne spiegelt ihre schlanken Glieder,
ihre süßen Augen wider,
und der Zephir hebt mit Schmeichelkosen
das Gewebe ihrer Ärmel auf,
führt den Zauber
ihrer Wohlgerüche durch die Luft.
O sieh, was tummeln sich für schöne Knaben
dort an dem Uferrand auf mut'gen Rossen?
Weithin glänzend, wie die Sonnenstrahlen
schon zwischen dem Geäst der grünen Weiden
trabt das jungfrische Volk einher!
Das Roß des einen wiehert fröhlich auf
und scheut und saust dahin,
über Blumen, Gräser wanken hin die Hufe.
Sie zerstampfen jäh im Sturm die hingesunknen Blüten.
Hei! Wie flattern im Taumel seine Mähnen,
dampfen heiß die Nüstern!

Goldne Sonne webt um die Gestalten,
spiegelt sie im blanken Wasser wider.
Und die schönste von den Jungfraun sendet
lange Blicke ihm der Sehnsucht nach.
Ihre stolze Haltung ist nur Verstellung,
in dem Funkeln ihrer großen Augen,
in dem Dunkel ihres heißen Blicks
schwingt klagend noch die Erregung ihres Herzens nach.

Hier ist nicht nur Mahlers schildernde Kunst, sondern vielleicht die »Ausdrucksmusik« auf einem Höhepunkt angelangt. Jedes Wort, jeder Gedanke des Textes hat sein musikalisches Äquivalent gefunden. Die Einfühlungsgabe des Musikers ist so stark wie seine Fähigkeit, tönende Bilder zu schaffen. Das Idyll der unschuldig am Ufer spielenden Mädchen, die sich des Lebens und der Sonne freuen, hat den Zauber der Vollendung an sich. Dann setzt Mahler wildere Töne:

Auf ungestümen Rossen jagen die Jünglinge vorbei, voll Kraft und Herausforderung an das Leben. Und »die schönste der Jungfraun« sendet dem einen der Jünglinge »lange Blicke der Sehnsucht« nach. Sehnsucht – das ist des Komponisten Element. Als dann der Text zu Ende ist, musiziert er noch lange weiter, musiziert die »Erregung ihres Herzens«, den kaum unterdrückten Wunsch nach Liebe.
Einen wirksamen Kontrast bildet nun Li T'ai Pos *Der Trunkene im Frühling*. Derbere Töne sind angeschlagen – bis vom Vogel die Rede ist, der den Frühling besingt. Da wird die Musik unendlich weich und zart; einer Solovioline ist die Ankündigung des Lenzes anvertraut, einer süßen Flöte des Vogels inniger Gesang. Und wie jubelt das Orchester auf bei den Worten: »Der Lenz ist da, ist kommen über Nacht!« Wie hat Mahler diesen Lenz geliebt, wenn er nach langem Wintertreiben »über Nacht« ausbrach, – und er muß geahnt haben, daß er ihn nur noch gezählte Male werde erleben können!

Wenn nur ein Traum das Leben ist,
warum dann Müh' und Plag'?
Ich trinke, bis ich nicht mehr kann,
den ganzen, lieben Tag!
Und wenn ich nicht mehr trinken kann,
weil Kehl' und Seele voll,
so tauml' ich bis zu meiner Tür
und schlafe wundervoll!
Was hör' ich beim Erwachen? Horch!
Ein Vogel singt im Baum.
Ich frag' ihn, ob schon Frühling sei,
mir ist als wie im Traum.
Der Vogel zwitschert: Ja!
Der Lenz ist da, sei kommen über Nacht!
Aus tiefstem Schauen lauscht' ich auf,
der Vogel singt und lacht!
Ich fülle mir den Becher neu
und leer' ihn bis zum Grund.
Und singe bis der Mond erglänzt
am schwarzen Firmament!
Und wenn ich nicht mehr singen kann,
so schlaf' ich wieder ein.
Was geht mich denn der Frühling an?
Laßt mich betrunken sein!

Und dann wird das *Lied von der Erde* auf einmal tief- und todestraurig. Mahler zieht zwei Gedichte (eines von Mong Kao Yen und eines von Wang Wei) zu seinem letzten Gesang *Der Abschied* zusammen:

Die Sonne scheidet hinter dem Gebirge,
in alle Täler steigt der Abend nieder
mit seinen Schatten, die voll Kühlung sind.
O sieh! Wie eine Silberbarke schwebt
der Mond am blauen Himmelssee herauf.
Ich spüre eines feinen Windes Wehn
hinter den dunklen Fichten.
Der Bach singt voller Wohllaut durch das Dunkel,
die Blumen blassen im Dämmerschein.
Die Erde atmet voll Ruh' und Schlaf,
alle Sehnsucht will nun träumen.
Die müden Menschen gehn heimwärts,
um im Schlaf vergeßnes Glück
und Jugend neu zu lernen.
Die Vögel hocken still in ihren Zweigen.
Die Welt schläft ein!
Es wehet kühl im Schatten meiner Fichten,
Ich stehe hier und harre meines Freundes;
ich harre sein zum letzten Lebewohl.
Ich sehne mich, o Freund, an deiner Seite
die Schönheit dieses Abends zu genießen.
Wo bleibst du? Du läßt mich lang allein.
Ich wandle auf und nieder mit meiner Laute,
auf Wegen, die von weichem Grase schwellen.
O Schönheit! O ewigen Liebens lebenstrunkne Welt!
Er stieg vom Pferd und reichte ihm den Trunk
des Abschieds dar.
Er fragte ihn, wohin er führe,
und auch warum es müßte sein.
Er sprach, seine Stimme war umflort:
Du mein Freund,
mir war auf dieser Erde das Glück nicht hold...
Wohin ich geh'? Ich geh', ich wandre in die Berge,
ich suche Ruhe für mein einsam' Herz!
Ich wandle nach der Heimat, meiner Stätte.
Ich werde niemals in die Ferne schweifen.
Still ist mein Herz und harret seiner Stunde.
Die liebe Erde allüberall
blüht auf im Lenz und grünt aufs neu,
allüberall und ewig blauen licht die Fernen...
ewig... ewig...
ewig... ewig...

Ein langer sinfonischer Satz – fast eine halbe Stunde währt er – malt ein erschütterndes Bild menschlicher Einsamkeit, voll von Leid, ist auch ein Zeugnis tiefsten Trostes aus der Natur, aus dem Glauben an die Ewigkeit. Wie singt der Bach »voll Wohllaut«, wie »atmet die Erde voll von Ruh'«; wie sehnt sich der Mensch, an der Seite eines ihm seelisch verbundenen Menschen »die Schönheit dieses Abends zu genießen«! Wie ergreifend das Geständnis, daß ihm »auf dieser Erde das Glück nicht hold« war, daß er »Ruhe suche für sein einsam' Herz«. Und dann blüht es auf einmal auf im Orchester, wird licht, und wir stehen auf unendlichen Bergeshöhen, über denen blau ein unabsehbarer Himmel sich wölbt: »Die liebe Erde allüberall ...« Wie ein Echo in tausend Tälern verklingt es, in unaufgelöster Harmonie, die in die Unendlichkeit weist, leise verlöschend: ewig ... ewig ... Und Sterben und Tod haben keinen Stachel mehr. Ein ganz Großer hat seinen Abschied gesungen.

## Albéric Magnard

1865–1914, französischer Komponist

Der von den deutschen Truppen im Ersten Weltkrieg erschossene Komponist hinterließ 4 Sinfonien *(Nr. 1* 1890, *Nr. 2* 1893, *Nr. 3* 1896, *Nr. 4* 1913), eine *Suite im alten Stil*, einen *Chant funèbre, Hymnen* u.a.

## Gian Francesco Malipiero

1882–1973, italienischer Komponist

Malipiero, in Venedig geboren, steht neben Respighi und Casella in der ersten Reihe der Erneuerer der italienischen Konzertmusik nach jahrhundertelanger Lethargie. Er war Schüler Bruchs, wurde dann Freund Debussys und Strawinskys. Obwohl er – italienischer Tradition getreu – auf der Opernbühne Wichtiges geleistet hat, dürfte seine bedeutendste Leistung doch auf dem Gebiet der sinfonischen Musik liegen, die in seinem Heimatlande solange vernachlässigt war. Hierher gehören 14 Sinfonien, darunter solche mit den Titeln *Jahreszeiten, Meeressinfonie, Von der Stille und vom Tode,* das sinfonische Drama *Panthea,* den *Tragischen Dithyrambus,* die *Cimarosiana* (5 Fragmente nach D. Cimarosa), ein *Klavierkonzert (Variationen ohne Thema),* die sinfonische Dichtung *L'esilio dell'eroe* (Die Verbannung des Helden), *Ecuba* (sinfonischer Kommentar zur Tragödie von Euripides), *Antonio e Cleopatra,* (sinfonische Fragmente aus der Oper), drei Hymnen, die Suite *La laterna magica,* die *Sieben Inventionen, Fünf Studien,* 12 sinfonische Stücke unter dem Titel *Pause del Silenzio,* eine *Serenata mattutina, Ricercari e Ritrovi* (für elf Instrumente).

## Erich Marckhl

1902–1980, österreichischer Komponist

Marckhl, treibende Kraft des steiermärkischen Musiklebens, Präsident der Grazer Musikakademie, schuf 5 Sinfonien, ferner *Große Fuge für Streicher, Divertimento für Streicher, Divertimento für Trompete, Streicher und Schlagzeug, Concerto serioso, Divertimento für Kammerorchester, Bukolische Musik, Sinfonische Variationen* sowie mehrere Werke für Chor und Orchester.

## André-François Marescotti

1902, Schweizer Komponist

Der in Carouge/Genf geborene Komponist begann als Nachfolger von Ravel und Poulenc und wandte sich nach einer längeren Schaffenspause der Zwölftontechnik und dem Serialismus zu. Er widmete seiner Heimat die *Concerts carougeois*: *No. 1* (1941), *No. 2* (1958), *No. 3* (1967). Ferner schrieb er die *Ouverture pour la comédie de celui que épousa une femme muette* (1930), *Giboulées* (für Fagott, 1949), *Klavierkonzert* (1956), *Festa* (1961), *Hymnes* (1963), *Rondeau capriccioso* (1972) u.a.

## Frank Martin

1890–1974, Schweizer Komponist

Ziemlich spät wurde dem am 15. September 1890 in Genf zur Welt gekommenen schweizerischen Tonschöpfer Frank Martin internationale Anerkennung zuteil. Vielleicht war es die Salzburger Uraufführung seiner seltsamen szenischen »Tristan«-Kantate *Le vin herbé*, die seinen Namen in weitere Kreise trug (1948). Aber er hatte bereits vorher eine Reihe interessanter, wertvoller und sehr persönlicher Werke geschrieben, die nicht nur in musikalischer Hinsicht bedeutend sind, sondern auch als Dokumente für das in unserer Zeit besonders schwere Ringen des Komponisten um einen gültigen Stil. »So kann ich sagen, daß ich durch Schönberg beeinflußt wurde und mich gleichzeitig mit meinem ganzen musikalischen Empfinden ihm entgegengestellt habe«, erklärt Martin einmal; tatsächlich sind bei ihm sowohl dodekaphonische Elemente vorhanden wie auch solche anderer Tendenzen und Stile, von gänzlich tonalen bis zu völlig atonalen. Zwei Oratorien *(In terra pax* und *Golgatha)* sowie das Gesangwerk mit Orchester auf Rilkes »Weise von Liebe und Tod des Kornetts Christoph Rilke« gehören nicht in dieses Buch. Martin lebte die letzten Jahrzehnte im holländischen Naarden und starb dort am 21. November 1974.

*Petite symphonie concertante.* Frank Martin setzt folgende Erklärungen der gedruckten Partitur voraus: »Die Komposition der ›Petite symphonie concertante‹ wurde im Jahre 1944 begonnen. Sie wurde dann für längere Zeit durch die Arbeit an dem Oratorium ›In terra pax‹ unterbrochen, das vom Radio Genf zur Aufführung am Tage des Kriegsendes bestellt worden war. Erst im Jahre 1945 konnte ich die Komposition fortführen und beenden. Dieses Werk wurde auf Wunsch von Paul Sacher geschrieben. Weder die Form noch die genaue Instrumentation wurde im vorhinein festgelegt, aber Sacher besitzt die Kunst, dem Komponisten Ideen zu suggerieren und ihm dabei das Vergnügen zu lassen, sie selbst zu finden. Sachers Idee galt einem modernen Werk, in dem außer dem Streicherensemble jene Saiteninstrumente verwendet werden, die früher dazu dienten, den *Basso continuo* auszuführen. Ich habe dieses Programm erweitert und mir die Aufgabe gestellt, alle noch heute gebräuchlichen Saiteninstrumente – also Streicher, Klavier, Harfe und Cembalo – zu verwenden. Es war demnach eine instrumentale Kombination, welche die erste Anregung für meine Arbeit gab. Ich entschloß mich, die beiden Tasteninstrumente und die Harfe solistisch zu behandeln. Die Musik, die ich schrieb, führte mich dazu, das Ensemble der Streichinstrumente in zwei Gruppen von gleicher Bedeutung zu teilen. Diese instrumentale Disposition führte mich zur klassischen Form des Sinfonie-Allegros, nicht um den musikalischen Gedanken in eine festgesetzte Form zu bringen (»neuen Wein in alte Schläuche zu gießen«), sondern um zu sehen, ob die musikalische Materie in dieser Form mit zwei Themen gedeihen und sich entwickeln könne... Auf diese Art entstand der erste Teil dieser Sinfonie mit seiner Introduktion und seinem *Allegro*, wobei das zweite Thema und die weitere Entwicklung die wesentlichen Elemente der Introduktion übernehmen. Dieses Allegro gleicht einem Concerto mit seinen solistischen Teilen – bei denen die drei konzertierenden Instrumente einander wechselseitig begleiten – und dem immer wiederkehrenden Orchesterpart. Im zweiten Teil habe ich mich dem spontanen musikalischen Bewegungsausdruck hingegeben. Das melodische Hauptthema, in langsamem Zeitmaß durch die Harfe eingeführt, dann vom Klavier übernommen, entwickelt sich plötzlich in einem munteren Marschthema. Im Gegensatz zum ersten Teil und trotz zahlreicher episodischer Elemente ist hier nur *ein* Thema führend. Nach einer großen Steigerung schließt der Satz mit einer Art kurzer Kadenz. Nachdem ich diese Partitur geschrieben und bevor ich die erste Aufführung gehört hatte, war ich überzeugt, daß dieses klangliche Experiment und die ungewohnte Zusammensetzung dieses instrumentalen Ensembles die Verbreitung dieser Arbeit behindern, und daß es nur im Rahmen der Uraufführung – dem ›Collegium Musicum‹ von Zürich – in dieser Form gespielt werden würde. Ich fürchtete, daß dieses Stück nur eine instrumentale Kuriosität bleiben würde, und schrieb daher eine zweite Fassung für großes Orchester ohne Soloinstrumente. Zu dieser Arbeit reizte mich außer der Aufgabe, ein kompliziertes Instrumentationsproblem zu lösen, die Chance, dem Werk mehr Aufführungsmöglichkeiten zu geben. Die Ereignisse haben gezeigt, daß diese Berechnung vollkommen falsch war. Mit der einzigen Ausnahme einer Aufführung bei den Festspielen in Luzern 1947 wurde dieses Werk überall in der Originalfassung gespielt...« (Uraufführung: Zürich, 1946.)

*Konzert für sieben Bläser, Pauken, Schlagzeug und Streichorchester.* Wieder hat uns der Komponist selbst den Zugang zu seinem Werk erleichtert: »Meine Absicht war, die Qualitäten der verschiedenen Soloblaser im sinfonischen Orchester und ihre Virtuosität nachzuweisen. Ich habe ihnen wirklich keine technischen Schwierigkeiten in den Weg gelegt, denn sie sollen brillieren. Selbst der Paukenspieler soll zu Wort kommen... Der erste Satz *(Allegro)* ist vor allem in folgender Hinsicht charakteristisch: Hier ist jeder einzelne Musiker in erster Linie Solist. Zunächst bringt jeder sein Thema, dann kommt ein Dialog, in dem jeder seine eigene Sprache spricht... Der zweite Satz *(Adagietto)* basiert auf einem Zweierrhythmus des Schlagwerks. Er dient den melodischen Elementen, die bald hell, bald dunkel und heftig sind. Der dritte Satz *(Allegro vivace)* stellt – von einigen Ausnahmen abgesehen – keine Soli vor, sondern läßt in Gruppen musizieren. Es ist ein lebhafter Tanz im Dreiertakt, der von einem wichtigen Solo der Pauke unterbrochen wird...« (Uraufführung: 1949.)

*Violinkonzert.* Ein dreisätziges Werk *(Allegro; Andante molto moderato; Presto)* von ein wenig impressionistischem Klang. Der Komponist erklärt hierzu, die Stimmung, in die ihn die kurz vorher erfolgte Vertonung von fünf Ariel-Gesängen (nach Shakespeares »Sturm«) versetzt hatte, habe noch streckenweise im Violinkonzert nachgewirkt, wenn auch »in mystischer Entfernung«: »Es ist nichts Gewolltes vorhanden; ich war nur ein wenig von den Reizen der Insel des Prosperus verzaubert geblieben.« (Uraufführung: Basel, 24. Januar 1952.)

*Pavane Couleur du Temps, für kleines Orchester* (1919); *Rhythmes* (1926); 3 Ouvertüren: zu Racines *Athalie, En hommage à Mozart, Lucerne Festival; Passacaglia* (für Streicher oder großes Orchester); *Etudes für Streicher* (1955/56); *Ballade für Klavier und Orchester; Konzert für Clavecin und kleines Orchester; Ballade für Violoncello und kleines Orchester; Sonata da chiesa für Viola d'Amour und Orchester* (oder Orgel); *Sonata da chiesa für Flöte und Orchester* (oder Orgel); *Ballade für Flöte und kleines Orchester; Ballade für Posaune oder Tenor-Saxophon und kleines Orchester; Les quatre éléments* (1964); *Cellokonzert* (1966); *Klavierkonzert* (1969); *Erasmi monumentum* (1969); *Trois danses* (1970); *Ballade für Viola, Blasorchester, Cembalo, Harfe, Pauken* (1972); *Polyptique* (1973).

## Jean Martinon

1910–1976, französischer Komponist

Der prominente, in Lyon geborene französische Dirigent (als Nachfolger Fritz Reiners Chef des Orchesters von Chicago) komponierte mehrere Stücke sinfonischen Inhalts, so zwei Violinkonzerte und ein Violoncellokonzert. Während seiner deutschen Kriegsgefangenschaft schrieb er *Stalag 9 (Musik im Exil)* sowie die Kantate *Absolve Domine.*

## Bohuslav Martinů

1890–1959, tschechischer Komponist

Martinů, am 8. Dezember 1890 im heute tschechischen Policka geboren und am 28. August 1959 im schweizerischen Liestal gestorben, war einer der letzten »böhmischen Musikanten« in des Wortes echter Bedeutung: Ihm galten Inspiration, überquellende Phantasie, Spielfreudigkeit mehr als theoretische Erwägung. Schon frühzeitig war er ein glänzender Musiker, zehn Jahre lang Geiger der Tschechischen Philharmonie in Prag, bis er nach Paris auswanderte, um den Unterricht Roussels und die Kameradschaft Ravels, Strawinskys, Honeggers, Milhauds zu suchen. Er erlebte die Geschehnisse seiner Zeit mit wachem Interesse: den Lindberghflug feierte er mit einem Orchesterwerk, einen Fußballkampf suchte er in Töne zu bannen (wie Honegger es mit »Rugby« getan hatte), und dem so grausam von den Deutschen vernichteten Lidice widmete er eine Partitur. So finden wir neben allgemein musikalischen Titeln (wie Sinfonie, Konzert, Partita usw.) eine Reihe solcher, die auf Zeitereignisse Bezug nehmen. Martinů ist in vieler Hinsicht der – oftmals tragische – Repräsentant einer Übergangsepoche: auf der Suche nach neuen Ausdrucksmöglichkeiten, bedrängt von den Stilwandlungen, immer im Zwiespalt mit den Gruppen, die teils radikaler sind als er und denen er als »Reaktionär« gilt, teils konservativer und ihn als Revolutionär um jeden Preis ansehen. Er war keines von beidem, sondern ein wahrer Musiker, der die große Tradition Smetanas und Dvořáks in zusammenbrechender Ära aufrechterhalten wollte, aber selbst die Vergänglichkeit der Stile fühlte; ein unsteter Wanderer (Prag, Paris, die Vereinigten Staaten von Amerika, zuletzt die Schweiz waren Etappen auf seinem Lebensweg) und ein unermüdlicher Schöpfer, aus dessen Gesamtwerk die wichtigsten sinfonischen Stücke aufgezählt seien, die sich voraussichtlich im internationalen Repertoire halten werden.

*Die Sinfonien.* Erst spät gelangte Martinů zur Sinfonie. Die *Sinfonie Nr. 1* stammt aus dem Jahre 1942, hat vier Sätze *(Allegro; Scherzo; Largo; Allegro)*. Folgende Worte setzt der Komponist ihr voran: »Die Sinfonie folgt der klassischen Form; ich habe jedoch versucht, meine eigene ästhetische Überzeugung in diesen äußeren Formplan einzubauen. Da ich überzeugt bin, daß ein Kunstwerk den Bereich seiner Ausdrucksmöglichkeiten nie überschreiten soll, habe ich mich bemüht, alle dem Charakter der Sinfonie fremden Ausdruckselemente fernzuhalten. Die klangliche Grundlage des Orchesters bildet das Streichquintett, den Holzbläsern sind verschiedentliche solistische Aufgaben zugedacht, während Blech und Schlagzeug die üblichen Funktionen erfüllen. Ich habe mich bemüht, neue Tonkombinationen zu finden und dem Orchester trotz polyphoner Arbeit einen einheitlichen Gesamtklang zu entlocken. Doch sind weder der impressionistische Klang noch das Suchen nach Farbe für die Faktur und den formalen Aufbau der Sinfonie wesentlich. Der Charakter des Werkes ist ruhig und lyrisch.«
Von den insgesamt sechs Sinfonien (Entstehungsjahre: 1942, 1943, 1944, 1945, 1946, 1954) erfreut sich die *Sinfonie Nr. 4* der besonderen Vorliebe der Dirigenten. Sie ist ein halbstündiges, sehr melodiöses Stück für großes Orchester (in dem 4 Flöten mit Piccolo, 4 Oboen mit Englischhorn, 4 Klarinetten, 2 Fagotte, 4 Hörner, 3 Trompeten, 3 Posaunen, Tuba, Klavier, Streicher und eine starke Schlagzeuggruppe mit Trommeln, Becken, Triangel, Tamtam außer den Pauken vorkommen). Der vielleicht schönste Satz ist der dritte (von insgesamt vieren) – *Largo* –, der mit seiner getragenen Streichermelodie starke Stimmung verbreitet (1945).
Wichtig ist zweifellos auch die *Sinfonie Nr. 5*, die Martinůs einstigem Orchester, der Tschechischen Philharmonie, gewidmet ist. Ihr erster Satz besteht aus den kontrastierenden Elementen eines *Adagios* und eines *Allegros*, die miteinander abwechseln. Sowohl der zweite *(Larghetto)* wie der dritte Satz *(Lento)* tragen ruhigen Charakter, doch geht letzterer ohne Pause in das Finale über *(Allegro)*, so daß das Werk als dreisätzig anzusprechen ist. Sein Orchester ist dem der *Sinfonie Nr. 4* ähnlich, und auch seine Dauer ist annähernd die gleiche (1946).

*Doppelkonzert für Streichorchester, Klavier und Pauken.* Diese Komposition entstand unter dem Eindruck der Ereignisse, die in der Besetzung der Tschechoslowakei durch die Deutschen gipfelte. Martinů hat über ihren Ursprung erzählt: »Ich denke an die Schweiz zurück, in deren friedlicher Landschaft ich jenes Werk während der furchtbaren Tage von München schaffen konnte... Seine Musik kündet von den Gefühlen und Leiden, die wir, fern der Heimat, angesichts der hereinbrechenden Katastrophe vor Augen hatten... So entstand das Werk unter bedrückenden Umständen, aber die Stimmen, die es lautwerden läßt, sind nicht die der Verzweiflung, sondern die des Widerstands, des Mutes und unerschütterlichen Glaubens an die Zukunft. Sie kommen durch scharfe, dramatische Ausbrüche, durch ein unaufhörliches Strömen der musikalischen Gedanken und durch die leidenschaftlich um Befreiung ringende Melodie zum Ausdruck.« (1939)

*Sinfonie concertante.* Die Entstehungsgeschichte dieses Werks schildert der Komponist folgendermaßen: »Es war in Paris, ich glaube im Jahre 1936, als ich zum ersten Male die *Sinfonia concertante* von Haydn für Violine, Oboe, Fagott, Violoncello und Orchester hörte, ein Werk, das mir einen unvergeßlichen Eindruck machte. Jahrelang wurde ich von ihm geradezu ›verfolgt‹. Ich durchstöberte alle Musikläden und Antiquariate vergebens. Als ich im Jahre 1948 meine Lehrstelle in Princeton antrat und dort die herrliche Bibliothek antraf, war mein erster Gedanke, nach der Haydnpartitur zu suchen. Und ich fand sie wirklich dort! Nachdem ich sie gründlich durchstudiert hatte, war mein Eindruck von Einfachheit und Vollkommenheit noch stärker. In ihr war das, was Musik immer enthalten sollte: Freude und jene demütige, prätentionslose Haltung, das Zeichen des einfachen und großen Menschen. Ich bin durch dieses Werk wirklich inspiriert worden, und wenn man in meiner ›Sinfonie concertante‹ (in der ich die gleichen Soloinstrumente verwende wie Haydn) den Einfluß Haydns herausfinden sollte, so würde ich deswegen keineswegs zürnen: Im Gegenteil, es wird mir sogar angenehm sein. Ich habe meine Arbeit mit dem Vorsatz begonnen, in ihr – wenn ich es kann – ein wenig von der Bejahung des ruhigen und glücklichen Lebens wiederzugeben.« (1949)

*Weitere Orchesterwerke:* Drei Konzerte für Klavier und Orchester; *Konzert für zwei Klaviere und Orchester;* drei Konzerte für Violine und Orchester; Konzert für zwei Violinen und Orchester; *Konzert für Violoncello und Orchester; Concertino für Cembalo und Kammerorchester; Partita für Streichorchester.* Sinfonische Dichtungen: *Half-time, La Bagarre, La Rapsodie, Tre Ricercari, Lidice, Les Sérénades, Les Rondes, The Rock; Serenade für Kammerorchester; Concertino für Trio und Streichorchester; Sinfonietta giocosa für Klavier und Kammerorchester; Toccata e due canzoni; Fresken; Concerto grosso für Kammerorchester; Kammerkonzert für Violine mit Klavier, Pauken, Schlagwerk und Streichern.*

## Joseph Marx

1882–1964, österreichischer Komponist

Während seines langen, reich mit Werken gesegneten Lebens stand der vitale, als Komponist, Lehrer und Schriftsteller hochgeschätzte Joseph Marx stets im Mittelpunkt des Musiklebens seines Heimatlandes Österreich. Er war zutiefst der Romantik verhaftet, liebte den üppigen Orchesterklang, die sinnliche menschliche Stimme, die weitgeschwungene Melodie. Sein Schönstes hat er wohl im Liede geleistet, wo ihm wahre Perlen gelangen, die würdig neben den Gesängen Mahlers, Richard Strauss', Schoecks bestehen können (um nur seine Zeitgenossen zu nennen). Reich ist auch sein orchestrales Werk.
Als Rektor der Wiener Staatsakademie, als vielbeachteter Musikkritiker, als glänzender Publizist über musikalische, aber auch allgemein künstlerische Fragen, als Berater ungezählter junger Musiker hat Marx jahrzehntelang stärksten Einfluß ausgeübt; er hat ihn nie gegen die Atonalen verwendet, obwohl er ihre Ansichten nicht teilte und mit ihnen ehrlich zu diskutieren suchte. Er war ein letztes Stück Alt-Österreich, als Mensch wie als Komponist. Wer sinnenfrohe, üppige, lebensbejahende, stark gefühlsbetonte Musik liebt, wird von Marx nie enttäuscht werden, zudem er in der Beherrschung allen technischen Rüstzeugs ein wahrer Meister war.

*Frühlingsmusik; Herbstsymphonie; Idylle; Nordland-Rhapsodie; Symphonische Rhapsodie; Symphonische Nachtmusik; Alt-Wiener Serenaden; Feste im Herbst; Eine festliche Funfarenmusik; Romantisches Klavierkonzert E-dur; Castelli Romani* (für Klavier und Orchester); *Abendweise* und *Morgengesang* (für Orgel und Blechinstrumente).

## Étienne-Nicolas Méhul

1763–1817, französischer Komponist

Der seinerzeit berühmte Opernschöpfer widmete sich auch der Konzertmusik. Er schrieb in knapp zwei Jahren fünf beachtenswerte Sinfonien: *Nr. 1 g-moll* (1809); *Nr. 2 D-dur* (1809); *Nr. 3 C-dur* (1809); *Nr. 4 E-dur,* (1810), *Nr. 5 A-dur,* (1810).

## Alfred Mendelsohn

1910–1966, rumänischer Komponist

Komponierte u.a. 9 Sinfonien, 2 Sinfonische Dichtungen, 3 Suiten, 3 Violinkonzerte und ein Orgelkonzert.

## Felix Mendelssohn-Bartholdy

1809–1847

Ein Leben strahlender Erfolge, eine segensreiche Tätigkeit, die ihn zum Mittelpunkt, zum Freund, zum Helfer, zum Vertrauten seiner Zeitgenossen und romantischen Mitstreiter machte, ein Dasein ohne quälende Kämpfe und Konflikte, das war die kurze, aber lichtüberflutete Existenz Mendelssohns. Er kam am 3. Februar 1809 zur Welt. Als er drei Jahre alt ist, zieht die Familie aus seiner Geburtsstadt Hamburg nach Berlin, wo Felix – einer der wenigen Meister, die aus reichem Hause stammten – mit sechs Jahren den ersten Musikunterricht bei der Mutter nimmt. 1817 wird der damals gefeierte Zelter sein Kompositionslehrer, und ein Jahr später spielt er zum ersten Male öffentlich. Ein Vergleich mit Mozart liegt nahe: der Wunderkindschaft wegen, aber auch dank seinem offenen, sonnigen Wesen und durch die Tatsache, daß beiden das musikalische Talent nicht ungeteilt in die Wiege gelegt wurde, sondern etwas davon auf ihre Schwestern überging, die aber in Anbetracht der damaligen sozialen Vorurteile gegen Frauenkarrieren verzichten mußten. Als Mendelssohn vierzehn Jahre alt wird, unterhält sein Vater ein Privatorchester, damit sein Sohn sich im Dirigieren und Komponieren üben könne. So entsteht, neben vielem anderem, 1827 die geniale *Sommernachtstraum-Ouvertüre*, 1828 *Meeresstille und glückliche Fahrt*, 1830 die *Hebriden-Ouvertüre.* Aber schon ein Jahr vor dieser war ihm eine musikgeschichtliche Entdeckung von höchster Bedeutung gelungen: Er hatte in Leipzig die seit hundert Jahren vergessene Matthäuspassion Bachs wiedergefunden und zur Aufführung gebracht. Dann vermitteln weite Reisen ihm vielfältige Eindrücke, die er in Musik umsetzt: in die *Schottische* und *Italienische Sinfonie*. 1835 wird er Leiter der Gewandhauskonzerte in Leipzig, wo er enge Freundschaft mit Schumann schließt, den er, zum Direktor des Konservatoriums gewählt, als Professor beruft. Er dirigiert in Berlin wie in London, wird zum geistigen Mittelpunkt einer bedeutenden Musikergruppe, die die junge Romantik zum Siege führt. Im Jahre 1847 besucht er zum zehnten Male England, hierauf die Schweiz, um seine angegriffene Gesundheit wiederherzustellen. Aber der von Jugend an überanstrengte Körper erholt sich nicht mehr; am 4. November desselben Jahres stirbt Mendelssohn in Leipzig.

*Die Sinfonien*

*Sinfonie Nr. 1 c-moll.* Ein Jugendwerk, mit 12 Jahren begonnen und 1824 unter dem Einfluß des bedeutenden Pianisten Ignaz Moscheles (der vorübergehend von seinem Londoner Wohnsitz nach Berlin kommt, wo Felix und seine Schwester Fanny bei ihm Unterricht nehmen) vollendet. Im Katalog von Mendelssohns Kompositionen führt es die Nummer 11. Aber es soll wenigstens erwähnt sein, daß der junge Komponist damals bereits – zu Übungszwecken – zwölf kleine Sinfonien für Streichorchester geschrieben hatte, die er in die Liste seiner Werke nicht aufnahm.

*Sinfonie Nr. 2 B-dur*, op. 52. Nach Art von Beethovens Neunter schuf Mendelssohn im Jahre 1840 eine Sinfonie oder sinfonische Kantate, mit der in Leipzig ein Gedenktag der Erfindung der Buchdruckerkunst gefeiert wurde. (Uraufführung in der Thomaskirche am 25. Juni 1840.) Im letzten Satz des Werkes treten zwei Solostimmen (Sopran und Tenor), vierstimmiger Chor und Orgel zum sinfonischen Orchester. Trotz ihrer seinerzeit lang anhaltenden Popularität ist diese zumeist als zweite verzeichnete Sinfonie heute nahezu vergessen.

*Sinfonie Nr. 3 a-moll*, op. 56, genannt *Schottische*. Auf seiner Schottlandreise im Jahre 1829 – im Alter von 20 Jahren – empfing der junge Musiker so starke Eindrücke, daß sie sich im Laufe mehrerer Jahre zu einer Sinfonie verdichteten. Sein romantischer Geist erlebte die düstere Landschaft, die Schauplätze von Legende und Geschichte, das Schloß von Holyrood, wo noch der Geist der unglücklichen Maria Stuart durch die hohen Räume zu geistern schien. So wurde die Schottische Sinfonie ein tief poetisches Werk und eines der ernstesten Stücke seines Autors. Mendelssohn arbeitete ungewöhnlich lange an der in Zukunft die Bezeichnung *dritte Sinfonie* führenden *Schottischen*. Er beendete sie am 20. Januar 1842 und dirigierte sie erstmalig in Leipzig am 3. Mai des gleichen Jahres. Eine Woche später wiederholte er sie in Berlin, am 13. Juni in London. Sie ist eines seiner meistgespielten Stücke geblieben.

Der erste Satz *(Andante con moto – Allegro un poco agitato)* bringt in langer Einleitung ein schönes Oboenthema:

Der Quartsprung aufwärts und das weitere Ansteigen bis zur kleinen Sexte (E-A-C) bilden eine (sicherlich unbewußte) Lieblingsformel der Romantik. Wir finden sie bei Wagner des öfteren, so in einem wichtigen Leitmotiv aus dem Nibelungenring. Sie scheint Sehnsucht oder melancholische Erinnerung auszudrücken. Für Mendelssohn war sie mehr als ein plötzlicher Einfall: im Hauptthema des folgenden *Allegros* kehrt sie wieder:

Der zweite Satz wird allgemein als Scherzo charakterisiert, obwohl er formal in Sonatenform geschrieben ist. Mendelssohn bezeichnet ihn mit *Vivace non troppo* und findet, nach den überwiegend dunklen Klängen des ersten Satzes – die von Legenden und Sagen zu berichten scheinen – frohere Töne. Das Hauptthema ist wohl ein altes schottisches Lied. Die Klarinette stimmt ihn an, und wir glauben uns inmitten eines Volksfestes zu befinden:

Schön und von stärkstem Gefühl getragen ertönt der dritte Satz, *Adagio*, in dem Stellen von süßer Melodie und überirdischem Frieden mit den feierlichen Klängen eines Trauermarsches abwechseln. Voller Dramatik ist der letzte Satz, der zwei deutlich verschiedene Teile aufweist: Er beginnt in dahinsausendem *Allegro vivacissimo* und gipfelt, nachdem er elegische Episoden eingeschlossen hat, in einem *Allegro maestoso assai*, das dem Werk einen feierlichen und großartigen Abschluß verleiht.

*Sinfonie Nr. 4 A-dur*, op. 90, genannt *Italienische.* Diese vielleicht populärste Sinfonie Mendelssohns entsprang, wie die vorher besprochene, einer Reise. Ein Jahr nach seinem Aufenthalt in Schottland fuhr der ein wenig über zwanzigjährige Komponist nach Süden. Italien schlug ihn in Bann, mit seinem überschäumenden Volksleben, seiner kristallklaren Luft, seinem blauen Himmel, seinen alten Denkmälern und Kunstschätzen, seiner hellen, leichten, frohen Atmosphäre. Drei Jahre später beendete er die *Italienische Sinfonie* (die dadurch also der *Schottischen* weit vorauseilt) und brachte sie am 13. Mai 1833 in Berlin zur Uraufführung. Doch bereits ein Jahr später begann er sie umzuarbeiten; die endgültige Version hat er nicht mehr gehört; sie erklang in Leipzig am 1. November 1849.
Der erste Satz, *Allegro vivace*, ist eine ideale tönende Einführung für Italien. Eine sonnige Landschaft scheint vor uns zu liegen; der Wanderer durchzieht sie mit frohen Sinnen, fühlt, im Lande seiner Sehnsucht zu sein, und ist glücklich, es so herrlich zu finden, wie er es erträumt hat:

Der bewegte Sechsachtelrhythmus hält sich den ganzen Satz über. Mendelssohn sagte selbst, er habe niemals eine frohere Musik geschrieben als diese. Das trifft schon auf den ersten Satz zu, der so voll jugendlichem Überschwang ist.
Schwieriger dünkt uns die Erklärung des zweiten Satzes, *Andante con moto.* Es scheint hier ein feierlicher Marsch vorzuliegen, der zudem – vielleicht durch die düstere d-moll-Tonart – etwas Schicksalhaftes bekommt. Einige Beobachter wollen eine Erinnerung an alte deutsche Balladen vernehmen, die den Italienreisenden in gewissen Stunden des Heimwehs überkommt; es gibt aber auch die Erklärung, wonach Mendelssohn hier eine nächtliche Prozession in den Straßen Neapels beschreibe. Jedenfalls ist es der einzige dunkle, gedrückte Augenblick der Sinfonie:

Der dritte Satz trägt den Charakter eines Menuetts *(Con moto moderato)* und besitzt die Grazie und Einfachheit Schubertscher Musik. Der letzte krönt das Werk mit einem echt süditalienischen Saltarello *(Presto)* von enormer Vitalität. Man glaubt sich in ein neapolitanisches Volksfest versetzt, voll bunter Trachten und wirbelnder Tänze. Das Orchester imitiert (nicht: verwendet) Kastagnetten und Tamburine – fünfzig Jahre später hätten die Komponisten diese Instrumente selbst benutzt, um das Bild so lebensecht als möglich zu gestalten – und überbietet sich in immer neuen Anläufen und schwungvollen Wendungen:

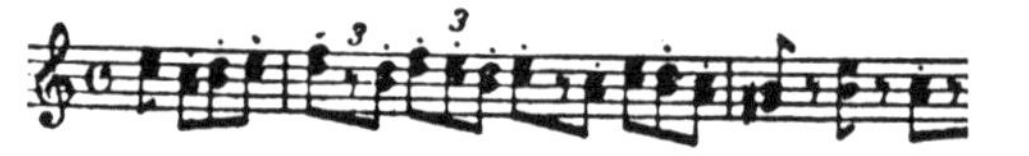

Es hat nicht an Stimmen gefehlt, die dieses Finale »äußerlich«, ja sogar »reißerisch« und »effektsuchend« genannt haben. Zu Unrecht. Es sind Reiseeindrücke eines romantischen Musikers, der zudem sehr jung und den Sinnenfreuden des Lebens aufgeschlossen ist. Man muß vielmehr seine Fähigkeit bewundern, Szenen in Klänge umzusetzen und sie musikalisch einwandfrei, technisch brillant wiederzugeben. Ein halbes Jahrhundert später wird der junge Richard Strauss Italien recht ähnlich erleben: die *Italienische Sinfonie* ist ein mitreißendes Stück Musik, vordergründig, lebensstrotzend, überglücklich, jung.

*Sinfonie Nr. 5 d-moll*, op. 107, genannt *Reformationssinfonie.* Chronologisch ist diese Sinfonie die dritte; da sie aber erst 1868 gedruckt erschien, erhielt sie den Namen *Fünfte* und die Opusnummer 107. Mendelssohn schrieb die Komposition im Jahre 1830 als Auftragswerk zur Dreihundertjahrfeier der Reformation. Ihre Uraufführung war für Augsburg vorgesehen, aber die Opposition der Katholiken machte dies zunichte. So dirigierte sie ihr Autor erst 1832 in Berlin. Die Sinfonie hat drei Sätze *(Andante – Allegro con fuoco; Allegro vivace; Andante)* und verwendet – im ersten und dritten – zwei protestantische Melodien: Das »Dresdner Amen« (das Wagner ein halbes Jahrhundert später als Leitmotiv in den *Parsifal* aufnimmt) und Luthers Choral »Ein' feste Burg ist unser Gott«.

*Die Konzerte*

*Klavierkonzert Nr. 1 g-moll*, op. 25. Mendelssohn schrieb dieses Werk im Jahre 1830 und spielte es zum ersten Male in München (auf einer Reise von Italien nach Paris) am 17. Oktober 1831. Er war erst 21 Jahre alt, als er es komponierte, aber sein Sinn für Form bereits so stark, daß keinerlei Unreife zu spüren ist. Es wäre sehr schwer, außer Mozart einen Komponisten mit so starkem angeborenem Formgefühl zu finden wie Mendelssohn, der zugleich noch ein perfekter Pianist und ein glänzender Kapellmeister war. Das erste Klavierkonzert knüpft an die Klassik an: Es hat drei Sätze *(Molto Allegro con fuoco; Andante; Presto – Molto Allegro e vivace)*, ist virtuos für den Solisten geschrieben, elegant, liebenswürdig, graziös und doch keineswegs oberflächlich. Es gibt lyrische Motive darin, die an Mendelssohns berühmte Schule machende *Lieder ohne Worte* gemahnen:

*Klavierkonzert Nr. 2 in d-moll*, op. 40. Der Komponist spielte das Stück zum ersten Male am 21. September 1837 bei einem Musikfest in Birmingham, für das er es eigens komponiert hatte. Man hört das Konzert selten; es ist schwächer als das erste, das allerdings auch nicht oft zu hören ist. Mendelssohns Klavierkonzerte sind für die frühromantische Epoche charakteristisch, aus der sich insgesamt wenig Konzerte erhalten haben: je zwei Chopins und Liszts, das meisterliche Schumanns.

*Violinkonzert e-moll*, op. 64. Diese Komposition – für viele Mendelssohns schönstes Werk und unleugbar eines der großen Geigenkonzerte der Welt – entstand von 1838 bis 1844. Sechs Jahre langsamen Reifens und dann einige wenige Monate fieberhafter Niederschrift. Der berühmte Geiger Ferdinand David gab den Anstoß zu diesem Konzert, als er von Mendelssohn ein »brillantes Werk« erbat. Es wurde am 16. September 1844 abgeschlossen, aber Mendelssohn war noch nicht befriedigt von seiner Partitur und suchte technische Ratschläge in bezug auf die Gestaltung des solistischen Parts. Am 13. März 1845 erlebte das Werk dann seine glanzvolle Uraufführung im Leipziger Gewandhaus, von David gespielt und unter der Leitung des dänischen Dirigenten Niels Gade, der an Mendelssohns Seite zu einem führenden Musiker heranwuchs.
Die Orchesterbesetzung des Violinkonzerts besteht aus doppeltem Holz, zwei Hörnern, zwei Trompeten, Pauken und Streichern – einer »klassischen« Zusammensetzung also, die es dem Soloinstrument mühelos erlaubt, seine Stimme selbst im zarten Piano hören zu lassen. Das Werk hat die drei – ebenfalls »klassischen« – Sätze: *Allegro appassionato; Andante; Allegro molto vivace.* Es ist voll von süßen Melodien, die aus einem glücklichen und verliebten Herzen quellen. Schon das sofort nach Beginn einsetzende erste Thema kündet den lichten, strahlenden, optimistischen Charakter des Stückes an:

Mendelssohn verlangt hier »leidenschaftlichen« Ausdruck, aber es ist nicht die gequälte, quälende Leidenschaft seines Kollegen Berlioz; auch nicht die tragisch umwitterte Schumanns. Es ist die Leidenschaft, die Mozarts Schaffen auszeichnete, jener Wunsch, sich ganz tief in das Meer der Musik zu stürzen, in ihr zu leben, ihr zu dienen bis zum letzten – nicht mehr fernen – Atemzug. Sehr lyrisch hingegen ist das zweite Thema, von edler Einfachheit und einer echt romantischen Sehnsucht erfüllt:

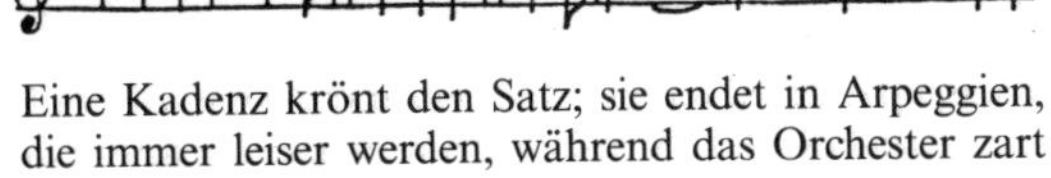

Eine Kadenz krönt den Satz; sie endet in Arpeggien, die immer leiser werden, während das Orchester zart wieder eintritt, das erste Thema bringt, steigert und in einer feurigen Stretta zum strahlenden Schluß führt.
Ohne Unterbrechung folgt der zweite Satz. Er steht, nach dem e-moll des ersten Satzes, in C-dur. Mendelssohn hat ihm eine edle Melodie gegeben, zärtlich, innig, ein wenig nachdenklich:

Dann geht das Werk, wiederum pausenlos, in das Finale über, das froh dahinstürmend hereinbricht, äußerst schwungvoll und – ein Kennzeichen seines Autors – von weltmännischer Eleganz, die aber nicht äußerlich, sondern eine Lebenshaltung ist. Wir glauben einen Elfenreigen zu erleben, schwerelos, unirdisch, zauberhaft, einen liebenswerten Geisterspuk voll Grazie und frohem Naturerlebnis:

Der ganze Satz ist aus diesem frohen, glitzernden Thema entwickelt, das ihn leicht und schwungvoll abrollen läßt bis zum Ende. Es gibt Kompositionen, die den Hörer in tiefer Erschütterung nach dem Konzert auf den Heimweg schicken, und andere, die ihn lächelnd und mit undefinierbarem Glücksgefühl im Herzen verabschieden. Mendelssohns Violinkonzert ist ein glänzendes Beispiel für die letztere Gattung. Hier sind Frohsinn und leichte Gemütsstimmung zudem durch ein echtes Meisterwerk erzielt.

### *Weitere Orchesterwerke*

Musik zu Shakespeares »Sommernachtstraum«. Wer mit siebzehn Jahren ein Stück wie die Ouvertüre zu Shakespeares genialer Komödie schreiben kann, darf als kongenial angesehen werden. Mendelssohn las mit seiner Schwester dieses dichterische Meisterwerk und fühlte sich von ihm so angeregt, daß er eine vierhändige Ouvertüre – für den »Hausgebrauch« also – komponierte. Sie wurde einem großen Gästekreis, in dem sich manche geistig und künstlerisch hochbedeutende Persönlichkeit befand, im väterlichen Hause vorgeführt. Der Erfolg veranlaßte den jungen Musiker, der eben erst in die Universität eingetreten war, das Werk zu instrumentieren. Er tat dies mit unglaublicher Frühreife und klanglicher Intuition. Jahrzehntelang empfand man Shakespeares Komödie und Mendelssohns Musik als restlose Einheit. Unsere Epoche – mit ihrem Trachten nach »stilistischer Reinheit« – hat Zweifel daran aufkommen lassen und so mehrere zeitgenössische Neukompositionen (darunter eine außerordentlich interessante von Carl Orff) veranlaßt. Dazu wäre

vielerlei zusagen, was hier nur knapp angedeutet werden kann, um den Rahmen des Buches nicht zu sprengen. Shakespeare entstammte einer unromantischen Zeit, Mendelssohns Musik aber sei rein romantisch, heißt es. Zugegeben. Aber wenn wir schon Anachronismen nachweisen wollen, sollten wir viel früher beginnen. Was der gewaltige englische Dramatiker schrieb, war alles eher als eine hellenistische, klassische Komödie; es ist ein englisches Stück geworden, das deutlich die Züge des Elisabethanischen Zeitalters trägt. Was hätte Mendelssohn also komponieren sollen: eine klassizistische, vorgeblich »hellenische« Musik oder ein elisabethanisches Werk? Er las den »Sommernachtstraum« (in Schlegels romantischer Übersetzung) wie ein Werk seiner eigenen Zeit, seiner eigenen Umwelt. Und so schuf er die Musik dazu. Und sie wurde derart gut, daß zahlreiche Generationen Dichtung und Musik nicht mehr voneinander trennen konnten und wollten. Die Ouvertüre, deren orchestrale Uraufführung am 20. Februar 1827 in Stettin stattfand, schildert in duftigsten Farben den nächtlichen Zauberwald, erweckt Oberon, Titania, Puck und die Elfen zu mondbeschienenem Dasein, läßt sie menschliche Abenteuer erleben und in menschliche Leben abenteuerlich eingreifen und bleibt doch irreal, traum- und spukhaft, verzaubert und verzaubernd, schwebend und schwerelos, glückhaft und spielerisch.
Siebzehn Jahre später beauftragte König Friedrich Wilhelm von Preußen den damals auf dem Gipfel seines Ruhmes stehenden Mendelssohn mit einer Bühnenmusik zum gleichen Stück. Und es geschah ein zweites Wunder. Nach dem ersten – der Kompositionen der Ouvertüre im Alter von 17 Jahren – hätte es sich ereignen können, daß die Bühnenmusik nun wesentlich schwächer oder gänzlich anders geraten wäre. Aber nein, Mendelssohn traf genau den damaligen Ton wieder, und wer es nicht weiß, käme kaum auf den Gedanken, daß die einzelnen Stücke der Sommernachtstraum-Musik in so verschiedenen Epochen seines Lebens entstanden sind. Die Bühnenmusik begleitete die Komödie erstmals am 18. Oktober 1843 im Neuen Hoftheater zu Potsdam. (Eine Konzertfassung erklang ebenfalls, wie die Bühnenpremiere, unter Mendelssohns persönlicher Leitung am 27. Mai 1844 in London.) Sie besteht aus dreizehn Musiknummern – von denen einige Solostimmen und Chor hinzuziehen – und enthält mindestens drei, die weltberühmt wurden: *Scherzo, Notturno* und *Hochzeitsmarsch.*
Das *Scherzo* steht zu Beginn des zweiten Aufzugs und untermalt die Szene Pucks, der hier zum wohl vollendetsten Vertreter des Märchenreiches wird. So zeichnet ihn auch diese Musik, geheimnisvoll, quecksilbrig, zu allen Streichen aufgelegt. Weniger bekannt ist das *Intermezzo* geworden, das in feinster Weise den Übergang von der Welt Oberons und Titanias zu den »Rüpeln«, den braven Handwerkern Athens, bildet, die im Walde, von dessen Verzauberung in der milden Sommernacht sie nichts ahnen und ahnen können, in Ruhe ihre Komödie proben wollen. Besonders herrlich ist das *Notturno*, das den 3. Akt abschließt: die Liebespaare sind in größter Verwirrung endlich eingeschlafen. Puck nähert sich leise und träufelt ihnen nun den rechten Saft unter die geschlossenen Lider: Jetzt werden sie beim Erwachen den wahren Herzenspartner erkennen. Mendelssohn malt diese Stimmung in so restloser Einfühlung, daß der tiefe Zauber der geheimnisvollen Nacht hier perfekten musikalischen Ausdruck findet. Ein Hornsolo bleibt unvergeßlich. Über den *Hochzeitsmarsch* brauchen wir nicht viel zu sagen: Er ist zu einem der populärsten Musikstücke aller Zeiten geworden. Mit Recht; wie gut muß er sein, wenn tausendfacher Brauch und Mißbrauch ihn nicht haben entwerten können! Er hat etwas Hoheitsvolles, aber viel mehr Menschliches an sich. Der Herzog von Athen heiratet die Amazonenkönigin; doch auch Oberon und Titania haben einander in neuer Liebe wiedergefunden. Es ist ein Liebes- und Hochzeitsmarsch geworden, mit musikalisch prachtvollen Details, eine beglückende Musik voll Wohlklang und Sommernachtstraum-Atmosphäre. Diese – eine der berühmtesten Bühnenmusiken überhaupt (höchstens mit Beethovens »Egmont« und Griegs »Peer-Gynt«-Musik zu vergleichen) – trägt in Mendelssohns Schaffen die Opusnummern 21 (Ouvertüre) und 61.

*Die Hebriden-Ouvertüre (oder: Die Fingalshöhle)*, op. 26. Im Jahre 1829 unternahm Mendelssohn mit einem Freunde die schottische Reise, die wir bei der Besprechung der *Schottischen Sinfonie* erwähnt haben. Sie wurde auch zum auslösenden Moment für die wunderschöne Ouvertüre, die die Hebrideninseln und besonders die Fingalsgrotte schildert, ein Naturerlebnis seltenster Art inmitten einer stimmungsgesättigten Atmosphäre, in der tausendjährige Geschichte, Sagen und Legenden lebendig geblieben sind. Der junge Musiker empfand das Wunder dieser Höhle, in der die Meereswogen, die mit der Flut eindringen, Klänge wie die einer riesigen Orgel hervorbringen, mit übermächtiger Kraft. Sofort fiel ihm ein Thema ein, das Wogenrauschen und Lichtreflexe wiederzugeben schien; man erzählt, daß er am gleichen Tage noch in das Haus einer befreundeten Familie trat. Er hatte das Thema im Kopf und wünschte sehnlichst, es auf dem Klavier ausprobieren, festlegen und entwickeln zu können. Aber es war Sonntag, nach englischer Sitte der verbotene Tag für Musik und andere »Belustigungen«. Trotzdem gelang es seiner feinen Diplomatie und Überredungskunst (die in späteren Jahren im Musikleben sprichwörtlich und oftmals segensreich werden sollte), die Erlaubnis zum Anschlagen einiger Akkorde zu erhalten. So formte sich ihm das Thema, das zwei Jahre später zur Achse der Komposition wurde. Die eigentliche Ausführung erfolgte zu Ende des Jahres 1831 und Beginn des folgenden. Die Uraufführung fand am 14. Mai 1832 in London statt. Die Bezeichnung »Ouvertüre« entspricht einem Brauch der damaligen Zeit; wir würden das Stück eher ein »sinfonisches Gedicht« nennen (ein Name, den es damals noch nicht gab).

*Meeresstille und glückliche Fahrt, Ouvertüre*, op. 27, ist ebenfalls eine kleine sinfonische Dichtung oder eine Orchesterskizze, zu der zwei Goethegedichte Pate standen:

*Meeresstille*

Tiefe Stille herrscht im Wasser,
Ohne Regung ruht das Meer,
Und bekümmert sieht der Schiffer
Glatte Fläche ringsumher.
Keine Luft von keiner Seite!
Todesstille fürchterlich!
In der ungeheuren Weite
Reget keine Welle sich.

*Glückliche Fahrt*

Die Nebel zerreißen,
Der Himmel ist helle,
Und Aeolus löset
Das ängstliche Band.
Es säuseln die Winde,
Es rührt sich der Schiffer,
Geschwinde! Geschwinde!
Es teilt sich die Welle,
Es naht sich die Ferne,
Schon seh' ich das Land!

Diese beiden Stimmungsbilder hat Mendelssohn zu einer einzigen Szene zusammengeschmolzen. Ein leichtverständliches, äußerst »plastisches« Werk, das bereits 1828 entstand – Mendelssohn zählte damals 19 Jahre! – und am 7. September jenes Jahres zunächst privat erklang. Die erste öffentliche Aufführung fand am 1. Dezember 1832, wie die private, in Berlin statt.

*Heimkehr aus der Fremde* (Ouvertüre), op. 89. Zu den Jugendwerken Mendelssohns gehört – trotz der hohen Opusnummer, die der postumen Veröffentlichung entspricht – auch dieses Singspiel mit größerer Ouvertüre; der junge Komponist vollendete es im Jahre 1829 in London. Das Liederspiel entstand aus dem Wunsch, eine Unterhaltung für Freunde und Verwandte zu schaffen. Den Text schrieb Karl Klingemann (1798–1862), Gesandtschaftssekretär in London, Musikliebhaber und Dichter. Das kleine Werk wurde sofort nach Mendelssohns »Heimkehr aus der Fremde« am 26. Dezember 1829 im väterlichen Hause in Berlin uraufgeführt. Lediglich die hübsche Ouvertüre hat in das Musikleben Eingang gefunden, sie erklang erstmals öffentlich am 26. Oktober 1848 – also nach Mendelssohns Tod – im Leipziger Gewandhaus, unter der Leitung von Julius Rietz. Sie beginnt mit einem ruhig erzählenden Teil, *Andante*, es folgt ein einfaches, im Singspielton gehaltenes *Allegro di moto*, das strettaartig auf den Höhepunkt geführt wird; den Schluß bildet eine kurze Rückkehr in das erste Andantethema, das im Pianissimo verhaucht.

*Die schöne Melusine* (Ouvertüre), op. 32. Wieder eine sinfonische Dichtung, die das tragische Schicksal der in der Romantik oft besungenen Wasserjungfrau zum Vorwurf nimmt. Ein ausnehmend schönes, tief empfundenes Stück (Mendelssohn soll es als sein »innerlichstes« bezeichnet haben), in dem Liebe und Tod des Wesens aus dem »Zwischenreich« mit blühenden Melodien gezeichnet sind. Nicht zu übersehen ist, daß das Hauptthema des ruhig dahinfließenden Wassers der (viel später komponierten) »Tiefe des Rheins« zu Beginn von Wagners »Rheingold« als Modell gedient zu haben scheint. Mendelssohn schrieb das Werk während seiner Düsseldorfer Zeit im Herbst 1833. Die erste Aufführung fand am 7. April 1834 in London unter der Leitung von Ignaz Moscheles statt. Eine zweite Fassung erklang am 23. November 1835 in Leipzig unter der Stabführung von C.G. Miller.

*Ruy Blas* (Ouvertüre), op. 95. Obwohl Mendelssohn wenig Sympathie für Victor Hugos damals äußerst in Mode stehendes Drama »Ruy Blas« verspürte, schrieb er doch eine Ouvertüre hierfür. Er arbeitete an ihr während des Winters 1838/39 und brachte sie am 11. März 1839 in Leipzig zum ersten Erklingen. Es handelt sich um eine glänzende, aber ein wenig äußerliche Musik, eine brillante, aber kaum tief empfundene Komposition.

*Athalia* (Ouvertüre), op. 74. Zur gleichen Zeit, als Preußens König Mendelssohn die Sommernachtstraummusik in Auftrag gab, regte er auch eine Bühnenmusik zu Racines »Athalia« an. Es entstanden Lieder, Chöre und eine Ouvertüre; erstere im Jahre 1843, die Ouvertüre – das einzige überlebende, wenn auch selten gespielte Stück – im Winter 1844/45. Die Uraufführung erfolgte unter des Komponisten Leitung im Berliner Königlichen Theater, am 1. Dezember 1845, vor Friedrich Wilhelm IV. und seinen Gästen. Die Ouvertüre ist nach Art der alten »französischen Ouvertüre« dreiteilig gehalten: Anfang und Schluß bildet ein *Maestoso con moto*, den Mittelteil ein bewegtes *Molto Allegro*. Mendelssohn versucht, den Inhalt der Tragödie in Musik umzusetzen. Ein wirkungssicheres, glänzend instrumentiertes, wenn auch nicht sonderlich inspiriertes Werk.

## Olivier Messiaen

1908, französischer Komponist und Organist

Mit ziemlicher Sicherheit gehört der am 10. 12. 1908 in Avignon geborene Messiaen zu den zukunftsweisenden Musikschöpfern unserer Zeit. Er ist zudem einer der faszinierendsten, aber auch experimentierfreudigsten, einer der vielseitigsten und gegensätzlichsten. Er verkörpert in manchem Werk die erotische Sinnlichkeit, in anderen den reinen Geist religiöser Mystik; er strebt wissenschaftlichen Fragen nach und ist zugleich ein großer Naturliebhaber (unter anderem ist er einer der profundesten Kenner des Vogelgesangs). Er liebt es, seine musikalische Phantasie in ferne Regionen schweifen zu lassen, bringt dem Abendländer indische Musikformen nahe, findet in griechischen Metren, in okkultistischen Sternbeziehungen, im Studium des Atoms künstlerische Anregungen, läßt sich vom Leben Jesu inspirieren. Er verwendet die modernsten Mittel, so elektronische Instrumente, sucht neue Klangfarben, komplizierte Orchesterzusammensetzungen. Natürlich fesselt ihn auch die Orgel, zu deren größten Kennern er gehört, als Schöpfer wie als Ausführender. Er trat im Jahre 1936 an die Spitze einer Komponistengruppe, die sich »Jeune France« nannte, aber keinen langen Bestand hatte. Stark und nachhaltig ist hingegen Messiaens Lehrtätigkeit am Pariser Konservatorium. Zu seinen bedeutenden Orchesterwerken zählen:

*L'ascension* (1937). Ursprünglich für Orgel, später instrumentiert, vier Sätze auf Worte der Heiligen Schrift.

*Trois petites Liturgies de la Présence Divine* (1944). Ein äußerst differenziertes Orchester und ein (einstimmig geführter) Frauenchor, der auf Worte des Komponisten singt, schaffen einen neuen Typus religiöser Musik für den Konzertsaal.

*Trois Talas* (1947). Talas sind rhythmische Formeln, die die indische Musik verwendet. Messiaen studierte die Sammlung von hundertzwanzig Talas, die der indische Theoretiker Karnagadeva, der im 13. Jahrhundert lebte, erfand, und die ihm, wie er sagte, eine neue – und nicht nur musikalische – Welt offenbarte. Seine *Trois Talas* beschreiben drei Stadien der Liebe: die Melancholie, die Sehnsucht und die Ekstase. Die Musik ist überströmend und geht von üppigster Sinnlichkeit bis zu zartester Zurückhaltung. Oftmals gemahnt sie an den Klang indonesischer Gamelans, jener aus Tam-Tams und Gongs aller Arten und Größen zusammengesetzten Ensembles, deren exotischer Klang im Europäer seltsame, wie weltentrückte Stimmungen hervorruft.

*Turangalila.* Schon im Jahre 1939 beauftragte Sergej Kussewitzky den in jener Zeit erstmalig hervortretenden Messiaen mit einem Orchesterwerk für sein berühmtes Bostoner Ensemble. Aber es kam der Krieg, der Komponist geriet in Gefangenschaft, und erst nach der Wiederkehr des normalen Lebens machte Messiaen sich an die Arbeit. Er schrieb von 1946 bis 1948 an dieser Sinfonie. Der nordamerikanische Dirigent (und Mäzen) hatte sich inzwischen zurückgezogen, und die Uraufführung wurde dem jungen Leonard Bernstein übertragen, der sie am 2. Dezember 1949 in Boston durchführte. Über den Titel ist viel geschrieben worden; er soll angeblich drei Bedeutungen haben: Liebeslied, ein Mädchenname und eine rhythmische Formel – alles in einer der Sprachen Indiens. (Aber es gibt auch Kenner, die das leugnen und behaupten, Messiaen habe den Namen, im Drang seiner Sehnsucht nach Exotik, einfach des Klanges wegen erfunden.) Es handelt sich um ein riesiges Werk von mehr als anderthalb Stunden Dauer und mit einem ungewöhnlich groß dimensionierten Orchester, in dem es nicht an seltenen Klangquellen mangelt (elektronische Martenotwellen, D-Trompete, B-Kornett sowie eine Fülle von exotischen Schlaginstrumenten). Messiaen beschreibt anscheinend erotische Orgien, aber auch übersinnliche Visionen, manches mit großer Schönheit, neuartig, fesselnd, anderes in deutlicher Anlehnung an strenge, etwa mittelalterliche Vorbilder. Ein seltsames, wohl einmaliges Werk, das gefallen oder mißfallen, begeistern oder abstoßen kann, aber eines Anhörens und Nachdenkens wert ist.

*Le réveil des oiseaux* (1953). Dieses für Klavier und Orchester komponierte Werk ist etwas absolut Einmaliges. Denn Messiaen imitiert nicht nur meisterhaft den Gesang zahlloser Vogelarten (mit Klangeffekten, die von unglaublichem Raffinement zeugen), er erlebt die Natur mit allen Fasern seines Seins. Man kann das Stück als musikalisches Werk nehmen oder als ornithologische Studie, in beiden Fällen wird es seine Liebhaber finden. Es ist in vier Teile gegliedert: *Mitternacht, Um vier Uhr früh, Morgengesang, Mittagslied.* Eine Erklärung des Komponisten (zum *Morgengesang*) lautet: »Solo der Mönchsgrasmücke (Klavierkadenz). Dazu kommen Turteltauben (Flöten mit Flatterzungen), dann Dorngrasmücke (Celesta) und der Ruf des Hänflings (Klarinette). Zwei andere Stimmen: Singdrossel und Pirol. Solo der Amsel (Kadenz des Klaviers). Zwei weitere Amseln (Klavier), zwei Rotkehlchen (Celesta und Glockenspiel) bilden ein kleines Ensemble. Neue Rufe des Pirols und der Singdrossel klingen dazwischen, desgleichen der Schrei des Wiedehopfs und das Lachen des Grünspechts. Die Schlußkadenz des Klaviers bringt, nach und nach eintretend, Liedfragmente, Rufe, Schreie von Grünfink, Blaumeise, Singdrossel, Zeisig, Mönchsgrasmücke, Pirol, Kleiber, Zaunkönig, Distelfink, Star, Berglaubsänger, Rabenkrähe und Gartenrotschwanz. Die Klavierkadenz schließt mit einem Duo zwischen Rotkehlchen und Amsel.« (Zitiert in der deutschen Übersetzung aus Manfred Gräters »Konzertführer/Neue Musik«.)

*Weitere Orchesterwerke: Sept Haikai* (1963); Oiseaux exotiques (1964); *Les offrandes oubliées; Le tombeau resplendissant; Hymne au Saint-Sacrement; Couleurs de la cité céleste* (1964); *Et expecto resurrectionem mortuorum* (1964); *Des canyons aux étoiles* (1974); *Vogelkonzert* (aus der Oper *St. Franziskus von Assisi,* 1985).

## Krzysztof Meyer

1943, polnischer Komponist

*Orchesterwerke:* 5 Sinfonien (1964, 1967, 1968 mit Chor, 1975, 1979), Konzerte für Violine (1965), Cello (1972), Trompete (1972), *Kammerkonzert für Oboe, Schlagzeug und Streicher* (1972).

## Nikolaus Miaskowsky

1881–1950, sowjetischer Komponist

Wohl kaum einer der namhaften Komponisten unserer Zeit hat es auf eine so große Zahl von Sinfonien gebracht wie Miaskowsky, der 1881 in Nowo-Georgjewsk geboren wurde und 1950 in Moskau starb. Er schrieb nicht weniger als 27. Sein Werk stellt eine Synthese zwischen Klassik und Romantik sowie zwischen Europa und Rußland dar. Die *Sinfonie Nr. 1* entstand 1908 als op. 3, die letzte, *Nr. 27,* knapp vor seinem Tode mit der Werknummer 85. Zudem schuf er folgende Orchesterstücke: *Das Schweigen* (sinfonische Dichtung nach E.A. Poe), *Alastor* (sinfonische Dichtung nach Shelley), *Serenade, Sinfonietta, Lyrisches Concertino* (op. 32, 1931), *Glückwunschouvertüre* (1939), *Sinfonische Ballade, Slawische Rhapsodie, Pathetische Ouvertüre, Divertimento.* Miaskowsky gehörte zu den angesehensten Lehrern der Sowjetunion, viele bedeutende Komponisten der nachfolgenden Generationen waren seine Schüler: so u.a. Chatschaturian, Kabalewsky, Schebalin, Muradeli, Biely, Lewina, Galynin.

## Solon Michailidis

1905, griechischer Komponist

Der in Nikosia (Zypern) geborene griechische Tonschöpfer und Musikschriftsteller studierte in London und Paris, gründete auf seiner Insel ein Konservatorium und eine Konzertgesellschaft, studierte griechische Folklore und schrieb über moderne Harmonien. Unter seinen sinfonischen Kompositionen ragen hervor: *Hochzeit im Dorf* (Streicher mit Soloflöte), *Zwei byzantinische Skizzen, Zwei sinfonische Bilder, De Profundis, Archaische Suite.*

## Peter Mieg

1906–1990, Schweizer Komponist und Maler

*Orchesterwerke: Concerto da camera für Streichorchester, Klavier und Pauken* (1952), *Concerto Veneziano für Streichorchester* (1955), *Sinfonie* (1958), *Toccata-Arioso-Gigue* (1959), zwei Klavierkonzerte, *Violinkonzert, Oboenkonzert, Flötenkonzert, Konzert für Cembalo und Kammerorchester* u.a.

## Marcel Mihalovici

1898–1985, rumänisch-französischer Komponist

In Bukarest geborener und seit seiner Studienzeit in Paris lebender und dort verstorbener, namentlich auf dem Gebiet des Musiktheaters erfolgreicher Komponist, von dessen Orchesterwerken erwähnt seien: *Le cortège des divinités infernales* (1928), *Chindia* (1929), *Violinkonzert* (1930), *Caprice roumanien* (1936), *Symphonies pour le temps présent* (1944), *Séquences* (1947), *Rhapsodie concertante* (mit Klavier, 1951), *Sinfonia giocosa* (1951), *Etude* (mit Klavier, 1951), *Sinfonie Partita* (1952), *Elégie* (1955), *Ouverture tragique* (1957), *Sinfonia variata* (1960), *Nocturne* (mit Klarinette, 1963), *Sinfonia No. 5* (1969), *Refrains* (1969).

## Darius Milhaud

1892–1974, französischer Komponist

Die interessante Erscheinung dieses französischen Komponisten – der am 4. September 1892 in Aix-en-Provence geboren wurde – ist aus den revolutionären zwanziger Jahren unseres Jahrhunderts nicht wegzudenken, und ebensowenig möchte man seine reifen Beiträge zur Konzert- und Bühnenmusik aus späteren Jahren missen. Während des Ersten Weltkriegs nahm Paul Claudel, der bedeutende Dichter, ihn als Sekretär an die französische Botschaft nach Rio de Janeiro mit. Den Zweiten Weltkrieg verbrachte er im Exil in den Vereinigten Staaten. Sein weltweiter Geist (»Ich bin am Mittelmeer zu Hause, aber an einem Mittelmeer, das von Konstantinopel bis Buenos Aires reicht«, erklärte er einmal) liebt die lateinische Klarheit, aber hat von seinen jüdischen Ahnen einen Schuß Glaubenskraft mitbekommen, die manchmal ins Mystische führt. Das Werk Milhauds ist ungewöhnlich vielseitig, es umfaßt Opern, Ballette, Kammermusik, Instrumentalstücke, Lieder sowie eine Fülle von Orchesterkompositionen, von denen die wichtigsten besprochen seien:

*Saudades do Brasil (Brasilianische Tanzsuite,* 1921*).* Der längere Aufenthalt Milhauds in Brasilien fand in mehreren Werken seinen musikalischen Niederschlag: in dem Bühnenstück *Le bœuf sur le toit* (Der Ochs auf dem Dach) werden südamerikanische Tänze und Karnevalsrhythmen zitiert. Und in *Saudades do Brasil* singt der Komponist fasziniert und begeistert von den Schönheiten der Stadt Rio de Janeiro; jeder der zwölf Sätze malt die Eigenheiten eines der Stadtviertel der bunten, wunderbaren Stadt: Sorocaba, Botafogo, Leme, Copacabana, Ipanema, Gavea, Corcovado, Tijuca, Sumaré, Paineras, Laranjeiras, Paysandú. Die Melodien sind nicht der Folklore entnommen, sondern – wie Falla und Bartók es taten – in ihrem Geiste erfunden. Der Titel ist schwer übersetzbar, denn dem Wort »Saudade« kommt eine ganz besondere Bedeutung zu, die mit dem deutschen »Sehnsucht« nur unvollkommen wiedergegeben ist.

*La Création du Monde,* (Ballettsuite, 1923). Aus seinem gleichnamigen Ballett hat Milhaud eine Orchestersuite zusammengestellt. Das Thema ist die Erschaffung der Welt, wie sie sich die Phantasie primitiver afrikanischer Stämme ausgedacht haben soll. Zur musikalischen Illustration zieht Milhaud die damals völlig neue Jazzmusik heran, mit der er eben, auf einer Reise durch die USA, Kontakt gefunden hat. Es gelingt ihm eine starke Verschmelzung von europäischer und Negermusik, die damals mit Recht Aufsehen erregte. Das Werk besitzt eine Ouvertüre und fünf Teile:

1. *Das Chaos vor der Schöpfung. Rat der Götter. Magische Zeremonien.*
2. *Das Leben beginnt, es entstehen Bäume und Tiere.*
3. *Tanz der Tiere zu Ehren der Götter. Geburt des Mannes und der Frau.*
4. *Liebestanz der beiden Menschen.*
5. *Mann und Frau erleben den Frühling.*

*Fünf Sinfonien für kleines Orchester* (1917 bis 1922). Als Milhaud seine musikalische Laufbahn begann, war die Epoche den großen Formen nicht günstig gesinnt. Opern à la Pfitzner, Strauss und Puccini, Sinfonien à la Mahler und Sibelius waren bei der Avantgarde außer Geltung gekommen. Man strebte zur Konzentration im Formalen und Klanglichen. Und so schrieb auch Milhaud »Minutenopern« und »Miniatursinfonien«. Von den letzteren gibt es fünf, deren Spieldauer weniger als fünf Minuten beträgt und die lediglich ein Kammerensemble beschäftigen. Sie führen folgende Titel:

1. *Le printemps.*
2. *Pastorale.*
3. *Sérénade.*
4. *Dixtuor à cordes* (Stück für zehn Streicher).
5. *Dixtuor d'instruments à vent* (Stück für zehn Bläser).

Später hat ihr Autor diese Werke nicht als Sinfonien anerkannt und eine viel jüngere Komposition darum *Sinfonie Nr. 1* betitelt, der weitere folgten.

*Sinfonie Nr. 1.* Geschrieben 1939 im Auftrag des Sinfonieorchesters von Chicago. Zitieren wir den Komponisten: »Ich habe die Sinfonie immer für ein Werk der Reife gehalten und wollte nicht, daß eine oder mehrere Jugendsinfonien der einheitlichen Wirkung einer späteren Gruppe reifer Alterssinfonien Abbruch täten ...« Zur nun ersten Sinfonie gibt er folgende Erläuterungen: »Ich bin der Mozartschen Form treu geblieben; sie strebt eine ununterbrochene, reiche melodische Entwicklung an und führt daher unbedenklich neue Elemente ein, die für Abwechslung sorgen und der Phantasie erlauben, sich wie in jedem anderen musikalischen Werk zu entfalten.« Der erste Satz ist *Pastorale, Modérément animé* überschrieben, sein Charakter »sehr melodisch und ruhig, mit großer Naturempfindung«. Der zweite, *Très vif,* hat Scherzocharakter und ist »ziemlich dramatisch und robust, wobei der Mittelteil aus einer Fuge besteht«. Der dritte Satz, *Très modéré,* »hat ein choralartiges Thema, das mit einer ausdrucksvollen und klaren Melodie alterniert«. Eine ländliche Atmosphäre malt der letzte Satz, *Animé,* womit er gewissermaßen zum Beginn zurückkehrt.

*Sinfonie Nr. 2.* Beendet 1944, dem Andenken Natalie Kussewitzkys gewidmet, zu deren Ehren ihr Gatte, der berühmte Dirigent, einen bedeutenden Fonds für zeitgenössische Musik eingerichtet hatte. Das Werk hat fünf Sätze, die stark voneinander verschieden sind. Der erste *(Friedlich, ruhig und heiter)* ist von verklärter Stimmung. Sein Anfangsthema bietet ein gutes Beispiel für Milhauds Polytonalismus (das bedeutet die gleichzeitige Verwendung mehrerer Tonarten):

Der zweite Satz *(Geheimnisvoll)* ist von seltsamer, irrealer Atmosphäre erfüllt. Der *schmerzliche* dritte Satz verwendet Englischhorn und Baßklarinette in melancholischen Melodien. *Ruhevoll* singt der vierte Satz seinen lyrischen Inhalt, und ein *Halleluja* schließt das Werk mit einer freien Fuge jubelnd ab.

*Sinfonie Nr. 3.* Auftragswerk des Französischen Rundfunks (1946), der bei Milhaud ein Te Deum bestellte. Während der Arbeit weitete sich der Plan, und es entstand eine Sinfonie, bei der das Te Deum lediglich den Schlußsatz bildet. Das Stück führt den Untertitel *Ambrosianischer Lobgesang.* Der Komponist vermerkt: »Der erste Satz *(Fièrement)* schildert den Kampf; der zweite *(Très recueilli)* bereitet mit seinem (textlosen) Gesang auf den religiösen Teil des Werkes vor. Der dritte Satz *(Pastorale)* für Orchester allein ist eine Art freudige Rückkehr zur Erde, und das *Finale* wird vom eigentlichen *Te Deum* gebildet.«

*Sinfonie Nr. 4.* Geschrieben 1948, um – bei den offiziellen Pariser Feierlichkeiten zum hundertsten Jahrestag der Revolution – an die ganz Europa erschütternden Ereignisse von 1848 und 1849 zu erinnern. Die Namen der einzelnen Sätze geben einen genauen Eindruck ihres Inhalts: 1. *(Animé)* Der Aufstand. 2. *(Lent)* Den Toten der Republik. 3. *(Modérément animé)* Die Freuden der wiedererrungenen Freiheit. 4. *(Animé)* Gedenken.

*Weitere Orchesterwerke: Sinfonie Nr. 5* (1953); *Sinfonie Nr. 6* (1955); *Sinfonie Nr. 7* (1955); *Sinfonie Nr. 8* (auch *Rhône* genannt, 1957), *Sinfonie Nr. 9* (1959), *Sinfonie Nr. 10* (1960); *Sinfonie Nr. 11* (»Romantische«, 1960), *Sinfonie Nr. 12* (»Ländliche«, 1961); 5 Klavierkonzerte: *Nr. 1* (1933), *Nr. 2* (1941), *Nr. 3* (1946), *Nr. 4* (1949), *Nr. 5* (1955); 3 Violinkonzerte: *Nr. 1* (1927), *Nr. 2* (1946), *Nr. 3* (1959); Konzerte für

2 Klaviere, Cello, Bratsche, Klarinette, Flöte, Akkordeon, Mundharmonika, Marimba; *Le bœuf sur le toit* (Konzertphantasie für Violine über Themen aus der gleichnamigen Oper, 1919); *Suite symphonique* (1919); *Le carneval d'Aix* (für Klavier, 1926, uraufgeführt durch Willem Mengelberg in New York), *Suite provençale* (1937).
*Konzert für Schlagwerk und kleines Orchester.* Im Jazzstil für einen einzigen ausführenden Solisten, der alle in der Jazzmusik üblichen Instrumente spielt (Uraufführung am 5. 12. 1930 in Paris).
Ferner Concertinos, Ouvertüren (»Mittelmeerische«, »Philharmonische« usw.), Suiten, Serenaden, Fanfaren, Trauermusiken, Musiken für verschiedene Länder oder Städte (Indiana, Lissabon, New Orleans, Graz, San Francisco, Jerusalem u.a.). Insgesamt eine kaum überschaubare Zahl von Werken auf allen Gebieten, Zeugnis einer überströmenden Vitalität und Phantasie, die auch durch ein jahrzehntelanges Leiden, das Milhaud an den Rollstuhl fesselte, nicht beeinträchtigt werden konnten.

## Ernest John Moeran

1894–1950, englischer Komponist

*Orchesterwerke: In the Mountain Country* (sinfonische Impressionen, 1925), *Lonely Waters* (1935) und *Whythorne's Shadow* (1935), *Konzert für Violine und Orchester* (1942), *Sinfonie in g-moll* (1942), *Sinfonietta* (1947), *Ouverture for a Masque* (1949), *Serenade in G-dur, Rhapsodie* usw.

## Albert Möschinger

1897–1985, Schweizer Komponist

Der in Basel geborene Komponist ist von bedeutenden Dirigenten und Pianisten im In- und Ausland bekanntgemacht und mehrfach mit Preisen ausgezeichnet worden.

*Orchesterwerke:* Fünf Sinfonien, *Ballade symphonique, Impromptu, Amor und Psyche* (Suite), *Phantasie für Streicher, Variationen und Fuge über ein Thema von Purcell für Streichorchester;* Klavierkonzerte, *Konzert für Violine und Orchester, Konzert für Trompete und Orchester, Konzert für Klarinette und Orchester, Konzert für Saxophon und Orchester, Sonatine pastorale für Oboe und Orchester* usw.

## Alexander Mossolow

1900–1973, sowjetischer Komponist

Ein Name, der während der zwanziger und dreißiger Jahre vorübergehend die Aufmerksamkeit auch des Westens auf sich zog. Er stand in Verbindung mit einem Musikstück, über das viel Prinzipielles zu sagen wäre: *Eisengießerei.* In den drei Minuten seiner Dauer bemühen sich mehr als 100 Musiker (sehr erfolgreich und im Grunde verblüffend) damit, die Maschinengeräusche einer gewaltigen Fabrik nachzuahmen. Es war die Zeit, in der der technische Fortschritt im Mittelpunkt des Interesses stand und auch in vielen Kunstäußerungen seinen Niederschlag fand. Doch während etwa Honeggers *Pacific 231* über die naturalistische Nachahmung hinaus in emotionelle Gebiete vorstößt, verharrt Mossolow im strengen Rahmen realistischer Schilderung. Als Zeitdokument, vielleicht auch als Beispiel für den Höhepunkt des sozialistischen Realismus auf dem Gebiet der Musik ein höchst interessantes Beispiel, mehr wohl kaum. Von Mossolows späteren Werken (Sinfonien, Konzerten) ist nichts mehr international bekannt geworden.

## Alexander Moyzes

1906–1984, slowakischer Komponist

Ein Novák-Schüler, ein Meister der Instrumentation und ein Vollblutmusiker, wie so viele seiner Landsleute. Seine insgesamt 9 Sinfonien – zwischen 1929 und 1971 geschrieben – sind eindrückliche Gemälde seiner heimatlichen Landschaft und gemahnen in ihrer malerischen Kraft ein wenig (und in bestem Sinne) an Smetana. Einige seiner sinfonischen Dichtungen (*Die Burschen von Janosik, Tänze aus dem Tal des Hron, Februarouvertüre, Den Vah abwärts* u.a.) hat man mit vollem Recht »wahre Liebeserklärungen an das slowakische Land und sein Volk« genannt.

## Wolfgang Amadeus Mozart

1756–1791

Er war wohl das umfassendste musikalische Genie aller Zeiten. Sein Werdegang, sicher jedem geläufig, sei deshalb nur kurz skizziert: vom unfaßbaren Beginn des Wunderkinds bis zur – ebenso unfaßbaren – Reife des in voller Blüte Verstorbenen, von der europäischen Sensation, die sich in Konzerten an Königshöfen und in Fürstenpalästen äußert, in feierlichen Aufnahmen in weltbedeutende Akademien, in stürmischem Applaus festlicher Auditorien, bis zum vergeblichen Streben nach einer Stellung, zu den täglichen Sorgen, zu den wucherischen Geldverleihern, zu den bedrükkenden Lebensumständen, zum fast unbeachteten Tod, zur einsamen Karosse mit den leicht gewordenen irdischen Resten, zum Armengrab. Am 27. Januar 1756 wurde Mozart in Salzburg geboren, am 5. Dezember 1791 starb er in Wien. 35 Jahre nur, aber tausend Meisterwerke auf allen Gebieten hinterlassend, ein unerschöpflicher Quell höchster Inspiration und größten Könnens. Es hat keinen Meister gegeben, der mit gleicher Vollendung Opern und Oratorien, Sinfonien und Serenaden, Sonaten und Lieder, Quartette und Chöre, Messen und Divertimenti geschrieben hätte. In ihnen allen herrscht eine solche Fülle, ein solcher Überfluß an Eingebungen, daß man vor einem wahren Wunder steht; dazu die höchste Grazie (die trotzdem stets männlich bleibt), eine nie übertroffene Eleganz der Form, eine selten erreichte Innigkeit des Inhalts. Mit Noblesse erwiderte er den Neid, mit Werken die Gleichgültigkeit der Welt. »Vor Gott und als ehrlicher Mann«, versicherte Haydn, der Welt damals gefeiertster Meister, dem darob überglücklichen Vater Mozart, daß sein Sohn der größte Musiker seiner Zeit sei. Die Nachwelt hat ihn – es war das wenigste, was sie tun konnte – noch weiter im Range erhöht. Je mehr Jahrzehnte vergehen, desto größer wird die Bewunderung, aber vor allem die Liebe zu einem Werk, dem das höchste Beiwort zuerkannt werden muß: vollendet. Mozart war der »Urmusiker«, der Erzmusiker, aber auch der Nurmusiker und darum der Musiker durch und durch. Als wenig über Zwanzigjähriger hatte er das klar erkannt und drückte es in einem Brief an den Vater mit diesen schönen Worten aus: »Ich kann nicht poetisch schreiben, ich bin kein Dichter; ich kann die Redensarten nicht so künstlich einteilen, daß sie Schatten und Licht geben. Ich bin kein Maler. Ich kann sogar durch Deuten und durch Pantomime meine Gesinnungen und Gedanken nicht ausdrücken. Ich bin kein Tänzer. Ich kann es aber durch Töne; ich bin ein Musikus.«

### *Die Sinfonien*

Das berühmte Köchelverzeichnis, das – freilich nicht immer mit chronologischer Genauigkeit – Mozarts Werke in äußerst verdienstvoller Weise registrierte und so zu einer wahren Säule der Mozartpflege wurde, führt 51 Sinfonien auf. Die gedruckten Ausgaben beschränken sich auf 41. Manche Forscher nennen 49, wobei sie allerdings bei einigen hinzufügen, sie seien unvollendet geblieben oder so aufgefunden worden. Diese Frage mag die Wissenschaftler erregen, für das praktische Musikleben besitzt sie kaum Bedeutung. Denn selbst unter den längst veröffentlichten Sinfonien existiert eine beträchtliche Zahl von Kompositionen, die so gut wie niemals erklingen. Wie im Falle Haydns – nicht aber bei Beethoven und Brahms, deren gesamtes sinfonisches Werk intensivst gepflegt wird – gibt es auch bei Mozart noch eine Fülle zu »entdekken«.

Mozarts *Sinfonie Nr. 1* stammt aus dem Jahre 1765. Er schrieb sie im Alter von neun Jahren in London; vielleicht hat der Vater sie teilweise retouchiert – das wäre weder verwunderlich noch verwerflich. Weitere Sinfonien aus jener Wunderkindepoche konnten nicht immer einwandfrei als authentisch festgestellt werden. Viele zeigen deutlich den Einfluß Johann Christian Bachs – des großen Thomaskantors jüngster und berühmtester Sohn –, für den der kleine Mozart starke Bewunderung hegte und dem er zweifellos eine Menge abschaute. Je älter er wird, desto persönlicher erscheint sein Stil; auf seinen Reisen hört und liest er viel Musik, die sein sehr wacher Geist aufnimmt und verarbeitet. In Italien lernt er die wichtigen Werke Sammartinis und Boccherinis kennen, erhält Unterricht beim Pater Martini, der höchsten musikalischen Autorität seiner Zeit. Vor seinem zwanzigsten Lebensjahr hat Mozart an die dreißig Sinfonien geschrieben – ein wohl einmaliger Fall. Die meisten sind »klein«, was Ausdehnung, Form und Instrumentation anbelangt. Wir befinden uns in der ersten Etappe der klassischen Sinfonie. Gerade begann man vielerorts, sie aus früheren Kompositionsformen zu entwickeln; noch fehlt ihr die Gesetzmäßigkeit der kontrastierenden Themen, die Freizügigkeit des Durchführungsteils, noch haben die einzelnen Sätze nicht ihren eigenen Charakter ausgebildet, noch entbehrt das Orchester der dynamischen und klanglichen Schattierungsmöglichkeiten, noch ist das Menuett nicht zum Bestandteil geworden. Aber die Entwicklung geht schnell vor sich. Mozart selbst und vor allem sein älterer Freund Haydn bilden die neue Form aus und versehen sie mit einer Fülle von ungeahnten Ausdrucksmöglichkeiten.

Immerhin wären es viele dieser ersten dreißig Mozartsinfonien wert, im Musikleben aufzutauchen. Sie enthalten eine Menge Persönliches, makellose Schönheit, Charme und Gefühl. So gibt es etwa eine frühe *g-moll-Sinfonie* (die Tonart, auf die Mozart in einem seiner herrlichsten reifen Werke zurückkommen wird), die die Köchelnummer 183 führt. In ihr lebt die empfindsame Seele des Jünglings. Die *Sinfonie in A-dur, KV 201*, unterstreicht diese Empfindsamkeit und läßt die – noch ferne – Romantik ahnen. Besonders graziös und reizvoll ist die *D-dur-Sinfonie, KV 297*, die in Paris entstand. Zwei in Salzburg entworfene *Sinfonien, KV 319* (B-dur) und *KV 338* (C-dur), wurden für ihre Aufführung in Wien von drei auf vier Sätze ergänzt, wie es damals immer üblicher wurde. Auch sie lohnen die Aufführung vollauf. So gelangen wir zu den »berühmten« Sinfonien, den letzten sechs im Werke des Meisters.

*Haffner-Sinfonie, KV 385, D-dur.* Im Jahre 1782 komponierte Mozart eine Serenade für Haffner, den Freund und Bürgermeister von Salzburg; es war bereits die zweite, nach jener (in einem anderen Teil besprochenen) von 1776. Ein Jahr später wandelte er sie in eine Sinfonie um, indem er ihre Sätze auf vier beschränkte. Der erste wird durch ein Hauptthema mit weiten Melodiesprüngen beherrscht:

Nach diesem *Allegro con spirito*, stark, energisch und festlich, folgt ein *Andante* von lieblicher Süße und einem der typisch Mozartschen Rhythmen, in denen man das Klopfen des Herzens bei einem innig bewegenden Erlebnis zu vernehmen meint. Froh ist das *Menuett* und brillant das Finale – *Presto* –, dessen erstes Thema ein wenig an Osmin in der fast gleichzeitigen *Entführung aus dem Serail* erinnert:

*Sinfonie C-Dur, KV 425*, genannt *Linzer Sinfonie*. Dieses Werk wurde im Jahre 1783 komponiert, in »größter Eile«, wie Mozart sagte, und damit hatte es folgende Bewandtnis: Mozart befand sich mit seiner Gattin auf dem Rückweg von Salzburg nach Wien, als sie eine Einladung des Grafen Thun in Linz erreichte. Sie kamen am 30. Oktober an. Sofort wurde ein Konzert vereinbart – für den 4. November! »Weil ich keine einzige Sinfonie bei mir habe, so schreibe ich Hals über Kopf an einer neuen, welche bis dahin fertig sein muß«, berichtet der Komponist. Und sie wurde fertig, einstudiert und mit Erfolg gespielt. So entstanden Meisterwerke! (Es sei übrigens erwähnt, daß Mozart auf dieser Reise noch Zeit zu mehreren guten Werken – in doppeltem Sinne – fand: Er komponierte einige prächtige Stücke und schenkte sie seinem Freunde Michael Haydn, Josephs Bruder in Salzburg, der durch schwere Erkrankung einem Kompositionsvertrag nicht nachkommen konnte...) Die Linzer Sinfonie ist ein festliches Stück Musik geworden. Schon die langsame, höfisch glänzende und feierliche Einleitung beweist es. Mozart verwendet Trompeten und Pauken sogar im langsamen Satz (wo sonst die »klassischen« Autoren sich zumeist mit einer intimeren Klangfarbe begnügen); aber er verzichtet auf Flöten und Klarinetten, wahrscheinlich weil es die im Linzer Orchester gerade nicht gab. Der erste Satz geht von der getragenen Einleitung in ein *Allegro spiritoso* über. Der zweite ist *Poco Adagio* überschrieben und besitzt eine sehr schöne, gefühlvolle Melodie. Das *Menuett* kann man sich wirklich getanzt vorstellen, und das Finale – *Presto* – ist von wirbelnder Freude erfüllt. Man glaubt, einen wirklich glücklichen Mozart vor sich zu sehen; die Lebensumstände lächelten ihm in jenem Augenblick. Aber er hat aus dem unergründlichen Born seiner Inspiration glückliche Werke auch dann hervorholen können, wenn das Schicksal es bedeutend weniger gut mit ihm meinte...

*Sinfonie D-dur, KV 504*, genannt *Prager Sinfonie* oder *Sinfonie ohne Menuett*. Nachdem Mozart *Figaros Hochzeit* in Wien uraufgeführt und nur einen umstrittene Aufnahme erzielt hatte, wurde er durch den Prager Triumph entschädigt. So widmete er der schönen Stadt an der Moldau sein nächstes Opernwerk, den dämonischen und großartigen *Don Giovanni*, zu dessen erstem Erklingen er selbst wieder nach Böhmen reiste. Aber nicht nur mit dieser Oper gedachte er seine dortige Stellung zu festigen, sondern auch mit Konzertwerken. Und es entstand – in Wien noch, vor der Abreise – die D-dur-Sinfonie, die die Nummer 504 in Köchels Verzeichnis erhielt, und die Beinamen *Prager Sinfonie* und *Sinfonie ohne Menuett* führt. Sie wurde am 6. Dezember 1786 abgeschlossen und etwa einen Monat später in Prag gespielt. Die *Prager Sinfonie* hat nur drei Sätze – weshalb sie ihren zweiten Beinamen: »ohne Menuett« erhalten hat – und steht musikalisch recht deutlich zwischen *Don Giovanni* und der *Zauberflöte*. An ersteren gemahnt das Hauptthema des ersten Satzes *Allegro*: das lang ausgehaltene D (wenn auch hier als Dur-Tonika verstanden, nicht in Moll wie in der Oper) sowie der synkopierte Rhythmus, der das Schlagen eines unruhigen Herzens nachzuahmen scheint:

Die Fortsetzung nähert sich ein wenig der Zauberflötenwelt (in die Mozart allerdings erst fünf Jahre später eintreten wird). Die »göttliche Heiterkeit«, die viele Beobachter als wichtigsten Zug der Mozartschen Musik zu erkennen glauben – und die es zweifellos auf der unerschöpflichen Palette dieses Meisters gibt –, wandelt sich mit zunehmender Reife hörbar; die Gefühle werden tiefer, neben der überschäumenden Freude stehen melancholischere Töne, der Schmerz (ohne je bitter oder anklägerisch zu werden) wird zum Gefährten des Optimismus und des Glaubens an den Menschen und die Welt.
Der zweite Satz ist ein breites *Andante*, mit dunklen Gedanken erfüllt, über denen zeitweise eine unsichtbare Last zu liegen scheint. Warum folgt darauf kein Menuett? Ob Mozart ein so ernstes Werk nicht durch einen leichten Tanz unterbrechen wollte? Beethoven

ersetzt zwanzig Jahre später das salonmäßige Menuett durch ein dramatisches Scherzo oder sonst einen ausdrucksvollen Satz; Mozart läßt es einfach aus. Und gelangt zu einem Finale, *Presto*, in dem eine gewisse Erregtheit fühlbarer ist als der sonst übliche Schlußjubel der klassischen Sinfonie:

*Die letzten drei Sinfonien*

*Sinfonie Es-dur, KV 543. Adagio-Allegro; Andante con moto; Menuett (Allegretto); Allegro.*

*Geschichte*: In unfaßbar kurzem Zeitraum vollendete Mozart die drei wichtigsten Sinfonien seines Lebens, die zugleich neben den letzten Haydns die größten und bedeutendsten der Wiener Klassik, ja der Klassik überhaupt darstellen. (Die Beethovens gehören bereits in nächste Jahrhundert und werden zu den Einfallstoren der Romantik.) Ein einziger Sommer genügte, um diese drei Sinfonien (Es-dur, g-moll und C-dur) zu planen und auszuführen, ein einzigartiger Fall, dessen Wunder sich noch erhöht, wenn wir bedenken, daß ihr Schöpfer damals eine Zeit der Not und Sorgen ohnegleichen durchmachte. Die *Es-dur-Sinfonie* wurde am 26. Juni 1788 abgeschlossen; vier Wochen später war die zweite, die g-moll-Sinfonie vollendet. Und nur zwei Wochen brauchte der Meister, um die dritte, die größte, die *C-dur-* oder *Jupitersinfonie*, zu komponieren. Es ist nicht anzunehmen, daß Mozart diese drei Werke jemals gehört hat. In Wien scheinen sie zu seinen Lebzeiten jedenfalls nicht gespielt worden zu sein. Das Interesse nach neuen Werken aus seiner Feder war unbegreiflicherweise nicht so rege. Und seine eigene bedrückte Lage ließ ihn eher Schüler suchen oder bezahlte Aufträge als Aufführungen seiner Werke, die für gewöhnlich nichts eintrugen. In Frankfurt wurden eine oder zwei dieser Sinfonien im Jahre 1790 gespielt. Im Druck erschienen sie erst 1799, acht Jahre nach Mozarts Tod.

*Verwendetes Orchester:* Eine Flöte, zwei Klarinetten, zwei Fagotte, zwei Hörner, zwei Trompeten, Pauken und Streicher. (Ohne Oboen!)

*Analyse:* Eine glückliche Atmosphäre waltet in diesem Werk, ein helles Licht, eine mit Zärtlichkeit gepaarte Liebenswürdigkeit. Wagner hat es in gewissem Sinne mit Beethovens siebenter Sinfonie verglichen. Aber es fehlt in ihm keineswegs an tiefem Ernst, ja selbst nicht an einem Hauch Mystik.
Eine langsame Einleitung *(Adagio)* entwickelt sehr kühne Harmonien, mit denen Mozart seiner Zeit weit vorauseilt. C und Des erklingen gleichzeitig, und ver minderte Intervalle schaffen den Eindruck der Spannung, der inneren Erregung. Dann aber folgt – *Allegro – das Hauptthema des ersten Satzes, das ganz in Licht, in Zärtlichkeit getaucht erscheint:*

*Ein wenig wehmütiger gibt sich das zweite Thema, aber der Untergrund bleibt freundlich. Die Durchführung wird plötzlich in dramatischer Weise durch eine Generalpause unterbrochen; doch die Spannung hält nicht an, das erste Thema erscheint in seiner ganzen Süße und führt den Satz einem glücklichen Ende entgegen.*
*Der zweite Satz steht in As-dur, einer bei Mozart seltenen Tonart, die bald bei Beethovens langsamen Sätzen eine besondere Rolle spielen wird. Sein Thema ist schlicht:*

*Mozart läßt es Variationen von großer Ausdruckskraft durchlaufen; der Schluß des Satzes ist höchst originell. Vielleicht ist niemals ein Komponist mit einfachen Mitteln so eigenartig gewesen wie Mozart.*
*Das Menuett (Allegretto)* ist eines der volkstümlichsten Stücke der klassischen Periode geworden:

Besonders reizvoll wirkt das eingebaute Trio – das in der gleichen Tonart steht wie das Menuett: Es-dur – durch seine von der Klarinette vorgetragene bezaubernde Melodie:

Das Finale ist Musterbeispiel eines froh dahinstürmenden klassischen Sinfonieabschlusses, optimistisch, spielerisch, sorglos, von vollendeter Eleganz und aristokratischer Haltung:

Muß man sich angesichts solcher Kompositionen nicht erstaunt fragen, ob der äußere Lebensablauf überhaupt irgendeinen Einfluß auf den Charakter der Musik ausübt? Beethoven umarmt, als er taub und nahezu völlig vereinsamt ist, symbolisch die ganze Menschheit in seiner neunten Sinfonie, und Mozart bringt, unter widrigen, kleinlichen, bedrückenden Alltagsumständen (von denen wir in seinen Briefen erfahren) sonnige, strahlende, glückliche Musik zu Papier...

*Sinfonie g-moll, KV 550. Allegro moderato; Andante; Menuett; Allegro assai.*

*Geschichte:* Am 25. Juli 1788 setzt Mozart den Schlußpunkt unter dieses Werk, gerade einen Monat nach Vollendung der *Es-dur-Sinfonie.* Die Mozarts leben seit dem Juni in einer Vorstadtwohnung – in Währing –, wo es nicht nur billiger ist, sondern »wegen Frühling, Sommer und Herbst angenehmer, da ich auch einen Garten habe« und »mit mehrerer Muße arbeiten kann«. Die unwürdigen Szenen sind vergessen, mit denen der vorherige Hausherr ihm des nie pünktlich eingehenden Zinses wegen das Leben verbitterte. Die Sommertage verbringt der Meister in eifrigstem Schaffen. Spiegelt die *g-moll-Sinfonie* die traurigen Lebensumstände wider, von denen wir unumstößliche Zeugnisse besitzen? Sie ist melancholischer als ihre Schwestern, aber kaum ist sie beendet, geht Mozart an das strahlendste seiner Konzertwerke, die *Jupitersinfonie* – und sein Leben hat sich um nichts verändert. Während er an der *g-moll-Sinfonie* schreibt, führt seine Hand die gleiche Feder zu einem ergreifenden Klagebrief an einen Freund, den er bittet, ihm auf irgendeinem Wege ein wenig Geld zu verschaffen. Am 29. Juni stirbt sein Töchterchen – das nur ein halbes Jahr alt wurde –, und er versucht, sich »gegen zwei Versatzzettel etwas Geld vorstrecken« zu lassen. Erschüttert stehen wir vor diesem Bild, das den Hintergrund zur *g-moll-Sinfonie* bildet.

*Verwendetes Orchester:* Die erste Fassung verwendet eine Flöte und je zwei Oboen, Fagotte und Hörner neben den Streichern. Dann ersetzte Mozart die Oboen durch Klarinetten, und zuletzt ließ er beide stehen. (Viele Aufführungen finden ohne Klarinetten statt.) Pauken kommen in keiner der Fassungen vor. Erwähnen wir noch, daß zu jener Zeit Violoncelli und Kontrabässe noch unisono (das heißt hier: im klanglichen Abstand einer Oktave) geführt wurden, also genaugenommen nur eine einzige »Stimme« darstellen.

Aus verschiedenen Gründen gehört dieses Werk zu den am schwierigsten zu interpretierenden. Über seinen Grundcharakter gibt es vielerlei Auffassungen, von den »geheimnisvollen Schauern«, die Mozarts Zeitgenossen empfanden, über Schumanns Idee von der »griechisch schwebenden Grazie« bis zu leidenschaftlicher Dramatik. Schon das Hauptthema des ersten Satzes *(Allegro molto)* kann Anlaß zu entgegengesetzten Meinungen geben: Ist es das Musterbeispiel einer »klassischen«, in unnachahmliche Schönheit getauchten Melodie, ist es ein Bild düsterer, schluchzender Melancholie, ist es ein Ausdruck tragischen Trotzes?

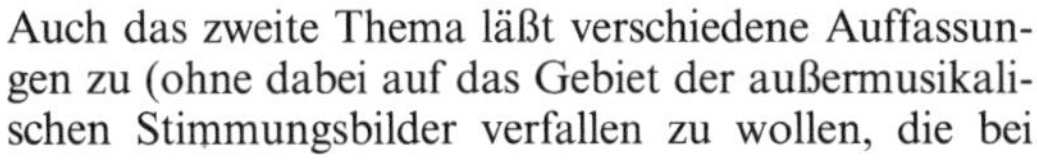

Auch das zweite Thema läßt verschiedene Auffassungen zu (ohne dabei auf das Gebiet der außermusikalischen Stimmungsbilder verfallen zu wollen, die bei Mozarts absoluter Musik nichts zu suchen haben): galante Seufzer oder verborgener Schmerz?

Erscheint es uns nur so, oder ist auch der zweite, der langsamste Satz des Werkes *(Andante)* in Melancholie getaucht, die die an sich »kraftvollere« Tonart Es-dur nicht aufzuhellen vermag. Es klingt wie ein wehmütiges Liebeslied, das nicht auf Erhörung hofft.
Und das *Menuett* – dritter Satz der »klassischen« Sinfonie – hat nichts Höfisches mehr an sich, ja es ist weder fröhlich noch galant oder unterhaltsam. Nur das Trio erleuchtet für Augenblicke – es sind die einzigen im gesamten Werk – die seelische Landschaft, so als fiele ein Sonnenstrahl durch dichte und niedrige Wolken.
Ohne Ruhepunkt läuft das *Allegro assai* dem Ende zu. Das erste Thema gehört zu jenen, die auf den einfachen Noten des Dreiklangs aufgebaut sind (von denen Tschaikowsky in einer klugen Analyse schrieb, daß sie kraftvoll und außerordentlich entwicklungsfähig seien):

Die Sinfonie schließt, ohne die lauernden Dämonen besiegt, ohne den Triumph über die Schatten besungen zu haben, den Beethoven zum Leitstern seiner Kompositionen machen wird. Mozart schildert noch nicht, seine Musik ist absolut, ist Musik und sonst nichts. So gestattet uns die *g-moll-Sinfonie* lediglich einen Blick auf eine dunklere Region seiner hellen Seele, aber nicht die Annahme eines außermusikalischen »Programms« für dieses Werk. Der Komponist hat einen Monat lang eine »tragische« Sinfonie geschrieben – vielleicht bedrückt durch äußere Umstände, vielleicht nicht. Eher nicht, denn kaum hat er den Doppelstrich hinter ihren letzten Takt gesetzt, beginnt er ein völlig anderes Werk, eine Hymne an das Licht: die *Jupitersinfonie.*

*Sinfonie C-dur, KV 551,* genannt *Jupitersinfonie. Allegro vivace; Andante cantabile; Menuett; Allegro molto.*

*Geschichte:* Niemand weiß genau, wer Mozarts letzter Sinfonie den Beinamen *Jupiter* gab. Der Autor hat ihn nicht gekannt; wie hätte er ihn aufgenommen? Was hätte Beethoven zu den vielen schmückenden Untertiteln gesagt, die man seinen Werken beifügte (Mondscheinsonate, Frühlingssonate)? Doch die Sinfonie heißt nun einmal nach dem griechischen Göttervater, und wir wollen damit nicht hadern. Ein so kluger Biograph wie Heinrich Eduard Jacob schreibt sogar: »Ein ausgezeichneter Literat, vielleicht sogar ein Journalist, mag ihr den Namen gegeben haben, in dem selbstverständlich kein ›Programm‹ lag, wohl aber eine Charakteristik... Die Taufe einer bestimmten Sonate Beethovens – durch Ludwig Rellstab – mit ›Mondscheinsonate‹ war ausgezeichnet... Genau so ist's mit Gott Jupiter, an den Mozart beim Schreiben nicht gedacht hat. Aber warum soll es nicht *uns* erlaubt sein, beim Betreten dieser Tonlandschaft an ein Antiken-Haupt zu denken, das im Neapeler Museum auch der Knabe Mozart einmal gesehen hat?« Einige Musikschriftsteller übernehmen die Legende, laut der Johann Baptist Cramer (1771–1858), einer der besten Pianisten seiner Epoche, Mozarts letzter C-dur-Sinfonie diesen Namen gegeben habe, um ihre »göttliche Vollkommenheit« zu bezeichnen. Das früheste Dokument, in dem der Name »Jupitersinfonie« vorkommt, scheint ein Programm der Londoner Königlichen Philharmonie vom 26. März 1821 zu sein – dreißig Jahre nach Mozarts Tod. Seit damals ist viel Tinte über diesen Namen vergeudet worden, den man völlig gerechtfertigt oder gänzlich fehl am Platz genannt hat. »Olympische Großartigkeit«, »Göttliche Klarheit«, »Klassisches Ebenmaß« hat man zu seiner Rechtfertigung herangezogen. Tatsächlich: Wenn es menschliche Werke gibt, die an das Göttliche heranreichen, so liegt hier eines vor. Das Datum der Fertigstellung dieser Sinfonie klingt unglaublich: 10. August 1788. Sechzehn Tage nach Vollendung der *g-moll-Sinfonie*! Als reine Schreibarbeit bereits unfaßbar: mehr als hundert Partiturseiten in so wenigen Tagen, in denen Mozart – wie wir wissen – noch viel anderes zu tun hatte (so vor allem immer wieder Geld aufzutreiben, um am folgenden Tag seiner Familie zu essen geben zu können). Eine Schöpferkraft, die ans Wunderbare grenzt. Selbst wenn man annimmt (wie wir heute zweifelsfrei wissen), daß Mozart einen guten Vorrat an Themen und Ideen in Skizzenbüchern gespeichert hatte. Es gibt in der Musikgeschichte einige berühmte Beispiele so intensiver und schneller Schaffenskraft: Händels *Messias*, Rossinis *Barbier von Sevilla*, nicht weniges von Schubert. Irrt, wer hier von göttlichem Diktat spricht? Zur reinen Historie der *Jupitersinfonie* sei noch gesagt, daß Mozart in den restlichen drei Jahren seines Lebens keine Gelegenheit mehr fand, sie den Wienern vorzuführen. Sein Konzertprojekt der Saison 1787/88 war so kläglich gescheitert – anscheinend war nur eine einzige Subskription eingegangen, die des Barons van Swieten! –, daß er nicht mehr an die Veranstaltung öffentlicher »Akademien« denken konnte und sich auf gelegentliche Mitwirkungen bei Aufführungen in Adelspalästen begnügen mußte, wobei er recht wenig Einfluß auf die Programmgestaltung gehabt haben dürfte.

*Verwendetes Orchester:* Hier schreibt Mozart 1 Flöte, je 2 Oboen und Fagotte, Hörner und Trompete vor. Dazu Pauken (ebenfalls zwei, im Quintabstand gestimmt) sowie die üblichen Streicher, wobei aber Mozart eine sehr bedeutende Neuerung einführt: Er löst Violoncelli und Kontrabässe aus ihrer jahrhundertelangen Verkettung und gibt jeder der beiden Gruppen einen eigenen Part. So entsteht das Streichquintett, das seit damals im sinfonischen Orchester existiert: Violinen I und II, Bratschen, Violoncelli und Kontrabässe.

*Analyse:* Nicht nur in bezug auf das Orchester, auch in der musikalischen Form weist die *Jupitersinfonie* die voll entwickelten Merkmale der Klassik auf. Die Sonatenform – die in der Sinfonie durch die Ausnützung der Klangfarben des Orchesters breiteres Ausmaß erreicht – ist nun so ausgebildet, wie sie die Kompositionsschüler der kommenden Jahrhunderte als Modell vorgeführt bekommen werden: zwei Themen, von denen das erste männlich, kraftvoll, stark, das zweite weiblich, sanfter, lieblicher zu sein pflegt, werden »exponiert«, dann »durchgeführt« (wobei Gelegenheit zu dramatischen Verwicklungen gegeben ist), zuletzt in einer »Reprise« wiederholt, die in kurzer Coda abschließt. Wer den Idealfall eines für Orchester instrumentierten Sonatensatzes studieren will, nehme den ersten Satz der *Jupitersinfonie* vor; wer den Aufbau einer klassischen Sinfonie in vollendetem Beispiel erleben will, analysiere die Struktur dieser Sinfonie.
Das erste Thema des ersten Satzes (des eigentlichen »Sonatensatzes«) ist, wie die Regel es verlangt, kraftvoll – wenngleich es aus zwei Motiven zusammengesetzt ist, von denen das erste als stark, das zweite als weicher, lyrischer bezeichnet werden könnte:

Worte vermögen Musik natürlich immer nur ungenügend zu schildern, und so sind alle Bezeichnungen, die man diesen Themen zu geben pflegt (stark, männlich, optimistisch, feierlich, grandios, heldisch usw.), stets unzulänglich. Das vorliegende Thema ist an sich nicht sonderlich originell: es erinnert an Glucks Ouvertüre zu *Iphigenie in Aulis*, kommt bei Haydn ähnlich vor, ganz zu schweigen von Kompositionen kleinerer Musiker jener Epoche; es war eben ein typisches Sonatenthema – und nur das zählte, was ein Meister daraus zu machen wußte. Auf dieses Thema folgt ein zweites, das ebenfalls völlig regelkonform ist: graziös, weiblich, zart, weich, beinahe ein wenig kokett:

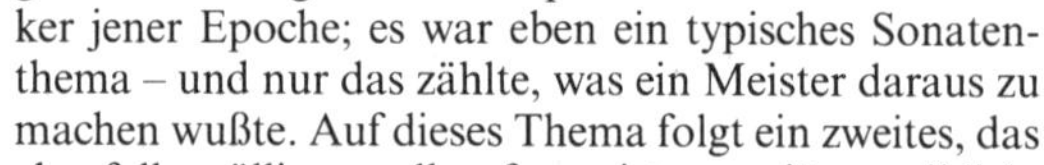

Mit diesen beiden Themen schafft Mozart einen schlechthin vollendeten Sinfoniesatz. Jupiter? Vielleicht auf einem seiner irdischen Spaziergänge, in einer irdischen Maske, in einem irdischen Abenteuer – einem schönen, gewiß, denn er ist Jupiter. Nicht weniger bewundernswert ist der zweite Satz. Er steht in F-dur, kombiniert Lyrik mit dramatischen Akzenten, träumerische Augenblicke mit der stets vorhandenen Grazie seines Schöpfers.
Der dritte Satz baut sich auf einem eher ausdrucksvollen als tänzerischen Thema auf, in dem eine chromatische Wendung auffällt:

Je älter Mozart wird, desto mehr chromatische Melodieschritte finden wir in seinen Werken. Zufall? Vorahnung der Romantik, die der Chromatik einen so wichtigen Platz einräumt (bis sie in *Tristan und Isolde* zum beherrschenden Element wird) oder ein schmerzliches, vielleicht völlig unbewußtes Empfinden? Ohne jemals quälend zu werden – wie die romantische Chromatik es sein kann –, mischt diese Erscheinung doch ein melancholischeres Bild in die Charakteristik des ob seiner sonnigen Natur und Werke »Liebling der Götter« genannten Salzburger Meisters.

Weder der zweite noch der dritte Satz können mit dem Beinamen *Jupiter* in sinnvolle Verbindung gebracht werden. Wohl aber – wenn wir eine Rechtfertigung für ihn suchen – der vierte. Hier kann uns Mozart selbst als Gott erscheinen, der nach freiem Willen Sternbilder in der Unendlichkeit des Weltraums schafft, zusammenfügt und lenkt. Die Großartigkeit dieses Satzes entgeht keinem Hörer; aber sein volles Verständnis erschließt sich nur den Eingeweihten, die diesem vollendeten polyphonen Geflecht, den Stimmen und Themen folgen können. Hier erreicht Mozarts Kunst eine nicht mehr überbietbare Meisterschaft, so sehr, daß sie unspürbar, selbstverständlich wird. Dieser Satz kombiniert Fugen- und Sonatenform; oder bildet, wenn man so will, eine riesige Phantasie mit Sonaten- und Fugenelementen. Die Themen an sich sind wiederum unbedeutend, wie dieses, das wichtigste:

Nach Bachscher Weise tauchen Gegenthemen auf, Kontrapunkte werden lebendig, vor den Ohren des Hörers ersteht ein Gebäude, fest, solid und trotzdem leicht gefügt und ohne Schwere in die Höhe strebend. In der Coda erreicht der Satz – und die gesamte sinfonische Kunst – einen Gipfelpunkt: Mozart verknüpft alle fünf Themen, die im Satz verarbeitet sind, gleichzeitig, in gewaltigem Kontrapunkt, der auch höchste Harmonie bedeutet. Hier ist Jupiter Gebieter über Welt und Welten, Schöpfer der absoluten Schönheit, Symbol von Gleichmaß und Vollendung.

*Serenaden und Divertimenti*

Serenaden, Kassationen, Divertimenti und ähnlich benannte Stücke bilden in der klassischen Epoche ein beliebtes Gebiet – heute würden wir sie unter die (sehr gehobene) Unterhaltungsmusik einstufen, wobei die von Meisterhand geschaffenen Kompositionen unerreichbare Glanzstücke des Genres darstellten, das eine mittlere Stellung zwischen Kammer- und sinfonischer Musik einnimmt. Mozart schrieb, wie alle seine Zeitgenossen, eine Fülle solcher Werke, die zumeist Auftragsarbeiten darstellten. Viele waren für kleine Ensembles entworfen, aber andere gehören zweifellos in den Bereich des Orchesters, und darum verzeichnen wir sie hier. Formal stehen sie der Sinfonie nahe oder folgen dem Schema der Suite (wenn auch dieser Name seit Bachs und Händels Zeiten ein wenig ungebräuchlich geworden ist).

Geradeso unbekannt wie die Zahl von Mozarts Sinfonien – oder sogar noch unbekannter – ist die seiner Serenaden. Köchel zählt 34, die vollständigste der vorhandenen Ausgaben weist 31 auf, doch wurde inzwischen eine davon als nicht von Mozart verfaßt erkannt. Die Mehrzahl seiner Serenaden stammt aus den Salzburger Jahren von 1773 bis 1777.

*Serenata notturna D-dur, KV 239.* Der Name fällt auf; nicht weil er italienisch ist – wir wissen, daß Mozart von Kind an das Deutsche wie das Italienische völlig beherrschte und letzteres als »Musiksprache« sowohl in Opernlibretti wie in Ausdrucksbezeichnungen verwendete –, sondern gerade darum, weil er eigentlich nicht ganz einwandfrei ist: Was anderes sollte eine Serenata denn sein als »notturna«? Es kann doch keine Tages-Serenade geben! Sera bedeutet »Abend«, oder »anbrechende Nacht«, also ist eine Serenata eine »Nachtmusik«, wie Mozart sie gelegentlich verdeutscht betiteln wird. Und doch: Sollte nicht eine Absicht in diesem Titel liegen? Sollte auf nächtliche Stimmung besonders angespielt werden? Mozarts Serenaden sind keineswegs einfache Unterhaltungsstücke, Huldigung für eine Schöne auf dem Balkon oder für eine gewichtige Persönlichkeit, oder Tafelmusik in erleuchteten Sälen oder Ständchen unter blühenden Bäumen eines Rokokoparkes. Sie sind manchmal beinahe kleine »Nocturnes« – ein damals noch unbekannter, echt romantischer Name –, voll geheimnisvoller, zärtlicher, nächtlicher Stimmung. Die Serenade KV 239 verwendet zwei Orchester, wobei das eine allerdings aus einer kleinen Gruppe von Solisten bestehen kann, etwa wie im *Concerto grosso*; sie hat drei bezaubernde Sätze: einen *Marsch*, ein *Menuett* mit Trio und ein *Rondo* (1776).

*Serenade D-dur, KV 250*, genannt *Haffner-Serenade*. Dieses bekannte Werk wurde 1776 für die Familie des Bürgermeisters von Salzburg, Haffner, komponiert, zur Hochzeit von dessen Tochter Elisabeth. Sie besitzt nicht weniger als acht Sätze, und bei ihrer Instrumentation hat Mozart (das heißt wohl: Haffner) nicht gegeizt: sie verwendet, außer den üblichen Streichern, Oboen, Fagotte, Hörner und Trompeten. Eine festliche Musik also – und eine wundervolle dazu. Ob die Teilnehmer an dem Fest ahnten, was es bedeutete, ein Werk Mozarts zum ersten Male zu hören, ja (wie Paumgartner meint) den Komponisten selbst zur Geige greifen und die Melodie des langsamen zweiten Satzes spielen zu sehen? Kaum.

*Serenade D-dur, KV 286 (Notturno).* Ein Juwel der Musik ist dieses Stück für vier Orchester. Jedes von ihnen besteht aus kleinen Streicher- und Hörnergruppen, die einander die Melodien gewissermaßen zuspielen. Verkürzt und immer ferner erklingen sie, wie im Echo, das ja ein Lieblingsmotiv der Barockmusik bildete und im Rokoko ein wenig fortlebte.

*Serenade für Bläser B-dur, KV 361.* Ein wunderbares, im Jahre 1780 komponiertes Werk, das weiteste Verbreitung verdiente, denn selten findet sich in einem »Gelegenheitsstück« soviel reinste Schönheit vereint. Das Orchester besteht aus zwei Oboen, zwei Klarinetten, zwei Bassethörnern (einer Art tiefer Klarinette), zwei Fagotten, vier Hörnern und Kontrabaß. Es gibt hier drei langsame Sätze (!), darunter ein wahrhaft überirdisches *Adagio*, zwei *Menuette*, eine *Einleitung* und ein *Finale*. Vielleicht wurde das Stück für die Mitglieder des Münchner Orchesters komponiert, mit dem Mozart eben seinen *Idomeneo* einstudierte.

*Serenade für Bläser Es-dur, KV 375.* Eine fünfsätzige Komposition aus dem gleichen Jahr wie die vorher erwähnte; sie benutzt nur acht Instrumente (je zwei Oboen, Klarinetten, Fagotte und Hörner), gehört also eigentlich noch in das Gebiet der Kammermusik, und hat fünf Sätze.

*Serenade für Bläser c-moll, KV 388.* Die gleiche Besetzung wie das eben besprochene Werk. Ein stimmungsmäßig fesselndes, eigentlich gar nicht serenadenmäßiges Stück, da es stellenweise eher melancholisch gehalten ist und aus aufgewühltem Herzen zu stammen scheint.

*Eine kleine Nachtmusik G-dur, KV 525.* Diese weitaus bekannteste Serenade entstand 1787. Sie ist in Wien geschrieben und von den einstigen Werken dieses Genres, die aus Salzburg stammen, recht verschieden. Weniger volkstümlich in der Thematik (die früher manchmal Volksliedzitate einschloß), und formell völlig der Sonate verschrieben. Das Original ist für Streichquintett gesetzt, doch ist die Wiedergabe im Streichorchester durchaus gerechtfertigt. Die Sätze sind die in der Sinfonie üblichen. Der erste, *Allegro*, beginnt mit einem kraftvollen, frischen, äußerst lebendigen Thema:

Wie einfach ist es! Vier Takte, achtzehn Noten, und nichts anderes als zwei zerlegte Dreiklänge: der G-dur-Akkord und sein Dominantseptakkord! Ein glänzendes Sonatenthema, genau wie es sein soll; ihm steht ein weicheres, lyrisches zweites gegenüber. Alles ist kurz und knapp, in wenigen Minuten ist der Satz zu Ende, dessen Maße ein wahres Musterbeispiel klassischer Kunst und vollendeten Ebenmaßes darstellen.
Der zweite Satz ist der längste: Mozart gab ihm einen ungewöhnlichen Titel: *Romanze*. Ein Name, der einige Jahrzehnte später Bedeutung erlangen wird, in einem Stil, der sprachlich mit ihm zusammenhängt: der Romantik. Das Hauptthema ist sangbar, äußerst lyrisch; wie leicht wäre es, ihm den Text eines Liebesliedes zu unterlegen!

Ein Mittelteil – der von C-dur nach c-moll gewendet ist – schlägt geheimnisvollere Töne an. Ein Seufzermotiv taucht auf, eine nächtliche Waldstimmung scheint uns zu umfangen. Aber man soll in so absoluter Musik weder nach Texten rufen (viel zu oft ist das geschehen und in geschmacklosester Weise) noch nach Erklärungen suchen. Das *Menuett* hat – obwohl dies bei dieser Form nicht so üblich ist wie bei einer Sonate – ein starkes, »männliches« erstes und ein weicheres, »weibliches« zweites Thema. Das Trio ist von einer selbst bei Mozart, dem vielleicht zärtlichsten Komponisten, seltenen Zärtlichkeit.
Und das *Finale*, froh, lebenslustig, überschäumende Festesfreude, Lachen und Tanz, Küsse und Scherze; ein Rondo, ein Reigen bunter wirbelnder Gestalten in blauer Sommernacht. Vielleicht wird der Himmel im Osten schon ein wenig hell, die Serenade, das Sommerfest wirbeln fröhlich ihrem Ende entgegen:

*Divertimento D-dur, KV 205,* für drei Streichinstrumente, 2 Hörner und Fagott, in fünf Sätzen, von denen zwei Menuette sind.

*Drei Divertimenti für Streicher und zwei Hörner: 1. F-dur, KV 247. 2. B-dur, KV 287. 3. D-dur, KV 334.* Jedes in sechs Sätzen.

*Divertimento D-dur, KV 251.* Für Streicher, Oboe und zwei Hörner. Ein »kosmopolitisches« Stück Musik, wie es damals in Mode stand: Viele Melodien sind der österreichischen Folklore entnommen (oder ihr nachempfunden), italienische Einflüsse fehlen bei Mozart nie, und das Finale ist ein Marsch »alla francese«.

*Maurerische Trauermusik, KV 477.* Wie man weiß, gehörte Mozart einer Wiener Freimaurerloge an und nahm seine Mitgliedschaft sehr ernst. (Wie ernst, ist aus der *Zauberflöte* klar zu ersehen.) Im Jahre 1785 – sechs Jahre vor der *Zauberflöte* – komponierte

Mozart eine »Trauermusik«, unter deren Klängen mancher seiner Freimaurerbrüder zu Grabe getragen wurde. Die Tonart ist c-moll; bald werden die berühmtesten Trauermärsche – der in Beethovens *Eroica* und der dem Tode Siegfrieds folgende aus Wagners *Götterdämmerung* – in der gleichen düster-tragischen Tonart gehalten sein. Mozart instrumentiert für zwei Oboen, eine Klarinette, drei Bassetthörner (tiefe Klarinetten), Kontrafagott, zwei Hörner und Streicher, wodurch schon der »dunkle« Klang gegeben ist. Aber trotzdem ist diese Musik weder verzweifelt noch anklagend-dramatisch. Es liegt ein milder Trost über ihr, ein tiefes Verständnis dem Tod gegenüber, der für den Freimaurer nichts anderes ist als ein Übergang. Die Materie ist an einem Endpunkt angelangt, nicht der Geist. So schreibt Mozart einmal an seinen Vater: »... Da der Tod (genau genommen) der wahre Endzweck unseres Lebens ist, so habe ich mich seit ein paar Jahren mit diesem wahren, besten Freunde des Menschen so bekanntgemacht, daß sein Bild nicht allein nichts Schrekkendes mehr für mich hat, sondern recht viel Beruhigendes und Tröstendes! Und ich danke meinem Gott, daß er mir das Glück gegönnt hat, mir die Gelegenheit (Sie verstehen mich) zu verschaffen, ihn als den Schlüssel zu unserer wahren Glückseligkeit kennenzulernen. Ich lege mich nie zu Bette, ohne zu bedenken, daß ich vielleicht (so jung ich bin) den anderen Tag nicht mehr sein werde – und es wird doch kein Mensch von allen, die mich kennen, sagen können, daß ich im Umgang mürrisch oder traurig wäre –, und für diese Glückseligkeit danke ich alle Tage meinem Schöpfer und wünsche sie von Herzen jedem meiner Mitmenschen...« Das sind die Gedanken, die in der *Maurerischen Trauermusik* Klang geworden sind.

*Die Konzerte*

Mozarts Beitrag zum Konzert ist von unschätzbarer Bedeutung. Er dürfte an die fünfzig Werke geschrieben haben, die in dieses Gebiet fallen: 23 für Klavier (die Zahlen, die wir angeben, sind die allgemein als richtig angesehenen, aber es ist schwer zu sagen, ob sie wirklich genau stimmen), 5 Konzerte und 2 Rondos für Geige, ein Konzert für zwei Violinen, eine Konzertante Sinfonie für Geige und Bratsche, ein Konzert für Flöte, eines für Oboe, vier Konzerte und ein Rondo für Horn, ein Konzert für Fagott, eines für Klarinette, eines für Flöte und Harfe, eines für Trompete (es war das erste seines Lebens, geschrieben 1768, aber das Manuskript ging leider verloren) und mehrere andere, von denen nur Fragmente erhalten blieben. Die Form des Konzerts – Synthese der Sinfonie mit dem Virtuosentum des Instrumentalsolisten – fesselte Mozart sein ganzes Leben lang. Im Jahre 1765 – damals war er neun Jahre alt – brachte er ein »Konzert« zu Papier, aber es war nichts anderes als eine Transkription dreier Sonatensätze von Johann Christian Bach. Und das letzte Konzert entstand zwei Monate vor seinem frühen Tode: Es ist das herrliche Klarinettenkonzert, mit dem er sich 1791 von der Instrumentalmusik verabschiedete.

*Die Klavierkonzerte*

Ganz besonderes Interesse zeigte Mozart für das Klavierkonzert. (Richtiger wäre, von Cembalokonzert zu sprechen, denn erst Mozarts Nachfolger Beethoven wird dieses endgültig mit dem »Hammerklavier« vertauschen.) Er selbst war einer der glänzendsten Virtuosen seiner Zeit. Doch die Literatur war an Konzerten für Solisten mit Orchester noch nicht übermäßig reich. Und so schrieb er alle Klavierkonzerte – mit Ausnahme des Es-dur-Konzerts aus dem Jahre 1777 (KV 271), das der damals berühmten französischen Pianistin Jeunehomme gewidmet ist – für sich selbst, für seine eigenen Konzerte und Reisen. Er hat sie alle uraufgeführt. Das Orchester, das »begleitet« (es handelt sich damals wirklich noch um eine »Begleitung«, zum ebenbürtigen Partner des Solisten wird das Orchester erst einige Jahrzehnte später), ist zumeist sehr klein gehalten: Oft besteht es außer den Streichern nur aus zwei Oboen und zwei Hörnern. Manchmal fügt Mozart Flöten und Fagotte hinzu; Klarinetten erst von seiner Wiener Epoche an, und auch dann nicht immer. Trompeten und Pauken bilden eine Ausnahme; er verwendet sie, wenn das Werk besonders feierlichen oder festlichen Charakter trägt.

*Klavierkonzert Es-dur, KV 271.* Im Januar 1777 schrieb der 21jährige Mozart ein Konzert für die namhafte französische Pianistin Jeunehomme, die in Salzburg konzertierte und auf ihn den Eindruck einer vorzüglichen Musikerin machte. Es gelang ihm seine bis dahin reifste Komposition dieses Genres, ein glänzendes und dankbares Stück Musik, in dem auch der innige Ausdruck nicht fehlt. Es hat die drei normalen Sätze des »klassischen« Konzerts (das formal eine Sinfonie ohne Menuett genannt werden könnte): *Allegro, Andantino, Presto* (Rondo). Der erste und der dritte Satz sind stets in der Haupttonart des Werkes, hier also in Es-dur gehalten. Der Mittelsatz, der immer langsam oder wenigstens gemäßigt ist, steht in einer anderen, zumeist verwandten Tonart; hier in c-moll, der »Paralleltonart« von Es-dur. Er hat ein besonders schönes, ausdrucksvolles Thema, das zitiert sei:

*Konzert für zwei Klaviere in Es-dur, KV 365.* Dieses Werk komponierte Mozart im Jahre 1779, wobei er die Soloparte für seine Schwester Nannerl und für sich entwarf. Er fand prächtige, dazu völlig neue Klangkombinationen für diesen bis dahin nicht sehr häufig angewendeten Genre. Drei Sätze: *Allegro, Andante, Allegro* (Rondo).

*Klavierkonzert A-dur, KV 414.* Drei Konzerte stammen aus dem für Mozart so wichtigen Jahre 1782, in dem seine Salzburger Tätigkeit auf unangenehmste und – für seine Vorgesetzten – beschämendste Art zu Ende geht und sein Leben als »freier« Künstler in Wien beginnt, und mit ihm Unsicherheit, Sorgen Einzug halten. Die Konzerte *F-dur, KV 413*, und *C-dur, KV 415* sind selten zu hören (das erste weist die Kuriosität eines Menuetts als Finale auf, aber auch einen wunderschönen langsamen Satz). Hingegen wird KV 414 oft gespielt. Es enthält Oboen und Hörner neben den Streichern, seine Sätze sind *Allegro, Andante, Allegretto* überschrieben. Ein liebenswürdiges, graziöses Werk, lächelnd (wenn man so sagen kann) und problemlos, wie schon sein erstes Thema zeigt:

*Klavierkonzert B-dur, KV 450.* Im Laufe des Jahres 1784 komponiert Mozart nicht weniger als sechs Klavierkonzerte: *Es-dur, KV 449; B-dur, KV 450; D-dur, KV 451; G-dur, KV 453; B-dur, KV 456; F-dur, KV 459.* In einem Brief an den Vater (vom 24. Mai jenes Jahres) schreibt der Komponist, daß das zweite dieser Konzerte besonders schwierig sei. Nun, das mag damalige Ausführende geschreckt – oder gereizt – haben, nicht heutige; in unseren Konzerten ist das prächtige Stück gern gehörter Gast. Seine Sätze sind die üblichen: *Allegro, Andante, Allegro.*

*Klavierkonzert D-moll, KV 466.* Eine ganze Welt trennt dieses Konzert von allen seinen Vorgängern. Plötzlich hat Mozart – im Jahre 1785 – das romantische Klavierkonzert geschaffen, zehn oder mehr Jahre vor Beethoven, so wie er die romantische Oper, die romantische Sinfonie, das romantische Oratorium geschaffen oder vorausgeahnt hat. D-moll ist seine »dämonische« Tonart, die düstere Tonart Don Giovannis, und der synkopierte Rhythmus, mit dem das Werk beginnt, spiegelt innere Unruhe, seelische Verwirrung wider. Das erste Thema taucht im Baß auf:

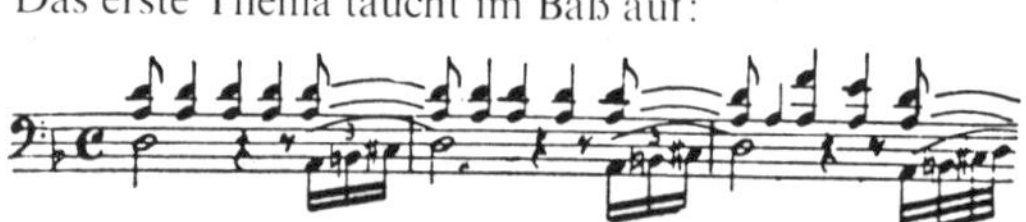

Dann allerdings klärt sich der Horizont, das zweite Thema des Orchesters beginnt in dem freundlicheren F-dur und bereitet den schönen, von großem lyrischem Schwung getragenen Eintritt des Solisten vor:

Doch das erste, das dämonische Thema kehrt zurück, unterbricht die Ruhe und beherrscht, von einigen lichtvolleren Augenblicken abgesehen, den ganzen Satz.

Prachtvoll ist der zweite Satz *(Andante con moto)*, dem Mozart den Namen *Romanze* gibt. Es ist ein liedartiges Stück von tiefem Ausdruck und herzlicher Innigkeit:

Im Finale kehrt das d-moll zurück *(Allegro assai)*, und wieder verdüstert sich die Atmosphäre. Eine starke innere Dramatik treibt das erste Thema an:

Dann wechseln glitzernde Passagen mit dunklen Augenblicken (wie jener aufgewühlte in f-moll, der ein seltsames, fast exotisches Kolorit zeigt):

Doch Mozart weiß bewundernswertes Gleichgewicht zu halten und die verschiedenartigsten Stimmungen in eine große Einheit zu fügen. Und zuletzt findet er eine wärmende, versöhnende Lösung aus so viel Spannung: er endet in D-dur und verabschiedet sich mit dem für ihn so charakteristischen Lächeln vom Hörer, der vielleicht noch lange über den merkwürdigen romantischen Inhalt des Stückes nachdenkt.

*Klavierkonzert C-dur, KV 467.* In einem Skizzenbuch, in dem Mozart Themen und Werke zu notieren pflegte, steht bei diesem Konzert das Datum des 9. März 1785. Vier Wochen vorher, am 10. Februar hatte er das vorhergehende Stück beendet, das eben besprochene, KV 466. Er verwendet auch wieder das gleiche Orchester: eine Flöte, zwei Oboen, zwei Fagotte, zwei Hörner, zwei Trompeten, Pauken und Streicher. Doch trotz der engen Nachbarschaft: welch ungeheurer Unterschied! Hier ist nichts von Dämonie zu spüren, von bebendem »Hangen und Bangen« (wie es bald bei Beethoven heißen wird). Alles erscheint wie in Licht gebadet, vom *Allegro maestoso* angefangen in der Stimmung eines kleinen Triumphmarsches:

Und so bleibt es im *Adagio* – welches vielleicht gelegentlich ein wenig konventionell anmutet – bis zum *Allegro vivace assai*, das vor Lebensfreude und glänzendem Humor überschäumt.

*Klavierkonzert Es-dur, KV 482.* Ein weniger bekanntes, aber mit Schönheiten durchsetztes Stück, besonders bemerkenswert im mittleren seiner drei Sätze *(Allegro, Andante, Allegro)*, der durch schmerzliche Akzente in einem c-moll-Thema überrascht.

*Klavierkonzert A-dur, KV 488.* Dieses Werk entstand im Winter 1785/86, ist also unmittelbarer Nachbar der *Hochzeit des Figaro*; und, gemeinsam mit KV 466, vielleicht das meistgespielte unter den zahlreichen Klavierkonzerten Mozarts. Es ist eine helle, ja leuchtende, strahlende Musik, durchsichtig und schwebend (wozu die »leichte« Instrumentation ohne Trompeten beiträgt), geradeso wie ihre reizvollen Themen und geflügelten Rhythmen, die nicht zulassen, daß einige dunklere Augenblicke sich zu sehr ausdehnen könnten. Das erste *Allegro* beginnt mit einer Exposition des Orchesters, in der drei gleichmäßig schöne Themen auftauchen; zitieren wir das dritte, das uns von besonderer Innigkeit erfüllt scheint, von jener echt Mozartschen Zärtlichkeit, die sein tiefstes Wesen widerspiegelt:

Der zweite Satz, *Adagio*, weist im Sechsachteltakt einen Siciliana-Rhythmus auf und eine vorübergehende melancholische oder wenigstens elegische Wendung nach fis-moll. Doppelt froh jagt danach das Finale *(Presto)* dahin, dessen Beginn wie ein Pfeil wirkt, der in den blauen Himmel schießt:

Es ist eines der strahlendsten Finale, die der große Meister der freudigen und innerlich glücklichen Musik geschaffen hat.

*Klavierkonzert c-moll, KV 491.* Doch dieser einzigartige Gestalter der freudigen und innerlich glücklichen Musik ist gleichzeitig der große Meister des tiefen Empfindens, ja der verschleierten Trauer und des Mitleidens. Unmittelbar an das *A-dur-Konzert* schließt er das *c-moll-Konzert* an; nur 22 Tage liegen zwischen ihrer Fertigstellung; es ist wieder, wie so oft bei ihm, fast unfaßbar: am 2. März 1786 ist KV 488 beendet, am 24. März KV 491. Und vergessen wir nicht, daß Mozart gleichzeitig an der »Hochzeit des Figaro« arbeitete! Das *c-moll-Konzert* ist dunkler gehalten, seine Farbvaleurs bewegen sich in einem seltenen Hell-Dunkel, das gelegentlich die kommende, im Zeitgeist schon hie und da fühlbare Romantik zu ahnen scheint. Es ist ein prachtvolles Stück, voll (manchmal seltsamer) Einfälle, ein Zeugnis für die Universalität seines Autors. Das erste *Allegro* zeigt ungewöhnlich ausgedehnte Proportionen, das *Larghetto* hat ein schönes lyrisches Thema in Es-dur, das *Allegretto* entwickelt mit geradezu wundervoller Meisterschaft eine Reihe von Variationen.

*Klavierkonzert C-dur, KV 503.* Wieder bildet dieses Konzert einen völligen Kontrast zu dem eben besprochenen. Es datiert vom 4. Dezember 1786. Der erste Satz ist *Allegro maestoso* überschrieben, und dieses *Maestoso*, verbunden mit dem klaren C-dur, verleiht ihm etwas Heroisches, Großartiges. Der zweite Satz, *Andante*, steht in F-dur und wirkt lyrisch und gesangvoll, der dritte, *Allegretto*, hingegen froh und von einem gavotteähnlichen Rhythmus erfüllt.

*Klavierkonzert D-dur, KV 537*, genannt *Krönungskonzert.* Am 9. Oktober 1790 wurde Deutschlands neuer Kaiser, Leopold II., in Frankfurt am Main gekrönt. Fürsten, Prälaten und andere Würdenträger strömten zusammen; die reichsten und kunstliebendsten brachten eigene Orchester mit. Aus Wien kamen Mitglieder der Hofkapelle, unter Leitung von Salieri und Umlauff. Niemand dachte daran, Mozart mitzunehmen. Aber er raffte sich noch einmal aus seiner elenden Lage auf, brachte durch hundert Kunststücke das Geld zusammen, mietete einen Wagen und fuhr ebenfalls nach Frankfurt. Sechs Tage Reise – er berichtet anschaulich darüber an seine Gattin Konstanze –, dann wird in Frankfurt »ein großes musikalisches Konzert« organisiert, »mit gnädigster Erlaubnis« und »zum Vorteil« des Herrn Kapellmeisters Mozart. Das Programm ist erhalten: zwei Sinfonien Mozarts, zu Beginn und am Ende (letztere wurde nicht mehr gespielt, da es bereits zwei Uhr mittags geworden war und das Publikum vorzog, endlich zu Tisch zu gehen!), Arien, Duette mitwirkender Sänger, eine Improvisation Mozarts – wie damals konzertüblich – und zwei Klavierkonzerte, von denen eines zweifellos KV 537 war, das, obwohl es bereits mehr als ein Jahr vorher komponiert wurde, hier erstmalig erklang und seitdem als *Krönungskonzert* gilt. Auch zeitgenössische Berichte sind erhalten. Sie lauten künstlerisch äußerst anerkennend, im übrigen aber entsetzlich deprimierend, sei es, wenn sie vom schwachen Besuch erzählen oder die »fünf bis sechs« Violinen erwähnen, die dabei mitwirkten, oder wenn wir gar erfahren, daß Mozart eine Komposition für Orgelwalze komponieren mußte, um ein paar Dukaten zu verdienen. Das *Krönungskonzert* ist dreisätzig. Sein zweiter Satz ist von exquisiter Süße, die einen wirkungsvollen Ausgleich zu den beiden Ecksätzen bildet, in denen das damalige Virtuosentum voll ausgeschöpft ist.

*Klavierkonzert B-dur, KV 595.* Dieses zu Beginn des Jahres 1791 komponierte Werk ist vielleicht die Krone seines Genres in klassischer Zeit. Eine Komposition der vollen Reife, der herbstlichen Schönheit. Seine Melodielinie ist mit inniger Lyrik getränkt, wie sie nur seelische Reife und Erkenntnis gibt. Seine technische Meisterschaft ist vollendet, sein Formgefühl von jenem »klassischen« Ebenmaß, das sich nur in überirdischen Glücksstunden gibt. Das bedeutet nicht, daß alle Themen ungewöhnlich wären; wir sahen schon oft, wie das Genie selbst aus weniger wertvollem Material Funken schlägt. Das erste *Allegro* beginnt mit einem weichen und gesanglichen Thema und nimmt erst dann einen kräftigeren Charakter an. Der zweite Satz, *Larghetto*, drückt innere Ruhe in einer träumerischen, kaum noch im Irdischen verhafteten Romanze aus. Das Finale, *Allegro*, könnte froh und glänzend genannt werden, ein echtes Mozartsches Sinfonie- oder Konzertfinale, aber es liegt mehr darin: eine Noblesse, ein angeborenes Aristokratentum, das es über andere Schlußsätze hinaushebt, die »nur« überschäumend und festesfroh sind. Sein Hauptthema weist übrigens eine kuriose Ähnlichkeit mit einem von Mozart komponierten Lied auf, das heute zum Volkskinderlied geworden ist: »Komm, lieber Mai, und mache die Bäume wieder grün!« Absicht oder einfach Zufall? Manches in diesem Werk klingt so, als habe sein Schöpfer zutiefst geahnt, daß der herankommende Frühling der letzte sein werde, den zu erleben ihm bestimmt sei...

*Die Violinkonzerte*

Die Konzerte für Geige beschränken sich – im Gegensatz zu jenen für das Klavier, die sich über sein ganzes Leben erstrecken – auf einen kurzen Zeitraum. Ja es besteht sogar die Möglichkeit, daß sie alle dem gleichen Jahre entstammen. Die Frage ist, ob wir nur die fünf Violinkonzerte von 1775 als echt ansehen; drei weitere sind Gegenstand heftiger Diskussionen, bei denen die Argumente für ihre Echtheit mindestens ebenso stark sind wie die entgegengesetzten. Die fünf Konzerte des Jahres 1775 sind: *B-dur, KV 207; D-dur, KV 211; G-dur, KV 216; D-dur, KV 218;* und *A-dur, KV 219.* Mozart schrieb sie zu eigenem Gebrauch, denn er war damals noch erster Geiger – Konzertmeister, wie wir heute sagen – des erzbischöflichen Orchesters in Salzburg. Außer diesen gibt es: ein Konzert, das erst in unserem Jahrhundert aufgefunden und von Hindemith herausgegeben wurde; es scheint im Jahre 1766 geschrieben zu sein (also mit 10 Jahren!), aber seine Echtheit ist ziemlich unglaubwürdig. Zwei weitere (*Es-dur, KV 268* in und *D-dur, KV 271a* in ) sind ebenfalls strittig, zumindest teilweise. Doch ist nicht nur dies der Grund, warum sie selten zu hören sind. Halten wir uns an die fünf zweifellos echten. Drei von ihnen, die näher besprochen seien, kommen häufig in Konzerten vor.

*Konzert für Violine G-dur, KV 216.* Der erste Satz, *Allegro*, ist glänzend, ohne Außergewöhnliches zu bringen. Sein Hauptthema lebt vor allem vom rhythmischen Element:

Daneben verwendet Mozart, wie immer, eine wahre Fülle von Themen, die aber in keinem Augenblick die Einheitlichkeit der Form in Gefahr bringen. Oft fragt man sich, wie mit so viel Material ein Sonatensatz konstruiert werden könne; Mozart gelingt es. (Beethoven wird sich auf viel größere Konzentration festlegen, wodurch die Durchführungsteile dann besondere Bedeutung erlangen.) Ungewöhnlich hingegen ist der zweite Satz, *Adagio.* Welche Reife der Gefühle bei einem Neunzehnjährigen (von der musikalischen Reife ganz abgesehen)! Eine weite Kantilene von großer Schönheit und perfekten Proportionen weist auf ein reiches Innenleben, einen empfindsamen Lebensernst und ein unüberbietbares angeborenes Formgefühl.
Mit dem dritten Satz, *Allegro*, kehrt der Komponist zum leichten, spielerischen Ton zurück:

Die Seitenthemen, die diese Hauptmelodie umgeben, sind von bemerkenswerter Vielfalt, aber sie halten am sorglosen, überschäumenden Rhythmus fest und bringen das Stück zu einem frohen, beinahe volkstümlichen Finale.

*Konzert für Violine D-dur, KV 218.* Zwischen diesem Werk und einem Geigenkonzert von Boccherini bestehen überraschende Ähnlichkeiten. Es ist sehr wahrscheinlich, daß Mozart das Stück des genialen Italieners gekannt und als Vorbild verwendet hat. Aber es ist ebenso denkbar, daß der junge Salzburger das Konzert Boccherinis gehört und im Gedächtnis behalten hatte, ohne sich später seines Ursprungs zu erinnern. Wie viele sogenannte »Plagiate« kommen auf diese durchaus entschuldbare Weise zustande! Wieviel Musik hat Mozarts Kopf seit seiner frühesten Kindheit aufgenommen! War sein Dasein doch ein wahres »Leben in Musik«! Der erste Satz dieses *D-dur-Konzerts* beginnt mit einem marschartigen Thema:

Besser wäre, zu sagen; mit einer ersten Phrase im Marschrhythmus. Denn Mozart weiß aus verschiedenartig angelegten, ja stimmungsmäßig sehr unterschiedlichen Gedanken oder Phrasen einheitliche Themen zu bauen. Der Satz gibt sich feierlich, glanzvoll und wird nur manchmal von anders gearteten Episoden kurz unterbrochen.
Ein melodisch sehr schönes *Andante cantabile* folgt:

und ein überaus graziöses Finale (Mozart selbst fügt dieses Beiwort in der Tempoangabe hinzu: *Andante grazioso*) zeigt formelle Eigentümlichkeiten; nach dem ruhigen Beginn mit diesem Thema

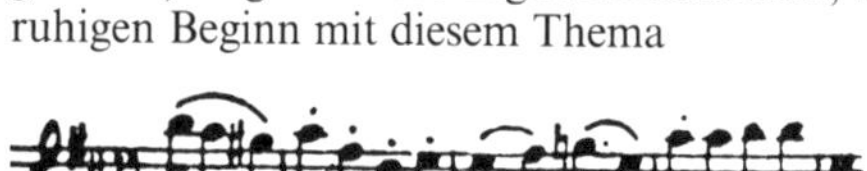

geht es in ein *Allegro ma non troppo* über, das einen fast italienischen (fünfzig Jahre später wird man sagen: rossinischen) Rhythmus und Schwung hat (die aber, wie an vielen Beispielen bewiesen werden könnte, ebenso echt mozartisch sind):

Zeitweise meint man, eine Gavotte und eine Musette schlössen hier miteinander einen Bund. Dann wechselt der Rhythmus abermals, neue melodische Gedanken tauchen auf. Auch die schöne Kantilene des zweiten Satzes wird nochmals zitiert: ein seltener Vorgang in einem so typischen Rokokowerk. Im ganzen gesehen: ein blendendes Finale, das allen gewohnheitsmäßigen Effekten aus dem Wege geht und schließlich in einem fast nachdenklichen oder sehnsüchtigen Schluß gipfelt.

*Konzert für Violine A-dur, KV 219.* Dies ist das meistgespielte (und vielleicht das allerschönste) Violinkonzert Mozarts. Wieviel gesunde Lebensfreude! Welche Empfindsamkeit eines neunzehnjährigen Herzens! Dazu unaussprechliche Anmut, Reinheit und Keuschheit, seltsam gemischt mit Schelmerei und Wissen um Liebesdinge, kristallene Klarheit neben Dämonie, weltliche Eleganz verschmolzen mit natürlicher Unschuld. *Allegro aperto* ist der erste Satz überschrieben, wobei das »offene« (was *aperto* bedeutet) nicht recht erklärt wird: Sind es die großen Melodiensprünge, die den Durakkord nach allen Richtungen ausschreiten, oder ist es das freie, offene Hinmusizieren, was Mozart zu dieser Bezeichnung veranlaßt hat?

Weitere Themen tauchen auf, werden kontrapunktisch miteinander verschmolzen, die helle A-dur-Tonart glänzt und leuchtet, Solist und Orchester spielen aus voller Seele, ein großartiger Schwung belebt den ganzen Satz.

Wiederum schenkt uns Mozart hier im *Adagio* eine überirdisch schöne Melodie von solcher Süße, daß man sie als Vorboten der Romantik empfinden darf. Es heißt, er habe diesen Satz für den Geiger Gaetano Brunetti komponiert, seinen Kollegen im Salzburger Orchester.

Der letzte Satz fällt erneut, wie schon im vorangegangenen Konzert, aus den Regeln. Er beginnt wie ein Menuett, das dann von einer entzückenden *Alla turca*-Episode unterbrochen wird. Sie ist beinahe »wild«, allerdings wild wie ein Salzburger, der sich als »wilder Türke« verkleidet in einen Hofball drängt, aber den Anwesenden zublinzelt, damit sie nicht etwa wirklich erschräken.

*Konzertante Sinfonie für Geige, Bratsche und Orchester Es-dur, KV 364.* Dieses geniale Doppelkonzert – eine unübertreffliche Synthese von Konzert und Sinfonie – stammt aus dem Jahre 1779. Das Problem einer Form für mehrere Solisten mit Begleitung des Orchesters ist von verschiedenen Epochen und großen Autoren behandelt worden. Das *Concerto grosso* des Barocks war ein Beginn; das Rokoko löst die »blockartige« Kompositionsweise auf, verleiht dem musikalischen Fluß erhöhte Flexibilität und Abwechslung. Von Vivaldi und Bach gelangen wir zu Haydn und Mozart; und letzterer schafft, wie in allem, was er anrührt, einen neuen und leicht erkennbaren Stil. Höchst bemerkenswert ist, daß Mozart in diesem Werk die Bratsche ihre Saiten um einen Halbton höher stimmen läßt, was in der Barockzeit »scordatura« genannt wurde.

Das Werk hat drei Sätze: *Allegro maestoso, Andante, Presto.* Keiner von ihnen besitzt außergewöhnliches Themenmaterial, aber die kompositorische Arbeit verwandelt sie alle drei in einen ununterbrochenen Strom herrlicher Musik. Der zweite Satz moduliert nach c-moll, und in dieser Tonart gibt es einige melancholischere Akzente, ohne ins Tragische zu gelangen, wie es ein Vierteljahrhundert später bei Beethoven der Fall sein wird, wenn er in den düster umwitterten Tonbereich des c-moll eindringt. Trotzdem erkennt man an solchen Stellen klar, daß Beethoven Mozarts direkter Nachfolger ist. Sie schreiten ein Stück gemeinsam auf der langen Straße. Mozart verabschiedet sich, und Beethoven geht dann allein weiter...

*Konzert für Flöte und Orchester G-dur, KV 313.* Komponiert 1778, drei Sätze: *Allegro maestoso, Adagio non troppo, Tempo di Minuetto* (Rondo).

*Konzert für Flöte und Orchester D-dur KV 314.* Laut Feststellung des Musikwissenschaftlers Alfred Einstein handelt es sich hier um die Transkription eines Oboenkonzertes aus dem Jahre 1777, dessen Original verlorenging. Es stammt von 1778 und hat drei Sätze: *Allegro aperto, Andante ma non troppo, Allegro.*

*Konzert für Flöte, Harfe und Orchester C-dur, KV 299.* Geschrieben im Jahre 1778 während des Pariser Aufenthalts für den Duc de Guines und dessen Tochter. Ein sehr glückliches Werk, in dem eine Fülle prächtiger Einzelheiten der Fusion und des klanglichen Gleichgewichts zu beobachten ist.

*Konzert für Fagott und Orchester B-dur, KV 191.* Die Komposition – eine der vier, die Mozart für Fagott schrieb und die für echt gehalten werden (neben anderen, bei denen es Zweifel gibt) – trägt im Manuskript das Datum 4. Juni 1774 und den Ort Salzburg. Es benützt meisterhaft (obgleich sein Autor erst 18 Jahre alt war) die Möglichkeiten des Instruments, sowohl die ernsten, lyrischen wie die humoristischen, spielerischen.

*Konzert für Klarinette und Orchester A-dur, KV 622.* Etwa acht Wochen vor seinem Tode schrieb Mozart dieses Konzert, nicht nur das schönste, das je für dieses Instrument geschaffen wurde, sondern eines der vollendetsten Werke aller Zeiten. Die Noblesse seiner Linien, die Innigkeit seiner Melodien, seine musikalische Vollkommenheit und sein tief lyrischer Inhalt lassen sich nur mit einem einzigen Werk vergleichen: mit dem ebenfalls im Angesicht des Todes komponierten Requiem. Es folgt ein Thema des ersten Satzes:

Und hier ein anderes, aus dem *Adagio*, das in seelische Tiefen vorstößt, die sich bei Mozart – trotz aller Herzlichkeit im Umgang – nur in der Musik äußern und erhellen konnten:

Ganz andere Töne schlägt dann das Finale an: Es bedeutet eine Rückkehr ins Leben, zu den Spielen und Zärtlichkeiten und Freuden, von denen so viele Werke und Briefe Mozarts uns erzählen.

*Vier Konzerte für Horn und Orchester.* Das erste steht in D-dur und die drei anderen in Es-dur. Sie stammen aus den Jahren 1782 bis 1786. Das mit KV 447 bezeichnete ist das bekannteste.

*Konzertante Sinfonie für Oboe, Klarinette, Fagott, Horn und Orchester, KV 297b.* Ein selten gehörtes, aber meisterliches Werk, bei dem der zweite – langsame – Satz besonders schön ist, und außergewöhnlich originell das Finale in Form von zehn Variationen über ein reizend unschuldiges Thema.

## Paul Müller-Zürich

1898, Schweizer Komponist

Der namhafte Schweizer Musiker, der Präsident des Tonkünstlervereins war und mehrere bedeutende Musikpreise erhielt, hat in seinem reichen Lebenswerk zahlreiche Stücke für Orchester aufzuweisen. Er war anfangs »dem spätromantischen Erbe verpflichtet, wandelte sich in seiner Musik sowohl in ihrer zunehmend polyphonen Struktur als auch in ihrer Harmonik, die sich von funktionellen Fesseln lösend zu einer frei behandelten Tonalität entwickelte, die auf diatonischer Grundlage Chromatik reichlich verwendete, serieller Technik sich aber nie bediente«, wie er selbst sein Schaffen beurteilte. *Sinfonia I* und *II, Kleine Sinfonie in D-dur* (1920), *Sinfonietta I* und *II, Sonata I* und *II (für Streicher), Concerto für Viola,* 2 Violinkonzerte, *Konzert für Orgel, Konzert für 2 Violinen, Cembalo und Streicher* u.v.a.

## Modest Mussorgsky

1839–1881

Vielleicht ist dieser russische Meister die tragischste, dramatischste, ja romanhafteste Gestalt der Musikgeschichte – der es an fesselnden, seltsamen und skurrilen Erscheinungen wahrhaftig nicht fehlt – und sein Leben das an Bitternis und Enttäuschungen reichste. Armut, Einsamkeit, langsames, aber unaufhaltsames Versinken im Alkoholismus paarten sich nicht nur mit dem Unverständnis seiner Umgebung und dem Scheitern seiner Pläne, sondern mit der Verzweiflung über seine eigene schöpferische Unfähigkeit, die nur einen Bruchteil der grandiosen Visionen zu Papier zu bringen vermochte, die ihn täglich und nächtlich überfielen. Sein Hauptwerk ist die großartige Oper *Boris Godunow.* Aber kaum geringer darf sein Anteil an der Konzertmusik veranschlagt werden: sein Orchesterstück *Eine Nacht auf dem Kahlen Berge* sowie die genialen Klavierskizzen *Bilder einer Ausstellung*, die von Ravel (aber auch von vielen anderen) instrumentiert und zu einem Repertoirestück unserer Orchesterkonzerte gemacht wurden. Zu erwähnen wären hier wohl auch seine großartigen Lieder. Er war ein Alleingänger, ein Einsamer in jeder Beziehung. Er fügte sich keiner Schule ein, wenngleich er dem »Mächtigen Häuflein«, der »Gruppe der Fünf« (Balakirew, Borodin, Cui und Rimsky-Korssakow), angehörte. Er war einer der Revolutionäre, die der russischen Musik neue Wege wiesen, aber seine Wirkung ging weit über die Grenzen seines Landes hinaus. Weder Debussy wäre ohne Mussorgskys Einfluß denkbar noch Janáček. Einen Namen kann man seiner »Richtung« allerdings schwer geben: Ist er »nur« ein Realist, ein extremer Naturalist? Oder bilden die mystischen, die romantischen, ja einige impressionistische Züge in seinem Schaffen entscheidende Merkmale? Von seinem Leben sind nur wenige Daten zu erwähnen: Es begann am 21. oder 28. März 1839 (man nimmt zumeist den 21. als wirkliches Geburtsdatum, aber in einigen glaubwürdigen russischen Dokumenten ist der 28. verzeichnet) in Karewo, Gouvernement Pskow. Seine Jugend verlief glänzend und glücklich, der angehende Offizier war ein gerngesehener, lebensfroher Gesellschafter. Doch eines Tages erkannte er seine wahre Berufung: Komponist, und mehr als das, sozialer Komponist zu sein, Prophet der Musik des Volkes, Fürsprecher seiner Leiden, Verkünder seiner Sehnsucht. Aber seine musikalischen Kenntnisse schienen ihm nicht auszureichen, um die Fülle der Geschichten zu Papier zu bringen. Er verfiel der Verzweiflung, der seelischen und materiellen Not, dem Alkohol als scheinbarem Tröster. Ein Dasein am Rande: am Rande der Stadt, am Rande der Gesellschaft, am Rande der »offiziellen« Kunst, am Rande des Erfolgs, am Rande des Glücks. Zeitweise lebte Rimsky-Korssakow, der neben Tschaikowsky disziplinierteste und technischste der damaligen russischen Musiker mit ihm, opferte unzählbare Stunden, um die Entwürfe Mussorgskys aufführungsreif zu machen, ja ihnen eine Form zu geben, die damaliger Auffassung entsprach, sie vor allem nach den neuesten Errungenschaften zu instrumentieren, zu orchestrieren. Mussorgskys Leben, physisch wie psychisch unterminiert, erlosch mit 42 Jahren, am 28. März 1881, nachdem man ihn einige Tage vorher in bewußtlosem Zustand auf der Straße gefunden und ins Armenspital von St. Petersburg gebracht hatte.

*Eine Nacht auf dem Kahlen Berge*

Von diesem sinfonischen Gedicht gibt es wenigstens vier Fassungen, deren erste in Entwürfen dramatischer Werke eingebaut sind. Die Idee scheint im Jahre 1860 aufgetaucht zu sein; es handelte sich um ein phantastisches Zwischenspiel für das Drama »Die Hexen« eines Barons Mengden. Drei Jahre später dachte Mussorgsky an eine Oper »Salammbo«, auf den Text von Flaubert; er vollendete sie nicht, aber die alten Entwürfe zu einem gespenstischen Orchesterstück beschäftigten ihn neuerlich. Erst am 23. Juni 1867 teilte der Komponist seinem Freunde Rimsky-Korssakow in einem Briefe mit, er habe »in der Johannisnacht, mit Gottes Hilfe« ein sinfonisches Werk vollendet, das er »Johannisnacht auf dem Kahlen Berge« nennen wolle und das folgende Teile enthalte: *Versammlung der Hexen – Der Zug des Teufels – Heidnische Anbetung Satans – Höllenmesse, Hexensabbat.* Mussorgsky fügte noch, voll Wärme und Begeisterung, weitere Einzelheiten aus seinem Stück hinzu. Rimsky-Korssakow revidierte die Partitur, wie er fast jedes Stück seines Kameraden durchsah. Diese Korrekturen sind später stark angefochten worden (wie alle in Meisterpartituren vorgenommenen Eingriffe); vom heutigen Standpunkt aus mag es leicht sein, zum Schluß zu kommen, Rimsky-Korssakow habe zu stark retouchiert; aber vergessen wir nicht, daß damals Mussorgskys Art zu komponieren als »wild« angesehen werden mußte, seine Stücke als »unaufführbar«, und daß es einzig und allein den »glättenden« Revisionen des Freundes zu verdanken war, wenn hin und wieder ein Werk Mussorgskys gespielt werden konnte (ganz abgesehen von dem persönlichen Opfer an Zeit und Arbeit, das Rimsky-Korssakow unter Hintansetzung seiner eigenen Kompositionen brachte). Wer weiß, was aus Mussorgskys Stücken ohne diese helfende Hand geworden wäre, ob sie nicht, bevor sie überhaupt bekannt und erkannt wurden, für immer verlorengegangen wären? Diese Revision bietet der Forschung ein dankbares Thema: Zwei Musiker völlig entgegengesetzten Charakters (wild-genial der eine, technisch hochdiszipliniert der andere) haben an der Fertigstellung des gleichen Werkes Anteil: haben sie einander ergänzt oder einander zuwider gehandelt? In Rimsky-Korssakows endgültiger Fassung ist folgendes Programm angegeben: *Unterirdischer Lärm von Geisterstimmen – Erscheinung von Höllengeistern, schließlich Satans selbst – Anbetung Satans, Höllenmesse und Hexensabbat – Auf dem Höhepunkt der Orgie erklingt das Glöcklein einer fernen Dorfkirche; die Geister stieben auseinander. – Der Tag bricht an.* Demnach scheint es, als habe der Bearbeiter einen neuen Schluß hinzugefügt oder wenigstens angeregt. Während in der ersten Fassung der Hexensabbat Höhepunkt und Abschluß bildete, hat das Stück nun einen versöhnlichen, gläubigen Ausklang: Die Kirchenglocke vertreibt den Spuk. Man wird – auch aus anderen Gründen – an Liszts »Totentanz« gemahnt, in dem ein Hahnenschrei Hexen und Geister vertreibt. Dem »Programm« des Stückes läßt sich leicht folgen; die Handlung ist äußerst klar und plastisch dargestellt, die Hexenszenen sind von grausiger Wirkung. Man vernimmt geheimnisvolle Geräusche, die die nächtliche Luft erfüllen, glaubt Irrlichter aufleuchten zu sehen, erblickt den gespenstischen Zug der Hexen, die den Höllenfürsten begleiten und umtanzen, nimmt an der »schwarzen Messe« auf der Bergeskuppe teil. Die musikalischen Themen an sich sind einfach – wie dieses, eines der wichtigsten –,

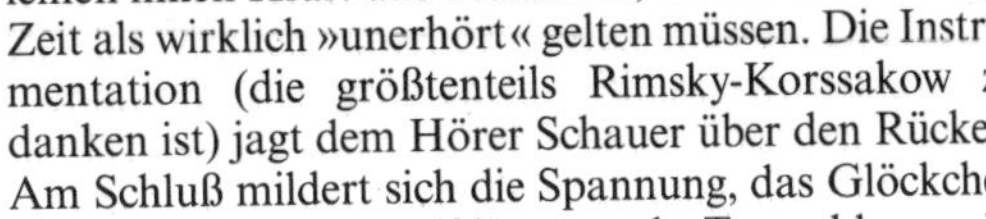


aber die Harmonien, die Mussorgsky verwendet, verleihen ihnen Kraft und Ausdruck, die für die damalige Zeit als wirklich »unerhört« gelten müssen. Die Instrumentation (die größtenteils Rimsky-Korssakow zu danken ist) jagt dem Hörer Schauer über den Rücken. Am Schluß mildert sich die Spannung, das Glöckchen und der von ferne aufdämmernde Tag schlagen die nächtlichen Geister in die Flucht. Noch schweben Melodiefetzen des Hexensabbats in der Luft, doch Harfenklänge und ein Hirtenlied, von der Klarinette angestimmt, lassen den Sieg des Lichtes ahnen, das bald die Kuppe des Kahlen Berges übergießen wird. Erwähnen wir noch, daß die letzte Version dieses Werkes von seinem Komponisten in die Oper *Der Jahrmarkt von Sorotschintzi* eingefügt wurde; aber da auch diese unvollendet blieb (und erst 1917 in der Bearbeitung Cesar Cuis uraufgeführt werden konnte), besitzt *Eine Nacht auf dem Kahlen Berge* Eigenleben als sinfonische Dichtung, die sie ja tatsächlich – ohne diesen Titel zu führen – ist. Walt Disney schloß sie in seinen diskutablen, aber zweifellos genialen Film »Fantasia« ein und gab ihr eine atemberaubende bildhafte Ausdeutung.

### *Bilder einer Ausstellung*

Man kann darüber streiten, ob dieses Werk im vorliegenden Buch Platz finden soll oder nicht. Denn die *Bilder einer Ausstellung* sind ein Zyklus von Klavierstücken, an deren Instrumentation der Komponist, soweit wir wissen, niemals gedacht hat. Doch reizte die Fülle der beschriebenen Stimmungen andere Musiker schon frühzeitig, eine Orchesterfassung herzustellen. Der erste war wohl Sergej Tanejew, ein guter russischer Komponist; auf ihn folgten der Franzose Cailliet, der Deutsche Oscar von Pander, der berühmte englische – in Nordamerika wirkende – Dirigent Leopold Stokowsky. Trotz dieser Vielfalt (mit der die Liste keineswegs erschöpft sein dürfte) hört man meistens die Orchesterfassung Maurice Ravels, die dem Original kongenial ist (obwohl sie von manchem Kritiker als »zu blendend« bezeichnet wurde) und die wir unserer Besprechung zugrunde legen.
Den Anlaß zu diesem Werk bildete ein trauriges Ereignis in Mussorgskys Leben. Im Frühling 1874 besuchte er eine Gedächtnisausstellung des kürzlich verstorbenen Malers und Architekten Viktor Hartmann, mit dem er eng befreundet gewesen war. Sie inspirierte ihn zur Komposition eines Zyklus, in dem er versuchte, zehn Bilder Hartmanns musikalisch nachzuempfinden. (Es war ein romantischer Zug, Musik nach Gemälden zu schaffen, und, umgekehrt, Bilder zu malen unter dem Einfluß von Musik.) Zwischen den einzelnen Bildern steht stets ein kurzes Musikstück, das sich *Promenade* betitelt. Es ist in Idee und Ausführung außerordentlich fesselnd: Mussorgsky schildert hier den Gang von einem Bild zum nächsten, von einem Saal vielleicht zum anderen. Es ist also ein Gehen, ein Schlendern, kein Marschieren; und dazu noch unter dem Eindruck des eben gesehenen Gemäldes, das im Geist des Beschauers nachwirkt. Beidem hat Mussorgsky genial Rechnung getragen. Die *Promenade* ist großteils im 5/4-Takt geschrieben (manchmal auch abwechselnd im 5/4 und 6/4), wodurch alle gleichmäßig fallenden Akzente vermieden werden, die diesem Gehen etwas Starres geben könnten. Und die Substanz wird jedesmal leicht verändert, als spiegle sie die Gedanken des Betrachters, die noch bei dem vorher Geschauten weilen. So klingt also der Übergang nach einem fröhlichen Bild wesentlich anders als nach einem düsteren oder träumerischen.

*Gnomus* betitelt sich das erste. Mit ungelenken, gleichsam wie hinkenden Sprüngen scheint ein Zwerg über die Leinwand zu hüpfen. Er hält mehrmals inne, wie um sich umzublicken. Hüpft bald schneller, bald gewichtiger. Verschnauft, nimmt Anlauf, scheint auszurutschen. Eine klägliche Gestalt auf viel zu kleinen krummen Beinen, Gespött der Kinder wahrscheinlich, mit großen, traurigen Augen.

*Das alte Schloß* führt einen italienischen Titel: *Il vecchio castello*. Hier muß der Komponist die Vision einer mittelalterlichen Burg vor Augen gehabt haben, auf einem Hügel wohl, der über den Wald hinausragt; vor ihren Mauern singt ein Troubadour sein sehnsüchtiges (von Ravel einem Saxophon anvertrautes) Lied. Der weiche Klang des – damals in ernster Musik recht ungebräuchlichen – Instruments verleiht dem Stück einen melancholischen Charakter und einen unbeschreiblichen Zauber, der der Ansicht einiger Musikforscher deutlich widerspricht, die in diesem Stück eine parodistische Absicht Mussorgskys erkennen wollten.

*In den Tuilerien* schildert in graziöser Weise das ausgelassene, zeitweise in Streit ausartende Spiel der Kinder in den Gärten des alten Königsschlosses in Paris.

*Bydlo* ist der alte polnische Ochsenkarren, der über fast grundlose Wege durch weite Ebenen langsam und holprig fährt. Er scheint aus der Ferne zu kommen, nähert sich, die volkstümliche Weise des Kutschers wird stärker, zieht an uns vorüber, entfernt sich, verklingt im immer leiser werdenden gleichförmigen Geräusch der großen Räder.

*Ballett der Küchlein in ihren Eierschalen* ist eine Art Scherzo mit Trio, ein Pastellbildchen schwebender Leichtigkeit. Hartmann hatte die Zeichnung als Entwurf für ein Ballett gedacht; Mussorgsky führt dieses – wenn auch in Miniaturformat – aus.

*Samuel Goldenberg und Schmuyle*. Ein glänzendes Genrebild – wie es viele Maler liebten – zweier polnischer Juden, eines reichen und seiner Wichtigkeit im Ghetto oder Dorf wohlbewußten und eines armen Teufels, dessen piepsende Stimme wahrscheinlich – und sicher aussichtslos – ein wenig Geld erbetteln will. Eine glänzende, äußerst bissige musikalische Karikatur: Der Reiche hat Vor- und Zunamen sowie ein Thema von hochtrabender Eitelkeit, der Arme hingegen nichts als einen alltäglichen Rufnamen und ein lächerliches, schnatterndes, unterwürfiges Thema. Die Diskussion ist, je nachdem man es sieht (und hört), zwerchfellerschütternd komisch oder mitleiderregend traurig...

*Der Markt von Limoges.* Das vulgäre, endlose Schwatzen der Marktweiber, ihr Streiten, Feilschen, Keifen ist in einem wahren »Scherzo« erbarmungslos eingefangen; das Stück endet eigentlich nicht, es bricht einfach ab (weil es ja einmal aufhören muß), aber der Schluß ähnelt dem eines *Moto perpetuo*, eines musikalischen Perpetuum mobile, das weder Anfang noch Ende hat. In jedem beliebigen Augenblick kann es weitergehen, und genau, ganz genau so wie vorher...

*Katakomben.* Dann wird es plötzlich – ohne *Promenade* dazwischen – ernst. Es erklingen schauerliche Akkorde, es herrscht Grabesatmosphäre. Wir wissen, daß auf diesem Bild Hartmann sich selbst dargestellt hat, eine Laterne in der Hand, in den Katakomben von Paris. Mussorgsky notiert: »Hartmanns schöpferischer Geist führte mich noch im Tode zu den Schädeln, er sprach mit ihnen, und sie begannen zu leuchten...« Vor einem vergessenen Grabe bleibt der Maler stehen (und der Musiker scheint ihn zu begleiten); lange blikken sie gedankenvoll auf die geheimnisvolle Stätte. Über der folgenden *Promenade* steht nicht dieser Name, sondern der lateinische Satz: *Cum mortuis in lingua mortua*, mit den Toten in der Sprache der Toten (reden). Wie anders klingt das Promenadenthema hier! Der Beschauer ist noch von der vorhergehenden Szene erfüllt, während er, ohne auf Äußeres zu achten, weiterschreitet.

*Die Hütte der Baba Yaga.* Baba Yaga ist eine alte russische Märchenfigur, die oft von Dichtern und Musikern besungen wurde. Ein phantastisches Wesen, unseren Hexen ähnlich, das wild durch die Lüfte reitet. Hartmanns Bild scheint das »Schloß« Baba Yagas gezeigt zu haben: eine Hütte in Form einer riesigen Uhr, die auf schmalen Hühnerkrallen ruht. Und aus diesem gespenstischen Haus fährt die Hexe mit den Hühnerkrallen in wildem Ritt hinaus, um die Lüfte zu durchrasen.

*Das große Tor von Kiew* schließt unmittelbar an das vorige Bild an. Wir wissen, daß Hartmann ein gewaltiges Tor für die Stadt Kiew entworfen hatte, eine Art monumentalen und majestätischen Triumphbogen. Mussorgsky übersetzt den Plan ins Musikalische. Wir glauben nicht nur das Tor vor uns zu sehen, sondern eine tausendköpfige Prozession, die mit vollem Pomp unter den betäubenden Klängen der großen Glocken in die uralte, verehrungswürdige Stadt einzieht. So endet, in einem wahren Meer von Klängen, der Zyklus, der so viele Stimmungen wie geographische Landschaften umfaßt.

Setzen wir noch hinzu, daß Ravels Orchesterfassung (eine unerschöpfliche Fundgrube orchestraler Weisheit) auf Bestellung Kussewitzkys geschaffen wurde, des berühmten russischen Dirigenten, der sein Leben dem Bostoner Sinfonieorchester gewidmet hatte. Er führte sie zum ersten Male in Paris am 3. Mai 1923 auf.

## Zygmunt Mycielski

1907, polnischer Komponist

Der in Przeworsk geborene Musiker – zeitweise Präsident des Polnischen Komponistenverbandes – errang mit seiner *Polnischen Sinfonie* 1952 den Nationalpreis und eine Anerkennung für seine *zweite Sinfonie* beim Komponistenwettbewerb »Prince Pierre de Monaco« in Monte Carlo (1962). Von seinen weiteren Orchesterwerken sind zu erwähnen: *Lamento di Tristano, Fünf Sinfonische Essays* und *Schlesische Ouvertüre*. Mycielski ist auch als Musikschriftsteller und -kritiker bedeutend.

## Nicolas Nabokov

1903–1978, russisch-amerikanischer Komponist

Der in Minsk geborene, den größten Teil seines Lebens in den USA tätige und in New York verstorbene Schüler Busonis in Berlin schreibt einen archaisierenden, manchmal auch vom Impressionismus beeinflußten Stil: *Sinfonie* (1930), *Klavierkonzert* (1932), Bühnenmusiken und Kantaten.

## Leo Nadelmann

1913, Schweizer Komponist

Nach einer erfolgreichen Pianistenlaufbahn wandte sich der in Biel geborene, jahrelang an der Spitze der Musikabteilung des Schweizer Fernsehens stehende Musiker der Komposition (und der Schriftstellerei) zu. Zu seinen Orchesterwerken gehören: *Passacaglia* (1958), *Chassidische Suite* (1960), *Sinfonietta Americana* (1961), das *Concerto de Ballet* (1961), die *Partita hebraica* (1965), das *Concerto 1966* (für Cembalo), die *Mutations for strings* (1966) sowie die Suite aus dem Ballett *Der Dybuk*.

## Andreas Nezeridis

1897, griechischer Komponist

Dieser Tonschöpfer aus Patras hat einige für die neugriechische Musik wegweisende Werke geschaffen, deren Stil man am ehesten als spätromantisch mit impressionistischem Einschlag bezeichnen könnte. Zu seinen wichtigsten Kompositionen gehören (neben Opern) drei Sinfonien, Klavier- und Violinkonzerte, zwei Rhapsodien u.a.m.

## Carl Nielsen

1865–1931, dänischer Komponist

An diesem am 9. 6. 1865 bei Odense auf der Insel Fünen geborene und am 3. 10. 1931 in Kopenhagen verstorbenen Tondichter hat die Musikwelt in jeder Beziehung unendlich viel gutzumachen. Er genoß zwar zu seiner Zeit die Hochachtung musikalischer Kreise Europas, aber kaum jemand erkannte seine wahre Bedeutung, die ihn unter die Großen der Geschichte eingliedern sollte. Erst spätere Jahrzehnte entdeckten in seinen Werken nicht nur geistige Berührungspunkte mit seinem Zeitgenossen Mahler, sondern auch erschütternde Visionen einer kommenden Apokalypse, ein überaus feines Gefühl für die unterirdischen Strömungen einer gefährdeten Zeit, eine prophetische Vorausschau auf künstlerische Entwicklungen, die heute verblüfft. Er schuf u.a. 6 Sinfonien, Konzerte für Violine, Flöte, Klarinette, die Phantasie *Pan und Syrinx*, die Ouvertüre *Helios*, die *Suite für Streicher*, die Ouvertüre *Maskerade* (Kopenhagen, 11. 11. 1930) sowie kleinere Werke.

## Luigi Nono

1926–1990, italienischer Komponist

Einer der führenden Avantgardisten im vielgestaltigen, widerspruchsvollen Musikschaffen unserer Tage, ein Komponist von ungewöhnlicher Phantasie und stark humanistischem Einschlag. Seine Musik ist nie absolut, aber auch kaum als programmatisch im früheren Sinne, als »schildernd« zu verstehen; sie ist ein Kampf, ein Aufschrei gegen alles Unrecht der Welt, gegen Gewalt, Krieg, Folter, ein Ruf zur Menschlichkeit. Nono, Schwiegersohn Schönbergs, Lehrer in den Kursen von Darmstadt und in Dartington/USA, gehört zu den Ausnahmeerscheinungen; daß er nur von wenigen verstanden wird, ist seine Tragik. Aus der Fülle seiner Werke, die große Instrumentalgruppen oder das Orchester einbeziehen, seinen genannt: *Due espressioni, Polifonica-Monodia-Ritmica, Variationen über ein Thema von Schönberg, Composizione* I und II, *Konzertsuite aus dem Ballett »Der rote Mantel«, Incontri, Variazione canoniche, España en el corazón* (Spanien im Herzen), *Y su sangre viene cantando* (Singend verströmt sein Blut), *Memento, Liebeslied* (1954), *La victoria de Guernica* (1954), *Il canto sospeso* (Briefe von Widerstandskämpfern, 1956), *La fabbrica illuminata* (1964), *A floresta é jovem e cheja de vida* (Der Wald ist jung und voller Leben, 1967), *Como una ola de fuerza y luz* (Wie eine Woge der Kraft und des Lichts, 1972). Viele seiner Werke sind kaum in traditionelle Musikformen einzugliedern, verwenden meist verfremdete Singstimmen oder Sprecher, wie *Epitaph auf García Lorca, Gesänge der Liebe und des Todes* (im Gedenken an die Atombombe von Hiroshima) u. a. m.

## Vitežlav Novak

1870–1949, tschechischer Komponist

Der hochbedeutende Dvořákschüler und Impressionist war einer der führenden Lehrer seines Landes und Rektor des Konservatoriums von Prag. Von seinen sinfonischen Werken nennen wir: *Der Korsar* (Ouvertüre, 1892), *Klavierkonzert* (1895), *Marysa* (Ouvertüre, 1898), *Zwei Serenaden für kleines Orchester* (1894 und 1905), *Drei böhmische Tänze* (1897), *In der Tatra* (sinfonische Dichtung, 1902), *Slowakische Suite* (1903), *Von ewiger Sehnsucht* (Tondichtung, 1904), *Toman und die Waldfee* (sinfonische Dichtung, 1907), *Masaryk-Marsch* (1918), *Den tschechischen Siegern* (1918), *Südböhmische Suite* (1937), die Ouvertüre zu *Lady Godiva*, die sinfonische Dichtung *Pan* usw.

## Otmar Nussio

1902, Schweizer Komponist

Der in Grosseto (Toscana) geborene Respighischüler jahrzehntelang als musikalischer Leiter des schweizerischen Landessenders Monte Ceneri in Lugano tätig, ist Autor von etwa 60 sinfonischen Dichtungen, Orchestersuiten, Ouvertüren und Ballettmusiken, unter denen hervorgehoben seien: *Trittico toscano, Canti e Danze d'Illiria, Danze dalmate, Dittico ticinese, Sinfonietta, Tzigana, Boccaccio-Suite, Chopiniana, Danze di Mallorca, Folclore d'Engadina, Notturno di Valdemosa, Suite su canzoni popolari ticinesi, Divertimento,* Konzertante Werke für Cello, Cembalo, Fagott, Flöte, Harfe, Klavier, Oboe, Trompete, Violine usw.

## Robert Oboussier

1900–1957, Schweizer Komponist

Der in Antwerpen 1900 zur Welt gekommene Schweizer Komponist war führend in der Schweizer Autorengesellschaft und im Tonkünstlerverein tätig; seine Musik hatte internationale Beachtung gefunden, als er 1957 in Zürich ermordet wurde.

*Orchesterwerke: Sinfonie Nr. 1* (1936); *Trauermusik* (1943); *Suite in C für kleines Orchester; Introitus für Streichorchester; Konzert für Klavier und Orchester; Konzert für Violine und Orchester; Entrada für Trompete in C und Streichorchester.*

## Mauricio (Maurice) Ohana

1914, spanisch-französischer Komponist

Dieser aus Andalusien stammende, in Paris lebende Komponist, in dessen Adern auch arabisches Blut fließt, gehört zu den ungewöhnlich interessanten Musikern unserer Zeit. Er studierte in Barcelona, Paris und Rom, fand dann aber einen sehr persönlichen Stil und erlebte mit der großartigen Vertonung des Stierkämpferpoems von García Lorca *El llanto por Ignacio Mejía* (Die Klage um Ignacio Mejía) einen internationalen Erfolg. Zu erwähnen sind auch sein *Gitarrenkonzert*, die *Etudes choréographiques* (für Schlagzeug), die *Suite zu einem Mimodrama*, das *Concertino für Trompete*, die Tondichtung *Promethée* (1963), *Chiffre pour clavecin* (für Cembalo und 21 Instrumente, 1968).

## Carl Orff

1895–1982, deutscher Komponist

Des genialen Bayern reinen Konzertwerken *(Präludium für großes Orchester, Kleines Konzert für Bläser und Cembalo, Kleine Festmusik für Kammerorchester, Tanzspiel »Der Feuerfarbene«)* begegnet man selten. Alle Popularität konzentriert sich auf einige seiner Opern und auf die szenischen Kantaten oder szenischen Konzerte *(Carmina burana, Catulli carmina, Il trionfo di Afrodite)*, die wir, obwohl sie stilistisch kaum einzuordnen sind, in »Oper der Welt« besprochen haben. In ihnen spielen Chöre und Orchester neben Solisten die Hauptrollen, die choreographische Ausdeutung bildet ein wertvolles ergänzendes Element. In den reinen Konzertwerken äußert sich Orffs so bezeichnender, urpersönlicher Stil ebenfalls, seine fast unheimliche rhythmische Durchschlagskraft, sein mitreißender musikantischer Schwung, aber auch seine Abneigung gegen thematische Durchführungen, gegen Modulationen. Seine ungeheure Begabung mag in einigen Punkten anfechtbar sein, aber sie ist einmalig.

## Slavko Osterc

1895–1941, jugoslawischer Komponist

Der in Veržej geborene und in Ljubljana verstorbene Professor an der dortigen Akademie war ein Vorkämpfer modernster Techniken in seinem Land. Er schrieb Sinfonien und sinfonische Dichtungen, die verhältnismäßig stärkste Verbreitung fanden die *Klassische Ouvertüre* und seine *Suite*.

## Otakar Ostrčil

1879–1935, tschechischer Komponist und Dirigent

Der langjährige Prager Operndirektor, Förderer zahlreicher nationaler Opern, Freund von Leos Janacek und auch Leiter der tschechischen Erstaufführung von Alban Bergs *Wozzeck* sowie anderer wichtiger zeitgenössischer Werke gehört auch zu den führenden Komponisten seiner Generation. Aus seinem sinfonischen Werk erwähnen wir: *Suite in G-dur* (1898), *Sinfonie in A-dur* (1905), *Suite in e-moll* (1912), *Symphonietta* (1921), sinfonische Dichtung *Sommer* (1926).

## Niccolò Paganini

1782–1840, italienischer Geiger und Komponist

Der »Hexenmeister auf der Geige«, der ganz Europa in einen Taumel versetzte, wurde am 27. Oktober 1782 in Genua geboren. Sein Leben ist von Geheimnissen umwittert, die zum Teil von ihm selbst genährt wurden, um seinen Konzerten größere »publicity« zu verschaffen, wie wir heute sagen würden, zum Teil aber vielleicht, um Schwierigkeiten zu vertuschen, die er mit der Justiz hatte. Aber auch nüchtern betrachtet bliebe genug Stoff für mehrere fesselnde Romane übrig (die sicher in größerer Zahl geschrieben wurden, als heute erinnerlich ist). Er wechselte oftmals seinen Wohnsitz, fuhr im eleganten Reisewagen quer durch Europa, erwarb ein beträchtliches Vermögen, wurde von Chopin und Liszt bewundert, erfand virtuose Kunstgriffe auf der Violine, die die Technik des Geigenspiels revolutionierten. Doch er war mehr als ein atemberaubender Virtuose; er war ein wahrer Schöpfer. Im Rahmen unseres Buches haben wir uns nur mit den beiden Konzerten zu befassen, die heute zum festen Repertoire aller Geiger gehören, aber wir müssen erwähnen, daß er außerdem noch 24 Capriccios, den *Karneval in Venedig, Variationen*, das berühmte *Moto perpetuo* (das gegenwärtig zumeist in orchestraler Form gespielt wird) und vieles andere komponierte, was große Meister seiner Zeit wie Schumann und Berlioz restlos bewunderten. Wie Chopin alles für sein geliebtes Klavier schrieb, so schuf Paganini ausnahmslos für seine nicht weniger fanatisch geliebte Geige. Er starb in Nizza am 27. Mai 1840.

*Konzert für Violine und Orchester D-dur* (ursprünglich Es-dur), op. 6. Paganini schrieb möglicherweise fünf Geigenkonzerte, unter denen dieses das erste ist. Es stand in seiner Originalfassung in Es-dur, aber der Komponist wendete bei seiner Wiedergabe einen Trick an: Er stimmte die vier Saiten seines Instruments um je einen Halbton höher. So konnte er in der (viel leichter zu greifenden) Tonart D-dur spielen, und es klang doch wie Es-dur, was auf seine Zeitgenossen starken Eindruck machte. Im ersten Satz gibt es zwei glänzende Themen, das erste festlich, höfisch, das zweite von warmer Lyrik durchströmt. Im Durchführungsteil taucht ein drittes Thema auf, graziös trotz seines Mollcharakters. Der zweite Satz ist ein leidenschaftliches *Adagio*; eine Legende will wissen, daß es das Gebet eines Gefangenen um seine Befreiung sei. Man hat den Eindruck, eine der Gegensaiten hielte mit ihren drei Schwestern ein vertrautes Gespräch. Das Schlußrondo ist sehr virtuos gehalten: Es häuft noch wesentlich mehr Schwierigkeiten als der erste Satz, und einige davon waren damals absolute »Neuheiten«: Flageoletts in Doppelgriffen, seltsame Staccati, Kombinationen von Pizzicati und Flageoletts usw.

*Konzert für Violine und Orchester h-moll*, op. 7, auch *La Clochette* genannt, des graziösen Glöckchenmotivs wegen, das im letzten Satz auftaucht. Dieses Werk ist viel seltener zu hören als das erste, woran sicher nicht die technischen Schwierigkeiten schuld sind. (Vergessen wir nicht, daß das, was damals als fast unspielbar galt, heute Lehrstoff der höheren Konservatoriumsklassen ist.) Der erste Satz ist mit technischen Problemen angereichert, der zweite ist ein einfaches und melodiöses *Adagio*, der dritte das *Rondo à la clochette*, das dem Werk den Beinamen gab und von Liszt unter dem Namen *La Campanella* auf das Klavier übertragen wurde.

## Andrzej Panufnik

1914, polnisch-englischer Komponist

*Orchesterwerke: Nocturne* (1947), *Sinfonia rustica* (1949), *Concerto in modo antico* (1951), *Tragische Ouvertüre* (1957), *Rhapsodie* (1958), *Sinfonia elegiaca* (1958), *Polonia* (Suite, 1959).

## Jannis Papaioannou

1910, griechischer Komponist

Der in Kavalla geborene griechische Tonschöpfer studierte eine Zeitlang bei Honegger in Paris. 1953 erhielt seine *dritte Sinfonie* eine Auszeichnung beim belgischen Komponistenwettbewerb »Königin Elisabeth«. Unter seinen zahlreichen Werken seien folgende Orchesterstücke genannt: *Choreographisches Präludium, Der Korsar, Das Lied vom Walde*, die *Legende »Vassilis«, Triptychon für Streicher, Hellas* (nach Shelley), *Konzert für Orchester, 5 Sinfonien.*

## Arvo Pärt

1935, estnisch-sowjetischer Komponist

Der in Paide geborene und heute in Westberlin lebende Komponist gelangte zu einem eigenen, ungewöhnlich interessanten Stil, der auf tonale Weise archaische Klänge mit modernem Empfinden zu vereinen weiß. Viele seiner Werke sind als bedeutend einzustufen und haben internationale Aufmerksamkeit erregt: 3 Sinfonien (1964, 1966, 1971), *Perpetuum mobile* (1963), *Collage für Streicher über den Namen BACH, Pro et contra* (Cellokonzert), *Tabula rasa* (für 2 Geigen, präpariertes Klavier und Streicher, 1977). Es könnte sich in Pärt durchaus um einen bedeutenden Musiker der Zeit handeln, dessen Werken die Zukunft starkes Interesse zollen sollte.

## Ödön Partos

1907–1977, ungarisch-israelischer Komponist

Der in Budapest geborene, nach Israel ausgewanderte und in Tel-Aviv verstorbene Komponist schrieb u.a.: zwei Bratschenkonzerte (1949, 1957), *Violinkonzert* (1958), *Bilder* (1960), *Psalmen* (1960), *Sinfonia concertante* (3. Bratschenkonzert, 1962), *Netivim* (1969), *Shiluvim* (1970), *Musik für Kammerorchester* (1972), *Arabeske* (für Oboe, 1975).

## Krzysztof Penderecki

1933, polnischer Komponist

In der Musik der zweiten Hälfte des 20. Jahrhunderts gibt es nur wenige Komponisten, deren Wirken das Interesse der breiten Musiköffentlichkeit erreicht. Zu diesen gehört, und in besonders hohem Maße, der am 23.11.1933 in Debica bei Rzeszów geborene, ungewöhnlich oft preisgekrönte und besonders intensiv in der Deutschen Bundesrepublik als Lehrer beschäftigte Penderecki, der jung einen eigenen Stil fand. Sein großer Durchbruch erfolgte mit der 1961 vollendeten *Trauermusik für die Opfer von Hiroshima* (»Threnos«), das für 52 Streicher geschrieben und teilweise in »graphischer« Form, also mit Hilfe der »neuen Notation« geschrieben ist, die sich in der Folge für viele avantgardistische Werke einbürgerte. Das gewaltigste seiner Werke, die *Lukas-Passion*, gehört ebensowenig in dieses Buch – sie ist in »Oratorien der Welt« ausführlich besprochen – wie Pendereckis Opern. Hier seien einige seiner orchestralen Kompositionen aufgezählt: *Strophen, Aus den Psalmen Davids, Emanationen* (1958), *Anaklasis* (1960), *Fluoreszenz* (1961), *Phonogramme* (1961), *Polymorphia* (1961), *Kantate für die Jagellonische Universität Krakau* (mit textlosem Chor, 1964), *De natura sonoris* (1966, 1969), *Violinkonzert* (1967), *Capriccio* (1967), Ouvertüre *Pittsburgh* (1967), *Kosmogonia* (zum 25jährigen Bestand der Vereinten Nationen, 1970), *Partita* (1971), *Cellokonzert* (1972), 2 Sinfonien (1973, 1980), *Intermezzo* (für 24 Streicher, 1973), *Jakobs Traum* (1974) u.v.a.

## Ernst Pepping

1901–1981, deutscher Komponist

Der in der Zwischenkriegszeit bedeutungsvoll hervorgetretene, in Duisburg geborene und in Berlin verstorbene Komponist dürfte seine wertvollsten Werke auf dem Gebiet des Chors, des Liedes und der religiösen Musik geschaffen haben. Von seinen Orchesterschöpfungen seien erwähnt: *Präludium* (1930), *Invention* (1931), *Partita* (1932), *Variationen* (über Senfls Lied »Lust hab' ich g'habt zur Musika«, 1937), 3 Sinfonien (1939, 1943, 1948), deren letzte *Die Tageszeiten* betitelt ist und die vier Sätze »Der Morgen«, »Der Tag«, »Der

Abend«, »Die Nacht« aufweist; *Serenade* (1948), *Variationen* (1949), *2 Stücke über ein Chanson von Binchois (1958); ein Klavierkonzert* u.a.m.

## Mario Peragallo

1910, italienischer Komponist

Die wichtigsten Werke des Casella-Schülers auf orchestralem Gebiet dürften sein: *Musica* (1948), *Fantasia*, 2 *Klavierkonzerte* (1949, 1951), *Violinkonzert* (1954), *Forme sovrapposte* (1959), *Emircal* (mit Tonband, 1980).

## Goffredo Petrassi

1904, italienischer Komponist

Einen eigenen, aus Dodekaphonie und harmonischen Elementen gemischten interessanten Stil kultiviert der langjährige prominente Professor in Rom. *Orchesterwerke:* 8 Konzerte (zwischen 1934 und 1972 geschrieben), *Partita* (deren ungewöhnlicher internationaler Erfolg ihm die Konzertsäle frühzeitig erschloß), *Passacaglia, Klavierkonzert, Sinfonische Suite* (aus dem Ballett »La follia di Orlando«), *Récréation Concertante, Prologo e 5 Invenzioni, Flötenkonzert* (1960), *Estri* (1967) u.v.a.

## Petros Petridis

1892–1978, griechischer Komponist

Der in Nigdi, Kleinasien, geborene griechische Komponist studierte in Paris bei Albert Wolff. Er schrieb fünf Sinfonien, zwei Suiten, zwei Klavierkonzerte, das *Byzantinische Opfer*; *Concerto grosso für Bläser und Pauken*; *Konzert für zwei Klaviere, Violine, Violoncello und Orchester; Choral und Variationen über byzantinische Melodien; Trauer- und heroische Ouvertüre*, Werke von ungewöhnlicher technischer Vollendung und einer Synthese von griechisch-asiatischem mit europäischem Geist.

## Hans Pfitzner

1869–1949, deutscher Komponist

Im reichen Lebenswerk des stillen Spätromantikers Pfitzner ragt als – wahrscheinlich unsterblicher – Gipfel das Musikdrama *Palestrina* hervor. Was er für den Konzertsaal schuf, ist überraschend, ja erschreckend schnell der Vergessenheit anheimgefallen. Pfitzner wurde am 5. Mai 1869 in Moskau geboren, wo sein (deutscher) Vater vorübergehend als Geiger tätig war. Während seines langen Lebens erfocht er Erfolge, erklomm er Positionen, führte aber auch Diskussionen, verteidigte Grundsätze, die rund um ihn längst zusammengebrochen waren, hielt Ideale hoch, die in den Wirren des 20. Jahrhunderts nur noch von wenigen geschätzt wurden. Es war stets ein Abgrund zwischen ihm und der Welt, wobei keineswegs gesagt sein soll, daß die Welt »recht«, er aber »unrecht« hatte. Er war ein Einsamer der Kunst, trotz der außerordentlichen Achtung, deren er und sein Werk sich erfreuten. Am Ende des Zweiten Weltkrieges, als hochbetagter Mann, flüchtete er aus seinem zerstörten Münchner Heim. Über Salzburg gelangte er nach Wien, wo er am 22. Mai 1949 vom Tode ereilt wurde, wenige Wochen vor seinem lebenslangen Rivalen Richard Strauss. Er wurde dort, wo er oft gewirkt hatte, in einem Ehrengrab beigesetzt, nahe von Beethoven, Schubert, Brahms und anderen Unsterblichen, die in Österreichs Hauptstadt die letzte Ruhe fanden.

*Musik zu Heinrich von Kleists Schauspiel »Käthchen von Heilbronn«.* Aus dem Jahre 1905 stammt dieses als op. 17 bezeichnete Werk, das aus verschiedenen Musiknummern besteht. Gehalten hat sich lediglich die *Ouvertüre*, die in leidenschaftlichen spätwagnerischen Orchesterklängen ein musikalisches Resümee des Dramas gibt. Pfitzner erklärte sie mit folgenden Worten: »Von dem allgemeinen zeitlichen Hintergrund einer Welt voll rüdlustiger Ritterherrlichkeit, zu der die ersten Klänge uns auftun, führt die Musik alsbald an einen bestimmten Ort – es ist der zerfallne Mauerring –, wo in süßduftenden Holunderbüschen der Zeisig zwitschernd sich das Nest gebaut, der Lieblingsplatz Käthchens, welches Strahl gegen sein innerstes Gefühl von sich fortstoßen zu müssen glaubt, da er die tiefe innere Beziehung, in die diese zwei Menschen zueinander gestellt sind, noch nicht erkannt hat. Sie wird ihm offenbar durch einen Cherub, dessen Verkündigung in die wirre Fiebernacht klingt, in der der Ritter auf seinem Schloß todkrank liegt; dies ist der nächste Abschnitt der Musik. Dem Leben in voller Frische zurückgegeben, wird Strahl von den Ereignissen bald dahin gebracht, vor aller Welt darzutun, daß Käthchen jetzt die erste vor den Menschen ist, wie sie es vor Gott längst schon war. Beglückt zieht er sie an sein Herz.«

*Konzert für Klavier und Orchester Es-dur*, op. 31. Ein romantisches Konzert aus dem Jahre 1923. Der erste Satz ist *Pomphaft, mit Kraft und Schwung* überschrieben, *Sehr empfindungsvoll, schwer und ernst* soll der zweite (wie so viele Musik Pfitzners), scherzoähnliche Satz vorgetragen werden, *Äußerst ruhig, versonnen, schwärmerisch* der langsame dritte; *Rasch, ungeschlacht, launig* wirbelt das Finale an uns vorbei. (Uraufführung: Dresden, 16. 3. 1923, Solist W. Gieseking, Dirigent Fritz Busch.)

*Konzert für Geige und Orchester h-moll*, op. 34 (1924).

*Sinfonie cis-moll*, op. 36a. Es handelt sich um die Orchesterfassung eines Streichquartetts, das 1928 geschrieben wurde. Bemerkenswert ist die Einheit der vier Sätze, die durchwegs aus einem einzigen Thema, ja

Motiv entwickelt sind. Das Streichquartett führt die Opusnummer 36, die Sinfonie 36a. Sie wurde im Jahre 1933 fertiggestellt. (Uraufführung: München, 22. 3. 1933.)

*Konzert Nr. 1 für Violoncello und Orchester in G-dur*, op. 42 (1935).

*Kleine Sinfonie G-dur*, op. 44. Ein freundliches, weises Alterswerk (1939), dreisätzig, ohne Blechbläser (mit Ausnahme einer Trompete).

*Sinfonie C-dur*, op. 46. Im Jahre 1940 entstanden, überrascht uns diese Komposition – deren drei Sätze ohne Pausen ineinander übergehen – durch ihre gelassene Heiterkeit, ihre von der Welt gelöste Musizierfreudigkeit, in die kein Strahl der schwerwiegenden Ereignisse jener Zeit zu fallen scheint. Es ist auch sonst keine »zeitgemäße« Musik, nichts »Modernes« in Harmonik, Melodik oder Rhythmik ist in ihr zu spüren; sie lebt in einer längst versunkenen, romantischen Welt mit Anklängen an Brahms und Schumann. (Uraufführung: Frankfurt am Main, 11. 10. 1940.)

*Konzert Nr. 2 für Violoncello und Orchester in a-moll*, op. 52 (1943).

*Phantasie für Orchester*, op. 56. Das letzte Werk des damals 78jährigen Meisters (1947).

*Scherzo für Orchester*, komponiert 1887, uraufgeführt in Frankfurt am Main am 8. 11. 1888.

*3 Vorspiele zu »Das Fest auf Solhaug«* von H. Ibsen, uraufgeführt in Mainz am 28. 11. 1890.

Stücke aus den Opern *Das Christelflein* und *Palestrina* in Konzertfassung.

## Willem Pijper

1894–1947, holländischer Komponist

Pijper, der als ein Pionier des holländischen Musiklebens gilt, war zugleich ein bedeutender Lehrer. In seinem sinfonischen Stil finden sich Einflüsse Debussys und Mahlers. Von drei Sinfonien ist die letzte die bedeutendste (1926). 1927 hatte sein *Klavierkonzert Nr. 1* durchschlagenden Erfolg, 1928 schrieb er zum 40. Geburtstag des Concertgebouw-Orchesters die *Sinfonischen Epigramme*, sechs kurze Stücke über ein altes holländisches Volkslied. Spätere Stücke sind ein *Violinkonzert*, ein *Violoncellokonzert* und *sechs Adagios für kleines Orchester*, 1940 entstanden, die aber nicht mehr zu seinen Lebzeiten gespielt wurden.

*Weitere Orchesterwerke: Fêtes galantes* (nach Verlaine, für Mezzosopran und Orchester); *Rhapsodie* (Klavier); *Divertimento* (für Klavier); *Halewijn* (sinfonisches Drama); Bühnenmusiken zu *Antigone, Die Bacchanten, Der Cyclop*.

## Walter Piston

1894–1976, US-Komponist und Theoretiker

Professor in Harward, Autor wichtiger theoretischer Traktate – »Harmonie« (1941), »Kontrapunkt« (1947) – einer der namhaftesten nordamerikanischen Komponisten, das ist das Ergebnis von Pistons reichem Leben. Er schrieb 6 Sinfonien (die zweite unter ihm selbst am 5. 5. 1944 in Washington, die dritte unter Kussewitzky in Boston am 9. 1. 1948, die vierte unter Dorati in Minneapolis am 30. 3. 1951, die fünfte unter Munch in Boston am 25. 11. 1955 uraufgeführt), ferner: *Symphonic Piece* (1927), *Suite* (1929), *Concerto* (1933), *Präludium und Fuge* (1934), *Concertino* für Klavier (1937), *Violinkonzert* (1939), *Sinfonietta* (1941), *Sinfonische Suite* (1948), *Toccata* (1948), *Phantasie* für Englischhorn, Harfe und Streicher (1954), *Serenade* (1956) usw.

## Ildebrando Pizzetti

1880–1968, italienischer Komponist

Einer der letzten Großmeister der italienischen Oper, in Parma geboren, Professor in Florenz, Direktor des Verdi-Konservatoriums in Mailand und zuletzt des Santa-Cecilia-Instituts in Rom. Pizzetti folgt dem Zug seiner lateinischen Zeitgenossen und widmet sich erfolgreich der sinfonischen Musik: *Drei Intermezzi aus »Oedipus Rex«* (1903), *Ouvertüre zu einer tragischen Farce* (1911), *Feuersinfonie* (zu einem Film d'Annunzios, 1914), *Poema emiliano* für Violine (1914), *Tänze zu »Aminta«* des Tasso (1914), *Concerto dell'Estate* (Sommerkonzert, 1928), *Rondo veneziano* (1929), *San Uberto* (mit Chor, 1930), *Canti della stagione alta* für Klavier (1930), *Violoncellokonzert* (1933), *Sinfonie in a-moll* (1940), *Violinkonzert* (1944).

## Manuel M. Ponce

1886–1948, mexikanischer Komponist

Der in Fresnillo geborene und in der Landeshauptstadt gestorbene mexikanische Tonschöpfer war einer der hervorragenden Pioniere der musikalischen Emanzipation seiner Heimat und Lateinamerikas. Er studierte in Bologna und Paris, und seine Technik blieb stets vom Impressionismus beeinflußt, aber seine Themen waren mexikanisch. Erwähnen wir auf sinfonischem Gebiet: *Sinfonische Suite*, ein *Klavierkonzert*, das *Triptychon »Chapultepec«* (dies ist der Name des Schlosses, das der unselige Maximilian von Habsburg, tragischer Kaiser von Mexiko, bewohnte und das heute ein Wahrzeichen der Stadt Mexiko ist), das interessante und in gewissem Sinne bahnbrechende *Concierto del Sur* für Gitarre und Orchester.

## Marcel Poot

1901, belgischer Komponist

Dukas' Schüler in Paris, Professor und Direktor des Konservatoriums in Brüssel, Gründer (mit P. Gilson) der »Revue Musicale Belge«. Von seinen Orchesterwerken seien erwähnt: *Deux mouvements symphoniques, Allegro symphonique* (Uraufführung Brüssel, 20. 2. 1937 unter Erich Kleiber), *Ouverture joyeuse, Musique légère, Rhapsodie, Sinfonietta, Phantasie* (für Kammerorchester), *Suite* (für Bläser), zwei *Sinfonien* (die zweite *Triptyque* genannt).

## Francis Poulenc

1899–1963, französischer Komponist

»Zwischen Mönch und Lausbub«, meint der französische Musikkritiker Claude Rostand, bewege sich Poulencs Charakter. Und wirklich: Es gab in unserem Jahrhundert kaum einen widerspruchsvolleren Komponisten, allerdings auch wenige so begabte, so unerhört begabte wie Poulenc. Ein wirklich »geborener« Musiker, voll unerschöpflicher Einfälle – die nicht immer alle höchstes Niveau hatten oder in der Verarbeitung behielten –, voll technischer Meisterschaft in allen Genres, in vokaler und instrumentaler Musik, in profanen und kirchlichen Kompositionen, in feierlichen oder parodistischen Stücken, in lyrischer oder ausgelassener Stimmung. Er liebte es, verschiedenste Stile »nachzuahmen«; er lebte sich in Debussy so völlig ein, daß man sie verwechseln könnte – und doch ist kein Ton Debussys in seinem Werk; es mag manchmal nach Ravel klingen, nach Strawinsky, aber es ist doch stets Poulenc. In der Widmung seiner großen Oper *Gespräche der Marmeliterinnen* nennt er Debussy, Mussorgsky, Verdi und Monteverdi als seine Vorbilder. Eine Zeitlang gehörte er der damals revolutionären »Gruppe der Sechs« an, war Kampfgefährte Honeggers und Milhauds. Aber sein Schaffen läßt sich nirgends ganz einreihen, manches daraus wird unvergessen bleiben. Seine heute universelle Verbreitung ahnte er wohl selbst nicht ganz. Paris war ihm Geburtsstätte, Lebenszentrum und Sterbeort. Sein Dasein währte vom 7. Januar 1899 bis zum 30. Dezember 1963.

*Wichtigste Orchesterwerke: Aubade, für Klavier und Orchester* (am 18. 6. 1929 in Paris uraufgeführt); *Concert champêtre für Cembalo und Orchester* (1931); *Konzert für zwei Klaviere, mit Orchester; Sinfonietta* (1948 im Londoner Rundfunk (BBC) uraufgeführt); *Choreographisches Konzert für Klavier und 18 Instrumente; Konzert für Orgel, Streicher und Pauken; Konzert für Klavier und Orchester* (komponiert 1949, von Ch. Munch in Boston am 6. 1. 1950 uraufgeführt).

## Henri Pousseur

1929, belgischer Komponist

Der in Malmédy geborene Avantgardist, dessen Partituren eher mathematischen Berechnungen als musikalischen Klangbildern gleichen, schreibt nicht mehr für »traditionelle« Konzerte, also auch nicht für Orchester in herkömmlichem Sinne. Er mischt Tonbänder, elektronische Aufnahmen mit »normal« erzeugten Klängen, seine Werke sind fast ausnahmslos nur noch über Lautsprecher hörbar. Erwähnen wir: *Symphonie à 15 solistes, Madrigales, Trait, Trois visages de Liège* (Drei Ansichten von Lüttich), *Couleurs croisées* (1967), *Croisées des couleurs croisées* (1970), *Chronique illustrée* (mit Bariton, 1976).

## Alfred Prinz

1930, österreichischer Komponist und Klarinettist

Der langjährige Klarinettist am ersten Pult der Wiener Philharmoniker und Solist unzähliger Konzerte hat eine Reihe bedeutender sinfonischer Werke geschaffen, die zum Teil von Joseph Krips und anderen führenden Dirigenten uraufgeführt wurden. Zu nennen wären: 5 Sinfonien (1963, 1965, 1966, 1968, 1969), *Rhapsodie für Streicher* (1965), *Musik für Orchester* (1969), *Konzerte für Klarinette* (1971), *Geige und Cello* (1972), *Geige und Klarinette* (1979).

## Sergej Prokofiew

1891–1953

Als Prokofiew starb und ein reiches Lebenswerk hinterließ, wußte die Welt, daß sie eine der bedeutendsten Musikergestalten unserer Zeit verloren hatte. Seine Kompositionen sind nicht nur meisterlich, sondern haben auch die Tugend, weitgehend verständlich zu sein. Das ist zweifellos eine Tugend; denn wir glauben nicht an den Wert abstrakter Experimente, die nur einem Häuflein »Eingeweihter« zugänglich sein können, nicht an gewollte »Originalität«, nicht an kalte Gehirnkonstruktionen, an selbstherrliche »Unverständlichkeit«. Wir geben zu, daß es zu gewissen Zeiten,

wenn tiefgehende Veränderungen in der sozialen Struktur kulturelle und künstlerische Wandlungen bedingen, Revolutionen statt Evolutionen auch auf diesem Gebiet geben muß, ja daß zu ihrer Durchführung Versuche nötig sein müssen; daß hier Intuition und Inspiration allein nicht immer genügen, um neue Wege zu finden, und daß dem Verstand eine Reihe wichtiger Entscheidungen obliegen können. Aber diese Experimente – eben als solche – sollten innerhalb der Werkstätten bleiben, in den beruflichen Kreisen, die sie zu verstehen und verwerten imstande sind. Sie gehören nicht vor das Publikum, das sich von ihnen enttäuscht, abgeschreckt, ja zum Narren gehalten fühlt; besonders nicht in unserer Zeit, in der das Ringen der Kunst um eine breitere Basis im Volke in vollem Gange ist.
Diese Betrachtungen haben in mehrfacher Beziehung mit Prokofiew zu tun. Seine unmittelbare Wirkung weist einmal darauf hin, daß das wahre Genie solche Probleme nur sehr am Rande kennt. Es ist, wenn schon nicht immer voll verständlich, so doch »erfühlbar«, selbst für weite Kreise. Zum anderen, weil gerade Prokofiew – und mit ihm Schostakowitsch, Chatschaturjan und andere Musiker der Sowjetunion – am 10. Februar 1948 von der Kommunistischen Partei verschiedener musikalischer Abweichungen (»völlige Negierung der klassischen Tradition, Mißbrauch von Dissonanz und Atonalität, Mangel an Verständlichkeit, Neigung zum bourgeoisen Geist« usw.) bezichtigt wurde, die uns in seinem Falle – abgesehen von der prinzipiellen Frage einer »Normierung« der Kunst – als nicht gerechtfertigt erscheinen. Die Polemik rund um die Anklage wird in die Geschichte eingehen. Nicht der scheinbaren Ironie wegen, die das revolutionäre Rußland als Hüter der Tradition, die kapitalistischen Staaten hingegen als Kulturumstürzler erscheinen läßt, sondern weil sie die schwerwiegenden Probleme aufzeigt, denen der Komponist (und der Künstler im allgemeinen) in unserer Epoche ausgesetzt ist. Nicht daß er das Ziel politischer Angriffe sein kann, ist hier das Wesentliche oder Neue; das war bei allen Umwälzungen der Fall und beweist nur, daß der Künstler keineswegs außerhalb der Geschehnisse (etwa »im Elfenbeinturm«) hausen kann. Sondern daß außer dem Inhalt der Kunst auch ihre Form zur Diskussion steht, wirft ein grelles Licht auf die stilistische Unsicherheit unserer umstürzlerischen Zeit.
Prokofiew, am 23. April 1891 in Sonzowka (Gouvernement Jekaterinoslaw) geboren, Schüler Rimsky-Korssakows, Ljadows und Tscherepnins, wanderte im Herbst 1918 aus; er lebte in den Vereinigten Staaten, Frankreich und Deutschland. Im Jahre 1933 schrieb er an einen Freund: »Die Luft der Fremde bekommt meiner Inspiration nicht, denn ich bin Russe; für einen Menschen wie mich gibt es nichts Schlimmeres, als in der Verbannung zu leben, in einem seelischen Klima, das meiner Rasse nicht entspricht. Ich muß heimkehren ...« Und er tat es. Er lebte noch fast zwanzig Jahre lang im Vaterland, schuf noch manches Meisterwerk, wurde gemaßregelt, aber auch anerkannt und ausgezeichnet. Der Komponist sagte von sich, er habe stets »die Melodie geliebt«, sie »für das wichtigste Element in der Musik« gehalten. Er starb in der Nähe von Moskau am 4. März 1953.

*Klavierkonzert Nr. 1 Des-dur*, op. 10. Eine Jugendarbeit, die den Zwanzigjährigen bereits im Besitz ungewöhnlicher technischer Brillanz und starker Melodik zeigt, der beiden Merkmale, die für ihn – zumindest bis zu seiner Heimkehr – charakteristisch bleiben werden. Dieses erste von insgesamt fünf Klavierkonzerten ist, obwohl es heute nur selten gespielt wird, für die Entwicklung Prokofiews wichtig; es wurzelt noch in der Spätromantik, aber zeigt schon deutlich Anzeichen eines eigenen Stils (1911).

*Klavierkonzert Nr. 2 g-moll*, op. 16. Wer hier nach den Elementen sucht, die den reifen Meister charakterisieren werden, findet ihrer eine bedeutende Menge: russisches Volksgut ist reichlich vorhanden, folkloristische Melodien und Rhythmen, die glänzend verarbeitet werden; eine gewaltige Wucht und Kraft, eine Freude am Virtuosen und Spielerischen, ein oft unvermittelter Übergang von Melancholie zu Freude und umgekehrt, eine glänzende Instrumentation, ein außerordentliches technisches Können. (Uraufführung: Pawlowsk, 5. 9. 1913.)

*Violinkonzert Nr. 1 D-dur*, op. 19. Dieses ruhige und lyrische Werk (dem zwanzig Jahre später ein zweites Geigenkonzert folgen wird) stammt aus dem Jahre 1913. Aber schon mit 22 Jahren besitzt Prokofiew einen wahrhaft ungewöhnlichen melodischen Reichtum – der Beginn des zweiten Satzes ist ein prachtvolles Beispiel hierfür – sowie eine besondere Gabe für Scherz, geistvolle Ironie und groteske Stimmungen. (Uraufführung: Paris, 1923, unter Leitung von Sergej Kussewitzky, mit Marcel Darrieux als Solist.)

*Skythische Suite* (auch *Ala und Lolly* genannt), op. 20. Über die Entstehung dieses Stückes erzählt Prokofiew, daß er, der Strawinskys *Sacre de printemps* im Konzertsaal gehört hatte (ohne es zu verstehen, wie er selbst zugibt), den Wunsch fühlte, ebenfalls für Diaghilew (den großen Anreger Strawinskys, Fallas, Ravels und genialen Leiter des Russischen Balletts in Paris) zu komponieren. Aber Diaghilew war weder mit dem Vorschlag eines Themas aus der skythischen Mythologie noch mit der Musik einverstanden. So beschloß der Komponist, diese zu einer Suite zusammenzufassen, die im wesentlichen der Handlung des nicht zustande gekommenen Balletts folgen sollte. Das im Jahre 1916 entstandene Konzertwerk enthält folgende Sätze: *Die Anrufung Veles' und Alas* (skythischer mythologischer Gottheiten); *Chuzbog, der Gott des Bösen, und Tanz der heidnischen Dämonen; Die Nacht; Lollys Kampf und Sonnenaufgang*. (Lolly ist ein junger Krieger, der Ala zu Hilfe eilt. Und das Anbrechen des Tages symbolisiert den Sieg der guten über die bösen Mächte.) Die Komposition enthält viele schöne Szenen, einige außerordentlich wilde Stellen (die sowohl an Borodins *Polowetzer Tänzen* wie an Strawinskys *Sacre* geschult sind) voll urtümlicher Kraft und atemberaubenden Rhythmen; andere sind erfüllt von Großartigkeit, wie das Durchbrechen der ersten Sonnenstrahlen des Morgens. Die Harmonien sind, dem Thema entsprechend, kühn und exotisch. (Uraufführung: St. Petersburg, 20. Januar 1916.)

*Chout*. Suite aus dem gleichnamigen Ballett, op. 21. 1915 komponierte Prokofiew dieses Werk, das erst am 17. Mai 1921 in Paris durch das Russische Ballett Diaghilews seine Uraufführung erlebte. Die Suite besteht aus zwölf Nummern: 1. *Der Narr und sein Weib*; 2. *Tanz der Närrin*; 3. *Die Narren töten ihre Frauen*; 4. *Der Narr verwandelt sich in ein junges Mädchen*; 5. *Dritter Zwischenakt*; 6. *Tanz der Tochter des Narren*; 7. *Die Ankunft des Kaufmanns, zeremonieller Tanz und Brautwahl*; 8. *Im Schlafzimmer des Kaufmanns*; 9. *Das junge Mädchen verwandelt sich in eine Ziege*; 10. *Fünfter Zwischenakt und Beerdigung der Ziege*; 11. *Der Streit zwischen dem Narren und dem Kaufmann*; 12. *Schlußtanz*.

*Klassische Sinfonie (Symphonie classique)*, op. 25. Dieses Werk bedarf, obwohl es in eher kleinen Dimensionen gehalten ist, einer sehr ausführlichen Besprechung. Nicht einmal so sehr um seiner selbst willen – man kann über die Bedeutung dieser *Klassischen Sinfonie* sehr verschiedener Meinung sein – als der seltsamen Tatsache wegen, daß hier ein Komponist des 20. Jahrhunderts bewußt das 18. nachzuahmen sucht. Prokofiew ist nur einer der vielen, die sich um die gleiche Zeit nach einer Art Neoklassik zu sehnen scheinen: In Strawinskys *Geschichte vom Soldaten* ist eine ähnliche Tendenz, wenn auch mit anderen Auswirkungen, klar zu sehen, und Richard Strauss gelangt (nach der superrealistischen *Elektra* und dem spätromantischen *Rosenkavalier*) zur *Ariadne auf Naxos*. Das gibt zu denken, denn es stellt eine außergewöhnliche Erscheinung dar. Glaubten die damaligen Komponisten an eine Art von »Renaissance«? Drehten sie der überalterten Romantik bewußt den Rücken? Prokofiew hat uns über sein Vorhaben unterrichtet (ohne allerdings irgendwelche Gründe oder Hintergründe anzugeben): »Ich trug mich mit der Absicht, ein ganzes sinfonisches Werk ohne Klavier zu komponieren. Dabei würden die Farbtöne des Orchesters an Klarheit und Sauberkeit gewinnen. So entstand der Plan einer Sinfonie im Stile Haydns... Es schien mir, daß Haydn, wenn er jetzt noch lebte, seinen Stil beibehalten und gleichzeitig mit Neuem ergänzt hätte. Eine solche Sinfonie wollte ich komponieren: im klassischen Stil.« Und nun möchten wir zwei Urteile über dieses Werk zitieren. Manfred Gräter schreibt in einem Führer moderner Konzertmusik: »Mit bewunderswerter Virtuosität und Eleganz verbindet der damals 26jährige Komponist stilistische Elemente des 18. Jahrhunderts (Form, Instrumentierung, Transparenz des Klanges) mit den für seine Musik charakteristischen Ausdrucksmitteln (neuartige und abrupte harmonische Fortschreitungen, kapriziös bizarre Melodik) zu einem übersprudelnd musikalischen und überaus originellen Opus.« Hingegen meinte der Kritiker der Zeitschrift »Musical America« nach der nordamerikanischen Erstaufführung (1918): »Jene, die nicht glauben, daß sich Genie in einem Überfluß an Lärm äußert, schauten in Herrn Prokofiews Werk vergeblich nach einer neuen musikalischen Botschaft aus. Selbst in der ›Klassischen Sinfonie‹ hört die Orgie mißtönender Klänge nicht auf. Als Darstellung des unseligen chaotischen Zustands, an dem Rußland leidet, ist Herrn Prokofiews Musik interessant, aber es ist unsere glühende Hoffnung, daß die Zukunft Besseres bringen möge, sowohl für Rußland als auch für die Hörer russischer Musik...« Vielleicht hat man diesem Stück zuviel Bedeutung beigelegt; es kann der Zeitvertreib eines ironischen Geistes gewesen sein, die Freude an schöpferischer Parodie oder der Wunsch, sich wirklich in ferne Epochen einzuleben. Streckenweise glaubt man in dem viersätzigen Werk wirklich Haydn zu vernehmen – bis plötzlich eine Überraschung eintritt, eine »falsche« Note, eine brüske, im 18. Jahrhundert unbekannte Modulation. Eine reizende Komposition zweifellos, amüsant, geistreich, die wohl längst vergessen wäre, wenn sie nicht von Prokofiew stammte. Ihre Sätze sind überschrieben: *Allegro, Larghetto, Gavotte* (ein kleiner Anachronismus, über den Haydn wohl gelächelt hätte; zu seinen Zeiten mußte der dritte Sinfoniesatz ein Menuett sein), *Molto vivace*. Die Orchesterbesetzung ist »echt«: 2 Flöten, 2 Oboen, 2 Klarinetten, 2 Fagotte, 2 Hörner, 2 Trompeten, Pauken und Streicher. Die Uraufführung erfolgte am 21. 4. 1918 in St. Petersburg.

*Klavierkonzert Nr. 3 C-dur*, op. 26. Dieses wichtige Stück entstand in unmittelbarer Nachbarschaft der »Klassischen Sinfonie« (1917), benötigte aber drei Jahre zu seiner endgültigen Fertigstellung. Prokofiew spielte es in Chicago bei der Uraufführung am 16. Dezember 1921 (vierzehn Tage vor der in der gleichen Stadt stattfindenden Premiere seiner Oper *Die Liebe zu den drei Orangen*). Es ist eines der blendendsten, virtuosesten, aber auch wertvollsten Klavierkonzerte unseres Jahrhunderts, ein direkter Nachfolger Liszts, Tschaikowskys, Rachmaninows, jedoch in völlig zeitgemäßer Tonsprache (die sich am ehesten vielleicht mit Bartók und Strawinsky vergleichen läßt). Prokofiews Stil ist hier sehr klar entwickelt: Passagen von maschinellem Rhythmus (als wären sie das Echo des anbrechenden Maschinenzeitalters, dem dieser Komponist im Ballett *Le pas d'acier* ein tönendes Denkmal gesetzt hat) wechseln mit tiefer, ja russisch leidenschaftlicher Lyrik, die sich in Melodien von ungewöhnlicher Länge ausdrückt. Der erste Satz bewegt sich mehrmals zwischen *Andante* und *Allegro*. Der zweite bringt ein *Andantino*-Thema – tänzerisch, marschartig – und variiert es, bald in karikierender, bald in poetischer Form. Das Finale *(Allegro ma non troppo)* ist voll Kraft und Schwung, erfordert höchstes Virtuosentum vom Solisten und durchläuft eine weite Skala von Stimmungen und Empfindungen.

*Sinfonie Nr. 2*, op. 40. Die zwanziger Jahre (»the roaring twenties«!) sind für Prokofiew wie für viele andere eine hektische, nervöse Zeit voll überstürzter Gedanken, Realisierungen und Zweifel, voll Trotz gegen das Frühere, überwunden Geglaubte, voll Unsicherheit. Für ihn tritt zu den allgemeinen Problemen, zu den überall aufbrechenden Kratern noch der Schock der für immer verloren geglaubten Heimat hinzu. Er teilt dieses Schicksal mit einer Fülle von Künstlern seiner Epoche (vielleicht wird eine künftige Betrachtung dieser Zeit das Schlagwort von der »heimatlos gewordenen Kunst« verwenden), aber was bei Strawinsky, dem geborenen Kosmopoliten, keine Erschütterung auslöst, wird beim tiefverwurzelten Russen Prokofiew zu einem Trauma. Die im Jahre 1924 beendete zweite Sinfonie ist ein äußerst dramatisches Werk, in dem eine Fülle von Richtungen zu spüren ist. Alle damals im brodelnden Experimentierstadium befindlichen Kompositionstendenzen stürzen sich über den noch jungen und beeinflußbaren Russen. Er scheint zeitweise den festen Boden unter den Füßen zu verlieren, schwankt, experimentiert. Mehr als einmal verläßt er die tonale Basis; dann scheint er zu ihr zurückzuflüchten, wenn er den Gesang russischer Bauern anstimmt. Die zweite Sinfonie hat nur zwei Sätze: ein massives *Allegro* und eine Reihe von sechs Variationen über ein von der Oboe gebrachtes Thema. (Uraufführung: Paris, 6. 6. 1925.)

*Le pas d'acier*, op. 41. Aus seinem im Juni 1927 durch Diaghilews Russisches Ballett in Paris uraufgeführten Tanzspiel hat Prokofiew eine Orchestersuite zu Konzertzwecken zusammengestellt, die oft gespielt wurde und von manchem Beobachter als typisches Werk der zwanziger Jahre angesehen wird, sowohl in seiner Thematik (das Hohelied des Stahls, der Maschine, der Vermassung des Menschen) wie in seiner Musik. Die Suite besteht aus zehn Stücken.

*Sinfonie Nr. 3*, op. 44. Als Kennzeichen der zweiten, dritten und vierten Sinfonie könnte man vielleicht das an sich fast unauffällige Detail nehmen, daß sie – zum Unterschied von der ersten und fünften – keine Grundtonarten angeben. Es ist Prokofiews freitonale oder sogar beinahe atonale Epoche. Die dritte Sinfonie stammt aus dem Jahre 1928. Sie mischt äußerst kühne, moderne Züge mit romantischen Erinnerungen. Die drei Sätze sind *Moderato, Andante, Allegro agitato* überschrieben, zwischen denen, bei genauer Analyse, gewisse thematische oder motivische Verwandtschaften bestehen. (Uraufführung: Paris, 17. 5. 1929.)

*Klavierkonzert Nr. 4*. Dieses praktisch unbekannte Werk ist für die linke Hand des Solisten allein geschrieben. Es ist jahrzehntelang nicht herausgegeben worden, sicherlich auf Wunsch des Komponisten, dem es an Verlegern bestimmt nicht gefehlt hätte. Erinnern wir uns, daß zwei ähnliche Werke (Ravels Konzert für die linke Hand und Richard Strauss' Parergon zur Sinfonia Domestica) für den namhaften österreichischen Pianisten Paul Wittgenstein komponiert wurden, der im Weltkrieg den rechten Arm verloren hatte, seine künstlerische Laufbahn aber nicht aufgeben wollte. Es wäre denkbar, daß auch Prokofiews Stück für ihn bestimmt war, doch aus irgendeinem unbekannten Grunde nicht in die Öffentlichkeit gelangte.

*Sinfonie Nr. 4*. Für diejenigen, die an Zahlenmystik glauben, ist es klar, daß die Zahl 4 in Prokofiews Schaffen nicht vom Glück begünstigt ist. Weder das vierte Klavierkonzert noch die vierte Sinfonie setzten sich durch. In letzterer verwendet Prokofiew eine Reihe von Themen aus seinem Ballett *Der verlorene Sohn*. Es ist keine Grundtonart angegeben. (Uraufführung: Boston, 14. 11. 1930.)

*Klavierkonzert Nr. 5 g-moll*, op. 55. Als Prokofiew anläßlich der Berliner Uraufführung am 31. 10. 1932, bei der er selbst als Solist am Klavier wirkte, interviewt wurde, äußerte er sich folgendermaßen: »Um etwas über dieses Konzert auszusagen, muß ich von meiner musikalischen Arbeitsmethode erzählen. Ich bin immer auf der Suche nach neuen Melodien, die ich – wie sie mir gerade einfallen – für spätere Verwendung aufzeichne. Mein ganzes Schaffen baut sich auf dem Melodischen auf. Meist verfüge ich über thematisches Material für ein halbes Dutzend Sinfonien, wenn ich mit der Komposition eines größeren Werkes beginne. Dann kommt die Arbeit des Auswählens und Ordnens.« Auch eine Analyse dieses Stückes hat uns der Komponist selbst gegeben: »Der erste Satz ist ein *Allegro con brio*, mit einem *Meno-mosso*-Mittelteil. Er ist nicht in Sonatenform geschrieben, bildet aber trotzdem den Hauptsatz des Werkes und erfüllt so die Aufgaben eines Sonatensatzes. Ein *Moderato ben accentuato* bildet den marschartigen zweiten Satz. Da dieser jedoch – im Gegensatz zu den üblichen Märschen – weder abgedroschen noch vulgär klingt, möchte ich die Bezeichnung ›Marsch‹ lieber nicht verwenden. Der dritte Satz *(Allegro con fuoco)* ist eine Toccata, ein turbulentes und brillantes Virtuosenstück, das an Solisten wie Orchester gleich hohe technische Anforderungen stellt. Das nun folgende *Larghetto* ist der lyrische Satz des Konzerts. Er beginnt mit einer zarten und ruhigen Melodie, entwickelt und verdichtet sich im Mittelteil und kehrt dann in die Stimmung des Anfangs zurück. Der Aufbau des Finales ist: *Vivo – Più mosso – Coda*. Seine Haltung ist ausgesprochen klassisch. In der Coda wird ein neues Thema zu den anderen Themen des Finales gesellt. Jeder Satz des Werkes hat seine eigene, unabhängige Thematik, doch existieren gewisse Beziehungen innerhalb des thematischen Materials des ersten und dritten sowie des dritten und fünften Satzes.«

*Konzert für Violoncello und Orchester*, op. 58. Trotz des notorischen Mangels an neuzeitlichen Konzerten für dieses Instrument hat Prokofiews Werk sich nie durchsetzen oder gar im Repertoire halten können. (Uraufführung: Moskau, 18. 9. 1938.)

*Leutnant Kije (Filmmusik und sinfonische Suite)*, op. 60. Unmittelbar nach seiner Heimkehr komponierte Prokofiew die Musik zum satirischen Film »Leutnant Kije« (1934). Sie erschien ihm (mit Recht) bedeutend genug, um aus ihr ein Jahr später eine Orchestersuite zusammenzustellen, die seither ein beliebtes Konzertwerk geworden ist. Der Inhalt des Films sei hier in kurzen Zügen wiedergegeben: Die Höflinge und die Bürokratie um den Zaren Paul I. erfinden – um einen Ausweg aus einem Mißverständnis zu suchen – einen »Leutnant Kije«, den es nie gegeben hat. Kaum »lebt« diese Persönlichkeit aber – wenn auch nur in den Akten –, so wird ihr alles Unangenehme in die Schuhe geschoben; sie ist schuld an allem, was schiefgeht. Endlich reißt dem Zaren die Geduld, und er verbannt Kije nach Sibirien. Nach vielen Jahren begnadigt er ihn und ruft ihn an den Hof. Nun ist guter Rat teuer. Doch auch da gibt es einen Ausweg: Kije muß sterben – natürlich aus übermäßiger Freude über die Gnade seines Zaren. Zum General befördert, wird er in einem kostbaren Sarg zu Grabe getragen. Die Suite umfaßt folgende Musikstücke: *Die Geburt Kijes* (ein grotesker Marsch mit Fanfaren und kriegerischen Trommelwirbeln); *Romanze, Kijes Liebeslied; Kijes Hochzeit; Troika* (winterliche Schlittenfahrt mit Glöckchen); *Kijes Begräbnis* (mit Rückblick auf sein Leben und seine Karriere). Selten ist Prokofiews Musik so glänzend gelaunt wie hier; Geist und Witz, Satire und Bosheit, aber auch schöne und stimmungsvolle Musik sind hier zu einem einheitlichen Ganzen, zu einem meisterlichen Wurf vereinigt.

*Violinkonzert Nr. 2 g-moll*, op. 63. Dies war, nach der Rückkehr in die Heimat, Prokofiews erstes größeres Werk für den Konzertsaal (1935). Es ist von unerschöpflicher Lyrik, die Melodien blühen – wahrhaftig: blühen ist der rechte Ausdruck – in üppiger Pracht. Prokofiew liebt die weiten Intervalle, die seinen Melodien stets etwas Großzügiges verleihen. Nun ist er hörbar einfacher geworden, er ist zur Tonalität zurückgekehrt. (Es wäre ein faszinierendes Problem, zu untersuchen, wieweit die physische Rückkehr in die Heimat und die geistige zur Tonalität und Einfachheit zusammenhängen!) Schon das erste Thema dieser Komposition, das die Violine allein, ohne Orchesterbegleitung, anstimmt, kann als Musterbeispiel gelten:

Die Sätze sind *Allegro moderato – Andante assai* (mit einem *Allegro* in der Mitte); *Allegro ben marcato* überschrieben, wobei das letzte Rondo-Finale dieses Hauptthema aufweist:

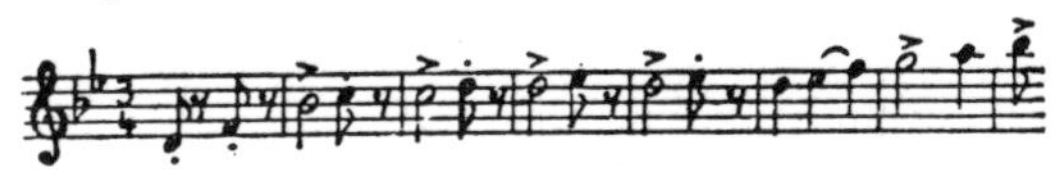

Uraufführung: Madrid, 1. 12. 1935.

*Romeo und Julia (Ballettsuite)*, op. 64. Vom jungen Verdi hat bekanntlich Rossini gesagt, er besitze starkes dramatisches Talent, aber er werde nie eine gute Lustspieloper schreiben können; und Verdi brauchte ein halbes Jahrhundert dazu, um das Gegenteil zu beweisen – dann allerdings gründlich: mit *Falstaff*. Anläßlich der Aufführung der *Skythischen Suite* hatte im Jahre 1916 ein russischer Kritiker geschrieben, »dem einen ist es gegeben, die Liebe Romeos und Julias zu besingen, dem anderen, das wilde Brüllen und die albernen Verrenkungen von Affen zu schildern«; zwanzig Jahre später zeigte Prokofiew, daß er nicht nur über »Naturlaute« gebot, über tellurische Ausbrüche und Urweltrhythmen, sondern auch über genügend Lyrik und Melodie, um die unsterbliche Liebe zu besingen. (Wer seine früheren Werke allerdings aufmerksam hörte, konnte darüber kaum im Zweifel sein.) *Romeo und Julia* ist ursprünglich ein Ballett – eine Form, für die Prokofiew, wie so viele seiner Zeitgenossen, besonderes Interesse zeigte –, in dem eine bedeutende Zahl von Musiknummern verarbeitet ist. Es existieren verschiedene Konzertsuiten aus diesem Material; am bekanntesten wurde jene aus sieben Nummern, die man als *zweite* bezeichnet: *Die Montagues und Capulets; Julia; Bruder Lorenzo; Tanz; Romeos und Julias Abschied; Tanz der Sklavinnen; Romeo und Julias Grab.*

*Peter und der Wolf* (Kinderstück für Erzähler und Orchester), op. 67. »Eine sinfonische Erzählung für Kinder« lautet Prokofiews eigener Untertitel für dieses so bezaubernde wie wertvolle Stück, das gleichzeitig unterhält und lehrt. Jede Figur der Erzählung ist durch eine Melodie und ein bestimmtes Instrument gekennzeichnet: Peter hat ein Streicherthema zugewiesen bekommen, der Wolf ist durch das Horn charakterisiert, der Vogel durch die Flöte, die Ente durch die Oboe, die Katze durch die Klarinette, der Großvater durch das Fagott, die Jäger durch die Pauken. Ein Erzähler schildert, was vor sich geht: wie Peter, ein tapferer Junge, mit Hilfe des Vogels einen gefährlichen Wolf fängt, der soeben eine Ente verschluckt hat. Als die Jäger auftauchen, wird der böse Räuber aber nicht erschossen – wie schön, daß es Märchen ohne Tote gibt, und seien es auch »nur« Tiere! –, sondern im Triumphzug in den Zoologischen Garten geführt, nicht ohne daß währenddessen die Ente in seinem Bauch lustig schnattert. Dieses Werk ist eine Quelle reinster Freude und Heiterkeit, dazu wachen Interesses für alle Kinder, die Melodien und Instrumente wiedererkennen, an ihrer Verkettung sozusagen teilnehmen und zuletzt eine Menge spielend gelernt haben. Das Stück wurde für das Moskauer Zentrale Kindertheater geschrieben. Die Uraufführung dirigierte der Komponist in der Moskauer Philharmonie am 2. Mai 1936. Seitdem wurde es in viele Sprachen übersetzt und unzählige Male gespielt.

*Alexander Newski.* Im Jahre 1937 schuf Prokofiew die Musik zum Film »Alexander Newski« seines genialen Landsmannes Eisenstein, dem in der Filmgeschichte – schon deshalb – eine grundlegende Bedeutung zukommt. Später zog der Komponist die einzelnen Stücke zu einer großen Kantate zusammen, in der vierstimmiger Chor, eine Mezzosopransolistin und großes Orchester verwendet werden. (Die Orchesterbesetzung weist folgende Instrumente auf: 2 Flöten plus Piccolo, 2 Oboen plus Englischhorn, 2 Klarinetten plus Baßklarinette plus Saxophon, 2 Fagotte plus Kontrafagott, 4 Hörner, 3 Trompeten, 3 Posaunen, Tuba, Pauken, Militärtrommel, Tamburin, Maracas, Triangel, Becken, Große Trommel, Glocken, Glockenspiel, Xylophon, Tam-Tam, weiteres Schlagwerk, Harfe, Streicher.) Die Kantate erhielt die Opusnummer 78 und wurde unter Leitung des Autors am 17. Mai 1939 in der Moskauer Philharmonie uraufgeführt. Ihre sieben Teile heißen: 1. *Rußland unter mongolischem Joch;* 2. *Das Lied von Alexander Newski;* 3. *Die Kreuzfahrer in Pskow;* 4. *Erhebe dich, russisches Volk!* 5. *Die Schlacht auf dem Eis;* 6. *Das Feld des Todes;* 7. *Alexander Newskis Einzug in Pskow.*

*Sinfonie Nr. 5 B-dur*, op. 100. Hier liegt nicht nur Prokofiews wichtigstes sinfonisches Werk vor, sondern eines der bedeutendsten der modernen Literatur. Es stammt aus dem Jahre 1944; der Komponist hat die Sechzig überschritten und steht in voller Reife. Experimente, Unsicherheit, Suchen liegen nun hinter ihm; seine melodische Ader ist nicht versiegt, seine technische Meisterschaft auf einem Höhepunkt angelangt. Inhalt und Form halten einander jetzt in vollendetem Ebenmaß die Waage. Der erste Satz beginnt mit einem schlichten, lyrischen, beinahe liedhaften Thema:

Hier sind noch alle Merkmale der früheren Kompositionen vorhanden: die beträchtliche tonale Ausdehnung, die »Weite« der Melodie, ihre Spannungsreserve, die in großen Durchführungsteilen ausgebeutet wird. Der zweite Satz ist eine Art Scherzo, *Allegro marcato* überschrieben, in dem der Autor beweist, daß er noch genauso geistvoll, so sprühend, ja so elegant ironisch sein kann wie ehedem. Der dritte Satz, ein *Adagio*, bringt die lyrischen Höhepunkte des Werkes. Mancher glaubt in ihm eine wehmutsvolle Erinnerung an die Jugend, ja sogar eine kaum verhüllte Huldigung an Tschaikowsky und dessen echtes (hin und wieder zu Unrecht angezweifeltes) Russentum erkennen zu können. Der Schlußsatz, *Allegro giocoso*, ist offenkundig vom sonnigsten Optimismus durchflutet, von gesundem Lebenswillen und festem Glauben an die Zukunft. (Uraufführung: Moskau, 13. 1. 1945.)

*Sinfonie Nr. 6 es-moll*, op. 111. »Ich wollte immer Melodien schreiben, die von den Volksmassen verstanden würden, einfach sangbare Melodien...«, hatte Prokofiew nach seiner Rückkehr in die Sowjetunion geäußert. Aber obwohl dieser Gesichtspunkt völlig der offiziellen Kulturpolitik seines Landes entsprach, führten einige seiner Kompositionen trotzdem zu Zusammenstößen mit Regierung und Partei; so auch die sechste Sinfonie, ein Werk in drei Sätzen *(Allegro moderato – Andante molto – Allegro; Largo; Vivace)*, das am 10. Oktober 1947 in Leningrad mit wenig, zu Weihnachten des gleichen Jahres in Moskau mit überhaupt keinem Erfolg gespielt wurde. Es war in den drei vorausgegangenen Jahren entstanden. »Der erste Satz ist unruhig, stellenweise lyrisch, stellenweise herb; der zweite Satz wirkt lichter und melodischer; das schnelle Finale in Dur nähert sich im Charakter meiner fünften Sinfonie, wenn nicht der strenge Nachhall des ersten Satzes wäre«, sind die einzigen Worte des Komponisten zu diesem Stück. Andeutungen seinerseits ist zu entnehmen, daß in ihm das schwere Erlebnis des Krieges fortwirkte. Ob die Sinfonie ein »Programm« besitzt, kann niemand mehr feststellen. Beim Hören von Prokofiews letzten Sinfonien fühlt man sich trotzdem zu dieser Annahme gedrängt.

*Sinfonie Nr. 7 cis-moll*, op. 131. Das letzte große Werk Prokofiews ist stark umstritten in seiner künstlerischen Bedeutung. Kritiker des Westens meinten einen Abstieg konstatieren zu müssen, eine »Verarmung« der Substanz, zu der der Komponist durch politische Rücksichtnahme gezwungen worden sei (Schostakowitsch hat sehr scharf darauf geantwortet). Die Uraufführung fand am 11. Oktober 1952 in Moskau statt, es war des Autors letzter Ausgang zu einem Konzert. Das Stück besteht aus vier Sätzen: *Moderato; Allegretto; Andante espressivo; Vivace;* es ist von höchster thematischer Einfachheit, oft volksliedhaft, bisweilen abgeklärt und durchgeistigt. Ursprünglich hatte das Werk einen leise verklingenden, sehr lyrischen Schluß; er wurde erst während der Probenarbeit abgeändert und einem zwar »wirkungsvolleren«, aber viel weniger originellen oder gar stimmungsvollen Ende geopfert.

Weitere Orchesterwerke Prokofiews: *Sinfonietta*, op. 5 (1909, zweite Fassung op. 48, 1929); *Rêves*, op. 6 (1910); *Esquisse automnale*, op. 8 (1910); *Ouvertüre für 17 Instrumente*, op. 42 (Moskau, 1927); *Divertimento*, op. 43 (Paris, 1929); *4 Porträts* aus der Oper *Der Spieler*, op. 49 (Paris 1932); *Sinfonischer Gesang*, op. 57 (Moskau, 1934); *Ägyptische Nächte* (Sinfonische Suite), op. 61 (1934); *Russische Ouvertüre*, op. 72 (Moskau, 1936); *1941* (Sinfonische Suite), op. 90 (Swerdlowsk, 1943); *Ode zum Ende des Krieges* (Moskau, 1945); *Sommernachts-Suite* aus der Oper *Die Verlobung im Kloster*, op. 123 (1950); *Sinfonisches Konzert für Violoncello und Orchester e-moll*, op. 125 (1952); *Hochzeits-Suite* aus dem Ballett *Das Märchen von der steinernen Blume*, op. 126 (1951); *Zigeunerphantasie* aus dem Ballett *Das Märchen von der steinernen Blume*, op. 127 (1951); *Ural-Rhapsodie* aus dem Ballett *Das Märchen von der steinernen Blume*, op. 128 (1951); *Die Herrin des Kupferberges* aus dem Ballett *Das Märchen von der steinernen Blume*, op. 129 (1951); *Festpoem »Begegnung der Wolga mit dem Don«*, op. 130 (1951); *Concertino für Violoncello g-moll*, op. 132 (1952).

## Henry Purcell

1658–1695, englischer Komponist

Dieser gewaltige Komponist – eines der größten Genies der Musikgeschichte – hatte nur ein äußerst kurzes Leben: knappe 37 Jahre. Erst in unserer Epoche kommt sein Schaffen wieder zur Geltung, obwohl es latent im Werke Händels und vieler anderer Komponisten in England stets vorhanden und fühlbar war. Leider ist zu befürchten, daß nur noch ein Bruchteil von dem erhalten ist, was er als »Gelegenheitsarbeiten« in verschiedenen musikalischen Stellungen schrieb. So gibt es eine Fülle von *Schauspielmusiken*, die sich recht gut im Konzertsaal, durch die Platte oder im Rundfunk aufführen lassen; die prächtigen fünfzehn *Phantasien für Streicher* sind nicht unbedingt Orchestermusik, können aber in Kammerbesetzung zu unvergleichlicher Wirkung gebracht werden. Purcells Größe wirft ein starkes Licht auf die Blüte des damaligen englischen Musiklebens; er war der letzte bedeutende Tonschöpfer in einer langen Reihe britischer Komponisten, die ihren Höhepunkt in der Zeit Elisabeths I. erreichten. Nach ihnen wurde es still – bis zum Ende des 19. Jahrhunderts: ganze zweihundert Jahre.

## Johann Joachim Quantz

1697–1773, deutscher Flötist und Komponist

Quantz, berühmtester Flötenspieler und Theoretiker der Geschichte, Lehrmeister und Hofmusikus Friedrichs des Großen in Sanssouci, hinterließ eine geradezu unglaubliche Zahl von Flötenkonzerten: gegen 300! Heutige Flötisten finden unter ihnen immer wieder dankbare und musikalisch feingearbeitete Werke (so das mehrfach auf Platten aufgenommene *Konzert in G-dur*).

## Sergej Rachmaninow

1873–1943, russischer Komponist und Pianist

Ein König unter den Klaviervirtuosen – wie Liszt es sechzig Jahre früher war –, eine bedeutende Gestalt des internationalen Musiklebens und, genau wie Liszt, vor allem eine schöpferische Natur, ein inspirierter Komponist, der stets noble und schöne Musik schrieb, wenn auch in einem eher rück- als vorwärtsblickenden Stil. Ein später Romantiker, ein nicht nur physisch, sondern auch musikalisch in der ganzen Welt beheimateter Musiker, der sich oft seines Vaterlandes in Melancholie und Sehnsucht erinnerte. Sergej Rachmaninow wurde am 1. April 1873 in Onega, Kreis Nowgorod, geboren. Er gewann im Jahre 1892 die Goldene Medaille des Moskauer Konservatoriums. Ein Jahr später beendete er seine erste (heute vergessene) Oper *Aleko*, ein *Elegisches Trio* und das später so berühmt gewordene *cis-moll-Prélude* für Klavier. Die Virtuosenlaufbahn führte ihn bald durch die weite Welt, und ähnlich wie sein Zeitgenosse und Rivale d'Albert schlug er seinen Arbeitstisch in jeder Stadt auf, in der er weilte. Er liebte die glänzenden Klangfarben, das Pompöse, die große Geste, die so charakeristisch für Spätromantik und »fin de siècle« waren. Aber er wußte auch innige Melodien zu schreiben, die wie ein gefühlvoller Heimatsang weit ausschwangen und die Herzen berührten. Nach der Revolution in seinem Vaterland wanderte er aus; er ließ sich in der Schweiz, schließlich in Nordamerika nieder, wo er in Beverly Hills, Kalifornien, am 28. März 1943 starb. Er hinterließ ein reiches Erbe, das außer den hier aufgeführten Werken auch Opern und vor allem sehr schöne Lieder umfaßt.

*Klavierkonzert Nr. 1*, op. 1. Erst nachdem Rachmaninow mit seinem zweiten Konzert die Welt erobert hatte, wurde man auf dieses Jugendwerk aufmerksam, in dem vieles von jenem bereits vorausgeahnt ist. Der erste Satz (in der Grundtonart fis-moll) ist *Vicace* überschrieben, schließt aber auch ruhigere Teile ein. Er beginnt – nach zwei Unisonotakten Fis – mit einer energisch herabstürzenden Klavierkadenz, auf die das erste *(Moderato-)* Thema lyrischen Inhalts folgt. Die Partitur ist deutlich Tschaikowsky nachempfunden, ohne je zur Kopie zu werden. Kurz vor dem Ende steht eine ausgedehnte, sehr virtuose Klavierkadenz, in der auch das Hauptthema in majestätischen Akkorden zu höchster Wirkung geführt wird. Mit einem kurzen Motiv in Horn und Klarinette beginnt der zweite Satz *(Andante)*, aber sehr bald setzt das Klavier ein und dominiert bis zum Schluß inmitten eines hier sparsamen, nur Farbtöne zufügenden Orchesters. *Allegro vivace* eilt der letzte Satz mit größtem Schwung auf ein effektvolles Ende zu. (Uraufführung: Moskau, 17. 3. 1892.)

*Klavierkonzert Nr. 2 c-moll*, op. 18. Nach und nach ist dieses Werk zu einem der Lieblingsstücke in den Konzertsälen geworden. Schallplatte und Radio, die sich oftmals an weniger musikverständige als -begeisterte Hörer wenden, sind zum idealen Verbreitungsmittel dieser blendenden, berauschend klingenden, überaus gefühlsbetonten Musik geworden. Über ihre Entstehung ist eine Anekdote im Umlauf, deren Wahrhaftigkeit wir nicht nachzuprüfen imstande sind: Rachmaninow war von den Mißerfolgen seiner beiden ersten großen Werke – des ersten Klavierkonzerts und der ersten Sinfonie – aufs tiefste niedergeschlagen; auf Rat von Freunden suchte er einen Psychiater auf (die damals noch einfach Nervenärzte hießen und von Psychoanalyse noch nichts wußten). Der suggerierte ihm täglich: »Sie werden ein neues Konzert zu schreiben beginnen... es wird alles sehr leicht gehen... und es wird hervorragende Musik sein...« Rachmaninow gehorchte: Es entstand das zweite Klavierkonzert, das er am 14. Oktober 1901 mit der Moskauer Philharmonie uraufführte und das bald weltberühmt wurde.
Ungewöhnlich ist schon der Beginn: wie eine Kette von Klavierakkorden, die sich harmonisch schrittweise verändern und an Dynamik und Spannung unablässig steigern, schließlich in das breit dahinströmende Orchesterthema mündet:

Sehr schön wirkt das zweite Thema, eine lange Melodie von starkem Gefühlsgehalt:

Und wenn auch die Lyrik, die weit geschwungene romantische Melodie vielleicht die Hauptstärke Rachmonaninows ausmacht, so fehlen doch keineswegs dramatische Episoden und Klangballungen voll Kraft und Energie. Und natürlich ebensowenig die virtuosen Stellen, in denen das Klavier mit seinen unerschöpflichen Möglichkeiten prächtig zur Geltung kommt.
Auf dieses *Moderato* (das mehrmals zu schnelleren Zeitmaßen gesteigert wird) folgt ein melodienreicher zweiter Satz *(Adagio sostenuto)*, dessen vielleicht schönster Gedanke dieser ist:

Nach echt romantischer Gepflogenheit hält Rachmaninow das Grundtempo niemals lange durch; es steigert sich, fällt wieder zurück und durchläuft stets eine Fülle verschiedener Stimmungen, die es abwechslungsreich gestalten.
*Allegro scherzando* ist der letzte Satz betitelt, in dem das Klavier kaum je aussetzt und mehrfach virtuose Solostellen zu bewältigen hat. Rhythmische Impulse und Entfaltung großen Klanges gemahnen wieder einmal an den unmittelbaren Vorgänger Tschaikowsky, dem der Komponist sich stärker verbunden fühlte als seinen anderen Landsleuten.

*Klavierkonzert Nr. 3 d-moll*, op. 30. Rachmaninow schrieb dieses Stück für seine erste nordamerikanische Tournee 1909. Am 28. November desselben Jahres brachte er es mit der Philharmonischen Gesellschaft New York zum ersten Erklingen, wobei Walter Damrosch dirigierte. Er widmete es dem großen nordamerikanischen Kollegen Josef Hofmann (1876 in Krakau geboren, aber seit Jahren in den USA angesiedelt). Das Konzert hat drei Sätze: *Allegro, Intermezzo, Finale*. Es ist sinfonischer als seine Vorgänger, enthält, wie jene, russische Themen, slawische Rhythmen und virtuose Elemente, konnte sich aber nie im gleichen Maße durchsetzen wie das zweite Konzert.

*Klavierkonzert Nr. 4 g-moll*, op. 40. Auch dieses Stück steht, wie die drei anderen dieses Genres, in einer Molltonart und hat drei Sätze: *Allegro vivace, Largo, Allegro vivace*, wobei die beiden letzten ohne Unterbrechung gespielt werden. Trotz mannigfacher Schönheiten fand es nur beschränkte Verbreitung.

*Sinfonie Nr. 1*. Ein heute vergessenes Orchesterwerk aus dem Jahre 1895.

*Sinfonie Nr. 2 e-moll*, op. 27. 1907 komponiert und am 8. Februar 1908 in St. Petersburg unter Leitung des Komponisten uraufgeführt. Vier Sätze: *Largo – Allegro moderato; Allegro molto; Adagio; Finale*. Eine sehr schöne Musik, voll Melodie und Wohllaut, spätromantisch, wie es gleichzeitig Schönberg in seinen »Gurreliedern«, Strawinsky in seinen Erstlingswerken, Pfitzner, Reger, Elgar, Delius und unzählige andere sind.

*Sinfonie Nr. 3 a-moll*, op. 44. Komponiert 1935/36, uraufgeführt unter L. Stokowsky am 6. 11. 1936 in Philadelphia.

*Rhapsodie über ein Thema von Paganini für Klavier und Orchester*, op. 43. 24 Variationen, wobei das Thema erst nach der ersten Variation eingeführt wird. Ein glänzendes Virtuosenstück, das Rachmaninow selbst mit Vorliebe auf seinen Konzerttourneen vortrug. (Uraufführung: Baltimore, 7. 11. 1934.)

*Toteninsel* (sinfonisches Gedicht nach Böcklins Gemälde). Das düstere Bild, das der romantische Basler Maler Arnold Böcklin (1827–1901) – übrigens in verschiedenen Ausführungen – schuf und das gewaltige Verbreitung fand, inspirierte mehrere Komponisten zu Tongemälden: vor allem Reger und Rachmaninow. Der Russe spürt der Mystik nach, die in dem Thema liegt: den dunklen Felsen, die aus dem schwarzen Wasser schroff aufragen, dem geheimnisvollen Kahn, der der Insel zustrebt, den Zypressen, die in den lastenden Himmel ragen. Hier liegt eines der vollendeten Beispiele von Tonmalerei vor, von sinfonischen Dichtungen, deren höchstes Ziel die getreue Wiedergabe einer Stimmung ist. (Uraufführung unter Leitung des Komponisten in Moskau am 18. 4. 1909.)

Weitere Orchesterwerke Rachmaninows: *Der Felsen* (Phantasie, 1893); *Böhmisches Capriccio* (1894); *Sinfonische Tänze* (1940).

## Joachim Raff

1822–1882, Schweizer Komponist

Der in Lachen/Zürichsee geborene und in Frankfurt/Main verstorbene Romantiker gehörte zu den vielgespielten und hochangesehenen Musikern der »Neudeutschen Schule« um Franz Liszt, dessen Sekretär und Assistent er viele Jahre in Weimar war. Er beendete seine erfolgreiche Laufbahn als Konservatoriumsdirektor in Frankfurt und Autor von 241 gedruckten Kompositionen, unter denen 11 Sinfonien in unseren Band gehören; beinahe alle tragen programmatische Titel, am bekanntesten wurde die dritte *(Im Walde)*, uraufgeführt am 17. 4. 1870 in Weimar. Er schrieb ferner sinfonische Dichtungen, viele Konzerte und andere Orchesterwerke.

## Primoz Ramovs

1921, jugoslawischer Komponist

Der Casella-Schüler in Rom trat mit 3 Sinfonien, einer Sinfonietta, einem Klavierkonzert u.a. hervor.

## Ture Rangström

1884–1947, schwedischer Komponist

Der Pfitzner-Schüler in Berlin begann als Spätromantiker, entwickelte dann aber einen eigenen Stil. Am schönsten gerieten ihm Lieder; von seinen Orchesterwerken sind zu nennen: 5 Sinfonien (zwischen 1914 und 1936 entstanden) mit den Titeln *Mein Land, Mittsommer, Herbstgesang, Es singt das Meer, Die Anrufung, Divertimento elegiaco* u.a.

## Günter Raphael

1903–1960, deutscher Komponist

Der in Berlin Geborene wurde vom nationalsozialistischen Regime von 1934 bis zum Kriegsende mit Berufsverbot belegt, lehrte hernach in Duisburg und Köln und gelangte zu einer Art Neoklassik. Raphael hinterließ 5 Sinfonien, deren bedeutendste möglicherweise die *Sinfonia breve* (op. 67, uraufgeführt 1950) ist, 2 Violinkonzerte (Nr. 1 1928; Nr. 2 1960), *Divertimenti, Variationenwerke*. Unter seinen Suiten ragt die *Jabonah* betitelte hervor, die mongolische Themen verarbeitet.

## Karol Rathaus

1895–1954, polnisch-amerikanischer Komponist

Der Schreker-Schüler in Berlin lehrte in Berlin, Paris, London und New York. Von seinen Orchesterwerken seien genannt: 3 Sinfonien, *Vier Tanzstücke, Suite-Serenade, Notturno* (»Jakobs Traum«), *Suite für Violine, Suite* aus dem Ballett *Le lion amoureux, Sinfonia concertante, Vision dramatique, Praeludium* u.a.m.

# Maurice Ravel

1875–1937

Während seines Daseins manchmal angezweifelt, hat Ravel kurz nach seinem Tode einen Platz unter den Unsterblichen erobert, als eines der bedeutendsten Genies in der Musik des 20. Jahrhunderts. Er gehörte zu den einsamsten Menschen, die je im Bereiche der Musik existierten, und sein Leben ist auf weite Strecken hin so gut wie unbekannt. Er kämpfte nie um die Geltung seiner Werke. Als er sich viermal erfolglos um den Rompreis des Pariser Konservatoriums beworben hatte und ihm Mittelmäßige vorgezogen wurden, lernte er Auszeichnungen verachten. Viele Jahre später wies er die Ehrenlegion zurück, da er nicht dazu beitragen wollte, »Berühmtheiten zu fabrizieren«. Er hatte Schweizer und baskisches Blut in den Adern, aber er gehörte dem französischen, mehr noch dem Pariser Kulturkreis an. Im Dörfchen Ciboure bei Saint-Jean-de-Luz, am Nordhang der Pyrenäen, kam er am 7. März 1875 zur Welt. Er studierte bei Fauré, doch seine stärksten Eindrücke empfing er von Eric Satie, jenem seltsamen, halb verrückten, halb prophetischen Genie, und von Debussy, dessen neue »impressionistische« Klänge den jungen Musiker wie mit einem Zauberstab berührten. Trotzdem verlor er sich nicht in einer bloßen Nachfolge des »Pelléas«-Komponisten. Sein stets wacher rhythmischer Impuls, sein Drang zur Bewegung führten ihn zum Ballett, zur Freundschaft mit Diaghilew und zu einer wichtigen Rolle in der Erneuerung des Tanzes aus modernem Geist. Im Ersten Weltkrieg wurde er Soldat. Nach der Abrüstung zog er sich neuerdings – und mehr als je – in die Einsamkeit zurück. Er lebte ausschließlich seinem Schaffen. Im Jahre 1932 erlitt er einen Autounfall, der ein bereits 1923 erstmals aufgetauchtes und 1927 sich verschlechterndes Nervenleiden mit starken Schmerzen wiederaufleben ließ. Sein Nervensystem begann teilweise zu versagen, Lähmungen traten auf. Am 28. Dezember 1937, nach einer vergeblichen Operation, starb Ravel in Paris. Der Katalog seiner Werke umfaßt nicht mehr als 70 Kompositionen; aber beinahe alles, was er für Orchester schuf – dazu noch Instrumentierungen von fremden Werken, wie Mussorgskys *Bilder einer Ausstellung* und Debussys *Tanz* –, hat im Repertoire der zeitgenössischen Orchester einen festen Platz erobert. Wir wollen es chronologisch und seiner Bedeutung entsprechend behandeln.

*Pavane pour une Infante défunte.* Ein kurzes Stück, das Ravel 1899 für Klavier schrieb und nachher instrumentierte (für kleines Orchester: 2 Flöten, 1 Oboe, 2 Klarinetten, 2 Fagotte, 2 Hörner, Harfe und Streicher, die stets mit Dämpfer spielen). Es stellt eines seiner meistaufgeführten Werke dar, woran auch sein eigenes hartes Urteil nichts ändern konnte: »Nachdem nun 13 Jahre vergangen sind, kann ich ohne Umschweife sprechen; der Kritiker darf an die Stelle des Komponisten treten. Ich erkenne in diesem Werk keinerlei Verdienst, hingegen viele Fehler: der Einfluß Chabriers und die ungenügende Meisterung der Form sind offenkundig.« Kein Zweifel: Hier hat das Publikum eine völlig entgegengesetzte Meinung, es liebt die getragene, gefühlvolle Melodie, die melancholische Grundstimmung, die mit dem romantischen Titel in so phantasieanregender Weise übereinstimmt. Aber auch auf diesem Gebiet enttäuschte Ravel seine Anhänger. Er gestand, daß er den Namen des Stücks nur aus klanglichen Gründen, als Wortspiel gewissermaßen, gewählt habe: »infante défunte«. Was tut's? Diese Pavane ist ein prächtiges Stück Musik, und es ist wichtiger, was das Publikum heraushören kann, als was der Komponist hineinlegen wollte: Es hört die gedämpfte Pavane, die in einem schwarz verhängten Palast zu Ehren der in der Blüte ihrer Jahre verstorbenen Infantin feierlich und wie hinter Schleiern getanzt wird...

*Rhapsodie espagnole.* Eine viersätzige Suite, die Ravel 1907 komponierte und für die er ein gewaltiges Orchester aufbietet: 2 Flöten plus 2 Piccoli, 2 Oboen plus Englischhorn, 2 Klarinetten plus Baßklarinette, 3 Fagotte plus Sarrusophon (ein seltenes Blasinstrument aus Metall, vom Franzosen Sarrus konstruiert, das Ravel hier zur Verstärkung der Bläser heranzieht), 4 Hörner, 3 Trompeten, 3 Posaunen, Tuba, sehr viel Schlagwerk, Xylophon, Harfen, Celesta und Streicher. Debussys Einfluß ist klar spürbar, aber auch die persönliche Entwicklung Ravels, die über den Impressionismus seines älteren Gefährten hinausstrebt. Debussy ist sein Ausgangspunkt, wie er der Ausgangspunkt zahlreicher Musiker seiner Zeit war. Doch löst Ravel die Form und die Bewegung niemals so völlig auf, wie der reine Impressionismus es tat. Die vier Sätze, die sich in der *Spanischen Rhapsodie* vereinigten, können sehr wohl als »Impressionen« angesprochen werden. Besonders wohl der erste, *Prélude à la nuit*, der von zauberhaftem Reiz ist; ein Thema von vier absteigenden Noten wiederholt sich unaufhörlich:

Diese gewollte Monotonie ist ein impressionistischer Rekurs, aber Ravel gewinnt aus ihm zugleich ein festes Gerüst für das Stück, das sonst vielleicht zerflattern würde. Über dieser monotonen, dieser »Ostinato«-Figur singt das Orchester wundervolle Motive, es seufzt wie nächtliche Klagen, es läßt die Natur Klang werden; ein spanischer Abend wird geschildert, der in Nacht übergeht, unmerklich, in starken, einander ununterbrochen ablösenden, zuletzt verlöschenden Farben. Sehr ausdrucksvoll ist auch der zweite Satz, *Malagueña*; ein andalusischer Tanz, dessen Melodie und Rhythmus durch eine gestopfte Trompete eingeführt werden, was ihnen bei allem Realismus etwas Fernes, Unwirkliches verleiht:

Der dritte Satz, *Habanera*, beruht auf einem zwölf Jahre früher geschriebenen Klavierwerk. Es ist ebenfalls ein feines Stimmungsstück, mit Rufen durch die Nacht, mit Liebesmelodien und jenem immer wieder besungenen Zauber südlicher Nächte. Zuletzt bricht die *Feria* aus, das wirbelnde, bunte Volksfest: turbulenter Zigeunertanz, aber mit zögernden Augenblikken, die wir als zärtliche Dialoge empfinden können. Eine wahrhaft blendende Komposition, die schon auf die Gipfel des Genres hinweist: vor allem auf den »Bolero«.

*Daphnis und Chloe.* Ravel schrieb die Musik zu einem griechischen Ballett, das der große Choreograph Fokin nach dem Schäferroman von Longus entworfen hatte. Später gestaltete er das musikalische Material zu zwei Konzertsuiten. Die erste, weniger bekannt, aber ebenfalls sehr schön, enthält: *Nocturne, Intermezzo, Kriegerischer Tanz.* Die zweite, Standardwerk aller großen Orchester, setzt sich aus *Lever du jour* (Morgengrauen), *Pantomime* und *Allgemeiner Tanz*, auch *Bacchanal* genannt, zusammen. Wundervolle Orchesterfarben sind im *Morgengrauen* verwendet; wir denken unwillkürlich an Griegs Schilderung des gleichen Naturereignisses in den *Peer-Gynt-Suiten*, und auch an den grandiosen Sonnenaufgang in Richard Strauss' *Alpensinfonie*. Aber die Morgenröte in Ravels Musik ist absolut einmalig. Wir hören das geheimnisvolle Flüstern nächtlicher Naturstimmen, sehen den violetten Himmelsbogen langsam heller werden, das Licht sich ausbreiten unter dem Klang der ersten Vogelstimmen; dann geht wie ein unfaßbares, überwältigendes Wunder die Sonne am Horizont auf. In der *Pantomime* wird die Szene musikalisch untermalt, in der Daphnis und Chloe zu Ehren des Gottes Pan, der die Schäferin durch ein Erdbeben aus der Hand der Piraten gerettet hat, die Begegnung zwischen Pan und der Nymphe darstellen; aber in Wirklichkeit ist es ihre eigene Liebe, der sie Ausdruck verleihen, vom ersten schüchternen Erblicken und Nahen bis zum orgiastischen Besitzergreifen. Der *Allgemeine Tanz* (oder *Bacchanal*) überträgt diese sinnliche Atmosphäre auf alle. Es ist eines der großartigsten Musikstücke unseres Jahrhunderts, bei dem man kaum weiß, was man mehr bewundern soll: die geniale Inspiration oder die höchste technische Meisterschaft. Die beiden Suiten stammen aus dem Jahre 1912 (die Uraufführung des Balletts fand am 8. Juni 1912 im Pariser »Théâtre Châtelet« statt), also aus einer Epoche, in der die Komponisten mit den größten und vielfältigsten Klangmassen operierten: Mahler, R. Strauss, Strawinsky, Schönberg, Skrjabin usw. Ravel verwendet: 2 Flöten plus Piccolo, dazu eine (sehr seltene) Altflöte in G, 2 Oboen plus Englischhorn, drei Klarinetten plus Baßklarinette, 3 Fagotte plus Kontrafagott, 4 Hörner, 4 Trompeten, 3 Posaunen, Tuba, 2 Harfen, zahlreiche Schlaginstrumente und ein stark besetztes Streicherensemble. Auch die Mitwirkung eines gemischten Chores ist vorgesehen, kann aber weggelassen werden.

*Ma mère l'oye* (Meine Mutter Gans). Klavierstücke unter diesem Titel widmete Ravel im Jahre 1908 seinen immerwährenden Freunden, den Kindern. 1912 ging er daran, den bezaubernden Zyklus zu instrumentieren. So erklang er erstmalig am 20. April 1910 im Eröffnungskonzert einer neuen Komponistengruppe »Société Musicale Indépendante«. Der Erfolg regte zu einer kleinen Handlung an, es entstand ein Märchenballett in einem Akt, das, am 21. Januar 1912 uraufgeführt, das Publikum ergötzte. (Also der umgekehrte Weg, auf dem sich aus kleinen Klaviermelodien zuerst ein Orchesterwerk und dann ein Theaterstück entwikkelt; gewöhnlich entsteht zuerst ein Ballett oder eine Oper, aus der dann eine Orchestersuite kondensiert wird.) *Ma mère l'oye* setzt sich aus 5 Stücken zusammen. Das erste ist *Pavane de la Belle au bois dormant* betitelt, also ein »feierlicher« (aber stets märchenhafter) Tanz um Dornröschen (das in lateinischen Ländern »die im Walde schlummernde Schöne« heißt). Das zweite Stück erzählt vom *Petit Poucet*, vom Kleinen Däumling. Ravel hat über die Partitur einige Sätze aus Ch. Perraults Originaltext geschrieben, die hier übersetzt seien: »Er glaubte, er würde leicht den Rückweg finden, mit Hilfe der Brotkrümelchen, die er überall, wo er vorbeigekommen war, ausgestreut hatte; aber zu seiner großen Überraschung konnte er kein einziges Stückchen mehr finden: die Vögel waren gekommen und hatten alles aufgepickt...« Wie entzükkend schildert Ravel Däumlings Weg durch den Wald, die Vogelstimmen und... dann hat er sich verirrt, und auch die Musik scheint keinen Ausweg zu finden. Der dritte Teil heißt *Laideronette, Impératrice des Pagodes.* Idee und Musik führen uns in den Fernen Osten, in dem es recht märchenhaft und kindertümlich zugeht. Als Motto steht ein Absatz aus Madame de Aulnoys *Serpentin Vert* darüber: »Sie zog sich aus und stieg ins Bad. Und alsbald begannen Tempeltänzer und -tänzerinnen zu singen und auf ihren Instrumenten zu spielen. Einige hielten Lauten, die aus Nußschalen gemacht waren, andere Violen aus Mandelschalen; denn die Instrumente mußten genau nach der Größe der Spieler gemacht sein.« *Les entretiens de la Belle et la Bête* heißt das vierte Stück. Wie oft ist – in allen Künsten, zuletzt im Film – das Thema von der Schönen und dem Ungeheuer, von der Prinzessin und dem in ein abschreckendes Tier verwandelten Prinzen aufgetaucht! Ravel setzt über sein reizendes Klangbild (in dem er das Ungeheuer grunzen und die Prinzessin durch eine liebliche Melodie gekennzeichnet sein läßt) diese entzückenden Dialoge von Madame Leprince de Beaumont: »Wenn ich an dein gutes Herz denke, kommst du mir gar nicht so häßlich vor!« »Oh, meine Dame! Ich habe ein gutes Herz, aber ich bin ein Ungeheuer.« »Es gibt Menschen, die sind viel eher Ungeheuer als du!« »Wenn ich Verstand hätte, würde ich dir ein großes Kompliment machen, um dir zu danken, aber ich bin nur ein Tier... Meine Schöne, willst du meine Frau werden?« »Nein, du Ungeheuer!« »Nun sterbe ich glücklich, weil ich dich noch einmal gesehen habe!« »Nein, mein liebes Ungeheuer, du wirst nicht sterben: du wirst leben, um mein Mann zu werden!« Da verschwand das Ungeheuer, und sie sah zu ihren Füßen einen Prinzen, schöner als der Gott der Liebe; er dankte ihr, weil seine Verzauberung nun beendet war... Das Schlußstück des Zyklus ist *Le jardin féerique* (Der Zaubergarten) überschrieben: eine herrliche Märchenmusik und doch voll menschlicher Innigkeit. Es war einmal..., aber es ist und wird immer sein, solange es Kinder gibt...

*Valses nobles et sentimentales.* 1911 schrieb Ravel einen Zyklus von sieben Walzern mit Epilog für Klavier zu vier Händen. Ein Jahr später instrumentierte er ihn für ein Orchester, das in jener Zeit als üblich gelten konnte, ohne übergroß genannt zu werden: 2 Flöten, 2 Oboen plus Englischhorn, 2 Klarinetten, 2 Fagotte, 4 Hörner, 2 Trompeten, 3 Posaunen, Tuba, Pauken, Becken, Triangel, Große und Baskische Trommel, Celesta, Glockenspiel und Streicher. Der Ursprung dieser Walzer ist also dem der »Mutter Gans« ähnlich, und auch ihre Bestimmung war schließlich die gleiche: die musikalische Grundlage zu einer choreographischen Ausdeutung zu geben. (Es überrascht immer wieder, wie viele Werke Ravels zum künstlerischen Tanz bestimmt sind oder für ihn verwendet werden können.) Auch diese Walzer sind eine Meisterpartitur, voll glänzender, nie gekünstelter, nie alltäglicher Einfälle. Eine Fülle blendender Instrumentationsdetails, melodischer Feinheiten und rhythmischer Varianten kennzeichnen diese »noblen und gefühlvollen Walzer«. Im siebenten von ihnen, dem kompliziertesten, gibt es Polytonalismus und auch Polyrhythmik, zwei Ausweitungen der musikalischen Technik, die erst einige Jahre später, nach dem Ersten Weltkrieg, als Stilmerkmal auffallen werden. Die Aufführungsgeschichte der »Walzer« verzeichnet folgende zum Teil ungewöhnliche Etappen: Im Jahre 1912 veranstaltete die schon früher erwähnte »Société Musicale Indépendante« (S.M.I.) ein originelles Konzert, in dem unbekannte Werke neuer Komponisten zu Gehör gebracht wurden, ohne daß deren Namen genannt wurden. Das Publikum sollte versuchen, die Autoren aus ihrer Musik zu erkennen, aber das Ergebnis war katastrophal. Immerhin erzählt Ravel, man habe ihm »die Walzer mit knapper Mehrheit zugesprochen«. Madame Trouhanowa trat an ihn mit der Bitte heran, er möge diese Komposition zu einem Ballett umgestalten; die Instrumentierung der Klavierstücke erforderte nur vierzehn Tage. Die Handlung wurde in den Salon einer schönen Pariser Kurtisane um 1820 verlegt und dem Ballett der Titel *Adelaide* gegeben. So ging es am 22. April 1912 im »Théâtre Châtelet« zum ersten Male in Szene, von seinem Komponisten dirigiert, für den die Tätigkeit am Pult ein seltenes Ereignis bildete, und in sehr guter Gesellschaft: gemeinsam mit *Istar* von Vincent d'Indy, *Salomes Tragödie* von Florent Schmitt und Paul Dukas' *Péri*. Viele Theater gaben das Ballett, aber die Konzertfassung erzielte eine weit größere Verbreitung.

*Le tombeau de Couperin.* Die tönenden Huldigungen an bedeutende Persönlichkeiten der Vergangenheit oder Gegenwart standen zu verschiedenen Zeiten in Mode, besonders in romanischen Ländern. Kurz nach Ausbruch des Ersten Weltkrieges und während er darauf brannte, seinem Vaterland als Soldat dienen zu können, beschäftigte Ravel sich, wie in einem Brief vom 1. Oktober 1914 an Roland-Manuel zu lesen ist, mit mehreren musikalischen Projekten; er meinte, es sei »heikel«, die sinfonische Dichtung »Wien« zu vollenden (es ist das spätere Werk *La Valse*) – und dies, obwohl er sich stets dagegen wehrte, in der Musik nationalistische Unterscheidungen zu machen und, der damaligen Tendenz zuliebe, deutsche und österreichische Komponisten aus den Programmen zu entfernen –, und erzählte, daß er an zwei Serien neuer Klavierstücke arbeite: »Erstens eine französische Suite – nein, es handelt sich keineswegs um das, was Sie glauben: die Marseillaise wird darin nicht vorkommen, dagegen eine Forlana, eine Gigue, aber kein Tango...« Es wurde *Tombeau de Couperin*, eine Huldigung an den großen französischen Barockmusiker. Ravel zitiert ihn nicht wörtlich, sondern erfindet Melodien in seinem Geiste. In der ursprünglichen Klavierfassung stehen eine Fuge und eine Toccata; in der für die Pariser Pasdeloupkonzerte eingerichteten Orchesterfassung hingegen nur die drei Tanzsätze *Forlana, Menuett* und *Rigaudon*, denen eine Einleitung vorausgeschickt ist, wie es in der Barocksuite üblich war. Die Verbindung alter Form mit modernem Inhalt ist Ravel vollendet gelungen. Trotz neuzeitlicher Instrumentation mit großem Orchester bleibt die Transparenz des Klanges stets gewahrt.

*La Valse.* Wir sahen, daß der Komponist bereits 1914 eine Huldigung an den Wiener Geist im Sinn hatte. Er liebte die Wiener Musik; als er die *Valses nobles et sentimentales* schrieb, wollte er »eine Walzersuite nach dem Vorbild von Schubert« schaffen. Dann kam der Krieg und schließlich dessen Ende mit dem Zusammenbruch Österreich-Ungarns und damit Wiens und seiner »goldenen Zeit«. Nun kehrte Ravel zu seiner Lieblingsidee zurück, aber es darf uns nicht wundernehmen, wenn ihre Ausführung wesentlich anders aussah, als es sechs Jahre früher der Fall gewesen wäre. In seiner autobiographischen Skizze lesen wir folgende Worte: »Nach dem ›Tombeau de Couperin‹ hinderte mich mein Gesundheitszustand eine Zeitlang am Komponieren. Ich raffte mich erst wieder zur Arbeit auf, als ich das Tanzgedicht ›La Valse‹ schrieb, das mich schon vor der ›Spanischen Rhapsodie‹ einmal beschäftigt hatte. Ich habe dieses Werk wie eine Apotheose des Wiener Walzers aufgefaßt, mit der sich für mich der Eindruck eines phantastischen Tourniers mit verhängnisvollem Ausgang verbindet. Ich verlegte diesen Walzer in den Rahmen eines kaiserlichen Palastes etwa um 1855...« Und zu dem Werk selbst hat der Komponist eine Art Programm gegeben, in dem zu lesen steht: »Wie durch wirbelnde Schleier erkennt man allmählich walzertanzende Paare, die immer mehr ins Licht rücken. Nach und nach lösen sich die Schleier auf, und man unterscheidet einen riesigen Saal mit festlichen Tänzern...« So beginnt das Werk auch: es ist, als werde der Walzer geboren, als entwickle er sich aus Urzellen, in denen zu Beginn nichts anderes lebendig ist als der Rhythmus. *Mouvement de Valse viennoise* steht als Tempoangabe über dem Werk. Der Geist der Dynastie Strauß schwebt darüber, geradeso wie der Habsburgs. Das Stück wird immer mehr gesteigert, gewinnt Leben, Nähe, Schwung, Glanz. Ein jubelnder Ballsaal erscheint vor uns, in jener herrlichen Epoche, die Stephan Zweig in seiner »Welt von gestern« so unvergeßlich geschildert hat. Golden erglänzt das Schönbrunner Schloß, Wohllaut, Freude, Seligkeit, Weltvergessen regieren die Stunde, die dahinschwebt auf Flügeln des leichtfüßigen, wirbelnden Walzers, in dem nichts Erdgebundenes mehr existiert und ein unendliches Drehen und Kreisen unaufhörlich neue Bilder schafft. Doch in Ravels Musik liegt nicht nur diese Apotheose, dieses blendende Strahlen, das aus hundert Spiegeln zurückgeworfen wird. Ein dumpfer Untergrund macht sich zeitweise bemerkbar, etwas Spannendes, Geheimnisvolles, ja fast Dämonisches. Wie in einem Meisterfilm Bilder übereinanderkopiert sein können und wir so das gleiche Sujet in verschiedenen Abwandlungen erleben, so ist es auch hier: Plötzlich glaubt man den gleichen Festsaal leer und öde zu sehen, mit Rissen in den einst so stolzen Mauern, mit zersprungenem Kristall und blind gewordenen Spiegeln. Und doch geht die Musik weiter, aber auch sie ist gespenstisch geworden, gewissermaßen fleischlos, als bewegten sich nun Gerippe durch verödete Räume. Die schaurige Vision geht schnell vorbei, aber sie ist vorhanden – als Anspielung auf den Zusammenbruch des »Walzerreichs«, als Bild des verwüsteten Europas? So ist *La Valse* ein sinfonisches Gedicht geworden, ein glänzendes Gemälde einer glänzenden Zeit, aber mit der Andeutung ihres Endes. Eine Orgie von Klängen: Ravel entdeckt immer noch neue Klangfarben im Riesenorchester, das er wie ein Magier beherrscht. Und doch ist er kein Romantiker mehr, der sich im eigenen Feuer verbrennt; er ist der vollendete Typus des modernen Künstlers, des unübertrefflichen Kunsthandwerkers – Kunst kommt hier wirklich, wie ein altes Wort es will, von Können, von höchstem Können –, der (fast möchte man sagen: mit kaltem, sich nie erhitzendem Blute) Melodien, Rhythmen, Orchesterfarben, Harmonien lenkt, mischt, steigert, verkettet, löst wie ein wahrer Hexenmeister. Die Partitur war ursprünglich Diaghilew und seinem Pariser Russischen Ballett zugedacht, aber als dieser sich nicht entschloß, kamen ihm Ida Rubinstein und das Antwerpener Theater mit der bühnenmäßigen Aufführung des Balletts zuvor. Die Konzeruraufführung fand in den Pariser Lamoureux-Konzerten am 12. Dezember 1920 unter Leitung von Camille Chevillard statt. Seitdem gehört das Werk zu den meistgespielten Stücken unseres Jahrhunderts.

*Tzigane, Konzertrhapsodie für Geige und Orchester.* 1924 komponierte Ravel »ein Virtuosenstück im Sinne einer ungarischen Rhapsodie«, wie er selbst sagte, ein Werk für Geige mit Klavier, das er später für kleines Orchester instrumentierte (doppeltes Holz, 2 Hörner, 1 Trompete, wenig Schlagwerk, Celesta, Harfe und Streicher). Wie er im *Valse* Wien huldigt, so ist *Tzigane* eine bewundernde Verbeugung Ravels vor dem mitreißenden Virtuosentum der Zigeunermusik, die vor allem in Ungarn angesiedelt ist. Zwei Instrumente bilden die Quintessenz dieser Folklore: die Geige und das Zimbal. Letzteres sucht Ravel vor allem durch rauschende Harfenklänge nachzuahmen. Das Stück beginnt mit einer Violinkadenz, die sich lange Zeit hindurch auf der tiefsten, der G-Saite bewegt und dadurch den sinnlichen, erregenden Ton der Zigeunergeige hervorruft; es folgt eine blendende Harfenkadenz, bevor das Orchester sich einmischt und dem Stück eine Fülle klanglicher Nuancen von höchstem Reiz gibt.

*Bolero.* Ida Rubinstein gewidmet und von ihrer berühmten Tanzgruppe erstmalig am 20. November 1928 in der Pariser Oper getanzt, ist der wenige Wochen vorher vollendete *Bolero* Ravels weitaus größter und populärster Welterfolg geworden. Er selbst hatte nichts weiter dazu zu sagen als: »Im Jahre 1928 habe ich auf Ersuchen von Madame Rubinstein einen ›Bolero‹ für Orchester komponiert. Es ist ein in sehr mäßigem Zeitmaß gehaltener, immer gleichförmiger Tanz, und dies sowohl in bezug auf die Melodie, die Harmonie und den Rhythmus. Der letztere wird beständig durch eine kleine Trommel geschlagen. Das einzige Element der Abwechslung besteht im orchestralen Crescendo.« Das stimmt natürlich, aber es ist eine entsetzlich nüchterne Erklärung für ein hinreißendes Musikstück, das in seiner Art absolut einmalig ist. Das verwendete Orchester ist riesig: 2 Flöten plus Piccolo, 2 Oboen plus Englischhorn plus (der seltenen) Oboe d'amore, 2 Klarinetten plus Baßklarinette plus (der ebenfalls seltenen) kleinen Es-Klarinette plus 3 Saxophone, 2 Fagotte plus Kontrafagott, 4 Hörner, 3 Trompeten plus (der wenig gehörten) kleinen D-Trompete, 3 Posaunen, Tuba, 3 Pauken, 2 Trommeln, Tamtam, Becken, Celesta, Harfe. Was an Effekten aus dieser Klangmasse geholt ist, kann mit Worten nur unzulänglich angedeutet werden: man sollte es in einer erstklassigen Wiedergabe erlebt haben. Dazu muß sofort gesagt werden, daß es thematisch nichts Einfacheres gibt oder geben kann als den *Bolero.* Er ist trotz seiner nicht unbeträchtlichen Länge aus einem einzigen Thema entwickelt, einer äußerst eingänglichen, hispanisierenden Melodie von 16 Takten:

Das Geheimnis dieser genialen Partitur liegt also weder in thematischer Abwechslung oder Vielfalt noch in der ausgesuchten Schönheit seines Materials. (Das gleiche Thema würde in Händen eines mittelmäßigen Komponisten ebensowenig Aufsehen erregen wie etwa das Thema von Beethovens Fünfter unter denselben Umständen.) Es liegt in der raffiniert meisterlichen Behandlung, die Ravel diesem tänzerischen Thema angedeihen läßt; bei jeder Wiederholung tritt eine neue Klangfarbe hinzu, gesteigert gegenüber der vorangegangenen, und doch anders, als man erwartet hätte. Es ist ein dauerndes, keinen Augenblick aussetzendes oder erlahmendes Crescendo, das unwiderstehlich mitreißt und das Publikum in einen nahezu hypnotischen Zustand versetzen muß, aus dem es nicht entrinnen kann. (Eine Anekdote berichtet, daß bei der Uraufführung eine Besucherin in höchster Angst um Hilfe geschrien habe und hinzusetzte: »Ein Verrückter, ein Verrückter!« und daß Ravel diesen Vorfall mit den Worten kommentierte: »Das war die einzige, die die Sache verstanden hat...«) Die gewollte thematische Monotonie, die immer wiederholten Einsätze der gemessenen Melodie versetzen das Publikum in höchste, kaum erträgliche Spannung, zu der der eisern durchgehaltene Trommelwirbel nervenaufpeitschend beiträgt. Gegen Ende, im ohrenbetäubenden Fortissimo, reißt Ravel sein Orchester mit plötzlichem Ruck nach dem wie eine Bombe wirkenden E-dur-Akkord herum, und die Klangorgie tobt ihrem befreienden Ende zu.

*Klavierkonzert Nr. 1 in G-dur.* Es dürfte ein einmaliges Experiment sein, dem Ravel sich hier unterworfen hat: zur selben Zeit an zwei gleichgearteten Werken zu arbeiten und ihnen doch gänzlich verschiedene Stile zu verleihen. Wir haben diesen Komponisten schon mehrfach als Kunsthandwerker höchsten Maßes bezeichnet; eine solche Aufgabe mußte seinen ungeheuren Musikverstand, dem die Inspiration stets zu Gebote stand, fesseln. Auf beiden Seiten seines Klaviers lag ein Stoß von Notenblättern; den einen gestaltete er zum Klavierkonzert in G-dur, den anderen zum Konzert für die linke Hand allein. Er selbst nennt den Stil des ersteren »Mozart und Saint-Saëns ähnlich«, den des anderen »nicht so einfach«. An beiden Werken arbeitete er von 1930 bis in den Herbst 1931. Obwohl das Konzert für die linke Hand ein wenig früher fertig wurde, bezeichnet man es gewöhnlich als das zweite. Das *G-dur-Konzert* entnimmt einen Teil seines Materials einer viel früher geplanten »Baskischen Rhapsodie«. Es ist eine »klassische« (oder wenn wir wollen: »neoklassische«) Komposition, die den Geist Haydns und Mozarts heraufzubeschwören scheint: absolute, nicht-schildernde Musik, Musik aus Freude am Musizieren, ein Virtuosenstück, dankbar, licht und problemlos. Der erste Satz, *Allegramente*, setzt mit einem munteren, von der Piccoloflöte intonierten Thema klassischen Zuschnitts ein:

Trotz solchem fast rokokoartigen Wesen wollen einige Musikforscher dieses Thema auf einen navarresischen Tanz zurückführen. Das würde nur ein interessantes Licht auf die Herkunft zahlloser Volkstänze werfen: Sie waren in ihrem Ursprung sehr oft aristokratische Musik, die das Volk nachzuahmen suchte. Im Verlaufe des Satzes tauchen Anklänge an Jazz auf. (Ravel selbst gab dies zu: »Dieses Konzert ist meiner Violinsonate verwandt, in der ich ebenfalls Jazzelemente, wenn auch mit Maß, verwendet habe.«) Doch wird dieser zeitgemäße Einfluß viel stärker im zweiten Klavierkonzert zu spüren sein.

Der zweite Satz, *Adagio assai*, baut sich auf einem langen Klaviermonolog auf, wobei die Melodie (ein ganz klein wenig spanisch!) über einer seltsamen rhythmischen Kombination schwebt:

Das *Presto*-Finale hat Rondoform. Wir fühlen uns in die Zeit Scarlattis versetzt. Das lebhafte, spielerische Stück endet in strahlendem Optimismus. Es ist der bedeutenden französischen Pianistin Marguerite Long gewidmet, die es am 14. Februar 1932 in Paris unter Leitung des Komponisten uraufführte.

*Klavierkonzert Nr. 2 (für die linke Hand allein) in D-dur.* Der Wiener Pianist Paul Wittgenstein hatte im Ersten Weltkrieg den rechten Arm verloren, wollte aber die künstlerische Laufbahn nicht aufgeben und vervollständigte die Technik seiner linken Hand derartig, daß er vollgültige Leistungen erzielen konnte. Er bat mehrere der führenden Meister um Werke, in denen der Klavierpart lediglich für die linke Hand bestimmt sei. Richard Strauss schrieb das sogenannte *Parergon zur Sinfonia Domestica*, Korngold und Franz Schmidt widmeten Stücke und Ravel sein *Konzert für die linke Hand.* Er sagte davon, es sei »anders gearbeitet (als das gleichzeitig entstandene erste Klavierkonzert in G-dur) und besteht aus einem einzigen Satz mit viel Jazzeffekten. In einem Werk dieser Art liegt das

Wesentliche darin, daß man nicht den Eindruck eines ›leichten‹ Klanggewebes erweckt, sondern im Gegenteil die Illusion gewinnt, daß es für beide Hände geschrieben sei. Auch wählte ich hier einen pathetischeren Stil...« Tatsächlich bestehen zwischen den beiden Konzerten Ravels grundlegende Unterschiede: Ist das erste – mit Einschränkungen – als neoklassisch zu bezeichnen, so mutet das zweite romantisch an. Es ist dramatisch, subjektiv, möglicherweise programmatisch (obwohl wir das zugrunde liegende Programm nicht kennen). Eine sonst bei Ravel nur selten durchbrechende Leidenschaft ist hier zu spüren, er hat in dieser Komposition recht verschiedene Elemente zur Einheit verschmolzen, hat von dem damals stark um sich greifenden Jazz Gebrauch gemacht, ohne ihm zu verfallen. Die üblichen drei Sätze eines Klavierkonzerts sind in einem einzigen zusammengefaßt. Rein technisch ist es verblüffend, wie Ravel für eine Hand so zu schreiben weiß, daß es wie ein voller zehnfingriger Klaviersatz klingt. Es ist ein schweres Werk geworden – für den Ausführenden wie für den Hörer –, aber ein wertvolles Stück, des Tonschöpfers sinfonischer Abschied. Wittgenstein spielte das Konzert erstmalig in Wien, am 27. November 1931. Ein Jahr später hatte er damit in Paris, unter Leitung des Komponisten, einen durchschlagenden Erfolg. Bald darauf machte ein Autounfall Ravels öffentlicher Tätigkeit ein Ende.

Ferner gibt es eine (unveröffentlichte) *Scheherazade-Ouvertüre* aus dem Jahre 1898, ein orchestriertes *Menuet antique* (1895), mehrere später für Orchester instrumentierte Gesänge *(Manteau de fleurs, Le Noël des Jouets, Histoires naturelles, zwei Hebräische Melodien)* sowie die glänzende Instrumentation von Mussorgskys *Bilder einer Ausstellung*, von Ravel im Jahre 1922 verfertigt, die unter Mussorgsky zu finden ist.

## Alan Rawsthorne

1905–1971, englischer Komponist

*Orchesterwerke: Cortèges* (Ouvertüre), *Madame Chrysanthème* (Ballettsuite), *Street Corner, Sinfonische Studien*, zwei Konzerte für Klavier und Orchester (1945 und 1952), zwei Konzerte für Violine und Orchester (1945 und 1952), zwei Sinfonien (1952 und 1959).

## Max Reger

1873–1916, deutscher Komponist

Wieder ein Komponist – und ein bedeutender dazu –, dessen »Charakterbild in der Geschichte schwankt«, um ein Dichterwort anzuwenden. Als Reger, der eine hervorragende Stellung im deutschen Musikleben einnahm, 43jährig starb, hinterließ er Hunderte von Werken von technisch höchster Perfektion. Die späteren musikalischen Ereignisse sind über ihn hinweggegangen, obwohl viele der Forderungen, die seitdem als »revolutionär« auftauchten, seine Vaterschaft anerkennen könnten oder müßten. Er war ein »linearer« Komponist, ein Meister des Kontrapunkts, ein perfektionsbesessener Konstrukteur (ohne allerdings je in reine Verstandesmusik zu verfallen), ein Prophet des »Klanges an sich«. Trotzdem ist Regers Geltung stark gesunken. In der internationalen Musikwelt ist nur noch sehr weniges von ihm zu hören, und selbst in Deutschland wird er mehr gelobt als gespielt. Eine der schwierigsten Aufgaben unseres Buches ist sicher die, den internationalen Proportionen des Musiklebens gerecht zu werden, das »Konzert der Welt« zu registrieren, so wie es im Augenblick ertönt, und nicht lokalen oder nationalen Besonderheiten Rechnung zu tragen. Für den Leser könnte es interessant sein, einige dieser Proportionsverschiebungen zu beobachten. Nehmen wir das Beispiel eines guten deutschen Konzertführers, der sich weiter Verbreitung erfreut; in ihm besetzt Reger nicht weniger als 12 Seiten, gegen 8 Ravels, 9 Berlioz', 3 Francks, 1 Saint-Saëns, 2 Smetanas, 13 Tschaikowskys und 14... Schuberts. Man könnte an einen einmaligen Fall denken – aber nein: in einem anderen deutschen Konzertführer, äußerst ernst und in Zehntausenden von Exemplaren verbreitet, lautet das Verhältnis folgendermaßen: 8 Seiten Reger, 4 Ravel, weniger als 2 Janáček, 4 Debussy, 2 Mussorgsky usw. In einem wichtigen nordamerikanischen Werk kommt Reger hingegen überhaupt nicht vor, obwohl eine Fülle von in Mitteleuropa fast unbekannten Autoren – abgesehen von nordamerikanischen natürlich – verzeichnet sind. In vielen Ländern – so den romanischen – wird Reger außerordentlich »geschätzt«, respektiert, bewundert, aber wie ein Museumsstück oder eine historische Figur betrachtet. Liegt die Wahrheit (wenn es sie gibt), wie so oft, in der Mitte? Doch wenden wir uns Regers Biographie zu: Er wurde am 19. März 1873 im Dörfchen Brand in der Bayrischen Pfalz geboren. Frühzeitig wurde er zu einem Meister des Orgelspiels. Von 1911 bis 1914 dirigierte er die berühmte traditionsreiche Meininger Hofkapelle. Dann wandte er sich ganz dem Konzertieren auf dem Klavier zu, das ihn durch zahllose Städte führte und ihm eine angesehene Existenz verschaffte. Wohl an keinem einzigen Tage seines überaus tätigen Leben Lebens versäumte er es, zu komponieren. Seine Werke wurden außerordentlich viel aufgeführt und als Musterbeispiele der Kompositionskunst in allen musikalischen Lehranstalten analysiert. Reger starb, hochangesehen, am 11. Mai 1916 in Leipzig, mit mehrfachen Ehrendoktoraten und anderen Auszeichnungen geehrt.

*Sinfonietta C-dur*, op. 90. Dieses im Jahre 1905 vollendete Werk ist das erste Orchesterstück seines Autors. Er hat also nicht weniger als 89 andere Kompositionen geschaffen, bevor er für Orchester zu schreiben begann. Ein sehr »kluges« Werk, voll von Kontrapunkten, Gegenstimmen, kunstvollst erdachten (und logisch entwickelten) Harmonien, die selbst einfache Themen, die geradezu nach einer ungekünstelten Behandlung rufen, in eine nur Kennern zugängliche Geheimwissenschaft verwandeln. Reger selbst war über den geringen Erfolg seines Orchestererstlings betroffen und zog aus diesem Mißerfolg einige Lehren.

*Suite im alten Stil*, op. 93. (Uraufführung: Gera, 21. 6. 1916.)

*Serenade in G-dur*, op. 95. Wesentlich aufgelockerter gibt sich dieses Stück, das in seiner Viersätzigkeit der klassischen oder romantischen Sinfonie folgt und in seiner klanglichen Teilung in zwei Orchester alte Barockprinzipien wieder aufleben läßt: Das zweite Orchester besteht nur aus sordinierten Streichern, denen reizvolle Echoeffekte anvertraut sind. (Uraufführung: Köln, 25. 10. 1906.)

*Variationen und Fuge über ein lustiges Thema von J. A. Hiller*, op. 100. Johann Adam Hiller (1728 bis 1804) war ein fruchtbarer Singspielkomponist, voll hübscher Einfälle und liebenswürdiger Melodien. Eine davon (»ein entzückendes Rokokothema, das geradezu nach Variationen schreit«) gefiel Reger so gut, daß er es zum Ausgangspunkt eines Variationenwerkes machte. Diese Kompositionsform lag ihm, dem Orgelmeister, besonders gut, denn seit altersher bestand die Kunst der Organisten zum Teil in der Verarbeitung und reichen Ausgestaltung fremder Themen. Dazu kam seinen konstruktiven, analytischen Fähigkeiten diese Kompositionsart sehr entgegen, und so entstand aus elf einfallsreichen Metamorphosen ein feines, technisch glänzendes, schön instrumentiertes Werk, das auch heute noch gut bestehen kann. (Uraufführung: Köln, 15. 10. 1907.)

*Konzert für Geige und Orchester A-dur*, op. 101. Ein großdimensioniertes, überaus »gekonntes« Werk, in dem – nach Regers Worten – »alles thematisch bis in die äußersten Zweiglein durchgebildet ist«. Auch eine Komposition mit schönen Themen, mit echter Leidenschaft. Woran fehlt es also, daß Regers Konzerte weder Solisten noch Publikum zu fesseln vermögen? Vielleicht gerade an dem Übermaß an Können (auch das gibt es anscheinend!), das der Gegner der im Kunstwerk so notwendigen Ursprünglichkeit ist? Am stärksten ergreift uns der langsame Satz, ein *Largo* mit edler, träumerisch hingesungener Melodie. (Uraufführung: Leipzig, 15. 10. 1908.)

*Symphonischer Prolog zu einer Tragödie*, op. 108, uraufgeführt in Köln am 9. 3. 1909.

*Konzert für Klavier und Orchester f-moll*, op. 114. Was für das Violinkonzert gilt, müßte auch hier wiederholt werden, selbst unter Hervorhebung des langsamen als des schönsten und zu Herzen gehenden Satzes. Bachsche Choralmelodien tauchen mehr als einmal auf und zeugen auch hier von Regers tiefer Liebe zur längst versunkenen Welt des großen Thomaskantors. Das im Jahre 1910 komponierte Werk wurde am 15. 12. 1910 in Leipzig (unter Nikisch) uraufgeführt.

*Konzert im alten Stil*, op. 123. Reger liebte das Barock besonders, und damit die »absolute« Musik Bachs und Händels. Er sagte, er habe in diesem Werk »in der Art der Concerti grossi den ›konstanten Rhythmus der Alten‹ neu beleben wollen«. Die Synthese zwischen neuromantischem Stil und einer klangschönen Erinnerung an vergangene Musikzeiten ist hier gut gelungen. (Uraufführung: Frankfurt am Main, 8. 10. 1912.)

*Eine romantische Suite*, op. 125. Reger ist ein Komponist »zwischen den Zeiten«, zwischen den Stilen. Hat er in seinen Hiller-Variationen Kontakt mit dem Rokoko gesucht (und gefunden), mit seinem *Konzert im alten Stil* dem Barock gehuldigt – ohne daß man das Gefühl einer Nachahmung, einer Kopie hätte –, so wendet er sich nun der Romantik zu. Nicht nur im Titel, nicht nur in der Anmerkung über der Partitur: »Mein erster Ausflug in das Gebiet der Programmmusik«, nicht nur in der Angabe seiner dichterischen Inspirationsquelle: vor allem in der Musik. So ist Reger im Grunde ein »tragischer« Künstler, ein Schöpfer, der in keinem Stil so verwurzelt ist, daß er sich völlig mit ihm identifiziert. Ein typisches Produkt einer verfallenden, einer Übergangszeit, die sich zurücksehnt nach den ruhigen Epochen ihrer eigenen Vergangenheit. Hier ist er manchem anderen Musiker seiner Zeit verwandt, am ehesten vielleicht Busoni. Die *romantische Suite* ist leicht verständlich – wie jede Programmmusik –, wenn wir die ihr zugrundeliegenden Gedichte kennen: Diese stammen vom deutschen Romantiker Joseph von Eichendorff (1788–1857). Wir setzen ihre schönen Verse hierher:

*Notturno*
Hörst du nicht die Quellen gehen
zwischen Stein und Blumen weit,
nach den stillen Waldesseen,
wo die Marmorbilder stehen
in der schönsten Einsamkeit?
Von den Bergen sacht hernieder,
weckend die uralten Lieder,
steigt die wunderbare Nacht,
und die Gründe glänzen wieder,
wie du's oft im Traum gedacht.

*Scherzo*
Bleib bei uns! Wir haben den Tanzplan im Tal,
bedeckt mit Mondesglanze,
Johanniswürmchen erleuchten den Saal,
die Heimchen spielen zum Tanze.
Die Freude, das schöne leichtgläubige Kind,
es wiegt sich in Abendwinden,
wo Silber auf Zweigen und Büschen rinnt,
da wirst du die Schönste finden.

*Finale*
Steig nur, Sonne,
auf die Höhn!
Schauer wehn,
und die Erde bebt vor Wonne.

Kühn nach oben
greift aus Nacht
Waldespracht,
noch von Träumen kühl durchwoben.

Diese Partitur ist 1912 entstanden, und man geht wohl nicht fehl, wenn man die wesentlich intimere Vertrautheit mit dem Orchester, die hier deutlich und beglükkend fühlbar wird, der Tätigkeit zuschreibt, die Reger als Chef der Meininger Hofkapelle entfaltete. (Uraufführung: Dresden, 11. 10. 1912.)

*Vier Tondichtungen für großes Orchester nach Gemälden von Arnold Böcklin*, op. 128. In gewissem Sinne eine Fortsetzung der romantisch-irrealen Stimmungen der vorhergegangenen Orchestersuite kann man diese Partitur aus dem Jahre 1913 auch als eine – früher schon hie und da angedeutete – Hinneigung zum Impressionismus auffassen. Es ist sicher kein Zufall, daß zahlreiche Musiker und Dichter sich um jene Zeit von dem tiefromantischen Werk des Malers Arnold Böcklin angezogen, ja verzaubert fühlten; wir haben bei Betrachtung der Werke Rachmaninows auf dessen Tongemälde *Die Toteninsel* verwiesen. Auch Reger setzt das großartig-düstere Bild in Musik um. Diese »vier Tondichtungen« erhalten dank Regers so starkem Formgefühl eine Art sinfonischen Zusammenhang. Das erste Böcklinbild, *Der geigende Eremit*, ist der ein wenig feierliche, ein wenig mystische Einleitungssatz; *Im Spiel der Wellen* das Scherzo, *Die Toteninsel* das Adagio, das dahinrasende *Bacchanal* ein turbulentes, sinnlich aufpeitschendes Finale. (Uraufführung: Essen, 12. 10. 1913.)

*Ballett-Suite*, op. 130. Als Reger den Plan zu einer Tanzsuite faßte, schrieb er in einem Brief an Carl Straube, den bedeutenden Thomaskantor und Orgelvirtuosen in Leipzig, er wolle »etwas unendlich Graziöses schreiben, etwas Urfeines im Klang, zierlich in der Musik und spinnwebfein instrumentiert«. Man versteht die Sehnsucht des Musikers nach einem Stil, der eigentlich so gar nicht sein eigener ist, nach filigranen und elfenhaft schwebenden Klängen, nach hauchzarter Instrumentation (wie etwa Debussy und Ravel sie gleichzeitig so meisterlich beherrschten). Aber es gelang ihm nicht ganz. Immerhin gibt es sehr viel Zartes, Schönes und Liebevolles in dieser Partitur, was eine Aufführung mehr als rechtfertigt. (Uraufführung: Bremen, 30. 10. 1913.)

*Variationen und Fuge über ein Thema von Mozart*, op. 132. Ein zweites Mal sucht Reger die zauberhafte Welt des Rokoko auf: Nach Hiller ist es nun Mozart, der ihn inspiriert und zugleich seine technische Meisterschaft herausfordert. Das Thema, das Reger wählt, hat schon Mozart selbst zu Variationen verlockt, so daß er, dem Brauch seiner Zeit entgegengesetzt, eine Klaviersonate mit einem Variationensatz einleitete. Es ist das Thema aus der A-dur-Sonate mit seinem beflügelten Sechsachteltakt, seiner idealen klassischen Symmetrie, seiner Anmut und Eleganz.
Reger, dem hier zweifellos eine Meisterpartitur gelang, schuf acht Variationen und eine Fuge. Wie nahe ist er in diesem Werk dem Brahms der Haydn-Variationen (die allerdings doch unerreicht blieben), welche vierzig Jahre früher entstanden! Reger dirigierte seine Mozartvariationen erstmalig am 5. Februar 1915 im Berliner Opernhaus. Über der Partitur steht die Widmung: »Der Meininger Hofkapelle zur Erinnerung.« Wie bei Brahms hat jede der Variationen ihren eigenen Charakter, ja ihre eigene Klangwelt. Ein vollendetes Kunststück ist die Schlußfuge: Rokoko und Bach miteinander zu vereinen – welch herrliche Aufgabe für einen Alleskönner wie Reger!

## Karel Reiner

1910–1979, tschechischer Komponist

Zwischen *Tanz* (1935), *Violinkonzert* (1937) und der *Konzertanten Suite* (1947) liegen lange Jahre in deutschen Konzentrationslagern. Es folgten die *Sinfonie* (1960), das *Konzert* für Baßklarinette, Schlagzeug und Streicher (1965), das *Concertino* für Fagott, Bläser und Schlagzeug (1969) u.a.

## Ottorino Respighi

1879–1936

Den »Sänger Roms« müßte man Respighi nennen, denn er widmete den Brunnen, den Pinien, den Festen der Ewigen Stadt seine wichtigsten sinfonischen Schöpfungen. Er gestaltete alte Melodien seines Vaterlandes liebevoll neu und schrieb zu drei Gemälden Botticellis seltsam irisierend-archaische Musik. Italienische Melodie verschmolz er mit Spätromantik und Impressionismus zu einem eigenen Stil. Und dank ihm hat Italien im 20. Jahrhundert neuerlich einen Platz im internationalen Konzertleben einzunehmen begonnen, den es viele Jahrhunderte früher – vor allem der Oper zuliebe – aufgegeben hatte.
Respighi kam in Bologna am 9. Juli 1879 zur Welt. Er studierte zuerst in seiner Heimatstadt, dann bei Rimsky-Korssakow in St. Petersburg und bei Bruch in Berlin. 1913 wurde er Professor, 1923

Direktor des Liceo Reale di Santa Cecilia in Rom (dem damals bedeutendsten Musikinstitut Italiens). Aber schon nach zwei Jahren zog er sich ins Privatleben zurück, um zu komponieren und auf Konzertreisen seine Werke dirigieren zu können. Er starb am 18. April 1936 in Rom.

*Orchesterwerke Respighis:*

*Aretusa* (1911);
*Suite für Orgel und Streicher* (1914);
*Dramatische Sinfonie* (1915);
*Die Brunnen Roms* (1916);
*Alte Tänze und Arien* (Drei Serien: 1918, 1923, 1932);
*Gnomentanz* (1919);
*Gregorianisches Konzert (für Geige und Orchester,* 1921);
*Die Pinien von Rom* (1924);
*Concerto in modo misolydico* (für Klavier und Orchester, 1925);
*Kirchenfenster* (1927);
*Botticellianisches Triptychon* (1927);
*Die Vögel (Suite,* 1928);
*Römische Feste* (1928);
*Toccata für Klavier* (1929);
*Brasilianische Impressionen* (1928);
*Metamorphosen Mod. XII, Thema und Variationen* (1931);
*Konzert für 5 Solisten und Streicher* (1934).

*Die Brunnen Roms* (Originaltitel: *Fontane di Roma*). In dieser Sinfonischen Dichtung malt Respighi die Stimmung rund um vier charakteristische bzw. berühmte Fontänen oder Brunnen Roms, wobei er jede von ihnen zu jener Tageszeit schildert, zu der ihr Zauber am deutlichsten fühlbar wird. *La fontana di Valle Guilia all'alba* heißt der erste Teil. Inmitten einer ländlichen Landschaft (des Giuliatales) ziehen in der Morgendämmerung Schafherden friedlich vorbei und verlieren sich im Dunst des anbrechenden Tages. Die Quellen murmeln ein eintöniges Lied, über das sich – in einzelnen Holzbläsern – ausdrucksvolle Melodien hinziehen. Das Stück belebt sich beim Übergang zum Tritonsbrunnen, der in vollem Morgenglanze daliegt *La fontana di Tritone al mattino*). Wir glauben Wassergeister, Najaden und Tritone in munterem Spiel zu sehen. Wassertropfen funkeln und strahlen in der höhersteigenden Sonne. Das Spiel wird immer ausgelassener, sinnlicher, immer fröhlicher und kecker, bis es fern und ferner rückt und verlischt. *La fontana di Trevi al meriggio* ist Respighis nächstes, unmittelbar anschließendes Thema: Im grellen Mittagslicht liegt der Brunnen von Trevi. Die Bläser stimmen ein feierliches Thema an. Fanfaren erklingen, als ziehe auf leuchtender Wasserbahn der Triumphwagen Neptuns vorüber. Der helle römische Tag neigt sich seinem Ende entgegen. Abendschatten fallen in den Park der Villa Medici *(La fontana di Villa Medici al tramonto)*. Ein melancholisches Thema in Englischhorn und tiefer Flöte wird vomBrunnenrauschen in Celesta und zwei Harfen umspielt. Die Sonne nähert sich dem Horizont. Glokkengeläute beginnt die warme, klare Luft zu erfüllen. Blätter rauschen, Vogelgezwitscher schläft langsam ein. Nur das Wasser, stiller und stiller geworden – in höchsten Geigenlagen –, ist allgegenwärtig, bis sein Laut für den Beschauer, der langsam heimwärts schlendert, ins Unhörbare erstirbt. (Uraufführung: Rom, 11. März 1917. Dirigent: Antonio Guarnieri.)

*Alte Tänze und Arien* (Originaltitel: *Antiche Danze ed Arie, per Liuto*). Der Zusatz »für Laute« besagt, daß es sich um alte Lautenstücke handelt, die Respighi aus der Vergessenheit geholt und für modernes Orchester instrumentiert hat. Er schuf derart drei Suiten, von denen die zweite am meisten aufgeführt wird. Sie besteht aus vier (verschiedenartig orchestrierten) Stücken des 16. und 17. Jahrhunderts. Das erste ist eine Art kleines Ballett, das der seinerzeit hochberühmte Fabrizio Caroso (von Torquato Tasso besungen) zu Ehren einer (mediceischen) Großherzogin von Toskana komponierte. Das zweite ein altfranzösischer bäuerlicher Tanz des halbvergessenen Jean Baptist Besard (oder Besardo). Im dritten, *Campanae parisienses* betitelt, zieht Respighi zwei Melodien zusammen. Eine stammt von einem unbekannten Autor, die andere von Marin Mersenne. Die *Bergamasca*, die den Schluß bildet – und ein mittelalterlicher Tanz war –, rührt von Bernardo Gianoncelli her, genannt Bernardello, der zu Ende des 15. und Beginn des 16. Jahrhunderts in Norditalien lebte. (Uraufführung: Mailand 1932).

*Die Pinien von Rom* (Originaltitel: *I Pini di Roma*). Acht Jahre nach den »Brunnen« – 1924 also – schuf Respighi mit seinem sinfonischen Gedicht auf die Pinien eine Art Pendant und Ergänzung. (Weitere vier Jahre später wird er die römischen Impressionen durch die »Feste« zum Triptychon erweitern und abschließen). Wieder sind vier Bilder zu einer pausenlosen sinfonischen Einheit zusammengefaßt. Das erste gilt den Pinien der Villa Borghese *(I Pini di Villa Borghese)*. Schon hier wird klar, daß dieses Werk in seiner Instrumentation weit über die »Brunnen« hinausgeht (die immerhin auch ein großes Sinfonieorchester verwenden); ein Blick auf die Partitur zeigt, daß Respighi dreifaches Holz, 4 Hörner, 3 Trompeten, 4 Posaunen sowie 6 weitere Blechbläser benötigt, die Flicornio oder Ophikleide genannt werden und sehr selten im Orchester auftauchen. Dazu kommen eine Fülle von Schlaginstrumenten, Harfe, Glocken, Celesta, Klavier, Orgel, Streicher und ... ein Grammophon. Zu diesem seltsamen »Insassen« des Orchesters wird später noch mehr zu sagen sein. Das erste Bild ist fröhlich *(Allegretto vivace)*: Kinder spielen um die Pinien der Villa Borghese, sie tanzen, sie marschieren wie kleine Soldaten, sie zwitschern und plappern gleich Vögeln. Wenn die ersten Abendschatten einfallen, laufen sie heim. Die Musik wandelt sich, wird düster, ernst. Wir befinden uns bei den Pinien, die nahe bei den Katakomben stehen *(I Pini presso una catacomba)*. Eine sehr ferne Trompete bläst ein wehmütiges Motiv. Es steigert sich zur Hymne, zum majestätischen Gesang der Toten, die namenlos unter diesen dunklen Pinien begraben sind. In einer klaren Vollmondnacht steigen wir dann auf den Janiculum *(I Pini del Gianicolo)*. Zauberhafte Orchesterklänge umfangen uns. Und plötzlich erhebt sich über den gedämpften Streichern und gewissermaßen eine Klarinettenmelodie fortsetzend der Gesang einer Nachtigall. Es ist ein Moment, der unser Herz stillstehen läßt, unvergeßlich, überwältigend. Dann fragen wir uns vielleicht: Wie konnte Respighi den süßen Sang der Nachtigall so vollendet nachahmen, daß wir ihn in einer Sommernacht vor unserem Fenster zu hören vermeinen? Die Antwort ist so einfach wie verblüffend: mit einer Schallplatte. Erlaubtes oder unerlaubtes Hilfsmittel? Das wäre ein interessantes Diskussionsthema. Ist es nicht so, als habe ein Maler mitten in sein Gemälde ein Stück Photographie geklebt? Die Wirkung ist stark, aber das ist – in der Kunst – kaum ein ausschlaggebendes Argument. Erinnern wir uns, daß ein wenig mehr als ein Jahrhundert früher auch Beethoven den Vogelgesang in ein sinfonisches Werk einfügt; wie ganz anders klingt er da – und nicht nur, weil die Schallplatte noch nicht erfunden war. Die, die Respighi hier verlangt, ist im Orchestermaterial eingeschlossen. Es ist also immer und überall die gleiche römische Nachtigall, die ihre Stimme ertönen läßt, in Tokio wie in Buenos Aires, in Sydney wie in Stockholm. Dreißig Jahre später wird die Kombination zwischen lebendiger Ausführung und Tonband zu einem alltäglichen Hilfsmittel der avantgardistischen Komponisten werden. Respighi war darin ihr geistiger Vater. Das letzte Stück ist *I Pini della Via Appia* betitelt. Morgennebel liegen über der berühmten Ausfallstraße Roms. Einsame Pinien stehen gleichsam Wache. Die düster-tragische Landschaft belebt sich, man hört den Schritt heranziehender Legionen. Unter dem Schmettern der altrömischen Buccinen (die hier von Ophikleiden nachgeahmt werden) zieht ein siegreicher Konsul zum Triumph auf das Kapitol. Mit diesem Bild ferner, glänzender Vergangenheit endet das Werk. *I Pini di Roma* erlebte seine Uraufführung am 14. Dezember 1924 in Rom, unter der Leitung von Bernardino Molinari.

*Kirchenfenster* (Originaltitel: *Vetrate di chiesa*). »Vier sinfonische Impressionen« für großes Orchester (in dem Klavier, Harfe, Celesta, drei Tamtams in verschiedenen Größen, Glocken usw. vorkommen), in teilweise archaisierendem Stil geschrieben – den Respighi seit jeher liebte und dem er ein ganzes Werk, das *Gregorianische Konzert* für Geige und Orchester, gewidmet hatte – und von sehr verschiedenem, wenn auch immer religiösem Stimmungsgehalt. Zu jeder von ihnen gibt es eine Art Motto. Bei der *Flucht nach Ägypten* steht: »... die kleine Karawane zog durch die Wüste, in der sternenklaren Nacht, und trug den Schatz der Welt« (aus dem Matthäusevangelium); das zweite Kirchenfenster stellt den *Erzengel Michael* dar: »Und es gab eine große Schlacht im Himmel: Michael und seine Engel kämpften mit dem Drachen, und es kämpften der Drachen und seine Engel. Aber diese bekamen nicht die Überhand, und es war kein Platz mehr für sie im Himmel.« Zur *Frühmette der heiligen Klara* steht vermerkt: »Aber Jesus Christus, ihr Gemahl, der sie nicht wollte lassen so ungetröstet, ließ sie in wunderbarer Weise von den Engeln in die Kirche des heiligen Franziskus bringen und allda bleiben zum ganzen Amt der Frühmette ...« Das letzte Vitreau ist dem *heiligen Gregorius dem Großen* gewidmet: »Da ist der höchste Priester! Segnet den Herrn, stimmet die Gotteshymne an! Halleluja!« (Geschrieben 1927, uraufgeführt März 1928 in Boston.)

*Botticellianisches Triptychon* (Originaltitel: *Trittico Botticelliano*). Dieses für kleines Orchester (einfaches Holz, ein Horn, eine Trompete, Triangel, Glocken, Celesta, Harfe, Klavier und Streicher) geschriebene Werk stammt aus dem Jahre 1927, ist der nordamerikanischen Mäzenin Elizabeth Sprague Coolidge gewidmet und schildert drei der berühmtesten und schönsten Gemälde Sandro Botticellis, des eminenten Florentiner Meisters, der von etwa 1445 bis 1510 lebte: *Hymnus auf den Frühling* (Primavera), *Die Anbetung der Magier* und *Die Geburt der Venus*.

*Römische Feste* (Originaltitel: *Feste Romane*). Die Jahre 1927 und 1928 sind für das Schaffen Respighis – und besonders für das orchestrale – von besonderer Bedeutung. Eine Reihe von wichtigen Werken entstammt ihnen. *Feste Romane* ist seine ausgedehnteste Partitur; auch das hier verwendete Orchester übersteigt noch die bei diesem Komponisten oft ungewöhnlichen Klanghäufungen: dreifaches Holz (zu dem noch eine kleine D-Klarinette tritt), 4 Hörner, 4 Trompeten, 3 Posaunen, Tuba, Pauken, 9 weitere Schlaginstrumente, kleine und große Glocken, Xylophon, Klavier zu vier Händen, Orgel, Mandoline, Streicher sowie 3 »Buccine« (Ophikleiden), eine wahre Klangorgie also, wenn diese Masse an Höhepunkten voll entfesselt wird. Respighi schildert vier in Zeit, Ort und Anlaß verschiedene römische Feste. Der erste Satz *(Circenses)* stellt eine Szene aus dem Rom der ersten christlichen Jahrhunderte dar: Anhänger der neuen Religion werden in die Arena getrieben und dort den Löwen zum Fraß vorgeworfen. Eine tobende Menschenmenge brüllt »Ave, Nero!«, ein Choral der Märtyrer tönt gläubig zu Gott, geht aber im Tumult unter. Düster steht der Himmel über dem Circus Maximus. Jahrhunderte sind bis zum zweiten Bild *(Il giubileo)* vergangen: Pilger ziehen auf der staubigen Straße dahin, erreichen endlich die Höhe des Monte Mario. Vor ihnen breitet sich das Ziel ihrer Sehnsucht aus: Rom! Jubelnde Hymnen entringen sich ihren Herzen. Alle Glocken der Ewigen Stadt jauchzen ihnen entgegen. *L'Ottobrata* ist das traditionelle Oktoberfest Roms. Man vernimmt ferne Jagdrufe, Pferdegeschirr und -wiehern, die Schlösser und Burgen stehen rebenbekränzt. Liebesgesänge überall. Ein von der Mandoline angestimmtes Ständchen erfüllt die milde Abendluft. Ein entfesseltes Volksfest zeigt der letzte Satz, *La Befana*. Wir befinden uns in der Dreikönigsnacht auf der Piazza Navona. Mit vollendeter Plastik schildert Respighi: Bauernlieder, ausgelassene Tänze im Saltarellorhythmus, Leierkastenklänge von Schaubuden, Stimmen von Ausrufern, Grölen der Menge, selbstbewußte Rufe, die sich Platz bahnen: »Lassàtece passà, semo Romani!« (Laßt uns durch, wir sind Römer!) Uraufführung: März 1929, New York.

*Brasilianische Impressionen* (Originaltitel: *Impressioni Brasiliane*). Als Frucht einer seiner weiten Reisen brachte Respighi diese Eindrücke mit, die er in seinem volltönenden Orchesterstil verarbeitete. Man darf hier begreiflicherweise keine Folklore suchen (sowenig wie bei Milhauds ähnlichem Werk: Saudades do Brasil), aber als Eindruck eines europäischen Musikers in einer so fremden, neuen Umwelt ist das Stück fesselnd. Es enthält drei Teile: *Tropische Nacht, Butantan* (die Schlangenfarm bei São Paulo) und *Lied und Tanz* (1928).

## Hermann Reutter

1900–1984, deutscher Komponist

Der langjährige Direktor der Musikhochschule seiner Geburtsstadt Stuttgart hat eine Reihe wichtiger Beiträge auf allen Kompositionsgebieten geliefert. Nennen wir vier Klavierkonzerte, ein *Konzert in Es für zwei Klaviere und Orchester*, ein *Konzert für Violine und Orchester*, ein *Concerto grosso für Alt, Viola, Klavier und Orchester (Aus dem Hohenlied Salomonis)*, die Suiten *Die Kirmes von Delft* und *Notturno Montmartre* (beide aus Balletten), eine *Sinfonie für Streichorchester, Tanzvariationen über ein Negrospiritual, Spanischer Totentanz* für zwei Singstimmen und Orchester, *Konzertvariationen für Klavier und Orchester*. Reutter gehört zu den gewichtigen Stimmen im vielfältigen Panorama der deutschen Musik unserer Zeit; er ist keiner der Radikalen, sondern sucht in einer Art Neoromantik eine gesunde Basis für empfindungsvolles Musizieren.

## Silvestre Revueltas

1899–1940, mexikanischer Komponist

Revueltas war eine der faszinierendsten Musikergestalten nicht nur der Neuen Welt. Etwas von Mussorgskys gequälter Seele und von seinem tragischen Geschick lebt hier wieder auf. Ein Bohemien ohne Arbeitsdisziplin, ohne Tageseinteilung, ja oftmals ohne Bewußtsein einer ihn umgebenden Welt; ein Mensch, den die künstlerischen Visionen überfielen und der ihrer kaum Herr werden konnte. Er wurde am letzten Tage des Jahres 1899 in Durango geboren, bildete sich in seiner Heimatstadt, in Mexiko D.F. und in den USA (dort u.a. bei Sevcik) zum Geiger aus, leitete verschiedene Orchester, zuletzt in der Hauptstadt Mexikos. 1937 ging er in das bürgerkriegszerwühlte Spanien, um der Republik seine kulturellen Dienste anzubieten. Nach der Heimkehr dirigierte und komponierte er wiederum, unterrichtete auch, aber aufgrund seiner schwachen Gesundheit erlag er einer Lungenentzündung in der Nacht vom 4. auf den 5. Oktober 1940 in Mexiko-City, wo eben ein neues Ballett von ihm uraufgeführt wurde. Erst später begann das Publikum seine Bedeutung zu ahnen. Er schuf viel, in einem völlig persönlichen, nirgends einzureihenden Stil, auch hierin Mussorgsky ähnlich. Wie jener widmete er manches schöne Werk den Kindern; aber auch er suchte in steigendem Maße trügerischen Trost im Alkohol, der seinen Lebensnerv untergrub. Wir geben im folgenden eine Liste seiner wichtigsten Orchesterwerke, die sich erst langsam in der Welt Bahn brechen.

*Cuanahuac* (der alte indianische Name für Cuernavaca, den idyllischen Ort nahe von Mexikos Hauptstadt, wo Cortes' Palast steht). 1931 für kleines, 1932 für großes Orchester.
*Esquinas* (Ecken, Straßenecken einer Stadt) und *Ventanas* (Fenster). Revueltas wollte diese Werke nicht als Programmusik verstanden wissen: »Als ich sie schrieb, wollte ich vielleicht eine bestimmte Idee ausdrücken; aber nun, da mehrere Monate vergangen sind, kann ich mich nicht erinnern, um was es sich handelte.« Für kleines Orchester 1931; *Esquinas* 1933 für großes Orchester.
*Colorines* (Szenen aus dem Leben der Indios), 1932;
*Alcancías* (Ein Stück für Kinder), 1932;
*Toccata für Geige und sieben Bläser*, 1933;
*Janitzio* (eine Fischerinsel im Lago Patzcuaro), 1933, neue Fassung 1936;
*Caminos* (Wege, Straßen), 1934;
*Planos* (Pläne, geometrische Zeichnungen). »Meine Musik ist funktionale Architektur, was keineswegs das Gefühl ausschließt...«, 1934;
*Homenaje a Federico García Lorca* (Ehrung García Lorcas). In diesem tiefempfundenen Werk steht ein Wiegenlied, das von höchster Schönheit erfüllt ist (Uraufführung: Madrid, 22. September 1937);
*Sensemaya* (ein afro-kubanisches Lied), für Singstimme mit kleinem Orchester 1937; für großes Orchester 1938.

Ferner gibt es *Orchestersuiten*, die aus seinen Filmmusiken zusammengestellt sind, so *Redes* (Netze), eines seiner interessantesten Werke (uraufgeführt am 7. Oktober 1937 in Barcelona), *Los Ferrocarriles de la Baja California* (Die Eisenbahnen Nieder-Kaliforniens), wovon die *Konzertsuite* in Mexiko am 15. Dezember 1938 unter dem seltsamen Titel *Musik zum*

*Plaudern* uraufgeführt wurde (»Die Musik, die zum Nachdenken stimmt, ist scheußlich und unerträglich. Es gibt Leute, denen sie gefällt. Ich hingegen liebe die Musik, die mich schläfrig macht...«), und andere.

## Emil Nikolaus von Reznicek

1860–1945, österreichischer Komponist

Das Musikleben ist diesem vortrefflichen österreichischen Musiker gegenüber sehr ungerecht. Er schrieb bezaubernde Werke, von denen vor allem die *Tanzsinfonie* (mit Tänzen aus vielen Ländern, wie Polonaise, Csárdás, Ländler und Tarantella) und die *Ouvertüre zur Oper »Donna Diana«*, ein Meisterstück ihrer Art, in unser Buch gehören. Aber erwähnt seien auch seine drei Sinfonien, seine sinfonischen Dichtungen *Peter Schlemihl, Der Sieger, Tragische Geschichte*, seine *Sinfonische Suite D-dur*, seine *Raskolnikow-Ouvertüre*, mehrere Werke für Solostimme und Orchester sowie Bühnenmusiken, darunter die zu Strindbergs *Traumspiel*.

## Franz Xaver Richter

1709–1789, böhmisch-deutscher Komponist

Wenn man auch Haydn als den »Vater der Sinfonie« zu bezeichnen pflegt, so hat er sie doch nicht aus dem Nichts erschaffen. Bedeutende italienische Meister haben den Grundstock gelegt, und die »Mannheimer Schule« entwickelte das technische Rüstzeug für die Orchesterentfaltung. Unter den »Mannheimern« ragen zwei große Musiker hervor: Johann Stamitz und Franz Xaver Richter. Beide stammten aus dem böhmisch-mährischen Gebiet. Richter komponierte an die siebzig Sinfonien sowie mehrere Klavierkonzerte, Vorläufer Haydns und Mozarts, aber mehr als das: eigenständige, wertvolle Musik zwischen Barock und Rokoko.

## Wallingford Riegger

1885–1961, US-Komponist

Dieser nordamerikanische Komponist wandelte sich vom Romantiker zum Zwölftöner im Geiste Schönbergs. In seinem reichen Werk nimmt der Jazz eine besondere Stellung ein. Von seinen für verschiedenartigste Klangkörper geschriebenen Orchesterstücken seien erwähnt: Vier Sinfonien (1944, 1945, 1946, 1957), *Little Black Sambo* (1946), *Suite für Jugendorchester* (1954), *Tanzrhythmen* (1955), *Ouvertüre* (1955), *Präambel und Fuge* (1955), *Festivalouvertüre* (1957), ferner *Sinfonietta, Kanons für Bläser, Phantasie und Fuge, Passacaglia und Fuge, Neuer Tanz für Klavier und Kammerochester* sowie eine Reihe von Ballettmusiken.

## Wolfgang Rihm

1952, deutscher Komponist

Der in Karlsruhe Geborene arbeitete sich ungewöhnlich schnell in die vorderste Reihe der zeitgenössischen Komponisten vor, erlebte mit Bühnenwerken, aber auch im Konzertsaal aufsehenerregende Erfolge in einem Stil, den man manchmal als »Neue Einfachheit« bezeichnet und der deutlich von Zwölfton und serieller Technik abrückt. Für Orchester schrieb Rihm bisher 3 *Sinfonien: Nr. 1* (1969), *Nr. 2* (1975), *Nr. 3* (mit Chor und 2 Gesangssolisten, 1977), *Trakt* (1972), *Dis-Kontur* (1974), *Sub-Kontur* (1975), *Lichtzwang* (für Violine, 1976), *La musique creuse le ciel* (Die Musik höhlt den Himmel aus, für 2 Klaviere, 1979), *Abgangsszene I* und *II* (1979, 1980) u.v.a.

## Nikolai Rimsky-Korssakow

1844–1908

In doppelter Eigenschaft ist dieser bedeutende russische Musiker in die Geschichte eingegangen: als Komponist einer großen Zahl wichtiger und schöner Werke und als selbstloser Ratgeber, Helfer, Instrumentator und unermüdlicher Lehrer seiner Kameraden, die sich zur bahnbrechenden Gruppe des »Mächtigen Häufleins« oder der »Gruppe der Fünf« vereinigt hatten: Balakirew, Borodin, Cui und Mussorgsky. Er war einer der frühesten Sinfoniker seines Vaterlandes und einer der technisch bestausgerüsteten Musiker seiner Zeit. Trotzdem war auch er kein »Berufsmusiker« im heutigen Sinne, sowenig es seine Kameraden vom »Mächtigen Häuflein« sein konnten. Doch hatte er wenigstens das Glück, einen abwechslungsreichen Beruf auszuüben, der ihn zudem durch die weite Welt führte und Eindrücke sammeln ließ, die sich oft in Musik verwandelten. Und als seine Vorgesetzten in der zaristischen Marine sich über seine wahre Berufung klarwurden, ernannten sie ihn zum Inspektor aller Marinekapellen. Er wurde Kompositionsprofessor am Petersburger Konservatorium, leitete die Hofsängerkapelle und mehrere sehr rührige Musikgesellschaften.

Rimsky-Korssakow wurde am 18. März 1844 in Tikwin, Gouvernement Nowgorod, geboren und führte ein künstlerisch recht ruhiges, großer Sensationen entbehrendes, stets aufwärtsstrebendes Leben, das am 21. Juni 1908 bei St. Petersburg erlosch. Er schilderte es in einer recht sachlichen Autobiographie. Überhaupt war Sachlichkeit eines seiner hervorstechendsten Merkmale. Vielleicht muten darum auch seine Werke manchmal mehr gekonnt als im Tiefsten erlebt an; möglicherweise war seine Technik stärker als seine Erfindungsgabe, sein Verstand entwickelter als sein Herz. Trotzdem – oder gerade deshalb? – verbrachte er sein Dasein an der Seite einer ungewöhnlichen Frau, deren Schönheit und Liebenswürdigkeit mit ihrem Musikverständnis wetteiferten. Rimsky-Korssakows Wirkung erstreckt sich – vor allem über seine Schüler, zu denen Strawinsky zählt – noch weit in unser Jahrhundert.

*Die Orchesterwerke Rimsky-Korssakows:*

*Sinfonie Nr. 1* (es-, später e-moll), op. 1, 1865;
*Sadko, Sinfonische Dichtung*, op. 5, 1867;
*Phantasie über serbische Themen*, op. 6, 1867;
*Sinfonie Nr. 2 (Antar)*, op. 9, 1868;
*Ouvertüre über russische Themen*, op. 28, 1880;
*Legenden*, op. 29, 1880;
*Klavierkonzert cis-moll*, op. 30, 1883;
*Sinfonietta a-moll*, op. 31, 1880;
*Sinfonie Nr. 3 c-moll*, op. 32, 1884;
*Fantasie für Geige und Orchester über russische Themen*, op. 33, 1886;
*Spanisches Capriccio*, op. 34, 1887;
*Scheherazade*, op. 35, 1888;
*Die großen russischen Ostern*, op. 36, 1888;
*Suite für Violoncello*, op. 37, 1903;
*Grabstein* (Orchesterpräludium zur Erinnerung an M.P. Belajew);
Orchestersuiten aus den Opern *Das Mädchen von Pskow* und *Der goldene Hahn*.

*Sinfonie Nr. 1*, op. 1. Früheste Aufzeichnungen stammen von 1861; bis zur Fertigstellung vergingen vier Jahre, die endgültige Fassung und die Transposition von es-moll nach der leichter spielbaren Tonart e-moll datiert aus dem Jahre 1884. Rimsky-Korssakow selbst hat in seiner Autobiographie einiges aus der Geschichte dieser Sinfonie erzählt. Er hatte sie noch vor seinem ersten Kontakt mit dem »Mächtigen Häuflein« entworfen, aber war nicht recht weitergekommen; Balakirew hielt ihn dann zu ihrer Vollendung an. Das Werk wurde von den nationalistischen Kreisen stürmisch gefeiert und als »erste russische« Sinfonie gepriesen, was zwar in bezug auf den Stil stimmt – da hier erstmals wirklich russische Elemente verarbeitet sind –, aber außer acht läßt, daß der vermutlich erste Russe, der eine Sinfonie komponierte, Anton Rubinstein gewesen war. Im Frühling 1862 fügte Rimsky-Korssakow dem ersten Satz, der Balakirew begeistert hatte, das Scherzo (ohne Trio vorerst) und das Finale hinzu, von dem es heißt, er habe das Thema am 20. März gefunden, als er sehr niedergeschlagen vom Begräbnis seines Vaters zurück nach St. Petersburg fuhr. Aber erst 1865 wurde das Werk beendet, und Balakirew dirigierte es am 19. 12. 1865 mit großem Erfolg; schon wenige Wochen später wurde es abermals gespielt, dieses Mal in den Sinfoniekonzerten des Kaiserlichen Theaters.

*Sinfonie Nr. 2*, op. 9, genannt *Antar*. Die Geschichte dieses sinfonischen Gedichts – denn das stellt die Komposition eigentlich dar – ist noch länger als die der ersten Sinfonie. Die erste Fassung stammt aus den Jahren 1867/68, die zweite von 1874, eine dritte wurde 1897 vollendet. Rimsky-Korssakow läßt sich hier von einer schönen Erzählung des russischen Schiftstellers Senkowsky inspirieren: Antar, der berühmte orientalische Krieger und Dichter – ein Zeitgenosse Mohammeds – zieht sich von der Welt zurück, die seinen Edelmut stets mit Undank belohnt hat. Er flieht in die Wüste Sham. Nahe den Ruinen von Palmira erlebt er den Überfall eines riesigen Raubvogels auf eine Gazelle. Er eilt zu deren Schutz herbei und kann den Angreifer vertreiben. Dann schläft er ermattet ein und träumt einen seltsamen Traum: Die Königin von Palmira, die Fee Gul-Nazar, die Antar vor einem mächtigen Feinde gerettet hat – denn sie war es, die als Gazelle von einem Raubvogel verfolgt wurde –, hat Antar in ihren Märchenpalast geladen. Dort gewährt sie ihm die drei größten Genüsse der Welt: den der Rache, den der Macht und zuletzt den der Liebe, die er in den Armen Gul-Nazars erlebt, um an ihrem letzten Kuß zu sterben. Die Musik ist in vier Sätze geteilt: der erste malt die Wüste, den Kampf der beiden Tiere, Antars Sieg sowie seine Entrückung in den prunkvollen Palast der Fee; der zweite stellt den Triumph der Rache dar, der dritte – mit einem machtvollen Marsch – den Genuß der Macht. Im vierten Satz wird die Liebe geschildert: das Englischhorn bringt eine orientalische Melodie, weich und sinnlich. Allerdings soll hier gleich gesagt sein, daß alle arabischen Melodien, die in diesem Werk verarbeitet sind – wie diese:

– aus einem Buche stammen, das Rimsky-Korssakow im Hause Borodins gefunden hatte. Sein starker Hang zur orientalischen Musik kommt in diesem Stück erstmals zum Ausdruck. Auch andere Merkmale seines Kompositionsstiles sind schon vorhanden: das verhältnismäßig geringe thematische Material, das aber äußerst fein verarbeitet ist, die nuancenreiche Instrumentation, die (für damalige Zeit) moderne Harmonik; jedoch auch eine gewisse Blutleere, die mit dem Thema in Widerspruch zu stehen scheint, für das man sich glühendste Leidenschaft wünschen würde. Am 10. März 1869 dirigierte Balakirew die Uraufführung von *Antar* in St. Petersburg. Es ist interessant, daß Rimsky-Korssakow sich in jener Epoche von seiner Kunst und besonders von seinem Können unbefriedigt fühlte; er wünschte sich vor allem eine bessere Beherrschung der Technik. Wo sollte er sie finden? In den Reihen der eigenen Gruppe war keiner auch nur annähernd so gewandt wie er, am wenigsten Mussorgsky, mit dem er nun in engster Freundschaft lebte. So wandte er sich kurz entschlossen an Tschaikowsky, obwohl dieser mit seinen »westlicheren« Ideen dem »Mächtigen Häuflein« recht ferne stand; dieser gab ihm wertvolle Ratschläge und erklärte sich bereit, Rimsky-Korssakows Kompositionsübungen zu korrigieren: Tatsächlich übersandte der Komponist des *Antar* dem nur ein wenig älteren Kollegen eine Reihe von Fugen und anderen »Aufgaben«, die Tschaikowsky freundschaftlich-kollegial durchsah. Erst von da an fühlte Rimsky-Korssakow sich sicher, und in unermüdlicher Arbeit – die eines seiner Merkmale war – gelangte er zu einer glänzenden Beherrschung der musikalischen Technik. (Hinzugefügt sei noch, daß die sogenannte *zweite Sinfonie* oder *Antar* – die in Wirklichkeit eine sinfonische Dichtung darstellt – später von ihrem Autor als »sinfonische Suite« bezeichnet wurde.)

*Sinfonie Nr. 3 C-dur.* Im Sommer 1873 legte Rimsky-Korssakow letzte Hand an seine dritte Sinfonie. Er war eben zum Inspektor der Marinekapellen ernannt worden und reiste zwischen St. Petersburg und Kronstadt – dem Kriegshafen – hin und her. Am 18. Februar 1874 dirigierte er selbst sie zum ersten Male; das Konzert bedeutete gleichzeitig sein Debut als Dirigent. Es war zu wohltätigem Zweck organisiert worden – zugunsten der durch schlechte Ernten in Not geratenen Bauern –, stieß aber auf völlige Gleichgültigkeit des Petersburger Publikums. Auch die Sinfonie gefiel nicht. Der Autor erzählt es selbst mit diesen Worten: »Vor Beginn des Konzerts erhielt ich einen herzlichen Brief Balakirews, der mir sozusagen seinen Segen gab; er war nicht anwesend, so wie er auch zu den Proben nicht gekommen war. So hörte er meine Sinfonie nicht, die auf meine Freunde einen sehr geringen Eindruck machte. Sie beurteilten sie als äußerst trocken – außer dem Scherzo – und verurteilten meine Neigung zum Kontrapunkt. Einige, wie Stassow, meinten, die Instrumentation sei sehr dürftig. Borodin war der einzige, dem sie gefiel; aber auch er sagte, es sei die Arbeit eines gelehrten Professors, der sich die Brillen aufsetze, um – in Übereinstimmung mit seiner Wichtigkeit – eine Sinfonie in C-dur zu komponieren...«

*Capriccio Espagnol*, op. 34. Die spanische Musik – und die landschaftlich-folkloristische Atmosphäre, der sie entstammt – hat stets eine starke Anziehungskraft auf die russischen Musiker ausgeübt, von Glinka bis Strawinsky. So auch auf Rimsky-Korssakow, der ihr dieses Capriccio für Orchester widmete (mit dem italienisch-französisch gemischten Titel); es entstand 1887 und wurde unter der Leitung des Komponisten am 12. November jenes Jahres in St. Petersburg uraufgeführt. Das Capriccio besteht aus fünf Sätzen: 1. *Alborada* (Morgendämmerung), 2. *Variationen*, 3. *Alborada*, 4. *Zigeunerszene und -lied*, 5. *Asturianischer Fandango.* Ein effektvolles Orchesterstück, das der Autor selbst »äußerlich« nennt, bei dem die Wirkung aber keineswegs von rein äußerlichen Elementen ausgeht: die Verschmelzung schöner spanischer Themen und meisterhafte Orchestrierung, die den Charakter unterstreicht, sichern dem Werk einen dauernden Platz im Repertoire. Den Höhepunkt bildet vielleicht die *Zigeunerszene*, in der eine Reihe von Instrumenten mit kleinen, aber virtuosen Kadenzen bedacht sind. Der *Fandango* stellt ein blendendes Finale dar, wobei das Wort »blendend« in seiner wahren Bedeutung genommen sei: als Wirkung nach außen, die nicht unbedingt von eigener Leuchtkraft herkommen muß. Das Lokalkolorit der Themen sei an zwei Beispielen aufgezeigt: so setzt *Alborada* ein:

Und hier ist das Gegenthema, das diesem zur Seite gestellt wird, ruhiger und ausdrucksvoller:

*Scheherazade*, op. 35. Im Winter 1887/88 faßte Rimsky-Korssakow den Plan, ein Orchesterwerk über Episoden aus »1001 Nacht« zu komponieren und sie nach Art einer Suite aneinanderzureihen. Er betont in seinen Erinnerungen, daß er darin keine Leitmotive im wagnerischen Sinne anwendete; aber schon die bloße Erwähnung macht uns stutzig: Wir haben mehrfach beobachtet, daß es um jene Zeit kaum Komponisten in Europa gab, die sich dem Einfluß des »Magiers von Bayreuth« entziehen konnten. Auch Rimsky-Korssakow wurde von ihm erfaßt, wenngleich seine Persönlichkeit kritisch genug war, einige Ideen des deutschen Meisters nur zu übernehmen, um sie völlig seinem eigenen Stil anzupassen. Rimsky-Korssakow schrieb für dieses sein populärstes Orchesterwerk ein Vorwort, in dem die Geschichte vom grausamen Sultan – der geschworen hat, alle Frauen, die ihm eine Nacht angehört haben, zu töten, damit ihm nie wieder eine von ihnen untreu werden könne, wie es geschehen war – und der bezaubernden Scheherazade, die mit List,

Charme und Erfindungsgabe nicht nur ihren Kopf rettet, sondern Liebe und Hand des Sultans erringt, erzählt wird. Die vier Sätze haben keinen anderen inhaltlichen Zusammenhang als den, der durch die tausend und eine Nacht währenden Erzählungen Scheherazades gegeben ist. Das Thema des Sultans zieht sich durch das ganze Werk:

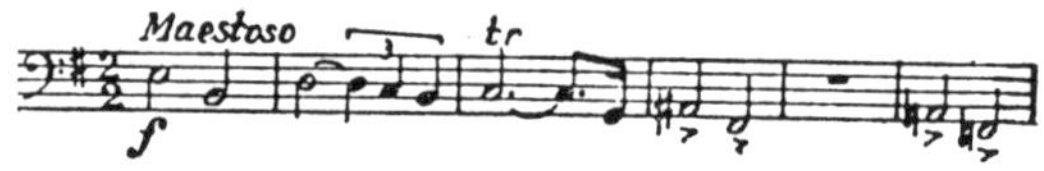


Ihm steht das liebliche Motiv Scheherazades gegenüber (Violine und Harfe):

Der erste Satz (er sollte ursprünglich »Präludium« betitelt werden, während die folgenden »Ballade«, »Adagio« und »Finale« heißen sollten – auch die erklärenden Untertitel wurden später fortgelassen, werden aber immer noch gebraucht) schildert nach Vorstellung der Personen, die die Rahmenhandlung bilden, die erste Erzählung: *Das Meer und das Schiff Simbads.* Simbad oder Sindbad der Seefahrer fährt auf den bewegten Wogen des Ozeans dahin und erlebt kühne und unglaubliche Abenteuer – so unglaubliche, daß der Sultan die schöne Erzählerin mehrmals barsch unterbricht, aber doch nach und nach immer mehr gefesselt wird. So gefällt ihm in der nächsten Nacht die Geschichte vom Prinzen Kalender schon viel besser, die uns auf einen orientalischen Markt zu führen scheint. Die dritte Nacht erzählt uns vom kleinen Prinzen und der kleinen Prinzessin, eine zarte Geschichte aus Kinderland. Die vierte Nacht schließlich wird erregt eingeleitet, da der Sultan mit seiner Erzählerin unzufrieden scheint; sie muß ihm von einem prächtigen Fest in Bagdad, von bunten Gewändern und frohen Tänzen berichten, um ihn zu besänftigen. Doch dann wird es gefährlich, ein Schiff treibt auf dem stürmischen Meer und nähert sich immer mehr einem Magnetberg, an dem es zerschellen wird. Ein Epilog vereint schließlich liebevoll die beiden Themen des Sultans und Scheherazades; die schöne Erzählerin hat gesiegt. Glücklich werden beide herrschen, der Sultan über sein Reich und Scheherazade über sein Herz, das nicht mehr grausam und tyrannisch ist. Rimsky-Korssakow schrieb diese »Suite« (wie er die Komposition nannte) während des Sommers 1888 in einem Häuschen am Tscheremenez-See. In der darauffolgenden Saison der »Russischen Sinfoniekonzerte«, deren Leitung Rimsky-Korssakow innehatte, erfolgte die Uraufführung am 3. Dezember 1888 in St. Petersburg.

*Die großen russischen Ostern,* Ouvertüre, op. 36. Gleichzeitig mit der Idee, eine Märchen aus 1001 Nacht in Musik zu setzen, plante Rimsky-Korssakow, die herrlichen russischen Kirchengesänge in einem Orchesterwerk zu verarbeiten. (Vielleicht liegt hier ein Zug, den man als charakteristisch für diesen Musiker bezeichnen könnte: Seine starke innere Ausgeglichenheit läßt ihn gleichzeitig ein berauschendes orientalisches Gedicht und eine feierliche orthodoxe Zeremonie schaffen.) In seiner Autobiographie lesen wir: »In der langsamen Einleitung zu den ›Großen russischen Ostern‹ – über zwei liturgische Gesänge: *Gott wird auferstehen* und *Der Engel sprach* – hatte ich stets die alte Prophezeiung des Jesajas über die Auferstehung Christi gegenwärtig. Die düstere Einleitung des *Andante* schildert das Heilige Grab, das im Augenblick der Auferstehung in unbeschreiblichem Lichte leuchtet, wobei das *Allegro* einsetzt; hier erklingt *Und vor seinem Licht flohen, die ihn haßten.* Das *Allegro* leitet zur festlichen Stimmung der russischen Mitternachtsmesse über. Der feierliche Trompetenklang, der die Engelsstimmen andeutet, ist durch das frohe Läuten der Glocken ersetzt, das fast zum Tanz wird. Plötzlich folgt das schnelle Psalmodieren des Diakonus, worauf das langsame Rezitieren des Evangeliums erfolgt, das der Priester liest. Die Melodie des *Christ ist auferstanden* (das zweite Thema) erglänzt im Klange von Trompeten und Glokken; das Werk verschmilzt die Erinnerungen aus ferner Prophetenzeit, die wundervolle Botschaft des Evangeliums und das Bild der russischen Ostermesse mit ihrer heidnischen Fröhlichkeit. Glaubt Ihr nicht, daß die Tänze König Davids vor der Bundeslade ähnliche Erinnerungen in unseren Zeremonien hervorrufen können? Kann man zum Klang der russischen Glokken nicht auch tanzen? Dieser heidnische und legendäre Aspekt des Auferstehungsfestes war es, den ich in meiner Musik zeichnen wollte...« Dem ist wenig hinzuzufügen. Rimsky-Korssakow nennt das Stück *Ouvertüre,* wie viele Autoren des 19. Jahrhunderts es taten; wir würden es eher als sinfonische Dichtung bezeichnen. Geistliche Themen aus der eindrucksstarken russischen (orthodoxen) Liturgie sind darin verwoben, wie dieses:

Der Komponist selbst meint, dieses Werk stelle, gemeinsam mit dem *Capriccio espagnol* und *Scheherazade,* den Höhepunkt seiner künstlerischen Schaffensperiode dar, in der sein Orchesterstil, frei von Wagnerschen Einflüssen, einen beträchtlichen Grad von Virtuosentum und glänzenden Farben erreichte, wobei er den Regeln Glinkas folgte. *Die großen russischen Ostern* sind dem Andenken der früh verstorbenen Gefährten Mussorgsky und Borodin gewidmet. Die Anrufung eines noch heidnischen Ur-Rußlands ist dem Autor in eindrucksvoller Weise gelungen; hier wird sein Schüler Strawinsky mit dem umstürzlerisch-großartigen *Sacre de printemps* sowie mit *Les noces* anknüpfen. Rimsky-Korssakow dirigierte dieses Werk bei der Uraufführung in St. Petersburg selbst; es geschah am 3. Dezember 1888, im gleichen Konzert, in dem auch *Scheherazade* zum ersten Male erklang.

*Der Hummelflug*. Manchmal hört man in Sinfoniekonzerten dieses kurze und äußerst virtuose Orchesterscherzo, das der Oper *Das Märchen vom Zaren Saltan* entnommen (und in unserem Opernbuch besprochen) ist. Wir zitieren daraus: »... Guidon steht am Strande, und sein Blick begleitet sehnsüchtig ein Schiff, das in das Reich seines Vaters fährt. Er ruft seinen Schutzengel zu Hilfe, der ihn sofort in eine Hummel verwandelt. Dergestalt fliegt Guidon dem Segler nach, wozu Rimsky-Korssakow... den sogenannten ›Hummelflug‹ geschrieben hat...«

## Hilding Rosenberg

1892, schwedischer Komponist

Der bedeutende skandinavische Tonsetzer gelangte von der Spätromantik zu neuen Richtungen, zuletzt zum Zwölfton. Er schrieb 7 *Sinfonien*, deren zweite *Sinfonia grave*, deren vierte *Die Enthüllungen des heiligen Johannes* und deren sechste *Sinfonia semplice* betitelt sind, 2 *Violinkonzerte* (1924, 1951), ein *Klavierkonzert* (1919), *Variationen und Passacaglia* (1922), ein *Trompetenkonzert* (1928), eine *Sinfonia concertante* (1937), *Konzert für Streicher* (1945), *Konzert für Orchester* (1949), *Louisville Concerto* (1954), *Reflektionen* (für Streicher, 1960). Zahlreiche seiner Ballettmusiken können konzertant gespielt werden.

## Gioacchino Rossini

1792–1868, italienischer Komponist

Natürlich wird vom »Schwan von Pesaro« in diesem Buch viel weniger zu sagen sein als auf dem Gebiet der Oper, zu dem er so viel beigetragen hat. Darum vermerken wir hier aus seinem Leben auch nur die wichtigsten Daten: seine Geburt am 29. Februar 1792, seinen Tod – bei Paris – am 13. November 1868; seine märchenhaft glänzende Laufbahn, die aus ihm den gefeiertsten Tondichter seiner Zeit und einen der berühmtesten der Geschichte machte; seine phantastische Arbeitskraft, die ihn mehrmals bis zu vier Opern jährlich »produzieren« ließ; sein freiwilliger Verzicht auf weitere musikalische Tätigkeit nach dem ungeheuren Erfolg des *Wilhelm Tell*, als er knappe 37 Jahre zählte; seine Lebenskunst, die ihn zum Philosophen, Genießer und selbst heute noch oft zitierten Gourmet machte. Er war ein echtes Genie, ein Musiker von unfaßbarer Leichtigkeit der Erfindung und restloser Beherrschung der Technik. Von überschäumendem Temperament, das trotzdem stets einem ungewöhnlich scharfen Geist untertan war. Was Goethe an Cimarosa begeisterte: »... die höchste ästhetische Herrlichkeit der Musik«, ist mindestens ebenso bei Rossini zu finden. Bei ihm wird tatsächlich die Musik in erster Linie zu einem ästhetischen Vergnügen und Genuß. In ihr drückt sich ein Lebensgefühl aus, das in besonderem Maße der Klassik eignet, der Zeit des vollendeten Gleichgewichts von Inhalt und Form. Rosini besaß es, wie Haydn und Mozart.

Er hat 39 Opernpremieren erlebt, Erfolge und Mißerfolge, Befriedigungen und Enttäuschungen. Zwischen dem *Barbier von Sevilla* und dem *Wilhelm Tell* liegen dreizehn Jahre und neunzehn Opernwerke. Und dann hört Rossini plötzlich auf zu schaffen. Nicht weil er reich und berühmt genug ist, das wäre kein Grund. Das wahre Motiv sitzt tiefer: »Ich, der letzte Klassiker...«, hat er mehrmals von sich gesagt und geschrieben. Wir können uns diesen Satz leicht ergänzen: »...will für die heutige romantische Welt, für das heutige, überwiegend kleinbürgerliche Publikum, das so ganz anders ist als jenes der großen Opernjahre meiner Jugend, nichts mehr komponieren.« Und so lebte er noch beinahe 40 Jahre lang, ohne mehr als einige Gelegenheitswerke zu verfassen.

In unserem Buche sei Rossinis in doppelter Hinsicht gedacht: seiner – nicht sonderlich bedeutenden – Orchesterwerke wegen und als Komponist jener teilweise blendenden Ouvertüren, die seine Bühnenstücke einleiten, aber oftmals auch in Sinfoniekonzerten auftauchen.

Zu den ersteren gehören: eine *D-dur-Sinfonie*, komponiert 1808, und eine *e-moll-Sinfonie* aus dem gleichen Jahr (unglaublich reife und gutgemachte Stücke für einen Sechzehnjährigen), *Orchestervariationen* (1809) und *Variationen für Klarinette und Orchester* (1810).

Von seinen *Ouvertüren* müßten wir eine gewaltige Zahl anführen, aber auch sofort hinzufügen, daß der Komponist sie des öfteren untereinander auswechselte – ein seltsamer Vorgang, der bei späteren Autoren völlig undenkbar wäre, da die Ouvertüre im romantischen Zeitalter immer deutlicher musikalischen und geistigen Bezug auf das Werk nimmt, das sie einzuleiten bestimmt ist. Auch etwa bei Mozart wäre das nicht immer ohne weiteres möglich. Das Erstaunlichste daran aber ist, daß Rossini eine solche Vertauschung nicht nur bei Werken ähnlichen Stils vornimmt, sondern sogar Ouvertüren, die für ein Lustspiel geschrieben waren, einer ernsten Oper mitgab. So können wir also diese Ouvertüren als selbständige Orchesterstücke anerkennen und sie im Rahmen dieses Buches wenigstens aufzählen. Eine eingehendere Besprechung dürfte – mit Ausnahme des Tell-Vorspiels – kaum nötig sein. Erwähnen wir also die Ouvertüren zu *La cambiale di matrimonio, La scala di seta, L'italiana in Algeri, Il turco in Italia, Il Barbiere di Siviglia, La Cenerentola, La gazza ladra, Le siège de Corinth* (ursprünglich für *Maometto II.* komponiert) und schließlich (unter Auslassung einer Menge anderer) *Wilhelm Tell oder Guillaume Tell.* Diese wird von einer gefühlvollen Cellomelodie eingeleitet, die man unschwer mit der idyllischen und ruhigen Schweizer Landschaft identifizieren kann; dann bricht ein Sturm herein, in dem nicht nur die Naturelemente meisterlich geschildert werden, sondern zweifellos auch auf den Beginn des helvetischen Freiheitskampfes angespielt wird. Nach einer prächtigen, vom Englischhorn geblasenen Hirtenmelodie folgt eine Stretta im Marschrhythmus, die zwar mitreißend, melodisch, aber ein wenig gewöhnlich ist – was nicht hindert, daß sie seit bald anderthalb Jahrhunderten in unzähligen Konzerten stürmisch bejubelt wurde.

## Miklos Rosza

1907, ungarisch-amerikanischer Komponist

Der in Budapest geborene, seit Jahrzehnten in den Vereinigten Staaten von Amerika lebende Komponist hat sich mit seinen Filmmusiken einen Weltnamen geschaffen. Er ist aber auch, was oft übersehen wird, ernst und erfolgreich auf anderen Kompositionsgebieten tätig. In unser Buch gehören: ein virtuoses *Violinkonzert* (op. 24), ein *Notturno ungherese* (op. 28), in dem melancholische Pußtatöne mit leidenschaftlichen Csárdásklängen abwechseln, sowie die *Sinfonia concertante für Geige und Violoncello* (op. 29) mit aparten Klangeffekten.

## Albert Roussel

1869–1937, französischer Komponist

Am 5. April 1869 wurde in Tourcoing (Dép. du Nord) Albert Roussel geboren, der nicht nur einer der bedeutendsten französischen Musiker der Neuzeit wurde, sondern einer der ernstesten und inspiriertesten Komponisten unseres Jahrhunderts. Das Vergessen, dem seine Werke heute (außer in seinem Vaterland Frankreich) anheimgefallen sind, ist eines der vielen Fehlurteile unseres Musiklebens. Als Marineoffizier bereiste er die halbe Welt und wurde besonders vom Orient tief beeindruckt; der Niederschlag ist in seinem Werke zu finden. Dann wendete er sich gänzlich der Musik zu, besuchte als einer der ersten Schüler die eben gegründete Schola Cantorum zu Paris, wo Vincent d'Indy ihn stark beeinflußte. Hernach wurde er selbst Professor; zu seinen Schülern zählte, neben vielen anderen, Bohuslav Martinů. Der größte Teil seines Lebens spielte sich in seiner Villa am Meer in der Bretagne ab; dort entstand die Fülle seiner Werke. »Was ich anstrebe, ist eine Musik, die sich selbst genügt; eine Musik, die sich von allen malenden und beschreibenden Elementen zu befreien sucht und die nicht aus ihrem ureigenen Raum schreitet... Ich will nichts anderes als nur Musik machen«, schreibt Roussel gegen Ende seines Lebens; das bedeutet eine Absage an die Romantik, an den Impressionismus (dem er zu Beginn nahestand) und eine Hinwendung zur Neoklassik und zu den Strömungen der damals jungen Richtungen. Roussel starb am 23. August 1937 (vier Monate vor Ravel) in Royan.

*Orchesterwerke Roussels: Résurrection* (Auferstehung) op. 4, 1903; *Le poème de la forêt* (Das Lied des Waldes), bekannt als *Sinfonie Nr. 1*, op. 7, 1906; *Evocations* (Erinnerungen), op. 15, 1911; *Le festin de l'araignée* (Das Fest der Spinne, Suite aus der Pantomime), op. 17, 1913; *Pour une fête de printemps* (Zu einem Frühlingsfest), op. 22, 1920; *Sinfonie Nr. 2 in B-dur*, op. 23, 1921; *Suite, F-dur*, op. 33, 1926; *Konzert für kleines Orchester*, op. 34, 1927; *Klavierkonzert*, op. 36, 1927. *Sinfonie Nr. 3 g-moll*, op. 42, 1930; *Sinfonie Nr. 4 A-dur*, op. 53, 1934; *Flämische Rhapsodie*, op. 56, 1936; *Concertino für Violoncello und Orchester*, op. 57, 1936; Ferner Suiten aus dem Ballett *Bacchus et Arianne*, aus dem Bühnenstück *Le marchand de sable qui passe* u.a.

*Le festin de l'araignée.* Aus der gleichnamigen Ballett-Pantomime hat der Komponist eine Orchestersuite gestaltet. Das Bühnenwerk entstammt einer Idee von Gilbert de Voisin und bezieht sich auf die Studien des Entomologen Fabre, die dieser in »Das Leben der Insekten« niedergelegt hat. Eine kleine Tragödie im Walde, so könnte man dieses Stück nennen, in dem der bunte Schmetterling und die Eintagsfliege Opfer der unerbittlichen Spinne werden, die hier ein wahres »Fest« feiert, zuletzt aber von der Rache der vereinigten Insekten ereilt wird. Ein schönes Naturepos, dessen idyllische und grausame Szenen sich an einem sonnigen Sommertage in der Tiefe des Waldes abspielen. Die einzelnen Teile der Suite heißen: 1. *Präludium*, 2. *Einzug der Ameisen*, 3. *Tanz und Tod des Schmetterlings*, 4. *Tanz der kurzlebigen Insekten*, 5. *Tod und Trauerfeier der Fliege*. Mit dem Begräbnis der Eintagsfliege schließt feierlich und rührend das Stück; der sonnige Tag geht in eine helle Nacht über, in der tausend andere Tiere zum Leben erwachen. Das Ballett wurde 1912 komponiert und am 13. April 1913 im Théâtre des Arts in Paris uraufgeführt; die Suite erklang zum ersten Male in New York am 23. Oktober 1914.

*Evocations.* Dieses Werk wurde im Geiste des Komponisten während der Indienfahrt geboren, die er auf einem der letzten französischen Segler im Jahre 1909 unternahm. Er beendete es zwei Jahre später, als diese orientalischen Impressionen schon »Erinnerungen« waren. Die Wahl eines hinzugefügten Frauenchors gemahnt ein wenig an Debussys »Sirenen«; Roussel verwendet zudem einen Bariton, den er eine authentische Hindumelodie singen läßt. Die drei Sätze oder Bruchstücke führen folgende Titel: 1. *Les Dieux dans l'ombre des cavernes* (Die Götter im Schatten der Höhlen), 2. *La ville rose* (Die Rosenstadt). 3. *Aux bords du fleuve sacré* (An den Ufern des Heiligen Stromes). Die Musik ist sehr plastisch und schildert die Eindrücke des vom Orient tief beeindruckten Reisenden. (Uraufführung: Paris, 12. 10. 1928.)

*Sinfonie Nr. 3 g-moll*, op. 42. Das Werk wurde zur Fünfzigjahrfeier des Bostoner Sinfonieorchesters komponiert und von diesem unter Kussewitzkys Leitung am 24. Oktober 1930 uraufgeführt. Es besteht aus vier Sätzen: *Allegro vivo; Adagio; Scherzo; Allegro con spirito*. Das verwendete Orchester ist groß: Zum gewöhnlichen spätromantischen Klangkörper treten hier noch zwei Harfen, Celesta und zahlreiche Schlaginstrumente.

*Sinfonie Nr. 4 A-dur*, op. 53. 1935 geschrieben und am 19. Oktober des gleichen Jahres unter der Leitung von Albert Wolff in den Pariser Pasdeloupkonzerten uraufgeführt, bildete sie die letzte große Komposition und einen der stärksten Erfolge ihres Autors. Das Scherzo (der dritte Satz in dem hier beibehaltenen traditionellen Sinfonieschema) wurde so begeistert aufgenommen, daß es sofort wiederholt werden mußte.

## Edmund Rubbra

1901, englischer Komponist

Der aus Northampton stammende Rubbra genießt in seinem Land den Ruf eines führenden Meisters, vor allem auf dem Gebiet der Orchestermusik. Er hat zwischen 1936 und 1979 nicht weniger als 11 Sinfonien geschaffen, Konzerte für Bratsche (1952), Klavier (1959) und Geige (1962), eine *Doppelfuge* (1924), eine *Konzertante Sinfonie für Klavier* (1934), eine *Rhapsodie für Geige* (1935) u.v.a.

## Anton von Rubinstein

1829–1894, russischer Komponist und Pianist

Weltberühmt zu seiner Zeit, heute aber nahezu vergessen, war Rubinstein (wie sein Bruder Nikolai) ein hervorragender Klaviervirtuose, darüber hinaus aber ein vielseitiger hochromantischer Komponist. In unserem Buch sind zu erwähnen: sechs Sinfonien, fünf Klavierkonzerte, von denen besonders das letzte in d-moll, op. 70, oft gespielt wurde. Rubinstein verkörperte das kosmopolitische russische Musikschaffen im Gegensatz zu den »Fünf«, den Nationalisten; Tschaikowsky, mit beiden Gruppen befreundet, fand eine mittlere Position, von unvergänglicher Wirkung.

## Witold Rudziński

1913, polnischer Komponist und Musikschriftsteller

Aus Litauen gebürtig, in Paris ausgebildet, Lehrer an den Konservatorien in Wilna, Warschau und Lodž, Leiter der Warschauer Philharmonie (1947), beruht die Bedeutung Rudzińskis nicht nur auf seinen Werken (mehreren Sinfonien, einer *Baltischen Ouvertüre*, einem Klavierkonzert, einem *Divertimento für Streicher*, der Suite *Parade*, der *Konzertanten Musik für Klavier* u.a.), sondern ebenso auf seinem stetigen Bestreben, die »Musik für alle« zu öffnen (wie der Titel eines seiner Bücher lautet).

## Camille Saint-Saëns

1835–1921, französischer Komponist

Die Zahl der Altersjahre und der Werke übersteigen gewöhnliches Menschenmaß, und auch der Ruhm war ungewöhnlich groß. Er ist allerdings in den Jahrzehnten nach dem Tode fast so schnell, wie er entstand, wieder herabgesunken. In seinen Kinder- und Jugendjahren schien Saint-Saëns (geboren in Paris am 9. Oktober 1835) ein neuer Mozart oder Mendelssohn zu sein, ein Wunderkind mit verblüffendster Musikalität und schöpferischer Leichtigkeit; beides ist ihm geblieben, ohne daß es ihm gelang, jemals zur letzten Tiefe vorzustoßen. Weltberühmter Pianist und Organist, vielgespielter Komponist, häufig ausgezeichnete, prominente Gestalt des internationalen Musiklebens, unermüdlicher Reisender auf mehreren Gebieten, wobei allerdings oftmals das Handwerk, das glänzend gekonnte, die echte Inspiration ersetzte. Von seinem musikalischen Gedächtnis werden Wunderdinge erzählt. Er war aber auch Literat, Philosoph, Archäologe, Naturwissenschaftler – einer der letzten »universellen« Menschen in einer sich längst spezialisierenden Welt. Saint-Saëns starb in Algier am 16. Dezember 1921.

*Orchesterwerke Saint-Saëns':*
*Sinfonie Nr. 1 Es-dur*, op. 2, 1853;
*Sinfonie F-dur*, unveröffentlicht, 1856;
*Tarantella für Flöte und Klarinette*, op. 6, 1857;
*Klavierkonzert Nr. 1 D-dur*, op. 17, 1858;
*Violinkonzert Nr. 1 a-moll*, op. 20, 1859;
*Sinfonie D-dur*, unveröffentlicht, 1863;
*Klavierkonzert Nr. 2 g-moll*, op. 22, 1868;
*Introduction et Rondo capriccioso für Violine und Orchester*, op. 28, 1870;
*Klavierkonzert Nr. 3 Es-dur*, op. 29, 1869;
*Le Rouet d'Omphale* (Omphales Spinnrad), op. 31, 1871;
*Violoncellokonzert a-moll*, op. 33, 1872;
*Marche héroique*, op. 34, 1871;
*Romanze für Horn und Orchester*, op. 36, 1874;
*Romanze für Flöte und Orchester*, op. 37, 1874;
*Phaéton*, op. 39, 1873;
*Danse macabre* (Totentanz), op. 40, 1874;
*Klavierkonzert Nr. 4 c-moll*, op. 44, 1875;
*Romanze für Violine und Orchester*, op. 48, 1876;
*Suite*, op. 49, 1877;
*La jeunesse d'Hercule* (Die Jugend des Herkules), op. 50, 1877;
*Sinfonie Nr. 2 a-moll*, op. 55, 1878;
*Violinkonzert Nr. 2 C-dur*, op. 58, 1879;
*Algerische Suite*, op. 60, 1880;
*Violinkonzert Nr. 3 h-moll*, op. 61, 1880;
*Konzertstück*, op. 62, 1880;
*Une nuit à Lisbonne* (Eine Nacht in Lissabon), op. 63, 1881;
*Jota Aragonaise*, op. 64, 1881;
*Hymne an Victor Hugo*, op. 69, 1881;
*Allegro appassionato*, op. 70, 1884;
*Rapsodie d'Auvergne für Klavier und Orchester*, op. 73, 1884;
*Sinfonie Nr. 3 c-moll, mit Orgel*, op. 78, 1886;
*Havannaise für Klavier und Orchester*, op. 83, 1887;
*Afrika, für Klavier und Orchester*, op. 90, 1891;
*Sarabande et Rigaudon für Streicher*, op. 93, 1892;
*Klavierkonzert Nr. 4 F-dur*, op. 103, 1895;

*Violinkonzert Nr. 2 d-moll*, op. 119, 1902;
*Andalusisches Capriccio für Violine und Orchester*, op. 122, 1904;
*La Muse et le Poète* (Die Muse und der Dichter), *für Violine, Cello und Orchester*, op. 132, 1909;
*Festouvertüre*, op. 133, 1909;
*Konzertstück für Harfe und Orchester*, op. 154, 1918;
*Cyprès et lauriers* (Zypressen und Lorbeer), op. 156, 1918;
*Odelette für Flöte und Orchester*, op. 162, 1920.

*Klavierkonzert Nr. 2 in g-moll*, op. 22. Manchmal taucht dieses Stück noch im internationalen Musikleben auf. Saint-Saëns schrieb es im Jahre 1868, als der damals in ganz Europa berühmte russische Dirigent und Komponist Anton von Rubinstein ihm ein gemeinsames Konzert vorschlug. Die Partitur war in 17 Tagen beendet und wurde am 13. Mai 1868 uraufgeführt, mit dem Komponisten am Klavier und Rubinstein am Pult. Gewidmet ist sie Franz Liszt, von dem der junge Franzose bereits wichtige Sympathiebeweise erhalten hatte und dessen musikalischen Stil er nachahmte. Die einzelnen Sätze sind: *Andante sostenuto* (das mit einer großen Klavierkadenz in fast Bachschem Stile beginnt); *Allegro scherzando* (graziös und fein); *Presto* (ein Virtuosenstück im Tarantella-Rhythmus).

*Violoncellokonzert Nr. 1 in a-moll*, op. 33. Ein inspiriertes und wirkungssicheres Werk, das – trotz des Mangels an guten Violoncellokonzerten – nur selten zu hören ist. Es entstand 1872 und wurde durch den Violoncellisten August Tolbecque (dem es gewidmet ist) in Paris mit dem Konservatoriumsorchester am 19. Januar 1873 uraufgeführt. Seine drei Sätze *(Allegro non troppo; Allegretto con moto; Finale)* gehen ohne Pause ineinander über und wirken sehr einheitlich.

*Totentanz*. 1871 und 1873 hatte Saint-Saëns bereits zwei (heute so gut wie vergessene) sinfonische Dichtungen komponiert: *Le Rouet d'Omphale* (in dem der gefangene Herkules das Spinnrad der lydischen Königin Omphale in Schwung hält) und *Phaéton* (das die Fahrt des mythologischen Rosselenkers schildert, der kühn in den Sternenraum hinaussteuert, bis er von einem Blitze Zeus' zerschmettert wird). 1874 schrieb er *Danse macabre*, ein tausendmal zum Rang der »gehobenen Unterhaltungsmusik« degradiertes Stück, das zweifellos geniale Züge aufweist. Es ist die musikalische Interpretation eines Gedichts von Henri Cazalis, in dem der Tod bei den zwölf Glockenschlägen der Mitternacht seine Geige zu spielen beginnt. Die Harfe ahmt den Glockenklang nach, und zum klappernden Ton des Xylophons steigen die Gerippe aus den Gräbern und tanzen einen schaurigen Reigen. Der Tod geigt, aber er tut es auf einer verstimmten Violine, in der die oberste Saite von E zu Es umgestimmt ist. Endlich bereitet der Hahnenschrei (in der Oboe) dem Spuk ein Ende. Die Uraufführung des *Danse macabre* fand in Paris durch das Colonne-Orchester am 24. Januar 1875 statt; die Aufnahme war sehr unfreundlich. Aber schon zwei Wochen später geschah bei einer neuerlichen Aufführung das Gegenteil: der Applaus war so stürmisch, daß sofort eine Wiederholung erzwungen wurde.

*Klavierkonzert Nr. 4 in c-moll*, op. 44. Hier ist Saint-Saëns ein Romantiker, wie er im Buche steht; zudem ein begeisterter Anhänger der »neudeutschen Schule« Liszts und stark von Wagner beeinflußt. Das Stück hat drei Sätze: *Allegro moderato; Allegro vivace; Allegro*; das Hauptthema des letzten ist eine leichte Variante eines wichtigen Themas aus dem ersten Satz. Die Komposition wurde am 31. Oktober 1875 durch das Colonne-Orchester in Paris uraufgeführt.

*Violinkonzert Nr. 3 h-moll*, op. 61. Im Jahre 1880 schrieb Saint-Saëns das letzte seiner Geigenkonzerte, das zugleich eines seiner brillantesten Werke wurde. Die Schuld daran, daß es heute kaum noch zu hören ist, liegt in seinen etwas süßlich-sentimentalen Themen und einer ziemlich äußerlichen Dramatik, zwei Züge, die die meisten Stücke Saint-Saëns frühzeitig in Vergessenheit geraten ließen. Aber beides waren Merkmale seiner Zeit, geradeso wie der gewisse Pomp, der jene Epoche charakterisierte und natürlich in der Musik, wie in allen Künsten sowie in der Architektur, seinen Niederschlag fand, und von dem wir uns heute viel weiter entfernt fühlen, als es den Jahren entspricht, die vergangen sind.

*Sinfonie Nr. 3 c-moll*, op. 78. Die Zahl der Sinfonien Saint-Saëns beläuft sich, wenn wir die unveröffentlichte nicht berücksichtigen, auf drei. Und unter diesen hatte die letzte, die »Sinfonie mit Orgel«, wie man sie oft nennt, die stärkste Verbreitung. Sie erlebte ihre Uraufführung in London durch das Philharmonische Orchester am 19. Mai 1886. Die vier Sätze sind – je zwei und zwei – miteinander verbunden. Eine Fülle von Stimmungen beherrscht dieses schöne Werk: von großartigen, fast metaphysischen bis zu pastoralen und schlicht innigen. Alles »klingt« (wie die Musiker sagen), glänzend, sehr abwechslungsreich durch immer neue Orchesterfarben, ermüdet nie, geht aber auch selten sehr tief. Saint-Saëns ist stets ein blendender Musiker, ein Virtuose von Form und Klang. Zur wahren Unsterblichkeit bedarf es aber auch der Tiefe. Er hat sie – vielleicht im Drange eines stets äußerst angespannten und ausgefüllten Lebens – selten erreicht. Am ehesten vielleicht hie und da in kleineren Stücken, wie in der prachtvollen Melodie des Schwans, die wir gleich besprechen wollen.

*Der Karneval der Tiere* (Originaltitel: *Le carnaval des animaux*). Orchester- oder Kammermusik? Die Besetzung würde eher auf das zweite hinweisen: zwei Klaviere, zwei Geigen, Bratsche, Violoncello, Kontrabaß, Flöte, Klarinette, Xylophon und Akkordeon. Trotzdem wollen wir dieses originelle Werk hier besprechen, da es in seiner Wirkung ziemlich orchestral ist. »Große zoologische Phantasie« lautet sein Untertitel, sein Inhalt ist teils parodistisch, teils aus dem Reich von Fabeln und Märchen geholt. Die einzelnen Teile heißen: 1. *Einleitung und königlicher Marsch* (wobei das Wort »königlich« sich auf den König der Tiere, den Löwen, bezieht, der hier den gewissermaßen zirkusartigen Einzug anführt), 2. *Hennen und Hähne* (die offenkundig miteinander disputieren, wobei das weibliche Geschlecht das letzte Wort zu haben scheint), 3. *Die wilden Esel* (mit dem ironischen Beisatz: »leichtfüßige Tiere« und schnellen Läufen in beiden Klavieren), 4. *Die Schildkröten* (die den berühmten spritzigen Cancan aus Offenbachs »Orpheus in der Unterwelt« durch Ablaufen in Zeitlupentempo in ein entsetzlich schwerfälliges, ja langweiliges Musikstück verwandeln), 5. *Der Elefant* (ebenfalls ein parodistisches Stück, in dem u.a. Berlioz durch Verlegung einer elfenhaften Melodie in tiefste Baßregionen ironisiert wird), 6. *Die Känguruhs* (deren Sprünge nachgeahmt werden), 7. *Das Aquarium* (eines der hübschesten und feinsten Stücke), 8. *Der Esel* (eigentlich: »Persönlichkeiten mit langen Ohren« betitelt, wobei aber über deren Identität kein Zweifel bestehen kann), 9. *Der Kuckuck* (ein gewiß nicht neues Motiv in der Musik), 10. *Der Vogelkäfig* (mit einem tollen Konzert von Flöte und Klaviertrillern), 11. *Pianisten* (die Saint-Saëns unter die Tiere einreiht, und nicht einmal unter die intelligenten), 12. *Die Fossilien* (in denen er sich wohl über den Erfolg seines eigenen *Totentanzes* lustig macht), 13. *Der Schwan* (wo es auf einmal ernst wird und Saint-Saëns eine der herrlichsten Melodien erfindet; er vertraut sie dem Violoncello an, das sie in unendlicher Süße singt, wie wenn ein sterbender Schwan menschliche Laute fände – und so hat die große Anna Pawlowa dieses geniale Musikstück unvergeßlich getanzt), 14. *Rundtanz* (mit allen im gesamten Werk vorgekommenen »Persönlichkeiten« wie in einem Commedia-dell'arte-Finale). Das Werk stammt aus den Jahren 1886/87, wurde aber auf Wunsch des Komponisten, der Verstimmung mit manchem Parodierten fürchtete, erst postum veröffentlicht.

## Goffredo Sajani

1885–1951, Schweizer Komponist

Dieser heute zu Unrecht vergessene Dirigent und Komponist graubündnerischer Herkunft, der langjährig in St. Moritz tätig war, schuf verschiedene Werke für Orchester, von denen besonders auf die »Alpensuite« in vier Sätzen *Engiadina* hingewiesen sei, in der die Hochgebirgslandschaft sowie die Bräuche ihrer Bewohner liebevolle Schilderung gefunden haben.

## Giovanni Battista Sanmartini

1701–1775, italienischer Komponist

Die deutschsprachige Musikforschung hat stets die »Mannheimer Schule« und Haydn als »Väter« der Sinfonie betrachtet; die italienischen Namen und Quellen jener Epoche waren (und sind es zum Teil heute noch) nicht so zugänglich wie jene. Aber man erkennt trotzdem in jüngerer Zeit ziemlich klar, daß südlich der Alpen ebensoviel zur Entwicklung neuer Formen und Klänge getan wurde wie im Norden. Zwei Namen stechen da hervor: die Brüder Sanmartini oder Sammartini, Giuseppe (1693–1740) und vor allem der in Mailand tätige Giovanni Battista. Er hinterließ neben den damals üblichen Concerti (im Stile der Concerti grossi) auch Sinfonien von sicherlich bahnbrechender Wirkung. Seine Werke kommen im Zuge der Wiederbelebung des Barocks heute zu neuer Geltung und vermitteln uns Einblicke in ein reiches Musikleben, dessen Einflüsse auch auf Mannheim, Wien und Eisenstadt – wo Haydn wirkte – bedeutend gewesen sein müssen.

## Pablo de Sarasate

1844–1908, spanischer Geiger und Komponist

Der seinerzeit weltberühmte spanische Violinvirtuose schrieb – vor allem zu eigenem Gebrauch – die seitdem ungezählte Male gespielten *Zigeunerweisen* für Geige mit Orchester.

## Eric Satie

1866–1925, französischer Komponist

Alles Abenteuerliche, das sich erfinden und erzählen ließe, verblaßt vor der Wirklichkeit dieses exzentrischen Musikers (in Honfleur am 17. 5. 1866 geboren, am 1. 7. 1925 in Paris gestorben), der nach außen die unscheinbare Rolle eines Klavierspielers in Caféhäusern des Montmartre spielte, in Wahrheit aber einen starken Einfluß auf die französischen Musiker seiner Zeit ausübte, die ihn tief verehrten. Er war der geistige Mentor der »groupe des six«, stand einige Jahre später im Mittelpunkt, der »Ecole d'Arceuil«. Er war zugleich naturhaft und höchst intellektuell, prophetisch und praktisch, stets ironisch, sarkastisch in seinen Titeln und Angaben (so, wenn er verlangt, ein Stück solle 840mal hintereinander gespielt werden, oder ein anderes sei nur »im Umhergehen« zu hören und geradeso zu beachten wie die Möbel, die im Raum stünden – folgerichtig nennt er das Stück »Musique d'ameublement« –, oder ein anderes sei am besten »auf einer Schreibmaschine« auszuführen. Aber er war wohl der erste, der erkannte, daß bei gewisser Musik Taktstriche unnötig, ja irreführend sein können. Er interessierte sich für sämtliche Künste und suchte, alle miteinander zu verbinden, ebenso weisen seine Werke sämtliche erdenklichen Einflüsse auf, von der Gregorianik bis zur Avantgarde. In den Rahmen dieses Buches gehören wohl am ehesten das sinfonische Drama *Socrate* (das zum Tode des ihm nahestehenden Debussy geschrieben wurde), einige Ballettmusiken (*Parade, Mercure, La belle excentrique, Relâche*), die *Gymnopédies*, die von Debussy, und die Pantomime *Jack in the box*, die von Milhaud instrumentiert wurden.

## Alessandro Scarlatti

1659–1725, italienischer Komponist

Der neapolitanische Großmeister (und Vater des ebenfalls in der Musikgeschichte als Cembalovirtuose und -komponist hochbedeutenden Domenico) war eine führende Gestalt der Oper. Er trug wesentlich zum Ausbau der Ouvertüre bei, die (in ihrer italienischen Form schnell-langsam-schnell) zur Vorläuferin der ebenso konstruierten, aber immer deutlicher in »Sätze« geteilten Konzerte und Sinfonien wurde. Scarlatti selbst schuf (in einer fast unübersehbaren Fülle von Werken) vieles für den Konzertgebrauch (Serenaden, Sinfonien, Kammerkantaten usw.), wodurch ihm auch in diesem Buch ein Platz gesichert sein muß. Ein großer Teil seiner einfallsreichen, formschönen und klangvollen Musik ist einer Wiederbelebung in unserer Konzertpraxis wert.

## Boguslaw Schäffer

1929, polnischer Theoretiker und Komponist

Der polnische Musiker aus Lwow gehört zur Avantgarde. Nach dem *Nocturno für Streichorchester* (1953) beschäftigte er sich mit theoretischen Werken und Kritik. Hernach schrieb er: *Tertium Datur für Cembalo und Orchester; Vier Sätze für Klavier und Orchester; Monosonata für 24 Instrumente; Klangliche Äquivalenzen für Kammerorchester und sehr viel Schlagzeug; Topofonica für 40 Instrumente, Konzert für sechs* (wechselnde Soloinstrumente) *und drei Orchester; Codes für Kammerorchester; Musica ipsa für Orchester aus tiefen Instrumenten; Kurs I für Jazzband und Kammerorchester; S Alto für Altsaxophon und Kammerorchester, Musik für mich* (für Vibraphon, Jazzband und Orchester); *Violinkonzert* usw.

## Wissarion Schebalin

1902–1963, sowjetischer Komponist

Miaskowski-Schüler, Professor, dann Direktor des Moskauer Konservatoriums, Komponist in traditionsverbundenem Stil (dramatische Sinfonie *Lenin* mit Chor, 1933, umgearbeitet 1959, mehrere Konzerte, Kantaten u.a.m.).

## Rodion Schedrin (Schtschedrin)

1932, sowjetischer Komponist

*Orchesterwerke*: 2 Sinfonien (1958, 1965), 3 Klavierkonzerte (1954, 1966, 1973), Sinfonische Dichtung *Die Geschichte vom wahren Menschen* (1950), Ballette *(Das bucklige Pferdchen, Anna Karenina), Kammersuite für 20 Geigen, Harfe, Akkordeon und 2 Kontrabässe* u.a.

## Armin Schibler

1920–1986, Schweizer Komponist

Der in Kreuzlingen/Bodensee am 20. 11. 1920 geborene und in Zürich am 7. 9. 1986 verstorbene Komponist, Schriftsteller, Pädagoge, humanistische und sozialbewußte Denker war ein vielseitig interessierter und schöpferischer Mensch. Vieles aus seinem weitgespannten Werk gehört in dieses Buch:

*Concertino für Violine und Streicher*, op. 2 (1942);
*Concertino für Klavier und Streicher*, op. 4 (1943);
*Doppel-Concertino für Violine und Violoncello und Streicher*, op. 7 (1944);
*Phantasie für Viola*, op. 15 (1945);
*Sinfonie Nr. 1 (quasi una fantasia)*, op. 17 (1946);
*Konzert für Streichorchester*, op. 12a (1947);
*Passacaglia*, op. 24 (1949);
*Ouvertüre zu Shakespeares »Sturm« für Kammerorchester*, op. 25 (1948);
*Sinfonische Variationen für großes Orchester*, op. 28 (1950);
*Konzertante Phantasie für Violoncello*, op. 31 (1951);
*Sinfonie Nr. 2*, op. 35 (1953);
*Rhythmische Metamorphosen*, op. 35a (1953);
*Lyrisches Konzert für Flöte und Orchester*, op. 40 (1953);
*Sinfonie Nr. 3* (Fantasia notturna), op. 44 (1957);
*Orchestersuite aus »Blackwood & Co.«*, op. 46a (1958);
*Hornkonzert*, op. 47 (1956);
*Concertino für Klarinette und Streicher*, op. 49 (1957);
*Posaunenkonzert*, op. 55 (1957);
*Concerto 1959 für Trompete, Horn, Posaune, Klavier, Harfe, Schlagzeug und doppeltes Streichorchester*, op. 59;
*Violinkonzert*, op. 61 (1960);
*Scènes phantastiques* (Schlagzeugkonzert), op. 63 (1960);
*Concerto breve für Violoncello und Streicher*, op. 64 (1959);
*Fantasia Helvetica für Bläser*, op. 67 (1960);
*Konzert für Trompete und Orchester*, op. 68 (1960);
*Concert pour le temps présent (Ballettmusik)*, op. 70 (1964);
*Klavierkonzert*, op. 71, 1962;
*Konzert-Divertimento für Flöte, Oboe, Klarinette, Fagott, Horn und Streicher*, op. 73 (1962);
*Metamorphoses Ebrietatis* (Sinfonisches Ballett), op. 75 (1963);
*Konzert für Schlagzeug, Klavier und Streicher*, op. 76, ursprünglich *Concert pour la jeunesse* (zum Welt-

kongreß der Jeunesse Musicale in Palma de Mallorca, 1963)
*Ballade für Klavier und Streichorchester*, op. 78 (1965);
*Doppelkonzert für Flöte, Harfe und Orchester*, op. 83 (1965);
*Fagottkonzert* (1967);
*Iam manet ultima spes*, op. 92 (1968);
*6 Orchesterstücke*, op. 93 (1968);
*Trauermusik* (1974);
*Huttens letzte Tage* (mit tiefer Stimme, 1967);
*Concerto 77* (für Sinfonieorchester, Bigband, Jazzrockgruppe, Stimmen und Tonband)
sowie weitere konzertante Werke für Flöte, Flöte und Harfe, Flöte und Cello, Oboe, Klarinette, Fagott, Horn, Trompete, Posaune, Saxophon, Harfe, Schlagzeug, Violine, Bratsche, Cello, Klavier.

## Max von Schillings

1868–1933, deutscher Komponist und Dirigent

Der seinerzeit überaus erfolgreiche Kapellmeister und Opernleiter (Intendant der Staatsoper Berlin, Generalintendant), Präsident der Akademie der Künste in Berlin, hat neben damals vielgespielten Opern auch sinfonische Werke geschrieben: die Phantasien *Meeresgruß, Seemorgen*, ein *Violinkonzert*, den Prolog zu Sophokles' *König Oedipus*, Schauspielmusik zu Goethes *Faust* u.a.

## Karl Schiske

1916–1969, österreichischer Komponist

Der in Raab/Ungarn geborene, in Wien verstorbene Komponist ist vor allem durch das abendfüllende Oratorium *Vom Tode* bekannt geworden. Er schuf 5 Sinfonien (1942, 1948, 1951, 1955, 1965), *Vorspiel, Tanzrondo, Kammerkonzert*, 2 Konzerte für Streicher, *Trompetenmusik, Divertimento*, ein Klavier- und ein Violinkonzert.

## Franz Schmidt

1874–1939, österreichischer Komponist

Schmidt war wahrscheinlich Österreichs bedeutendster Musiker seit Bruckner, Mahler und Wolf; die Tiefe und Meisterschaft seines Werkes würden es rechtfertigen, daß er zu den weltberühmten Komponisten unserer ersten Jahrhunderthälfte gehörte. Leider ist das nicht der Fall. Ob dies daran liegt, daß Schmidt kein Neutöner war, im Sinne einer musikalischen Umwälzung, wie sie sich rund um ihn – im Wien der zwanziger und dreißiger Jahre – vollzog, sondern ein letzter zusammenfassender Gestalter spätromantischer Komponierkunst, einer der in der Welt Bruckners weiterschritt, ein über des Tages Unruhe stehender Wiener Erzmusikant voll Melodie und Wohlklang? Und doch kann niemand, der Schmidts Werke kennt, daran zweifeln, daß er ein ganz Eigener war, eine starke und selbständige Persönlichkeit. Jedes seiner Werke bestätigt das. Er wurde am 22. Dezember 1874 in Preßburg (Bratislava) geboren, der Stadt an der Dreiländerecke, wo österreichisches, ungarisches und slowakisches Volks- und Musikgut einander begegnen. Der Weg der Musiker jener Region ging seit jeher nach Wien: dort wurde Schmidt Violoncellist im Orchester der Hofoper, bald auch Lehrer dieses Instruments am Konservatorium. Da er aber zudem ein ausgezeichneter Pianist und ein schon sehr beachtenswerter Komponist war, erhielt er auch Professuren für Klavier, Kontrapunkt und Komposition. Obwohl jeder öffentlichen Schaustellung abgeneigt und ein wahres Muster an Bescheidenheit, stand er – seit der erfolgreichen Uraufführung seiner Oper *Notre Dame* (1914) – im Mittelpunkt des Wiener Musiklebens. Er wurde Rektor der Wiener Musikhochschule (des einstigen Konservatoriums), und zahlreiche Musiker aus Österreich, aber auch aus dem Ausland gingen durch seine Schule. In dem Wiener Vorort Perchtoldsdorf, wohin er sich schließlich zum Schaffen zurückzog, ist Schmidt am 11. Februar 1939 gestorben.

Die *Sinfonie Nr. 1* Franz Schmidts stammt aus dem Jahr 1900; sie wurde mit dem Beethovenpreis der Wiener Gesellschaft der Musikfreunde ausgezeichnet.

Die *Sinfonie Nr. 2* wird heute kaum noch gespielt. Sie umfaßt – zum Unterschied von den anderen – nur drei Sätze.

Aus der *Oper Notre Dame* entnahm Schmidt das »Zwischenspiel« und die »Karnevalsmusik«, die seit damals auch im Konzertsaal wie im Rundfunk gelegentlich zu hören sind.

Die *Sinfonie Nr. 3 in A-dur* wurde während der Jahre 1927/28 komponiert. Die Uraufführung fand in Wien unter der Leitung Franz Schalks am 2. Dezember 1928 statt. Ihre Aufführungsdauer beträgt mehr als 50 Minuten, die vier Sätze sind überschrieben: *Allegro molto moderato, Adagio, Scherzo (Allegro vivace), Lento – Allegro vivace.*

*Variationen über ein Husarenlied.* Von echt musikantischem Überschwang belebt und dabei meisterlich – im Sinne Brahms' etwa – aufgebaut ist diese Variationenreihe, die Clemens Krauss in Wien am 15. März 1931 erfolgreich aus der Taufe hob. Auf eine Einleitung folgt das Thema, dann 15 Variationen und schließlich eine Coda.

Die *Sinfonie Nr. 4* ist Schmidts bekanntestes und meistaufgeführtes Werk geworden. Sie entstand im Jahre 1933 und wurde durch das Wiener Rundfunkorchester am 10. Januar 1934 zum ersten Erklingen gebracht, unter der Leitung Oswald Kabastas, dem sie auch gewidmet ist (und der wenige Jahre später tragisch – durch Freitod – aus dem Leben schied). Die vier Sätze des Stückes (Allegro moderato, Adagio, Scherzo, Tempo giusto) gehen ohne Pausen ineinander über, so daß fast der Eindruck von Einsätzigkeit entsteht. Das herrliche Werk entsprang dem tiefsten Schmerz, den der Komponist in seinem Leben erfuhr: dem Tod seines einzigen Kindes.

Zuletzt seien noch eine *Chaconne*, eine *Fuga solemnis* (für Orgel und Bläser), *Konzertante Variationen über ein Thema von Beethoven für Klavier und Orchester* (Klavierkonzert Nr. 1) sowie das *Klavierkonzert* in Es-dur erwähnt.

## Florent Schmitt

1870–1939, französischer Komponist

Der Rompreisträger des Jahres 1900 schrieb in romantischem, leicht impressionistisch beeinflußtem, sehr feinsinnigem Stil: *En été* (1894), *Musique de pleinair* (1904), *Puppazzi* (1907), *Dionysiaques* (für Blasorchester, 1913), *In memoriam* (1922), *Kermessevalse* (1928), *Symphonie concertante* (für Klavier, 1931), *Suite sans esprit de suite* (1937), *Enfants* (1938), *Janiana* (1941), *Sinfonie Nr. 2* (1938), ferner *Bühnenmusik* zu *Salomé* (von Robert d'Humières), *Rhapsodie Viennoise*, sinfonische Dichtung *Danse d'Abisag*, Bühnen- und Ballettmusiken.

## Alfred Schnittke

1934, sowjetischer Komponist

Der aus der Deutschen Wolgarepublik stammende Komponist, der in den siebziger Jahren (vor allem durch den Geiger Gidon Kremer) auch im Westen starke Verbreitung fand, schreibt einen interessanten, aus romantischen und atonalen Elementen gemischten Stil. Er schuf 2 Sinfonien (1972, mit Chor 1979), 3 Violinkonzerte (1957, 1966, 1979), *Klavierkonzert* (1960), *Musik für Kammerorchester* (1974), *Passacaglia* (1981), *Doppelkonzert für Violine und Cello* (1982), *Concerto grosso* (für 2 Violinen, Cembalo, Streicher, 1977) usw.

## Xaver Schnyder von Wartensee

1786–1868, Schweizer Komponist

Der romantische Schweizer Musiker, der in Wien Beethoven begegnete und in Deutschland sehr angesehen war, hinterließ einige Orchesterwerke, so 4 Sinfonien, *Variationen für Klavier (Protheus)*, *Konzert für zwei Klaviere*.

## Othmar Schoeck

1886–1957, Schweizer Komponist

Der hochbedeutende Lieder- und Opernkomponist (geboren am 1. 9. 1886 in Brunnen/Vierwaldstättersee, gestorben in Zürich am 8. 3. 1957), der neben Honegger und Frank Martin wahrscheinlich hervorragendste musikalische Vertreter seines Landes, Schöpfer von nahezu 400 prachtvollen Liedern und 8 teilweise sehr starken Werken des Musiktheaters, leistete auch wichtige Beiträge zur Orchestermusik: *Sinfonischer Satz* (1906), *Serenade* (op. 1, 1907), *Konzert (quasi una fantasia) für Violine und Streicher* (op. 21, 1912), *Ouvertüre* zu *William Ratcliff* (1908), *Zwischenspiel* aus der Oper *Don Ranudo* für Oboe, Englischhorn und Streicher (op. 27, 1930), *Präludium* (op. 48, 1933), *Pastorales Intermezzo für Streicher »Sommernacht«* (op. 58, 1945), *Suite in As-dur für Streicher* (op. 59, 1945), *Cellokonzert* (op. 61, 1947), *Festlicher Hymnus* (op. 64, 1950), *Konzert für Horn* (op. 65, 1951).

## Arnold Schönberg

1874–1951, österreichischer Komponist

Die »Wiener Schule«, der er vorstand und die neben seinen engsten Vertrauten Anton von Webern und Alban Berg noch eine Reihe anderer, zum Teil auch in diesem Buch vorkommende Komponisten umfaßt, ist vor allem als Ausgangspunkt der »Zwölftontheorie«, der »Dodekaphonik« in die Geschichte eingegangen. Mit ihrer Hilfe bemühte sich Schönberg um die Mitte der zwanziger Jahre des wachsenden Chaos der Atonalität Herr zu werden, nachdem er schon lange vorher Versuche in dieser Richtung gemacht hatte. Er geriet damals in Konflikt mit Josef Matthias Hauer, der zu ähnlichen Ergebnissen gekommen war, die aber, nach einer ergebnislosen Begegnung mit Schönberg, weitgehend im Sande verliefen. Thomas Mann fand in seinem Roman *Doktor Faustus* Gelegenheit, in fesselnder Weise auf diese Theorie und deren Ursprünge Bezug zu nehmen (was zu einem Zerwürfnis mit Schönberg führte). Schönberg, am 13. 9. 1874 in Wien geboren, Autodidakt, Wagner-Verehrer und Mahler-Anhänger, begann als Romantiker und errang mit dem Streichsextett *Verklärte Nacht* und den gigantischen *Gurreliedern* größte Erfolge, die allerdings sehr bald, bei Eintritt des Komponisten in die Atonalität und später in den »Zwölfton«, keine Wiederholungen mehr fanden; wohl aber scharten kleine Zirkel sich geradezu fanatisch um die starke Persönlichkeit Schönbergs, von der sie einen Weg in die ersehnte »Neue Musik« des Jahrhunderts erwarteten. 1910 wurde Schönberg für einige Monate Privatdozent an der Wiener Akademie, dann ging er nach Berlin, wo er von 1925 bis 1933 in führender Stellung tätig war, bis der Nationalsozialismus auch ihn ins Exil trieb. Er ließ sich in Los Angeles nieder (und schrieb von da an seinen Namen »Schoenberg«), kehrte zum jüdischen Glauben zurück, den er vor vielen Jahren verlassen hatte, und komponierte, oftmals ohne sich dabei an seine eigene Theorie zu halten. Die breitete sich rasch über die ganze Welt aus; zahllose Musiker wandten sich ihr zu. Sie suchten in ihren strengen Regeln Zuflucht, benutzten aber auch seine relativ leichte Methode, um nach mathematischen Grundsätzen Tonwerke zu Papier zu bringen, die in ihrer riesigen Mehrzahl der Konfrontation mit dem Publikum nicht standhielten. Äußerst vielumstritten (»Musik in der Zwangsjacke« titulierte einer seiner Gegner, der Dirigent Alois Melichar, die Zwölftontheorie), aber verehrt als Lehrer und tiefschürfender Musikanalytiker von Meisterwerken, starb Schönberg in Los Angeles am 13. 7. 1951. Er gehört zweifellos zu den meistgenannten Musikern des Jahrhunderts (wenn nicht gar der Geschichte), aber keineswegs zu den meistgespielten. Er hatte als junger Komponist in Wien geschrieben: »Die zweite Jahrhunderthälfte wird durch Überschätzung schlechtmachen, was die erste durch Unterschätzung gut gelassen hat an mir.« Im Rundschreiben, das er nach seinem 75. Geburtstag aussandte, steht: »Ich habe mich seit Jahren damit abgefunden, daß ich auf volles und liebevolles Verständnis für mein Werk, für das also, was ich musikalisch zu sagen habe, bei meinen Lebzeiten nicht rechnen darf...« Und nachher?

*Verklärte Nacht*, op. 4. Als Streichsextett schuf Schönberg im Jahre 1899 ein romantisches, stark in Tristan-Atmosphäre verhaftetes Werk, das in der Folgezeit – mit Einwilligung des Komponisten – zumeist mit Streichorchester gespielt wurde, weshalb es auch hier besprochen sei. Es verwendet zwei Geigen, zwei Bratschen und zwei Violoncelli (deren zweites, in der Orchesterfassung, durch Kontrabaß verstärkt werden kann). Die Anregung zu dem Stück kam von dem gleichnamigen Gedicht Richard Dehmels (aus dem Zyklus »Weib und Welt«).

*Pelléas und Mélisande*, op. 5. Richard Strauss regte Schönberg dazu an, eine sinfonische Dichtung zu komponieren; er riet ihm zu Maeterlincks stark symbolhaftem Stück, ohne zu ahnen, daß gleichzeitig Debussy eine Oper über denselben Stoff schrieb. Schönberg verwendet für sein einstündiges Werk das gewaltige Orchester der Spätromantik, und sein Stil ist immer noch von Wagner beeinflußt. Später kam er nie wieder auf die Form der sinfonischen Dichtung zurück.

*Kammersinfonie*, op. 9. Dieses im Jahre 1906 komponierte Stück sieht eine Besetzung von 15 Musikern vor: zehn Bläser und fünf Streicher. Schönberg schreibt dafür eine eigene Sitzordnung vor, wie er überhaupt von den frühen Werken an äußerst minuziöse Anordnungen für die Ausführung seiner Kompositionen gibt. Hier sind noch einige Echos Wagnerscher Chromatik zu finden, aber man spürt, wie der Komponist die Romantik langsam hinter sich läßt. An ihrer Stelle finden sich kühne Neuerungen, so die Ersetzung der Terzen im Akkordaufbau durch Quarten, die bei der Uraufführung (Wien 1907, durch das Rosé-Quartett und die Bläservereinigung der Hofoper) eine wahre Saalschlacht hervorriefen. Formell ist dieses Werk schwer zu analysieren; der Autor erklärt es als Sinfonie, deren Sätze hier in einen einzigen zusammengefaßt sind.

*Gurrelieder*. Dieser gewaltige Liederzyklus – der nur bedingt in unser Buch gehört – auf Texte des dänischen Dichters Jens Peter Jacobson stellt einen Höhe- und Endpunkt dar: In ihm (gemeinsam mit Mahlers *Sinfonie Nr. 8*, mit Richard Strauss' *Alpensinfonie* und Skrjabins Tonmalereien) erschöpft sich die Spätromantik mit ihren riesigen Orchestern, ihrer monumentalen Klangentfaltung, ihrer oft hohlen Mammutstruktur, ihrem manchmal übertriebenen Pathos geradeso wie mit ihrer alle Spätzeiten begleitenden Sehnsucht, ihrem Weltschmerz. Elf Jahre lang beschäftigte Schönberg – mit Unterbrechungen – dieses gigantische, reichlich einen Abend füllende Werk: von 1900 bis 1911. (Die Uraufführung fand in Wien unter Leitung Franz Schrekers am 23. Februar 1913 statt; nachdem ihr unliebsame Probenzwischenfälle vorausgegangen waren, wurde sie zum vollen Erfolg, den eine Aufführung in Leipzig unter Schönbergs Leitung im Jahre 1914 bestätigte.) Den Inhalt der Gurrelieder bildet die Klage eines Königs um seine tote Gattin. Der Komponist verwendet hier zum ersten Male die gesprochene Stimme, die genau rhythmisiert, ja sogar tonhöhenmäßig festgelegt ist. Das Orchester klingt berauschend: Acht Flöten sind vorgeschrieben (anstelle der üblichen

2–4), sieben Klarinetten; die Mindestzahl der Geigen hat der Autor mit 40 angegeben, aber hinzugefügt, daß erst 60 den gewünschten Effekt hervorbrächten. Ein achtstimmiger gemischter Chor wird verwendet, dazu drei je vierstimmige Männerchöre, und eine große Zahl von Solisten. Da es sich am ehesten um eine Kantate handelt, findet sich eine eingehendere Analyse in »Oratorien der Welt«.

*Variationen für Orchester*, op. 31. Beinahe zwanzig Jahre lang schrieb Schönberg nichts für Orchester. Es war die entscheidende Zeit seines Lebens: Seine Theorien fanden vor allem in Kammermusik und Gesangswerken Niederschlag, so besonders im bahnbrechenden *Pierrot lunaire* (op. 21) sowie in der *Serenade* (op. 24), die mit ihren sieben seltsam zusammengestellten Instrumenten und der tiefen Männerstimme allerdings nicht in das Gebiet unseres Buches fallen. Nun, da er zum großen Orchester zurückkehrt, läßt sich der weite Weg ermessen, den er von den Gurreliedern zu den Variationen op. 31 durchschritten hat. Die Zwölftontechnik ist jetzt ausgebildet, und er legt sie diesem Werk zugrunde. Das Thema ist strikt dodekaphonisch; das heißt, daß es eine Serie aller zwölf existierenden Noten oder Töne enthält:

Um es dem Leser so klar als möglich zu machen, wollen wir eine kleine Erläuterung hinzufügen; die hier vorkommenden Noten sind: B, fes = E, Ges, Es, F, A, D, Cis, G, Gis = As, H, C. Es sind zwölf, die zwölf der chromatischen Skala. Ihre Ordnung entspricht dem Ausdruckswillen des Komponisten, der mit ihnen eine Reihe konstruiert hat, die man als durchaus »melodisch« bezeichnen kann. Um den Ausdruckswunsch noch zu unterstreichen, verlangt Schönberg eine »zarte« Ausführung. Wir stehen hier also vor dem Grundproblem der Dodekaphonik: Kann ein Thema, das mathematischen Grundsätzen entspringt und entspricht, im alten Sinne »schön« sein? Das Werk besteht aus einer Serie von Variationen über dieses Thema und gipfelt in einer Fuge. Die Partitur ist bewundernswert in ihrer strengen Logik und den zahllosen Möglichkeiten des dodekaphonischen Systems, die es aufzeigt. Der Uraufführung ging ein Briefwechsel zwischen dem Komponisten und dem Dirigenten Wilhelm Furtwängler voraus, aus dem hervorgeht, daß Schönberg den letzten Takt der Partitur am 21. September 1928 (in Roquebrune Cap Martin) geschrieben hat. »Ich halte das Werk für nicht übermäßig schwer im Zusammenspiel. Für leichter als z.B. *Pierrot lunaire* oder die *Erwartung*. Dagegen sind die Einzelstimmen zum größten Teil *sehr* schwer, so daß die Qualität der Aufführung hier davon abhängt, wie eben die Stimmen *gekonnt* werden ...«, schreibt der Autor.

*Suite für Streichorchester*. Dieses Stück entstammt Schönbergs erster nordamerikanischer Epoche (1934) und ist für Gebrauch an Studienanstalten bestimmt; vielleicht liegt darin der Grund, warum der Komponist hier auf das tonale System zurückgreift; der Stil ist leicht archaisierend. Die fünf Sätze sind *Ouvertüre, Adagio, Menuett, Gavotte und Gigue* überschrieben. Die Suite trägt keine Opusnummer.

*Konzert für Geige und Orchester*, op. 36. Dieses, eines der wichtigsten Werke Schönbergs, wurde im Jahre 1936 in Kalifornien beendet; es ist dem Schüler und Freunde Anton von Webern gewidmet. Die Partitur folgt streng den Regeln der Dodekaphonik, wie schon das Hauptthema des ersten Satzes *(Poco allegro)* zeigt.

Wir brauchen nur die Probe aufs Exempel zu machen: A, B, Es, H, E, Fis, C, Cis, G, As, D, F – die zwölf Töne unseres Systems, ohne einen auszulassen, in eine Reihe gebracht, wie es das Gesetz der Dodekaphonik fordert. Dieses hat sich allerdings in den Jahren seit seinem Auftauchen schon ein wenig liberalisiert. Auf den ersten Satz folgt ein *Andante grazioso*, das Finale ist neuerlich ein *Allegro*. Die Anforderungen an den Solisten – aber auch an das Orchester – sind gewaltig. So konnte die Komposition bis heute nicht Repertoirestück werden; aber ihr eingehendes Studium öffnet dem Musiker oder Musikliebhaber einen wichtigen Einblick in den Stil des 20. Jahrhunderts. (Uraufführung: Philadelphia, 6. Dezember 1960, unter Leitung Leopold Stokowskys und mit Lou Krasner als Solist.)

*Kammersinfonie Nr. 2*, op. 38. 34 Jahre nach der ersten beendet Schönberg seine zweite Kammersinfonie. Und das Erstaunliche ist, daß er 1939 auf die Entwürfe aus dem Jahre 1906 zurückgreifen und sie durchwegs verwenden kann. Hier ist also von Zwölftonmusik keine Spur zu finden – die es 1906 natürlich noch nicht gab –, sondern einfach der Wunsch, »Musik zu machen«. Schönberg leugnete, als er von Feinden (die in seinem Leben nie fehlten) wegen dieses »tonalen« Werks angegriffen wurde, daß er damit dem amerikanischen Publikum »angenehm« erscheinen wolle. Er hielt stets an der Freiheit der Entscheidung fest, nach der ein Komponist den Stil anwenden könne und solle, der ihm für das jeweilige Werk als der richtige erscheint.

*Konzert für Klavier und Orchester*, op. 42. Am letzten Tage des Jahres 1942 beendete Schönberg dieses streng zwölftönige Werk. Oder doch nicht ganz so streng? Der Komponist schreibt in einem Brief an seinen Schüler und nunmehrigen »Herold« René Leibowitz: »... Mit dem Ausdruck ›Lockerung der Strenge‹ in der Behandlung der zwölf Töne meinen Sie wahrscheinlich gelegentliche Oktavverdoppelungen, Vorkommen von tonalen Dreiklängen und Andeutungen von Tonalität.

Viele der Beschränkungen, die in meinen ersten Werken dieses Stils zu beobachten sind, und das, was Sie ›rein‹ nennen, kam – mehr theoretisch als unmittelbar – von dem wahrscheinlich unbewußten Wunsch, den Unterschied dieses Stils von früherer Musik scharf herauszuarbeiten ...« Das Klavierkonzert, das vier pausenlos zu spielende Sätze besitzt, wirkt weniger »abstrakt« als vieles im dodekaphonischen Stil Geschriebene: Es existieren virtuose Stellen für den Solisten, es gibt fast romantische Lyrik, ja sogar ein wenig fernes Tristan-Echo. Schönberg erwähnte einmal, daß »sogar Werke meiner dritten Periode, z. B. das Klavierkonzert oder die ›Ode an Napoleon‹, recht erfolgreich waren«.

*Ode an Napoleon* (für Streicher, Chor und Orchester). Lord Byron geißelte die Tyrannen und ihre grausame und verhängnisvolle Herrschaft: Auf diesen Text komponierte Schönberg im Jahre 1943 die *Ode an Napoleon*. Es war der Tiefpunkt des Krieges, Angst um die Zivilisation, Grauen vor dem immer blutiger sich ausbreitenden Kampfe, Entsetzen über die immer dunklere Nacht, die über Deutschland und Europa hereingebrochen war, erfüllten die Herzen von Millionen. In Rio de Janeiro – weit von allem düsteren Geschehen entfernt – hatte Stephan Zweig seinem Leben freiwillig ein Ende bereitet, um das Ende seiner Welt nicht mitansehen zu müssen. Schönberg, der sich selbst für einen »unpolitischen Menschen« hielt (soweit Künstler und Intellektuelle dies überhaupt sein können), schuf einige »aktuelle« Werke: die *Ode an Napoleon* (wobei hinter dem Bilde des Korsen das ungleich grausamere seines Nachahmers Hitler stand) und den »Überlebenden aus Warschau«. Die Ode ist musikalisch kaum sehr wichtig, menschlich besitzt das Werk jedoch seine Bedeutung, weshalb es hier erwähnt sei.

*Thema und Variationen g-moll*, op. 43. Was uns zuerst an diesem Stück auffällt, ist die Tatsache, daß der Schöpfer der Dodekaphonik, das heißt des Systems, das mit den alten Tonarten endgültig brach, nun über eine seiner Kompositionen wieder eine Tonartbezeichnung setzt. Doch Schönberg hielt, wie wir sahen, stets die freie Entscheidung des Komponisten hoch, in welchem Stil er ein Werk schreiben wollte. Er schuf *Thema und Variationen* im Jahre 1943, zuerst für Blasorchester (als op. 43a), hernach für großes (sinfonisches) Orchester (op. 43b). Das Thema erscheint in der Trompete und wird siebenfach, auf äußerst einfallsreiche Art, variiert.

*Ein Überlebender aus Warschau*, für Streicher, Männerchor und Orchester. Wenn einmal der Zweite Weltkrieg nur noch ferne Historie sein wird, werden einige seiner Episoden in Legenden, in Dramen, Gedichten, Bildern und Filmen fortleben. Unter diesen wird der letzte Aufstand der im Ghetto von Warschau zusammengepferchten, zu langsamem, entsetzlichem Tod verurteilten Juden mit an erster Stelle stehen. Die dantesken Szenen, die sich abspielten – und von denen in jenem Augenblick kaum jemand in der Welt etwas ahnte –, gingen im Kriegslärm unter und wurden erst viel später bekannt. Sie inspirierten unter vielen Künstlern aller Sparten auch Schönberg. Es ist hier nicht einmal wichtig, zu erwähnen, daß Schönberg beim endgültigen Verlassen Europas seinen alten jüdischen Glauben wieder angenommen hatte, dem er Jahrzehnte vorher aus Überzeugung entsagte; die Ereignisse im Warschauer Ghetto erschüttern jeden Menschen, jenseits von Glauben oder Rasse. Der Komponist schuf selbst den Text (auf englisch), den er in Musik setzte. Unvergeßlich ist der Augenblick in diesem Werk, in dem die dem Tod ins Angesicht blickenden Juden ein uraltes Lied anstimmen, das über die Flammen ihrer zusammenbrechenden Behausungen und über den wüsten Lärm der Schlacht rein und groß zum Himmel aufsteigt.

## Robert Schollum

1913–1987, österreichischer Komponist

Der in Wien geborene Komponist, Schriftsteller, Volksbildner, Hochschullehrer, Träger vieler Preise nimmt in seinem Lande eine hervorragende Stellung ein. Über Atonalität und Dodekaphonik gelangte er zu einem persönlichen Stil, der Kontraste (wie Ironie) liebt und von hohem technischem Können getragen ist. Er schuf 6 Sinfonien (deren zweite *Istrianische* betitelt ist) im Zeitraum von 1955 bis 1983, Konzerte für Cello (1956), Streicher, Violine (3), *Acht Augenblicke* (1956), *Intrada concertante, Kontraste, Toccata für Streicher, Konturen, Gespräche, Admonter Tänze, 3 Stücke für Flöte und Streicher, Spiele* (1971), *Szenen und Gebärden* (1972), *Rufe* (1973), *Seestück* (mit Klavier 1979) u. v. a.

## Dmitrij Schostakowitsch

1906–1975, sowjetischer Komponist

Zweifellos ist Schostakowitsch einer der genialen Tondichter unseres Jahrhunderts, eine jener seltenen Schöpfernaturen, deren Werke wohl zum »ewigen Bestand der Musik« gehören werden. In seinem Vaterland erlebte er höchste Anerkennung, aber auch – wie Prokofiew und andere – Maßregelungen wegen »westlicher Dekadenz« und »bürgerlicher Abweichung«. Dabei setzt gerade er die große russische Tradition – Tschaikowskys etwa – getreulich fort. Er wurde am 25. 9. 1906 in Petersburg geboren, begann seine Studien am Konservatorium seiner Heimatstadt, wo Rimsky-Korssakows Schwiegersohn Maximilian Steinberg sein Lehrer war. Mit seiner *ersten Sinfonie*, die er noch als Schüler schrieb, erregte er Aufsehen. Seine erste Oper entfesselte einen Skandal, über den in der ganzen Welt Meere von Tinte vergossen wurden. Die Verdammung des »Intellektualismus« ist vom sowjetischen Standpunkt völlig folgerichtig: Die Kunst »gehört« dem Volk, muß also von ihm verstanden und genossen werden. Ja, sie hat zum Aufbau einer neuen sozialistischen Weltordnung beizutragen. Vieles von dem, was Schostakowitsch schuf, ist mit dem »sozialistischen Realismus« zu erklären, der eine der künstlerischen Forderungen des neuen Staates darstellt. Er sprach einmal auf einem Kongreß in New York: »Es gibt keine Musik ohne Ideolgoie. Auch die alten Komponisten waren, bewußt oder unbewußt, Träger einer politischen Idee... Musik ist nicht Selbstzweck, sondern ein lebenswichtiges Mittel zum Kampf...« Worte, die durchzudenken heutigen Soziologen (und Musikern) durchaus frommt. Schostakowitsch starb in Moskau am 9. 8. 1975. Aus seinem kaum überschaubar reichhaltigen Werk seien einige der wichtigen Orchesterstücke besprochen.

*Sinfonie Nr. 1*, op. 10. Mit knapp neunzehn Jahren schrieb Schostakowitsch dieses Werk, das zweifellos eine außerordentliche Talentprobe darstellt, ja in mancher Hinsicht bereits viel mehr als das. Es gibt Kritiker, die sie bis heute innerhalb seiner Sinfonien für unübertroffen halten. Der erste Satz *(Allegro non troppo)* – in dem der Autor bereits seine Vorliebe für Marschrhythmen und elegante Walzerthemen zeigt (beide stellten charakteristische Merkmale Tschaikowskys dar) – wird von einer *Allegretto*-Einleitung eingeführt. Der zweite ist ein Scherzo *(Allegro)* mit Witz, Ironie und Geist, aber ziemlich gewöhnlichem Thema. Der dritte Satz ist *Lento* überschrieben; er ist von schönem, sehr ausdrucksvollem Klang. Zuletzt krönt ein *Allegro molto* das Werk wie eine Hymne an das Leben. (Uraufführung: 12. Mai 1926 in Leningrad, unter Leitung von Nikolai Malkos.)

*Sinfonie Nr. 2* (mit Schlußchor), op. 19. Ein einsätziges, im Jahre 1927 zur Feier des zehnjährigen Bestehens der Sowjetunion komponiertes Werk.

*Sinfonie Nr. 3*, op. 20. Ein ebenfalls durch einen äußeren Anlaß inspiriertes Stück, das *Sinfonie des 1. Mai* heißt (1929).

*Sinfonie Nr. 4*. Dieses Werk wurde vom Komponisten während der Proben für die Uraufführung zurückgezogen und auch niemals veröffentlicht.

*Sinfonie Nr. 5*, op. 47. Die im Jahre 1937 erschienenen fünfte Sinfonie ist eine großangelegte Komposition, wahrscheinlich mit programmatischem, ja wohl autobiographischem Inhalt. Sie erzielte einen ungewöhnlich starken Publikumserfolg – der auf eine Reihe von Fehlschlägen folgte – und konnte sich auch im Ausland durchsetzen. Das Thema des Werkes ist »Das Werden der Persönlichkeit«, also ein Entwicklungsroman in Tönen gewissermaßen. Der erste Satz *(Moderato)* wurde manchmal als »majestätisch«, manchmal als »heroisch-pathetisch« bezeichnet; er enthält eine Fülle von Stimmungen, so wie überhaupt diese Sinfonie außerordentlich abwechslungsreich und erfüllt von Gedanken und Gefühlen ist. Der zweite Satz *(Allegretto)* trägt Scherzocharakter: die fröhliche, lebenserfüllte, zeitweise graziöse, dann wieder festliche Musik erinnert ein wenig an vergangene Jahrhunderte. Hingegen ist der dritte Satz *(Largo)* von Schwermut gezeichnet; in seinem langen Verlauf erhebt er sich mehrmals zu feierlicher, ja zu hymnischer Größe. Den gewaltigen Abschluß des bedeutenden Werks bildet der vierte Satz. Ein gewisser Hang zum Überdimensionierten, überlebensgroß Gesteigerten gemahnt manchmal an Mahler oder Skrjabin, doch die Wirkung ist stark und echt. (Uraufführung: 21. November 1937 in Leningrad.)

*Sinfonie Nr. 6*. Eine weniger verbreitete Komposition aus dem Jahre 1939. Sie enthält drei Sätze: *Largo, Allegro, Presto.*

*Sinfonie Nr. 7*, op. 60. Vielleicht ist dieses Stück aus historischen Gründen fast interessanter als aus rein musikalischen. Es wurde mitten während des Krieges geschrieben, in einer belagerten und bombardierten Stadt, und es nimmt in einer großartigen Vision den noch in weiter Ferne liegenden, ersehnten und erträumten Sieg des Vaterlandes über die Invasoren voraus. Das Werk wurde als *Leningrader Sinfonie* berühmt; ihr Welterfolg spiegelt die Stimmung jener Tage wider. In Rußland selbst fand sie schon bei der Uraufführung (1. März 1942) begeisterte Aufnahme, die sich bei jeder Wiedergabe zu riesigen patriotischen Kundgebungen steigerte. Die Partitur wurde auf Mikrofilm kopiert und nach den USA geflogen, wo die berühmtesten Dirigenten darauf warteten. Aus dem wahren Wettrennen um die Erstaufführung ging Toscanini als Sieger hervor, der das Werk am 19. Juli 1942 in New York, mit Radioübertragung der NBC., erklingen ließ und auch hier die Herzen zu jubelnder Begeisterung entzündete. Noch vor Ende des gleichen Jahres hatte New York das Stück in der Interpretation Toscaninis, Kussewitzkys und Rodzinskys gehört. In allen alliierten Ländern wurde Schostakowitschs siebente Sinfonie als Aufruf zum Kampf empfunden, und in den wenigen Städten der vom Kriegsgeschehen verschonten Staaten riß sie die Hörer ebenfalls zu Kundgebungen hin. Der Komponist hat sich über die Entstehung dieses Werkes folgendermaßen geäußert: »Im Juli 1941 begann ich mit der Arbeit an meiner siebenten Sinfonie. Mit ihr wollte ich dem hohen Ideal des patriotischen Kampfes klingenden Ausdruck verleihen. Diese Arbeit füllte mich völlig aus. Weder grausame Luftangriffe noch die bedrückende Stimmung der belagerten Stadt konnten meine schöpferische Phantasie beeinträchtigen.« Darauf gibt er eine kurze Erklärung des Inhalts der einzelnen Sätze: »Der erste und gleichzeitig ausgedehnteste Satz hat dramatischen, tragischen Charakter. Der Krieg hat unser friedliches Leben jäh unterbrochen. Doch die Musik will auch noch etwas anderes ausdrücken: als Requiem soll sie die Trauer unseres Volkes um seine toten Helden zum Ausdruck bringen. Die beiden folgenden Sätze sind als

Intermezzo gedacht: Sie bilden eine Bekräftigung des Lebens im Gegensatz zum Kriege. Der vierte Satz ist unserem Siege gewidmet. Er ist die direkte Fortsetzung, die logische Folgerung des zweiten und dritten Satzes. Er symbolisiert den Sieg des Lichtes über die Dunkelheit, der Weisheit über den Wahnsinn, der Menschlichkeit über die Tyrannei.« So ist das Werk also ein großes Zeitgemälde; Tschaikowsky ist hier deutlich der Pate seines Nachfahren. Manchmal ist es, als wäre *1812* in den modernen Krieg transponiert. Schostakowitsch liebt – fast mehr noch als Tschaikowsky – die lange sinfonische Entfaltung, die kunstvollen Steigerungen, die dramatischen Entwicklungen, die immer wieder neuen Höhepunkten zustreben und vor keiner Klangaufbietung zurückschrecken. Er weiß Augenblicke höchster Spannung zu schaffen, melancholische Gedanken einzustreuen, volkstümlich zu werden. Aber er greift manchmal – gerade wie Tschaikowsky und mehr noch als dieser – auf vulgäre Themen zurück, streift haarscharf den Kitsch, sucht gelegentlich zu sehr zu »wirken«. Unvermittelt stehen solche Stellen neben anderen, wertvollen, unleugbar schönen, ja edlen und tiefen. Halten wir ihm bei diesem Werke zugute, daß er erst 35 Jahre alt war und von patriotischer Begeisterung mitgerissen wurde.

*Sinfonie Nr. 8*, op. 65. Ein der siebenten ähnliches Stück, geschrieben 1943, von großen Dimensionen, aber geringerer Durchschlagskraft. Im Westen so gut wie unbekannt.

*Sinfonie Nr. 9*, op. 70. Dieses 1945 komponierte Werk unterscheidet sich deutlich von seinen Vorgängern. Es ist, als habe der endlich erfochtene Sieg seines Vaterlandes einen gewaltigen Druck von der Seele Schostakowitschs genommen: Die neunte ist leicht, graziös, spielerisch, lebensfroh, beinahe »klassisch« im Ausdruck.

*Sinfonie Nr. 10*, op. 93. Als Schostakowitsch 47 Jahre wurde, hatte er schon fast hundert Werke geschrieben, darunter nicht weniger als zehn – z.T. sehr umfangreiche – Sinfonien. Die zehnte ist von einem neuen Hauch belebt. Der Komponist hat die Zeit der Suche, der Kämpfe hinter sich gelassen; seine Harmonien sind nun kristallklar, die Rhythmen von großer Vielfalt und stets anregendes, treibendes Element. Während die weitaus meisten seiner Zeitgenossen sich mit Stilproblemen abquälen und oftmals Scheu davor empfinden, ihre Gedanken in einfacher, allen verständlicher Form auszusprechen, hat Schostakowitsch sich eindeutig zu diesem Wege bekannt und erzielt damit beachtenswerte Werke, die nicht nur in Ländern des »sozialistischen Realismus«, sondern ebensosehr auch in den sogenannten »kapitalistischen« Staaten Echo finden.

*Konzert für Klavier und Trompete*, op. 35. Die Besetzung sieht eine Trompete als einziges Blasinstrument vor, keine Schlaginstrumente und ein starkes Streicherensemble. Hier entstand ein lebensfrohes, ja oftmals übermütiges Stück, in dem es an Ironie, an kekken Rhythmen, an sprudelnder Laune nicht fehlt. Im langsamen Satz finden sich jedoch sentimentale Melodien, romantische Akkorde – man denkt mehrfach an Rachmaninow –, aber gelegentlich streift Schostakowitsch die Banalität. Das Werk hat vier Sätze: *Allegro moderato; Lento; Moderato; Allegro con brio.* Der Autor äußerte sich einmal: »Ich wollte eine gute und unterhaltsame Musik schreiben, die möglicherweise sogar einem anspruchsvolleren Hörer Vergnügen bereiten könnte.« Und das ist es – mit kleinen Einschränkungen – auch geworden. Die Uraufführung erfolgte, mit dem Komponisten am Flügel, in Leningrad am 15. Oktober 1934, kurz nach der Vollendung des Konzertes. Außerhalb der Sowjetunion dürfte Stokowsky sein erster Dirigent gewesen sein: in einem Jugendkonzert am 12. Dezember des gleichen Jahres, in Philadelphia.

Gegen Ende seines Lebens weist die Schaffenskurve Schostakowitschs noch einmal eine Steigerung auf. Seine insgesamt 15 Sinfonien sind zwar nicht alle von gleich hoher Qualität, aber doch durchwegs Zeugnisse eines imposanten Könnens und einer unablässig strömenden Inspiration.

*Die Sinfonie Nr. 11*, op. 103, trägt den Titel *Das Jahr 1905*, bezieht sich also auf den Aufstand der Matrosen, der 12 Jahre später zur Oktoberrevolution führte. Der 1. Satz (»Auf dem Platz vor dem Palast«) schildert das Elend, in dem das Volk lebt; der 2. Satz (»Der 9. Januar«) den historischen Sonntag, an dem eine Bittprozession durch die Brutalität der Repression zu Schlacht und Rebellion wird; der 3. Satz (»Ewiges Angedenken«) baut den zum Volkslied gewordenen Gesang »Unsterbliche Opfer« ein; das Finale (»Die Sturmglocke«) bringt den damals entstandenen Revolutionsgesang »Warschawjanka«.
Die *Sinfonie Nr. 12*, op. 112, setzt inhaltlich das vorangegangene Werk fort, schildert also die siegreiche Oktoberrevolution von 1917. Die Sätze sind überschrieben: »Das revolutionäre Petrograd«, »Rasliw«, »Aurora«, »Morgenröte der Menschheit«, Lenins Planen im Exil, der Kampf und der Jubel des Volkes werden beschrieben.
1962 komponierte Schostakowitsch seine *Sinfonie Nr. 13*, in der ebenfalls historisches Geschehen nachklingt: das grausige Judengemetzel in der Felsenschlucht von Babi Jar bei Kiew durch die deutschen Invasoren des Zweiten Weltkriegs. Die hier herangezogenen Verse stammen von Jewgeni Jewtuschenko.
Auch die *Sinfonie Nr. 14* zieht das gesungene Wort heran, es stammt von Federico García Lorca, Guillaume Apollinaire, Rainer Maria Rilke, Wilhelm Küchelbecker. Das Werk besteht aus 11 Abschnitten und wurde 1969 vollendet.
Die letzte, die *Sinfonie Nr. 15*, entstand 1971 und trägt die Opuszahl 141. Sie ist rein instrumental, dürfte aber

doch ein (nie bekanntgegebenes) Programm besitzen. In ihr werden Rossinis »Wilhelm Tell«-Overtüre zitiert sowie ein feierliches Bläsermotiv aus Wagners »Walküre«.
Zu ergänzen wären noch eine *Suite für Jazzorchester* (1934), 2 Violinkonzerte (1948, 1967), ein Klavierkonzert (1957), 2 Cellokonzerte (1959, 1966), die sinfonische Dichtung *Oktober*, eine *Festouvertüre* (1954), die *Ouvertüre* über russische und kirgisische Themen, das Präludium *Für die Helden von Stalingrad* (1967).

## Franz Schreker

1878–1934, österreichischer Komponist

Der als Opernkomponist jahrzehntelang äußerst erfolgreiche österreichische Komponist schuf auch mehrere Werke in romantischem Stil für den Konzertsaal, so: eine *Tanzsuite (Rokoko)*, eine *Phantastische Ouvertüre*, eine *Romantische Suite*, eine *Kammersinfonie*, die *Ouvertüre »Ekkehard«*, *Nachtstück*, *Intermezzo* sowie Bearbeitungen einiger Opernszenen.

## Schtschedrin siehe Schedrin

## Franz Schubert

1797–1828

Was er auch schrieb, es wurden stets Melodien. Ob er die Liebe besang (die er nie erleben durfte), ob die Fülle des Lebens (die er nie kennenlernte), ob das Meer (das er nie erschaute) oder die ewigen Schneegipfel (die zwar in seinem Vaterland lagen, aber viel zu weit entfernt, als daß er sie hätte erreichen können), ob er das Glück als Thema nahm (das sich ihm nur in seinem Schaffen näherte) oder das Unglück (das er als »ihm bestimmt« geduldig entgegennahm), ob er (der nie tanzte) herrliche Tänze schrieb oder vieles andere, was ihm nur aus Sehnen und Träumen bekannt sein konnte: Es wurden stets Melodien.
Rasch sind die äußeren »Ereignisse« seines kurzen Lebens erzählt: Er kam am 31. Januar 1797 in Wiens Vorstadt Liechtenthal zur Welt, Sohn eines Schullehrers, Bruder von dreizehn Geschwistern. Der Vater war der erste Musiklehrer, der zweite ein guter Vorstadtmusikant, der aus dem Staunen nicht herauskam über solche Musikalität; hierauf wurde Schubert Schüler eines Stadt-Konvikts, in dem sich seine Gaben herrlich entfalteten. Als Kapellsänger lebte er in engstem Kontakt mit der Musik. Er wurde Schüler Salieris, nachdem der Hoforganist Wenzel Ruziczka über ihn gesagt hatte: »Den kann ich nichts lehren, der hat's vom lieben Gott!« Und als die Kindheit vorbeiging, war dieser Franz Schubert ein ganz reifer, fertiger Komponist, völlig unbrauchbar für alles, was nicht Musik bedeutete, aber unfaßbar genial in allem, was Musik hieß. Er versuchte sich zeitweise als »Schulgehilfe« seines Vaters, aber seine Gedanken weilten bei einer neuen Komposition, die er darauf, ohne auf die Kinder Rücksicht zu nehmen, sofort zu Papier brachte. Als Klavierlehrer kam er einmal in das Sommerpalais der Grafen Esterházy in der Pußta; als Begleiter eines berühmten Opernsängers einmal in die schöne Berg- und Seenwelt des Salzkammergutes. Sonst war Wien sein Aufenthalt. Seine frohen Kameraden schirmten ihn gegen Not und Sorgen ab, veranstalteten »Schubertiaden«, bei denen er am Klavier saß und Eigenes zum besten gab, Landausflüge, bei denen es lebhaft und unbeschwert zuging; einmal auch ein Konzert mit Werken Schuberts: das einzige, das zu geben ihm vergönnt war. Er freute sich auf den kommenden Sommer (1827), der ihm die so lange ersehnte Begegnung mit Beethoven bringen sollte. Aber Beethoven starb im Frühling, und als Schubert vom Begräbnis zurückkehrte, ergriff er ahnungslos das Glas und trank »auf den nächsten«. Er wurde es selbst, 31 Jahre alt, am 19. November 1828. Nur sehr wenige ahnten, daß hier eines der größten Genies aller Zeiten Abschied genommen hatte.
Trotz seines kurzen Lebens hinterließ er ein überreiches, beinahe unfaßbares Erbe: neun Sinfonien, zahlreiche weitere Orchesterstücke, Hunderte von Liedern, prachtvolle Kammermusik, Opern, Kirchenmusikwerke – und alles in so unverkennbarem, ureigenem Stil, daß einige Takte genügen, um Schuberts Hand zu fühlen. Er ist kein Rokoko-Komponist; die Romantik hat ihren Einzug gehalten. Ihre wienerische Abart, in die Schubert gehört, nennt man Biedermeier: eine Zeit der lieblichen, kleinen Formen, des glückhaften Bescheidens, des sanften Entspannens nach erregten napoleonischen Jahren. Was hat Schubert daraus gemacht! Oder hat er nur bewiesen, daß Größtes im Kleinen schlummern kann? Genie in jeder Epoche? Ungeheuerliches in jeder Erscheinung, Ungeahntes in jedem Menschen?

*Die frühen Sinfonien*

*Sinfonie Nr. 1 D-dur.* Der sechzehnjährige Schubert schrieb dieses Stück im September und Oktober 1813 zur Geburtstagsfeier des Konviktsdirektors. Es soll damals vom Orchester des Instituts, in dem Schubert selbst mitspielte, aufgeführt worden sein, doch sind nähere Daten darüber nicht vorhanden. Die in kleinen Dimensionen gehaltene und begreiflicherweise von Haydn und Mozart beeinflußte Sinfonie zeigt schon deutliche Schubertsche Züge, jenen aus Naivität und Melancholie so einzigartig zusammengesetzten Stil, der in allen seinen frühen Kompositionen im Keim vorhanden ist. Daß er zugleich mit dieser Sinfonie nicht weniger als sieben Streichquartette, Kantaten, Orchesterstücke, Kirchenmusik, einen Männerchor, Klavierwerke und eine Reihe von Liedern schuf, sei nur am Rande vermerkt.

*Sinfonie Nr. 2 B-dur.* Über das genaue Entstehungsdatum gehen die Ansichten ein wenig auseinander. Einige Forscher geben an, Schubert habe die zweite Sinfonie vom 10. bis 26. Dezember 1814 geschrieben, andere erstrecken diese Frist vom Dezember 1814 bis zum 14. März 1815. In der Partitur findet sich ein Vermerk, der auf den 24. März 1815 als Abschlußtag hindeutet. Keine wesentlichen Differenzen, wie man sieht; bezeichnend nur für die unglaubliche Leichtigkeit, mit der Schubert komponierte, so daß buchstäblich jeder Tag Bedeutung erlangen kann. Um jene Zeit wirkte er in dem kleinen Orchester mit, das sein Vater im Hause versammelte. Ob es zu einer Aufführung gekommen ist, weiß man nicht. Als »Uraufführung« wäre sie kaum zu bezeichnen, da die Öffentlichkeit nicht daran teilnahm; diese fand erst... 62 Jahre später statt: am 20. Oktober 1877 in London! Das Werk beginnt mit langsamer Einleitung *(Largo)* zu einem *Allegro vivace*; es folgt ein *Andante* in Form stimmungsvoller Variationen, ein typisch wienerisches Menuett und ein schon recht romantisch anmutendes Finale *(Presto)*.

*Sinfonie Nr. 3 D-dur.* Mit welcher Urgewalt die Inspiration in des Jünglings Leben einbrach, sei aus der flüchtigen Liste seiner Kompositionen des Jahres 1815 ersichtlich: Ende der zweiten und gesamte dritte Sinfonie, zwei Klaviersonaten, ein Streichquartett, eine gewaltige Zahl von geistlicher und Chormusik – darunter zwei vollständige Messen –, vier Bühnenwerke und 144 Lieder! Die dritte Sinfonie wurde übrigens nicht in einem Zug beendet: Die ersten 47 Takte stammen vom Mai, alles weitere wurde vom 11. bis 19. Juli zu Papier gebracht. Es ist ein frohes, sonniges Werk – in beinahe seltsamem Kontrast zu den gleichzeitig entstehenden Liedern; in diesen überwiegten düstere, todesbange Stimmungen, den Texten gemäß, die der Achtzehnjährige auswählte. Bei der Orchestermusik aber dachte er wohl einfach an »Gelegenheitsstücke«, an Spielmaterial für die Musikabende im väterlichen Hause, wenn die kunstliebenden Bürger aus der Nachbarschaft mit Geigen, Bratschen und Celli, mit Flöten, Oboen und Hörnern angerückt kamen und sicherlich nicht ahnen konnten, daß sie das Werk eines Unsterblichen aus dessen eben fertiggestelltem Manuskript spielen durften. Von einer öffentlichen Aufführung ist auch bei dieser Sinfonie keine Rede – eine Bemerkung, die wir leider weiterhin bei Schuberts Sinfonien hinzufügen müssen. Es sieht ganz so aus, als wäre die dritte Sinfonie erst am 19. Februar 1881 in London erklungen! Ein Satz daraus wurde von Herbeck allerdings »schon« im Jahre 1860 in Wien gespielt, gemeinsam mit drei anderen Sätzen aus verschiedenen Sinfonien Schuberts! (Um unsere Leser zu erinnern: Auch da war der Komponist bereits seit 32 Jahren tot.) Diese Sinfonie beginnt wiederum mit einer langsamen Einleitung *(Adagio maestoso)* zum ersten Satz *(Allegro con brio)*; ein liedhaftes Thema formt den zweiten, von intimer Stimmung getragenen Satz *(Allegretto)*, den dritten bildet ein zwar *Menuett* betiteltes, aber so gar nicht mehr höfisches, ja im Trio völlig wienerisch ländlerartiges Stück. Der Abschluß ist ein dahinwirbelndes *Presto*, das an eine Tarantella gemahnt. Hier überraschen harmonische Kühnheiten, die Schubert gewiß nicht bei Salieri gelernt hat: den Seinen gibt's der Herr im Schlaf.

*Sinfonie Nr. 4 c-moll*, genannt *Tragische Sinfonie*. Obwohl der Beiname sicher vom Komponisten selbst stammt, darf man ihm keine übertriebene Bedeutung beimessen: Was erscheint einem Neunzehnjährigen (er vollendete diese Sinfonie am 27. April 1816) nicht alles tragisch! Vielleicht wäre »melancholisch« der treffendere Name, aber mit ihm müßte ja ein großer Teil des Schubertschen Werkes ausgezeichnet werden. Schon Schumann, einer der größten Verehrer seines Vorläufers, wendete sich gegen die Bezeichnung: »Da bin ich denn gleich gegen das Beiwort ›tragisch‹, das mir nicht einmal von Schubert selbst geschrieben scheint«, teilt er einem Verleger mit und setzt hinzu: »Nennen Sie sie einfach Sinfonie in c-moll; an eine tragische würde man ganz andere Ansprüche machen...« Immerhin: der Beginn klingt tragisch, rückt die *Adagio-molto*-Einleitung in Beethovens Nähe; aber schon das folgende *Allegro vivace* vergißt die schmerzlichen Akzente und wird beinahe mozartisch heiter. Wundervoll ist der zweite Satz, besonders für jene, die bei Schuberts wehmutgetränkten Melodien nicht an einzuhaltende Proportionen denken. Das folgende Scherzo ist dann wiederum sehr irdisch, fast robust. Erst das Finale: *Allegro*, gemahnt neuerlich an den Beinamen, löst sich aber bald in strahlendem C-dur. Diese Sinfonie mußte nicht ganz so lange auf ihr erstes öffentliches Erklingen warten: aber auch der 19. November 1849 (in Wien) lag bereits mehr als zwanzig Jahre nach Schuberts Tod.

*Sinfonie Nr. 5 B-dur.* Dieses wahre Schmuckstück der frühromantischen Literatur entstand in wenigen Tagen. Das Autograph vermerkt »September 1816« und fixiert die Beendigung auf den 3. Oktober. Vielleicht aus reiner Musizierlust, aus überquellenden Ideen, vielleicht auf Anregung eines Wiener Musikliebhabers, Otto Hadwig, dessen Hausorchester – in dem Vater und Sohn Schubert mitwirkten – ein neues Werk suchte, aber jedenfalls in glücklichster Schaffenslaune wurde diese kleine Sinfonie geboren; klein in den Dimensionen (mit der bei Schubert üblichen Ausnahme des langsamen Satzes, in dem er seine Melodien verschwenderisch ausbreitet, variiert, von Dur nach Moll rückt und umgekehrt und aus lauter inniger Wehmut öfter wiederholt, als strengen Formgesetzen zuträglich ist), klein in der Instrumentierung (eine Flöte, 2 Oboen, 2 Fagotte, 2 Hörner und Streicher). Freundlich, voller Licht ist der erste Satz, *Allegro* (der hier keine langsame Einleitung hat); sein erstes Thema entwickelt sich aus zwei Takten, ein Gegenmotiv, das mit seinem eigenen Echo in den tiefen Streichern auftaucht. (Interessant ist, daß Schubert Violoncelli und Kontrabässe noch unisono führt.) Alles wurde auf knappste Formeln gebracht, Schubert ist hier ein Klassiker reinster Schule. Aber im folgenden Satz, *Andante con moto*, ändert sich das gründlich. Schon das Hauptthema singt romantisch, über romantisch ausdrucksvollen, teils schon chromatischen Harmonien:

Das zweite Thema besteht aus einem schwermütigen Dialog, den die Geigen zuerst mit der Oboe, hernach mit der Flöte führen. Weniger bemerkenswert ist vielleicht das Menuett. Kein echtes übrigens, denn Schubert schreibt *Allegro molto* vor, was dem gemächlichen Zeitmaß des bereits aus der Mode gekommenen Hoftanzes widerspricht. Aber man soll bei diesem Komponisten eigentlich niemals ein Stück weniger bemerkenswert finden, denn ganz plötzlich bricht irgendwo immer das Genie durch. Das Trio ist so lieblich, so wienerisch, so liechtenthalerisch, und dabei so ungeheuer einfach wie ein Volkslied, echt und innig:

Das Finale, *Allegro vivace*, birgt nichts Ungewöhnliches. Mit gelegentlichen dramatischen Akzenten, knapp in der Form (die zwischen Sonate und Rondo steht), klassisch klar, eilt es dem Ende entgegen.

*Sinfonie Nr. 6 C-dur*, genannt *Kleine C-dur-Sinfonie*. Vom Oktober 1817 bis Februar 1818 schrieb Schubert dieses Werk, das, um es von der in seinem letzten Lebensjahr geschaffenen »großen« C-dur-Sinfonie zu unterscheiden, zumeist die »kleine« genannt wird. Ob er sie je gehört hat, ist kaum festzustellen; öffentlich wurde sie wie auch die anderen jedenfalls nicht gespielt. Immerhin scheint es einen Monat nach seinem Tode in Wien zu einer Aufführung gekommen zu sein (was bei den darauffolgenden bedeutendsten Sinfonien seines Schaffens nicht der Fall war). Die sechste Sinfonie ist, der vorangegangen ähnlich, in klassischem Geiste gehalten, also Mozart und Haydn näher als Beethoven, den Schubert zwar über alles verehrte, dem auf seinem revolutionären Wege zu folgen er aber wohl nicht wagte. Er selbst war kein Revolutionär, vielleicht aus Temperament, vielleicht aus jener übergroßen Bescheidenheit, die schon Schüchternheit genannt werden muß. Zudem war die Fülle seiner musikalischen Eingebungen so ungeheuer groß, daß er, um sie niederzuschreiben, jede beliebige bestehende Form benützen konnte, die ihm genügend Bewegungsfreiheit ließ. Er war stets ein »naiver« Künstler, kein denkender oder gar berechnender: Wenn das Wort vom »Vogel, der singt, wie die Natur es ihn lehrt« in der Kunstmusik überhaupt eine sinngemäße Anwendung finden kann, dann bei Schubert. Die sechste Sinfonie hat vier Sätze: dem *Allegro* geht eine langsame Einleitung – *Adagio* – voraus. Der zweite Satz, *Andante*, ist vielleicht wiederum der schönste, voller Melodien und tiefem Gefühl. Das Scherzo, das an dritter Stelle steht – hier hat Schubert das klassische Menuett aufgegeben –, jagt *Presto* dahin. Auch das Finale ist sehr schnell, glänzend und mitreißend. Im ganzen genommen ist die sechste eine der frohesten Sinfonien Schuberts (was nicht ausschließt, daß hie und da, vor allem im langsamen Satz, wehmütig-melancholische Wendungen stehen können). Helle Farben und eine beinahe mozartische Heiterkeit herrschen hier vor. Schubert ist 21 Jahre alt, und seine Welt ist voll von Musik. Was tut's, wenn – außer einem Häuflein Getreuer – niemand sie hören will?

### *Die letzten Sinfonien*

Bevor wir zur Besprechung der Stücke kommen, die Schuberts sinfonisches Lebenswerk krönen – der »Unvollendeten« und der »Großen C-dur« –, wollen wir etwas über Namen, Nummern und Daten aufklären, die irrtümlich gebraucht werden. Die »Unvollendete« ist keineswegs die »achte« Sinfonie, als die sie zumeist auf unseren Konzertprogrammen steht, wenn wir die Große C-dur-Sinfonie als Siebente bezeichnen, wie es stets zu geschehen pflegt. Diese entstand nämlich sechs Jahre nach jener. Aber vor allem wäre zu sagen, daß es aus den letzten Lebensjahren Schuberts nicht nur zwei

Sinfonien gibt, sondern vier. Außer der berühmten »Unvollendeten« existiert noch eine weitere nicht zu Ende komponierte, die weder gespielt noch veröffentlicht wurde. (Anläßlich der Hundertjahrfeier in Wien – 1928 – bestand das außerordentlich diskutable Projekt, sie vollenden zu lassen, eine Idee, die schon mehrfach aufgetaucht war und auch verschiedentlich, aber nie dauerhaft durchgeführt wurde.) Schließlich besteht die recht begründete Annahme, Schubert habe – teils in Gmunden, teils in Gastein – eine Sinfonie komponiert (und der Gesellschaft der Musikfreunde zu Wien eingereicht), deren Manuskript aber niemals gefunden werden konnte. (Erinnern wir uns, daß es auch bei Beethoven eine strittige Sinfonie gibt: die sogenannte »Jenaer« oder »Nr. 0«. Mit einem grundlegenden Unterschied allerdings: die Jenaer-Sinfonie ist vorhanden, aber wohl kaum von Beethoven, während die Gasteiner-Sinfonie zwar sicher von Schubert ist – wenn es sie gibt –, aber leider als für immer verschollen gelten muß.) Somit wäre dies die Chronologie der letzten Schubertsinfonien:

*1821: Sinfonie Nr. 7 E-dur.* Unveröffentlicht. In mehreren Bruchstücken vorhanden.

*1822: Sinfonie Nr. 8 h-moll,* sogenannte *Unvollendete.* (Sie führt also den Namen »Achte« zu Recht, wenn wir die E-dur-Sinfonie aus dem Jahre 1821 als Siebente ansehen wollen; nicht aber in bezug auf die »Große C-dur-Sinfonie«.)

*1825:* Angebliche *Gasteiner-Sinfonie,* verlorengegangen oder mit einer früheren identisch.

*1826: Sinfonie C-dur,* genannt *Große.* Zumeist als *Siebente* bezeichnet, obwohl ihr am ehesten die Bezifferung *Neunte* zustehen würde.

Doch wollen wir mit diesen Erklärungen keineswegs Verwirrung stiften und halten uns daher an die üblichen Bezeichnungen. Es sei uns lediglich erlaubt, die Reihenfolge der »Siebenten« und »Achten« in unserer Besprechung zu vertauschen, im Einklang mit ihrer Chronologie.

*Sinfonie Nr. 8 h-moll,* genannt *Unvollendete*

*Geschichte*: Wie in einem romantischen Künstlerroman liest sich das Schicksal dieser Sinfonie, der vielleicht – neben einigen Beethovensinfonien – wohl auf der ganzen Welt populärsten des gesamten Repertoires. Schubert hatte im Jahr 1821 eine Sinfonie skizziert, aber nur insgesamt 110 Takte ausgeführt. Am 22. Oktober 1822 begann er die Niederschrift einer neuen Sinfonie, aber wieder wollte es das Schicksal, daß er sie unvollendet ließ. Er beendete zwei Sätze und notierte einiges wenige für den dritten und vierten; doch er arbeitete es nicht mehr aus, obwohl er noch sechs Jahre Leben vor sich hatte und noch mindestens eine, möglicherweise sogar zwei weitere Sinfonien schrieb. Es ist nicht verwunderlich, daß Musiker und Laien viel an Schuberts mutmaßlichen Gründen herumgeraten haben. Hielt er die beiden ersten Sätze für schlecht, so daß eine Fortsetzung sich nicht lohnte? Fand er, daß sie dem üblichen Sinfonieschema nicht entsprachen? Erbat er die Meinung, wie dieses Werk fortgesetzt und vollendet werden könne, vom Freunde und alten Studienkollegen Anselm Hüttenbrenner, dem er die beiden fertiggestellten Sätze nach Graz sandte? Der scheint auf Schuberts Sendung nicht reagiert zu haben. Der Komponist starb, Hüttenbrenner wurde ein alter – und wie es heißt, sehr sonderlicher – Mann. Der Wiener Dirigent Herbeck erhielt im Frühjahr 1865 die Nachricht, eine Sinfonie Schuberts liege in Graz; wenige Wochen später machte er sich auf den Weg und entdeckte tatsächlich, am wohl denkwürdigen 30. April 1865, das Manuskript der *Unvollendeten.* Und so erklang dieses Werk, dessen Aufführungsziffer heute auch nicht einmal mehr annähernd festzustellen wäre, am 17. Dezember 1865 erstmalig in Wien, 37 Jahre nach Schuberts Tod und 42 nach seiner Komposition!

*Verwendetes Orchester:* Je zwei Flöten, Oboen, Klarinetten und Fagotte, zwei Hörner, zwei Trompeten, drei Posaunen, Pauken und Streicher.

*Analys:* Schuberts *Unvollendete* oder *Sinfonie in h-moll* besteht bekanntlich aus zwei Sätzen. Der erste ist *Allegro moderato* überschrieben; er erhebt sich, in den nur wenig von den Celli aufgehellten dumpfen Kontrabässen, aus geheimnisvollen Tiefen:

Dann lassen Oboe und Klarinette ihre wehmütige Melodie über bebenden Streicherfiguren ertönen:

Welch tiefer Schmerz liegt in diesem Beginn! Die klassische Sinfonie kannte nichts Derartiges. Und die Melancholie weicht nicht. Die Violoncelli antworten den Bläsern mit jener Melodie, die zu einer der berühmtesten der gesamten sinfonischen Literatur wurde:

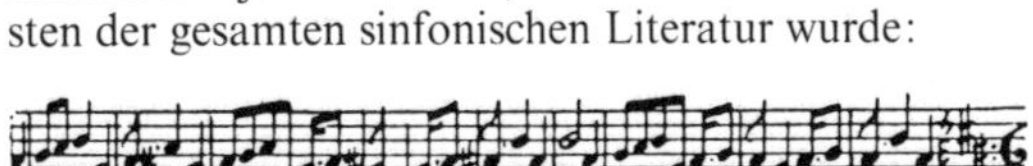

Hier singt ein einsames Herz seine Liebe, die keine Erwiderung findet. Aber es liegt wie ein himmlisches Lächeln darüber, ein Trost aus unbekannten Höhen, der die Wunden vernarben und die Tränen versiegen läßt. (Bei diesem Thema hängt alles vom Dirigenten ab; es kann pathetisch klingen oder einfach schmerzlich; es kann – durch winzige Änderungen im Tempo – eine Fülle verschiedener Gefühle spiegeln.) Dann bemächtigt sich starke Dramatik des bis dahin lyrischen Satzes. Die Posaunen (Schubert verwendet sie erstmalig in einer Sinfonie) schallen wie über Gräber hin, wie aus dem Jenseits. Aber wir erleben keinen Beethovenschen Kampf gegen das Schicksal; eher den schmerzlichen Verzicht des Menschen unter der Übermacht des Geschicks. Die ungeheure Erregung des Orchesters klingt nach Abschied, nach wehmütiger Aufgabe von Liebgewordenem. Schubert steht hier – mehr als in der folgenden C-dur-Sinfonie – außerhalb der Welt. Sie hat ihn zu Lebzeiten nie verstanden.

Auch der zweite Satz hat diese Grundstimmung. Und vielleicht liegt hier die Erklärung, warum Schubert an dieser seiner Sinfonie verzweifelte, sie nicht zu Ende komponieren konnte: zwei melancholische, tieftraurige Sätze hintereinander – widersprach das nicht jeder sinfonischen Regel? Wie sollte daraus je eine brauchbare Sinfonie werden? Das *Andante con moto* beginnt mit zwei düster-feierlichen Bläserakkorden und langsamen Pizzicati der tiefen Streicher; sie steigen abwärts, wie hoffnungslos. Dann singen die Geigen eine traurige Melodie:

Das zweite Thema gehört den Bläsern, die es abwechselnd ertönen lassen; es ist eine lange Melodie von erschütternder Schwermut:

Auch dieser Satz enthält dramatische Teile. Wer Schubert »undramatisch« nennt, wird hier Lügen gestraft (wenn er es nicht schon längst durch die Lieder wäre). Seine melodische Erfindung ist unerschöpflich, aber nicht weniger reich sind seine Harmonien. Wieviel Empfindung beherbergt manchmal ein einziger seiner Akkorde oder ihre Aneinanderreihung!

Einmal fragte ein freundliches Vorstadtmädchen den am Klavier sitzenden Komponisten in voller Unschuld: »Herr Schubert, schreiben Sie nur traurige Musik?«, worauf der Tondichter erwiderte: »Gibt es denn eine andere?« Die *Unvollendete Sinfonie* ist das höchste Beispiel einer traurigen und doch unendlich beglückenden Musik.

### *Sinfonie Nr. 9 C-dur*, genannt *Große*

*Geschichte:* Schuberts letzte Lebensjahre sind bis zum äußersten mit Kompositionen angefüllt: die gewaltige Es-dur-Messe, das C-dur-Quintett, drei große Klaviersonaten (c-moll, A-dur, B-dur), eine Zahl herrlichster Lieder (darunter der gesamte Zyklus »Schwanengesang«) und die sogenannte *Große C-dur-Sinfonie*. Sie wurde kopiert und der Wiener Gesellschaft der Musikfreunde eingereicht. Diese scheint sie in einer Probe aufgelegt zu haben – wie Schuberts Freund Franz Lachner berichtet –, bevor sie sie zurückwies. Der Komponist ersetzte sie durch die »kleine« C-dur-Sinfonie, die sechste. Aber auch deren Aufführung erlebte er nicht mehr. Hingegen wurde ihm in diesem Jahre seine vielleicht größte Genugtuung zuteil: Seine Freunde organisierten für ihn ein Konzert mit eigenen Werken. Es verlief würdig und erfolgreich; von diesem Tage an ahnten wenigstens einige hundert seiner Landsleute (neben wenigen Ausländern, die zufällig Kompositionen von ihm in die Hand bekommen hatten), daß in Wien ein musikalisches Genie lebte und in aller Stille und Bescheidenheit schuf. Das Datum des Konzerts beunruhigte Schubert: Es fand am 26. März 1828 statt, genau ein Jahr nach Beethovens Tod. Es war wohl Zufall – wenn es ihn gibt. Verglichen mit den Triumphen, die soeben Paganini in Wien einheimste und jenen, die der Opernmeister Rossini wenige Jahre zuvor dort gefeiert hatte, war Schuberts Konzert eine winzige und sehr lokale Angelegenheit. Und von einer Aufführung seiner größten Werke wollte niemand etwas wissen. Auch die C-dur-Sinfonie, die letzte seines Lebens, blieb liegen. Sie wurde bei Schuberts Bruder Ferdinand zehn Jahre lang unerkannt aufbewahrt, ohne auf irgendein Interesse zu stoßen. Dann siedelte im Herbst 1838 Schumann vorübergehend nach Wien über. Er hat uns überliefert, wie er bei Schuberts Bruder »einen aufgehäuften Reichtum an Handschriften« vorfand. Das Manuskript der Sinfonie sandte er sofort nach Leipzig, wo Mendelssohn dem Gewandhaus vorstand. Und so kam es am 22. März 1839 dort zur Uraufführung. Doch hatte sich das Werk damit noch lange nicht durchgesetzt; zwar ließ Mendelssohn es sich nicht nehmen, es in anderen Städten Deutschlands sowie in England einzuführen, aber an vielen Stellen weigerten sich die Orchester, ein »so langes und schwieriges« Stück zu spielen. Schumann sprach in einem Brief an Clara Wieck, seine damalige Braut und spätere Gattin, von den »himmlischen Längen«, die es in dieser Sinfonie (und wohl auch in anderen Werken Schuberts) gäbe. Wie oft ist dieses Wort zitiert worden! Wollte Schumann damit wirklich etwas Negatives ausdrücken? Liegt die Betonung auf »himmlische« oder auf »Längen«? Konnte Schumann, Schuberts begeisterter Verehrer, sich wirklich auf übertriebene Längen, das heißt auf »leere« Stellen, in dieser Sinfonie beziehen? Auf etwas, das unnötig und formverzerrend wäre? Oder meint er nicht eher, daß nur ein Schubert imstande sei, so weite Partien eines Werks, solche Längen in geradezu himmlischer Weise zu erfüllen, durch immer wieder neue Melodien und nie erlahmende Inspiration?

*Verwendetes Orchester:* Doppeltes Holz, d.h. zwei Flöten, Oboen, Klarinetten und Fagotte; zwei Hörner, zwei Trompeten, drei Posaunen, Pauken und Streicher.

*Analyse:* Der erste Satz beginnt mit einer langen Einleitung *(Andante)*; die Hörner blasen ein schönes, feierliches Thema:

Es erhebt sich höher und höher, wird gesteigert, dramatisch belebt und geht schließlich – nach nicht weniger als 77 Takten – in das heftig bewegte *Allegro ma non troppo* über, dessen rhythmisch prägnantes Thema bald seine ganze Kraft entfalten wird:

Als Kontrast stellt Schubert ihm ein bezauberndes Motiv gegenüber; es scheint aus der Wiener Atmosphäre zu stammen, aus den Tanzrhythmen vielleicht, aus der Grazie, der Leichtigkeit und Lebensfreude:

Mit dem Schubert dieses und ähnlicher Themen werden sich manche späteren österreichischen Komponisten verwandt fühlen: Bruckner, Dvořák (der Böhme, was damals auch noch Österreich bedeutete), Mahler, ja selbst der »Wahlwiener« Brahms. Es sind die Holzbläser, die dieses »wienerische« Thema zuerst bringen – Oboen und Fagotte allen voran –, was seinen volkstümlichen Charme noch erhöht. Der Satz ist lang, aber so wechselvoll in seiner Stimmung und doch so einheitlich in seiner Struktur, daß er (bei guter Wiedergabe) nie ermüdend wirken kann. Eine *Stretta* von großem Schwung krönt ihn, den man unter die gelungensten Sinfoniesätze aller Zeiten rechnen muß.

Nicht weniger bewundernswert ist der zweite Satz, *Andante.* Die Oboe bläst nach einigen Streichertakten eine wunderschöne, schwärmerische Melodie:

In jenem von uns (und tausendmal von anderen) zitierten Brief Schumanns steht auch ein Satz, in dem er die Instrumente vergleicht und sie unbeschreiblich ausdrucksvoll nennt. Er setzt fort: »... eine Stelle, da wo ein Horn wie aus der Ferne ruft, das scheint mir aus anderer Sphäre herabgekommen zu sein. Hier lauscht auch alles, als ob ein himmlischer Gast im Orchester herumschliche...« Ist es verwunderlich, wenn bei Schubert, dem Liederfürsten, alles nach Gesang klingt und selbst Instrumente mit menschlichen Stimmen zu musizieren scheinen? So mutet dieses *Andante con moto* wie eine Kette von Liedern an. Lieder ohne Worte – ein Begriff, den bald danach der erste Dirigent dieser Sinfonie, Mendelssohn, in die Musik einführen wird. Hat dieser Satz ein »Programm«? Dachte Schubert an einen Trauermarsch, wie in gewissen Augenblicken fühlbar zu werden scheint, an eine innige Liebeserklärung? Kaum. Er hat sich wohl nichts vorgestellt, sondern nur die Musik aus seinem Herzen in die Feder strömen lassen...

Das Scherzo beginnt wie ein Ländler, wie ein derber Bauerntanz, bei dem die Hände auf die nackten Knie, auf die Lederhosen geschlagen werden:

Das Unisono der Streicher verstärkt den rustikalen Eindruck noch, und die Art des Non-legato-Spiels vervollständigt ihn. Aber wie immer folgt auch hier bei Schubert auf das Derbe das Weiche, das Süß-Liebliche; die Violinen singen nun, während die Mädchen sich graziös im Reigen drehen:

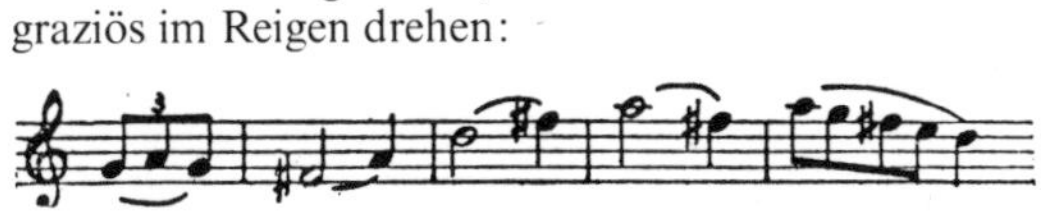

Meisterhaft ist das Finale, *Allegro vivace.* Hier lebt nicht nur die unerschöpfliche melodische Inspiration Schuberts – die wohl kaum jemals übertroffen wurde –, auch die vollendete Technik des so jungen Komponisten zwingt uns äußerste Achtung ab. Das erste Thema gleicht einer Fanfare:

Und so ist denn das zweite wiederum weich, schwärmerisch, zärtlich, innig, ein wenig verträumt: mit einem Wort »echt österreichisch«. Und der Begriff der österreichischen Musik identifiziert sich nun für alle Zukunft, stärker als mit Haydn und Mozart, mit Schubert:

*Ouvertüren und andere Orchesterwerke*

Nicht weniger als 17 Ouvertüren weist Schuberts Gesamtwerk auf. Zum allergrößten Teil sind sie heute vergessen. Nur zwei, die in unserer Musikpraxis auftauchen, sollen hier besprochen werden.

*Ouvertüre zur »Zauberharfe«*, später als *Rosamunden-Ouvertüre* bekannt. Im Sommer 1820 wurde Schubert aufgefordert, Musik zu einem Schauspiel zu schreiben, das »Die Zauberharfe« hieß. Es muß unter den vielen unmöglichen Textbüchern, mit denen Schubert in Berührung kam, eines der schlechtesten gewesen sein. Er komponierte dreizehn Musiknummern, darunter Ritterchöre, die ein wenig Webersche Atmosphäre vorausnehmen. Die Premiere fand am 19. August 1820 statt. Es folgten zwölf weitere Aufführungen. Das ausbedungene Honorar hat Schubert nie erhalten. Die Wiedergabe scheint sehr schwach gewesen zu sein. Trotzdem wirkte die Musik auf verständnisvolle Zuhörer; nicht nur auf Spaun, der Schuberts Freund war, sondern etwa auch auf Bauernfeld, der ihn damals noch nicht persönlich kannte und doch von der Musik stark angetan war, sowie auf Baron Schlechta, der seiner hohen Meinung sogar im »Konversationsblatt« Ausdruck verlieh. Fünf Jahre später veröffentlichte Schubert die Ouvertüre zur »Zauberharfe« (in Bearbeitung für Klavier zu 4 Händen), aber jetzt überraschenderweise *Ouvertüre zu »Rosamunde«* benannt.

*Alfonso und Estrella*. Diese hübsche Ouvertüre, die die Opusnummer 69 trägt, diente bei den Aufführungen von »Rosamunde« (Premiere am 20. Dezember 1823 im Theater an der Wien) als Vorspiel. Ein Kritiker schrieb aus diesem Anlaß: »Herr Schubert zeigt in seiner Komposition Originalität, leider aber auch Bizarrerie. Der junge Mann steht in der Entwicklungsperiode; wir wünschen, daß sie glücklich vonstatten gehe. Diesmal erhielt er des Beifalls zuviel; möge er sich in Zukunft niemals über zuwenig beklagen müssen!«

*Bühnenmusik zu »Rosamunde«*. Über die soeben erwähnte Premiere von »Rosamunde« (mit dem kompletten Titel: »Rosamunde von Cypern«) erzählt Moritz von Schwind, der namhafte Maler und Freund Schuberts: »... Schubert hatte die Ouvertüre, die er zur ›Estrella‹ geschrieben hat, hergegeben, da er sie für die ›Estrella‹ zu aufhauerisch findet und eine neue machen will. Mit allgemeinem Beifall wurde sie wiederholt... Nach dem ersten Akt war ein Stück eingelegt, das für den Platz, den es einnahm, zu wenig rauschend war... Ein Ballett ging unbemerkt vorüber, ebenso der zweite und dritte Zwischenakt... Im dritten Akt kam ein Chor von Hirten und Jägern, so schön und natürlich, daß ich mich nicht erinnere, etwas Ähnliches gehört zu haben. Mit Beifall wurde er wiederholt... Noch eine Arie, von Madame Vogl auf das greulichste gesungen, und ein kurzes Bukolikon wurden beklatscht... Ein unterirdischer Chor war unmöglich zu vernehmen...« So erlebte das Publikum von damals die erste Aufführung einer der schönsten Schubertmusiken, die ihre Frische bis zum heutigen Tag nicht eingebüßt hat. Die Kritik – und das soll zu ihrem Lobe nicht unterschlagen werden – erkannte teilweise den Wert der Komposition. Das mag nicht leicht gewesen sein, denn die »Dichterin« dieses Stückes, Wilhelmine von Chézy, ist längst als eine der unfähigsten Dramatikerinnen – nicht nur jener Zeit – erkannt worden. (Sie hat auch Webers »Euryanthe« auf dem Gewissen.) Schuberts Partitur umfaßt neun Nummern, darunter 3 »Entreactes« (oder »Entr'actes«) – was ungefähr einer Überleitungsmusik von einem Bild oder Akt zum nächsten bedeutet und zumeist eine sehr undankbare Musikform darstellt, da sie das Publikum entweder am Applaus hindert oder von diesem übertönt wird –, eine Romanze für Altstimme, einen Geister-, einen Hirten- und einen Jägerchor, eine Hirtenmelodie (für 6 Bläser) sowie zwei Ballettmusiken. Unter den letzteren ist besonders die zweite weltbekannt geworden. Das Schicksal dieser Bühnenmusik zu »Rosamunde« ist das nahezu aller Schubertschen Werke gewesen: nach den beiden Aufführungen vom Dezember 1823 mußten 44 Jahre vergehen, bis die Partitur – unter Herbeck – neuerlich erklang: am 1. Dezember 1867 in Wien. Um diese Zeit war das »Drama« längst vergessen; und wenn heute »Rosamunde« ein freundlicher Begriff in der Kunstwelt ist, so nur durch Schuberts unsterbliche Musik.

# Erwin Schulhoff

1894–1942, tschechischer Komponist

Der in einem deutschen Konzentrationslager ermordete Komponist hinterließ 6 Sinfonien (die 6. *Freiheit* betitelt), *Suite* (für Kammerorchester, 1920), *Klavierkonzert* (1922), *Doppelkonzert* (für Flöte und Klavier, mit Streichern und 2 Hörnern, 1927) u.a. in teilweise avantgardistischem, auch Vierteltöne einschließendem Stil.

# Gunther Schuller

1925, US-Komponist

Hornist der Metropolitan Opera, Dirigent, Professor der Yale-Universität, Konservatoriumspräsident in Boston, Komponist von Werken, in denen Traditionelles mit Jazz gemischt ist: *Variants* (Jazzquintett und Orchester, 1960), *Journey into Jazz* (mit Erzähler, 1962), *Threnos* (zum Andenken an Dimitri Mitropoulos, 1963), *Sinfonie* (1965), *Triplum* (1967), *Suite aus der Oper »The Visitation«* (1970), *Konzert für Violine* (1977), *Konzert für Horn* (1977) usw.

# William Schumann

1910, US-Komponist

Harris-Schüler, Präsident der Juilliard School und des Lincoln Center (New York), Komponist von 9 Sinfonien, 3 Ouvertüren, Konzerten für Klavier und Violine, der *American Festival Ouvertüre* (1939); *Ballettmusiken, Filmmusik* u.a.m.

# Robert Schumann
1810–1856

Schumann wurde am 8. Juni in Zwickau (Sachsen) geboren. Als Todesdatum müßte man den Februar 1854 angeben, nicht den 29. Juli 1856, an dem nur noch der längst entgeistigte Leib seinen letzten Atemzug tat. Denn von jenem entsetzlichen Augenblick an, in dem der Tondichter aus einem Kreis von in seinem Haus versammelten Freunden davonstürzte, um sich in die eistreibenden Fluten des Rheins zu stürzen, war Schumanns Geist tot. Weder die Musik noch seine Clara konnten die Dunkelheit durchdringen, in der er – in einem Irrenhaus zu Endenich bei Bonn – dahinsiechte. Achthundert Tage und Nächte lang war er ein lebender Leichnam; ein schöpferisches Dasein hatte aufgehört, eine an Kämpfen und Leiden, aber auch an Liebe reiche Existenz. In seiner Jugend hatte er das Rechtsstudium aufgegeben, um sich ganz der Musik zu widmen. Er fand in Leipzig einen glänzenden Klavierlehrer, Friedrich Wieck. Aber er wollte seine pianistischen Fortschritte noch beschleunigen, und so zerrte er sich in selbsterfundenen Übungen eine Sehne am Finger. Die Virtuosenlaufbahn war ihm versperrt, doch es öffnete sich ihm das ungleich größere Feld des Komponisten. Aus Wieck wurde, nachdem er ein fördernder, liebevoller Freund gewesen war, ein Todfeind, als Schumann um die Hand der noch sehr jungen Clara anhielt (später größte Pianistin ihrer Epoche); die Gründe dieses Umschwungs sind nie restlos klargelegt worden. Sind sie lediglich auf den Ehrgeiz Wiecks zurückzuführen, der für dieses blendende Wunderkind eine »bessere Partie« ersehnte? Oder mit Rücksichtnahme auf ihr zu jugendliches Alter? Oder ahnte Wieck schon etwas von der grauenhaften Krankheit seines Schülers, die vielleicht in unbedeutenden Symptomen bereits zu spüren war? (Schumann selbst erzählt in einem erschütternden Brief an die Geliebte, daß er einmal fürchtete, wahnsinnig zu werden.) Der Kampf tobte lange und führte zu heftigsten, unerfreulichen Zusammenstößen, zu erzwungenen Trennungen, schließlich zu gerichtlicher Klage, bei der Schumann Sieger blieb: Das Leipziger Gericht erteilte die Erlaubnis zur Eheschließung. Ein wundervoller Künstlerbund wurde so geschlossen, eine Idealehe zweier hochstehender, einander bis zum Tod innig verbundener schöpferischer Naturen. Inzwischen war Schumann zu einem Führer der jungen romantischen Schule aufgestiegen. Seine ersten Werke widmete er durchwegs dem Klavier, erst später griff er auf andere Kompositionsgebiete über, die ihm einen Ehrenplatz in unserem Orchesterbuch sichern. Rund um ihn scharte sich die musikalische Jugend Deutschlands, die »Davidsbündler«, wie Schumann sie in seiner Phantasie nennt, die Wahrheitsstreiter im Kampfe gegen die Philister der Kunst. Schumanns Artikel in der von ihm gegründeten »Neuen Zeitschrift für Musik« begeisterten die Herzen der Generation um 1830. Mendelssohn wurde sein Mitstreiter und Freund. »Hut ab, ihr Herren, ein Genie!« so begrüßte er den noch unbekannten Chopin, und dem zwanzigjährigen Brahms ebnete ein begeisterter, huldigender Artikel den Weg in die glänzende Zukunft. Von Leipzig ging Schumann nach Dresden, vorübergehend nach Wien, schließlich nach Düsseldorf, wo er die Sinfoniekonzerte leitete und wo sein schöpferisches, doch von schwankenden Gemütszuständen getrübtes Leben ein jähes Ende fand.

*Orchesterwerke Schumanns:*

1841
*Sinfonie Nr. 1*, op. 38,
*Sinfonie Nr. 4*, op. 120 (ursprünglich Sinfonie Nr. 2),
*Ouvertüre, Scherzo und Finale*, op. 52;
1845
*Klavierkonzert*, op. 54, begonnen 1841;
1846
*Sinfonie Nr. 2*, op. 61;
1847
*Genoveva-Ouvertüre*, op. 81;
1848
*Manfred-Musik*, op. 115;
1849
*Introduktion und Allegro für Klavier*, op. 92;
1850
*Violoncellokonzert*, op. 129,
*Sinfonie Nr. 3*, op. 97, *Rheinische Braut von Messina-Ouvertüre*, op. 100;
1851
*Julius-Cäsar-Ouvertüre*, op. 128,
*Hermann und Dorothea-Ouvertüre*, op. 136;

1853
*Rheinweinlied-Ouvertüre*, op. 123,
*Faust-Ouvertüre,*
*Konzert-Allegro für Klavier*, op. 134,
*Phantasie für Violine*, op. 131,
*Violinkonzert* (postum 1937 herausgegeben).

*Die Sinfonien*

Schumann schrieb vier Sinfonien. Ihre Numerierung entspricht nicht der Reihenfolge ihres Entstehens. Diese war folgende:

1. *Sinfonie B-dur*, genannt *Frühlingssinfonie* (1841);
2. *Sinfonie d-moll*, komponiert 1841, revidiert 1851, als vierte Sinfonie bekannt;
3. *Sinfonie C-dur*, komponiert 1845/46, genannt Zweite Sinfonie;
4. *Sinfonie Es-dur* (1850), genannt *Rheinische* oder Dritte.

*Sinfonie Nr. 1 B-dur*, op. 38. In dem so ergreifenden Tagebuch, das Robert und Clara an ihrem Hochzeitstage zu schreiben begannen, lesen wir, von Claras Hand vermerkt, bei der »20. Woche« folgendes: »Heute, Montag (hier hat Schumann eingefügt: 25. Januar, und wir müssen ergänzen: 1841) hat Robert seine Sinfonie ziemlich vollendet; sie ist wohl meistens in der Nacht entstanden – schon einige Nächte brachte mein armer Robert schlaflos darüber hin. Er nennt sie ›Frühlingssinfonie‹ – zart und dichterisch, wie all sein musikalisches Sinnen ist! – Dienstag vollendete Robert seine Sinfonie; also angefangen und vollendet in vier Tagen. Hätte man nur gleich ein Orchester da! Ich muß Dir, mein lieber Mann, gestehen, ich hätte Dir eine solche Gewandtheit nicht zugetraut. Du flößest mir immer mehr Ehrfurcht ein!!! 28. Robert hat begonnen, die Sinfonie in Partitur zu setzen – Robert ist seit einigen Tagen sehr kalt gegen mich; zwar ist wohl der Grund ein sehr erfreulicher, und niemand kann aufrichtigeren Teil nehmen an allem, was er unternimmt, als ich, doch zuweilen kränkt mich diese Kälte, die ich am allerwenigsten verdiene. Verzeih mir, mein lieber Robert, diese Klage – die Vernunft muß nun einmal manchmal den Gefühlen nachstehen! 30. Zum Schluß dieser Woche war mein Robert wieder freundlicher gegen mich und ich auch wieder glücklich... In voller Liebe noch einen Kuß Dir, mein lieber Komponist – kommt nun erst der Frühling, dann setze ich Dir einmal den Kranz auf für die Frühlingssinfonie...« Auch in der folgenden Woche muß Clara das Tagebuch führen, da Schumann zu sehr mit der Sinfonie beschäftigt ist (»Ich sehe wohl ein, die Sinfonie geht vor...«); in der 22. Woche erzählt sie, daß Robert das Werk einigen zu Gast weilenden Freunden vorgespielt habe: »Ich möchte mich wohl nach meiner Art ein wenig über die Sinfonie aussprechen, doch ich würde nicht fertig zu reden von den Knöspchen, dem Duft der Veilchen, den frischen grünen Blättern, den Vögeln in der Luft, was man alles in jugendlicher Kraft leben und weben sieht. Lache mich nicht aus, mein lieber Mann! Kann ich mich auch nicht poetisch ausdrücken, so ist der poetische Hauch dieses Werkes tief in mein Innerstes gedrungen.« In der 23. Woche übernimmt Robert die Redaktion und bezieht sich natürlich auf die Sinfonie: »Die Sinfonie hat mir viele glückliche Stunden bereitet; sie ist ziemlich fertig; ganz wird es so ein Werk erst, wenn man es gehört. Dankbar bin ich oft dem guten Geist, der mir ein so großes Werk so leicht in kurzer Zeit geraten läßt. Die Skizze der ganzen Sinfonie war doch in vier Tagen fertig, und das will viel sagen...« Schon in der 28. Woche, Ende März, notiert Clara: »Roberts Sinfonie wurde zum ersten Male probiert und nahm sich zum Entzücken aller Anwesenden herrlich aus. Sie ist ein Meisterwerk der Erfindung und Ausführung. Mendelssohn war ganz erfreut und dirigierte mit größter Liebe und Aufmerksamkeit...« Am 31. März 1841 erklingt Schumanns erste Sinfonie unter Mendelssohns Stabführung im Gewandhaus zu Leipzig. Die Presse war uneinheitlich, die Aufnahme von seiten des Publikums »wie bei keiner neueren Sinfonie seit Beethoven«, wie Schumann, aber auch andere Zeugen berichten. Er nennt diesen Tag »einen der wichtigsten« seines Lebens und setzt hinzu: »So denn mit Gott auf dieser Bahn weiter. Es ist ja jetzt so heiter in meinem Gemüte, daß ich noch manches an den Tag zu fördern gedenke, das die Herzen erfreuen soll.«

Die erste Sinfonie Schumanns ist kein programmatisches Werk. Wenn er auch das Motto »Im Tale zieht der Frühling auf« (das er in einem längst vergessenen Gedicht Böttchers fand) in Töne setzte, so ist das Werk doch kein sinfonisches Gedicht, sondern eine klassische Sinfonie. Voll Naturliebe, gewiß, in jenem berauschenden Zustand geschrieben, den der nahende Frühling, seine Vorahnung in allen Menschen hervorrufen kann, die für diesen immer wieder überwältigenden Augenblick empfindsam sind. Der Schwung, der die Komposition auszeichnet, die gewisse Überschwenglichkeit, die wir bei Schumann stets – und in so herrlicher Weise – finden, stempeln das Werk zu einem sinfonischen Grundpfeiler der jungen Romantik.

Der erste Satz, *Andante un poco maestoso*, später gesteigert, in ein *Allegro molto vivace* mündend, bringt eine Fanfare, ein jubelnd in das frühlingshaft aufbrechende Land klingendes Signal:

Das ist mehr als menschliche Freude; man glaubt Pan selbst über vom Schnee befreite Wiesen jagen zu sehen, wie er mit einem Zauberstab überall Blumen und Begierden erweckt. Ein weiches, süßes zweites Thema taucht auf, ein wenig von drängendem, sehnsüchtigem Gefühl liegt in ihm; als vereine sich nun mit dem Manne das Weib:

In bewundernswerter Einheitlichkeit strömt der Satz dahin, ein lichtes Bild des Menschen im Frühling, den Gott ringsherum erschaffen hat.
Wundervoll ist der zweite Satz. Die Melodie, die ihn beherrscht, verlangt förmlich nach einem gesungenen, tiefpoetischen Text. Hier kündet sich der Liedmeister an, der bald das Erbe Schuberts antreten wird:

Eine Frühlingsnachtstimmung umfängt uns; tausend Naturstimmen raunen und flüstern ringsumher. Und in uns selbst erwachen Liebe und Sehnsucht. Das Thema – *Larghetto* – erklingt dreimal: zuerst in den Geigen, dann in den Celli, zuletzt in Oboen und Hörnern.
Darauf folgt unmittelbar das *Scherzo*. Sein erstes Thema – *Molto vivace* – ist energiegeladen, fast ein bißchen beethovenisch (wie wenige Jahre sind seit seinem Tode verflossen!):

Der Komponist schiebt zwei Trios ein: Das erste ist sanft, von leichter, fast beflügelter Bewegung getragen; das zweite kraftvoll, von jener stolzen Männlichkeit, die uns oft in Schumanns Musik auffällt.
*Allegro animato e grazioso* stürmt dann das Finale dahin, drängend, freudig erregt, ein Frühlingstanz auf grüner Wiese:

Ruhigere Episoden werden eingestreut, nachdenklichere Augenblicke. Aber immer wieder erwacht die jubelnde Freude des Frühlings von neuem und führt die Sinfonie zu einem Schluß voll Licht und Glück.

*Sinfonie Nr. 4 d-moll*, op. 120. Wie wir schon hervorhoben, ist die heute »vierte« genannte Sinfonie in Wahrheit Schumanns zweite. Nur ihr spätes Erscheinen gab ihr den falschen Namen und die hohe Opusnummer. Der Komponist begann an ihr unmittelbar nach der Aufführung der ersten zu arbeiten. Am 31. Mai 1841 – genau zwei Monate nach jenem denkwürdigen Tag – lesen wir im bereits ausführlich zitierten Tagebuch, von Claras Hand notiert, die Bemerkung, daß Robert eine neue Sinfonie begonnen habe und die Tonart d-moll durch das ganze Haus klinge. Es ist vielleicht Schumanns schönste Sinfonie geworden, von der Clara hier mit Liebe und Humor spricht. Und schon drei Monate später, zu Claras Geburtstag am 13. September, kann der Komponist ihr das Werk zum Geschenk machen: »Was könnte ich ihr auch sonst bieten außer meinem Streben in der Kunst, und wie nimmt sie so liebevoll Teilnahme daran!« Und Clara notiert: »Mein Geburtstag war ein Tag voll des Vergnügens und der Freude von früh bis abends. Robert überraschte mich mit so vielem: seine Sinfonie in d-moll beendet...« Doch das so stürmisch und schwungvoll geschaffene Werk erfährt dann einen langen Aufschub. Zehn Jahre später revidiert der Komponist die Instrumentierung vollständig. Er widmet die Sinfonie dem bedeutenden Geiger Joseph Joachim (der in Brahms' Leben bekanntlich eine wichtige Rolle spielte). Die Uraufführung fand unter Schumanns Leitung – in einem der letzten von ihm dirigierten Konzerte – am 3. März 1853 in Düsseldorf statt. Zu jenem Zeitpunkt hatten Schumanns nervöse Störungen schon bedenkliches Ausmaß angenommen – wie weit war er von jenen glücklichen Tagen entfernt, da er diese Sinfonie geschrieben hatte! Er wollte sie ursprünglich »Sinfonische Phantasie« nennen; vielleicht wäre ein solcher Titel günstiger gewesen, da sie dem Autor viele nicht immer gutgemeinte Kritiken erspart hätte. Wie oft muß man lesen, er beherrsche die strenge Sinfonieform nicht oder er wisse nicht einwandfrei zu orchestrieren! Manche Dirigenten bringen an seinen Partituren leichte Retouchen an (was in Anbetracht dessen, daß Schumann mit dem sinfonischen Orchester nicht sonderlich vertraut war, durchaus zulässig erscheint, wenn es mit Liebe und Sachkenntnis geschieht), oftmals aber genügt eine hellhörige Probenarbeit, um die von Schumann zweifellos beabsichtigten Nuancierungen zu erzielen. Und gegen die formalen Einwendungen hilft eine Analyse dieser Sinfonie. Sie ist von großer Einheit. Aber sie ist – selbstverständlich – eine romantische Sinfonie; ja die Sinfonie des romantischsten aller romantischen Komponisten. Das darf und sollte man nicht vergessen. Es gibt thematische Querverbindungen zwischen den einzelnen Sätzen (die übrigens nicht durch Pausen getrennt werden); es gibt Züge, die an Beethoven gemahnen, besonders an dessen Neunte (die in der gleichen Tonart steht). Aber es ist vor allem ein »echter« Schumann, und aus seiner besten Zeit. Da sind die blühenden Melodien, die Zärtlichkeit, der tiefe Glaube in die Güte und den Edelmut, die sehnsüchtigen Träume, die kraftvollen und kämpferischen Impulse. Wer tiefer in diese Musik lauscht, entdeckt vielleicht sogar den Dämon darin: Schumanns schwarzer Dämon, der in einem Winkel seines Hirns lauert. Aber noch glänzt die Sonne, blühen die Wiesen, geht Clara in inniger Umschlingung an seiner Seite, erklingt herrliche Musik über die ganze liebe Erde hin. Doch der Dämon lauert. Lauert auf den Augenblick, in dem er sich aufrichten und riesengroß das Leben verdunkeln wird.

*Ziemlich langsam* kristallisiert sich das erste Thema, das wie aus Nebeln hervortritt, um schließlich seinen ganzen Glanz, seinen mitreißenden Schwung zu erreichen:

Und damit beginnt der eigentliche erste Satz *(Lebhaft)*. Er schäumt von Lebensfreude über, singt von Siegen, überwindet dunkle Gedanken, die sich Leitmotiven gleich aus dem Sumpf erheben wollen.
Reinste Poesie spiegelt sich im zweiten Satz. *Ziemlich langsam* leitet die Oboe das Thema des *Romanze* betitelten Satzes ein. Es ist eine echt Schumannsche Liedmelodie, die hier träumerisch, einfach wie ein Volkslied und innig zu Herzen geht:

Dann bricht das Scherzo herein, heftig, fast brutal. Es hellt sich im Trio auf, das an den langsamen Satz anzuknüpfen sucht, aber die Wiederkehr des Scherzos verjagt den stillen Zauber. Und doch gehört ihm der Schluß dieses Teiles; mit einer Reminiszenz des Trios verhallt der Satz. Dann erfolgt ein meisterlicher Übergang zum Finale (der ein wenig an die spannungsgeladene Brücke erinnert, auf der wir in das Finale von Beethovens fünfter Sinfonie schreiten). Auch hier löst sich ein Thema langsam von dunklem Untergrund, wächst und wächst, bis es mit blendendem Licht hereinbricht in das lange vorherrschende Dunkel. Das Thema ist aus dem ersten Satz genommen; der Komponist fügt andere, neue hinzu. Eines davon ist echt romantisch, herrisch und edel (sein erster Oktavsprung scheint den ein halbes Jahrhundert später komponierten »Don Juan« Strauss' vorauszuahnen):

Jubelnd schließt das Stück, Zeugnis von Schumanns kurzer Blütezeit, seiner glücklichsten Epoche.

*Sinfonie Nr. 2 C-dur*, op. 61. Wie wir schon wissen, handelt es sich chronologisch um das dritte Werk dieses Genres, das Schumann schuf; es stammt aus den Jahren 1845 und 1846. Das Ehepaar Schumann war – mit einer stets wachsenden Kinderschar – nach Dresden übersiedelt. Des Komponisten Gesundheitszustand erreichte erste Tiefpunkte, die sowohl physischer wie vor allem psychischer Depression entsprangen und seine Schaffenskraft zeitweise stark behinderten, ja lähmten. Immerhin konnte er sich aufraffen: 1845 entstand das Klavierkonzert (das auf den folgenden Seiten unseres Buches den verdienten Ehrenplatz einnehmen wird), und die C-dur-Sinfonie wurde skizziert. Das nächste Jahr brachte sie zur Vollendung, war aber im übrigen eines der unfruchtbarsten im Leben des Tondichters. Die Uraufführung am 5. November 1847 in Leipzig stand unter Mendelssohns Leitung (den bald ein früher Tod von der Seite des Freundes reißen sollte). Schumann hat in späteren Jahren auf diese Epoche als auf eine krankhafte, verworrene zurückgeblickt. Das geht unter anderem aus einem Brief an den Hamburger Musiker Otten hervor, in dem er erzählt, er habe die C-dur-Sinfonie in krankem Zustand begonnen und sich erst besser zu fühlen begonnen, als er sie beendete. Und der Biograph Wasielewski, der mehrere Jahre hindurch im Hause der Schumanns verkehrte, erinnert sich, aus des Komponisten Mund Äußerungen gehört zu haben, die die Schaffung dieser Sinfonie als verzweifelten Akt des Trotzes und Kampfes gegen seinen geistigen und körperlichen Zustand darstellte.
Vielleicht ist es der Kampf des gesunden Teiles in Schumanns Geist gegen die Angriffe des Wahnsinns, der Umnachtung, die ihn bedrohen, was dieser Sinfonie – und anderen Werken, wie wir sehen werden – einen zwiespältigen Eindruck verleiht. Von dem prachtvollen Schwung der Frühlingssinfonie und der d-moll-Sinfonie ist nicht mehr viel zu spüren, ihr strahlender Glaube scheint untergegangen. Gewiß, es ist ein in mancher Beziehung reiferer Schumann, der uns hier entgegentritt, aber ein ungleichmäßigerer, ein leidender, ein gequälter. Diese Sinfonie ist das tragische Zeugnis des Kampfes eines Genies mit seinem Dämon. Die schönsten Teile der Sinfonie sind: die langsame Einleitung *(Sostenuto assai)* – während der erste Satz selbst *(Allegro ma non troppo)* den Kampf um die Klarheit zeigt und zu einer Größe strebt, die er nur zeitweise erreicht –, der zweite Satz, Scherzo, dessen schwebende Bewegung *(Allegro vivace)* den romantischen, von Elfen belebten Zauberwald zu schildern scheint, der prächtige dritte Satz *(Adagio espressivo)*, dem man die Krone dieses Werkes zuteilen darf –,

und schließlich einige Passagen des letzten Satzes *(Allegro molto vivace)*, in dem heroische mit melancholischen Gedanken abwechseln und der Komponist sich wieder der Technik bedient, Themen aus vorhergegangenen Sätzen wörtlich oder variiert zu zitieren. Der Schluß ist lichtdurchströmt, als erziele Schumann noch einmal einen Sieg über die dunklen Mächte, die ihn bedrohen.

*Sinfonie Nr. 3 Es-dur*, op. 97. Der Beiname *Rheinische Sinfonie* dürfte vom Komponisten selbst stammen, der einmal erwähnte, der majestätische Eindruck des Kölner Doms habe ihn zu dieser Musik angeregt. Am 2. September 1850 erreichten die Schumanns Düsseldorf, wo ihrer – an hervorragender Stelle des Musiklebens – eine schöne Zukunft zu harren schien. Aber alles wurde wesentlich anders als erhofft. Unliebsame Auftritte mit Orchester und Chor, Angriffe von verschiedenen Seiten, Unstimmigkeiten mit manchen Rheinländern, deren grobes Wesen die feinfühligen Künstlernaturen Roberts und Claras kränkte, vor allem aber die Verschlechterung von Roberts geistigem Zustand zeichneten diese letzte Etappe aus. Trotzdem raffte der Komponist sich im Dezember 1850 zu einer neuen Sinfonie auf. Und es wurde ein im ganzen frohes, helles, freundliches Werk, zu dem das Leben noch einmal zu lächeln schien. In einem seiner ersten Konzerte dirigierte Schumann es persönlich am 6. Februar 1851.

Die Komposition weist – eine Neuheit – fünf Sätze auf (nur Berlioz hatte in seiner »Phantastischen Sinfonie« etwas Derartiges versucht). Der vierte Satz will die feierliche Erhebung des Kölner Bischofs in den Kardinalsrang schildern, der Schumann beiwohnte; er überschrieb ihn »Im Charakter der Begleitung einer feierlichen Zeremonie«, strich diese Worte dann aber wieder, weil »man den Leuten nicht das Herz zeigen« müsse und »ein allgemeiner Eindruck des Kunstwerks ihnen besser tut«, weil »sie dann wenigstens keine falschen Vergleiche anstellen«. Im übrigen verwendet Schumann hier, nach eigener Aussage, viel Volkstümliches. Die Rheinische Sinfonie ist oftmals umstritten worden. Selbst Weingartner, der Meisterdirigent und Schumannverehrer, griff sie wegen ihrer »dickflüssigen und ungelenken« Instrumentierung an, nennt ihre Farbe »grau in grau« und rät zu »rücksichtslosem Streichen aller überflüssigen Orchesterstimmen«. Wir haben über diesen Punkt schon bei der Besprechung der d-moll-Sinfonie (der vierten) gesprochen.

*Lebhaft* setzt der erste Satz ein und erinnert in seinem Hauptthema an den Schumann der ersten, stürmischen, romantischen Zeiten:

Der zweite Satz ist ein Scherzo *(Sehr mäßig)*, der dritte eine Art Lied ohne Worte *(Nicht schnell)*. *Feierlich* steht nun über dem vierten Satz, dessen Inhalt wir schon erwähnten. Und wiederum *Lebhaft* ist der fünfte und letzte Satz charakterisiert, aber diese Lebhaftigkeit erscheint uns ein klein wenig gewollter als die des Beginns. Trotzdem entläßt uns die Sinfonie mit dem Eindruck eines bedeutenden Werkes, der würdigen Komposition eines liebenswerten Meisters.

### *Die Konzerte*

Schumann hat drei Konzerte geschrieben: je eines für die drei wichtigsten konzertierenden Instrumente. Für Klavier (op. 54), für Cello (op. 129) und das postum veröffentlichte Violinkonzert. Es gibt auch noch andere Stücke für Solisten und Orchester aus seiner Feder, aber er nannte sie nicht Konzerte. (Sie sind in unserer Liste der Schumannschen Orchesterkompositionen angeführt.) Von wahrer Bedeutung ist unter ihnen allen nur ein einziges: das herrliche Klavierkonzert, das eines der mit Recht meistgespielten und meistverehrten Stücke der Literatur ist.

*Konzert für Klavier a-moll*, op. 54. Mitte Mai 1841 trägt Schumann in das Tagebuch ein, eine »Phantasie für Klavier und Orchester« sei fertig. Er hat sie also unmittelbar nach der ersten Sinfonie komponiert, etwa gleichzeitig mit der d-moll-Sinfonie, der späteren »vierten«. Mitte August vermerkt Clara: »Die Phantasie in a-moll spielte ich auch; leider nur hat der Spieler selbst im Saale wenig Genuß (im leeren Saale nämlich), er hört weder sich noch das Orchester. Ich spielte sie aber zweimal und fand sie herrlich! Fein einstudiert muß sie den schönsten Genuß dem Zuhörer bereiten. Das Klavier ist auf das feinste mit dem Orchester verwoben – man kann sich das eine nicht denken ohne das andere. Ich freue mich, es einmal öffentlich zu spielen, wo es dann freilich noch ganz anders gehen muß als in der heutigen Probe. Robert hatte dem ungeachtet seine Freude daran!« Schumann sandte das Werk einem Verleger, aber der wollte es nicht nehmen, da er meinte, ein einsätziges Stück interessiere das Publikum wenig. So wurde er – ohne es wohl zu ahnen – zum Anreger eines der schönsten Konzerte der Weltliteratur. Denn vier Jahre später ergänzte Schumann das bestehende *Allegro affetuoso* durch ein *Intermezzo* und ein *Allegro vivace* zu seinem *Klavierkonzert a-moll*, op. 54. Clara hob es am 1. Januar 1846 im Leipziger Gewandhaus aus der Taufe, wie es ihr Wunsch gewesen war. Und sie hat es unzählige weitere Male während ihres langen Daseins gespielt, zu Schumanns Lebzeiten und noch viel öfter während der vierzig Jahre, um die sie ihn überlebte. Weder in Leipzig noch bald darauf in Wien und London erzielte das Konzert einen durchschlagenden Erfolg. Das könnte zu einigen Gedanken anregen; nicht weil es etwa an Beispielen fehlte für das Nichterfassen von Meisterwerken bei den ersten Aufführungen. Wohl aber, weil wir heute in diesem Stück den vollendeten Typus eines romantischen Konzerts erblikken und annehmen sollten, das Publikum um 1850 sei einmütig romantisch gewesen. (Oder war es konservativ, wie heute – was damals also »klassizistisch« bedeutet hätte?) Doch Schumanns Stück setzte sich ziemlich schnell durch und nahm bald den Rang eines der meistgespielten ein.

Der erste Satz – *Allegro affettuoso*, wobei der Akzent vielleicht mehr auf *affettuoso* als auf *Allegro* liegt – beruht fast ausschließlich auf einem einzigen Thema:

Das Klavier führt es ein, mit großem, romantischem, gefühlvollen Klang. Es birgt eine Fülle von Entwicklungsmöglichkeiten in sich. Aber wir verstehen, warum

Schumann zuerst an eine »Phantasie« dachte: zu einem ersten Konzertsatz gehören für gewöhnlich zwei und möglichst kontrastierende Themen, hier aber gibt es nur eines. Anstelle eines zweiten Themas bringt der Komponist diese Variante, in der das Thema nach Dur gewendet und teilweise harmonisch verändert erscheint:

Zarte Zwiegespräche zwischen Solist und Orchester folgen; es ist, als hätten beide einander viel zu erzählen. Eine tiefpoetische Atmosphäre nimmt den Hörer gefangen. Die ferne romantische Epoche ersteht vor unserem inneren Auge.

Auch der zweite Satz, *Intermezzo* betitelt, wird mit einem Dialog eingeleitet. Er ist noch zarter, ja zärtlicher, intimer; Orchester und Solist flüstern sich liebe Worte zu:

Dann taucht in den Celli ein melodiöser Gedanke auf, den das Klavier träumerisch umrankt:

Zu Ende dieses »Zwischenspiels« ergeht sich das Orchester in einer Reminiszenz des Themas aus dem ersten Satz. (Einige Theoretiker behaupten, daß auch das von uns in Notenschrift zitierte Einleitungsmotiv des Intermezzos klar mit dem Thema aus dem ersten Satz verwandt sei, was hier – als zu technisch – nicht weiter ausgeführt sei, aber als Hinweis auf die starke thematische Einheit des Werks – und anderer Schumannscher Kompositionen – gelten möge.)

Denn auch das erste Thema des Finales zeigt die vier stufenweise aufsteigenden Noten:

Nur ist nun alles heller, lichterfüllt, kräftiger. Wir sind in A-dur (der luftig-klaren Tonart par excellence), und das *Allegro vivace* setzt mit echt Schumannschem und romantischem Schwung ein. Dann kommt ein etwas stillerer, aber rhythmisch außerordentlich origineller, synkopendurchzogener Gedanke zur Geltung:

Mitreißend läuft das Finale ab. Es läßt noch ein anderes, kontrastierendes Thema in ferner Tonart erklingen. Dann ein neuer Ansturm, Erinnerungen an das Hauptthema, ein stolzes, frohes, leuchtendes Gipfeln im Fortissimo von Klavier und Orchester.

*Konzert für Violoncello a-moll*, op. 129. Dieses im Jahre 1850 entstanden Werk konnte – obwohl es eines der wichtigsten seines Genres genannt werden muß – weder die Interpreten noch das Publikum erobern. Schumann hat es nicht mehr gehört: die Komposition wurde erstmalig vier Jahre nach seinem leiblichen, sechs nach seinem geistigen Tode, am 9. Juni 1860 in Leipzig gespielt, wobei Ludwig Ebert der Solist war. Sie hat drei Sätze, deren Überschriften – wie wir es bei den letzten Schumannwerken mit Vorliebe finden – in deutscher Sprache gehalten sind: *Nicht zu schnell; Langsam; Sehr lebhaft.*

Auf eine kurze Einleitung folgt das erste Thema, eine lange und ausdrucksvolle Cellomelodie:

(Es wäre interessant, einmal zu untersuchen, in wieviel Werken – besonders der Romantik – der Themenanfang E-A-H-C vorkommt.) Das zweite Thema ist länger und komplizierter. (Auch hier liegt ein betrachtenswertes Problem vor: wie Schumanns Themen mit fortschreitendem Alter, aber vor allem fortschreitender Geisteskrankheit länger, komplizierter, ja sogar gewundener, vielleicht gequälter, auswegloser zu werden scheinen.) Ohne Unterbrechung folgt der zweite Satz. Und hier erreicht das Werk seine größte Schönheit. Eine warmherzige Melodie führt uns, edel und voll Gefühl, in ein romantisches Zauberreich. Dann schließt sich, wieder pausenlos, das Finale an; es bietet dem Solisten virtuose Möglichkeiten, ohne in äußerliche Effekte zu verfallen. So endet das Stück, in dem Clara die romantischen Eigenschaften, den Schwung, die Frische und den Humor bewunderte und dem größere Verbreitung zu wünschen wäre.

*Konzert für Violine* (Postum veröffentlichtes Werk). Dieses Konzert würde ein besonderes Kapitel, ja ein eigenes Buch rechtfertigen. Kein musikalisches oder musikwissenschaftliches allein, sondern in stärkerem

Maße eine klinische und psychologische Untersuchung. Im Jahre 1853 komponiert, wenige Monate vor dem endgültigen Ausbruch des Wahnsinns, zeigt dieses Stück in unsagbar tragischer Form die Dekadenz, den Zusammenbruch eines hohen Geistes. Die grausamste aller Krankheiten ergriff in immer wiederholten Attakken von ihm Besitz; vergeblich war sein Kampf gegen den unfaßbaren, immer und überall auftauchenden Gegner. Dürfen wir einen zwanzig Jahre zurückliegenden Brief Schumanns zitieren, um die Tragödie in ihrer ganzen Schärfe zu beleuchten? An Clara schrieb er, zwei Jahre vor der Eheschließung: »... in der Nacht vom 17. zum 18. Oktober 1833 kam mir auf einmal der fürchterlichste Gedanke, den je ein Mensch haben kann, der fürchterlichste, mit dem der Himmel strafen kann: der, ›den Verstand zu verlieren‹ – er bemächtigte sich meiner aber mit so einer Heftigkeit, daß aller Trost, alles Gebet wie Hohn und Spott dagegen verstummten. Diese Angst trieb mich von Ort zu Ort – der Atem verging mir beim Gedanken ›wie es würde, daß Du nicht mehr denken könntest‹ – Clara, der kennt keine Leiden, keine Krankheit, keine Verzweiflung, der einmal so vernichtet war...« Ein deutscher Musiker hat den Satz ausgesprochen, Schumann habe als Genie begonnen und als Talent geendet! Welche kleinliche Verkennung! Er begann als Genie, kämpfte mit der Welt – wie alle Genies –, aber auch mit seinem eigenen Wahn, dessen Symptome immer deutlicher und bedrohlicher wurden. Bis er unterlag; der Wahnsinn verminderte sein Genie nicht, er vernichtete es. Dafür gibt es kaum einen erschütternden Beweis als das Violinkonzert. Es enthält Augenblicke voller Klarheit und damit Schönheit; und andere, in denen man deutlich fühlt, wie die Nacht über Schumanns Geist fällt. Clara, Brahms und Joachim stimmten darin überein, daß dieses Werk nicht mehr als authentische Äußerung Schumanns zu werten sei. So schlief die Partitur bis zum Jahre 1937, als sie – nehmen wir an, in guter Absicht – publiziert wurde. Schumann ist damit nichts Gutes getan worden. Außer einigen sehr schönen Passagen enthält das Werk nur Studienmaterial für den Psychiater, so wie gewisse Bilder von Malern, die dem gleichen entsetzlichen Feind zum Opfer fielen.

*Andere Orchesterwerke*

*Ouvertüre zu »Genoveva«*, op. 81. Ähnlich wie bei Schubert stellt auch bei Schumann das Musiktheater ein Schmerzenskind dar. Während es aber bei dem Wiener Komponisten eine wahre Fülle von Opern und Bühnenmusiken gibt, existiert von Schumanns Hand nur eine einzige Oper: *Genoveva.* Sie hat sich nie einen Platz in den Theatern erobern können. Nur die Ouvertüre ist manchmal – und mit Recht – in Konzertsälen zu hören. Sie umspannt die beiden Grundelemente des Dramas: das Heldische, das Edel-Ritterliche und das Düster-Geheimnisvolle, die unselige Leidenschaft. Der Komponist dirigierte das Stück persönlich zum ersten Male am 25. Februar 1850 im Leipziger Gewandhaus.

*Ouvertüre zu Byrons »Manfred«*, op. 115. Byron hat die musikalischen Romantiker in hohem Maße begeistert, und besonders sein »Manfred« liegt ihrem Wesen sehr nahe. Es ist also verständlich, daß Schumann zu diesem Werk eine Schauspielmusik verfaßte; sie besteht aus 15 Nummern, von denen sich die Ouvertüre halten konnte. Schumann selbst hat gestanden: »Noch nie habe ich mich einer Komposition mit so viel Liebe und Aufwand an Kraft hingegeben wie der zu Manfred.« Es ist ein wahres Prachtstück echtester Romantik geworden. Die fesselnde Gestalt des Helden, sein tragischer Zwiespalt, seine Dämonie, seine Ekstase, sein Untergang sind mit stärkstem Ausdruck geschildert (innerlicher, will uns scheinen, als etwa bei Tschaikowsky, der sich ebenfalls diesem Thema zuwandte). Die von Schumann dirigierte Uraufführung fand im Leipziger Gewandhaus am 14. März 1852 statt.

## Cyrill Scott

1879–1970, englischer Komponist

Impressionist, Schöpfer feinsinniger Werke, oft auf philosophischer und theosophischer Grundlage: 2 Sinfonien, Konzerte für Klavier, Violine; Suiten, *Aubade, Weihnachts-Ouvertüre* (eventuell mit Schlußchor), 2 *Passacaglien über irländische Themen, Rhapsodie, Souvenir de Vienne, Sinfonische Tänze* u.a.

## Humphrey Searle

1915–1982, englischer Komponist und Musikschriftsteller

Webern-Schüler in Wien, Verbreiter der Zwölftontechnik in England, Autor einer bedeutenden Liszt-Biographie. Zu seinen Orchesterwerken gehören: 6 Sinfonien, 2 Klavierkonzerte, *Highland Reel, Nachtmusik für Kammerorchester, Fuga giocosa, Ouvertüre zu einem Drama, The Riverrun* (für Sprecher, nach Worten von James Joyce) u.a.

## Mátyás Seiber

1905–1960, ungarisch-englischer Komponist

In Budapest geboren, Leiter der Jazzklasse im Frankfurter Konservatorium, seit 1935 in London als Lehrer und Komponist der Zwölftonrichtung, die er mit Jazz und Elektronik verband, bei einem Autounfall in Südafrika ums Leben gekommen. Seinem Andenken widmeten Kodály *(Media vita)* und Ligeti *(Athmosphè-*

*res)* wichtige Werke. Er selbst hinterließ u.a. zwei *Suiten nach alter Lautenmusik, Concertino* (für Klarinette), *Tre pezzi, Elegie* für Viola.

## Kazimierz Serocki

1922–1981, polnischer Komponist

Der in Torun (dem ehemaligen Thorn) geborene polnische Komponist vervollständigte seine Studien in Paris und begann seine Karriere als Pianist. Erst später wendete er sich völlig der Komposition zu, weshalb seine gültigen Werke aus einer relativ späten Zeit stammen: die *Sinfonie Nr. 1* aus dem Jahre 1952, *Sinfonie Nr. 2* (mit großem Orchester, zwei Gesangssolisten und Chor); ein *Posaunenkonzert* entstand 1953, eine *Sinfonietta für zwei Streichorchester* 1956, *Konzertante Musik* 1958, *Episoden für Streicher und drei Gruppen Schlagzeug* 1959. Einige dieser Stücke sind in verschiedenen Ländern erfolgreich zur Aufführung gelangt.

## Roger Sessions

1896–1985, US-Komponist

Lehrer in Berkeley, Princeton und New York, erfolgreicher Opernkomponist, Autor von 8 Sinfonien (deren dritte dem Andenken Präsident Roosevelts gewidmet ist), der Orchestersuite *The Black Maskers* (1928), eines *Violinkonzerts* (1932), der sinfonischen Dichtung *Dirges* u.v.a.

## Jean Sibelius

1865–1957

Aus Landschaft und Volk erwuchs Finnlands großer Komponist Jean Sibelius. Sein Werk hat sich zu seinen Lebzeiten stark ausgebreitet (wenn auch festgestellt werden muß, daß sich ihm, wie etwa auch Bruckner, vor allem die germanische und angelsächsische Welt erschloß), ist aber in den letzten Jahrzehnten immer weniger beachtet und heute fast zu einem – sehr geschätzten – Museumsstück geworden. Sibelius war ein echter Romantiker. Er liebte nicht nur die romantischen Themen, an denen seine finnische Heimat so reich ist, er liebte auch den vollen Klang des romantischen Orchesters, seine Fähigkeit, Legenden und Landschaften zu »malen«, Sturm, Sonnenaufgang und Meeresrauschen zu schildern, die heroischen Zeiten der »Kalevala«, des großen Volksepos, heraufzubeschwören und die geheimnisvolle Stimmung der dunklen Seen, der unendlichen Wälder, der fahlgrauen Sommernächte in Töne einzufangen. Sibelius wurde zu einem der letzten großen Sinfoniker im alten, im spätromantischen Geiste, ein Komponist von imponierendem Können und oftmals großartiger Eingebung. Er war nicht nur seines Heimatlandes bedeutendster Musiker, sondern der gesamten skandinavischen Musik stärkster Vertreter (da er die im allgemeinen kleinen Formen des Norwegers Grieg weit übertraf, wenn auch an Originalität nicht immer erreichte).

Sibelius wurde am 8. Dezember 1865 in Tavastehus, nahe bei Helsinki, geboren. Und dort ist er, nach einem langen Leben, von seinem Volk tief verehrt, am 20. September 1957 gestorben. Die Todesnachricht wurde von Millionen gelesen, von denen viele kaum noch wußten, daß Sibelius ihr Zeitgenosse war, und andere kaum ein Werk von ihm kannten. Zu Beginn unseres Jahrhunderts aber ist er eine der führenden Gestalten des internationalen Musiklebens gewesen. Auf mehreren Konzertreisen durch Nordamerika erntete er Ehren und Triumphe. Sein Aufstieg wie sein gesamtes Leben waren einfach: Mit einem Stipendium studierte er in Berlin, dann in Wien, wurde tief von Brahms, noch tiefer von Wagner beeindruckt – ohne allerdings an den Kämpfen um den Bayreuther Meister aktiv teilzunehmen – und kehrte dann in die Heimat zurück, wo er zum musikalischen Herold der nationalen Freiheit und Unabhängigkeit wurde. Aus ihm sang die finnische Seele, die nordischen Sagen nahmen in seiner Musik Form an, wurden Klang, den das ganze Volk verstand. Nachdem er einige Jahre am Konservatorium zu Helsinki unterrichtet hatte, war sein Ruf als Komponist so gefestigt, daß er ganz dem Schaffen leben konnte. Er zog sich aufs Land zurück, an seinen Geburtsort (der heute Hämmenlinna heißt), und schrieb Werk auf Werk. Es war ihm vergönnt, das Wiedererstehen eines finnischen Staates aus langer russischer Besetzung zu erleben; dank seiner die finnischen Traditionen hochhaltenden Kompositionen wurde er als einer der Freiheitshelden des Landes betrachtet. Er erlebte neue Kriege, neue Invasionen, endlich aber – als beinahe legendäre Gestalt seiner Heimat – die wiedererkämpfte Freiheit, den Frieden, die Ernte eines reichen Lebenswerkes. Über seinen Stil hat er selbst vielleicht das klarste Urteil gesprochen, als er einmal sagte, er habe, während andere Komponisten oftmals komplizierte Säfte brauten, seinen Hörern nichts anderes bieten wollen als einen Trunk frischen Wassers.

*Orchesterwerke Sibelius':*

*Sinfonische Dichtungen:*
*Der Waldgeist* (1894)
*Eine Sage*, op. 9 (1892–1901)
*Karelia-Suite*, op. 11 (1893)
*Frühlingslied*, op. 16 (1894)
*Vier Legenden*, op. 22:
*1. Lemminkainen und die Jungfrauen von Saari* (1895),
*2. Lemminkainen in Tuonela* (1895),
*3. Der Schwan von Tuonela* (1893),
*4. Lemminkainen zieht heimwärts* (1895);
*Historische Szenen I*, op. 25 (1899)
*Finlandia*, op. 26 (1899/1900)
*Valse triste*, op. 44 (1903)
*Zwei Orchesterstücke*, op. 45 (1910):
*1. Die Dryade,*
*2. Inmitten des Balles*
*Pohjolas Tochter*, op. 49 (1906)
*Nächtlicher Ritt und Sonnenaufgang*, op. 55 (1909)
*In memoriam*, op. 59 (1909)
*Der Barde*, op. 64 (1913)
*Historische Szenen II*, op. 66 (1912)
*Die Okeaniden*, op. 73 (1914)
*Drei Orchesterstücke*, op. 96 (1920)
*Tapiola*, op. 112 (1925)

*Sinfonien:*
*Sinfonie Nr. 1 e-moll*, op. 39 (1898/99)
*Sinfonie Nr. 2 D-dur*, op. 43 (1901/02)
*Sinfonie Nr. 3 C-dur*, op. 52 (1904–1907)
*Sinfonie Nr. 4 a-moll*, op. 63 (1910/11)
*Sinfonie Nr. 5 Es-dur*, op. 82 (1914–1919)
*Sinfonie Nr. 6 d-moll*, op. 104 (1922/23)
*Sinfonie Nr. 7 C-dur*, op. 105 (1924)

*Violinkonzert*, op. 47 (1903)

*Sinfonische Dichtungen*

*Der Schwan von Tuonela.* Im Jahre 1893 arbeitete Sibelius an einer (unvollendet gebliebenen) Oper »Der Bootsbau«. Hierfür schrieb er ein Vorspiel, das er später in die Sammlung von *Vier Legenden für Orchester* (op. 22), als drittes Stück unter dem Namen *Der Schwan von Tuonela* einreihte. Er stellte diesem Werk folgende Zeilen voran (die in späteren Ausgaben nicht mehr aufgenommen wurden): »Tuonela, das Reich des Todes – die Hölle der finnischen Mythologie –, ist von einem breiten Flusse mit schwarzem Wasser und reißendem Laufe umgeben, auf dem der Schwan von Tuonela majestätisch und singend dahinzieht.« So ist also der Schwan hier eine Art Charon, der die schwarze Barke der Seelen ins Totenreich übersetzt. Sibelius hat dem Schwan eine herrliche Englischhorn-Melodie beigegeben:

Die Instrumentation zeichnet sich durch völliges Fehlen heller Orchesterfarben aus: Alles tönt düster und schicksalsschwer. In der Partitur stehen Oboe, Englischhorn, Baßklarinette, Fagott, Hörner, Posaunen, aber keine Klarinetten und Trompeten. Die Geigen sind achtfach, die Bratschen und Celli vierfach geteilt und fast immer mit Dämpfer eingesetzt, wobei sie oftmals den Effekt des Tremolos mit dem Holz des Bogens verwenden, das dem Klang etwas Gespensterhaftes verleiht. (Uraufführung: Helsinki, 4. 11. 1899.)

*Finlandia.* Dieses sinfonische Gedicht hat eine interessante Geschichte. Um das Jahr 1899 seufzte das Land schwer unter dem russischen Joch. Alle seine nationalen Äußerungen wurden unterdrückt, seine Zeitungen verboten. Aber gerade unter diesem Druck wuchs der Wille zum Widerstand; man organisierte »Festakte«, in deren Verlauf in allegorischer Form Szenen aus Finnlands heroischer Vergangenheit dargestellt wurden. Sibelius trug einige Musikstücke hierzu bei; eines davon verwandelte sich später in das sinfonische Gedicht *Finlandia.* Damals allerdings durfte dieser Name nicht genannt werden, und so leitete Sibelius sein Werk in vielen Städten unter dem Namen *Impromptu.* In den anderen skandinavischen Ländern, die mit dem Freiheitskampf der Finnen sympathisierten, fanden die Aufführungen unter dem Namen *Suomi* statt (der »Finnland« in der Landessprache bedeutet); in Paris unter dem Titel *Ma patrie.* Erst Jahre danach erhielt es den heute gebrauchten Titel. Die Musik scheint Landschaft und heldenhafte Geschichte zu schildern; bald festlich, bald düster, einmal hymnisch, ein anderes Mal volksliedhaft, schlicht und innig breitet sich vor dem Hörer ein großes Tongemälde aus, das dem spätromantischen Stil entspricht. (Uraufführung: Helsinki, 14. 12. 1899.)

*Valse triste.* Diese schöne Melodie ist lange Zeit hindurch nicht nur Sibelius' bekanntestes Stück gewesen, sondern eine geradezu volkstümliche Komposition, die selbst von Unterhaltungsorchestern gerne gespielt wurde. Es muß aber sofort hinzugefügt werden, daß diese Popularität – ähnlich wie bei Manuel de Fallas berühmtem »Feuertanz« – einerseits dem Tanzrhythmus, andererseits einer völligen Verkennung ihres wahren Sinnes zuzuschreiben ist. Denn dieser *Valse triste* ist himmelweit von einem »angenehmen« Salonwalzerchen entfernt! Sibelius schloß ihn in die Bühnenmusik zu Järnefelts Drama »Kuolema« (Der Tod) ein: Er erklingt in der schaurig-düsteren Todesszene, da die Seele sich von ihren körperlichen Fesseln befreit und die Erinnerungen eines ganzen Lebens durchläuft, in einem letzten, verzweifelten Versuch, einen Kontakt mit den geliebten Menschen herzustellen. (Uraufführung: Helsinki, 2. 12. 1903.)

*Die Sinfonien*

Mit seinen Sinfonien erzielte Sibelius seine ersten internationalen Erfolge. Die erste wurde in Berlin am 18. Juli 1900 uraufgeführt; sie erinnert ein klein wenig (mehr im Stil als in der Aussage) an Tschaikowsky; sie ist düster, voll Melancholie, vom ersten Thema angefangen, das die Klarinette über einem sanften Paukenwirbel ertönen läßt:

Es ist ein Stück von dunkler Großartigkeit, ganz zum Unterschied zur *Sinfonie Nr. 2*, die in Italien geschrieben wurde und Sonne und Lieblichkeit südlicher Landschaft zu schildern scheint:

Aber auch hier fehlen die finnischen Themen keineswegs, und ebensowenig die ein wenig pompöse Großartigkeit oder Feierlichkeit, die Sibelius stets auszeichnet. Die *Sinfonie Nr. 2* gelangte unter ihren Schwestern zur größten Verbreitung. Sie erlebte ihre Uraufführung unter Leitung des Komponisten am 8. März 1902 in Helsinki.

Die *Sinfonie Nr. 3* erklang erstmals in Helsinki am 25. 9. 1907.

Die *Sinfonie Nr. 4* wird als das intimste Bekenntnis ihres Autors aufgefaßt; bis dahin war die Heimat sein ständiges Thema, ihre Vergangenheit, ihre Legenden und Sagen, ihr Kampf, ihre eigenartige, unvergeßliche Landschaft. Nun ist es, als öffneten sich geheime Türen in der Seele des Komponisten – und eine beinahe ungeahnte Persönlichkeit kommt zum Vorschein: zart, äußerst gefühlvoll, innig. (Uraufführung: 3. April 1911 in Helsinki, unter Leitung des Autors.)

Die *Sinfonie Nr. 5* wurde in Helsinki am 8. 12. 1915 uraufgeführt.

Die *Sinfonie Nr. 6* wirkt wie ein neoklassisches Werk. Hierzu sind einige Worte zu sagen: Nach dem Ersten Weltkrieg – im allgemeinen Zusammenbruch – erwachte in allen Künstlern, die ein gewisses revolutionäres Alter überschritten hatten, die Sehnsucht nach der Klarheit, der Lauterkeit »klassischer« Kunst. Romantik, Impressionismus, Expressionismus, Realismus brachen zusammen, neoklassische Werke entstanden (wobei die Autoren zumeist untereinander gar keinen Kontakt besaßen), in schärfstem Gegensatz zu den »neutönerischen« Bestrebungen jener an sich umstürzlerischen Epoche. Sibelius' sechste Sinfonie gehört zu den klassizistischen Kompositionen: Sie enthält helle Linien und sehr klare Harmonien. (Uraufführung: Helsinki, 19. 2. 1923.)

Die *Sinfonie Nr. 7* ist ein einsätziges Werk. Ihr Grundcharakter ist düster, lastend, ernst wie ein altes Epos. Mehrfach schwingt sie sich zu hymnischer Größe auf. Auf vielen Passagen liegt gelöste Abgeklärtheit, höchste Reife. Die Uraufführung fand in Stockholm am 24. März 1925 unter Leitung des Komponisten statt.

*Das Violinkonzert*

Mehrere Monate lang arbeitete Sibelius im Jahre 1903 an seinem einzigen Instrumentalkonzert. Es entstammt somit der vielleicht romantischsten Epoche des Komponisten, was in jeder Melodie, in jeder glutvollen Durchführungspartie fühlbar wird. Das Stück bietet dem Solisten glänzende Entfaltungsmöglichkeiten (inklusive äußerst rhapsodische Kadenzen), hat sich aber dennoch (und trotz mancher anderer Werte) nur ausnahmsweise im Repertoire der internationalen Konzerte gehalten. Es besteht aus drei Sätzen: *Allegro moderato, Adagio di molto, Allegro non troppo.* Die Grundtonart ist d-moll. Die Uraufführung fand mit dem Geiger Victor Novacek als Solisten und unter Leitung des Komponisten am 8. Februar 1904 in Helsinki statt. Ein Jahr später unterzog Sibelius das Werk einer vollständigen Revision, die dann Richard Strauss in Berlin zum ersten Erklingen brachte, wobei Carl Halir den Solopart spielte.

## Giorgos Sicilianos

1922, griechischer Komponist

Der in Athen geborene Komponist studierte in seiner Vaterstadt, in Rom, Paris und den USA und bekleidete in seinem Vaterland eine Reihe wichtiger musikalischer Posten. Er schrieb eine *Sinfonie* (1956), ein *Cellokon-*

*zert* (1963), ein *Concertino* (für 5 Bläser und Streichorchester), ein *Konzert für Orchester*, mehrere Bühnenmusiken u.a.m.

## Kazimierz Sikorski

1895, polnischer Komponist

Studierte in Polen und Paris, lehrte und war Rektor an der Warschauer Musikhochschule, schrieb 4 Sinfonien (1919, 1921, 1953, 1971), Konzerte für Klarinette (1947), Flöte (1957), Trompete, Pauke, Xylophon, Tamtam, Streicher (1959), Fagott (*Polyphones Konzert*, 1965), Oboe (1967), u.v.a.

## Christian Sinding

1856–1941, norwegischer Komponist

Dieser mit kleinen Melodien populär gewordene Norweger, der Wagners Stil mit seiner heimischen Folklore zu verschmelzen trachtete, schrieb drei Sinfonien, sowie *Konzert für Klavier und Orchester* und ein *Violinkonzert*.

## Leone Sinigaglia

1868–1944, italienischer Komponist

*Orchesterwerke: Zwei piemontesische Tänze* (op. 31, 1907), *Piemontesische Suite, Piemontesische Rhapsodie für Violine, Ouvertüre zu Goldonis Lustspiel »Le Baruff«* (op. 32, 1908) u.a.

## Nikos Skalkottas

1904–1949, griechischer Komponist

Das tragische Schicksal dieses in Chalkis am 8. 3. 1904 geborenen und am 19. 9. 1949 in Athen verstorbenen Tonschöpfers verdiente, sowohl ob seiner menschlichen Seite wie seines künstlerisch hochwertigen Inhalts wegen, ein eigenes, gewiß seltsames Buch. Bei seinem frühen Tod war er in der Musikwelt so gut wie unbekannt; fünf Jahre später erregte die Aufführung eines Kammerwerkes von ihm bei den Donaueschinger Musiktagen Aufsehen. Er war von 1927 bis 1933 Schönbergs Schüler in Berlin gewesen, der stets betonte, in ihm eines der stärksten Talente der neueren Musik gefunden zu haben. Die Armut zwang ihn zur Heimkehr, doch niemand verstand ihn in Griechenland. Nachdem er über hundert Werke geschaffen hatte, starb er völlig verkannt und ohne je einen Erfolg gehabt zu haben. Interessant mag noch sein, daß er nach dodekaphonischen Anfängen zur Tonalität zurückkehrte, die er sehr persönlich zu behandeln wußte. Seine wichtigsten Orchesterstücke sind: *Zwei Suiten für großes Orchester* (1929, 1942); *Konzert für Bläser* (1935), *36 griechische Tänze* (1936), *Suite für Streicher* (1942), *Ouvertüre* (1945), *Klassische Sinfonie in A* (1947), *Sinfonietta* (1948), drei *Klavierkonzerte* (1933, 1938, 1939); *Violinkonzert* (1938), *Konzert für zwei Violinen und Orchester* (1945), *Konzert für Violine, Viola und Blasorchester* (1942), *Konzert für Oboe und Orchester, Konzert für Kontrabaß und Orchester* usw.

## Lucijan M. Skerjanc

1900–1973, slowenischer Komponist

Der in Graz geborene Komponist muß national und musikalisch zu den Slowenen gerechnet werden. Zu seinen wichtigsten Werken gehören fünf Sinfonien (die 4. ist für Streichorchester geschrieben), ein *Klavierkonzert, Phantasie für Klavier, Concertino für Klavier,* zwei *Violinkonzerte, Konzert-Allegro für Violoncello, Konzert für Fagott, Streichorchester und Harfe,* die *Dramatische Ouvertüre*, ein *Nocturno*, die *choreographische Dichtung »Mařenka«*, ein Zyklus von sieben Stücken betitelt *Ghasellen* (nach Gedichten des slowenischen Dichters F. Presĕren).

## Fritz Skorzeny

1900–1965, österreichischer Komponist

*Orchesterwerke: Sinfonische Suite, Drei kleine Stücke, Konzert für Orchester, Konzert für Oboe, Streichorchester und Harfe, Kammerkonzert für 20 Spieler, Sinfonischer Walzer »Wien 1960«* u.a.

## Alexander Skrjabin

1872–1915, russischer Komponist

Obwohl nun genügend Zeit verflossen sein sollte, ist eine Stellungnahme zu diesem seltsamen Musiker immer noch schwierig. Er war ein Mystiker, sicherlich auch ein Okkultist; er nahm sich vor, alles Menschliche in der Musik wiederzugeben, auch alles Göttliche zu schildern. Makrokosmos und Mikrokosmos, All und Seele, Orgie des Fleisches und Entrücktheit des Geistes, Traum und Wirklichkeit. »In Zeit und Raum bin ich den Gesetzen von Zeit und Raum unterworfen. Doch sind Zeit und Raum ja nur Schöpfungen meines Ich«, schreibt er einmal. Seine musikalischen Kolossalgemälde sind fesselnd, teils durch ihre Idee, teils durch ihre – weit in die Zukunft weisende – Technik. Sie entsprechen einem Zug der Zeit, wie er sich auch in Mahlers gigantischen Sinfonien, in Schönbergs »Gurreliedern«, in Strawinskys Jugendkompositionen ausdrückt. Aber Skrjabin geht weiter als sie alle. Er will gleichzeitig auf alle Sinne des Menschen wirken: So baut er ein Licht- und Farbenklavier in eines seiner Werke ein, denkt an eine »Duftorgel«. Er fesselte viele Menschen, aber er stieß auch viele ab. Strawinsky nannte seine Schöpfungen »revolutionäre Unordnung«; unsere Epoche, die der kalten Klarheit zustrebt, der genau umrissenen Form, dem Vorrang des Intellekts über das Gefühl, kann Skrjabin nicht gewogen sein. Ob seine Zeit noch einmal anbrechen wird? Heute ist außer einigen Klaviersonaten kaum etwas auf dem Spielplan. Trotzdem gehört er in unser Buch. Er wurde am 10. Januar 1872 in Moskau geboren. Ursprünglich für die militärische Karriere bestimmt, wandte er sich bald der Musik zu, wurde ein glänzender Pianist, den besonders Chopin faszinierte. In dessen Bann schrieb er seine ersten Werke – mit denen er im Moskauer Konservatorium durchfiel –, dann wurde Wagner sein Idol, hernach Debussy. Aber er ging über sie hinaus, mischte in tristaneske Chromatik, in schwebende impressionistische Akkorde polytonale und andere avantgardistische Elemente, die ihn zum kühnen Neuerer stempelten. Er schuf auf Orchestergebiet *drei Sinfonien*, die beiden *Sinfonischen Dichtungen »Lied der Ekstase«* und *»Lied des Feuers«* (auch *Prometheus* genannt) sowie die jugendliche *Träumerei*. Er starb in seiner Vaterstadt am 14. April 1915.

*Sinfonie Nr. 1 E-dur*, op. 26. Das aus dem Jahre 1900 stammende Werk ist eine Hymne auf die Kunst, der der Komponist den Rang einer Religion einräumen will.

*Sinfonie Nr. 3 C-dur*, op. 43, betitelt *Das göttliche Lied* oder »Göttliches Poem« *(Le poème divin)*. Im Jahre 1903 komponiert, wurde das Werk unter Leitung von Artur Nikisch in den Pariser Châtelet-Konzerten am 29. Mai 1905 erstmalig aufgeführt. Es stellt eine Verbindung zwischen Sinfonie und Sinfonischem Gedicht dar. Skrjabins Gattin, Tatjana Fedorowna Schloezer, hat uns eine eingehende Analyse hinterlassen, in der sie die Entwicklung des menschlichen Geistes als Grundthema annimmt; dessen Werdegang vom Aberglauben ferner Zeiten bis zur Erkenntnis seiner berauschenden Freiheit und sein Eingehen in das All – in das göttliche »Ego« – ist, in teilweise großartigen, immer fesselnden Tonbildern geschildert. Wir erleben diesen Entwicklungsgang in drei Teilen: *Kämpfe, Freuden* und *Göttlichkeit.*

*Lied der Ekstase (Poème de l'extase)*, auch manchmal »Lied der Verzückung« genannt. Dieses Stück führt die Opusnummer 54 und entstammt den Jahren 1907/08. In letzterem wurde es in New York zum ersten Erklingen gebracht. *Wünsche, Begierden, Sehnsucht* kennzeichnen den ersten, *Schmerz* den zweiten, *Ekstase, rasende Verzückung* den dritten Teil. Es hat nicht an ins einzelne gehenden »Erklärungen« gefehlt. Im allgemeinen beschränken sie sich darauf, in diesem Stück die tongewordene Liebesekstase zu sehen, vom zärtlichen Vorspiel bis zum weltvergessenen Paroxysmus. Aber es ist sehr fraglich, ob Skrjabins Idee nicht tiefer gewesen ist, ob die sinnliche Leidenschaft nicht nur ein Ausgangspunkt für einen ungeheuren Höhenflug des Geistes und der Seele darstellt. Die Orchestereffekte sind oftmals überwältigend. Eine Aufführung in unseren Tagen würde eigenartige Reaktionen ergeben: Zwischen Anhängern, die sich durch diese aufpeitschende Musik in nie geahnte Regionen entführen ließen, und Gegnern, die für solche »hypnotische« Klangzaubereien nichts übrig haben, käme es zweifellos zu heftigster Kontroverse. (Als Kuriosum sei mitgeteilt, daß Strawinsky berichtet, Skrjabin habe über die erste Fassung der Partitur die Anfangsworte des sozialistischen Revolutionsliedes, der späteren »Internationale«, gesetzt: »Wacht auf, Verdammte dieser Erde!« Das wäre nicht nur die Bestätigung unserer Vermutung, daß Skrjabins Absicht sich nicht im Fleischlichen erschöpfte, sondern würde ein neues Licht auf dieses Werk werfen, in dem also der Aufstand unterdrückter Massen und ihr jubelnder Sieg geschildert sein könnten.)

*Lied des Feuers*, op. 60, auch *Prometheus* betitelt. Dieses letzte und größte Orchesterwerk Skrjabins (aus dem Jahre 1913) übertrifft an technischen Mitteln alles Dagewesene. Der Komponist begnügt sich nicht mehr mit Klängen, er will das Licht, die Skala der Farben mitwirken lassen. So erfindet er eine Art Klavier, bei dem jede Taste einer Farbe entspricht, die während des Stückes auf eine Leinwand projiziert wird. Wie in der Musik ist auch hier, durch Abstufungen des Lichts und immer neue Farbkombinationen, eine fast grenzenlose Ausdrucksmöglichkeit geschaffen. Auch an ein düfteausstrahlendes Instrument dachte Skrjabin: Er wollte, daß der Mensch, der sein Werk erlebe, sich eine Stunde lang in »andere Welten« versetzt fühle. Dieser Wunsch entspricht – als Krönung vielleicht – der allgemeinen, um die Jahrhundertwende auf den Höhepunkt gelangenden Tendenz der »Evasion«, der Flucht aus der Realität in den »Elfenbeinturm« der Dichter, den Träumen der Impressionisten. Im Grunde stehen wir hier vor einer »Kulturmüdigkeit«, vor einer »décadence« (wir verwenden absichtlich das französische Wort und nicht seine Verdeutschung, die viel gröber und negativ klingt), von einer »Fin-de-siècle«-Stimmung, für die sich tausend Beispiele aus Dichtung, Malerei, Musik anführen ließen. Das bedeutet nicht, daß Skrjabins Werk etwa »kraftlos« oder gar schwach sei – ganz im Gegenteil: Die Gestalt des Rebellen, der den Menschen, gegen den Willen der Götter, das Feuer brachte, ist in großartiger musikalischer Version erschaut und gestaltet. Ein gigantisches Gesamtkunstwerk, das alle Fesseln sprengt (eines Prometheus würdig), aber dadurch vielleicht in die Regionen des Nichts, des Chaos vorstößt. Genial, ohne jeden Zweifel. Und bewundernswert, wie alles Geniale.

# Bedrich Smetana
1824–1884

Smetanas Bedeutung auf sinfonischem Gebiet ist nicht geringer als die seines Theaterschaffens. Sein tragisches Dasein sei in großen Zügen wiedergegeben: Am 2. März 1824 in Leitomischl, einer kleinen Stadt Böhmens, geboren, kommt Smetana jung nach Prag, wo er sich nach beendeten Studien nur schwer Geltung verschaffen kann. Es ist Liszt, der von ihm hochverehrte, der ihm über das Schwerste hinweghilft (und bei seinem Tode aus vollem Herzen ausrufen wird: »Er war ein Genie!«). Eine frühe pianistische Konzertreise scheitert, politische Umstände erzwingen eine Emigration nach Schweden. Heimgekehrt wird der inzwischen als Komponist gereifte Smetana Direktor des ersten tschechischen Nationaltheaters in Prag. Doch ein fortschreitendes Gehörleiden läßt ihn bald aus dem Musikleben ausscheiden. Der Wahnsinn, in den ihn Schmerzen und Verzweiflung stürzen, scheidet ihn – wie Schumann, Donizetti, Duparc, Wolf – aus der Gemeinschaft aus und verwandelt den Rest seines Lebens in tragische Nacht. Seine Orchesterwerke bestehen aus sinfonischen Dichtungen: dem Zyklus *Mein Vaterland*, von dem ausführlich die Rede sein wird, den sinfonischen Dichtungen *Wallensteins Lager, Hakon Jarl, Richard III., Prager Karneval* und einer *Triumphsinfonie in E-dur*. Smetana starb am 12. Mai 1884 in Prag.

*Der Zyklus »Mein Vaterland« (Má Vlast)*

Sechs Sinfonische Dichtungen: 1. Vysehrad (1874); 2. Die Moldau (*Vltava*, 1874), 3. Sárka (1875); 4. Aus Böhmens Hain und Flur (*Z ceských luhu a háju*, 1875); 5. Tabor (Tábor, 1878); 6. Blanik (Blánik, 1879).

*Geschichte:* Am 30. Juni 1874 erlebt Smetana, der damals fünfzig Jahre alt ist, schwere Gehörstörungen (die schon zwölf Jahre vorher vorübergehend aufgetreten waren); er hört hohe Töne, die sich verzerren, wobei sie im rechten Ohr anders klingen als im linken (Schumanns Wahnsinn begann sehr ähnlich). Zu Anfang des Monats September hatte sein rechtes Ohr zu funktionieren aufgehört, und am 20. Oktober war er auf dem linken Ohr taub. Der schwerste Schlag, der einen Musiker treffen kann, war ihm widerfahren. Er mußte auf jedes weitere Dirigieren verzichten. Aber in einer fast unglaublichen Willensanspannung warf er sich auf das Komponieren von sinfonischer Musik, und in weniger als fünf Jahren schuf er den Zyklus *Má Vlast* (Mein Vaterland). Eine Tagebucheintragung des Komponisten vom 14. März 1875 lautet: »Heute gelangte meine sinfonische Dichtung *Vysehrad* im Philharmonischen Konzert zur Erstaufführung. Sie mußte wiederholt werden. Ich saß auf der Galerie, hörte aber nichts.« Leoš Janácěk berichtet in seinen Erinnerungen über ein anderes Konzert – vermutlich jenes am 4. April 1875, in dem *Die Moldau* zum ersten Male erklang – folgendes: »Meine Erinnerungen an Smetana gleichen der Vorstellung, die Kinder vom lieben Gott haben: ... ich stand im Konzert auf der Sophieninsel ganz nahe beim Orchester. Man hatte gerade seine Komposition beendet, und ein ohrenbetäubendes Getöse gipfelte im Namen Smetana! Plötzlich verdichtet sich um mich herum die Menge, daß es ganz finster wird, und drängt nach vorne. Sie geleitet den kranken Meister die Stufen empor. In meinem Gedächtnis bleibt mir für immer sein Antlitz haften...« Die Uraufführungen von *Tabor* und *Blanik* standen im Programm eines Smetana-Jubiläumskonzertes am 4. Januar 1880 (zum 50. Jahrestag seines ersten öffentlichen Auftretens als Pianist). *Sarka* sowie *Aus Böhmens Hain und Flur* entstanden im Jahre 1875; das erstere wurde am 20. Februar, letzteres am 18. Oktober beendet. Die erste Gesamtaufführung des Zyklus fand am 5. November 1882 in Prag unter Leitung von Adolf Čech statt und bedeutete für Smetana einen herrlichen Triumph. Die Ausbreitung im Ausland war ungleich: Während vor allem *Die Moldau* internationales Erfolgsstück wurde, und auch *Vysehrad* und *Aus Böhmens Hain und Flur* oftmals in Konzertprogrammen auftauchen, sind die drei anderen Stücke nur sehr selten zu hören. Dabei unterliegt es keinem Zweifel, daß die wahre Wirkung dieser Musik sich am reinsten einstellt, wenn eine zyklische Aufführung erfolgt.

*Analyse:* Wir setzen bei jeder der Sinfonischen Dichtungen die Worte vor die Besprechung, die Smetana selbst als Erklärung bestimmt hat.

*1. Vysehrad.* »Die Harfen der Barden bilden die Einleitung. Der Bardengesang weckt Erinnerungen an die geschichtliche Vorzeit der Königsburg Vysehrad, an ihre einstige Größe und an ihren Glanz, an die Turniere und Kämpfe, die sich in ihr und um sie abspielten, und schließlich an ihren Verfall und Untergang. Die Komposition endet in elegischem Ton« (Smetana). Der Akropolis ähnlich erhebt sich nahe von Prag das Schloß Vysehrad, Symbol einer glorreichen Vergangenheit. In seiner Ruine glaubt der Komponist noch die Klänge des Harfners Lumir zu vernehmen, der für die Tschechen das gleiche bedeutet wie Orpheus für die Griechen. Unter dem Zauber seines Spiels erstehen Bilder aus alter Zeit: Feste glänzender Ritter, frohe Turniere, Siegeslieder. Dann erfolgt der Zusammenbruch inmitten blutiger Kämpfe, die die goldenen Säle in schwarze, gespenstische Mauerreste verwandeln. Anstatt der Hymne ist nun Kriegsgeschrei vernehmbar. Flammen und Tod überall. Schließlich die Einsamkeit, das Vergessen. Nur das Echo von Lumirs Harfe erschallt noch rund um den Platz, wo an den Ufern der Moldau in heldenhaften fernen Zeiten eine glänzende Burg stand. (Uraufführung: Prag, 14. 3. 1875.)

*2. Die Moldau.* »Diese Komposition schildert den Lauf der Moldau. Sie belauscht ihre zwei Quellen, die ›warme‹ und die ›kalte‹ Moldau, verfolgt dann ihre Vereinigung und den Lauf des Stromes durch Wiesen und Haine, durch Gegenden, wo die Bewohner gerade fröhliche Feste feiern. Im silbernen Mondlicht führen Wassernymphen ihre Reigen auf, stolze Burgen, Schlösser und ehrwürdige Ruinen, mit den wilden Felsen verwachsen, ziehen vorbei. Die Moldau schäumt und wirbelt in den Stromschnellen zu St. Johanni, strömt in breitem Fluß weiter auf Prag zu, die Burg Vysehrad taucht auf an ihrem Ufer. Die Moldau strebt majestätisch weiter, entschwindet den Blicken und ergießt sich schließlich in die Elbe« (Smetana). Dieses bekannteste sinfonische Werk Smetanas entstand in höchstens 20 Tagen. Die Originalpartitur trägt den Hinweis »8. Dezember 1874«. Daneben stehen die tragischen Worte: »Vollständig taub.« Das verwendete Orchester umfaßt 2 Flöten plus Piccolo, 2 Oboen, 2 Klarinetten, 2 Fagotte, 4 Hörner, 2 Trompeten, 3 Posaunen, Tuba, Pauken, Triangel, Becken, Harfe und Streicher. Smetana ist hier eines der vollendetsten und schönsten sinfonischen Gedichte der gesamten Literatur gelungen. Jede Schilderung ist klar und überaus plastisch, und doch enthält die Musik genügend »absolute« Werte, um auch unabhängig vom dichterischen Vorwurf bestehen zu können. Es ist die Geschichte und das Bild eines Flusses, das uns hier geboten wird. In den Bergen entspringen seine beiden Quellen, im Schatten des Böhmerwaldes: eine ist warm und lebhaft, die andere kalt und ruhig. Fröhlich über die Felsen springen sie hinab und leuchten in der Sonne. Ihre Wasser fließen zusammen, der Bach wird zum Fluß und bekommt ein unvergeßliches musikalisches Thema:

Nun strömt er durch das freundliche, helle böhmische Land, wird breit und breiter, durchfließt Wälder, wo das Echo ferner Jagden erschallt, um wieder in freies Gelände zu treten. In einem Dörfchen am Fluß wird eine Hochzeit gefeiert, eine Polka erklingt, man glaubt buntgekleidete Paare tanzen zu sehen. Doch der Fluß hält nicht inne. Bilder und Wolken spiegeln sich in ihm. Die Nacht sinkt hernieder, die Natur schläft ein. Der Gesang von Nixen und Nymphen ertönt zauberhaft im Mondlicht; man glaubt geheimnisvolle Gestalten auf den glitzernden Wogen Reigen tanzen zu sehen, während am Ufer gespenstisch zerfallene Burgen vorübergleiten und von vergangener Größe erzählen. Riffe tauchen im Fluß auf, Felsen engen seinen Lauf ein; seine Wasser stürmen immer heftiger auf die Hindernisse ein, Strudel bilden sich, mit Getöse sucht der Strom seinen Weg in die Freiheit, in die Ebene, die in der Ferne auftaucht. Breit fließt er nun dahin, grüßt die Ruinen von Vysehrad und nähert sich der großen Stadt, »zlata Praha«, dem goldenen Prag, dessen mittelalterliche Türme und Brücken sich in der Moldau stolz spiegeln. In der Luft scheint noch ein Lied vergangener Jahrhunderte zu schweben. Die Moldau strömt weiter, breit und majestätisch jetzt. Dann verklingt ihr Sang in der Ferne. (Uraufführung: Prag, 9. 4. 1875.)

*3. Sarka.* »In dieser Komposition ist nicht die Gegend festgehalten, sondern die Handlung, die Sage von der Maid Sarka, die in leidenschaftlichem Zorn über die Untreue des Geliebten dem ganzen männlichen Geschlecht bittere Rache schwört. Aus der Ferne dringt Waffenlärm. Ctirad ist mit seinen Knappen im Anmarsch, um die streitbaren Mädchen zu bezwingen und zu bestrafen. Er vernimmt schon von weitem das (nur listig vorgeschützte) Klagen einer Maid, erblickt Sarka an einen Baum gebunden und ist von ihrer Schönheit bezaubert. Er entbrennt in heißer Leidenschaft zu ihr und befreit sie. Sarka versetzt mit einem bereitgehaltenen Trunke Ctirad und die Knappen in Rausch und zuletzt in tiefen Schlaf. Auf ein gegebenes Hornsignal, das die Gefährtinnen Sarkas in der Ferne erwidern, stürzen diese aus dem Wald und richten ein Blutbad an. Ein schauerliches Gemetzel, blindes Wüten der ihre Rache stillenden Sarka beschließt das Stück« (Smetana). Hier ist der Erklärung des Komponisten kaum etwas hinzuzufügen. Er hat die Legende von der Amazone Sarka vertont, die einen unauslöschlichen Haß gegen alle Männer hegt. Nach dem Gelingen ihrer List werden alle Begleiter Ctirads getötet; sie selbst behält sich vor, den Anführer zu erstechen. Am Morgen deckt das Blut das Gras des Tales anstelle des Taus. (Uraufführung: Prag, 17. 5. 1877.)

*4. Aus Böhmens Hain und Flur.* »Diese sinfonische Dichtung malt in großen Zügen die Gedanken und Gefühle, die uns beim Anblick der böhmischen Heimat erfassen. Aus dem weiten Umkreis dringt inniger Gesang zu unseren Ohren, jeder Hain und die gesamte blühende Flur singen ihre Lieder, fröhliche und melancholische. Sie alle kommen zu Worte: die tiefen dunklen Wälder – in den Solopartien der Hörner –, die sonnigen, fruchtbaren Tiefebenen der Elbe und andere Teile des reichen, schönen Landes Böhmen. Ein jeder kann dieser Komposition die Erinnerung an das entnehmen, was er ins Herz geschlossen hat: die Phantasie hat freien Lauf, sie braucht sich nur an die Einzelheiten der Partitur zu halten« (Smetana). Das Werk bedarf kaum einer näheren Erklärung. Es ist eine einzige innige Hymne an die Schönheit von Smetanas Vaterland. Wir vernehmen strahlende Akkorde und stellen uns das Erlebnis eines Wanderers an einem sonnig glänzenden Sommertag vor; der Wind scheint uns das Echo eines fernen Erntefestes zuzutragen, das mit fröhlichen Tänzen begangen wird; Melodien klingen in Fülle auf – »Wir sind ein singendes Volk«, hat Smetana einmal stolz gesagt – und so singt sein Orchester, als hätte es hundert Kehlen, voll Jubel und Frohsinn. (Uraufführung: Prag, 10. 2. 1876.)

5. *Tabor.* »Motto: ›Die ihr Gotteskämpfer seid...‹ Auf diesem Choral baut sich die ganze Komposition auf. Im Hauptlager der Hussiten – in Tabor – erklang dieser Gesang sicherlich am mächtigsten und häufigsten. Die Komposition schildert die Entschlossenheit und Willenskraft der Hussiten, ihre zähen Kämpfe, ihre Unerschrockenheit, Ausdauer und Unnachgiebigkeit, die auch der Abschluß des Stückes besonders betont. Die Komposition läßt sich nicht in Einzelheiten zerlegen, sie verherrlicht den Ruhm und die Größe der Hussiten und ihre Charakterstärke« (Smetana). Dieses Stück beschwört die Epoche der Religionskriege herauf; Böhmen war bekanntlich einer ihrer blutigsten Kampfplätze. Johann Hus, der lebendig Verbrannte, lebt im Andenken seiner treuen Anhänger, die sich um den heldenhaften Jan Ziska (1370? bis 1424) scharen. Sie verschanzen sich in der befestigten Stadt Tabor. Smetana läßt hier ihren Choral »Die ihr Gotteskämpfer seid« ertönen; er begeistert die Hussiten, die jubelnd in den Kampf ziehen (Ziska besiegte die kaiserlichen Truppen zweimal: 1420 und 1422). Im apotheosischen Schluß eint der Choral sich mit dem Vysehrad-Thema aus dem ersten Stück. (Uraufführung: Prag, 4. 1. 1880.)

6. *Blanik.* »Schließt sich unmittelbar an das vorhergehende Werk an. Nach ihrer Unterwerfung zogen sich die hussitischen Streiter in das Innere des Berges Blanik zurück, wo sie in tiefem Schlaf des Augenblickes harren, da von der bedrohten Heimat an sie der Ruf ergehen wird, zu deren Verteidigung wieder zu den Waffen zu greifen. Daher dienen die gleichen Motive, die im ›Tabor‹ erklangen, auch im ›Blanik‹ dem gesamten Choral ›Die ihr Gotteskämpfer seid‹. Auf der Basis dieser Melodie (die das hussitische Prinzip verkörpert) entwickelt sich die Auferstehung der tschechischen Nation, erwächst ihr zukünftiges Glück, ihre kommende Größe! Diese siegreiche Hymne, zu der das ganze Volk aufmarschiert, beschließt die Komposition und damit die ganze Reihe der Sinfonischen Dichtungen ›Mein Vaterland‹. Als kleines Intermezzo klingt in diesem letzten Teile auch vorübergehend eine Idylle auf, wenn die Landschaft rund um den Berg Blanik kurz geschildert wird, ein kleiner Hirtenjunge auf seiner Schalmei bläst und das Echo im weiten Umkreis dessen Weisen zurückschickt« (Smetana). Der Komponist mischt hier Legende und Geschichte. Blanik heißt der Berg, der bei der Stadt Tabor liegt. In ihm haben sich die Hussitenheere zurückgezogen zu einem hundertjährigen Schlaf. Rund um den Hügel grünen die Wiesen, weiden Schafe unter der lieblichen Melodie eines Hirtenjungen. Zuletzt erlebt Smetana, in großartiger Vision, den Anbruch des Freiheitstages für sein Volk: Die Krieger im Berge Blanik erwachen, das ganze Volk marschiert unter den Klängen der Hussitenhymne. So endet dieses Stück und der gesamte Zyklus, in dem Smetana teilweise Volkssagen verwendet, den er aber größtenteils aus seiner eigenen Phantasie geschaffen hat. (Uraufführung: Prag, 4. 1. 1880.)

## Ludwig Spohr

1784–1859, deutscher Komponist

Spohr war einer der »echtesten« und in seiner Zeit erfolgreichsten deutschen Romantiker, einer der großen Violinvirtuosen, dessen glanzvolle Karriere ihn von seiner Heimatstadt Braunschweig aus in viele Länder Europas führte. Nach einigen Jahren in Wien und einer Tournee durch Italien, wo er mit Paganini zusammentraf, wurde er Kapellmeister in Frankfurt, in Dresden und schließlich in Kassel, wo er starb. Er hinterließ an Orchesterwerken: neun Sinfonien (die erste in Es-dur, op. 20; die zweite in d-moll, op. 49; die dritte in c-moll, op. 78; die vierte in F-dur, op. 86, genannt *Die Weihe der Töne;* die fünfte in c-moll, op. 102; die sechste in G-dur, op. 116, genannt *Historische*; die siebente in C-dur, op. 121, genannt *Irdisches und Göttliches im Menschenleben*, für zwei Orchester; die achte in g-moll, op. 137; die neunte in h-moll, op. 143, genannt *Die vier Jahreszeiten*, uraufgeführt 1850), drei Konzertouvertüren, eine *Trauerspielouvertüre* (zu Shakespeares »Macbeth«), ein *Notturno* für Bläser. Sein eigenes Instrument hat Spohr mit vielen Werken bedacht: 12 Violinkonzerte, 3 Concertinos, 2 Konzerte für 2 Violinen, 2 Konzerte für Violine und Harfe. ein Quadrupelkonzert für Streichquartett und Orchester. Am längsten hält sich das achte Violinkonzert, das *Konzert in Form einer Gesangsszene* betitelt ist und die Geige in virtuoser Opernmanier Rezitativ und Arie »singen« läßt; es erklang erstmalig in der Mailänder Scala am 16. September 1816. Nicht vergessen sei ferner die Märchenstimmung schön einfangende *Ouvertüre* zur romantischen Oper *Jessonda.* Trotz der langen Zeit, die seit Spohrs Wirken vergangen ist, dürfte das letzte Wort über seine Musik noch nicht gesprochen sein. Sie ist schöner, edler, oft auch tiefer und inniger, als ein unromantisches Jahrhundert, das 20., wahrhaben wollte.

## Marek Stachowski

1936, polnischer Komponist

*Orchesterwerke: Ricercar* 66 (1966), *Musica con una batuta del Tam-Tam* (für Streicher, 1966), *Sequenze concertanti* (1968), *Irisation* (1970), *Musique solennelle* (1975), *Poème sonore* (1975), *Divertimento* (1978) u.a.

## Johann Stamitz

1717–1757, böhmisch-deutscher Komponist

Der aus Böhmen stammende Leiter des damals führenden und weltberühmten Mannheimer Orchesters muß ein genialer Musiker gewesen sein. Seine technischen Neuerungen im Orchesterspiel waren für Haydn und Mozart, ja für alle Zukunft bahnbrechend; aber er leistete auch als Komponist Hervorragendes. In seinem kurzen Leben schuf er etwa fünfzig Sinfonien und zahlreiche Violinkonzerte. Seine Werke drangen schon 1751 nach Paris. Auch sein ältester Sohn Karl (1746–1801) war ein fruchtbarer Komponist, von dem manches in unserer Zeit wieder zur Geltung gelangt.

## Rudi Stephan

1887–1915, deutscher Komponist

Der in Worms geborene und jung an der Ostfront des Ersten Weltkriegs gefallene Komponist hinterließ einige bemerkenswerte Orchesterwerke: *Musik für Geige und Orchester* (1912), *Musik für Orchester* (1913), *Liebeszauber* (für Bariton, 1914) u.a.

## William Grant Still

1893–1978, US-Komponist

Gilbert Chase stellt fest, dieser Komponist (in Woodville, Miss., geboren und in Los Angeles gestorben) sei »seiner Herkunft nach Neger, Indianer und Europäer zugleich«. Jedenfalls gehört er zu den ersten, die afroamerikanisches Musikgut in traditionelle Formen gossen wie in diesen Orchesterwerken: *Darker America* (1924), *From the Black Belt* (1926), *Africa* (1930), *Afro-American-Symphony* (1931), *Song of a New Race* (2. Sinfonie, 1937) u.v.a.

## Karlheinz Stockhausen

1928, deutscher Komponist

Es ist außerordentlich schwer, wenn nicht unmöglich, die Experimente dieses deutschen Komponisten zu beurteilen, und noch viel schwieriger, sie dem Nichtfachmann zu erläutern. Stockhausen gehört mit einer Gruppe Gleichgesinnter (siehe Boulez, Nono, Berio, Pousseur) zu den radikalsten Neuerern unserer Epoche. Waren schon seine frühen Werke *Kontrapunkte, Kreuzspiel, Spiel für Orchester* jenseits aller gültigen Regeln – selbst der revolutionärsten – konzipiert, so begann bei seinem Übergang zur Elektronik eine neue Ära für ihn (1953). Er gehörte zu den frühesten Mitarbeitern Herbert Eimerts im Studio des Westdeutschen Rundfunks in Köln – der Geburtsstätte der elektronischen Musik. Nun entstanden die *Elektronischen Studien* – abgesehen vom bekannter gewordenen *Gesang der Jünglinge* (der nur sehr am Rande in unser Buch, aber sozusagen zu den »Standardwerken« der jungen elektronischen Musik gehört) –, aber auch Orchesterwerke wie *Gruppen für drei Orchester, Carré für vier Orchester und Chöre* (von denen jedes seinen eigenen Dirigenten, sein eigenes Zeitmaß usw. hat), *Punkte*. Es mag für jemanden, der dieses Buch zufällig im Jahre 2050 in die Hand nehmen könnte, interessant sein, aus der Retrospektive Stockhausens Werk zu überblicken: Ist er Bahnbrecher einer neuen Musik geworden? Wird sie noch gespielt? Ist sie als Zeichen einer Übergangszeit vergessen? Dabei ist sie, bei aller Ratlosigkeit des »allgemeinen Publikums« keineswegs wirkungslos; bei der Weltausstellung in Osaka/Japan lauschten ihr, in völliger Hingebung, täglich bedeutende Menschenmassen. Und doch ist keines von Stockhausens Werken in das normale Konzertleben gelangt und erklingt in traditionellen Konzerten. Das stellt keinerlei Maßstab für Qualität dar, sondern vermittelt nur einen Begriff, in welcher Abseitigkeit außerhalb jeder Überlieferung diese Musik angesiedelt ist; sie ist mystisch, der Meditation verwandt, »außerirdisch« (wenn so etwas möglich ist). Schon einige Titel seiner Kompositionen zeigen deren völlig unorthodoxe Eigenart an: *Punkte* (1952), *Kontrapunkte* (1953), *Gruppen* (für 3 Orchester, 1958), *Carré* (für 4 Chöre und 4 Orchester, 1960), *Momente* (1962, 1965, 1972), *Mixtur* (1965, 1967), *Sternenklang* (für 5 Gruppen, 1971), *Szenen aus Licht: Dienstag* (1977) und *Donnerstag* (1979). Etwa seit *Aus den sieben Tagen* (1969) gibt es bei Stockhausen keine feste Notation mehr, die Musik entsteht durch »intuitive Reaktion«, die knappe Anweisungen des Dirigenten hervorbringen sollen; so müßte sich eine »transindividuelle Emanation kosmischer Bewußtseinsenergien« entwickeln. Zu *Sternklang* bemerkt der Komponist: Es ist Musik zum konzentrierten Lauschen in Meditation, zur Versenkung des Einzelnen ins kosmische Ganze. Ferner ist sie bestimmt für die Vorbereitung auf Wesen von anderen Sternen und ihre Ankunft...«

## Johann Strauß (Sohn)

1825–1899, österreichischer Komponist

Der »Walzerkönig« in einem »sinfonischen« Buch? So wird sicher mehr als einer unserer Leser fragen (der eine erstaunt, ein anderer mit leichtem Stirnrunzeln, ein dritter vielleicht erfreut). Aber genau betrachtet gehört Johann Strauß in unser Werk. Das beweisen nicht nur die glänzenden Ouvertüren seiner komischen Opern und Operetten, sondern auch eine beträchtliche Zahl seiner Walzer, die eine ausgesprochen sinfonische

Behandlung zeigen. Damit ist keine »Entdeckung« ausgesprochen: Zahllose Musiker des vergangenen Jahrhunderts wußten das bereits, und unter ihnen einige der größten. Einer, der viele Seiten unseres Buches einnimmt, bewunderte – neben anderen Zügen – gerade die sinfonische Durchführung der Walzer seines verehrten Freundes Johann Strauß: Johannes Brahms. Das war übrigens einer der wenigen Punkte, in denen Brahms mit seinem Widersacher Richard Wagner einig ging: Auch der zog vor Strauß – was er selten tat – den Hut und nannte ihn »den musikalischsten Schädel«, dem er im damaligen Wien begegnete. Warum noch mehr Zeugen anführen? Die illustre Liste ließe sich beliebig fortsetzen. Die Stücke sprechen für sich selbst. Erwähnen wir nur, daß weltbedeutende Dirigenten wie Bruno Walter, Erich Kleiber und Clemens Krauss Werke von Johann Strauß gerne in ihre Konzerte einschlossen, ja ihnen ganze Abende widmeten; daß die Wiener Philharmoniker seit den Tagen Clemens Krauss' das Jahr stets mit einem Johann-Strauß-Konzert einleiten, und das nicht etwa in einem der Ballsäle, in denen diese Musik zum ersten Male erklungen war, sondern im traditionsreichsten Konzerthaus der Stadt, dem Großen Musikvereinssaal, in dem die größten Werke der größten Meister zu erklingen pflegen.
Der »Walzerkönig« war viel mehr, als was dieser Name besagt (als ob nicht auch das genügen würde!). In seinen mehr als 500 Werken gibt es mancherlei, das zur Sinfonik gehört. Denken wir an die *Einleitung* und an die *Coda* seines berühmtesten Walzers *An der schönen blauen Donau*, die *Frühlingsstimmen*, den herrlichen *Kaiserwalzer*, den »musikalischen Scherz« (so nannte er es selbst) des *Perpetuum mobile*, die genialen *Akzelerationen*, die *Pizzicato-Polka* (die er gemeinsam mit seinem Bruder Joseph verfaßte, der sich seinerseits mit dem bezaubernden Walzer *Dorfschwalben aus Österreich* auswies, bei dem die Einleitung fast eine kleine Pastoralsinfonie genannt werden darf). Erwähnen wir weiter die brillanten *Ouvertüren zur »Fledermaus«*, zum *»Zigeunerbaron«*, zur *»Nacht in Venedig«* und zu manchem anderem Bühnenwerk; das alles sind Orchesterstücke, die es mit jeder Spielopernouvertüre aufnehmen können.
Johann Strauß stammte aus Wien, wo er am 25. Oktober 1825 zur Welt kam. Er lebte auch dort, wo er gegen den Willen des despotischen, aber unleugbar bedeutenden Vaters – gemeinsam mit seinen beiden Brüdern Joseph und Eduard – Musiker wurde und es zu sagenhafter Popularität brachte, die durch gelegentliche Auslandsgastspiele (bis in die USA, bei deren Jahrhundertfeier er Triumphe feierte) noch gesteigert wurde; und er starb in Wien, kurz bevor dessen »goldene Ära« zu Ende ging, die ohne Johann Strauß kaum denkbar wäre, am 3. Juni 1899. Er kam – und das war viel mehr, als sich mit Worten erklären ließe – »gleich nach dem Kaiser« in der Gefühlsskala der Wiener, die in seinem Dreivierteltakt durch ein heute unfaßbar sorgloses Leben walzten ...

## Richard Strauss
1864–1949

»Der Letzte« – das ist das (ein wenig wehmütig ausgesprochene) Beiwort, mit dem man dieses bisher größten Musikschöpfers des 20. Jahrhunderts zu gedenken pflegt. Einen letzten vom großen Stamme der deutschen Musiker, so hat Stefan Zweig ihn genannt; als »letzten Klassiker« bewundert man ihn, wobei das Wort »klassisch« hier in allen seinen Bedeutungen verstanden werden kann: als Ausdruck der Bewunderung für höchste Vollendung und Einklang von Form und Inhalt sowie als technische Bezeichnung einer Stilrichtung von lichtvoller Klarheit. Aber auch als »letzten Romantiker« hat man Richard Strauss bezeichnet, einen Titel, den er mit manchem seiner Zeitgenossen teilt; während aber bei den anderen dieses Beiwort manchmal als (liebevolle) Erklärung für ein gewisses Abseitsstehen, Nichtverstandenwerden, Unzeitgemäß-Sein gebraucht ist, hat es Strauss' Weltgeltung keinerlei Abbruch tun können. In Wahrheit steht hier eine außerordentlich eigenartige Persönlichkeit vor uns. Der geradlinigste Charakter, den es vielleicht jemals unter den großen Schöpfernaturen gegeben hat, und doch der vielleicht schillerndste Komponist, dessen innere Entfaltung von faszinierender Kompliziertheit ist. Die »normale« Musikentwicklung, die Jahrhunderte hindurch naht- und bruchlos angehalten hat, geht in ihm zu Ende, genauso wie seine Epoche die letzte einer konsequenten historischen Entwicklung bedeutet. Er ist Avantgardist und Konservativer gleichzeitig, Neuerer und Bewahrer in einem; ein gewaltiger Melodiker, ein blendender Instrumentator, ein geborener Dramatiker, ein zarter Lyriker, ein Rhapsode und ein Epiker, ein Harmoniker und ein Kontrapunktiker, ein Mann, der düstere Tragik und feinste Komik auf seiner schier unerschöpflichen Palette hat – sowohl im Musiktheater wie in der Sinfonischen Dichtung –, ein al-fresco-Maler und ein minuziöser Detailschilderer zugleich. Auch menschlich gibt es Widersprüche in seinem Leben, denn er ist gleichzeitig nobel und materialistisch,

humanistisch und zur schweigenden Unterwerfung unter die Barbarei bereit, vergeistigt und derb, Ästhet und Realist.
Sein Schaffen zerfällt in zwei grundlegend verschiedene Epochen: In diesem Buch wird in erster Linie sein frühes, sein Jugendwerk zu betrachten sein, das etwa zwanzig Jahre lang das sinfonische Genre in den Vordergrund stellte, bevor es sich mehr und mehr der Oper zuwandte. Die Frühreife des am 11. Juni in München Geborenen ist beinahe unfaßbar; bevor er noch die Mitte der Zwanzig erreicht, ist er als Dirigent wie als Komponist gleichmäßig anerkannt. Nach einer stark Wagnerschen Epoche wird er zum Führer der damaligen Moderne. Seine Vielseitigkeit ist verblüffend; nur Mozart scheint eine solche Beherrschung aller musikalischen Formen besessen zu haben. Haydn, Beethoven, Schubert, Brahms neigten (trotz einiger Gegenbeispiele) zur nichttheatralischen Musik, Gluck, Rossini, Donizetti, Weber, Wagner, Verdi, Puccini (trotz einiger Gegenbeispiele) zur Musikbühne. Strauss hingegen – wie Mozart ein Jahrhundert vorher – versteht es, beide einander irgendwie entgegengesetzten Stile zu vereinen, und man weiß kaum, welcher seiner Werkgruppen der Vorzug zu geben sei. Sein an äußeren Erlebnissen zwar reiches, aber gewissermaßen in gerader Linie verlaufendes Leben verzeichnet München (mit dem nahegelegenen Garmisch) und Wien als zentrale Punkte, zu denen noch Dresden als Uraufführungsstadt seiner Opern kommt. Seiner imposanten Stellung im Weltmusikleben konnten auch zwei Kriege, Zusammenbruch, Inflation und politische Wirren keinen Abbruch tun. Hochverehrt über den ganzen Erdball ist Strauss am 8. September 1949 in Garmisch gestorben. Ein gewaltiger »Letzter«, wie wir sagen.

*Orchesterwerke Richard Strauss':*

1881: *Violinkonzert, d-moll*
1883: *Hornkonzert, D-dur*
1884: *Sinfonie, f-moll*
1886: *Aus Italien*
1887: *Macbeth* (2. Fassung 1890)
1888: *Don Juan*
1889: *Tod und Verklärung*
1895: *Till Eulenspiegels lustige Streiche*
1896: *Also sprach Zarathustra*
1897: *Don Quijote*
1898: *Ein Heldenleben*
1903: *Sinfonia Domestica*
1913: *Festliches Präludium*
1915: *Eine Alpensinfonie*
1925: *Parergon zur Sinfonia Domestica für Klavier* (linke Hand)
1935: *Olympische Hymne*
1940: *Festmusik zum 2600. Geburtstag des japanischen Kaiserreichs*
1942: *Divertimento nach Melodien von F. Couperin*
1942: *Hornkonzert Nr. 2, Es-dur*
1945: *Metamorphosen (für 23 Streicher)*
1946: *Oboenkonzert*

Ferner einige *Jugendwerke* ohne Opuszahl (darunter die *Burleske für Klavier*, eine *Sinfonie*, eine *Konzertouvertüre*); *Konzertsuiten* und *-bearbeitungen von Opernfragmenten*, so die oft gespielte *Rosenkavalier-Suite* sowie einige weniger bekannte Werke für größere Bläserensembles aus den letzten Lebensjahren.

*Aus Italien*

*Sinfonische Phantasie* in vier Sätzen: 1. *In der Campagna (Andante)*; 2. *In Roms Ruinen (Allegro molto con brio)*; 3. *Am Strande von Sorrent (Andantino)*; 4. *Neapolitanisches Volksleben (Allegro molto, Presto)*; op. 16.

*Verwendetes Orchester:* 3 Flöten (mit Piccolo), 2 Oboen (mit Englischhorn), 2 Klarinetten, 2 Fagotte (mit Kontrafagott), 4 Hörner, 2 Trompeten, 3 Posaunen, Harfe, 3 Pauken, Becken, Triangel, Trommeln, Streicher.

*Geschichte:* An Hans von Bülow schreibt Strauss am 23. Juni 1886: »Ich habe nie so recht an eine Anregung durch Naturschönheit geglaubt; in den römischen Ruinen bin ich eines besseren belehrt worden, da kamen die Gedanken nur so geflogen.« So ist dieses Werk ein Niederschlag der italienischen Eindrücke, die Strauss, der aus Gesundheitsgründen zum erstenmal nach dem Süden reisen mußte, an verschiedenen Stellen der Halbinsel in sich aufnahm. Nach München zurückgekehrt, wo der damals 22jährige dritter Kapellmeister an der Oper war, machte er sich sofort an die Partitur. Er selbst dirigierte sie erstmalig in seiner Heimatstadt am 2. März 1887; es gab viel Unruhe und Protest: »Die Aufführung meiner Phantasie über Italien hat großen Rumor hervorgerufen, allgemeine Verblüffung und Wut darüber, daß ich nun auch meine eigenen Wege zu gehen anfange, meine eigene Form schaffe und den faulen Menschen Kopfzerbrechen verursache; die ersten drei Sätze fanden noch leidlichen Beifall;

nach dem letzten ›Neapolitanischen Volksleben‹, der allerdings etwas arg toll ist (in Neapel geht's aber auch bunt her), ging neben lebhaftem Beifall auch ordentliches Zischen los, das mir natürlich großen Spaß machte«, berichtet er und setzt hinzu: »Nun, ich tröste mich, bin ich mir doch des Weges, den ich machen will, genau bewußt: Es ist noch keiner ein großer Künstler geworden, der nicht von Tausenden seiner Mitmenschen für verrückt gehalten worden ist...«

*Analyse:* »Der Inhalt besteht in Empfindungen beim Anblick der herrlichen Naturschönheiten Roms und Neapels, nicht in Beschreibungen derselben«, erklärt der Komponist als Antwort auf den Vorwurf, gewissermaßen »Ansichtskartenmusik« geschrieben zu haben. Das gleiche hatte Beethoven zu seiner Pastoralsinfonie zu bemerken für richtig gefunden, der man ebenfalls das allzu Schildernde verübeln zu müssen glaubte. Wie haben sich übrigens die Ausdrucksmittel in den sechzig Jahren zwischen Beethovens Landschaftsmalerei und den Straussischen Tongemälden entwickelt! Strauss beherrscht trotz seiner Jugend den großen Orchesterapparat vollendet (und wird ihn noch weiter steigern!). Er ist hier noch Romantiker, wenngleich einige Züge auf den eben im Entstehen begriffenen Impressionismus hinzuweisen scheinen. Er glaubt felsenfest an die »poetische Idee« jeder Musik: »Will man nun ein in Stimmung und konsequentem Aufbau einheitliches Kunstwerk schaffen, und soll dasselbe auf den Zuhörer plastisch einwirken, so muß das, was der Autor sagen wollte, auch plastisch vor seinem geistigen Auge geschwebt haben. Dies ist nur möglich infolge der Befruchtung durch eine poetische Idee, mag dieselbe nun als Programm dem Werke beigefügt werden oder nicht«, schreibt er im Jahre 1888 an Bülow. Wir zitieren diesen Satz hier, um zu zeigen, wie sehr die Auffassungen über Sinn und Zweck der Musik dem Wandel der Zeiten unterworfen sind. *Aus Italien* ist also das gefühlsmäßige, persönliche Echo auf eine Italienfahrt. Der erste Satz führt uns an einem klaren Morgen in die Campagna romana. Strahlend geht die Sonne auf, aus der Ferne grüßen die Türme der Ewigen Stadt. Über den zweiten Satz hat Strauss die Worte gesetzt: »Phantastische Bilder entschwundener Herrlichkeit, Gefühle der Wehmut und des Schmerzes inmitten sonnigster Gegenwart.« Der folgende Satz malt ein lichtes Bild des Strandes, der leise an das Ufer rollenden Wellen und der süßen Lieder, die über das Meer zu klingen scheinen; selbst Debussy – der große Meister solcher Gemälde – empfand das »wohltuend Farbige« dieser Visionen. Diskutabel ist der letzte Satz. Da tobt das neapolitanische Volksleben an uns vorüber, und Strauss symbolisiert es mit Hilfe des bereits damals äußerst volkstümlichen Liedes »Funiculì-Funiculà« von Luigi Denza – sei es, weil er es für ein Volkslied hielt, sei es, weil sein Tarantellarhythmus ihm für seine Zwecke besonders geeignet erschien. Dieser Satz ist recht äußerlich geblieben (ein wenig wie Tschaikowskys »Capriccio Italienne«) und oft kritisiert worden; schon Bülow meinte, daß hier Strauss »bis an die äußerste Grenze des tonlich Möglichen (im Gebiete der Schönheit) gegangen sei«. Im Lichte der späteren Werke betrachtet, ist einiges Wichtige vorausgeahnt: einmal die Bereitschaft, »bis an die äußerste Grenze« zu gehen, und zum anderen der so stark volkstümliche Sinn des künftigen »Rosenkavalier«-Komponisten.

### *Macbeth*

*Tondichtung nach Shakespeares Drama*, op. 23.

Wenn wir *Macbeth* hier einreihen und *Don Juan* erst als nächstes Werk besprechen, so hat das seinen Grund darin, daß die erste Fassung des *Macbeth* unmittelbar an die Tondichtung *Aus Italien* anschließt, also zeitlich vor Don Juan liegt. Strauss arbeitete an ihr während der Jahre 1886 und 1887. Aber nicht nur Bülow fand einiges auszusetzen; der Komponist selbst war nicht recht befriedigt von diesem seinem ersten sinfonischen Gedicht in einem Satz. Und so formte er *Macbeth* zwei Jahre später völlig um und dirigierte ihn in der Neufassung erstmalig am 13. Oktober 1890 in Weimar. Es ist eine merkwürdig »unsinnliche« Partitur, der das nach späteren Begriffen so typische Leuchten und sieghafte Strahlen der Straussischen Musik abgeht; der Tondichter folgt hier genau Shakespeare, die drückende, entsetzlich düstere Atmosphäre von dessen großartiger Tragödie ist meisterhaft in Töne eingefangen. Strauss sah eine hervorragende Wiedergabe des Dramas im damals berühmten Meininger Theater und faßte daraufhin die Idee zu einem Tongemälde, das gewissermaßen eine musikalische Synthese der Tragödie darstellen sollte. Er folgt darin dem großen Beispiel Franz Liszts; von nun an konzentriert er ein Drama, eine Legende, eine menschliche Gestalt in der Form eines geballten sinfonischen Gedichts, in dem die größten Gegensätze aufeinanderprallen können und der Komponist vor dem Vorstoß über die Romantik hinaus in den Naturalismus oder Verismus nicht zurückscheut. »Wenn ich nur einmal den verfluchten Wohlklang ausrotten könnte!«, schreibt Strauss sehr bezeichnend nach der Premiere des *Macbeth* (er wird das oft versuchen, vor allem in den Bühnendramen *Salome* und *Elektra*, aber es wird ihm – wenn man so sagen kann – nicht gelingen). Und im gleichen Brief an einen Freund lesen wir ferner: »Einige Menschen waren doch da, die gemerkt haben, daß hinter den greulichen Dissonanzen noch etwas anderes als die absolute Freude am Mißklang – nämlich eine Idee – steckt.« Das sind Sätze, die uns aufhorchen machen (wenngleich der zweite mit echt Straussischer Ironie niedergeschrieben ist). Mussorgsky könnte sie – mit beinahe noch größerem Recht – gesagt haben, vor allem zu seinem *Boris Godunow*, der mehr als einen Berührungspunkt mit Strauss' *Macbeth* aufweist, und nicht nur des Wahnsinns wegen, den beide beschreiben. Der Komponist hat kein detailliertes Programm zu diesem Stück vorgelegt. Nur an zwei Stellen der Partitur sind Anmerkungen vorhanden, die sich auf eine gewisse Leitmotivtechnik beziehen: bei einem sehr charakteristischen Thema ist der Name Macbeths zu lesen, und bei einem anderen sind einige Zeilen Shakespeares zitiert, die diese Töne zweifellos der dämonischen Lady Macbeth zuweisen. Publikumserfolg hat dieses Werk – wie in manchem anderen auch darin Verdis *Macbeth* ähnlich – nie in vollem Maße gefunden. Was natürlich – bei beiden – mit ihrem wahren Wert nichts zu tun hat.

## *Don Juan*

*Tondichtung nach N. Lenau für großes Orchester*, op. 20.

*Geschichte:* Unmittelbar nach dem ersten Entwurf des *Macbeth* las Strauss das Don-Juan-Poem des ungarischen, deutsch schreibenden Dichters Nikolaus Lenau (1802–1850), das – wie schon ungezählte andere in vielen Sprachen und zahlreichen Epochen – ein Beitrag zum unerschöpflichen Thema des ur-erotischen Mannes ist, des von seiner Liebesbegierde unaufhaltsam getriebenen Menschen, für den es weder irdische noch göttliche Schranken gibt. Strauss – obwohl persönlich eher der Gegenpol eines Don Juan – begeisterte sich wie selten in seinem Leben und vollendete das Tongedicht in einem Zuge. Es bedeutet einen kaum faßbaren Geniestreich für einen 24jährigen Komponisten, sowohl was die Form wie die epochale Instrumentation angeht. Er dirigierte das Werk erstmalig am 11. November 1889 in Weimar, worüber er dem Vater berichtet: »Lieber Papa! Also ›Don-Juan‹-Erfolg großartig, das Stück klang zauberhaft und ging ausgezeichnet und entfesselte einen für Weimar ziemlich unerhörten Beifallssturm.« Während der Probenarbeit hatte Strauss vielerlei Beobachtungen gemacht und seinem Vater mitgeteilt; aus ihnen geht klar hervor, daß eine Unzahl von Orchestrierungsideen und -nuancen des Komponisten ureigenste Erfindung waren und hier erstmalig ausprobiert wurden. Was heute ein weltweit verbreitetes, allen Orchestern geläufiges Repertoirewerk ist, stellte seinerzeit ein kühnes, ja revolutionäres Experiment dar.

*Verwendetes Orchester:* 3 Flöten (mit Piccolo), 2 Oboen und Englischhorn, 2 Klarinetten, 2 Fagotte und Kontrafagott, 4 Hörner, 3 Trompeten, 3 Posaunen, Tuba, 3 Pauken, Triangel, Becken, Glockenspiel, Harfe und Streicher.

*Analyse:* Strauss verwahrte sich gegen ein ins einzelne gehendes Programm; aber er hatte nichts dagegen, daß das Lenausche Gedicht, das ihn inspiriert hatte, der gedruckten Partitur vorangestellt wurde. Es soll den Hörer auf die Bahn dessen lenken, was die Musik auf einer anderen Ebene zu schildern trachtet.

Den Zauberkreis, den unermeßlich weiten,
von vielfach reizend schönen Weiblichkeiten
möcht' ich durchziehn im Sturme des Genusses,
am Mund der letzten sterben eines Kusses.
O Freund, durch alle Räume möcht' ich fliegen,
wo eine Schönheit blüht, hinknien vor jede
und, wär's auch nur für Augenblicke, siegen.

Ich fliehe Überdruß und Lustermattung,
erhalte frisch im Dienste mich des Schönen,
die einzle kränkend, schwärm' ich für die Gattung.
Der Odem einer Frau, heut Frühlingsduft,
drückt morgen mich vielleicht wie Kerkerluft.
Wenn wechselnd ich mit meiner Liebe wandre
im weiten Kreis der schönen Frauen,
ist meine Lieb' an jeder eine andre;
nicht aus Ruinen will ich Tempel bauen.
Ja! Leidenschaft ist immer nur die neue;
sie läßt sich nicht von der zu jener bringen,
sie kann nur sterben hier, dort neu entspringen,
und kennt sie sich, so weiß sie nichts von Reue.
Wie jede Schönheit einzig in der Welt,
so ist es auch die Lieb', der sie gefällt.
Hinaus und fort nach immer neuen Siegen,
so lang der Jugend Feuerpulse fliegen!

Es war ein schöner Sturm, der mich getrieben,
er hat vertobt, und Stille ist geblieben,
scheintot ist alles Wünschen, alles Hoffen:
vielleicht ein Blitz aus Höh'n, die ich verachtet,
hat tödlich meine Liebeskraft getroffen,
und plötzlich ward die Welt mir wüst, umnachtet;
vielleicht auch nicht – der Brennstoff ist verzehrt,
und kalt und dunkel ward es auf dem Herd.

Die Don-Juan-Gestalt und alle rund um sie rankenden dichterischen Versionen auch nur aufzuzählen, geschweige denn gar zu besprechen, würde den Rahmen unseres Buches weit überschreiten. Natürlich liegt ein Vergleich zwischen Strauss und Mozart besonders nahe, aber er scheitert sofort an einer völlig verschiedenen Auffassung. Im »moralisierenden« Textbuch Dapontes wird Don Juan, der große Verführer, von den himmlischen Mächten zur Rechenschaft gezogen und stirbt stolz, aufrecht, und eben im Begriffe, ein neues erregendes – wenn auch dieses Mal nicht erotisches – Abenteuer zu erleben; bei Lenau hingegen vernichtet das Alter die sexuelle Liebeskraft des Helden – eine kaum befriedigende »Lösung« des Problems. Vielleicht hat jede Epoche ihre Auffassung, des von Frau zu Frau getriebenen und nie »Erlösung« findenden Mannes, der von Begierde zu Genuß taumelt und im Genuß nach Begierde schmachtet, der dem tragischen Fliegenden Holländer verwandt ist und damit allen anderen großen »Suchenden« der Weltliteratur. Der poetischen Vorlage gemäß schließt Strauss' Tongemälde nicht dramatisch oder tragisch, sondern still verlöschend: aber gerade das ist wohl das tragischste Ende, das ein echter Don Juan finden kann. Nichts Metaphysisches liegt in Lenaus Gestalt, und auch

Strauss ist ein durchaus dem Irdischen zugewandter Komponist, dem viel, viel später (vielleicht erst in der »Frau ohne Schatten«) Einblicke in irreale Welten gegeben sein werden. Hier malt er einen Jüngling, den seine Sinne – einem Cherub ähnlicher als einem dämonisch Besessenen – von Frau zu Frau treiben, »solang der Jugend Feuerpulse fliegen«. Aber interessanterweise ist Strauss doch vom Urbild des spanischen Ritters irgendwie beeinflußt, denn seine Themen sind von einer Großartigkeit, einem bezwingenden, erobernden Stolz, einer aristokratischen Lebensart, einer mitreißenden Persönlichkeit, von der bei Lenau nichts zu lesen steht. Besonders ein Thema erscheint uns als das geradezu ideale Abbild des »Frauenverführers« (welches dumme Wort für den triebhaft Gehetzten, der gerade das Gegenteil des genießerischen Casanova darstellt), als bewundernswertes Porträt des innerlich noblen – wenn auch »grausamen« –, des unausgesetzt glühenden – in erster Linie sich selbst verzehrenden – Mannes. Strauss hat ihm – in dem heldischen Klang der Hörner – ein unvergeßliches Denkmal gesetzt, plastischer als Verse, dramatische Szenen, Farben oder Marmor dies je vermochten:

Jeder Zoll ein Grandseigneur, ein Herr, ein Gebieter über Herzen und Körper, ein glutvoll Besitzender. Ihm gegenüber gibt es mehrere »weibliche« Themen. Sie ziehn vorbei wie in einem Reigen: stolzer diese, unterwürfiger jene, kälter die eine, hingebungsvoll süß eine andere:

Aber auch Don Juan hat mehr als ein Thema. Nicht nur die Frauen wechseln, er selbst ist in jedem Abenteuer ein anderer! (Vielleicht liegt hier das tiefste Geheimnis der »Don Juanie«, des Nichterlahmens, Nichterkaltens: immer ein anderer zu sein, ein Neuer – tausend Persönlichkeiten, also tausend Leben zu besitzen!) Sind diese Betrachtungen notwendig, um Strauss' *Don Juan* erleben und genießen zu können? Vielleicht nicht. Es ist ein einfaches, mitreißendes Musikstück – dessen musikalische Form die einer Sonate mit Rondoelementen ist –, das jedem etwas sagt, wie immer er zum Grundthema stehen, ja ob er zu ihm Beziehungen haben mag oder nicht. Ein Geniestreich, sagen wir. Und, nebenbei, ein ganzes Lehrbuch für Instrumentationskunst.

*Tod und Verklärung*

*Tondichtung für großes Orchester*, op. 24.

*Geschichte:* Dieses Werk entstand im Jahre 1888; es wurde in München begonnen, wo Strauss als junger Kapellmeister nicht den ersehnten Wirkungskreis und als Komponist kaum das rechte Verständnis gefunden hat. Er führte es auf seinem neuen Posten in Weimar – am 18. November 1888 – zu Ende und dirigierte es erstmalig auf dem Tonkünstlerfest, das im Jahre 1890 in die Geburtsstadt Bachs, Eisenach, einberufen war (21. Juni). Die Kritik verhielt sich zum Teil ablehnend (ein wenig später noch nennt Eduard Hanslick, Wagners heftigster – und bedeutender – Widersacher in Wien, das Werk »eine grausige Dissonanzenschlacht, in welcher die Holzbläser mit chromatischen Terzenläufen herunterheulen, während alles Blech erdröhnt, alle Geigen rasen«), aber das Publikum stand dieser Musik offen gegenüber, erlebte in ihr erfreut die plastische Gegenständlichkeit, die fern der Musik liegende Themen zu schildern und in Kunst zu verwandeln wußte. Der Freund des Komponisten, der Dichter Alexander Ritter (dem Strauss seinen »Macbeth« gewidmet hatte) fühlte sich durch *Tod und Verklärung* zu Versen angeregt, die der Komponist seltsamerweise als eine Art »Programm« dieses Stückes gelten ließ. Seltsamerweise – denn erstens scheinen sie uns in die Musik Dinge hineinzulegen, die in ihr kaum vorkommen, und zweitens sind sie der Musik nicht im entferntesten ebenbürtig. Strauss ließ sie trotzdem in die Partitur aufnehmen, und so werden wir sie bei der Analyse berücksichtigen.

*Verwendetes Orchester:* 3 Flöten, 2 Oboen, Englischhorn, 2 Klarinetten, Baßklarinette, 2 Fagotte, Kontrafagott, 4 Hörner, 3 Trompeten, 3 Posaunen, Tuba, 3 Pauken, Tamtam und Streicher.

*Analyse:* Für das Verständnis des Werkes genügt der Titel vollkommen. Es schildert den Todeskampf eines Menschen, eine lange und grausame Agonie, während deren Verlauf Bilder aus früheren Tagen im Bewußtsein des Sterbenden vorüberziehen. Es fehlt – der Epoche entsprechend – nicht an naturalistischen Details: der keuchende Atem des Kranken, der schwache und ungleichmäßige Puls, der körperliche Schmerz, die immer häufigeren Angstzustände sind mit unglaublich realistischer Kleinmalerei in das große Gemälde eingefügt. Der Kranke sinkt mehrmals erschöpft in die Kissen, aber neue Erinnerungen und eine bis zuletzt aufrechterhaltene Hoffnung verlängern den Kampf. Ein schönes, feierliches Motiv

steigt aus den Ängsten und Leiden langsam aufwärts, wird strahlend und erglänzt in überirdischer Helle. Es bedeutet vielleicht den Tod, den Erlöser, vielleicht die

beginnende Verklärung, das »Jenseits«, in das die Seele des Sterbenden hinüberfliegt wie in lichte Höhen. Die Musik wird nun immer mehr von innen her erleuchtet, die Grausamkeit des Todes weicht einer tröstlichen, wahrhaft verklärten Vision von Frieden und unendlicher Ruhe.
Alexander Ritter hat in folgenden Versen versucht, die Musik zu interpretieren:

In der ärmlich kleinen Kammer,
matt vom Lichtstumpf nur erhellt,
liegt der Kranke auf dem Lager.
Eben hat er mit dem Tod
wild verzweifelnd noch gerungen.
Nun sank er erschöpft in Schlaf,
und der Wanduhr leises Ticken
nur vernimmst du im Gemach,
dessen grauenvolle Stille
Todesnähe ahnen läßt.
Um des Kranken bleiche Züge
spielt ein Lächeln wehmutsvoll.
Träumt er an des Lebens Grenze
von der Kindheit goldner Zeit?

Doch nicht lange gönnt der Tod
seinem Opfer Schlaf und Träume.
Grausam rüttelt er ihn auf,
und beginnt den Kampf aufs neue.
Lebenstrieb und Todesmacht!
Welch entsetzenvolles Ringen!
Keiner trägt den Sieg davon,
und noch einmal wird es stille!

Kampfesmüd' zurückgesunken,
schlaflos, wie im Fieberwahn,
sieht der Kranke nun sein Leben,
Zug um Zug und Bild um Bild,
innrem Aug' vorüberschweben.
Erst der Kindheit Morgenrot,
hold in reiner Unschuld leuchtend!
Dann des Jünglings keckres Spiel,
Kräfte übend und erprobend,
bis er reift zum Männerkampf,
der um höchste Lebensgüter
nun mit heißer Lust entbrennt.

Was ihm je verklärt erschien,
noch verklärter zu gestalten,
dies allein der hohe Drang,
der durchs Leben ihn geleitet.
Kalt und höhnend setzt die Welt
Schrank' auf Schranke seinem Drängen.
Glaubt er sich dem Ziele nah,
donnert ihm ein Halt entgegen.
»Mach die Schranke dir zur Staffel!
Immer höher nur hinan!«
Also drängt er, also klimmt er,
läßt nicht ab vom heilgen Drang.
Was er so von je gesucht
mit des Herzens tiefstem Sehnen,
sucht er noch im Todesschweiß,
suchet – ach! und findet's nimmer.
Ob er's deutlicher auch faßt,
ob es mählich ihm auch wachse,
kann er's doch erschöpfen nie,
kann es nicht im Geist vollenden.
Da erdröhnt der letzte Schlag
von des Todes Eisenhammer,
bricht den Erdenleib entzwei,
deckt mit Todesnacht das Auge.

Aber mächtig tönet ihm
aus dem Himmelsraum entgegen,
was er sehnend hier gesucht:
Welterlösung, Weltverklärung!

*Till Eulenspiegels lustige Streiche*

*Nach alter Schelmenweise – in Rondoform, für großes Orchester*, op. 28.

*Geschichte*: Till Ulenspiegel, auch Eulenspiegel, ist eine historische oder pseudohistorische Gestalt. Er soll ein »Narr« gewesen sein, ein Hanswurst also nach damaliger Art, der froh und unbekümmert durch das Land zog – war es Deutschland, war es Flandern? – und um das Jahr 1350 starb. Seine »Streiche« waren in aller Munde. Sie richteten sich gegen die »Autoritäten«, gegen die Bürger im allgemeinen, die sich in ihren reich werdenden Städten viel auf ihren Wohlstand, ihr Wissen und ihre Kultur zugute taten und doch so leicht zu überlisten waren. Er tat denen, die ihm nicht zu Gesicht standen, allen erdenklichen Schabernack an; dann entwich er – einen fröhlichen, spöttischen Gassenhauer pfeifend (wie Strauss ihn porträtiert hat) – und tauchte in einer anderen Stadt auf, wo er neuen Unfug trieb. War er wirklich nur ein »Schelm«? Oder liegt in ihm (in seiner Erfindung) ein Stück mittelalterlichen, sozialen Rebellentums? Eine Auflehnung der Armen und Unterdrückten gegen die Reichen und Mächtigen? Man lese nur die Geschichte nach, die Kapitel von den Bauernkriegen etwa, um zu ahnen, daß jene Jahrhunderte in mehr als einer Beziehung dem unseren recht verwandt waren. Das erste Buch über den Thyl Ulenspiegel (wie er in flämischer Form heißt) scheint aus dem Jahre 1515 zu stammen. Seitdem ist sein Andenken nicht erloschen; viele Bücher aller Art sind über ihn erschienen. Auch zum Opernhelden wurde er gemacht, wenn auch keinem dieser Werke langes Leben beschieden war. Gerade dies war die Art, wie Richard Strauss auf ihn stieß. Gewiß, er kannte die »Eulenspiegeleien«, aber die Aufführung einer Eulenspiegel-Oper von Cyrill Kistler (die längst niemand mehr kennt) erweckte sein Interesse an der Figur so sehr, daß er ein modernes Buch über den volkstümlichen Schelm, nämlich den »Till Eulenspiegel« von Charles Henri de Coster aus dem Jahre 1867 zu Rate zog. Er dachte an eine Dramatisierung, eine Oper also, und hatte bereits ein Textbuch Ferdinand von Sporcks

*Die Schildbürger* durchgesehen. Aber entweder hatte er nach dem Durchfall seines *Guntram* keine Lust mehr am Theater, oder er empfand die sinfonische Gestaltung dem Thema gemäßer: Der Narr oder Schelm, der so fröhlich beginnt und so tragisch auf dem Schafott endet, wurde zum Orchesterstück. Strauss vollendete es im Jahre 1895, und es erklang am 5. November 1895 erstmalig, unter der Leitung von Franz Wüllner (der in München 1864 *Rheingold* und *Walküre* uraufgeführt hatte) in Köln. Der Erfolg war sofort durchschlagend und verbreitete sich schnell über die ganze Welt. Man hat das Stück das »siegreichste Gelächter der Musik« genannt, und Wilhelm Furtwängler bezeichnete es als einen »Geniestreich, Beethovens würdig«.

*Verwendetes Orchester:* Hier gelangt Strauss zum ersten Male zum ganz großen Ensemble, das in der Folgezeit sowohl von ihm als auch von Mahler, Skrjabin, Schönberg und vielen andern benutzt wird; es umfaßt 4 Flöten (mit Piccolo), 3 Oboen, Englischhorn, 3 Klarinetten (darunter eine in der seltenen D-Stimmung, mit deren Hilfe Strauss die quäkende, in der Gerichtsverhandlung immer ängstlichere Stimme Tills nachahmt), Baßklarinette, 3 Fagotte, Kontrafagott, 8 Hörner (von denen allerdings 4 ad libitum gestellt sind, also eventuell auch fortgelassen werden können), 6 Trompeten (3 ad libitum), 3 Posaunen, Tuba, Pauken, Becken, Triangel, große und kleine Trommel, stärkste Streicherbesetzung.

*Analyse:* Strauss behandelt sein Thema, als wäre es ein Märchen. Zu Beginn erklingt eine erzählende Einleitung, die etwa einem »Es war einmal...« entspricht. Sie kehrt am Schluß wieder, gewissermaßen als versöhnliches Ende – nach Tills Hinrichtung –, als spräche der Erzähler zu uns: »Das alles war nur ein Märchen...« Was bildet den Inhalt dieses sinfonischen Gedichts? Anläßlich der Uraufführung wollte der Dirigent Wüllner nähere Anleitungen haben, aber der Komponist schrieb ihm: »Es ist mir unmöglich, ein ›Programm‹ zu Eulenspiegel zu geben: was ich mir bei den einzelnen Teilen gedacht habe, würde, in Worte gekleidet, sich oft seltsam genug ausnehmen, vielleicht sogar Anstoß erregen. Wollen wir daher diesmal die Zuhörer selbst die Nüsse aufknacken lassen, die der Schalk ihnen verabreicht. Zur Erleichterung des Verständnisses dürfte es genügen, die beiden Eulenspiegelthemen mitzuteilen, die das Ganze in den verschiedensten Verkleidungen und Stimmungen wie Situationen durchziehen bis zur Katastrophe, wo Till aufgeknüpft wird, nachdem das Urteil über ihn gesprochen wurde. Im übrigen: lassen wir die lustigen Kölner erraten, was ihnen ein Schelm für musikalischen Schabernack angetan hat...« Später aber äußerte Strauss sich doch etwas detaillierter über ein Programm zum *Till Eulenspiegel*. Demnach wäre dies etwa der Inhalt: Der »erste Streich« zeigt Till, der zu Pferd auf dem Markt alle Töpfe zerbricht und unter ungeheurem Lärm, Kreischen, Brüllen und Jahrmarktsgeräuschen (eine Ratsche wird sogar im Orchester gedreht) das Weite sucht. Einen als Moralprediger durch das Land ziehenden Till zeigt der »zweite Streich«; Strauss meint hierzu, daß »in der Unterstimme des Kontrafagotts seine große Zehe hervorlugt« und den falschen Mönch verrate. Die folgende Szene soll Till bei einem mißlungenen Liebesabenteuer zeigen, bei dem er zudem verspottet wird, was seinen Zorn über die Menschen noch mehr entfacht. Die nächste Episode bringt Tills Begegnung mit den »Leuchten« der Gesellschaft, mit »dem Ausbund der Philisterei, den Professoren und Gelehrten«, die er in ihrer Hohlheit gründlich mit pseudoweisen Lehren zum besten hält. Als sie in höchster Verwirrung – und in witzigem Kanon – keifen und schnattern, pfeift er sich einen Gassenhauer und tänzelt frohgemut davon. Schließlich aber ereilt ihn doch das Schicksal: Die Bürger, seiner Streiche überdrüssig (oder aber Till selbst ihrer müde und zum offenen Kampf übergehend), fangen ihn und stellen ihn vor Gericht. Die gewichtigen, pathetischen Stimmen der Ankläger werden in schwerem Blech glänzend imitiert. Till setzt ihnen sein keckes Thema entgegen, aber seine Stimme wird immer ängstlicher, immer armseliger, als er nun um sein bißchen Leben kämpft und fleht. Das Todesurteil ist in den tiefen Posaunen klar ausgesprochen. Ein letztes Quäken – und Till hat seine Schelmenseele ausgehaucht. Das »Märchenthema« erinnert uns, daß alles vielleicht gar nicht wahr sei. Versöhnlich klingt das geniale Stück aus, in dem, wie in kaum je einem anderen, Witz und Ironie in Musik übertragen wurden. Das Orchester ist von unglaublicher Vielseitigkeit: Es singt, pfeift, tänzelt, schlendert, lacht, fleht, ereifert sich, simuliert Tiefsinn, ist liebenswürdig, fein, gewöhnlich, derb, wirbt, verspottet; es jubelt, weint, sinnt, bewundert, verachtet, es hüpft übermütig dahin und enthüllt hie und da einen Menschen hinter dem Gewande des Schelms. Hier die wichtigsten musikalischen Themen: zuerst jenes der Einleitung, das »Es war einmal«, das am Schluß wiederkehrt:

Und nun das Eulenspiegelthema selbst, keck, unterhaltsam, rhythmisiert, vom Horn geblasen, springlebendig, übersprudelnd vor Lebensfreude:

*Also sprach Zarathustra*

*Tondichtung frei nach Friedrich Nietzsche*, op. 30.

*Geschichte*: Strauss verwendete die Monate von Januar bis August 1896 auf diese Partitur, der er Nietzsches 1883 veröffentlichten Hymnus an das Leben zugrunde legt. Der vielumstrittene Dichter-Philosoph (der auch Musiker war) schrieb anläßlich dieses Werkes: »Unter welche Rubrik gehört eigentlich dieser *Zarathustra*? Ich glaube beinahe, unter die Sinfonien.« Richard Strauss hat eine Sinfonie daraus gemacht. Er dirigierte sie erstmals bei den Frankfurter Museumskonzerten am 27. November 1896. Die Aufnahme war geteilt; bis heute gehört der *Zarathustra* zu den seltener gespielten Tondichtungen seines Autors.

*Verwendetes Orchester:* Strauss bleibt, nach dem *Eulenspiegel*, beim großen Orchester: vierfaches Holz, 6 Hörner, 4 Trompeten (also je zwei weniger als dort, aber nicht mehr ad libitum, sondern unbedingt erforderlich), hier 2 Tuben zu den 3 Posaunen, Pauken, große Trommel, Becken, Triangel, Glockenspiel, eine tiefe Glocke, 2 Harfen, erstmalig Orgel sowie an Streichern mindestens: 16 erste, 16 zweite Geigen, 12 Bratschen, 12 Celli, 8 Kontrabässe.

*Analyse:* »Frei nach Nietzsche«, steht über der Partitur. Dieser deutsche Philosoph schrieb in »Also sprach Zarathustra« vor allem einen Hymnus auf das Leben, die Sonne, die Natur. Und das gleiche tat Strauß. Daher wäre es falsch zu glauben, hier handle es sich um »tönende Philosophie« oder »philosophische Musik« (wenn es derartiges überhaupt gibt). Das läge wohl auch Strauss, dem wohl unphilosophischsten Musiker seiner Epoche, nicht. Er sucht nicht – wie etwa Mahler – die Erlösung des Menschen, er ist weit von Bruckners Musik entfernt. Er ist ein Realist im wahrsten Sinne des Wortes, dessen Palette alle bestehenden Farben enthält und alle menschlichen Gefühle zu schildern weiß. Vielleicht hätte er sich bei Christus' Worten »Mein Reich ist nicht von dieser Welt« weniger wohl gefühlt (etwas davon wird man, bei aller Meisterschaft, in *Salome* spüren) als hier, wo er für Nietzsches »Mein Reich ist von dieser Welt« prachtvolle Klänge findet. Auch diesem sinfonischen Gedicht (wie schon *Don Juan* und, in gewissem Sinne, *Tod und Verklärung*) ist ein literarisches Fragment vorangestellt, »Zarathustras Vorrede«, das hier wenigstens auszugsweise wiedergegeben sei: »Als Zarathustra dreißig Jahre alt war, verließ er seine Heimat und den See seiner Heimat und ging in das Gebirge. Hier genoß er seines Geistes und seiner Einsamkeit und wurde dessen zehn Jahre nicht müde. Endlich aber verwandelte sich sein Herz, und eines Morgens stand er mit der Morgenröte auf, trat vor die Sonne hin und sprach zu ihr also: ›Du großes Gestirn! Was wäre dein Glück, wenn du die nicht hättest, welchen du leuchtest! Zehn Jahre kamst du hier herauf zu meiner Höhle: du würdest deines Lichtes und dieses Weges satt geworden sein ohne mich, meinen Adler und meine Schlange. Aber wir warteten deiner an jedem Morgen, nahmen dir deinen Überfluß ab und segneten dich dafür. Siehe! Ich bin meiner Weisheit überdrüssig, wie die Biene, die des Honigs zuviel gesammelt hat, ich bedarf der Hände, die sich ausstrecken. Ich möchte verschenken und austeilen, bis die Weisen unter den Menschen wieder einmal ihrer Torheit und die Armen wieder einmal ihres Reichtums froh geworden sind. Dazu muß ich in die Tiefe steigen: wie du des Abends tust, wenn du hinter das Meer gehst und noch der Unterwelt Licht bringst, du überreiches Gestirn! Ich muß, gleich dir, *untergehen*, wie die Menschen es nennen, zu denen ich hinab will. So segne mich denn, du ruhiges Auge, das ohne Neid auch ein allzu großes Glück sehen kann. Segne den Becher, welcher überfließen will, daß das Wasser golden aus ihm fließe und überallhin den Abglanz deiner Wonne trage! Siehe, dieser Becher will wieder leer werden, und Zarathustra will wieder Mensch werden. – Also begann Zarathustras Untergang.« Zarathustra (oder Zoroaster) war ein sagenhafter Religionsstifter, der während des (weit vorchristlichen) Neuen Reichs von Babel bei den Medo-Persern auftauchte und mit seinen Lehren sowohl bei den Juden wie in der beginnenden christlichen Lehre Einfluß gewann. Nietzsche, aus schwerem geistigem und körperlichem Zusammenbruch wiederhergestellt (1879), versenkte sich in Zarathustras Lehren; im Jahre 1883 beendete er das nach ihm benannte Werk, »genau in der heiligen Stunde, in der Richard Wagner in Venedig starb«, ein Meisterwerk, ein Hymnus, eine Dithyrambe, die zu ihrer Zeit kaum Verständnis weckte und ihren tragischen Autor in völlige Einsamkeit stürzte. Strauss sucht die Höhepunkte der Dichtung (denn das ist sie fast mehr als Philosophie) und verbindet acht Fragmente zu einem einzigen sinfonischen Gedicht von mehr als einer halben Stunde Dauer. Ein großartiges »Naturthema« leitet die Partitur ein: ein strahlender Sonnenaufgang. Dann folgt ein *Von den Hinterweltlern* betitelter Teil (unter welchem symbolischen, von Nietzsche geprägtem Wort jene Menschen gemeint sind, die hinter die äußerlichen Ereignisse, hinter »die Welt« blicken und dort Erkenntnis suchen, die sich nicht mit den sogenannten Realitäten des Lebens begnügen und eine ehrlichere und tiefere Existenz ersehnen). Es folgen: *Von der großen Sehnsucht, Von den Freuden und Leidenschaften, Das Grablied, Von der Wissenschaft, Der Genesende, Das Tanzlied* und ein (nicht von Nietzsche inspiriertes) *Nachtwandlerlied*. Strauss verbindet alle diese Fragmente nahtlos; harmonisch ist er in diesem Werk außerordentlich »modern«, ja er schließt es sogar mit einer krassen Polytonalität ab: es erklingen C-dur und H-dur gleichzeitig. Der musikalische Wert des Stückes kann kaum Diskussionen hervorrufen; wohl aber hat die Anpassung an die literarisch-philosophische Vorlage oft und immer wieder Stoff zu Meinungsverschiedenheiten gegeben. Ist es notwendig, Nietzsches Werk genau zu kennen, um Strauss' Tondichtung genießen zu können? Oder ist hier die Relation Stoff – Realisierung so kompliziert geworden, daß wir beinahe wieder zur »absoluten« Musik zurückgekehrt sind? Ein Werk, das zum Denken anregt, aber auch rein musikalische Werte in so großer Zahl enthält, daß es jedem Liebhaber Straussischer Musik ans Herz gewachsen ist.

*Don Quixote*

*Phantastische Variationen über ein Thema ritterlichen Charakters*, für Viola und Violoncello mit Begleitung des großen Orchesters, op. 35.

*Geschichte*: Miguel de Cervantes y Saavedras prachtvolle Gestalt des Don Quijote (deutsch nicht sonderlich glücklich als »Ritter von der traurigen Gestalt« bezeichnet) und seines Gegenstücks, des Dieners Sancho Pansa, sind oftmals zum Vorwurf musikalischer Werke gewählt worden. Es würde viel zu weit führen (und auch kaum in unser Buch gehören), sie auch nur annähernd vollständig aufzuzählen, zumal nahezu alle vergessen sind. Unter ihnen sind nicht weniger als dreißig Opern, die in unserem Jahrhundert noch irgendwo auf dem Spielplan stehen. Erwähnen wir hier Manuel de Fallas Kabinettstück *El retablo del Maese Pedro* (Meister Pedros Puppenspiel) und Massenets äußerst melodiösen, für den großen Schaljapin geschriebenen *Don Quixote*. Von den Orchesterwerken – unter denen es u.a. eine Humoreske Anton Rubinsteins gibt – ist nur das Stück Richard Strauss' am Leben geblieben. Im übrigen haben sich an dem Thema Künstler aller Länder, Künstler aller politischen Ideologien versucht: Maler, Dichter, Dramatiker. Jeder hat in ihm etwas anderes gesehen. Was mag Strauss gefesselt haben? Die Weltfremdheit dieses Ritters, der Idealismus, seine Traumwelt, seine groteske und doch so erhabene Lächerlichkeit? Sein tragischer Zusammenprall mit der »Realität«, sein unüberbrückbarer Gegensatz zu dem erdverbundenen Schelmen Sancho? Wollte er, nachdem er sowohl Tragik wie Komik in seinen Sinfonischen Gedichten geschildert hatte, nun Tragikomik musizieren? Er arbeitete an diesem Stück während des Jahres 1897 und setzte am 29. Dezember des gleichen Jahres den Schlußstrich unter die Partitur (während er sich im Geiste bereits mit dem »Heldenleben« befaßte). Franz Wüllner wurde auch diesem Werk der erste Interpret; er dirigierte es – noch aus dem Manuskript – erstmalig am 8. März 1898 in den Kölner Gürzenichkonzerten. So recht beliebt ist der *Don Quixote* niemals geworden; nur Kenner lieben ihn.

*Verwendetes Orchester:* 3 Flöten (mit Piccolo), 3 Oboen (mit Englischhorn), 3 Klarinetten (mit Baßklarinette), 3 Fagotte und Kontrafagott, 6 Hörner, 3 Trompeten, 3 Posaunen, eine Tenor- und eine Baßtuba, Pauken, Becken, große und kleine Trommel, Triangel, Glöckchen, Tamburin, Windmaschine, Harfe, Streicher. Ein Solo-Violoncello, das Don Quijote, und eine Solobratsche, die Sancho Pansa verkörpert.

*Analyse:* Ähnlich wie beim *Till Eulenspiegel* wollte der Komponist anfangs kein ins einzelne gehendes »Programm« mitteilen. Später hingegen – gerade wie im anderen Falle – erhob er keinen Einwand gegen die Veröffentlichung näherer Erklärungen: Im ersten Teil verliert Don Quixote über der Lektüre alter Ritterbücher den Verstand; er versetzt sich in die Lage eines fahrenden Ritters und zieht aus, von seinem treuen Schildknappen Sancho Pansa begleitet, um Abenteuer zu bestehen. Hier tauchen die Themen des Ritters und des Dieners auf. In der »ersten Variation« reitet das seltsame Paar aus (Sancho behäbig auf einem Esel, Don Quixote ein wenig großartiger auf einem alten, hageren Gaul). Der Edelmann gedenkt seiner fernen schönen (allerdings nur in seiner Phantasie existierenden) Dulcinea. Und schon erlebt er das erste Abenteuer. Er hält die Windmühlen für riesige Feinde, stürmt gegen sie an und wird von ihren Flügeln höchst unsanft in die Luft und hernach zu Boden geschleudert. In der »zweiten Variation« kämpft der Held, diesesmal siegreich, gegen das gewaltige Heer des Kaisers Alifanfaron – das allerdings in Wirklichkeit aus einer recht harmlosen Hammelherde besteht. In der »dritten Variation« führen Herr und Diener eine längere Aussprache miteinander; daß der träumerische Idealist und der derbschlaue Realist einander nicht verstehen, bedarf keiner Erklärung. Mehrmals muß Don Quijote den Vorlauten unsanft zum Gehorsam mahnen. Erst dann kann er sein Ideal von Rittertum und Edelmut entwickeln, aus dem Sancho ihn bald wieder herausreißt. In der »vierten Variation« erblickt der Ritter heranziehende Feinde; es sind in Wahrheit Büßer, die ein Madonnenbild vor sich her tragen. Den über sie herstürzenden Quixote bearbeiten sie mit ihren derben Bauernfäusten so energisch, daß er liegen bleibt und von Sancho für tot gehalten wird. Die »fünfte Variation« ist ein nächtliches Idyll – ein Liebesgruß Quixotes an seine ferne Herzensdame – mit komischen Unterbrechungen, denn Sancho schnarcht an seiner Seite. Grotesk ist zur Gänze die »sechste Variation«: Sancho stellt seinem Herrn die »verzauberte« Dulcinea vor, in Gestalt einer sehr gewöhnlichen Bauernmagd. Eine ganz zu ihrer Derbheit passende Melodie mit falschen Noten darin entlarvt den Betrug für jeden, außer für den Ritter, den erst eine sehr deutliche Geste der Dorfschönen aus allen Himmeln reißt. In der »siebenten Variation« glaubt Quixote durch die Luft zu reiten, denn man hat ihn auf ein hölzernes Pferd gesetzt und ihm die Augen verbunden, wozu die Spaßmacher Blasebälge auf ihn richten (und im Orchester eine Windmaschine in Tätigkeit tritt). In der »achten Variation« stößt der Nachen, in dem Herr und Diener flußabwärts fahren, gegen eine (natürlich nicht vorhandene) feindliche Festung; sie fallen ins Wasser, retten sich ans Ufer und müssen kräftig niesen. Don Quixote sieht – in der »neunten Variation« – zwei Bettelmönche des Weges kommen; sie singen friedfertig, wenn auch nicht besonders wohlklingend oder gar rein. Der Ritter wähnt Feinde in ihnen und schlägt sie in die Flucht. In der letzten, der »zehnten Variation« sucht ein alter Freund und Waffengefährte Don Quixotes Wahn zu heilen; verkleidet fordert er ihn zum Zweikampf heraus unter der Bedingung, daß der Unterlegene sich vom fahrenden Rittertum zurückziehe. Quixote wird besiegt, und zu seinem tiefen Schmerz, tritt er die Heimreise an. Der Schluß zeigt den zu sich gekommenen, aber gealterten und todesmüden Don Quixote. Noch einmal fliegen seine Gedanken wie in früheren Tagen zum edlen Rittertum. Dann erlischt sein Leben. Strauss läßt sich vom Stoff nicht zu »spanischer« Musik verführen: Es ist ein Menschheitsepos, das er in Töne setzt. Bunte Variationen über ein Thema, über einen Menschen – von dem Cervantes sagt: »Ob er ein Narr, ein Weiser war, das ist nicht klar«–, wobei er mit gleicher Meisterschaft den Realismus wie die Poesie musikalisch zu unterstreichen weiß und für jede Szene tiefes Gefühl und technische Vollkommenheit aufbringt. Ein liebenswertes Werk, gleich dem dichterischen Original, dem ein Menschentypus gelang – wie Faust, Don Juan, Hamlet – und vielleicht der am tiefsten unser Mitgefühl herausfordernde Charakter.

## *Ein Heldenleben*

*Tondichtung für großes Orchester*, op. 40.

*Geschichte*: Dem Stile der Zeit folgend – es liegt eine Verwandtschaft zur blühenden, aber überladenen Farborgie Makarts darin – hat Strauss, der in einem knappen Dutzend Jahren zum führenden deutschen Tondichter aufgestiegen war, eine Art musikalisches Selbstporträt geschaffen. Lockte es ihn, siebzig Jahre nach Berlioz' *Phantastischer Sinfonie* das Seelengemälde eines »modernen« Künstlers zu entwerfen? Die Epoche war dem Vorhaben gewogen: Die Subjektivität stand auf ihrem Höhepunkt, die Romantik hatte gelehrt, das eigene Leben mit allen seinen Bekenntnissen in das Zentrum des künstlerischen Schaffens zu stellen. Ihre Ausläufer hatten zudem die Mittel ins Maßlose gesteigert. Alles mußte »kolossal« sein: die Denkmäler der Wilhelminischen Ära, die Bilder, die Dramen, die Musikwerke. Strauss begann die Arbeit am *Heldenleben* am 2. August 1898; er war 34 Jahre alt, berühmt und soeben als Kapellmeister an die Preußische Hofoper berufen worden. Er begann seine tönende Autobiographie an der Isar und vollendete sie an der Spree; die Partitur trägt den Vermerk: »Berlin-Charlottenburg, 27. Dezember 1898.« Es ist Strauss' bisher umfangreichstes Konzertwerk, und es zeugt von gewaltiger Arbeitskraft, eine so riesige Partitur in knapp fünf Monaten zu vollenden. Und für seine Stellung im deutschen Musikleben spricht die Tatsache, daß nur zwei weitere Monate bis zur Uraufführung vergingen: sie fand am 3. März 1899 in den Frankfurter Museumskonzerten unter Leitung des Komponisten statt. Es gab zwar gelegentlich noch Opposition, aber Strauss hatte die Konzertsäle für sich erobert. Bald darauf begann er mit seinem Angriff auf die Theater; dort wiederholte sich die gleiche Erscheinung, nach Kämpfen um *Salome* und *Elektra* glätteten die Wogen sich nach dem *Rosenkavalier*, um den völligen Triumph des Komponisten bis an sein Lebensende nicht mehr in Frage zu stellen.

*Verwendetes Orchester:* Kleine Flöte (Piccolo), 3 große Flöten, 3 Oboen, Englischhorn (das auch 4. Oboe bläst), 3 Klarinetten (darunter eine in der seltenen Es-Stimmung), Baßklarinette, 3 Fagotte, Kontrafagott; 8 Hörner, 3 Trompeten, 3 Posaunen, eine Tenor- und eine Baßtuba; Pauken, große und kleine Militär-Trommel, außerdem große Rührtrommel, Becken; Streicher in stärkster Besetzung – 16 erste, 16 zweite Violinen, 12 Bratschen, 12 Violoncelli, 8 Kontrabässe; 2 Harfen. Insgesamt 105 Musiker.

*Analyse:* Das hier geschilderte Heldenleben ist das Leben des Komponisten. Darüber besteht kein Zweifel, da Strauss eine Reihe eigener Werke zitiert, zudem aber auch einmal geäußert hat, er sehe nicht ein, warum er nicht sein eigenes Leben beschreiben solle, da er sich geradeso interessant finde wie Napoleon oder Alexander. Hier liegt – neben einem unbestreitbaren Körnchen Wahrheit – viel von der berühmten Straussischen Ironie. Sie fehlt auch im Werke selbst nicht. Ja sie beginnt eigentlich schon beim Titel. Strauss meint keinen Helden des Altertums oder Mittelalters, keinen schwertbewaffneten, in phantastische Abenteuer verstrickten Übermenschen (ist es Zufall, daß uns hier das Wort Nietzsches in die Feder fließt?), er will vielleicht zeigen, daß nur die äußeren Formen sich gewandelt haben, nicht die Aufgabe des Menschen, innerhalb seiner Umwelt zu bestehen, sich durchzusetzen, vor sich selbst Hauptakteur eines Dramas zu sein, das in anderem Gewande immer wiederkehrt. Im übrigen schließt dieses Tongemälde nicht im Triumph, sondern mit einer Art Resignation nach dem Sieg, mit der »Weltflucht«, die den wahren Erfolg bringt: den Sieg über sich selbst und die innere Vollendung. Die Partitur ist in sechs Abschnitte gegliedert, die ineinander übergehen und vom Komponisten festgelegte Überschriften tragen: *1. Der Held; 2. Des Helden Widersacher; 3. Des Helden Gefährtin; 4. Des Helden Walstatt; 5. Des Helden Friedenswerke; 6. Des Helden Weltflucht und Vollendung*. Diesen Bezeichnungen ist wenig hinzuzufügen. Der »Held« stellt sich zuerst selbst vor: mit einem äußerst kraftvollen, weit über zwei Oktaven aufwärts geschwungenen Thema, das offenkundig Energie und Entschlossenheit ausstrahlt; ihm stehen andere Themen zur Seite, die man als musikalische Abbilder von Gemütstiefe und reichem, phantasievollem Innenleben auffassen kann. Wesentlich unfreundlicher geht der Komponist mit »des Helden Widersachern«, also mit seinen eigenen Feinden um. Sie sind, der Musik nach zu schließen, kleinliche, bösartige Nörgler; schrill, spitz, keifend, häßlich ist die Musik, die sie kennzeichnet. Dann gelangen wir zum lyrischen Teil, aber »des Helden Gefährtin« wird nicht sofort als der liebliche, süße Gegenpol zu den Widersachern eingeführt. Strauss malt sie recht ironisch: Zuerst läßt sie den Werbenden überhaupt kaum zu Wort kommen, scheint immer neue Einwendungen vorzubringen und gibt dem Gefühl erst nach längerer Zeit nach. Dann aber blüht eine – echt Straussische – Liebesmelodie auf, ein sinnliches, betörendes Klingen voll wunderbaren Wohllauts, wie in unserem Jahrhundert sie nur noch er und Puccini schreiben konnten. Es wird erzählt, daß der Komponist einem englischen Musiker gesagt habe, er brauche ihm seine Frau nicht vorzustellen, da er sie aus dem *Heldenleben* ohnedies kenne und sie, wenn er nach Berlin käme, aus der Erinnerung an das große Violinsolo, das sie darin charakterisiert, sofort erkennen würde. Wie sich selbst hat Strauss seiner »Gefährtin« – und das war Pauline von Ahna im wahrsten und tiefsten Sinne des Wortes – hier ein Denkmal gesetzt. Man muß »Pauline« gekannt haben (über die Hunderte von Anekdoten im Umlauf waren), ihre Urwüchsigkeit, ihr nach außen schroffes, in Wahrheit gütiges, verständnisvolles Herz, ihre Originalitäten – gegen die selbst der Meister nicht aufkam –, ihre völlige Etikettelosigkeit, ihr überaus resolutes Wesen, das sich in der Intimität zweifellos zu liebevollster Zärtlichkeit wandelte: So hat Strauss sie mit überwältigender Innigkeit, aber auch mit derb bajuvarischem Humor abkonterfeit. Den Kampf schildert der folgende Teil: aus den Armen der Gefährtin muß der Held fort, muß streiten und siegen, sich behaupten, durchsetzen. Das Motiv der Liebe stützt ihn, er weiß, daß er nicht für sich allein ficht. Die Gegner werden niedergerungen. Aber dumpfe Paukenschläge scheinen anzudeuten, daß trotzdem die Welt sich nicht verändert hat, daß die Feinde immer lauern und keinem Kampf ein endgültiger Sieg beschieden sein kann. Der Held läßt sein Werk an sich vorbeiziehen, wohl um sich Rechenschaft abzulegen, ob er Anspruch auf Triumph erheben kann. *Don Juan* erscheint zitiert, sogleich *Zarathustra.* An *Tod und Verklärung* wird erinnert, an *Don Quijote* und *Till Eulenspiegel*; *Macbeth* erklingt in einer kurzen Phrase, dann ertönt das wundervolle Lied »Traum durch die Dämmerung«. Es ist, als ob seine – hier ungesungenen – Worte den Helden in den letzten Teil des Werkes geleiteten: »Ich gehe nicht schnell, ich eile nicht, mich zieht ein weiches, samtenes Band durch Dämmergrau in der Liebe Land... in ein mildes, blaues Licht...« Die Widersacher machen sich noch einmal bemerkbar, aber mit einer Reminiszenz an *Guntram* wird die Resignation erreicht. Der wahre Kampf ist nicht nach außen gerichtet, nicht gegen Neider und tückische Zwerge: Nur im eigenen Inneren blüht dem Künstler, ja dem Menschen Vollendung. In der Stille verklingt das Tongemälde, volksliedhaft innig zuweilen, von Naturschilderungen und dem zärtlichen Liebesthema geleitet findet der Held Ruhe, inneres Glück, Ausgewogenheit und seines Daseins Ziel und Ende.

Strauss hat sein *Heldenleben* – absichtlich natürlich – in Es-dur gehalten, in der Eroica-Tonart. Es wäre verlockend, Parallelen zwischen Beethovens und Strauss' Konzept des Heldischen zu ziehen. Beethoven steht am Beginn einer Epoche, Strauss an ihrem Ende. Bei Beethoven gibt es keine Ironie, ihm geht es um Sein oder Nichtsein; er möchte die Widersacher des »wahren Menschen« vernichten, zerstampfen, ausrotten; Strauss weiß, das das nicht möglich ist, daher seine überlegene Ironie, die ihn manchmal distanziert erscheinen läßt, wenngleich auch ihn immer wieder das heilige Feuer brennt – allerdings nicht verbrennt. Im *Heldenleben* ein unnatürliches Monument zeitgebundenen Größenwahns zu sehen, wie manche Kritiker es getan haben und heute, in so veränderten sozialen, »kollektivisierten« Zeiten erst recht tun, erscheint uns falsch. Mag sein, daß das Thema, in dieser Sicht, uns heute ferne liegt; aber das ändert kaum etwas an seiner musikalischen Gültigkeit. Subjektiv mag man zum »Heldenleben« stehen, wie man will; unser Buch will – und kann – keine »allgemeingültigen« Normen aufstellen, weil es sie glücklicherweise nicht gibt. Manchem Musikliebhaber bedeutet das Werk viel. Ihn beglücken stets aufs neue seine Schönheiten. Möge er sich daran erfreuen. Viele Stellen rechtfertigen es.

*Sinfonia Domestica*

*Tondichtung für großes Orchester, op. 53.*

*Geschichte:* »Meine nächste Tondichtung wird einen Tag meiner Familie darstellen. Sie wird teils lyrisch, teils humorvoll sein – eine Tripelfuge wird den Papa, die Mama und das Baby zusammenbringen«; mit diesen Worten kündigte Strauss die *Sinfonia Domestica* an. Er schrieb sie fünf Jahre nach dem *Heldenleben*, eine ungewöhnlich lange Zeitspanne in seinem Leben. Dazwischen liegt *Feuersnot*, ein Vorstoß auf das Musiktheater, dem aber noch kein endgültiger Erfolg beschieden war. Immerhin stehen wir am Ende von des Komponisten sinfonischer Laufbahn. Brachen früher die Konzertwerke vulkangleich in kürzesten Abständen aus ihm hervor, so folgt nun auf dieses Fünfjahrintervall sogar eines von zwölf, bis zur Vollendung der *Alpensinfonie*. Hingegen nimmt die Bühne ganz Besitz von Strauss und vollendet seinen Weltruhm. Die *Sinfonia Domestica* wurde am letzten Tage des Jahres 1903 abgeschlossen. Die Uraufführung fand, im Rahmen eines Strauss-Musikfestes, am 21. März 1904 in New York, die europäische Erstaufführung am 1. Juni des gleichen Jahres in Frankfurt, beide unter Leitung des Komponisten, statt.

*Verwendetes Orchester*: Strauss überbietet hier noch das Orchester des *Heldenlebens* (was im Zuge der Zeit liegt); 4 Flöten (mit Piccolo), 4 Oboen (mit Englischhorn und der äußerst seltenen Oboe d'amore), 4 Klarinetten in verschiedenen Stimmungen, Baßklarinette (erstmalig), 4 Saxophone, 4 Fagotte (mit Kontrafagott), 8 Hörner, 4 Trompeten, Baßtuba, 2 Harfen, 4 Pauken, Triangel, Becken, Tamburin, Glokkenspiel, starke Streicherbesetzung – insgesamt also ungefähr 110 Musiker.

*Analyse:* »Meiner lieben Frau und unserem Jungen« ist die *Sinfonia Domestica*, die »häusliche Sinfonie« also, gewidmet. Und sie ist nichts anderes als ein liebevolles Bild, das der stolze Vater von seiner Familie zeichnet. »Poetischer Gehalt ist Gehalt des eigenen Lebens«, hat schon Goethe gesagt, und für Richard Strauss ist sein eigenes Leben und das der Seinen so wichtig, daß er ihm mehrere Werke widmet: das eben besprochene *Heldenleben*, die *Sinfonia Domestica*, und, zwanzig Jahre später, das Lustspiel *Intermezzo*. In der *Sinfonia Domestica* ist alles vorhanden, was das Leben einer – allerdings glücklichen – Familie ausmacht: Spaß und Ernst, winziger Zank und große Liebe. Anscheinend nahm man das Werk zuerst als einen »Spaß« – bevor man es kannte –, aber Strauss betonte sofort, daß er »nicht spaßig sein wollte. Was kann denn auch ernsthafter sein als das eheliche Leben? Ich will, daß die Sinfonie ernsthaft aufgefaßt wird.« Niemand wird dem Stück das verweigern, denn man spürt den Ernst, der darin liegt. Der Humor, den Strauss immer einflicht, wo es nur möglich ist, ändert daran nichts. Es ist ein »bürgerliches« Stück, der Tagesablauf eines »bürgerlichen« Lebens, wenn auch die Hauptperson ein Künstler, ein Musiker ist. Aber er ist kein »Bohemien«, wie man damals sagte, ganz und gar nicht. Er ist sogar – ohne daß das den mindesten geringschätzigen Nebensinn haben soll – ein Kleinbürger, wobei das Wort hier so verstanden werden möge, daß einem Kleinbürger die »kleinen« und kleinsten Seiten des Lebens wichtig sind und er liebevoll Details beobachtet, die »großzügigeren« Menschen entgehen. Liebevoll – vielleicht ist das überhaupt die Grundstimmung des Werkes. Denn Liebe liegt darin, wie es die Gattin schildert, wie es das Kind spielen läßt, wie es seinen Schlummer behütet, wie die Eltern miteinander und mit dem Kind ihr wahres Glück finden, wie Träume und Sorgen gemeinsam getragen werden, wie die Versöhnung nach einem unbedeutenden Streit genossen wird. Daß es drei musikalische Grundthemen gibt, ist selbstverständlich: der Mann – die Frau – das Kind. Eigentlich ist jedes von ihnen eine ganze Gruppe, denn der Mann etwa ist nicht während der 24 Stunden des Tagesablaufs in der gleichen Stimmung, und so ist sein (musikalisches) Auftreten einmal gemächlich, dann träumerisch, dann feurig. Die Frau tritt ihm einmal »lebhaft und heiter« entgegen, dann »grazioso«. Als technisches Detail sei für Musikkenner erwähnt, daß Strauss sogar in bezug auf die Tonarten eine Art Symbolik einführt: das Thema des Mannes steht in F-dur, das der Frau in H-dur; und so gibt er dem Kinde eine Tonart »genau in der Mitte«, D-dur. (Für Anhänger einer Tonarten-Klangmalerei sei zudem noch gesagt, daß F-dur eine zweifellos männlich-ernste Tonart ist, H-dur eine weiche, erotische oder sinnliche – Isoldes Liebestod gipfelt in H-dur! – und D-dur eine liebliche.) Die Originalpartitur vermerkt an einer Stelle (an der wir uns vorstellen sollen, wie Onkel und Tanten das Kind bewundernd betrachten) die bis heute darin stehengebliebenen Worte: »Ganz der Papa!« und »Ganz die Mama!« Früher waren auch über den Themen noch ihre Erklärungen verzeichnet, die nun eliminiert sind. Auch nur die erste Ausgabe enthielt nähere programmatische Angaben: so »Einleitung und Entwicklung der drei Hauptthemengruppen« über dem ersten, »Scherzo, Elternglück, Kindliche Spiele, Wiegenlied« (die Glocke schlägt sieben Uhr abends) über dem zweiten, »Schaffen und Schauen, Liebesszene, Träume und Sorgen« (die Glocke schlägt sieben Uhr morgens) über dem dritten und »Erwachen und lustiger Streit (Doppelfuge), Versöhnung, fröhlicher Beschluß« über dem vierten Abschnitt. Strauß bringt zur Schilderung dieses Tages- und Nachtablaufs zwei Dinge mit, die ihn davor bewahren, in Kitsch oder unerträgliche Pedanterie zu verfallen. Innige Melodik (die von der Zärtlichkeit bis zur Sinnlichkeit reicht) und völlige Aufrichtigkeit sind zwei Charakterzüge seines musikalischen Erfindergenies, zu denen noch ein echter, oftmals zur Selbstironie, ja zur Bosheit reichender Humor kommt. Ein Genrebild also, ein amüsant, ehrlich und bunt gemaltes Idyll bürgerlicher, nein, menschlicher Freuden. Wir fragen uns allerdings: Stehen dazu die aufgewendeten Mittel nicht in einem krassen Mißverhältnis? Die kindlichen Szenen klingen manchmal, als sei damit nicht ein kleiner Junge in seinen ersten, wenn auch lärmenden Spielen gemeint, sondern als handle es sich um eine Revolution aller Kinder der Welt gegen ihre Eltern. Hat Strauss nicht hier mit Kanonen auf Spatzen geschossen? Die Tatsache, daß er trotzdem getroffen hat, spricht für seine Meisterschaft, der einfach alles zu gelingen scheint. Im übrigen entdeckt man in der Partitur (und in einer wirklich guten Wiedergabe) eine geradezu bewundernswerte Ökonomie der Instrumentation. Vieles klingt trotz der aufgebotenen 110 Musiker kammermusikalisch einfach und ziseliert; Strauss' so oft zutage tretender Volkston kommt auch hier zu Ehren und tönt wahrhaft volksliedmäßig innig und einfach. Das riesige Orchester war ein Zeichen der Zeit, dem Strauss sich kaum entziehen konnte; es war eben eine »monumentale« Epoche, in der alles möglichst »groß« sein wollte und sollte. Aber wir dürfen ein Stück auch nicht aus heutiger Schau allein beurteilen. Und so müssen wir der *Sinfonia Domestica* unsere Reverenz erweisen. Sie ist mehr als das Werk eines Genies: das Musikstück eines Menschen, eines liebevoll erlebenden, gesund empfindenden und glänzend schildernden Musikers. Man muß ihn sogar beneiden: von der Zerquältheit, Zerrissenheit, von letzten Problemen gemarterten Unruhe seiner Zeitgenossen – Mahlers vor allem, aber auch vieler anderer – ist bei ihm nichts zu spüren. Seine Arbeit, seine Frau, sein Kind. Wie fest war seine Welt gefügt!

## *Eine Alpensinfonie*

*Geschichte:* Die ersten Skizzen zu dem riesig dimensionierten Werk – das im Gesamtœuvre Strauss' die Opusnummer 64 erhielt – stammen aus dem *Rosenkavalier*-Jahr 1911. Aber erst drei Jahre später machte Strauss Ernst: in hundert intensiven Arbeitstagen, von Anfang November 1914 bis zum 8. Februar 1915 entstand – in einer Schaffenspause zwischen dem zweiten und dem dritten Akt der mystischen *Frau ohne Schatten* – die unmystische *Alpensinfonie*. Naturschilderung, wie Strauss sie seit seinem ersten bedeutenden Orchesterwerk *(Aus Italien)* schätzte, wie die Romantiker sie liebten und wie Beethoven sie in seiner Pastoralsinfonie zur Diskussion stellte. Romantik und ein wenig Impressionismus, aber noch mehr Neoklassik zur Einheit verbunden. Während Schönberg sich um neue Wege quälte, die Tonalität für tot erachtete, klammerte Strauss sich fest an das Vergangene, an frei gehandhabte, aber stets das Fundament bildende Tonalität. Die Partitur wurde »dem Grafen Nicolaus Seebach und der Königlichen Kapelle zu Dresden in Dankbarkeit gewidmet«, war doch Dresden in den vorangehenden Jahren zur weltbedeutenden Strauss-Premierenstadt geworden. Mit dem Dresdner Orchester dirigierte der Komponist die Uraufführung, aber nicht in Dresden, sondern in Berlin, am 28. Oktober 1915, als der Erste Weltkrieg noch nicht in seine tragische Phase getreten war. Kurz darauf ließ auch Nikisch – damals mit Strauss und Weingartner sowie Mengelberg führender Dirigent – die *Alpensinfonie* mit den Berliner Philharmonikern erklingen. Wegen des gewaltigen Aufwandes ist die Zahl der Aufführungen stets ein wenig begrenzter geblieben als bei anderen Strausswerken, obwohl hier so recht ein Stück für das leichte Verständnis der Massen vorliegt.

*Verwendetes Orchester:* Die Vielseitigkeit des sinfonischen Klangkörpers erreicht einen Höhepunkt. Strauss verlangt: 4 Flöten (davon 2 abwechselnd mit Piccolo), 2 Oboen plus Englischhorn plus Heckelphon (eine tiefe Bariton-Oboe), 4 verschieden gestimmte Klarinetten, darunter eine Baßklarinette), 3 Fagotte plus Kontrafagott, 4 Hörner, 4 (Wagner-)Tuben, die zeitweise auch weitere 4 Hörner blasen, 4 Trompeten, 4 Posaunen, 2 Baßtuben; 1 Windmaschine, 1 Donnermaschine, Glockenspiel, Becken, große Trommel, kleine Trommel, Triangel, Herdengeläute, Tamtam, Pauken (2 Spieler), Orgel, Celesta; stärkste Streicherbesetzung (18 erste, 16 zweite Geigen, 12 Bratschen, 10 Violoncelli, 8 Kontrabässe); mindestens 2, wenn möglich 4 Harfen. Zudem hinter dem Podium, unsichtbar aufgestellt: 12 Hörner, 2 Trompeten, 2 Posaunen. In der Originalpartitur vermerkte Strauss: »Zur Ausführung der langen Bindungen der Bläser ist Samuels' Aerophor anzuwenden«, womit er sich auf einen heute vergessenen Apparat bezieht, über den in einer alten Ausgabe von Riemanns Musiklexikon zu lesen steht: »Aerphor oder ›Tonbinde-Apparat‹, ein vom Schweriner Hofmusiker Samuels konstruierter Hilfsapparat, der vermittels eines mit dem Fuße regierten kleinen Blasebalgs und eines neben dem Mundstück eines Blasinstrumentes in den Mund geführten Schlauches ermöglicht, den Ton in beliebiger Dauer auszuhalten, da der Aerophor die Lücken füllt, welche sonst das Atmen bedingt. Der Apparat ist patentiert und hat den Beifall der Bläser und Dirigenten gefunden.« Erwähnen wir noch, daß Strauss nach der Generalprobe der Uraufführung sagte: »Jetzt endlich habe ich instrumentieren gelernt ...«

*Analyse:* Zum Verständnis dieses Werkes genügen die vom Komponisten selbst in die Partitur gesetzten Angaben vollständig. Dort steht über den einzelnen (restlos miteinander verschmolzenen) Abschnitten folgendes: *Nacht – Sonnenaufgang – Der Aufstieg – Eintritt in den Wald – Wanderung neben dem Bach – Am Wasserfall – Auf blumigen Wiesen – Auf der Alm – Durch Dickicht und Gestrüpp auf Irrwegen – Auf dem Gletscher – Gefahrvolle Augenblicke – Auf dem Gipfel – Vision – Nebel steigen auf – Die Sonne verdüstert sich allmählich – Elegie – Stille vor dem Sturm – Gewitter und Sturm – Abstieg – Sonnenuntergang – Ausklang – Nacht.* Die Großartigkeit, die Klangfülle und -differenzierung dieser Musik zu schildern ist mit Worten fast unmöglich. Es ist Tonmalerei in höchster Vollendung und mit allen Mitteln des modernen Orchesters. Wo Beethoven in seiner *Pastorale* noch stilisiert, nie »schildern« will, greift Strauss zum krassen Realismus: er verwendet Wind- und Donnermaschine, läßt echtes Herdengeläute ertönen, wenn der Wanderer auf die höchste Alm gelangt. Wir stehen heute dieser Art Naturalismus ein wenig fremd gegenüber; Renoir hat einen klugen Satz ausgesprochen, nach dem es sehr schwer sei, den richtigen Augenblick zu erfassen, in dem die naturgetreue Kopie, die Imitation der Natur aufzuhören habe; das Bild dürfe »den Geruch des Modells« annehmen, und trotzdem müsse man die Natur fühlen, sagt er. Strauss läßt uns alle Eindrücke des Alpenwanderers miterleben, die gefahrvollen Augenblicke, seine erhebenden Gefühle, seine Erregung, sein Glück, seine Andacht vor der Größe des Sonnenaufgangs etwa oder vor der Stille des sinkenden Abends. Die Erregung der Sturm- und Gewitterszene ist von unüberbietbarem Realismus. Ein Zeitdokument, ohne Zweifel, und sicher eines der großartigsten. Für uns ein wenig äußerlich vielleicht, oder glauben wir das nur? Wir sind der allzu beschreibenden Musik gegenüber mißtrauisch geworden; aber wohl deshalb, weil sie schließlich zuviel und zu »treu« gepflegt wurde und weil auch schwächere Musiker sich in ihr recht gut ausdrücken konnten; ein wenig wie in der Photographie gegenüber der Malerei. Aber Strauss' »Alpensinfonie« ist mehr als tönende Photographie, viel mehr.

### *Metamorphosen*

Diese Studie für 23 Solostreicher (oder, wie auf dem Originalmanuskript steht, *Studie für Streicher, 23stimmig*) gehört zu Strauss' bedeutendsten Werken. Er schrieb es im Alter von 81 Jahren, und man darf es als einen das Lebenswerk zusammenfassenden Abschied nehmen. Strauss schuf es inmitten von Tod und Zerstörung, in den tragischen letzten Monaten des Zweiten Weltkriegs. »Trauer um München« hatte er eine Skizze überschrieben; dann jagten die Hiobsbotschaften einander: das Dresdner Opernhaus, das ihm so eng verbunden gewesen war, sank in Schutt und Asche, die Berliner Oper Unter den Linden, die Wiener Staatsoper. Es galt Abschied zu nehmen, nicht nur von Gebäuden und Menschen, sondern von einer Kulturepoche. Sein Freund und Mitarbeiter Stefan Zweig hatte das, im Exil, drei Jahre vorher durch Freitod getan. In dieser Stimmung gestaltete Strauss einen gewaltigen Sinfoniesatz für Streicher. Er setzte das Datum 12. April 1945 darüber und die Worte »In memoriam«. Was können sie nicht alles bedeuten! Wir kennen ihren genauen Sinn nicht, aber eine wehmütige Abschiedsstimmung liegt über dem wundervoll reifen, tiefen, erschütternden Werk. Es besteht aus drei miteinander verbundenen Teilen, zwei langsamen, die einen raschen einschließen. Bedeutet der Mittelteil die trotz allem immer wieder lebendigen Widerstandskräfte des Menschen gegenüber der Tragödie? Bedeutet er einen Hoffnungsschimmer inmitten von soviel Leid und Tod? Hoffnung auf neue Menschlichkeit nach einer Epoche abgrundtiefer Barbarei? Strauss verwendet ein Zitat: die ersten vier Takte des Trauermarsches aus Beethovens »Eroica«. Aber er zitiert nicht nur, er gestaltet neu und um, erhebt das tieftraurige Motiv zu beseligenden, erlösenden Höhen. Der Klang ist von überirdischer Reinheit, als sängen wahrhaft »Engel einen süßen Gesang«, wie es bei Mahler heißt. Wenn nach vielen Jahrhunderten die näheren Umstände unseres Lebens für den Durchschnittsmenschen verwischt sein werden, dürfte mancher Musiker vor dieser Partitur stehen und sich fragen, wie es möglich sei, daß in ihr drei Stile so restlos verschmolzen sind: Beethoven, Wagners Tristanchromatik und Strauss' Neoklassik. Nur ein Größter im Reiche der Kunst war hierzu befähigt. Die *Metamorphosen* (Verwandlungen) wurden unter der Leitung von Paul Sacher – von dem die Anreguung ausgegangen war – durch das Collegium Musicum in Zürich am 25. Januar 1946 zum ersten Erklingen gebracht. Diesen Ausführungen sind sie auch gewidmet.

### *Weitere Orchesterwerke*

*Serenade*, op. 7. Dies war das erste Stück, das den damals 18jährigen Strauss als Komponisten an die Öffentlichkeit brachte. Er schrieb es 1881 und – wie stets in solchen Fällen – noch unter dem deutlichen Einfluß der Vorgänger: hier wohl am ehesten Mendelssohn und Brahms. Es ist ein einsätziges Werk für dreizehn Bläser (2 Flöten, 2 Oboen, 2 Klarinetten, 2 Fagotte, 4 Hörner und Kontrafagott oder Baßtuba) von etwa zehn Minuten Dauer, hübscher, eingängiger Melodik und bereits sehr gutem Satz. Es ist »seinem hochverdienten Lehrer, Herrn Fr.W. Meyer, königlich-bayrischer Hofkapellmeister«, gewidmet und wurde im Dresdner Tonkünstlerverein unter Franz Wüllner am 27. November 1882 zum ersten Male gespielt.

*Burleske für Klavier und Orchester.* Ein einsätziges Werk für Klavier und Orchester, ohne Opuszahl, flott, unbekümmert, sympathisch jugendlich, 1885, also mit 21 Jahren, komponiert. Es ist auch heute noch durchaus spielbar, ja wirkt witzig und geistvoll, obwohl sein Autor es später als »miserabel instrumentiert« bezeichnete. Richard Strauss war zu jener Zeit in Meiningen ansässig, wo er täglich den Proben Bülows mit der sehr guten Hofkapelle beiwohnte, bis er dann schließlich selbst den Taktstock ergriff. Die Uraufführung der *Burleske für Klavier und Orchester* erfolgte mit dem berühmten Pianisten Eugen d'Albert als Solisten – dem das Stück auch gewidmet ist – beim Tonkünstlerfest in Eisenach am 21. Juni 1890.

*Hornkonzert Nr. 2.* Im Jahre 1881 hatte der damals 17jährige Richard seinem Vater Franz Joseph Strauss, Hornist der Münchner Hofkapelle, ein Konzert für sein Instrument geschrieben. Nun sind – 1942 – mehr als sechzig Jahre seitdem vergangen, und Strauss komponiert ein zweites Werk dieses Genres. Es steht in Es-dur, bietet dem Solisten reichste Möglichkeiten und ist ein schönes, weises, aber trotzdem schwungvolles Stück Musik. Es erklang erstmalig in Salzburg am 11. August 1943. (Dirigent Karl Böhm, Solist Gottfried Freiberg, Wiener Philharmoniker.)

*Konzert für Oboe und Orchester.* Die zeitweise Übersiedlung Strauss' aus dem verwüsteten Deutschland in die materiell und geistig intakt gebliebene und nun von neuem blühende Schweiz regte Strauss zu einem frohen Werk an, das – nach den *Metamorphosen* vor allem – wie eine Befreiung von schwerstem Druck wirkt. Es scheint ein Gruß aus anderer Welt: Mozart, Lieblingsautor Strauss' und leuchtendes Vorbild seines ganzen langen Lebens, stand hier deutlich Pate. Kein Einfluß von »Zeitgenössischem« ist zu spüren; Strauss lebt in ferner Vergangenheit. Der Klang und die Faktur, die Instrumentation und der Geist sind, wie nicht anders zu erwarten war, meisterlich. (Uraufführung in Zürich, Dirigent Volkmar Andrea, Solist Marcel Saillet, Tonhalleorchester, am 26. Februar 1946.)

*Duett-Concertino für Klarinette und Fagott, mit Streichorchester und Harfe.* Ein dreisätziges Werk – das letzte rein instrumentale des greisen Meisters – für eine ungewöhnliche Besetzung: Strauss differenziert den Streicherkörper noch besonders, verwendet mehrmals ein kammermusikalisch behandeltes Sextett daraus. Ein liebenswürdiges Altersstück, voll erfreuenden Klanges. (Uraufführung: Lugano, Radio Monte Ceneri, Dirigent Othmar Nussio, Solisten Armando Basile und Bruno Bergamaschi, Orchester des Radio Svizzera Italiana, am 4. April 1948.)

# Igor Strawinsky
1882–1971

Mit 30 Jahren hat Strawinsky die unangefochtene Stellung unter den ersten Musikers seiner Zeit erklommen. Unermüdlicher Experimentator, aber Feind des Chaos: vielleicht wäre das eine der vielen möglichen Definitionen, die man angesichts seiner faszinierenden Persönlichkeit und seines überreichen Lebenswerkes versuchen könnte. Kaum ein anderer Autor – Schönberg wahrscheinlich ausgenommen – hat so stark auf unsere Zeit Einfluß genommen wie er; aber beider Wirkung ist grundverschieden, da der Russe unbewußt zahllose Komponisten befruchtete, die sich von seinen Klängen, seinen Dissonanzbehandlungen, seinen Formversuchen, seinen Instrumentationserneuerungen angezogen fühlten, während der Wiener mit seinen Theorien eine »Schule« gründete. Strawinsky hat eine Fülle von Dingen über sein Schaffen ausgesagt, über seine künstlerischen Grundsätze, seine Einstellung zur Zeit. Wer will, kann seine stets geistreichen, oft grundlegend wichtigen Äußerungen in Büchern und Zeitschriften aller Sprachen leicht nachlesen. Als junger Komponist äußerte er – und das war im Zeitalter der Spätromantik ein revolutionärer Satz –, er schreibe Musik wie ein Ingenieur eine Brücke baue. Fünfzig Jahre später erklärte er (bei einer Pressekonferenz in Buenos Aires): »Ich bin von Natur aus radikal; mir gefallen weder die mittlere, die gemäßigte Linie noch die Kompromisse.« Und setzte hinzu: »Die Musik bedient sich konstruktivistischer Regeln; mit ihrer Hilfe kann man gute oder schlechte Musik machen. Das gilt für alte wie für neue Musik. Aber ohne Regeln, ohne Ordnung und Organisation gibt es keine Musik.« Er hat sich also in seinen Ansichten zeit seines langen Daseins nicht geändert. Wohl aber in den Ausdrucksformen. Niemand hat sie so oft, so völlig und so brüsk gewechselt wie er; nicht umsonst vergleicht man ihn mit seinem nicht weniger bedeutenden Freunde, dem Maler Picasso, der auch beinahe bei jedem Bild eine neue Technik ausprobiert, neue Ausdrucksmittel versucht, sich selbst neue Aufgaben stellt. Daß dies unter den Anhängern wie unter den Gegnern zahllose Verwirrungen hervorgerufen hat, ist begreiflich.

Strawinsky kam am 17. Juni 1882 in Oranienbaum bei St. Petersburg zur Welt. Er studierte zuerst Rechtswissenschaft, ging dann aber zu Rimsky-Korssakow, um Musiker zu werden. Auch für ihn – wie für Falla und Ravel – wurde die Begegnung mit Diaghilew entscheidend, der in der Zeit vor dem Ersten Weltkrieg jungen Komponisten hochinteressante Aufgaben für sein berühmtes (in Paris niedergelassenes) Russisches Ballett stellte. So entstanden *Der Feuervogel, Petruschka* und die sensationelle *Frühlingsweihe*, deren Uraufführung im Jahre 1913 einen tiefen Einschnitt in der Musikgeschichte bedeutete. Honegger verglich – in seinen Jahrzehnte später erschienenen Memoiren – die Wirkung des *Sacre du printemps* mit der einer Atombombe, der sich kein junger Musiker entziehen konnte (ähnlich war es ein halbes Jahrhundert früher mit *Tristan*); und setzte fort, daß diese Bombe vom klügsten und energischsten Komponisten unserer Zeit geworfen wurde: »... und seitdem regiert der Zar Igor«, sagte er, und es steckt ein Körnchen Wahrheit in dieser Ironie. Strawinsky verbrachte die Jahre des Ersten Weltkriegs in der Schweiz; nachher kehrte er nicht mehr in die Heimat zurück, sondern ließ sich in Paris nieder. Und von dort ging er weiter westwärts (vielleicht auch musikalisch): bei Ausbruch des Zweiten Weltkriegs siedelte er sich in den USA an, die ihm, dem Weltbürger par excellence, endgültige Wahlheimat wurden. Er vertonte englische, französische, italienische, russische und lateinische Texte; letzteres kommt (als »tote Sprache«) Strawinskys Wunsch nach Objektivierung am meisten entgegen. Sein Werk umspannt alle Musikarten, die des Theaters wie der Kirche, die Sinfonie wie die Kammermusik, das Ballett wie das Lied. Er experimentiert mit dem Jazz und mit der Dodekaphonik (und behält von beiden das ihm wertvoll und positiv Erscheinende), er wendet italienischen Belcanto wie russische Folklore an, er liebt Haydnsche Sinfonik klassischster Observanz, aber versteht auch das postromantische Superorchester anzuwenden, er kann sich in der strengen Polyphonie der altniederländischen Schule ausdrücken, geradeso wie er surrealistisch zu sein vermag. Er ist vielleicht gerade wegen dieser immer wieder erneuten Suche nach Ausdrucksmitteln der Prototyp des Menschen unserer orientierungslos gewordenen Zeit, der sich in einem Labyrinth befindet und all sein Wissen, seine Erkenntnis und seinen Willen daran setzt, einen Ausweg ins Freie zu finden.

Unter den vielen klugen Dingen, die Strawinsky über seine allgemeine Musikauffassung gesagt und geschrieben hat, seien nur die folgenden Sätze zitiert: »Alle Mißverständnisse entstehen dadurch, daß die Leute in der Musik immer etwas anderes als Musik finden wollen. Für sie ist es wichtig, zu wissen, was die Musik ›ausdrückt‹, was der Komponist wohl gedacht hat, als er sie niederschrieb. Sie können nicht begreifen, daß die Musik eine Sache *für sich* ist und völlig unabhängig von den Gedanken, die sie in ihnen erweckt. Die meisten Leute lieben die Musik, weil sie in ihr Gemütserregung finden wollen, Freude, Schmerz, Trauer, Begeisterung an der Natur, einen Anlaß zum Träumen oder das Vergessen des prosaischen Lebens. Sie suchen in ihr ein Rauschmittel, ein Stimulans... Wenn diese Leute doch lernen wollten, die Musik um ihrer selbst willen zu lieben! Wenn sie sie mit anderen Ohren anhören würden, wäre ihr Genuß größer, und sie wären imstande, ein Urteil abzugeben, das auf einer viel höheren Stufe steht: sie würden den wahren Wert der Musik erkennen. Zweifellos setzt eine solche Haltung einen gewissen Grad musikalischer Entwicklung und geistiger Kultur voraus, doch ist dieser Grad nicht so schwer zu erreichen...«

*Sinfonie in Es-dur.* Im Jahre 1907 vollendete Strawinsky nicht nur seine Studien bei Rimsky-Korssakow, sondern auch seine erste Sinfonie (die er seinem Lehrer widmete). Sie ist aber viel weniger von diesem beeinflußt als von den »absoluteren« Musikern Rußlands: Tschaikowsky und Glasunow vor allem, die sich stets ein wenig abseits von der »jungrussischen Schule« und in engerer Verbindung mit der internationalen Sinfonik gehalten hatten. Die Es-dur-Sinfonie ist ein typisches Jugendwerk; sie führt die Opusnummer 1 und wurde in St. Petersburg uraufgeführt. Eine revidierte Fassung erklang erstmalig unter Ernest Ansermet am 2. April 1914 in Montreux.

*Scherzo Phantastique*, für großes Orchester, op. 3. Diesem (auch unter dem Titel *Abeilles* als Ballett veröffentlichten) Werk liegt eine Episode aus Mäterlincks »Leben der Bienen« zugrunde, auf die ein Vorwort in der Partitur Bezug nimmt. Der erste Teil gibt ein Bild des regen Lebens im Bienenkorb; der Mittelteil, der aus dem langsamen Satz besteht, schildert den Sonnenaufgang und den Hochzeitsflug der Königin, den Liebeskampf mit dem auserwählten Gemahl und dessen Tod. Im dritten Teil, der Reprise des ersten, herrscht wieder das friedlich-emsige Treiben im Bienenkorb. So wird das Ganze zum phantastischen Abbild eines ewigen Kreislaufs. (Uraufführung: St. Petersburg, 1908.)

*Feuerwerk.* Unter dem französischen Originaltitel *Feu d'artifice* erschien 1908 dieses op. 4, ein sinfonisches Scherzo, wie das vorher besprochene Stück, und ebenfalls tonmalerischer Natur, aber trotzdem keineswegs rein schildernd, sondern deutlich im Bestreben nach »absoluter« Musik komponiert. Es handelt sich hier um eine wichtige Arbeit, Strawinskys erste bedeutende Komposition jedenfalls. Man hat in ihr französische Einflüsse zu erkennen geglaubt, ja sogar ein Thema aus Dukas' *Zauberlehrling*, doch der damals an der Seine herrschende Impressionismus hat nur geringfügige Spuren im Schaffen des jungen Russen hinterlassen. *Feuerwerk* war als Hochzeitsgeschenk für Rimsky-Korssakows Tochter gedacht, aber des Meisters Tod vereitelte diese Bestimmung. Und der junge Komponist schrieb darauf sofort ein anderes – allerdings unveröffentlicht gebliebenes – Stück: »Trauergesang auf den Tod Rimsky-Korssakows.«

*Der Feuervogel.* Im Jahre 1909 lernte Diaghilew den jungen Strawinsky kennen und beschloß, ihn zur Mitarbeit am Russischen Ballett aufzufordern. Er irrte sich nicht. Er entdeckte nicht nur einen Schöpfer mit besonderer Gabe für Farbe und Rhythmus des Tanzes, sondern ein Genie. Der erste Auftrag war *Der Feuervogel*, nach einer russischen Legende. Am 25. Juni 1910 wurde das Werk in der Pariser Oper uraufgeführt, mit Gabriel Pierné am Pult, Bakst und Golowin als Ausstattern, und Fokin, Fokina und Karsawina in den Hauptrollen. Unser Buch kann sich natürlich nicht mit dem Ballett als solchem befassen, da dies außerhalb seiner Thematik liegt, wohl aber mit den sinfonischen Versionen, die sich auf das Ballett stützen. Strawinsky schuf nicht weniger als drei Adaptionen für den Konzertsaal: im Jahre 1910 eine Suite für sehr großes Orchester (mehr als hundert Musiker), 1919 eine Reduktion für mittleres Orchester und 1945 eine sinfonische Suite aus sieben Nummern. Am verbreitetsten ist die zweite Fassung. Hier die beiden Möglichkeiten der Konzertaufführung: fünf Nummern *(Introduktion – Der Tanz des Feuervogels – Reigen der Prinzessinnen – Der teuflische Tanz des Königs Kaschtschei – Wiegenlied)* oder sechs in etwas anderer Gliederung *(Introduktion, Kaschtscheis Zaubergarten und Tanz des Feuervogels – Bitte des Feuervogels – Spiel der Prinzessinnen mit den goldenen Äpfeln – Reigen der Prinzessinnen, Wiegenlied – Höllentanz des Königs Kaschtschei und seiner Untertanen – Finale)*. Strawinskys Partitur ist von bewundernswürdigem thematischem Reichtum und von überwältigender Leuchtkraft. Viele seiner Themen stehen Rußland und seiner Folklore nahe. Das Wiegenlied ist von besonderer Schönheit und scharf kontrastiert mit dem wilden Tanz Kaschtscheis, in dem die Urwüchsigkeit von Strawinskys Rhythmus zum ersten Male in ganzer Kraft durchbricht. Interessant ist in diesem Werk die Zweiteilung in eine irdische und eine übersinnliche Atmosphäre. Die erste wird durch schlichte Themen einfacher Diatonik charakterisiert, wie dieses:

Die andere Welt hingegen, die zauberische, übernatürliche, erscheint mit orientalischen Arabesken (einem Erbe seines Meisters Rimsky-Korssakow) und starker Chromatik. Heute ist der *Feuervogel* nicht nur ein »Klassiker« der Orchester, sondern wohl Strawinskys meistgespieltes Konzertwerk.

*Petruschka.* Am 13. Juni 1911 feierte Strawinsky – noch nicht 30 Jahre alt – neuerlich einen durchschlagenden Triumph: Im Théâtre Châtelet zu Paris ging sein zweites Ballett in Szene. Wieder war Diaghilew der Anreger (wenn auch die Idee, die Abenteuer der allen russischen Kindern geläufigen Puppe Petruschka in Musik zu setzen, dem Kopf des Komponisten entsprungen zu sein scheint), und wieder standen ihm weltberühmte Helfer zur Verfügung: Benois als Bühnenbildner, Fokin als Choreograph, Nijinski und die Karsawina in den Hauptrollen; Pierre Monteux dirigierte. Strawinsky hielt nun nach *Feuervogel* und *Petruschka* die Spitze der jungen Musik, man erhoffte sich von ihm die Besiegung der überlebten Romantik und vor allem Wagners. In der tragikomischen Geschichte von Petruschka, der Jahrmarktsfigur, verwendet der Komponist eine völlig eigene Sprache. Folkloristische Formeln haben darin geradeso Platz wie ein kühner Polytonalismus, ein mitreißender Rhythmus – der zu den stärksten Merkmalen der Strawinskyschen Musik gehört –, eine äußerst originelle Instrumentation und eine urgesunde Vitalität, die sich inmitten einer sonst stark auf »décadence« und müde »Fin-de-siècle«-Stimmung gestellten Musik doppelt kräftig und aufrüttelnd ausnimmt. Wir glauben – obwohl Strawinsky keinesfalls »beschreibt« – den unseligen Petruschka förmlich zu sehen: wie er durch die Flöte des Zauberers Scharlatan zum Leben erweckt wird, zu einem Dasein, in dem er geradeso liebt, leidet und stirbt, als wäre er keine Puppe, sondern ein Mensch aus Fleisch und Blut. Auch von diesem Werk (wie vom *Feuervogel*) gibt es zwei Fassungen, die für die Entwicklung nicht nur des Autors, sondern vor allem des Zeitgeschmacks kennzeichnend sind. Vom spätromantischen Superorchester gelangt das 20. Jahrhundert zu einer immer spezifischeren, also in gewissem Sinne kammermusikalischeren oder gar solistischeren Verwendung jedes Instruments mit seiner typischen Klangfarbe. Die früheren »Füllstimmen« verschwinden (wie bei den Gebäuden die nicht funktionalen Teile oder Zutaten weggelassen werden). In der ersten Fassung von *Petruschka* sind weit mehr als hundert Musiker nötig; in der zweiten etwa 75. Auch aus diesem Ballett stellte Strawinsky – wie aus dem *Feuervogel* – eine Suite zusammen, die bald die Konzertsäle der Welt eroberte. Sie besteht aus den Teilen: *Karneval – Der Zauberer – Russischer Tanz – Petruschka – Der Mohr – Tanz der Ballerina – Tanz der Kindermädchen – Der Bär und der Bauer mit der Drehorgel – Der Kaufmann und die Zigeuner – Tanz des Kutschers und der Pferdeknechte – Die Maskierten – Der Streit Petruschkas mit dem Mohren – Petruschkas Tod.* Im *Russischen Tanz* herrscht das folgende Motiv vor, das für die Atmosphäre des Werkes sehr charakteristisch ist:

Im Jahre 1947 revidierte Strawinsky die Konzertsuite, wobei er nicht unwesentliche Veränderungen in der Instrumentation, aber auch in der Rhythmik durchführte. Heute stehen sowohl das Ballett wie die Konzertsuite im internationalen Repertoire, und beide erfreuen sich ungeschmälerter Beliebtheit; dazu trägt vor allem der Stoff, die volkstümlichen Melodien und das schwungvolle Virtuosentum – in Tanz und Orchester – bei. Den wahren, viel tiefer liegenden Wert dieser Musik hingegen erkennen nur sehr wenige Hörer.

*Frühlingsopfer* oder *Frühlingsweihe* (Originaltitel: *Le sacre du printemps*). Nach der Premiere von *Petruschka* reiste Strawinsky von Paris in die Heimat zurück. In seinem Geist war bereits die Idee des *Sacre* geboren, und Diaghilew hatte ihm die Aufführung für die kommende Saison zugesagt. Doch mehrere Fehlgriffe zwangen zur Verschiebung: Diaghilew beauftragte unbegreiflicherweise Nijinsky mit der Choreographie, und Strawinsky beschuldigte den genialen Tänzer, der aber keine speziellen Musikkenntnisse besaß, an den tumultuösen Vorgängen des 28. Mai 1913 die Verantwortung zu tragen. *Sacre du printemps* bedeutete damals bestimmt die komplizierteste Komposition, die seit Jahrzehnten geschrieben worden war, und aus dem Geist der Musik heraus ließ sich eine restlose szenische und tänzerische Ausdeutung denken. Aber vielleicht waren gerade die Vorfälle jenes in die Musikgeschichte eingegangenen Pariser Maitages notwendig, um das Augenmerk der ganzen Welt auf den jungen Revolutionär zu lenken, der da das Meisterwerk des musikalischen Expressionismus geschaffen hatte, ja eines der wichtigsten Stücke der gesamten neueren Tonkunst. Strawinsky hat zu Papier gebracht, wie er zur Idee der *Frühlingsweihe* kam, wie immer stärker das Bild einer heidnischen Zeremonie im alten, vorchristlichen Rußland vor seinem Inneren aufstieg: alte Priester, die den Todestanz eines zur Opferung bestimmten Mädchens beobachten. Das Bild beeindruckte ihn tief, und er teilte es seinem Freunde Nikolaus Rörich, einem Maler, mit, der als Spezialist alter Sakralkulte galt. Der begeisterte sich für die Idee und wurde Strawinskys Mitarbeiter beim szenischen Entwurf dieses Werkes. Wie schon aus den vorangegangenen Balletten stellte auch hier der Komponist eine Konzertmusik zusammen, der er folgende Einführung vorausgeschickt hat: »Im ›Frühlingsopfer‹ habe ich den äußersten Aufschwung der sich immer erneuernden Natur darstellen wollen... In der Introduktion *(Lento)* habe ich meinem Orchester die Furcht anvertraut, die jeden fein empfindenden Geist vor der Macht der Elemente überkommt. Ich habe den panischen Schrecken der Natur vor der Schönheit wiedergeben wollen, eine heilige Furcht vor der Mittagssonne, einen Pans-Schrei, dessen Anschwellen neue musikalische Möglichkeiten erschließt. So muß das ganze Orchester die Geburt dieses Frühlings wiedergeben. Im ersten Teil treten Jünglinge mit einer alten Frau auf. Sie kennt die Geheimnisse der Natur und lehrt die Jünglinge ihre Mysterien. Die Jünglinge, um sie geschart, verkünden den Pulsschlag des Frühlings durch ihren verhaltenen Rhythmus. Nun kommen die Mädchen vom Flusse herauf. Sie bilden einen Kranz, der sich mit dem der Jünglinge vereint *(Tranquillo)*. Sie näheren sich den Gespielen, und doch fühlt man im Rhythmus der Musik, daß sie sich trennen werden (Molto allegro). Die Gruppen teilen sich wieder und kämpfen; so äußert sich ihre Kraft in der Entzweiung und im Spiel. Nun hört man das Herannahen eines Festzuges. Der Heilige, der Weise kommt, der älteste Priester des Bundes. Er segnet die Erde *(Lento)*. Seine Segnung ist wie ein Zeichen für ein neues rhythmisches Sprießen. Alle verhüllen sich, bewegen sich dann in Spiralen, unaufhörlich quellend wie die neuen Energien der Natur. Es ist der Tanz der Erde *(Prestissimo)*. Der zweite Teil fängt mit einem schattenhaften Tanz der Mädchen an. Die Introduktion *(Largo)* ist ein geheimnisvoller Gesang, der diesen Tanz begleitet. Die Mädchen weisen in ihrem Reigen *(Andante con moto)* auf die Stelle, wo die Auserwählte eingekreist wird, die dann nicht mehr entrinnen kann. Die Auserwählte soll dem Frühling die Kräfte wiedergeben, die die Jugend ihm geraubt hat. Sie wird von den jungen Mädchen umtanzt *(Vivo)*. Die Ahnen werden angerufen und umkreisen den beginnenden weihevollen Tanz *(Lento)*. Als die Auserwählte erschöpft niedersinkt, ergreifen sie die Ahnen und heben sie zum Himmel empor. Der Zyklus der Kräfte, die wieder geboren werden, um zu vergehen und sich in der Natur aufzulösen, ist erfüllt.« Strawinsky hat den einzelnen Teilen der Konzertsuite folgende Untertitel gegeben: I. *Die Anbetung der Erde. Introduktion – Die Vorboten des Frühlings – Tanz der Jünglinge – Das Spiel der Entführung – Frühlingsreigen – Kampfspiel der feindlichen Gruppen – Auftritt der Weisen – Anbetung der Erde – Tanz der Erde*. II. *Das Opfer. Introduktion – Geheimnisvoller Kreis der Mädchen – Verherrlichung der Auserwählten – Anrufung der Ahnen – Opfertanz der Auserwählten*. Über die Musik selbst wäre unendlich viel zu sagen. Bände voll sind im ersten halben Jahrhundert ihres Bestehens über sie geschrieben worden. Man hat in ihr den Beginn der »modernen« Musik sehen wollen (obwohl man diesen mit ebensoviel Berechtigung bei Wagners *Tristan* ansetzen könnte und auch nicht vergessen darf, daß 1913 Schönberg bereits Umstürzlerisches geschaffen hatte, ebenso wie Skrjabin, Debussy, Mahler und noch mancher andere, heute Vergessene). Strawinsky bricht vor allem mit den vorherigen rhythmischen Gesetzen vollständig. Mit *Sacre* und dem etwas später in Europa eindringenden Jazz werden alle früheren Lehren über Takt und Rhythmus über den Haufen geworfen. Eine elementare, gewaltige Urkraft bricht aus dieser Musik hervor. Technisch ist sie aus freier Tonalität und Polytonalismus zusammengesetzt, rhythmisch aus ununterbrochen wechselnden Metren (die sich auch in häufigstem Taktwechsel ausdrücken). Sie ist »wild« – da sie Geschehnisse aus »wilder« Vorzeit malt –, konzessionslos, allen bisherigen Regeln von Harmonie, Melodie, Rhythmus, Agogik gegenüber rücksichtslos. Der Wurf eines Genies, das alle Bande brechen kann. Mit einem solchen Werk siegt man, oder man geht unter. Strawinsky siegte. Der 28. Mai 1913 brachte im Théâtre des Champs-Elysées einen der größten Theaterskandale der Geschichte. Zeitweise wurde der Lärm des im Innersten aufgewühlten, aber teilweise empörten Publikums so stark, daß die Tänzer die Musik nicht mehr vernahmen. Es kam zu einer Saalschlacht von gefährlichem Ausmaß. Weniger als ein Jahr später, im April 1914, dirigierte Pierre Monteux die Konzertfassung im Casino de Paris und sicherte ihr einen glänzenden Triumph. Jahrzehntelang bildete *Sacre du printemps* das Credo der jungen Musiker, ihr Glaubensbekenntnis zum Bruch mit den Traditionen der Romantik. Wildheit, Aggressivität, tellurisches Urgefühl waren Trumpf. Vielstimmigste, dissonant übereinandergeschachtelte Akkorde, fortgesetzter Taktwechsel wurden zum Stil erhoben. Aber man vergaß, daß man damit nur das Gewand nachahmte und daß, um ein zweites *Sacre* zu schreiben, das Genie Strawinskys nötig war, seine kompromißlose Kraft, seine rücksichtslose Kühnheit, sein stupendes Können. Vielleicht hat er selbst diesen einmaligen Wurf nie wieder erreicht. Aber er genügt, um ihm für immer einen Platz unter den Bahnbrechern, den siegreichen Revolutionären, unter den Größten der Großen zu sichern.

*Das Lied der Nachtigall (Le chant du rossignol)*. Etwa zur Zeit des *Feuervogels* hatte Strawinsky auf Einladung des Moskauer »Freien Theaters« eine Märchenoper nach Andersens wunderschöner »Nachtigall« begonnen und den ersten Akt vollendet. Nach der Premiere des *Frühlingsopfers* und einer schweren Krankheit kehrte er zu diesem Projekt zurück; er vervollständigte die Oper mit einem zweiten und einem dritten Akt, die musikalisch begreiflicherweise wesentlich vom ersten abstechen, da ihr Autor inzwischen einen weiten Weg zurückgelegt hatte. Das »Freie Theater« ging zugrunde, bevor es Strawinskys Oper geben konnte, und so war Diaghilew froh, auch dieses Werk erstmalig seinem Pariser Publikum bieten zu können (26. Mai 1914). Im Jahre 1917 bildete Strawinsky aus den beiden letzten Akten der Oper ein sinfonisches Gedicht für großes Orchester (unter Einschluß von Klavier, Celesta und zwei Harfen). Es erlebte seine Uraufführung am 6. Dezember 1919 in Genf unter Leitung Ernest

Ansermets, der während vieler Jahre zu einem der begeistertsten und besten Interpreten Strawinskys wurde (um sich im Alter völlig von ihm abzuwenden).

*Die Hochzeit (Les Noces).* Viele Jahre hindurch hat dieses (echt russische) Werk – das in mancher Beziehung ein nicht unwürdiges Gegenstück zum *Sacre* darstellt – Strawinskys Geist und Arbeitskraft beschäftigt. Die erste Idee stammt aus dem Jahre 1914, die Beendigung in Skizzen aus dem Herbst 1917 (der nicht nur die Russische Revolution brachte, sondern damit auch die Schicksalswende im Leben Strawinskys, der mehr als vierzig Jahre lang nicht mehr in die Heimat zurückkehrte und danach nur als gefeierter Gast). Die Instrumentation erforderte weitere Jahre, denn der Komponist sann auf etwas ganz Besonderes hierfür, das dem Text und dem bäuerlichen Milieu gemäß sei. Schließlich entstand die Partitur, die die choreographische Handlung mit einem Sopransolo, einem gemischten Chor, 4 Klavieren, Becken und Xylophon begleitet; sie wurde am 6. April 1923 in Monaco abgeschlossen. Am 13. Juli 1923 erklang sie erstmals in Paris, unter Leitung Ernest Ansermets und zu den Tänzen des Russischen Balletts Diaghilews. Da sie aber auch ohne Bühne, konzertmäßig also, darstellbar ist, haben wir ihr in diesem Buch einen Platz eingeräumt. Ihr Inhalt schildert eine russische Bauernhochzeit: Braut und Bräutigam werden zur Zeremonie bereitet, Kirchgang, Fest und zuletzt eheliche Kammer, das sind die Szenen.

*Die Geschichte vom Soldaten* gehört eher in ein Opernbuch und sei deshalb hier nur erwähnt. Die bei mehreren Strawinskywerken vorkommende Doppelgleisigkeit ist darauf zurückzuführen, daß bei diesem Komponisten – wie überhaupt in der Musik unserer Zeit – die Grenzen zwischen Bühne und Konzertsaal sich oftmals verwischen.

*Ragtime für 11 Instrumente.* Im Jahre 1910, unmittelbar nach der ganz neuartigen *Geschichte vom Soldaten* schafft Strawinsky ein weiteres Stück für Soloinstrumente (hier: Flöte, Klarinette, Horn, Trompete, Posaune, Schlagwerk, 2 Geigen, Bratsche, Kontrabaß und ein ungarisches – oder besser: zigeunerisches – Zimbal, das er bereits in »Renard« verwendet hatte). Der Einfluß der Jazzrhythmen ist deutlich; er ist während jener Jahre bei einer großen Zahl europäischer Komponisten spürbar.

*Pulcinella.* Ein Ballett auf Musik Pergolesis, von Strawinsky Ende 1919 komponiert und in der Pariser Oper am 15. Mai 1920 uraufgeführt; daraus extrahierte der Autor eine *Konzertsuite*, die ebenfalls in Paris, unter Ernest Ansermets Leitung, im Dezember 1922 erstmalig erklang. Strawinsky hat eine Partitur für 33 Musiker geschaffen und elf Teile des Balletts zusammengefaßt. Das Stück wirft gewichtige Probleme auf, gewichtigere, als sie bei Pergolesis entzückender Musik auftauchen sollten: Hier hat ein (noch dazu revolutionärer) Meister des 20. Jahrhunderts Melodien eines nicht minder bedeutenden Meisters des 18. Jahrhunderts verwendet. Auch Bach hat italienische Autoren »transkribiert« – aber sie waren Zeitgenossen, und es bestand daher eine weitgehende Übereinstimmung des Stils. Im zwanzigsten Jahrhundert ist Strawinskys Beispiel nicht einzig: Es lockte mehrere namhafte Musiker, moderne Technik an altem Musikgut auszuprobieren. Man hat Strawinsky vorgeworfen, er sei mit Pergolesis Melodien respektlos umgegangen. Hören wir seine Antwort (nachdem er sich bereits früher als den »Bräutigam der italienischen Musik« bezeichnet hat, was übrigens dreißig Jahre später in »Rake's Progress« zu einer neuerlichen Liebeserklärung führen wird): »Sollte der Respekt oder die Liebe zu Pergolesis Musik mein Verhalten ihr gegenüber bestimmen? Kann nicht nur Liebe uns dazu bringen, die Seele eines Wesens zu begreifen? Respekt allein ist immer steril, er kann niemals als schöpferisches Element wirken. Um zu schaffen, bedarf es einer Dynamik, eines Motors, und welcher Motor wäre mächtiger als die Liebe?« Aber Liebe will auch – setzen wir hinzu – Besitz ergreifen, und das ist es wohl, was Strawinsky mit Pergolesis Musik getan hat. Da kommt selbst ein so begeisterter Biograph wie Alfredo Casella in eine schwierige Situation: Als Anhänger Strawinskys (und glänzender Musiker, der ihn wirklich versteht) nennt er das Stück »so genial, daß es ein wesentliches Datum der Musikgeschichte bedeutet«, sagt, daß mit ihm eine neue Art des Schaffens mit »assimilierten«, nicht mehr »adaptierten« Ideen (wie es früher war) begonnen habe. Aber er setzt, als Italiener, hinzu, daß Strawinsky »boshaft hie und da beunruhigende Dissonanzen eingeführt« habe und »nach und nach so völlig das Kommando übernimmt, daß er den armen Pergolesi am Ende besiegt und wie k.o. zurückläßt...« Heute, aus weiterer Sicht, muß dieses Urteil wesentlich gemildert werden. Die Fusion zweier Meister aus verschiedenen Jahrhunderten ergibt ein geistreiches, bezauberndes Stück Musik, gegen das Pergolesi kaum etwas eingewendet hätte. Vielleicht hätte er sogar den Nachfahren um die so gewaltig erweiterten Klangmöglichkeiten beneidet.

*Suite Nr. 1 für Kammerorchester* (1917–1925). Hier hat Strawinsky Klaviermusik instrumentiert und daraus eine viersätzige Suite geschaffen: 1. *Andante;* 2. *Napolitana;* 3. *Española;* 4. *Balalaika.*

*Suite Nr. 2 für Kammerorchester.* Ebenso wie die 1. Suite entstand auch diese aus ursprünglich vierhändigen Klavierstücken. Im Jahre 1921 arbeitete Strawinsky die Komposition für Kammerorchester um. Sie besteht aus vier Teilen: 1. *Marsch;* 2. *Walzer;* 3. *Polka;* 4. *Galopp.*

*Sinfonie für Bläser.* Dies war die erste Arbeit Strawinskys an seinem neuen Wohnsitz Paris, wohin er aus dem schweizerischen Waadtland, wo er von 1914 bis 1920 gelebt hatte, gezogen war. Er widmete sie dem Andenken Claude Debussys und dirigierte sie erstmalig in London (Queen's Hall) im Juli 1921, im Rahmen der von Kussewitzky geleiteten Konzerte. Die Widmung an Debussy ist lediglich ein Ausdruck der Hochachtung für einen großen Meister, keineswegs aber eine Hinneigung zu seinem Stil, zu seinen träumerischen, schwebenden Klangfarben; Strawinskys Werk ist das gerade Gegenteil davon, hart stoßen in den Blasinstrumenten die schärfsten Dissonanzen aufeinander.

*Konzert für Klavier mit Blasorchester.* Strawinsky »entdeckte« frühzeitig die Blasinstrumente, die in Klassik und Romantik stets im Schatten der Streicher gestanden hatten. Schon im »Sacre« spielen sie eine führende Rolle; die Sinfonie für Bläser, die wir eben erwähnt haben, bestätigt diesen Weg (ein Oktett für Bläser stammt aus den gleichen Jahren), und nun entsteht ein Klavierkonzert, das nur von Bläsern begleitet wird (dessen Originaltitel folgerichtig *Concerto pour piano suivi d'orchestre d'harmonie* lautet). Strawinsky komponierte dieses Werk (in den Jahren 1923/24) für sich selbst: mehrere Jahre lang reservierte er sich das Alleinrecht für öffentliche Aufführungen. Er war auch der Solist der Premiere, die in der Pariser Oper am 22. Mai 1924 unter der Leitung Sergej Kussewitzkys stattfand. Das Stück atmet ein wenig barocken Geist, wenngleich seine Harmonien durchaus »modern« sind. Die Tendenz der neuen Musiker ging in den zwanziger Jahren erklärtermaßen »zurück zu Bach«. In diesem Werk spürt man Einflüsse aus der Epoche des Concerto grosso, aus der Welt von Toccaten und Fugen, aus einer gewissen pompösen Art, Musik zu machen; doch Strawinsky wäre nicht er selbst, wenn nicht auch eine Fülle anderer – und zum Teil völlig entgegengesetzter – Stilmerkmale verarbeitet wären, die vom linearen, zumeist sehr »harten« Kontrapunkt bis zu Jazzsynkopen reichen.

*Capriccio für Klavier und Orchester.* In den Jahren 1927 und 1928 wandte sich Strawinsky vor allem dem von ihm so geliebten Tanztheater zu: es entstanden *Apollon Musagète* und *Le baiser de la Fée*. Dazwischen reiste er viel. Mehr als vierzig Mal hatte er in verschiedenen Städten Europas und Amerikas sein Klavierkonzert mit Blasorchester spielen müssen. Nun ging er daran, ein ähnliches Stück zu schaffen. Es entstand das *Capriccio*, das – nach Hinwendung zu Pergolesi und den Barockmusikern – von Weber inspiriert erscheint, wie Strawinsky selbst erzählt: »Ich dachte an die Erklärung, die Prätorius, der berühmte Musikforscher des 17. Jahrhunderts, vom Capriccio gibt. Er sah darin eine der Phantasie verwandte Form, die eine freie Folge von fugierten Instrumentalstücken war. Diese Form gab mir die Möglichkeit, meine Musik derart zu entwickeln, daß verschiedene Episoden aufeinanderfolgen und durch ihren Charakter dem Stück das kapriziöse Wesen verleihen, nach dem es benannt ist. Ein Komponist, dessen Genie sich für diese Gattung wunderbar eignete, war Carl Maria von Weber, und es ist nicht verwunderlich, daß ich im Laufe meiner Arbeit vor allem an diesen Fürsten der Musik dachte.« Romantik stand in den zwanziger Jahren bei den Vertretern der modernen Kunst nicht hoch im Kurs, und so ist diese Verneigung Strawinskys vor dem Schöpfer des deutschen romantischen Musikdramas bemerkenswert. Sie sollte übrigens nicht vereinzelt bleiben: fünfzehn Jahre später tut Hindemith desgleichen, wie wir an entsprechender Stelle vermerkten. Das Stück hat drei Sätze: *Presto; Andante rapsodico; Andante capriccioso ma tempo giusto.* Es ist ein wahres Klavierkonzert, in dem der Kontrast zwischen Solist und Orchester voll ausgenützt erscheint. Ernest Ansermet leitete die Uraufführung, die mit dem Komponisten am Flügel in Paris (Salle Pleyel) am 6. Dezember 1929 stattfand.

*Psalmensinfonie.* 1927 schuf Strawinsky seine Oratorienoper *Ödipus Rex* auf einen lateinischen Text; drei Jahre später wählt er diese Sprache neuerlich und macht sie zur Grundlage eines seiner großartigsten Werke, der Psalmensinfonie, in der sich gemischte Chöre und Sinfonieorchester vereinigen. »Cette symphonie composée à la gloire de DIEU est dediée au ›Boston Symphony Orchestra‹ à l'occasion du cinquantenaire de son existence« steht über der Partitur. Aber trotz dieser Widmung wurde das Werk zum ersten Male in Europa gespielt: Ansermet dirigierte es in Brüssel (Palais des Beaux-Arts) am 13. Dezember 1930. Wenige Tage später erklang es in Boston unter der Stabführung Sergej Kussewitzkys. Als literarisches Fundament verwendet Strawinsky Teile aus den Psalmen 38 und 39 und den gesamten Psalm 150 (der Vulgata). Er äußerte sich zur formalen Idee des Werkes (die religiöse bedurfte keiner Erklärung) folgendermaßen: »Der Plan, eine Sinfonie von einem gewissen Ausmaß zu schreiben, beschäftigte mich seit langem... Aber die Form der Sinfonie, wie sie uns das 19. Jahrhundert hinterlassen hatte und die ihre Blüte in einer Epoche erlebte, deren Ideen und deren Sprache uns um so fremder sind, als wir direkt daraus hervorgingen – diese Form hatte eine recht geringe Anziehungskraft für mich. Ich wollte ein organisches Ganzes schaffen, ohne mich der gebräuchlichen Schemata zu bedienen, aber doch die periodische Ordnung bewahren, durch welche die Sinfonie sich von der Suite unterscheidet.« Die Orchesterbesetzung ist eigenartig, da weder Klarinetten noch Geigen und Bratschen verwendet sind; alle anderen Instrumente hingegen sind stark vertreten: 5 Flöten (mit Piccolo), 5 Oboen (mit Englischhorn), 4 Fagotte (mit Kontrafagott), 4 Hörner, 5 Trompeten, 3 Posaunen, Baßtuba, Pauken, Trommel, Harfe, 2 Klaviere, Violoncelli und Kontrabässe. Über den Stil des Werks ließe sich vielerlei sagen. Er ist archaisierend, aber auch ekstatisch, gemahnt an Gregorianischen Gesang und an frühgotische, völlig unsinnliche Polyphonie; er schlägt eine Brücke vom 20. Jahrhundert in ferne musikalische (und geistige) Vergangenheit, zum Beginn der europäischen Musik hin und ihrer Geburt aus asiatischem Gut. Dieses grandiose, tiefe und vor allem tiefreligiöse Stück Strawinskys scheint von sehr, sehr weither zu kommen, aus altjüdischem Tempelgesang, aus den Melismen der byzantinischen Kirche. Die Verwendung des Chores ist dementsprechend »unmelodiös« im Sinne der Klassik oder Romantik, ist beabsichtigt hart und streng; nichts von der Innigkeit des Mozartschen Requiems, nichts von der unendlichen Süße Schubertscher Kirchenmusikwerke, nichts von den ergreifenden Ausdruckswerten Verdis oder César Francks ist hier zu spüren. Wir befinden uns in einem roh gebauten frühchristlichen Tempel, dessen überdicke Mauern halb Heiligtum, halb Festung einschließen und in dessen düsterem, nur mühsam von wenigen Kerzen beleuchtetem Innern die Kämpfer eines neuen Glaubens glühend und unterwürfig knien. Das Werk beginnt mit der Anrufung *Exaudi orationem meam, domine*, führt über das von tiefer Überzeugung der göttlichen Gegenwart getragene *Expectans expectavi dominum et intendit mihi* und gipfelt im apotheosischen *Alleluia, laudate dominum.* Einige Passagen erscheinen uns wie Abkömmlinge der frühchristlichen Gregorianischen Liturgie (mit der Strawinsky vertraut war, da sie die Basis des russischen Kirchengesangs bildet):

Andere sind der frühesten europäischen Polyphonie nachgebildet, und wieder andere erscheinen fugiert und gemahnen an Bach und seine Vorgänger. Es scheint fast unglaublich, daß der gleiche Komponist so entgegengesetzte Werke schreiben konnte wie *Petruschka, Apollon Musagète* und *die Psalmensinfonie.* Die Fachwelt staunte, und die Laien waren völlig desorientiert; doch erschöpften sich mit diesem Werk des Jahres 1930 die Stilwandlungen und -experimente Strawinskys noch längst nicht. Als er alt geworden war, gab es keine einzige Epoche der Musikgeschichte, die nicht ohne direkten Niederschlag in seinem Schaffen geblieben wäre.

*Konzert für Violine und Orchester D-dur.* Die Partitur trägt folgendes Vorwort Strawinskys: »Cette œuvre a été créée sous ma direction le 23 d'octobre 1931 au concert du Rundfunk de Berlin par Samuel Dushkin, auquel je garde une reconnaissance profonde et une grande admiration pour la valeur hautement artistique de son jeu.« Als der Komponist plante, ein Violinkonzert zu schreiben, soll Hindemith ihm gegenüber geäußert haben, daß gerade die Tatsache, daß er mit den technischen Möglichkeiten des Instruments nicht restlos vertraut sei, ihm helfen würde, die landläufige Technik zu vermeiden und etwas zu erfinden, das nicht vom gewohnten Fingerspiel angeregt sei. Und beides gelang dem Komponisten in hohem Maße. Um es »geigerisch« zu machen, zog er dann den Rat des nordamerikanischen Virtuosen Samuel Dushkin heran, der den Violinpart intensiv mitgestaltete. Wie im vorhergehenden – und eigentlich in jedem – Werke Strawinskys wird auch hier klar, daß der Autor von einer historischen Idee ausgeht; er sucht stets Brücken zu schlagen zwischen einem Stil der Vergangenheit und dem moderneren Empfinden. In diesem Konzert ist es die Barockmusik (Vivaldi, Händel und Bach), die Pate stand. Das wird schon in der Satzfolge erkennbar: *Toccata; Aria I; Aria II; Capriccio.* Es handelt sich – wie von diesem Komponisten nicht anders zu erwarten war – um kein übliches Konzert im virtuosen Sinne. Jedem Satz geht eine kurze Akkordfolge des Soloinstruments voraus, die eine gewisse Einheitlichkeit schafft. Auffallend ist die Selbständigkeit der Geige, die man fast monologisierend nennen könnte und der ein ebenfalls weitgehend unabhängiges Orchester gegenübersteht.

*Ein Kartenspiel (Jeu de cartes)*, ein Ballett »in drei Runden« ist auch als Konzertmusik des öfteren zu hören. Eine geistreiche, sehr amüsante Musik, die vom einstigen Revolutionär Strawinsky nichts spüren läßt und sich bei Zitaten von Rossini, Delibes, Tschaikowsky, Debussy und Johann Strauß wohlfühlt. (Premiere: New York, 27. April 1937.)

*Concerto Es (Dumbarton Oaks).* Während des Jahres 1937 und Beginn von 1938 schuf Strawinsky ein Konzert für 15 Instrumente (Flöte, Klarinette, Fagott, 2 Hörner, 3 Geigen, 3 Bratschen, 2 Violoncelli und 2 Kontrabässe), das den Namen des Wohnsitzes der Mäzene Mr. und Mrs. Bliss in den Vereinigten Staaten von Nordamerika trägt: Dumbarton Oaks. Sein Modell waren hier unleugbar Bachs *Brandenburgische Konzerte.* Die drei Sätze *(Tempo giusto; Allegretto; Con moto)* werden ohne Pause gespielt. Eine glückliche Grundstimmung liegt über dieser Komposition, die technische Meisterschaft des Autors hat einen imposanten Höhepunkt erreicht. Strawinskys stets wache Ironie ist auch hier deutlich fühlbar, besonders wenn er – nach einem ersten Bachzitat zu Beginn – im *Allegretto* eine Reminiszenz aus Verdis *Falstaff* bringt und dazu falsche Bässe setzt. Am stimmungsvollsten ist der zweite Satz, der von Kennern am meisten geschätzt wird. (Uraufführung: Washington, 8. Mai 1938.)

*Sinfonie C-dur.* Zum 50. Geburtstag des Chicago Symphony Orchestra stellt Strawinsky sich mit einer Sinfonie ein. Es ist seine vierte (wenn sie auch nicht numeriert sind): Die erste liegt nun 33 Jahre zurück, sie ist jenes Jugendwerk, das noch ganz den Geist Rimsky-Korssakows und Glasunows atmet. 1920 entstand eine Sinfonie für Bläser zum Andenken Debussys, 1930 die großartige Psalmensinfonie. Nun sind wir bereits daran gewöhnt, daß jedes neue Werk Strawinskys irgendeine andere Überraschung bringt. Und so konstatieren wir, daß die Sinfonie aus dem Jahre 1940 den Geist der Wiener Klassik ausstrahlt, Haydn nahe verwandt ist. Eine urgesunde Musik (Goethe hat »Klassik« mit »gesunder Epoche« gleichgesetzt), voll Grazie und bei aller Formstrenge vergeistigt. Der erste Satz *(Moderato alla breve)* zeigt Sonatenform mit zwei kontrastierenden Themen. Der langsame Satz – *Larghetto concertante* – breitet eine Oboenmelodie aus, begleitet sie mit weichen Geigenstimmen, löst sie mit anderen Bläsern ab. Originell (und ein wenig außerhalb des frühklassischen Schemas liegend) ist der dritte Satz: Er beginnt mit einem Menuett, setzt sich in einem Passepied fort und gipfelt in einer Fuge. Den letzten Satz leitet ein langsames Motiv ein, das im späteren Verlauf wiederkehrt; das Hauptthema ist rasch *(Tempo giusto)*, der Charakter kraftvoll und energisch. (Uraufführung: Chicago, 7. 11. 1940.)

*Danses concertantes* (für Kammerorchester). Geschrieben während der Jahre 1941/42 auf Wunsch von Werner Janssen, Chef des Orchesters von Los Angeles, wo Strawinsky nun seinen endgültigen Wohnsitz aufgeschlagen hat. Es handelt sich um eine tänzerische Musik, wie sie den Komponisten stets so sehr fesselte. (Balanchine hat tatsächlich aus dieser Musik zwei Jahre später ein Ballett gestaltet.) Die Instrumentation verwendet einfaches Holz, 2 Hörner, je eine Trompete und Posaune, Pauken und Streicher. Strawinsky hat in diesem Werk seiner Freude am körperlichen Ausdruck der Musik Raum gegeben. Keinerlei Programm ist gegeben, wie schon aus den Überschriften der einzelnen Sätze zu erkennen ist: *Marche-Introduction; Pas d'action; Thème varié; Pas de deux; Marche-Conclusion.* (Uraufführung: Los Angeles, 8. 2. 1942.)

*Zirkuspolka für einen jungen Elefanten* lautet der etwas ungewöhnliche Titel eines im Jahre 1942 entstandenen Gelegenheitsstückes, um das Strawinsky von einem Zirkus gebeten worden war. Er schrieb ein geistreiches, sehr komisches Tänzchen, in das er Schuberts Militärmarsch einflocht.

*Scherzo à la Russe.* Im Jahre 1944 arbeitete Strawinsky an mehreren Werken: *Babel, Elegie für Viola oder Violine*, den *Ballettszenen*, der *Sinfonie in drei Sätzen* und dem *Scherzo à la Russe.* Letzteres entstand auf Bitte Paul Whitemans, dessen Idee einer Verschmelzung von Jazz und Sinfonie Gershwins *Rhapsody in Blue* entsprungen war. Strawinskys Beitrag zu Whitemans Konzerten war wesentlich weniger revolutionär: ein hübsches, meisterlich geschriebenes, an ferne russische Zeiten gemahnendes Stück. Nicht an das Rußland der heidnischen Riten, wie im *Sacre*, nicht an die hartgemeißelten Szenen der *Noces*: am ehesten vielleicht mit *Mawra* verwandt, der – damals – halbvergessenen Jugendoper.

*Ballettszenen.* Einer der wichtigsten »Produzenten« von Broadway-Shows wandte sich im Jahre 1944 an Strawinsky mit dem Auftrag, die Musik zu einer die Künste verherrlichenden Revue zu schreiben. Der Komponist liebte den Tanz und schrieb eine Ballettmusik, d.h. eine aus vielen Einzelnummern bestehende, in klassischem Tanz zu interpretierende Partitur. Ist schon die Verbindung Strawinsky–Broadway originell (in gewissem Sinn wiederholt sie die Konstellation Mozart–Wiener Vorstadttheater), so werfen einige Anekdoten ein fast groteskes Licht auf diese Verbindung. Die »Vorpremiere« ging, wie es bei Broadwaystücken üblich ist, in einer anderen Stadt vor sich, dieses Mal in Philadelphia. Strawinsky erhielt unmittelbar danach ein Telegramm (das er eingerahmt über seinen Schreibtisch hängte): »Großer Erfolg. Stop. Könnte sensationell werden, wenn Sie Bearbeiter X ermächtigen, Retouchen an Instrumentation vorzunehmen. Stop. Herr X bearbeitet sogar Werke von Cole Porter. Stop. Telegrafieren Sie Einverständnis«. Strawinsky aber antwortete: »Begnüge mich mit dem großen Erfolg. Igor Strawinsky.«

*Sinfonie in drei Sätzen.* Nachdem bereits zwei andere berühmte nordamerikanische Orchester mit Werken bedacht worden waren, widmete Strawinsky nun der New Yorker Philharmonie eine Sinfonie. Schon im Jahre 1942 spielte er seinem Freunde, dem polnisch-französischen Komponisten Alexandre Tansman, wichtige Fragmente daraus vor; 1945 vollendete er dann das bedeutende Werk, das am 24. Januar 1946 in New York uraufgeführt wurde. Im Programmheft lesen wir folgende Erklärungen des Autors: »Meine Sinfonie ist der New Yorker Philharmonic Society als Dank für eine zwanzigjährige Zusammenarbeit mit dieser hervorragenden musikalischen Institution gewidmet. Der Sinfonie liegt kein Programm zugrunde, es wäre vergeblich, ein solches in diesem Werk zu suchen. Doch ist es möglich, daß der Eindruck unserer schwierigen Zeit mit ihren gewalttätigen und wechselnden Ereignissen, ihrer Verzweiflung und Hoffnung, ihrer unaufhörlichen Pein, ihren Spannungen und schließlich ihrer Entspannung und Erleichterung Spuren in dieser Sinfonie zurückgelassen hat.« Das Werk ist zweifellos eines der bedeutendsten unserer Zeit. Es mutet wie eine gewaltige Synthese von Strawinskys bisherigem Schaffen an. Die Analyse ist nicht einfach, obwohl für viele Beobachter Strawinsky hier die »große« sinfonische Linie Beethoven–Brahms fortsetzt. Das Orchester ist umfangreich und schließt mit charakteristischen Klangfarben das Klavier ein. Tansman schreibt über das Werk: »Die *Sinfonie in drei Sätzen* besitzt die Sprengkraft und den fliegenden Puls gewisser Teile des *Sacre du printemps*, die bewegliche Rhythmik von *Petruschka* und *Les Noces*, die spontanen Verzierungen des melodischen *Kartenspiels*, die Freude und Belebung des *Oktetts* und *Capriccios*, die überraschende Plastik der Klangfarben, die von der *Geschichte vom Soldaten* herkommt, die Gefühlsspannung der *Psalmensinfonie*, die friedvolle Heiterkeit des *Apollon Musagète*, die solide Konstruktion der *Konzerte* und der *Sinfonie in C-dur*, und schließlich die heftige Beredsamkeit des *Konzerts für zwei Klaviere.* Sie besitzt die notwendige stilistische Einheit, die alle diese Elemente in einer echt Strawinskyschen Tonsprache zusammenfaßt und sie zu einem endgültigen und dabei jungen Werk vereinigt.«

*Ebony-Konzert.* Um sich Strawinskys fast unglaubliche Vielseitigkeit vorzustellen, würde es genügen, die beiden im gleichen Jahre – 1945 – beendeten Kompositionen zu vergleichen: die vorher besprochene Sinfonie und das Ebony-Konzert. Schon mehrmals hatte der Komponist sein Interesse für Jazz bekundet; es ist nicht überraschend, daß er eines Tages eine von so vielen Musikern angestrebte Synthese zwischen klassischer und Jazzmusik versuchte. Für die damals berühmte Jazzband von Woody Herman, der zudem ein hervorragender Klarinettist war, schrieb er das *Ebony-Konzert*, dessen Titel eine Anspielung auf das Ebenholz-Instrument des »band-leaders« ist, aber wohl auch auf die Hautfarbe einiger der Orchestermitglieder. Strawinskys Einfühlung in die so ganz anders geartete Welt der Jazzmusik ist verblüffend; er beherrscht sowohl Rhythmen wie Stimmung völlig und bringt so ein äußerst originelles Stück zustande.

*Konzert in D* für Streichorchester (1946). Dieses Werk, das an eine Belebung altitalienischer Meister erinnert, wurde Paul Sacher und seinem ausgezeichneten Basler Kammerorchester zugedacht. Es ist fast ein Divertimento – im wahrsten Sinne des Wortes –, ein Stück, das keine Probleme stellt (außer solchen technisch-musikalischer Natur). Die Themen sind, wenn man so sagen kann, freundlich, lächelnd, aus der Weisheit eines Meisters geboren, der Leben und Kunst beherrscht. (Uraufführung: Basel, 27. 1. 1947.)

*Orpheus*, Ballettmusik (1948). Die Musik zu einer Choreographie Balanchines wird unverändert in den Konzertsaal übernommen.

*Divertimento* (1949). Hier handelt es sich um eine sinfonische Suite, die dem Ballett *Der Kuß der Fee* (1928) entnommen ist. Sie enthält folgende Teile: 1. *Sinfonie* (im Sinne von Ouvertüre); 2. *Danses suisses;* 3. *Scherzo;* 4. *Pas de deux*. Die Musik beruht durchwegs auf Bearbeitung von Melodien Tschaikowskys, dessen Andenken das Ballett auch gewidmet ist. Die Handlung ist nach einem Märchen Andersens (»Die Eisjungfrau«) in die Schweiz verlegt; die Uraufführung fand in der Choreographie Ida Rubinsteins am 27. November 1928 in der Pariser Oper statt.

*Concertino*. Ursprünglich (1920) eine Komposition für Streichquartett, im Jahre 1952 für 12 Instrumente bearbeitet: Flöte, Oboe, Englischhorn, Klarinette, 2 Fagotte, 2 Trompeten, 2 Posaunen, Violine und Violoncello.

*Tango*. Ein im Jahre 1940 entstandenes Klavierstück wurde von Strawinsky 1953 in origineller Weise instrumentiert: für 4 Klarinetten, Baßklarinette, 4 Trompeten, 3 Posaunen, Gitarre, Streicher.

## Eugen Suchoň

1908, slowakischer Komponist

Wenn auch die Anfänge einer slowakischen Musik viele Jahrhunderte zurückliegen, so beginnt ihre eigentliche Geschichte erst – zumindest was ihre Bedeutung innerhalb des internationalen Konzerts anbelangt – mit dem zweiten Drittel unseres Jahrhunderts. Aber dann erwuchsen der Slowakei eine Reihe starker Persönlichkeiten (Suchoň, Cikker, Moyzes, Kardoš, Schneider-Trnavsky u.a.), deren Werke heute europäische Bedeutung erlangt haben. Suchoň wurde 1908 im westslowakischen Pezinok geboren, studierte frühzeitig Klavier, aber erst später (1928) Komposition. Fünf Jahre danach wurde er Professor am gleichen Institut, an dem er Schüler gewesen war: der Musikakademie von Bratislava. Damals hatte er bereits eine Reihe interessanter Arbeiten geschrieben: *Sinfonietta für Streicher, Nocturno für Violoncello und Orchester*. 1933 erschien seine *Burleske für Geige und Orchester*, die er 1948 durch eine *Phantasie* zu einer Art Violinkonzert ergänzte. Der *Psalm aus dem Unterkarpatenland* stellt ein bedeutendes Werk dar. Auf gleicher Höhe stehen die *Metamorphosen* (1953), eine farbenreiche, prächtige Partitur, in der düsteres, aber auch siegesbewußtes Erleben der schweren Jahre des Zweiten Weltkrieges deutlich seine Spuren hinterlassen hat.

## Josef Suk

1874–1935, tschechischer Komponist

Schwiegersohn Dvořáks, Mitglied des Böhmischen Streichquartetts, Professor, dann Direktor des Prager Konservatoriums. Unter seinen Orchesterwerken seien erwähnt: eine Sinfonie, die sinfonischen Dichtungen *Praga, Asrael, Sommermärchen, Lebensreife, Zrani*, eine Orchesterserenade, eine Ouvertüre, ein Scherzo fantastique sowie Bühnenmusiken – durchwegs »klingende« Musik von folkloristischem Kolorit und vollendeter Technik.

## Hermann Suter

1870–1926, Schweizer Dirigent und Komponist

*Orchesterwerke: Sinfonie* (der Universität Basel gewidmet, als Dank für die Verleihung der Ehrendoktorwürde); *Violinkonzert* (Fritz Busch gewidmet).

## Heinrich Sutermeister

1910, Schweizer Komponist

Der bedeutende Tonschöpfer, der vor allem mit Opernwerken internationale Anerkennung gefunden hat, lieferte auch für den Konzertsaal mehrere wichtige Beiträge:

*Die Alpen* (Festspiel mit Sprecher), *Marche fantastique, Orazione per Giuseppe Verdi*, zwei *Divertimenti, Violoncellokonzert*, drei Klavierkonzerte.

## Johann Svendsen

1840–1911, norwegischer Komponist

Griegs Landsmann und Zeitgenosse Svendsen versuchte, norwegische Folklore mit deutscher spätromantischer Orchestertechnik zu verschmelzen. Er schuf zwei Sinfonien, die *Orchesterlegende »Das Hochzeitsfest«*, die sinfonischen Dichtungen *Sigurd Slembe, Norwegischer Künstler-Karneval, Zorahayda*, ein *Violinkonzert*, ein *Violoncellokonzert*, eine *Festpolonaise*, zwei *Norwegische Rhapsodien*, ein *Andante funebre*, die Phantasie *Romeo und Julia* u.a.m.

## Boleslaw Szabelski

1896–1979, polnischer Komponist

Der in Radoryz geborene Musiker war ein Kompositionsschüler Szymanowskis. Von 1929 bis 1939 wirkte er als Organist und Pädagoge, nach dem Kriege wurde er Leiter der Kompositionsklasse am Kattowitzer Konservatorium. Zu seinen wichtigsten Orchesterwerken gehören: *Toccata* (1938), *Sinfonietta für Streicher und Schlaginstrumente* (1946), *Feierliche Ouvertüre* (1953), *Concerto grosso* (1954), *Concertino für Klavier* (1955), *Sonette* (1958), *Verse* (1961), *Präludien für Kammerorchester* (1963), 5 Sinfonien u.a.m.

## Karol Szymanowski

1883–1937, polnischer Komponist

Erst lange nach Chopin erstand Polen wieder ein international berühmter Komponist. Um 1930 – es waren genau hundert Jahre nach Chopins meteorhaftem Erscheinen vergangen – horchte die Musikwelt beim Klang des Namens Szymanowski auf. Aber die Blütezeit war kurz. Der am 21. September 1883 in Tymoszowka in der polnischen Ukraine Geborene studierte in Warschau, rang sich zu eigenem, am ehesten dem Impressionismus verwandtem Stil durch, festigte seinen Namen in internationalen Tourneen, erkrankte jung, mußte sich von jeder öffentlichen Tätigkeit zurückziehen und starb am 29. März 1937 in einem Sanatorium zu Lausanne (Schweiz). Dem Konzertsaal widmete er: Vier *Sinfonien* (die *Nr. 1*, 1907, in f-moll, op. 15; die *Nr. 2*, 1908, in B-dur, op. 19; die *Nr. 3*, genannt *Gesang der Nacht*, op. 27, sowie die *Konzertante Sinfonie*), die sinfonischen Dichtungen *Penthesilea* und *Demeter*, zwei *Ouvertüren*, zwei *Violinkonzerte* sowie *Oratorien, Kantaten* u.a.m.

*Violinkonzert Nr. 2.* Szymanowskis Interesse galt seit jeher besonders der Geige, der er in Kammermusikwerken und der früher oft gespielten Suite *Mythen* neue Klangmöglichkeiten erschloß. Er widmete ihr auch zwei Konzerte; das erste mit der Opusnummer 35 stammt aus dem Jahre 1917, das zweite – viel bedeutendere – trägt die Opusnummer 61 und wurde 1930 komponiert. Mit diesem gelang ihm eines der schönsten Werke dieses Genres, das unsere Zeit hervorgebracht hat. Hier finden sich – nach den Worten des englischen Musikschriftstellers Alec Robertson – der Professor und der Dichter, diese beiden Facetten des polnischen Musikers, glücklich und restlos in Übereinstimmung gebracht. Es ist ein vorwiegend lyrisches, deshalb aber keineswegs kraftloses Stück; Gesänge der polnischen Berge sind geschickt eingebaut. Ohne Pausen rollt das Konzert ab, aber man vernimmt deutlich zwei Teile, die durch eine Kadenz getrennt sind; sie schrieb der bedeutende polnische Violinvirtuose Paul Kochanski (1887–1934), dem das Konzert gewidmet ist und der es am 6. 10. 1933 in Warschau zur ersten Aufführung brachte.

*Konzertante Sinfonie für Klavier und Orchester*, op. 60. Im Jahre 1932 – des Komponisten reifster Zeit – geschrieben und ein Jahr später unter Leitung Gregor Fitelbergs in der Warschauer Philharmonie erstmalig gespielt, zeigt das Werk alle Stilelemente, die sich in Szymanowskis Schaffen vereinigt haben: Impressionismus, polnische Melodien, blendende Instrumentation. Dieses Stück wird von manchem Kenner als Klavierkonzert gewertet, aber der Solopart bleibt bei aller Virtuosität doch stets dem Orchester untergeordnet, so daß die Bezeichnung einer »konzertanten Sinfonie« ihre Berechtigung hat. Die drei Sätze heißen *Moderato; Andante molto sostenuto; Allegro non troppo.*

## Jenö Takács

1902, ungarischer Komponist

Der in Siegendorf im heute österreichischen Burgenland geborene Komponist ist geographisch (wie musikalisch) schwer festzulegen. Er lebte in Kairo, Manila, Nordamerika und Ungarn, stand Bartók nahe, über den er viel publizierte, und beschäftigte sich, wie dieser, intensiv mit der Volksmusik aller seiner Gastländer. Viel davon floß auch in seine Orchesterwerke ein: *Tarantella* (mit Klavier), *Deux Mouvements, Philippinen-Suite, Suite altungarischer Tänze, Antiqua Hungarica, Ländliches Barock, Miniaturen, Partita für Gitarre oder Cembalo, Volkstänze aus dem Burgenland, Concerto für Klavier, Streicher und Schlagwerke, Ouvertüre* u.v.a.

## Sergej Tanejew

1856–1915, russischer Komponist

Bedeutender Komponist, Schüler und später Nachfolger Tschaikowskys am Moskauer Konservatorium, der im Rahmen eines ungewöhnlich reichhaltigen Lebenswerkes auch viel für Orchester schuf: 4 Sinfonien (1874, 1878, 1884, 1901), eine *Sinfonie für Kinderinstrumente* (1895), eine *Russische Ouvertüre* u.v.a.

## Joseph Tal

1910, deutsch-israelischer Komponist

Im damals deutschen Posen geboren und 1934 nach Palästina ausgewandert, gehört Tal zu den bedeutendsten Musikschöpfern des jungen Staates Israel. Für Orchester schrieb er: 3 Sinfonien (1953, 1960, 1978), 3 Klavierkonzerte (1944, 1953, 1956), ein *Konzert für Bratsche* (1954), *Cello* (1961), *Flöte* (1976), ein *Doppelkonzert für Violine und Cello* (1970) u.a.

## Alexandre Tansman

1897, polnisch-französischer Komponist

Dieser hervorragende Komponist wanderte 1919 aus dem heimatlichen Lodz nach Paris aus und blieb dort mit Ausnahme der Jahre 1941–1946, die er in den USA zubrachte. Aus der bedeutenden Liste seiner Orchesterschöpfungen nennen wir: 8 Sinfonien (zwischen 1925 und 1968), 2 Klavierkonzerte (1926, 1927), *Violinkonzert* (1937), *Cellokonzert* (1963), *Elégie* (1976), *Suite baroque*, Suite aus dem Ballett *Des Kaisers neue Kleider*, *Sinfonietta*, *Musique de cour* (für Gitarre), *Danse de la sorcière* (aus dem Ballett *Le jardin du paradis*, *Ouvertüre symphonique*, *Quatre danses polonaises*, *Toccata* u.v.a.

## Giuseppe Tartini

1692–1770, italienischer Komponist und Geiger

Ein bewegtes Leben und eine weitreichende Bedeutung in der Entwicklung musikalischer Formen sind Tartini zuzuschreiben. Eine Kirchenurkunde seiner Zeit nennt ihn »einzigartigen Violinspieler mit allbekanntlicher Votrefflichkeit in seinem Beruf«. Aber es brauchte lange, bis die Nachwelt seinen Kompositionen den ihnen gebührenden Platz einräumte. Er wurde am 18. April 1692 (nach anderer Version war es der 8.) in Pirano (Istrien) geboren, studierte Theologie, Philosophie und Literatur in Padua, wandte sich aber frühzeitig der Musik zu und war bereits jung ein glänzender Geiger. Eine heimliche Heirat brachte ihm den Groll eines Kardinals ein, vor dem er fliehen mußte. Er fand Asyl in Assisi, wo er längere Zeit unerkannt lebte und bei dem hochbedeutenden »padre boemo«, dem böhmischen Priester und Musiker Czernohorski studierte. Von 1721 an bis zu seinem Tode war er dann anscheinend Konzertmeister an der St. Antonius-Kirche von Padua. Er hatte sowohl für die Entwicklung des Streichquartetts wie für das Violinkonzert weitreichende Bedeutung. Im Violinkonzert vervollständigt er die Gründerphase, die bei Torelli beginnt und ihren ersten Höhepunkt bei Vivaldi findet. Er schuf mehr als 140 Violinkonzerte, noch mehr Solosonaten und eine Fülle weiterer Werke. In unserer Epoche ist gelegentlich ein *A-dur-Konzert* zu hören. In ihm sind die Merkmale seines Stils gut abzulesen: schön und melodiös geführte Solostimme, sehr primitive Orchesterbegleitung (von Streichern, wobei bei der tiefsten Stimme – die unserem Kontrabaß entspricht – angemerkt ist: Basso con organo), Dreisätzigkeit (schnell–langsam–schnell). Tartinis geigerische Entdeckungen sind aus der Geschichte des Instruments nicht wegzudenken. In der Musiktheorie ist sein »Trattato di musica« wichtig. Er starb am 26. Februar 1770 in Padua.

## Georg Friedrich Telemann

1681–1767, deutscher Komponist

Hochberühmt zu seiner Zeit – so sehr, daß eine Leipziger Zeitung ihn 1740 an die Spitze aller lebenden deutschen Komponisten stellt, während sie Händel den zweiten und Bach nur den siebenten Rang zugesteht –, dann von der Romantik fast übersehen und in unserer Epoche von neuem aufgewertet – das ist das Geschick Telemanns. Die Zahl der von diesem am 14. März 1681 in Magdeburg geborenen Meister komponierten Werke erreicht mehrere Tausend: Darunter gibt es – im Rahmen unseres Buches – gegen tausend Orchestersuiten, etwa 170 Konzerte aller erdenklichen Besetzungen, Tafelmusiken usw. Natürlich kann bei einer solchen Überfülle nicht alles gleich inspiriert sein. Seine Stellungen zwangen Telemann dazu, unermüdlich neue Werke zu schaffen, und eine unglaubliche Leichtigkeit der Erfindung und Satztechnik ermöglichte ihm ein müheloses, während seines ganzen langen Lebens nicht abreißendes Komponieren. Seine wichtigsten Tätigkeitsgebiete waren Leipzig (wo Bach sein Nachfolger wurde), der kleine Fürstenhof von Sorau, das herzogliche Schloß von Eisenach, zwei Kirchen in Frankfurt am Main und schließlich ab 1721 die Stadt Hamburg, die er zu einem Musikzentrum Europas ausgestalten half und wo er am 25. Juni 1767 starb. Aus der unübersehbaren Menge seiner Werke seien einzelne herausgegriffen, nicht weil sie die bedeutendsten darstellen, sondern weil Neudrucke ihre Bekanntschaft – auch im Konzertsaal – einem breiten Publikum vermitteln können und sich an ihnen das Typische von Telemanns Schaffen zeigen läßt.

*Konzert e-moll* (für 2 Flöten, Solovioline, Streicher und Basso continuo). Ein besonders hübsches Stück, das dem Concerto-grosso-Typ zuzuzählen ist, also Händels Stil sowie Bachs »Brandenburgischen Konzerten« nahesteht. Es dürfte aus den Frankfurter Jahren (1712–1721) stammen.

*Konzert für Oboe d'amore und Streichorchester*. In der Mecklenburgischen Landesbibliothek Schwerin befindet sich eine Mappe mit »12 Konzerten von G.F. Telemann«, die von einem unbekannten Musiker der Nachwelt überliefert wurden. Darunter gibt es solche verschiedenster Besetzungen. Dieses Konzert trägt folgende originelle Aufschrift: »Concerto à 5 – A-Duhr – 1 Hoboe Amur – 2 Violino – 1 Alto et Basso Continuo dy Mons. Thelemann.« Die Bezeichnung »à 5« bezieht sich auf die Zahl der Stimmen oder mitwirkenden Instrumentengattungen. Die (bald nachher außer Gebrauch kommende, aber seinerzeit – auch von Bach – gerne verwendete) Oboe d'amore ist hier im französischen Violinschlüssel notiert, der das G auf der ersten, der untersten Linie annimmt. Das Konzert hat vier Sätze: *Siciliana; Allegro; Largo; Vivace.*

*Konzert für Oboe in f-moll.* Dreiteilige Anlage, wie sie von Vivaldi festgelegt wurde und aus der alten italienischen Opernouvertüre stammt: schnell–langsam–schnell.

*Suite F-dur.* Telemann kann als wahrer Meister der Suite bezeichnet werden. Er übertrug auf diese Form die Errungenschaften der italienischen Konzerte. Die Besetzung lautet: 2 Hörner, 2 Violinen und Basso continuo.

*Suite für Flöte und Streicher* in a-moll. Hier gelingt Telemann eine vollständige Verschmelzung des deutschen mit dem französischen und italienischen Musikstil. Das Werk beginnt mit einer französischen Ouvertüre (langsam–schnell–langsam) und reiht dann verschiedene Tanzsätze an.

*Tafelmusik.* In dieser Komposition tritt zu den deutschen, italienischen und französischen Zügen noch das von Telemann in Sorau erlebte polnische Musikelement jener Epoche. Er gab im Jahre 1733, dem hochadligen Brauch jener Zeit folgend, die *Tafelmusik* heraus, und zwar in drei Teilen, die einander im Abstand von je drei Monaten folgten. Hierfür legte er eine Subskription auf, in der 185 Namen zu finden sind, darunter der Händels (der später Teile dieser Tafelmusik in eigenen Werken verarbeitete) und Quantz', des bedeutenden Flötenmeisters Friedrichs des Großen. Jede der drei »Produktionen« (ein damals gebräuchliches Wort, das im 20. Jahrhundert recht umfassender Bedeutung wiederkehrt) enthält folgende Musikstücke, deren Gesamtlänge ungefähr der eines höfischen Gastmahls entsprach: 1 Suite »mit conclusion«, 1 Konzert, 1 Quartett, 1 Trio, 1 Solosonate. Zwischen diesen einzelnen Teilen bestehen keine thematischen Zusammenhänge.

Sämtliche Werke Telemanns (wie die Händels, Bachs und aller Zeitgenossen) enthalten einen »Basso continuo« oder »bezifferten Baß«, über den das »Kleine Wörterbuch musikalischer Ausdrücke« am Ende dieses Bandes Auskunft gibt.

# Virgil Thomson

1896–1989, US-Komponist

*Orchesterwerke: Symphony on a Hymn Tune* (1928), Sinfonien, *Ballettmusik zu »Filling Station«, The River* (Orchestersuite), *The Plough that Broke the Plains* (Orchestersuite), *Louisiana Story* (Orchestersuite) usw.

# Heinz Tiessen

1887–1971, deutscher Komponist

Der in Königsberg geborene, in Berlin verstorbene, im deutschen Musikleben sehr namhafte Komponist hinterließ eine Reihe von Orchesterwerken: *Sinfonie* (mit dem Untertitel *Stirb und werde!*, op. 17, 1914), *Visionen für Violine und kleines Orchester* (op. 24, 1928), *Hamlet-Suite* (drei Orchesterstücke aus Shakespeares Drama, op. 30, 1923), *Musik für Streichorchester* (op. 32a, 1924), *Vorspiel zu einem Revolutionsdrama* (op. 33, 1927), *Suite* aus dem Tanzdrama *Salambo* (op. 34a, 1957) usw.

# Michael Tippett

1905, englischer Komponist

Nach Vaughan Williams, Delius, Holst und Elgar manifestiert sich der Aufschwung des englischen Musikschaffens in unserer Zeit vor allem in Britten, Walton, Tippett. Letzterer hat sich auf allen Gebieten betätigt. In unser Buch gehören folgende seiner Werke: die *Sinfonie 1945* (Nr. 1), das besonders schöne *Konzert für doppeltes Streichorchester*, die *Suite in D*, das *Divertimento »Sellinger's Round«*, die *Ritualtänze* aus der Oper *»The Midsummer Marriage«*, die *Sinfonie Nr. 2* (1958), ein *Klavierkonzert*, eine *Fantasia concertante* über ein Thema von Corelli (1953), die *Kleine Musik für Streicher.*

# Franz Tischhauser

1921, Schweizer Komponist

Langjähriger Mitarbeiter, dann Leiter der Musikabteilung des Radio Zürich, ein ungewöhnlich geistreicher und witziger Tonschöpfer, aus dessen reichem Lebenswerk in dieses Buch gehören: *Concertino* für Klavier (1945), *Serenade* (1946), *Divertimento* (für 2 Hörner, 1948), *Seldwyliana* (1961), *Omaggi a Mälzel* (Widmung an den Erfinder des Metronoms, 1963), *Mattinata* (für 23 Bläser, 1965), *Kontertänze* (Typophonische Szenen zur Kretschmerschen Lehre von den schizothymen und zyklothymen Temperamenten, 1969).

## Ernst Toch

1887–1964, österreichisch-amerikanischer Komponist

Dieser durchaus bedeutende Komponist unserer Zeit, den das Leben aus seiner Heimat Wien zu einem schöpferischen Lebensabend in Kalifornien und von einer starken Beachtung als »Neutöner« in der ersten Nachkriegsperiode zu einer viel weniger auffallenden Meisterschaft eigenster Prägung führte, hat eine Fülle von Orchesterwerken hinterlassen, von denen genannt seien:

*Tanz-Suite* für 5 Soloinstrumente und 7 Schlaginstrumente, op. 30;
*Fünf Stücke für Kammerorchester*, op. 33;
*Komödie* (für Orchester in einem Satz), op. 42;
*Die Prinzessin auf der Erbse* (Vorspiel zur gleichnamigen Märchenoper), op. 43;
*Fanal* (für großes Orchester und Orgel), op. 45;
*Bunte Suite*, op. 48;
*Der Fächer* (Ouvertüre zur gleichnamigen Oper), op. 51;
*Kleine Theatersuite* (für Orchester), op. 54;
*Big Ben* (Variationen über das Westminster-Geläut für Orchester), op. 64;
*Peter Pan* (ein Märchen für Orchester), op. 76;
*Das Kirschblütenfest* (Musik zu Klabunds Schauspiel), op. 1930;
*Pinocchio* (Heitere Ouvertüre für großes Orchester);
Vier Sinfonien; darunter *An mein Vaterland* und *Schweitzer-Sinfonie* (Albert Schweitzer gewidmet);
*Konzert für Klavier und Orchester;*
*Kammersinfonie.*

## Henri Tomasi

1901–1971, französischer Komponist

Der im französischen Musikleben vielgenannte, einige Jahre die Oper in Monte Carlo leitende Komponist hinterließ an Orchesterwerken: *Symphonie du tiers monde* (1967), *Konzerte* für Trompete, Violine, Flöte, Oboe, Klarinette, Fagott, Saxophon; Suiten *La Rosière du village, Les Noces de Cendres; Féerie Laotienne* u.a.

## Héctor Tosar

1923, uruguayischer Komponist

Sehr jung kam dieser in Montevideo geborene Tonschöpfer zu internationaler Anerkennung: Seine *Toccata* (1940) erklang in vielen Städten. Weitere Orchesterwerke Tosars, der zeitweise dem von Casals gegründeten Konservatorium von Puerto Rico vorstand und wichtige UNESCO-Aufträge erfüllte, sind: *Sinfonie Nr. 1* (1945), *Momento Sinfonico* (1949), *Sinfonie Nr. 2* (1951), *Ode an Artigas* (mit Rezitator, 1952), *Sinfonische Serie* (1953), *Vier Stücke* (1965) sowie *Concertino für Klavier* (1941), *Sinfonia Concertante für Klavier* (1957), *Rezitativ und Variationen* (1966).

## Max Trapp

1887–1971, deutscher Komponist

*Orchesterwerke:* 7 Sinfonien, 3 Konzerte für Orchester, Nocturnes, Divertimenti, *Konzert für Violine und Orchester* (op. 21, 1924), *Konzert für Klavier und Orchester* (op. 26, 1930), *Violoncellokonzert* (op. 34, 1937).

## Peter Iljitsch Tschaikowsky

1840–1893

Das Lebenswerk Tschaikowskys hat sich in den Konzertsälen aller Länder restlos durchgesetzt; die Statistiken der Aufführungsziffern räumen ihm in den meisten Ländern einen guten Platz unter den fünf bis zehn meistgespielten Komponisten der Welt ein. Trotzdem fehlt es nicht an kritischen Stimmen, die dem russischen Meister verschiedene Mängel vorwerfen. Niemand aber kann leugnen, daß Tschaikowsky es war, der der russischen Musik neben der deutschen, der italienischen und französischen einen Platz an der europäischen Sonne gab; er, der sie zur Weltgeltung erhob; er, der russische Seele und internationale Musiktechnik restlos und glücklich zu verschmelzen wußte; er, der sich unabhängig von politischen und sozialen Umstürzen in den Herzen der Massen zu behaupten wußte.
Tschaikowsky wurde am 7. Mai 1840 in Wotkinsk im fernen Ural geboren. Er war ursprünglich für die juristische Laufbahn bestimmt, für die in guten Bürgerhäusern übliche Beamtenkarriere. Doch die Neigung zur Musik war stärker. Aus dem Schüler des Petersburger Konservatoriums wurde bald der Lehrer am Tochterinstitut in Moskau. Eine gute Fee erlöste ihn aber von den Härten der Musikerlaufbahn; sie erschien auf seinem Lebensweg in Gestalt der überaus reichen Witwe Nadieshda von Meck, die sich von Werken Tschaikowskys so beeindruckt zeigte, daß sie

den in der Mitte der Dreißigerjahre stehenden, nahezu unbekannten Komponisten freigebig unterstützte. Eine der seltsamsten Freundschaften entwickelte sich daraus, deren Grundgesetz darin bestand, einander niemals persönlich kennenzulernen. Frau von Meck ermöglichte Tschaikowsky, sein enges Leben mit einem idealen Wanderdasein zu vertauschen; er schlug seinen Arbeitstisch in den schönsten Gegenden Europas auf, heute im Florentiner Frühling, morgen im milden Herbst des Genfersees, einmal in Paris, dann in Wien. Und immer mit der Möglichkeit der ersehnten Heimkehr in die russische Landschaft, die er so sehr liebte. Sein Ruhm wuchs, ohne daß er selbst es recht merkte. Seine Werke, für deren erste internationale Aufführungen Frau von Meck noch beträchtliche Summen opfern mußte, wurden immer stärker verlangt und bejubelt. Der im Grunde sehr schüchterne Komponist begann sich als Dirigent zu betätigen und erntete Triumphe auf zahllosen Tourneen, die ihn bis nach Nordamerika führten. Plötzlich riß der intensive Briefwechsel zwischen dem Musiker und seiner Mäzenin ab; es ist nie aufgeklärt worden, warum. Wurde sie von ihrer Familie entmündigt, um ihrer Verschwendung zugunsten des »geliebten Freundes« Einhalt zu gebieten? Verfiel sie in geistige Umnachtung (von der allerdings in ihren zahllosen Briefen nie ein Anzeichen zu spüren ist)? Tschaikowsky war inzwischen weltberühmt geworden, reich und einsam. An seinem letzten Wohnort, Klin, steht heute das seinem Andenken gewidmete Museum. Wenige Tage nach der von ihm geleiteten Uraufführung seiner Sechsten – »pathetischen« – Sinfonie ist er der Cholera zum Opfer gefallen: in St. Petersburg am 6. November 1893.

*Orchesterwerke Tschaikowskys:*

*Sinfonie Nr. 1*, op. 13 (1866)
*Ouverture triomphale*, op. 15 (1866)
*Sinfonie Nr. 2*, op. 17 (1872)
*Der Sturm*, op. 18 (1873)
*Klavierkonzert Nr. 1*, op. 23 (1874/75)
*Melancholische Serenade für Violine*, op. 26 (1875)
*Sinfonie Nr. 3*, op. 29 (1875)
*Slawischer Marsch*, op. 31 (1876)
*Francesca da Rimini*, op. 32 (1876)
*Variationen über ein Rokokothema für Cello*, op. 33 (1876)
*Valse-Scherzo für Violine*, op. 34 (1877)
*Violinkonzert*, op. 35 (1878)
*Sinfonie Nr. 4*, op. 36 (1877)
*Suite Nr. 1*, op. 43 (1878/79)
*Klavierkonzert Nr. 2*, op. 44 (1880)
*Italienisches Capriccio*, op. 45 (1880)
*Serenade für Streicher*, op. 48 (1880)
*»1812«, Festouvertüre*, op. 49 (1880)
*Suite Nr. 2*, op. 53 (1883)
*Suite Nr. 3*, op. 55 (1884)
*Konzertphantasie für Klavier*, op. 56 (1884)
*Manfred*, op. 58 (1885)
*Mozartiana*, op. 61 (1887)
*Pezzo capriccioso für Cello*, op. 62 (1887)
*Sinfonie Nr. 5*, op. 64 (1888)
*Hamlet*, op. 67 (1888)
*Nußknacker-Suite*, op. 71a (1891/92)
*Sinfonie Nr. 6*, op. 74 (1893)
*Klavierkonzert Nr. 3*, op. 75 (1892/93)
*Das Gewitter*, op. 76 (1864)
*Fatum*, op. 77 (1868)
*Der Woiwode*, op. 78 (1891)
*Andante und Finale für Klavier*, op. 79 (1892/93, instrumentiert von Tanejew)

*Frühe Sinfonien*

*Sinfonie Nr. 1, g-moll*, op. 13. Während die letzten drei Sinfonien Tschaikowskys zu den meistgespielten Werken der Weltliteratur gehören, sind die frühen drei so gut wie unbekannt. Trotzdem bietet die erste Sinfonie viel Wertvolles. Sie bedeutet die notwendige Vorbereitung, den Ausgangspunkt, so wie es Beethovens erste ist, die am Beginn des steilen Weges steht, der zum Gipfel der neunten führt. Sie ist das erste zyklische Werk des damals 26jährigen Komponisten. Als überlastetem Professor am Konservatorium (aus dessen »Frondienst« ihn erst später Frau von Meck erlösen wird) stehen ihm nur die Nachtstunden zur Komposition zur Verfügung. Seine Gesundheit leidet darunter, und es dauert Jahre, bis er seine schweren Nervenkrisen, die in dieser Zeit entstehen, überwindet. Als die Sinfonie beendet war, zeigte der Komponist sie dem »Oberhaupt«, dem berühmten Anton v. Rubinstein, der – gemeinsam mit seinem Bruder Nikolai – Rußlands Musikleben in Händen hielt. Trotz der teilweise scharfen Kritik führte Rubinstein die beiden Mittelsätze am 3. Februar 1868 auf, in St. Petersburg, das sich in der Folgezeit als »Tschaikowskystadt« par excellence erweisen sollte. Das (teilweise in Kamenka auf dem Gut seiner Schwester in der Ukraine fertiggestellte) Werk führt den Titel *Winterträume*. Einzelne Sätze geben recht plastisch den zweifellos programmatischen Inhalt an: *Träumerei auf winterlicher Fahrt* und

*Rauhes Nebelland.* Die beiden letzten Sätze hingegen weisen rein musikalische Bezeichnungen auf: *Scherzo, Finale.* Aber sie spinnen die gleiche winterliche Stimmung weiter. Das ist Rußland, seine Weiten, sein Winter, der die Felder weiß und eintönig zum Schlafen zwingt. Mancher Zug des späteren großen Komponisten ist hier bereits vorhanden. Tief in der Heimaterde verwurzelt, singt er ihr Lied; sein echt russisches Herz ist dem jähen Wechsel von Freude und Leid unterworfen. Und jetzt schon enthüllt sich die melodische Ader Tschaikowskys, die einst seine Stärke werden wird, das weite Sichaussingen der Seele.

*Sinfonie Nr. 2 c-moll,* op. 17. Tschaikowsky verbringt die kurzen Sommerferien auf dem Landgut seiner Schwester; sie bedeuten einen Lichtstrahl in dem damals so düsteren Dasein des jungen Theorielehrers. Er fühlt sich geängstigt, lebensmüde – nach seinen eigenen Worten –, gepeinigt von tausend bekannten und unbekannten Qualen. Während des Sommers 1872 schreibt er die zweite Sinfonie, die man mit starker Berechtigung die *Ukrainische* genannt hat, auch weil sie mehrere Volkslieder jener Region verarbeitet. Er vollendet sie nach seiner Rückkehr ans Konservatorium, im November. Die ersten, denen er das Werk am Klavier vorführt, sind die Mitglieder des »Mächtigen Häufleins«, der revolutionären jungen Musikergruppe; sie sind begeistert, wie Rimsky-Korssakow in seinen Memoiren erzählt. Damals dachte niemand daran, wie bald sich ihre Wege trennen würden: Tschaikowsky, den sie als »Europäer« schroff ablehnen werden, und die »Fünf« (Balakirew, Borodin, Cui, Mussorgsky, Rimsky-Korssakow), die strenge Nationalisten bleiben. Von der zweiten Sinfonie gibt es zwei Fassungen, die von 1872 und eine revidierte von 1879. Die erste Aufführung erfolgte in Moskau am 7. Februar 1873. Von den vier Sätzen ist wohl der erste der gelungenste und interessanteste; blendend ist bereits die Orchestrierung, hier vereinigen sich blühende Klangphantasie mit gewaltigem technischem Können.

*Sinfonie Nr. 3 D-dur,* op. 29. Im Sommer 1875 entstand – abermals in der Ukraine – die dritte Sinfonie; es ist bezeichnenderweise die einzige, die in einer Durtonart geschrieben ist. Einer Polonaise wegen, die im letzten Satz verarbeitet ist, wird sie manchmal als *Polnische Sinfonie* bezeichnet. Sie war jahrzehntelang völlig vergessen, scheint aber in unserer Zeit dem Publikum gut zu gefallen. Es handelt sich tatsächlich um eine schöne und überraschend reife Arbeit. Kurz vorher hatte Tschaikowsky mit dem 1. Klavierkonzert eine wuchtige Talentprobe abgelegt, und im gleichen Sommer noch, sofort nach Beendigung der Sinfonie, schuf er das Ballett »Schwanensee«; beide Werke eroberten die Welt, und der junge Komponist – Mitte der Dreißig – schritt zur Meisterschaft vor. Die Uraufführung der Sinfonie fand am 16. November 1875 in Moskau statt; zwei Monate später erklang sie in St. Petersburg. Hingegen wies die Wiener Philharmonie den Antrag ihres Dirigenten Hans Richter auf eine Aufführung im Jahre 1878 zurück; außerhalb Rußlands war Tschaikowsky noch völlig unbekannt, und auch im Vaterland selbst darf man die Wirkung der frühen Aufführungen nicht überschätzen.
Der erste Satz beginnt mit einer düsteren Einleitung *(Moderato assai, Tempo di marcia funebre)*, auf die ein *Allegro brillante* folgt, das seinem Namen Ehre macht. Sein Hauptthema – zuerst in den Geigen, dann im Tutti –

bildet neben einer Oboenmelodie das Tonmaterial dieses Satzes. Der zweite trägt die Überschrift *Alla tedesca;* sein »deutscher« Charakter besteht in einem Ländlerrhythmus, für den Tschaikowsky fast solche Vorliebe zeigte wie für den wiegenden Walzertakt, der in seinem Gesamtwerk eine große Rolle spielt. Der dritte Satz ist ein *Andante elegiaco.* In das folgende Scherzo *(Allegro vivo)* scheinen Schumannsche Einwirkungen geflossen zu sein; Tschaikowsky studierte mit großer Sorgfalt die Werke der deutschen Romantik und fühlte sich ihr in mancher Beziehung seelenverwandt. Dann folgt das Finale. Die Sinfonie hat also fünf Sätze; es ist die erwähnte Polonaise, ein glänzendes Stück (in gewissem Sinne nimmt es die mitreißende Polonaise aus »Eugen Onegin« voraus), das die Sinfonie auf einen Höhepunkt führt, wie ihn nicht viele Komponisten jener Zeit zu schaffen imstande waren.

*Sinfonie Nr. 4 f-moll,* op. 36

*Geschichte:* Das Jahr 1877 war in mancherlei Beziehung entscheidend für Tschaikowsky. Nadieshda von Meck trat in sein Leben, und er gewann nicht nur materielle Sicherheit dadurch, sondern das Wichtigste, was ein schaffender Künstler finden kann: eine bis ins tiefste von seinen Kompositionen erfüllte, ja aufgewühlte und dabei kluge und verständige Seele. In dieser neuartigen Gewißheit schrieb Tschaikowsky seine vierte Sinfonie, »unsere Sinfonie«, wie er sie in Briefen an Frau von Meck nennt. Die Beziehung zwischen den seltsamen Freunden (oder soll man sagen: Liebenden?) war zu neu, um sie durch eine Widmung aller Welt zu offenbaren. So entschließt der Komponist sich zu einer verschleierten Zueignung: »Meinem besten Freunde«, wobei zu bedenken ist, daß im Russischen »Freund« und »Freundin« gleichlautend sind. Tschaikowsky wohnte der Uraufführung nicht bei, die am 22. Februar 1878 in Moskau vor sich ging. Fern von Rußland verbrachte er in Florenz wohltuende Tage, die Nadieshdas Großherzigkeit ihm bot; er erholte sich von seinem nach wenigen Tagen gescheiterten Eheexperiment und seiner Flucht aus der Heimat. Nikolai Rubinstein, der Dirigent, und Frau von Meck, die begeisterte Hörerin, bestätigten übereinstimmend den durchschlagenden Erfolg. Erst dann wagte es die

Freundin, den angebeteten Autor nach dem tieferen Inhalt, nach dem »Programm« der Sinfonie zu fragen. Und dieses einzige Mal im Leben öffnete Tschaikowsky die Tore seines Herzens und ließ eine verwandte Seele an seiner Schaffensweise Anteil nehmen.

*Analyse*: Am 1. März 1878 schrieb Tschaikowsky aus Florenz an den »besten Freund«, der zwar Frauenkleidung trägt, aber für den Komponisten völlig ungeschlechtlich ist: »Wenn man mir über ein sinfonisches Werk diese Frage vorlegt, pflege ich mit einem Nein zu antworten. Wie soll man in Worten jene unbestimmten Empfindungen wiedergeben, die den Komponisten bei der Niederschrift eines Instrumentalwerkes durchfluten, das an sich keinen bestimmten Vorwurf hat?«, so steht am Anfang zu lesen. Dann folgen weitere Erörterungen über seine Art zu komponieren. Und schließlich kommt er zum Thema: »Doch ich habe mich von Ihrer Frage ablenken lassen. Ja, unsere Sinfonie besitzt ein Programm, das heißt, es besteht hier die Möglichkeit, in Worten darzulegen, was sie auszudrücken sucht. Ihnen, aber auch nur Ihnen, kann und will ich die Bedeutung sowohl des Ganzen wie auch der einzelnen Sätze erklären. Natürlich kann das nur in ganz allgemeinen Umrissen geschehen. Die Einleitung ist das Samenkorn der ganzen Sinfonie, der Haupteinfall, von dem alles abhängt... (und Tschaikowsky schreibt in Notenschrift das Trompetenthema hin):

Dies ist das Fatum, das Schicksal, jene verhängnisvolle Macht, die unser Streben nach Glück nicht Wirklichkeit werden läßt, die eifersüchtig darüber wacht, daß Glückseligkeit und Friede nicht voll und wolkenlos wirken, die wie Damokles' Schwert über unserem Haupte hängt und unsere Seele immer und immer neu vergiftet. Diese Macht ist unbesiegbar, unentrinnbar. Uns bleibt nichts anderes übrig, als uns darein zu finden und uns zu sehnen... (hier zitiert der Komponist das schwebende 9/8-Thema, das so echt Tschaikowskysch sehnsüchtig ist):

Freudlosigkeit und Hoffnungslosigkeit werden immer schlimmer, immer quälender. Wäre es nicht besser, sich ganz von der Wirklichkeit abzuwenden und in Träumen zu versinken? (Er führt ein neues Thema an, das in Sechzehntel- und Zweiunddreißigstelnoten wie ein Schatten vorüberhuscht):

O welche Freude! Nun ist ein süßer und zärtlicher Traum erwacht! Ein beseligendes, lichtes Menschenbild schwebt dahin und lockt ins Unbestimmte:

Wie herrlich! Nun scheint auch das unentrinnbare erste Thema sanfter zu klingen! Allmählich erfassen Träume die ganze Seele, alles Finstere und Freudlose ist vergessen. Da ist es, da ist es, das Glück! Nein, es war ein Traum. Das Schicksal weckt uns aus ihm:

So ist denn unser ganzes Leben ein unablässiger Wechsel von harter Wirklichkeit und flüchtigen Traumgebilden vom Glück... es gibt keinen Hafen... schwimme dahin durch dieses Meer, bis es dich einhüllt und hineinzieht in seine Tiefen... Das wäre ungefähr das Programm des ersten Satzes.

Der zweite Satz drückt eine andere Art von Schwermut aus. Es ist jenes wehmütige Gefühl, das uns des Abends ergreift, wenn wir einsam sind, ermüdet vom Tagewerk, und ein Buch unseren Händen entsinkt. Erinnerungen stürzten von allen Seiten auf uns ein. Wie süß sind jene an die Jugendzeit, aber wie traurig ist es, daß so vieles vorbei und für immer vergangen ist. Wir trauern um die Vergangenheit, aber wir möchten sie trotzdem nicht noch einmal erleben, zu sehr hat uns das Leben zermürbt. Wie schön, auszuruhen, zurückzuschauen... Vieles kommt einem wieder in den Sinn: heitere Stunden, da das Blut jung und heiß war und das Leben uns befriedigte; schwere Stunden, unersetzliche Verluste. Wie weit liegt alles zurück... Wie schmerzlich und doch wie süß ist es, sich in die Vergangenheit zurückzuversetzen!

Der dritte Satz drückt keine bestimmten Empfindungen aus. Es sind nur Bilder, die durch unseren Sinn schweben, so als wenn wir ein Glas Wein getrunken hätten und leicht berauscht wären. Unser Herz ist weder heiter noch traurig. Man denkt an nichts, läßt die Phantasie schweifen, und sie malt uns seltsame Zeichnungen hin... Darunter vielleicht ein längst vergessenes Bild betrunkener Bauersleute, ein Gassenhauer, ein Zug Soldaten, die durch die Nacht marschieren. Abgerissene Bildfetzen, wie sie beim Einschlafen durch unseren Sinn geistern. Sie haben nichts mit der Wirklichkeit gemein, sie sind eigenartig, abrupt, zerrissen.

Der vierte Satz. Wenn du in dir selbst keinen Anlaß zur Freude findest, so suche ihn bei anderen Menschen! Geh zum Volk, sieh zu, wie es heiter ist und sich ungehemmt der Freude hingibt... Ein Volksfest klingt auf, doch kaum hast du dein Selbst vergessen in der Betrachtung fremder Freuden, als das unentrinnbare Schicksal aufs neue da ist und an sich erinnert. Aber die anderen kümmern sich nicht um dich. Sie schauen sich nicht einmal nach dir um, sie merken gar nicht, wie einsam und traurig du bist. Oh, wie fröhlich sind sie! Wie glücklich, weil ihre Gefühle einfach und unkompliziert sind! Erkenne dich selbst, sage nicht, alles auf Erden sei traurig! Es gibt schlichte, aber tiefe Freuden. Freue dich an fremder Freude! Man kann das Leben doch ertragen!« Er schreibt noch weiter; es muß eine lange Frühlingsnacht gedauert haben, bis der Brief an die »geliebte Freundin« beendet war. Aber selbst dann fügt er noch ein Postskriptum hinzu: »Bevor ich diesen Brief in den Umschlag steckte, habe ich ihn nochmals durchgelesen und bin entsetzt über die Verschwommenheit und Ungenauigkeit des Programms, das ich Ihnen sende. Zum ersten Male im Leben habe ich musikalische Gedanken und Bilder in Worte gekleidet. Es ist mir nicht gelungen, das befriedigend zu tun. Vorigen Winter, als diese Sinfonie geschrieben wurde, litt ich an tiefer Schwermut. Die Sinfonie ist ein Widerhall dessen, was ich damals empfand, aber eben nur ein Widerhall...« Trotz dieser Bedenken des Komponisten haben wir hier seine »Erklärungen« weitgehend abgedruckt. Einerseits, weil es immer interessant ist, was ein Autor zu seinem Werk zu sagen hat; andererseits, weil es selten ist, daß ein berühmter Schöpfer uns einen Einblick in die Werkstatt erlaubt. Setzen wir nur einige Kleinigkeiten hinzu: etwa, daß der dritte Satz eine Besonderheit in der Instrumentation aufweist und ausschließlich aus dem Pizzicato der Streicher geformt ist. Weiter: daß Tschaikowsky im letzten Satz ein russisches Volkslied verwendet (deutsch unter dem Namen »Steht ein hoher Baum auf dem Felde« bekannt). Das gesamte Werk atmet russischen Geist, aber es schlägt eine Brücke zur Romantik Schumanns, Berlioz'. Und so wurde es bewundertes Vorbild eines anderen großen slawischen Sinfonikers: Dvořák.

*Sinfonie Nr. 5 e-moll*, op. 64

*Geschichte:* Elf Jahre nach der vierten schreibt Tschaikowsky wiederum eine Sinfonie. Sein Leben hat sich in der Zwischenzeit völlig gewandelt. Er ist kein kleiner Theorielehrer am Konservatorium mehr, der mühsam seine Stundenzahl erfüllt, sondern ein weltberühmter Komponist; kein armer Musiker, der jeden Kreuzer zählen muß, sondern ein wohlhabender Mann, dem die Honorare zufließen und der dank Nadieshda eine fürstliche Rente sein eigen nennt. Aber er lebt einsam und fern dem Getriebe, ganz dem Schaffen, in jüngerer Zeit auch dem Dirigieren eigener Werke hingegeben. Die Briefe, die er mit Frau von Meck wechselt, kommen und gehen immer noch, aber längst nicht mehr so oft und sind auch ein klein wenig kühler geworden. So bittet die Freundin auch um keine Erklärung der fünften Sinfonie, wie sie es bei der vierten getan hatte. Am 17. November 1888 dirigiert Tschaikowsky sie erstmalig in St. Petersburg. Hernach schreibt er: »Tanejew ausgenommen, der hartnäckig auf seiner Ansicht beharrt, die fünfte Sinfonie sei mein bestes Werk, haben alle meine ehrlichen und aufrichtigen Freunde nur eine geringe Meinung von ihr.« Und in einem anderen Brief, ebenfalls an Frau von Meck, heißt es: »Nach jeder Aufführung komme ich immer mehr zur Überzeugung, daß diese Sinfonie ein mißlungenes Werk ist, und das Bewußtsein dieses zufälligen Mißlingens (vielleicht aber auch eines Nachlassens meiner Schöpferkraft) betrübt mich sehr. Es hat sich herausgestellt, daß die Sinfonie zu bunt, zu massig, unaufrichtig, zu lang, überhaupt wenig ansprechend ist... Sollte ich mich schon ›ausgeschrieben‹ haben? Sollte wirklich schon der Anfang vom Ende da sein? Es wäre fürchterlich! Jedenfalls ist es bedauerlich, daß eine im Jahre 1888 geschriebene Sinfonie schlechter ist als eine aus dem Jahre 1877...« Absurdes Unterfangen, mit dem Autor zu diskutieren. Schwierig schon in den – viel häufigeren – Fällen, in denen ein Schöpfer sein Werk den Kritikern gegenüber verteidigt; aber völlig unmöglich, wenn die Situation umgekehrt liegt, wenn der Komponist ein Werk verunglimpft, das Tausenden seiner Anhänger teuer ist. Denn der Siegeszug dieser Sinfonie hat wenig seinesgleichen in der Musikgeschichte...

*Verwendetes Orchester:* 3 Flöten (mit Piccolo), 2 Oboen, 2 Klarinetten, 2 Fagotte, 4 Hörner, 2 Trompeten, 3 Posaunen, Baßtuba, 3 Pauken, Streicher.

*Analyse:* Ein düsteres Klarinettenmotiv leitet das Werk ein. Es scheint aus dunklen Tiefen zu kommen, steigt ein wenig an, fällt wieder zurück. Schattenhafte Streicherakkorde begleiten es. Es ist wiederum – wie das Trompetenthema der Vierten – eine Art Leitmotiv und wird in allen Sätzen wiederkehren, manchmal dramatisch gesteigert, zuletzt triumphal nach Dur gewendet:

Die langsame Einleitung geht, fast unmerklich, in ein *Allegro con anima* über. Immer noch singen die Klarinetten, aber nun ist es eine wärmere Melodie, die langsam an Spannung und Klang gewinnt:

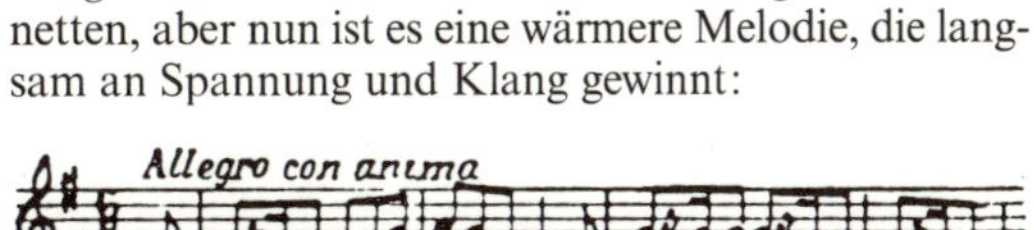


Die Geigen führen sie schließlich, vom Blech stark gestützt, zum ersten Höhepunkt. Tschaikowsky ist ein Meister der Höhepunkte. Klangmassen ballen sich, scheinen zu ringen, zu kämpfen. Kontrapunkte stemmen sich eisern dagegen. Dann kehrt die Ruhe wieder, und der Komponist führt sein zweites Thema ein: eine jener sehnsüchtigen Melodien, über die Tschaikowsky (wie Schubert) unbegrenzt gebietet. Nur ein zutiefst zärtlicher Mensch kann dies geschrieben haben:

Dann greifen die Klangmassen wieder an, und es folgen heftige, wie erbitterte, Kämpfe. Erst gegen Ende des Satzes läßt die Spannung nach. Das erste Thema beruhigt sich nach und nach, bis es erlischt. Der zweite Satz ist wahrhaft »bunt« (wie Tschaikowsky schrieb), aber niemand wird dies als Fehler bewerten. Der Satz ist erfüllt von Leben, voll eng aneinandergedrängter Erregung. Und voll verschiedenartigster musikalischer Themen (die eine rein technische Analyse vielleicht erschweren). Zu Beginn breiten die Streicher einen weichen Teppich aus; darüber erhebt das Horn seine traurige, unvergeßliche Weise:

Die Celli wiederholen sie, es ist ein Schmerz ohne Worte, in den tausend Enttäuschungen eines Lebens zusammengeströmt sind. Aber sie trägt gleichzeitig den Trost in sich selbst. Die Wunden, die das Leben schlug, bluten nicht mehr. Eine zweite Melodie bewahrt noch die Leidenschaft, die Sehnsucht früherer Jahre:

Wie weit entfernt ist Tschaikowsky von der Gefahr des »Ausschreibens«! Nie vielleicht steckte er so voller Einfälle und Melodien! Der Satz hat eine Reihe gewaltiger Höhepunkte. Kaum klingt einer von ihnen ab, reißt der Autor das Orchester neuerlich aufwärts, entfesselt wahre Orgien an Spannung und geballtestem Klang. Plötzlich ist das Leitmotiv wieder da, das die Klarinetten zu Beginn der Sinfonie geschluchzt hatten: nun schmettern, dröhnen es die Trompeten, wie mitten in einer Schlacht. Es tönt wie ein Schicksalsruf. Lange Stille antwortet ihm. Dann erklingt die traurige Melodie wieder, die den Satz eröffnete: Jetzt singen sie die Geigen. Die Oboe webt einen melancholischen Kontrapunkt hinein. Langsam kehrt die Hoffnung wieder, alles drängt neuerlich zum Leben, zum Kampf. Doch das Schicksalsmotiv fegt noch einmal heran, zerschmettert alles. Nur die Resignation bleibt übrig. Ein wundervoller Epilog; zart, sanft, mit kaum erkennbarem weisem Lächeln schließt meisterhaft der Satz.

Der dritte Satz ist ein Walzer. Überrascht das, inmitten von soviel Wehmut, Einsamkeit und dramatischen Kämpfen? Tschaikowsky liebt den Walzer, liebt seinen schwebenden Dreivierteltakt und wendet ihn unzählige Male in seinen Werken an. Und so bleibt in dieser hochromantischen Sinfonie gewissermaßen eine Erinnerung an die Anfangszeiten dieser Form lebendig, als Haydn zwischen langsamen Satz und Finale einen Modetanz einschob. Und Tschaikowsky, der in anderen Sinfoniesätzen komplizierteste Strukturen anwendet, greift in diesem entzückenden Walzer zur einfachsten Form, zur gleichen, in der die alten Meister ihre Menuette bauten: ein Hauptthema, das Anfang und (durch Wiederholung) Schluß bildet, und in der Mitte ein anderes Thema. Das Walzerthema ist licht, freundlich – schon durch die Tonart A-dur in eine unproblematische Helle gerückt –, graziös, wie Tschaikowsky es oftmals (und nicht nur in seinen Ballettmusiken) ist:

Den Mittelteil aber bildet eine Art phantastisches Scherzo, mit jagenden Sechzehntelnoten, fluktuierenden dynamischen Schattierungen, überraschenden Akzenten. Mehr als einmal denkt man an Mendelssohn, an den sommernächtlichen Zauberwald mit seinem Elfenspuk. Kurz bevor der Satz zu Ende geht, ertönt in tiefen Lagen das Leitmotiv der Sinfonie. Nicht drohend dieses Mal, eher wie eine Mahnung. Es ist, als denke ein Mensch plötzlich inmitten eines Festes an ein schmerzliches, ihn aufwühlendes Erlebnis, vielleicht an den Tod. Und nachdenklich geht der Satz nach dieser Unterbrechung zu Ende: die frühere Unbeschwertheit will sich nicht mehr einstellen.

Der letzte Satz beginnt wie der erste: mit dem »Schicksalsthema«, dem Leitmotiv. Aber dieses hat sich aus düsterem, lastendem Mollbereich in glänzende Durregionen gewendet. Aus schmetternden Trompeten erklingt es nun, siegreich, triumphierend. Vielleicht ist dieser Teil nicht der beste und originellste des Werkes, aber die Schuld mag auch an der traditionellen Form liegen, die für einen letzten Sinfoniesatz einen Sieg des »Guten« über das »Böse«, des Glaubens über den Zweifel, kurz, ein »happy-end« vorsieht. (In seiner nächsten, letzten Sinfonie wird Tschaikowsky dieses Prinzip durchbrechen und ein zyklisches Werk in tiefster Traurigkeit abschließen.) Das Finale der fünften Sinfonie ist laut, bei guten Aufführungen mitreißend, bei schlechten lärmend. Nach der feierlichen Einleitung – mit dem immer mehr gesteigerten Hauptthema des Werkes – folgt ein wild dahinjagender Teil mit einer echt russischen Melodie; man denkt an halsbrecherische Ritte über unendliche Steppen, an Hunnen und Kosaken. Das Orchester rast, sprüht, schlägt Funken und Flammen. Aber auf dem Höhepunkt tritt uns wieder das Leitmotiv entgegen, mit unbeschreiblicher Kraft (wie kam Tschaikowsky, der weiche, stille, schüchterne Mensch, zu soviel Kraft?) und blendendstem Glanz. Die Geschwindigkeit nimmt weiter zu, Sturmwind scheint über die Erde zu fegen. Auf einem langen donnernden Paukenwirbel hält das Toben inne; und dann bricht der Siegesgesang los, wie er selten so großartig gesungen worden ist. Das Schicksalsthema ist zur Triumphfanfare geworden. Legionen marschieren, Fahnen wehen. Schade, daß der Komponist niemals gesagt hat, was er sich bei dieser Sinfonie dachte.

*Sinfonie Nr. 6 h-moll (Pathétique)*, op. 74

*Geschichte:* Das Jahr 1890 bringt das plötzliche, unerklärliche Ende der seltsamen Freundschaft Tschaikowskys mit Frau von Meck. Doch in der Schaffenskraft des Komponisten tritt keine Stockung ein, obwohl er wenige Jahre vorher der Freundin versichert hatte, er könne nie mehr eine Note schreiben, ohne daran zu denken, daß sie sie hören und verstehen werde. Tschaikowsky ist nun fünfzig Jahre alt. Aber die Bilder aus jenen Jahren zeigen einen frühzeitig vergreisten Mann. Er ist berühmt, aber völlig allein. In einer eigenartigen Analogie zu Beethoven klammert er sich an einen Neffen. In beiden Fällen ist der Jüngling des bedeutenden Onkels unwürdig. Tschaikowsky teilt diesem jungen Mann jede Phase der Komposition seiner sechsten Sinfonie mit: »Du kannst Dir nicht vorstellen, wie selig ich bin, da ich mich überzeugt habe, daß es mit mir noch nicht zu Ende ist und ich noch arbeiten kann...« (23. Februar 1893). Ferner schreibt er ihm: »Du weißt, daß ich eine im vorigen Herbst zum Teil entworfene, zum Teil schon instrumentierte Sinfonie vernichtete. Ich habe recht daran getan, denn sie enthielt wenig Gutes und war nur ein leeres Spiel mit Tönen, ohne echte Begeisterung geschrieben. Auf der Reise nach Paris kam mir der Gedanke an eine neue Sinfonie, diesmal mit einem Programm, aber einem, das allen ein Rätsel bleiben wird. Mögen sie selber dahinterkommen; die Sinfonie soll auch ›Programmatische Sinfonie‹ heißen. Dieses Programm ist durch und durch von meinem eigensten Sein erfüllt, so daß ich, unterwegs in Gedanken komponierend, oft heftig weinte. Jetzt heimgekehrt, machte ich mich an die Niederschrift, und die Arbeit ging mir so schnell, so ungestüm von der Hand, daß ich in weniger als vier Tagen den ersten Satz vollkommen beendet und die übrigen im Kopf bereits klar umrissen habe. Auch ist die Hälfte des dritten Satzes bereits fertig. In der Form gibt es viel Neues, so wird u.a. das Finale kein lautes Allegro, sondern im Gegenteil ein sehr gedehntes Adagio sein...« Während der noch winterlichen Monate März und April (1893) arbeitete Tschaikowsky fieberhaft. Ein Riesenwerk ersteht in Tagen und Nächten völliger Abgeschiedenheit von der Welt. Die ungeheure Anspannung bringt den Komponisten an den Rand des körperlichen Zusammenbruchs und einer Nervenkrise, die er – wieder dem Neffen – schildert: »Gestern gingen meine Qualen so weit, daß ich Schlaf und Appetit verlor, was nur sehr selten geschieht. Ich leide nicht nur an einer Schwermut, die sich nicht mit Worten ausdrücken läßt (dagegen glaube ich, sie in meiner Sinfonie gut ausgedrückt zu haben), sondern auch unter einer heftigen Abneigung gegen fremde Menschen, unter einer unbestimmten Angst und, weiß der Teufel, worunter noch. Natürlich unterziehe ich mich dem allem zum letzten Male...« Seltsame Voraussage bei einem Manne von 53 Jahren! Aber das Schicksal hatte tatsächlich bereits in diesem Sinne entschieden. Nach einer – seiner letzten – Konzertreise setzt er die Komposition fort: »Je weiter ich mit der Instrumentierung komme, um so schwieriger wird alles. Vor zwanzig Jahren schrieb ich einfach darauf los, ohne zu überlegen, und es wurde gut. Jetzt bin ich feige geworden, meiner selbst nicht mehr sicher. Heute habe ich den ganzen Tag über zwei Seiten gesessen, sie wollten nicht so gelingen, wie ich sie haben wollte.« Das war am 3. August. Aber am 15. lesen wir: »Ich bin mit dem Inhalt der Sinfonie sehr zufrieden, wenn auch unzufrieden mit der Instrumentation. Es wird noch nicht ganz so, wie ich es mir vorstellte. Es würde mich nicht wundern, wenn diese Sinfonie nur geringen Erfolg haben und Schmähungen erdulden sollte. Das wäre ja nicht zum ersten Male so. Ich aber halte sie voller Zuversicht für das beste, vor allem für das aufrichtigste meiner Werke. Ich liebe sie so, wie ich noch nie eines meiner musikalischen Kinder geliebt habe...« Neun Tage später geht dieser Brief an den Verleger Jürgenson ab: »Auf Ehrenwort, ich war noch nie im Leben so zufrieden mit mir, so stolz, so glücklich im Bewußtsein, ein gutes Werk geschrieben zu haben...« Am 28. Oktober dirigiert der Autor persönlich seine sechste Sinfonie in St. Petersburg zum ersten Male. »Das Publikum schien verwundert«, schrieb er nachher. Noch hatte die Sinfonie keinen Namen. Wollte er sie »programmatische« nennen, wie es seine Idee gewesen war, dann müßte er wohl das Programm enthüllen, und dagegen sträubte er sich. »Tragische«, schlägt sein Bruder Modest vor, aber Tschaikowsky ist nicht einverstanden. Modest erfindet einen anderen Titel: »Pathetische Sinfonie«, und dabei bleibt es. Über die folgenden Tage gibt es verschiedene widersprüchliche Versionen. Tatsache ist, daß der Komponist, trotz der in Rußlands Hauptstadt wütenden Choleraepidemie, ungekochtes Newawasser trank. Aus Zerstreutheit? Aus Absicht? Wenige Tage später war er tot. Und abermals wenige Tage darauf erklang seine *Sinfonie pathétique* von neuem und erschütterte nun das Auditorium zutiefst. Und von jenem Augenblick an begann sie ihren Siegeszug rund um die Welt.

*Verwendetes Orchester:* Im Prinzip das gleiche wie in der Fünften, lediglich mit Verstärkung des Schlagwerks: 3 Flöten (mit Piccolo), je zwei Oboen, Klarinetten und Fagotte, 4 Hörner, 2 Trompeten, 3 Posaunen, Baßtuba, 3 Pauken, große Trommel, Becken und Streicher.

*Analyse:* Die sechste Sinfonie beginnt (wie die fünfte) mit einem düsteren Motiv. Angst und Einsamkeit scheinen hier Ton geworden. Es steigt wie aus innerster verschlossener Herzkammer, quält sich mühsam aus tiefster Tiefe aufwärts:

Die farblosesten Instrumente schaffen bleierne Atmosphäre: Kontrabässe, ein tiefes Fagott. Nebel scheinen alles zu bedecken. Dann geht das dunkle Thema in ein *Allegro* über.

Eine unbekannte Erregung bemächtigt sich der Seele, als schrecke sie aus dem Schlummer auf. Immer noch jagen wirre Bilder vorüber. Nur langsam beruhigt sich das Thema. Ein meisterhaft auskomponiertes Ritenuto hält den Hörer in beklommener Spannung; es ist, als verstumme die Seele vor einer Himmelserscheinung. Und nun neigt sich – *Andante* – wahrhaft aus Himmelshöhen ein unsagbar süßer Trost. Eine Melodie, wie es wenige gibt, unendlich beruhigend und innig:

Geigen und Violoncelli singen sie, weit ausgebreitet und zuletzt sanft verlöschend wie das milde Licht eines Sommerabends. Dann bricht, rauh und hart, ein *Allegro vivace* los. Plötzlich scheint ein Kampf entfesselt. Ist es das Leben, das den Traum zerstört hat? Das Thema der Angst windet sich, stößt vorwärts. Trompeten, die schmetternden, glänzenden Trompeten Tschaikowskys, rufen über das Schlachtfeld. Eine ungeheure Erregung beherrscht das ganze Orchester, das in vierfachem Forte gewaltige Höhepunkte erklimmt. Die Posaunen werden in dämonischem Kontrapunkt gegen die in äußerstem Vibrato zitternden Streicher geführt. Es ist, als zerspränge eine Welt. Menschendämmerung... Aber die Sonne dringt noch einmal durch die grauen schweren Wolken. Die himmlische Melodie erklingt von neuem, erfüllt alles mit ihrer Süße, singt, was Worte nie sagen könnten. Dieser einen Melodie wegen hätte Tschaikowsky die Unsterblichkeit verdient. Sie löscht wieder langsam aus und mit ihr der erste Satz. Man merkt kaum, wenn er aus dem zartesten Pianissimo ins Nichts übergeht.
Der zweite Satz steht an Stelle eines Scherzos. Tschaikowsky nennt ihn nicht so, sondern einfach *Allegro con grazia*. Dem klassischen Formschema nach erwartet man hier einen langsamen Satz. Nur Beethoven hatte es abgeändert, als er in seiner Neunten das Scherzo an die zweite und den langsamen Satz an die dritte Stelle setzte. Tschaikowsky geht noch weiter: er rückt den langsamen, den lyrischen, gefühlvollen Satz an das Ende. Dieser zweite Satz zeigt eine Eigentümlichkeit: er ist durchwegs im seltenen Fünfvierteltakt geschrieben:

In manchen Augenblicken siegt die »Grazie«, die der Autor in der Überschrift verlangt, aber im Untergrund herrscht zweifellos eine tiefe Melancholie vor. Die Form ist einfach, dreiteilig, so wie Walzer, Menuette, Scherzos es zu sein pflegen. Im Mittelteil wird die Melancholie zeitweise fast schmerzlich fühlbar. Die Geigen scheinen zu weinen, während die Pauke pausenlos einen ehernen, unerbittlichen Takt dazu schlägt.
Der dritte Satz ist grandios, niederwerfend. Was mag Tschaikowsky hier geschildert haben? Was bedeutet dieser brutale, gigantische Marsch, zu welcher Revolution, auf welche Barrikaden wird hier gerufen? Schon die Einführung des harten, scharfen, energischen Themas ist einzigartig:

Wir erleben gewissermaßen seine Geburt, aus einer winzigen Keimzelle, die unaufhaltsam wächst, sich ausbreitet, an Kraft gewinnt. Der ununterbrochene Fluß dieses Satzes wird immer wieder angestachelt, vorwärtsgetrieben. Die Intensität, die wir längst als eines der Merkmale der Musik Tschaikowskys erkannten, erreicht hier neue Höhepunkte. Die Spannung wird bis ins fast Unerträgliche vorgetrieben. Das Thema wetterleuchtet von mehreren Seiten aus gleichzeitig. Der Rhythmus ist aggressiv und steuert auf einen gewaltigen Zusammenprall los. Als dieser bevorzustehen scheint, werden die Sturmläufe in Streichern und Holzbläsern entfesselt, die der Komponist so liebt. Es ist, als stünde nun eine gigantische schwarze Wolke am Himmel, die die Felder verdüstert. Ein Wirbelsturm hat sich erhoben, fegt über die Erde, läßt den betäubenden Donnerschlag ahnen. Dann bricht dieser herein. Ein alles übertönender Beckenschlag bringt orgiastische Erregung ins Orchester. Ein dumpfer Trommeleinschlag antwortet unmittelbar, wie wenn der krachende Donner auf den grellen Blitz folgt. Niemals hat Tschaikowsky soviel geballte Kraft besessen wie hier; nie hat er so schrankenlos alle Elemente entfesselt.
In der gesamten sinfonischen Literatur gibt es nichts, das dem letzten Satz der *Pathétique* zu vergleichen wäre. Beethoven verabschiedete sich mit einem jubelnden Gesang an die Brüderlichkeit der Menschen, mit einer symbolischen Umarmung der ganzen Welt. Tschaikowsky hingegen geht einsam, wie er gelebt hat, aus der Welt. Es ist kein rebellischer Tod, kein tragischer Abschiedsschrei. Es ist die Melancholie eines Lebens, die hier Klang wurde. Die Themen sind von tiefster Traurigkeit erfüllt; aber es liegt doch ein milder Trost in manchem von ihnen. Der Kummer ist verblaßt, die Zuversicht einer ewigen Liebe erleuchtet zeit-

weise das Schlachtfeld, das der Sturm des dritten Satzes verwüstet zurückgelassen hat:

Die Erde bleibt zurück. Die Seele fliegt über weiße Wolken, heim in ein ewiges Vaterland, das fern und unbekannt leuchtet, und wo es nur Liebe gibt und keinen Schmerz mehr.

*Die Konzerte*

Tschaikowsky schrieb insgesamt vier Konzerte: drei für Klavier und eines für Geige. Zwei davon stehen im Repertoire aller Orchester und Solisten: das erste Klavierkonzert und das Violinkonzert.

*Klavierkonzert Nr. 1 b-moll*, op. 23. Dieses überaus populär gewordene Werk stammt aus den beiden letzten Monaten des Jahres 1874. Am Weihnachtsabend spielte der Komponist es seinem Direktor, Nikolai Rubinstein, vor. Und da erlebte er, anders als an diesem Tage üblich, eine schlimme Bescherung. Drei Jahre später erzählt er in einem Brief der »geliebten Freundin«, die soeben in sein Leben getreten war, die Einzelheiten jenes Abends, die überdeutlich in seiner Erinnerung hafteten. Kürzen wir die langen Briefstellen ein wenig ab. Tschaikowsky spielt, Rubinstein hört zu. Nach dem ersten Satz (dessen Beginn heute das Publikum fasziniert): nichts. Erst am Ende des ganzen Stükkes bricht der einzige Zuhörer in schonungslose Kritik aus: »Da ergoß sich von Rubinsteins Lippen eine Sturzflut von Worten, zuerst leise, dann immer mehr und mehr in den Ton des donnerrollenden Jupiters übergehend. Es ergab sich, daß mein Konzert überhaupt nichts tauge, daß es unspielbar sei, seine Themen abgedroschen, plump und so ungeschickt, daß sie sich überhaupt nicht verbessern ließen. Als Tonwerk sei das Ganze schlecht, gemein, ich hätte einiges von hier, anderes von dort gestohlen...« Tschaikowsky nahm seine Partitur unter den Arm und ging stillschweigend, wie er nahezu alles in seinem Leben stillschweigend tat. Der Abend hatte zur Folge, daß der Komponist die Widmung an Nikolai Rubinstein zerriß und sie später durch die an Hans von Bülow ersetzte, der sich begeistert über das Werk aussprach. Seltsamerweise spielte Rubinstein dann das Stück doch, ja er führte es in Dutzenden von Konzerten zum Triumph. Die Uraufführung allerdings erfolgte weit weg von Rußland, ja von Europa: am 25. Oktober 1875 in Boston, unter der Stabführung Bülows.
Das Konzert beginnt mit einem der berühmtesten Themen Tschaikowskys:

Bülow hatte geurteilt, das Werk stecke voll origineller, nobler und kräftiger Ideen, seine Einzelheiten seien stets interessant, und obwohl es ihrer zahllose gebe, beeinträchtigten sie niemals die Klarheit und Einheit der Komposition; die Form sei reif, der Stil meisterhaft, Inspiration und Verarbeitung völlig in Übereinstimmung gebracht. Seit damals haben die Sachverständigen einen zumeist mittleren Standpunkt zwischen Rubinstein und Bülow eingenommen (während das Publikum sich offen zu Bülows Auffassung bekennt). Es gibt Themen von geringerem Wert, ja manchmal glaubt man einzelnes aus Rubinsteins Kritik zu verstehen. Aber dieses Einleitungsthema gehört nicht dazu: es ist eines der besten, die Tschaikowsky je geschrieben hat. Im übrigen muß man dieses Konzert als Geniestreich nehmen, nicht als reifes Meisterstück. Das nächste Thema, mit dem das *Allegro con spirito* eingeleitet wird, das auf die langsame, majestätische Einleitung folgt, trägt russische Züge:

Das zweite ist echt romantisch, von sehnsüchtigem Ausdruck und gesangvoll:

Und wiederum russisch klingt ein drittes Thema, das mit seinem schwebenden Rhythmus an eine Schlittenfahrt über unendliche weiße Flächen gemahnt:

Mit so reichem thematischem Material konstruiert Tschaikowsky einen fesselnden ersten Konzertsatz, der dem Solisten glänzende Möglichkeiten bietet und vielleicht der gelungenste des Werkes genannt werden kann. Viel einfacher ist der zweite, *Andante semplice*. Im Barkarolenrhythmus beginnt das Orchester mit einer beinahe volkstümlichen Melodie, auf die eine schwebende, nicht sonderlich originelle Episode im Walzerrhythmus folgt.
Das Finale ist kraftvoll, mit russischen Anklängen. Sein zweites Thema erhebt sich gegen Schluß zu einem Triumphgesang:

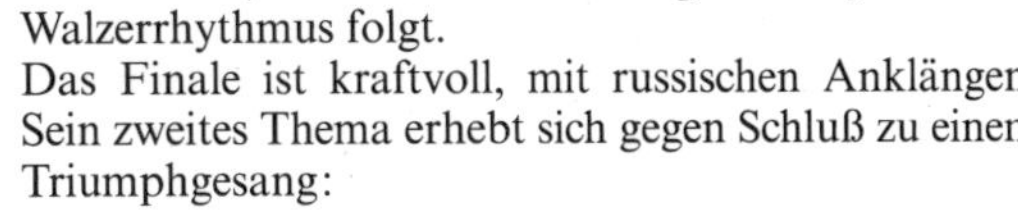

*Konzert für Violine und Orchester D-dur*, op. 35. Tschaikowsky verbringt den Frühling 1878 in Clarens, an den idyllischen Ufern des Genfersees. Es ist das erste Geschenk seiner Freundin, der fernen und doch

stets gegenwärtigen Frau von Meck. Ihr verdankt er die so ersehnte Freiheit: Freiheit vom Konservatorium, das er hinter sich ließ (ohne allerdings noch zu ahnen, daß es für immer sein werde), Freiheit von seiner Gattin, zu der er, nach wenigen Tagen qualvollen Zusammenlebens, nie wieder zurückkehrte, Freiheit zum Schaffen. Er ergreift die Feder und schreibt in einem einzigen Rausch das Violinkonzert. Die erste, die es erhält, ist natürlich Nadieshda von Meck, die hingerissenste seiner Anhängerinnen: »29. Mai 1878. Soeben habe ich Ihr Violinkonzert durchgespielt. Dieses Werk begeistert mich immer mehr. Die Canzonetta ist geradezu herrlich. Wieviel Poesie und welche Sehnsucht in diesen geheimnisvollen Tönen! Gott, wie ist das schön, wieviel Genuß gibt Ihre Musik!« Aber wieder, wie beim Klavierkonzert, stimmen die Meinungen keineswegs überein. Der berühmte Geiger Leopold Auer weist das Konzert, das der Autor ihm widmen will, zurück. Ein junger mutiger Geiger, Alexander Brodsky, spielt es erstmals in Wien am 4. Dezember 1881. Diese Uraufführung gab dem Kritiker Eduard Hanslick Gelegenheit, das Wort von der »Möglichkeit einer stinkenden Musik« zu prägen. Aber das Violinkonzert setzte sich trotzdem durch und gehört bis zum heutigen Tag zu den meistgespielten seines Genres. (Es steht übrigens in der gleichen Tonart wie die »größten«, jene Beethovens und Brahms', in D-dur.)
Der erste Satz beginnt mit einer kurzen Orchestereinleitung, worauf der Solist das weitgeschwungene, lyrische Hauptthema ausbreitet:

Das zweite Thema ist eine jener »typisch Tschaikowskyschen« Melodiebildungen, die schwer zu beschreiben, aber leicht zu erkennen sind:

Der zweite Satz ist Canzonetta betitelt. Er trägt Liedcharakter: Die deutsche Romantik hat für diese Form den anschaulichen Namen »Lied ohne Worte« geprägt. Die Geigen tragen die Melodie vor:

Ohne Unterbrechung geht diese ein wenig slawische und träumerische Canzonetta in das *Allegro vivacissimo*, ein sehr bewegtes Rondo über, ein Stück brillanten Virtuosentums, dessen zweites Thema ein bißchen an Zigeunermelodien erinnert, wie Liszt sie damals als »ungarisch« in Europa eingeführt hatte.

*Klavierkonzert Nr. 2 G-dur*, op. 44. Den Winter 1879/80 verbrachte Tschaikowsky in Italien, wo er sich vor allem für Kunstwerke interessierte. Wir wissen, daß er Vergleiche zwischen Michelangelo und Beethoven anstellte sowie zwischen Raffael und Mozart. Der Erfolg seiner vierten Sinfonie befestigte seinen nunmehr erfreulichen Seelen- und Gesundheitszustand weiter. Wie anders sah sein Leben nun aus, verglichen mit wenigen Jahren vorher! In dieser Stimmung ging er an die Komposition eines zweiten Klavierkonzerts. Aber trotz der edleren Qualität, der schönen Themen und der zunehmenden technischen Meisterschaft fand das Werk nur ein schwaches, bald erlöschendes Echo. Es wurde in St. Petersburg am 30. Mai 1881 uraufgeführt und ist in drei Sätze gegliedert; am schönsten ist der zweite mit seinem zarten Dialog zwischen dem Solisten und den Streichern.

*Klavierkonzert Nr. 3 Es-dur*, op. 79. Es handelt sich um ein postumes Werk, von dem nur der erste Satz vom Autor selbst vollendet und instrumentiert wurde. Er betitelte ihn *Allegro brillante*, op. 75, und widmete ihn dem französischen Pianisten Louis Diemer. Die beiden anderen Sätze blieben unvollendet; das vorgefundene Material wurde von Tschaikowskys Schüler Tanejew gesichert und bearbeitet. So entstand das dritte Klavierkonzert, das die Opusnummer 79 erhielt, sich aber nie durchsetzen konnte.

### *Die sinfonischen Dichtungen*

*Francesca da Rimini*, op. 32, 1876 komponiert, ist ein sinfonisches Gedicht, das auf Dantes 5. Gesang des »Inferno« aus der »Divina Commedia« beruht. Tschaikowsky dachte zuerst an eine Oper, aber dann begnügte er sich mit einem sinfonischen Stück, das die Qualen der berühmten Liebenden zum Vorwurf hat.

*Italienisches Capriccio*, op. 45. Sicherlich eines der äußerlichsten Werke des Komponisten, ein Ansichtskarten-Italien mit viel Lärm und Effekten, wenn auch wirkungssicher instrumentiert.

*1812*, eine Festouvertüre, eventuell mit Chören, op. 49. Am 10. Oktober 1880 teilte Tschaikowsky Frau von Meck mit, er habe von Nikolai Rubinstein den Auftrag zu einer Festmusik erhalten, die anläßlich einer Moskauer Ausstellung erklingen solle. Er setzte hinzu, die vorgeschlagenen Stoffe seien »unmöglich«: 25 Jahre der Regierung des Zaren Alexander II. oder die Einweihung der Erlöserkirche oder – das schlimmste von allen – die Ausstellung selbst. Trotzdem akzeptierte er den Auftrag. Er wählte ein Thema, das ihn interessierte und das aus patriotischen Gründen auf Annahme rechnen konnte: das Datum 1812, den Triumph der Russen über die napoleonische Invasion.
Eine breite, ruhevolle Melodie wird zum Ausdruck der russischen Erde und der Bauern, die sie friedlich bearbeiten; von ferne naht die Marseillaise, Symbol der anrückenden französischen Truppen. Kavallerieattakken, bald allgemeine Schlacht, Kampf Körper an Kör-

per, Lärm und Verwirrung. Niemals ist Schlachtenlärm mit größerem Realismus geschildert worden: Tschaikowsky verwendet sogar ein »Instrument«, das glücklicherweise im Sinfonieorchester nicht heimisch ist – die Kanone. Auf dem Höhepunkt des Zusammentreffens der Feinde schießt sie ihre Kugeln ab; es ist seltsam, ihre Explosion mit musikalischen Notenwerten in der Partitur verzeichnet zu sehen, an der Seite von Klarinetten, Fagotten, Trompeten, Geigen. Der Sieg der russischen Waffen ist äußerst eindrucksvoll. Zerschlagen, zerstückelt rückt die Marseillaise ferner und ferner unter den brausenden Chorälen des russischen Volkes und einem Meer von Glocken, die den Jubel des Vaterlandes ausdrücken. Tschaikowsky gesteht seiner Freundin, diese Festouvertüre *1812* sei sehr lärmend und laut, habe aber kaum künstlerischen Wert. Er setzt hinzu, er habe sie ohne rechte Lust oder gar Begeisterung geschrieben. Wenn es wirklich so ist (was bei Tschaikowsky schwer zu glauben ist), dann müßten wir seine technische Meisterschaft bewundern, die aus einer reinen Routinearbeit ein so wirkungsvolles, ja packendes Stück machen konnte. (Auf jeden Fall ist ein ähnliches Werk Beethovens, *Wellingtons Sieg oder Die Schlacht bei Vittoria*, unvergleichlich schlechter.)

*Manfred*, op. 58. Die sogenannte Manfred-Sinfonie ist in Wahrheit eine sinfonische Dichtung. Sie behandelt ein den Romantikern teures Thema (Schumann hat es besonders geliebt), das von Byron dichterisch gestaltet worden war. Tschaikowskys Musik gehört nicht zum Besten seines Schaffens, sie illustriert recht äußerlich den Ablauf der Handlung, die er selbst in knappen Worten der Partitur vorgestellt hat: *1. Manfred irrt in den Alpen umher. Gefoltert von unheilvollen Qualen des Zweifels, zerrissen von Reue und Verzweiflung, ist seine Seele das Opfer namenloser Leiden. 2. Die Alpenfee erscheint Manfred im Regenbogen eines sprühenden Wasserfalls. 3. Idyll. Das schlichte, freie und friedliche Leben der Älpler. 4. In Ahrimans unterirdischem Palast erscheint Manfred zu einem Bacchanal. Beschwörung des Geistes der Astarte. Sie prophezeit das Ende seiner irdischen Leiden. Manfreds Tod.*

*Romeo und Julia.* Diese – sicherlich schönste – Tondichtung Tschaikowskys hat eine bewegte Geschichte. Die erste Version – als Ouvertüre bezeichnet – stammt von 1869; ein Jahr später revidierte der Komponist sie weitgehend. 1880 arbeitete er sie neuerlich um und nannte sie *Phantasie-Ouvertüre*. Sie ist ein sinfonisches Gedicht mit klarem Programm und stark schillernden Zügen. Einige Stellen sind von bezaubernder Schönheit, daneben aber stehen andere, weit weniger originelle oder gelungene. Die Instrumentation ist einwandfrei und glänzend. Das Stück beginnt mit einer langsamen Einleitung voll düsterer Vorahnung. Ein feierliches Thema, choralartig andächtig, scheint die Gegenwart Pater Lorenzos anzudeuten. Das folgende *Allegro giusto* beschreibt in beinahe zu turbulenter Weise den Kampf der feindlichen Familien von Verona. Dann ertönt das Liebesmotiv, eine wundervolle Melodie, die man illustren Beispielen an die Seite stellen kann:

Tschaikowsky breitet sie aus, intensiviert ihren Gefühlsgehalt, gibt ihr ein immer neues orchestrales Gewand. Das Werk schließt tragisch: Kampf und Haß löschen das Leben Romeos und Julias aus, ohne ihrer ewigen Liebe Schaden tun zu können. Das Stück wurde im März 1870 in Moskau uraufgeführt, aber weder dort noch bei den folgenden Wiedergaben in Wien und Paris konnte es Erfolge erzielen. Eigenartigerweise wurde es niemals in den Katalog der mit Opuszahlen versehenen Werke Tschaikowskys aufgenommen, erklingt aber immer wieder.

*Ballettsuiten*

Tschaikowsky hatte stets eine besondere Vorliebe für Tanz und Tanzrhythmen. Er schuf – abgesehen von zahllosen Tänzen, die in anderen Werken eingebaut sind – drei große Ballette: *Schwanensee, Der Nußknakker* und *Dornröschen.* Von den beiden ersteren stellte er Konzertsuiten her, in denen die besten Melodien aufgenommen sind. Bei *Dornröschen* begnügte der Komponist sich, einen *Walzer* des öfteren in Konzerten zu dirigieren.

*Suiten und Serenaden*

*Orchestersuite Nr. 1*, op. 43. Komponiert 1879 und unter Nikolai Rubinsteins Leitung am 23. November des gleichen Jahres in Moskau uraufgeführt. Der Komponist wohnte dem Konzert nicht bei, da er, wie er erklärte, sich dieser Erregung nicht gewachsen fühlte. Er hatte sich noch nicht von dem zwei Jahre vorher erfolgten Nervenzusammenbruch erholt und fühlte sich im Moskauer Musikleben zudem nie wohl. Die Suite umfaßt sechs Sätze: *Introduktion und Fuge, Divertimento, Intermezzo, Marche miniature, Scherzo, Gavotte.* Der Autor wollte den »Miniaturmarsch« streichen, aber sein Schüler Tanejew rettete dieses kleine Stück, das bei der ersten Aufführung unter dem größten Beifall des Publikums wiederholt werden mußte.

*Serenade für Streichorchester*, op. 48. Dieses Werk wurde im Sommer 1880 in der Ukraine geboren; heute gehört es zu den beliebtesten und verbreitetsten Stükken Tschaikowskys. Vielleicht liegt sein Reiz zum Teil darin, daß es dem Komponisten gelang, vier völlig gegensätzliche Stücke zu vereinigen: auf einen ersten Satz *in Form einer Sonatine* (vorklassischer Prägung) folgen ein beinahe wienerischer Walzer, eine romantische Elegie und ein schwungvolles Finale, das ein russisches Bauernlied zum Thema hat. Das Ergebnis ist ein Unterhaltungswerk im besten Sinne des Wortes, eine glänzende Arbeit eines seines Handwerks ungeheuer sicheren Meisters, dem auf Wunsch geistvolle, melancholische, graziöse Themen zur Verfügung stehen.

*Orchestersuite Nr. 2*, op. 53. Im Jahre 1883 entstanden und am 23. Februar 1884 in Moskau zum ersten Male gespielt. Das entzückende Werk wird zumeist als *Suite caractéristique* zitiert. Der erste Satz führt den kuriosen Namen *Spiel der Klänge*; der zweite ist eine *Phantasie im Walzerrhythmus*; der dritte ein burleskes oder humoristisches Scherzo, in dessen Instrumentation der Autor vier Ziehharmonikas verlangt; der vierte nennt sich *Träume der Kindheit* und der letzte *Barocktanz*.

*Orchestersuite Nr. 3*, op. 55. Wenige Wochen nach Fertigstellung der zweiten geht Tschaikowsky an die Komposition einer dritten Suite. Bülow führt sie am 28. Januar 1885 in St. Petersburg zu einem großen Erfolg. Sie umfaßt vier Sätze und hält sich bei verkleinerten Dimensionen an das Sinfonieschema. *Elegie* heißt der erste, *melancholischer Walzer* der zweite, *Scherzo* der dritte Satz (mit einem Miniaturmarsch in seiner Mitte), während der letzte aus *zwölf Variationen über ein slawisches Thema* besteht, die in einer Polonaise gipfeln.

## Alexander Tscherepnin

1899–1977, russisch-amerikanischer Komponist

Der Musikersohn aus St. Petersburg lehrte in Paris (am Russischen Konservatorium) und in Chicago; er verbrachte den größten Teil seines Lebens fern der Heimat. Er schrieb 4 Sinfonien, 6 Klavierkonzerte, *Russische Tänze, Romantische Ouvertüre, Festmusik* aus der Oper *Die Hochzeit der Sobeide*, die Ballettsuite *La femme et son ombre, Divertimento,* Suite *Georgiana, Concertino* für Violine, Cello, Klavier usw.

## Joaquín Turina

1882–1949, spanischer Komponist

In der Renaissance der spanischen Musik, die vom Propheten Felipe Pedrell vorbereitet und von (seinen Schülern) Albéniz, Granados und Falla angeführt wurde, hat auch der Andalusier Turina einen wichtigen Platz. Er wurde am 9. Dezember 1882 in Sevilla geboren, studierte in Madrid, hernach – von 1905 bis 1914 – in Paris, wo sich zu gleicher Zeit auch Falla und Albéniz aufhielten. Nach seiner Rückkehr nahm er bedeutende Posten im Madrider Musikleben ein. Seine Werke, von stark spanischem Kolorit, hatten nicht nur im Heimatlande, sondern in weiten Teilen Europas Erfolg. Er starb in Madrid am 14. Januar 1949.

*La procesión del rocío.* Dieses glänzend orchestrierte Tongemälde schildert ein Volksfest in Sevilla, das alljährlich im Juni gefeiert wird. Turina beschreibt im ersten Teil das bunte Treiben im Stadtteil Triana, die Karossen, Reiter, Trachten, Tänze. Dann erklingt die Melodie, zu der ein Madonnenbild feierlich der Prozession vorangetragen wird. Die zuerst nur in Flöte und Trommel erscheinende geistliche Weise wird zu gewaltiger Klangfülle gesteigert. Kurz werden Takte des »marcha real«, der königlichen Hymne, eingeblendet. Unter Glockengeläute und Festgesängen entfernt sich der Zug, bis alles in der anbrechenden andalusischen Nacht verlischt. Turina schrieb das Stück in Paris, im Jahre 1912; ein Jahr später wurde es in Madrid uraufgeführt und öffnete seinem Autor den Weg zum Ruhm.

*Danzas fantásticas.* Diese »phantastischen Tänze« entstanden 1920 und führen die Opusnummer 20 in Turinas Werk. Sie verbinden in ansprechender Weise phantastische mit folkloristischen Elementen. Ihre Untertitel lauten: *1. Exaltación, 2. Ensueño, 3. Orgía,* was deutsch ungefähr den Begriffen Begeisterung, Träumerei und Orgie entspricht. Das letztere Fragment erzielte besonderen Erfolg und ist oft außerhalb des Zyklus zu hören.

*Sinfonía sevillana*, die umfangreichste Komposition Turinas, op. 23, beschwört des Komponisten Vaterstadt, schildert sie mit malerischen Zügen und ein wenig äußerlichen, aber sicher gesetzten Effekten.

*Ritmos, Choreographische Phantasie*, op. 43, ist eine Tanzsuite über verschiedene Rhythmen.

## Alfred Uhl

1909, österreichischer Komponist

Einer der führenden österreichischen Musiker seiner Generation, von starkem Gefühl für die Melodie und glänzendem Können, begann als Schöpfer klangschöner tondichterischer Stücke, zum Teil zur Filmbegleitung *(Donau)*, entwickelte sich dann zu tiefen, wertvollen Schöpfungen, die doch das wienerische Musikantentum niemals verleugnen. Aus seinem Orchesterschaffen erwähnen wir: *Wiener Walzer, Vier Capricen, Sonata graciosa, Rondeau, Introduktion und*

*Variationen über eine Melodie aus dem 16. Jahrhundert, Concertino für Violine und 22 Bläser, Konzertante Symphonie für Klarinette und Orchester, Kleines Konzert für Violine und Orchester.*

## Hermann Unger

1886–1959, deutscher Komponist

Der deutsche Komponist aus der Regerschule schuf u.a. folgende Orchesterstücke: *Nacht, sinfonische Musik*, op. 10, uraufgeführt in Leipzig unter Nikisch am 22. 3. 1917, *Bilder aus dem Orient* (op. 17, 1919), *Levantinisches Rondo* (op. 22, 1920), *Jahreszeiten* (*Suite*, deren einzelne Teile *Vorfrühling, Sommernacht, Herbststurm* und *Wintersternennacht* überschrieben sind, op. 26, uraufgeführt in Berlin unter Nikisch am 13. 10. 1919), *Konzert für Orchester* (op. 61, uraufgeführt in Köln unter H. Abendroth am 12. 11. 1929), *Altdeutsche Suite* (op. 70, mit den Sätzen: *Choral, Marsch der Landsknechte, Tanz der Bauern, Höfischer Tanz, Liebeslied, Vaterländisches Lied*, von F. Lehmann erstmalig 1937 in Bad Pyrmont dirigiert).

## Edgard Varèse

1883–1965, französisch-amerikanischer Komponist

Ein unermüdlicher Experimentator auf dem Gebiet des Klanges, ein »Entdecker« zahlreicher extravaganter Möglichkeiten auf diesem Gebiet, ein Vorläufer John Cages und anderer späterer Avantgardisten, ein Mathematiker, der zu den Außenseitern des Musiklebens gehörte (und wohl immer gehören wird), dem aber Verdienste auf dem Gebiet der Erweiterung aller Möglichkeiten im 20. Jahrhundert nicht abzusprechen sind. Eines seiner in Fachkreisen Aufsehen erregenden Werke (*Ionisation*, 1924) beginnt mit dem Solo einer kleinen Trommel und zweier Sirenen, hernach kommen Löwengebrüll, 2 Ambosse, Schlittenglocken und eine Fülle exotischer und primitiver Schlaginstrumente vor. Vieles scheint die »Musique concrète« vorauszuahnen, die elektronischen Instrumente erfuhren neuartige Verwendung bei Varèse, diesem Anreger, dessen Bedeutung erst kommende Zeiten werden entscheiden können.

## Marios Varvoglis

1885–1967, griechischer Komponist

In Brüssel geboren, durch 18 Jahre Pariser Aufenthalt dem französischen Musikleben verbunden, dann Präsident des griechischen Komponistenbundes, und in Athen gestorben, hinterließ Varvoglis auch Orchesterwerke: *Volksfest*, Ouvertüre *Aghia Varvara*; *Pastorale Suite; Präludium, Chor und Fuge* (über den Namen BACH), *Lorbeer und Zypressen* (für die Toten des Vaterlands, 1945).

## Ralph Vaughan Williams

1872–1958, englischer Komponist

Vaughan Williams war der letzte Überlebende einer Generation englischer Komponisten, denen es nach jahrhundertelanger Unterbrechung gelungen war, ihr Land wieder unter die musikschöpferischen Nationen einzureihen. Wenn auch seine Werke in der übrigen Welt wenig Verbreitung fanden, war die Gestalt ihres Autors dennoch über die Grenzen hinaus bekannt und geschätzt. Vaughan Williams wurde am 12. Oktober 1872 in Down Ampney (Gloucester) geboren, studierte bei Charles Wood, Parry und Stanford, ging dann zur Vervollkommnung zu Max Bruch und war zuletzt Ravels einziger Schüler. Nach dem Ersten Weltkrieg wurde er Lehrer am Londoner Royal College of Music und Dirigent des Bach-Chors. Auf dem Gebiet der Volksmusikbewegung kommt ihm besondere Bedeutung zu. Er starb am 26. August 1958 in London. Aus dem reichen Lebenswerk, das er hinterließ, seien folgende Werke kurz besprochen:

*Sinfonie Nr. 1*, betitelt *Sea Symphony* (Sinfonie vom Meer), für Solo, Chor und Orchester, auf Texte Walt Whitmans, komponiert 1903–1909. Vier Sätze, die verschiedene Stimmungen des Meeres schildern.

*Sinfonie Nr. 2*, genannt *London Symphony*. Der Autor vermerkt zu diesem Werk: »Der Titel könnte den Eindruck erwecken, daß es sich um Programmusik handle; das war aber keineswegs die Absicht des Komponisten. Vielleicht wäre ›Sinfonie eines Londoners‹ ein zutreffenderer Titel. Natürlich hat das vielfältige Londoner Leben mit allen seinen Sehenswürdigkeiten und Geräuschen den Komponisten zu musikalischem Ausdruck inspiriert; aber es wäre sinnlos, diese äußerlichen Dinge im einzelnen zu beschreiben. An seiner Wirkung als eigenständige, absolute Musik muß dieses Werk gemessen werden. Daher werden die Hörer ersucht, musikalische Zitate wie etwa die Glocken von Westminster oder den ›Lavender Cry‹ nicht als Wesensmerkmale, sondern als Begleiterscheinungen zu werten.« Trotz dieser Erklärung besitzt die London-Sinfonie ein Programm. Der erste Satz schildert das Erwachen der Weltstadt beim Läuten der Glocken von Westminster; zum zweiten – langsamen – hat das ärmliche Viertel von Bloomsbury an einem grauen Vorwintertag Modell gestanden; hier erklingt die alte traditionelle Melodie des Lavender-Cry, einer der Gesänge der Straßenausrufer aus längst vergangenen Zeiten; das nächtliche London scheint sich im dritten Satz – Scherzo – zu spiegeln, während der letzte eine soziale Anklage enthält, indem es die Ärmsten, Hungernden, Arbeitslosen der gewaltigen Stadt beschreibt. Das eindrucksvolle Werk stammt aus dem Jahre 1913 und zeigt neben dem starken Einfluß des Impressionismus realistische Züge, wie sie in der europäischen Kunst jener Epoche die Stilrichtung bestimmten.

*Sinfonie Nr. 3*, betitelt *Pastoralsinfonie*. Zu diesem 1921 entstandenen Werk schreibt der Komponist: »Wie schon der Titel besagt, ist die Grundstimmung dieser Sinfonie ruhig und betrachtend. Es gibt nur wenige Fortissimos und Allegros.« Im letzten Satz hat Vaughan Williams eine hohe Frauen- oder Männerstimme (Sopran oder Tenor) eingesetzt, die ohne Text vokalisiert.

*Sinfonie Nr. 4 f-moll*. Hier tritt uns der Komponist in einem neuen Stil entgegen. Der nunmehr Sechzigjährige (diese Komposition stammt aus dem Jahre 1932) geht entschlossen mit der Zeit; wir finden in diesem Werk lineare Kontrapunkte, Polyrhythmik, Dissonanzhäufung, durchwegs Merkmale, die zu seinen vorherigen Werken in schroffem Gegensatz stehen.

*Sinfonie Nr. 5 D-dur*. Zehn Jahre nach der vierten Sinfonie gibt Vaughan Williams 1942 – mitten in Englands schwersten Tagen des Zweiten Weltkrieges – ein wiederum gänzlich neuartiges Werk bekannt. Die fünfte Sinfonie strahlt Ruhe und Licht aus. Ein sehr reifes, tiefes und zeitlos schönes Stück, das sich offenkundig an der Heiterkeit und stillen Lieblichkeit englischer Landschaft inspiriert hat. In ihrem hellen Grün geht der alternde Meister Träumen und Gedanken nach, die ihn weit aus der Wirklichkeit hinausführen, aus Zeit und Raum.

*Sinfonie Nr. 6 e-moll*. Die vergangenen schweren Jahre des blutigsten aller Kriege haben nachträglich in dieser aus dem Jahr 1947 stammenden Sinfonie Niederschlag gefunden. Aber sie geht aus der bedrückenden Atmosphäre von Kampf und Lärm zuletzt in eine milde Stimmung unendlichen Friedens über.

*Sinfonie Nr. 7*, genannt *Sinfonia antarctica*, eine »Südpolsinfonie«, deren musikalisches Material Vaughan Williams seinem Film »Scott of the Antarctic« entnommen und sinfonisch ausgestaltet hat. Ist diese Arbeit für einen über Achtzigjährigen schon an sich bewundernswert, so verdient sie um ihrer Klarheit willen noch besondere Anerkennung. Sie verwendet einen gewaltigen Apparat, in dem zum großen Orchester noch Windmaschine, Vibraphon, Glocken, Orgel und ein vokalisierender Frauenchor treten (1953).

*Norfolk-Rhapsodien*. 1905 und 1906 schrieb der Komponist drei Rhapsodien unter diesem Titel, wobei er viel schönes folkloristisches Material verwendete. Er scheint die Absicht gehabt zu haben, diese Stücke später zu einer Sinfonie zu vereinigen, was er dann nicht tat.

*Phantasie über ein Thema von Tallis*. Thomas Tallis war einer der namhaften englischen Komponisten des »goldenen« 16. Jahrhunderts. Über eines seiner Themen schrieb Vaughan Williams (1910) eine *Phantasie*; er teilt das Streichorchester, das er verwendet, in drei Gruppen – eine mit zahlreichen Spielern, eine zweite mit neun, eine dritte mit nur vier Teilnehmern – und erzielt so Effekte von reizvoller Schönheit.

*Weitere Orchesterwerke: Am Weihnachtsabend; Englische Volksliedersuite; Story of a Flemish Farm; In the Fen Country* (sinfonische Impressionen); *Household Music (3 Präludien); Präludium und Fuge in c-moll; The Running Set; Die Wespen* (Ouvertüre und Suite); *Konzert für Klavier und Orchester; Konzert für zwei Klaviere und Orchester; Concerto accademico für Violine und Orchester; The Lark Ascending* (Romanze für Violine über ein Gedicht von G. Meredith); *Four Hymns für Viola, Tenor und Streicher; Suite für Viola mit Orchester.*

## Matthijs Vermeulen

1888–1967, holländischer Komponist

Seine *Sinfonie Nr. 1* wurde von einem Provinzorchester, die *Sinfonie Nr. 2* 1920 bereits von Mengelberg im Amsterdamer Concertgebouw uraufgeführt. Da lebte der Komponist bereits in Paris, so daß seine folgenden Werke durchwegs französische Namen tragen: *Prélude à la nouvelle journée* (Sinfonie Nr. 2), *Les victoires* (Sinfonie Nr. 4), *Les lendemains chantants* (Sinfonie Nr. 5), *Les minutes heureuses* (Sinfonie Nr. 6). Im reifen Alter kehrte Vermeulen in die Niederlande zurück, wo er starb. Er war sein ganzes Leben lang ein kompromißloser Neutöner, der aus tiefster Leidenschaft schuf, aber nur geteilte Anerkennung fand.

## Walter Vetsera

1899–1965, österreichischer Komponist

Der in Brünn (damals Mähren) geborene und in Bayreuth verstorbene Musiker hat ein reiches Werk hinterlassen, dem weitere Verbreitung zu wünschen wäre. Unter seinen besten Kompositionen seien erwähnt: *Rhapsodie* (sinfonische Dichtung nach Gerhart Hauptmanns »Hanneles Himmelfahrt«, 1922), *Chinesische Rhapsodie* (1925), die sinfonischen Dichtungen *Meerauge (Strbské pleso)*, nach der bekannten Landschaft in der Tatra (1937), *Die Türme von Prag* (mit den Sätzen: *St. Veit; Theyn; Loretto; Karlsbrücke; Kleinseite*, 1942), *Noa-Noa, Sang der Südsee* (1947) sowie die Oratorien *Kreuzwegstationen* und *Marienleben* (nach R.M. Rilke), die nicht in den Bereich unseres Buches gehören.

## Henri Vieuxtemps

1820–1881, belgischer Geiger und Komponist

Der seinerzeit gefeierte Violinvirtuose belgischer Herkunft betätigte sich auch als Komponist für sein Instrument. Von den sieben Violinkonzerten sind manchmal noch das erste (in E-dur), das vierte (in d-moll) oder das fünfte (in a-moll) zu hören, dankbare, elegante, geigerisch glänzende Stücke romantischer Faktur.

## Heitor Villa-Lobos

1887–1959, brasilianischer Komponist

Nicht ohne Berechtigung gilt der Brasilianer Villa-Lobos als der bedeutendste der lateinamerikanischen Musiker bis zum heutigen Tage. Ja man geht kaum fehl, wenn man ihn als Genie bezeichnet. Mit seiner gewaltigen Schöpferkraft, mit seinen Stärken und Schwächen, seinem abrupten Wesen, seinem Autodidaktentum, seiner Vielseitigkeit, seiner unbekümmerten Kraft, seiner völlig unberechenbaren Ungleichmäßigkeit bildet er geradezu den Studienfall eines Genies, in dem alle Strömungen eines jungen Musiklandes zusammenfließen, um einige bahnbrechende Werke zu gebären. Villa-Lobos wurde am 5. März 1887 in Rio de Janeira geboren. Bald bereiste er die ungeheuren Weiten Brasiliens, erlebte die Musik der Indianer im Amazonasurwald und Matto Grosso, die der Neger im Tausende von Kilometern langen Küstenstreifen am Atlantischen Ozean, die der Weißen in den großen Städten. Er bearbeitete Volksmelodien und ließ sie in einem großen erzieherischen Werk von ungezählten Schulkindern singen. Er erfand Hunderte von Melodien, die »echt brasilianisch« sind. Als ihn die Reporter bei seiner Ankunft in New York nach der Folklore seines Vaterlandes fragten, antwortete er: »Brasilianische Folklore? Das bin ich!« Wie einmal ein König gesagt hatte: »L'Etat, c'est moi . . .« Und genauso wahr. Er schuf Werk über Werk; manche erfüllt von originellen, stärksten Einfällen und interessanter Faktur, andere voll Mittelmäßigkeit oder geschwächt durch absurde Einfälle. Er konnte aus dem Erlebnis einer brasilianischen Landschaft oder in Begeisterung über ein nationales Thema ein glänzendes Stück schreiben, mit dichtester Atmosphäre und packender Durchführung – und konnte am nächsten Tag einem grotesken Einfall zuliebe Stümperarbeit liefern. Im Laufe der Jahre gelangte er in seinem Staate zu einer dominierenden Position – die seinem stolzen, selbstbewußten Wesen entsprach –, in ganz Amerika zu beträchtlichem Ruhm. Auch in Europa erzielte er auf vielen Konzertreisen beachtliche Erfolge. Er starb am 17. November 1959 in seiner Heimatstadt. Aus der Überfülle seines Schaffens – es umfaßt weit über tausend Werke – wollen wir einige besonders charakteristische Stücke herausgreifen und besprechen.

*Choros.* Ein Zyklus von 13 sehr verschiedenartigen Kompositionen, die auch für gänzlich unterschiedliche Instrumente oder Ensembles geschrieben wurden: 1. für brasilianische Gitarre, 2. für Flöte und Klarinette, 3. für Blasinstrumente und Männerchor, 4. für Blechbläserquartett, 5. für Klavier (Untertitel: *Brasiliens Seele*), 6. für ein buntes Ensemble verschiedenster Instrumente, unter denen es eine Reihe folkloristischer gibt, 7. für Flöte, Oboe, Klarinette, Saxophon, Fagott, Geige und Violoncello, 8. für großes Orchester, 9. für großes Orchester, 10. für großes Orchester und gemischten Chor, 11. für Klavier mit großem Orchester, 12. für großes Orchester. Der 13. Choro heißt nicht so, sondern – möglicherweise aus Aberglauben – »Choro bis«; er besteht aus einem Duo zwischen Geige und Cello. Vieles in diesem Zyklus gehört zum reifsten und schönsten, was Villa-Lobos hinterlassen hat. Hier findet sich oftmals seine faszinierende Rhythmik – die starken Negereinschlag aufweist –, seine oft überraschend zarte und träumerische Melodik – die zum Teil aus dem musikalischen Erbe Portugals stammt, aber auch indianische Wehmut in sich aufgenommen hat. Die Schreibweise ist immer originell und sehr persönlich.

*Bachianas brasileiras.* Hier ist ein kühner Gedanke verwirklicht: eine Brücke zu schlagen zwischen der Welt Bachs und Brasilien. Villa-Lobos kombiniert die klassische Polyphonie, den Barockstil Europas (der übrigens in Brasiliens früher Bauweise herrliche Früchte trug) mit musikalischen Uräußerungen des brasilianischen Volkes. Das Ergebnis ist ein Zyklus von sieben sehr verschiedenen Suiten oder Stücken, die nicht nur im Inhalt große Kontraste aufweisen, sondern auch – wie die »Choros« – für gänzlich unterschiedliche Besetzungen geschrieben sind. Jeder Teil trägt zwei Titel: einen »klassischen« und einen brasilianischen. Zum Beispiel: *Preludio; Modinha, Choral; Cançao del Sertao* (Lied der Steppe). Die *Bachiana Nr. 2* enthält ein häufig gespieltes, besonders reizendes Stück, das den Titel *Der kleine Zug von Caipira* führt und das Rattern, Fauchen und Tuten einer Lokalbahn nachahmt.

*Sinfonien:* Villa-Lobos hinterließ zwölf Sinfonien, von denen einige programmatische Untertitel tragen. So sind die Sinfonien *Nr. 3, 4* und *5* zusammengefaßt zu einem *Triptychon* und heißen *Krieg, Sieg* und *Frieden*; in ihnen ist neben dem Sinfonieorchester noch eine Militärkapelle (Blech- oder Harmoniemusik) verwendet. Die *Sinfonie Nr. 6* ist *Montanhas do Brasil (Berge Brasiliens)* betitelt, die *Nr. 7 Amerika.* Die *Nr. 10* nennt sich *Sumé Pater Patrium*, was eine seltsame Kombination aus indianischer Sprache (Sumé = Gott) und Latein (Pater Patrium = Vater des Vaterlandes) darstellt: der Untertitel dieses Werkes lautet »Sinfonia amerindia, mit Chören, drei solistischen

Männerstimmen und Orchester, auf Verse aus De Beata Virgine von P. José de Anchieta, wobei das Wort »amerindia« die Bezeichnung für das »indianische Amerika«, also ein Bekenntnis zum indianischen Ursprung des Kontinents darstellt. Das Werk wurde zum 400. Geburtstag der Stadt São Paulo geschrieben, aber in Paris uraufgeführt (1957).

*Sinfonische Dichtungen.* Unter den zahlreichen Werken dieses Genres wollen wir einige hervorheben: *Descobrimento do Brasil (Die Entdeckung Brasiliens)* wurde ursprünglich als Begleitung zu einem Film geschrieben (1936) und später in mehrere Konzertsuiten geteilt. *Erosao (Die Erosion)* führt als Untertitel den Namen *Der Ursprung des Amazonenstroms.* Nennen wir die *Suite de Canticos Sertanejos (Suite von Melodien aus dem Urwald), Naufragio de Kleonicos (Der Schiffbruch des Kleonicos), Izi,* sowie die Suite *Momoprecoce,* die aus einem Karnevalsstück für Kinder stammt und für Klavier, Sinfonieorchester und eine Reihe brasilianischer Schlaginstrumente gesetzt ist.

*Klavierkonzerte.* Villa-Lobos schrieb insgesamt sechs Werke dieses Genres, die in Lateinamerika gelegentlich zu hören sind und in Brasilien teilweise zum Repertoire der Pianisten gehören.

## Giovanni Battista Viotti

1755–1824, italienischer Komponist

Einer der großen Geigenvirtuosen, wahrscheinlich eine sehr interessante Persönlichkeit, unsteter Wanderer durch die Welt (von Italien, wo er geboren wurde, nach Deutschland, Rußland, Frankreich, England, wo er starb) und Komponist von 29 Violinkonzerten.

## Antonio Vivaldi

1678–1741, italienischer Komponist

Über zweihundert Jahre lang bestanden Unklarheiten über das Geburts- und Sterbedatum Vivaldis. Mittlerweile haben Forscher die Taufurkunde Vivaldis gefunden; sie ist auf den 6. Mai 1678 datiert, und die Taufe fand in der Kirche San Giorgio in Venedig statt. Über Vivaldis Leben weiß man aber weiterhin vergleichsweise wenig. Eigentlich ist diese Unkenntnis rätselhaft, denn es handelt sich nicht um einen weniger wichtigen Musiker, einen Komponisten zweiten Ranges, sondern um einen Meister, um eines der unbestreitbarsten Genies der Geschichte, um eine Schöpfernatur, die mit Bach und Händel in einem Atem, auf gleicher Höhe, genannt werden muß. Während wir über jeden Schritt vieler deutscher Meister jener Zeit ziemlich genau unterrichtet sind, vielbändige Werke über die nördlich der Alpen wirkenden Barockmeister besitzen, ist die italienische Epoche, auf der sie aufbauten, sehr mangelhaft überliefert. Glücklicherweise ist wenigstens ein Teil der Musik jener »maestri« (und das waren sie im wahrsten Sinne) erhalten geblieben und erlebt in unserer Zeit eine – psychologisch sehr interessante – Renaissance. Vivaldi scheint die Priesterweihen empfangen zu haben (woher sein Beiname »il prete rosso«, der rothaarige Mönch, stammt), war Kapellmeister in Mantua und lebte dann von 1703 bis 1740 in seiner vermutlichen Vaterstadt Venedig. Sein wichtigstes Wirkungsgebiet lag im Musikseminar eines Waisenhauses, des Ospedale della Pietà. Dort war seine Arbeit sowohl pädagogischer als auch künstlerischer Natur. Er leitete ein Orchester, das sich aus den weiblichen Zöglingen zusammensetzte (die anscheinend auch Kontrabaß und sogar Blasinstrumente spielten) und wohl auf achtunggebietender Höhe stand. Venedig erlebte damals eine glanzvolle Musikzeit, zu dem mehrere Opterntheater und die Markuskirche beitrugen. Vivaldi stand mit ihnen in engster Verbindung: mit den ersteren als Komponist, mit dem herrlichen Dom anscheinend als Geiger. Möglicherweise wirkte er auch in Ferrara, in Rom und Wien: 1740 verließ er jedenfalls Venedig, das ihm nicht wenig von seinem damaligen musikalischen Ruhm verdankte. Vivaldi starb in Wien, wo er am 28. Juli 1741 beerdigt wurde.

Vivaldi komponierte mindestens 38 Opern, wahrscheinlich aber viel mehr; sie liegen vergessen unter vielen Tausenden seiner Zeitgenossen. In der Bibliothek zu Dresden gab es – vor dem Zweiten Weltkrieg – Manuskripte von nicht weniger als 80 seiner Konzerte. Die Hochachtung, die Bach für sie empfand, ist bekannt, hat er doch mehrere von ihnen von der Geige (Vivaldis Instrument par excellence) auf das Cembalo umgearbeitet, wie im Kapitel über den Thomaskantor zu lesen steht. Daneben scheint Vivaldi noch eine Fülle anderer Kompositionen geschaffen zu haben. Solosonaten, Triosonaten usw., durchwegs für Streichinstrumente, wie im damaligen Italien üblich. Vergessen wir nicht, daß es die Zeit war, in der die größten Geigenbauer der Geschichte in Italien ihre wundervollen Instrumente bauten und sich aus dieser Fülle und Vielfalt wohl Klangkörper zusammenstellen ließen, die an Glanz, Macht und Zauber nie wieder erreicht wurden.

Zwölf seiner Konzerte für Streichorchester hat Vivaldi als op. 3 unter dem Titel *L'estro armonico* zusammengefaßt und 1715 in Paris herausgegeben. Sie sind von großartiger Schönheit und vollendeter technischer Meisterschaft; die Behandlung der Streicherstimmen ist absolut unübertroffen. Einzelne dieser Konzerte weisen eigenartige Schicksale auf, so das vorletzte, also op. 3/11. Es wurde in unserer Zeit neu gedruckt, und der große Musikgelehrte Dr. Alfred Einstein – einer der wenigen deutschen Musikforscher, die jener italienischen Epoche Verständnis entgegenbrachten –, begleitet es mit einem Vorwort, aus dem dieses Schicksal erhellt: F.K. Griepenkerl hatte es in Bachs Handschrift (als Cembalokonzert) gefunden und dessen Sohn Wilhelm Friedemann zugeschrieben, als dessen »Orgelkonzert« es bekannt wurde. Aber das hat sich als unrichtig herausgestellt. Vater Bach hat hier wieder einmal dem großen Italiener – wie in mehreren anderen Fällen – Reverenz erwiesen und eine Transkription eines Violinkonzerts für ein Tasteninstrument vorgenommen. Dabei hat er nur einen einzigen Takt hinzugefügt. Wenn Einstein trotzdem vom »Wunder einer gewaltigen Aneignung, einer Erhöhung« spricht, so ließe sich darüber diskutieren, ohne dem Thomaskantor etwas von seiner Größe zu nehmen. Der deutsche Musikgelehrte betrachtet, wie nahezu alle, die Barockepoche stets im Hinblick auf Bach (und Händel), was den italienischen Meistern gegenüber eine Ungerechtigkeit, eine Verzerrung der Perspektive bedeutet. Immerhin läßt er in der Analyse Vivaldis hohe Verdienste leuchten: »... an dem Largo brauchte selbst ein Bach nichts Wesentliches mehr zu ändern. Es ist einer jener gültigen Sätze, in denen die altitalienische aristokratische Kantabilität reinsten Ausdruck, in denen reinste Empfindung ihre klassische Form gefunden hat, in der nicht eine Melodie ›begleitet‹ wird, sondern ebenso sich aus dem bewegten harmonischen Urgrund sichtbar, hörbar macht. Selbst Mozart hat vielleicht nur einen ›nervöseren‹, in farbigerem Licht zitternden Typ des Siciliano geschaffen, aber keinen schöneren. Und erst im beseelten Klang der Streicher, also in der Urform, wird er seine eigentliche Heimat finden.« Bach hat insgesamt nicht weniger als sechs dieser zwölf Vivaldikonzerte bearbeitet. Er hat dessen Primat auf dem Gebiete des Streicherkonzerts wohl anerkannt und ihn hier gar nicht zu übertreffen gesucht; sein Streben ging auf Gewinnung von Werken für die nun zu solistischen Ehren kommenden Tasteninstrumente, auf eine Anpassung an deutsche Musikverhältnisse, was sich auch in der Einbeziehung von Bläsern äußert. Ob wir die Bachschen Bearbeitungen oder die Originale Vivaldis vorziehen, ist reine Geschmackssache.

Vivaldis op. 4 enthält ebenfalls *zwölf Streicherkonzerte* und wurde unter dem Titel *La stravaganza* veröffentlicht. Es erschien in Amsterdam, wie übrigens fast das gesamte Werk Vivaldis (einschließlich möglicherweise op. 3, von dem wir eine Amsterdamer Ausgabe kennen, die etwa aus der gleichen Zeit wie die zitierte Pariser stammen dürfte).

Das heute meistgespielte und höchstverehrte Werk des italienischen Meisters ist op. 8: 12 Konzerte unter dem Titel *Il cimento dell'armonia e dell'invenzione*, deren erste vier unter sich abermals einen Zyklus bilden, und zwar den berühmten der *Jahreszeiten (Le quattro stagioni dell'anno)*. Zu jedem dieser Konzerte (die dreisätzig gebaut sind) gehört ein beschreibendes Sonett; in der Partitur sind die Sonettstellen zitiert, wenn auch zumeist nur in Anfangsworten. Das Originalautograph fehlt und konnte nie gefunden werden. Das Werk ist dem Grafen Venceslao Marzin gewidmet, dessen Orchester wohl auch dieses Stück zum ersten Erklingen gebracht haben dürfte. Wenn man die *Jahreszeiten* als Höhepunkt des italienischen Barocks bezeichnet, ja ebenbürtig neben Bachs »Brandenburgische Konzerte« und einige von Händels »Concerti grossi« stellt, wird man dieser wundervollen Musik voll gerecht. Es wäre durchaus möglich, hochinteressante Parallelen zwischen Vivaldi und der großen italienischen Malerei zu ziehen; man könnte hier nahezu botticellianische Farben in Musik übertragen finden; man müßte beschreiben, wie plastisch Vivaldi hier in Tönen malt, wie er Regen und Wind, das Fallen trokkener Blätter darstellt und den Gesang der Vögel nachahmt – hundert Jahre vor Beethoven, zweihundert vor Mahler. Der langsame Satz aus dem *Winter* ist von einer sehr selten in der gesamten Musikliteratur erreichten Noblesse und dabei Innigkeit des Gefühls.

Eine Reihe von Violinkonzerten Vivaldis ist in unserer Zeit wieder zur Geltung gekommen. Der »prete rosso« dürfte sie zu eigenem Gebrauch geschaffen haben, da er ein hervorragender Geiger gewesen zu sein scheint. Viele dieser Stücke sind *Concerti a cinque* benannt, wobei die Fünfstimmigkeit auf die verschiedenen Instrumentengruppen Bezug nimmt. Auch die Bezeichnung *Concerto a due cori* findet sich; hier handelt es sich um Violinkonzerte, bei denen der Solist von zwei »Chören«, d.h. einem zweigeteilten Orchester begleitet wird. Erwähnen wir noch, daß zu einigen Werken Originalkadenzen des Komponisten vorliegen, ein seltener Fall in einer Epoche, in der jeder ausführende Virtuose das Werk mit eigenen Kadenzen spielte, die selten niedergeschrieben und fast nie gedruckt wurden. (Erst ab Beethoven ändert sich das.)

Auch Sinfonien Vivaldis existieren. Sie sind aus der »italienischen Ouvertüre« entwickelt, die ihren Ursprung in der Oper hat, und setzen sich dementsprechend aus drei (zumeist ineinander übergehenden) Teilen zusammen: schnell–langsam–schnell. Durch die Trennung dieser Teile entstanden, wie schon an anderer Stelle erwähnt, später die »Sätze« und damit die klassische Sinfonie.

Damit ist die Fülle der Werke Vivaldis noch lange nicht erschöpft. Ausnahmsweise schrieb er auch für andere als Streichinstrumente: So gibt es ein liebliches *Flötenkonzert*. Es ist anzunehmen, daß die kommenden Jahre und Jahrzehnte Vivaldi immer stärker in den Vordergrund des Musiklebens bringen werden. Unsere heutige Praxis des Kammerorchesters (höchster Qualität) fördert diese gesunde Entwicklung. Daß dabei noch wahre musikalische Schmuckstücke zum Vorschein kommen werden, steht außer Frage.

## Josef Vlach-Vruticky

1897–1977, tschechischer Komponist

Dieser in Vrutici bei Lysa an der Elbe geborene Komponist und Dirigent hat lange Jahrzehnte im Ausland gewirkt. Unter seinen Orchesterwerken finden wir: *Divertimento, Poème pathétique, Sommernachmittag, Symphonie poétique* (nach Bildern von Murillo, Rubens und Rembrandt), *Volkstänze, Feierlicher Marsch, Svaty Vaclave (Sinfonisches Vorspiel und Fuge* über einen tschechischen Choral), *Victoria 1945* und *In memoriam*, zusammengefaßt unter dem Titel *Diptyques héroiques, Frühlingssinfonie, Slawische Rhapsodien.*

## Wladimir Vogel

1896–1984, russisch-schweizerischer Komponist

Der in Moskau geborene bedeutende Komponist studierte in Berlin (u.a. bei Busoni), lehrte dort auch, bis er 1933, aus Deutschland vertrieben, sich in der Schweiz niederließ, deren Staatsbürgerschaft er später annahm. Er gehört zu den wichtigen Anregern seiner Zeit; sein Einbau der rhythmisierten Sprechstimme, solistisch wie chorisch, gilt als bahnbrechend. Von der Zwölftonkomposition gelangte er zu einem eigenen Stil, der sich in einer Reihe von Werken niederschlug, von denen einige der bemerkenswertesten Orchesterkompositionen hier aufgeführt seien: *Sinfonia fugata* (1928), *Zwei Etuden* (1930), *Ostinato Perpetuo* (1932), *Ritmica Ostinata* (für Bläser, 1932), *Rallye* (1932), *Tripartita* (1934), *Violinkonzert* (1937), *Suiten* aus dem Oratorium *Thyl Claes* (1938, 1946), *Passacaglia* (1946), *7 Aspekte einer Zwölfton-Reihe* (1950), *Spiegelungen* (1952), *Cellokonzert* (1954), *Interludio lirico* (1954), *Preludio, Interludio lirico, Postludio* (1954), *4 Turmmusiken* (für Bläser, 1958), *Hörformen I und II* (1967, 1969), *Choral in vierstimmiger Kanonform* (1969), *Hörformen für Klavier und Streicher* (1972), *In Signum IM* (1976), *Verstrebungen* (1977), *Pezzo sinfonico* (1980), *Konzertante Musik* (für Streichtrio und Streichorchester, 1980), *Zusammenspiel* (1980), *Humoreske* (1981) u.a.

## Sándor Veress

1907, ungarisch-schweizerischer Komponist

In Kolozsvár/Ungarn geboren, Bartók- und Kodály-Schüler in Budapest, aktiver Volksliedforscher, 1943 Professor für Komposition in Budapest, 1949 ausgewandert, seit 1950 in Bern als Professor an Konservatorium und Universität niedergelassen, Gastprofessor in den USA, hervorragender Komponist, aus dessen Orchesterwerken hier genannt seien: 2 Sinfonien (1940, 1953), *4 Transsylvanische Tänze* (1949), *Threnos* (im Andenken an Béla Bartók, 1945), *Konzerte für Violine* (1949), *Klavier, Streicher, Schlagzeug* (1952), *Streichquartett* (1961), *Hommage à Paul Klee* (für 2 Klaviere, 1951), *Passacaglia concertante* (für Oboe, 1961) u.a.

## Robert Volkmann

1815–1883, deutscher Komponist

Dieser deutsche Komponist war ein romantischer Musikant – Schumanns Freund – der viel liebenswürdige, aber früh verblaßte Werke schrieb: eine *Sinfonie*, ein *Violoncellokonzert*, Ouvertüren (so zu *Richard III.*). In Wien und Budapest, wo er lebte, erklingt hin und wieder eine seiner hübschen *Serenaden für Streichorchester*. Er stammte aus Sachsen und starb in Budapest.

## Alexander Voormolen

1895–1980, holländischer Komponist

Ein Tonschöpfer, der zuerst in französischem Stil schuf (in persönlichem Kontakt mit Ravel und Roussel), dann aber heimkehrte und zur »nationalen« Schule überging. Von seinen Stücken für Orchester seien erwähnt: *Symphonietta, Baron-Hop-Suite* (aus einem Ballett), *Orchestervariationen »Die drei kleinen Reiter«* (über eine holländische Melodie aus dem 16. Jahrhundert.

## Jan Vaclav Voříšek (Worzischek)

1791–1825, böhmischer Komponist

Einer jener ausgezeichneten »böhmischen Musikanten«, die zu Zeiten der »Wiener Klassik« nach Wien (und in viele andere Städte Europas) strömten und das Musikleben zweifellos bereicherten. Von Beethoven hochgeschätzter Komponist, dessen Klavierstil nicht ohne Einfluß auf Schubert blieb. Sehr beachtenswert sind seine *Sinfonie in D-dur* (1823), ein *Rondeau brillant* für Klavier u.a.

## Roger Vuataz

1898–1988, Schweizer Komponist

Der in Genf geborene Schweizer Musiker hat sich als Dirigent, Professor, Lehrer und Komponist einen sehr geachteten Namen gemacht. Von seinen Orchesterwerken nennen wir: *Suite symphonique, Petit Concert, Triptyque, Prélude »La Voix des siècles«, Phantasie »Damayanti«, Sinfonie »Images de Grèce«, Poème méditerranéen, Suiten »Epopée antique«, »Estampes genevoises«, Ouvertüre »Phèdre«*, viele Stücke für ein Soloinstrument mit Orchester, ferner Kammer- und Streichorchesterwerke sowie Kompositionen für Blasmusik.

## Johan Wagenaar

1862–1941, holländischer Komponist

Mit Diepenbrook stellt Wagenaar den wichtigsten Exponenten holländischer Musik in neuerer Zeit dar. Er ist allerdings genau dessen Gegenteil: War jener außerordentlich intellektuell, aus geistigem Milieu und philosophisch geschult, so ist Wagenaar ein Kind des Volkes, dessen wichtigste Musikeindrücke in der Kindheit Blaskapellen und die typisch holländischen Drehorgeln bildeten. Seine beste Orchesterkomposition dürfte die oft gespielte Ouvertüre *Cyrano de Bergerac* sein, aber auch seine sinfonische Dichtung *Saul und David* (nach Rembrandts berühmtem Bild) verdient Erwähnung.

## Richard Wagner

1813–1883, deutscher Komponist

Wagners Schaffen gehörte weitgehend der Oper; unter ihrem Zeichen standen seine dramatischen Ideen, sein Werdegang vom »Rienzi« bis zum »Parsifal«, seine Kämpfe, sein Sieg, seine beherrschende Stellung über die eigene und die folgende Generation, seine Wirkung in allen Ländern und auf zahllose Komponisten. Aber er darf auch im vorliegenden Band nicht fehlen. Denn ein – allerdings im Verhältnis zum Gesamtwerk minimaler – Teil seiner Komposition ist dem Konzertsaal bestimmt, der sinfonischen Wiedergabe. Wir beziehen uns dabei nicht auf die Bruchstücke seiner Musikdramen, soweit sie außerhalb der Bühne zu hören sind (die *Ouvertüren* zu »Rienzi«, zum »Fliegenden Holländer«, zu »Tannhäuser« und »Lohengrin«, zu »Tristan und Isolde«, »Meistersinger von Nürnberg« und »Parsifal«, den »Liebestod« aus »Tristan und Isolde«, »Siegfrieds Rheinfahrt« oder »Trauermarsch«, den »Walkürenritt« oder das »Waldweben« aus verschiedenen Teilen des »Rings des Nibelungen« usw.), sondern auf jene Werke, die Wagner dem Konzert vorbehielt. Der am 22. Mai 1813 in Leipzig geborene und am 13. Februar 1883 in Venedig verstorbene Meister hinterließ auf diesem Gebiet folgende Stücke:

*Konzertouvertüre in d-moll (1831)*
*Große Konzertouvertüre in C-dur (1832)*
*Ouvertüre »König Enzio« (1832)*
*Sinfonie in C-dur (1832)*
*Ouvertüre »Polonia« (1832–1836)*
*Sinfonie in D-dur* (unvollendet, 1834)
*Kolumbus-Ouvertüre* (1835)
*Rule Britannia, Ouvertüre (1837)*
*Faust-Ouvertüre (1840–1855)*
*Siegfried-Idyll (1870)*

Von allen diesen nur zum kleinen Teil wichtigen Werken wollen wir die beiden bedeutendsten besprechen.

*Faust-Ouvertüre.* Am 16. September 1839 rollte der Wagen, in dem Wagner, seine Gattin Minna und ihr Hund fuhren, auf der Straße von Boulogne nach Paris. Der deutsche Musiker, soeben aus unhaltbaren Verhältnissen in Riga geflohen, setzte große Hoffnungen auf Frankreichs Hauptstadt, in der damals besonders das Opernwesen blühte und eine Fülle ausländischer Künstler sich gute Existenzen geschaffen hatten. Aber schon nach wenigen Wochen war es klar, daß Wagners Stern nicht in dieser Stadt aufgehen würde. Das Schicksal, das ihn im weiteren Verlauf seines Lebens noch oftmals bis an den äußeren Rand des materiellen und seelischen Abgrunds führen sollte, bereitete ihm hier bitterste Zeiten. Einer der wenigen Lichtblicke war eine Aufführung von Beethovens neunter Sinfonie unter dem Dirigenten Habeneck, die Wagner tiefsten Eindruck machte. So ging er daran, ein Konzertwerk zu schaffen. Es sollte eine ganze »Faust«-Sinfonie werden (er ahnte nicht, daß Franz Liszt, mit dem ihn später so enge Bande verknüpfen sollten, ein ähnliches Werk schreiben und der Stoff einer der von den Romantikern besonders bevorzugten werden sollte), aber es entstand nur ein einsätziges Stück, das den Namen *Ouvertüre zu Goethes »Faust«, Erster Teil*, erhielt. Wagner arbeitete während des Jahres 1840 an ihm, in einem Zustand größter Depression und inmitten unwürdiger Gelegenheitsarbeiten, mit denen er sich über Wasser zu halten suchte. Die Tonart d-moll deutet (vielleicht unbewußt) auf den Einfluß von Beethovens Neunter. Wagners Stellung war viel zu unbedeutend, um an eine Aufführung zu denken. Zu einer solchen kam es erst, als er mit »Rienzi« und dem »Fliegenden Holländer« zwei entscheidende Triumphe in Dresden erfochten hatte. Dort leitete er selbst dann die Uraufführung am 22. Juli 1844. Aber das Werk befriedigte ihn nicht. Es gab darüber einen längeren Briefwechsel mit Liszt, der die Ouvertüre mehrfach in Weimar dirigierte. Schließlich stellte er im Jahre 1854 – im Schweizer Exil – eine neue Fassung her, der er folgende Verse als Motto vorausschickte:

»Der Gott, der mir im Busen wohnt,
kann tief mein Innerstes erregen,
der über allen meinen Kräften thront,
er kann nach außen nichts bewegen;
und so ist mir das Dasein eine Last,
der Tod erwünscht, das Leben mir verhaßt!«

In der endgültigen Fassung erklang das Stück erstmalig unter Wagners Leitung in Zürich, am 23. Januar 1855. Die Partitur schenkte er Mathilde Wesendonck, der Muse des »Tristan«, mit den daraufgesetzten Worten »Der lieben Frau!«.

*Siegfried-Idyll.* Am 6. Juni 1869 wurde Wagners und Cosima Liszts Sohn geboren, dem die Eltern den Namen Siegfried gaben. Nach Wagners eigenen Worten war dies einer der glücklichsten Tage seines Lebens. Er lebte an den herrlichen Gestaden des Vierwaldstättersees, in der prächtigen Villa von Tribschen, die eine der letzten großen Wohltaten König Ludwigs II. an seinen geliebten Schützling Wagner darstellte. Aus dem einstigen Revolutionär war der berühmte Komponist geworden, aus dem vom Schicksal hin und her geworfenen Wanderer der seßhafte Familienvater. Und der bereitete zum Geburtstag seiner nunmehrigen Gattin Cosima ein Hauskonzert vor, das am 25. Dezember 1870 in Tribschen stattfand. In dessen Mittelpunkt stand das für Frau und Sohn komponierte und für Kammerorchester gesetzte Siegfried-Idyll. In ihm verwendet Wagner – vielleicht in symbolischer Absicht, vielleicht nur aus musikalischen Gründen – das Tonmaterial, das ihm für Brünnhildes Erwachen und Liebesduett mit Siegfried im letzten Akt der Oper

»Siegfried« gedient hatte. Aber die dramatische, theatralische Atmosphäre ist hier ins Intime gerückt, Liebe, Zärtlichkeit und Altersweisheit werden deutlich fühlbar. Dieses »Idyll« ist Wagners wichtigster Beitrag zur Orchesterliteratur; es zeigt den Komponisten ohne schwerlastende Probleme, in einer glücklichen Phase seines Lebens. Der Triumph im Leben wie in der Kunst steht greifbar vor ihm, er hat nach langen, bittersten Kämpfen gesiegt.

## William Walton

1902–1983, englischer Komponist

Mit Waltons Generation, (der u.a. Britten, Tippett, Bliss, Berkeley, Lambert, Rawsthorne angehören) eroberte die von Elgar, Delius, Vaughan Williams und Holst wieder in die Weltgeltung zurückgeholte englische Musik eine führende Position in Europa. Walton kam am 29. 3. 1902 in Oldham/Lancashire zur Welt, empfing als Autodidakt Ratschläge von Busoni, begann in der atonalen Strömung, wandelte sich aber zum sehr persönlich schreibenden Neo-Romantiker, dem verschiedene wichtige Werke gelangen. Auf Orchestergebiet seien genannt: 2 Sinfonien (1935, 1960), *Sinfonia concertante* (1928/1943), *Konzerte für Bratsche* (1929, revidiert 1962), *Konzert für Violine* (1939, revidiert 1945), *Konzert für Cello* (1957), *Ouvertüre Scapino*, *Variationen über ein Thema von Hindemith*, *Capriccio burlesco* (1968), *Improvisationen über ein Impromptu von Britten*, *Prologo e Fantasia*, *Portsmouth Point* u.a. Seine beiden meistgespielten Stücke seien näher betrachtet:

*Konzert für Bratsche und Orchester.* 1929 komponiert und von Paul Hindemith erstmalig (in London) gespielt, bedeutet dieses Werk eine bemerkenswerte Bereicherung der Violaliteratur. Es ist dem Charakter nach ein spätromantisches Stück, obwohl die Harmonien durchaus zeitgemäß und manche Themen ausgesprochen modern sind. Die drei Sätze lauten: *Andante comodo; Vivo con molto preciso; Allegro moderato.*

*Konzert für Geige und Orchester.* Das Stück ist um zehn Jahre jünger (1939), aber auch in ihm lebt noch jener romantische Ton, der im Gesamtwerk Waltons unverkennbar anklingt. Es ist virtuoser gehalten als das Bratschenkonzert, vielleicht weil es Jascha Heifetz, dem berühmten Geiger, zugeeignet ist und auch von ihm aus der Taufe gehoben wurde. Seine drei Sätze sind überschrieben: *Andante tranquillo; Presto capriccioso alla napolitana; Vivace.* Der zweite Satz verwendet ein neapolitanisches Lied, mit den so charakteristischen Sextenparallelen. Das Finale ist äußerst leidenschaftlich und wird von einigen lyrischen Oasen unterbrochen, die ebenfalls für den Stil von Walton charakteristisch sind.

## Johann Wanhal (Vanhal, Vanhall)

1739–1813, böhmischer Komponist

Die Nachwelt war diesem in Nechanice geborenen, bei Dittersdorf geschulten Zeitgenossen Haydns, Mozarts und auch noch Beethovens in Wien nicht gewogen; erst unsere Zeit versucht ihn zu rehabilitieren und viel von ihm geschaffenes Schöne in das Konzert- und Kammermusikrepertoire zurückzuholen. War er ein ungewöhnliches Talent, vielleicht sogar ein Genie, oder »nur« ein glänzender Routinier mit überströmenden Einfällen? Die Angaben über die Zahl seiner Sinfonien schwanken zwischen 51 und beinahe dem Doppelten, 5 Klavierkonzerte sind überliefert. Er begann seine Laufbahn auf einem gräflichen Schloß in Ungarn, lebte zeitweise in Italien, soll mehrere Jahre unter Depressionen gelitten haben, war aber als freischaffender Künstler in Wien hochangesehen und verfügte wahrscheinlich über eine bessere Position, als Mozart sie je zu Lebzeiten erreichte.

## Carl Maria von Weber

1786–1826, deutscher Komponist

Es wäre ein Irrtum, über den Ruhm des Opernkomponisten Weber seine Beiträge zur Konzertliteratur zu vergessen. In ihnen allen zittert romantische Erregung, deren erster musikalischer Interpret er war. Er geht von Mozart aus, gelangt zu Beethoven und öffnet auf dem Gebiet des Dramas den Weg für Wagner, auf dem der Instrumentalmusik den Pfad Schumanns und Mendelssohns. Weber wurde am 18. Dezember 1786 in Eutin (Oldenburg) geboren und starb nach langem Leiden an der Tuberkulose am 5. Juni 1826 in London, wohin er gereist war, um *Oberon* uraufzuführen und Konzerte zu leiten. Die Orchesterwerke neben den oft gespielten *Ouvertüren »Freischütz«, »Oberon«* und *»Euryanthe«* sind folgende:

*Sinfonien.* Aus frühesten Jahren stammen zwei heute nicht mehr gespielte, beide in C-dur stehende Sinfonien (1807).

*Klavierkonzerte.* Das *Klavierkonzert Nr. 1* ist in C-dur geschrieben. Sein zweiter und dritter Satz wurden in Mannheim am 22. Mai, der erste Satz in Darmstadt am 23. August 1811 beendet. Die Uraufführung fand mit Weber als Solist am 19. November 1811 in Mannheim statt. Der Komponist gab seinem Stück die Opusnummer 18, vom ersten Verleger hingegen wurde es als 11. Werk bezeichnet. Für eine Aufführung in Winterthur, wo es nur ein Streichorchester gab (26. August 1812?), fertigte Weber eine, wie er selbst sagte, »sehr mühsame« (heute verschollene) Streicherfassung an. Das sehr hübsche Stück ist noch deutlich mozartisch gehalten. Hingegen trägt das *Konzert Nr. 2 Es-dur* schon Beethovensche Züge. Es wurde 1811 begonnen, unmittelbar nach dem ersten, und 1812 in Gotha beendet. Dort fand auch die Uraufführung –

wieder mit Weber am Klavier – am 17. Dezember 1812 statt. Die Partitur ist Webers Gönner, dem Herzog von Gotha, gewidmet. Wesentlich reifer ist das *Konzertstück für Klavier und Orchester in f-moll.* Die erste Erwähnung dieses Werkes findet sich in einem Brief an den Musikschriftsteller F. Rochlitz vom 14. März 1815. Aber an die Ausführung ging Weber erst im Jahre 1821. Er beendete es eine Woche vor der »Freischütz«-Premiere, die sein Leben von Grund auf veränderte. Die Uraufführung fand vier Tage nach dieser am 25. Juni 1821 statt, bei merkwürdigerweise schwach besuchtem Saal. Webers Tagebuch verzeichnet »ungeheuren Beifall« für das Konzertstück, sonst aber »Molto onore, poco contante« (Viel Ehre, wenig Geld). Das Werk soll übrigens ein »Programm« besitzen; Weber hat es nie schriftlich niedergelegt, scheint es aber beim Vorspielen seines Stückes einmal in dem Sinne formuliert zu haben, daß er sich ein Burgfräulein vorgestellt habe, deren Verlobter auf Kreuzfahrt ins Heilige Land gezogen sei; in schrecklichen Visionen glaubt sie den Geliebten tot auf dem Schlachtfelde zu sehen. Aber zuletzt kehrt er wohlbehalten inmitten seiner Gefährten zurück. Ob es sich wirklich um ein in der Musik geschildertes »Programm« handelt, bleibe dahingestellt; immerhin ist der Gedanke, daß im Jahre 1821 ein kleines Klavierkonzert auf ein poetisches Programm komponiert worden sei, interessant und zukunftsweisend.

*Ouvertüren:* Vom frühen 1807 datiert eine *Grande Ouvertüre* oder *Ouvertüre Peter Schmoll*, die als op. 8 in Webers Werken figuriert. Aus noch früheren Zeiten stammt die Ouvertüre *Beherrscher der Geister*; aber damals war sie als Vorspiel noch in die Jugendoper »Rübezahl« eingebaut, aus der insgesamt nur drei Stücke erhalten blieben. Die Ouvertüre bearbeitete er 1811 neu, und in dieser Form erklingt sie manchmal. Vom 2. bis 11. September 1818 komponierte er in Dresden die *Jubelouvertüre*, mit der am 20. des gleichen Monats in Berlin das 50-Jahr-Jubiläum der Thronbesteigung des Königs gefeiert wurde, in einem Konzert, das sonst nur italienische Musik enthielt. (Daß mehrere Opernvorspiele Webers gern gespielte Konzertstücke geworden sind, braucht – ihrer Popularität wegen – kaum erwähnt zu werden: *Der Freischütz, Euryanthe, Oberon* vor allem. Aber gedenken wir außerdem einer reizenden Lustspielouvertüre: der zu *Abu Hassan*, die in München am 4. Juni 1811 zum ersten Male erklang.)

*Instrumentalkonzerte.* Weber hat viel für Soloinstrumente mit Orchesterbegleitung komponiert. So gibt es eine *Romanza siciliana für Flöte* aus dem Jahre 1805, ein *Variationenwerk »A Schüsserl und a Reind'rl« (Volkslied) für Viola* (1806), ein *Grande Potpourri für Cello* (1808), ein *Andante und Rondo ungarese für Viola* (1809), *Variationen für Cello* (1810), ein *Concertino für Klarinette* (1811), ein *Andante und Rondo ungarese für Fagott* (1813), ein *Concertino für Horn* (1815), ferner das *Fagott-* und die beiden *Klarinettenkonzerte*, die näher besprochen seien. Webers Klarinettenstücke entstammen der Freundschaft mit dem damals hervorragendsten Virtuosen dieses Instrumentes, Heinrich Bärmann. Er schrieb für ihn zuerst das erwähnte *Concertino*, op. 26, das bei einem Hofkonzert in München erstmalig erklang und so gefiel, daß König Maximilian von Bayern den Komponisten um weitere derartige Kompositionen bat. Das *Konzert Nr. 1 für Klarinette* wurde im April und Mai 1811 verfaßt und am 13. Juni des gleichen Jahres in München zum ersten Mal gehört. Wenige Monate später – am 25. November 1811 – hat das *Konzert Nr. 2 für Klarinette* ebenfalls in München Premiere. Nur zwei Tage später – am 27. November 1811 – scheint das *Fagottkonzert* beendet worden zu sein; in Webers Verzeichnis führt es die Opusnummer 74, im Druck hingegen 75. Es ist ebenso wie die Klarinettenstücke ein wahres Standardkonzert seines Instruments geblieben, prächtige Musik zwischen Klassik und Romantik, melodisch schön, technisch meisterlich, voll Musikantenblut.

## Anton von Webern

1883–1945, österreichischer Komponist

Selbst heute, lange nach seinem Tode, ist es außerordentlich schwierig, Weberns Musik einem nicht aus Fachleuten zusammengesetzten Publikum zu erklären. Ja, auch das hat ernste Probleme zu lösen, um in die Sphäre dieses Komponisten einzudringen. Es ist tatsächlich eine eigene Welt, eine kaum je geahnte, sicher nie vorher realisierte Klangwelt. Konzentration in höchster Potenz strebt Webern an und verwirklicht sie. In einem einzigen Ton kann bei ihm eine wahre Fülle von Ausdruck liegen. Er hat Stücke komponiert, die wenige Takte, gezählte Sekunden lang sind, aus mehr Pausen als Noten bestehen und doch stärkste innere Spannung besitzen. »Man bedenke, welche Enthaltsamkeit dazu gehört, sich so kurz zu fassen«, schrieb Schönberg, der Weberns (wie Bergs) Lehrer und Kampfgenosse gewesen war. Und: »Jeder Blick läßt sich zu einem Gedicht, jeder Seufzer zu einem Roman ausdehnen. Aber: auszudrücken: zu solcher Konzentration findet sich nur, wo Wehleidigkeit in entsprechendem Maße fehlt. Dieses Stück wird nur verstehen, wer dem Glauben angehört, daß sich durch Töne etwas nur durch Töne Sagbares ausdrücken läßt. Einer Kritik halten sie so wenig stand wie dieser und wie jeder Glaube...« Um verständlich zu machen, was Webern wollte, bedürfte es langer Erklärungen; denn seine Musik war – wenn auch von Schönberg herkommend – absolut neu. Es gibt in ihr keine thematische Arbeit mehr, keine Motive. Jeder Klang hat Eigenbedeutung, ebenso jede Pause. Webern ging bis an die äußersten Grenzen der Musik. Er fand Neuland. Wird es jemals dem breiten Publikum, ja auch nur dem Liebhaber, zugänglich sein?
Im Musikleben kommt Weberns Werk eher selten zu Wort. Aber weite Kreise junger Musiker sehen in ihm einen wahren Propheten, eine der bahnbrechenden Er-

scheinungen der Musikgeschichte. Welcher ungeheure Kontrast tut sich da auf! Webern ist der einzige Musiker aller Zeiten, dessen Gesamtwerk (in den USA) auf Platten aufgenommen wurde. Die »Elektroniker«, die »Seriellen«, aber auch andere Gruppen der zeitgenössischen Musik erkennen in ihm ihren Vorläufer, ihren Ausgangspunkt.
Weberns Kunst wirft eine Reihe grundlegender Fragen nach Sinn, Zweck, Form, Inhalt der Musik auf. Sie ist rein sinnlich nicht erfaßbar; war dies die Musik anderer Zeiten stets? Den Zugang zu Webern findet man nur auf geistigem Wege. Ist die seine also »intellektuelle« Kunst? Er hat sich dagegen stets gewehrt. »Ich verstehe unter Kunst die Fähigkeit, einen Gedanken in die klarste, einfachste, das heißt fachlichste Form zu bringen«, schreibt er einmal. Aber sein Wille zur Abstraktion, zum Weglassen all dessen, was »äußeres Gewand« eines Kunstwerks ist, geht soweit, daß die »Faßlichkeit« in Frage gestellt wird. Manchmal ist es geradezu, als wolle man aus der Röntgenaufnahme eines Skelettes einen Menschen erkennen; ein Arzt kann es wohl, aber die Welt existiert nicht nur aus Ärzten. Besteht nicht die Gefahr, daß Kunst wie die Weberns nur einer sehr kleinen Minderheit zugänglich ist? Im übrigen ließe sich die Frage diskutieren, ob Weberns Musik wirklich so »einfach« ist, wie er selbst meinte. Vom Musikhören als »Entspannung« – wie dies lange getan und als Sinn der tönenden Kunst aufgefaßt wurde – kann bei Webern keine Rede sein; ganz im Gegenteil: Es erfordert höchste Spannung, geistige Vorbereitung. Unter diesen Voraussetzungen kann die Musik dann aber, über geistige Eindrücke hinaus, sinnlichen Genuß schenken; nur ist die Zahl derer, die so weit gelangen, immer noch – Jahrzehnte nach Schaffung dieser Musik – sehr klein.
Webern wurde am 3. Dezember 1883 in Wien geboren, zwei Jahre vor Alban Berg, seinem vertrauten Freund und Weggefährten. Beide sind Freunde, Schüler und Apostel Schönbergs geworden, der ebenfalls aus Wien stammte und neun Jahre älter war als Webern. In neueren Büchern liest man gelegentlich von der »Wiener Schule«, zu der diese drei Musiker gehören, ja deren Anführer sie waren. Bisweilen heißt es auch »Zweite Wiener Schule«, in Anspielung auf Haydn, Mozart, Beethoven und Schubert, die die erste bildeten. Wobei allerdings gesagt werden muß, daß jene klassischen Meister strenggenommen nicht als »Schule« zu bezeichnen sind. Schönberg, Webern und Berg hingegen sind es: Sie haben gemeinsame Grundsätze gehabt, für gemeinsame Ideale gestritten, einander gegenseitig beraten und gefördert. Weberns Leben enthält keine aufsehenerregenden Erfolge, wenn wir an ihn als Komponisten denken. Sichtbar wurde seine Gestalt weiteren Schichten als Dirigent. Im sozialistischen Wien der Nachkriegsjahre leitete er Arbeiterchöre, Sinfoniekonzerte für ein neues Publikum und leistete dabei Pionierarbeit von unschätzbarem Wert. Von seinem Schaffen aber wußten nur wenige. Ein kleiner Kreis »Eingeweihter« umgab die Komponisten jener Richtung; den bald nach Berlin abwandernden Schönberg, den früh verstorbenen Berg und den vom offiziellen Musikleben, was seine Kompositionen anbetraf, völlig unbeachteten Webern. Er machte schwere Zeiten durch, materiell und seelisch. Eine verirrte Kugel setzte seinem Leben am 15. September 1945 im salzburgischen Orte Mittersill ein tragisches Ende. Weberns künstlerischer Weg ist von seltener Konsequenz gezeichnet. Die *Passacaglia*, op. 1 für großes Orchester knüpft – kühn, aber erkennbar – an die Tradition an. Bis zu den *6 Stücken für großes Orchester* ist bereits ein weiter Weg zurückgelegt; ihre erste Fassung stammt aus dem Jahr 1909, sie ist für großes, aber mit Sparsamkeit eingesetztes Orchester gesetzt. Neunzehn Jahre später hat der Komponist eine zweite, im Orchesterapparat wesentlich reduzierte Version hergestellt. Weberns Wille zur Konzentration kommt hier bereits sehr deutlich zum Ausdruck; so hat das dritte Stück nur elf Takte, eine Reihe von Instrumenten nur einen einzigen Ton zu spielen. Ununterbrochener Taktwechsel ist nicht auf Originalitätssucht oder Pedanterie zurückzuführen, sondern hat einen tiefen Sinn: dieser seltsamen Musik etwas schwebendes, fester Rhythmen oder Betonungen Entbehrendes zu verleihen. Hier wird schon eines klar: daß dieser Art von Musik nur restlose Wiedergabe, also höchste Perfektion gerecht werden kann. Die Liste der Kompositionen ist verhältnismäßig klein; aber jede von ihnen ist die Frucht einer kaum vorstellbar harten Arbeit, eines wahren Ringens, von dem Außenstehende sich kaum einen Begriff machen können. Die *Fünf Stücke für Orchester*, op. 10 besitzen eine Gesamtdauer von 6 Minuten; das vierte Stück ist nur 6 Takte lang. Trotzdem weist die Instrumentation eine fast unglaubliche Differenzierung auf: Flöte (mit Piccolo), Oboe, 2 Klarinetten (mit Baßklarinette), je ein Horn, Trompete, Posaune, Harmonium (!), Celesta, Mandoline, Gitarre, Harfe, Violine, Viola, Violoncello, Kontrabaß und folgende Schlaginstrumente: Glockenspiel, Xylophon, Herdenglocken (!), tiefe Glocken, Triangel, Becken, kleine und große Trommel. Jedes dieser Instrumente hat nur wenige Noten zu spielen, manche sogar nur zwei oder drei. Denn die Partitur ist alles eher als »dicht«: sie besteht aus viel mehr Pausen als Musik (die allerdings bei Webern integrierender Bestandteil der Musik sind, mehr als je anderswo). Es wäre das Ganze vielleicht einem Bild zu vergleichen, in dem viele Farben, die meisten aber nur mit einem oder zwei leichten Tupfen vertreten sind: die Verwandtschaft mit Klee, auch mit Kandinsky ist unverkennbar. Die aus dem Jahre 1928 stammende *Sinfonie für kleines Orchester*, op. 21 liegt auf der gleichen, nun unbestreitbar Weberns Stil gewordenen Linie. Sie hat zwei Sätze, von denen der zweite 7 Variationen über ein elftaktiges Thema und eine Coda beinhaltet. Die Gesamtdauer beträgt zehn Minuten; die Instrumentation umfaßt Klarinette, Baßklarinette, 2 Hörner, Harfe, erste und zweite Geigen, Bratschen und Violoncelli. Von höchster Konzentration in jeder Hinsicht ist auch das *Konzert*, op. 24. Es ist deutlich dem alten Konzert- oder Concerto-grosso-Typus nachgebildet, hat daher drei Sätze *(Etwas leb-*

*haft; sehr langsam; sehr rasch)*; seine Besetzung besteht aus je einer Flöte, Oboe, Klarinette, Horn, Trompete, Posaune, Geige, Bratsche und Klavier, seine Dauer beträgt neun Minuten. Die *Variationen für Orchester*, op. 30, sind dem bedeutenden Musikliebhaber und -mäzen Werner Reinhart in Winterthur gewidmet. Sie umfassen neuneinhalb Minuten und sind von bis dahin kaum vorstellbarer Kompliziertheit. Nicht nur in Inhalt und Form und Ausdruck, sondern rein technisch, da sie in nahezu jedem Takt Zahl und Einheit wechseln (3/16, 5/8, 2/4, 3/4, 2/8, 3/8, 2/4, 3/16), dazu aber auch noch Temposchiebungen in Fülle vorsehen, so daß nur ein ganz in zeitgenössischer Musik geschulter Dirigent und ein Ensemble von ebenso eingestellten Musikern eine restlose Wiedergabe ermöglichen können.

## Werner Wehrli

1892–1944, Schweizer Komponist

*Orchesterwerke: Festprobe* (1913), *Sinfonietta für kleines Orchester* (1915), *Ouvertüre »Chilbizite«* (1917), *Variationen und Fuge über einen lustigen Sang* (1927), *Sinfonietta für Flöte, Klavier und Streichorchester* (1921), *Romanze für Violoncello und kleines Orchester* (1932), *Serenade für Orchester* (1933), *Pantomime* (1937), *Introitus zu »König Ödipus«* (1943).

## Karl Weigl

1881–1949, österreichischer Komponist

Der Wiener Komponist, einer der letzten aus der Brahmsnachfolge und Schöpfer wertvoller, sehr ernster und von größter Lauterkeit durchglühter Werke, stand zeit seines Lebens ein wenig abseits der von der Mehrheit begangenen Musikstraße. Um so wichtiger wäre es, ihn und sein Schaffen nicht in Vergessenheit geraten zu lassen. Auf dem Gebiet des Orchesters hinterließ er: eine *Sinfonie E-dur*, *Bilder und Geschichten (Suite)*, *Komödien-Ouvertüre*, *Rhapsodie für Streicher* sowie ein *Klavierkonzert f-moll*. Weigl, der auch als Lehrer einen geachteten Namen hatte, starb in New York, wohin er 1938 emigrierte.

## Kurt Weill

1900–1950, deutscher Komponist

Der (mit der *Dreigroschenoper* und *Mahagonny*) über Nacht weltberühmt gewordene, in Dessau geborene, vom Dritten Reich vertriebene und in der New Yorker Emigration verstorbene deutsche Komponist hat auch Beiträge zur Konzertmusik geschaffen: Aus seiner Jugend stammen ein *Divertimento*, ein interessantes *Violinkonzert* mit Begleitung von Bläsern (1923). Von seinen zwei Sinfonien ist die zweite (1933) ein wichtiges, öfter gespieltes Werk.

## Moisei Weinberg

1919, polnisch-sowjetischer Komponist

Der aus Warschau stammende, seit dem Krieg in der Sowjetunion lebende Tonschöpfer fühlt sich in besonderer Weise zum modernen sinfonischen Schaffen inspiriert. Er hat bis jetzt acht Sinfonien geschrieben (1942, 1946, 1949, 1957, 1962, 1963, 1964, 1964), von denen die sechste und achte Singstimmen einschließen. Neben einer ebenfalls bedeutenden Zahl von Kammerwerken komponierte er die *Rhapsodie über Themen von der Moldau* (1960), ein *Violoncello-* (1948), ein *Violin-* (1959) und ein *Flötenkonzert* (1961).

## Jaromir Weinberger

1896–1967, tschechisch-amerikanischer Komponist

Der böhmische Komponist, der in den dreißiger Jahren – und nachdem er mit *Schwanda der Dudelsackpfeifer* einen der stärksten Erfolge der neueren Oper erzielt hatte – nach den USA auswanderte, befaßte sich auch viel mit sinfonischer Musik. Hier eine Liste seiner hauptsächlichen Werke: *Puppenspiel-Ouvertüre* (1924), *6 Böhmische Lieder und Tänze* (1930), *Die geliebte Stimme* (*Ouvertüre*, 1930), *Ouvertüre zu einem ritterlichen Spiel* (1931), *Passacaglia* (1931), *Präludium und Fuge zu »Dixie«* (1940), *Song of the High Seas* (1940), *Under the Spreading Chestnut Tree* (Variationen und Fuge über eine alte englische Weise, 1939), *Préludes Réligieux et Profanes* (1952). Sehr oft sind im Konzertsaal Bruchstücke aus seiner genannten Oper zu hören, so vor allem die *Polka* und der *Furiant*, von mitreißendem, echt böhmisch-musikantischem Schwung.

## Felix Weingartner

1863–1942, österreichischer Dirigent und Komponist

Der seinerzeit weltberühmte Dirigent, vorbildlicher Beethoven-Interpret, zweimaliger Direktor der Wiener Hof- bzw. Staatsoper war auch ein überaus beachtenswerter Komponist, der aber seine hohen Stellungen nie zur Propagierung eigener Werke nutzte. Hier eine Liste seiner wichtigsten Schöpfungen für Orchester:

1882: *Serenade F-dur für Streichorchester*, op. 6
1895: *König Lear, sinfonische Dichtung*, op. 20
1895: *Gefilde der Seligen, sinfonische Dichtung* nach Böcklins Bild, op. 21
1898: *Sinfonie Nr. 1 G-dur*, op. 23
1902: *Sinfonie Nr. 2 Es-dur*, op. 29
1909: *Sinfonie Nr. 3 E-dur*, op. 49
1911: *Konzert für Violine und Orchester in G-dur*, op. 52

1911: *Lustige Ouvertüre*, op. 53
1914: *Aus ernster Zeit*, (Ouvertüre) op. 56
1915: *Ouvertüre und Walzer aus »Dame Kobold«*, op. 57
1916: *Konzert für Violoncello und Orchester in a-moll*, op. 60
1916: *Sinfonie Nr. 4 F-dur*, op. 61
1918: *Ouvertüre und Suite aus der Bühnenmusik zu Shakespeares »Sturm«*, op. 65
1923: *Sinfonie Nr. 5 c-moll*, op. 71
1928: *Sinfonie Nr. 6 h-moll* (zum Andenken Schuberts), op. 74
1930: *La Burla, Allerlei Heiteres in sechs kleinen Orchesterstücken*, op. 78
1930: *An die Schweiz*, (Festmusik)
1931: *Frühling*, op. 80
1932: *Sinfonietta für Soloinstrumente und kleines Orchester*, op. 83

ferner eine unveröffentlichte *Sinfonie Nr. 7 C-dur für Soli, Chor, Orchester und Orgel*, auf Texte von Hebbel, Hölderlin und Carmen Studer, die auch die Autorin zweier Liederzyklen mit Orchester von Weingartner ist: *An den Schmerz* (op. 77) und *Der Weg* (op. 82). Unveröffentlicht ist ferner ein Zyklus von fünf Orchesterstücken *Bilder aus Japan*, die Weingartners Eindrücke von seiner Konzertreise im Fernen Orient zusammenfassen.

## Egon Wellesz

1885–1974, österreichischer Komponist und Musikwissenschaftler

Die wissenschaftlichen Werke Wellesz', vor allem seine grundlegenden Forschungen über die byzantinische Musik, die erst so dem westlichen Bewußtsein erschlossen wurde, gehören zu den unumstrittenen Taten des 20. Jahrhunderts. Es wäre aber ungerecht, seine Kompositionen in deren Schatten zu stellen, denn Wellesz war ein ungewöhnlich ausdrucksstarker Komponist. Er gehörte in seiner Heimatstadt Wien dem Kreise Schönbergs an, hielt sich aber von einer zu engen Anwendung von dessen Theorien stets fern. Er emigrierte nach England, wo er Professor in Oxford wurde und bis ins hohe Alter seine Schaffenskraft behielt. Er schrieb 9 Sinfonien (durchwegs in seiner englischen Zeit, von 1945–1971), in denen er zu einer archaisierenden, sehr persönlichen, schönen Tonsprache gelangt, die sinfonischen Stücke aus der Oper *Prosperos Beschwörungen* (nach Shakespeares »Sturm«), ein *Divertimento* (1971) u.v.a.

## Charles-Marie Widor

1844–1937, französischer Organist und Komponist

Dieser bedeutende Organist, der 64 Jahre lang an Saint-Sulpice wirkte und im Pariser Musikleben eine wichtige Rolle spielte, schrieb ein Klavier- und ein Violoncellokonzert und wurde zum Schöpfer von zehn Orgelkonzerten, deren einige Untertitel wie »gotisch« oder »romanisch« führen.

## Henri Wieniawski

1835–1880, polnischer Geiger und Komponist

Der seinerzeit weltberühmte polnische Violinvirtuose errang auch mit Werken für sein Instrument starke, wenn auch gegenwärtig verblaßte Erfolge; vor allem seien zwei Violinkonzerte sowie die oft gespielte *Legende* erwähnt.

## Jacques Wildberger

1922, Schweizer Komponist

In Basel geborener, in Karlsruhe und hernach in Basel tätiger Professor, als Komponist Anhänger moderner, doch persönlich gehandhabter Techniken. In den Rahmen dieses Buches gehören: *Tre mutazioni* (1953), *Intensio-Centrum-Remissio* (1958), *Musik für 22 Solostreicher* (1960), *Oboenkonzert* (1963), *Contratempi* (für Flöte und 4 Orchestergruppen, 1970) u.a.

## Gerhard Wimberger

1923, österreichischer Komponist

Der in Wien geborene, in Salzburg ausgebildete und dort führend als Professor am Mozarteum und in der Leitung der Festspiele tätige Komponist weist ein wertvolles und erfolgreiches Werk auch auf dem Gebiet des Orchesters auf: *Allegro giocoso*, *Stories* (für Bläser und Schlagzeug), *Multiplay* (für 23 Spieler, 1974), *Programm* (1977), *Concerto a dodici* (1977) u.v.a.

## Pierre Wissmer

1915, Schweizer Komponist

Westschweizer, in Paris tätiger Komponist, der – vor allem mit Opern – internationale Erfolge erzielte.

*Orchesterwerke: Sinfonie Nr. 1* (1938); Suiten *Le beau dimanche* und *Antoine et Cléopâtre* (1943), *Sinfonie Nr. 2* (1951), *Konzertouvertüre »La Mandrellina«* (1952), *Divertimento* (1953), *Sinfonie Nr. 3* (1955), *sinfonische Variationen »L'Enfant et la rose«* (1956), *sinfonisches Triptychon »Clamavi«* (1957), *Sinfonie Nr. 4* (1962), *Konzerte für Klavier, Violine, Gitarre, Trompete, Klarinette und Orchester.*

## Hugo Wolf

1860–1903, österreichischer Komponist

Der geniale und tragische Meister des Lieds schuf auch Werke für Orchester, obwohl gewissermaßen nur am Rande. Zwei dieser Stücke würden einen ständigen Platz im sinfonischen Repertoire verdienen sowie eine gelegentliche Aufführung im nichtdeutschen Raum, wo jetzt erst langsam der Name Wolf den Freunden des Lieds in seiner ganzen Größe aufzugehen beginnt. Die sinfonische Dichtung »Penthesilea« (1883) könnte als Sinfonie bezeichnet werden: *Aufbruch der Amazonen nach Troja, Der Traum Penthesileas vom Rosenfest* und *Kämpfe, Leidenschaften, Wahnsinn, Vernichtung* sind die einzelnen, satzähnlich aufgebauten Teile betitelt. (Uraufführung: München, 1904, unter der Leitung F. Weingartners.) Für kleines Orchester komponierte Wolf die *Italienische Serenade*, die erst in seinem Nachlaß gefunden wurde und vielleicht als Teil eines geplanten, durch den Ausbruch des Wahnsinns dann aber nicht mehr ausgeführten Werkes gedacht war; das 1894 entstandene Stück gehört mit zum Bezauberndsten, was zur Jahrhundertwende komponiert wurde. (Uraufführung München 1903, unter der Leitung F. Weingartners.)

## Iannis Xenakis

1922, griechisch-französischer Komponist

In Rumänien geboren, Architekturstudent in Athen, dann Schüler von Honegger, Milhaud und Messiaen in Paris, dort niedergelassen und naturalisiert; seine Kompositionen sind eng mit mathematischen Formeln verbunden. Für Orchester: *Metastasis* (1954), *Pithoprakta* (1956), *Archoripsis* (1957), *Duell* (für 2 Klaviere, 1959), *Strategie* (1962), *ST/48* (1962), *Akrata* (1965), *Polytope* (für 4 Gruppen, 1967), *Momos gamma* (1968), *Synaphei* (für Klavier, 1969), *Erikhthon* (für Klavier, 1974), *Noomena* (1975), *Empreintes* (1975) u.v.a.

## Alecos Xenos

1912, griechischer Komponist

Der in Zanthe geborene griechische Komponist bildete sich in Athen aus und begann 1940, wichtigere Werke zu schreiben: die *Ouvertüre der Freiheit*, die den Widerstand des griechischen Volkes gegen die Eroberer schildert, das sinfonische Gedicht *Tzavellas*, mehrere sinfonische »Bilder«, *Bühnenmusiken* usw. Aus einer der letzteren (zu dem Drama von Sikelianos »Der Tod des Digenis«) machte er die sinfonische Dichtung *Digenis ist nicht tot*, die mehrfach auch in anderen Ländern gespielt wurde.

## Isang Yun

1917, koreanisch-deutscher Komponist

Der besonders auf dem Operngebiet erfolgreiche, seit 1964 in West-Berlin niedergelassene Asiate verbindet in interessanter Weise die Musik seiner Heimat mit der zeitgenössischen des Westens. Auf sinfonischem Gebiet sind bemerkenswert: *Fluktuationen* (1964), *Dimensionen* (mit Orgel, 1971), *Ouvertüre* (1973), *Cellokonzert* (1976), *Flötenkonzert* (1977), *Doppelkonzert für Oboe und Harfe* (1977) u.v.a.

## Eugen Zádor

1894–1977, ungarisch-amerikanischer Komponist

Der lange Jahre in Wien niedergelassene und 1938 in die USA ausgewanderte Komponist und Lehrer gehört zu den Orchestervirtuosen, deren Werke, wenn auch heute selten gespielt, starke Erfolge erzielen; das beweisen die *Rhapsodie* und das *Rondo*. Seine *Sinfonia technica* ist als tönendes Abbild des Industriezeitalters einzustufen.

## Julien-François Zbinden

1917, Schweizer Komponist

Der im Kanton Waadt Geborene stand jahrelang der Musikabteilung von Radio Lausanne vor. Von seinen zahlreichen Orchesterwerken seien genannt: *Concerto für Klavier*, op. 3 (1944); *Concertino für Trompete*, op. 6 (1946); *Divertissement für Kontrabaß oder Violoncello*, op. 10 (1948); *Concerto da camera für Klavier*, op. 16 (1951); *Symphonie Nr. 1*, op. 18 (1953); *Fantasie für Flöte*, op. 22 (1954); *Suite française für Streichorchester*, op. 23 (1954); *Rhapsodie für Violine*, op. 25 (1956); *Symphonie Nr. 2*, op. 26 (1957); *Jazzific 59–16 für Jazz- und Streichorchester*, op. 28 (1958); *Ballade für Fagott*, op. 33 (1961); *Concerto breve für Violoncello*, op. 36 (1962); *Concerto für Violine*, op. 37 (1963); *Orchalau-Concerto*, op. 38 (1962), ferner *Concierto de Gibraltar für Klavier und Bläser* sowie *Symphonie UBAH* (als Filmmusik), beide ohne Opuszahl.

## Alexander von Zemlinsky

1872–1942, österreichischer Komponist und Dirigent

Zemlinsky, Lehrer Schönbergs, spielte im Musikleben von Prag und Wien als Dirigent eine bedeutende Rolle. Beinahe erst postum erkannte man kompositorisches Genie, dem eine Reihe hochbedeutender Werke auf dem Gebiet des Musiktheaters wie der Sinfonik entsprangen. Er wird heute unter die wertvollsten Musikschöpfer seiner Epoche eingereiht; genannt seien hier: *Sinfonie Nr. 1* (1891), *Sinfonie Nr. 2* (1897), *Lyrische*

*Sinfonie* (für Gesang und Orchester, 1923), ferner *7 Gesänge* nach Gedichten von Tagore. Zemlinsky starb wie viele europäische Musiker in der New Yorker Emigration.

## Hermann Zilcher

1881–1948, deutscher Komponist

Er war ein spätromantischer deutscher Tonschöpfer, von dem zwei Sinfonien, eine *Sinfonietta*, die *Lustspiel-Suite zur »Widerspenstigen Zähmung«* und die *Rameau-Suite in G-dur*, op. 4, die Bühnenmusik zu *Wie es euch gefällt*, die *Variationen über ein Thema von Mozart für Violoncello* erwähnt werden sollen.

## Winfried Zillig

1905–1964, deutscher Komponist

Der dem Schönbergkreis eng verbundene deutsche Musiker schrieb für Orchester u.a.: *Ouvertüre für großes Orchester* (komponiert 1928, uraufgeführt 1931), *Serenade für Kammerorchester* (1952), *Konzert für Violine und Orchester* (uraufgeführt in Essen am 25. 11. 1956 mit Tibor Varga als Solist und dem Komponisten am Pult), *Osterkonzert für Orchester* (1935), *Tanzsinfonie*.

## Bernd Alois Zimmermann

1918–1970, deutscher Komponist

Einer der fesselndsten Schöpfer neuerer Musik, am 20. 3. 1918 bei Köln geboren und 10. 8. 1970 in dieser Stadt freiwillig aus dem Leben geschieden, hat (neben seinem starken Opernerfolg *Die Soldaten*) viele sinfonische Werke geschaffen, die wertvoll, wenn auch oft für Ausführende und Publikum schwierig sind: *Violinkonzert* (1949), *Oboenkonzert* (Hommage à Strawinsky, 1952), *Sinfonie* (1953), *Cellokonzert* (»Canto di speranza«, 1958), *Trompetenkonzert* (über das Spiritual »Nobody knows the trouble I see«, 1954), *Stille und Umkehr, Photoptosis, Suite* aus der Bühnenmusik zu *Le roi Ubu, Ich wandte mich um und sah alles Unrecht, das geschah unter der Sonne, Ekklesiastische Aktion* u.a.

## Udo Zimmermann

1943, deutscher Komponist

Der vor allem auf Operngebiet erfolgreiche Komponist gehört zu den führenden Musikern der ehemaligen Deutschen Demokratischen Republik. Auf sinfonischer Ebene schuf er u. a. *Violinkonzert* (1963), *Musik für Streicher* (1968), *Sieh, meine Augen* ... (nach Ernst Barlach, 1970), *L'homme* (Meditationen, 1970), *Come un grande lamento* (Sinfonie, 1977).

## André Zumbach

1931, Schweizer Komponist

Der gebürtige Genfer ist im Rundfunk seiner Heimatstadt führend tätig, wo er sich auch für neue Klangtechniken interessiert; seinen Kompositionen aber ist er traditioneller, auch folkloristischer Musik durchaus aufgeschlossen: *Essais* (für Streicher und Schlagzeug, 1957), *Mouvement* (für 4 Instrumentalgruppen und Streicher, 1959), *J'ai vu Dieu face à face* (für Sprecher, Orchester und elektronisches Band, 1961), *L'amour et la solitude* (für Sprecher, Tänzer, Orchester und Tonband, 1968), *Ora* (Konzertmarsch für Bläser und Schlagzeug, 1972), *Vigne, ma vie* (für Solisten, Sprecher, Chor, 1972), *Le pas sérieux* (Marsch für Bläser, 1973) u.v.a.

## Bernhard Zweers

1854–1924, holländischer Komponist

In Leipzig ausgebildet, einer der frühesten »nationalen« Tonschöpfer seines Landes in neuerer Zeit, erinnert in seiner Musik ein wenig an die große flämische Malerei des 17. Jahrhunderts. Besonders erwähnenswert ist seine *Sinfonie Nr. 3*, betitelt *An mein Vaterland*; sie enthält die Sätze »In Hollands Wäldern«, »Auf dem Lande«, »Am Strand und auf dem Meer«, »In der Hauptstadt«.

# Im Konzertsaal

*Was man in einem Konzert sieht und hört ...*

In erster Linie ist es das Orchester. Es ist je nach Raum, nach Finanzlage und nach aufzuführendem Werk verschieden groß. Es liegt natürlich auf der Hand, daß in einem Konzertsaal von etwa 500 Plätzen kein so gewaltiger Klangapparat notwendig ist wie in einem für 3000 Personen. Doch der Unterschied in der »Orchesterbesetzung« schließt einige Probleme ein. Der Komponist hat von seinem Werk eine sehr genaue Partitur angefertigt, in der alle von ihm gewünschten Instrumente eingezeichnet stehen. Man kann also nicht einfach die Bratschen weglassen oder die Klarinetten, wenn sie vom Komponisten gewollt sind. Man kann nur die Gruppen reduzieren, die in vielen Exemplaren vorhanden sind, also vielleicht 20 Geigen nehmen (anstelle der 32 oder sogar mehr, die heute in den großen Orchestern sitzen), 6 oder 8 Bratschen (statt 12 oder 14), 4 oder 6 Celli (statt der doppelten Zahl) usw. Es läßt sich darüber diskutieren, ob eine solche »Reduktion« immer und überall möglich ist. Es gibt Werke, bei denen es undenkbar wäre: etwa bei einigen Mahler- oder Brucknersinfonien, bei R. Strauss' *Alpensinfonie*, bei Stawinskys *Sacre du Printemps.* Auch eine Tschaikwosky-, eine der letzten Dvořáksinfonien würden klanglich unter zu kleiner »Besetzung« leiden. Damit sind wir schon beim dritten Punkt angelangt, beim Werk als Voraussetzung der Orchesterzusammensetzung. (Über den zweiten Punkt muß kaum gesprochen werden: Wo die Finanzen es nicht erlauben, muß man sich mit einem bescheideneren Orchester begnügen.) Ein Stück aus der Barockzeit oder dem Rokoko (also den »klassischen« Epochen unserer Musikgeschichte) ist für kleineren Klangkörper erdacht als ihn das moderne Sinfonieorchester darstellt. Sollen wir also Scarlatti, Vivaldi, Bach, ja auch Haydn und Mozart »modernisieren«, indem wir sie mit mehr Musikern spielen als zu ihrer Zeit üblich waren? Gewiß, wir fügen keine Instrumentengattungen hinzu, aber es gibt, bei Verdoppelung der Streicher z.B., doch einen anderen Klang. Anderseits: Können wir mit den »Originalbesetzungen« in unseren weiträumigen Konzertsälen einen vollgültigen akustischen Eindruck hervorrufen? Wäre es ideal, jedes Musikstück so aufzuführen, wie es zur Zeit seines Entstehens gespielt wurde? Mit der gleichen Zahl von Instrumenten, ja wenn möglich sogar mit Instrumenten der gleichen Bauart, und in einem Saal, der an Ausmaß, Anordnung und Akustik jenen der Epoche entspricht? Meere von Tinte sind über diese Fragen vergossen worden. Aber das wäre ja heute, außer vielleicht im Idealfall eines »Festivals«, nicht möglich. Die Instrumente sind moderner geworden; ob nicht mancher Komponist vergangener Zeiten froh wäre, mit ihrer heutigen Technik arbeiten zu können? (Im Falle Beethovens und seiner neunten Sinfonie kam es zu heftigen Polemiken, als Gustav Mahler, dank besseren Blechbläsern unserer Zeit, Retouchen vornahm.) Alle diese Dinge mögen dem einen oder anderen Konzertbesucher durch den Kopf gehen, wenn er im Saale sitzt und das Orchester vor sich aufgebaut sieht. Auch die Aufstellung ist nicht immer die gleiche, wir haben bereits darüber berichtet. Dann beginnt das Konzert, und mancher Besucher wird gebannt auf diesen großen Klangkörper blicken. Die Interpretation hat einen technisch so hohen Stand erreicht, daß nicht nur das Hören, auch das Sehen ein wahres Vergnügen bilden kann. (Ob es ein »erlaubtes« Vergnügen in einem Konzert ist?) Wenn da 32 oder mehr Geiger im letzten Satz von Tschaikowskys fünfter Sinfonie im gleichen, weitausholenden »Strich« die triumphale Melodie spielen, wenn dann darüberhin – wie ein einziger Mann – ein gutes Dutzend glänzender Blechbläser sie, Schalltrichter nach oben, übernimmt, da würde vielleicht sogar einem tauben Besucher der Atem stocken. Das moderne Orchester – Orchester eines technischen, eines Maschinenzeitalters – gleicht einer gigantischen Maschine, in der hundert Rädchen mit letzter Vollendung ineinandergreifen und damit tausend unaufhörlich wechselnde Schattierungen und Nuancen hervorbringen.

*Was man in einem Konzert sieht, aber nicht hört ...*

Über diese gewaltige Maschine des modernen Orchesters gebietet ihr Lenker, ihr Führer, ihr Leiter, ihr geistiges und künstlerisches Oberhaupt, der Dirigent. Über ihn und seine Kunst ist viel geschrieben worden, obwohl sein Beruf verhältnismäßig jung ist; zu Mozarts Zeiten gab es ihn, im heutigen Sinne zumindest, noch nicht. Er entwickelte sich, wie wir an anderer Stelle dieses Buches auseinandersetzen, mit dem Wachstum des Orchesters und der zunehmenden Komplikation der Werke. Er gehört zu dem, was man im Konzert sieht, aber nicht hört, oder wenigstens nicht hören sollte. (Es hat geniale Dirigenten gegeben, deren Ächzen und Stöhnen, deren rhythmisches Stampfen oder Schnauben dem Publikum deutlich vernehmbar wurden; in früheren Zeiten war das Aufschlagen eines schweren Stockes auf den Fußboden als Taktschlagen des Kapellmeisters so üblich, daß sich niemand daran stieß – außer Lully, der sich dabei den Fuß so sehr verletzte, daß er an einer Blutvergiftung starb, als ein wahres Opfer – das erste sicherlich – seines Berufs.) Über die Notwendigkeit des Dirigenten ist heute kein Wort zu verlieren. Es hat nicht an Versuchen gefehlt, Orchester ohne ihn spielen zu lassen, aber die Resultate waren unbefriedigend. Das Publikum will eben doch (trotz unseres früheren Vergleichs) keine Maschine hören, sondern eine persönliche Interpretation, das »Nachschaffen« eines bedeutenden Werkes durch einen bedeutenden Künstler. Nur Kammerorchester

spielen gelegentlich ohne Dirigenten, trotzdem haben sie ihn; es ist der geistige, musikalische Leiter, der in den Proben »den Ton angibt«, während des Konzerts aber, wie die anderen auch, ein Instrument spielt, ein »primus inter pares«, ein Erster unter Gleichrangigen, wie die Lateiner es in der Politik nannten.
Und noch eine Frage möchte ich hier anschneiden, denn auch sie gehört zum Thema »...sieht, aber nicht hört«: die Beleuchtung. Wie unwichtig, werden viele meiner Leser denken. Doch vielleicht nicht ganz so. In manchen Ländern sind wir gewohnt, Konzerte bei voller oder wenigstens halber Saalbeleuchtung durchzuführen. In südlichen Zonen hingegen herrscht bei Konzerten das gleiche Dunkel im Zuschauerraum wie bei Opernaufführungen. Was ist »richtig«? Nun, wir sind weit davon entfernt, diese Frage entscheiden zu wollen. Aber einige dadurch aufgeworfene Probleme wollen wir »beleuchten«. Das Dunkel des Zuschauerraums macht ein Lesen des Programms und der vielleicht darin befindlichen Erklärungen und Analysen unmöglich. Ist das ein Nachteil? Sollen sie während des Erklingens der Musik gelesen werden? Kaum. Auch das Mitblättern der Partitur, wie es heute vielfach üblich geworden ist, wird unmöglich. Vertieft es das Musikerlebnis oder nur das Musikverständnis? Die Helle unserer Konzertsäle kann Menschen, die nicht besonders konzentrationsfähig sind, ablenken, kann ihre Aufmerksamkeit völlig untergraben. Die Dunkelheit des Konzertsaals in Italien, Spanien, Lateinamerika bannt diese Gefahr nicht ganz, zieht die Blicke aber immerhin in die Richtung auf Orchester und Dirigenten.
Auf einer meiner Tourneen betrat ich einmal das Künstlerzimmer des Konzertsaals einer Stadt (ich glaube, es war eine »exotische«, Guatemala, wenn ich nicht irre), und da blieb mein Blick auf zwei einander gegenüberhängenden Bildern haften. Auf einem spielte der kleine Mozart; alles war hell und klar, die Menschen hatten strahlende Gesichter, sahen mit frohen Augen drein. Auf dem anderen saß Beethoven am Klavier; halbdunkel der Raum, und die wenigen Menschen rund um ihn hatten die Augen geschlossen oder die Hände vor das Gesicht geschlagen. Vielleicht waren beide Bilder völlig »falsch«, aus romantischer Sicht rekonstruiert und kitschig dazu. Trotzdem ging mir die Idee auf, es gäbe Musik, die man mit geschlossenen Augen, und solche, die man mit frohem, in die Welt gerichtetem Blick anhören sollte...

### *Was man in einem Konzert hört, aber nicht sieht...*

Dem Musikhörer des 20. Jahrhunderts können Dinge widerfahren, die seine – zeitlich gar nicht so weit entfernten – Vorfahren sich nicht hätten träumen lassen. Einige davon seien hier nur gestreift, da sie am Rande unseres Themas stehen. So kann er mit Hilfe eines in seinem Heim aufgestellten Kästchens oder Kastens die Klänge eines Konzerts aus beliebiger Entfernung empfangen und genießen. Über den Rundfunk zu sprechen erübrigt sich auch deshalb, weil er im Laufe einer einzigen Generation vom fast unbegreiflichen Wunder zum Alltagsgeschehnis geworden ist, das heute sicherlich 80 oder mehr Prozent des »Musikkonsums« vermittelt. Auch die Schallplatte, mit ihrer »langen Spielzeit«, die auf stark verlangsamte (und dadurch geräuschärmere) Umdrehung zurückzuführen ist, ihrer »high fidelity« und Stereophonie, muß nicht vorgestellt werden; ihre Rolle im heutigen Musikleben ist von kaum abschätzbarer Bedeutung. Ebenso sei das Tonband mit seinen fast unbegrenzten Anwendungsmöglichkeiten hier nur gestreift.
Aber dem Musikhörer von heute – seit 1950, um genauer zu sein – kann ein Erlebnis zuteil werden, das im Augenblick noch als seltsam empfunden wird und bei dem man wahrhaft »hört, aber nicht sieht«. Er kann in ein elektronisches Konzert gehen. Und da verläuft alles ganz anders als an einem »traditionellen« Musikabend. Es gibt kein »vorne« und »hinten« mehr, kein Podium mit Ausführenden. Statt dessen hängen überall im Raume Lautsprecher. Aus diesen erklingt das Tonband, so wie der Komponist es aufgenommen hat; kein Mittler ist da, kein Interpret. Werden die Konzerte der Zukunft so vor sich gehen? Oder ist das nur eine experimentelle Etappe auf dem Weg zu neuen Klängen?
Es kann übrigens auch in der »traditionellen« Musik etwas geben, das in dieses Kapitel gehört: Klänge, die man hört, aber nicht entstehen sieht. Ich denke etwa an das berühmte Trompetensignal in Beethovens *Leonoren-Ouvertüre* (welches aus der Oper *Fidelio* übernommen wurde); es erschallt wie aus der Ferne, und der Musiker, der es zu blasen hat, steht hinter dem Podium oder in einem seitlichen Gang, jedenfalls unsichtbar für das Publikum. Das ist übrigens kein vereinzeltes Beispiel: In der Musik des 17. und 18. Jahrhunderts liebte man Orchesterwerke mit Echowirkungen. Oftmals, um den Effekt zu erhöhen, gruppierte man das Echo-Ensemble außerhalb des Saals in einem Nebenraum. Sobald die echoanregende Melodie vom Hauptorchester gespielt wurde, erklang das Echo aus der Ferne. Und es gibt Werke, die sogar doppelte Echowirkung verlangen, so daß noch ein dritter Klangkörper vonnöten ist, der noch weiter vom Konzertpodium entfernt postiert wird und in Aktion tritt, wenn das zweite Orchester seine Echophrase gespielt hat. Dabei wird jedesmal der Klang schwächer, sei es durch dynamische Abschwächung oder durch eine geringere Zahl von Musikern. Ein zauberhafter Effekt (typisch für Barock und Rokoko), zu dessen restlosem Gelingen ein guter Kontakt zwischen den einzelnen Gruppen notwendig ist. Früher geschah das mit Hilfe von Spiegeln oder in direkter Sicht, heute manchmal – warum einfach, wenn es auch kompliziert geht? – mit Fernsehapparaten.
Es gäbe noch manches andere aufzuzählen zu diesem Punkt: so etwa die Nachtigall, die in Respighis sinfonischer Dichtung *I pini di Roma* singt, im Orchester aber nicht zu entdecken ist, aus dem einfachen Grund, weil ihr Gesang von einer Schallplatte abgenommen

wird. Doch ich glaube, damit genug über die Dinge gesagt zu haben, die man hört, aber nicht sieht. Und damit kommen wir zum letzten Kapitel.

*Was man in einem Konzert weder hört noch sieht...*

Gibt es das denn überhaupt? Ist dieses Kapitel nicht vielleicht nur einer eleganteren Abrundung des Schlusses wegen eingefügt worden? Ich glaube es nicht.

Denn zum Konzert gehört unweigerlich etwas, was der Besucher weder hört noch sieht, ja wovon er eine recht unvollständige Meinung zu haben pflegt: die Proben. Je komplizierter die Musik wird, desto mehr Proben erfordert die Abhaltung eines Konzerts. Kluge Musiker haben oft behauptet, das Schicksal eines Konzerts entscheide sich in den Proben. Theoretisch könnte heute jedes gute Orchester – und es gibt ihrer zahllose – gewisse Stücke ohne jede Probe, also direkt vor dem Publikum zu Gehör bringen. Einmal, weil sie so gute »Vom-Blatt-Leser« sind, daß nicht zu schwierige Partituren fehlerlos wiedergegeben werden könnten; zum anderen aber – und das ist wichtiger –, weil viele »Repertoirestücke« (Haydn-, Mozart-, Beethoven-, Schubert-, Brahms-, Tschaikowsky-, Dvořáksinfonien, sinfonische Dichtungen von Richard Strauss, vielleicht – je nach Land – von Debussy und Ravel oder Smetana sowie einige Ouvertüren) so tadellos »sitzen«, daß Proben überflüssig erscheinen mögen. Aber selbst die besten Orchester, die routiniertesten Dirigenten werden ein Konzert ohne Proben nur höchst ungern auf sich nehmen. Gewiß, es gibt unter den Kapellmeistern – wie im Leben überhaupt – Studierer und Improvisierer. Die ersteren lieben es – manche geradezu fanatisch – alles bis aufs letzte i-Tüpfelchen zu proben und festzulegen; die letzteren überlassen vieles der Eingebung des Konzertmoments und begnügen sich in den Proben damit, die großen Linien festzulegen. Aber wie immer es sei, Konzerte ohne Proben sind praktisch undenkbar. Ob es nun drei, sechs oder neun sind, das hängt von vielen Umständen ab. Oftmals sind, zumindest für Musiker, die Proben interessanter als die Konzerte selbst. Wie da ein Werk langsam »ersteht«, wie an ihm gefeilt wird bis zur schlackenlosen, schönen Vollendung, wie »Klangebenen« gegeneinander abgestuft werden (z.B. ein Oboensolo gegenüber einem starken Streicheruntergrund oder einem Posaunenchoral hörbar gemacht wird), wie komplizierte Rhythmen zu logischen Bausteinen der Struktur werden, wie technische Details gelöst werden (Phrasierungen, Fingersätze, Verzahnung von Melodienbruchstücken in verschiedenen Instrumenten, Hörbarmachung von Gegenstimmen, und hundert anderes mehr), das gehört zu den faszinierendsten Erfahrungen unseres künstlerischen Lebens, und es ist eigentlich bedauerlich, daß sie dem Publikum nicht zugänglich sind. Oder soll ihm nur das Endgültige geboten werden (das übrigens nicht immer – aus rein stimmungsmäßigen Gründen – das Resultat der letzten Proben erreicht oder gar übertrifft)? Von den Schwierigkeiten der Probenarbeit wollen (und können) wir hier gar nicht erzählen, es würde viel zu weit führen. Wenn da etwa ein chinesischer Dirigent vor einem südamerikanischen Orchester steht (der Fall ist nicht erfunden), so muß zuerst die Frage der Verständigungssprache gelöst werden. Zumeist wird die italienische gewählt, die den jahrhundertealten Ruf einer »Musiksprache« genießt. Zudem gibt es heute nahezu in allen Orchestern Musiker aus anderen Ländern und Sprachgebieten, so daß diese Probleme nicht zum unüberwindlichen Hindernis werden. Nicht so leicht hingegen gelingt das mit der, sagen wir, Temperamentsseite. Da kann es länger dauern, bis Dirigent und Dirigierte ganz aufeinander eingestellt sind, ja es kann sich sogar der Fall ergeben, daß eine wahre Übereinstimmung nicht zustande kommt. Jeder Dirigent hat seine sehr persönliche Zeichensprache, er hat aber auch seine nicht weniger persönliche künstlerische Auffassung von jedem Werk. Was geschieht, wenn sie der des Orchesters diametral entgegengesetzt ist? Setzt er seinen Willen durch, kommt es zu einem Kompromiß? Lauter interessante Fragen, für deren Beantwortung allerdings unser Buch nicht zuständig ist. Hier sollte angedeutet werden, daß es wichtige Dinge gibt, die man im Konzert weder sieht noch hört und die doch zu seinem Gelingen unumgänglich notwendig sind: die gesamte Vorbereitungsarbeit technischer, künstlerischer, oft auch psychologischer Art, auf die viel mehr Zeitaufwand und »Arbeit« verwendet werden muß als auf das Konzert selbst.

Ganz zu schweigen von der organisatorischen Seite der Sache, von den oft schwierigen Terminfragen, um die gewünschten Dirigenten und Solisten zu bekommen, um Tourneen zu arrangieren, Festspiele abzuhalten, neue Musiker zu finden und einzuarbeiten, Urlaube zu gewähren, Überstunden zu berechnen (denn der heutige Musiker gehört einer Gewerkschaft an, die im Prinzip nicht anders funktioniert als die der Bankbeamten oder Seeleute), Eintrittspreise festzusetzen, Kritikerkarten auszugeben (der Künstler ist das einzige Lebewesen, das bewußt seinen möglichen Henker zu Gast lädt) usw.; lauter Dinge, von denen der Konzertbesucher weder etwas sehen noch hören sollte...

# Kleine Instrumentenkunde

Im Sinfonieorchester sind die drei Instrumentengruppen vereinigt, die seit Jahrtausenden dem Menschen zur Musikausübung zur Verfügung stehen: die Blas-, die Schlag- und die Saiteninstrumente. Die jüngste Gruppe, die der elektronischen Klangerzeugung, ist mit dem Orchester bereits in verschiedenartige Berührung gekommen, soll aber bei der folgenden Aufstellung noch keine Berücksichtigung finden.
Unter den Saiteninstrumenten unterscheiden wir drei Arten: diejenigen, bei denen die Saiten gezupft, die, bei denen sie geschlagen und die, bei denen sie gestrichen werden. Alle drei stehen mit dem Sinfonieorchester in enger Beziehung: zur ersteren gehört (neben Gitarre, Laute, Mandoline, die unserem Thema etwas ferner stehen) die Harfe, zur zweiten das Klavier, zur dritten Geige, Bratsche, Violoncello und Kontrabaß.
Bei den Blasinstrumenten hält sich in der Partitur stets die alte, heute großteils sinnlos gewordene und durch wissenschaftlichere Unterscheidungen ersetzte Teilung in Holz- und Blechbläser. Da unsere Besprechung nach Anordnung in der Partitur erfolgt, behalten wir die Reihenfolge bei, die seit weit mehr als zwei Jahrhunderten üblich ist: Flöte, Oboe, Klarinette und Fagott als Holzblasinstrumente, Horn, Trompete, Posaune und Tuba als Blechbläser.
Unter den Schlaginstrumenten macht man – auch traditionsgemäß – eine Zweiteilung (gegen die ebenfalls einige Einwendungen zu erheben wären): in solche mit bestimmter und solche mit unbestimmter Tonhöhe. Zur ersteren gehören die Pauken, die meisten Glockenarten (auch Glockenspiel), Xylophon und Celesta; zur zweiten alle anderen, wie Trommeln, Becken, Triangel, Tamtam oder Gong (der in Asien hingegen herrlich gestimmte eigene Orchester bildet), Tamburin, Kastagnetten, Herdenglocken, Ratschen usw.
Wir folgen der Einreihung in der Partitur, geben aber bei jedem gegenwärtig gebräuchlichen Orchesterinstrument seine Abarten, Verwandten, Vorläufer usw. bekannt, soweit sie für den heutigen Musikliebhaber von irgendeinem Wert sein können.

## *A. Blasinstrumente*

### *I. Gruppe der Holzbläser*

1. *Die Flöte.* Das im Klange höchste der Blasinstrumente. Während manche aus dem Mittelalter stammende Flötenart (z.B. Blockflöte) längs gespielt wird, ist heute im Orchester lediglich die »transversale« oder Querflöte in Gebrauch, und durchwegs in C-Stimmung. Der Ton wird direkt von den Lippen des Ausführenden gebildet (zum Unterschied von den später zu besprechenden Instrumenten mit einfachem oder doppeltem Rohrblatt). In Haydns fürstlich Esterházyschem Orchester waren nicht immer Flöten vorhanden; seine frühen Sinfonien weisen zumeist nur Oboen und Fagotte unter den Holzbläsern auf; bei Mozart sowie beim späten Haydn finden wir bereits eine oder zwei Flöten als Regel; Beethoven verwendet ihrer stets zwei, die Romantik führt eine dritte, das Ende des 19. Jahrhunderts oftmals eine vierte ein. Eine der Flöten wechselt oftmals mit dem

2. *Piccolo oder kleine Flöte* (italienisch: Ottavino). Sie ist halb so groß wie die Flöte und daher um eine Oktave höher im Klang. Im höchsten Register ist sie schrill, pfeift vernehmlich über das gesamte große Orchester hinweg, kann aber in mittleren Lagen schöne Soli blasen.

3. *Die Oboe.* Sie ist konisch gebaut und besteht aus drei ineinandergesteckten Teilen: Oberstück, Unterstück und Becher. Sie gehört zur Familie der Instrumente mit doppeltem Rohrblatt; ihr Vorläufer ist in der Schalmei zu suchen, die wiederum vom französischen »Chalumeau« kommt, dessen Ursprung das lateinische »Calamus« war. Die Franzosen nannten die ersten Oboen »hohes Holz« (zum Unterschied vom »tiefen Holz«, dem Fagott), also »haut bois«, aus dem unser Wort Oboe entstand. Bach verwendete (um 1720) eine sehr selten gebrauchte Abart, die Oboe d'amore oder d'amour (trotz der Namen fast sicher deutschen Ursprungs), die in A gestimmt war. Eine etwa gleichzeitig in Gebrauch stehende größere F-Oboe hieß Jagdoboe oder Oboe da caccia, die zum Englischhorn (s.d.) führte. Im klassischen Orchester finden wir zwei Oboen (die schon zu Bachs Zeiten verwendet wurden), das moderne kann bis zu vier enthalten. Der Ton der Oboe ist herber als der der Flöte, aber in melancholischen Soli von besonderer Schönheit. Im großen modernen Orchester wechselt eine Oboe zumeist ab mit dem

4. *Englischhorn.* Es ist eine tiefe, eine Alt-Oboe, deren Grundstimmung F ist. Es handelt sich also um ein »transponierendes« Instrument, bei dem Schreibweise und Klang nicht übereinstimmen (für den Partiturleser sei vermerkt, daß die Stimme des Englischhorns um eine Quinte abwärts transponiert werden muß, um zum wirklichen Klang zu kommen, d.h. um eine Quinte tiefer zu lesen ist als geschrieben). Das Englischhorn ist ein prachtvoller Solist und wird zumeist auch als solcher gebraucht (Wagner: Die »traurige Weise« im letzten Akt des *Tristan*; Dvořák: das Hauptthema des zweiten Satzes der Sinfonie *Aus der Neuen Welt*; Sibelius: Hauptmelodie aus dem *Schwan von Tuonela* usw.).

5. *Die Klarinette.* Sie ist ein relativ neues Instrument – konstruiert von dem Nürnberger Instrumentenmacher Denner um 1720 – obwohl ihr Prinzip einer schwingenden Zunge sehr alt ist und u.a. im Dudelsack Verwendung gefunden hat. Die Klarinette ist zylindrisch gebohrt, ihre Zunge ist viel breiter als die der Oboe. Sie ist von größter Geläufigkeit und bedeutender Klangfülle in allen Lagen. Daher eroberte sie, einmal eingeführt – was allerdings erst in Mozarts letzten Lebensjahren geschah – schnell einen wichtigen Platz im Orchester, wo sie auch als Solist hervortreten kann. Sie ist ein transponierendes Instrument und wird in verschiedenen Grundstimmungen gebraucht: Am häufigsten steht sie in A oder B, seltener C, D oder Es (Richard Strauss verwendet sie in den hohen Stimmungen gerne zu karikierenden Zwecken). Es gibt auch eine sehr selten verwendete tiefe F-Klarinette, die Bassetthorn genannt wird; Mozart benutzt sie unvergeßlich im Requiem und der »Zauberflöte«. Im großen Orchester alterniert eine Klarinette manchmal mit der

6. *Baßklarinette.* Sie kommt schon bei Berlioz und Liszt vor, bürgert sich aber trotz ihrer charakteristischen Verwendung (bei Wagner und Richard Strauss bildet sie eine Ausnahme im Orchester) nicht ein. Sie klingt um eine Oktave tiefer, transponiert also nicht nur wie die Klarinette, sondern zudem um eine Oktave abwärts. Die Baßklarinette hat im Gegensatz zur Klarinette ein S-förmig gebogenes Ansatzrohr.

7. *Das Saxophon.* Hier handelt es sich um eine Klarinettenabart, die von dem Belgier Sax um 1830 gebaut und nach Paris gebracht wurde, sich aber – mit Ausnahme einiger Militärorchester – nicht durchsetzen konnte und seltener Gast im Sinfonieorchester blieb (*Arlesienne-Suite* von Bizet und *Bilder einer Ausstellung* von Mussorgsky in der Instrumentierung von Ravel). Mit der Jazzmusik öffnete sich dem Saxophon (in den verschiedensten Stimmlagen, daher auch Größen) ein reiches Feld.

8. *Das Fagott.* Das größte und tiefste der Holzblasinstrumente ist auch eines der ältesten; seine große, zylindrische braune Röhre ragt über das Orchester hinaus. Sein Klang variiert von der ernsten, schönen Tiefe bis zur geradezu komischen (und daher gerne zu karikierenden Zwecken verwendeten) Höhe. Dukas hat sie meisterlich im letzteren Sinne in seinem Tongedicht *Der Zauberlehrling* verwendet (abgesehen von Wagner, der Beckmessers lächerliche Gestalt in den *Meistersingern von Nürnberg* durch ein Fagott zu charakterisieren liebt). Im klassischen Orchester gibt es zwei Fagotte (die schon bei Bach vorkommen), die spätere Romantik fügt ein drittes, das moderne Riesenorchester ein viertes hinzu. Eines davon wechselt, wenn nötig, ab mit dem

9. *Kontrafagott*, einem wahren Ungetüm, das um eine Oktave tiefer klingt als das ohnehin schon tiefe Fagott. (Brahms hat es besonders geliebt um seines düsteren Klanges willen). Ein weiteres Doppelrohrblattinstrument ist das (seltene) Heckelphon, nach seinem Erbauer W. Heckel genannt (Biebrich, etwa 1900), das als Nachfolger einer Baritonoboe gelten kann, die schon Rossini in »Wilhelm Tell« verwendete, und das Richard Strauss neuerlich einsetzte.

### *II. Gruppe der Blechbläser*

10. *Das Horn.* Wie der Name besagt, bestand dieses Instrument in alten Zeiten aus einem Stier- oder Widderhorn. Die frühen Metallhörner konnten nur die sogenannten »Naturtöne« blasen, also etwa die Dreiklangnoten und wenig mehr. So war ein Mitwirken dieser »Jagdhörner«im sinfonischen Orchester sehr eingeschränkt. (Wie sich dies bei Beethovens Neunter Sinfonie auswirkte, sei in jenem Kapitel nachgelesen.) Erst nach 1830 wurden die »Ventile« oder Klappen erfunden, die dem Horn seine volle Beweglichkeit sicherten (allerdings ein klein wenig von seinem alten satten Klange nahmen) und es so zur wahren Achse des modernen Orchesters machten. Das Horn wird aus einer Kupferlegierung hergestellt, das Mundstück ist groß und trichterförmig, der Körper in Rundung gewunden. Es ist ein transponierendes Instrument, seine übliche Grundstimmung ist F, aber es kann auch in vielen anderen vorkommen. Altem Brauch gemäß (als die Hörner nur wenige Noten besaßen und ihre typische Melodiebildung die sogenannten Hornquinten waren) wurden auch die Ventil- (oder Maschin-) Hörner stets in Paaren verwendet; erst einzelne Werke unseres Jahrhunderts machen darin eine Ausnahme. Das romantische Riesenorchester verwendet bis zu acht Hörnern. Wagner erfand eine Umgestaltung des Horns, die

11. *Wagnertuba* genannt wird. Sie hat einen besonders weichen, feierlichen Klang, wird von Hornisten geblasen, weist verschiedene Stimmungen auf und kommt in der sinfonischen Literatur – außer bei Bruckner – nicht vor.

12. *Die Trompete.* Der helle, schmetternde, heldische Klang der Trompete (im Gegensatz zum melancholischeren Horn) ist allgemein bekannt. Sie ist gerade gebaut und besitzt Ventile, die chromatische Spielweise gestatten. So wurde sie im romantischen Orchester zu einem Melodieträger (Tschaikowsky), ihr metallener Klang übertönt alles. Gerade wie das Horn kann sie »gedämpft«, con sordino gespielt werden, indem ein eigens gebauter Körper in den Schalltrichter eingeführt wird; doch wird der Klang dadurch nicht nur gedämpft, sondern auch verändert, wovon in der Jazzmusik reichlich Gebrauch gemacht wird. In den frühen Sinfonien Haydns und Mozarts ist die Trompete noch nicht vertreten; ihr kräftiger Ton wäre für die kleinen Orchester zu stark gewesen. Erst mit deren Wachstum werden Trompeten eingeführt (Bach benutzte sehr hohe Trompeten, sogenannte Klarine, als Soloinstru-

mente und nur in großen Werken), bei Beethoven gibt es deren zwei, in der Romantik drei, gegen Ende des 19. Jahrhunderts manchmal 4, im modernen Riesenorchester gelegentlich sechs. Verschiedene Kornette sind Trompetenabarten, die im Sinfonieorchester nur ausnahmsweise Verwendung finden.

13. *Die Posaune.* Weich im Piano, mächtig im Forte bildet der zumeist aus drei verschieden gestimmten Instrumenten zusammengesetzte Posaunenchor ein sicheres Rückgrat für das Sinfonieorchester. Mozart und Gluck verwenden die Posaunen gegen Ende ihres Lebens, wenn auch nur für bestimmte, zumeist opernhafte Effekte, Beethoven nimmt sie in das Sinfonieorchester auf, was eine Verstärkung aller anderen Instrumente zur Folge haben muß (wieviel Geigen braucht man, um dem Klang dreier Posaunen im fortissimo das Gleichgewicht zu halten!). Es gibt verschiedene Arten von Posaunen: Zugposaunen, Ventilposaunen und schließlich die gebräuchlichste: eine Zugposaune mit Ventilen. Wer ein Sinfonieorchester beobachtet, wird aus den Handbewegungen der Posaunisten, die die »Züge« verlängern oder verkürzen – also die Hand vom Körper entfernen oder an ihn annähern – diese Instrumente leicht erkennen. Seltener, aber wirkungsvoller Solist.

14. *Die Baßtuba.* Sie ist das massivste und tiefste Instrument der Gruppe, von mächtigem, nicht sehr modulationsfähigem Ton (daher kaum als Solist verwendbar) und gewissermaßen die tonliche und klangliche Grundlage des großen Orchesters, gemeinsam mit den Kontrabässen und dem Kontrafagott.

### III. *Andere Luftinstrumente*

15. *Die Orgel.* Als »Luft«- oder »Windinstrument« (wie diese Gruppe in anderen Sprachen sinngemäß heißt) ist die Orgel ein Verwandter der im Deutschen als Blasinstrumente bezeichneten Klangerreger. Diese »Königin der Instrumente« gehört dem Orchester nicht an, kann aber in zweierlei Weise zur Mitarbeit herangezogen werden: einmal als Solist – Orgelkonzert mit Orchester, wie etwa Händel komponierte –, zum anderen im riesigen spätromantischen oder modernen Orchester, wo einige Autoren die Mitwirkung von Orgeln wünschen. Der Werdegang der Orgel vom primitiven, wenige Töne umfassenden und mühsam mit Blasebalg zum Tönen gebrachten Instrument zur modernen, eventuell elektronischen Orgel mit ihren Tausenden von Kombinationsmöglichkeiten und ungeahnten Klangfarben ist phantastisch, aber auch viel zu umfangreich und zudem vom Thema dieses Buches zu weit abliegend, um hier behandelt zu werden. Als charakteristisches Beispiel der Heranziehung des Orgelklangs im Sinfonieorchester sei etwa auf Mahlers *achte Sinfonie* und auf R. Strauss' *Alpensinfonie* verwiesen.

16. *Das Akkordeon.* Die Handorgel weist keine direkten Beziehungen zur sinfonischen Musik auf. Ihr Hauptgebiet ist die Volksmusik.

17. *Das Bandoneon.* Der Handorgel verwandt – ohne Tastatur – bildet das Bandoneon das Hauptelement im südamerikanischen Tangoorchester, kommt aber im sinfonischen Ensemble nicht vor.

## B. *Schlaginstrumente*

### I. *Mit bestimmter Klanghöhe*

18. *Die Pauke.* Sie besteht aus einem Kessel, über den ein Fell gezogen ist. (Der grundlegende Unterschied zwischen Pauken und Trommeln liegt darin, daß erstere nur ein, die Trommeln aber stets zwei Felle haben.) Die Pauke ist – auch hier im Gegensatz zur Trommel – auf einen genauen Ton zu stimmen. Dafür gibt es verschiedene Systeme. Einmal kann dies durch Drehung geschehen; bei anderen Modellen durch Anziehung von Schrauben rund um das Fell; wieder bei anderen durch einen Fußhebel. Die Pauken, stets paarweise in verschiedenen Stimmungen verwendet, werden mit zwei Schlegeln geschlagen. Von der Substanz dieser Schlegel hängt der Ton ab: mit Holzschlegeln ist er natürlich härter, »trockener« als mit sogenanntem »Schwammschlegel« oder tuchumwickeltem Holzschlegel. In der Epoche der Klassiker waren die Pauken stets auf die Tonika und Dominante des betreffenden Stückes gestimmt; also bei einer C-dur-Sinfonie auf C und G. Die Romantik fügte manchmal eine dritte Pauke hinzu, zu deren Spiel ein Pauker noch ausreichte. Erst in den instrumental reicher ausgestatteten Werken zu Ende des 19. Jahrhunderts erhöht sich auch die Zahl der Pauken auf vier (mit zwei Spielern), fünf oder sogar ausnahmsweise sechs. Lange Zeit hindurch war die Pauke das einzige im Sinfonieorchester vorkommende Schlaginstrument, erst seit Beethovens *neunter Sinfonie* finden sich auch andere, vorerst Triangel, Becken und Trommel.

19. *Die Glocken.* Wenn in einer Partitur »Glocken« verlangt werden, so handelt es sich zumeist um eine Imitation von Kirchenglocken, und der Komponist gibt ihre genaue Tonhöhe an. (Eines der typischsten Beispiele ist das Finale zu Tschaikowskys *1812*.) Zu diesem Zwecke hat man große Metallstäbe oder -röhren konstruiert, die auf einem Gerüst aufgehängt sind, mit einem Hammer eingeschlagen werden und frei schwingen können. Jede Röhre ist auf einen Ton gestimmt. Seltener ist die Verwendung von Herden- oder Kuhglocken; sie kommen etwa bei Richard Strauss (*Alpensinfonie*) vor und gehören zu den Schlaginstrumenten mit unbestimmter Klanghöhe.

20. *Das Glockenspiel.* Im Mittelalter liebte man Glockenspiele, die von Stadttürmen aus erklangen. Sie haben mit dem im modernen Orchester verwendeten

Glockenspiel nichts zu tun; dieses besteht aus kleinen Metallplättchen, die mit kleinen Holzschlegeln geschlagen werden (siehe auch Xylophon und Celesta).

21. *Das Xylophon.* (Das Wort kommt vom griechischen »xylos« = Holz her). Es besteht aus einer kompletten Serie von Hartholzplatten, die mit einem Holzschlegel geschlagen werden. Besonders charakteristisch hat Saint-Saëns das Xylophon im *Danse macabre* verwendet; interessanter Strawinsky in *Les noces* und Orff in zahlreichen Werken. Eine Abart des Glockenspiel-Xylophons (aber im Prinzip gleich) ist das in der Jazzmusik benutzte Vibraphon. Verwandte Instrumente sind auch die (mittelamerikanische) *Marimba*, die Milhaud sowie einige Moderne benützen, und das (allerdings saitenbespannte) *Zigeunerzimbal.*

22. *Die Celesta.* Ein Stahlglockenklavier, das 1886 von A. Mustel (Paris) erfunden und bald darauf von zahlreichen Komponisten im Sinfonieorchester verlangt wurde. (Der erste scheint Tschaikowsky in seinem *Nußknackerballett* gewesen zu sein, besonders schön ist der Gebrauch, den Richard Strauss beim Aufzug des Rosenkavaliers im 2. Akt der gleichnamigen Oper von der Celesta macht.) Das Instrument ist etwa ein Klavier, bei dem nicht Saiten, sondern Metallplättchen in Schwingung versetzt werden; man könnte es auch eine Verbindung von Glockenspiel mit Klaviatur nennen. Der Klang ist hell, spielerisch, zauberhaft.

### *II. Mit unbestimmter Klanghöhe*

23. *Die Trommeln.* Es gibt ihrer eine große Menge. Gemeinsam ist ihnen allen – ob groß der klein – daß sie zwei Felle haben, die über beide Seiten eines zylindrischen Hohlkörpers gespannt sind. Obwohl die Klanghöhe ein wenig beeinflußt werden kann, ist von einer genauen »Stimmung« keine Rede. Alle Trommeln sind daher reine Rhythmus-Instrumente. Die kleine Trommel hat einen schnarrenden, erregenden Klang; sie wird mit zwei Holzschlegeln geschlagen, die ein guter Spieler zu dichtestem Wirbel sowie zu einer Reihe von dynamischen Schattierungen und Effekten bringen kann. Die große Trommel wird zumeist aufrecht gestellt oder getragen und mit einem einzigen größeren Schlegel geschlagen; dessen Material kann je nach dem zu erzielenden Effekt wechseln. Bei Militärmusik ist die Kombination zwischen großer Trommel und Becken gebräuchlich. Die Gebrauchsfähigkeit der Trommeln im Sinfonieorchester ist beschränkt; immerhin gibt es einige charakteristische Anwendungen, wie etwa in Ravels *Bolero* (kleine Trommel), Tschaikowskys *Pathétique* und R. Strauss' *Alpensinfonie* (große Trommel). Die kleine Trommel ist in den meisten Partituren mit dem italienischen Namen »tamburo piccolo«, die große mit »cassa grande« angegeben.

24. *Das Triangel.* Ein Metalldreieck, das an einer Stelle offen ist und mit einem Metallstab angeschlagen wird. Es gibt einen hohen, klingelartigen Ton, der zu einer Art Triller gesteigert werden kann. Ein seit der Romantik oft verwendeter Effekt, der allerdings zu auffallend ist, als daß er im gleichen Werk häufig in Anspruch genommen werden könnte.

25. *Das Becken* (italienisch »piatti«). Zwei dünne Metallteller von mehr als einem halben Meter Durchmesser, die aneinander geschlagen werden. Geschieht dies mit voller Kraft, so übertönt der Klang ein starkes Sinfonieorchester. Es gibt auch die Möglichkeit, nur einen der Teller mit einem Klöppel oder Schlegel zum Tönen zu bringen, wobei kurzes oder längeres Erklingen möglich ist und der Schlegelkopf ganz nach Wunsch aus hartem oder weichem Material bestehen kann.

26. *Das Tamtam oder Gong.* Eine große Scheibe von fast einem Meter Durchmesser und aus schwerem Metall (zumeist Kupfer) verfertigt, in einem Rahmen hängend, seltener mit der Hand gehalten, wird mit einem schweren Klöppel geschlagen; das Ergebnis ist ein dumpfer, weithin hallender, majestätischer und doch irgendwie mystischer, geheimnisvoller Klang. Die Heimat der Gongs dürfte Asien sein, wo sie besonders in Indonesien eine bedeutende Rolle spielen und in verschiedensten Größen (und daher Stimmungen) ganze Orchester bilden. Ihr Spiel gleicht dort einem wahren Meer von Kirchenglocken; wer sich in ihren Klang »einhört«, wird ziemlich genaue Tonhöhen feststellen können, so daß es sehr fraglich ist, ob Gong oder Tamtam wirklich unter die Instrumente »unbestimmter Klanghöhe« zu rechnen sind. Im modernen Sinfonieorchester werden sie gelegentlich – nur für bestimmte Wirkungen – angewendet.

27. *Das Tamburin.* Ein Fell ist über einen runden Holzreifen gespannt, in den Glöckchen eingelassen sind. Dieses folkloristische, auch »Baskentrommel« genannte Instrument kommt im Sinfonieorchester nur selten, besonders bei Nachahmung südeuropäischer Tänze, vor.

28. *Die Kastagnetten.* Ein in Spanien sehr verbreitetes Volksinstrument, das in der Kunstmusik nur bei Nachahmung spanischen Milieus Verwendung findet. Es handelt sich um zwei mit den Händen gespielte Holzklappern, die durch verschiedene Größe höhere und tiefere Töne hervorbringen, so daß eine Art Zwiegespräch möglich wird. (Die Spanier nennen die größere Kastagnette »macho«, den Mann, die kleinere »hembra«, das Weib.) Unerläßlich zum Begleiten spanischer Tänze.
Es gibt noch weitere Schlaginstrumente – wie etwa die »Ratsche«, die R. Strauss seinem Till Eulenspiegel mitgibt –, aber ihr musikalischer Wert reicht nicht aus, um sie hier einzeln zu besprechen. Bei ihnen handelt es sich um realistische Effekte, die gelegentlich auch in

ernsten Musikwerken angewendet werden können, ohne deshalb zu wirklichen Musikinstrumenten zu avancieren.

## C. Saiteninstrumente

### I. Mit Bogen gestrichene Saiten

29. *Die Violine oder Geige.* Lange Zeit hindurch war die Geige das wichtigste Instrument des Sinfonieorchesters. Während der Klassik bildeten die Violinen nicht nur die umfangreichste Gruppe, sondern ihnen war auch die Mehrzahl der Melodien anvertraut. Wagner fixierte die Zahl der Geigen in seinem Orchester mit 32, die in zwei Gruppen – erste und zweite Geigen – geteilt werden, was immer noch etwa ein Drittel der Gesamtspieler ausmacht. Die Teilung in »erste« und »zweite« Violinen beruht auf rein praktischen (und musiktheoretischen) Erwägungen. Um eine Vierstimmigkeit der Streichinstrumente zu erzielen, mußte eine der Gruppen unterteilt werden (es gab Violinen, Violen sowie – gemeinsam spielend – Violoncelli und Kontrabässe). Da die Gruppe der Geiger die meisten Spieler hatte, lag es nahe, die Geigen zu unterteilen. In der Zeit der Klassiker kam noch eine praktische, heute ein wenig kurios anmutende Ursache für die Teilung hinzu: Die damals in den Adelspalästen spielenden Orchester waren zum Teil aus recht ungleichmäßig befähigten Amateuren zusammengesetzt. Die Teilung in »erste« und »zweite« Geigen erlaubte, die guten Spieler in die erste Gruppe zu setzen und ihr Melodien und schwierigere Passagen anzuvertrauen, während die zweiten Geigen sich mit leichten Begleitungen zufriedengaben. Mit der ständigen technischen Höherentwicklung der Orchester schwand auch dieser Gegensatz dahin, in den spätromantischen und modernen Werken werden an alle Geiger die gleichen hohen Anforderungen gestellt. Die Geigen sind aus den Violen hervorgegangen, die wir im nächsten Stichwort betrachten werden. Sie weisen vier Saiten auf – gestimmt auf G, D, A, E, also in Quinten – die entweder (als Regel) mit dem Bogen gestrichen oder (als Ausnahme, in der Stimme als »pizzicato« oder »pizz« vorgeschrieben) mit dem Finger gezupft werden. Der erste Geiger führt den Titel »Konzertmeister«, ihm obliegt das genaue Stimmen des Orchesters vor Probe und Konzert sowie die Ausführung der Violinsoli (vgl. voriges Kapitel). Neben (und nach) dem Klavier ist die Geige heute das beliebteste Virtuoseninstrument. Die Sitzorndung der Geigen auf dem Konzertpodium hat in den letzten Jahrzehnten Veränderungen erlebt. War vorher die Gruppierung der ersten Geigen zur linken, die der zweiten zur rechten Seite des Dirigenten – beide im Vordergrund – die Regel, so überwiegt heute die Gruppierung beider, nebeneinandergesetzt, auf der linken Seite, wodurch die zweiten Geigen ein wenig »in den Hintergrund« gerückt sind, was ihrer Bedeutung in klassischen und romantischen Werken eher entspricht.

30. *Die Viola oder Bratsche.* Das Wort Bratsche stammt nicht aus dem Deutschen, obwohl wir es heute als Verdeutschung von Viola ansehen; es ist eine Verballhornung von »braccio«, dem italienischen Wort für Arm. Denn dieses Instrument entstand aus der »viola da braccio«, der Armgeige (im Gegensatz zur »viola da gamba«, wie wir beim Cello sehen werden). Die Bratsche ist um wenige (zumeist nur um drei) Zentimeter größer als die Geige, hat wie diese vier Saiten, ist aber um eine Quinte tiefer gestimmt: C, G, D, A. Ihr Klang ist melancholischer, umflorter als der der Geige; ihre tiefen Saiten klingen mächtiger, dem Cello ähnlicher. Sie ist ein prächtiger Solist (was etwa Berlioz glänzend ausgenützt hat, als er für Paganini ein Viola-, kein Violinkonzert schrieb: *Harold in Italien*). In der Renaissance und Barockzeit hat es eine Reihe schöner, der Viola verwandter Instrumente gegeben, die hier kurz erwähnt seien. Die Lyra und die Vielle des Mittelalters waren Vorläufer der Bratsche, die Viola da braccio ihr Ausgangspunkt zum modernen Instrument. (Wir erwähnten bereits, daß dieser Name »Arm-Viola« bedeutet, im Gegensatz zur »Bein-Viola«, dem Vorläufer des Cellos.) Die Viola d'amore (bei deren Namen es strittig ist, ob sie tatsächlich – ihres süßen Klanges wegen – von »Liebe« [amore] herkommt oder vielleicht von den »Mohren« [moro], d.h. aus Arabien) war im 18. Jahrhundert sehr verbreitet, hatte sechs bis sieben Saiten über dem Griffbrett, aber ein weiteres Dutzend als Resonanzsaiten darunter; Bach schrieb für dieses schönklingende Instrument, auch Stamitz bevorzugte es für Konzerte; später haben immer wieder Komponisten versucht, ihrem Orchester durch Einbeziehung einer Viola d'amore besondere Klangfarbe zu geben: Meyerbeer, Massenet, Puccini, Kienzl u.a. Ein Verwandter ist auch das Baryton, das aber seinen Platz eher beim Violoncello findet.

31. *Das Violoncello.* In der Größenordnung das dritte Instrument in der Familie der Geigen, nach dieser und der Bratsche. Es ist bereits so groß, daß es auf den Boden gestellt und mit den Knien festgehalten werden muß. Seine vier Saiten sind genauso gestimmt wie die der Viola aber eine Oktave tiefer. Das Violoncello (fälschlich, aber gebräuchlich abgekürzt: Cello) ist ein herrlicher Solist und eine mächtige Grundfarbe im Streichorchester. In modernen Orchestern finden sich zwischen acht und zwölf Violoncelli; der ihnen heute zumeist zugewiesene Platz ist im rechten Vordergrund des Podiums. Als Vorläufer müssen wir das Baryton erwähnen (auch Viola di Bordone genannt), das – wie die Viola d'amore – außer den vom Bogen gestrichenen Saiten noch sogenannte Resonanz- oder Bordonsaiten besitzt, die »mitschwingen« und den Klang bereichern. Es war das Lieblingsinstrument des Fürsten Esterházy, für das Haydn Hunderte von Kompositionen schrieb.

32. *Der Kontrabaß.* Der weitaus größte der Familie, höher als der Spieler. Lange Zeit hindurch (Barock und Klassik) besaß er keine eigene Stimme, sondern

verdoppelte, eine Oktave tiefer, die Stimme des Violoncellos, dem er einen dunklen Grundton hinzufügte. Als zu Beginn der Romantik dem Kontrabaß ein eigener Part zugestanden wird, erhöht sich seine Beweglichkeit nur wenig, während die Agilität des Cellos bedeutend zunimmt. Als Solist kommt der Kontrabaß nur ausnahmsweise vor, hingegen ist er als Fundament des Orchesters von großer Wichtigkeit. Die Stimmung des Kontrabasses erfolgt in Quarten, also einem kleineren Intervall als die bei Geige, Bratsche und Cello übliche Quinte, vor allem wegen der großen Distanz, die beim Kontrabaß zwischen Ton und Ton von der Hand zurückzulegen ist. Die meisten Kontrabässe weisen vier Saiten auf, aber in großen Orchestern werden zumindest ein oder zwei fünfsaitige Bässe verlangt, wobei zu den Tönen E, A, D, G ein tiefes C tritt (also im Terzabstand vom E).

### *II. Gezupfte Saiten*

33. *Die Harfe.* Dieses Instrument, das weit in vorgeschichtliche Zeiten weist, ist ein ziemlich neues Mitglied des Sinfonieorchesters. Erst seine technische Perfektionierung durch Erard (1811) ermöglichte seine Verwendung im Ensemble, die aber trotzdem eine Ausnahme blieb. Das romantische Orchester liebte sie natürlich; aber Brahms benutzt sie äußerst selten, vielleicht ihres zu sinnlichen Klanges wegen. Im großen Orchester der Spätromantik kommt die Harfe beinahe immer vor, im Impressionismus spielt sie eine wichtige Rolle; dafür will das 20. Jahrhundert kaum etwas von ihr wissen. Die Harfe hat 46 Saiten, die mit den Fingern gezupft werden, sowie sieben Pedale, die ein sofortiges Umstimmen in alle beliebigen Tonarten gestatten. (Die Grundstimmung der Harfe ist Ces-dur). Die heutigen Orchester verfügen gewöhnlich über zwei Harfen. Als interessantes Detail sei hervorgehoben, daß die Harfe fast immer und überall als »weibliches« Instrument galt, so daß selbst in reinen Männerorchestern (und das war die überwiegende Mehrzahl bis zum Beginn unseres Jahrhunderts) eine oder zwei Damen gewissermaßen als »Gäste« die Harfen spielten – mit Ausnahme der Wiener Philharmoniker, die selbst für diesen Posten lediglich Männer zuließen (die zumeist eigens dafür geschult werden mußten).

34. *Die Gitarre.* Sie kommt im Sinfonieorchester, außer in Ausnahmefällen, nicht vor. Aber eine Reihe – hauptsächlich spanischer, italienischer und lateinamerikanischer – Komponisten hat Werke geschaffen, in denen die Gitarre als Soloinstrument von kleineren Orchestern begleitet wird. Die möglicherweise aus dem Orient stammende und von den Arabern 711 in Spanien eingeführte Gitarre weist sechs Saiten auf, die in Quartabständen, mit einer Terz in der Mitte, gestimmt sind.

35. *Die Laute.* Dieses wundervolle Instrument der Renaissance und Barockzeit kommt im Orchester nicht vor. Es unterscheidet sich von der Gitarre nicht nur durch seinen gewölbten Körper (die Gitarre hat einen flachen Rücken), durch das Fehlen der menschenkörperförmigen Einbuchtungen, sondern auch durch seinen geknickten, nach hinten gebogenen Hals und das zumeist durch ein Plektron (kleine Holz- oder Beinscheibe) erfolgende Zupfen der Saiten.

36. *Die Mandoline.* Im Sinfonieorchester ungebräuchlich, da klanglich viel zu schwach. Mozart schreibt eine Mandoline zur Begleitung von Don Giovannis Serenade vor.

### *III. Geschlagene Saiten*

37. *Das Klavier.* Vielerlei Etappen mußten die Tasteninstrumente zurücklegen, um zur Vollkommenheit des modernen Instruments zu gelangen. Hier ist nicht der Platz, um diesen Werdegang – über Spinett, Clavichord, Clavecin, Clavicembalo – im einzelnen nachzuzeichnen. Im Zusammenhang mit dem Thema dieses Buches sei das Klavier in dreifacher Rolle erwähnt: einmal als »obligates« Instrument der Barockzeit, da die Mitwirkung des Cembalos als »Bindemittel« für Streich- und kleine Orchester unerläßlich war; zum anderen die Verwendung des modernen Klaviers im Riesenorchester unserer Zeit; und zum dritten der häufige Gebrauch des Klaviers als Solist mit Begleitung des Sinfonieorchesters. Über die erste Rolle haben wir anläßlich der Besprechung der Werke Bachs, Händels, Telemanns usw. mehrfach gesprochen. Das Cembalo hatte den bezifferten Baß, den »basso continuo«, auszuführen, der das Charakteristikum der Musik des 17. und 18. Jahrhunderts darstellte. Etwa zu Beethovens Zeiten werden die »alten« Instrumente durch das Klavier ersetzt. Dieses wird aber noch lange nicht dem Orchester einverleibt, vor allem weil sein Klang für die immer noch relativ kleinen Ensembles zu machtvoll ist. Dies geschieht erst im ausgehenden 19. Jahrhundert. Die nun gewaltig angewachsenen Orchester ziehen nun Instrumente wie Harfe, Orgel, Klavier heran. Diese verstärken den Klang außerordentlich. Die moderne Musik – nach 1920 – benutzt das Klavier als Orchesterinstrument gerne, aber in anderer Weise: nicht als »Füllstimme«, als Klangverstärkung, sondern im Gegenteil fast solistisch, in Ausnützung seiner noch nicht abgebrauchten Klangfarbe (Strawinsky!). Die dritte Verwendungsmöglichkeit des Klaviers ist die solistische Aufgabe, das Klavierkonzert mit Orchester. Bach ahnt es voraus, obwohl seine diesbezüglichen Werke noch besser auf dem Cembalo wiederzugeben sind; über Mozart führt der Weg dann zu Beethoven. Die Romantiker begeistert der mächtige Klavierklang, das Virtuosentum mit Begleitung des differenzierten, prächtig klingenden Orchesters.

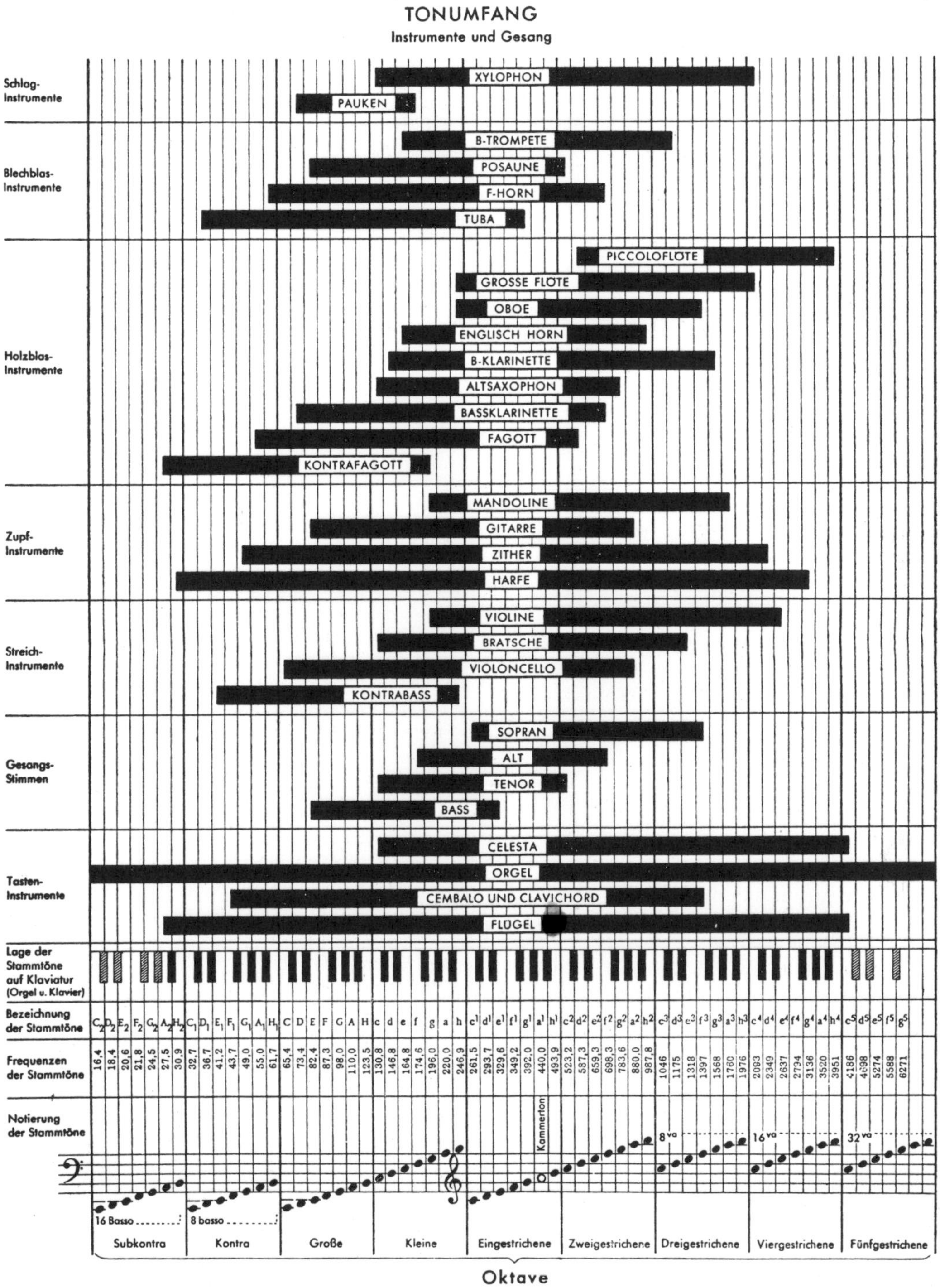


* Entnommen aus »Meyers Handbuch über die Musik« mit freundlicher Genehmigung des Verlages Bibliographisches Institut AG, Mannheim.

# Kleines Wörterbuch musikalischer Ausdrücke, die mit sinfonischer Musik in Zusammenhang stehen

*a capella* Gesang ohne instrumentale Begleitung.

*Adagio* Langsames Zeitmaß, ruhiger als Andante, aber bewegter als Largo und Grave. In der zyklischen Form der Sinfonie findet sich der langsame Satz – oftmals ein Adagio – für gewöhnlich an zweiter Stelle.

*Ad libitum* Lateinischer Ausdruck, der »nach Gefallen« bedeutet; in musikalischer Hinsicht deutet er an, daß in einem gewissen Augenblick die Ausführung dem Interpreten überlassen wird, der sich hier von den strengen Regeln des Rhythmus entfernen oder auch die Melodielinie leicht verändern, d.h. vor allem ausschmücken kann.

*Akademie* Zahlreiche musikalische Institutionen, besonders in Italien während der Renaissance und bis in unsere Zeit hinein, führen diesen Namen. Er stammt aus dem alten Athen, wo auf einem so genannten Platz Platon seine Schüler versammelte. In unserer Zeit kann Akademie eine musikalische Lehrstätte (wie jede Art von Lehrstätte) bedeuten. Das Wort hat aber noch eine andere Bedeutung: Konzertakte früherer Jahrhunderte werden vielfach so bezeichnet. Mozart und Beethoven veranstalteten »Akademien«, oftmals »zu eigenem Vorteil« (d.h. der Reinerlös gehörte ihnen).

*Akustik* Nicht nur ein Teilgebiet der Physik, sondern auch die Fähigkeit eines Konzertsaals oder Theaters zur Leitung des Klanges. Man spricht von guter und schlechter Akustik, je nachdem Musik oder gesprochenes Wort im betreffenden Saale gleichmäßig gut zu vernehmen sind oder nicht.

*Aleatorik* Ein nach dem Zweiten Weltkrieg eingeführter Begriff, der vom (lateinischen) Wort *alea*, der Würfel, herkommt. Dessen Fall kann nicht vorausbestimmt, nicht vorausgesehen werden, ist also dem Zufall überlassen. Und so führen viele Komponisten der zweiten Jahrhunderthälfte Partien in ihre Werke ein, die nicht mehr mit Noten festgelegt, sondern der Improvisation des Spielers überlassen bleiben. In älterer Zeit kann man vielleicht die »Kadenzen« der Solisten als Vorläufer sehen; diese Kadenzen waren lange Zeit – bis Beethoven – frei zu improvisieren, wozu das Wort »ad libitum« (nach Belieben) in den Noten aufforderte. Erst häufiger Mißbrauch veranlaßte die Komponisten, auch die Kadenzen im einzelnen niederzuschreiben, also nichts mehr dem »Zufall« zu überlassen, der auch in Gesangsrollen eine große, oft als negativ aufgefaßte Rolle spielte. Die neue Zeit aber trachtet aus der Starre in jeder Beziehung herauszukommen, und so gibt es in vielen Werken Stellen, in denen die Notierung endet und den Spielern (in Kammermusik und Orchesterstükken gerade oder mehr noch als dem Solisten) Gelegenheit zu völlig freier Improvisation gegeben wird. Das führt zu einem gänzlich neuen Musikgefühl, da das Resultat unmöglich vorauszusehen und bei jeder Wiedergabe ein anderes sein wird. Im Orchester setzt dieser Teil auf ein Handzeichen des Dirigenten ein und endet ebenso, um wieder in den festgelegten Teil der Partitur überzugehen. Die Idee ist bestechend, wie jede Ahnung einer neuen »Freiheit«, die Praxis aber selten so befriedigend, da »Zufall« auch ins Chaos führen kann.

*Allegretto* Wörtlich: Kleines Allegro. Weniger rasch als dieses oder für ein Musikstück kleinerer Form gewählt.

*Allegro* Schnelles Zeitmaß, bewegter als Andante, langsamer als Presto.

*Allemande* Alter Tanz, wahrscheinlich – wie der Name besagt – deutschen Ursprungs. Teil der Suite (s.d.). Im 18. Jahrhundert ausgestorben, bzw. in andere Tanzformen übergegangen.

*Andante* Wörtlich: gehend. Mittleres, ruhiges, aber nicht schleppendes Zeitmaß.

*Andantino* »Kleines Andante«, zumeist für ein Tonstück kleineren Ausmaßes verwendet.

*Arco* (Ital.) Bogen eines Saiteninstruments. Als Angabe in der Partitur (auch coll'arco) bedeutet es, daß – nach einer Passage gezupfter Noten (pizzicato) – wieder mit dem Bogen gestrichen werden soll.

*Arie* Sologesang in der Oper, aber – zumeist in italienischer Form: aria – auch in der Instrumentalmusik verwendet für melodiöse, häufig getragene Stücke.

*Arioso* Bedeutet etwa »im Stil einer Arie«, das heißt: gesangvoll, melodiös in der Wiedergabe. Arioso kann als Mittelding zwischen Rezitativ und Arie angesehen werden; ist ersteres eine Art Sprechgesang, bei dem die Textdeutlichkeit das wichtigste ist, und letztere ein vor allem melodischen Gesetzen unterworfenes Stück, so ist arioso der Übergang von einem zum anderen, melodischer als das Rezitativ, textlich deutlicher als die Arie, zumeist auch weniger ausgedehnt als diese.

*Arpeggio* Wenn auf dem Klavier oder der Harfe ein Akkord nicht auf einmal, sondern in rascher Brechung angeschlagen wird, sprechen wir von arpeggio oder arpeggiato (ital.). Auch Streichinstrumente können – in beschränktem Maße – »arpeggieren«.

*a tempo* Siehe unter Tempo.

*Atonalität* Ein strittiger Begriff, der in der Zeit der Auflösung des Tonartenwesens im 20. Jahrhundert geprägt, aber von den als Atonalisten bezeichneten Musikern niemals anerkannt wurde. Man hat diese Richtung auch »freie Tonalität« benannt.

*Augusteo* Name eines berühmten Konzertsaals in Rom, der auf den Ruinen des Augustus-Mausoleums gebaut wurde und u.a. die »Accademia de Santa Cecilia« enthält.

*Badinerie* (Franz.) Ein leichtes, unbeschwert heiteres Musikstück tänzerischen Charakters, manchmal Teil der Suite (s.d.)

*Ballade* Ursprünglich gesungenes Stück erzählenden Charakters, dann in die Instrumentalmusik übernommen für Kompositionen ähnlichen, d.h. epischen Charakters. (Der Name, der vom italienischen »ballare« = tanzen herkommt, deutet allerdings auf einen entfernten instrumentalen Ursprung im Tanzrhythmus.)

*Band* (Engl.) Ensemble, Kapelle. Besonders üblich bei Jazzband.

*Barkarole* (vom ital. »Barcarola«), venezianisches Lied im wiegenden, der Gondelbewegung nachempfundenen $^6\!/_8$-Takt; oftmals rein instrumental.

*Barock* Epoche des europäischen Geisteslebens, die ungefähr die Zeitspanne vom Beginn des 17. bis Mitte des 18. Jahrhunderts umspannt. Sie hat Zeugnisse auf allen Gebieten hinterlassen, so vor allem in der Architektur. Auch hat sie Niederschlag gefunden in den musikalischen Werken jener Zeit, weshalb der Ausdruck »Barockmusik« heute ein oft verwendeter Sammelbegriff ist, unter dem viele in unserem Buch vorkommenden Meister zusammengefaßt werden können (Corelli, Vivaldi, Bach, Händel, Telemann usw.). Das Barock wurde abgelöst durch das Rokoko (das musikalisch u.a. durch Haydn und Mozart gekennzeichnet ist).

*Basso continuo* (Ital.), deutsch »Generalbaß«, oder »bezifferter Baß«, ist die während der Barockzeit geübte Praxis, die Streichorchester durch ein Tasteninstrument zu stützen, zusammenzuhalten und klanglich wie harmonisch zu bereichern. Diese Baßstimme wurde nur ausnahmsweise vollständig niedergeschrieben, zumeist begnügte sich der Komponist mit einer Baßlinie und Ziffern, die die von ihm gewünschten Harmonien genau angaben. In bezug auf die »Lage« der Akkorde und ihre Verbindung verblieb aber dem Ausführenden ein gewisser Spielraum.

*Bearbeitung* In unseren sinfonischen Konzerten werden natürlich in überwiegender Anzahl Originalkompositionen gespielt, d.h. Werke, die von ihren Komponisten zur Wiedergabe mit Orchester bestimmt und »gesetzt« sind. Aber es gibt auch Ausnahmen, in denen »Bearbeitungen« verschiedenster Art zu Gehör gebracht werden: Die Cembalokonzerte Bachs z.B. sind Bearbeitungen von Vivaldischen Violinkonzerten; Mussorgskys *Bilder einer Ausstellung* werden in der Bearbeitung Ravels orchestral gespielt, da das Original für Klavier komponiert ist); bei alter Musik sind Bearbeitungen sehr üblich, sei es, weil manches der im Original gewünschten Instrumente nicht mehr gespielt wird, sei es, weil vielleicht nur unvollständige Partituren gefunden wurden (oder vereinzelte Stimmen).

*Bitonalität* Die gleichzeitige Verwendung zweier Tonarten (was notwendigerweise eine Dissonanzenserie hervorrufen muß). Bei Zusammenklang von mehr als zwei Tonarten spricht man von Polytonalität. Bitonalität ist zwar eines der Charakteristika der Musik um 1920, kommt aber schon viel früher – ausnahmsweise sogar bei Beethoven – vor.

*Blasorchester* Klangkörper, der nur aus Blasinstrumenten gebildet, aber doch manchmal durch Schlaginstrumente ergänzt ist. Sein Musterbeispiel ist die Militärkapelle. Sie weist in den einzelnen Ländern recht verschiedenartige Zusammensetzungen auf.

*Blockflöte* Eine im sinfonischen Orchester nicht verwendete alte Abart der Flöte, sehr gebräuchlich und vorteilhaft in der modernen Musikerziehung.

*Blues* Aus den USA kommender Negertanz in langsamem Rhythmus, gemeinsam mit den Spirituals eine der Quellen des Jazz.

*Bolero* Spanischer Tanz in langsamem Rhythmus und Dreivierteltakt.

*Bourrée* Alter französischer Tanz – im 16. Jahrhundert in die Suite eingeführt – in geradem Takt und von fröhlichem Ausdruck.

*Branle* Alter französischer Tanz, Bestandteil der Suite (s.d.), in gemäßigtem Zeitmaß.

*Canzone, Canzonetta* (Ital.) Einfaches Lied, das eventuell auch rein instrumental ausgeführt werden kann. (So nennt Tschaikowsky den zweiten Satz seines Violinkonzerts »Canzonetta«).

*Capriccio* (Ital.) Ein launiges Stück (denn capriccio heißt Laune), von dem man Geist, sprühendes Virtuosentum (auch im Orchester), Bewegung erwartet.

*Cembalo* Altes Tasteninstrument, bei dem der Klang durch Anreißen der Saiten mittels Federkielen oder Metallzungen hervorgebracht wird. Vom 14. bis 18. Jahrhundert war das Cembalo der wichtigste Vorläufer des modernen Klaviers (ein anderer war das Clavichord); auf ihm wurde im Generalbaßzeitalter (Barock) der »basso continuo« (s.d.) ausgeführt, und die ersten Kapellmeister saßen am Cembalo. Der vollständige Name des Instruments ist »Clavicembalo« oder auch »Gravicembalo«. (Clavis ist der lateinische Name für Taste.)

*Chaconne* Ursprünglich ein Tanz, später ein Instrumentalstück, dessen Merkmal ein ständig wiederkehrendes Motiv im Baß – ein sogenannter Basso ostinato – ist.

*Clavichord* Altes Tasteninstrument, Rivale des Cembalos (und der vielen anderen Vorläufer des Klaviers), von einfacherer Bauart als jenes, aber größeren Abstufungsmöglichkeiten im Klang. Da es die Saiten nicht anreißt, wie das Cembalo, sondern anschlägt, kann es als direkte Vorstufe des modernen Klaviers gelten.

*Cluster* Ein aus dem Englischen (*tone cluster* = Tonhaufen, Tontraube) genommener, international gebrauchter Begriff für einen Vielklang, der aber nicht wie ein Akkord mit Intervallen angeordnet ist, sondern nebeneinanderliegende Töne umfaßt. Ein Cluster kann eigentlich nur auf Tasteninstrumenten hervorgebracht werden: nicht mit Hilfe des »normalen« Anschlags durch einzelne Finger, sondern mit der Faust oder gar mit dem gesamten Unterarm. Daß es dabei nicht auf einzelne Töne ankommt, sondern nur auf den Gesamteindruck, ist klar.

*Coda* Letzer Teil – wörtlich (ital.) Anhängsel – verschiedener Kompositionsformen, wie Sonate (s.d.), Sinfonie, Menuett, Walzer usw. Ursprünglich eine Akkordfolge zur Bekräftigung des Schlußgefühls; später, besonders bei Beethoven, zu einem wichtigeren Teil der Sonatenform ausgebaut.

*Coll'arco* Siehe Arco.

*Collegium musicum* Vereinigung von Musikliebhabern im Deutschland der Barockepoche, mit eigenem Chor und kleinem Orchester. Erlebt im 20. Jahrhundert eine neue Blüte, wenn auch zumeist mit Berufsmusikern durchsetzt oder völlig von ihnen gebildet.

*Concertante* Ein aus der Musikpraxis der Barockzeit hervorgegangener Begriff. Er bezeichnet das »Konzertieren« eines oder mehrerer Solisten mit einem Orchester. Sinfonie concertante ist also eine Sinfonie mit Solisten, d.h. mit anderen Worten ein Konzert.

*Concertgebouw* Das Konzertgebäude der Stadt Amsterdam, eingeweiht 1888.

*Concertino* (Ital.) In vielen Ländern üblicher Titel des Führers der ersten Geigen, deutsch zumeist »Konzertmeister« genannt.

*Concerto* Die (italienische) Urform unseres Wortes »Konzert«. Konzertieren bedeutet ursprünglich »in Übereinstimmung bringen«. Das gemeinsame Musizieren eines Solisten und eines Orchesters führt diesen Namen; ebenso die Gegenüberstellung verschiedener Gruppen eines Ensembles, wie beim nächsten Wort klarwerden wird.

*Concerto grosso* Diese typische Musikform der Barockepoche stellt eine kleine Gruppe von (dem Orchester entnommenen) Solisten dem gesamten Klangkörper gegenüber. Das Werk ist zyklisch, zumeist aus drei Sätzen, aufgebaut. Corelli, Vivaldi, Händel, Purcell schrieben bedeutende Concerti grossi; auch Bachs *Brandenburgische Konzerte* gehören diesem Genre an.

*Concerts spirituels* nannte sich eine der frühesten Konzertveranstaltungen: sie wurde in Paris durch Philidor im Jahre 1725 gegründet.

*Conductor* Englische Bezeichnung für den Dirigenten.

*Corno* Der italienische Name für Horn.

*Contra* Eine Vorsilbe, die die tiefere Abart einiger Instrumente kennzeichnet; deutsch mit K geschrieben, also Kontrabaß, Kontrafagott. Auch Kontrapunkt (s. diese Worte).

*Cor anglais* Der französische Name für das Englischhorn.

*Courante* Alter Tanz, sowohl in Frankreich wie Italien populär, in ungeradem Takt und schnellem Zeitmaß. Bei Bach und seinen Zeitgenossen in der Suite verwendet.

*Crotales* (Franz.) Schelle, Schellenbaum. Nach Strawinskys Anleitung für *Noces* gegossene kleine Glokken in Fis und G (in Größe eines Fünffrancstückes). Ein ähnliches Instrument gab es wahrscheinlich schon in der Antike.

*Csárdás* Der bekannteste ungarische Tanz; besteht aus langsamem ersten Teil (Lassan) und schnellem, sich immer mehr steigerndem, virtuos getanztem zweiten Teil (Friska). Gelegentlich von Komponisten in sinfonischen Werken verwendet (Liszt).

*da capo* (Ital.) Zu wiederholen von Anfang an.

*Dirigieren* Die Kunst des Dirigenten, der sich in den letzten hundert Jahren in den Mittelpunkt des Musiklebens gerückt hat. Früher bestand seine Tätigkeit lediglich im Taktschlagen, im rhythmischen Zusammenhalten des Ensembles, was vom Cembalo aus durchaus möglich war. Über die Entwicklung des Dirigentenberufes enthalten die Einleitungskapitel dieses Buches einige Hinweise.

*Dissonanz* Zusammenklang zweier oder mehrerer nicht in einfachem mathematischem Verhältnis stehender Töne. Nach alten Regeln mußte jede Dissonanz in eine Konsonanz »aufgelöst« werden. In unserer Zeit aber führen die Dissonanzen gewissermaßen ein Eigenleben, das keinen Regeln mehr untersteht.

*Divertimento* (Ital., wörtlich: »Unterhaltungsstück«, franz. »Divertissement«), ein mehrteiliges, suitenähnliches Werk, der Serenade verwandt, zumeist fröhlichen Charakters.

*Dodekaphonik* Die sogenannte »Komposition mit 12 Tönen«, Theorie Arnold Schönbergs (obwohl auch Josef Matthias Hauer zu einem ähnlichen System gelangte), die im Musikschaffen seit etwa 1930 eine bedeutende Rolle spielt. Wenn es auch unmöglich ist, sie hier eingehend zu erklären, sei erwähnt, daß sie anstelle von Motiven, Themen und Melodien »Reihen« setzt, in denen sämtliche zwölf in unserem Tonsystem vorhandenen Noten vorkommen müssen. Die Verarbeitung der Reihe gemahnt ein wenig an vorklassische Zeiten, da mit »Umkehrungen«, »Krebs«, »Spiegel« und anderen kontrapunktischen Künsten aus der Blütezeit der Fuge gearbeitet wird. (Auch Dodekaphonie oder Zwölftonsystem genannt).

*Doppelgriff* Während auf den Tasteninstrumenten die Doppel- und Mehrgriffe leicht und selbstverständlich, hingegen den Blasinstrumenten verwehrt sind, bilden sie auf den Streichinstrumenten ein Problem. Auf Geige, Bratsche und Cello kann der Spieler zwei Töne gleichzeitig hervorbringen, aber nur auf benachbarten Saiten. Drei Töne zugleich sind bereits unmöglich, und nur »gebrochen«, arpeggiert zu spielen.

*Durchführung* Mittelteil der Sonatenform (s.d.), auch der Fuge, die für gewöhnlich freieste und dramatischste Strecke einer nach strengen Regeln verfaßten Komposition.

*Dynamik* Tonstärke; aber auch für Impuls, Triebkraft gebraucht.

*Elektronik* Seit 1950 besteht die Möglichkeit, »elektronische Musik« zu machen, d.h. Klänge in der Elektronenröhre zu erzeugen und direkt auf Tonband aufzunehmen. Eine neue Klangwelt, deren Bedeutung noch nicht abzusehen ist.

*Etude* Französische Fassung des aus dem Lateinischen kommenden Wortes »Studio«. In musikalischer Hinsicht: eine »Übung«, die aber oft sehr kunstgemäß sein und vom ganzen Orchester ausgeführt werden kann (deutsch: Etüde).

*Fanfare* Aus dem Namen eines alten Blasinstruments entstand die Bezeichnung eines Bläsermotivs oder -stücks, eines Signals, das in verschiedener Form in der Kunstmusik Anwendung gefunden hat.

*Fermate* Haltezeichen in der Musik. Es verlangt das lange Aushalten der damit bezeichneten Note oder Pause, das Innehalten des Rhythmus' und zugleich jeglicher Bewegung.

*Finale* Schlußteil eines mehrsätzigen Werkes.

*Flageolett* Ein besonderer Effekt der Streichinstrumente, der durch loses Auflegen des Fingers (anstatt Drückens) auf die Saite entsteht. Dadurch bringt das Instrument gewisse Obertöne hervor.

*Folklore* »Das Wissen des Volkes«, die Volkskunst: Musik, Legenden, Trachten usw.

*Fuge* Eine der wichtigsten Kompositionsformen. Sie stellt den Gipfelpunkt des »imitatorischen« Stils dar, der vom einfachen Kanon aus – zu Ende des Mittelalters – immer kompliziertere Formen annimmt. Kurz analysiert ist die Fuge eine monothematische Komposition (also: mit einem einzigen Thema), in der dieses Thema alle vorhandenen Stimmen (3, 4, 5 oder mehr, selten zwei) zu durchlaufen hat, hernach »durchgeführt«, d.h. verändert, bearbeitet wird und zuletzt wiederkehrt.

*Furlana* Wahrscheinlich aus Norditalien stammender Tanz (auch Forlana, ursprünglich vielleicht Friuliana, aus dem Friaul), der im 17. und 18. Jahrhundert manchmal in Suiten eingebaut wurde.

*Gagliarde* (Auch Gaillarde.) Alter, wahrscheinlich italienischer Tanz, »Nachtanz« der Pavane, Bestandteil der Suite.

*Gavotte* Äußerst verbreiteter Tanz im 16. Jahrhundert, von Lully zum Symbol seiner Epoche gemacht, später in die Suite aufgenommen.

*Generalbaß* In der Barockepoche war es üblich, die Harmonien eines Tonstückes nicht auszuschreiben, sondern mit Ziffern über dem Baß anzugeben, so daß dem Spieler die Ausführung dieser »Bezifferung«, dieses Generalbasses überlassen blieb. (Siehe auch Basso continuo und Barock.)

*Gewandhaus* Das traditionsreiche Konzertgebäude Leipzigs, unter dessen Direktoren Mendelssohn hervorragt.

*Gigue* Alter, wahrscheinlich englischer Tanz in schnellem Tempo, Teil der Suite.

*Glissando* (Ital.) »Gleitendes« Spiel, das auf mehreren Instrumenten möglich ist. Auf dem Klavier wird es durch rasches Über-die-Tasten-Streichen mit der Außenseite des Fingers hervorgebracht und ist sowohl bei den weißen wie bei den schwarzen Tasten möglich, auch bei beiden, wenn man beide Hände verwendet. Auf der Harfe gleiten die Fingerspitzen rasch über die Saiten, was sowohl in der Richtung zum Körper wie umgekehrt möglich ist. Seltener wird das Glissando bei Streichinstrumenten angewendet.

*Halbton* Das kleinste Tonintervall unseres Systems, also der Schritt von C zu Cis, von Cis zu D usw. In unserem Jahrhundert ist oftmals der Ruf nach Unterteilung dieses Intervalls lautgeworden, also nach Vierteltönen (eventuell Dritteltönen, was allerdings eine zusätzliche Komplikation bedeuten würde), möglicherweise sogar Achtel-, Sechzehnteltönen und noch kleineren Intervallen, die für unser Ohr kaum oder gar nicht wahrnehmbar wären. Die Elektronik hat dieses oft zum Kampfobjekt gewordene Problem mit einem Schlage gelöst, da es für sie überhaupt keine festen Töne, also auch keine Intervalle und räumlichen Beschränkungen gibt. Es sei noch erwähnt, daß exotische Völker andere Musiksysteme als das unsere anwenden, demnach oftmals kleinere oder andere Intervalle als den Halbton benützen.

*Harmonie* Zusammenklang; bei uns zumeist »schöner« oder »angenehmer« Zusammenklang mehrerer Töne. Harmonielehre also: die Theorie solcher Zusammenklänge, die Akkordlehre und alles, was mit ihr zusammenhängt.

*Holzbläser* Instrumentengruppe, Kapitel »Kleine Instrumentenkunde«, S. 345.

*Homophonie* Das Überwiegen einer Melodiestimme über den Rest des also nur »begleitenden« Ensembles bezeichnet man als Homophonie, im Gegensatz zur Polyphonie, in der allen Stimmen gleiche Wichtigkeit zukommt.

*Imitation, imitatorischer Stil* Der Kanon ist die einfachste Imitation oder Nachahmung. Das Zeitalter der Polyphonie liebte es, alle Stimmen eines Tonstückes in der gleichen Art einzuführen und erst dann selbständig weiterzuentwickeln, was zu großer Einheitlichkeit eines Werkes führte. Den Höhepunkt des imitatorischen Stils bildet die Fuge.

*Impressionismus* Zu Ende des 19. Jahrhunderts nannte Monet eines seiner Bilder »Impression«; daher nahm der gesamte Stil, der sich von der Malerei auf die Dichtung, die Musik usw. ausbreitete, die Bezeichnung Impressionismus an. Sein wichtigster musikalischer Vertreter wurde Debussy. Eine kurze Definition ist schwer zu formulieren; wir verweisen den Leser auf das Kapitel über Debussy.

*Impromptu* Tonstück, das aus der Improvisation erwächst.

*Instrument* Im Prinzip jeder tonerzeugende Gegenstand.

*Instrumentation* Die letzte Phase der Komposition eines Orchesterwerkes; in gewissem Sinne ist es der Farbengebung einer Zeichnung zu vergleichen. Der Komponist hat in Skizzen (oder einem Klavierauszug) die formellen Einzelheiten seines Werkes festgelegt, den genauen Ablauf der Themen, die Harmonien, Rhythmen usw. Dann geht er an die Instrumentation, die Orchestrierung – die eine besondere Kunst für sich, ein eigenes Studienfach an Musikhochschulen ist – die die Komposition erst zu einem Orchesterstück macht, indem sie den musikalischen Ablauf genau auf einzelne Instrumente verteilt.

*Intermezzo* (Ital.) Ursprünglich: Zwischenspiel, also ein Instrumentalstück zwischen den Akten einer Oper oder einer der mittleren Sätze eines mehrsätzigen Werkes (Sonate, Sinfonie usw.).

*Intervall* Der Abstand von einer Note zur andern.

*Intrada* Einleitungsstück der Suite und anderer alter Musikwerke.

*Invention* Wörtlich: Erfindung. Ein kleines Musikstück im imitatorischen Stil (s.d.).

*Jazz* Von den nordamerikanischen Negern möglicherweise um 1880 erstmalig gepflegte, dann – nach Ende des Ersten Weltkriegs – über Europa und die Welt verbreitete Musikart, in der vieles grundlegend anders ist als in der traditionellen, »klassischen« Kunstmusik. Es kam zu zahlreichen Berührungspunkten zwischen beiden Musikgattungen. (vgl. Milhaud, Gershwin, Liebermann usw.).

*Jazzband* Jazzorchester.

*Kadenz* In der Harmonielehre: Akkordfolge zur Bekräftigung einer Tonart. In der Konzertform: Passage des Solisten allein, zumeist zu Ende eines Satzes; in der Klassik oftmals improvisiert oder vom

Konzertgeber erfunden, erst bei Beethoven vom Komponisten verbindlich niedergelegt.

*Kammerorchester* Kleines Orchester, dessen äußerste Spieleranzahl mit etwa 24 angenommen werden kann. Strenggenommen sollte in ihm jedes Instrument nur in einem Exemplar vorhanden sein.

*Kammerton* Die international festgelegte Einheit der Instrumentenstimmung, das sogenannte »eingestrichene« A, das auf einem Kongreß im letzten Jahrhundert mit 435 Schwingungen in der Sekunde festgelegt wurde, seitdem aber auf etwa 440 gestiegen ist. Es ist bei der Stimmung der Orchester von fundamentaler Bedeutung.

*Kanon* Einfache Musikform, in der mehrere Stimmen das gleiche, aber zeitlich verschoben singen oder spielen.

*Kantilene* Etwa gleichbedeutend mit Melodie, weitgeschwungener Gesangslinie (auch Instrumentallinie).

*Klangfarbe* Jedes Instrument hat seine bestimmte Klangfarbe, an der es zu erkennen ist. Bei gemeinsamem Spiel verschiedener Instrumente ergeben sich immer neue Klangfarben. Der Sinn einer guten Orchestrierung (Instrumentation) ist die Hervorbringung origineller, schöner, interessanter, charakteristischer Klangfarben.

*Klappe* Die Löcher der Blasinstrumente können auf zweierlei Art geschlossen und geöffnet werden: durch die Finger oder durch sogenannte Klappen. Die Blockflöte besitzt Löcher, die durch die Finger geschlossen werden, die Querflöte, die in der Kunstmusik verwendet wird, hingegen Klappen.

*Klassik* Dieser Ehrenname wurde der Musikepoche von etwa 1750 bis 1820 zuteil. Er bedeutet höchstes Gleichgewicht zwischen Inhalt und Form. Die darauffolgende Romantik verschiebt dieses zugunsten des Inhalts. Es sei erwähnt, daß der Ausdruck »klassische Musik« aber auch anders – wenn auch eigentlich nicht korrekt – angewendet wird: als gleichbedeutend mit künstlerischer, ernster Musik, im Gegensatz zu Tanzmusik, Unterhaltungsmusik, Volksmusik.

*Konsonanz* »Guter« Zusammenklang mehrerer Töne. Gegenteil: Dissonanz. Bis gegen Ende des 19. Jahrhunderts bildeten die Konsonanzen den festen Bestandteil jedes Musikwerkes, die Dissonanzen die Ausnahmen, gewissermaßen die Würze. In unserem Jahrhundert ist das Problem Konsonanz–Dissonanz von zahllosen Theoretikern unter ganz neuen und verschiedenartigen Gesichtspunkten beleuchtet worden.

*Kontrapunkt* Horizontales Prinzip der Klangkombination (im Gegensatz zur Harmonie, die ein vertikales Prinzip ist, also gleichzeitige Klänge behandelt), nach dem mehrere Melodielinien sich gleichzeitig entwickeln. Man könnte es mit einem Film, die Harmonien mit Photographien vergleichen. Der Kontrapunkt ist aber älter als die Harmonie (zumindest in unserer Kultur); er entstand bald nach dem Jahre 1000 n.Chr. gleichzeitig mit der Mehrstimmigkeit (Polyphonie). Da Note gegen Note gesetzt wurde (punctus contra punctus), ergab sich der Name Kontrapunkt.

*Konzert* Einerseits der Konzertakt, d.h. eine musikalische Veranstaltung, in früheren Zeiten oft Akademie genannt. Andererseits eine Musikform, in der ein Solist oder eine kleine Gruppe von solchen bzw. Orchestermitgliedern dem Gros des Orchesters gegenübergestellt werden.

*Konzertmeister* Der heute übliche Titel für den ersten Geiger eines Orchesters. Ihm obliegt die gute Stimmung der Instrumente vor dem Konzert oder der Opernvorstellung sowie die Ausführung der Violinsoli (außer natürlich im Violinkonzert mit eigenem Solisten).

*KV* Köchel-Verzeichnis, die Liste von Mozarts Werken (angelegt durch Ludwig von Köchel, 1800–1877, österreichischer Musikgelehrter), nach der heute sämtliche Werke des Salzburger Meisters bezeichnet werden, da Mozart selbst noch keine Ordnung nach Opusnummern vornahm, wie ein wenig später Beethoven. Infolgedessen ist in den Konzertprogrammen der Welt stets nach dem Namen eines Mozartwerkes zu lesen: KV und die Nummer die dieses Stück im genannten Verzeichnis (Katalog) innehat.

*Ländler* Aus dem süddeutschen Raum stammender bäuerlicher Tanz im gestampften Dreivierteltakt, mehrfach – von Bruckner und Mahler vor allem – in die Kunstmusik eingeführt.

*Larghetto* Wörtlich: kleines Largo. Langsames Musikstück, das entweder kürzer oder ein wenig bewegter ist als das Largo.

*Largo* Die langsamste Bezeichnung unserer Musiklehre, etwa dem Grave ebenbürtig, langsamer als Adagio.

*Leitmotiv* Eine wohl im Zusammenhang mit Wagners Musikdramen aufgetauchte Bezeichnung, die aber auch in der Instrumentalmusik Anwendung findet. Sie entspricht dem, was Berlioz »idée fixe« genannt und Liszt angewendet hat: einem musikalischen Motiv, das sich – mit einem poetischen Sinn – durch ein Tonwerk hindurchzieht.

*Mazurka* Polnischer folkloristischer, durch Chopin in die Kunstmusik eingeführter Tanz; bewegtes Zeitmaß, Dreivierteltakt.

*Mehrstimmigkeit* Siehe Polyphonie.

*Menuett* Hoftanz der Rokokozeit; langsamer, gemessener Dreivierteltakt, achttaktige Perioden; aus Frankreich stammend, um 1750 als dritter Satz in die Sinfonie aufgenommen, um die Jahrhundertwende von Beethoven aber in freies Scherzo umgestaltet.

*Metallinstrumente* Zumeist Blechbläser genannt, siehe Kapitel »Kleine Instrumentenkunde«, S. 345.

*Modulation* Schrittweise Übergang von einer Tonart in eine andere. Der plötzliche Übergang heißt Rükkung.

*Motiv* Kleinster musikalischer Baustein eines Werkes. Zwei oder einige Motive können ein Thema, mehrere oder viele eine Melodie bilden.

*Musikverein* Unter Musikvereinsgebäude ist der traditionsreiche Konzertsaal der Wiener Gesellschaft der Musikfreunde zu verstehen, deren Mitglied schon Beethoven war. Heim der Wiener Philharmoniker und anderer hochwertiger musikalischer Körperschaften.

*Nocturne* (Franz.) Deutsch: Nachtmusik, italienisch: Notturno, Stimmungsvolles, ruhiges Musikstück ohne bestimmte Form.

*Ondes Martenot* Eines der elektronischen Instrumente, die als Vorläufer der eigentlichen elektronischen Musik betrachtet werden müssen. Es wurde um 1928 von M. Martenot erbaut und wenige Jahre später von Honegger in *Jeanne d'Arc au bûcher* wahrscheinlich erstmals verwendet, später dann u.a. von Messiaen *Trois petites liturgies de la présence divine*.

*Opus* (Lat.) Werk. Nahezu alle Komponisten vom Ende des 18. Jahrhunderts an haben ihre Werke entweder in der Reihenfolge des Entstehens oder der Herausgabe numeriert, was stets mit dem Wort »Opus« (abgekürzt »op.«) und einer Zahl geschieht.

*Orchester* Instrumentales Ensemble.

*Orgelpunkt* Lang anhaltender Ton oder Akkord in tiefer Lage, über dem sich – unbekümmert um konsonanten oder dissonanten Zusammenklang – die Oberstimmen entwickeln. Sein Name deutet darauf hin, daß dieser Effekt zuerst auf der Orgel angewendet wurde, sicherlich lange bevor er sich im Sinfonieorchester einbürgerte.

*Ostinato* (Ital.) Eine Melodie oder Phrase, zumeist in tiefer Lage, die sich während eines Stückes immer wiederholt (der Name bedeutet »hartnäckig«), während sich darüber andere Melodien entwickeln.

*Ouvertüre* Vorspiel, sei es zu einem Bühnenstück, sei es zu einem Oratorium, einer Kantate. Auch das Einleitungsstück einer Suite kann so heißen. In Italien lange als »sinfonia« bezeichnet.

*Partita* Älterer Name der Suite. Bedeutet allgemein mehrsätzige Werke der Barockzeit.

*Partitur* Zusammenfassung sämtlicher in einem Musikwerk vorhandener Stimmen (vokaler oder instrumentaler Art). Je mehr Instrumente ein Orchesterwerk verwendet, desto größer ist seine Partitur, da für jedes von ihnen ein Pentagramm zur Verfügung stehen muß. Die Anordnung der Instrumente in der Partitur entspricht einer alten Tradition:
Holzbläser
Blechbläser
Schlagwerk
Harfe, Klavier, Celesta, Orgel (wenn vorhanden)
Gesangstimmen (Soli und Chor, wenn vorhanden)
Streicher.
Innerhalb jeder dieser Gruppen erfolgt die Anordnung annähernd nach der Klanghöhe, von hoch zu tief. (Siehe Kapitel »Kleine Instrumentenkunde«, S. 345.)

*Passacaglia* (Ital.) Altes Musikstück, das sich über einem »ostinato« (s.d.) entwickelt, ursprünglich Tanz.

*Pastorale* Musik ländlichen oder idyllischen Charakters.

*Pavane* Im 16. Jahrhundert sehr verbreiteter, langsamer, aber koketter Tanz, Teil der Suite. Unbekannten Ursprungs, wenn auch von einigen Forschern aus »Padovana« oder »Paduana« (also »aus Padua«) abgeleitet.

*Phrasierung* Eines der Grundelemente der musikalischen Interpretation. So wie es kein sinngemäßes Sprechen ohne Phrasierung geben kann – d.h. ohne Hebungen, Senkungen, Atmungen, Nuancen, Akzente, Pausen – so wenig ist ein Musizieren ohne bewußte Phrasenbildung möglich. Die Mehrzahl der Komponisten hat die Phrasen (die den Sätzen beim Reden entsprechen) mit Bögen verbunden und so klargemacht.

*Pizzicato* (Ital.) Das Zupfen bei den Streichinstrumenten. (Gegensatz: arco oder coll'arco).

*Polyphonie* Mehrstimmigkeit, soweit es sich um »echte«, d.h. weitgehend selbständig entwickelte Stimmen handelt. Das große Zeitalter der Polyphonie war das europäische Spätmittelalter, die Epoche der Gotik, Renaissance und des Barocks.

*Polyrhythmik* Die gleichzeitige Verwendung verschiedener Rhythmen in einem Tonstück.

*Polytonalität* Die gleichzeitige Verwendung mehrerer Tonarten in einem Stück.

*Polka* Aus Böhmen stammender lustiger Tanz im geraden Takt, der etwa gleichzeitig mit Walzer, Polonaise und Mazurka auftauchte und dessen Rhythmus auch des öfteren in der Kunstmusik verwendet wurde.

*Polonaise* Aus Polen stammender, gemessener, eher feierlicher Tanz im Dreivierteltakt.

*Potpourri* Zusammenstellung verschiedener Melodien ohne formale Strenge.

*Praeludium* Lateinischer Name für Vorspiel.

*Presto* Schnellste Vortragsbezeichnung (ital.), nur von Prestissimo, Presto assai oder molto übertroffen.

*Primavista* Vom Blatt spielen oder singen (»auf den ersten Blick«).

*Programm-Musik* Gegenteil von »absoluter« Musik: Ein Tonstück, dem ein außermusikalisches Programm, gleichgültig welcher Art, zugrunde liegt.

*Reihentechnik* Mit der Zwölftontechnik aufgekommener Ausdruck, der besagt, daß eine Komposition auf einer »Reihe« aufgebaut ist, wobei es sich um eine Zwölftonreihe im Sinne Schönbergs oder irgendeine andere »Serie« handeln kann (weshalb man auch von »serieller« Technik oder Kompositionsweise spricht).

*Reprise* Der dritte Teil der Sonatenform (s.d.)

*Rezitativ* Ursprünglich: Sprechgesang (besonders in der italienischen Oper). Beethoven hat in seiner neunten Sinfonie (Schlußsatz) nicht nur den Beginn der Singstimme rezitativisch behandelt (»O Freunde, nicht diese Töne!«), sondern auch einige Passagen der tiefen Streicher.

*Rhapsodie* Ein musikalisches Gegenstück zur dichterischen Legende, oftmals unter Verwendung folkloristischer Bestandteile (Liszt, Dvořák, Enesco), in freier Form.

*Rigaudon* Alter französischer Tanz, manchmal in der Suite zu finden.

*Rokoko* Stilbezeichnung, in der Musik etwa die Zeit der großen klassischen Meister: 1750 bis 1800.

*Romantik* Die das gesamte 19. und Teile des 20. Jahrhunderts beherrschende Geistes- und daher auch musikalische Richtung, die beim späteren Beethoven und bei Schubert einsetzt und in mehrere Generationen oder Wellen unterteilt werden kann.

*Romanze* Ursprünglich erzählendes, zumeist melancholisches Gesangstück, später auch Instrumentalkomposition.

*Rondo* Wichtige Musikform, deren Merkmal ein immer wiederkehrendes Thema bildet; daher entsteht der Eindruck von etwas »Rundem« (was der Name besagt) oder Abgerundetem. In der Klassik sind die meisten Schlußsätze von Sonaten und Sinfonien in Rondoform geschrieben. Das einfachste Rondo ist fünfteilig, mit zwei verschiedenen Themen: A-B-A-B-A. Weitere Möglichkeiten sind: A-B-A-C-A, A-B-A-C-A-D-A, A-B-A-C-A-B-A, A-B-C-A-D-E-A usw. (Jeder Buchstabe bedeutet eine Melodie oder ein Thema.)

*Salonmusik* Ein heute fast immer in negativem Sinne gebrauchtes Wort, das sich auf den »Unterhaltungscharakter« gewisser Stücke – ohne geistige Tiefe und künstlerischen Wert – bezieht; die Musik, die an Vergnügungsstätten (Konditoreien, Sommerfrischen, auf Schiffen) geboten wird oder besser gesagt: wurde. Sie besteht zum Teil aus »Bearbeitungen« von Themen und Melodien aus Sinfonien und Opern, zum Teil aus »angenehmen« Stücken von Autoren, die für gewöhnlich nicht in der Musikgeschichte vorkommen. Man darf aber nicht vergessen, daß die Salonorchester im letzten Jahrhundert und zu Beginn des unseren – bis zum Triumph von Schallplatte und Rundfunk – eine oft wichtige Mission der Popularisierung guter Musik erfüllten, daß sie einem wahren Musikbedürfnis breiter Massen entsprachen und zahllosen Musikern Brot gaben. Für uns heute ist die Verbindung von »Amüsement« und guter Musik unerträglich; diese will mit Aufmerksamkeit gehört werden und nicht bei einer regen Kaffeeunterhaltung. (Obwohl zugestanden werden muß, daß die Situation gegenwärtig durch Überkonsum des Rundfunks noch schlimmer geworden ist.)

*Sarabande* Alter Tanz, wichtiger Bestandteil der Suite, möglicherweise aus Spanien stammend.

*Satz* Das Wort hat eine musikalische Doppelbedeutung. Einmal besteht jedes zyklische Werk – vor allem Sinfonien, Sonaten, Konzerte – aus »Sätzen«. Ferner bedeutet es soviel wie »Instrumentierung«: eine Komposition »im Satz von N.N.« spielen besagt, daß N.N. das Stück für Orchester »gesetzt« hat.

*Scherzo* Im Kapitel über Beethoven findet der Leser viele Hinweise auf die Entstehung des Scherzos aus dem Menuett. Als dieses seine soziale Funktion – durch Beendigung der höfischen, galanten Rokoko-Ära – verlor, ging auch seine musikalische Rolle zu Ende. Es wurde zu einem rhythmisch immer freieren, stimmungsgemäß vielfältigeren Tonstück ausgebaut, dem bald nichts Tanzhaftes mehr innewohnte, sondern das zwar oftmals – wie sein Name sagt – heiter, scherzhaft, witzig sein konnte, aber nicht selten spukhaften, geheimnisvollen, dramatischen, ja schaurigen Charakter annahm.

*Serialismus, serielle Musik* Dies ist ein außerordentlich komplizierter und dem Nicht-Musiker schwer zu erklärender Begriff. Als das Zeitalter des (Schönbergschen) Zwölftonsystems in den späten fünfziger und den sechziger Jahren des 20. Jahrhunderts zu Ende ging, versuchten viele von seinen Gedankengängen beeinflußte Komponisten Teile aus dieser Theorie zu retten und durch Weiterentwicklung einer neuen Zeit nutzbar zu machen. *Serielle Musik* ist immer noch, wie bei Schönberg, eine »Reihenmusik«, also eine Musik, deren Grundelemente aus einer vorausbestimmten »Reihe« gewonnen werden müssen. Diese »Reihen« umspannten einerseits weniger Töne als das »Zwölftonsystem«, aber sie konnten auch andere Eigenschaften (wie Tondauern, Klangfarben, Lautstärken usw.) einbeziehen. Waren die Einwände gegen Schönbergs Theorie hauptsächlich in deren Verstandesmäßigkeit begründet, in einer geradezu mathematischen Konstruktionsweise, so gehen sie gegen den Serialismus begreiflicherweise in derselben Richtung. Auch die »serielle Musik« unterliegt Zwängen, die sich bei den meisten ihrer (vielen) Vertreter in einer gewissen Starre, einer vielleicht unbewußten Knebelung der Phantasie auswirken.

*Serenade* Aus dem Italienischen (Serenata) ins Deutsche übernommener Ausdruck für Abendmusik, Ständchen, manchmal Huldigung an eine Persönlichkeit, manchmal intime Gefühlsäußerung. Ohne feste Form, bisweilen einsätzig, auch (bei Mozart etwa) vielsätzig in Suitenform oder viersätzig in konzentrierter Sonatenform. Stets leichten, angenehmen Charakters, problemlos, liebenswürdig.

*Sinfonie* Die Geschichte der Sinfonie ist zu Beginn dieses Buches ausführlich gewürdigt worden. Hier sei von ihrem technischen Aspekt die Rede, der natürlich eng mit der historischen Entwicklung zusammenhängt. Die ersten »Sinfonien« genannten Tonstücke (die in Italien geschrieben wurden) waren es nicht im heutigen Sinne: Es handelte sich um Ouvertüren zu Opern. Allerdings enthielten sie bereits Elemente, die später erweitert werden konnten, so den Kontrast verschiedener Teile. Die Italiener bevorzugten den Aufbau schnell–langsam–schnell, die Franzosen umgekehrt langsam–schnell–langsam. Dann wurden diese Abschnitte voneinander gelöst und bildeten die »Sätze« der Sinfonie. Als zu Beginn des 18. Jahrhunderts die Orchestertechnik gewaltig ausgebaut wurde, konnte jeder Satz für sich reicher und länger gestaltet werden. Die Themen wurden kontrastreicher (s. Sonate), die Durchführungsteile (s. Sonate) kunstvoller und komplizierter. So gelangten die »Vorklassiker« – in Mannheim, Wien, Italien – zur Sonatenform und ihrer Anwendung in der Sinfonie. Etwa um 1750 finden wir die ersten Sinfonien im modernen Sinne, wenn auch schon viele vorherige Versuche historisch und musikalisch interessant und bedeutungsvoll sind. So wird Haydn (mit viel Berechtigung, wenn auch nicht hundertprozentig, wie in solchen Fällen ja fast unmöglich) zum »Vater der Sinfonie«. Diese vollzieht in den Palästen den Übergang zum viersätzigen Tonstück, da sie an dritter Stelle einen Modetanz, das Menuett einschiebt. Der erste Satz ist nun stets bewegt, manchmal dramatisch; der zweite langsam, gefühlvoll, liedhaft, der dritte ein Menuett, der vierte ein fröhliches Happy-End, zumeist in Rondoform. Der erste und der letzte Satz sind die längsten, die Eckpfeiler sozusagen, der dritte der kürzeste; der zweite Satz für gewöhnlich kürzer als die »Eckpfeiler«, aber bei »lyrischen« Komponisten (wie Schubert etwa) kann er zu mindestens ebensolcher Ausdehnung gelangen. In der weiteren Entwicklung finden wir: den Beginn mittels einer langsamen, manchmal feierlichen Einleitung, die nach kurzem Verlauf direkt in den bewegten ersten Satz übergeht; die Ersetzung des Menuetts durch ein Scherzo (s.d.); die Vertauschung der Sätze, wodurch etwa das Scherzo an zweite, der langsame Satz an dritte Stelle rücken kann (wie in Beethovens neunter Sinfonie) oder sogar die Ersetzung des frohen oder wenigstens bewegten Finales durch einen traurigen Abgesang (Tschaikowskys *Pathétique*); die Vermehrung der Sätze auf fünf, sogar auf sechs (Berlioz, Mahler) usw. Wichtiger vielleicht als die äußerliche, formelle Umgestaltung der Sinfonie ist ihre Durchdringung mit einem außermusikalischen Inhalt; diese Entwicklung vollzieht sich im 19., im romantischen Jahrhundert, lockert die Form so sehr auf, daß man oft weit eher von einer sinfonischen Dichtung (s.d.) als von einer Sinfonie sprechen muß.

*Sinfonieorchester* Das größte instrumentale Ensemble, das in der ganzen Welt die genau gleiche Zusammensetzung aufweist (siehe Kapitel »Kleine Instrumentenkunde« S. 345). Seine Entwicklung wurde zu Beginn unseres Buches in großen Zügen nachgezeichnet. Es besteht im Prinzip aus drei Gruppen von Instrumenten: Bläsern, Schlagwerk und Saiteninstrumenten. Doch sind seit 1950 – nachdem schon vorher einzelne elektronische Instrumente (Ondes Martenot z.B.) im Sinfonieorchester für gewisse Stücke verwendet wurden – Verbindungen zwischen elektronisch aufgenommenen Bändern und Sinfonieorchester versucht worden, über deren

Erfolg noch kaum etwas gesagt werden kann. Halten wir fest, daß »Sinfonieorchester« einen Typus bedeutet, nicht den Namen eines bestimmten Ensembles (das sich »Sinfonieorchester«, »Philharmonisches Orchester«, »Konzertorchester«, »Tonkünstlerorchester« usw. nennen kann).

*Sinfonietta* Sinfonie kleinen Ausmaßes, oftmals auch mit kleinerem Orchester.

*Sinfonische Dichtung* oder sinfonisches Gedicht ist ein Tonstück, das mit Hilfe des sinfonischen Orchesters ein musikalisches Bild von einem außermusikalischen Thema entwirft. Das Thema kann beliebig gewählt werden, der Leser findet hundert Beispiele dafür in den Seiten dieses Buches. Das Wesentliche ist, daß beim sinfonischen Gedicht die Schilderung in vorderster Reihe steht, also Formgesetze zu brechen berechtigt ist.

*Solo* Bezeichnung in der Partitur, an den Stellen, an denen ein Solist in Aktion zu treten hat. Das Einsetzen des ganzen Orchesters ist hernach durch »Tutti« (Alle) gekennzeichnet.

*Sonate, Sonatenform* Der ursprüngliche Sinn des (italienischen) Wortes »sonata« ist einfach der eines gespielten Musikstückes (im Gegensatz zu »cantata«, dem gesungenen Stück). Aber im Verlaufe der Jahrhunderte bekam das Wort eine andere Bedeutung, mit der wir uns hier befassen müssen, weil sie für die sinfonische Musik eine ausschlaggebende Wichtigkeit erlangte: die Sonatenform. In ihr ist nahezu immer der erste Satz der Sinfonie gehalten, manchmal auch der zweite und der letzte (nie der dritte, der viel einfacher gebaut ist). Da die Sinfonie im Prinzip eine Sonate für Orchester ist, werden auch die Formgesetze der Sonate in der Sinfonie benutzt. Die Sonatenform tauchte um 1750 auf und wurde sowohl auf Solowerke (Klavier-, Violinsonaten usw.) wie auf Orchesterkompositionen angewendet. Zu den Stammvätern der Sonatenform müssen Haydn und Stamitz gerechnet werden. Sie übernahmen das Grundgesetz der Sonatenform von ihren (zum großen Teil italienischen) Vorgängern: das Prinzip zweier kontrastierender Themen. Aber sie gestalteten sie in neuer Weise aus, reihten an die »Exposition«, die »Ausstellung« der beiden Themen, einen immer wichtiger werdenden »Durchführungsteil«, in dem die Themen bearbeitet und dramatisch gegeneinander geführt werden können; hierauf schlossen sie eine Reprise an, in der die Themen in ursprünglicher Form wiederholt werden (lediglich mit einer tonartlichen Variante, auf die wir sofort eingehen werden), und beendeten den Satz mit einer Coda, die ursprünglich kurz ist, bald aber steigende Eigenbedeutung gewinnen kann. Auch für die Themen selbst kristallisieren sich Regeln heraus. Das erste ist stark, männlich, scharf profiliert, spannungsgeladen usw., das zweite weicher, weiblicher, lyrischer, so daß schon hier eine Bipolarität, ein Spannungsgegensatz entsteht. Das erste Thema tritt in der Haupttonart des Werkes auf. Bei einer Sonate oder Sinfonie in C-dur also in C-dur; das zweite Thema auf der Dominante, der fünften Stufe, in unserem Falle also in G-dur oder e-moll (der Paralleltonart). Der Durchführungsteil ist tonartlich gänzlich frei, hier kann es zu kühnsten Modulationen und Rückungen kommen. Die Reprise nimmt die Grundtonart wieder auf, in der aber nun nicht nur das erste, sondern auch das zweite Thema – dieses also transponiert – erscheint. Die Coda entfernt sich im Prinzip nicht mehr weit von der Grundtonart, da sie ja eine Bekräftigung dieses Tonikagefühls bringen soll. Zur größeren Anschaulichkeit der Sonatenform (die, wie gesagt, für nahezu alle ersten Sonaten- und Sinfoniesätze gilt, oft auch für andere) bringen wir hier ein Schema:

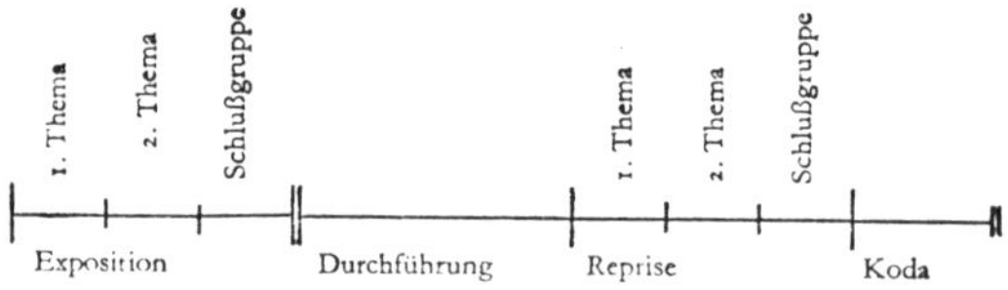


*Sordino* (Ital.) Dämpfer, wird für eine Reihe von Instrumenten angewendet. Bei den Streichern besteht er aus einem kleinen, kammartigen Holzstück, das zwischen die Saiten geklemmt wird. Bei Horn und Trompete wird er von einem Metallstück gebildet, das man in den Trichter einführt. Beim Klavier gibt es verschiedene Dämpfungsarten, die durch das linke Pedal betätigt werden. (In Orchesterpartituren lautet die Vorschrift: »con sordino« oder deutsch: »mit Dämpfer«).

*Staccato* Nichtgebundenes Spiel, bei dem jeder Ton kurz angespielt wird. Das ist bei allen Instrumenten (auch bei der menschlichen Stimme) möglich, während das Gegenteil, legato = gebunden, manchen versagt ist: den Zupfinstrumenten.

*Stimme* Außer seiner Bedeutung als menschliches Musikorgan wird so auch das Notenblatt bezeichnet, das jeder Ausführende eines Musikwerkes vor sich hat, während die Zusammenfassung aller »Stimmen« Partitur (s.d.) heißt.

*Streichorchester* Ensemble von Streichinstrumenten, zumeist fünfstimmig: erste und zweite Geigen, Bratsche, Cello und Kontrabaß. Die Mehrzahl der Barockwerke – besonders der italienischen Epoche – verwendet nur Streichorchester.

*Suite* (Von den Italienern »partita« genannt, von den Franzosen »ordre«.) Sie war eine der wichtigsten Musikformen zwischen 1500 und 1750. Sie gruppiert, ohne thematischen oder inhaltlichen Zusammenhang, verschiedene Tänze und bindet sie entweder tonartlich oder gemäß einer Reihenfolge, die (nach altem Tanz-Nachtanz-Schema) je einen schnellen und einen langsamen Tanz aufeinander folgen läßt. Schon bald nach 1500 entstehen frühe Suiten, in denen Gaillarde und Pavane vorkommen. Aus ursprünglichen Tanzsuiten werden immer mehr Hörsuiten, d.h. Konzertstücke. Nach 1650 hat die Suite zumeist folgende Form: Allemande, Courante, Sarabande, Gigue. Vor diese letztere werden je nach Mode, Geschmack oder Neigung des Komponisten andere Tänze eingeschoben, wie: Gavotte, Passepied, Branle, Menuett, Bourrée, Rigaudon, Furlana, Siciliana. Zumeist ist der Suite eine Ouvertüre oder Intrada vorangestellt; an ihr Ende wird manchmal eine Chaconne oder Passacaglia gesetzt, so daß also Beginn und Schluß keinen Tanzcharakter tragen, sondern schon durchaus konzertmäßig sind. Zu den wichtigsten Suitenkomponisten gehören in Italien Frescobaldi, Rossi, Legrenzi, Pasquini, Bononcini, Vitali, Zipoli, Domenico Scarlatti, in Deutschland Froberger, Kuhnau, Händel, Muffat, Bach, in Frankreich Chambonnière, die Couperins, Rameau.

*Symphonie* Griechisches Wort, das »Zusammenklang« bedeutet. Als Kompositionsform unter »Sinfonie« besprochen, welche Schreibweise wir vorziehen.

*Takt* Zeitliche Gliederung des musikalischen Ablaufs durch Unterteilung in Abschnitte von bestimmter, vorher angegebener Dauer. Als Zähleinheiten fungieren sowohl ganze, halbe, Viertel-, Achtelnoten. Die Zahl dieser Einheiten, die in einem Takt zusammengefaßt werden können, ist theoretisch unbegrenzt. (In dieser wie anderen technischen Fragen siehe unser Buch »Musik hören, Musik verstehen«).

*Tarantella* Sehr bewegter süditalienischer Tanz im $\frac{3}{8}$-Takt.

*Tempo* Zeitmaß eines Musikstücks. »a tempo« bedeutet, daß nach einer Beschleunigung oder Verlangsamung das ursprüngliche Zeitmaß wiederhergestellt werden soll.

*Thema* Baustein eines Musikwerks. Besonders Fugen und Sonaten arbeiten mit Themen, während Liedformen, Menuette und ähnliches aus Melodien zusammengesetzt sind, die länger, symmetrischer, »melodiöser« sind als das zumeist kurze und prägnante Thema.

*Timbre* (Franz.) Klangfarbe.

*Timpani* (Ital.) Pauken.

*Tonalität* Von Rameau als »harmonischer Mittelpunkt« eines Musikstückes definiert. Zugehörigkeit zu einer bestimmten Tonart, z.B. Sinfonie in C-dur. Der Begriff ist in unserem Jahrhundert in steigendem Maße außer Kurs gekommen: die Polytonalität verwendet mehrere Tonarten gleichzeitig (was natürlich das Tonartengefühl schwächt oder außer Kraft setzt); die »Atonalität« bedeutet (in einem umstrittenen Begriff) die völlige Aufhebung der Tonalität.

*Tonhalle* Das schöne und traditionsreiche Konzertgebäude der Stadt Zürich.

*Transkription* Musikalische Übertragung, z.B. eines Klavierstücks in Orchestersatz.

*Transponieren* Versetzen eines Musikstückes in eine andere Tonart.

*Tripelkonzert* Musikwerk, in dem drei Solisten vom Orchester begleitet werden.

*Tutti* Bezeichnung – besonders in Barockmusik üblich –, die den Einsatz des gesamten Orchesters verlangt (zumeist nach einem »Solo«).

*Umkehrung* Musikalische Themen können nicht nur einfach gebracht, sondern auf mannigfache Weise variiert werden; eine der üblichsten ist die »Umkehrung«, wobei alle steigenden Intervalle in fallende und umgekehrt verwandelt werden, so, als halte man einen Spiegel unter die Melodielinie. Andere Variationsmöglichkeiten sind der »Krebs« (ein Thema von hinten nach vorne zu lesen), die »Umkehrung des Krebses« usw.

*Unisono* Gleichlautende Ausführung aller Musiker oder Sänger.

*Walzer* Um 1820 aus dem »Deutschen Tanz« hervorgegangener revolutionärer Tanz, der musikalisch (durch hervorragende Meister) große Bedeutung erlangte.

*Zwölftontechnik* Siehe Dodekaphonik.

# Nachtrag 1991

*(Die Lebensdaten sind nur bei Komponisten verzeichnet, die im Hauptteil noch nicht erwähnt sind.)*

**Jean Absil**
1893 - 1974, BELGISCHER KOMPONIST
Absil, ein belgischer »Klassiker«, ist im europäischen Raum weithin unbekannt. Doch wenn die Völker immer näher zusammenrücken, sollte man auch die Werke bisher vernachlässigter Komponisten verbreiten. Absil gewann den ersten Orgelpreis des Brüsseler Konservatoriums, 1921 den Kompositionspreis für seine erste Sinfonie, 1922 den zweiten Rompreis und später im Leben viele weitere Auszeichnungen. Von seinen *Orchesterwerken* seien genannt: 5 Sinfonien (1920, 1936, 1943, 1969, 1970), Konzerte für Violine (1933, 1964), für Klavier (1937, 1967, 1973), für Viola (1942), sinfonische Dichtungen, Tänze, Rhapsodien (so eine *flämische,* eine *rumänische,* eine *brasilianische,* eine *bulgarische*) u. a.

**Joseph Achron**
1886 - 1943, POLNISCH-AMERIKANISCHER KOMPONIST
Dieser betont jüdische Komponist gehört - etwa mit Ernest Bloch und einigen anderen Tonschöpfern - zu den Musikern, die von einer bewußt nationalen Musik ihrer Glaubensgenossen träumen. In den seinerzeit vielgespielten Kompositionen (3 Violinkonzerte 1925, 1933, 1937, das Poem *Golem*) erklingt viel ostjüdische Folklore (polnisch-russisch-litauische), die bald nach seinem Tod einer der Pfeiler der israelischen Musik werden sollte.

**Richard Addinsell**
1904 - 1977, ENGLISCHER KOMPONIST
Die Filmmusik zu »Dangerous Moonlight« (1941) verschaffte diesem Musiker, der sich in erster Linie mit Rundfunk- und Filmmusik befaßte, über Nacht weltweite Popularität, da hier das sogenannte *Warschauer Konzert* für Klavier und Orchester eingebaut war, ein spätromantisches, üppig, ein wenig nach Rachmaninow klingendes Stück, das großes Aufsehen erregte.

**Grazyna Bacewicz**
Das orchestrale Werk dieser polnischen Komponistin gilt heute als so wichtig, daß hier, unbeschadet der früheren Aufstellung, ihre bedeutendsten sinfonischen und konzertanten Stücke nochmals zusammengefaßt seien: *Sinfonie I* (verloren, 1933), *Sinfonie II* (für Streicher, 1945), *Sinfonie III* (1946), *Sinfonie IV* (1951), *Sinfonie V* (1952), *Sinfonie VI* (1953). Dazu 7 Violinkonzerte (1937, 1946, 1948, 1951, 1954, 1957, 1965), 2 Klavierkonzerte (1949, 1966), 2 Cellokonzerte (1951, 1963), ein Violakonzert (1968), *Rhapsodia polska* für Violine und Orchester (1969).

**Gunnar Berg**
1909 - 1989, DÄNISCHER KOMPONIST
Berg, früher Parteigänger der seriellen Musik, aber Komponist eigenen Stils, hinterließ *Orchestermusik (Passacaglia,* 1948, *Cinq études* für zwei Streichorchester, 1955) neben Kammer- und Klaviermusik, Kantaten und Liedern. Er wurde im schweizerischen St. Gallen geboren, wo er seine Jugendjahre verbrachte und wohin er 1980 zurückkehrte, nachdem er lange in Dänemark gewirkt hatte.

**Luciano Berio**
Der italienische Meister, einer der international angesehensten Anführer der neuen Musik, schafft unermüdlich Werk auf Werk, Stücke, die allerdings - mit gelegentlicher Ausnahme eines Bühnenstücks (»Un re in ascolto« bei den Salzburge Festspielen 1984) - nur äußerst selten im »gewöhnlichen« Musikleben zu hören sind. Sie gelten ihren Anhängern als prophetische Verkündigungen, sind dem klassisch geschulten Hörer unverständlich. Die Titel sagen meist wenig: *Concertino* (1949), *Variazioni* für Kammerorchester (1954), *Nones* (1954), *Variazioni über »ein Mädchen oder Weibchen . . .«* aus Mozarts »Zauberflöte« (1956), *Quaderni* (1959 - 1965), *Chemins I - III* (1965 - 1972), *Bewegung* (1971), *Stille* (1973), *Eindrücke* (1973 - 1974), *Concerto* (1977) usw.

**Lennox Berkeley**
1903, ENGLISCHER KOMPONIST
Wichtigste *Orchesterwerke:* 4 Sinfonien (1940, 1968, 1969, 1977), *Divertimento* (1943), *Nocturne* (1946), *Sinfonietta* (1950), *Konzerte* (für Klavier, für 2 Klaviere, für Flöte, für Oboe usw.), *Suite in A - Winters Tale* (1960), *Windsor Variations* (1969), *Voices of the Night* (1973) usw.

**Hans-Jürgen von Bose**
1953, DEUTSCHER KOMPONIST
*Orchesterwerke: Violinkonzert* (1973), *Klavierkonzert* (1974), *Morphogenesis* (1975), *1. Sinfonie* (1976), *Musik für ein Haus voll Zeit* (1978), *Travesties in a Sad Landscaper* (1978), *Sinfonisches Fragment* (1980), *Variationen* (1980), *Idyllen* (1982 zum 100. Geburtstag der Berliner Philharmoniker), *Parerga* (1984), . . . *Other Echoes Inhabit the Garden* (1987 für Donaueschingen), *Labyrinth I* (1987) *Prozeß* (1987), *Symbolum* (Auftragswerk der Stadt München, 1988), *2 Studien* (1989).

**Sylvano Bussotti**
1931, ITALIENISCHER KOMPONIST
Einer der radikalsten Neutöner und Experimentatoren, Vorkämpfer der neuen musikalischen Graphik, der er künstlerischen Eigenwert - abgesehen von ihrer musikalischen Bedeutung - im Sinn malerischer Kunst beimißt. Trotz seines absoluten Außenseitertums bekleidete er zeitweise Posten im traditionellen Musikleben (Dramaturg, Dirigent, Bühnenbildner, künstlerischer Leiter des Teatro Fenice, der Oper von Venedig). Von Werken, die eindeutig in bestimmte Musikgattungen gehören, ist bei ihm kaum die Rede; seine Musik ist fast immer mit Bewegung, Szene, Tanz, Pantomime verbunden. Doch gelegentlich versuchen Orchester seine Musik zu interpretieren, was geistig sehr anregend, wenn auch musikalisch recht ungewohnt sein kann.

**Friedrich Cerha**
*Neuere Orchesterwerke: Intersecazioni* für Violine und Orchester (1973), *Baal-Gesänge* (1982) aus der gleichnamigen Oper »Baal« (1981), *Nachtgesang* (1984), *Keintate I* (1983) *Keintate II* für Stimme und 11 Instrumente (1985).

**Aaron Copland**
Nach dem Tod des bedeutenden US-Komponisten wird ein Überblick über sein gesamtes, reiches Schaffen möglich. In das Gebiet dieses Buches gehören: *Sinfonie für Orgel und Orchester* (1924), dieselbe umgearbeitet, ohne Orgel, als *1. Sinfonie* (1928), *Klavier-Konzert* (1926), *Sinfonische Ode* (1927), *Short Symphony* (2. Sinfonie, 1932). *El Salón México* (1933), *Musik für Radio* (1937), *An Outdoor Ouverture* (1938), *Quiet city* (1939), *John Henry* (1940), *Lincoln-Portrait* (1942), *Fanfare for the Common Man* (1943), *Letter from Home* (1944), *Danzón cubano* (1944), *3. Sinfonie* (1946), *Konzert für Klarinette* (1950), *Präambel für eine feierliche Gelegenheit* (1949), *Variationen für Orchester* (1957), 2 mexikanische Stücke (1959), *Connotations* (1962), *Musik für eine große Stadt* (1964), *Down a Country Lane* (1965), *Iscape* (1967), 3 lateinamerikanische Skizzen (1972) usw.

**Roque Cordero**
1917, PANAMAISCH-NORDAMERIKANISCHER KOMPONIST
Cordero ist der wohl bedeutendste Komponist Mittelamerikas, Dirigent und Konservatoriumsdirektor in seinem Geburtsland Panama, 1964 Professor der Bloomigton-Universität in Indiana/USA. *Orchesterwerke* (Auswahl): 3 Sinfonien (1945, 1956, 1965), Konzerte für Violine, Klavier u. a., *5 Mensajes Breves, Mensaje Fúnebre* (zum Tode Mitropoulos'), *Rapsodia Campesina* (1953), *Concertino für Viola* (1968); viele seiner Werke sind preisgekrönt.

**Henri Duparc**
1848 - 1933, FRANZÖSISCHER KOMPONIST
Dieses den Jahreszahlen nach lange Leben gehört in Wahrheit zu den tragisch kurzen der Musikgeschichte: Seit der Jahrhundertwende leidet Duparc an einer schweren körperlichen und seelisch-geistigen Erkrankung, die ihn bald in die volle Einsamkeit treibt. Sein bis heute unverminderter Nachruhm beruht vor allem auf (wenigen) herrlichen Liedern. Aber er schrieb auch für *Orchester:* Das meiste dürfte von ihm vernichtet worden oder kurz nach seinem Tod einem Brand zum Opfer gefallen sein. Erhalten sind: *Lénore* (nach der deutschen Ballade »Leonore« von Bürger, 1875) und *Aux étoiles* (Nocturne, 1911).

**Helmut Eder**
Dem inzwischen zu internationaler Bedeutung aufgestiegenen oberösterreichischen Komponisten gelang seit dem Abschluß der vorhergehenden Auflage dieses Buches eine ungewöhnlich große Zahl von Werken, die inzwischen ihre Wirksamkeit erproben konnten und von denen hier einige ergänzt seien: *Melodia-Ritmica* für Streicher (1974), *Pastorale* für Streicher (1974), *Präludium und Choral* für Oboe, über ein altes Weihnachtslied (1970), *Variationen über ein altes Adventslied,* für Flöte, Oboe und Streicher (1979), *Jubilatio* für Kammerorchester (1976), *Konzert für Violoncello* (1981), *Concerto A. B. für 17 Streicher und 6 Bläser* (1983, der Titel besitzt doppelte Bedeutung, einmal als Initialen Anton Bruckners, von dem zwei Zitate integriert sind, zum anderen als Andeutung auf den zweigliedrigen Aufbau). Dasselbe Werk, das in erster Fassung für Kammerorchester geschrieben ist, gibt es auch für sinfonisches Orchester, 1984. *Concertino* (1984), *Pièce de concert* (1984), *Haffner-Konzert* für Flöte (Auftrag des Mozarteums Salzburg) mit Verwendung von Motiven aus dem 2. Satz von Mozarts »Haffner-Symphonie« (1985).

**Gottfried von Einem**
Österreichs führender Komponist hat in den jüngsten Jahren folgende *Orchesterwerke* herausgebracht: *Konzert für Orgel und Orchester* (1983), das Musikmärchen *Prinz Chocolat* (in Kammerorchesterfassung Bern 1983, in der Fassung für großes Orchester zum Carinthischen Sommer in Villach 1983), *Münchene Sinfonie, Vierte Sinfonie* (zum 175. Jubiläum der Gesellschaft der Musikfreunde in Wien, 1988), *Alchimistenspiegel* für mittlere Stimme und Orchester (Bregenzer Festspiele 1990).

**Ivan Eröd**
1936, UNGARISCH-ÖSTERREICHISCHER KOMPONIST
*Orchesterwerke:* 2 Sonaten (1957, 1974), 4 *Stücke für Streicher* (1965), 3 Sätze für Violoncello (1958), *Divertimento für Blechbläser und Schlagzeug* (1976), *Studien für Streichorchester* (1980), *Soirées imaginaires* (1981), *Symphonische Szene* (1984), *Réjouissance* (1984), *Minnesota Sinfonietta* (1986), Konzerte für Violine (1973), für Klavier (1975), für Viola (1980), *Konzertante Fantasie* für Viola (1981), *Drei Interludien für Orgel* (1985).

**Morton Feldman**
1926 - 1987, US-KOMPONIST
Ein radikaler Experimentator, der 1950 Cage traf und von da an mit diesem und Gesinnungsgenossen wie Earl Brown, Christian Wolff, in enger Verbindung mit avantgardistischen Malern, an eine totale Revolution der Künste dachte. Dazu gehörte auch die Notenschrift, die Feldman zeitweise zugunsten reiner »Graphik« aufgab, die eine genaue Fixierung von Musik nicht mehr zuläßt. Aus seinen zahlreichen Werken ist es kaum sinnvoll, einzelne hervorzuheben. Keines erlaubt »normale« Aufführungen, ihre Wirkung auf Menschen, die unter Musik nichts Traditionelles erwarten, soll aber nicht geleugnet werden.

**Fidelio F. Finke**
1891 - 1968, DEUTSCH-BÖHMISCHER KOMPONIST
Zu seinen Lebzeiten drang wenig aus dem reichen Schaffen Finkes in den Westen. Zuerst in der tschechoslowakischen Republik, nach dem Zweiten Weltkrieg in der ehemaligen DDR an führenden Stellen tätig, hinterließ Finke ein

beachtenswertes sinfonisches Erbe: 8 Suiten für verschiedene Besetzungen, Sinfonie *Pan* (1919), *Konzert für Klavier* (1930), *Konzert für Orchester* (1931), Zwischenspiel aus der Oper »Die Jakobsfahrt«, *Capriccio* über ein polnisches Volkslied (1953), 8 Orchestersuiten (1911 - 1961), Divertimento (1964).

**Jean Françaix**
Dem geistvollen, charmanten Franzosen ist seit der letzten Auflage dieses Buches wieder eine Menge neuer Musik, auch für *Orchester,* eingefallen: *Variations sur un thème plaisant* für 10 Bläser (1976), *Chaconne* für Harfe und 11 Streicher (1976), *Concerto grosso* für Flöte, Oboe, Klarinette, Fagott, Horn, Streichquintett und Orchester (1976), *Concerto für 2 Harfen und 11 Streicher* (1978), *Tema con variazioni* für Klarinette und Streichorchester (1978), *2. Violinkonzert* (1979), *Konzert für Fagott und 11 Streicher* (1979), *Petite Valse Européenne* für Tuba und doppeltes Bläserquintett (1979), *Ballettmusik* zu »Pierrot« (1980), *Ouverture anacréontique* (1980), *Hommage à l'ami Papageno* für Klavier und 10 Bläser (1987) u. v. a.

**Fritz Geißler**
1921 - 1984, DEUTSCHER KOMPONIST
*Werke für Orchester:* 7 Sinfonien (1961, 1963, 1968[2], 1969, 1971, 1972), *November 1918, Italienische Lustspielouvertüre, Vorspiel für Orchester* (1960), Sinfonische Burleske *Die Abenteuer des braven Soldaten Schwejk* (1961), 3 *Miniaturen für kleines Orchester* (1963), *Sinfonietta giocosa* (1963), *Festouvertüre* (1964), *Essay für Orchester* (1969), ferner Konzerte für Klarinette, Klavier, ein Kammerkonzert für Flöte, Cembalo und Streicher usw.

**Paul Gilson**
1865 - 1942, BELGISCHER KOMPONIST UND LEHRER
1889 gewann Gilson den Rompreis des Brüsseler Konservatoriums, 1892 erfolgte sein Durchbruch mit den sinfonischen Skizzen *Das Meer,* die (unter anderem von Richard Strauss dirigiert und propagiert) internationale Verbreitung fanden. Dann errang sein Oratorium *Francesca da Rimini* (1892) weite Verbreitung. Der Schwerpunkt seines überreichen Schaffens blieb stets auf sinfonischem Gebiet: Zu erwähnen sind noch *Rhapsodien* (schottische, kanadische), die Tondichtung *Italia, Sinfonische Variationen* (1903), *Trois Préludes* (1914), *Lavantine* (1921), *Epithalame* (1925), *Fünf Paraphrasen* über flämische Volkslieder (1929).

**Philip Glass**
Die Frage, ob die von Glass (und Steve Reich) erfundene »Minimal Music« in Konzertwerken ähnlich Verwendung finden könnte wie im Musiktheater, ist auch heute noch nicht eindeutig zu beantworten. Erwähnt seien hier einige dieser experimentellen, aber durchaus erfolgreichen Werke, die von Glass bekannt wurden: *Music in Contrary Motion* (1969), *Music with Changing Parts* (1970), *Another Look at Harmony* (1975), *Glassworks* (1981).

**Marin Goleminov**
1908, BULGARISCHER KOMPONIST
Selten genug hört man von einem bulgarischen Komponisten (Wladigerow, in Berlin tätig, war eine Ausnahme). Auch Goleminov stand in enger Verbindung mit dem Westen, studierte bei d'Indy in Paris und bei Joseph Haas in München. Seine Musik weiß farbig, oft virtuos die Folklore seiner musikalisch uralten Heimat mit westlicheren Formen zu verbinden. Zu erwähnen wären das sinfonische Poem *Nacht,* die *Nestinarkasuite, Die Glocken von Rila* (1930), *Sinfonische Variationen* (1942), *Lied der Partisanen* (1959), 3 Sinfonien (1963, 1967, 1970), Konzerte für Violoncello (1949), für Violine (1969), für Klavier (1975), 3 *Aquarelle* (1972) usw.

**Enrique Granados**
1867 - 1916, KATALANISCHER (SPANISCHER) KOMPONIST
Granados gehörte zu jenen Schöpfern, denen nur ein einziges Mal im Leben der ganz große Erfolg gelang, nämlich als 1916 seine Oper *Goyescas* in der New Yorker Metropolitan Opera erklang. Bei der Heimreise nach Barcelona wurde er mit seiner Frau bei der Torpedierung ihres (englischen) Schiffes durch ein deutsches Unterseeboot getötet. Einige seiner (wenigen und außerhalb Spaniens kaum gespielten) *Orchesterwerke* sind: 10 *Spanische Tänze* (1892 - 1900), *Divina commedia,* Tondichtung nach Dante (1908), *Dichterische Szenen,* nicht datiert, so auch die Werke *Weihnachtssuite, Serenade,* Intermezzo aus »Goyescas«.

**Cristóbal Halffter**
Neben seiner ausgedehnten und sehr erfolgreichen Dirigentenkarriere hat dieser führende spanische Musiker eine Reihe neuerer *Orchesterwerke* vorgelegt: *Phantasie über einen Klang von Händel* für Violoncello-Gruppe und Orchester (1981), *Sinfonia Ricerata* für Orgel und Orchester (1982), *Konzert für Flöte und Streichsextett* (1982), *Versus* (1983), *Doppelkonzert für Violine, Bratsche und Orchester* (1984), *Paraphrase* über die Händel-Phantasie (1984), 2 Violoncello-Konzerte (1979/1985), *Tiento del primer tone y batalla imperial* (1986), *Dortmunder Variationen* (1987), *Klavierkonzert* (1988), *Preludio a Nemesis* (1989), *Fandango* für Orchester aus Violoncellos (1989), *Konzert für Saxophonquartett und Orchester* (1989) u. a.

**Tibor Harsányi**
1898 - 1954, UNGARISCH-FRANZÖSISCHER KOMPONIST
Er gehörte zu den jungen Avantgardisten der zwanziger Jahre, kam aus der Bartók-Kodály-Schule seiner ungarischen Heimat, erzielte in Paris stark beachtete, ebenso rasch wieder vergessene Erfolge (Oper »Les invités«, Radio-Oper »Illusion«, Puppenspiel »L'histoire de petit tailleur«). Wegen seiner *Orchesterwerke Suite* (1927), *Arie, Kadenz und Rondo* für Cello und Orchester (1930), *Konzertstück für Klavier und Orchester* (1931), *Ungarische Suite* (1935), *Divertimento No. 1* (1941) und *No. 2* (1946), *Violinkonzert* (1941), *Burleske Rhapsodie* (1948), *Sinfonie in C* (1952) sollte Harsányi nicht vergessen werden.

**Hans Werner Henze**
Neueste *Orchesterwerke: Kleine Elegien* für alte Instrumente (1985), *Cinque piccoli Concerti e Ritornelli* (1983), Theater- und Salonmusik aus der Tanzpantomime »Der Idiot« (1989, *Allegro brillante* (Auftragswerk des Dallas Symphony Orchestra, 1989).

**Wilfried A. Hiller**
1941, DEUTSCHER KOMPONIST
Der in den letzten Jahren bedeutungsvoll vor allem als Musikdramatiker hervorgetretene Münchner Komponist hat auch auf sinfonischem Gebiet einige wertvolle Werke geschaffen, die ihn als sehr ungewöhnliche Schöpfernatur ausweisen, in der der große Lehrmeister Carl Orff noch gelegentlich zu spüren ist. Zu erwähnen sind vor allem: *Nachtgesang* (1974), ein überaus zartes Stück, bei dem ein pochender Ton der Violoncelli - wie ein Herzschlag - den Grundrhythmus gibt, über dem sich zuerst Töne einer Flöte, einer antiken Zimbel, einer Harfe ausbreiten, dann, wie bei stets zunehmender Orgelregistrierung, weitere Orchesterfarben hinzutreten, bis zuletzt »durch den Schleier der Erinnerung nochmals der Gesang der Nacht hörbar wird, der langsam erstirbt« (Hiller). Das schöne Stück ist dem Münchner Orchesterverein »Wilde Gungl« gewidmet, für den schon, fast ein Jahrhundert früher, Richard Strauss Frühwerke schrieb. *Schulamit* (Lieder und Tänze der Liebe), eines von Hillers wichtigsten Werken, forderte dem Komponisten eine lange Entstehungszeit ab: 1977 - 1990. Die Uraufführung erfolgte bei den Landshuter Hofmusiktagen. Hier, in diesem »erotischen Triptychon für Soli, Chor und Orchester nach dem Buch »Gesang der Gesänge«, in der deutschen Fassung von Martin Buber«, zeigt sich (wie in Hillers Drama »Ijob«) abermals seine enge Beziehung zum Alten Testament, zu den ewigen Gestalten aus Geschichte und Mythos. Stark beeinflußt ist das Werk einerseits durch Hermut Schmökels Buch »Heilige Hochzeit und Hoheslied«, andererseits durch Marc Chagalls 5 Bildtafeln »Cantique de Cantiques« im »Museum der Biblischen Botschaft« zu Nizza. Das außerordentlich tiefe Werk ist voll von Symbolik, musikalischen und anderen Bezügen (Zitat einer Arie aus Bachs »Matthäuspassion«); es endet, wie es begonnen hat, »aus einem Reigen der Jahreszeiten wird ein immer wiederkehrender Reigen der Liebe« (Hiller). *Der Josa mit der Zauberfidel* (Tänze auf dem Weg zum Mond) ist Prokofiews »Peter und der Wolf« nachempfunden, nimmt Bilderbuchtexte von Janosch zum Vorwurf, die von Elisabeth Woska eingerichtet wurden. Gleichzeitig aber weist dieses 1985 entstandene Werk für Erzähler, Violine, Schlagzeug und Orchester starke ostasiatische Einflüsse auf. Die Uraufführung fand in Kaiserslautern statt. Schließlich entstand 1991 ein Werk für Kammerorchester, das den barokken Titel führt: *Hintergründige Betrachtungen des Erzbischöflichen Salzburger Compositeurs Heinrich Ignaz Franz Biber beim Belauschen eines Vogelkonzerts,* aber trotzdem im besten Sinn »modern«, dazu geistvoll, witzig und originell zu nennen ist.

**Heinz Holliger**
1939, SCHWEIZERISCHER KOMPONIST
Ein seltsames Doppelleben ist diesem bedeutendsten Oboisten seiner Epoche beschieden: Vom Konzertpublikum der Welt gefeiert, Erfinder bedeutender spieltechnischer Neuigkeiten, die zu einer starken Anregung der Komposition für dieses schöne Instrument führen, zieht Holliger sich in seinen Kompositionen in esoterische, strukturell ungeheuer komplizierte Regionen der Klangsuche zurück, die nur »Eingeweihten« neuzeitlicher, avantgardistischer Musik zugänglich (und teuer) sind: *Glühende Rätsel* (1964), *Siebengesang* (1968), *h* für Bläserquintett (1968), *Pneuma* (1970), *Atembogen* für Orchester (1975), die Kurzoper *Come and go - Kommen und gehen - Va et vient* (1978), *Tonscherben* - Orchesterfragmente in memoriam David Rokeah (1985), 2 *Liszt-Transkriptionen* für großes Orchester (1986), *Gesänge der Frühe* nach R. Schumann und Fr. Hölderlin für Chor, Orchester und Tonband (1987) usw.

**Kura Abulfas-Ogly Karajew**
1918 - 1982, ASERBEIDSCHANISCH-SOWJETISCHER KOMPONIST
Die Aufnahme dieses Komponisten entspringt keinen praktischen Erwägungen; es ist kaum anzunehmen, daß in Europa (oder Amerika) je eines seiner Werke erklingen wird. Aber dem Leser möge damit vor Augen gehalten werden, daß die Ausstrahlung und Wirkung der abendländischen Musik im 20. Jahrhundert buchstäblich die Welt umspannt. Karajew stammt aus Baku, und seine Kompositionen stellen eine fesselnde Synthese aus der aserbeidschanischen Volksmusik und der westlichen Tonsprache dar. Er schrieb 2 *Sinfonien* (1943, 1946), das sinfonische Poem *Leila und Medshnun* (1947), *Ballettsuiten* (1952 - 1957), *Albanische Rhapsodie* für großes Sinfonieorchester (1952), 3 *Nocturnes* für Jazzorchester (1953), *Konzert* für Violine und Orchester (1967), *Das Haus der Tauben,* Sinfonie für großes Orchester, Kinder- und gemischten Chor (1980).

**Wilhelm Killmayer**
Weitere *Orchesterwerke: Divertissement* (1957), *Pas de deux classique* (1964), *Nachtgedanken* (für die Salzburger Festspiele, 1973), *Paradies* (1974), *vier Poèmes symphoniques* (»Jugendzeit«, »Verschüttete Zeichen«, »Überstehen und Hoffen«, »Im Freien«, 1977 - 1980), *Zittern und Wagen* (1980), *Sostenuto* für Cello und Streicher (1984).

**Volker David Kirchner**
1942, DEUTSCHER KOMPONIST
*Orchesterwerke:* 1. Sinfonie *Totentanz* (1980), *Bildnisse I* (1982), *Bildnisse II* (1984), *Nachtstück* für Viola und Orchester (1981), *Violinkonzert* (1982), *Schibboleth* für Viola und Orchester (1989), *Antiphone* für Bariton und Orchester (1967), *Hölderlin-Lieder* (Zyklus I und II, für Tenor und Orchester, 1985 bzw. 1987).

**Günter Kochan**
1930, DEUTSCHER KOMPONIST
In der ehemaligen DDR ein hochangesehener Musiker, ist er in der »benachbarten« Bundesrepublik ein nahezu Unbekannter: eine typische Erscheinung der absurden politischen Zustände des 20. Jahrhunderts. Sein Hauptwerk dürfte die Kantate »Die Asche von Birkenau« sein, eines der vielen Mahnmale an grauenhafte Zeiten. Zu seinen wichtigsten *Orchesterstücken* gehören: *Violinkonzert* (1952), *Kleine Suite* (1956), *Klavierkonzert* (1957), *Sinfonietta* (1960), *Konzert für*

*Orchester* (1962), *Sinfonie mit Chor* (1962, später Sinfonie No. 1), *Flötenkonzert* (1964), *Violoncello-Konzert* (1967), *Sinfonie No. 2* (1968), *Variationen* über ein Thema von Mendelssohn-Bartholdy für Klavier und Orchester (1972), *Sinfonie No. 3* (1972), *Violinkonzert* (1974) usw.

**Joonas Kokkonen**
1921, FINNISCHER KOMPONIST
Im höchst bemerkenswerten Aufbruch der finnischen Musik im 20. Jahrhundert nimmt Kokkonen einen führenden Platz ein. Neben seinen aufsehenerregenden Opern stehen eine bedeutende Messe sowie 4 Sinfonien (1960, 1961, 1967, 1971), *Musik für Streicher* (1957), *Opus sonorum* (1964), *Violoncello-Konzert* (1969), *Inauguratio* (1971), *»... durch einen Spiegel«* für 12 Streicher und Cembalo (1977) u. a.

**Rainer Kunad**
1936, DEUTSCHER KOMPONIST
Zu den wichtigsten *Orchesterwerken* dieses führend in der ehemaligen DDR tätigen Komponisten zählen: *Sinfonie 64* (1964), *2. Sinfonie* (1967), Scherzo *Aphorismen* (1956), *Variationen über ein deutsches Volkslied* (1959), *Concerto per archi* (1966), *Klavierkonzert* (1969), *Konzert für Harfe, Klavier, Celesta und Schlagzeug mit Orchester* (1970), *Orgelkonzert* (1971), *Antiphone* für 2 Orchester und Rhythmusgruppe (1971) *Quadrophonie* für 4 Orchester (1973) usw.

**Siegfried Kurz**
1930, DEUTSCHER DIRIGENT UND KOMPONIST
Trotz einer sehr erfolgreichen Kapellmeisterkarriere bis in die höchsten Stellen vor allem der ehemaligen DDR (Dresden, Berlin) ist das kompositorische Werk von Kurz zahlreich und interessant. In den Bereich dieses Buches gehören: 2 Sinfonien (1958, 1959), *Sinfonia piccola* (1953), *Konzertante Musik* (1953), *Trompetenkonzert* (1953), *Tänzerische Suite* (1954), *Violinkonzert* (1955), *Orchestermusik* (1960), *Kammerkonzert* (1962), *Klavierkonzert* (1964), *Hornkonzert* (1973).

**György Ligeti**
Ergänzungen: *Melodien* für Orchester (1971), *San Francisco Polyphonie* (1974), die Konzerte für Violoncello (1966), für Flöte und Oboe (Doppelkonzert, 1972), für Klavier (1988), für Violine (1990) sowie mehrerer Werke für Kammerorchester.

**Bruno Maderna**
1920 - 1973, ITALIENISCHER KOMPONIST UND DIRIGENT
Der Avantgarde längst ein bedeutender Begriff, sind Madernas Werke bis zu seinem frühen Tod nicht ins Musikleben gedrungen und scheinen auch bis heute weitgehend interessantes Lehrmaterial zu bleiben. Als unermüdlicher Sucher durchschritt er Dodekaphonie, serielle Musik, Aleatorik, bezog Wortfetzen aus der Literatur in musikalische Strukturen ein usw. Maderna war viele Jahre in Darmstadts Schule neuester Musik führend tätig, den Posten als Dirigent des RAI-Orchesters in Turin konnte er nur noch kurz ausüben. Einige seiner Kompositionen, die in den Rahmen dieses Buches gehören, seien genannt: Mehrere Konzerte für Klavier, Flöte, Violine, Oboe, jeweils mit Orchester, *Composizione in tre tempi* (1951), *Improvvisazione I + II* (1951/52), *Serenata* für Orchester (1954), *Musica su due dimensioni* (1958), elektronische Musik *Dimensioni II* (1960/61), *Ausstrahlung* für Soli, Chor und Orchester (1971).

**Siefried Matthus**
1934, DEUTSCHER KOMPONIST
Matthus, lange Zeit in der ehemaligen DDR tätig, ist in erster Linie Musikdramatiker. Von seinen *Orchesterwerken* seien erwähnt: *Kleines Orchesterkonzert* (1963), *Inventionen* für Orchester (1964), *Tua res agitur* (Musik zu Erwin Weiss' »Ermittlung«, 1965), 3 kleine Orchesterstücke (1966), *Dresdner Sinfonie* (1969), Konzerte für Violine (1968) und Klavier (1970), *Serenade* (1974), *2. Sinfonie* (1976), *Responso*-Konzert für Orchester (1978), *Die Windsbraut*-Konzert für Orchester (1985), *Nächtliche Szenen im Park* für Orchester (1987) usw.

**Gian Carlo Menotti**
1911, ITALIENISCH-AMERIKANISCHER KOMPONIST
Neben Menottis intensiver Tätigkeit für das Musiktheater bleibt kaum noch Raum für Kompositionen anderer Art. Er beschäftigte sich aber auch mit orchestralen Werken: *Klavierkonzert in F* (1945), *Apokalypse* (1951), *Violinkonzert* (1952), *Tripel-Konzert* (1970), *The Halcyon* (1976), *Konzert für Kontrabaß* (1983).

**Ernst Hermann Meyer**
1905, DEUTSCHER KOMPONIST UND MUSIKFORSCHER
Nach 15jähriger Emigration in England wurde Meyer zu einem der führenden Musiker der ehemaligen DDR, Verbandspräsident der Komponisten und Musikwissenschaftler, des Musikrats usw. Unter seinen sinfonischen Werken finden sich die *Sinfonie für Streicher* (1946, 1957/58), *Sinfonischer Prolog*, zum Gedächtnis der Freiheitskämpfer (1949), *Konzertante Sinfonie* für Klavier und Orchester (1961), *Poem für Viola und Orchester* (1962), *Konzert für Violine und Orchester* (1964), *Concerto grosso* für 2 Trompeten, Posaunen, Pauken und Streichorchester (1966), *Sinfonie in B-dur* (1967), *Konzert für Harfe und Kammerorchester* (1968) u. a.

**Detlev Müller-Siemens**
1957, DEUTSCHER KOMPONIST
*Orchesterwerke: Konzert für 19 Instrumentalisten* (1975), *Scherzo und Adagio patetico* (1976), *Zwei Stücke für Kammerorchester* (1977), *Passacaglia* (1978), *1. Sinfonie* (1980), *Under Neonlight* für Kammerorchester (1981), *Konzert für Klavier* (1981), *Konzert für Viola* (1984), *Quatre passages* (1988), *Konzert für Horn* (1989).

**Arvo Pärt**
Die seit der ersten Auflage dieses Buches vergangenen Jahre haben die Aussicht, daß dieser estländische Komponist den fesselndsten Gestalten des Musiklebens zugerechnet werden würde, voll bestätigt. »In einer mehr als originellen Verbindung von mittelalterlicher Kompositions- und Musizierpraxis, neutonaler »Einfachheit« und verfeinerten Techniken der »minimal art« entwickelte er jenen von ihm so genannten »Tintinnabuli-Stil«, dessen eigenwillige konsequente künstlerische Aussage bei ungewöhnlich breiten Publikumsschichten auf Resonanz stößt«, urteilt die »Neue Zürcher Zeitung« (22./23. April 1989) und zitiert Pärts Abkehr von der seriellen Musik, die er eine »sterile Demokratie unter den Noten« nennt. Gerade wie im Mittelalter kann man auch bei seiner Musik kaum von einem »Orchester« sprechen, es ist zumeist ein scharf durchdachter und mit höchster Intuition geschaffener Zusammenklang »von Stimmen und neuen oder alten Instrumenten« (wie bei auffallend vielen seiner Werke vermerkt ist). *Cantate domino canticum novum* (1977), eine Vertonung des 95. Psalms, ist für vokale und instrumentale Stimmen (neue oder alte Instrumente) in variabler Besetzung geschrieben. *Summa* (1980) für Singstimmen (Tenor und Bariton oder Sopran, Alt, Tenor, Baß) und 6 neue oder alte Instrumente in variabler Besetzung«, wie zum Beispiel: Oboe, Fagott, 2 Violinen, 2 Violoncelli oder 4 Viole da gamba, Zink oder Diskantpommer. Das Wort »Orchester« oder auch Gattungsbezeichnungen wie »Sinfonie« oder »Konzert« finden sich bei Pärt nicht. Es ist, als seien wir in einer Hofkapelle des 15. Jahrhunderts, die mit recht verschiedenartigen Klangzusammensetzungen musiziert. Der Klangzauber ist stark und nimmt unwillkürlich gefangen, doch wird hier mehr erzielt als eine nostalgische Rückkehr in lange vergangene Klangwelten.

**Krzysztof Penderecki**
*Neueste Orchesterwerke: Kanon* (für Streicher, 1962), *Prélude* für Bläser, Schlagzeug und Kontrabässe (1971), *De natura sonoris* (1971), *Partita* für Cembalo (1972), *Als Jakob erwachte* (Auftrag zum Regierungsjubiläum des Fürsten Rainier III. von Monaco, 1974), *Adagietto* aus der Oper »Paradise Lost« (1979), *Violinkonzert* (für das 100jährige Bestehen der »Allgemeinen Musikgesellschaft Basel«, 1977), *2. Cellokonzert* (1982), *Konzert für Viola* (1983), *Adagio* für Streicher (1989).

**Gustav Allan Petterson**
1911 - 1980, SCHWEDISCHER KOMPONIST
Unbeachtet vom Musikleben der Welt, ja selbst seines heimatlichen Skandinavien, hat dieser schwedische Musiker, Bratschist in einem Orchester, nicht weniger als 15 Sinfonien, ein Violinkonzert (1979) und manches andere geschaffen, was hoher Beachtung wert wäre: ein Geheimtip für bewußte Dirigenten!

**Aribert Reimann**
1936, DEUTSCHER KOMPONIST UND LIEDBEGLEITER
Spätestens seit seiner Oper »Lear« (1978), für viele Beobachter bereits seit »Melusine« (1971), ist Reimann, längst als feinsinniger Klavierbegleiter namhafter Liedsänger ein Begriff, einer der stärksten Komponisten seiner Generation. Mag auch die dramatische Komponente in seinem Schaffen überwiegen, so sind auch einige seiner orchestralen Schöpfungen zu nennen: *1. Klavierkonzert* (1961), *Sinfonie* nach der Oper »Ein Traumspiel« (1964), *Rondes* für Streicher (1967), *Denn Bleiben ist nirgends* für Sprecher mit Orchester, nach Rilke (1968), *Loqui* (1969), Musik aus dem Ballett *Die Vogelscheuchen* (1970), *2. Klavierkonzert* (1972), *Variationen* (1975), *Sieben Fragmente* (1988), *Konzert* für Violine, Violoncello und Orchester (1989). Sehr groß ist die Zahl von Gesangszyklen mit Orchester, u. a.: *Ein Totentanz* (1960), *Hölderlin-Fragment e* (1963), *Inane* (1968), *Fragmente aus der Oper »Melusine« (1970)*, *Zyklus* (1971), *Wolkenloses Christfest* (1974), *Lines* (1973), *Unrevealed* (1980), *Drei Lieder nach Poe* (1983), *Fragmente* aus »Lear« (1980), *Chacun sa chimère* (1981).

**Wolfgang Rihm**
Der bereits im Hauptteil unseres Buches als »aufgehender Stern« des deutschen Musikhimmels begrüßte, 1952 geborene deutsche Komponist hat sich in unermüdlicher Arbeit und großer Produktivität verbunden mit ungewöhnlichem Phantasiereichtum zu einer führenden Position im internationalen Musikschaffen emporgearbeitet. Neue Werke, die zur *Orchestermusik* gehören, sind: *Music-Hall-Suite* (1979), »Tutuguri« No. 1 - 7 (*Ballettmusiken*, 1981/82), *Walzer* (1981), *2 Doppelgesänge* (1980/83), *Konzert für Viola* (1983), *Schwarzer und roter Tanz* aus »Tutuguri« (1983), *Gebild* (1983), *Fusées* (1984), *Vorgefühle* (1984), *Schattenstück* (1984), *Spur* (1985), *Dämmerung* (1985), *7 Chiffren* (1982 - 1985), *Umriß* (1985), *Abkehr* (1985), *Unbenannt* (1986) usw. Zählt man die Zahl der Werke hinzu, die der traditionellen Konzertform nur noch zum kleinsten Teil nahekommen, so verdreifacht sich die Liste ohne Mühe.

**Rolf Urs Ringger**
1935, SCHWEIZERISCHER KOMPONIST UND MUSIKPUBLIZIST
Der seit Mitte der siebziger Jahre mit erfolgreichen Werken hervorgetretene Henze-Schüler und Doktor der Musikwissenschaften (mit einer Dissertation über Webern) schuf auf orchestralem Gebiet vor allem: *»... vagheggi il mar e l'arenoso lido ...«* (1978), *Gioia* (1984), *Nachhall* (1986), *Con slancio* (1989), *Ikarus* (1990).

**Andrej Roslavez**
1881 - 1944, RUSSISCHER KOMPONIST
Ein Vergessener, der sich in bewegter Zeit entwickelte, der Schönbergs Dodekaphonie vorausgeahnt zu haben scheint, stellt sich in Gegensatz zum »sozialistischen Realismus« der Sowjetunion. Er schuf mehrere Werke, die aufbewahrt und gespielt werden sollten: eine *Sinfonie* (1922), *Der Mensch und das Meer* nach Baudelaire, undatiert, *Meditation* (1921), das sinfonische Gedicht *Weltende* (1925), *Preludes in All Keys* (1942), *In den Stunden des Neumonds* (undatiert).

**Marcel Rubin**
1905, ÖSTERREICHISCHER KOMPONIST
Erst nach der Heimkehr aus dem jahrelangen (mexikanischen) Exil in seine Vaterstadt Wien im Jahre 1947 brach die Schaffenskraft aus diesem zu hohen Stellungen gelangten Komponisten hervor. Er vollendete 1957 die 30 Jahre zuvor begonnene *1. Sinfonie* (1974), die 1937 angefangene *2. Sinfonie*, 1962 Skizzen aus dem Jahre 1939, die zur *3. Sinfonie* wurden. Die vierte, *Diesirae*, entstand 1943/45, eine Neufassung 1971; die fünfte erschien 1965, die sechste 1974,

die siebente 1977, die achte 1980, die neunte 1984, die zehnte, *Hommage à Chartres*, 1986. Weitere *Orchesterwerke: Ballade* (1948), *Drei Komödianten* (1963), *Sinfonietta für Streicher* (1966), *Konzerte für Kontrabaß* (1970), *Konzert für Trompete* (1972), *Konzert für Fagott* (1977), *Pastorale* (1970), *Trojanischer Krieg in Seldwyla* (1970), *Variationen über ein französisches Revolutionslied* (1978), *Variationen* über einen Bach-Choral (1978) u. a.

**Carl Ruggles**
1876 - 1971, US-KOMPONIST
Es gibt nur wenige Werke dieses seltsamen Mannes: Vieles scheint er selbst vernichtet zu haben, Unvollendetes wie Vollendetes. Das wenige, das der Nachwelt blieb, ist weitgehend vergessen. Kenner haben sein Werk von jeher als ungewöhnlich fesselnd verstanden: Man könnte Ruggles als atonal bezeichnen, doch weist seine Polyphonie einen starken inneren Zusammenhang auf. Für *Orchester* hinterließ er: *Men and Mountains* (1924), *Portals* (1926), *Sun-Treader* (1932), *New Music* (1936), *Organum* (1945). Ruggles verbrachte sein langes Leben vorwiegend in Winona (Min.) und Miami als Dirigent und Lehrer. Sein Schaffen galt der Musik und der Malerei.

**Aulis Sallinnen**
1935, FINNISCHER KOMPONIST
Der hauptsächlich auf dem Gebiet des Musiktheaters tätige (und in Nordeuropa vielgespielte) Komponist ist auch mit *Orchesterwerken* hervorgetreten: *2 Mythische Szenen* (1956), *Variationen* für Violine und Orchester (1961), *Mauermusik* (1962), *4 Sinfonien* (1971, 1972, 1975, 1979).

**Giacinto Scelsi**
1905 - 1988, ITALIENISCHER KOMPONIST
Scelsi ist ein im Inland wenig, im Ausland nahezu überhaupt nicht beachteter Komponist, den eine schwer abzuschätzende, aber sicherlich wichtige Gruppe von Sachverständigen zu den bedeutenden Komponisten des Jahrhunderts zählt. Auf jeden Fall weist seine Musik eine nirgends einzuordnende, aber äußerst starke Persönlichkeit auf, deren Zeit in naher oder ferner Zukunft kommen könnte. Hier die Titel einiger seiner Werke: *Rotative* für 3 Klaviere, Holzbläser und Schlagzeug (1929), *Concertino für Klavier* (1934), *Introduktion und Fuge* für Streicher (1945), *Hurqualja* (1960), *Chukrum* (1963), *Nomos* (1963), *Anagamin* (1965), *Ohoi* (1966), *Natura renovatur* (1967) usw.

**Gerhard Schedl**
1957, ÖSTERREICHISCHER KOMPONIST
*Orchesterwerke: Konzert* für Violine und 9 Streicher (1979), *Drei Miniaturen* (1980), *Der Totentanz von Anno Neun*, nach einem Gemälde von Albin Egger-Lienz (1980), *Tango* (1981), *1. Sinfonie* (1982), *Konzert* für Gitarre und Jazzensemble (1983), *Kontrapunkt IV* (1984), *2. Sinfonie* (1987), *Doppelkonzert* für Violine, Violoncello, 10 Streicher und Cembalo, über ein Werk von J. S. Bach (1987), *Konzert für Viola* (1988), *Violinkonzert* (1990) u. a.

**Dieter Schnebel**
1930, DEUTSCHER KOMPONIST
Einer der radikalsten Experimentatoren, zum größten Teil nicht mehr unter dem üblichen Begriff »Musik« anzusiedeln. Abläufe oft nur mit Worten beschrieben, schrankenlose Aleatorik, Bezüge zu optischen Vorgängen, auch reine Bewegungsstücke ohne Klang, Klangphänomene von räumlich getrennten Gruppen usw. Sein Schaffen gliederte er selbst in »Versuche« I - IV, »Projekte«, »Tradition«. Einige Werke aus den letzten zehn Jahren: *Thanatos-Eros* für großes Orchester und Stimmen (1982/85), *Fünf Sinfoniestücke* für Orchester (2985), *Mahler-Moment* für Streicher (1986), *Dahlemer Messe* (1988), *Raumklang* (1988).

**Alfred Schnittke**
Schnittkes Aufstieg hat in intensiver, oft aufsehenerregender Weise angehalten. Hier hat sich eine der starken Schöpfernaturen der zweiten Jahrhunderthälfte entwickelt. Einige Ergänzungen: *»... Pianissimmo ...«* (1968), *Konzert für Oboe, Harfe und Streichorchester* (1971), *Spiel mit Musik für 2 Violinen, Streichorchester und Dirigent* (»Moz-Art à la Haydn, 1977), *Passacaglia* (1980), *Konzert No. 4* für Violine (1984), *(K)ein Sommernachtstraum* (1985) u. a.

**Toru Takemitsu**
1930, JAPANISCHER KOMPONIST
Seit dem Zweiten Weltkrieg haben sich die musikalischen Verbindungen zwischen einer jungen japanischen Komponistengeneration und deren Zeitgenossen in Europa außerordentlich verdichtet. Dabei überspringen die fernöstlichen Musiker sämtliche Etappen der abendländischen Musik und knüpfen unmittelbar bei der »Avantgarde« an, wobei die vorherige Generation - jene zwischen den beiden Weltkriegen - noch viele spätromantische Züge aufwies. Takemitsu, in Tokio geboren, weitgehend Autodidakt, steht (auch mit Aufführungen seiner Werke) in engen Verbindungen mit musikalischen Institutionen in Europa und den USA. Von seinen *Orchesterwerken* seien erwähnt: *Requiem* für Streicher (1957), *Tableau noire* mit Sprecher (1958), *Szene* mit Solocello (1959), *Korallen-Insel* mit Sopran (1962), *Arc Parts I und II* mit Klavier (1963 - 1976), *Eukalyptus* (1970), *Winter* (1971), *Kassiopeia* mit Schlagzeug (1971), *Herbst* (1973), *Gitimalya* mit Marimba (1974), *Quatrain* (1975), *Marginalia* (1976), *A Flock Descends into the Pentagonal Garden* (1977), *Far Calls, Coming far!* für Violine (1980), *Dreamtime* (1981), *A Way a Lone* (1981), *Toward the Sea II.* (1981), *Rain Coming* (1982), *To the Edge of Dream* (1983), *Orion und Pleyaden* (1984), *Vers, l'arc-en-ciel, Palma* (1984), *Riverrun* (1984), *Dream Window* (1985), *Gemeaux* (1986), *I Hear the Water Dreaming* (1987), *Nostalgie* (1987), *Twill by Twilight* (auf den Tod Morton Feldmans, 1988), *Tree Line* (1988), *A String around Autumn* (1989), *From Me Flows What You Call Time* (1990) und zahlreiche Werke für Kammerorchester mit und ohne Solisten.

**Mikis Theodorakis**
1925, GRIECHISCHER KOMPONIST
Diesem Komponisten, dessen Leben nur in enger Verbindung mit der bewegten politischen Geschichte seines Landes erzählt werden kann, gelang eine fruchtbare Verschmelzung von Volksmusik und Kunstmusik. In den fünfziger Jahren entstanden mehrere *Ballette*, darunter *Antigone* (1959), später eine *Sinfonie*. Er schrieb auch einige *Oratorien*, darunter *Les petits cyclades* (1963), *Griechentum* für Chor und Orchester (1966), dazu Musik für mehrere Filme und Theaterstücke. Ein Welterfolg wurde die Musik zum Film *Zorbas, der Grieche.*

**Michael Tippett**
Tippett ist nach dem Tod Brittens und Waltons der wohl bedeutendste englische Komponist der ersten modernen Generation (nach der spätromantischen Elgars, Delius', Holsts, Vaughan Williams'). Von ihm sind wichtige orchestrale und konzertante Werke zu ergänzen: *Phantasie über ein Thema von Händel* für Klavier (1941), *Little Music* für Streicher (1946), *Suite in D* zum Geburtstag des Prinzen Charles (1948), *Präludium für Blechbläser, Glocken und Schlagzeug* (1962), *3. Sinfonie* für das London Symphony Orchestra (1972), *4. Sinfonie* für das Chicago Symphony Orchestra (1977), *Triple-Konzert* für Violine, Viola und Violoncello (1979), *Festival Brass with Blues* (1983) und vom *4. Streichquartett* (1978) die Fassung für Streichorchester (1988).

**Alfred Uhl**
Zu ergänzen: *Ouvertüren* (A und B) zu der Heiteren Kantate »Wer einsam ist, der hat es gut« (1963), *Concerto a ballo* (1966), *Drei Skizzen* (1980), *Concerto* (1984).

**Erich Urbanner**
1936, ÖSTERREICHISCHER KOMPONIST
Wichtigste *Orchesterwerke: Intrada* (1957), *Prolog* über »Innsbruck, ich muß dich lassen« (1957), *Symphonie in einem Satz* (1963), *Serenade* für Streicher (1965), *Rondeau* (1967), *Thema, 19 Variationen und ein Nachspiel* (1968), *Kontraste II* (1970), *Concerto »Wolfgang Amadeus«* (1972), *Sinfonietta 79* (1979), *Retrospektiven* (1975/1979), *Sonata brevis* (1980), *Sinfonia concertante* (1982), *Konzerte* für Klavier (1958), *Flötenconcertino* (1959), *Concertino* für Orgel (1961), *Dialoge* für Klavier (1965), *Concerto* für Oboe (1968), Violinkonzert (1971), Kontrabaßkonzert (1973), Klavierkonzert *»76«* (1976), *Concerto* für Altsaxophon (1979), *Konzert* für Violoncello (1981), *Doppelkonzert* für Flöte, Klarinette und Orchester (1984) u. a.

**Eric (Erich) Zeisl**
1905 - 1959, ÖSTERREICHISCH-AMERIKANISCHER KOMPONIST
Er erregte mit jugendlichen Werken Aufsehen in seiner Heimatstadt Wien: *Scherzo und Fuge* (1933), *Passacaglia-Phantasie* (1933), *Kleine Sinfonie* (1935); die Flucht aus dem »Dritten Reich« brachte ihn in die USA, wo er noch einzelne Erfolge errang wie *Weihnachtsmusik* (1950), *Concerto grosso* für Violoncello und Orchester (1956). Die ihm aufgrund seines ungewöhnlichen Talents gebührende Beachtung konnte er jedoch nie mehr finden. Ein zu Unrecht Vergessener.

**Hans Zender**
1936, DEUTSCHER KOMPONIST UND DIRIGENT
Einer der führenden Musiker in der deutschen Avantgarde-Szene. Seine dirigentische Tätigkeit - seit 1964 Generalmusikdirektor und Chef bedeutender Theater und Orchester (Bonn, Kiel, Saarbrücken, Hamburg, Hilversum) - läßt ihm wenig Zeit zum kompositorischen Schaffen. Für den Konzertsaal adaptierte er hauptsächlich Stücke aus seiner Oper »Stephen Climax«: eine *Suite* (in mehreren Fassungen), die »Simeon-Kantaten«. Sonst wären zu erwähnen: Flötenkonzert *Loshu V* (1987), *Die Wüste hat zwölf Ding'* für Altstimme (1985), *Jours de silence* für Bariton (1988).

**Udo Zimmermann**
Mit den teilweise aufsehenerregenden Erfolgen auf dem Gebiet des Musiktheaters (»Weiße Rose«) haben auch die Orchester- und Konzertwerke dieses im Hauptteil schon aufgeführten, 1942 geborenen deutschen Komponisten stärkere Beachtung gefunden. Nachzutragen sind: *Ein Zeuge der Liebe, die besiegt den Tod* für Sopran und Orchester (1973), *Mutazioni per orchestra* (1973), *Ode an das Leben* nach Pablo Neruda und Lucretius Carus, für Alt, Chöre und Orchester (1974), *Sinfonia come un grande lamento* - dem Andenken Federico García Lorcas (1978), *Songerie pour orchestre de chambre* - dem Andenken von Karl Böhm (1982), *Pax questuosa* nach Franz von Assisi, für Soli, Chöre und Orchester (1982), *Canticum Marianum* für 12 Celli (1985), *Gib Licht meinen Augen* für Soli und Orchester (1986) und die *Konzerte* für Horn und Orchester (1987) und für Viola und Orchester (1988).

Oben: Richard Wagner dirigiert ein Festkonzert mit Beethovens 9. Sinfonie im Markgräflichen Opernhaus von Bayreuth, um Mittel zum Bau seines Festspielhauses zu sammeln. (Richard-Wagner-Gedenkstätte, Bayreuth)

Unten: 1781 ins Leben gerufen und in der Folgezeit von ersten Meistern ihrer Zeit, wie z.B. J.A. Hiller, Mendelssohn, Gade, Reinecke, Nikisch geleitet, stellen die Leipziger Gewandhauskonzerte eine international führende Musikinstitution dar. Hier ein Gewandhauskonzert im Jahre 1845. (Nach einer zeitgenössischen Darstellung in einer Illustrierten Zeitung)

Ein festliches Konzert im Barockzeitalter: G.P. Pannini malte dieses Konzert, das am 27. November 1729 in Rom stattfand. (Louvre, Paris)

Oben: In Mannheim wirkte um die Mitte des 18. Jahrhunderts eines der besten Orchester, vom Böhmen Joseph Stamitz geleitet; ihm werden wichtige Errungenschaften auf dem Gebiet der sinfonischen Musik zugeschrieben. Hier der alte Konzertsaal des Mannheimer Nationaltheaters, nach einem Gemälde von S. Staasens aus dem Jahre 1793.

Unten: Als einen Höhepunkt aristokratischer Musikpflege muß man die jahrzehntelange Tätigkeit Joseph Haydns im Dienst des ungarischen Fürsten Esterházy ansehen. Seine Konzerte brachten hohe Gäste nicht nur aus dem benachbarten Wien, sondern aus ganz Europa im Winter nach Eisenstadt und im Sommer nach Esterházy. Hier ein zeitgenössischer Stich der fürstlichen Residenz.

Oben. Am 7. Mai 1664 wurde in Versailles vor Ludwig XIV. und königlichen Gästen ein glanzvolles Ballett getanzt. Im Vordergrund spielen die berühmten *Violons du roi*, ein damals in ganz Europa berühmtes Streichorchester. (Österreichische Nationalbibliothek, Wien)

Unten: Im Rathaus von Bologna fand 1706 ein unseren heutigen bereits recht ähnliches Konzert statt. Rechts erhöht das Orchester. (Staatsarchiv Bologna)

Konzert und Maskenball im königlichen Palast in Neapel, 1747. (Stich nach Vincenzo Rè von Felice Polanzani)

Im Dezember 1686 wurde in Den Haag ein Ball zu Ehren Wilhelms III. von Oranien, des Statthalters der Niederlande, gegeben. Das im Vordergrund sichtbare Orchester spielt die damaligen Modetänze, die von den Komponisten auch als »Suiten« in den beginnenden Konzertbetrieb übertragen wurden. (Kupferstich von Daniel Marot)

Konzertmusik durch die Jahrhunderte

Oben: Ein assyrisches Orchester aus dem Altertum. Das in Ninive gefundene Relief stellt wahrscheinlich König Assurbanipals Hofkapelle dar.

Unten: Ebenfalls weit in vorchristliche Zeiten versetzt uns diese thebanische Grabmalerei von etwa 1425 v. Chr. Wir sehen eine Harfe, ein lautenähnliches Instrument, eine Oboe mit doppeltem Rohr sowie eine Art Lyra, dazu eine Tänzerin.

Oben: Zeitgenössische Miniatur (von Hans Mielich) eines im 16. Jahrhundert hochangesehenen Orchesters und seines weltberühmten Leiters: die Münchner herzogliche Hofkapelle unter dem »Fürsten der Musik«, dem Flamen Orlando di Lasso. (Bayerische Staatsbibliothek)

Unten: Der Palazzo Pitti in Florenz (von der Gartenseite), in dessen Mauern zur Zeit der Hochrenaissance alle Künste liebevolle Pflege fanden. Er wurde nicht nur zum Geburtsort der Oper, sondern spielte auch im Konzertwesen der damaligen Zeit eine große Rolle.

Links: *Die Symphonie* betitelte der romantische Maler Moritz von Schwind 1852 sein großes, von Beethovens *Chorphantasie* inspiriertes Gemälde, auf dessen unterem Teil eine Reihe historischer Persönlichkeiten zu sehen sind, so der dirigierende Franz Lachner, der zuhörende Franz Schubert (links außen) neben dem berühmten Sänger Johann Michael Vogel. (München, Neue Pinakothek)

Oben: Edgar Degas (1834–1917) malte diese *Musiciens à l'Orchestre*, von denen der Flötist, der Fagottist, der Violoncellist und der Kontrabassist deutlich zu erkennen und die anderen Musiker stimmungsmäßig erfaßt sind. Daß dieses Orchester ein Ballett begleitet, versteht sich bei Degas fast von selbst.

Thomaskirche und -schule, die Wirkungsstätten Johann Sebastian Bachs. (Nach einem Stich von Krüger, 1723)

Unten: Händels Popularität wurde nicht zuletzt in den »Volkstümlichen Konzerten des Londoner Vauxhall-Gartens« begründet. Auf unserem Bild hat ein zeitgenössischer Maler den damals äußerst beliebten Musikpavillon abgebildet, dazu eine Reihe prominenter Londoner Persönlichkeiten, allerdings ein Vierteljahrhundert nach Händels Tod. (Aquatinta von F. Jukes nach Rowlandson, gestochen von R. Pollard, 1785)

Als Haydn von seinem Brotherrn pensioniert wurde und nach Wien zog, besaß er nicht nur genügend Vermögen, um sich ein eigenes Haus (in der heutigen Haydn-Gasse) zu kaufen, sondern auch den Ruhm, der berühmteste Komponist seiner Zeit zu sein.

Als Sohn eines Wagnermeisters im Dorf Rohrau geboren, nahe der österreichisch-ungarischen Grenze, war Joseph Haydns Aufstieg einer der erstaunlichsten der Musikgeschichte. Dreißig Jahre lang wirkte Haydn als Dirigent und Komponist des Fürsten Esterházy. So sah das ihm im Palais von Eisenstadt zugewiesene Wohnaus aus, in dem eine kaum übersehbare Fülle von Werken entstand.

Oben: Stich von Salzburg, etwa aus der Mozartzeit. (Österreichische Nationalbibliothek, Wien)

Unten: Mozarts Todeshaus an der Rauhensteingasse in Wien. Es steht längst nicht mehr, und nur diese Nachbildung erinnert an die Todeskrankheit, an das Schaffen an *Zauberflöte* und *Requiem*, an den 5. Dezember 1791, an dem die Welt ein unfaßbares Genie verlor.

Heute Sonntag den 29. März 1795.
wird
die hiesige Tonkünstlergesellschaft
im k. k. Nazional-Hof-Theater
zum Vortheil ihrer Wittwen und Waisen

Eine große musikalische Akademie

in zwey Abtheilungen zu geben, die Ehre haben.

Erste Abtheilung.

1) Eine große neue Symphonie vom Hrn. Kapellmeister Cardellieri.
2) Ein neues Konzert auf dem Piano-Forte, gespielt von dem Meister Herrn Ludwig von Beethoven, und von seiner Erfindung.

Zweyte Abtheilung.

Der erste Theil des in wälscher Sprache abgefaßten Oratoriums betittelt:

Gioas, König in Judden,

von der Erfindung des obbenannten Hrn. Cardellieri.

Dabey werden die Hauptstimmen absingen:

Gioas, Hr. Viganoni. () Giojada, Hr. Saal.
Sebia, Mlle. Sessi. () Mathan, Hr. Vogel.
Athalia, Delle. Mareschalchi. () Ismael, Hr. Spangler.

NB. Da die Recitative zu lange sind, so traf man in einigen Stellen eine Abänderung.

Diese Akademie, mit Instrumenten und Singstimmen gerechnet, wird von mehr denn 150 Personen aufgeführt.

Die Eintrittspreise sind wie gewöhnlich im Nazionaltheater.

Diejenigen, welche sonst einen geringeren Eintrittspreis zahlen, erhalten das Billet für 30 kr.

Jene von der hohen Noblesse, welche ihre bey den sonst gewöhnlichen Schauspielen abbonirten Logen nicht beybehalten wollen, werden geziemend ersucht, es der Kassa beyzeiten melden zu lassen.

Die Büchel von dem Oratorium sind ebenfalls bey der Kasse für 7 kr. zu haben.

Der Anfang ist um 7 Uhr.

Oggi Domenica il 29. Marzo 1795.
nel Teatro Nazionale
*la Società della Musica*
avrà l'onore di dare
*a benefizio delle Vedove, ed Orfani di essa*

UNA GRANDE
ACCADEMIA DI MUSICA,

in due parti, nella quale si eseguirà

Per prima parte:

1) Una grande nuova Sinfonia del Sigre. Maestro Cardellieri.
2) Il Sigre. Maestro Ludovico de Beethoven, suonerà sul Piano Forte un Concerto nuovo di sua composizione.

Per seconda parte:

Sarà eseguito in lingua italiana il primo Atto d'un Oratorio intitolato:

GIOAS, RE DI GIUDA,

composto dal sudetto Sigre. Maestro Cardellieri.

Le parti principali saranno cantate dalli Signori professori:

Gioas, Sigre. Viganoni. () Giojada, Sigre. Saal.
Sebia, Sigra. Sessi. () Matan, Sigre. Vogel.
Atalia, Sigra. Marescalchi. () Ismaele, Sigre. Spangler.

L'Academia fra cantanti e suonatori sarà eseguita da più di 150 Persone.

Li prezzi per l'ingresso sono come il solito al **Teatro Nazionale.**

Li Signori, che sono soliti pagar meno per l'entrata, riceveranno il viglietto a 30 car.

Per li Palchi abbonati quelli Signori, che non sono intenzionati di ritenerli, sono rispettosamente pregati di darne avviso a tempo alla Cassa.

I Libretti dell' Oratorio si trovano alla Cassa per 7 car.

Il principio dell' Accademia sarà alle ore 7 in punto.

Oben: Plakat eines frühen Auftritts Beethovens in Wien. Im Kärntnertortheater spielte er am 29. März 1795 ein eigenes Klavierkonzert im Rahmen einer »Großen Musikalischen Akademie«, die sonst nur Werke des heute längst vergessenen Cardellieri enthielt. (Österreichische Nationalbibliothek, Wien)

Unten: Zu Beethovens wichtigsten Wirkungsstätten gehörten die Paläste der hohen Aristokratie. Das Palais Lobkowitz neben der Augustinerkirche sah den Meister oft zu Gast, als Ausführenden wie als Zuhörenden. (Österreichische Nationalbibliothek, Wien)

Franz Schuberts Geburtshaus steht noch in Wien (IX., Nußdorferstr. 54). Damals war es »Vorstadt«, und zu Lebzeiten fand Schubert keinen Zugang zu den ausschlaggebenden Wiener Musikkreisen.

Am 21. März 1821 trat der 24jährige Schubert an die Öffentlichkeit: Drei seiner Werke – »Das Dörfchen«, »Der Erlkönig« und »Der Gesang der Geister über den Wassern« – wurden im Rahmen einer Akademie im Kärntnertortheater zum erstenmal aufgeführt. (Österreichische Nationalbibliothek, Wien)

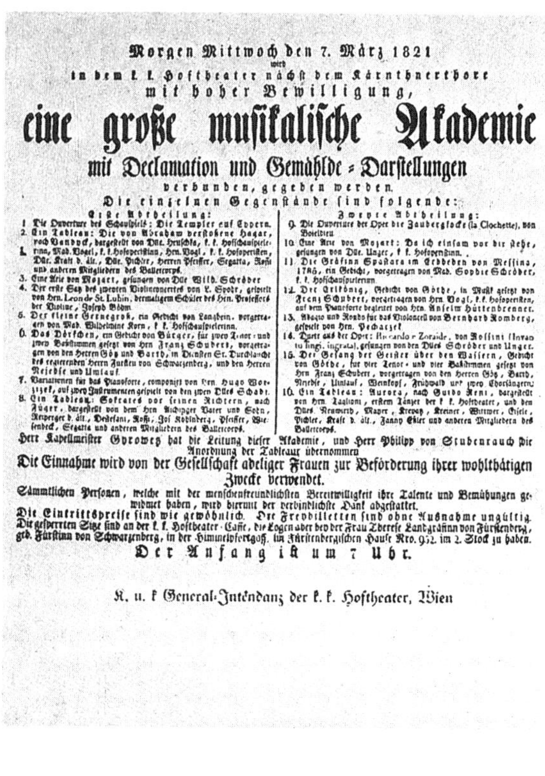

Morgen Mittwoch den 7. März 1821
wird
in dem k. k. Hoftheater nächst dem Kärnthnerthore
mit hoher Bewilligung,
eine große musikalische Akademie
mit Declamation und Gemählde = Darstellungen
verbunden, gegeben werden.
Die einzelnen Gegenstände sind folgende:

Erste Abtheilung:

1. Die Ouverture des Schauspiels: Die Templer auf Cypern.
2. Ein Tableau: Die von Abraham verstoßene Hagar, nach Vandyck, dargestellt von Dlle. Heruschka, k. k. Hofschauspielerinn, Mad. Vogel, k. k. Hofopernsängerinn, Hrn. Vogl, k. k. Hofopernsänger, Dlle. Kratt d. ält., Dlle. Pichler, Herren Pfeiffer, Segatta, Rossi und anderen Mitgliedern des Ballet-Corps.
3. Eine Arie von Mozart, gesungen von Dlle Wilh. Schröder
4. Der erste Satz des zweyten Violinconcertes von L. Spohr, gespielt von Hrn. Leon de St. Lubin, dermaligem Schüler des Hrn. Professors der Violine, Joseph Böhm.
5. Der kleine Gernegroß, ein Gedicht von Langbein, vorgetragen von Mad. Wilhelmine Korn, k. k. Hofschauspielerinn.
6. Das Dörfchen, ein Gedicht von Bürger, für zwey Tenor- und zwey Baßstimmen gesetzt von Hrn Franz Schubert, vorgetragen von den Herren Götz und Barth, in Diensten Sr. Durchlaucht des regierenden Herrn Fürsten von Schwarzenberg, und den Herren Nejebse und Umlauf.
7. Variationen für das Pianoforte, componirt von Hrn. Hugo Worzischek, auf zwey Instrumenten gespielt von den zwey Dlles Schadt.
8. Ein Tableau: Sokrates vor seinen Richtern, nach Füger, dargestellt von dem Hrn Aichinger Vater und Sohn, Reisinger d. ält., Destefani, Rossi, Jos. Kohlenberg, Pfeiffer, Wiesenbeck, Segatta und anderen Mitgliedern des Ballet-Corps.

Zweyte Abtheilung:

9. Die Ouverture der Oper die Zauberglocke (la Clochette), von Boieldieu.
10. Eine Arie von Mozart: Da ich einsam vor dir stehe, gesungen von Dlle. Unger, k. k. Hofopernsängerinn.
11. Die Gräfinn Spastara im Erdbeben von Messina, 1783, ein Gedicht, vorgetragen von Mad. Sophie Schröder, k. k. Hofschauspielerinn.
12. Der Erlkönig, Gedicht von Göthe, in Musik gesetzt von Franz Schubert, vorgetragen von Hrn. Vogl, k. k. Hofopernsänger, auf dem Pianoforte begleitet von Hrn. Anselm Hüttenbrenner.
13. Adagio und Rondo für das Violoncell von Bernhard Romberg, gespielt von Hrn. Pechatzek.
14. Duett aus der Oper: Ricciardo e Zoraide, von Rossini (Invan tu fingi, ingrata), gesungen von den Dlles Schröder und Unger.
15. Der Gesang der Geister über den Wassern, Gedicht von Göthe, für vier Tenor- und vier Baßstimmen gesetzt von Hrn Franz Schubert, vorgetragen von den Herren Götz, Barth, Nejebse, Umlauf, Weinkopf, Frühwald und zwey Chorsängern.
16. Ein Tableau: Aurora, nach Guido Reni, dargestellt von Hrn. Taglioni, erstem Tänzer der k. k. Hoftheater, und den Dlles. Neuwirth, Mayer, Krevay, Kreiner, Wittwer, Eisele, Pichler, Kraft d. ält., Fanny Elsler und anderen Mitgliedern des Ballet-Corps.

Herr Kapellmeister Gyrowetz hat die Leitung dieser Akademie, und Herr Philipp von Stubenrauch die Anordnung der Tableaux übernommen.

Die Einnahme wird von der Gesellschaft adeliger Frauen zur Beförderung ihrer wohlthätigen Zwecke verwendet.

Sämmtlichen Personen, welche mit der menschenfreundlichsten Bereitwilligkeit ihre Talente und Bemühungen gewidmet haben, wird hiermit der verbindlichste Dank abgestattet.

Die Eintrittspreise sind wie gewöhnlich. Die Freybilletten sind ohne Ausnahme ungültig. Die gesperrten Sitze sind an der k. k. Hoftheater-Casse, die Logen aber bey der Frau Therese Landgräfinn von Fürstenberg, geb. Fürstinn von Schwarzenberg, in der Himmelpfortgasse, im Fürstenbergischen Hause Nro. 952. im 2. Stock zu haben.

Der Anfang ist um 7 Uhr.

K. u. k General-Intendanz der k. k. Hoftheater, Wien

Schubert reicht dem Österreichischen Musikverein eine Sinfonie ein, leider aber vergeblich. Er hat keine seiner Sinfonien jemals in einem Konzert gehört. (Österreichische Nationalbibliothek, Wien)

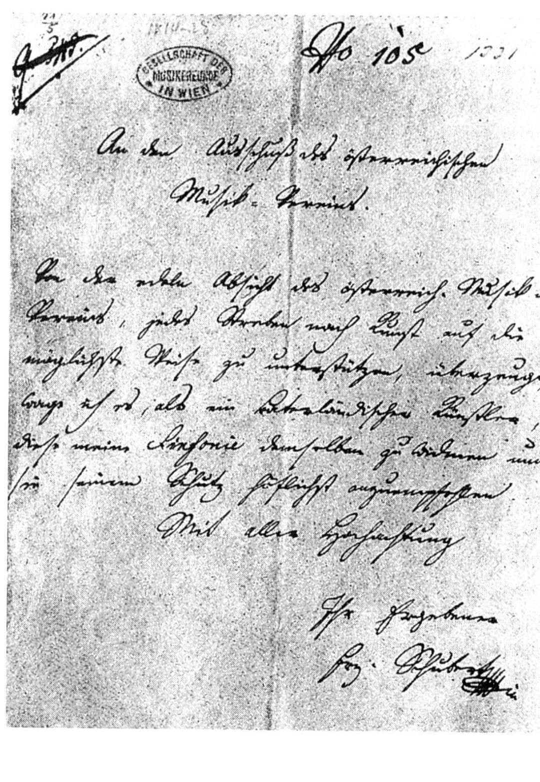

GESELLSCHAFT DER MUSIKFREUNDE IN WIEN

No 105 1821

An den Ausschuß des österreichischen Musik-Vereins.

Von der edlen Absicht des österreich. Musik-Vereins, jedes Streben nach Kunst auf die möglichste Weise zu unterstützen, überzeugt, wage ich es, als ein vaterländischer Künstler, diese meine Sinfonie demselben zu widmen und sie seinem Schutz höflichst anzuempfehlen.

Mit aller Hochachtung

Ihr Ergebener

Frz. Schubert

Oben: Zwei Bilddokumente aus Franz Liszts Leben: In Raiding (österreichisches Burgenland) kam er als Sohn des Esterházyschen Amtmannes Adam Liszt zur Welt.

Unten: Weimar sollte dem unsteten Wanderer das wohl längste und glänzendste Asyl seines Lebens bieten. Liszt stieg im Hotel Erbprinz ab (Bild), bevor er mit der russischen Prinzessin Sayn-Wittgenstein die Altenburg bezog.

Oben: Der Große Musikvereinssaal in Wien, zu einer Brahms-Feier gerüstet. (Österreichische Nationalbibliothek, Wien)

Unten: Als Dirigent betätigte sich Brahms während seiner ersten Wiener Jahre. Hier das Programm eines Konzertes, bei dem er das Oratorium *Odysseus* von Max Bruch dirigierte. (Österreichische Nationalbibliothek, Wien)

Der Tod Johannes Brahms' wühlte die gesamte Musikwelt Europas auf. Seine Beerdigung in Wien sah eine gewaltige Menschenmenge; hier bewegt sich der Zug in der Richtung zum Musikverein, der jahrzehntelangen Wirkungsstätte des Meisters.

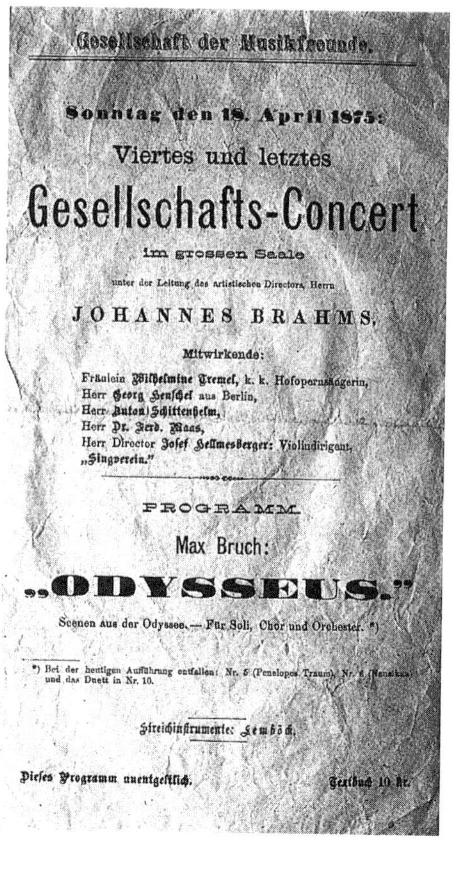

Gesellschaft der Musikfreunde.

**Sonntag den 18. April 1875:**

Viertes und letztes

# Gesellschafts-Concert

im grossen Saale

unter der Leitung des artistischen Directors, Herrn

**JOHANNES BRAHMS.**

**Mitwirkende:**

Fräulein **Wilhelmine Tremel**, k. k. Hofopernsängerin,
Herr **Georg Henschel** aus Berlin,
Herr **Anton Schittenhelm**,
Herr **Dr. Ferd. Maas**,
Herr Director **Josef Hellmesberger**: Violindirigent,
**„Singverein."**

PROGRAMM.

Max Bruch:

**„ODYSSEUS."**

Scenen aus der Odyssee. — Für Soli, Chor und Orchester. *)

*) Bei der heutigen Aufführung entfallen: Nr. 5 (Penelopes Traum), Nr. 6 (Nausikaa) und das Duett in Nr. 10.

Streichinstrumente: Lemböck.

Dieses Programm unentgeltlich. Textbuch 10 kr.

Oben: Auf der Promenade vor dem Burgtor begrüßt Schubert verehrungsvoll sein Idol Beethoven, der von der Umwelt kaum Notiz nimmt. Schuberts Wunsch nach Annäherung ging nie in Erfüllung. Die Begegnung der beiden Männer hielt Leopold Kuppelwieser um 1822 in einer aquarellierten Tuschzeichnung fest.

Unten: Eine Begegnung, die wahrscheinlich nie, sicher aber nicht in dieser Form stattfand. »Beethoven spielt vor Mozart«, Gemälde von Hugues Merle. Beethoven unternahm als 17jähriger eine Reise, über die nichts Genaueres bekannt ist. Als er 1792 dann wirklich nach Wien fuhr, war Mozart bereits tot. (Österr. Nationalbibliothek, Wien)

Oben: Größte Hochschätzung und wahre Freundschaft verband zwei so ungleiche Männer und Musiker wie Johannes Brahms und Johann Strauß, den »Walzerkönig«, die hier in des letzteren Sommervilla in Ischl im Jahre 1895 zu sehen sind.

Unten: Für Gustav Mahler wurde Holland bald zu seinem vielleicht intensivsten Ausstrahlungspunkt. Hier sehen wir ihn um 1900 mit dem von ihm hochgeschätzten niederländischen Komponisten Alphons Diepenbrock (links) und dem berühmten Dirigenten gleicher Herkunft Willem Mengelberg (rechts). (Donemus, Amsterdam)

Alban Berg und Anton Webern bei sommerlichem Beisammensein, lange bevor ihr Ruhm aufging. (Universal Edition, Wien)

In den zwanziger und dreißiger Jahren gab es in Mitteleuropas Musikzentren viel Kampf um die Musik Hindemiths (rechts). Der bedeutende Dirigent Otto Klemperer nahm sich ihrer besonders an. (B. Schotts Söhne, Mainz)

Carl Orff (links) und Werner Egk. (B. Schotts Söhne, Mainz)

Werner Henze (links), Luigi Dallapiccola (Mitte) und Karl Amadeus Hartmann (rechts), der namhafte Komponist und verdienstvolle Schöpfer und Leiter der Münchner Musica-Viva-Konzerte. (B. Schotts Söhne, Mainz)

In stärkerem Maße ist die Schweiz seit den dreißiger Jahren unseres Jahrhunderts wieder künstlerischer Ausstrahlungspunkt geworden. Auf musikalischem Gebiet hat die Tätigkeit Paul Sachers – Dirigent, Anreger, Mäzen – nicht wenig dazu beigetragen. Manches Meisterwerk unserer Zeit ist in seinem Auftrag geschrieben und unter seiner Leitung uraufgeführt worden. Paul Sacher mit Béla Bartók (Mitte) und dem Schweizer Komponisten Conrad Beck im Jahre 1937.

Paul Sacher mit den Schweizer Komponisten Willy Burkhard (1. v. links), Arthur Honegger (2. v. links) und Conrad Beck (3. v. links). Links unten: Paul Sacher und Frank Martin in der Schola Cantorum Basiliensis im Jahre 1942. Rechts unten: Paul Sacher und Richard Strauss anläßlich der Proben zur Welturaufführung der *Metamorphosen* in Zürich, 1946. (Alle vier Aufnahmen aus dem Archiv Dr. Paul Sacher, Basel)

# Konzertsäle aus aller Welt

Die wohl traditionsreichste musikalische Institution – besonders in bezug auf die Meister der Klassik – ist die Gesellschaft der Musikfreunde in Wien. Das Wirken vieler großer Meister ist eng mit ihr verknüpft, so etwa von Beethoven, Brahms und Richard Strauss. In ihrem prächtigen Saal, dem sogenannten Musikverein, geben die Philharmoniker, lange Zeit der Welt berühmtestes Orchester, ihre Abonnementskonzerte (siehe Foto Schutzumschlag), spielen aber auch die Symphoniker und die Tonkünstler, zwei ebenfalls hochstehende Ensembles.

Rechte Seite oben: Die Wiener Symphoniker in ihrem Festkonzert anläßlich des 60jährigen Bestehens (1960), unter Leitung von Wolfgang Sawallisch. (Franz Hausmann, Wien)

Rechte Seite unten: Jugendkonzert der Wiener Symphoniker unter Hans Swarovsky. (Pressestelle der Stadt Wien)

Linke Seite unten: Neben dem Musikvereinssaal besitzt Wien noch einen anderen Saal von ähnlichen Ausmaßen und wertvoller Tradition: das Konzerthaus. Hier eine Aufführung von Beethovens neunter Sinfonie, mit Orchester, Solisten, Chor und (auf der Orgelempore) den Wiener Sängerknaben. (Foto: Gustav Schikola, Wien)

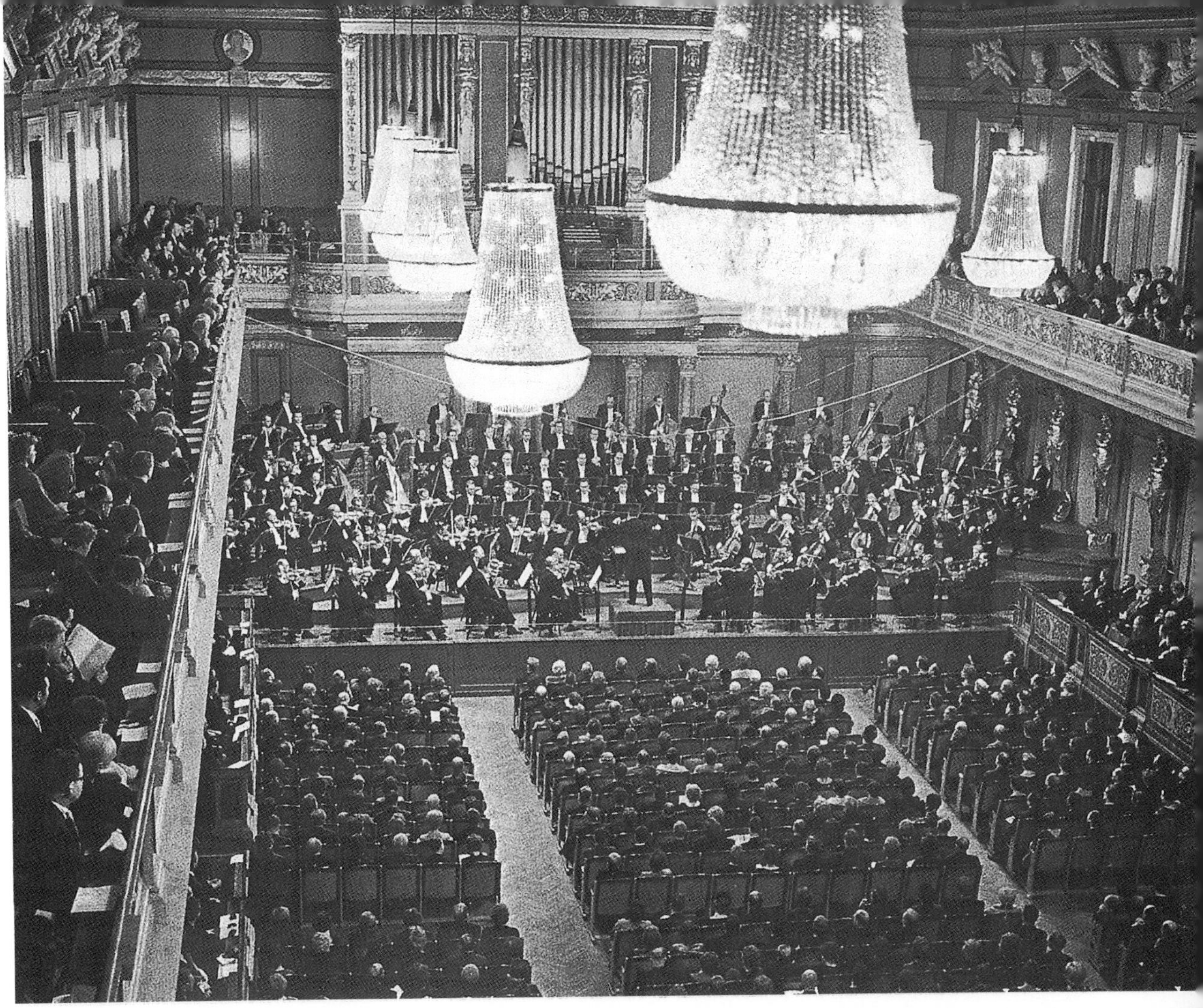

PHILHARMONIE

Die Berliner Philharmonie war jahrelang nicht nur Heimstätte eines zu Weltruf aufgestiegenen Orchesters, der Arbeitsplatz der ersten Dirigenten mehrerer Generationen, sondern auch ein liebevoll gehütetes Symbol der Reichshauptstadt. Im Laufe des Zweiten Weltkriegs sank sie in Schutt und Asche (nebenstehende Seite, links oben). An anderer Stelle der inzwischen geteilten Stadt entstand eine neue Philharmonie: Architekt Hans Scharoun schuf ein richtungsweisendes, wahrhaft zeitgemäßes modernes Konzerthaus (nebenstehende Seite, rechts oben und unten), in dem das Orchester im Mittelpunkt spielt und die Entfernung der Plätze von der Klangquelle auf ein Minimum reduziert erscheint. Oben: Konzert im Saal der Berliner Philharmonie unter Herbert von Karajan. (S. Lauterwasser/Deutsche Grammophon Production)

Oben: Bonn hat zu Ehren seines großen Sohnes im Jahre 1959 ein prächtiges Konzerthaus – die Beethovenhalle – errichtet. (Presseamt der Deutschen Bundesregierung, Bonn)

Unten: Der neue Gürzenichsaal in Köln, hell, freundlich, gemäßigt modern, wurde am 2. Oktober 1955 eingeweiht. Im Bild das Eröffnungskonzert. (Presseamt der Deutschen Bundesregierung, Bonn)

Oben: Das Gewandhaus in Leipzig, eine der berühmtesten Musikstätten der Welt, mit dem Mendelssohn-Denkmal davor. (Presseamt der Deutschen Bundesregierung, Bonn)

Unten: Das Neue Gewandhaus in Leipzig, 1981 eröffnet. (Fritz Mohr, Berlin)

Links: Das Amsterdamer Concertgebouw gehört zu den glänzendsten Pflegestätten der Musik seit seiner Eröffnung im Jahre 1888 bis heute. Der bedeutendste Chef seines hervorragenden Orchesters war wohl Willem Mengelberg, doch verdient auch Eduard van Beinum ehrenvolle Erwähnung. (Philips, Hamburg)

Unten: Das Concertgebouw-Orchester unter Leitung von Leonard Bernstein. (Arthur Umboh/Deutsche Grammophon Prod.)

Oben: In Italien ist der Konzertsaal nahezu unbekannt. Alle musikalischen Veranstaltungen größeren Ausmaßes finden in den Theatern statt. Hier die Bühne der weltberühmten Mailänder Scala während eines Sinfoniekonzertes des Hausorchesters unter dem jungverstorbenen Dirigenten Guido Cantelli. (Erio Piccagliani, Milano)

Unten: In Budapest wird seit mindestens hundert Jahren sehr gut musiziert. Zu den ältesten Pflegestätten der Orchesterkunst gehört die Musikakademie, in deren Saal wir hier die Budapester Philharmoniker sehen, die zeitweise in anderen Ensembles – dem Kammerorchester und dem Sinfonieorchester – starke Konkurrenten hatten.

Oben: Das Orchestre de la Suisse Romande gehört zu den leistungsfähigsten Europas. Unter seinem jahrzehntelangen Chef Ernest Ansermet hat es manchen siegreichen Kampf um wichtige Werke neuerer Musik ausgefochten. (Musikvertrieb, Zürich)

Unten: Zürichs Tonhalle spielt im Musikleben der Schweiz und Europas eine hervorragende Rolle. Sie wurde im Jahre 1895 eingeweiht und ist der Sitz eines eigenen, des Tonhalle-Orchesters. (Comet, Zürich)

Oben: München, eine der musischsten Städte der Welt, pflegt die Orchestermusik heute hauptsächlich im prächtigen Herkulessaal, dem Nachfolger eines gleichnamigen Saales in der alten Residenz, von dem die Wandteppiche mit den Herkulesmotiven übernommen wurden.

Unten: In den nordischen Ländern wird die sinfonische Musik eifrig gepflegt; hier der große Konzertsaal von Oslo, Heim der Philharmonie. (Foto Sturlason)

Oben: Carnegie Hall – das ist mehr als der Name eines alten und gar nicht schönen Gebäudes im Herzen New Yorks, es ist auch mehr als die Bezeichnung für einen Konzertsaal: Es ist ein Symbol für Jahrzehnte glänzender Tradition und liebevoll gehüteter Musikpflege.

Unten: Es gibt kaum einen großen Künstler unseres Jahrhunderts, der in der Carnegie Hall nicht aufgetreten wäre. Für viele Solisten begann der Weltruhm in dem unscheinbaren Gebäude und dem akustisch hervorragenden Saal.

Cleveland (Ohio, USA) besitzt heute eines der besten Orchester der Welt, was bedeutet, daß lange Tradition nicht unerläßlich ist zur Erzielung höchster Leistungen auf diesem Gebiet. Oben: Das Konzertgebäude der Stadt – Severance Hall. Unten: Das Orchester unter seinem langjährigen Leiter George Szell, einem gebürtigen Österreicher. (Fotos: Cleveland Orchestra)

Linke Seite: Die neue Zeit erfordert neue Bauten. New York ging an die Schaffung eines Musik- und Theaterzentrums von großzügigster Planung und eleganter Verwirklichung. Im Lincoln Center befindet sich auch der neue Konzertsaal (rechts oben), Heim der Philharmonie (rechts unten in einem Konzert unter Leonard Bernstein, dem ersten in den USA geborenen und ausgebildeten prominenten Dirigenten).

# Einblicke ins Orchester

Ein ungewöhnliches Bild aus der Vogelschauperspektive auf das im Halbrund um den Dirigenten gruppierte, eifrig streichende, blasende, zupfende, schlagende Orchester – hier das Meisterensemble aus Philadelphia. (CBS Schallplatten/Phonag)

Instrumente in Großaufnahme. Nicht jedermann ist mit den Instrumenten eines Sinfonieorchesters vertraut. Darum auf den folgenden Seiten einige von ihnen aus der Nähe:

Oben: Zwei Fagotte, deren zumeist braune Röhren, die über das Orchester hinausragen, sicher schon jedem Konzertbesucher aufgefallen sind. (Orchesterverein Zürich/Foto Comet)

Unten: Die Flöte – längst kein Holzblasinstrument mehr, aber immer noch jener Gruppe zugezählt. (Orchesterverein Zürich/Foto Comet)

Festkonzert in ungewöhnlich großer Besetzung: die Wiener Symphoniker im Großen Musikvereinssaal. Zwölf Kontrabässe bilden den Abschluß, vor ihnen sitzen zwei Tuben, vier Posaunen, fünf Trompeten, acht Hörner (nicht alle sichtbar); in der Reihe davor, von links nach rechts, zwei Harfen (eine sichtbar), eine Baßklarinette, vier Klarinetten, drei Fagotte und ein Kontrafagott; anschließend beginnen die (vierzehn) Violoncelli. In der vordersten Reihe sind eine Piccolo-Flöte, drei Flöten, drei Oboen und ein Englischhorn zu sehen. Auf dem Bild links die Gruppe der an die vierzig Mann starken Geiger nebst den beiden Harfen. (Fotos: Hausmann, Wien)

Die Harfe, ein als typisch weibliches Instrument geltender Orchesterbestandteil. (Nur die Wiener Philharmoniker, ein traditionelles Männerensemble, besitzen männliche Harfenisten.) Die sieben Pedale, mit denen die Stimmung des Instruments chromatisch abgeändert wird, sind hier nicht sichtbar. (Hausmann, Wien)

Die Kessel, die der aufmerksam seinen Part verfolgende Musiker vor sich und neben sich hat, sind Pauken. Sie bilden die schon bei klassischen Werken verlangte Grundlage des Schlagwerks. Gewöhnlich werden zwei eingesetzt, aber bei moderneren Werken kann ihre Zahl auf vier oder fünf gesteigert werden, wobei natürlich jede auf einen anderen Ton gestimmt ist. (Hausmann, Wien)

Der Kontrabaß, eine gewaltig vergrößerte, a
nicht unbedingt vergröberte Geige. (Hausmann,
Wien)

Die Gruppe der Blechbläser: Posaune im Vordergrund, anschließend vier Hörner und vier Trompeten. Die Sängerinnen zeigen an, daß es sich um die Aufführung eines Chorwerks mit Orchester, also eines Oratoriums oder eines ähnlichen Werkes handeln muß. (Orchesterverein Zürich unter Leitung von Dr. Marius Meng in Verdis *Requiem*. Foto: Comet, Zürich)

Stilkonzerte, historische Konzerte in möglichst historischem oder zeitgenössischem Rahmen, sind im 20. Jahrhundert an der Tagesordnung und werden besonders bei den überall aus dem Boden geschossenen Festivals liebevoll gepflegt. Hier ein Konzert im Schloß Brühl. (Presseamt der Deutschen Bundesregierung, Bonn)

Stilkonzerte, historische Konzerte in möglichst historischem oder zeitgenössischem Rahmen, sind im 20. Jahrhundert an der Tagesordnung und werden besonders bei den überall aus dem Boden geschossenen Festivals liebevoll gepflegt. Hier ein Konzert im Schloß Brühl. (Presseamt der Deutschen Bundesregierung, Bonn)

Der Kontrabaß, eine gewaltig vergrößerte, aber nicht unbedingt vergröberte Geige. (Hausmann, Wien)

Die Gruppe der Blechbläser: Posaune im Vordergrund, anschließend vier Hörner und vier Trompeten. Die Sängerinnen zeigen an, daß es sich um die Aufführung eines Chorwerks mit Orchester, also eines Oratoriums oder eines ähnlichen Werkes handeln muß. (Orchesterverein Zürich unter Leitung von Dr. Marius Meng in Verdis *Requiem*. Foto: Comet, Zürich)